CLAUS JÜRGEN HUTTERER

DIE GERMANISCHEN SPRACHEN

CLAUS JÜRGEN HUTTERER

DIE GERMANISCHEN SPRACHEN

IHRE GESCHICHTE IN GRUNDZÜGEN

ALBUS

VMA-VERLAG WIESBADEN

Titelbild: Der Runenstein von Pilgårds

ALBUS im VMA-Verlag 2008
Wiesbaden
Nachdruck der 4. ergänzten Auflage

Alle Rechte vorbehalten
Druck und Bindung: GGP Media GmbH, Pößneck
ISBN 978-3-928127-57-8

VORWORT

Das vorliegende Buch ist ein Versuch zur historischen Typologie der germanischen Sprachen und ist in seiner gegenwärtigen Form als Rahmenwerk anzusehen, das sich auf das Wesentlichste beschränkt. Es bietet einen Überblick über den Werdegang des Germanischen von seinen indogermanisch-prägermanischen Anfängen bzw. Vorstufen über das Gemeingermanische und die Ausgliederung der germanischen Einzelsprachen bis in die neueste Zeit hinein. Für die Erschließung und linguistische Interpretation der Gegenwart — auf die es letzten Endes ankommt — reicht eine isolierende Betrachtung der Geschichte der Einzelsprachen nicht mehr aus. Die Hauptaufgabe schien mir vielmehr darin zu liegen, die vielfältigen Richtungen der Entwicklung, die Wege der Konvergenz und Divergenz genetisch eng verwandter, typologisch jedoch sehr unterschiedlicher Sprachen und Dialekte bzw. Soziolekte in ihren charakteristischen Zügen darzustellen.

Es hieß also, an Hand synchron-abstrakter Querschnitte aus den entscheidenden Entwicklungsphasen der germanischen Einzelsprachen feste Anhaltspunkte zu gewinnen, um die historisch-vergleichende Methode mit der historischen Sprachtypologie verbinden zu können, was früher meist vernachlässigt oder auf spärliche Teilfragen begrenzt war. Diese Darstellung beschränkt sich daher weder auf die ältesten Phasen germanischer Sprachgeschichte, wie dies bei ANTOINE MEILLET, HERMAN HIRT, EDUARD PROKOSCH, HANS KRAHE und anderen der Fall war, noch auf den typologischen Vergleich der Einzelsprachen der Gegenwart, wie er einer nach meinem Dafürhalten etwas überstürzten Universalienforschung vorschwebt. Es galt vielmehr, über die kritische Wertung bisheriger Forschungsergebnisse hinaus die Grundlagen zu schaffen für eine neue Konzeption über die Gesetzmäßigkeiten der gesamten Sprachgeschichte der germanischen Völker in Vergangenheit und Gegenwart. Im Mittelpunkt dieser Konzeption stehen die inneren Tendenzen der Sprachentwicklung, aber stets mit Bedacht auf Wechselbeziehungen und äußere Regulatoren, die jene beschleunigen oder verlangsamen. Dadurch bedingt ist auch die Komplexität der Methodik, die sowohl die wichtigsten Hilfsdisziplinen als auch Fragen der Sprachgeographie — und zwar in erster Linie am Modell des Deutschen und des

Englischen — mit einbezieht. Eine derart ausgerüstete historisch-typologische Verfahrensweise muß, wenigstens wie ich sie verstehe, auf den Versuch abgestimmt sein, in Anlehnung an neuere Tendenzen linguistischer Methodik die sprachgeschichtlichen Wandlungen als ununterbrochene Wandlungen von Sprachsystemen zu begreifen.

Im Aufbau folgt das Buch den bewährten Vorlagen von ELIAS WESSÉN (über die nordischen Sprachen) und von ERNST SCHWARZ (über die germanischen Sprachen schlechthin), möchte jedoch in seinem Geist eine in jeder Hinsicht erweiterte Fortsetzung und, soweit dies überhaupt möglich ist, einen Abschluß der Ansätze meines Lehrers VIKTOR SCHIRMUNSKI zum Verständnis der Ausgliederung germanischer Stammessprachen anbahnen. Der weitgespannte Rahmen der Thematik forderte die Beschränkung auf die wichtigsten Probleme, um so mehr, da ich den grundlegenden Zweck dieser Arbeit vor allem in einem Studienbuch für angehende Germanisten und Anglisten sowie in einem noch einigermaßen handlich zu nennenden Nachschlagewerk erblicken muß. In die nach Kapiteln und Abschnitten zusammengestellte Bibliographie am Schluß konnten von den Beiträgen der letzten zwei, drei Jahre aus drucktechnischen Gründen leider nur einige wenige aufgenommen werden. Bei der Auswahl der bibliographischen Titel war ich bestrebt, Werke und Aufsätze vorzuziehen, die dem Leser auch im Hinblick auf die Literatur weiterhelfen. Die Textproben sowie die möglichst knapp gehaltenen Abrisse der Volksgeschichte der wichtigsten Sprachträgergemeinschaften sind als erste Anschauungs- und Orientierungshilfen rein praktischer Art für den Benutzer gedacht.

Einzelne Abschnitte wurden bereits, wenn auch nicht immer in derselben Form bzw. im selben Umfang, auch andernorts veröffentlicht: Kapitel II und die Abschnitte III.1.—III.4. sowie eine Kurzfassung von IV.4.9. in der Kleinen Enzyklopädie „Die deutsche Sprache" (Leipzig 1969) bzw. eine leicht abgeänderte Variante von Kapitel V in dem Sammelband „Theoretical Problems of Typology of the Northern Eurasian Languages" (Budapest 1970). Als Vorarbeiten seien meine in ungarischer Sprache erschienenen Universitätslehrbücher über die Grundlagen der englischen Sprachwissenschaft (Budapest 1963) bzw. die erste Fassung dieses Buches (Budapest 1968) genannt. Die Quellen der in diesen Büchern enthaltenen Karten und Tabellen, die von mir entworfen bzw. bearbeitet wurden und auch im vorliegenden Band verwendet werden, sind in den Unterschriften ebendeshalb nicht besonders ausgewiesen, auch wenn sie gelegentlich in die sonstigen Veröffentlichungen Aufnahme gefunden haben.

Für viele inhaltliche Ratschläge, Anregungen und Korrekturen bin ich meinen Freunden, Kollegen und Studenten in Budapest, Graz und anderswo, für die keineswegs leichte Arbeit der Korrektur und der Drucklegung bin ich den Mitarbeitern des Verlags der Ungarischen Akademie der Wissenschaften (Akadémiai Kiadó), Budapest, der C. H. Beck'schen Verlagsbuchhandlung, München, und der Druckerei der Ungarischen Akademie der Wissenschaften zu aufrichtigem Dank verpflichtet. Meinem Assistenten in Graz, Herrn Mag. phil. MARTIN BARTH, danke ich für das Mitlesen einer Korrektur.

Budapest—Graz, 1974

Der Verfasser

AUS DEM VORWORT ZUR ZWEITEN AUFLAGE

In dieser Zeit der Massenuniversität möge das Buch den Studierenden weiterhelfen, sich nicht auf das Schmalspurstudium je einer einzigen germanischen Sprache zu beschränken, sondern die Entwicklung unserer ganzen Sprachgruppe in ihren vielfältigen historisch-organischen Zusammenhängen zu erfassen. Wenn wir heute JACOB GRIMM überhaupt noch etwas verdanken, so ist das diese Zusammenschau.

VORWORT ZUR DRITTEN AUFLAGE

Im Gegensatz zu der 2. Auflage konnten diesmal weitergreifende Änderungen vorgenommen werden. Da das Buch ein Kompendium ist, das seinen schon im Vorwort zur 1. Auflage manifestierten Zielsetzungen treu bleiben und nicht etwa Untersuchungen über die Teilgebiete ersetzen soll, betraf die Bearbeitung in erster Linie das Schlußkapitel V. 5. (Historische Typologie der germanischen Sprachen) und die Bibliographie bzw. die Register. In den übrigen Kapiteln wurden hauptsächlich jene Stellen verbessert bzw. abgeändert, die bei den Lesern Mißverständnisse hervorgerufen haben bzw. Druck- oder sonstige Fehler gewesen sind.

Bei der Erweiterung der Bibliographie bis einschließlich 1988 haben mich mein Kollege, der Anglist Prof. Dr. PETER BIERBAUMER, sowie meine Assistentinnen Frau Dr. MARIA WINKLER und Frau Mag. GERTRUDE PAURITSCH unterstützt, wofür ich ihnen auch an dieser Stelle meinen Dank aussprechen möchte. Dank zolle ich auch der Verlagsredakteurin Frau MÁRIA KÁLDOR, die alle deutschen Auflagen des Buches gewissenhaft betreute, und meiner Sekretärin, Frau CHARLOTTE MARX, die mir bei der Manuskriptherstellung zur Seite stand. Mein Dank gilt nicht zuletzt jenen Kritikern und Lesern, deren Zuschriften mich erreicht und die Neuauflage auch dadurch gefördert haben, auch wenn nicht allen Einzelwünschen in vollem Ausmaß entsprochen werden konnte.

Graz 1989   Der Verfasser

VORWORT ZUR VIERTEN AUFLAGE

Zu IV. 4.6 (S. 303 ff.):

Seit dem Erscheinen der 3. Auflage im Jahre 1990 sind auch im Leben bzw. in der staatlichen Organisierung germanischer Völker teilweise wesentliche Änderungen eingetreten. Eine totale Wandlung ergriff die deutsche Sprachgemeinschaft, indem als Folge des Zerfalls des „Ostblocks" der Weg zur Wiedervereinigung Deutschlands freigelegt wurde. Das Recht beider bis dahin existierenden deutschen Staaten, der Bundesrepublik Deutschland und der Deutschen Demokratischen Republik (DDR), sich wiederzuvereinigen, wurde bei dem Treffen der Mitgliedsstaaten des sog. Warschauer Paktes am 18.3.1990 - d.h. vom gesamten „Ostblock" - anerkannt: am 28. August 1990 wurde dann der Beitritt der DDR zur Bundesrepublik Deutschland zum 3. Oktober auch von der „Volkskammer" der DDR beschlossen. Am 2. Dezember 1990 kam es dann zur ersten gesamtdeutschen Bundestagswahl. Dieser Entwicklung zufolge wurden die alliierten Besatzungstruppen als solche vom deutschen Boden abgezogen. Der Einigungsvertrag wurde am 20.9.1990 im Bundestag verabschiedet: 442 Abgeordnete stimmten für den Vertrag, 47 dagegen, darunter die Grünen und 13 Unions-Abgeordnete, während sich 3 der Stimme enthielten. In der „Volkskammer" stimmten 299 Abgeordnete für die Wiederherstellung der Einheit Deutschlands und nur 80 dagegen. So wurde der Vertrag dann im Bundesrat am 21. Oktober 1990 einstimmig gebilligt. (Vgl. dazu die Darstellung des Einigungsvertrages und die Chronik der wichtigsten Ereignisse 1989-1990 in „Der Fischer Weltalmanach 1991". Fischer Taschenbuch-Verlag 1991, S. 119 ff.)
Die neue Bundesrepublik Deutschland ist ein demokratischer-parlamentarischer Bundesstaat mit einem Parlament („Bundestag") und einer Ländervertretung („Bundesrat"). Das neue Deutschland besteht aus elf Bundesländern: Baden-Württemberg (Stuttgart), Bayern (München), Berlin (Berlin), Freie Hansestadt Bremen (Bremen), Freie und Hansestadt Hamburg (Hamburg), Hessen (Wiesbaden), Niedersachsen (Hannover), Nordrhein-Westfalen (Düsseldorf), Rheinland-Pfalz (Mainz), Saarland (Saarbrücken), Schleswig-Holstein (Kiel). Dazu kamen die neu gebildeten Länder der ehemaligen DDR: Mecklenburg-Vorpommern (Schwerin), Brandenburg (Potsdam), Sachsen-Anhalt (Magdeburg), Sachsen (Dresden), Thüringen (Erfurt). Hauptstadt der Bundesrepublik ist Berlin. Die Wiedervereinigung Deutschlands hat auch eine erhebliche wirtschaftliche und politische Erstarkung der Europäischen Union herbeigeführt. Die gesamte politische und ökonomische Veränderung wird in Zukunft auf deutschem Boden ohne Zweifel auch im Hinblick auf die Gestaltung des sprachlichen „Mehrwertes" unter den territorialen Varietäten der regionalen Umgangssprachen in Deutschland wie auch in seinen wenigstens zum Teil deutschsprachigen Nachbarländern wichtige neue Verschiebungen herbeiführen. Während der anfänglichen fränkischen Suprematie im Reich der Merowinger und noch mehr der Karolinger begann zwar die

sprachliche Integration der deutschen Stämme im „Heiligen Römischen Reich", wurde aber schon in der Stauferzeit zugunsten Südwestdeutschlands verlagert. In den darauf folgenden Jahrhunderten der „Kleinstaaterei" wandelte mit dem politischen das kulturelle, also auch das sprachliche „Prestige" hin und her unter Habsburgern, Luxemburgern und Wettinern, um nach den Umwälzungen der Reformationszeit und nicht zuletzt auch dank der raschen Ausbreitung der „Druckersprachen" einem weiteren Zusammenschluß bzw. Ausgleich im „Gemeinen Deutsch" zuzustreben. Mit der Gründung des Deutschen Reiches der Hohenzollern, dessen Zentrum Berlin sein sollte, erhielt diese Entwicklung in der kleindeutschen Lösung Bismarcks eine neue Richtung. Diese Lage wurde schließlich in der Aufteilung Deutschlands destabilisiert. Die Wiedervereinigung sowie die dabei wieder beschlossene Zentralstellung Berlins wird sich auch auf die sprachliche Zukunft dieser Stadt wie auch des gesamten Sprachraumes maßgeblich auswirken.

Zu IV. 4.4 (S. 278 ff.):

Entscheidende Veränderungen sind auch im politischen Leben und demzufolge auch in der Entwicklung der Republik Südafrika (afr. Republiek van Zuid-Afrika, engl. Republic of South Africa) eingetreten. Unter innen- und außenpolitischem Druck, nicht zuletzt von der Organisation der Vereinten Nationen (UNO) war die weiße Regierung ab 1989 zunehmend gezwungen, die „Apartheid"-Gesetze, (die seit 1949 etwa sogar den Geschlechtsverkehr zwischen den einzelnen Rassen verboten hatte) der Reihe nach abzuschaffen und der schwarzen Mehrheitsbevölkerung die politische Gleichberechtigung zuzuerkennen.
Nach den Kriterien der weißen Regierung beträgt die Zahl der Bevölkerung laut der Volkszählung 1991 bereits 41.591.000, wovon 75,4% Schwarze, 13,5% Weiße, 8,6% Mischlinge, 2,5% Asiaten sind. Die Klassifizierung nach „Rassen" ist seit 1992 nicht mehr gültig. Neben den beiden führenden Amtssprachen Afrikaans und Englisch werden von den „Eingeborenensprachen" Ndebele, Nordsotho, Südsotho, Setswana, Swati, Tsonga, Venda, Xhosa und Zulu ebenfalls als Amtssprachen anerkannt.

Zu IV. 5.2 (S. 374 ff.):

Eine politische Änderung ist auch in Schottland eingetreten: In der am 11. September 1997 abgehaltenen Wahl ist es den nationalbewußten Schotten gelungen, ihr eigene Volksvertretung innerhalb Großbritanniens mit 74,3% Pro-Stimmen zu erkämpfen.

Zu V. 5. (S. 550 f.):

Zu diesem Kapitel sei angemerkt, daß die derzeitige historisch eingetretene Umordnung der nordgermanischen Sprachen das erste Mal in diesem Buch geklärt wurde.

Zum Schluß sei darauf hingewiesen, daß Deutsch, die Metasprache dieser Übersicht über die Geschichte der germanischen Einzelsprachen, gerade in dieser Zeit im Hinblick auf die Regeln der Verschriftung, also die Rechtschreibung, in den größten Kontroversen steht. Die von den Vertretern der Fachgermanistik den zuständigen politischen Gremien vorgelegten bzw. zur Sanktionierung vorgeschlagenen Neuerungen scheinen, in mancher Hinsicht sogar der Mehrheit der deutschsprachigen Bevölkerung, aus verschiedenen, nicht zuletzt auch fachlichen Gründen, zu einem erhebliche Teil daneben gegangen zu sein. Man hat sogar das unterlassen, was bei deutschen Gelehrten schon vor 200 Jahren gang und gäbe war, nämlich die sonst überall in Ländern mit lateinischer Schrift seit langer Zeit üblich war: die Kleinschreibung der Substantive. Durch diesen unnötigen Rückschritt nimmt sich unsere Sprache wie ein erratischer Block in der Sprachenwelt heraus. Übrigens ist der Glaube, daß in solchen Fragen durch die Staatsgewalt verordnete Regulierungen weiterhelfen können, ziemlich naiv. Der eigentliche Begründer der modernen Linguistik, ein Mitkämpfer von Wilhelm von Humboldt, Georg von der Gabelentz, hat mit Recht hervorgehoben, daß die Sprache die demokratischste Schöpfung der Menschheit ist. In Form einer Muttersprache nimmt an diesem Besitz ein jeder Angehörige einzelner Sprachträgergemeinschaften teil, und somit hat ein jeder auf die Mitgestaltung dieses Gemeinschaftsbesitzes recht. Kaiser Sigismund, als er auf dem Konzil von Konstanz wegen der Verstöße gegen Bau und Geist des Lateinischen getadelt wurde, war schwer im Irrtum mit seiner hoffärtigen Antwort als er meinte: Ego sum rex Romanus et supra grammaticam, d.h. „Ich bin der Römische König und stehe über der Grammatik". Es wäre zu wünschen, daß auch Politiker und Beamte unserer Zeit diesem Fehler nicht verfallen.

Graz, 1997   Der Verfasser

Prof. Hutterer konnte noch kurz vor seinem unerwarteten Tod die 4. überarbeitete Auflage abschließen und somit sein persönliches Anliegen, die Vermittlung des Werkes an die Studentenschaft, noch erfüllen.

INHALT

Verzeichnis der Abbildungen XIX

Verzeichnis der Abkürzungen XXIII

I. Das Indogermanische.. 1
    I. 1. Die Entstehung des Begriffes Indogermanisch 1
        I. 1. 1. Die Typologie als Methode der Klassifizierung der Sprachen (1); I. 1. 2. Die genetische (genealogische) Methode der Klassifizierung der Sprachen (4); I. 1. 3. Kennzeichen der genetischen Sprachverwandtschaft und das Indogermanische (7)
    I. 2. Die indogermanische Sprachfamilie 9
        I. 2. 1. Die Gliederung der indogermanischen Sprachen (9); I. 2. 2. Theorien über die Entstehung der indogermanischen Sprachen (12); I. 2. 3. Die Frage nach der indogermanischen Urheimat (16); I. 2. 4. Die Ostgruppe der indogermanischen Sprachen (20); I. 2. 5. Die Westgruppe der indogermanischen Sprachen (24)
    I. 3. Die indogermanische Grundsprache 30
        I. 3. 1. Der Begriff der indogermanischen Grundsprache (30); I. 3. 2. Lautsystem (31); I. 3. 3. Grammatischer Bau (34); I. 3. 4. Syntax (37); I. 3. 5. Wortschatz (38)

II. Die germanische Grundsprache und die Stammesdialekte............... 43
    II. 1. Die Entstehung des Germanischen und seine Stellung im Aufbau des Indogermanischen 43
        II. 1. 1. Die Frage nach der Urheimat der Germanen (43); II. 1. 2. Das Germanische im alteuropäischen Sprachenkreis (46); II. 1. 3. Lehnbeziehungen der alteuropäischen Sprachen (47)
    II. 2. Urgermanisch und Gemeingermanisch 48
        II. 2. 1. Quellen (48); II. 2. 2. Das phonologische System der germanischen Grundsprache (48); II. 2. 3. Die grammatisch-morphologische Struktur der germanischen Grundsprache (54); II. 2. 4. Satzbau (64); II. 2. 5. Wortschatz (64)
    II. 3. Die Gliederung des Germanischen. Stämme und Stammesdialekte.. 68
        II. 3. 1. Klassifizierungsversuche (68); II. 3. 2. Entfaltung der germanischen Stammesdialekte (71); II. 3. 3. Die Begriffe „Urgermanisch" und „Gemeingermanisch" (74)

III. Die Kultur der Germanen 77

    III. 1. Germanische Altertumskunde 77
        III. 1. 1. Begriff und Aufgaben (77); III. 1. 2. Quellen der germanischen Altertumskunde (77); III. 1. 3. Germanische Quellen (79); III. 1. 4. Produktionsweisen. Ackerbau und Viehzucht (80); III. 1. 5. Handwerk und Gewerbe (81); III. 1. 6. Hausbau (82); III. 1. 7. Kleidung (86); III. 1. 8. Waffen (86); III. 1. 9. Gemeinschaftsleben und Rechtsverhältnisse (88)

    III. 2. Die Religion der Germanen 91
        III. 2. 1. Religionsgeschichte und Mythologie (91); III. 2. 2. Quellen und Methoden (92); III. 2. 3. Die Grundlagen der germanischen Religion (97); III. 2. 4. Mythologie und Kult (100); III. 2. 5. Christentum und Fortleben germanisch-mythischer Vorstellungen (102)

    III. 3. Die germanische Runenschrift 103
        III. 3. 1. Schrift und Schriftkunde (103); III. 3. 2. Herkunft der Runen (105); III. 3. 3. Quellen (108); III. 3. 4. Englische Runen (108); III. 3. 5. „Deutsche Runen" (110); III. 3. 6. Die lateinische Schrift bei den deutschen Stämmen und in England (112); III. 3. 7. Die Schrift der Goten (114)

    III. 4. Germanische Dichtkunst 115
        III. 4. 1. Gemeingermanische Dichtung (115); III. 4. 2. Quellen (116); III. 4. 3. Stabreim und Versbau (118); III. 4. 4. Poetische Figuren; die Kenning (119); III. 4. 5. Thematik der germanischen Dichtung (120)

    III. 5. Namenkunde 121
        III. 5. 1. Quellen und Aufgaben (121); III. 5. 2. Personennamen (121); III. 5. 3. Übernamen und Familiennamen (123); III. 5. 4. Geographische Namen (Ortsnamen, Toponymik) (126); III. 5. 5. Ortsnamen als Geschichtsquelle (130)

IV. Germanische Völker und Sprachen 133

    IV. 1. Die Ostgermanen. Das Gotische 133
        IV. 1. 1. Geschichte. Quellen (133); IV. 1. 2. Die gotische Sprache. Lautsystem (135); IV. 1. 3. Grammatische Struktur (138); IV. 1. 4. Wortschatz (141); IV. 1. 5. Textprobe (141)

    IV. 2. Die Nordgermanen 142
        IV. 2. 1. Geschichte und Verbreitung (142); IV. 2. 2. Quellen (143); IV. 2. 3. Altnordisch (144); IV. 2. 4. Textproben (147)
        IV. 2. 5. Isländisch 147
            IV. 2. 51. Geschichte. Quellen (147); IV. 2. 52. Altisländisch (149); IV. 2. 53. Neuisländisch (153); IV. 2. 54. Wortschatz (154); IV. 2. 55. Textproben (156)
        IV. 2. 6. Färöisch 157
            IV. 2. 61. Geschichte. Quellen (157); IV. 2. 62. Lautsy-

stem (160); IV. 2. 63. Grammatische Struktur (160); IV. 2. 64. Textprobe (162)

IV. 2. 7. Norwegisch 162
    IV. 2. 71. Geschichte. Quellen (162); IV. 2. 72. Altnorwegisch (164); IV. 2. 73. Entstehung des Neunorwegischen (165); IV. 2. 74. Neunorwegisch (168); IV. 2. 75. Textproben (170)

IV. 2. 8. Dänisch 171
    IV. 2. 81. Geschichte. Quellen (171); IV. 2. 82. Altdänisch (173); IV. 2. 83. Entstehung des Neudänischen (175); IV. 2. 84. Neudänisch (178); IV. 2. 85. Textproben (181)

IV. 2. 9. Schwedisch.. 182
    IV. 2. 91. Geschichte. Quellen (182); IV. 2. 92. Altschwedisch (184); IV. 2. 93. Entstehung des Neuschwedischen (187); IV. 2. 94. Neuschwedisch (191); IV. 2. 95. Textproben (193)

IV. 3. Die Nordseegermanen 195
    IV. 3. 1. Heimat auf dem Festland (195); IV. 3. 2. Stammeskundliche und archäologische Quellen (196); IV. 3. 3. Das Ingwäonenproblem (198)

    IV. 3. 4. Englisch 200
        IV. 3. 41. Geschichte (200); IV. 3. 42. Quellen (205); IV. 3. 43. Altenglisch (206); IV. 3. 44. Textproben (214); IV. 3. 45. Mittelenglisch (215); IV. 3. 46. Textprobe (221); IV. 3. 47. Entstehung des Neuenglischen (222); IV. 3. 48. Neuenglisch (224); IV. 3. 49. Textproben (229)

    IV. 3. 5. Friesisch 230
        IV. 3. 51. Geschichte. Quellen (230); IV. 3. 52. Anglofriesische Sprachgemeinschaft. Dialekte des Friesischen (232); IV. 3. 53. Altfriesisch (234); IV. 3. 54. Neufriesisch (238); IV. 3. 55. Textproben (241)

    IV. 3. 6. Altsächsisch 243
        IV. 3. 61. Geschichte. Quellen (243); IV. 3. 62. Das Altsächsische (245); IV. 3. 63. Textproben (249)

IV. 4. Die Südgermanen 251
    IV. 4. 1. Heimat und Verbreitung (251); IV. 4. 2. Die Problematik der westgermanischen Einheit. Die zweite (althochdeutsche) Lautverschiebung (254)

    IV. 4. 3. Niederländisch (Flämisch-Holländisch) 258
        IV. 4. 31. Geschichte. Quellen (258); IV. 4. 32. Entstehung des Niederländischen (262); IV. 4. 33. Neuniederländisch (271); IV. 4. 34. Der holländische und der flämische Dialekt (274); IV. 4. 35. Textproben (275)

    IV. 4. 4. Afrikaans 278
        IV. 4. 41. Historischer Überblick (278); IV. 4. 42. Das Afrikaans (281); IV. 4. 43. Textproben (285)

    IV. 4. 5. Niederdeutsch 287
        IV. 4. 51. Zur Geschichte (287); IV. 4. 52. Quellen. Mittelniederdeutsch (289); IV. 4. 53. Neuniederdeutsch (296);

IV. 4. 54. Niederdeutsche Elemente in der neuhochdeutschen Schriftsprache (299); IV. 4. 55. Textproben (301)

IV. 4. 6. Deutsch 303
IV. 4. 61. Historische Voraussetzungen (303); IV. 4. 62. Quellen (305); IV. 4. 63. Althochdeutsch (307); IV. 4. 64. Textproben (315); IV. 4. 65. Mittelhochdeutsch (316); IV. 4. 66. Textprobe (324); IV. 4. 67. Entstehung des Neuhochdeutschen (324); IV. 4. 68. Neuhochdeutsch (328); IV. 4. 69. Textproben (335)

IV. 4. 7. Langobardisch 336
IV. 4. 71. Geschichte. Quellen (336); IV. 4. 72. Das Langobardische (339); IV. 4. 73. Textproben (341)

IV. 4. 8. Pennsilfaanisch 342
IV. 4. 81. Geschichte. Quellen (342); IV. 4. 82. Die deutsche Sprache in Pennsylvanien (344); IV. 4. 83. Textproben (346)

IV. 4. 9. Jiddisch 347
IV. 4. 91. Geschichte. Quellen (347); IV. 4. 92. Entwicklung und Dialekte des Jiddischen (351); IV. 4. 93. Die jiddische Sprache (353); IV. 4. 94. Sprachverbindungen (358); IV. 4. 95. Textproben (360)

IV. 5. Sprachschichtung im Deutschen und im Englischen 361
IV. 5. 1. Mundarten 361
IV. 5. 11. Sprachgeographie (361); IV. 5. 12. Die englischen Mundarten (363); IV. 5. 13. Die deutschen Mundarten (369)

IV. 5. 2. Regionale Umgangssprachen 374
IV. 5. 21. Schottisch (374); IV. 5. 22. Das Englische in Irland und in Wales (379); IV. 5. 23. Das Deutsche in Österreich (380); IV. 5. 24. Schwyzertüütsch (383); IV. 5. 25. Letzeburgisch (387)

IV. 5. 3. Englisch in Übersee 390
IV. 5. 31. Die Vereinigten Staaten und Kanada (390); IV. 5. 32. Südafrika (398); IV. 5. 33. Australien und Neuseeland (399); IV. 5. 34. Die Philippinen und Ozeanien (401); IV. 5. 35. Indien und Pakistan (402)

IV. 5. 4. Soziolekte 403
IV. 5. 41. Hochsprache und Umgangssprache (403); IV. 5. 42. Slang (406); IV. 5. 43. Rotwelsch (406); IV. 5. 44. Der Cockney-Dialekt (408); IV. 5. 45. Berlinisch (411)

IV. 5. 5. Mischsprachen 413
IV. 5. 51. Hybride Sprachen und Kreolisch (413); IV. 5. 52. Hybride Sprachen (414); IV. 5. 53. Kreolsprachen (416); IV. 5. 54. Englisch als Welthilfssprache (417); IV. 5. 55. Germanische Bestandteile der Welthilfssprachen (418)

V. Die Strukturmerkmale der germanischen Sprachen .... V. 1. Lautstand und Rechtschreibung (420); V. 2. Morphologie (425); V. 3. Syntax (434); V. 4. Wortschatz (437); V. 5. Historische Typologie der germanischen Sprachen (447)	420
Bibliographie	469
Wortverzeichnis	499
Namenverzeichnis	553
Bibliographie	469
Wortverzeichnis	499
Namenverzeichnis	553
Ergänzende Bibliographie zur 4. Auflage	567

VERZEICHNIS DER ABBILDUNGEN

1. Verbreitung der indogermanischen Sprachen 11
2. August Schleichers „Stammbaum" der indogermanischen Sprachen 14
3. Die relative Gliederung der indogermanischen Sprachen („Wellentheorie"; nach Johannes Schmidt und Antoine Meillet) 14
4. Sprachgeographische Gliederung des Indogermanischen 15
5. Mutmaßliche Urheimat der indogermanischen Sprachen im Westen (nach Ernst Schwarz) 20
6. Entstehung der Germanen (nach Eduard Sprockhoff) 44
7. Mutmaßliche Ausbreitung der Germanen 1000—500 v. u. Z. (bearbeitet nach Ernst Schwarz) 45
8. Die erste (germanische) Lautverschiebung (nach Hans Krahe) 49
9. Der germanische Vokalismus (nach Hans Krahe) 52
10. Gliederung des Germanischen (nach Karl Müllenhoff) 69
11. Gliederung der Germanen (nach Friedrich Maurer) 70
12. Gliederung des Germanischen (nach Ernst Schwarz) 71
13. Stammesgliederung der germanischen Sprachen (nach Charles F. Hockett) 72
14. Entwicklungsstufen der germanischen Sprachen (nach Charles F. Hockett) 73
15. Germanien zur Zeit des Tacitus (nach Rudolf Much) 75
16. Das Langschiff von Gokstad am Sandefjord, Norwegen (nach Nicolaysen und Volkmar Kellermann) 83
17. Germanisches Haus um die Zeitenwende in Ginderup, Nordwestjütland, Dänemark (nach H. Kæjr und Rudolf Ströbel) 84
18. Germanische Kleidung. Gotische Trachten aus dem 9.—10. Jh. (nach dem Kodex „Libro gotico de los testamentos" aus dem 12. Jh.) 85
19. Germanische Waffen 87
20. Wege des germanischen Fernhandels (nach Eduard Sprockhoff und Bernhard Tesche) 89
21. Felszeichnungen der Bronzezeit in Südskandinavien 94—95
22. Ortsnamen mit Asengottheiten im Norden (bearbeitet nach Jan de Vries) 97
23. Ortsnamen mit Wanengottheiten im Norden (bearbeitet nach Jan de Vries) 99
24. Orte mit Namen germanischer Kultstätten in Mittelschweden (bearbeitet nach Jan de Vries) 101
25. Der Weltenbaum der nordgermanischen Mythologie 101
26. Die Og(h)am-Schrift der Kelten 106
27. Das älteste bisher bekannte Fuþark 106
28. Entwicklung der Runen (Zusammenstellung der Runen mit antiken Alphabeten; nach Otto v. Friesen und Helmut Arntz) 107
29. Schwedische Runen 109
30. Englische Runen 110

Abbildungen

31. Fundorte der wichtigsten Runendenkmäler des Festlandes (nach HELMUT ARNTZ und HANS ZEISS) 111
32. Lateinische Schriftarten im Mittelalter 113
33. Gotische Schrift 115
34. Bildungstypen deutscher Familiennamen (nach WOLFGANG FLEISCHER) 125
35. Zur Namentypologie der Landschafts- und Bezirksnamen im frühmittelalterlichen Deutschland (vereinfachte Übersicht nach PETER VON POLENZ) 129
36. Die Goten (nach ERNST SCHWARZ) 137
37. Gliederung der nordgermanischen Sprachen 143
38. Die Ausbreitung der Nordgermanen (nach E. V. GORDON) 145
39. Mundartgrenzen auf Island (bearbeitet nach KENNETH G. CHAPMAN) 155
40. Dialekträume auf den Färöern (nach JØRGEN RISCHEL) 159
41. Die Mundarten Norwegens (nach EINAR LUNDEBY und INGVALD TORVIK) 167
42. Sprachgeographische Gliederung des Nordgermanischen (nach MICHAIL IVANOVIČ STEBLIN-KAMENSKIJ) 177
43. Die schwedischen Mundarten (nach ELIAS WESSÉN und GÖSTA BERGMAN) 189
44. Gliederung des Ingwäonischen (nach THEODOR FRINGS und GOTTHARD LERCHNER) 199
45. Die Landnahme der Angelsachsen (nach ERNST SCHWARZ) 202
46. Altenglische Mundarten (nach VLADIMIR DMITRIEVIČ ARAKIN und KARL BRUNNER) 207
47. Vokalismus des Altenglischen 210
48. England zur Zeit der nordseegermanischen Eroberungen (nach KARL BRUNNER) 213
49. Mittelenglische Mundarten (nach KARL BRUNNER) 217
50. Historische Verbreitung des Friesischen (nach KLAAS FOKKEMA) 235
51. Der altsächsische Sprachraum im 9. Jh. u. Z. (nach WILLIAM FOERSTE und HANS JOACHIM GERNENTZ) 245
52. Die zweite (althochdeutsche) Lautverschiebung (nach HANS KRAHE) 257
53. Grenzen der zweiten Lautverschiebung (bearbeitet nach HUGO MOSER und VIKTOR SCHIRMUNSKI) 259
54. Dialekträume in den Niederlanden (nach JAN VAN GINNEKEN und C. G. N. DE VOOYS) 269
55. Die Sprachen Südafrikas (nach ERIK HOLM) 279
56. Der Machtbereich der Hanse 291
57. Neuniederdeutsche Mundarten vor dem Zweiten Weltkrieg (nach WILLIAM FOERSTE) 295
58. Althochdeutsche Schreiborte (nach HANS NAUMANN und WERNER BETZ) 309
59. Schriftdialekte in mitteldeutscher Zeit (Mittelhochdeutsch bis 1350, Mittelniederdeutsch bis 1600; nach WALTHER MITZKA) 319
60. Der deutsche Sprachraum im 15. und 16. Jh. (nach HUGO MOSER, VIRGIL MOSER, WILLY KROGMANN und WALTHER NIEKERKEN) 325
61. Die neuhochdeutsche Diphthongierung (nach KURT WAGNER und ADOLF BACH) 329
62. Verbreitung der Langobarden in Italien (nach EMIL GAMILLSCHEG) 337
63. Deutscher Sprachraum in Pennsylvanien (nach CARROLL E. REED und LESTER W. SEIFERT) 342
64. Mundartgrenzen im Pennsilfaanischen (Südostpennsylvanien; nach CARROLL E. REED und LESTER W. SEIFERT) 345
65. Verbreitung des Jiddischen in Europa (nach FRANZ JOSEF BERANEK und URIEL WEINREICH) 349

66. Neuenglische Mundarten (nach KARL BRUNNER) 367
67. Historische Verbreitung der deutschen Mundarten (nach ADOLF BACH, HUGO MOSER, HELMUT PROTZE und VIKTOR SCHIRMUNSKI) 371
68. Die Mundarten Schottlands am Beispiel der Bezeichnung für 'Buchfink' 375
69. Dialekträume in Österreich 381
70. Sprachenkarte der Schweiz (nach BRUNO BOESCH und ADOLF BACH) 385
71. Der Aufbau des Letzeburgischen am Beispiel der Aussprache von 'mähen' in Luxemburg (nach ROBERT BRUCH) 389
72. Dialekträume in den Vereinigten Staaten (nach A. D. SCHWEIZER) 393
73. Der „Trichter" bei Berlin (nach HORST BECKER und ADOLF BACH) 411
74. Verbreitung der germanischen Sprachen in der Gegenwart 461
75. Genetische und historisch-typologische Gliederung der germanischen Sprachen 464

VERZEICHNIS DER ABKÜRZUNGEN

adän.	=	altdänisch	fär.	=	färöisch
Adj.	=	Adjektiv	fi.	=	finnisch
Adv.	=	Adverb	fläm.	=	flämisch
afr.	=	altfriesisch	fr.	=	friesisch
afrik.	=	afrikaans	frk.	=	fränkisch
afrz.	=	altfranzösisch	frz.	=	französisch
ags.	=	altenglisch (angelsächsisch)	G., Gen.	=	Genitiv
			gäl.	=	gälisch
ahd.	=	althochdeutsch	gall.	=	gallisch
ai.	=	altindisch	germ.	=	germanisch
air.	=	altirisch	got.	=	gotisch
airan.	=	altiranisch	gr.	=	griechisch
aisl.	=	altisländisch	ha.	=	hebräisch-aramäisch
aj.	=	altjiddisch	hebr.	=	hebräisch
Akk.	=	Akkusativ	heth.	=	hethitisch
alat.	=	altlateinisch	hi.	=	Hindi
alb.	=	albanisch	holl.	=	holländisch
alit.	=	altlitauisch	idg.	=	indogermanisch
am.	=	amerikanisch	ill.	=	illyrisch
an.	=	altnordisch	Imp.	=	Imperativ
anfrk.	=	altniederfränkisch	Ind.	=	Indikativ
anorw.	=	altnorwegisch	Inf.	=	Infinitiv
apers.	=	altpersisch	Instr.	=	Instrumentalis
apr.	=	altpreußisch	ir.	=	irisch
arab.	=	arabisch	isl.	=	isländisch
arch.	=	archaisch	it.	=	italienisch
arm.	=	armenisch	j.	=	jiddisch
as.	=	altsächsisch	kelt.	=	keltisch
aschw.	=	altschwedisch	Komp.	=	Komparativ
asl.	=	altslawisch	Konj.	=	Konjunktiv
austr.	=	australisch	krimgot.	=	krimgotisch
aw.	=	awestisch	kroat.	=	kroatisch
bair.	=	bairisch	kymr.	=	kymrisch
bulg.	=	bulgarisch	lat.	=	lateinisch
D., Dat.	=	Dativ	lett.	=	lettisch
dän.	=	dänisch	lgb.	=	langobardisch
dt.	=	deutsch	lit.	=	litauisch
engl.	=	englisch	litw.	=	litwakisch (litauisch-jiddisch)
f., Fem.	=	weiblich			

Abkürzungen

m., Mask.	=	männlich	PN(N)	=	Personenname(n)
md.	=	mitteldeutsch	poln.	=	polnisch
mdl.	=	mundartlich	Präp.	=	Präposition
me.	=	mittelenglisch	Präs.	=	Präsens
mhd.	=	mittelhochdeutsch	Prät.	=	Präteritum
mlat.	=	mittellateinisch	ps.	=	pennsilfaanisch
mnd.	=	mittelniederdeutsch	rum.	=	rumänisch
mnl.	=	mittelniederländisch	russ.	=	russisch
n., Neutr.	=	sächlich	rw.	=	rotwelsch
N., Nom.	=	Nominativ	samoan.	=	samoanisch
nd.	=	niederdeutsch	schott.	=	schottisch
ndän.	=	neudänisch	schw.	=	schwedisch
ne.	=	neuenglisch	schwäb.	=	schwäbisch
nfrk.	=	niederfränkisch	serb.	=	serbisch
nh.	=	neuhebräisch	serbokroat.	=	serbokroatisch
nhd.	=	neuhochdeutsch	Sg., Sing.	=	Singular
nisl.	=	neuisländisch	skr.	=	sanskrit
nj.	=	neujiddisch	slaw.	=	slawisch
nl.	=	niederländisch	slow.	=	slowakisch
neulat.	=	neulateinisch	span.	=	spanisch
nordfr.	=	nordfriesisch	spätlgb.	=	spätlangobardisch
nordfrz.	=	nordfranzösisch	Superl.	=	Superlativ
nordnl.	=	nordniederländisch	thrak.	=	thrakisch
norw.	=	norwegisch	tir.	=	tirolisch
ns.	=	niedersächsisch	toch.	=	tocharisch
NS	=	neuseeländisch	tschech.	=	tschechisch
nschw.	=	neuschwedisch	u.	=	Utrum
obd.	=	oberdeutsch	ung.	=	ungarisch
oj.	=	ostjiddisch	urgerm.	=	urgermanisch
ON(N)	=	Ortsname(n)	ursl.	=	urslawisch
Opt.	=	Optativ	v.	=	Verb, verbal
osk.	=	oskisch	ven.	=	venetisch
öst.	=	österreichisch	Vok.	=	Vokativ
osset.	=	ossetisch	vorahd.	=	voralthochdeutsch
ostgot.	=	ostgotisch	vulgärlat.	=	vulgärlateinisch
Part.	=	Partizip	westd.	=	westdeutsch
Pass.	=	Passiv	westgerm.	=	westgermanisch
Perf.	=	Perfekt	westgot.	=	westgotisch
pers.	=	persisch	westnorw.	=	westnorwegisch
Pers.	=	Person	westsächs.	=	westsächsisch
Pl., Plur.	=	Plural	wj.	=	westjiddisch
Plusqu.	=	Plusquamperfekt	zig.	=	zigeunerisch

=	ist gleich
╪	ist nicht gleich
~	entspricht
< (>)	entstanden aus
← (→)	entwickelt zu
*	erschlossene Form

I. DAS INDOGERMANISCHE

I.1. DIE ENTSTEHUNG DES BEGRIFFES INDOGERMANISCH

I.1.1. Die Typologie als Methode der Klassifizierung der Sprachen

Wenn man mit verschiedenen Sprachen in Berührung kommt, so drängt sich einem nicht selten der Gedanke auf, daß zwei oder auch mehrere Sprachen in ihrem Lautstand, ihrer Grammatik und vor allem im Wortschatz recht auffallende Übereinstimmungen bzw. Ähnlichkeiten aufweisen. Sucht man z. B. nach dem Äquivalent von dt. *Mutter* oder engl. *mother* in den Wörterbüchern anderer Kultursprachen Eurasiens, so fällt es auch dem Laien auf, daß sich diese Wörter nl. *moeder* [mu:dər], schw. *moder* [mu:dər] bzw. [mu:r], ja sogar lat. *mater*, it.-span. *madre*, russ. мать, skr.-hi. *mātā* usw. erstaunlich nahe stehen. Sprachliche Ähnlichkeiten dieser Art können nach ihrer Genese zweierlei Ursachen haben. Zunächst liegt der Verdacht nahe, es gehe dabei um irgendein gemeinsames Erbgut in all diesen Sprachen, aber es ist doch auch möglich, daß diese auffallende Ähnlichkeit der betreffenden Wörter einer historischen Wechselwirkung unter den Trägern der genannten Sprachen zu verdanken ist. Diese zweite Möglichkeit erklärt ja nicht nur das Vorhandensein von Lehnwörtern in einer Sprache, sondern besonders häufig auch die ähnlichen oder geradezu gleichen Strukturmerkmale ganz verschiedener Sprachen. Versucht man nun einzelne Sprachen, unabhängig von ihrer Herkunft, nach solchen systemgebundenen t y p o l o g i s c h e n Merkmalen zu klassifizieren, so spricht man im Falle ähnlicher Sprachtypen von einer t y p o l o g i s c h e n V e r w a n d t s c h a f t (bzw. Affinität) der Sprachen. So ist es z. B. bekannt, daß Englisch seiner Herkunft nach eine germanische Sprache ist, trotzdem weicht es in seiner Struktur von den altgermanischen Sprachen, aber auch vom Deutsch der Gegenwart wesentlich ab, während es mit dem Chinesischen von heute manche strukturelle Ähnlichkeiten aufweist, obwohl zwischen Englisch und Chinesisch keinerlei historische Verwandtschaft besteht.

Die strukturmäßige, typologische Klassifizierung der Sprachen wird manchmal — da sie einen durchaus synchronisch-beschreibenden Charakter hat — mit FERDINAND DE SAUSSURE in Verbindung gebracht. Die Methodik der Typologie war aber lange vor ihm entstanden. Ein namhafter deutscher Vertreter der romantischen Sprachwissenschaft, FRIEDRICH VON SCHLEGEL (1772—1829), hatte noch zu Beginn des 19. Jh.s an Hand der Untersuchung des Sanskrits die sogenannten *flektierenden* (d. h. „beugenden") Sprachen auf Grund morphologischer Merkmale gekennzeichnet, wobei er auch feststellte, daß die semantischen Modifizierungen der Wörter in solchen Sprachen innerhalb der Morpheme, insonderheit der Stammorpheme, zum Ausdruck kommen, vgl. dt. *Vater* gegenüber *Väter*, engl. *I take* 'ich nehme' gegenüber *I took* 'ich nahm' u. dgl. Einige Jahre später schlug sein Bruder, AUGUST WILHELM VON SCHLEGEL, bereits eine Klassifizierung aller Sprachen auf dieser Grundlage vor, wobei er schon drei Sprachtypen unterschied: 1. *amorphe*, d. h. strukturlose *Sprachen*, die keine Wortarten unterscheiden, und in denen die Sprachinhalte lediglich durch die Wortstellung, die Intonation u. dgl. — heute würde man sagen: suprasegmentale Elemente — modifiziert und zur sinnvollen Mitteilung geordnet werden; 2. *affigierende Sprachen*, die dieselbe Aufgabe mit Hilfe von Affixen lösen; 3. *flektierende Sprachen*, denen über die Affixe hinaus auch die Flexion, d. i. die eigentliche Beugung, eigen ist. Diesen dritten Typus hat er, über die Ebene der Morphologie hinausgehend, auf Grund syntaktischer Merkmale in eine s y n - t h e t i s c h e und eine a n a l y t i s c h e Gruppe zerlegt. Danach werden die Beziehungen im Satze beim synthetischen Typus durch die W o r t f o r m e n selbst ausgedrückt, beim analytischen dagegen durch P a r t i k e l n, die zwischen den Wörtern im Satz eine sinnvolle Verbindung bzw. ihre gegenseitige Beziehung herstellen. Dieses Prinzip der synthetisch-analytischen Doppelheit wurde im folgenden von AUGUST SCHLEICHER (1821—1868) auch auf die *affigierenden* (= agglutinierenden, s. u.) Sprachen angewendet.

Von der SCHLEGELschen Theorie ausgehend, ist es einem der bedeutendsten Linguisten der Neuzeit, WILHELM VON HUMBOLDT (1767—1835), in der ersten Hälfte des 19. Jh.s gelungen, ein auf morphologischen Grundlagen beruhendes neues Klassifikationssystem zu erstellen, wobei er schon vier Sprachtypen unterschied: 1. *isolierende* (= amorphe) *Sprachen* wie Chinesisch, Vietnamesisch, Indonesisch, manche afrikanische Sprachen usw.; 2. *agglutinierende* (= affigierende) *Sprachen*, wie Ungarisch, Türkisch (ja, die ural-altaischen Sprachen schlechthin), Japanisch, Hindi, Armenisch, Ketschua, die Bantusprachen usw.; 3. *flektierende Sprachen*, z. B. Arabisch, Hebräisch, Griechisch, Russisch, Deutsch usw. und 4. *inkorporierende* (d. h. „einverleibende"), mit einem anderen Ausdruck *polysynthetische* (d. h. mehrere Satzteile zusammenfassende) *Sprachen*. Zum 4. Typus gehören in erster Linie verschiedene Indianersprachen, die eigentlichen kaukasischen Sprachen (Grusinisch, Kabardinisch usw.) und die sog. paläoasiatischen Sprachen (Eskimo, Giljakisch, Kamtschadalisch usw.). Ihr typischstes gemeinsames Merkmal ergibt sich daraus, daß sie die einzelnen Satzteile zu einem organisch-gebundenen Ganzen — nach unseren Begriffen etwa zu einem „Wort" — verschmelzen.

Wilhelm von Humboldts Klassifikation wurde in der Folgezeit mehrfach ergänzt und verfeinert, so von Haym (Heyman) Steinthal, Franz Misteli, Filip Fedorovič Fortunatov, Franz Nikolaus Finck, Edward Sapir, Ernst Lewy, Otto Jespersen u. a. Letzten Endes ist auch die von falschen Prämissen ausgehende und daher vereitelte „neue Lehre von der Sprache" des Kaukasologen Nikolaj Jakovlevič Marr hierherzuzählen.

Die älteren Versuche waren im ideologischen Rahmen der sogenannten Völkerpsychologie auf die „Wertbestimmung", also die Aufstellung einer vermeintlichen „Rangordnung" der einzelnen Sprachtypen ausgerichtet, wobei man zunächst zwischen „formlosen" und „Formensprachen" unterscheiden wollte und bei den letzteren wiederum eine Hierarchie zugunsten der Flexionssprachen anstrebte. Das war ein Ausbau zweifellos Humboldtscher Ideen in der falschen Richtung, letzten Endes eine zum Teil bewußte, zum Teil auch unbewußte nationalistische Manipulation der Disziplin: Haym Steinthal als Vertreter der deutschen Wissenschaft trat für den Vorrang der Flexionssprachen ein, indem er gleich den alten Romantikern die Flexion als die höchste Leistung menschlichen Sprachvermögens bezeichnete, während der Däne Otto Jespersen — wie so mancher Angelsachse in seiner Nachfolge — diese „Spitze" in der Analyse erblickte, wie sie im Englischen (und in den nordischen Sprachen des Festlandes) vorlag. Indessen wurden aber im vorigen Jahrhundert auch die positiven Ansätze der beiden Schlegel und Wilhelm von Humboldts weiterentwickelt, vor allem von Hans Connon von der Gabelentz und seinem Sohn Georg von der Gabelentz.

Georg von der Gabelentz hat in der zweiten Hälfte des 19. Jh.s die Unhaltbarkeit der Steinthalschen „Wertskala" sowie der Theorie der „Formlosigkeit" von Sprachen nachgewiesen, wobei er sämtliche Kombinationsmöglichkeiten der Einzeltypen in konkreten Sprachen untersucht und neue Begriffe wie „Verschmelzung" (bei Edward Sapir *fusion*) und „Symbolisation" (bei Edward Sapir *symbolisation*) eingeführt hat. Mit Nachdruck verwies Gabelentz darauf, daß die typologischen Unterschiede der Sprachen nur Gradunterschiede und keine Wertunterschiede sind, bzw. daß der Kulturwert einer Sprache vom kulturellen Stand ihrer Träger, der Völker, abhängt, was aber nicht unmittelbar im Sprachbau manifest sein kann. Die einschlägige Zusammenstellung der Sprachtypen bei Edward Sapir ist eine tabellarische Darstellung der Gabelentzschen Beschreibung von 1891. Der heute in der Wissenschaftsgeschichte noch gängigen Fehlmeinung gegenüber ist hervorzuheben, daß die Einbeziehung der Syntax in die Sprachtypologie, die Ausweitung derselben auf eine vergleichende Darstellung, ja sogar der Name der „Typologie" nicht von Edward Sapir, sondern von GEORG VON DER GABELENTZ stammt, vgl. sein Werk „Die Sprachwissenschaft" (Leipzig 1891 bzw. ²1901).

Es sei gleich hier schon angemerkt, daß „reine Typen" nur als Ergebnisse wissenschaftlicher Abstraktion zu verstehen sind. Die Sprachen der Welt sind in Wirklichkeit typologisch gemischt bzw. zusammengesetzt, und ihre Zuordnung zu dem einen oder dem anderen Typus erfolgt auf Grund ihrer charakteristischsten Merkmale. So gehört das Deutsche z. B. im wesentlichen zum flektierend-synthetischen Typus, aber es ist ihm in seinen Teilsystemen auch die Agglutinierung, noch mehr, die Polysynthese nicht fremd, vgl. das inkorporierende Gefüge *er ist* [:*nach Hause*:] *gegangen*. Englisch ist heute schon im allgemeinen wurzelisolierend wie das Chinesische (vgl. *do you speak English?* — wörtlich etwa: 'tu- + du/ihr/Sie + sprech- + Englisch?'; d. h. 'sprechen Sie [oder: sprecht ihr bzw. sprichst du] Englisch?'), trotzdem kennt es auch noch die innere Flexion (z. B. *I bring* 'ich bringe' — *I brought* 'ich brachte').

Die strukturell-typologische Untersuchung der Sprachen auf synchronisch-beschreibender Grundlage hat in der Arbeit der verschiedenen strukturalistischen, generativ-transformationalistischen Schulen in der Sprachwissenschaft eine besondere Funktion, nicht minder aber auch in der theoretischen Vorbereitung der auf Übersetzung und Exzerpierung technischer Texte abzielenden maschinellen Übersetzung, d. h. in der Programmierung der Übersetzungsmaschinen. Die unmittelbare Verwendbarkeit der Typologie in der Praxis zeigt sich vor allem im Sprachunterricht: die auf Grund typologischer Vergleichungen erstellten und die einzelnen Sprachen konfrontierenden, sogenannten kontrastiven Grammatiken sind sehr wichtige Mittel zur bewußten Aneignung der mit der Muttersprache des Lernenden übereinstimmenden bzw. davon abweichenden Strukturmerkmale der Fremdsprachen. Ebenso wichtig sind sie, wo es gilt, im Verlauf des Unterrichts der Muttersprache die Kinder von einer Mundart zum richtigen Gebrauch der Hochsprache hinüberzuführen.

I.1.2. Die genetische (genealogische) Methode der Klassifizierung der Sprachen

Zwischen den Einzelsprachen bestehen indessen nicht nur synchronisch-typologische, sondern auch diachronisch-historische Beziehungen. Die historische Methode der Klassifizierung der Sprachen reicht in viel ältere Zeiten zurück als die typologischen Untersuchungen, und zwar in das ausgehende 18. Jh., als im Zusammenhang mit der Kolonisierung Indiens auch die Erforschung der indischen Sprachen, in erster Linie des Sanskrits, in Angriff genommen wurde (WILLIAM JONES, 1746—1794). Den Forschern fiel zunächst auf, daß sowohl im Lautsystem als auch in der Morphologie, insbesondere aber im Wortschatz, verblüffende Ähnlichkeiten zwischen dem Sanskrit, dem Altgriechischen, dem Lateinischen und auch manchen modernen Sprachen Europas vorhanden sind. Am Anfang des vorigen Jahrhunderts konnte schon der Begründer der vergleichenden Indogermanistik im wissenschaftlichen Sinne des Wortes, Franz Bopp (1791—1867), auch das Persische und die germanischen Sprachen in diesen Kreis einbeziehen, während ihre uralte Verwandtschaft mit den slawischen Sprachen u. a. von dem russischen Gelehrten Aleksandr Kristoforovič Vostokov aufgezeigt wurde. Der Anschluß der germanischen Sprachen war in hohem Grade den Forschungen des Dänen Rasmus Rask (1787—1832) zu verdanken. In der Klärung der genetischen Beziehungen des Deutschen tat sich Jacob Grimm (1787—1863) besonders hervor, während bei der Einordnung der romanischen Sprachen Friedrich Diez sich das größte Verdienst in der Wissenschaft des 19. Jh.s erwarb.

Auf diese Weise ist allmählich der Begriff der die verwandten Einzelsprachen überdachenden S p r a c h f a m i l i e n entstanden. Die Bezeichnung g e n e t i s c h e (oder genealogische) V e r w a n d t s c h a f t verrät uns, daß der Begriff noch tief in der Sprachbetrachtung der Romantik wurzelt, die die Sprache für einen lebendigen Organismus hielt und sich deren Entstehung, Entwicklung und Verfall genauso vorstellte, wie die aus der Welt der Pflanzen bekannten Vorgänge. Diese romantische Begriffsbildung der Sprachwissenschaft wurde vom größten Theoretiker der deutschen Romantik, Johann Gottfried Herder (1744—1803), geprägt.

Die Vergleichung des Sanskrits mit verschiedenen europäischen Sprachen hat zunächst den Begriff der i n d o g e r m a n i s c h e n S p r a c h f a m i l i e erbracht. Nach diesem Vorbild ging man aber bald an die Klärung der genetischen Beziehungen anderer, nichteuropäischer Sprachen. So ist dann auch der Begriff der s e m i t i s c h - h a m i t i s c h e n (Theodor Benfey, Richard Lepsius), der u r a l - a l t a i s c h e n (P. J. Strahlenberg, Samuel Gyarmathi, Johannes Sajnovics u. a.) — innerhalb dieser der altaischen, der uralischen bzw. der finnisch-ugrischen —, ferner der t i b e t o c h i n e s i s c h e n, der b a n t u i s c h e n u. a. Sprachfamilien entstanden.

Die Methode der Erforschung genetischer Sprachbeziehungen ist die *historisch-vergleichende Sprachwissenschaft*. Da die genetische Forschung sich — soweit es möglich ist — mit der Vergleichung auch heute gesprochener Sprachen nicht zufrieden gibt, sondern die aufgedeckten genetischen Bindungen in möglichst älteste Zeiten zurückverfolgen soll, um dadurch nicht nur für die Sprachwissenschaft, sondern zugleich für andere Disziplinen, in erster Linie für die Geschichtswissenschaft, wichtige Beweise und Belege zu ermitteln, ist es verständlich, daß die Forschung auch die Schriftdenkmäler gesprochener bzw. erloschener Sprachen weitgehend verwertet. Die Forscher sind freilich bestrebt, die ältesten Denkmäler der untersuchten Sprachen aufzudecken, um dadurch auf den voraufgehenden, schriftlich noch nicht belegten Zustand dieser Sprachen schließen zu können. Dieses Verfahren wird, da sein wichtigstes Mittel in der Vergleichung (= lat. *comparatio*) besteht, auch *Komparativismus* genannt; seine Vertreter sind die *Komparativisten*. Die schriftlich nicht bezeugten, aber im Wege genetischer Vergleichung erschlossenen sprachlichen Formen werden also r e k o n s t r u i e r t ; der Umstand der Erschließung — der *Rekonstruktion* — wird mit einem Sternchen (*) angedeutet, das der erschlossenen Lautung oder grammatischen Form vorangesetzt wird.

Verweilen wir noch kurz bei unserem Beispiel *Mutter* ~ engl. *mother*. Wenn man nur die ältesten belegten Formen ins Auge faßt, lassen sich folgende Wörter mit ihnen genetisch verbinden: lat. *māter*, ai. *mātár-*, toch. *mācar*, arm. *mair*, gr. μήτηρ (dorisch μάτηρ), air. *māthir*, ahd. *muoter*, lett. *māte*, asl. *mati* (Gen. *matere*), lit. *motē̃*, alb. *motrë*. Die Bedeutung all dieser Wörter ist 'Mutter', nur das litauische Wort bedeutet 'Frau' bzw. das albanische 'Schwester'. Es liegt auf der Hand, daß diese beiden letzten Bedeutungen, gemäß ihrer Isolierung im erschlossenen Sprachenkreis, das Ergebnis sekundärer Sprachentwicklung manifestieren im Gegensatz zu der in allen übrigen Sprachen belegten ursprünglichen Bedeutung 'Mutter'. Die aus den verschiedenen Lautformen zu erschließende Grundform ist *māter-* Mit derselben Methode untersucht man die Flexionselemente, die Mittel der Wortbildung und die Besonderheiten der Syntagmatik bzw. der eigentlichen Syntax. Die Wahrscheinlichkeit der Vergleichung kann als maximal gelten, wenn die gesuchte Erscheinung in sämtlichen (vermutlich) verwandten Sprachen belegt ist. In der Praxis muß man jedoch meistens viel bescheidener sein, da ein großer Teil der gemeinsamen Züge der verwandten Sprachen in der Regel nicht alle Glieder der „Familie" erfaßt, sondern nur eine kleinere, enger zusammengehörende Gruppe innerhalb der ganzen Sprachfamilie kennzeichnet.

Die historisch-vergleichende Methode wurde um die Mitte des 20. Jh.s von verschiedenen Strukturalisten besonders heftig angegriffen. Diese negative Einstellung war aber eher für die Kopenhagener Schule und einige, zumeist peripherische, amerikanische Gruppen charakteristisch. Die Geschichtlichkeit der Sprache läßt sich aber nicht leugnen, und es ist allzu natürlich, daß eine gegenseitige Annäherung der historisch ausgerichteten traditionellen Philologie und der über die bloße sprachliche Deskription hinausgehenden, um eine wissenschaftliche Deutung bemühten Strukturalisten gerade in diesem Bereich zu verzeichnen ist. Die Zielsetzungen der historischen Sprachwissenschaft treten in letzter Zeit auch in den strukturalistischen Forschungen immer mehr in den Vordergrund.

In unserer technisch-nüchtern eingestellten Zeit erscheint die Frage unumgänglich, worin denn eigentlich der Nutzen der Rekonstruktion besteht? Doch sei dabei nicht vergessen, daß der Linguist im Gange der Rekonstruktion keineswegs nur die inneren Bewegungsgesetze der Sprachentwicklung bzw. der Entwicklung einer Sprache erschließt, sondern gleichzeitig für die verschiedensten Disziplinen nützliche und wichtige, nicht selten erst dadurch faßbar gewordene Umstände erhellt. Der Bogen der Wissenschaften, die in mancher Hinsicht auf die historische Sprachwissenschaft angewiesen sind, ist sehr weit gespannt und umfaßt von der Historiographie im engeren Sinne bis zur Botanik und Klimatologie eine ganze Reihe von Wissenschaften. Ohne die Eigenständigkeit der Sprachwissenschaft im Rahmen der Wissenschaften leugnen zu wollen, muß man jedoch jene, gelegentlich heute noch vertretene, engstirnige und die Dialektik der sprachlichen Realität absolut verkennende idealistische Meinung von der Hand weisen, wonach das Ziel der Sprachforschung einzig und allein in der Klärung innersprachlicher Fragen bestehen sollte, ohne Bezugnahme auf die Bindungen zu anderen Disziplinen. Die Sprache ist das Produkt der menschlichen Gesellschaft, ihre Entwicklung geht im größeren Rahmen der allgemeinen Entwicklung der menschlichen Gesellschaft, d. h. der Träger der gegebenen Sprache, vor sich und läßt sich davon nicht loslösen. Gleich allen gesellschaftsbezogenen Wissenschaften kann auch die Sprachwissenschaft keinem Selbstzweck nacheilen, sondern sie ist nur im gegenseitig determinierten Kreis der Nachbardisziplinen imstande, ihre eigenen, besonderen Aufgaben zu erfüllen.

I.1.3. Kennzeichen der genetischen Sprachverwandtschaft und das Indogermanische

Die genetische Verwandtschaft verschiedener Sprachen läßt sich in der Regel nicht auf Grund der Untersuchung einer einzigen Ebene des Sprachsystems feststellen. Die Tatsache, daß der Akzent im Deutschen und im Englischen — von den Fremdwörtern und bestimmten Ableitungen abgesehen — auf dem Wortstamm, d. h. gewöhnlich auf der ersten Silbe, liegt, kann also die Verwandtschaft dieser Sprachen z. B. mit dem Ungarischen, wo der Wortakzent ebenfalls auf der ersten Silbe liegt, noch nicht beweisen. Auch das sonst wichtige Strukturmerkmal, daß das Possessivsuffix im Ungarischen genauso wie im Armenischen dem Besitz angehängt wird (vgl. ung. *ház* 'Haus' → *ház[a]d* 'dein Haus' ~ arm. *tun* 'Haus' → *tun[ə]d* 'dein Haus' usw.), oder daß der bestimmte Artikel sowohl in den nordgermanischen als auch in den balkanischen Sprachen ein Schlußartikel ist (z. B. schw. *man* 'Mann' → *mannen* 'der Mann', rum. *om* 'Mensch' → *omul* 'der Mensch', bulg. *kniga* 'Buch' → *knigata* 'das Buch', alb. *sistem* 'System' → *sistemi* 'das System'), ist noch kein ausreichender Beweis für die Verwandtschaft dieser Sprachen. In grundverschiedenen Sprachen sind bekanntlich auch lautliche Übereinstimmungen mit unvereinbarem semantischem Inhalt möglich (z. B. dt. *wahr* und ung. *vár* [va:r] '1. Burg; 2. er wartet', nl. *nieuw* [niu] 'neu' und samoan. *niu* 'Palme'), gelegentlich kommt es auch vor, daß solche Wörter zufällig auch semantisch übereinstimmen (z. B. engl. *I* [ai] 'ich' und dongolesisch [nubisch] *ay* 'dass.', midobisch [nubisch] *on* 'er' und russ. он 'dass.'), aber eine Verwandtschaft ist zwischen diesen Sprachen aus verschiedenen historischen und sprachhistorischen Gründen ausgeschlossen: ihre Übereinstimmungen sind isolierte Zufallserscheinungen. Eine Sondergruppe bilden jeweils die Lehnwörter, die auf einer echten Wechselwirkung beruhen, aber auch sie gelten natürlich nicht als Beweise für den gemeinsamen Ursprung zweier Sprachen.

Ähnliches läßt sich in der Syntax beobachten. Ähnliche, manchmal auch identische syntaktische Gebilde können in verschiedenen Sprachen unabhängig voneinander, also außerhalb eines genetischen Rahmens, zustande gekommen sein.

Um sicher zu gehen, muß man daher bei der Bestimmung der genetischen Verwandtschaft verschiedener Sprachen die Untersuchungen auf sämtliche Ebenen der Sprachstruktur — auf Lautsystem, Morphematik, Syntagmatik und Syntax — sowie auf den Wortschatz (d. h. auf Wortlehre und Wortbedeutungslehre) erstrecken, und man ist erst gemäß dem Verhältnis von Übereinstimmung und Unterschied berechtigt festzustellen, ob und in welchem Grade zwei oder auch mehrere Sprachen miteinander verwandt sind.

Die dilettantische Vergleichung spricht sich dabei für eine vollkommene Identität der verglichenen Formen aus. Von der wissenschaftlichen Komparation wird diese Identität nicht überschätzt, da in der Mehrzahl solcher Fälle entweder ein Zufall oder eine Entlehnung vorliegt. So beweist z. B. die Übereinstimmung von ung. *rozs* [roʒ] 'Roggen' und russ. рожь 'dass.' nicht die genetische Verwandtschaft von Russisch und Ungarisch, sondern sie ist das Ergebnis einer ungarischen Entlehnung aus dem Slawischen. Maßgeblich ist hingegen das S y s t e m r e g e l m ä ß i g e r E n t s p r e c h u n g e n — wie etwa die Entsprechung idg. $p \sim$ germ. f in einer Reihe von Wörtern, vgl. lat. *pater* $\sim$ dt. *Vater* (engl. *father*), lat. *piscis* $\sim$ dt. *Fisch* (engl. *fish*) usw. —, da sie sich aus früheren regelmäßigen Lautentwicklungen erklären und daher mit Recht auf eine gemeinsame sprachliche Grundlage zurückgeführt werden.

Im Ergebnis der auf dieser Grundlage durchgeführten Untersuchungen wurde es klar, daß die einbezogenen europäischen Sprachen zu Beginn der uns bekannten Geschichte vom Ganges bis Westeuropa verbreitet waren. Nach dieser geographischen Verbreitung faßte sie FRANZ BOPP schon 1816 unter dem Namen *Indisch-Europäisch* zusammen. Daraus wurde vom Schweizer Linguisten ADOLPHE PICTET die Bezeichnung *indoeuropäische Sprachfamilie* geprägt, die vor allem in Frankreich und den übrigen romanischen Ländern, dann auch im Skandinavien, im angelsächsischen und im slawischen Bereich Wurzel faßte. Im Deutschen ist heute noch mehr die Bezeichnung I n d o g e r m a n i s c h im Schwange, auf Grund der Annahme, daß der östlichste Vertreter der Sprachfamilie das Indische, der westlichste dagegen das Germanische war. Im Laufe der daran geknüpften politischen Auseinandersetzungen wurde im Französischen mitunter der Name I n d o k e l t i s c h gebraucht, in der Meinung, die westlichsten Vertreter seien nicht die Germanen, sondern die Kelten gewesen. Diese Bezeichnung konnte sich aber ebensowenig bewähren wie die linguistisch geradezu irreführende Bezeichnung I n d o a r i s c h, da sie nur einen Zweig der ganzen Sprachfamilie andeutet, oder die in Dänemark einst gängige Bezeichnung *arische Sprachfamilie*, der eine noch engere Bedeutung innewohnt. Heute hat sich fast überall die Bezeichnung *Indoeuropäisch* durchgesetzt, während sich der Name *Indogermanisch* vor allem noch in der deutschen Fachliteratur behauptet.

I.2. DIE INDOGERMANISCHE SPRACHFAMILIE

I.2.1. Die Gliederung der indogermanischen Sprachen

Zur Zeit der Entstehung des Begriffes Indogermanisch waren die Forscher, gerade der romantischen Sprachbetrachtung zufolge, bestrebt, irgendeine gemeinsame, indogermanische U r s p r a c h e zu erschließen. Die ältesten indogermanischen Sprachdenkmäler stammten damals noch aus dem Sanskrit, es lag also nahe, anzunehmen, alle anderen indogermanischen Sprachen seien dem Sanskrit entsprossen. Diese Annahme schien um so realistischer, als das System des Sanskrits tatsächlich eine große Menge jeglicher Archaismen aufwies. Trotzdem hat sie sich bald als ein Trugschluß entpuppt. Erst da begann man eigentlich, eine angenommene gemeinsame indogermanische Ursprache zu rekonstruieren. AUGUST SCHLEICHER glaubte z. B. so fest an die ehemalige Existenz aller erschlossenen Formen, daß er aus diesen sogar ein „urindogermanisches" Märchen rekonstruierte. Im Laufe der neueren Forschungen wurde jedoch klar, daß dies nichts anderes als ein geistreiches philologisches Spiel war, auch wenn dadurch der Wert der Rekonstruktion als Methode um nichts verringert wird. Für uns stellt nämlich die Erschließung einzelner genetisch belegbarer Grundformen kein Endziel dar, sondern vor allen Dingen eine Arbeitshypothese, die auf reeller Grundlage beruht, indem sie einen irgendwann in der Geschichte der indogermanischen Sprachen tatsächlich vorhanden gewesenen Stand — im systematisierten Querschnitt — widerspiegelt, d. h. eine l i n g u i s t i s c h e R e a l i t ä t ist.

Die Forschungen haben nach AUGUST SCHLEICHER zur Einsicht geführt, es sei richtiger, anstatt von einer Ursprache von einer indogermanischen G r u n d s p r a c h e zu sprechen. Noch mehr: es ist ebenfalls klar geworden, daß auch diese Grundsprache nicht als eine nach allen Seiten geschlossene Einheit zu denken ist, sondern bereits auf der ältesten, mit unseren heutigen Mitteln erschließbaren Stufe ihrer Entwicklung eine d i a l e k t a l e G l i e d e r u n g aufweist. Auf dieser Grundlage wurde es erst möglich, die konkreten und näheren verwandtschaftlichen Beziehungen der indogermanischen Einzelsprachen untereinander — auch dem Grad der jeweiligen Verwandtschaft entsprechend — zu ermitteln.

PETER VON BRADKE teilte die indogermanische Sprachfamilie bereits 1888 auf Grund der Entwicklung der für die Grundsprache erschlossenen palatalen (und labiovelaren) Verschlußlaute in zwei große Gruppen. Die palatalen $\hat{k}$-Laute sind nämlich in einem Teil der indogermanischen Sprachen k-Laute geblieben, während sie in anderen zu qualitativ verschiedenen Spiranten (Sibilanten, Affrikaten) wie [s], [ʃ], [tʃ] u. dgl. wurden. Nach den indogermanischen Numeralien für '100' bezeichnete PETER VON BRADKE die erste Gruppe als die der K e n t u m s p r a c h e n, die zweite als die der S a t e m s p r a c h e n. Dem für die Grundsprache erschlossenen Wort *$\hat{k}m̥tóm$ '100' entspricht nämlich satəm im Altindischen, centum im Lateinischen. Nach der BRADKEschen Gliederung umfaßt die Satemgruppe die indischen, iranischen, baltischen und slawischen Sprachen sowie Armenisch, Thrakisch und Albanisch, während Tocharisch, Hethitisch, Griechisch, Illyrisch (?) sowie Italisch, Keltisch und Germanisch die Gruppe der Kentumsprachen bilden.

Diese Gliederung ist, obwohl in den gängigen Handbüchern meistens heute noch vertreten, eigentlich eine pädagogische Krücke, die für die wissenschaftliche Einteilung der indogermanischen Sprachen nicht allzuviel zu bedeuten hat. Es ließen sich nämlich keine weiteren sprachlichen Erscheinungen ermitteln, deren Isoglossen sich mit jener der Kentum/Satem-Linie deckten. Im Gegenteil, diese Einteilung wird durch zahlreiche, sehr wichtige Unterschiede durchkreuzt. Heute spricht man, der historisch-geographischen Verbreitung der Einzelsprachen gemäß, eher von einem östlichen und einem westlichen Zweig des Indogermanischen, die durch die

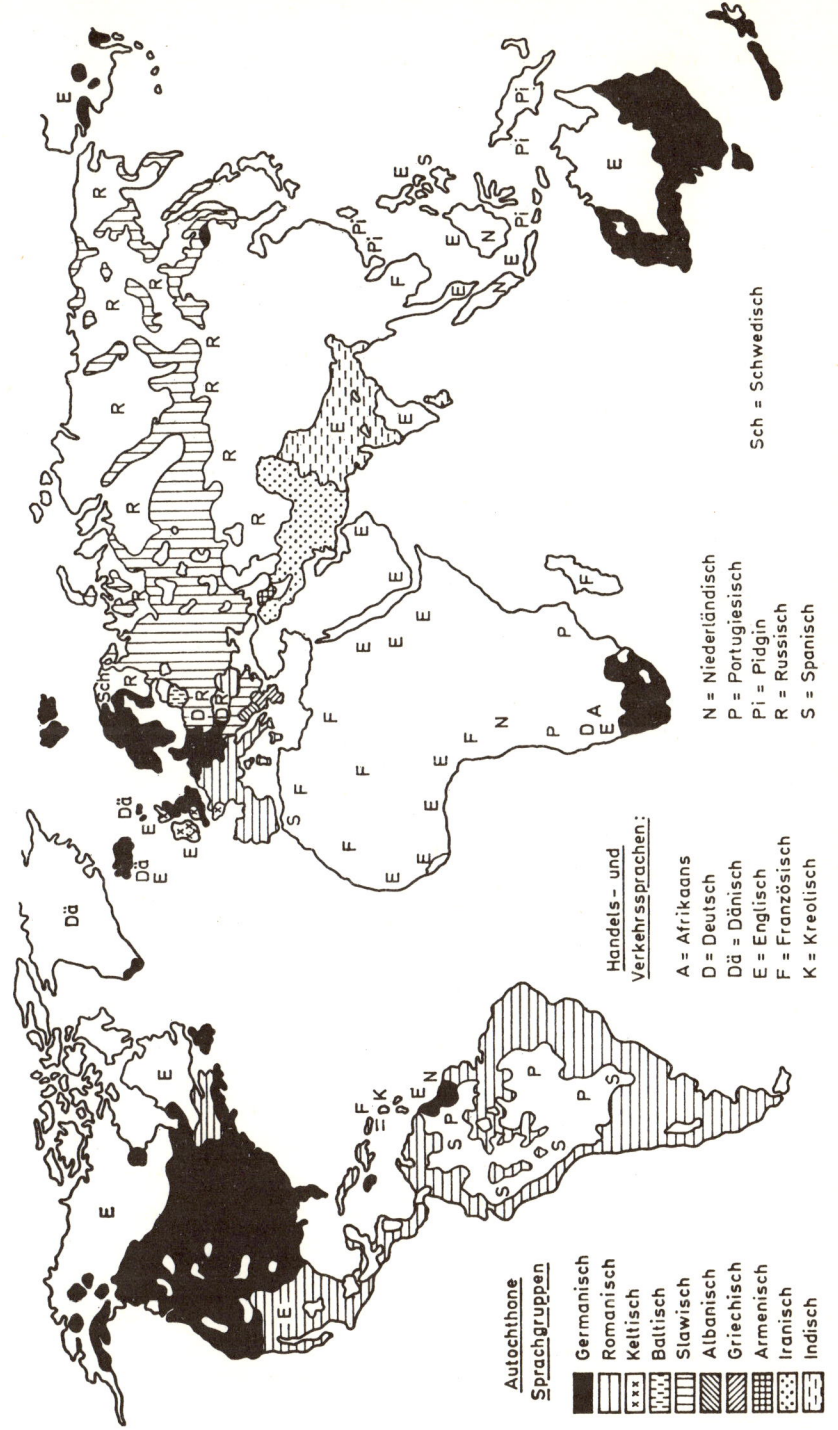

Abb. 1. Verbreitung der indogermanischen Sprachen

einzelnen Isoglossen mehr oder weniger genauso willkürlich getrennt waren wie die einzelnen Mundarten bzw. Mundartgruppen irgendeiner Nationalsprache der Gegenwart (vgl. Abb. 4).

Für die konkrete Forschung ist es viel wichtiger, die jeweiligen Wechselbeziehungen der einzelnen Sprachen innerhalb der Sprachfamilie zu bestimmen. Daraus lassen sich bereits auf die gemeinsame Vergangenheit von je zwei (oder auch mehreren) Sprachen wichtige Schlüsse ziehen, andererseits kann man diese (im negativen Verfahren) dank der Klärung ihrer engeren Zusammengehörigkeit innerhalb der größeren Einheit der Sprachfamilie von den übrigen, mit ihnen jedoch nur mittelbar verwandten Sprachen abgrenzen. Auf diese Weise ist es bereits gelungen, die sogenannte indoiranische bzw. die baltisch-slawische Gruppe mit mehr oder weniger Sicherheit festzulegen.

I.2.2. Theorien über die Entstehung der indogermanischen Sprachen

Es wurde also bereits im angehenden 19. Jh. klar, daß die indogermanischen Sprachen auf eine gemeinsame Grundlage zurückgehen. Im Laufe des Jahrhunderts wurde auch die Frage geklärt, w i e diese Grundsprache beschaffen war. Die Linguistik gewann die Einsicht, daß für die weitere Forschung die Aufdeckung der Beziehungen der indogermanischen Einzelsprachen zueinander die primäre Aufgabe ist, um aus diesen Beziehungen auch auf die ehemaligen Nachbarschaften der Einzelsprachen schließen zu können. Dadurch ist es dann möglich, auch die Lage der „Urheimat" der Indogermanen sowie die Stellung der einzelnen indogermanischen Gruppen in dieser Urheimat zu bestimmen.

Der bereits erwähnten romantischen Sprachbetrachtung gemäß wurde die Sprache im angehenden 19. Jh. noch für einen Organismus gehalten, ähnlich den Pflanzen. (Dieser Betrachtung entstammen auch Termini wie sprachlicher *Zweig*, *Wurzel*, *Stamm* u. dgl., die wir heute noch verwenden, obwohl wir die hinter ihnen stehenden Anschauungen nicht mehr teilen.) Man nahm an, daß in der Sprachentwicklung die älteste Entfaltungsperiode den reichsten Sprachzustand aufweise, dem — ähnlich wie in der organischen Welt — eine zweite Periode, die des sprachlichen Verfalls, folge. Eine schädliche Folge dieser Ansicht bestand darin, daß man eine jede Sprache lediglich für den geradlinigen Abkömmling einer ehemals gesprochenen anderen Sprache hielt. Andererseits versuchte man, ebenfalls auf Grund jener romantischen Sprachbetrachtung, zwischen den einzelnen Sprachtypen qualitative Zusammenhänge festzustellen, d. h., man hielt den verwickeltsten Sprachtypus zugleich auch für den entwickeltsten und ältesten, während die in ihrer Struktur scheinbar schlichteren Typen als die verfallenen Weiterentwicklungen jener Sprachen mit kompliziertem Bau gedeutet wurden. Genauso verfehlt ist freilich die von einigen Strukturalisten vertretene, der vorigen diametral entgegengesetzte Meinung, der Weg der Sprachentwicklung führe zwangsweise vom Komplizierten zum Einfacheren.

Das Leben der Sprache, d. h. die Entwicklung der Einzelsprachen, ist ein viel komplizierterer Prozeß, worin den vielfältigen Auswirkungen der sprachlichen Integrierung und Differenzierung eine entscheidende Bedeutung zukommt, um von sonstigen sprachlichen Modifikatoren ganz zu schweigen. Es sind uns Sprachen bekannt, die im Laufe ihrer Entwicklung „einfacher" geworden sind, aber auch Sprachen, deren Struktur „komplizierter" wurde, ohne daß man berechtigt wäre, von einer Mehr- oder Minderwertigkeit dieser Sprachen zu sprechen.

„Einfachheit" ist übrigens ein sehr gefährlicher Begriff, sobald er auf den Sprachbau bezogen wird. Die Tatsachen lehren uns, daß sich jede Sprache, indem sie die eine oder die andere „Ebene" — sei es ihre Phonologie, Morphologie, Syntax usw. — dem Schein nach vereinfacht, z. B. die Morphologie so weitgehend abbaut wie das Englische, durch die „Komplizierung" anderer Ebenen, gegebenenfalls der Syntax und der Lexik, schadlos zu halten weiß. Jede Sprache m u ß die grammatischen Beziehungen ausdrücken, um überhaupt als Kommunikationsmittel fungieren zu können. Ob nun dabei das Hauptgewicht auf morphologischer, syntaktischer oder einer anderen Ebene liegt bzw. auf verschiedenen Kombinationen solcher Teilbereiche, ist theoretisch irrelevant, um so wichtiger aber für die empirische Forschung. Der Begriff „Einfachheit" hat daher in linguistischer Hinsicht einen äußerst relativen Wert, wobei sich das „grammatische Hauptgewicht" im Ablauf der Geschichte einer Sprache mehrfach verlagern kann. Ja vielfach kann man verfolgen, wie sich dabei ein und dieselbe grammatische „Technik", jeweils auf einer höheren Ebene, wiederholt; so kann z. B. die Agglutination als erschließbare Vorstufe der Flexion in vielen indogermanischen Sprachen diese Flexion später wieder zurückdrängen. Die Frage danach, ob sich die Sprachen „vom Komplizierten zum Einfachen" oder aber umgekehrt, „vom Einfachen zum Komplizierten" entwickeln, ist irrelevant: die erkenntnistheoretisch zu erschließende Entwicklung der Sprachträger bedingt eben nur soviel, daß sich ihre Sprache als Kommunikationsmittel ständig adäquater mache. Der Prozeß der Sprachentwicklung läßt sich also nur als ein dialektischer Prozeß verstehen, wobei alles für die Richtigkeit jenes Postulats spricht, das von GEORG VON DER GABELENTZ als S p i r a l l a u f d e r S p r a c h g e s c h i c h t e aufgestellt, in der Germanistik bis jetzt aber, so viel zu sehen ist, nur noch von HUGO MOSER gewürdigt wurde.

Noch von der oben umrissenen Betrachtung geleitet, stellte AUGUST SCHLEICHER zu Beginn des vorigen Jh.s seine **Stammbaumtheorie** der Sprachentwicklung auf, indem er behauptete, die indogermanischen Einzelsprachen seien direkte Nachkommen voneinander und gingen ausnahmslos auf eine einheitliche, gemeinsame Grundlage zurück (Abb. 2).

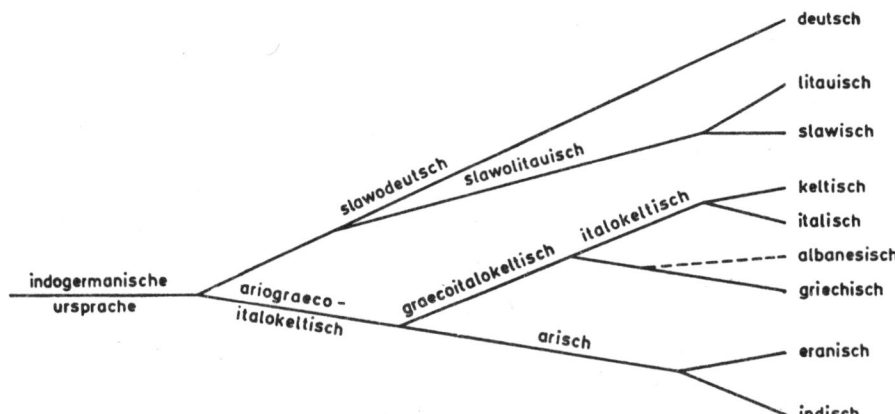

Abb. 2. AUGUST SCHLEICHERS „Stammbaum" der indogermanischen Sprachen

Manche Sprachforscher bestanden auf dieser Annahme auch noch um die Jahrhundertwende, ja sie versuchten sogar, weiterzugehen und die verschiedensten Sprachfamilien der Erde auf eine vorauszusetzende ältere gemeinsame Ausgangsbasis zurückzuführen (*Monogenese*).

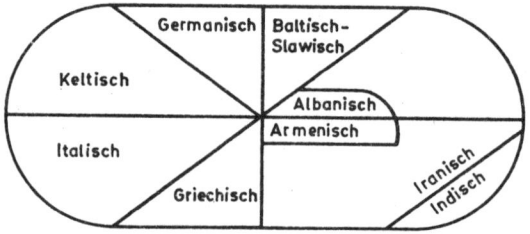

Abb. 3. Die relative Gliederung der indogermanischen Sprachen („Wellentheorie"; nach JOHANNES SCHMIDT und ANTOINE MEILLET)

Demgegenüber hat JOHANNES SCHMIDT 1872 seine auf dynamischer Basis fußende **Wellentheorie** veröffentlicht, die eine direkte Verbindung von Sprachzuständen widerlegte (Abb. 3). Nach JOHANNES SCHMIDT entstehen und verändern sich die Sprachen wie etwa die um einen ins Wasser geworfenen Stein in konzentrischen Kreisen entstehenden Wellen. Die „Lücken" zwischen den indogermanischen Einzelsprachen erklärte er damit, daß die ursprüngliche Lage durch Abwanderung und nicht zuletzt durch den Schwund mancher, schriftlich gar nicht festgehaltener Sprachen im Laufe von Jahrhunderten und Jahrtausenden wesentlich entstellt wurde.

JOHANNES SCHMIDTS Wellentheorie hat, obschon in abgewandelt-modernisierter Form, AUGUST SCHLEICHERS starre, die Tatsachen der Wirklichkeit außer acht lassende Hypothese fast restlos verdrängt. Eine besonders wichtige Stütze für die Wellentheorie hat indessen die neue Methodik der Mundartforschung, die Sprachgeographie, hervorgebracht, die dank der Untersuchung von Dialekten und Nationalsprachen imstande war, manche Momente der Sprachentwicklung bzw. der Sprachwandlungen aufzuhellen (Abb. 4). Die Theorie der Isoglossen stimmt in allen wesent-

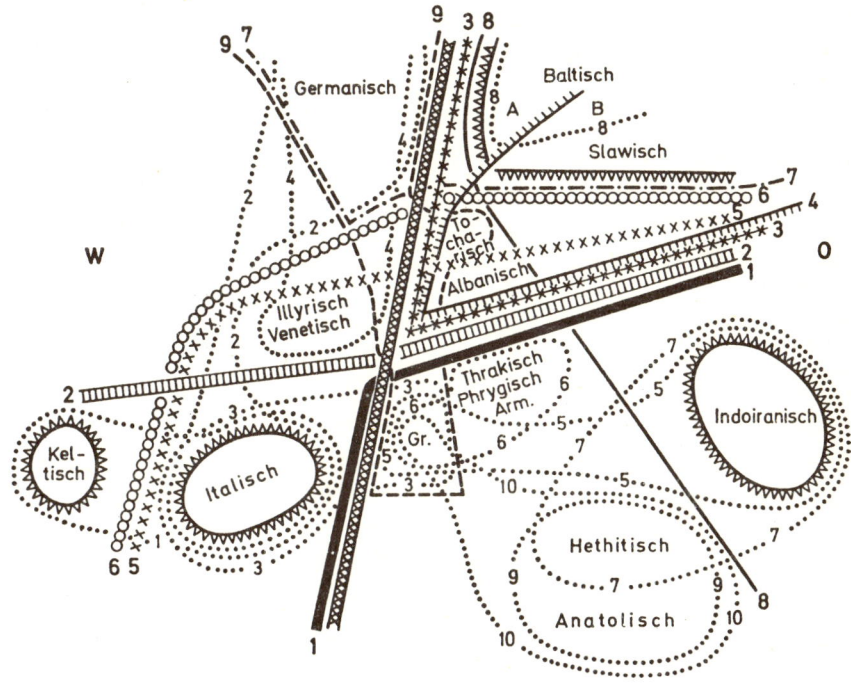

xxxx Grenze zwischen der West- und der Ostgruppe

Gemeinsame Neuerungen (jeweils einschließlich): 1 ▬ Keltisch - Italisch - Venetisch - Illyrisch - Germanisch - Baltisch A, B - Slawisch - Tocharisch - Albanisch; 2 ⊞ Germanisch - Venetisch - Illyrisch - Baltisch A, B - Slawisch - Tocharisch - Albanisch; 3 *** Baltisch A, B - Slawisch - Tocharisch - Albanisch; 4 ⊥⊥⊥ Baltisch B - Slawisch - Tocharisch - Albanisch; 5 xxxx Keltisch - Germanisch - Tocharisch - Baltisch A, B - Slawisch; 6 ∞∞ Keltisch - Germanisch - Baltisch A, B - Slawisch; 7 —·— Germanisch - Baltisch A, B - Slawisch; 8 ▬▬ Baltisch A, B - Slawisch - Indoiranisch; 9 — — — Germanisch - Tocharisch - Griechisch; ∧∧∧∧ Archaismen in Saumlage

······ Kleinere Gruppen innerhalb größerer Einheiten: 1 Keltisch - Italisch; 2 Germanisch - Italisch; 3 Griechisch - Italisch; 4 Germanisch - Venetisch - Illyrisch; 5 Griechisch - Indoiranisch; 6 Griechisch - Thrakisch - Phrygisch - Armenisch; 7 Hethitisch - Indoiranisch; 8 Baltisch A - Baltisch B; 9 Hethitisch - Anatolisch

Abb. 4. Sprachgeographische Gliederung des Indogermanischen

lichen Punkten mit JOHANNES SCHMIDTs Wellentheorie überein. Es kann nunmehr als eine Tatsache gelten, daß die von der Wellentheorie angenommenen geographisch-territorialen Beziehungen viel wichtiger sind als die direkte Ableitung oder die künstliche Zuordnung zu der Kentum- oder der Satemgruppe. Um ein Beispiel zu nennen: Gemäß der Kentum/Satem-Linie gehören die germanischen Sprachen und das Griechische zu den Kentumsprachen, die slawischen und die baltischen Sprachen hingegen zu der Satemgruppe. Trotzdem stehen die germanischen Sprachen in ihrer Struktur sowie in ihrem Wortschatz den slawischen und den baltischen Sprachen viel näher als dem Griechischen. Die Endung des Dat. Pl. ist z. B. in den germanischen, baltischen und slawischen Sprachen -*m* gegenüber -*b* (-*bh*) in allen übrigen indogermanischen Sprachen, vgl. got. *wulfam* ~ asl. *vъlkomъ* ~ lit. *vilkamus* 'den Wölfen' gegenüber lat. *hostibus* 'den Feinden'. Wie Abb. 4 zeigt, gehört dagegen das Griechische trotz seiner *Kentum*-Isoglosse im Grunde genommen — so verblüffend dies auch erscheinen mag — nicht zum Westen, sondern zu der Ostgruppe der indogermanischen Sprachen!

I.2.3. Die Frage nach der indogermanischen Urheimat

Im Sinne der Stammbaumtheorie galt das Altindische eine lange Periode hindurch als die gemeinsame Urform aller indogermanischen Sprachen. FRIEDRICH SCHLEGEL bezeichnete 1808 Indien als die Urheimat aller indogermanischen Völker und Sprachen. Der Gedanke wurde damals um so williger aufgenommen, als er sich mit der biblischen Überlieferung der Urheimat der Menschheit in Asien zu decken schien. Ursprünglich hatte auch ADALBERT KUHN nichts anderes als eine wissenschaftliche Untermauerung dieser Annahme vor, als er 1845 die Methode der l i n g u i s t i s c h e n P a l ä o n t o l o g i e ausarbeitete — der Begriff selbst wurde allerdings erst später, von ADOLPHE PICTET, geprägt. Im wesentlichen beruht diese Methode auf der Hypothese, daß die gemeinsamen Kulturwörter der indogermanischen Einzelsprachen ein gemeinsames Erbe bilden, d. h., sie müssen bereits in der Grundsprache vorhanden gewesen sein. Eine Abart dieser Methode, die dann vor allem in der Erforschung der finnisch-ugrischen bzw. uralischen Sprachen zum höchsten Ansehen kam, ist die B i o g e o g r a p h i e. Man geht von der Annahme aus, daß sich die Grenzen der Urheimat auf Grund der historischen Ortung der gemeinsamen Kulturwörter abstecken lassen. In erster Linie werden dabei verständlicherweise die Tier- und Pflanzennamen untersucht. Trotz ihres zweifellos sehr hohen Wertes hat diese Methode zwei große Schwierigkeiten. Ursprünglich gleiche Wörter können während der Sonderentwicklung semantisch so weit auseinandergehen, daß sich ihre primäre Bedeutung nicht mehr mit Sicherheit bestimmen läßt. Lat. *quercus* bedeutet z. B. 'Eiche', das damit genetisch verwandte ahd. *voraha* ~ ags. *forh* dagegen 'Föhre' (engl. *fir*). Andererseits muß man, wie dies von der Sprachgeographie unbestreitbar nachgewiesen wurde, ständig auch der Verdrängung bzw. „Wanderung" der Wörter von einer Sprache zu der anderen Rechnung tragen, wodurch die Feststellung unmittelbarer genetischer Parallelen ebenfalls vereitelt wird. ADALBERT KUHN arbeitete noch mit streng linguistischen Mitteln. Einer seiner Nachfolger, VICTOR HEHN, der die Methode 1870 zu einer linguistisch-historischen, k o m p l e x e n Methode erweiterte, zog bereits auch die Ergebnisse anderer Disziplinen heran, bzw. er stellte diese den Resultaten der Sprachgeschichte gegenüber. Dieser Methode kommt (dank ihrer praktischen Brauchbarkeit) heute noch eine große Bedeutung zu, obwohl die These von der Urheimat der Indogermanen in Asien schon vor langem aufgegeben wurde.

Seit der Mitte des vorigen Jahrhunderts griff die Theorie einer e u r o p ä i s c h e n U r h e i m a t der Indogermanen immer mehr um sich. Die Argumente wurden von der komplexen Methode geliefert. Obgleich die Archäologie noch mit vielen ungelösten Problemen zu ringen hat, scheint schon jetzt sicher zu sein, daß die Völker der mitteleuropäischen S c h n u rk e r a m i k sowie die der davon südlich gelagerten B a n d k e r a m i k die Vorfahren der indogermanischen Völker der Gegenwart waren, ferner daß sich die einzelnen indogermanischen Sprachgruppen bzw. Völker gerade infolge der Wanderungen und Vermischungen der Schnur- und Bandkeramiker herausgebildet hatten. Die komplexe Methode wurde später auch mit der A n t h r o p o l o g i e ergänzt, und obwohl auch die Ergebnisse der Anthropologie erhärtet hatten, daß die Vorfahren der indogermanischen Völker — wie ihre Nachkommen auch — aus verschiedenen Menschenrassen zusammengesetzt waren (und sind), haben einige linguistische Vertreter der Rassentheorie in den 30er Jahren versucht nachzuweisen, daß das indogermanische „Urvolk" samt und sonders mit der nordischen Rasse identisch war. Und da die nordische Rasse am dichtesten in Skandinavien vertreten ist, wollte man nicht nur die germanische, sondern die indogermanische Urheimat schlechthin nach Skandinavien verlegen. Wie noch deutlich werden wird, entbehrt diese Spekulation jeglicher wissenschaftlichen Basis. Soweit wir auch in die Geschichte der indogermanischen Völker zurückgehen, wir finden keine Beweise für die geschlossene anthropologische Einheit der Völker mit indogermanischen Sprachen. Die Neger in den USA sprechen Englisch, obschon sie „rassisch" keineswegs nordisch sind, während die vorwiegend nordischen Finnen und Esten sprachlich dem Finnisch-Ugrischen angehören. Es besteht kein Grund anzunehmen, solche Überschneidungen seien erst in jüngster Zeit möglich.

Die Einsichten der komplexen Methode der Forschung lassen sich dahin interpretieren, daß die Urheimat der Gemeinschaften, die Träger der indogermanischen Grundsprache waren, in Europa zu suchen sei. Einige Forscher wollten diese Urheimat auf Mitteleuropa, andere dagegen auf Ost- oder Südosteuropa beschränken (OTTO SCHRADER, ALFONS NEHRING, VLADIMIR I. GEORGIEV). All diese Einschränkungen gehen darauf zurück, daß diese Gelehrten — bewußt oder unbewußt — OTTO SCHRADERS Ansicht folgen, wonach die indogermanische Gemeinschaft zu einem gewissen Zeitpunkt auf einmal zerfallen sein muß. Diese Auffassung ist zweifelsohne starr und theoretisch.

Es ist viel wahrscheinlicher, daß einzelne indogermanische Gruppen nicht gleichzeitig, sondern zu verschiedenen Zeiten und in verschiedenen Wellen sich von ihren Nachbarn loslösten und auseinanderwanderten. Noch mehr, es ist auch äußerst wahrscheinlich, daß ein mit mehr oder weniger Sicherheit zu erschließender einheitlicher Sprachzustand bereits auf der Stufe der indogermanischen Grundsprache nur noch hypothetisch war. Innerhalb der Grundsprache ist genauso mit dem Vorhandensein zahlreicher Mundarten zu rechnen wie bei den Sprachen der Gegenwart. In Anbetracht der für die Hirtengesellschaften so charakteristischen ununterbrochenen Bewegung scheint es gesichert, daß sich diese Mundarten — gemäß der wirtschaftlich-sozialen Entwicklung ihrer Träger — mit den verwandten Mundarten ständig integrierten bzw. sich von diesen immer wieder auch differenzierten. Ihre Wechselbeziehungen waren daher durchaus nicht linear. Die Erforschung einzelner indogermanischer Sprachgruppen läßt auch die Vermutung als zutreffend erscheinen, daß es nicht selten sogar zur Angleichung nicht-indogermanischer Stämme und Sprachen kam. Diese Einsicht ist bei der Untersuchung der germanischen Sprachen besonders scharf ins Auge zu fassen.

Der Italiener GRAZIADIO ISAIA ASCOLI hat in diesem Zusammenhang die Theorie des sprachlichen S u b s t r a t s ausgearbeitet. Laut dieser Theorie gewinnt bei der Verschmelzung zweier Völker mit verschiedenen Sprachen die Sprache des politisch stärkeren Volkes die Oberhand, sie wird auch von den Besiegten übernommen, wobei sich jedoch auch die Sprache der Sieger verändert: das Substrat — die sprachliche Grundschicht — der Besiegten kommt vor allen Dingen im Lautstand und im Wortschatz zur Geltung. Hand in Hand damit ändert sich zumeist auch das grammatische System im engeren Sinne. Diese Auffassung des Substrats hat sich zwar als zu einseitig erwiesen: sie stimmt bei der Entstehung der romanischen Sprachen, aber es gibt auch Gegenbeispiele. (Das Bulgarische z. B., das trotz des politischen Übergewichts einer türksprachigen Oberschicht in der Zeit der Völkerwanderung slawisch geblieben ist, u. dgl.) Man kann ja nicht nur von einem *Substrat*, sondern auch einem *Superstrat* (Überschichtung), vom *Adstrat* (d. h. vom Hinzutritt fremdsprachlicher Elemente) bzw. von sprachlichen *Infiltrationen* (Einsickerungen) verschiedenen Grades und verschiedener Stärke sprechen. Die Geschichte der indogermanischen Völker legt nahe, diesen Möglichkeiten — zumindest potentiell — auch bei der Erforschung der Geschichte der indogermanischen Sprachen Rechnung zu tragen.

Die sprachgeographische Untersuchung der indogermanischen Einzelsprachen hat es inzwischen ermöglicht, einzelne Gruppen relativ gut und befriedigend zu orten. Im a l t e u r o p ä i s c h e n K r e i s (der Begriff stammt von HANS KRAHE) sind Keltisch, Italisch, Germanisch und Illyrisch in einer höheren Einheit zusammengefaßt. Eine parallele Einheit ergibt sich im Osten, die aus Indoiranisch, Baltisch, Slawisch und Griechisch besteht, aber sich in vieler Hinsicht auch auf Armenisch, Thrakisch und Phrygisch — ja, letzten Endes auch auf Hethitisch, Tocharisch und Albanisch erstreckt. Ganz scharfe Grenzen lassen sich aber zwischen dem indogermanischen Westen und Osten nicht ziehen. Am augenfälligsten wird das durch die Wechselbeziehungen von Germanisch, Baltisch und Slawisch bewiesen, wozu sich auch das Tocharische gesellt; ein Umstand, der darauf schließen läßt, daß die Tocharer erst nach einem langen Wanderweg nach Ostturkestan — in ihre letzte Heimat — gekommen sein können.

Das sprachliche Material weist aus, daß Germanisch und Illyrisch im westlichen Kreis zu der Ostgruppe unmittelbare Beziehungen hatten, während von den Sprachen der Ostgruppe Baltisch, Slawisch, Tocharisch und Thrakisch an der Nahtstelle mit dem Westen entstanden. Von den Einflüssen der anderen Gruppe frei erscheinen Keltisch und Italisch im Westen bzw. das Indoiranische im Osten.

Angesichts des Gesagten läßt sich festhalten, daß die Völker, die die mundartlich gegliederte indogermanische Grundsprache sprachen, in der Zeit ihrer relativen Einheit einen breiten, in Nordwest-Südost-Richtung verlaufenden Streifen des europäischen Kontinents besiedelten. Die Westgrenze dieses weiten Gebiets lag an der Nordsee, während seine Ostgrenze vermutlich der Kaukasus, die Nordgrenze die Ostsee bzw. die nordosteuropäische Waldzone bildeten. Im Südosten darf in jener Zeit — im 3.—2. Jahrtausend v. u. Z. — der Raum der Balkanhalbinsel als indogermanisch gelten, während der indogermanische Sprachraum im westlichen Südeuropa das Küstengebiet des Mittelmeers kaum hat erreichen können. Die Grenzen dieses Riesenbereichs waren aber keineswegs stabil, wie sich auch die Lage der einzelnen Gruppen innerhalb der Indogermania immer wieder verschob und veränderte (Abb. 5).

Über die chronologische Bestimmung der indogermanischen Grundsprache gehen die Meinungen heute noch stark auseinander. Soviel ist gesichert, daß das Hethitische, das Griechische und die indoiranische Gruppe bereits vollkommen selbständig waren. Damit gewinnt zugleich die

Abb. 5. Mutmaßliche Urheimat der indogermanischen Sprachen im Westen (nach ERNST SCHWARZ)

Annahme sehr an Wahrscheinlichkeit, der eigentliche „Zerfall" der indogermanischen Grundsprache habe schon mehrere Jahrtausende vor dem Ausgang des Neolithikums seinen Anfang genommen.

I.2.4. Die Ostgruppe der indogermanischen Sprachen

I n d o i r a n i s c h e G r u p p e. Die Gruppe wird auch I n d oa r i s c h bzw. auch nur A r i s c h genannt. Dieser letzte Name ist in den ai. Vedischen Hymnen als *ārya* (im airan. Awesta als *airya*) belegt und bezeichnete die indogermanischen Eroberer im Gegensatz zu den geknechteten Ureinwohnern Südasiens. Das Wort selbst lebt heute im Landesnamen *Iran* fort. Es sei zugleich angemerkt, daß sich die Bezeichnung *arisch* ausschließlich auf die Sprache und das Volk, das sie sprach, bezieht und mit der anthropologischen Zusammensetzung des betreffenden Volkes nichts zu tun hat.

Der i n d i s c h e Zweig der Gruppe umfaßt alle arischen Sprachen Vorderindiens. Die ältesten datierbaren Texte sind die Inschriften des Königs AÇOKA von der Mitte des 3. Jh.s v. u. Z., die aus verschiedenen Teilen Indiens stammen. Die älteste uns bekannte indische Sprachform ist aber die aus einem reichen religiösen Schrifttum bekannte Sprache der Veden. (Ai. *veda* bedeutet 'Wissen' und ist mit got. *witan* ~ engl. *wit* ~ dt. *wissen* bzw. mit lat. *videre* 'sehen' verwandt.) Vedisch ist u. a. die Sprache des *Rigveda* (*rig* 'Vers, Dichtung'), der ältesten religiösen Hymnensammlung, deren Grundschicht um 1500 v. u. Z. entstanden sein mag. Dies ist zugleich das älteste indogermanische Denkmal der schöngeistigen Literatur. Zu dieser Zeit siedelten die Inder in den Niederungen des Indus und im Pandschab. Um 500 v. u. Z. drangen sie in östlicher Richtung zum Ganges vor. Im Gangestal entwickelte sich aus einer mit dem Vedischen verwandten Variante der Volkssprache eine neue Schriftsprache, das S a n s k r i t. Die Grammatik des Sanskrits wurde im 4. Jh. v. u. Z. von PĀṆINI zusammengestellt: sie weist besonders in der Analyse der Laute derartige Feinheiten auf, wie sie sonst erst mit den besten modernen Instrumenten möglich wurden. PĀṆINIS Werk überragt in seinem wissenschaftlichen Niveau alle griechischen und lateinischen Grammatiken der Antike, welche doch die Grundlage der neuzeitlichen europäischen Sprachwissenschaft geschaffen haben. Ebenfalls im Sanskrit verfaßt sind die beiden großen Heldenepen der Inder — die *Mahābhārata* und die *Rāmāyana* — sowie die Dramen von KALIDĀSA und die weltberühmte Märchensammlung *Pançatantra*.

Die oben erwähnten Inschriften des Königs AÇOKA zeigen bereits den mittelindischen Zustand. Ihre Sprache ist das P r ā k r i t, d. h. die 'Sprache des Volkes' (eigtl. 'die natürliche Sprache' < skr. *prakṛti* 'Natur' im Gegensatz zum *Sanskrit* < skr. *sãskṛtam* 'zurechtgemacht'), die sich durch einen großen Reichtum an Mundarten auszeichnet. Der wichtigste Dialekt des Prākrits war das P ā l i, die Sprache der heiligen Bücher des Buddhismus.

Die im 12. Jh. u. Z. einsetzende Hindi-Literatur trägt bereits neuindischen Charakter. Die neuindischen Sprachen der Gegenwart bestehen aus Hunderten von Dialekten. Ihre Hauptgruppen sind im Nordwesten, im Osten und im Zentrum Indiens entstanden. Im Nordwesten, am unteren Indus herrscht das S i n d h i, im Osten das B e n g a l i, in den Zentralstaaten Indiens das H i n d i und in Westpakistan das U r d u. Hindi und Urdu sind — in linguistischer Hinsicht — eigentlich *eine* Sprache, mit dem Unterschied, daß das Hindi mit indischen, das Urdu mit arabischen Buchstaben geschrieben wird. Das Urdu besitzt übrigens — infolge des Islams — eine große Anzahl arabischer und persischer Entlehnungen. Die zusammenfassende Bezeichnung von Hindi und Urdu ist (nach ihrer geographischen Verbreitung) H i n d u s t a n i. Zu den neuindischen Sprachen gehört auch das R o m ā n i, die Sprache der Zigeuner, die aus Nordwestindien spätestens um 1000 u. Z. abwanderten.

Der i r a n i s c h e Zweig zerfällt in eine West- und eine Ostgruppe. Zur O s t g r u p p e gehörte die Sprache des *Awesta* (A w e s t i s c h oder *Altbaktrisch*), d. h. der heiligen Schrift der Anhänger des ZARATHUSTRA, die auf die Zeit um 1000 v. u. Z. datiert wird und nur noch in Bruchstücken erhalten ist. Manche Iranisten bezeichnen das A f g h a n i s c h e als Fortsetzung des Awestischen.

Die älteste bekannte Sprachform der Westgruppe ist das Altpersische, eine einst mächtige Staatssprache, deren Denkmäler die in Keilschrift verewigten Inschriften von DARIUS I. bis ARTAXERXES (ungefähr 522—338 v. u. Z.) sind. Das Altpersische fand im Mittelpersischen (Pehlewi: die offizielle Sprache der Sassaniden) seine Fortsetzung.

Die heute gesprochenen neuiranischen Sprachen sind vor allem das Neupersische (seit dem 10. Jh. u. Z.), das Balutschi an der Grenze Pakistans und des Iran, das Kurdische in Anatolien bzw. im Irak, in Iran und der UdSSR, das Ossetische in Kaukasien, das Tadschikische in Tadschikistan (UdSSR), die Pamir-Sprachen usw. Hierherzuzählen sind noch manche ausgestorbene iranische Sprachen wie Skythisch, Alanisch, die Sprache der Jaßen in der ungarischen Tiefebene usw.

Eine Sondergruppe der indogermanischen Sprachfamilie bildet das Armenische, dessen Herkunft noch immer nicht restlos geklärt ist. HERODOT hielt die Armenier für Verwandte der Phrygier, die aus dem Westen in ihre heutigen Sitze in Transkaukasien abwanderten. Die älteste schriftlich belegte Form des Armenischen ist das Altarmenische (*Grabar*), das schon im 5. Jh. u. Z. mit einer reichen Literatur vertreten war und als (tote) Sprache der Kultur erst im 19. Jh. vom Neuarmenischen (*Aschcharabar*) abgelöst wurde. Heute bestehen zwei armenische Schriftsprachen (*Ostarmenisch* im Kaukasus und *Westarmenisch* in der Diaspora), die jedoch eine kommunikative Einheit bilden.

Manche Sprachmerkmale stellen auch das Albanische zu der Ostgruppe des Indogermanischen. Viele Forscher sehen darin die Fortsetzung des Illyrischen oder des Thrakischen. Seine ältesten Schriftdenkmäler stammen aus dem 15. Jh. u. Z. Es zerfällt in zwei Hauptdialekte, die auch in der Schriftlichkeit nebeneinander gebraucht werden: im Norden spricht man *Gegisch*, im Süden *Toskisch*, welch letzteres seit 1950 auch als Amtssprache immer mehr in den Vordergrund rückt. Alte albanische Siedlungen bestehen auch außerhalb Albaniens, vor allem in Griechenland, Jugoslawien und in Süditalien. In seiner Struktur gehört das Albanische zu den sog. Balkansprachen (Bulgarisch, Rumänisch usw.); sein Wortschatz ist stark gemischt und enthält besonders viele Entlehnungen aus dem Lateinischen (bzw. Italienischen), dem Slawischen, dem Griechischen und dem Türkischen.

Die baltischen Sprachen haben einen besonders archaischen Sprachbau bewahrt, daher ist ihre Erforschung für die vergleichende Sprachwissenschaft außerordentlich wichtig. Der Name kommt schon bei dem römischen Historiker PLINIUS DEM ÄLTEREN vor. Zu dieser Gruppe gehörte zunächst das im 17. Jh. erloschene Altpreußische zwischen der unteren Weichsel und der Memel an der Ostsee. Seine spärlichen

Schriftdenkmäler stammen aus dem 14.—16. Jh. Im Gegensatz zu diesem verklungenen Westbaltisch sind die ostbaltischen Sprachen heute noch im Gebrauch. Das L i t a u i s c h e ist seit dem 16. Jh. auch schriftlich belegt. Seine starke dialektale Gliederung war im wesentlichen bereits im 16. Jh. vorhanden. Ungefähr gleichzeitig mit dem Litauischen ist auch das L e t t i s c h e zur Schriftsprache geworden. Heute sind sie Staatssprachen in Litauen bzw. in Lettland in der UdSSR, aber früher war ihr Verbreitungsgebiet viel größer. Auf Grund ihres sehr konservativen Charakters wird angenommen, daß ihre Träger in ihrem gegenwärtigen Bereich ureingesessen sind.

Eine der bedeutendsten Gruppen des östlichen Zweiges der indogermanischen Sprachfamilie bilden die s l a w i s c h e n S p r a c h e n, deren älteste Schriftdenkmäler in das 9. Jh. u. Z. zurückreichen. Die slawische Einheit gliedert sich, gemäß ihrer geographischen Verteilung, in eine Süd-, Ost- und Westgruppe.

Zu der S ü d g r u p p e gehören B u l g a r i s c h, M a k e d o n i s c h, S e r b o k r o a t i s c h und S l o w e n i s c h. In altbulgarischer Sprache entstanden die Evangelienübersetzungen der Slawenapostel KYRILL und METHOD im 9. Jh. Ihre Sprache, das sog. A l t k i r c h e n s l a w i s c h e (auch *Altslawisch* oder *Altbulgarisch* genannt) ist, freilich mit einzelnen Abänderungen bei den einzelnen slawischen Völkern, die Sprache der Liturgie der Ostkirche. S e r b o k r o a t i s c h e und s l o w e n i s c h e Schriftdenkmäler setzen erst im 15. Jh. ein. Serbokroatisch bildet eine ähnlich bedingte Einheit wie das Hindustani: Kroatisch wird mit lateinischen Buchstaben geschrieben und hat viele Entlehnungen aus dem Lateinischen, dem Deutschen usw., die dem in kyrillischer Schrift festgehaltenen Serbischen fremd sind.

Die bedeutendste o s t s l a w i s c h e Sprache ist R u s s i s c h (auch *Großrussisch*), dessen zwei große Dialekte (Nord- bzw. Südrussisch) in der Russischen SFSR und im größten Teil Sibiriens als Muttersprache, in der ganzen Sowjetunion als Staatssprache gesprochen werden. Die russische Schriftsprache ist aus dem Moskauer Dialekt entstanden; damit nahe verwandt ist das W e i ß r u s s i s c h e (auch *Belorussisch*) in der Belorussischen SSR (Hauptstadt Minsk) bzw. das U k r a i n i s c h e (auch *Kleinrussisch*) in der Ukrainischen SSR (Hauptstadt Kiew) und in einigen Teilen Südrußlands und Sibiriens.

Zum W e s t s l a w i s c h e n gehören T s c h e c h i s c h (auch *Böhmisch*, Schrifttum seit dem 10. Jh.) und dessen nächste Verwandte, S l o w a k i s c h. Mit ihnen verwandt, immerhin eigenständig ist das S o r b i s c h e (auch *Wendisch*) in der DDR. Letzteres zerfällt in zwei Dialekte: *Obersorbisch* um Bautzen bzw. in der Lausitz und *Niedersorbisch* um Cottbus in der Niederlausitz. Erst im 18. Jh. ist die in vereinzelten Schriftdenkmälern auf uns gekommene Sprache der Elbslawen verklungen; das P o l a b i s c h e, das um Hannover gesprochen wurde. Von der zahlreichsten Abteilung der Westslawen wird das P o l n i s c h e gesprochen, das uns vom 12. Jh. an belegt ist. Eigentlich ein archaischer Dialekt des Polnischen ist das K a s c h u b i s c h e in Nordpolen (im früheren ostpreußischen Bereich, mit vielen niederdeutschen Elementen durchsetzt), dessen älteste Denkmäler aus dem 17. Jh. stammen.

Im südwestlichen Areal der Indogermania stellt das G r i e c h i s c h e eine eigenständige, linguistisch gesehen „östliche" Gruppe dar, die mit vielen Sprachmerkmalen sowohl mit dem Italischen bzw. mit dem Tocharischen und dem Germanischen im Westen als auch mit dem Indoiranischen im Osten verbunden erscheint. Wie beim Italischen, ist es auch hier fraglich, ob die Träger der Sprache in ihrer Heimat autochthon oder erst aus dem Norden zugewandert sind. Die ältesten griechischen Inschriften stammen aus dem 7.—5. Jh. v. u. Z., aber es stehen uns auch viel ältere Sprachdenkmäler aus vorgriechischer Zeit zur Verfügung. Heute noch gilt das A l t g r i e c h i s c h e als die gründlichst erforschte indogermanische Sprache. Seine ältesten und wichtigsten großen, zusammenhängenden Quellen sind die Homerischen Dichtungen ungefähr aus der Zeit um 1000 v. u. Z. Die Hauptdialekte des Altgriechischen waren *Ionisch*, *Dorisch* (die Sprache von Sparta), *Nordwestgriechisch* (in Epirus) und *Attisch*, d. i. die Sprache Athens, die bereits im 5. Jh. v. u. Z. als Schrift- und Verkehrssprache in ganz Griechenland verbreitet war. Um 300 u. Z. entwickelte sich aus dem Attischen die K o i n é, d. h. die allgemeine griechische Verkehrssprache, die Grundlage der modernen griechischen Schriftsprache. Die unmittelbare Fortsetzung der Koiné war im 11.—16. Jh. das *Mittelgriechische*, seitdem das *Neugriechische*. Letzteres gliedert sich in eine nördliche und eine südliche Dialektgruppe mit dem Verbreitungsgebiet Griechenland und zum Teil Epirus, Thessalien, Makedonien, Zypern, Kreta und die Inselwelt des östlichen Mittelmeers bzw. das Küstengebiet Kleinasiens und Italiens.

I.2.5. Die Westgruppe der indogermanischen Sprachen

K e l t i s c h e G r u p p e. Zwei Zweige werden unterschieden: *Festlandkeltisch* und *Inselkeltisch*. Der wichtigste Vertreter der Festlandgruppe war das G a l l i s c h e, das in den letzten Jahrhunderten v. u. Z. auf dem Gebiet des heutigen Frankreichs, Norditaliens, der Schweiz, West- und Süddeutschlands, Böhmens, Nord- und Westungarns, der Slowakei, Österreichs, Sloweniens und Bosniens verbreitet war. Ein Splitter des Gallischen kam nach einer langen Wanderung sogar nach Kleinasien (*Galater*). Einen

Hauptstamm der Gallier bildeten die *Boier* im Bereich der heutigen Tschechei (die Landesbezeichnung *Böhmen*, engl. *Bohemia*, d. i. *Boio-hœmum* 'Heim der Boier', wird mit ihrem Namen verbunden). Der Stamm der *Volcae* (lat., Stamm *volk-) siedelte nach dem Bericht von Iulius Caesar ebenfalls in Mitteldeutschland, in unmittelbarer Nachbarschaft der Germanen, die diesen Stammesnamen (> germ. *walha) auf sämtliche keltische Stämme, ja später auf alle fremden, hauptsächlich romanischen Völker übertrugen, vgl. ags. *Wēalas* > engl. *Wales*, an. *Valir*, ahd. *Walha* > nhd. *welsch*, auch in *Rotwelsch, Kauderwelsch*. Der Name der *Wallonen* geht ebenfalls darauf zurück. Der Name hat durch germanische Vermittlung auch im Slawischen Fuß gefaßt, vgl. asl. *vlachŭ* > ung. *oláh* 'Wallache; Rumäne' sowie ung. *olasz* [olås] 'Italiener'. Gallische Stämme waren auch die *Helvetier* in der heutigen Schweiz (vgl. den lat. Namen *Helvetia* 'Helvetien: Schweiz') und die *Pannonen* in Transdanubien in Ungarn.

Spätestens um 500 v. u. Z. drangen keltische Stämme nach Italien vor, wo sie um 400 v. u. Z. die Po-Ebene besetzten. 390 v. u. Z. hatten sie sogar Rom erobert, wurden aber nach kurzer Zeit wieder zurückgedrängt, und um den Beginn unserer Zeitrechnung befand sich das Keltische in Italien schon stark im Rückzug. (Ein Jahrhundert später setzte die Abwanderung keltischer Stämme im Osten nach Griechenland, Thrakien und Kleinasien bzw. im Westen nach Spanien ein.) 118 v. u. Z. erstreckte sich die Expansion der Römer auch auf Gallien, wo daraufhin die erste römische Provinz, die Gallia Narbonensis, gegründet wurde. Von da an nahm die Romanisierung der Gallier einen raschen Verlauf, so daß das Gallische nach und nach gänzlich erlosch. Die Denkmäler des Gallischen sind hauptsächlich Inschriften auf Münzen, Orts- und Personennamen sowie Glossen in den Schriften griechischer und römischer Verfasser. Keltische Lehnwörter ließen sich aber auch aus den mit den Kelten benachbarten germanischen und sonstigen Sprachen in großer Zahl ermitteln. Ein wohl letzter Bericht über das Gallische sagt aus, daß in der Umgebung von Trier die Landbevölkerung im 4. Jh. u. Z. noch keltisch sprach.

Inselkeltisch. Hierher gehörte Britannisch, dessen Fortsetzung das in der Bretagne in Nordfrankreich gesprochene Bretonische ist. Die Vorfahren der Bretonen flüchteten im 6. Jh. u. Z. vor den Angelsachsen aus Cornwall auf das Festland. Bretonische Glossen sind schon aus dem 8. Jh. bekannt; seit dem 14. Jh. ist die bretonische Literatur kontinuierlich. In Wales in England wird Kymrisch (auch *Walisisch*) gesprochen, dessen Denkmäler auf das 11. Jh. zurückgehen. Laut Statistik gibt es hier immer noch Menschen, die kein Englisch sprechen. Das mit dem Kymrischen nächst verwandte Kornisch in Cornwall schien zuerst in Denkmälern des 13. Jh.s auf, konnte aber das 18. Jh. nicht überdauern.

Die heute gesprochenen keltischen Sprachen gehören also samt und sonders dem Inselkeltischen an. Sie werden zusammenfassend — besonders historisch — auch G ä l i s c h genannt. Der Name bedeutet eigentlich 'Mensch' (ir. *goidel* 'Mann, Mensch' — daher wird der irische Zweig in der Indogermanistik auch Goidelisch genannt) und umfaßt — historisch — das *Irische*, das (Hochland-) *Schottische* und das *Manx* auf der Insel Man im Irischen Meer.

Im 9. Jh. u. Z. waren I r i s c h (vgl. ir. *Hérin* ~ *Erin* 'Irland') und S c h o t t i s c h noch e i n e Sprache, deren älteste Denkmäler, die vermutlich noch im 2. Jh. v. u. Z. entstandenen, in der nach dem heidnischen Gott Ogma *Og(h)am-Schrift* genannten Kerbschrift überlieferten Inschriften aus dem 4.—7. Jh. sind (vgl. Abb. 26). Irisch ist heute die wichtigste keltische Sprache, deren Denkmäler in Glossen seit dem 7. Jh. (A l t i r i s c h), nach 1100 bereits auch in zahlreichen Handschriften (*Mittelirisch*) bestehen.

Vom 17. Jh. an spricht man vom *neuirischen* Sprachstand. Das Neuirische zerfällt in zwei Dialektgruppen: die Nordmundarten werden in Ulster und Connaught, die Südmundarten in Munster und Leinster gesprochen. Aus den letzteren hat sich die moderne Schriftsprache der Iren herausgebildet. Irische Siedler haben ihre Muttersprache zum Teil sogar in Übersee, besonders in den Vereinigten Staaten, beibehalten.

Das Hochland- S c h o t t i s c h e wird heute auch einfach (also im engeren Sinne) *Gälisch* genannt. Seine Denkmäler setzten erst im 15. Jh. ein. Es wird in verschiedenen Teilen des schottischen Hochlands (*Highland*) und auf den Hebriden gesprochen, wo es vielerorts immer noch die einzige Sprache der Bevölkerung ist, obwohl es vom Englischen immer mehr ins abgelegene Bergland verdrängt wird. Die schottische Literatur ist weniger bedeutend als die irische und beschränkt sich zumeist auf die religiös bestimmte Volksdichtung.

Die Briten und Gälen wanderten noch in vorhistorischer Zeit vom europäischen Festland, aus Gallien und vor allem aus Belgien, auf die Britischen Inseln. Zur Zeit von IULIUS CAESAR lebten die Briten in Königreichen und pflegten einen sehr regen Handels- und Kulturaustausch mit den verwandten Stämmen auf dem Festland. 55—54 v. u. Z. dehnte CAESAR seinen gallischen Feldzug auch auf Britannien aus, besetzte aber nicht das ganze Inselreich, sondern nur das eigentliche England und Südschottland bis zum Firth of Forth bzw. bis zum Firth of Clyde. Die angelsächsische Invasion hat die Briten im 4.—6. Jh. immer mehr nach dem Westen und dem Norden verdrängt.

Der Name der Kelten erscheint bereits in der griechischen Historiographie als *Keltoi* (Pl.); lat. *Gallus* 'Gallier; Kelte' ist eine Entlehnung von kelt.

gallos 'Fremder; Ausländer', das in irischen Personennamen heute noch sehr häufig vorkommt.

I t a l i s c h e   G r u p p e. Über die Vorgeschichte der italischen Völker ist immer noch ziemlich wenig bekannt. Es harrt noch der Klärung, ob sie in Italien ureingesessen oder erst aus dem Norden zugewandert sind. Am Anfang der bekannten Geschichte Europas waren sie allerdings schon im Süden der Apenninischen Halbinsel ansässig. Sehr früh müssen sie sich in zwei Zweige gespalten haben, deren Sprachdenkmäler neben denen der Hethiter, der Indoarier und der Griechen die ältesten und wichtigsten Zeugnisse der indogermanischen Sprachfamilie sind.

Im größten Teil Italiens wurden anfangs die verschiedenen Mundarten des *Oskisch-Umbrischen* (auch *Samnitisch-Umbrischen*) gesprochen. Zeugnis von ihnen geben zahlreiche Inschriften. Das Umbrische wurde im Norden (Umbrien!) gesprochen, dort aber vom Etruskischen und Gallischen verdrängt und dann vom lebensfähigeren Lateinischen bald endgültig aufgesogen.

Die bedeutendste Schicht der italischen Sprachen war der *latino-faliskische* Zweig (L a t e i n i s c h). Das war die Sprache von Latium und Rom. Ihre ältesten Inschriften datieren aus dem 5.—4. Jh. v. u. Z. Von 240 v. u. Z. an gibt es bereits eine kontinuierliche lateinische Literatur. Die beiden Hauptvarianten des Lateinischen bildeten das offizielle L a t e i n Roms, worauf auch die Literatursprache der klassischen Zeit beruhte, und die Volkssprache, das sogenannte V u l g ä r l a t e i n mit seinen zahlreichen sozialen Sprachvarianten und Schriftdenkmälern. Im Zuge der Expansion des Römischen Reiches wurde das Vulgärlateinische von Soldaten und Kolonisten überall in den eroberten Provinzen verbreitet. Auf diese Weise ist das Vulgärlatein die Quelle der modernen r o m a n i s c h e n   S p r a c h e n geworden. Die Vielfalt der romanischen Sprachen erklärt sich — nach der herrschenden Ansicht der Romanisten — vor allem daraus, daß die Römer in den besetzten Provinzen Völker mit den verschiedensten Sprachen assimiliert — d. h. romanisiert — hatten, die das Vulgärlatein, ihrer sprachlichen Grundschicht und ihrer eigenen Artikulationsbasis entsprechend, in verschiedenen Richtungen entwickelten. Von romanischen Sprachen darf man übrigens etwa seit 500 u. Z. sprechen.

Die romanischen Sprachen werden, gemäß ihrer geographischen Lage, in zwei Hauptgruppen — in West- und Ostromanisch — geteilt.

Zur *Westgruppe* gehört das S p a n i s c h e, die am weitesten verbreitete romanische Sprache der Gegenwart. Seine Quellen nehmen um 1100 ihren Anfang. Spanisch wird im Großteil Spaniens und — mit Ausschluß Brasiliens — in ganz Mittel- und Südamerika (Lateinamerika), ja z. T. auch in manchen Südstaaten der USA, ferner auf den Philippinen und einigen weiteren Inseln gesprochen. Die spanische Schriftsprache beruht auf der Mundart Kastiliens (Zentrum: Madrid).

Mit dem Spanischen eng verwandt ist das Portugiesische (auch *Lusitanisch*). Die eigentlich portugiesische Schriftsprache (etwa seit 1200) wird im größten Teil Portugals, auf den Azoren, Madeira, in Brasilien und in einigen Restkolonien gesprochen, daneben besteht eine Abart des Portugiesischen, das Galizische, das in den spanisch-portugiesischen Grenzprovinzen Galizien, Asturien und Leon im Nordwesten der Iberischen Halbinsel einen Übergang zwischen Spanisch und Portugiesisch bildet. Im nordöstlichen Spanien (Katalonien, Valencia, Balearen) und z. T. in Südfrankreich (in Roussillon) herrscht das Katalanische, dessen älteste Denkmäler aus dem 12. Jh. überliefert sind (Zentrum Barcelona). Katalanisch ist die Amtssprache der Republik Andorra in den Pyrenäen. Mit dem Katalanischen verwandt ist das Provenzalische (*langue d'oc* nach *oc* 'ja' gegenüber frz. *oui* 'dass.', die älteste belegte romanische Sprache, deren erste Denkmäler aus dem 12. Jh. stammen. Einst wurde es im größten Teil Südfrankreichs gesprochen, heute beschränkt es sich jedoch im wesentlichen — als regionale Umgangssprache — auf die Provence.

In der neueren Geschichte der europäischen Kultur hat wohl das Französische die größte Rolle gespielt. Seine Streudenkmäler sind uns seit 843 bekannt. Das Verbreitungsgebiet des Französischen ist (Nord-)Frankreich, die (z. T. ehemaligen) französischen Kolonien, ein Teil Kanadas, Südbelgien und die westlichste Schweiz (vgl. Abb. 70). Die französische Schriftsprache ist aus der Mundart der zentralen Provinz Frankreichs (Ile-de-France: die Umgebung von Paris) entstanden. Die Bezeichnung bewahrt den Namen der Franken, der germanischen Eroberer des romanisierten Galliens.

Gewissermaßen einen Übergang zwischen Spanisch und Italienisch bildet das in vieler Hinsicht sehr altertümliche Sardische, die Sprache Sardiniens. Die Grenze zwischen dem West- und Ostromanischen liegt südlich von Rom in Italien. Die norditalienischen Mundarten sind — samt der aus dem toskanischen Dialekt entwickelten Schriftsprache Italiens — noch westromanisch, während die süditalienischen Mundarten bereits östlichen Charakters sind.

Italienisch wird in Italien, auf Korsika, Malta, z. T. in Istrien und diasporisch in einigen Städten der Küstengebiete Dalmatiens, in der südlichen Schweiz (vgl. Abb. 70), auf einigen Inseln des Ionischen Meeres und vereinzelt auch in den ehemaligen Kolonien Italiens (z. B. in Tunesien, Somalien usw.) gesprochen.

Westromanisch ist auch das Rätoromanische (auch *Ladinisch* bzw. *Romansch*) in einem schmalen Gürtel der Alpen, im Norden bzw.

nördlich von Italien. Es besteht aus drei mehr oder weniger selbständigen Dialekten. *Westrätisch* (auch *Graubündnerisch* oder *Romansch*) wird im Schweizer Kanton Graubünden gesprochen und hat seit der Mitte des 16. Jh.s eine bedeutende Literatur (vgl. Abb. 70). *Mittelrätisch* (eigtl. *Ladinisch*) ist die Sprache einiger Striche Südwesttirols, während in Friaul in Norditalien das *Osträtische* (auch *Friaulisch*) verbreitet ist. Diese kleine Sprache ist aus der Verschmelzung des Vulgärlateins mit einem rätischen Substrat hervorgegangen, doch ist die nähere genetische Zuordnung dieses Substrats noch immer eine offene Frage.

Die bedeutendste Sprache des Ostromanischen ist das R u m ä n i s c h e, das vermutlich auf thrakischem Substrat entstanden ist. Das Schriftrumänische geht auf das 16. Jh. zurück, sein Verbreitungsgebiet ist die Sozialistische Republik Rumänien. Die andere — mit kyrillischer Schrift geschriebene — schriftsprachliche Variante des Rumänischen ist das M o l d a u i s c h e in der Moldauischen SSR in der Sowjetunion. Beide Varianten zeichnen sich durch einen sehr hohen Prozentsatz slawischer Elemente auf allen Sprachebenen aus.

Außer diesen auch heute noch gesprochenen Sprachen befaßt sich die Forschung mit einer Reihe schriftlich belegter ausgestorbener indogermanischer Sprachen. An erster Stelle sei dabei das H e t h i t i s c h e der Keilinschriften erwähnt, das im einst mächtigen Hethiterreich in Anatolien (Kleinasien) gesprochen wurde. Seine Denkmäler stammen aus dem 2. Jahrtausend v. u. Z. Über die Zugehörigkeit des Hethitischen zum Indogermanischen wurden viele Diskussionen geführt, denn morphematisch ist die Sprache zwar indogermanisch, aber ihr Wortschatz ist weitgehend überfremdet. Von einigen Forschern wurde sogar angenommen, Hethitisch sei eine Schwestersprache der indogermanischen Grundsprache; so wurde auch der Begriff I n d o h e t h i t i s c h geprägt (EDGAR H. STURTEVANT). Die Diskussion darf jedoch nach der Deutung der sogenannten Inschriften von Boghazköi (Anatolien) durch den tschechischen Gelehrten FRIEDRICH [= BEDŘICH] HROZNÝ (1915/16) zugunsten des Indogermanischen als abgeschlossen gelten.

Im angehenden 20. Jh. wurden in Ostturkestan (China) die Denkmäler einer weiteren, ebenfalls verklungenen indogermanischen Sprache, des T o c h a r i s c h e n, entdeckt. Es handelt sich eigentlich um zwei, miteinander eng verwandte Sprachen, die arbeitshypothetisch als *Tocharisch A* und *Tocharisch B* bezeichnet werden, da ihre Selbstbenennungen noch nicht bekannt sind. Die Denkmäler des Tocharischen stammen aus dem 6.—7. Jh. u. Z.

Im Altertum wurden außerdem noch zahlreiche indogermanische Sprachen in Südeuropa und Kleinasien gesprochen, die nur sehr spärlich tradiert sind. Von diesen seien zunächst das L y d i s c h e und das L y k i s c h e (A n a t o l i s c h), das P h r y g i s c h e, das T h r a k i s c h e, das I l l y r i s c h e und das M a k e d o n i s c h e (nicht zu verwechseln mit dem slawischen Makedonischen der Neuzeit!) auf dem Balkan und in Kleinasien erwähnt, die in der Herausbildung der Balkansprachen der Gegenwart als Substrat eine große Rolle gespielt haben, des weiteren das V e n e - t i s c h e (> *Venedig!*) und das M e s s a p i s c h e in Italien. Alle diese Sprachen sind vornehmlich aus Inschriften bekannt. Dank der Forschungen mancher angelsächsischen Gelehrten und des bulgarischen Linguisten VLADIMIR I. GEORGIEV scheint es gesichert, daß die meisten, früher für nicht indogermanisch gehaltenen vorzeitlichen Sprachen der griechischen Inselwelt -- wie *Pelasgisch*, *Minoisch* bzw. *Mykenisch* usw. — ebenfalls griechisch, also indogermanisch geprägt waren. Unentschieden ist dagegen immer noch die Frage, ob das im Altertum in Mittelitalien gesprochene E t r u s k i s c h e eine indogermanische Sprache war oder nicht.

Eine der wichtigsten Gruppen des westlichen Zweiges der Indogermania bilden die G e r m a n e n. Mit ihren Sprachen werden wir uns im folgenden eingehend befassen.

I.3. DIE INDOGERMANISCHE GRUNDSPRACHE

I.3.1. Der Begriff der indogermanischen Grundsprache

Im Ergebnis des oben umrissenen Verfahrens der i n n e r e n R e - k o n s t r u k t i o n und der gegenseitigen V e r g l e i c h u n g der indogermanischen Einzelsprachen, wie es an Hand von dt. *Mutter* ~ engl. *mother* veranschaulicht wurde, kommen wir zu einer grundlegenden Ausgangsform. Die zielbewußt erschlossenen Grundformen, die naturgemäß nicht nur den Wortschatz und die Phonetik (bzw. Phonologie) berücksichtigen, sondern sämtliche Ebenen der Sprache, also auch die Morphologie und den Satzbau umfassen, ergeben insgesamt ein zwar schriftlich nicht belegtes, aber aus den Tochtersprachen wahrscheinlich gemachtes g r u n d - s p r a c h l i c h e s S y s t e m. Die Junggrammatiker faßten dieses System noch als eine Ursprache auf und betrachteten die erschlossene Sprachform in jeder Hinsicht als die volle Wirklichkeit. Heute stützt sich die Forschung darauf nur mehr als auf eine Arbeitshypothese, eine indogermanische G r u n d s p r a c h e, die als B e z i e h u n g s b a s i s verwendet wird, da man mit ihrer Hilfe die tatsächlich belegten indogermanischen Einzelsprachen aufeinander abstimmen bzw. neuerschlossene indogermanische Sprachen in ihrer Familie orten kann. Daraus ergibt sich, daß wir bei der Rekonstruktion über das Gemeinindogermanische hinaus auch von einer germanischen, romanischen, slawischen usw. Grundsprache zu sprechen haben, die nach ihrer gegenseitigen Vergleichung jedoch zur indogermanischen Grundsprache führen bzw. diese mit den schon belegten germanischen, romanischen, slawischen usw. Einzelsprachen verbinden.

Noch weiter führen jene Forschungen, die an Hand der Vergleichung der grundsprachlichen Formationen ganzer Sprachfamilien auf die Feststellung ihrer älteren Beziehungen gerichtet sind. In dieser Richtung verlaufen z. B. die Untersuchungen zur (evtl. auch verwandtschaftlichen) Vergleichung des Indogermanischen mit der semitohamitischen, der finnisch-ugrischen bzw. ural-altaischen Grundsprache usw. Diese Untersuchungen stehen jedoch, obwohl sie bereits auf eine bedeutende Vergangenheit zurückblicken, in ihrem Anfangsstadium.

I.3.2. Lautsystem

Vom indogermanischen **Betonungssystem** ist wenig bekannt. Der **Satzakzent** scheint hauptsächlich **musikalisch** gewesen zu sein. Einige Wörter wurden im Satz nur selten oder überhaupt nicht betont, da sie betonungsmäßig einem voraufgehenden Wort angehängt wurden, d. h., sie standen in der **Enklise**. Solch ein enklitisches Wort ist z. B. got. *-uh*, lat. *-que*, russ. *-же*. Der indogermanische **Wortakzent war frei (ungebunden)**, genauer gesagt, beweglich-gebunden, d. h., er konnte sowohl auf den Stamm als auch auf die Suffixe bzw. die Endungen fallen, doch nicht individuell willkürlich, sondern gemäß den in der gegebenen Sprachgemeinschaft gefestigten, tradierten Regeln wie z. B. im Russischen der Gegenwart, vgl. дом 'Haus' → домá 'Häuser' und дóма 'des Hauses; daheim'. Der Wortakzent konnte gleichermaßen musikalisch und dynamisch sein. Im Laufe der Sonderentwicklung der indogermanischen Einzelsprachen gewann dann jeweils der dynamische oder der musikalische Akzent die Oberhand.

Das **Vokalsystem** bestand aus kurzen und langen Monophthongen und Diphthongen, die von silbischen (silbenbildenden) Liquiden und Nasalen ergänzt wurden:

Monophthonge: Kürzen: *a e i o u ə*
Längen: *ā ē ī ō ū*

Diphthonge: Kürzen: *ai ei oi* ǁ *au eu ou*
Längen: *āi ēi ōi* ǁ *āu ēu ōu*

Silbische Konsonanten: *r̥ l̥* ǁ *m̥ n̥ (ñ̥ ŋ̥)*

Lange Diphthonge werden — so wird angenommen — ziemlich selten gewesen sein, da ihre Reflexionen in den indogermanischen Einzelsprachen im allgemeinen mit jenen der entsprechenden Kurzdiphthonge zusammenfallen. Möglich ist es auch, daß sie nur emphatische Varianten der Kürzen darstellten, oder aber nur für einzelne Teilbereiche der Indogermania typisch waren. Die silbischen Konsonanten wurden in den Tochtersprachen meistens zu verschiedenen Vollsilben (z. B. $r̥$ > germ. -ur, vgl. idg. *bhr̥tis 'Tragen' > ahd. giburt 'Geburt') aufgelöst.

Die beiden Hauptschichten des K o n s o n a n t i s m u s ergaben die Geräusch- und die Sonorlaute. Die G e r ä u s c h l a u t e waren entweder stimmhafte oder stimmlose Verschluß- oder Reibelaute, wobei innerhalb der Verschlußlaute auch eine behauchte und eine unbehauchte Reihe zu unterscheiden war:

Verschlußlaute		stimmlos		stimmhaft	
		unbehaucht	behaucht	unbehaucht	behaucht
labial		p	ph	b	bh
dental		t	th	d	dh
guttural	palatal	$k̂$	$k̂h$	$ĝ$	$ĝh$
	velar	q (k)	qh (kh)	g	gh
	labiovelar	q^u (k^u)	q^uh (k^uh)	g^u	g^uh

R e i b e l a u t e :

    stimmlos: s ($þ$)   stimmhaft: z

S o n o r l a u t e :

    Nasale: labial   dental   palatal   velar
                      m n ($ñ$)   ($ŋ$)
    Liquiden: r, l
    Halbvokale: $i̯, u̯$

Stimmlose behauchte Verschlußlaute werden ziemlich selten gewesen sein, ihre besonderen Reflexionen sind nur im Indischen und im Altgriechischen erhalten. Die Halbvokale waren gemäß ihrer Stellung im Worte bald Vokale (i, u), bald Konsonanten (j, v), genauso wie in den germanischen Sprachen der Gegenwart.

Es ist anzumerken, daß in unserem Jahrhundert für die Rekonstruktion der indogermanischen Grundsprache die Feststellung des grundsprachlichen Lautsystems, d. h. der Archetypen der indogermanischen Laute der Gegenwart, erneut eine entscheidende Bedeutung erlangt hat. FERDINAND DE

SAUSSURE kam — als hervorragender Junggrammatiker — bereits 1879 zur Einsicht, daß der Laut ə (das sogenannte *šva indogermanicum*) ursprünglich der zweite Bestandteil von Diphthongen war und erst nach dem Ausfall der ursprünglich ersten (Haupt-) Elemente dieser Diphthonge befähigt wurde, an sich selbst eine Silbe zu bilden. Daraus wiederum folgt ganz logisch, daß — rein theoretisch — gemäß den drei geschwundenen diphthongbildenden Lauten (*e, a, o*) mit drei Varianten des Schwa ($ə_1, ə_2, ə_3$) zu rechnen ist.

Während seines Versuchs zur genetischen Verknüpfung der indogermanischen und der semitischen Sprachen nahm der Däne HERMAN MØLLER an, es habe in der von ihm vorausgesetzten gemeinsamen Grundsprache der beiden Sprachfamilien fünf laryngale Laute gegeben. Nach HERMAN MØLLERS Meinung konnte ein Vokal in den indogermanischen Sprachen im Wortanlaut erst dann zu stehen kommen, wenn davor ein Laryngal geschwunden war. Ihm folgend, nahm der Franzose ALBERT CUNY drei Laryngale an, die nur in interkonsonantischer Stellung zu Vokalen wurden. Der vorausgesetzte Laryngal war nach ALBERT CUNY palatal (ə, später *e*), velar (ə, später *a*) oder labiovelar (ə, später *o*). Diese Hypothese wurde unter den Junggrammatikern weder von KARL BRUGMANN noch von HERMAN HIRT und ANTOINE MEILLET bzw. von der russischen Schule akzeptiert.

1927 entdeckte der Pole JERZY KURYŁOWICZ, daß die SAUSSUREsche These vom *ḫ*-Laut des Hethitischen vielfach erhärtet wird. Seit dieser Erkenntnis darf man die indogermanische L a r y n g a l t h e o r i e als begründet ansehen. Die gesamte Problematik der Wurzelwörter, ja des Lautsystems der indogermanischen Grundsprache schlechthin, wurde dadurch in neues Licht gerückt. Die Anhänger der Laryngaltheorie halten dafür, daß der indogermanische Vokalismus ursprünglich aus einem einzigen Vokal vom Typus *e* bestand, der durch die silbische Stufe der Sonanten (also *i* und *u*) ergänzt war. Der Niederländer JAN VAN GINNEKEN stützte darauf die Annahme, in der indogermanischen Grundsprache hätten nur die Konsonanten eine phonologische Relevanz gehabt; während der genannte Vokal ausschließlich als phonetisch relevanter Bindelaut zur Geltung gekommen sei. Eine präzisere Bestimmung der Annahmen von JERZY KURYŁOWICZ wurde vom Amerikaner EDWARD SAPIR in Angriff genommen. EDWARD SAPIR hielt die bei JERZY KURYŁOWICZ mit $ə_1$ und $ə_4$ bezeichneten Laryngale für Verschluß-, die mit $ə_2$ und $ə_3$ bezeichneten dagegen für Reibelaute. Diese Hypothese konnte jedoch bisher noch nicht zufriedenstellend bewiesen werden. In der Linguistik des Westens sind zur Zeit der Franzose ÉMILE BENVENISTE, die Amerikaner EDGAR H. STURTEVANT und EDGAR POLOMÉ, der Deutsche WERNER WINTER u. a. die bekanntesten Vertreter der Laryngaltheorie.

Der tschechische Linguist LADISLAV ZGUSTA setzte in der indogermanischen Grundsprache einen Laut (H) voraus, der im Hethitischen als ḫ erhalten geblieben war, während er sonst qualitativ unterschiedlich vokalisiert bzw. in bestimmten Fällen zu ə wurde. Ebendeshalb hielt er die Bezeichnung „laryngal" für diesen Laut nur hypothetisch für möglich und schlug vor, an der von FERDINAND DE SAUSSURE geprägten Bezeichnung „sonantischer Koeffizient" festzuhalten. LADISLAV ZGUSTA teilt nicht die von JERZY KURYŁOWICZ (und der westlichen Schule) aufgestellte Hypothese, wonach der indogermanische Vokalismus ursprünglich aus einem einzigen Vokal bestanden hätte. Ein Teil der sowjetischen Komparativisten vertritt eine der ZGUSTAschen ähnliche Auffassung der Laryngaltheorie, aber auch hier gibt es Anhänger der Theorie von JERZY KURYŁOWICZ (VJAČESLAV V. IVANOV), während manche die Laryngaltheorie überhaupt ablehnen.

Schon heute scheint allerdings gesichert, daß die Laryngaltheorie eine genauere Erschließung des Systems der indogermanischen Grundsprache, besonders in Bezug auf den morphologischen Bau, in mancher Hinsicht weiterentwickeln wird. Trotz wiederholter Einwände der Vertreter der Laryngaltheorie geht aber diese Diskussion über die Frage nach der indogermanischen Grundsprache hinaus und rührt schon zweifelsohne an die Erschließung einer möglichen Vorstufe derselben.

I.3.3. Grammatischer Bau

Das für die indogermanische Grundsprache gesicherte N o m e n war S u b s t a n t i v, A d j e k t i v, P r o n o m e n oder N u m e r a l e. Das Nomen drückte in seinen flektierten Formen die grammatischen Kategorien des G e n u s, des N u m e r u s und des K a s u s aus. Vorauszusetzen ist — als ein typisch indogermanisches Klassifikationsmerkmal — das Vorhandensein von d r e i Genera (Maskulinum, Femininum und Neutrum), im Gegensatz zu den meisten nichtindogermanischen Sprachen, die entweder ein Zweiersystem (z. B. Maskulinum $\neq$ Femininum; Utrum $\neq$ Neutrum) oder viel verwickeltere Klassifizierungsmerkmale, oder aber auch gar keine aufweisen. Das indogermanische Dreiersystem ist gut erhalten im Altindischen, Griechischen, Italischen, Altgermanischen und Altslawischen, während im Litauischen z. B. — trotz sonst sehr archaischer Züge! — das Neutrum eliminiert wurde. (Über die weiteren Entwicklungen im Germanischen s. V. 2.)

Auch die Kategorie des N u m e r u s zeigt ursprünglich eine Dreiteilung. Neben S i n g u l a r und P l u r a l muß zur Bezeichnung der Dualität auch ein D u a l i s bestanden haben, dessen Relikte unter den germanischen Sprachen im Gotischen, Altenglischen, Isländischen, ja —

semantisch umgewertet — auch in einigen Dialekten des Deutschen (Bairisch!) und des Jiddischen (Südost- bzw. Südwestjiddisch) nachzuweisen sind.

Das indogermanische K a s u s s y s t e m läßt 8 Kasus rekonstruieren: 1. N o m i n a t i v als Kasus des Subjekts im allgemeinen; 2. A k k u s a t i v als Kasus des näheren Objekts, der Ausdehnung und der Richtung; 3. D a t i v als Kasus des entfernteren Objekts und des Zweckes; 4. G e n i t i v als Kasus des Besitze(r)s in verschiedener Verwendung; 5. A b l a t i v als Kasus des Ausgangs und der Entfernung; 6. L o k a t i v als Kasus der Lage in Raum und Zeit; 7. I n s t r u m e n t a l i s als Kasus des Mittels und der Begleitung (daher auch K o m i t a t i v genannt); 8. V o k a t i v als Kasus der nominalen Ausrufung, also auch in der Funktion eines selbständigen Satzes. Dieses komplizierte System der Kasus begann bereits in der Grundsprache vereinfacht zu werden, wobei die verschiedenen Kasus inhaltlich bzw. auch formal einem Ausgleich entgegengeführt wurden (S y n k r e t i s m u s).

Das indogermanische S u b s t a n t i v hat eine konsonantische und eine vokalische Stammbildungsgruppe. (Unter S t a m m verstehen wir hier den von seinen Flexionselementen entblößten Teil des Wortes, d. h. die mit dem Stammbildungssuffix versehene Wurzel, z. B. got. *dag | a ‖ m* 'den Tagen' [Dat. Pl.] < *dag-* ⟨Wurzel⟩ + *a* ⟨Stammbildungssuffix⟩ + *m* ⟨Kasusendung⟩; der Stamm ist also *daga-*.)

Die Stammklassen der v o k a l i s c h e n Gruppe sind die *-ā-*, *-i̯ā-*, *-o*, *-i-*, *-u-*, *-ī/-ū-* und die diphthongischen Stämme. Sie sind zumeist auch gemäß der Genuszugehörigkeit gegliedert; die *-i̯ā-* und *-ā-*Stämme sind z. B. normalerweise Feminina, während die *-o*-Stämme Maskulina und Neutra umfassen. In der k o n s o n a n t i s c h e n Gruppe unterscheiden sich die Stämme auf Verschlußlaut, *-s*, *Nasal* und *Liquida* sowie die *-r-/-n-*Stämme. Das besondere Merkmal letzterer besteht darin, daß im Nom., Akk. und Vok. Sing. ein und dasselbe Wort ein *-r-*Stamm, in den übrigen Kasus des Sing. und des Pl. hingegen ein *-n-*Stamm ist (H e t e r o k l i s e). Zu dieser heteroklitischen Klasse gehörte z. B. die Vorlage von dt. *Wasser* ~ engl. *water*, vgl. heth. *u̯atar* (Nom.) neben *u̯etenaš* (Gen.). Im Germanischen wurden diese abwechselnden Kasusformen im ganzen Paradigma ausgeglichen, aber nicht einheitlich in der ganzen Germania, vgl. got. *watins* 'des Wassers' (Nom. *wato*) ~ schw. *vatten* 'Wasser' gegenüber dt. *Wasser* ~ engl. *water*.

Das indogermanische A d j e k t i v hat sich ursprünglich vom Substantiv nicht unterschieden. Es wurde in allen drei Genera vom selben Wortstamm gebildet. In die Flexion des Adjektivs drangen aber auf Grund funktioneller Berührungen immer mehr auch Endungen der Pronominalflexion ein: das Ergebnis war ein adjektivisches Teilsystem im Rahmen der Nominalflexion, da nun die ursprüngliche Identität von Substantiv und Adjektiv in der Flexion zerstört worden war. Das Sondermerkmal des Adjektivs war jedoch die Möglichkeit der K o m p a r a t i o n (Steigerung), die mit Hilfe von verschiedenen Bildungssuffixen drei Grade (P o s i t i v, K o m p a r a t i v, S u p e r l a t i v) auseinanderhielt.

Die Klassen des P r o n o m e n s waren: P e r s o n a l p r o n o m e n, P o s s e s s i v p r o n o m e n, D e m o n s t r a t i v p r o n o m e n, R e l a t i v- und I n t e r r o g a t i v p r o n o m e n bzw. I n d e f i n i t p r o n o m e n. Das indogermanische Personal- und Reflexivpronomen unterschied das Genus nur in der 3. Person; charakteristisch für die Pronomina war auch der Gebrauch des Dualis neben Singular und Plural. Das Possessivum wurde von denselben Stämmen wie das Personalpronomen gebildet, aber wie das Adjektiv flektiert. Die indogermanischen Einzelsprachen verfügen jedoch in dieser Hinsicht über eine große Vielfalt. Interrogativa und Indefinita wurden häufig mit verschiedenen P a r t i k e l n als Verstärkungswörtchen ergänzt (vgl. got. -*uh*: *ƕas* 'wer' → *ƕaz|uh* 'wer [denn, immer]').

Unter den indogermanischen N u m e r a l i e n lassen sich bereits in der Grundsprache K a r d i n a l i e n und O r d i n a l i e n unterscheiden. Für die Kardinalzahlen von 1 bis 4 läßt sich auch die Flexion erschließen; die übrigen Kardinalien waren (scheinbar) indeklinabel.

Das indogermanische V e r b bestand aus flektierten Verbal- und Nominalformen. Die verbalflektierten (konjugierten) finiten Verbalformen drückten das G e n u s v e r b i (Aktiv, Passiv und das zwischen den beiden stehende Mediopassiv), den M o d u s (Indikativ, Konjunktiv, Optativ, Imperativ, evtl. auch den sogenannten Injunktiv, zum Ausduck der Irrealität), das T e m p u s (Präsens, verschiedene Vergangenheitsformen wie Präteritum, Perfekt und Aorist, ferner das Futur), den N u m e r u s (Singular, Plural und Dualis) sowie die P e r s o n (drei Personen je nach den Numeri) aus. Die Person wurde durch Personalendungen gekennzeichnet. Die nominalflektierten (deklinierten) Formen des Verbs waren V e r b a l n o m i n a, die etymologisch zum Verbalstamm gehörten und die Rektionen des betreffenden Verbs beibehielten. Schon für die Grundsprache läßt sich der Unterschied von V e r b a l s u b s t a n t i v a (Infinitiv) und V e r b a l a d j e k t i v a (Partizipien) festlegen.

Dieses auffallend komplizierte Verbalsystem wurde noch von den Junggrammatikern rekonstruiert, letzten Endes im Sinne der romantischen Auffassung der Sprachentwicklung, laut welcher sich die indogermanischen Sprachen der Neuzeit schon im Stadium der Verkümmerung befanden, so daß es für die Junggrammatiker auf der Hand lag, das Verbalsystem der Grundsprache auf der Basis der über die reichsten Verbalsysteme verfügenden alten indogermanischen Einzelsprachen (hauptsächlich des Sanskrits und des Altgriechischen) zu erschließen. Heute ist man viel vorsichtiger (ja sogar viel skeptischer) und hält z. B. an jener allzu üppigen Rekonstruktion der Modi bzw. der Tempora nicht mehr fest. Es scheint uns vielmehr, daß der altindische und der griechische Reichtum in dieser Hinsicht nicht die Erbschaft der Grundsprache, sondern nachträgliche Fortentwicklungen darstellen, die sich weder auf die übrigen indogermanischen Einzelsprachen noch auf die Grundsprache bedenkenlos erweitern lassen (vgl. II.2.3.).

I.3.4. Syntax

Der indogermanische S a t z wurde von Wörtern aufgebaut, die der Form nach zum Teil nominal sind. Ist das Prädikat ein Nomen, so hat man es mit einem Nominalsatz, ist es dagegen verbal, so hat man es mit einem Verbalsatz zu tun. Als ein dritter Typus ist der Fall zu nennen, in dem das Prädikat formal mit dem V e r b u m s u b s t a n t i v u m, d. h. der K o p u l a, ausgedrückt wird. So, wie diese letzte Lösung in vielen indogermanischen Sprachen der Gegenwart vorliegt, ist sie ein verhältnismäßig junges Produkt und kann ursprünglich nicht als verbal bedingt angesehen werden. Als ursprüngliche „universelle" Kategorie ist also auch hier nicht das V e r b, sondern der V e r b a l b e g r i f f anzunehmen.

Der N o m i n a l s a t z bestand in der Regel aus zwei nominalen Satzteilen, die auch durch die Kopula zusammengefügt werden konnten. Das zentrale Glied des V e r b a l s a t z e s war das Verb, dessen Kategorien oben angedeutet wurden. Nominal- bzw. Verbalsatz hatten in der Grundsprache wohl vielfach Übergangscharakter und ließen sich nicht durch irgendwelche strenge Kriterien voneinander abgrenzen. Im Satz selbst war die Kongruenz zwischen den einzelnen Satzteilen gemäß den gegebenen Kategorien wahrscheinlich schon ziemlich entwickelt.

Es kann als sicher gelten, daß die gegenseitige Beziehung der einzelnen Satzteile auf- und zueinander durch deren Übereinstimmung bzw. mit Hilfe von F l e x i o n s f o r m e n hergestellt wurde und nicht etwa n u r mittels der W o r t s t e l l u n g, wie dies bei manchen modernen indogermanischen Sprachen der Fall ist. Somit trug also die Wortstellung in der indogermanischen Grundsprache keinen syntaktischen, sondern einen noch durchaus e x p r e s s i v e n Charakter. Anders formuliert: Die indogermanische Wortfolge war grammatisch eigentlich ungebunden. Ein einziges wesentliches Merkmal — wenn man so will: die Regel — der Wortstellung bestand darin, daß die Hauptsatzteile (linguistisch-genetisch ausgedrückt: Thema—Rhema) den übrigen (dem Epithema und dem Epirhema) voraufgingen. Das alles stand im Einklang mit der morphologischen Struktur der Grundsprache, die die exakte Wiedergabe der Gedanken an sich schon ermöglichte. Man kann ANTOINE MEILLET beipflichten, der festhielt, daß die gebundene Wortstellung der modernen romanischen und germanischen Sprachen nicht den indogermanischen Typus vertritt, die relativ sehr freie, ungebundene Wortfolge der baltischen und slawischen Sprachen hingegen den alten indogermanischen Stand repräsentiert.

Es ist auch anzunehmen, daß es zwischen Aussage- bzw. Verneinungs- und Fragesätzen noch keinen Strukturunterschied gab. Es ist auch leicht möglich, daß die Grundsprache bereits über ein abwechslungsreiches System der koordinierenden (und vielleicht auch subordinierenden?) Nebensätze verfügte. Um so problematischer ist die syntaktische Verwendung der K o n j u n k t i o n e n im heutigen Sinne des Wortes.

I.3.5. Wortschatz

Auf den ersten Blick könnte man meinen, die Rekonstruktion des Wortschatzes der Grundsprache sei eine viel einfachere Aufgabe als die Erschließung lautlicher Grundformen oder morphologischer Modelle. In Wirklichkeit liegen die Dinge umgekehrt, da bei der Vergleichung von Wörtern die vorigen weitestgehend zu beachten sind, insbesondere aber die bekannten oder auch nur zu erschließenden Fakten der L a u t g e s c h i c h t e. Je auffallender die Übereinstimmung von zwei identischen bzw. fast identischen Wörtern zweier Sprachen ist, um so mehr ist es angebracht, an der genetischen Zusammengehörigkeit der beiden Wörter zu zweifeln (vgl. I.1.3).

Im Zuge der Aufklärung der regelmäßigen Lautwandlungen ist der Gedanke der L a u t g e s e t z e entstanden. In der zweiten Hälfte des vorigen Jahrhunderts vertraten in erster Linie die Anhänger der deutschen linguistischen Schule der Junggrammatiker (AUGUST LESKIEN, KARL BRUGMANN, HERMANN OSTHOFF), sodann der Däne KARL VERNER und der Franzose MICHEL BRÉAL) die These, daß die Lautwandlungen gesetzmäßig vor sich gehen und diese Gesetze sich mit der strengen Logik von Naturgesetzen auswirken. Alles, was trotzdem unerklärlich blieb, versuchten sie mit der Einwirkung der A n a l o g i e zu begründen. Die These von der Ausnahmslosigkeit der Lautgesetze wird in der modernen Sprachwissenschaft in dieser starren Form nicht mehr anerkannt. Man leugnet nicht das Vorhandensein von Lautgesetzen, sie gelten aber nunmehr als geographisch und historisch-sozial eingeschränkte Prozesse, d. h. als T e n d e n z e n d e r L a u t e n t w i c k l u n g. Das allgemeine Gesetz, die Macht der Analogie, war übrigens ein Grundpfeiler der HUMBOLDTschen Sprachtheorie: seine Einführung in die Junggrammatik war ein Kompromiß, das die Junggrammatik früher oder später doch sprengen mußte. Geht man vom Sprachvermögen als allgemein-menschlichem Besitz aus, so liegt es auf der Hand, daß die „Gesetze" der Junggrammatiker keine Gesetze im Sinne der Naturwissenschaften, vielmehr nur postulierte Formeln sind, die selber noch der Beweisführung bedürfen, worauf bereits GEORG VCN DER GABELENTZ verwies. Das gleiche gilt heute von den Postulaten der amerikanischen Generativistik in erhöhtem Grade, da letztere — als ob sie mit den reduktiv induzierten Postulaten der Naturwissenschaften gleichwertig wären — zur Deduktion weiterer „Regeln" benutzt werden.

Daraus erwächst die Aufgabe, im Verlauf der Rekonstruktion der einzelnen Wörter der Grundsprache vor allen Dingen jene Lautwandlungen zu beachten, die sich seitdem in den indogermanischen Einzelsprachen einstellten. Gleichzeitig darf ebenfalls nicht außer acht gelassen werden, daß sich diese Einzelsprachen im Kontakt mit verschiedenen Fremdsprachen entwickelten und daher möglicherweise viele Fremdwörter aufnehmen und einverleiben konnten.

In Anbetracht all dessen läßt sich der zu erschließende Wortschatz der Grundsprache in zwei große Schichten zerlegen. Die erste — und entscheidende — Schicht ist die der Wurzelwörter oder W u r z e l n, die jene Wörter umfaßt, welche in allen (oder wenigstens beinahe allen) indogermanischen Sprachen belegt sind und aus welchen in den Einzelsprachen weitere Wörter mit verschiedener Lautung und Bedeutung entwickelt wurden. Der Begriff 'Gehen, Tragen' wird z. B. ausgedrückt in skr. *váhati*, apers. *vazaiti*, asl. *vezǫ*, lit. *vezù* und lat. *veho*. Aus der alten gemeinsamen Wurzel dieser Wörter wurden in den betreffenden Einzelsprachen auch weitere Bedeutungen entwickelt, vgl. dt. *Wagen* ∼ engl. *wain*, asl. *vozъ*, dt. *Weg* ∼ engl. *way*, got. *gawigan* 'bewegen' ∼ dt. *bewegen* usw. Solche Wurzelwörter, die sich in den Einzelsprachen zu semantisch wie lautlich und morphologisch verzweigten W o r t s t a u d e n entfalteten, gehören zu den verläßlichsten Beweisen der ehemaligen genetischen Verwandtschaft der gegebenen Sprachen.

Die andere Schicht ergibt sich aus den s e l b s t ä n d i g e n E i n z e l w ö r t e r n, bei denen es nur wenige gibt, die in sämtlichen indogermanischen Sprachen vertreten sind. Größtenteils sind sie nur in der einen oder der anderen Gruppe der indogermanischen Sprachfamilie bekannt. Kommt ein Wort nur in zwei indogermanischen Sprachen vor, deren nähere Verbindung innerhalb der Sprachfamilie sonst durch keine weiteren Belege ausgewiesen wird, so handelt es sich in der Regel um bloße zufällige Übereinstimmungen. Kommt ein Wort dagegen in mehreren indogermanischen Sprachen zum Vorschein, so ist es sehr wahrscheinlich, daß diese früher einmal nähere Beziehungen zueinander hatten, auch wenn sie heute vielleicht geographisch schon weit voneinander entfernt liegen. Die engere Beziehung zweier Sprachen wird auch dann manifest, wenn die Anzahl solcher Wörter, die in beiden und nur in ihnen belegt sind, besonders hoch ist.

Den erschließbaren grundsprachlichen Wörtern kommt eine sehr große historische und kulturhistorische Bedeutung zu. Sie ermöglichen uns nämlich, das Bild jener wirtschaftlichen, sozialen und kulturellen Verhältnisse zu entwerfen, die für die Stämme, welche die Dialekte der indogermanischen Grundsprache sprachen, kennzeichnend waren. So sind z. B. unter den **Verwandtschaftsnamen** die Bezeichnungen für 'Vater' (*pətér-: ai. pitár, gr. πατήρ, lat. pater, toch. A pācar, air. athir, arm. hair, got. fadar usw.), 'Mutter' (*māter-; vgl. I. 1. 1.), 'Bruder' (*bhrāter-: ai. bhrātar-, gr. φράτωρ, toch. A pracar, lat. frāter, asl. bratrъ, air. brāthir, arm. ełbair, got. broþar usw.), 'Schwester' (*su̯esor-/*su̯esr-: ai. svásā[r]-, aw. χvqhar-, lat. soror, toch. A šar-, arm. k̇oir, asl. sestra, air. siur, lit. sesuō, got. swistar usw.), 'Sohn' (*sūnus: ai. sūnúš, aw. hunuš, lit. sūnùs, asl. synъ, A se, toch. B soy, gr. υἱός, got. sunus usw.) und 'Tochter' (*dhughəter-/*dhukter-: ai. duhitár, lit. duktē̃, gr. θυγάτηρ, aw. dugədar, arm. dustr, asl. dъšb, toch. A ckācar, toch. B tkācer, got. dauhtar usw.) in der gesamten indogermanischen Sprachfamilie einheitlich. Um so mehr muß es auffallen, daß von den Bezeichnungen entfernterer Verwandtschaftsgrade nur die für die Verwandten des Mannes bei größeren Gruppen der Sprachfamilie gemeinsam sind, während die Bezeichnungen der Verwandten der Frau meistens im Sonderleben für die Einzelsprachen, unabhängig voneinander, entstanden sind. Diese Dichotomie unterstützt die Ansicht, daß die Gemeinschaft der indogermanischen Grundsprache gesellschaftlich schon die Stufe des **Patriarchats** erreicht hatte und in Großfamilien lebte, die entsprechend der Verwandtschaft des Mannes geordnet waren. Begriffe wie 'Staat' und 'Nation' waren auf dieser Stufe noch unbekannt, ja auch der eines einheitlichen Volkes: die Terminologie dieser Begriffskreise ist — kennzeichnend genug — nur in der einen oder der anderen Abteilung der Indogermania Gemeingut.

Von den **Tiernamen** waren bereits auf der Stufe der Grundsprache die Bezeichnungen allgemein, die sich bezogen auf: 'Rind' (*péku̯-: ai. páśu[š], aw. pasuš, lat. pecu, dt. Vieh 'Vieh', osset. fus ∼ fys 'Schaf' usw.), 'Schaf' (*ou̯is: ai. ávi-, lat. ovis, vgl. got. awistr ∼ ags. eowestre ∼ ahd. awist/ewist 'Schafstall'), 'Pferd' (*ék̂u̯os: ai. áśva-, aw. aspō, toch. B yakwe, gall. epo-, air. ech-, lat. equus, gr. ἵππος, ags. eoh, got. aiƕa-tundi 'Dornstrauch, eigtl. Roßzahn', arm. ēš 'Esel' usw.), 'Schwein' (*su̯ino- 'vom Schwein': lat. suinus, asl. svinъ, gr. ὕειος ∼ ὗνος 'dass.', got. swein ∼ dt. Schwein ∼ engl. swine, lett. suvēns ∼ sivēns 'Ferkel' usw.), 'Hund' (*k̂u̯on-

/*k̑un-: ai. śvā́, aw. spā̊- Gen. sū́nō, arm. šun, lit. šuõ, toch. ku, gr. κύων, lat. canis, got. hunds), 'Wolf' (*u̯l̥gᵘos/*u̯l̥pos: ai. vŕ̥ka-, aw. vehrko, gr. λύκος, alb. ulˊk, lit. vil̃kas, asl. vlьkъ, lat. lupus, got. wulfs usw.), 'Bär' (*r̥kþos: ai. ŕ̥kṣah, gr. ἄρκτος, lat. ursus, ir. arth, alb. arí usw.), 'Hirsch' (*elen: arm. ełn, gr. ἐλλός, ai. r̥śyas 'Antilopenbock', asl. jelenь, kymr. elain, ahd. elho 'Elch'), 'Adler' (*orer-/*erer-: asl. orьlь, lit. arẽlis, air. irar, gr. ὄρνις 'Vogel', arm. oror/urur 'Möwe', got. ara, dt. Aar, engl. earn usw.), 'Kranich' (arm. kṙunk, gr. γέρανος, kymr. garan, lit. gérvė, asl. žeravь, ahd. kranuh), 'Gans' (*ĝhans 'Wasservogel, Gans': ai. haṃsá- 'Gans, Schwan', gr. χήν, lit. žąsìs, ahd. gans usw.), 'Ente' (ai. ātíš, gr. νῆσσα, lat. anas, ahd. anut, lit. ántis, asl. ǫty, serb. ȕtva), 'Fisch' (*piskos: lat. piscis, air. īasc, got. fisks, russ. пискарь 'Gründling'), 'Fliege' (gr. μυῖα, alb. mize, lat. musca, asl. mucha, lit. musė̃, wohl auch arm. mun 'Stechmücke', ahd. mucca), 'Biene' [und 'Honig' !], (*bhoi-[kos]: lat. fūcus, air. bech, asl. bъčela, lit. bitìs, ahd. bini usw., bzw. ai. mádhu, asl. medъ, lit. medùs, gr. μέθυ 'Rauschtrank', ir. mid, ahd. mëtu 'Met' bzw. arm. melr, gr. μέλι, alb. mjalˊ, lat. mel, ir. mil, got. miliþ) bzw. 'Wurm' (*u̯r̥mis: gr. ῥόμος 'Holzwurm', lat. vermis, got. waurms usw.) u. dgl. Wesentlich geringer ist die Zahl der Übereinstimmungen bei den Pflanzennamen. Wohl allgemein bekannt waren 'Eiche' (gr. δρῦς, air. daur/dair, ai. dā́ru-, aw. dāuru-, alb. dru, asl. drěvo 'Baum, Holz', got. triu 'Holz'), 'Buche' (*bhāgos: lat. fagus, gr. φηγός 'Eiche', ursl. bъzъ, dt. Buche ~ engl. beech usw.), 'Birke' (*bhereĝ-: ai. bhūrjas, osset. bärz, russ. береза, lit. bérzas, vgl. auch lat. fraxinus 'Esche') und 'Weide' (aw. vaēitiš, gr. ἰτέα, lat. vitex, lit. výtis, ahd. wīda), aber es gab noch keine gemeinsame Bezeichnung für 'Wald'. Minimal erscheint die Zahl der gemeinsamen Wörter aus dem Bereich der Landwirtschaft. Die Annahme, daß die patriarchalisch organisierte indogermanische Gemeinschaft hauptsächlich auf Jagd, Fischfang und Viehzucht eingestellt und nur mit den primitiveren Anfängen des Ackerbaus vertraut war, ist also wahrscheinlich durchaus berechtigt.

In den Werken der Erforscher der indogermanischen **Religionsgeschichte** begegnet man des öfteren der Behauptung, das indogermanische Urvolk habe bereits über ein hochentwickeltes kultisches Leben, gemeinsame Riten u. dgl. verfügt. Es wurde mehrfach versucht, Beweise für eine gemeinsame indogermanische Grundlage der späteren heidnischen Religionen der indogermanischen Einzelvölker zu erbringen (GEORGE DUMÉZIL). Es sei nachdrücklich betont, daß das erschlossene grundsprachliche Material dafür keinerlei feste Anhaltspunkte bieten kann. Die religiöskultische Terminologie scheint vielmehr erst später (und unabhängig voneinander) in den einzelnen größeren Gruppen der indogermanischen Gemeinschaft aufgekommen zu sein.

Eine ähnlich große Bedeutung wie den Wurzeln ist auch den indogermanischen Z a h l w ö r t e r n beizumessen. Die Numeralien von 1—10 zeigen eine weitgehende Identität in allen indogermanischen Sprachen, vgl. *oinos '1': lat. unus, gr. οἰνή, got. ains, russ. один; *dy̯ai '2': ai. dvē, asl. dъvě, gr. δύο, lat. duo, got. twai; *tréi̯-/*tri- '3': ai. tráy-aḥ, lit. trỹs, asl. trъje, gr. τρεῖς, lat. trēs, got. þri-; *qʷetu̯ōres '4': ai. catvā́raḥ, gr. τέτταρες, lat. quattuor, got. fidwōr; *péŋqʷe '5': ai. páñca, gr. πέντε, lat. quinque, got. fimf; *séks '6': ai. ṣaṣ, aw. χšvaš, gr. ἕξ, lat. sex, got. saihs; *septḿ̥ '7': ai. saptá, gr. ἑπτά, lat. septem, lit. septynì, asl. sedmь, got. sibun; *oḱtṓ(u) '8': ai. aṣṭáu, aw. ašta, lit. aštuo-nì, asl. osmъ, toch. B okt, gr. ὀκτώ, lat. octo, got. ahtau; *néu̯n̥ '9': ai. náva, gr. (ἐν)νέα, lat. novem, got. niun; *déḱm̥ '10': ai. dáśa, gr. δέκα, lat. decem, got. taihun usw. Darüber hinaus werden die Zahlwörter in den Einzelsprachen sehr unterschiedlich gebildet. Aller Wahrscheinlichkeit nach herrschte in der Grundsprache das Zehnersystem, das aber in manchen Teilbereichen der Indogermania die Spuren der Einwirkung fremder Systeme, vor allem des Zwölfer- und des Zwanzigersystems, aufweist.

II. DIE GERMANISCHE GRUNDSPRACHE UND DIE STAMMESDIALEKTE

II.1. DIE ENTSTEHUNG DES GERMANISCHEN UND SEINE STELLUNG IM AUFBAU DES INDOGERMANISCHEN

II.1.1. Die Frage nach der Urheimat der Germanen

Die Ansichten über die Lage der germanischen Urheimat haben sich im Laufe der vergangenen 150 Jahre mehrmals geändert. Die Anhänger der These von der Herkunft der Indogermanen aus Asien nahmen an, daß auch die Germanen von dort nach Europa eingewandert seien. Die linguistischen, archäologischen und historischen Belege haben jedoch ergeben, daß das Germanische der Westgruppe des Indogermanischen angehört, sein Ausgangspunkt also ebenfalls im westlichen bzw. nordwestlichen Europa zu suchen ist. Die Vertreter der sogenannten „nordischen" Theorie wollten dieses Gebiet auf Skandinavien einschränken. Nun ging die Wanderbewegung germanischer Stämme in historischer Zeit zwar bestimmt von dort aus, dies bedeutet aber noch nicht, daß das Germanische einen von keinem fremden Einfluß berührten Zweig der indogermanischen Grundsprache darstellt, der am längsten in der sogenannten indogermanischen „Urheimat" verblieben wäre.

Die Ergebnisse der neueren Forschungen sprechen dafür, daß sich das Germanentum in letzter Instanz im heutigen Südschweden, Südnorwegen bzw. in Dänemark und an der unteren Elbe herausgebildet hat (Abb. 6). Von hier aus besetzen germanische Stämme um 1000 v. u. Z. das Gebiet der unteren Weser und Oder. Bis 750 v. u. Z. erreichten sie das Mündungsgebiet der Weichsel, und um 500 v. u. Z. sollen sie bereits bis zur Rheinmündung und zu den deutschen Mittelgebirgen vorgestoßen sein (Abb. 7).

Die Südwanderung ist jedoch sekundär. Die indogermanischen Gruppen, die den Grundstock der späteren Germanen bildeten, sollen nach EDUARD SPROCKHOFF ursprünglich in mitteldeutschen Gebieten gesiedelt haben und von dort nach Südskandinavien gezogen sein, wo sie eine näher noch nicht bekannte, hypothetisch a r k t i s c h genannte Bevölkerung überlagerten. Diese in Skandinavien wohl „uransässige" Bevölkerung stand allem Anschein nach außerhalb des indogermanischen Sprachkreises. Aus den — hauptsächlich mythologischen — Überlieferungen der Germanen wird geschlossen, daß die Beziehungen zwischen der Urbevölkerung und den hinzugezogenen Indogermanen anfangs feindlich waren und sich erst allmählich besserten. Der später einsetzende Verschmelzungsprozeß zwischen der Urbevölkerung und den Einwanderern dürfte in der Zeit zwischen 1200

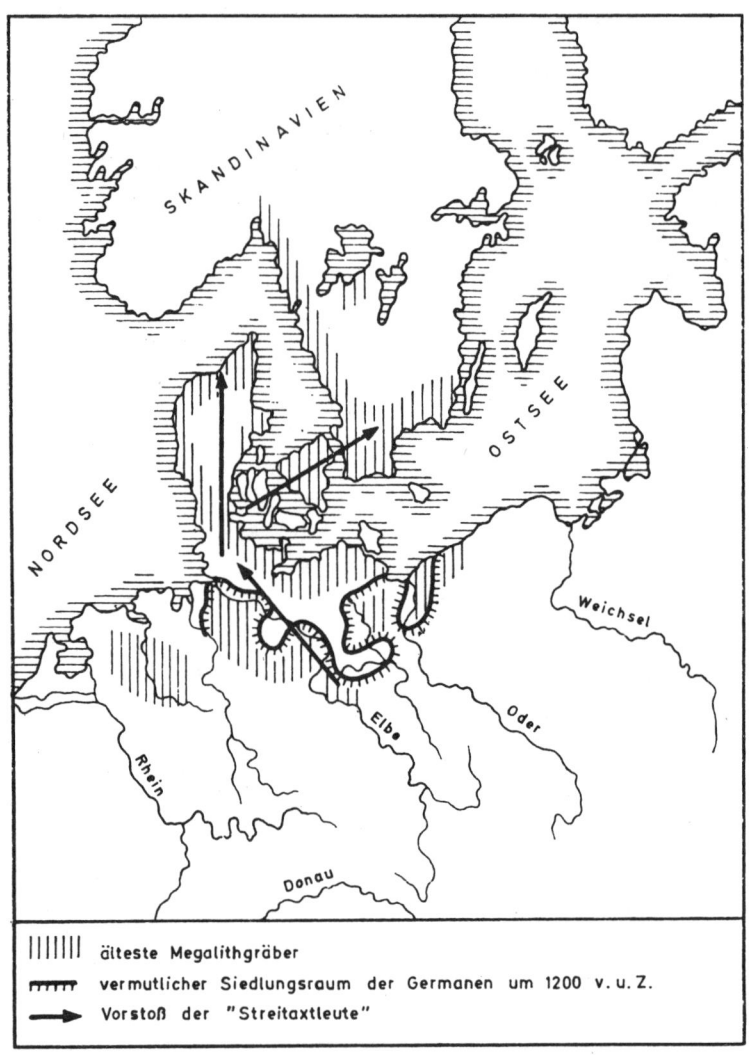

Abb. 6. Entstehung der Germanen (nach EDUARD SPROCKHOFF)

und 1000 v. u. Z. abgeschlossen gewesen sein. Während die indogermanische Schicht in der patriarchalischen (vaterrechtlichen) Ordnung einer Hirtengesellschaft lebte, waren die Ureinwohner Bauern, die sich auch mit Jagd und Fischfang beschäftigten. Im Gegensatz zu den Zuwanderern waren sie nach dem Mutterrecht (m a t r i a r c h a l i s c h) organisiert.

Die Frage der Einwirkung der Urbevölkerung auf die Germanen, d. h. des nichtindogermanischen Substrats bzw. der fremden Grundschicht des Germanentums, ist noch nicht restlos geklärt. Es steht allerdings fest, daß sich etwa ein Drittel des germanischen Wortschatzes n i c h t aus dem Indogermanischen herleiten läßt (vgl. II.2.5). Auffallenderweise beschränken sich diese Wörter nicht auf irgendeine Sach- oder Begriffsgruppe, gehören aber in ihrer Mehrzahl zum Kern des Grundwortschatzes. Besonders hoch ist ihr Prozentsatz in der Terminologie der Schiffahrt (z. B. *See* ~ engl. *sea*, *Segel* ~ engl. *sail*, *Strand* ~ engl. *strand*), unter den Tier- und Pflanzen-

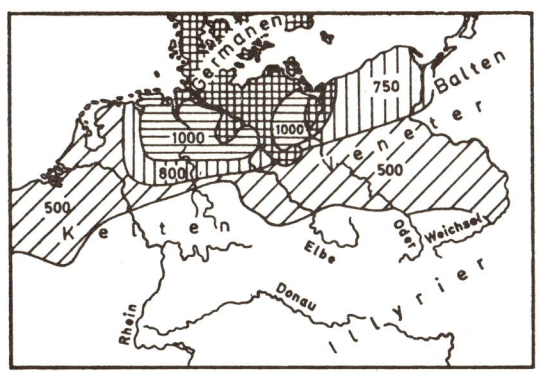

Abb. 7. Mutmaßliche Ausbreitung der Germanen 1000—500 v. u. Z. (bearbeitet nach ERNST SCHWARZ)

namen, aber auch in sonstigen grundlegenden Schichten des Wortbestands (z. B. *trinken* ~ engl. *drink*, *laufen* ~ engl. *leap*, *Bein* ~ engl. *bone*, *Weib* ~ engl. *wife* usw.). Die tiefgreifenden phonologischen, morphologischen und allgemein-strukturellen Veränderungen, durch die sich die Sprache der Germanen von der indogermanischen Grundsprache abhebt, sprechen noch mehr für die Substrattheorie.

Wir müssen also den Begriff „germanische Urheimat" in zweifacher Weise auslegen. Das von der indogermanischen Grundschicht der Germanen innerhalb des Westens der Indogermania eingenommene alte Siedlungsgebiet lag offensichtlich im Süden des mittleren Deutschlands, und zwar an der archäologisch gesicherten Nahtstelle der Schnurkeramik (Thüringen, Sachsen) und der Bandkeramik (Oberdeutschland im Donaugebiet). Diese Schicht, die nach ihrer Bewaffnung auch das Volk der S t r e i t a x t l e u t e genannt wird, dürfen wir jedoch nur noch p r ä g e r m a n i s c h nennen. Die eigentlich g e r m a n i s c h e G r u n d s p r a c h e ist dagegen nördlich von diesem Gebiet, im westlichen Ostseeraum, entstanden.

Die Sprachstufe dieser bereits fest ausgeprägten germanischen Gruppe, die in einem verhältnismäßig geschlossenen Raum siedelte und eine mehr oder weniger einheitliche Sprache besaß, heißt U r g e r m a n i s c h.

Die weitere — dialektale — Auffächerung dieser Einheit hat schon mehrere Jahrhunderte v. u. Z. eingesetzt. Die urgermanische Zeit dürfen wir annähernd zwischen 1200 und 300 v. u. Z. ansetzen. Sie wurde von der sogenannten gemeingermanischen Sprachstufe abgelöst.

II.1.2. Das Germanische im alteuropäischen Sprachenkreis

Im 2. Jahrtausend v. u. Z. bildete das Germanische einen zusammenhängenden Sprachraum innerhalb der indogermanischen Sprachfamilie. Es gehörte nach HANS KRAHE zusammen mit dem Keltischen, Italischen, Venetischen, Illyrischen, Baltischen, Slawischen (und z. T. auch mit dem Griechischen bzw. dem Tocharischen!) zu einem durch sprachgeographische Übergänge und Zusammenhänge verbundenen alteuropäischen Kreis (vgl. Abb. 4). Die Gemeinsamkeiten dieser Sprachen lassen sich in vielen geographischen Namen, besonders Gewässernamen, nachweisen; den übrigen indogermanischen Sprachen sind sie unbekannt. Die alteuropäischen Sprachen besitzen auch eine Reihe wichtiger Wörter, die — semantisch eingeengt oder auch überhaupt — nur ihnen eigen sind, z. B. ahd. *diot(a)* 'Volk', daher unser *Deutsch*, ags. *þēod*, air. *tūath* 'Volk', apr. *tauto* 'Land', kymr. *tūd* 'Land', osk. *touto* 'Gemeinschaft' (vgl. lat. *tōtus* 'ganz'), alit. *tautà* 'Volk', lett. *tàuta* 'Volk', ferner ill. *Teutana* 'Königin'.

Erheblich ist die Zahl jener Wörter, die innerhalb des alteuropäischen Kreises nur je zwei oder drei Sprachen miteinander verknüpfen.

Sehr alt sind die Beziehungen zwischen dem Germanischen und dem Italischen. Ihr hohes Alter ist ein Beweis dafür, daß die italischen Stämme einst in der unmittelbaren Nachbarschaft der Germanen gelebt haben müssen und daß die Nachbarschaft zu den Kelten und den Illyrern erst nach der Abwanderung der Italiker entstanden sein kann. Nur im Germanischen und in den italischen Sprachen kommen z. B. vor: lat. *collus* (später *collum*) ~ got., ahd. *hals* 'Hals'; lat. *lingua* (ursprünglich *dingua*) ~ engl. *tongue*, ahd. *zunga* 'Zunge'; lat. *caput* ~ dt. *Haupt*, engl. *head*; osk. *far* 'Dinkel' ~ ags. *bere* (> engl. *barley*) 'Gerste' u. a.

Ein wichtiger Beweis für die germanisch-venetischen Beziehungen ist die Form *mego* 'mich', die als Analogie zu ven. *ego* 'ich' entstand. Ihre genaue Entsprechung ist nur germanisch vorhanden, vgl. got. *mik* 'mich' neben *ik* 'ich'. Nur das Venetische kennt das unserem *selb-er*, *selb-st* entsprechende Reflexivum *selbo*. Als Wohnsitze der Veneter sind von der jüngsten Forschung (HANS KRAHE, ERNST SCHWARZ) Gebiete im Osten Deutschlands und an der mittleren Weichsel (Urnenfelderkultur) sowie in der östlichen Po-Ebene (vgl. die Namen *Venetien*, *Venedig*) erkannt worden.

Eine charakteristische **germanisch-illyrische** Entsprechung dürfen wir in ill. *būrion* 'Wohnstätte' ~ ags. und ahd. *būr* 'Wohnung' (vgl. engl. *bower* bzw. nhd. *Bauer* in *Vogelbauer* 'Käfig') erblicken.

Bei den **germanisch-keltischen** Entsprechungen ist es oft fraglich, ob alte Erbwörter oder spätere Entlehnungen vorliegen. Gesicherte Erbwort-Parallelen sind etwa air. *ōeth* ~ dt. *Eid*, engl. *oath*; air. *dūn* 'Burg, Stadt' ~ ahd. *zūn* 'Zaun' bzw. ags. *tūn* ~ engl. *town* 'Stadt'.

Manche Entsprechungen verbinden auch drei Sprachen innerhalb des alteuropäischen Kreises. Sowohl dem **Italischen** als auch dem **Keltischen** ist das **Germanische** verwandt, wie dies von Wörtern bezeugt wird wie dt. *Mund* (engl. *mouth*) ~ lat. *mentum* 'Kinn' ~ kymr. *mant* 'Kiefer'. **Germanisch**, **Baltisch** und **Slawisch** gliedern sich gemeinsam aus durch die spezifische Dativendung *-m* im Plural (vgl. I. 2. 2.), ferner durch den phonetisch wichtigen *t*-Einschub in der indogermanischen Konsonanz *sr-*, z. B. air. *srūth* 'Fluß', aber dt. *Strom* (engl. *stream*), russ. струя, lit. *strovė* 'Strom, Strömung'. Die spärlichen Belege, die uns zur Verfügung stehen, erlauben es, das Illyrische (ON *Stravianae*) und das Thrakische (Flußname *Strŭmon*) in dieser Hinsicht ebenfalls zu der genannten Gruppe zu stellen.

II.1.3. Lehnbeziehungen der alteuropäischen Sprachen

Neben den angeführten Erbwörtern und Sprachmerkmalen, die die uralte Gemeinschaft der betreffenden Einzelsprachen und -völker bezeugen, enthält die germanische Grundsprache viele Elemente, die erst späteren Entlehnungen zuzuschreiben sind (vgl. II. 2. 5.). Entscheidend für die Beurteilung wird in jedem Fall die Lautgestalt. **Illyrischer** Herkunft ist der germanische (und keltische) Name des 'Eisens': ahd. *īsarn* ~ ags. *ise(r)n* (> engl. *iron*) ~ gall. *isarno-*. Auffallend groß ist die Zahl keltischer Lehnwörter aus gesellschaftlichen, politischen und kulturellen Bereichen, vgl. got. *reiks* (ags. *rīca*) 'Herrscher' ~ dt. *Reich* (die ältere Bedeutung lag vor in Personennamen wie *Fried-rich* usw.) < kelt. *rīg-s* 'Herrscher, König' (vgl. lat. *rex*, Gen. *reg-is* 'König'), got. *andbahts* ~ ahd. *ambaht* 'Diener' (> dt. *Amt*!) aus kelt. (gall.) *ambaktos* 'Diener' usw. Es sind im Austausch natürlich auch germanische Wörter in die keltischen Sprachen eingedrungen. Lehnbeziehungen bestanden des weiteren auch zum **Baltischen**, zum **Slawischen** und zu den **finnischen** Sprachen.

II.2. URGERMANISCH UND GEMEINGERMANISCH

II.2.1. Quellen

Die indogermanische Grundsprache kann erst durch die Vergleichung der Einzelsprachen rekonstruiert werden. Im Falle der germanischen Grundsprache sind wir in einer wesentlich besseren Lage.

Den wenigen Wörtern, die uns Historiker des klassischen Altertums überliefert haben, kommt große Bedeutung zu. So findet man z. B. bei PLINIUS DEM ÄLTEREN germ. *ganta* 'Gans', bei IULIUS CAESAR germ. *ūrus* 'Ur, Auerochs' und *alcēs* 'Elche', bei TACITUS *glēsum* 'Bernstein' (vgl. *Glas*, engl. *glass*), bei anderen Autoren z. B. *leudus* 'Lied', *medus* 'Met', *rūna* 'Rune' u. a.

Ein anderer wichtiger Bestandteil unserer Quellen sind die germanischen Entlehnungen in den Nachbarsprachen. Außer den bereits erwähnten Beispielen bewahren vor allem die b a l t i s c h e n Sprachen und das F i n n i s c h e viele germanische Lehnwörter, vgl. fi. *niekla* ~ dt. *Nadel* (engl. *needle*), fi. *kuningas* ~ dt. *König* (engl. *king*), fi. *kana* ~ dt. *Hahn/ Huhn/Henne* (engl. *hen*), fi. *pelto* ~ dt. *Feld* (engl. *field*). (Es sei doch angemerkt, daß bei den meisten germanischen Lehnwörtern des Finnischen die Forscher noch nicht einig sind, ob sie aus der germanischen Grundsprache oder aus dem Gotischen bzw. dem Urnordischen entlehnt wurden.) Im Baltischen: apr. *rīkis* 'Herr' (vgl. II.1.3., zu dt. *Reich, -reich/-rich*); lit. *kùnigas* 'Pfarrer' (zu dt. *König* ~ engl. *king*); lit. *kiẽmas* 'Dorf' (vgl. dt. *Heim* ~ engl. *home*); lett. *gatva* 'Weg, Straße' (vgl. dt. *Gasse* ~ engl. *gate*) usw. Die germanischen Lehnwörter des S l a w i s c h e n wollen wir an dieser Stelle nicht behandeln, da sie in den meisten Fällen vermutlich nicht aus dem Ur- oder Gemeingermanischen, sondern infolge der ehemaligen Nachbarschaft direkt aus dem Gotischen, also einer germanischen Einzelsprache, stammen. Auch die r o m a n i s c h e n Sprachen bewahren eine Menge germanischer Lehnwörter, aber auch diese entstammen nicht der germanischen Grundsprache, sondern den späteren germanischen S t a m m e s s p r a c h e n bzw. S t a m m e s d i a l e k t e n.

II.2.2. Das phonologische System der germanischen Grundsprache

Zwischen dem Lautsystem der germanischen Grundsprache und dem für die Zeit der indogermanischen Grundsprache anzunehmenden p r ä g e r m a n i s c h e n Stand liegen große Veränderungen. Diese kommen am stärksten im germanischen K o n s o n a n t i s m u s zum Ausdruck.

Der dänische Philologe RASMUS RASK, der gleichzeitig mit FRANZ BOPP die Geschichte der nordgermanischen („skandinavischen") Sprachen, besonders des Isländischen, untersuchte, hat festgestellt, daß zwischen den germanischen Konsonanten und denen der übrigen indogermanischen Sprachen merkwürdige Entsprechungen zu beobachten sind. Seine Entdeckung wurde von JACOB GRIMM in der 1822 erschienenen 2. Auflage seiner „Deutschen Grammatik" vervollkommnet. JACOB GRIMM hat die regelmäßige Veränderung der germanischen Verschlußlaute als germanische (erste) Lautverschiebung bezeichnet. Später hat sie, besonders in der englischen Germanistik, auch den Namen Grimmsches Gesetz (*Grimm's law*) erhalten. Die Lautveränderung läßt sich tabellarisch etwa folgendermaßen zusammenfassen:

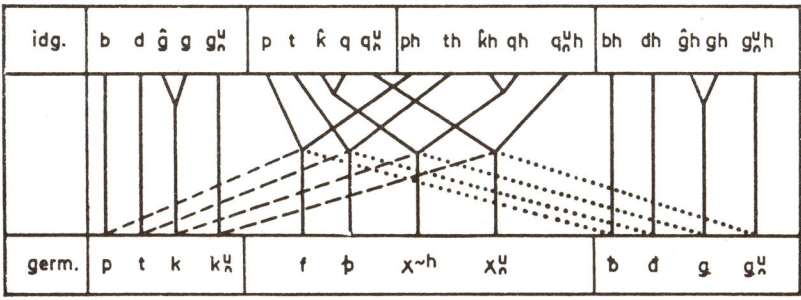

Abb. 8. Die erste (germanische) Lautverschiebung (nach HANS KRAHE)

Das System der indogermanischen Verschlußlaute zeigt demnach im Germanischen folgende Veränderungen (NB: In Bezug auf die deutschen Beispiele sei schon hier angemerkt, daß die meisten deutschen Mundarten ebenso wie die deutsche Hochsprache eine zweite Lautverschiebung durchmachten und sich deshalb von der germanischen Grundsprache noch weiter absetzten, vgl. III.4.2.):

(1) Die stimmhaften Verschlußlaute wurden stimmlos: $b > p$, $d > t$, $g > k$, $g^u > k^u$, z. B. asl. *blato* 'Sumpf, Moor' ~ ags. *pōl* ($>$ engl. *pool*) 'Pfuhl'; lat. *lābi* 'gleiten' ~ engl. *sleep* 'schlafen' (eigtl. 'in den Schlaf hinübergleiten'); lat. *decem* ~ engl. *ten* 'zehn'; lat. *genu* ~ dt. *Knie*; lat. *vivus* ($<$*gui-*) ~ engl. *quick* bzw. dt. *quick* (und *keck*) bzw. idg. *$g^u ena$ 'Frau' $>$ engl. *queen* 'Königin' und *quean* 'Hure' ~ ahd. *quëna* 'Frau'.

(2) Die stimmlosen behauchten Verschlußlaute sind mit ihren unbehauchten Gegenstücken zusammen zu stimmlosen Reibelauten geworden: $ph \sim p > f$, $th \sim t > \mathit{þ}$, $kh \sim k > \chi$ (h), $q^u h \sim q^u > \chi^u$, z. B. ai. *phēna-* 'Schaum' ~ engl. *foam* und dt. *Feim*; lat. *pater* ~ dt. *Vater* (engl. *father*); lat. *trēs* ~engl. *three* 'drei'; lat. *cord-* ~ dt. *Herz* (engl. *heart*); lat. *quod* ~ ags. *hwæt* (engl. *what*) und ahd. *(h)waʒ* 'was'.

(3) Die stimmhaften behauchten Verschlußlaute wurden je nach ihrer Lautumgebung z. T. zu stimmhaften unbehauchten Verschlußlauten, z. T. zu stimmhaften Reibelauten: *bh* $>b \sim \bar{b}$, *dh* $>d \sim \bar{d}$, *ĝh* $>g \sim g$, *gh* $>g \sim g$, *gᵘh* $>gᵘ$, z. B. ai. *bhrāta(r)*- (lat. *frāter*) $\sim$ dt. *Bruder* (engl. *brother*), aber ai. *nábhas-* (lat. *nebula*) $\sim$ an. *nifl* [niƀl] $\sim$ as. *neƀal* 'Nebel'; ai. *dádhami* 'ich tue' $\sim$ engl. *deed* 'Tat', aber ai. *mádhya-* (lat. *medius* < **medh-*) 'mittlerer' $\sim$ an. *miðr* (engl. *mid*, dt. *Mitte*); idg. **ĝhans-* > dt. *Gans* (engl. *goose*), aber idg. *seĝhos 'Macht, Gewalt, Sieg' > ags. *sige* 'Sieg'; idg. *ghostis 'Fremder' (lat. *hostis* 'Feind') > dt. *Gast* (engl. *guest*), aber idg. **steigh-* > ags. *stīgan* 'steigen'.

Besonders zu erwähnen sind die Entsprechungen von idg. *gᵘh*: 1. *gw* (nach Nasalen), z. B. idg. **seŋgᵘh-* 'tönen, lauten, klingen' > got *siggwan* [siŋgwan] $\sim$ dt. *singen* (engl. *sing*); 2. *g* >*g* (vor tiefen Vokalen und Konsonanten), z. B. idg. **gᵘhn̥t* 'Kampf' > ags. *gūð* 'dass:', vgl. die mit *-gund* zusammengesetzten Personennamen im Deutschen wie *K u n i g u n d*, *G u n - tram* usw.; 3. *w* (vor hohen Vokalen und *a*), z. B. idg. *gᵘhormos 'warm' > dt.-engl. *warm*.

Den indogermanischen stimmlosen Verschlußlauten entsprechen aber in den germanischen Sprachen nicht überall stimmlose Reibelaute, sondern unter bestimmten Bedingungen ebenfalls stimmhafte Reibelaute. Dem alten idg. *t* (z. B. in lat. *pater*) entspricht in den germanischen Sprachen ursprünglich *đ*, z. B. engl. *father* 'Vater' (Entwicklung *t* > *þ* > *đ* > *d*, das nach der zweiten [hochdeutschen] Lautverschiebung zu *t* geworden ist), dem idg. *k* entspricht des öfteren spirantisches *g*. Dieses „Rätsel" hat der Däne KARL VERNER im Jahre 1877 gelöst.

KARL VERNER hat entdeckt, daß das Problem mit der Frage des indogermanischen und des germanischen Akzentes zusammenhängt. In der indogermanischen Sprache war der Akzent f r e i, d. h. er konnte auf eine beliebige Silbe des Wortes fallen, wie wir es im Russischen z. B. heute noch vorfinden. Wenn nun der indogermanische stimmlose Reibelaut *s* oder die im Ergebnis der Lautverschiebung aus idg. *p, t, k̂, q, qᵘ* bzw. *ph, th, k̂h, qh, qᵘh* entstandenen germanischen Reibelaute *f, þ, χ, χᵘ* in stimmhafter Lautumgebung standen und der ihnen voraufgehende Vokal im Indogermanischen n i c h t h a u p t b e t o n t war, wurden all diese Reibelaute im Germanischen s t i m m h a f t, also *z, ƀ, đ, ǥ, ǥᵘ*. Diese Erscheinung beschreibt das V e r n e r s c h e G e s e t z. Da sich der regelmäßige Wechsel von stimmhaften und stimmlosen Lauten je nach der Stelle des Akzents in der indogermanischen Grundsprache auch in verschiedenen Formen ein und desselben Wortes geltend machte, wird dann vom g r a m - m a t i s c h e n W e c h s e l gesprochen. Er spielt besonders bei den starken Verben eine große Rolle, da bei diesen das Präsens und das Präteritum des Singulars auf stammbetonte, das Präteritum des Plurals und das Partizip des Präteritums aber auf endbetonte indogermanische Formen zurückgehen. (Die germanischen Einzelsprachen haben dann während der weiteren Entwicklung diesen Wechsel in den einzelnen paradigmatischen Reihen zumeist im Wege innerer Analogien zugunsten der einen oder der anderen Form ausgeglichen.)

Vgl. *f* > *b̃*: lat. *septem* ∼ engl. *seven* 'sieben'; *þ* > *ð*: lat. *pater* ∼ engl. *father* [faːðər] 'Vater'; *h* > *g*: gr. δεκάς ∼ ags. *-tig* (ahd. *-zug*) 'Zehnt(el)', vgl. engl. *twenty* ∼ dt. *zwanzig*; *s* > *z* (*r*): lat. *auris* ∼ got. *auso* ∼ engl. *ear* 'Ohr'.

Zum grammatischen Wechsel bei den starken Verben vgl.

idg.		germ.	
*u̯értō	>	*werþō	'ich werde'
*(u̯e)u̯órta	>	*warþ(a)	'ich wurde/ward'
*(u̯e)u̯r̥təmé	>	*wurdum(i)	'wir wurden'
*u̯r̥tomós	>	*wurdan(a)z	'geworden'.

Dabei verdient der Wechsel *s* ∼ *z* besondere Beachtung, weil *z* in den germanischen Sprachen — mit Ausnahme des (isolierten) Gotischen — durchweg zu *r* wurde (R h o t a z i s m u s). So ist also das Gegenstück von *s* in den germanischen Sprachen im allgemeinen nicht mehr *z*, sondern *r*, z. B. in Form- und Wortpaaren wie *kiesen* ≠ *küren*, *frieren* ≠ *Frost*, *verlieren* ≠ *Verlust*, *war* ≠ *gewesen* oder engl. *I was* 'ich war' ≠ *we were* 'wir waren', *to rise* 'aufstehen, sich erheben' ≠ *to rear* 'aufheben, erheben'.

Eine weitere Besonderheit der Lautverschiebung ist, daß sie die stimmlosen Verschlußlaute nicht erfaßte, die das zweite Glied einer Konsonantengruppe bildeten. So sind *p*, *t*, *k* unverschoben geblieben in den Konsonantenverbindungen *sp*, *st*, *sk*, z. B. dt. *springen* ∼ engl. *spring*, dt. *Gast* ∼ engl. *guest*, got. *fisks* ∼ an. *fiskr* 'Fisch'. In der Konsonanz *sk* wurde später der Wandel zu [ʃ] durch die Palatalisierung *k* > χ ermöglicht, also [sk > sχ > ʃ] in ags. *fisc* > engl. *fish* bzw. ahd. *fisc* [fisk] > dt. *Fisch*. In den indogermanischen Lautverbindungen *kt* und *pt* wurden zwar *k* und *p* zum Reibelaut, doch *t* ist unverschoben geblieben, vgl. lat. *octo* [oktoː] ∼ dt. *acht* (engl. *eight*), lat. *captus* 'Gefangener' ∼ got. *hafts* 'dass.' (vgl. dt. *Haft*, engl. *haft*).

Über das Alter dieser Verschiebungen gehen die Meinungen auseinander. Manche Forscher setzen sie in die Zeit zwischen 400 und 250 v. u. Z., andere wiederum behaupten, daß sie bereits um 500 v. u. Z. abgeschlossen gewesen seien. Das sind natürlich lauter Daten *ante quem*, denn der Prozeß nahm offenbar seinen Anfang, als die Prägermanen die Bevölkerung der Urheimat (im engeren Sinne) überlagerten. Auch über die Ursachen gibt es noch keine einheitliche Ansicht. Die Substrattheorie rechnet sie logischerweise mit zu den Folgen der S p r a c h m i s c h u n g, während ihre Gegner sie als eine i n n e r s p r a c h l i c h e E n t w i c k l u n g interpretieren. Zu denken gibt allerdings, daß analoge Vorgänge auch im Altarmenischen, im Hethitischen, im Tocharischen, z. T. auch im Keltischen und Iranischen zu verzeichnen sind, d. h. in Sprachen, bei denen das Vorhandensein eines starken fremden Substrats (ohne stimmhafte Verschlußlaute im Anlaut !) keinem Zweifel unterliegt. Dadurch wird die Wahrscheinlichkeit der Substrattheorie auch für das Germanische erhöht.

Viel altertümlicher erscheint in der germanischen Grundsprache der indogermanische V o k a l i s m u s:

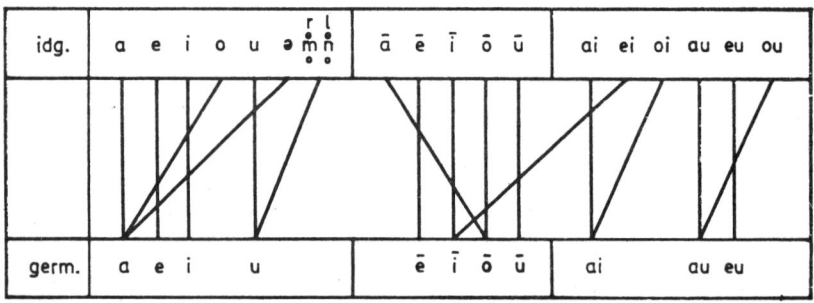

Abb. 9. Der germanische Vokalismus (nach Hans Krahe)

Idg. *o* und *a* wurden also zu *a*, z. B. idg. **aǵros* 'Boden, Ackerboden' (lat. *ager*) > dt. *Acker* (engl. *acre*) bzw. idg. **oktṓ(u)* (lat. *octo*) > dt. *acht* (engl. *eight*), idg. *ō* und *ā* aber zu *ō*, z. B. lat. *flōs* ~ got., ags. *blōma* 'Blume' (engl. *bloom*) bzw. lat. *māter* ~ engl. *mother* 'Mutter'. Dementsprechend erscheinen auch die Diphthonge *oi* und *ou* als *ai* und *au*, d. h. sie sind mit idg. *ai* und *au* zusammengefallen, vgl. idg. **ǵhaidis* (vgl. lat. *haedus* 'Ziegenbock') > got. *gaits* 'Geiß, Ziege' (engl. *goat*), idg. **oinos* (vgl. alat. *oinos*) > got. *ains*, dt. *ein(s)* (engl. *one* bzw. *a, an*) bzw. idg. **roudhos* > got. *rauþs*, an. *rauðr* 'rot' usw. Der Diphthong *ei* wurde monophthongiert, z. B. gr. στείχω 'gehe' ~ ahd.-ags. *stīgan* 'steigen'.

Die indogermanischen silbischen Nasale und Liquiden entwickelten ein *u* vor sich, z. B. idg. **kṃtóm* (vgl. lat. *centum*) > got.-ags. *hund*, ahd. *hunt* 'hundert' (engl. *hundred*), wobei zu beachten ist, daß vor Dentalen idg. *m* > germ. *n* wurde; idg. **u̯ḷquos* > got. *wulfs*, ags. *wulf* 'Wolf', idg. **bhṛtis* 'Tragen, Bringen, Holen' ~ dt. *Geburt*.

Eine gemeingermanische Erscheinung ist schließlich die Vokaldehnung vor der Konsonantengruppe *-nχ* als Folge des Nasalschwundes, z. B. *bringen — brachte* (mhd. *brāhte*, ahd. *brāhta*) bzw. engl. *bring — brought* (ags. *brōhte*), *denken — dachte* (mhd. *dâhte*, ahd. *dāhta*) bzw. engl. *think — thought* (ags. *þōhte*). Hier handelt es sich um eine Ersatzdehnung.

Ein besonderes Merkmal der germanischen Grundsprache ist, daß sie die indogermanischen Auslautsvokale und -konsonanten von den allgemeinen Regeln abweichend weiterentwickelte. Dies hat seine Ursache darin, daß nach der Verlagerung des dynamischen Akzents auf die erste Silbe des Wortes die somit nebentonig gewordenen Endsilben bereits in gemeingermanischer Zeit abgeschwächt zu werden begannen. Die Regelmäßigkeiten dieser Erscheinung sind die germanischen Auslautgesetze, wobei es sich im wesentlichen um den absoluten Schwund oder wenigstens um die quantitative Reduktion der betroffenen indogermanischen Laute handelt.

Auslautendes idg. -*m* wurde ziemlich früh zu -*n* und blieb in dieser Qualität in einsilbigen Wörtern nach Kurzvokalen, oder wenn sie gedeckt waren, erhalten, vgl. idg. *q^uom* (alat. *quom* > lat. *cum*) 'wann?' > *wann* (engl. *when*). Nach langem Vokal ist aber dieses -*n* geschwunden: idg. *tām* 'diese' (Akk. Pl.) > got. *þō* 'dass.'.

Die indogermanischen dentalen Verschlußlaute wurden im Gemeingermanischen im Auslaut aufgegeben, z. B. idg. *nepōt-* (lat. *nepot-*) 'Enkel' ~ germ. *nefō(đ)* > ags. *nefa*, ahd. *nefo* 'Neffe'. Eine Ausnahme bildeten nur die Wörter, die aus einer einzigen Silbe bestanden; vgl. lat. *ad* 'zu' ~ ags. *æt* (engl. *at*), ahd. *aʒ* 'dass.' u. dgl.

Im Vokalismus wurden die auslautenden Kürzen aufgegeben, die Längen hingegen gekürzt. Diese Gesetzmäßigkeiten haben sich bei den einzelnen Gruppen der Germania erst allmählich entfaltet, ihre gemeinsame Entwicklungstendenz begann sich aber noch in gemeingermanischer Zeit auszuwirken. Germ. **a* (< idg. **a* und **o*) ist geschwunden: gr. *οἶδα* 'ich sehe' ~ ags. *wāt*, ahd. *weiʒ* 'ich weiß'; genauso germ. **e/*i* (< idg. **e*), z. B. gr. *οἶδε* 'er sieht' ~ ags. *wāt*, ahd. *weiʒ* 'er weiß'. In dritter Silbe ist auch germ. **i* (< idg. **i*) ausgefallen: ai. *bharasi* 'du trägst' ~ ags. *bires*, ahd. *biris* 'dass.'. Dasselbe ist eingetreten bei germ. **u* (< idg. **u*), vgl. idg. **kanon-m̥* 'Hahn' (Akk.) ~ germ. **hanan-u(n)* > ags. *hanan*, ahd. *hanon* 'dass.'.

Langvokale sind in einsilbigen Wörtern unter Hochton erhalten geblieben, vgl. idg. **tē/tō* 'damit, da' ~ germ. **þē* > got. *þē* 'wobei' bzw. germ. **þō* > ahd. *dō/dūo* 'damit, da'.

Idg. **ō* hatte hinsichtlich des Silbenakzents einen Stoßton (d. h. es war steigend) oder einen Schleif- bzw. Gleitton (d. h. es war fallend). (Diese beiden Varianten der Intonation werden auch *Akut* bzw. *Zirkumflex* genannt.) Stoßtoniges idg. **ō* erscheint in den germanischen Einzelsprachen bzw. Stammesdialekten in verschiedenen Formen, z. B. urgerm. **geƀu* > got. *giba*, as. *geƀa*, ahd. *geba*, ags. *gife/giefe/giefu*, an. *gjǫf* 'Gabe', genauso auch schleiftoniges idg. **ō*, z. B. got. *galeikō*, an. *glika*, as.

giliko, ahd. *gilīcho* 'gleich(erweise)', immerhin ist anzunehmen, daß seine Reduktion bereits in gemeingermanischer Zeit einsetzte, obwohl diese erst in den Einzelsprachen voll entfaltet wurde.

Im Auslaut wurden im Germanischen auch die Diphthonge reduziert. Die vorausgesetzten indogermanischen Langdiphthonge scheinen auf der gemeingermanischen Sprachstufe — sofern sie in diesem Areal des Indogermanischen überhaupt vorhanden gewesen waren — schon mit den entsprechenden Kurzdiphthongen zusammengefallen zu sein und wurden einheitlich weiterentwickelt. Als die allgemeine Tendenz der Entwicklung des germanischen Vokalismus läßt sich im Vergleich zum Indogermanischen die Integrierung, als die des Konsonantismus hingegen eher die Differenzierung festhalten.

II.2.3. Die grammatisch-morphologische Struktur der germanischen Grundsprache

Die grammatische Struktur des Indogermanischen wurde im Germanischen stark vereinfacht. Der alte D u a l i s ist im allgemeinen nur in der 1. und in der 2. Person des Personalpronomens, im Gotischen auch in der 1. und 2. Person des Verbs erhalten geblieben. Sonst ist er mit dem Plural zusammengefallen und während der weiteren Entwicklung geschwunden. In den heutigen germanischen Sprachen ist er nur noch in Spuren vorhanden, z. B. in bair. *ees* [e:s] 'ihr', *enk* 'euch', *enker* 'euer'. Aber inhaltlich ist er auch hier schon rein pluralisch geworden.

Auch die Zahl der Kasus der N o m i n a wurde vermindert. Der Lokativ fiel weg. Seine Funktion übernahm der Dativ (mit Präposition). Der Nominativ und Akkusativ, auch der Genitiv und der Dativ oder der Dativ und der Instrumentalis fielen teilweise zusammen. Parallel zu dieser Entwicklung, dem Umbau der Struktur, trat der Gebrauch von Präpositionen immer mehr in den Vordergrund. Damit war bereits die in den meisten germanischen Sprachen (und auch in den deutschen Mundarten!) entfaltete analytische Tendenz der Sprachentwicklung vorgezeichnet.

Die Deklinationsklassen des S u b s t a n t i v s wurden umgruppiert: die größeren, von vielen Wörtern getragenen Klassen sogen die schwächeren zunehmend auf. Am stärksten erwies sich dabei die idg. *o*-Klasse (= 2. Deklination im Lateinischen: *a*-Klasse im Germanischen!) für Maskulina und Neutra und die idg. *ā*-Klasse (= 1. Deklination im Lateinischen: *ō*-Klasse im Germanischen!) für Feminina. Von den übrigen Klassen gehen die *i*-, die *u*- und die *n*-Klasse langsam zu den großen Klassen über.

Das germanische A d j e k t i v wurde, wie in der indogermanischen Grundsprache, mit einem vokalisch auslautenden Suffix (Mask./Neutr. -*o*,

Fem. -ā) gebildet. Der Bildungstyp mit einem konsonantischen Suffix
(= 3. Deklination der Adjektiva im Lateinischen) wurde völlig aufgegeben.
Die hierher gehörenden Adjektiva gingen ebenfalls zu der o- bzw. ā-Klasse
über. Als germanische Sonderentwicklung kann aber gelten, daß von allen
Adjektiven auch mit dem substantivischen n-Suffix Nebenformen gebildet
werden konnten. Seit JACOB GRIMM pflegt man die vokalische Deklination
„stark", die n-Deklination „schwach" zu nennen. Die starken Formen
spielen eine primäre, selbständige Rolle, indem sie die betreffende Klasse
bzw. den Kasus unmittelbar verdeutlichen, während die schwachen Formen
in der Regel durch andere Wörter, hauptsächlich durch Demonstrativpronomina — später durch Artikel — bestimmt werden müssen. Letztere
sind also in dieser Hinsicht sekundär. Diese Einteilung hat man dann auch
auf die Deklination der Substantiva übertragen. So heißen in den Grammatiken die vokalischen Deklinationsklassen „stark", die n-Klasse aber
„schwach". Die starke Deklination der Adjektiva zeichnet sich auch dadurch aus, daß sie anstelle der ursprünglichen substantivischen Endungen
Pronominalendungen annehmen kann.

Die germanischen P r o n o m i n a entsprechen im wesentlichen ihren
indogermanischen Vorlagen. In den meisten germanischen Sprachen kennen
sie jedoch keinen Dualis mehr, und für die 3. Person des Personalpronomens — die in der indogermanischen Grundsprache noch nicht einheitlich
ausgedrückt wurde — finden in den Einzelbereichen der Germania — verschiedene Demonstrativpronomina Verwendung. Hier sei erwähnt, daß
das ursprüngliche indogermanische Reflexivum (*se, vgl. lat. sē 'sich') unter
den germanischen Sprachen nur noch im Gotischen, im Althochdeutschen
und im Altnordischen bekannt war.

Stark vereinfacht erscheint auch das indogermanische System des
V e r b s. Es sind nur noch zwei ursprüngliche, synthetische Tempora
(Präsens und Präteritum) vorhanden, wobei das germanische Präteritum
— herkunftsmäßig — nicht dem indogermanischen Präteritum, sondern dem
indogermanischen Perfekt entsprach. Das indogermanische Futurum wird
in den ältesten germanischen Dialekten durch das Präsens ausgedrückt.
Später kommen auch Umschreibungen, d. h. zusammengesetzte Formen,
auf. Die germanische Grundsprache kennt nur drei Modi, und zwar Indikativ, Imperativ und Optativ (als Wunschform). Der Optativ hat in seiner
Funktion den indogermanischen Konjunktiv verdrängt. Neben dem indogermanischen Aktiv ist das indogermanische Medium nur in Spuren
(aber meistens in passivischer Funktion) erhalten geblieben im Gotischen
und im Altenglischen; in den übrigen germanischen Sprachen ist es völlig
geschwunden. Dem Fehlen des Passivs wurde später, im Gange der Sonderentwicklung der germanischen Einzelsprachen, durch verschiedene Um-

schreibungen abgeholfen. Von den Numeri waren Singular und Plural voll ausgebildet, während der Dualis auch hier allmählich aufgegeben wurde. Das Dreiersystem der Kategorie der Person war zwar vorhanden, aber es wurde, wenigstens formal, überall ein Ausgleich angestrebt. So wurden z. B. im Altenglischen, im Altfriesischen und im Altsächsischen die verschiedenen Formen des Plurals vereinheitlicht, indem zuerst die Formen der 1. und der 2. Person zusammenfielen und dann auch die der 3. Person sich anglichen, z. B. ags. *hebbað*, as. *hebbiað* 'wir heben', 'ihr hebt', 'sie heben' gegenüber ahd. *heffemēs* 'wir heben', *heffet* 'ihr hebt', *heffent* 'sie heben'.

Eines der drei V e r b a l n o m i n a war substantivisch; ihm standen zwei adjektivische gegenüber. Das Verbalsubstantiv (Infinitiv) zeigte aber eine von der indogermanischen grundverschiedene Bildungsweise, soweit es aus dem Präsensstamm gebildet wurde, wenngleich mit einem Suffix indogermanischer Herkunft (*-no-*), z. B. *les-en*, aber lat. *lege-re*, russ. чита-ть. Die Personalendungen hingegen entsprachen dem allgemeinen indogermanischen Typus.

Im germanischen Verbalsystem kam dem sogenannten A b l a u t eine besondere Bedeutung zu. Der Ablaut ist eigentlich eine phonetisch-phonologische Erscheinung, trotzdem soll er an dieser Stelle behandelt werden, da er in den germanischen Sprachen in erster Linie im V e r b a l s y s t e m, zweitens in der W o r t b i l d u n g zur Geltung kommt. Die in der englischen, romanischen und slawischen Literatur erscheinende griechische Bezeichnung A p o p h o n i e ist eine moderne Lehnübersetzung der GRIMMschen Wortprägung „Ablaut".

Der Ablaut war bereits in der indogermanischen Grundsprache vorhanden. In ihr standen die meisten Vokale -- Monophthonge wie Diphthonge -- in bestimmten regelmäßigen Beziehungen zueinander. Doch wurde der Ablaut in der germanischen Grundsprache konsequent entfaltet und bildete innerhalb des germanischen Verbalsystems den besonderen Typus der sogenannten s t a r k e n V e r b a.

In der indogermanischen Grundsprache beruhte der Ablaut auf dem regelmäßigen Wechsel von *e* und *o* innerhalb des gleichen Wortstamms. Die ursprüngliche Form ist noch im Lateinischen zu ersehen aus dem Verhältnis von *tego* 'ich decke (zu)' und *toga* 'Toga: übergeworfenes Gewand'. Demgemäß wurden auch die Diphthonge dem Ablaut unterzogen, soweit sie einen dieser Laute enthielten. Da sie in der germanischen Grundsprache Änderungen erfahren hatten, wurde auch das System des Ablauts entsprechend modifiziert ($o > a$, $e > e/i$).

Wir haben z w e i A r t e n des Ablauts zu unterscheiden. Bei der einen ändert sich die Q u a n t i t ä t des Vokals (lang : kurz : Diphthong). Hierher zählte z. B. ursprünglich das Wort *reiten-geritten*: ahd. *rītan-giritan*, vgl. engl. *ride* (< ags. *rīdan*) und *ridden* (ags. *riden*). In solchen Fällen spricht man vom q u a n t i t a t i v e n A b l a u t (auch A b s t u f u n g). Wenn sich dagegen die Qualität des Stammvokals ändert, wie z. B. bei *singen — sang* (engl. *sing — sang*), handelt es sich um den q u a l i t a t i v e n A b l a u t (auch A b t ö n u n g).

Seinen Variationen gemäß unterscheidet man beim verbalen Ablaut sechs Reihen oder Klassen, wobei „Reihe" und „Klasse" ursprünglich nicht das gleiche meinten. Die Anordnung dieser A b l a u t s r e i h e n (Ablautsklassen) steht in keinem chronologischen Zusammenhang mit irgendwelchen sogenannten „Lautgesetzen", sondern sie stellt lediglich das Ergebnis einer wissenschaftlichen Abstraktion bzw. Übereinkunft dar. Innerhalb der einzelnen Reihen unterscheidet man nach der Qualität bzw. der Quantität des Stammvokals eine N o r m a l s t u f e (Vollstufe), eine D e h n s t u f e, eine R e d u k t i o n s s t u f e und eine N u l l s t u f e (Schwundstufe). So wechseln z. B. im Gotischen die folgenden Formen des Verbs miteinander ab: *niman* 'nehmen' ist Normalstufe wie auch *nam* 'ich nahm', *nēmum* 'wir nahmen' ist Dehnstufe bzw. *numans* 'genommen' (idg. !) Nullstufe (nämlich idg. *-n̥- > germ. -*un*-, vgl. II.2.2.).

Die durch den Unterschied der einzelnen Stufen gebildeten Verbalformen sind im Germanischen 1. der Präsensstamm (mit dem Infinitiv); 2. das Präteritum des Singulars; 3. das Präteritum des Plurals; 4. das Partizip des Präteritums. Im Hinblick auf die späteren, einzelsprachlich bedingten Wandlungen lassen sich die einzelnen Ablautsreihen — im Einklang mit HANS KRAHES Aufstellung — folgendermaßen veranschaulichen:

1. A b l a u t s r e i h e: idg. *ei/oi - i* = germ. *ī/ai - i*

    Beispiele:

got.	*greipan* [griːpan]	*graip* [grɛːp]	*gripum*	*gripans* 'greifen'
ags.	*grīpan*	*grāp*	*gripon*	(*ge*)*gripen*
ahd.	*grīfan*	*greif*	*griffum*	*gi-griffan*

    (-*m* in *griffum* ist die frühahd. Form; seit dem 9. Jh. wurde dafür -*n* gebraucht.)

2. A b l a u t s r e i h e: idg. *eu/ou - u* = germ. *iu(eu)/au - u*

    Beispiele:

got.	*biudan*	*bauþ* [bɔːθ]	*budum*	*budans* '(ge)bieten'
ags.	*bēodan*	*bēad*	*budon*	(*ge*)*boden*
ahd.	*beotan/biotan*	*bōt* (*ō* < *ou*)	*butum*	*gi-botan*
(obd.	*biutan*)			

3. **Ablautsreihe:** *en/on - n̥* = germ. *in(< en)/an - un*

(Ebenso vor allen Nasalen und Liquiden, falls diese Laute im Stammauslaut von einem weiteren Konsonanten gedeckt sind, also germ. *im/am - um, er/ar - ur, el/al - ul*.

Beispiele:

got. *bindan*	*band*	*bundum*	*bundans*	'binden'
ags. *bindan*	*band*	*bundon*	*(ge)bunden*	
ahd. *bintan*	*bant*	*buntum*	*gi-buntan*	

got. *wairpan*	*warp*	*waurpum*	*waurpans*	'werfen'
[wɛ:rpan]		[wɔ:rpum]	[wɔ:rpans]	
ags. *weorpan*	*wearp*	*wurpon*	*(ge)worpen*	
ahd. *werfan*	*warf*	*wurfum*	*gi-worfan*	

4. **Ablautsreihe:** idg. *en/on - ēn - n̥* = germ. *in(en)/an - ēn - un*

(Ebenso vor allen Nasalen und Liquiden, allerdings in der ganzen Reihe — zum Unterschied von der 3. Ablautsreihe — mit Einschaltung der Dehnstufe und ohne weitere Konsonantendeckung, also germ. *im(em)/am - ēm - um, er/ar - ēr - ur, el/al - ēl-ul*.

Beispiele:

got. *niman*	*nam*	*nēmum*	*numans*	'nehmen'
ags. *niman*	*nam*	*nāmon*	*(ge)numen*	
ahd. *neman*	*nam*	*nāmum*	*gi-noman*	

got. *bairan*	*bar*	*bērum*	*baurans*	'tragen'
[bɛ:ran]			[bɔ:rans]	
ags. *beran*	*bær*	*bǣron*	*(ge)boren*	
ahd. *beran*	*bar*	*bārum*	*gi-boran*	

5. **Ablautsreihe:** idg. *e/o - ē* = germ. *i(e)/a - ē*

Beispiele:

got. *lisan*	*las*	*lēsum*	*lisans*	'lesen'
ags. *lesan*	*læs*	*lǣson*	*(ge)lesen*	
ahd. *lesan*	*las*	*lārum*	*gi-leran*	

(Das Part.Prät. steht hier ablautmäßig auf einer Stufe mit dem Präsens/Infinitiv.)

6. **Ablautsreihe:** idg. $a(o) - \bar{a}(\bar{o})$ = germ. $a - \bar{o}$

Beispiele:

got. *faran*	*fōr*	*fōrum*	*farans*	'fahren'
ags. *faran*	*fōr*	*fōron*	*(ge)faren*	
ahd. *faran*	*fuor*	*fuorum*	*gi-faran*	

(Das Part.Prät. steht hier ablautmäßig auf einer Stufe mit dem Präsens/Infinitiv.)

Neben diesen kurzvokalischen Ablautreihen gab es auch eine 7., langvokalische Klasse in der germanischen Grundsprache mit dem Wechsel $\bar{e}/\bar{o}$, die sich nur im Gotischen klar nachweisen läßt, vgl. got. *lētan* 'lassen' — *lailōt* [lelɔːt] 'ließ' — *lailōtum* 'ließen' — *lētans* 'gelassen' (das Part.Prät. steht also auf der gleichen Stufe wie das Präsens/Infinitiv).

Die oben entworfenen Ablautklassen haben nicht nur im System der starken Verba, sondern auch in der **Wortbildung** große Bedeutung erlangt:

1. **Ablautsreihe:**

got. *-weis*	'wissend'	*wait*		*un-wiss*	'ungewiß'
ags. *wis*	'weise'	*wāt*	'ich weiß'	*wiss*	'gewiß'
ahd. *wis*		*weiʒ*		*gi-wiss*	

2. **Ablautsreihe:**

got. *liufs*		*ga-laubjan*		*lubains*	'Liebe'
ags. *lēof*	'lieb'	*ge-liefan*	'glauben'	*lof*	'Lob'
ahd. *liob*		*gi-louben*		*lob*	

3. **Ablautsreihe:**

got. *bindan*		*bandi*	'Band,	*ga-bundi*	'Band'
ags. *bindan*	'binden'	*bend*	Fessel'	*bund*	'Bund, Bündel'
ahd. *bintan*		*bant*	mhd.	*bunt*	'Fessel, Knoten'

4. **Ablautsreihe:**

got. *bairan* [beːran]	'tragen'	*barn*	'Kind'	*ga-baurþs* [ga-bɔːrθs]	'Geburt'
ags. *beran*		*bearn*		*ge-byrd*	
ahd. *beran*		*barn*		*gi-burt*	

5. Ablautsreihe:

got. *sitls*		*satjan*		*anda-sēts*	'abscheulich'
ags. *setl*	'Sitz'	*settan*	'setzen'	*sǣt*	'Hinterhalt'
ahd. *sedel*		*setzen*		*gi-sāzzi*	'Sitz'

6. Ablautsreihe:

got. *graba*	'Graben'	*grōba*		
ags. *græf*	'Grab'	me. *grōfe*	'Grube'	
ahd. *grab*		*gruoba*		

Einzelne Spuren verweisen auch hier auf die 7., l a n g v o k a l i s c h e R e i h e: idg. **dhē-/*dhō-* in got. *ga-dēþs*, ags. *dǣd*, ahd. *tāt* 'Tat' bzw. ags. *dōn*, ahd. *tuon* 'tun'.

Anzumerken ist, daß der Ablaut ursprünglich nicht nur die Haupttonsilben, sondern auch die nebentonigen Suffixe erfaßte, z. B. *i/a*: got. *wulf-i-s* 'Wolfs' (Gen. Sing.) ≠ *wulf-a-m* 'Wölfen' (Dat. Pl.) bzw. in der Wortbildung, z.B. *i/u/a*: got. *maurgins* [mɔ:rgins] ≠ ahd., as. *morgan* 'Morgen', an. *konungr* ≠ ahd. *chuning* (ags. *cyning*) 'König'.

Neben der Gruppe der starken Verba nahm die Gruppe der sogenannten „schwachen" Verba immer mehr zu. Ihr entscheidendes Merkmal besteht darin, daß sie die Formen des Präteritums bzw. des Partizips II nicht durch Änderung des Stammvokals, sondern durch die Anfügung eines dentalen Bildungselements (Tempuszeichens) aus dem Präsensstamm bilden; dieses Element war meistens *-d-*, konnte aber infolge seiner phonetischen Umgebung auch als *t, þ, ð* bzw. gedehnt (*-dd-, -tt-* usw.) erscheinen. Ebenso ergaben die s c h w a c h e n V e r b a verschiedene (in der germanischen Grundsprache vier) Stammklassen, von denen jede auch eine bestimmte Bedeutung hatte. Es waren das nach ihrem Bildungssuffix geordnet:

1. K l a s s e: idg. *-ei̯-* = germ. *-i-* (*-j-*)

	Präs.	Prät.	
got.	*nas-j-an*	*nas-i-da*	'retten'

2. K l a s s e: idg. *-ā-* = germ. *-ō-*

got.	*salb-ō-n*	*salb-ō-da*	'salben'

3. K l a s s e: idg. *-ē(i̯)-* = germ. *-ē-(-ai-)*

got.	*hab-a-n*	*hab-ai-da*	'haben'
ags.	*habb-a-n*	*hæf-de*	
ahd.	*hab-ē-n*	*hab-ē-ta*	

4. Klasse: idg. *-nā-/*-nə- = germ. -nō/-na-

got. *full-na-n*   *full-nō-da* 'voll werden'

In den übrigen germanischen Einzelsprachen wurde die 4. Klasse aufgegeben, d. h. die dazu gehörenden Wörter anderen Klassen zugeordnet. Die 1. Klasse diente zur Bildung von Kausativen zu primären Verben (got. *satjan* 'setzen' zu *sitan* 'sitzen') und von Faktitiven zu Adjektiven (got. *hailjan* 'heilen' zu *hails* 'heil, gesund'). Die 2. Klasse umfaßt Deverbativa mit intensivierter Bedeutung und noch mehr Denominativa (got. *fiskōn* 'fischen' zu *fisks* 'Fisch'). In der 3. Klasse sind deverbale Durativa (ahd. *werēn* 'währen' zu *wesan* 'sein') und denominale Inchoativa (ahd. *fulēn* 'faulen' zu *fūl* 'faul') enthalten.

In einer besonderen Gruppe der Verba — in den Klassen der sogenannten Präteritopräsentien wird die Funktion des Präsens durch das — meist mit perfektivem Inhalt versehene — starke Präteritum erfüllt, z. B. lat. *ōdi* 'ich hasse' (eigtl. 'ich haßte'). Notwendigerweise mußte zu diesen Verben ein neues Präteritum — nunmehr nach dem Vorbild der schwachen Verba — gebildet werden. Die Präteritopräsentien lassen sich ebenfalls nach den Ablautsreihen anordnen:

1. Ablautsreihe:

    a) got. *wait* 'weiß'   *witum* 'wir wissen'   *wissa* 'ich wußte'
         [wɛ:t]
    ags. *wāt*   *witon*   *wisse/wiste*
    ahd. *weiʒ*   *wiʒʒum*   *wissa/wista*

    b) got. *aih* [ɛ:x] 'habe'   *aigum/aihum* 'wir   *aihta* 'hatte'
                                [ɛ:gum/ɛ:xum] haben'   [ɛ:xta]
    ags. *āg/āh*   *āgon*   *āhte*
    ahd. —   *eigun*   —

    c) got. *lais* [lɛ:s] 'verstehe'
       (Nur got. belegt.)

2. Ablautsreihe:

    got. *daug* [dɔ:g] 'taugt'   —   —
    ags. *dēag/dēah*   *dugon*   *dohte*
    ahd. *toug*   *tugum*   *tohta*

3. Ablautsreihe:

a) got.	*kann* 'kenne, kann'	*kunnum*	*kunþa*
ags.	*can(n)*	*cunnon*	*cūðe*
ahd.	*kan*	*kunnum*	*konda*
b) got.	*þarf* 'bedarf'	*þaurbum* [θɔ:rbum]	*þaurfta* [θɔ:rfta]
ags.	*þearf*	*þurfon*	*þorfte*
ahd.	*darf*	*durfum*	*dorfta*
c) got.	*ga-dars* 'wage'	*ga-daursum* [gadɔ:rsum]	*ga-daursta* [gadɔ:rsta]
ags.	*dear(r)*	*durron*	*dorste*
ahd.	*gi-tar*	*gi-turrum*	*gi-torsta*
d) got.	—	—	—
ags.	*ann* 'gönne'	*unnon*	*ūðe*
ahd.	*an*	*unnum*	*onda*

4. Ablautsreihe:

a) got.	*skal* 'soll'	*skulum*	*skulda*
ags.	*sceal*	*sculon*	*sc(e)olde*
ahd.	*scal*	*sculum*	*scolta*
b) got.	*man* 'meine, gedenke'	*munum*	*munda*
ags.	*man*	*munon*	*munde*
ahd.	—	—	—
c) an.	*mun* 'werde'	*munum*	*mynda*

(Sonst in keiner germanischen Sprache belegt.)

5. Ablautsreihe:

a) got.	*mag* 'kann'	*magum*	*mahta*
ags.	*mæg*	*magon*	*meahte*
ahd.	*mag*	*magum/mugum*	*mahta/mohta*
b) got.	*ga-nah* 'genügt'	—	—
ags.	*be-neah*	*be-nugon*	*be-nohte*
ahd.	*gi-nah*	—	—
c) an.	*kná* 'kann'	*knegum*	*knátta*

(Sonst in keiner germanischen Sprache belegt.)

6. Ablautsreihe:

a) got. *ga-mōt* 'habe Raum,   —   *ga-mōsta*
kann'
ags. *mōt* ⎫ 'darf' *mōton*   *mōste*
ahd. *muoʒ* ⎭   *muoʒum*   *muosa*

b) got. *ōg*   'fürchte'   *ōgum*   *ōhta*
(Nur got. belegt.)

Die indogermanischen **athematischen** (d. h. bindevokallosen) **Wurzelverba** (auf *-mi*) sind in der germanischen Grundsprache nur in Resten vorhanden, so das Verbum substantivum 'sein' (z. B. got. *im* ~ ags. *eom/bēo(m)* ~ ahd. *bim/bin* 'ich bin'), das Verb 'tun' (ags. *dō[m]* ~ ahd. *tuom/tuon* 'ich tue') sowie die Verba 'gehen' und 'stehen' (ahd. *gām/gān* 'ich gehe', aber ags. *gā* [!] bzw. ahd. *stām/stān* 'ich stehe').
Den indogermanischen Optativ bewahrt das Verb 'wollen' im Präsens: got. *wiljau* [wiljɔ:] ~ ags. *wille* ~ ahd. *willu* 'ich will'; got. *wileis* [wili:s] ~ ags. *wilt* ~ ahd. *wili* 'du willst' usw.
Im Zusammenhang mit den phonologischen und morphologischen Veränderungen müssen wir die Frage des germanischen Akzents bzw. der germanischen **Akzentverlagerung** besonders hervorheben. Die Freiheit des indogermanischen Akzents (d. h. der **freie** oder **traditionelle Akzent**) wurde in der germanischen Grundsprache ganz und gar aufgegeben. Im Germanischen herrscht die Anfangsbetonung. Bei den wenigen Wurzelstämmen, bei denen Wurzel und Stamm zusammenfallen, wurde der Wortakzent auf dem Stammorphem festgelegt. Die Anfangsbetonung — d. h. der **feste** oder **gebundene Akzent** — ist erst im Laufe der Zeit erreicht worden, denn das Vernersche Gesetz setzt noch das Vorhandensein des beweglichen Wortakzents voraus. Die Festlegung des Akzents begegnet auch bei nominalen Zusammensetzungen; hingegen fällt der Akzent in Verbalzusammensetzungen meist auf den Stamm, d. h. ihre Entstehung läßt sich aus der Zeit **nach** der Akzentverlagerung datieren. So wird erklärlich, daß wir im Deutschen heute noch Paare von Nominal- und Verbalzusammensetzungen haben wie ***Urlaub***, — *er**lauben**;* ***Urteil*** (vgl. engl. *ordeal*) — *er**teilen**;* ***Antwort, Antlitz*** neben *ent**sagen**, emp**fangen*** usw. (Das Verb ***antworten*** ist erst sekundär vom Substantiv gebildet worden.) Der Akzent war nach seiner Festlegung nicht mehr **musikalisch** (Abstufung der Tonhöhe!), sondern entschieden **dynamisch** (Abstufung der Tonstärke!).

II.2.4. Satzbau

Vom Satzbau der germanischen Grundsprache ist nur wenig bekannt, da die überlieferten Quellen (die gotische Bibel usw.) kaum mit Sicherheit erkennen lassen, welche syntaktischen Strukturelemente als ursprünglich und welche als vorgeprägte (griechische, lateinische) Nachbildung zu gelten haben. In der einschlägigen Literatur wird die syntaktische Beeinflussung durch die großen Kultursprachen der Antike allerdings stark übertrieben. Man darf ja nie vergessen, daß zwischen Griechisch-Lateinisch und Germanisch (auf der Stufe der Stammessprachen) strukturmäßig noch kein Antagonismus vorhanden war.

Im Vergleich zu der indogermanischen Grundsprache läßt sich allerdings die Entwicklung eines Systems von Nebensätzen feststellen. Es war wohl die i n d i r e k t e R e d e am geläufigsten, und bei dem Gebrauch der Konjunktivformen begannen sich einige Regeln der gesetzmäßigen Zeitenfolge — der sogenannten C o n s e c u t i o t e m p o r u m — herauszubilden. Maßgebend war die Zeitstufe des Hauptsatzes: Stand er in der Gegenwart oder in der Zukunft, so mußte der Konjunktiv des Gliedsatzes ebenfalls im Präsens stehen; stand der Hauptsatz dagegen in der Vergangenheit, dann mußten im Gliedsatz die Konjunktive der Vergangenheit gebraucht werden. Diese Regel gilt heute nicht mehr. Aus der morphologischen Struktur folgt, daß die germanische Grundsprache einen a b s o l u t e n D a t i v gehabt haben muß, der im allgemeinen den absoluten Konstruktionen des Griechischen (Genitivus absolutus) bzw. des Lateinischen (Ablativus absolutus) entsprach. Die Wortstellung war viel weniger gebunden als in den germanischen Sprachen der Gegenwart, da die syntaktische Funktion der einzelnen Elemente des Satzes auch morphologisch noch klar zu erkennen waren, ähnlich wie im Griechischen, im Lateinischen oder im Russischen.

II.2.5. Wortschatz

Die breiteste Schicht des Wortschatzes der germanischen Grundsprache stellt zweifellos die Erbschaft der indogermanischen Grundsprache dar. Die Namen der meisten Körperteile, die Bezeichnungen für Verwandtschaftsbeziehungen, für Wohnstätten und Lebensweise — vor allem für die Viehzucht, weniger jedoch für den Ackerbau — bezeugen entschieden den indogermanischen Charakter der germanischen Grundsprache, vgl. idg. *qap-ut- 'Kopf' (vgl. lat. *caput*) ~ ags. *hafud/hēafod* > engl. *head* bzw. ahd. *houbit* > dt. *Haupt*; idg. *oq- 'schauen, sehen', (vgl. lat. *oculus*, russ. о[ч]ко 'Auge') ~ germ. *augō(n) 'Auge' ~ ags. *ēage* > engl. *eye* bzw. ahd. *ouga* > dt. *Auge*; außer den erwähnten Verwandtschaftsnamen *Vater*,

Mutter, Bruder, Schwester, Sohn, Tochter (s. I.3.5.), *Neffe* (II.2.2.) vgl. auch idg. **su̯ekrū́-* 'Schwiegermutter' (ai. *śvaśrū́-*, gr. ἑκυρά) ags. *sweger* bzw. ahd. *swiger* 'Schwieger', idg. **snusós/*snusā́* 'Schwiegertochter' (ai. *snuṣā́*, gr. νυός, lat. *nurus*) ~ germ. **snuzō* > ags. *snoru* und ahd. *snur(a)* 'Schwiegertochter, arch. Schnur' usw.; idg. **k̑ei-* 'liegen' > germ. **hīwa(n)* > ags. *hām* (engl. *home*) bzw. ahd. *heim* 'Heim'; idg. **dem(ā)-* 'bauen' (vgl. lat. *domus*, russ. дом 'Haus') ~ germ. **timra-* 'Zimmerholz, Bauholz' > ags.-engl. *timber* und ahd. *zimbar* 'dass.' (vgl. dt. *Zimmer, zimmern* usw.); idg. **uksen-* 'Stier, Ochse' (ai. *ukšán-*) > germ. **ohsen-* > engl. *ox* ~ dt. *Ochse*; idg. **u̯lqu̯os-* 'Wolf' (russ. волк, vgl. I.3.5.) > germ. **wulfaz* > engl. *wolf* ~ dt. *Wolf* usw.

Die indogermanischen Erbwörter unterlagen mitunter sehr weitgehenden Bedeutungswandlungen, die zugleich auf die Entwicklung des Erkenntnisvermögens der Sprachträger ein Licht werfen. Die Wortbedeutung konnte eingeengt, aber auch erweitert werden, vgl. idg. **sequ̯-* 'folgen' (lat. *sequor*, gr. ἕπομαι, lit. *sekù* 'dass.') ~ got. *saiƕan*, ags. *sēon*, ahd. *sehan* 'sehen' (eigtl. 'mit den Augen [ver]folgen'), aber lat. *saxum* 'Stein, Klippe' gegenüber ahd. *sahs* 'Messer, Schwert' bzw. der Volksname *Sachsen*, engl. *Sax(on)*. Sehr oft wurde vom weiteren Bedeutungskreis eines Wortes der indogermanischen Grundsprache in den einzelnen indogermanischen Gruppen eine einzige Möglichkeit realisiert: idg. **ghosti-s* 'Fremdling' erscheint z. B. im Lateinischen als *hostis* 'Feind', im Germanischen und im Slawischen dagegen als **gastiz* > dt. *Gast* ~ engl. *guest* bzw. asl. *gostь* > russ. гость 'Gast, Gastfreund'.

Nicht selten werden einzelne indogermanische Erbwörter durch innergermanisch entstandene Neubildungen oder auch Entlehnungen aus anderen Sprachen auf die Peripherie des Wortbestands verdrängt oder auch ersetzt, vgl. die — vermeintliche — Aufgabe des indogermanischen Erbwortes für 'Haus' (lat. *domus*, russ. дом) zugunsten einer germanischen Neuerung (dt. *Haus* ~ engl. *house*); die indogermanische Entsprechung von lat. *equus* 'Pferd' konnte sich zwar im Germanischen eine Zeitlang behaupten (vgl. germ. **ehu̯a-* > ags. *eoh*, got. *aiƕa-*), wurde aber allmählich aufgegeben unter dem Druck der keltischen Entlehnung **marha-* 'Pferd' (vgl. engl. *mare* 'Stute', dt. *Mähre*) bzw. einer germanischen Neubildung **hursa-/*hrussa-* > engl. *horse*, dt. *Roß* (< ahd. *hros*), wozu sich auch weitere Entlehnungen gesellten wie dt. *Pferd* (ahd. *pferit* < gall.-lat. *paraverēdus*) bzw. *Gaul* (< lat. *caballus*).

Besondere Aufmerksamkeit verdient jener Bestandteil des Germanischen, der weder aus dem indogermanischen Grundstock des germanischen Wortschatzes noch aus den uns bekannten Nachbarsprachen des Altgermanischen erklärt werden kann. Er muß als spezifisch germanisch angesehen werden, unabhängig davon, ob man sonst für oder gegen die Substrattheorie Stellung nimmt. Diese Elemente häufen sich in auffälliger Weise in den Sachgruppen Schiffahrt, z. B. *See* ~ engl. *sea* neben ags. *hœf* ~ an. *haf* 'dass.' (vgl. dt. *Haff*) und ahd. *mari* 'Meer' (vgl. lat. *mare*, russ. море), germ. **skipa-* > engl. *ship* ~ dt. *Schiff*, ferner *Kiel* (engl. *keel*), *Boot* (engl. *boat*), *Segel* (engl. *sail*), *Ruder* (engl. *rudder*), *Mast* (engl. *mast*), *Sturm* (engl. *storm*), *Ebbe* (engl. *ebb*), *Steuer* (engl. *steer* 'steuern') sowie die für die Seefahrt unerläßlichen Bezeichnungen der Himmelsrichtungen (*Nord* ~ engl. *North*, *Ost* ~ engl. *East*, *Süd* ~ engl. *South*, *West* ~ engl. *West*); germanische Neubildungen sind die Namen der meisten Fische (z. B. *Karpfen* ~ engl. *carp*, *Aal* ~ engl. *eel*) und anderer Tiere sowohl in der Zucht als auch in der Jagd (z. B. *Rind*, *Kalb*, *Lamm*, *Bär*, *Wisent*, *Storch*); ebenso stark ist der Prozentsatz solcher Elemente in der Sachgruppe Gemeinschaftsleben (*Ding* ~ engl. *thing*, eigtl. 'Volksversammlung', *Volk* ~ engl. *folk*, *König* ~ engl. *king*, *Adel* < ahd. *uodal* 'Erbsitz', *Sache* ~ engl. *sake* 'Rechtsache', *Dieb* ~ engl. *thief*, *schwören* ~ engl. *swear*, *Knecht* ~ engl. *knight* 'Ritter') und Kriegswesen, z. B. *Krieg*, *Friede* (vgl. arch. engl. *frith*), *Schwert* ~ engl. *sword*, *Schild* ~ engl. *shield*, *Helm* ~ engl. *helm(et)*, *Bogen* ~ engl. *bow* sowie die heute nur in Personennamen weiterlebenden vielfachen Bezeichnungen für 'Kampf' wie **haðu-*, **hild-*, **gunþ-*, **wig-*, vgl. *Hildegard*, *Hedwig*, *Günther*, *Hadubrand* usw.

Wie schon angedeutet wurde (vgl. II.1.3.), unterlag der germanische Wortschatz schon in ur- bzw. gemeingermanischer Zeit manchen Einflüssen fremder Sprachen. Unter den Entlehnungen aus den Nachbarsprachen sind die k e l t i s c h e n in kultureller Hinsicht besonders wichtig: hierher zu zählen sind außer *Reich*, *Amt* u. dgl. (II.1.3.) *Lot* (engl. *lead*), *Eisen* (engl. *iron*) usw. Aus dem Osten bzw. aus dem Südosten kamen besonders durch gotische Vermittlung Fremdwörter zu den Germanen, z. B. thrak. *baitē* 'Leibrock, Unterkleid' > got. *paida*, das im Bairischen als *Pfaid* 'Hemd' heute noch lebt, und als wichtige landwirtschaftliche Kulturpflanze auch der *Hanf* (engl. *hemp*), obwohl hier auch lateinische Vermittlung (vgl. lat. *cannabis* ~ germ. **hamp-*) möglich ist. Die Herkunft des Wortes *Wal* (engl. *whale*) < germ. **hwala-* sucht man im Nordosten, vgl. apr. *kalis* 'Wels' und fi. *kala* ~ ung. *hal* 'Fisch', hier kann aber auch eine gemeinsame arktische Grundlage vorhanden gewesen sein.

Sehr groß und in kultureller Hinsicht äußerst wichtig war der Einfluß des L a t e i n i s c h e n auf den germanischen Wortschatz. Die Zahl der lateinischen Entlehnungen wird schon in gemeingermanischer Zeit auf etwa 400 geschätzt. Lateinische Lehnwörter treten bereits im Gotischen auf (z. B. got. *asilus* < lat. *asinus* ~ *asellus* 'Esel'; got. *wein* < lat. *vinum* 'Wein'), erfassen aber dann das ganze germanische Sprachgebiet.

An den lateinischen Lehnwörtern können wir den gewaltigen Einfluß der römischen Kultur auf die Germanen verfolgen. Hingewiesen sei auf folgende Bereiche: Landwirtschaft (z. B. lat. *flagellum* > *Flegel*, engl. *flail*; lat. *ceresia* > *Kirsche*, engl. *cherry*; lat. *pluma* > *Pflaume*, engl. *plum*; lat. *planta* > *Pflanze*, engl. *plant*; lat. *caseus* > *Käse*, engl. *cheese*), Bauwesen (z. B. lat. [*via*] *strata* > *Straße*, engl. *street*; lat. *vallum* > *Wall*, engl. *wall* 'Wand'; lat. *camera* > *Kammer*, engl. *chamber*; lat. *coquina* > *Küche*, engl. *kitchen*), Handel und Handwerk (z. B. lat. *mango* 'Sklavenhändler' > ahd. *mangōn* 'handeln' bzw. *mangāri* 'Händler', z. B. noch im Familiennamen *Pferdmenges* enthalten, vgl. auch engl. *fishmonger* 'Fischhändler'; lat. *pondo* > *Pfund*, engl. *pound*; lat. *molina* > *Mühle*, engl. *mill*; lat. *cista* > *Kiste*, engl. *chest*; vulgärlat. *toloneum* > *Zoll*, engl. *toll*; lat. *moneta* > *Münze*, engl. *mint* usw.), Militärwesen (z. B. lat. *campus* 'Schlachtfeld' > *Kampf*, engl. *camp* 'Lager'; lat. *pilum* > *Pfeil*, engl. *pile*) und soziales Leben (z. B. lat. *Caesar* > *Kaiser*). Als Lehnübersetzungen aus dem Lateinischen erklären sich die meisten Wochentagsnamen: lat. *Solis dies* 'Tag der Sonne' → *Sonntag* (engl. *Sunday*); *Lunae dies* 'Tag des Mondes' → *Montag* (engl. *Monday*); ja sogar durch einen Vergleich der römischen und germanischen Mythologie: *Martis dies* 'Tag des Mars' → *Dienstag* ~ engl. *Tuesday* 'Tag des Tīw'; *Mercurii dies* 'Tag des Merkur' → engl. *Wednesday* bzw. schw. *onsdag*, nl. *woensdag* 'Tag des Wodan'; *Jovis dies* 'Tag des Juppiter' → *Donnerstag* (engl. *Thursday*) 'Tag des Donar'; *Veneris dies* 'Tag der Venus' → *Freitag* (engl. *Friday*) 'Tag der Freyja' (vgl. III.2.2.).

Das Einsickern lateinischer Wörter in die germanischen Sprachen dauerte im ganzen Mittelalter an, nur erstreckten sich diese Wörter nicht mehr gleichmäßig auf alle Teile des germanischen Raumes. Der lateinische Einfluß hat in hohem Grade dazu beigetragen, daß sich die germanischen Einzelsprachen zu Kultursprachen entwickeln konnten.

Wortentlehnungen sind so gut wie nie einseitig: im Leben der Völker geht es meistens um einen L e h n w o r t a u s t a u s c h, wobei der Nehmende zugleich auch Gebender ist. Germanische Wörter sind bereits in gemeingermanischer Zeit auch in die Nachbarsprachen eingedrungen, vgl. *sapo* 'Seife' im Lateinischen, πύργος 'Burg' im Griechischen, *kansa* 'Volk' im Finnischen (vgl. *Hansa*), *vragъ* (russ. враг) 'Feind' im Altslawischen, u. dgl. (vgl. noch II.2.1.).

II.3. DIE GLIEDERUNG DES GERMANISCHEN. STÄMME UND STAMMESDIALEKTE

II.3.1. Klassifizierungsversuche

Die Entstehung der einzelnen germanischen Stämme ist das Ergebnis langwieriger Prozesse der Differenzierung, die wir uns jedoch nicht geradlinig, etwa streng „stammbaummäßig", vorzustellen haben, sondern verwickelt und immer wieder von Integrierungen, Verschmelzungen, gegenseitigen Durchdringungen kleinerer Gruppen unterbrochen, wobei sich die Stammesdialekte in einem ständigen Prozeß von Ausgleich, Mischung und Überdachung bzw. auch Diffusion befanden. Klare Tendenzen der Entwicklung wurden häufig von entgegengesetzten Auswirkungen historischer Ereignisse durchkreuzt. Deshalb sind uns weniger die Anfänge, als vielmehr die Ausgliederung der Einzelsprachen und -dialekte bekannt. So erscheint z. B. das Altenglische zur Zeit der Eroberung Englands (5. Jh. u. Z.) schon als eine eigenständige Sprache. In Skandinavien hebt sich der Osten im 6. Jh. u. Z. vom Westen sprachlich entschieden ab. Ungefähr zur selben Zeit verebbt der sprachliche Einfluß der Südgermanen im Norden, weshalb das Nordgermanische sich von den Stämmen des Südens in beschleunigtem Tempo entfernt. Diese Isolierung des Nordens wird dann in der Wikingerzeit, etwa vom 8. Jh. an, aufgelockert. Damit nehmen im Norden die größten sprachlichen Neuerungen ihren Anfang. Auch das Festlandgermanische als Vorläufer des Deutschen bildet in diesem Zeitraum bereits eine relative Einheit. Aber auch sie trägt einen Übergangscharakter und wird infolge weiterer Sprachentfaltungen wieder zersetzt. Die sprachliche Einheit der Stämme an der Nordsee wird ebenfalls gesprengt, als ein Teil dieser Stämme auf dem Festland verbleibt, ein anderer Teil aber auf die britischen Inseln abwandert, wo ihre Sprachentwicklung unter verschiedenen Einflüssen einen neuen Kurs nimmt.

Es fragt sich nun, wann und wie die Aufteilung der germanischen Stämme bzw. Sprachen ihren Anfang nahm. Im Norden wahrscheinlich in der Zeit jener sprachlichen Innovationen, die die Germanen im Süden nicht mehr erreichten. Auf Grund der Runendenkmäler halten manche Forscher noch heute dafür, daß der sogenannte einheitliche „urnordische" Sprachzustand bis zum 6. Jh. u. Z. andauerte. Dieser Standpunkt ist indessen überholt. Der Sprachzustand läßt sich zeitlich bis in das 1.—2. Jh. v. u. Z. zurückverfolgen, obwohl das Gotische erst aus dem 4. Jh. u. Z. belegt ist. Trotzdem lassen sich die alten und die neuen Elemente in den germanischen Einzelsprachen voneinander hinlänglich abgrenzen. Noch Ende des vorigen Jahrhunderts kam der Gedanke auf, die Goten seien den Nordgermanen näher

verwandt, aber das Problem wurde erst in der letzten Zeit von ERNST
SCHWARZ gelöst. Die letzthin von ihm erschlossene g o t o n o r d i s c h e
G r u n d s p r a c h e ist ein Beweis dafür, daß die Sondermerkmale der
nordgermanischen Stammessprachen, die sich in den nordischen Sprachen
der Gegenwart fortsetzten, bereits im 2. Jh. u. Z. gefestigt waren.

Ungefähr für dieselbe Zeit ist die Herausbildung der N o r d s e e -
g e r m a n e n anzunehmen. Diese Gruppe weist auffallend viele Gemeinsamkeiten mit der gotonordischen Gruppe auf. Um 400 u. Z. soll — nach
der Meinung mancher Forscher (vgl. III.4.7.) — sich der Stamm der Langobarden von dieser Einheit ausgegliedert haben, um nach dem Süden zu
wandern. Sprachfakten beweisen, daß die wesentlichsten Merkmale des
Altenglischen bis zum 5. Jh., d. h. noch auf dem Festland, fertig ausgebildet
waren. Das Altenglische kam also schon als eine „fertige", eigenständige
Sprache nach Britannien. Die Germanen, die im Raum der Elbe, des
Rheins und der Weser siedelten, haben im Süden die Stammesdialekte
entstehen lassen, aus denen sich später die deutsche Einheit entwickelte.
Dieser Prozeß begann etwa im 1. Jh. v. u. Z. Gleichzeitig mit der politischen
Ausbreitung, insonderheit nach der Gründung des Frankenreiches, stießen
dann die unter den S ü d g e r m a n e n entstandenen Stammesdialekte
nach dem Norden vor. Als wichtigster sprachgeographischer Faktor dieses
Zeitalters darf die g e r m a n i s c h e V ö l k e r w a n d e r u n g gelten.

Der römische Historiker TACITUS hatte die germanischen Stämme in
seinem Werk *Germania* im ausgehenden 1. Jh. u. Z. bereits in drei Gruppen
gegliedert, die bei ihm unter den Namen I n g w ä o n e n , I s t w ä o n e n
und E r m i n o n e n (auch Herminonen, Irminonen) aufscheinen. Auf
dieser Taciteischen Dreiteilung beruht die spätere wissenschaftliche Aufgliederung der Germanen in die drei Gruppen der N o r d - , der O s t - und
der W e s t g e r m a n e n , die in den meisten Handbüchern heute noch
sehr oft unter diesen Namen aufgeführt werden. Auf dieser Grundlage, der
SCHLEICHERschen Stammbaumtheorie entsprechend, gliederte KARL MÜL-
LENHOFF (1898) das „Urgermanische" in W e s t g e r m a n i s c h und
O s t g e r m a n i s c h , und ersteres wiederum in „Urdeutsch" und „Anglofriesisch":

Urgermanisch

Westgermanisch   Ostgermanisch

Anglofriesisch   Urdeutsch   Urnordisch   Gotisch usw.

Abb. 10. Gliederung des Germanischen (nach KARL MÜLLENHOFF)

KARL MÜLLENHOFF hat dabei übersehen, daß die Taciteische Einteilung
eigentlich kultisch-politisch bedingten Stammesverbänden entspricht und

nur auf die Südgermanen zu beziehen ist, die den Römern auch besser bekannt waren, daß sie sich auf den Norden aber keineswegs ausdehnen läßt.

In den letzten Jahrzehnten wurden verschiedene Versuche zur Korrektur des obigen „Stammbaumes" unternommen. Wie gezeigt, gelang es mit Hilfe der komplexen Methode annähernd wahrheitsgetreu darzulegen, daß ein Teil der Germanen im 6. Jh. v. u. Z. die Gegend der unteren und der mittleren Elbe in Besitz nahm. Um die Wende des 1.—2. Jh.s v. u. Z. schieden die Wandalen und die Burgunder aus der germanischen „Urheimat" aus; ihnen folgten zu Beginn unserer Zeitrechnung auch die stammverwandten Goten.

Auf Grund neuerer Forschungsergebnisse hat FRIEDRICH MAURER (1943) eine Gruppierung der germanischen Stämme vorgenommen, indem er die Berichte der Historiker des Altertums überprüfte und zur Einsicht kam, daß auch sie vier Abteilungen der Germanen unterschieden, da sie neben den Gruppen des TACITUS die Gruppe der sogenannten w i n d i l i s c h e n (d. h. wandalischen) V ö l k e r gesondert behandelten. Letztere waren zwar aus dem Norden gekommen, aber zur Zeit des TACITUS lebten sie bereits östlich der Oder. FRIEDRICH MAURER gab die früher vertretene Idee der Einheit westgermanischer Stämme auf. Angesichts der später eingetretenen Kreuzungen versuchte er auf Grund einer Vierteilung die einzelnen Gruppen auch geographisch zu fassen:

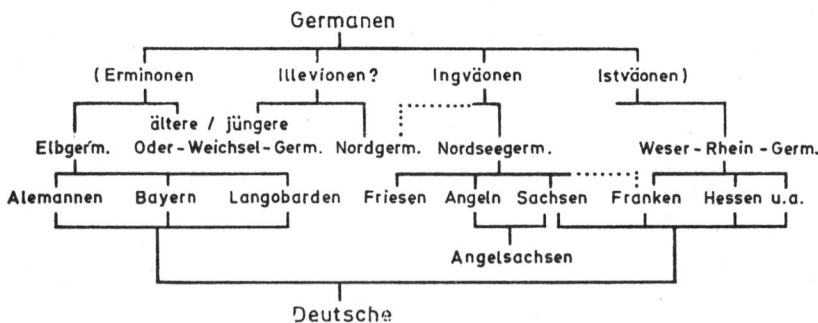

Abb. 11. Gliederung der Germanen (nach FRIEDRICH MAURER)

Die Oder-Weichsel-Germanen entsprechen den Ostgermanen, die Elb- bzw. Weser-Rhein-Germanen und z. T. die Nordseegermanen bildeten später das Volk der Deutschen. Die Nordseegermanen spalteten sich nach FRIEDRICH MAURER in die drei Abteilungen der Angeln, Sachsen und Friesen.

Die geographisch ausgerichtete Gliederung FRIEDRICH MAURERS wurde von ERNST SCHWARZ weiterentwickelt. Er lehnte eine statische Gliederung ab und zog die möglichen zeitlichen und räumlichen Verschiebungen in Betracht. Um 200 v. u. Z. kann man das Germanentum nach ERNST

SCHWARZ in zwei Großgruppen (Südgermanen—Nordgermanen) einteilen; die Ostgermanen und die Nordseegermanen waren aus der nordgermanischen Einheit noch nicht ausgegliedert. Erst die spätere Entwicklung hat der Nordseegruppe ein eigenes Gesicht gegeben: diese bildete nun immer mehr eine Brücke zwischen den Nord- und den Südgermanen. Die innere Ausgliederung des Südgermanischen läßt die Umrisse der späteren deutschen Stämme (und Stammesdialekte) allmählich erkennen. Um 200 u. Z. läßt sich also das Germanische bereits folgendermaßen aufgliedern:

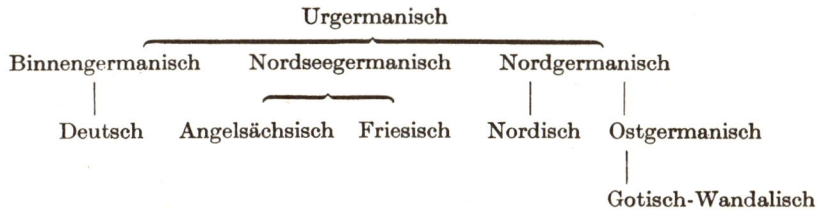

Abb. 12. Gliederung des Germanischen (nach ERNST SCHWARZ)

Besonders hervorzuheben ist aber schon hier, daß D e u t s c h in dieser Zeit nur als e i n e i m W e r d e n b e g r i f f e n e E i n h e i t betrachtet werden kann und nicht etwa als eine uralte, „urdeutsche" Einheit, die KARL MÜLLENHOFF noch vorgeschwebt hatte.

II.3.2. Entfaltung der germanischen Stammesdialekte

Auf die Untersuchungen von ERNST SCHWARZ, FRIEDRICH MAURER u. a. gestützt, unterscheidet der sowjetische Gelehrte VIKTOR SCHIRMUNSKI in dem vermutlichen Ablauf der Ausgliederung der altgermanischen Stammesdialekte folgende Hauptabschnitte:
1. Ursprünglich bestanden zwei Hauptgruppen: eine skandinavische oder N o r d g r u p p e und eine kontinentale oder S ü d g r u p p e.
2. Abwanderung der o s t g e r m a n i s c h e n („windilischen") Stämme aus Skandinavien auf den Kontinent (3.—1. Jh. v. u. Z.). Absonderung der ostgermanischen Gruppe an der Ostseeküste gegenüber der westgermanischen (früher südgermanischen) Gruppe zwischen Elbe und Rhein.
3. Abwanderung der Goten in die südrussischen Steppen am Schwarzen Meer (2.—3. Jh. u. Z.). Sonderentwicklung der g o t i s c h e n Sprache (Schriftdenkmäler aus dem 4. Jh. — WULFILA).
4. Scheidung von drei Gruppen i n n e r h a l b des Westgermanischen: I n g w ä o n i s c h („Nordseegermanisch"), I s t w ä o n i s c h („Rhein-Weser-Germanisch") und E r m i n o n i s c h („Elbgermanisch"), vermutlich bereits im 1. Jh. u. Z., wobei zwischen Ingwäonisch und Istwäonisch

mit einer engen Wechselwirkung zu rechnen ist („gemeiningwäonische" Merkmale nach THEODOR FRINGS).

5. Weitere Kontaktentwicklung des Nord- und Südgermanischen („W e s t g e r m a n i s c h") mit Ausschluß des Gotischen (1.—5. Jh.).

6. Landnahme der Angelsachsen auf den Britischen Inseln und Absonderung des Angelsächsischen als A l t e n g l i s c h (vom 5.—6. Jh. an; Schriftdenkmäler seit Ende des 5. Jh.s).

7. Ausbreitung der S a c h s e n vom Küstengebiet der Nordsee nach Südwesten und Süden; ihre sprachliche Wechselwirkung im Weser-Rheingebiet mit Resten des Istwäonischen (wahrscheinlich im 4.—5. Jh. u. Z.).

8. Ausbreitung der E r m i n o n e n von der unteren und mittleren Elbe nach Süddeutschland (vom 1. Jh. u. Z. an). Eroberung der späteren süddeutschen Gebiete durch Alemannen und Baiern, d. h. durch Träger der späteren „oberdeutschen" Mundarten (3.—5. Jh). Zweite oder „hochdeutsche" Lautverschiebung (6. Jh.), ihre weitere Verbreitung im Bereich des Mitteldeutschen (Fränkisch, Hessisch, Thüringisch; zwischen dem 7. und 15. Jh.). Gleichzeitige Verdrängung der mitteldeutschen „Ingwäonismen" unter der Einwirkung des Oberdeutschen.

9. Expansion der Franken-Istwäonen nach dem Westen, ins Bereich des romanisierten Nordgalliens; Entstehung des zweisprachigen Merowingerreiches (Ende des 5. Jh.s). Zusammenschluß der westgermanischen Stämme der Franken (Istwäonen), Alemannen und Baiern (Erminonen), Chatten (Hessen) und Thüringer, später auch Sachsen (Ingwäonen) als Voraussetzung für die Entstehung des deutschen Volkes und seiner Sprache (A l t h o c h d e u t s c h: Schriftdenkmäler seit der Mitte des 8. Jh.s) unter der Herrschaft der Franken im Merowinger- und Karolingerreich (5.—9. Jh.). Wechselwirkung der einzelnen Stammesdialekte innerhalb des Althochdeutschen unter dem regulierenden Einfluß des F r ä n k i s c h e n. Fränkische Einwirkung auf das Niedersächsische bis zu seiner Verwandlung in den niederdeutschen Dialekt des Deutschen (9.—16. Jh.).

10. Absonderung des N o r d g e r m a n i s c h e n vom Festlandgermanischen (vom 5. Jh. an). Differenzierung der O s t- und W e s t g r u p p e

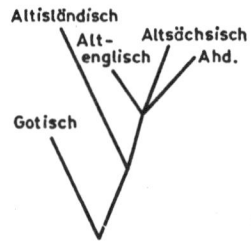

Abb. 13. Stammesgliederung der germanischen Sprachen (nach CHARLES F. HOCKETT)

nordgermanischer Dialekte (vom 7. Jh. an). Jütland wird im 5.—6. Jh. von den Dänen (aus Ostskandinavien), Island im 8.—9. Jh. von den Norwegern (aus Westskandinavien) kolonisiert. Herausbildung der nordgermanischen Einzelsprachen (Altschwedisch und Altdänisch, Altnorwegisch und Altisländisch) mit Denkmälern in lateinischer Schrift seit dem 12.—13. Jh. (Abb. 13 und 14).

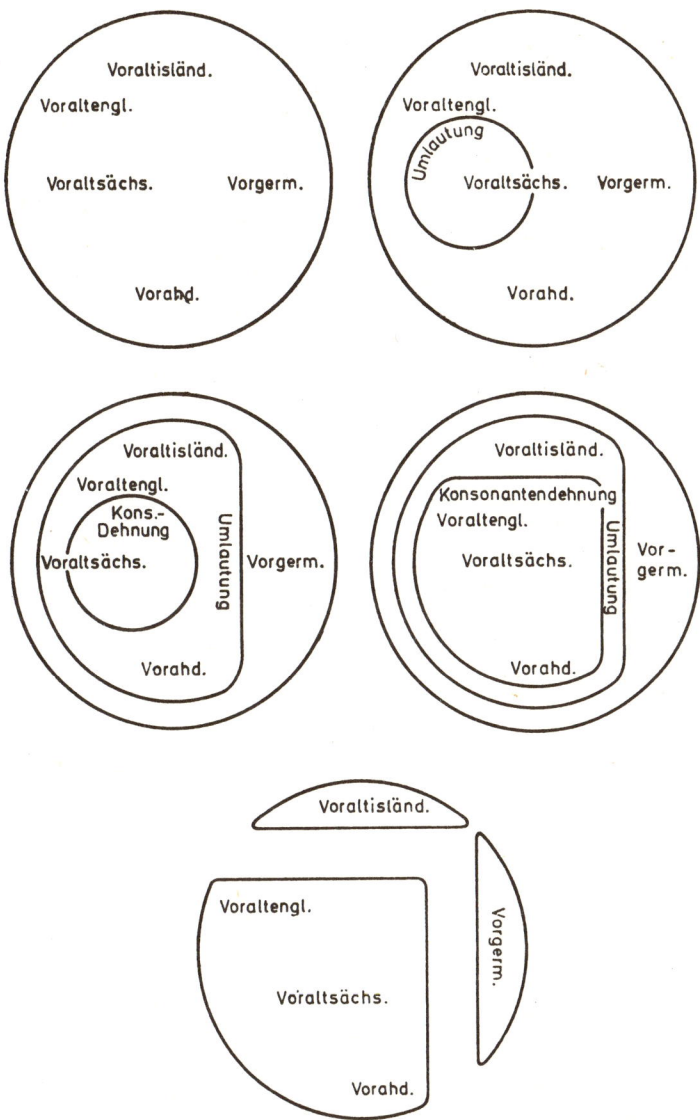

Abb. 14. Entwicklungsstufen der germanischen Sprachen (nach CHARLES F. HOCKETT)

II.3.3. Die Begriffe „Urgermanisch" und „Gemeingermanisch"

In der germanistischen Literatur werden beide Begriffe seit geraumer Zeit verwendet, wobei ursprünglich die beiden Bezeichnungen synonymisch gegolten haben. WILHELM STREITBERG benannte 1896 jene Sprachstufe als Urgermanisch, die der Ausgliederung der germanischen Stammesdialekte unmittelbar voraufgegangen war. An dieser Definition hielt auch HERMAN HIRT fest, indem er die Bezeichnung Gemeingermanisch als ein Synonym jener des „Urgermanischen" gebrauchte. Einer der führenden Vertreter der italienischen Neolinguistik, VITTORE PISANI, kam — obgleich von ganz anderen Überlegungen geleitet — zu derselben Auffassung. HANS KRAHE berief sich dagegen darauf, daß man schon auf der ältesten Entwicklungsstufe der germanischen Sprachen mit einer dialektalen Aufschlüsselung rechnen muß, und wies daher die Annahme eines urgermanischen Sprachzustands schlechthin von der Hand.

Der Niederländer RICHARD CONSTANT BOER machte hingegen einen Unterschied zwischen Urgermanisch und Gemeingermanisch. Nach ihm seien jene Erscheinungen als urgermanisch zu bezeichnen, die auf die Stufe der vorausgesetzten sprachlichen Einheit zurückgehen, während alle Erscheinungen, die zwar erst später auftraten, aber sämtlichen germanischen Stammesdialekten eigen sind, als gemeingermanisch zu gelten haben. SIEGFRIED GUTENBRUNNER stellte dem Urgermanischen das Spätgermanische gegenüber, dessen Anfänge er chronologisch auf die Zeit der Abwanderung der Goten aus Skandinavien festlegte. Der nach Amerika ausgewanderte Österreicher EDUARD PROKOSCH machte ebenfalls keinen besonderen Unterschied zwischen den beiden Begriffen; der Franzose FERDINAND MOSSÉ hielt es zwar für nötig, die beiden Sprachzustände voneinander konkret abzugrenzen, immerhin unternahm er in dieser Richtung noch keinen Versuch.

Eine genauere Abgrenzung der beiden Sprachstufen wurde zuerst von WOLFGANG KRAUSE im Zusammenhang mit dem Gotischen versucht. Zu den bestimmenden Merkmalen des Urgermanischen zählte er die erste Lautverschiebung, die Unterscheidung von bestimmten und unbestimmten Adjektivformen, die Herausbildung der schwachen Verbalklassen sowie den spezifisch urgermanischen Wortbestand (z. B. *hūsan 'Haus', *guđan 'Gott', *erþō 'Erde'). Das Urgermanische soll nach WOLFGANG KRAUSE bis 1500—1000 v. u. Z. bestanden haben.

Im darauf folgenden Gemeingermanischen wurde nach WOLFGANG KRAUSE urgerm. *$e > i$ in bestimmten phonetischen Stellungen, während urgerm. *ei z. T. zu i, z. T. aber zu $ē$ monophthongiert wurde. Für

Abb. 15. Germanien zur Zeit des Tacitus (nach Rudolf Much)

diese Zeit nimmt er auch den Lautwandel $o > a$ bzw. $\bar{a} > \bar{o}$ sowie den Nasalschwund vor germ. χ in Anspruch.

Nach anderen Anhaltspunkten versuchte der Niederländer FRANS VAN COETSEM die Vorgeschichte der germanischen Sprachen chronologisch aufzuschlüsseln. Auf Grund der Untersuchung des urgermanischen Vokalsystems kam er zu der Auffassung, daß die Akzentverlagerung, die Reduktion der Nebentonsilben bzw. deren Rückwirkung auf die Haupttonsilben (Umlaut!) vom Urgermanischen zum Gemeingermanischen geführt haben. Diese Theorie beruht auf dem vom Amerikaner FREEMAN TWADDELL angenommenen Vokalismus des Urgermanischen.

In jüngster Zeit hat der sowjetische Germanist ENVER AHMEDOVIČ MAKAJEV einen Versuch gemacht, Urgermanisch und Gemeingermanisch voneinander abzugrenzen (1959). Dieser Versuch hat einen rein linguistischen Charakter und soll auf alle Sprachebenen erstreckt werden, ist aber bis jetzt eigentlich nur erst im Hinblick auf die historische Phonologie durchgeführt worden. ENVER A. MAKAJEV bezeichnet jene Sprachstufe als U r g e r m a n i s c h, die vom Zerfall der indogermanischen Sprachgemeinschaft bis zur Festigung der germanischen Grundsprache andauerte. Sie wurde von der Sprachstufe des G e m e i n g e r m a n i s c h e n fortgesetzt, die bis zur Herausbildung jener Isoglossenbündel dauerte, die bereits die Rekonstruktion eigenständiger Dialektgruppen ermöglichen. MAKAJEV will indessen die Existenz von Dialekten weder im Urgermanischen noch im Indogermanischen in Frage stellen.

Er sieht eines der hervorstechendsten Merkmale des Gemeingermanischen in jenen Assimilationserscheinungen, die das phonologische System des Urgermanischen von Grund auf umgestellt haben. Dementsprechend schreibt MAKAJEV der gemeingermanischen Periode einen Ü b e r g a n g s c h a r a k t e r zu, wobei die Strukturunterschiede zwischen Gemeingermanisch und den einzelnen germanischen Dialektgruppen viel geringer sind als die zwischen Urgermanisch und Gemeingermanisch. Die Fixierung des dynamischen Wortakzents fällt nach der Ansicht MAKAJEVs ebenfalls auf diese Übergangsperiode. Die Akzentverlagerung hat im phonologischen System die Unterscheidung der betonten und der unbetonten Stellung herbeigeführt.

Dadurch war auch die unterschiedliche Entwicklung des betonten und des unbetonten Vokalismus in den germanischen Einzelsprachen motiviert.

III. DIE KULTUR DER GERMANEN

III.1. GERMANISCHE ALTERTUMSKUNDE

III.1.1. Begriff und Aufgaben

Im Hinblick auf die Germanistik im engeren Sinne, d. h. auf die Geschichte der germanischen Sprachen, versteht man (besonders seit ERNST SCHWARZ) unter Altertumskunde nicht nur die Volkskunde des germanischen Altertums, sondern die wissenschaftliche Erschließung der altgermanischen Kultur schlechthin. Dieser Zweig der Forschung ist mit der Geschichte der germanischen Stämme sowie mit der Aufdeckung der alten Quellen dieser Geschichte aufs engste verbunden (Stammeskunde). Unter den Quellen kommt den antiken Berichten über die Germanen wohl die größte Bedeutung zu, denn sie ermöglichen es uns, von Kultur und Rechtswesen, Glaubenswelt und Sitten, Gesellschaftsstruktur und Wirtschaftsformen der Vorfahren der germanischen Völker der Gegenwart ein korrektes, von positiven wie negativen Vorurteilen freies Bild zu gewinnen.

III.1.2. Quellen der germanischen Altertumskunde

Unter den historischen Werken der Antike steht in diesen Belangen unumstritten die „Germania" des TACITUS aus dem 1. Jh. u. Z., aus der Zeit, als die Germanen aus mehreren Gründen in den Interessenkreis der Römer eintraten, an erster Stelle. Entlang dem Limes, der Nordgrenze des Römischen Reiches, insonderheit an der Donau und am Rhein, kamen die Römer in die unmittelbare Nachbarschaft germanischer Stämme. Andererseits waren es jene Stämme, die sich dem Vormarsch der Römer gewissermaßen erfolgreich zu widersetzen vermochten, ganz zu schweigen davon, daß ihre ununterbrochenen Einfälle und Aufstände die Grenzzone des Reiches in ständiger Unruhe hielten und für Rom eine zunehmende Gefahr bedeuteten.

Das Werk des TACITUS ist größtenteils eine bewußte Kompilation, da der Autor das Land der Germanen nie betrat und seine Kenntnisse demgemäß nicht aus eigenen Erfahrungen, sondern aus den Mitteilungen älterer Autoren (PLINIUS DER ÄLTERE, HERODOT, IULIUS CAESAR u. a.) schöpfte. Daraus erklären sich auch einzelne innere Widersprüche des Taciteischen Werkes: es gelang dem TACITUS nicht immer, die aus verschiedenen Quellen entnommenen, nicht selten sich widersprechenden und unklaren Angaben aufeinander abzustimmen, geschweige denn zeitlich und räumlich genau zu orten. Die zeitgenössische Funktion der „Germania" ist im Zusammenhang mit dem mächtigen Vorstoß germanischer Stämme nach Süden im 1. Jh. u. Z. und aus der innenpolitischen Lage des Römischen Reiches zu begreifen. Wie der hervorragendste Kenner des Taciteischen Werkes, EDUARD NORDEN, festhielt, hat der Autor sein Werk mit einer politischen Tendenz geschrieben. TACITUS hat als überzeugter Republikaner mit der Darstellung der militärisch-demokratischen Ordnung der Germanen ein positives Gegenbild zum römischen Cäsarismus entwerfen wollen. Er war bestrebt, seine Ansichten über das öffentliche und private Leben in Rom so zu formulieren, daß diese nicht als offene Opposition, sondern durch das Gegenbild der republikanisch anmutenden Sitten der Germanen zum Ausdruck kommen. Um dies zu erreichen, hob er bei der Beschreibung der Germanen jene schlichten Züge hervor, die den römischen Leser ohnehin an seine Republik erinnerten, und verwies dabei äußerst vorsichtig, in verschlüsselten Anmerkungen und Nebensätzen erst direkt auf die entsprechenden Zustände in Rom. Somit darf die „Germania" keineswegs als eine in jeder Hinsicht objektive, streng wissenschaftliche zeitgenössische Darstellung der Germanen gelten.

Trotzdem wäre es verfehlt zu glauben, der Quellenwert des Taciteischen Werkes wäre dadurch entscheidend beeinträchtigt. Dies umso weniger, als die von TACITUS benutzten älteren Quellen größtenteils verschollen sind, wie z. B. auch das große einschlägige Werk PLINIUS DES ÄLTEREN. Allerdings darf man sich auf die „Germania" nicht ohne Kritik verlassen, ja man hat ihren Quellenwert Kapitel für Kapitel zu revidieren. Diese Revision ist indessen auch gut möglich, denn die Erkenntnisse anderer Disziplinen, vor allen Dingen der Geschichtsforschung, der Archäologie, der Volkskunde, der Stammeskunde, der Religionsgeschichte, der Rechtswissenschaft und der Kriegsgeschichte, bieten für die Vergleichung eine sehr breite und feste Basis. Die komplexen Vergleichungen haben die Angaben des TACITUS größtenteils erhärtet, obwohl es keinem Zweifel unterliegt, daß seine Urteile manchmal lückenhaft oder — stellenweise — geradezu verfehlt sind. Seine Gewährsleute und Quellen waren ausnahmslos der griechischen und römischen Kultur verbunden, sie standen der barbarischen Welt der Germanen fremd, nicht selten oberflächlich verallgemeinernd, gelegentlich auch feindlich gegenüber. In Fragen, wie die der germanischen Glaubenswelt, können sie als Außenstehende kaum das nötige Verständnis aufgebracht haben.

Andererseits darf auch nicht übersehen werden, daß TACITUS sein Werk im 1. Jh. u. Z. verfaßte, während seine Quellen meistens noch ältere Zustände festgehalten hatten, Zustände, die in der zeitgenössischen germanischen

Welt bereits überholt waren. Manche Thesen des TACITUS spiegeln offensichtlich die allgemeine Auffassung des griechischen Historiographen HERODOT über die Welt der Barbaren wider. Dagegen macht er auch Angaben, die er nach Ansicht mancher Forscher nicht aus schriftlichen Quellen hat schöpfen können, sondern vielleicht von nach Rom gelangten germanischen Sklaven, Söldnern oder Botschaftern eingeholt haben wird. Diese Annahme scheint vor allem im Zusammenhang mit seinen Berichten über das kultische Leben der Germanen wahrscheinlich zu sein, um so mehr, da wir wissen, daß in der Zeit des TACITUS, i. J. 92 u. Z., beim Besuch des Königs der germanischen Semnonen, sich auch eine germanische Priesterin — höchstwahrscheinlich eine Wahrsagerin — in Rom aufhielt.

Kurzum: Der „Germania" des TACITUS ist es vor allem zu verdanken, daß uns über die Germanen der Zeitenwende viel ausführlichere und genauere Angaben zur Verfügung stehen, als z. B. über die keltischen Stämme jener Zeit, obwohl diese den Römern schon Jahrhunderte vorher bekannt waren.

III.1.3. Germanische Quellen

In mancher Hinsicht mehr Aussagekraft als die griechischen und römischen Quellen haben die aus späteren Zeiten stammenden germanischen, vor allem nordischen Quellen, deren wichtigste die altisländischen S a g a s sind. Die nordgermanische Kultur setzte nämlich zweifelsohne die Kultur der gemeingermanischen Periode fort, wobei sich diese Stämme dank ihrer historisch-geographischen Lage für lange Zeiten noch viel konservativer verhielten als die germanischen Stämme des Südens. Die Bekehrung zum Christentum ist im Norden erst spät und in der Regel auf friedlichem Wege erfolgt, das heißt, sie war nicht mehr mit der möglichst gründlichen Ausrottung altgermanischer Überlieferungen gekoppelt. Es ist also leicht verständlich, daß manche nordgermanische Erscheinungen als gemeingermanisch, d. h. als auch für die Südgermanen charakteristisch gelten können, insonderheit, wenn wir imstande sind, die Entsprechungen einzelner Sitten u. dgl. des Nordens, zumindest historisch, auch im Kreise der Südgermanen zu belegen. Was uns z. B. über Grundsätze und Verfahren der nordgermanischen Rechtsprechung bekannt ist, läßt sich schon aus sozial- und kulturhistorischen Erwägungen ohne weiteres auch für das Rechtsleben sämtlicher anderer Stämme der Germanen voraussetzen, zumal darauf verweisende Belege auch bei den Festlandgermanen zur Verfügung stehen. Die nordischen Quellen sind natürlicherweise auch an ausschließlich nordgermanischen Merkmalen reich, da die Bindungen der Nord- und der Südgermanen nach dem 6. Jh. u. Z. gelockert wurden. Im Hinblick auf die

Religion ist es besonders augenfällig, denn die Nordgermanen waren noch weiterhin Heiden geblieben und daher auch imstande, die altgermanischen heidnischen Vorstellungen selbständig, in neuer und nur nordischer Richtung weiterzuentwickeln, woran die Südgermanen nicht mehr teilhaben konnten. Erst in der Wikingerzeit wurde die Wechselwirkung beider Großgruppen aufs neue belebt, diesmal jedoch vor allem in der umgekehrten Richtung, vom Süden nach Norden. Aus all dem folgt, daß es die wichtigste Aufgabe der einschlägigen Forschung ist, in allen Einzelfragen gründlich zu sondieren, was von dem nordgermanischen Erbe als ausschließlich nordisch und was als gemeingermanisch anzusehen ist.

III.1.4. Produktionsweisen. Ackerbau und Viehzucht

Wie aus den spärlichen historischen Belegen hervorgeht, war es für die Entwicklung der Germanen von besonders großer Bedeutung, daß sie zu Beginn unserer Zeitrechnung die Gewinnung und Bearbeitung des E i s e n s kennenlernten. Sie übernahmen diese Kenntnis, wie es auch von der Terminologie bewiesen wird (vgl. II.1.3.), von den Illyrern wohl durch keltische Vermittlung. Aus Eisen konnten sie landwirtschaftliche Geräte (Pflugschar, Egge, Sichel, Axt usw.), Gebrauchs- und Schmuckgegenstände (Scheren, Messer, Rasiermesser, Bügel, Fibeln usw.) sowie Waffen herstellen, die besonders im Raum zwischen Oder und Rhein an Hand archäologischer Grabungen am häufigsten zu Tage gefördert werden. Die Kenntnis der Bearbreitung des Eisens war allerdings — den geographischen Bedingungen zufolge — ziemlich ungleichmäßig verbreitet: die Stämme in römischer Nachbarschaft haben ihre Eisengeräte meistens importiert, während die Bevölkerung entfernter gelegener Landschaften immer mehr angehalten war, das Eisenerz an Ort und Stelle abzubauen und zu verarbeiten.

Dank der Verwendung des Eisens wurde auch der A c k e r b a u intensiver betrieben. Diese Entwicklung hat größere Ernteerträge gesichert und die Germanen vom Ertrag der Jagd, des Fischfangs und der extensiven Viehzucht nach und nach unabhängig gemacht. Sie war verständlicherweise in dem von der römischen Kultur durchdrungenen Süden der Germania am weitesten fortgeschritten, zumal der Ausbau des römischen Limes den germanischen Streifzügen für längere Zeit Einhalt gebot, wodurch die südgermanischen Wanderstämme allmählich seßhaft wurden.

Der germanische Ackerbau wurde zunächst extensiv betrieben. Erst langsam, im Zusammenhang mit dem Seßhaftwerden, konnten sich die einfacheren Formen der Feldwirtschaft durchsetzen. Unter den landwirtschaftlichen Kulturen scheinen Roggen, Weizen, Gerste, Dinkel (Weizenart), Hafer, aber auch Bohnen, Linsen, Erbsen, Rüben, Zwiebeln sowie Flachs bzw. Hanf besonders beliebt gewesen zu sein.

Trotz des zunehmenden Gewichts des Ackerbaus bildete die V i e h - z u c h t immer noch die entscheidende Grundlage des germanischen Wirtschaftslebens. Sie erstreckte sich sowohl auf Rinder, Ziegen, Schafe und Schweine als auch auf Geflügel (bes. Gänse), während die Pferdezucht nur bei einigen Stämmen an die erste Stelle rückte. Die hohe Bedeutung der Viehzucht wird nicht nur von den Berichten der Geschichtsschreiber der Antike dargelegt, sondern auch durch die reichen archäologischen Funde. Der Besitz von Vieh war gleichbedeutend mit dem Besitz von Vermögen. Davon zeugt das Wort *Schatz*, das ursprünglich eben 'Vieh', 'Großvieh' bedeutete, vgl. got. *skatts*, dessen primäre Bedeutung in dem damit zusammenhängenden russ. скот noch erhalten ist, ganz ähnlich auch in vielen anderen Sprachen, vgl. engl. *cattle* < lat. *capitale* 'Kapital'; lat. *pecunia* 'Geld' < *pecus* 'Vieh, Rind'; ung. *marha* 'Rind', ursprünglich 'Schatz, Reichtum', des weiteren die gotisch-nordischen Entsprechungen von dt. *Vieh*, vgl. got. *faihu* und an. *fé* 'Vermögen'. Für den hohen Wert des Viehs zeugt auch der Umstand, daß es allgemein als Wergeld verlangt und angenommen wurde — ein Nachklang davon ist noch im Frühmittelalter nachzuweisen. Im Zeitalter der Stammesorganisation der Germanen bildete das Vieh den vornehmsten Gegenstand der Steuer und auch der Beschenkung. Auch in der Volksnahrung spielten die tierischen Produkte (Milch, Butter, Fleisch, Eier usw.) eine große Rolle.

III.1.5. Handwerk und Gewerbe

Auf dieser Stufe der Entwicklung der Germanen waren Handwerk und Gewerbe noch nicht selbständig und wurden als landwirtschaftliche Teilarbeit innerhalb der Familie oder der Sippe, gelegentlich sogar des Stammes ausgeübt. Von einer ausschließlichen Spezialisierung einzelner Personen kann in dieser Hinsicht noch nicht die Rede sein. Eine Ausnahmestellung scheint das S c h m i e d e h a n d w e r k eingenommen zu haben, da es bei der Herstellung der Eisengeräte, vor allem der Waffen, unentbehrlich war. Seiner Bedeutung entsprach auch sein gesellschaftlicher Wert: das Wergeld für einen Schmied war mitunter das mehrfache der durchschnittlichen Buße für sonstige Leute. Der Schmied spielte dementsprechend in Sagen und Mythen oft eine zentrale Rolle (z. B. in der Geschichte von WIELAND DEM SCHMIED).

Die T ö p f e r e i galt als eine Beschäftigung innerhalb der Familie, die von den Frauen ausgeübt wurde. Es ist recht auffallend, daß die keltischen Töpferscheiben bei den Germanen nicht eingeführt wurden, sondern man stellte alle Gefäße mit der Hand her, bis im 5.—6. Jh. u. Z. unter den Bedingungen der Massenproduktion die Töpferscheibe endlich auch bei den Germanen erschien.

Es ist auch verständlich, daß die einzelnen Formen von Handwerk und Gewerbe in den mehr abgelegenen Landschaften der Germania früher entwickelt wurden als in der unmittelbaren Nachbarschaft der Römer, wo der lebhafte Tauschhandel, im Gegensatz zum Osten und zum Norden, die Entfaltung der eigenen Gewerbezweige der Germanen unterband.

Besonders berühmt war der germanische S c h i f f b a u, der (vor allem in Skandinavien) schon in der Bronzezeit einen hohen Stand erreicht hatte. An Hand der Grabungen läßt sich auch die weitere Entwicklung des Schiffbaus gut verfolgen: ein bei Nydam in Schleswig-Holstein freigelegtes germanisches Schiff aus Eichenholz bezeugt z. B. schon für das ausgehende 4. Jh. u. Z. eine durchaus moderne Konstruktion. (Der Fund selbst gehört vermutlich dem Stamm der Angeln an und wurde vielleicht als Opfergabe — vor der Auswanderung nach Britannien? — ins Nydamer Moor versenkt.) Unsere Rekonstruktionen der germanischen Schiffe beruhen in erster Linie auf den ziemlich gut erhaltenen Funden aus dem nordgermanischen Raum, wo sich die ältesten, bereits auf den Felsbildern aus der Bronzezeit belegten Formen in der Wikingerzeit voll entfalten konnten (Abb. 16).

Überall in der einstigen Germania wurden von den Archäologen die verschiedensten G e b r a u c h s - und S c h m u c k g e g e n s t ä n d e aus Holz, Knochen und Metall ans Licht gefördert. Sehr entwickelt war auch der W a g e n b a u, dessen Kenntnis bei den Germanen, wenigstens in einigen Zügen, auf keltischen Einfluß schließen läßt.

III.1.6. Hausbau

Der Hausbau weist in den verschiedenen Gegenden bzw. bei den verschiedenen Stämmen erhebliche Unterschiede auf, insbesondere hinsichtlich der Größe der Bauten. Weit verbreitet war wohl das aus hohen Baumstämmen gezimmerte B l o c k h a u s mit einer einzigen Halle oder mit zwei kleineren Räumen. Die Wände wurden mit Ruten eingeflochten und mit Lehm angeworfen. Das Dach hat man mit Rohr, Schilf oder Stroh bedeckt. Die Häuser hatten im Durchschnitt einen Grundriß von 5×3 bzw. 7×5 m. Größere Bauten (von etwa 5×15 m im Grundriß) sind nur aus dem Norden bekannt; sie hatten aber auch das Vieh aufzunehmen. Für Heizung sorgte ein offener Herd in der Mitte des Hauses, gelegentlich an einer der Firstseiten (Abb. 17).

Als Baumaterial wurde fast ausschließlich Holz verwendet, das mit gefärbtem Lehm beworfen wurde. Zur Speicherung von Wintervorrat, aber

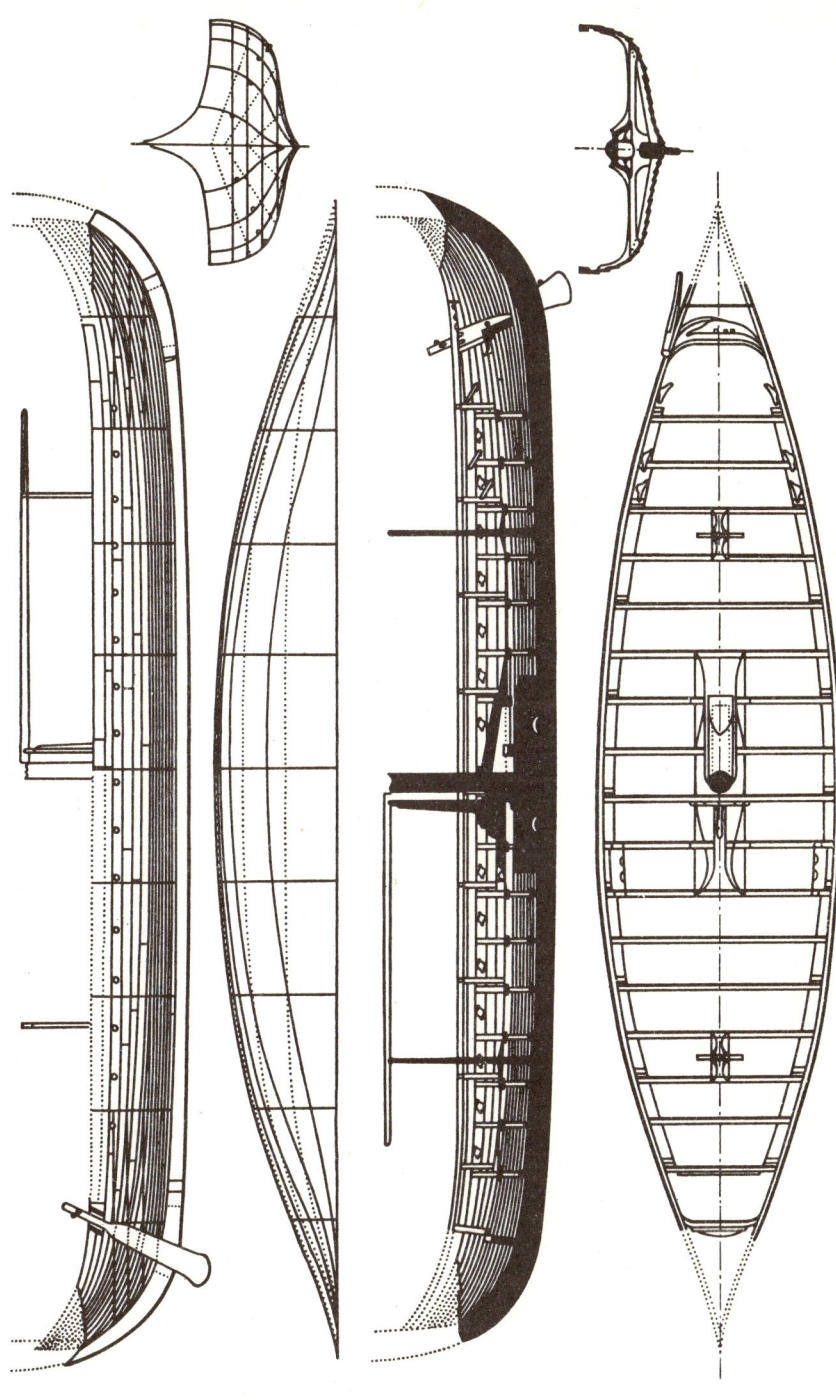

Abb. 16. Das Langschiff von Gokstad am Sandefjord, Norwegen (nach NICOLAYSEN und VOLKMAR KELLERMANN)

teils auch zu Wohnzwecken, wurden G r u b e n bzw. W o h n g r u -
b e n ausgehoben. Die Wohngruben hat man mit Stein ausgelegt und
mit einem Herd ausgestattet. Außerdem sind für gemeingermanische Zeit
auch korbförmige, geflochtene und gelehmte H ü t t e n bezeugt.

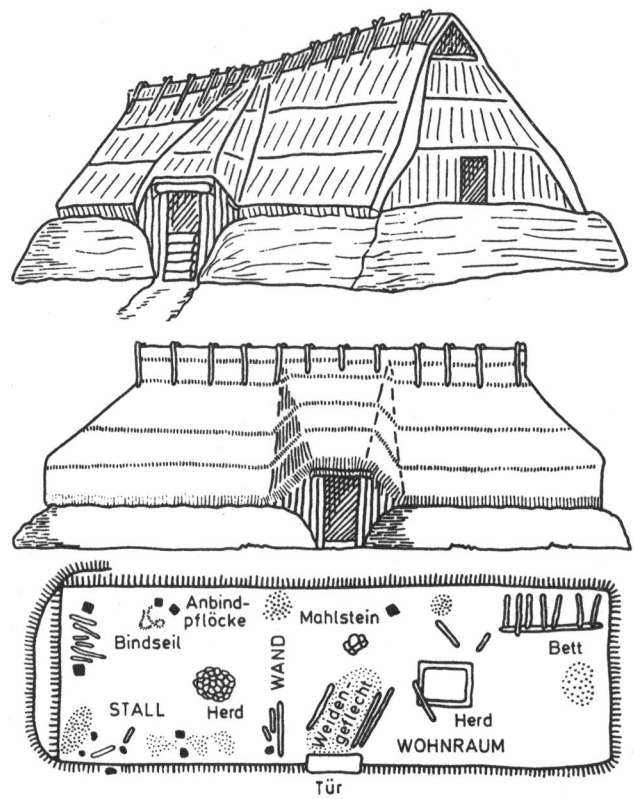

Abb. 17. Germanisches Haus um die Zeitenwende in Ginderup, Nordwestjütland,
Dänemark (nach H. KJÆR und RUDOLF STRÖBEL)

Größere zusammenhängende Siedlungen waren selten. Des öfteren bildeten jedoch die einzelnen Höfe einer Sippe ein lockeres System von Gehöften, in deren Kern mitunter auch größere Zentren entstanden.

Eine gut erhaltene germanische S i e d l u n g aus dem 1.—2. Jh. u. Z. wurde 1954 bei Hamburg, also im alten Land der Angeln und der Sachsen, ausgegraben, die uns in das Bauwesen der Germanen Einblick gewährt. Diese Siedlung besteht aus etwa 12 Häusern, die durchschnittlich 12 m lang und 7 m breit sind. Die Häuser sind in drei Räume eingeteilt, den Bauten war an der Frontseite jeweils ein gedeckter Flur angebaut, allem Anschein

Abb. 18. Germanische Kleidung. Gotische Trachten aus dem 9.—10. Jh. (nach dem Kodex „Libro gotico de los testamentos" aus dem 12. Jh.)

nach zur Verrichtung lichtintensiver Arbeiten wie der Herstellung von Haushaltsgeräten, Kleidung u. dgl. Jedes Haus hatte zwei Herde, einen im Inneren und einen zweiten außerhalb. Außerdem hat man auch Öfen errichtet; der Rauch der offenen Herde zog durch schmale Öffnungen unter dem Dachfirst ab.

Ein einziger Brunnen versah die ganze Siedlung mit Wasser; die nächste Umgebung des Brunnens sowie der Weg, der ihn mit der Siedlung verband, war mit Stein gepflastert. Ein gepflasterter Weg durchzog übrigens auch die Siedlung selbst.

III.1.7. Kleidung

Die Kleidung war sehr einfach und wurde nur ausnahmsweise von römischen Händlern erworben. Nicht besonders vermögende Leute mußten ihre Kleidung restlos im Rahmen ihres Haushalts herstellen. Die Männer trugen lange Hosen mit einem Leibrock (got. *paida*, vgl. bair. *Pfaid* 'Hemd'), der gleichzeitig die Arme bedeckte. Im Winter trug man außerdem noch einen Mantel. Das Schuhwerk war ein aus einem Stück Leder gemachter Bundschuh, der mit zwei Riemen unter dem Knie befestigt war, ähnlich wie man es an der Tracht der Balkanvölker heute noch beobachten kann (Abb. 18).

Die Frauen trugen lange hemdartige Kleider, deren unterer Teil etwas weiter war. Das Kleid wurde an der Hüfte von einem (meist verzierten) Gürtel zusammengehalten. Gelegentlich trugen die Germaninnen auch langärmelige oder ärmellose Blusen.

Der zur Kleidung verwendete Stoff war in der Regel Leinwand oder Wolle.

Pelz und Fell waren, weil viel kostspieliger, nur selten. Wolle und Leinwand wurden mitunter blau gefärbt. Während der Grabungen in Dänemark ist auch eine Lederkappe entdeckt worden; ob sie auch sonst verbreitet war, ist unbekannt.

III.1.8. Waffen

Die germanischen Waffen zeigten große Vielfalt. Sie wechselten auch von Stamm zu Stamm und sind besonders vom 2.—3. Jh. u.Z. an—den Bedürfnissen der Völkerwanderung entsprechend — in stürmischem Tempo weiterentwickelt worden. Bedingt war aber diese Entwicklung nicht nur durch die innergermanischen Gefechte und die Angriffs- wie Abwehrkämpfe gegen die Römer, sondern auch durch die Entwicklung von Abbau und Bearbeitung des Eisens. Bei allen germanischen Stämmen waren verschiedene Arten des mit eiserner Spitze versehenen Speers als wichtigste Angriffs-

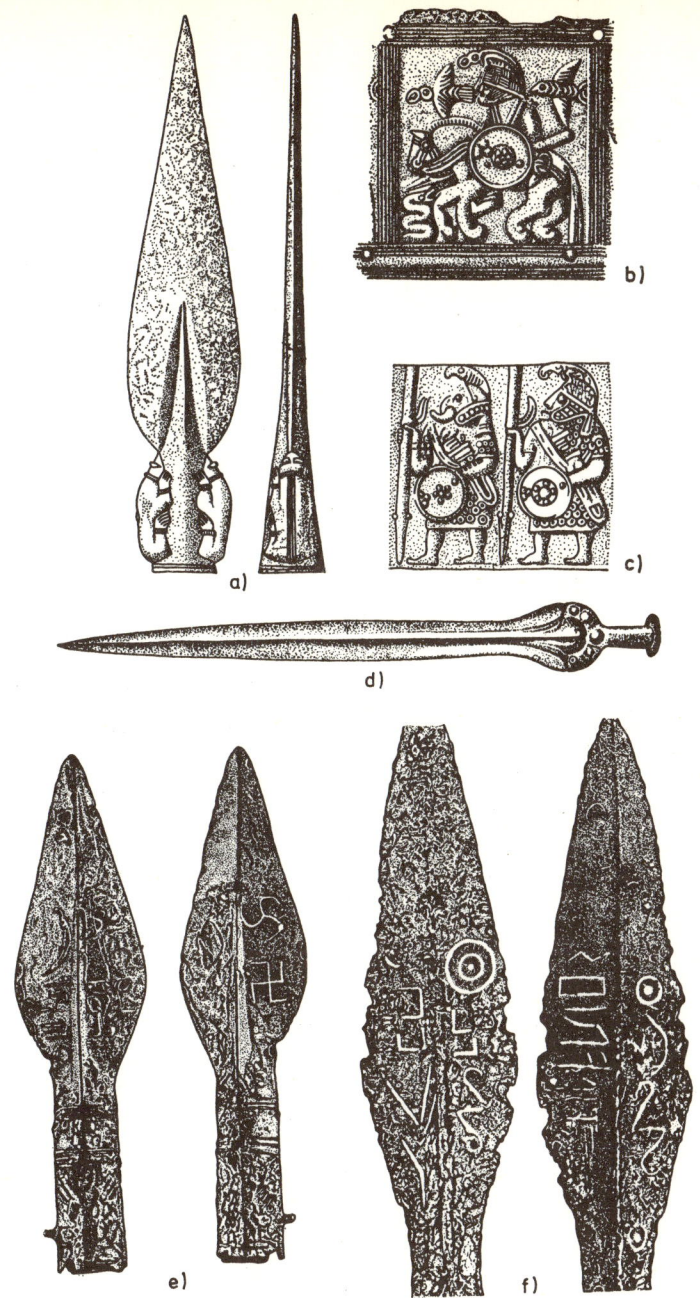

Abb. 19. Germanische Waffen
a) Lanzenspitze von Wendel (um 550) mit Ebern, **b)** Wodan (an. Óðinn) als Reiter auf einer Prägeplatte eines Wendelhelms (2. Hälfte des 7. Jh.s), **c)** zwei Krieger in voller Rüstung mit Vogelhelm, Schild, Schwert und Lanze, auf einer Prägeplatte eines Wendelhelms (2. Hälfte des 7. Jh.s), **d)** Schwert aus der Bronzezeit (Thorupgaarde, Laaland, um 1600 v. u. Z.), **e)** die Lanzenspitze von Dahmsdorf mit **ostgermanischer** (burgundischer?) Runeninschrift (3. Jh., Lesung: *ranja* 'Anrenner'), **f)** die Lanzenspitze von Kowel in Wolhynien mit gotischer Runeninschrift (3. Jh., Lesung: *tilarids* 'Angreifer')

waffen (germ. *frame[a]*) verbreitet. Das eiserne Schwert kam erst allmählich in Gebrauch, da es anfänglich meist nur als Tauschware zu den Germanen gelangte (Abb. 19).

Seit dem 3. Jh. u. Z. waren bei den germanischen Stämmen auch Pfeil und Bogen verbreitet. Zur Verteidigung bediente man sich im allgemeinen eines geflochtenen, hölzernen oder ledernen Schildes, dessen Bug schon häufig mit Eisen beschlagen war. Wie Schwerter, gehörten auch Helme ursprünglich mehr zum Waffenstaat der Anführer, wurden aber später, vor allem infolge des römisch-germanischen Tauschhandels, Allgemeingut. Für die germanische Altertumskunde sind jene römischen Helme von besonders hohem Wert, die von einheimischen germanischen Meistern umgeformt und mit eigenem Zierat versehen wurden. Einzelne Stämme bevorzugten eine besondere Waffenart, so z. B. die Sachsen das kurze Schwert, auf dessen Bezeichnung *sahs auch ihr Stammesname zurückgeht.

III.1.9. Gemeinschaftsleben und Rechtsverhältnisse

Auf der behandelten Entwicklungsstufe bildete, wie gesagt, die S i p p e die Grundlage der germanischen Gesellschaft. Sie war auch wirtschaftlich eigenständig und stellte eine geschlossene (autarkische) Einheit dar. Selbständig waren auch die einzelnen Familien, aus denen sich die Sippe zusammensetzte. Die Rahmen der germanischen Sippe bzw. des Stammes wurden durch die aufblühenden wirtschaftlichen Beziehungen immer mehr aufgelockert, wobei das Verhältnis zu den Kelten, in erster Linie aber zu den Römern, wichtig war. Das Eisen wurde z. B. teilweise schon v. u. Z. aus weit entlegenen Gebieten, von Kelten oder Römern, eingeführt. Nach dem Bericht des TACITUS hat auch der T a u s c h h a n d e l mit Pelz schon um die Zeitwende eine bemerkenswerte Höhe erreicht. Auch Salz wurde im Tauschwege erstanden. Seit dem 2. Jh. u. Z. nahm der römisch-germanische Handel besonders rasch zu, und durch das mit dem Ausbau der römischen Grenzlinie (*Limes*) verbundene Seßhaftwerden der Südgermanen wurden die römisch-germanischen Beziehungen noch fester. Immer mehr römische Kaufleute suchten die Siedlungsräume germanischer Stämme auf, ja sie erschlossen auch das Küstengebiet der Nord- und der Ostsee. Die Römer vermittelten vor allem Hausrat und Schmuck, Textilien, Glas u. dgl. an ihre Nachbarn im Norden. Eine geschätzte Handelsware war auch der römische Wein. Die Römer führten aus den nördlichen Küstengebieten hauptsächlich Bernstein, aber auch Vieh, Leder, Pelz u. dgl. ein. Auch der Sklavenhandel begann zunehmend eine Rolle zu spielen.

Für die Ausmaße dieses Handels ist es kennzeichnend, daß er vom römischen Staat bereits im 1. Jh. u. Z. mit Steuern belegt war. Manche Gewerbe-

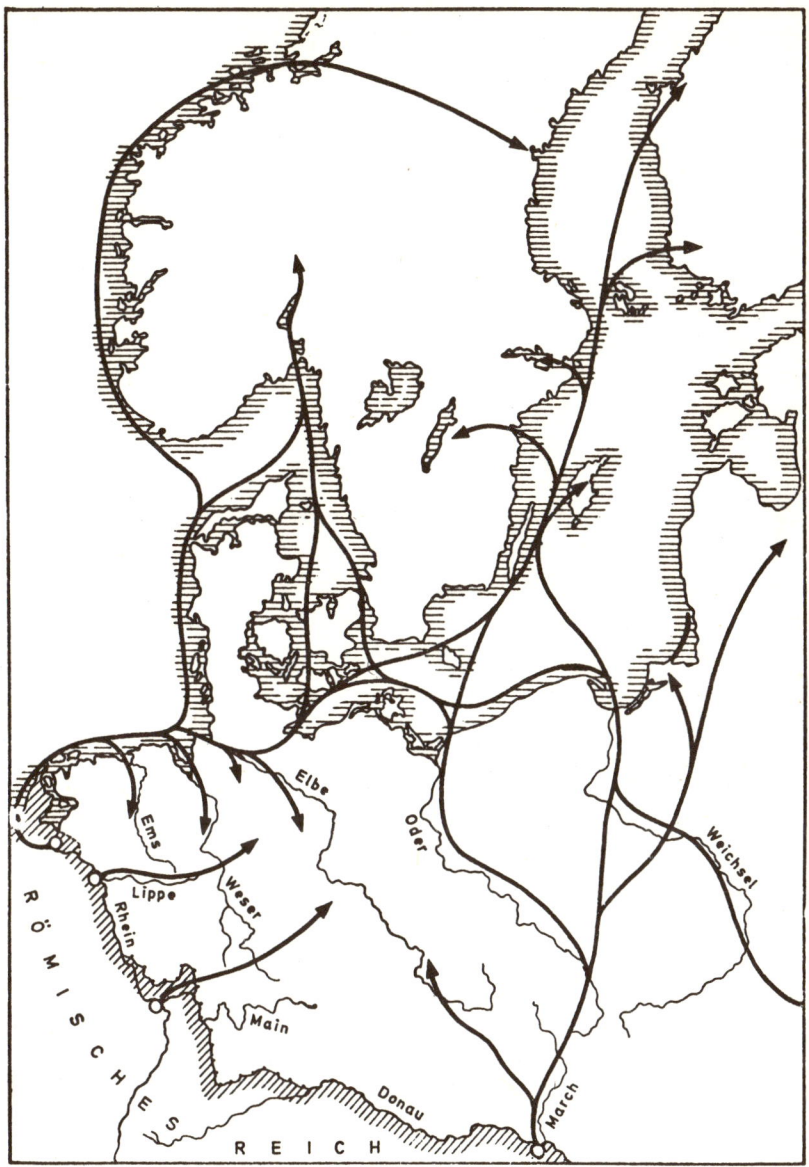

Abb. 20. Wege des germanischen Fernhandels (nach EDUARD SPROCKHOFF und BERNHARD TESCHE)

zweige der nördlichen (gallisch-germanischen) Provinzen der Römer waren geradezu auf diesen Handel eingestellt. In den römischen Provinzen und ihrer Umgebung lassen sich neben dem Tauschhandel bereits die Anfänge der Geldwirtschaft feststellen. Dadurch wurde natürlich auch die Produktion intensiver.

Historische Quellen und archäologische Funde beweisen übereinstimmend, daß die Germania der Römerzeit aus zwei großen Handelszonen bestand. Außer dem räumlich verhältnismäßig eingeschränkten Nahhandel erlangte auch der europäische Fernhandel mit den Germanen große Bedeutung. Während der Nahhandel der Grenzzone allmählich auf den Geldverkehr umgestellt wurde, verharrte der Fernhandel noch lange beim direkten Warenaustausch. Germanen spielten übrigens auch in der Vermittlung römischer Waren eine wichtige Rolle, indem sie die Erzeugnisse römischer Werkstätten an die Ostseestämme und nach Nordosteuropa beförderten. Germanisch vermittelte römische Sachgüter sind sogar östlich von Kasan gefunden worden (Abb. 20).

Diese Entwicklung, nicht zuletzt eine Folge der Römerkriege, mußte die alte germanische Gentilverfassung allmählich erschüttern. Die Verwendung von Kriegsgefangenen als Arbeitskräfte wurde allgemein, wenngleich eher in einer der mittelalterlichen Leibeigenschaft ähnlichen Weise als in Anlehnung an die klassische Sklavenhalterordnung. Aus solchen Keimen hat sich auch bei den Germanen die Gliederung der Gesellschaft in verschiedene Klassen ergeben. Die alten patriarchalischen Verhältnisse wurden aber weiterhin beibehalten.

Das Land war Gemeinbesitz des Stammes und wurde auf dem Thing, d. h. der Volksversammlung, unter die einzelnen Sippen entsprechend ihrer Kopfzahl aufgeteilt. Der ihnen zugeteilte Boden wurde von den einzelnen Familien innerhalb der Sippe bestellt. Somit bildete die Sippe eine geschlossene Markgenossenschaft, und als solche loste sie das ihr zugefallene Land unter den einzelnen Familien aus, die dann auch über den Ertrag des gemeinsam bestellten Bodens verfügten. Gemeinbesitz waren auch Wald, Wiese und Wasser, während der Viehbestand schon in dieser Periode Privateigentum war. Es ist also verständlich, daß als Wergeld (urverwandt mit lat. *vir* 'Mann', daher 'Manngeld', auch 'Blutgeld' = Geldsumme, mit der sich die Sippe des Erschlagenen die Blutrache vom Totschläger und dessen Sippe abkaufen lassen konnte) fast immer Vieh verlangt wurde.

Die Ertragsüberschüsse der Sklaven haben ihre Herren in erster Linie im Handel verwertet. Dadurch erlangten die Sklavenhalter eine vorteilhaftere wirtschaftliche Stellung als die freien Germanen, die über keine fremden Arbeitskräfte verfügten.

An der Spitze des Stammes stand der auf dem Thing von den freien Germanen gewählte Häuptling, der den Stamm als Erster unter Gleichen (lat. *primus inter pares*) zusammen mit dem Stammesrat der Sippenältesten regierte. Jedes Unternehmen, das für den ganzen Stamm von Belang war, so Krieg, Friedensschluß, Abwanderung usw., mußte in der Volksversammlung besprochen und beschlossen werden. Mit der Wandlung der wirtschaftlichen Verhältnisse und der allmählichen Entfaltung verschiedener sozialer Klassen nahm auch die Macht der Häuptlinge (zum Nachteil des Things) zu. Dieser Prozeß wurde auch dadurch beschleunigt, daß das Thing bis zuletzt eine Körperschaft der freien Germanen blieb, aus der die zunehmenden Massen der Sklaven, sogar der befreiten Sklaven, ausgeschlossen blieben. Das waren aber schon Ansätze zum F e u d a l i s m u s.

III.2. DIE RELIGION DER GERMANEN

III.2.1. Religionsgeschichte und Mythologie

Noch im 18. Jh. verstand man unter Religion im allgemeinen nur monotheistische Religionen; alles, was darüber hinaus bekannt war, wurde als Mythologie abgetan. Um die Wende zum 19. Jahrhundert erkannte man die Unhaltbarkeit dieser formalistischen Gliederung. Seitdem wurden verschiedene Versuche unternommen, um diese beiden Begriffskreise gegeneinander präziser abzugrenzen. Religion und Mythologie haben die metaphysische Grundlage sowie den Drang zu deren Konkretisierung, Verwirklichung gemeinsam. Während jedoch die Mythologie den Kreis seelisch-geistiger Vorstellungen nicht verläßt, ist jede Religion bestrebt, die ihre Basis bildenden Vorstellungen auch in der Praxis zu realisieren. So ist z. B. das Anbeten einer Naturkraft als einer Gottheit noch rein mythologisch, es wird aber zur Religion, sobald diese Verehrung einen kultischen Charakter bekommt und beginnt, sich auch im Alltag auszuwirken. Als primär ist demnach die mythische Vorstellungsbildung anzusehen, woraus sich — erst sekundär — K u l t und R e l i g i o n entwickeln. Die Entstehung der einzelnen Religionen, ihre Geschichte sowie ihr Verfall bilden den Forschungsgegenstand der R e l i g i o n s g e s c h i c h t e. Religiös und mythologisch motivierte Handlungen werden dabei als k u l t i s c h e H a n d l u n g e n erörtert. Die zusammenhängende Kette kultischer Handlungen ergibt den R i t u s, während das Gesamt der mit mythischen Personen bzw. Gruppen verbundenen kultischen Handlungen den eigentlichen K u l t erzeugt. In empirischer Hinsicht ist also die R e l i g i o n das Gesamt der Kulte und der diesen zugrunde liegenden Vorstellungen einer bestimmten Gemeinschaft.

Es liegt auf der Hand, daß die Mythologie in Entstehung und Entwicklung der Religionen demgemäß eine große Rolle spielt, andererseits aber die Religion auch mit den Künsten, vor allen Dingen mit der Dichtung, der Musik und den bildenden Künsten, verbindet. In der Terminologie moderner Religionshistoriker wird der Terminus technicus M y t h o l o g i e mitunter auf die wissenschaftliche Erforschung von Mythen eingeengt, während sie das Sammeln sowie die Beschreibung des Gesamts mythischer Überlieferungen der sogenannten M y t h o g r a p h i e zuordnen.

Die Entwicklung aller uns bekannten Religionen erhärtet die dialektische Erkenntnistheorie; die Entwicklung verläuft auch hier von den einfachen zu den komplizierteren Formen, von der Stufe der sogenannten „Augenblicksgötter" über Fetischismus, Animismus und Dämonismus zur Stufe der eigentlichen Götterbildung (Polytheismus, Monotheismus), der dann bei freiem historischem Ablauf Deismus und Atheimus folgen. Innerhalb dieser Etappen sind natürlich auch weitere Gruppierungen möglich. Der Übergang von einer Etappe der Entwicklung zur anderen ist graduell, auf allen entwickelteren Stufen sind auch die Relikte älterer, primitiverer Entwicklungsstufen erkennbar.

III.2.2. Quellen und Methoden

Die Geschichte der heidnischen altgermanischen Religion gehört zweifellos zu den besten Spiegeln der germanischen Geisteskultur. Ihre mannigfachen Quellen sind teils direkt, teils indirekt.

Von den direkten Quellen stammen die meisten Berichte über das germanische Heidentum von griechischen und römischen Autoren, so die Aufzeichnungen PLUTARCHs, die „Germania" des TACITUS, die Kriegsberichte von IULIUS CAESAR (De bello Gallico) usw. Diese Verfasser waren keine Germanen und beschrieben daher die germanische Glaubenswelt zumeist oberflächlich und ziemlich lückenhaft. Nach der Bekehrung der Germanen zum Christentum waren es zwar germanisch-christliche Verfasser, die sich über die heidnischen Sitten u. dgl. äußerten, so der Gote JORDANES, der Franke GREGOR VON TOURS, der Langobarde PAULUS DIACONUS, der Angelsachse BEDA VENERABILIS, der Deutsche ADAM VON BREMEN u. a., ihre Berichte zeugen aber von Verständnislosigkeit und Feindseligkeit gegenüber dem heidnischen Glauben, nicht selten entstellen sie auch die Wirklichkeit. Immerhin sind als besonders wichtig zu bezeichnen ein Brief des Bischofs von Winchester, DANIEL, aus der ersten Hälfte des 8. Jh.s, ferner die berühmte Predigt des englischen Abtes ÆLFRIC gegen den heidnischen Glauben der in England eingebrochenen Nordleute. Zu beachten ist, daß die germanischen Quellen ausnahmslos nach der Bekehrung entstanden, und unsere Kenntnisse sich — da sich die Südgermanen dem Christentum viel früher als ihre nördlichen Verwandten angeschlossen hatten — in erster Linie auf die Nordgermanen beschränken. Im Süden liegen die Anfänge des Übergangs im 5. Jh., und der Prozeß der Bekehrung war im 8. Jh. schon abgeschlossen, während er im Norden bis in das 9.—11. Jh. aufgeschoben wurde. Dieser zeitlichen Verschiebung zufolge war die heidnische Religion der Germanen im Norden imstande, sich einige Jahrhunderte lang noch selbständig zu entwickeln. Es ist also eine der wichtigsten Aufgaben der germanischen Religionsgeschichte, jede einzelne nordische Angabe umsichtsvoll daraufhin abzuwägen, ob sie nur nordisch oder aber auch für die gemeingermanische Zeit anzusetzen sei.

Unter den spätmittelalterlichen direkten Quellen sind das Werk des dänischen Historikers SAXO GRAMMATICUS (erst im 12.—13. Jh.) und die unter dem Namen „E d d a" zusammengefaßten altnordischen Mythen, Heldenlieder und Spruchdichtungen hervorzuheben. Die sogenannte „Lieder-Edda", die nach ihrem früher angenommenen Verfasser SÆMUNDR auch „Sæmundar Edda" heißt, enthält umfangreiche Gesänge, die die Mythen germanischer Götter und die Waffentaten mythisch-historischer Helden behandeln. Die älteste uns bekannte Handschrift der Lieder-Edda, der „Codex Regius" [= Königskodex], wurde 1250 vom Original, das ein halbes Jahrhundert älter sein dürfte, abgeschrieben. Die sogenannte „Prosa-Edda", deren Verfasser der berühmteste Isländer des 13. Jh.s, SNORRI STURLUSON, war, ist eigentlich ein poetisches Handbuch für die Dichter des Nordens, das aber — als Beispiele — auch mythologische Einlagen enthält und die Terminologie germanischer Mythen ausführlich behandelt.

Als indirekte Quellen kommen in erster Linie die a r c h ä o l o g i s c h erschlossenen alten Kultstätten und die aufgefundenen Kultgegenstände, Runen- und Grabinschriften, Felszeichnungen (Abb. 21) sowie auf Germanen bezogene römische Inschriften, des weiteren die in Volksmärchen, Sagen und Volkssitten germanischer Völker fortlebenden Ü b e r l i e f e r u n g e n hinzu.

Hierher gehören auch die O r t s- bzw. P e r s o n e n n a m e n, die Runennamen und die Namen der Wochentage, die religionsgeschichtlich oder mythologisch ausdeutbar sind (vgl. Abb. 22 und 23). So leben z. B. germanische Götternamen heute noch in Ortsnamen wie ne. *Wansdyke* (< ags. *Wōdnes dic*, 903: Hampshire, Somerset, Wiltshire), dt. *Godesberg* (< *Wodenesberg*, 947), die den Namen *Wodans* enthalten, ne. *Fretherne* (<ags. *Fridorne*: Gloucestershire), ne. *Froyle* (<ags. *Frēohill*: Hampshire) und. nl. *Vroonloo* aus dem Namen von Wodans Frau, der Göttin *Frīg*, ferner ne. *Thunderfield* (< ags. *Þunresfeld*, 880: Staffordshire), dt. *Donnersberg* (Rheinland) sowie ne. *Tuesley* (< ags. *Tīwesle*), die die Verehrung zwei weiterer heidnischer Götter — Donar (ags. *Þunor*) und *Tīw* — bezeugen. Auf Kultorte verweisen z. B. ne. *Weyhill* (vgl. ags. *wēoh* 'heidnischer Tempel, Kultstätte'; dt. 'Weihhügel') oder dt. *Weimar* (< ahd. *Wīhmari*), das ursprünglich 'heiliges

Moor' bedeutete (vgl. Abb. 24). Germanische Götternamen sind auch in den Namen einiger Wochentage enthalten, vgl. dt. *Dienstag* ~ engl. *Tuesday* 'Tag des Tīw (Ziu)', dt. *Donnerstag* ~ engl. *Thursday* 'Tag des Donar', dt. *Freitag* ~ engl. *Friday* 'Tag der Freyja' oder westd. *Godenstag* (~ ns. *Gudenstag*) ~ engl. *Wednesday* ~ schw. *onsdag* ~ nl. *woensdag* 'Tag des Wodan: Mittwoch'. — Auch viele Vornamen sind kultisch-mythologisch bedingt, vgl. Namen wie *Oswald, Oswin,* deren erstes Glied mit ags. *ōs* ~ an. *áss* 'Gott, Ase' identisch ist.

Auch den kirchlichen Vorschriften, Verboten und Beschlüssen, die sich auf heidnische Sitten beziehen, kommt — mit der nöti-

Abb. 21. Felszeichnungen der Bronzezeit in Südskandinavien
a) Weihung einer kultischen Hochzeit (Hvitlycke, Ksp. Tanum), b) Kampf zwischen Axtgott und Bogengott (?) (Fossum, Ksp. Tanum), c) kultische Pflugszene (Litsleby, Ksp. Tanum), d) Schiff mit Sonnensymbol (Ksp. Bottna), e) Kultprozession (Eckenberga, Östergötland), f) der Himmelsgott Tiwaz (an. Týr) (Lökeberg), g) Träger des Sonnensymbols (Stora Backa, Ksp. Backa in Bohuslän), h) Sonnenbild auf Rädern, Hirsche und Fußsohle (Disåsen, Ksp. Brastad), i) Donars Hammer (an. Þórshamarr), j) Schiff mit Baum und Lurbläsern (Kalleby, Ksp. Tanum), k) Speergott (Litsleby, Ksp. Tanum)

gen Vorsicht — ein gewisser Quellenwert zu, obwohl es hier besonders fraglich ist, inwiefern z. B. sich bei Aberglauben ursprünglich germanische und antikisch-östliche Traditionen auseinanderhalten lassen. Aufschlußreich sind auch viele Begriffe des germanischen Heidentums, die von der Kirche umgedeutet wurden, aber immerhin auch Anhaltspunkte bieten, z. B. dt. *Himmel,* dt. *Hölle* ~ engl. *hell,* dt. *Gott* ~ engl. *God* usw.

Noch wichtiger sind die alten Z a u b e r s p r ü c h e, die dem Volksmund vielerorts noch bekannt sind. Im B r a u c h t u m der germanischen Völker des Mittelalters und der Neuzeit sind immer noch viele Züge des Heidentums bewahrt. Allerdings ist bei der Verwendung dieser Quelle in Anbetracht ihrer vielfachen — antiken, christlichen, östlichen und sonstigen — Komponenten äußerste Vorsicht geboten.

Trotz der umrissenen Vielfalt der Quellen hat die germanische Religionsgeschichte große Schwierigkeiten zu bewältigen, handelt es sich doch um die Rekonstruktion eines an sich schon lückenhaften Bildes. Einerseits sind die Quellen z e i t l i c h und r ä u m l i c h nicht einheitlich: zeitlich, geographisch und dem Wert nach sehr unterschiedliche Belege sind dabei chronologisch und räumlich aufeinander abzustimmen und verläßlich zu orten. Andererseits bietet gerade der Norden die meisten Anhaltspunkte, wo aber das Heidentum nach der Bekehrung der südlichen Stammesbrüder eine Sonderentwicklung durchgemacht hat. Man kann somit nicht mit Sicherheit nur aus dem Norden Belegtes auch für die gemeingermanische Zeit voraussetzen. Durch die frühe Einsickerung christlich-östlicher Elemente werden diese Schwierigkeiten noch erhöht.

Die wichtigste Methode der Forschung ist daher auch hier die V e r g l e i c h u n g. Die vergleichende Religionsgeschichte bzw. die vergleichende Mythologie hat eine schwere Aufgabe in der Untersuchung verschiedener Religionen und Mythen aus verschiedenen Zeitaltern, wobei stets wirkliche oder auch nur mögliche Wechselbeziehungen und Mischungen zu beachten sind. Hinzu kommt, daß ähnliche Erscheinungen in zwei verschiedenen Mythen oder auch Religionen nicht unbedingt einer Ein- oder Wechselwirkung zuzuschreiben sind. Ähnliche historische, soziale und ideologische Voraussetzungen können auch voneinander ganz unabhängig ähnliche, sogar auch identische Vorstellungen hervorbringen. Läßt sich eine Erscheinung nicht aus dem Germanischen erklären, so ist der gangbarste Weg, zunächst bei den verwandten und benachbarten Völkern nach A n a l o g i e n zu fahnden, im Falle der Germanen also bei indogermanischen, arktischen und uralischen Völkerschaften.

Abb. 22. Ortsnamen mit Asengottheiten im Norden (bearbeitet nach JAN DE VRIES)

III.2.3. Die Grundlagen der germanischen Religion

Die germanische Religion hat zweifelsohne i n d o g e r m a n i s c h e Grundlagen. Daraus kann man schließen, daß bereits vor der Auflösung der indogermanischen Einheit P o l y t h e i s m u s — Mehrgötterglaube — geherrscht haben dürfte. Über den Vergleich der Namen des obersten Gottes (germ. *Tiw[az] ~ gr. Zeus ~ lat. Diespiter/Jupiter ~ ai. Dyāus) ist die Diskussion noch im Gange, aber ihre etymologische Zusammengehörigkeit scheint gesichert zu sein. Die indogermanischen Prägermanen waren (vgl. II.1.1.) patriarchalisch organisierte Hirten; ihre Gesellschaftsordnung spiegelte sich auch in den späteren Religionen der indogermanischen Einzelvölker wider. Das ist jedoch nur e i n Element der gemeingermanischen Religion.

Die beiden Gruppen germanischer Götter, die A s e n und die W a n e n, verkörpern zwei verschiedene soziale und kulturelle Grundelemente. Die A s e n (Tiw, Wōdan, Donar u. a.) vertraten wohl den Glauben eines patriarchalisch geordneten, dynamisch-expansiven indogermanischen Hirtenvolkes; die W a n e n hingegen waren sicher Gestalten der Religion eines näher noch nicht erschlossenen, matriarchalisch organisierten Bauernvolks nichtindogermanischer, vielleicht arktischer Herkunft, dessen Glaubensvorstellungen vor allem um den F r u c h t b a r k e i t s k u l t („Mutter Erde") kreisten. Aus der Verschmelzung beider Schichten ist die Religion der gemeingermanischen Zeit entstanden. Germanische Mythen berichten über den langwierigen Kampf der Asen und der Wanen, der zuletzt mit einem Ausgleich endete. Nach einer möglichen Deutung wurde darin der Zusammenstoß der Prägermanen mit einem nordischen Bauernvolk in der jüngeren Steinzeit (etwa um 2000 v. u. Z.) bzw. ihr Ausgleich mythisiert. Erweist sich diese Auslegung religionsgeschichtlicher Vorgänge als stichhaltig, so wird dadurch in Bezug auf die Entstehung der Germanen die Substrattheorie erhärtet.

Der oberste Gott der gemeingermanischen Zeit war ursprünglich Tiw (< *Tiwaz), der erst während der Völkerwanderung vom Schirmherrn der kriegerischen Männerbünde, Wōdan (an. Óðinn, ahd. Wuotan, eigtl. wohl 'der Wütende'), verdrängt wurde. Ein ähnlich hohes Alter ist für den Gott des Donners und Gewitters, Donar (an. Þórr), vorauszusetzen, den viele Forscher mit dem altindischen Indra vergleichen. Andererseits war Donar — offenbar als Herr der Elemente — auch Beschützer der Bauern und genoß eine große Beliebtheit besonders bei den Nordgermanen. Der Kult der Göttin der Erde, der Ernte und der Fruchtbarkeit schlechthin, Nerthus (Hertha), ist relativ gut überliefert. Eine ähnliche Funktion hatte aber auch die Göttin Freyja, von der sich wiederum die Göttin Frīg (Wodans Frau) kaum unterscheiden läßt. Wahrscheinlich waren diese Gottheiten ursprünglich identisch und müssen als spätere Emanationen, d. h. Ausstrahlungen, aufgefaßt werden. Die Aufdeckung solcher Zusammenhänge sollte mit zu den wichtigsten Aufgaben der germanischen Religionsgeschichte gehören.

Grundidee der germanischen Religion war der S c h i c k s a l s g l a u b e. Nach ihm werden die Geschicke der Welt vom jeweiligen Stand des ununter-

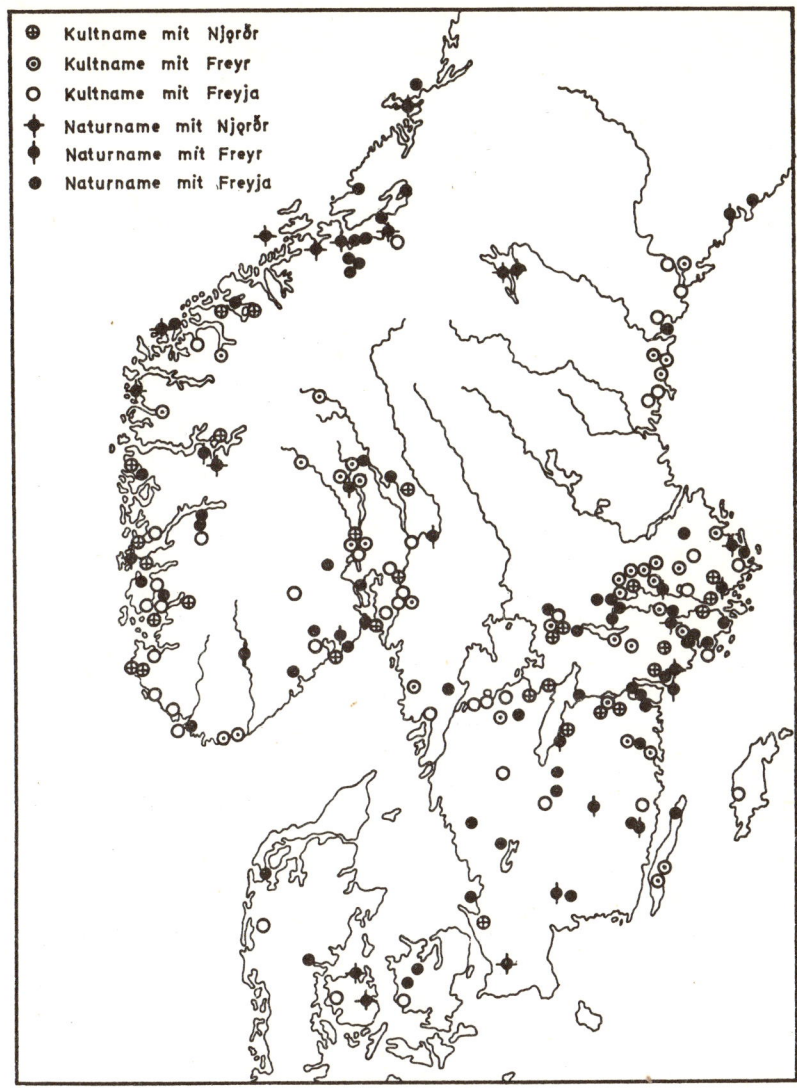

Abb. 23. Ortsnamen mit Wanengottheiten im Norden (bearbeitet nach JAN DE VRIES)

brochenen Kampfes der guten, erhaltenden mit den bösen, vernichtenden Mächten — der Götter mit den Dämonen — bestimmt. Dahinter sind die **Naturkräfte** — Frost, Feuer, Überschwemmung, Erdbeben, Gewitter usw. — als das Leben des Menschen bestimmende Faktoren unschwer zu erkennen. Nach dem germanischen Glauben wird durch den letzten Zusammenstoß dieser entgegengesetzten Mächte die **ganze** Welt vernichtet.

Dieser Untergang der Weltordnung hieß bei den Nordgermanen *Ragnarǫk*, d. h. 'Verhängnis der beratenden Mächte', ist aber bei uns eher in der sehr poetischen, doch philologisch ungenauen Übersetzung RICHARD WAGNERs als 'G ö t t e r d ä m m e r u n g' bekannt. Dem Zusammenbruch folgt ein Chaos, das absolute Nichts. In Skandinavien hat man später, wohl schon unter christlichem Einfluß, die Entstehung einer neuen Welt, neuer Götter und eines neuen Menschengeschlechts erwartet. Im Mittelpunkt dieser im christlichen Sinne erweiterten Mythen stand der friedliebende Gott *Baldr* (*Baldur*), der schon unverkennbar die Züge Christi trug.

III.2.4. Mythologie und Kult

Die Germanen haben das Leben vom Gegensatz zwischen Kälte und Wärme, Feuer und Frost, hergeleitet: der Begegnung von Feuer und Eis sei das Leben, seien die ersten Lebewesen, ja die Götter entsprungen, die dann aus Holz die ersten Menschen schufen. Auch TACITUS erwähnt, daß sich die Germanen von den Göttern herleiten. Nach dieser Vorstellung besteht zwischen Gott und Mensch kein w e s e n s b e d i n g t e r, nur ein s t u f e n m ä ß i g e r Unterschied. Die germanischen Götter sind menschenähnlich (anthropomorph), sie überragen aber die Menschen an Kraft, Verstand und Lebensdauer. Sie sind trotzdem sterblich. Darin äußert sich ein auffallend materialistischer Zug der germanischen Religion, der sonst im europäischen Altertum unbekannt ist.

Das W e l t a l l stellten sich die Germanen als einen Riesenbaum — eine 'Weltesche', an. *Yggdrasil* — vor (Abb. 25). An diesem Baum befindet sich *Midgard*, die 'mittlere Welt' der Menschen (ahd. *mittilgart* ~ an. *miðgarðr* ~ ags. *middangeard* ~ got. *midjungards*). Hauptsächlich aus nordischen Quellen kennen wir den Midgard umgebenden *Utgard*, die 'äußere Welt' der Dämonen (Riesen, Ungeheuer), den äußersten Gürtel des Weltkreises, den ein mythisches Ungeheuer, die 'Weltschlange', umschlingt. Über den Sitz der Götter, *Asgard*, stehen uns ebenfalls nur nordische Zeugnisse zur Verfügung. Man hat ihn als eine Burg irgendwo über Midgard gedacht. Der Himmel als Sitz der Götter wird zuerst in einer langobardischen Quelle erwähnt. Auch über die Unterwelt sind die Angaben uneinheitlich. Sie ist in älterer Zeit wohl mit der Begräbnisstätte der Sippe, dem Totenhügel, identisch. Erst später ist auch die Vorstellung einer allgemeinen Unterwelt, *Hel* (vgl. *Hölle*, engl. *hell*), aufgekommen. *Walhall*, das Heim der gefallenen Krieger, ist eine verhältnismäßig späte Schöpfung der Wikingerzeit.

Im kultischen Leben fiel den K u l t b ü n d e n eine besondere Bedeutung zu. Mittelpunkt des Kultes war der Totenhügel, die gemeinsame Begräbnisstätte des Bundes. Die Träger des Kultes waren ursprünglich die

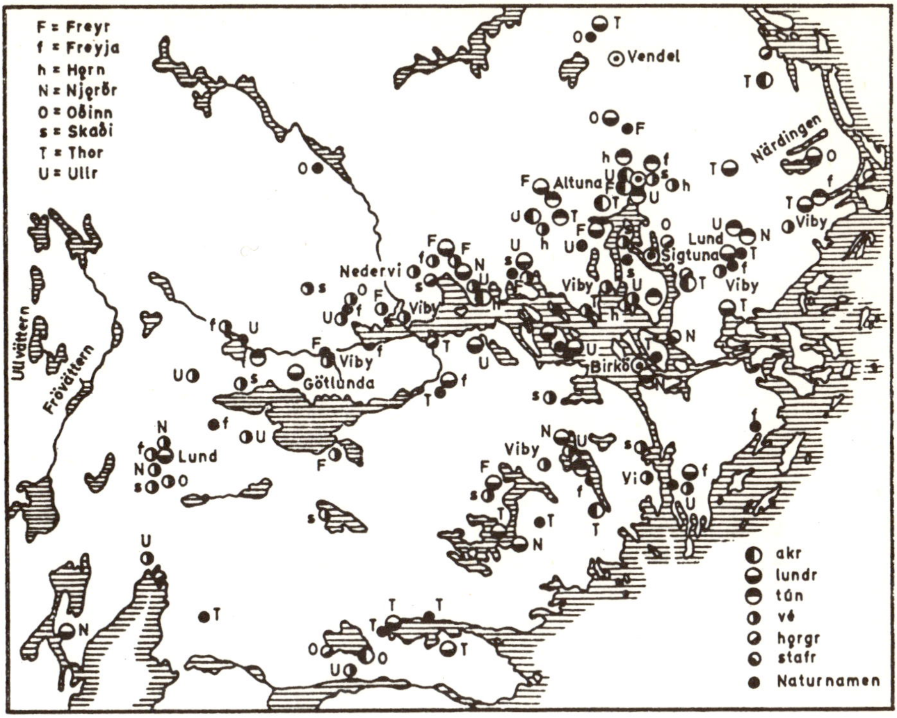

Abb. 24. Orte mit Namen germanischer Kultstätten in Mittelschweden (bearbeitet nach JAN DE VRIES)

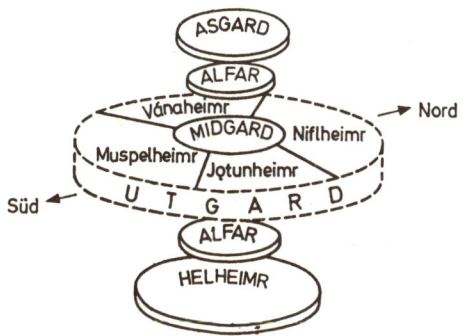

Abb. 25. Der Weltenbaum der nordgermanischen Mythologie

Niflheimr = Welt des Nebels (= der Kälte), Jǫtunheimr = Welt der Riesen, Muspelheimr = Welt des Feuers (= der Wärme), Vánaheimr = Welt der Wanen, Helheimr = Welt der Hel (= des Todes), Alfar = Elfen (oben: gute Elfen, unten: böse Elfen)

Häuptlinge der Sippen und Stämme. Vielerorts hat sich aber später auch ein eigener **Priesterstand** entwickelt. Die **Feste** folgten anfangs den Wenden des kosmischen Jahres, deren Wechsel den Jahreszeiten entsprach: Winteranfang, Mittwinter, Sommeranfang und wohl auch Mittsommer (Sonnwendfeier). Auch ein im Herbst begangenes Erntefest ist überliefert. Das Hauptfest der gemeingermanischen Zeit, der Mittwinter, lebt heute noch, wenngleich mit verändertem Inhalt substituiert, im Julfest, d. h. Weihnachten, fort. Die Wendepunkte des menschlichen Lebens wurden ebenfalls gefeiert, so die Namengebung, die Männerweihe, der Blutsvertrag, die Eheschließung und der Tod. Die germanischen Kultbünde waren zugleich politische und militärische Zusammenschlüsse, wie die der Ingwäonen, Istwäonen und Erminonen des TACITUS, vgl. II.3.1.

III.2.5. Christentum und Fortleben germanisch-mythischer Vorstellungen

Das **Christentum** hat zuerst bei den **Ostgermanen** (Goten) Fuß gefaßt, da diese auf ihren Wanderungen mit dem christlichen Süden ziemlich früh in Berührung kamen. Die Goten nahmen schon im 4. Jh. u. Z. den **Arianismus** als die ihrer militärischen Hierarchie am meisten entsprechende und zugleich damals — wenigstens vorübergehend — im ganzen Oströmischen Reich dominierende Form des Christentums an. Ein ähnlicher Vorgang läßt sich bei den katholisierten Südgermanen (Deutschen) und bei den Angelsachsen verfolgen. Die Festlandsachsen wehrten sich, teils aus politischen Gründen, noch im 8. Jh. gegen die Bekehrung. Der heidnische Glaube konnte sich am längsten im Norden behaupten, in Schweden sogar bis in das 11. Jh. England war, allerdings nicht ganz reibungslos, im 6.—7. Jh. bereits endgültig christianisiert, im wesentlichen dank der volkstümlichen Mission irischer Geistlicher. Auch die Art der Bekehrung war bei den einzelnen Stämmen sehr verschieden. Während KARL DER GROSSE die Sachsen nur durch Krieg und Massaker dazu bewegen konnte, führte man auf Island den neuen Glauben im Jahre 1000 friedlich, auf Beschluß der Volksversammlung ein, wobei sogar die heidnischen Priester (die gleichzeitig Sippenälteste waren) als Priester des Christentums anerkannt wurden.

Elemente des heidnischen Glaubens leben im Volksglauben, in Sitten und Bräuchen der germanischen Völker vielfach weiter. Ihre Aufdeckung ist eine wichtige Aufgabe der **Volkskunde** der germanischen Völker. Sie wurden von den christlichen Kirchen Jahrhunderte lang heftig bekämpft, doch haben sich manche als äußerst zäh erwiesen. Um so schwieriger ist aber ihre Klärung, da gerade diese Schicht heidnischer Glaubensprodukte den meisten und intensivsten antikischen, christlichen und orientalischen Einflüssen ausgesetzt war.

Der germanische Weltenbaum (Lebensbaum!) erscheint als uraltes Symbol der Fruchtbarkeit in unseren Maibäumen. Die Sonnwendfeiern in Süddeutschland und in Nordeuropa setzen alte Kultbräuche zur Erhaltung der Kraft von Feuer und Sonne fort. Der ursprünglich von magischen Vorstellungen bestimmte Tanz behauptet sich noch auf Hochzeiten u. dgl. bis in die Gegenwart. Dabei sei der anfangs in Kultbünden übliche Schwerttanz besonders erwähnt, den schon TACITUS beschreibt, und der in einzelnen deutschen (und anderen) Gegenden noch bekannt ist. Die dem Kult der Fruchtbarkeit wie des Todes verhafteten, ritual bestimmten Umgänge konnten von der Kirche ohne Schwierigkeit den neuen Inhalten angeglichen werden. Auch die kultischen Bezüge des Essens wurden zivilisiert: das germanische Totenmahl, ein Denkmal kannibalischer Vorzeit, das die magische Stärkung der Teilnehmer zum Ziel hatte, löste sich auf im christlichen Toten- und Taufmahl, in der Hochzeitstafel sowie im Brauchtum gemeinsamen Trinkens (Liebestrank!), ja sogar in einzelnen charakteristischen Zubereitungsformen (Brezel als Sonnenrad, Gebäcke in Tier- und Menschenform, Nabel am Brotlaib u. dgl.). Der Held des Mittwinterfestes, Wodan, erscheint immer noch als Weihnachtsmann, Knecht Ruprecht und in sonstige, landschaftlich sehr verschiedene Gestalten verkappt. Dem alten Sommeranfang entspricht die moderne Maifeier, das Fest der Wiedergeburt der Natur nach dem bezwungenen Winter.

III.3. DIE GERMANISCHE RUNENSCHRIFT

III.3.1. Schrift und Schriftkunde

Die Schrift ist das von Menschen geschaffene System vereinbarter Zeichen, das fixiert und — in Kenntnis der gegebenen Zeichen — gelesen, d. h. verstanden werden kann. Informationstheoretisch ist also die Schrift ein Informationskanal, der Koden und Entkoden ermöglicht. Sie reproduziert gewissermaßen das Sprechen und fördert damit die menschliche Kommunikation. In der Schrift wird die Sprechsprache konserviert, d. h. die Geltung der Sprache in Zeit und Raum theoretisch unbeschränkt erweitert.

Die Entstehung der Schrift ist eine Folgeerscheinung der Entwicklung der menschlichen Gesellschaft. Auf einer hohen Stufe der sozialen Schichtung bzw. Differenzierung erscheint es früher oder später als unumgänglich, das gesprochene Wort dauerhaft zu fixieren. In einem umfangreichen Staatswesen wird durch die Schrift der Verkehr voneinander weit entfernt lebender Menschen sowie unter Behörden erleichtert, die Aufzeichnung für Staat und Gesellschaft wichtiger Momente, Verordnungen, Rechtsbeschlüsse, politischer Maßnahmen u. dgl. erst ermöglicht. Auf diese Weise verhilft die Schrift nicht nur der Sprache zur Verewigung, sondern sie sichert zugleich allen Wissenschaften die Möglichkeit, längst vergangene Zeiten allseitig zu erschließen. Synchron betrachtet spielt die Kenntnis der Schrift eine außerordentlich wichtige Rolle im Unterricht der Muttersprache sowie der Fremdsprachen.

Die Entwicklung der Schrift hat eine Vergangenheit von mehreren tausend Jahren. Ihr Material, Mittel und Zeichen haben sich in Raum und Zeit nicht selten gewandelt. Neue Schriftsysteme sind z. T. sogar in unserer Zeit, z. B. in Afrika und Alaska, im Entstehen begriffen.

Auf der ältesten Stufe der Schrift hat der Mensch die zu fixierenden Personen, Gegenstände und Ereignisse einfach nachgezeichnet bzw. nachgemalt. Diese Form der Schrift, die unter den Indianern Amerikas stellenweise heute noch üblich ist, nennt man Gegenstandsschrift bzw. B i l d e r s c h r i f t oder P i k t o g r a p h i e ($<$ lat. *pictus* 'gemalt, gezeichnet' + gr. γράφειν 'schreiben'). Die Zeichen — die sogenannten P i k t o g r a m m e — wurden an Höhlenwänden, Felsen, Steinen, Knochen oder Holz angebracht. Es waren meistens schon v e r e i n b a r t e, konventionelle Zeichen, wie solche z. B. im Verkehrswesen teils heute noch üblich sind. Nachdem die direkte Verbindung von Zeichen und dem dargestellten Gegenstand verblaßte und der Sinn des Zeichens nur mehr auf Grund der Konvention zu erkennen war, wurde auch das Zeichen vereinfacht, symbolisch. Diese Art der Schrift ist die I d e o g r a p h i e ($<$ lat. *idea* 'Begriff, Sinn'), die sich aus I d e o g r a m m e n — Sinnbildern (Sinnzeichen) — zusammensetzt. Zu dieser Gruppe gehören u. a. die chinesische Schrift, die Schrift der Azteken in Alt-Mexiko, ja ursprünglich auch die K e i l s c h r i f t e n Vorderasiens, die sich später über diese Stufe hinaus entwickelten.

Es bedeutet einen qualitativen Wandel in der Geschichte der Schrift, wenn das jeweilige Zeichen nur noch einen Laut, gelegentlich eine Lautgruppe bezeichnet. Charakteristisch ist in dieser Hinsicht die Entwicklung der ägyptischen Schrift, die von der Bilderschrift über die Ideographie zu einer Stufe führte, wo ein bestimmtes Zeichen schließlich nur noch den A n l a u t des Namens des bezeichneten (ursprünglich nachgemalten) Gegenstandes festhielt. Dieses Prinzip ist die sogenannte A k r o p h o n i e ($<$ gr. ἄκρον 'Spitze').

Schon in dieser hochentwickelten Form kam die ägyptische Schrift zu den Phöniziern, und letzten Endes ist daraus durch vielfache Umwandlungen bzw. Kreuzungen und durch griechische Vermittlung auch unser sogenanntes l a t e i n i s c h e s A l p h a b e t entstanden.

Erschließung, Analyse der verschiedenen Schriftsysteme bzw. die Deutung der mit ihrer Hilfe fixierten Texte sind Aufgaben der S c h r i f t-
k u n d e (Paläographie). Die Schriftkunde hat sowohl die Geschichte der Schrift bzw. der Schriftsysteme als auch die jeweiligen Beziehungen zwischen Sprache und Schrift aufzudecken. Eine weitere, für die zeitgenössische Praxis sehr wichtige Aufgabe erwächst aus der Ausarbeitung und der ununterbrochenen Verbesserung der O r t h o g r a p h i e der einzelnen Sprachen.

Die R u n e n k u n d e befaßt sich mit der Geschichte der altgermanischen Schriftzeichen (Runen) und bildet einen organischen Teil der allgemeinen Schriftkunde.

III.3.2. Herkunft der Runen

Manche Runen zeigen eine auffallende Ähnlichkeit mit griechischen und lateinischen Buchstaben. Daher wollte man eine Zeitlang die Runen als Fortsetzung der römischen Schrift deuten oder sie unmittelbar auf das griechische Alphabet zurückführen. KARL WEINHOLD hat (1856) als erster erkannt, daß die Runen letzten Endes durch norditalisch-etruskische Vermittlung zu den Germanen gelangt sind. Die Runenzeichen müssen also um den Beginn unserer Zeitrechnung bei den Südgermanen aufgekommen und von Stamm zu Stamm weitergewandert sein. Es meldeten sich aber in diesem Zusammenhang bald neue Schwierigkeiten. Einige Runenzeichen lassen sich nämlich nicht aus den norditalischen Schriftsystemen erklären. FRANZ ALTHEIM vermutete, daß kimbrische Reiter, die der Niederlage von Vercellae entgangen waren, die im Val Camonica entdeckten Runen nach dem Norden mitnahmen; dies wird jedoch von den meisten Forschern — im Anschluß an ARTHUR NORDEN — bestritten. Vielleicht wurden einzelne Runen aus älteren, magischen Zwecken dienenden, z. T. auch ornamental verwendeten germanischen Elementen entwickelt und dem Runenbestand einverleibt. Auch die strenge Reihenfolge der Runen ist noch ungeklärt, um so mehr, als sie von den Reihenfolgen der im Mittelmeerraum verwendeten Schriftsysteme grundverschieden ist. Sie lassen sich nur mit der keltischen O g (h) a m-Schrift vergleichen (Abb. 26). (*Og[h]am* heißt das älteste irische Alphabet, das aus Punkten und senkrechten oder schrägen Strichen besteht, die unter oder über der Linie oder diese durchkreuzend verlaufen). Diese Schrift ist bisher in rund 360 Grabinschriften des 4.—9. Jh.s u. Z. nachgewiesen worden. Der bekannte Runenforscher HELMUT ARNTZ machte einen geistreichen Versuch, die Runenfolge auf magischer, zahlenmystischer Grundlage zu erhellen. Das Problem ist aber nach wie vor offen. Das „Runen-Abc" wird nach den ersten sechs Zeichen der Runenreihe F uþark, im Altenglischen gemäß dem Lautwandel $a > o$ Fuþork genannt.

Die Runen dienten ursprünglich nur kultischen Zwecken; bei den Germanen ist der R u n e n z a u b e r allgemein bezeugt. Das Wort R u n e (got. *rūna*) selbst bedeutet 'Geheimnis' (vgl. nhd. *raunen*, engl. *to round* 'staunen').
Die N a m e n der einzelnen Runen haben ebenfalls magische Bedeutung.

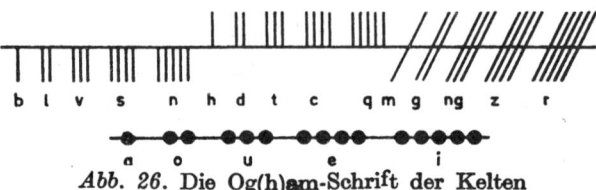

Abb. 26. Die Og(h)am-Schrift der Kelten

Die Richtung der Schrift war noch nicht endgültig festgelegt: man konnte von rechts nach links, von links nach rechts, von oben nach unten und umgekehrt schreiben oder alle diese Möglichkeiten miteinander kombinieren. Zu magischen Zwecken wurden manchmal sogar in einem laufenden Text einzelne Runen auf den Kopf gestellt.

Das älteste bisher bekannte F u þ a r k (sogenanntes älteres Fuþark) besteht aus 24 Zeichen, die folgendermaßen angeordnet sind:

Abb. 27. Das älteste bisher bekannte Fuþark
þ = th, ė = Zwischenlaut zwischen e und i, R = runisches r (< s), η = ng

Davon konnten 13 und 14 bzw. 23 und 24 auch in umgekehrter Reihenfolge angeordnet werden. Diese Runenfolge wurde in drei, aus je acht Zeichen bestehende Teile (1: $f - w$; 2: $h - s$; 3: $t - o/d$), in sogenannte „Runengeschlechter", gegliedert.

Die Runen wurden ursprünglich nicht geschrieben, sondern aus Holz geschnitzt, aufgemalt (vgl. got. *meljan* 'malen; schreiben'; allerdings stimmt dieses Wort auch zur späteren — gräzisierten — Praxis der Goten, vgl. III.3.7., was seine Heranziehung fraglich macht) bzw. eingeritzt (vgl. engl. *to write* 'schreiben', eigtl. 'reißen, ritzen'). Manche Forscher verbinden mit dem Material der Runen auch unser Wort *Buch* (engl. *book*), das etymologisch mit dem Namen der *Buche* (engl. *beech*) identisch ist, ferner das Wort *Buchstabe* (ags. *bōc-stæf*) 'Buchenstab'. Es ist jedoch wahrscheinlicher, daß

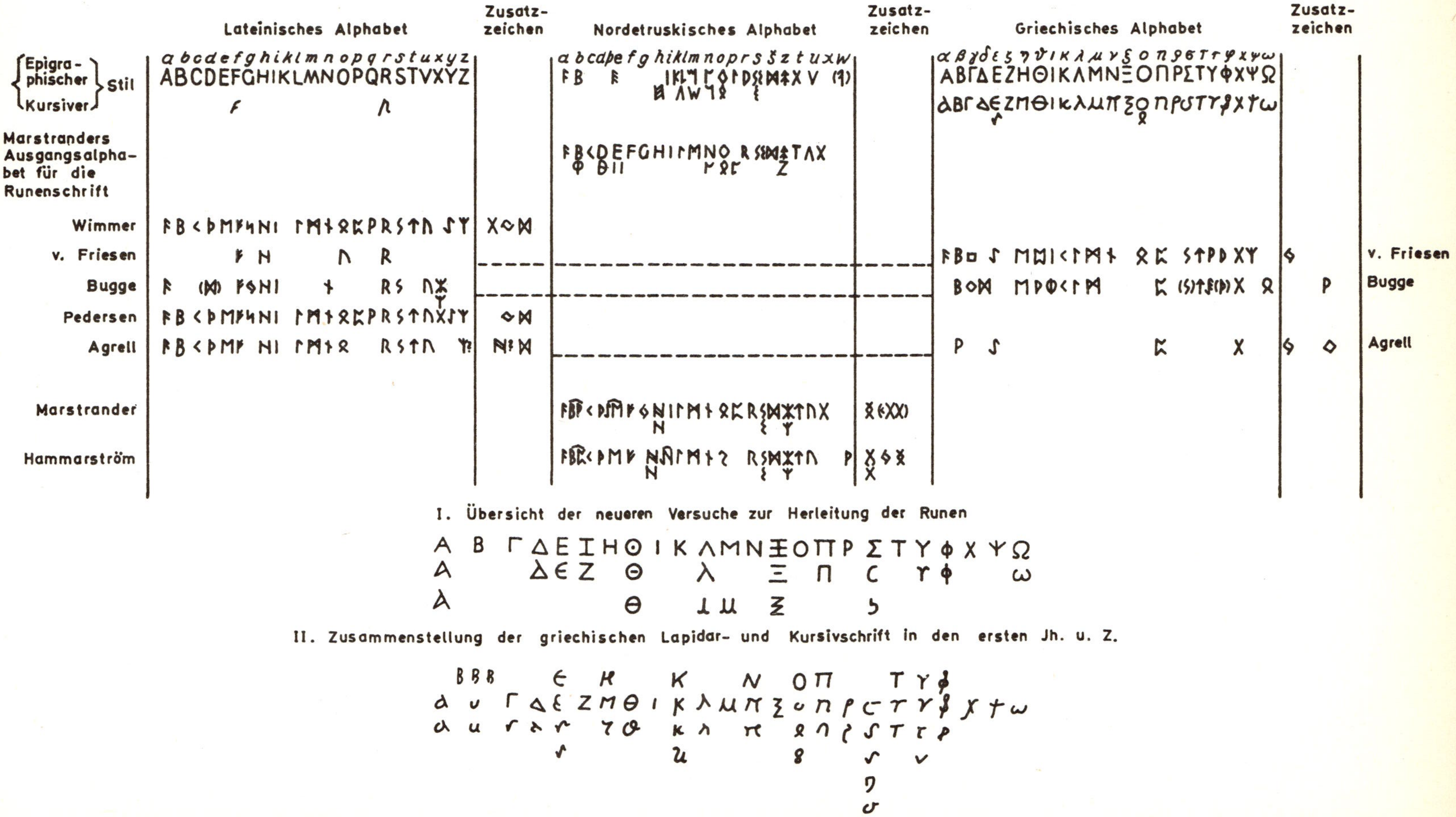

Abb. 28. Entwicklung der Runen (Zusammenstellung der Runen mit antiken Alphabeten; nach Otto v. Friesen und Helmut Arntz)

diese Bezeichnungen mit der späteren Technik der Schrift und nicht mit den Runen zusammenhängen. Runen wurden natürlich nicht nur in Holz, sondern auch in Knochen, Stein und Metalle geritzt. Das Schreiben und Lesen von Runen war lange Zeit hindurch das Privileg von Eingeweihten, von kundigen „Runenmeistern", die aus den Orakelrunen „die Bestimmung der Götter errieten". Auf diese Funktion verweist heute noch das englische Verb (*to*) *read* 'lesen', ursprünglich 'raten, erraten' (Abb. 28).

III.3.3. Quellen

Die Denkmäler des älteren Fuþarks, besonders Abwehr- und Schutzrunen, sind häufig an Waffen, Amuletten, Gebrauchs- und Schmuckgegenständen, im Norden auch auf Felsen und Grabsteinen, sogenannten R u n e n s t e i n e n, aufgefunden worden. Sie stammen meist aus dem 3.—8. Jh. u. Z. und enthalten des öfteren lediglich das Fuþark oder ein bzw. mehrere Runenzeichen. Die Zahl der auch linguistisch verwertbaren Denkmäler im älteren Fuþark beträgt etwa 100. Diese Runenfolge wurde später in Skandinavien auf 16 Zeichen vereinfacht. Diese sogenannten „jüngeren Runen" (*jüngeres Fuþark*) dienten auch schon zu nichtkultischen Aufzeichnungen. Im 13. Jh. wurden in Dänemark auch Gesetze in Runenschrift niedergeschrieben (schon in einer Handschrift, im sogenannten „Codex Runicus"), und in Schweden konnten noch zu Beginn des 20. Jh.s viele Bauern Runen lesen. Wiederbelebungsversuche jedoch, wie sie z. B. im 17. Jh. in Schweden unternommen wurden (JOHAN BURE) und eine allgemeine Einführung der Runenschrift bezweckten, blieben vereinzelt und konnten zu der lateinischen Schrift bzw. der Fraktur nicht mehr in Konkurrenz treten (Abb. 29).

III.3.4. Englische Runen

In der Wikingerzeit sind sehr viele nordische — norwegische und dänische — Runeninschriften nach England gelangt, oder sie sind z. T. sogar auf den Britischen Inseln entstanden. Hingegen ist die Zahl der zur Zeit bekannten angelsächsischen Runendenkmäler auffallend gering, insgesamt sind es einige Dutzend. Das älteste von diesen mag um die Mitte des 7. Jh.s entstanden sein. Die Runendenkmäler der Angelsachsen sind im Großteil kurze Inschriften. Von den längeren angelsächsischen Runeninschriften ist an erster Stelle die des aus dem 7. Jh. stammenden northumbrischen Schatzkästchens (*Franks' Casket*) zu nennen. Etwas später ist jenes religiöse Gedicht entstanden, das auf einem bei Ruthwell in Schottland gefundenen steinernen Kreuz verewigt wurde.

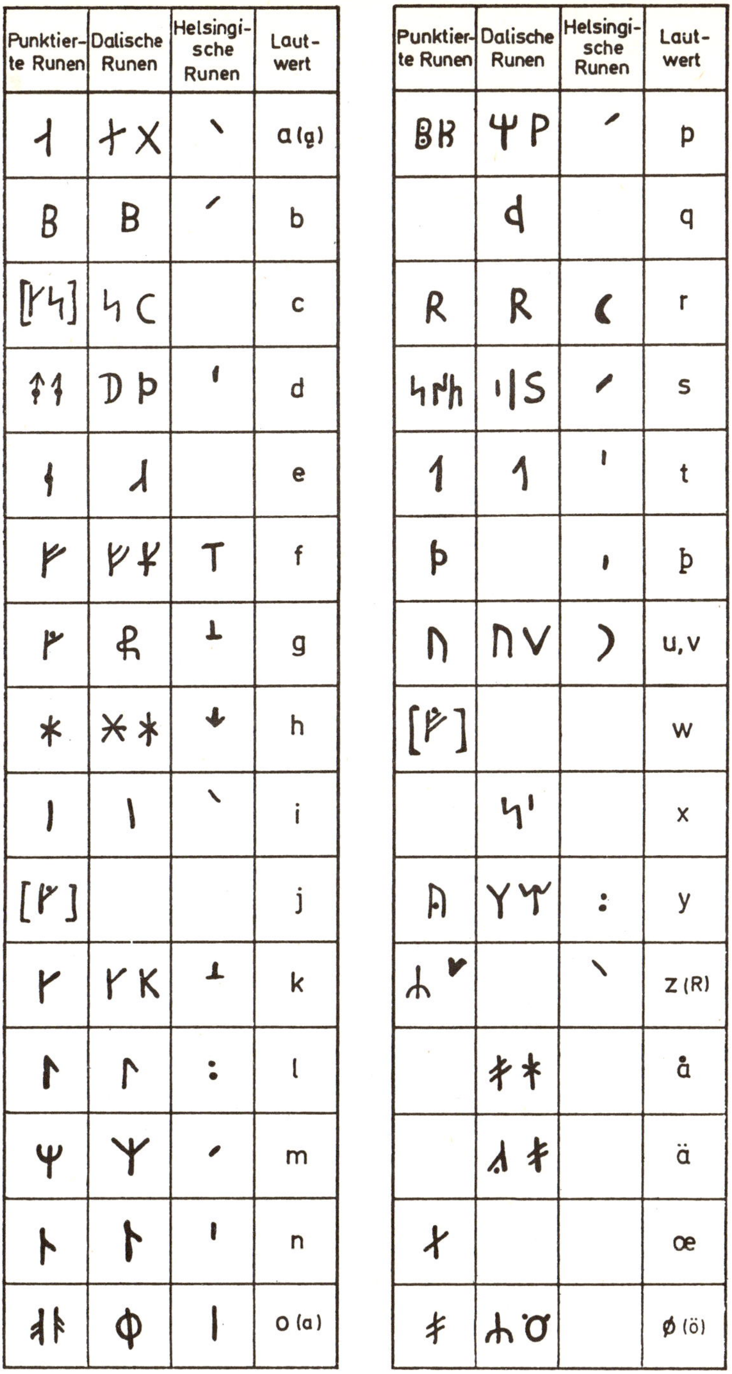

Punktierte Runen	Dalische Runen	Helsingische Runen	Lautwert
⊣	†X	`	a (g)
B	B	´	b
[↑4]	4C		c
↑↑	DÞ	'	d
↑	↗		e
⊦	⊬⊬	T	f
⊦	⊦	⊥	g
*	**	↓	h
ı	ı	`	i
[⊦]			j
⊦	⊦K	⊥	k
⌐	⌐	:	l
ψ	Y	´	m
⌐	⌐	'	n
⇃⇂	φ	ı	o (a)

Punktierte Runen	Dalische Runen	Helsingische Runen	Lautwert
BR	ΨP	´	p
	⊲		q
R	R	(	r
4r↑	ıS	´	s
↑	↑	ı	t
þ		,	þ
⋂	⋂V	)	u, v
[⊦]			w
	4'		x
A	YΥ	:	y
⊥♥		`	z (R)
	⊬*		å
	⋏⊬		ä
⊁			œ
⊬	⋏Ö		ø (ö)

Abb. 29. Schwedische Runen

Die Nordseegermanen haben das aus 24 Zeichen bestehende ältere Fuþark, gemäß dem Lautstand ihrer Dialekte, bald mit mehreren neuen Zeichen bzw. Zeichenkombinationen ergänzt. Eine auf die Zeit um 700 datierte Inschrift, die auf dem sogenannten Themsemesser enthalten ist, bestand schon aus 28 Runen. Genau so viele Runen sind in einer Handschrift aus dem 7. Jh. (Alcuini Orthographia, Codex Salisburgiensis. Nr. 140) bezeugt. In jüngeren angelsächsischen Denkmälern meldeten sich weitere neue Runen. Das berühmte altenglische „Runenlied" (9.—10. Jh.) enthält bereits 33 Zeichen, obwohl die zusätzlich verwendeten Runen im Lied selbst textmäßig gar nicht erwähnt werden. Dieses erweiterte angelsächsische Fuþark besteht aus folgenden Runen:

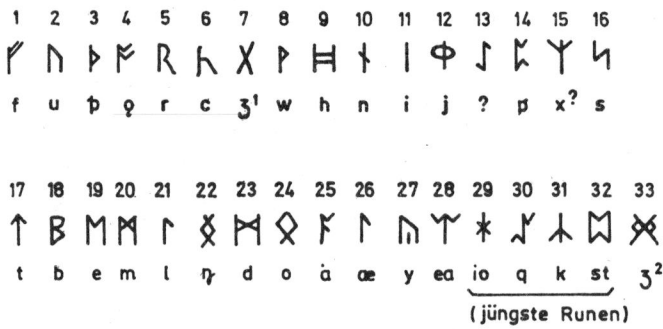

Abb. 30. Englische Runen

Die Zeichen für o und a wurden aus der alten a-Rune gebildet, die übrigens dem Zeichen œ des altenglischen Fuþarks entsprach. Das Zeichen für e (< œ) wurde aus der alten ō-Rune entwickelt, in genauer Entsprechung des Lautwandels, vgl. germ. *ōþil > œ̄ðil > ēðel 'Eigentum, Besitz'. Die y-Rune hat ursprünglich das u bezeichnet. Die neue k-Rune war hingegen nötig, um den Laut [k] von der c-Rune, das bereits palatalisiertes [k'] bezeichnete, zu unterscheiden. Ähnlich dienten die Runen g^1 und g^2 zur Unterscheidung von velarem [g] und palatalem [g']. Die Entstehung der übrigen neuen Runen des Altenglischen ist noch nicht ganz geklärt. Auch die Zeichen für g und k werden des öfteren durcheinandergebracht.

III.3.5. „Deutsche Runen"

Die Runenschrift war auch bei den Südgermanen auf dem Festland verbreitet. Ihre Denkmäler stammen zumeist aus der Zeit der Völkerwanderung und sind äußerst wortkarg, sie enthalten entweder nur das Fuþark

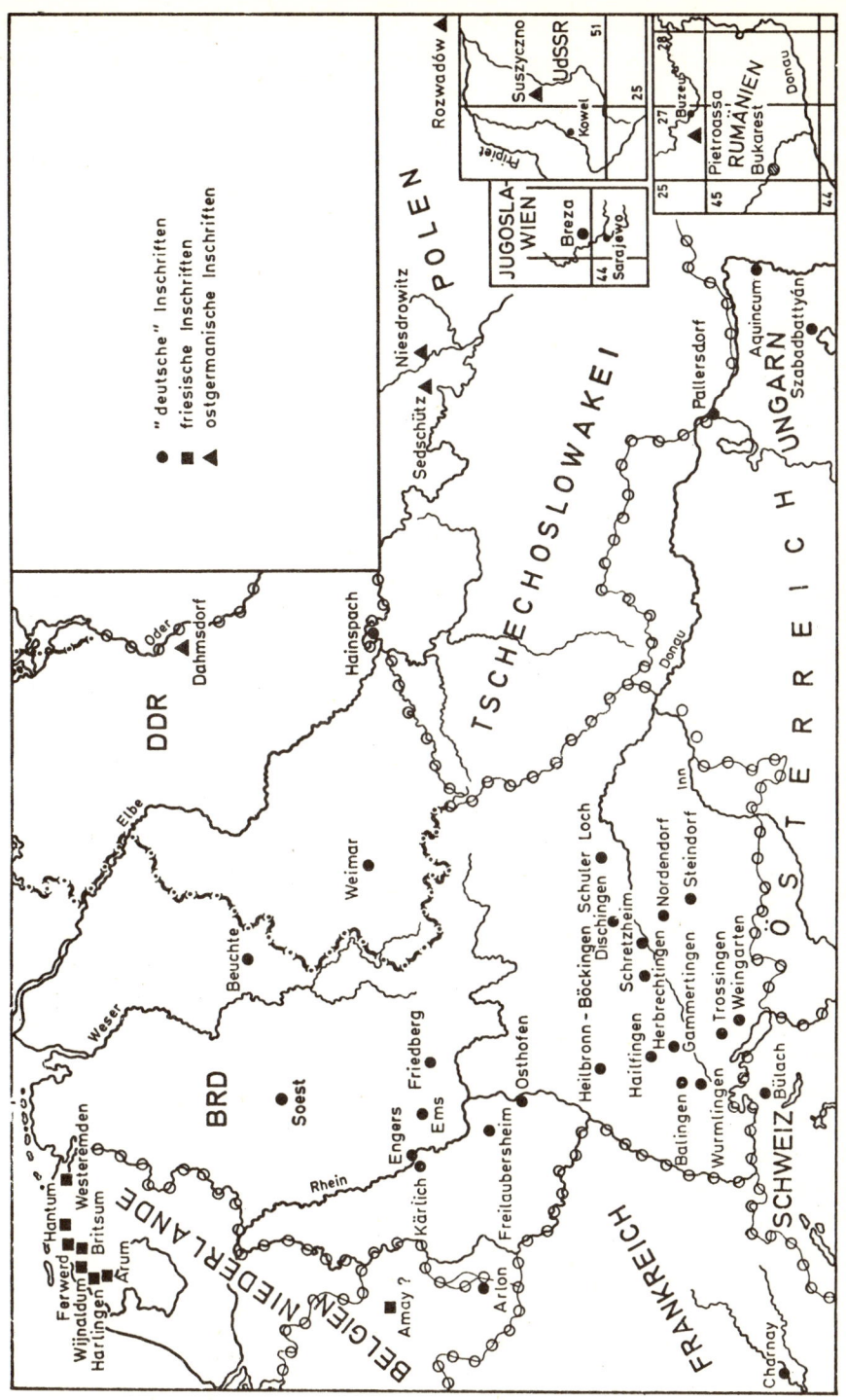

Abb. 31. Fundorte der wichtigsten Runendenkmäler des Festlandes (nach HELMUT ARNTZ und HANS ZEISS)

oder eine undeutbare Zeichenfolge, gelegentlich auch gedrängte magisch bestimmte Inschriften. Es gibt von ihnen nur eine geringe Anzahl, beiläufig 30, hauptsächlich auf Fibeln und Amuletten. Die Blütezeit der Runen war auf dem Festland, soweit man aus dem Alter der Funde schließen kann, die Merowingerzeit (6.—8. Jh. u. Z.). Das jüngste bisher belegte Vorkommen ist ein Fuþark in der 1945 aufgefundenen fuldischen Bonifatius-Handschrift aus der Zeit um die Wende des 8.—9. Jh.s. Außerdem sind uns noch zwei Fuþark-Inschriften der Südgermanen bekannt: die eine wurde in Breza bei Sarajewo in Bosnien (6. Jh.) gefunden, die andere ist auf der Spange von Charnay (in Burgund, um 580 u. Z.) entdeckt worden. Ihre Zugehörigkeit ist immer noch umstritten, doch darf es wohl als wahrscheinlich gelten, daß das Fuþark von Breza alemannisches, jenes von Charnay aber fränkisches (oder burgundisches, in diesem Falle also ostgermanisches?) Erbe ist (Abb. 31).

Was am meisten auffällt, ist der Umstand, daß beide Festlandvarianten des Fuþarks, trotz ihrer verhältnismäßig späten Entstehung, in schriftgeschichtlicher Hinsicht äußerst archaisch sind und die größte Ähnlichkeit mit dem nordgermanischen Fuþark aufweisen. Deshalb versuchten einige Runenforscher, z. B. BERNHARD SALIN, die Runenschrift der Südgermanen dem Import aus dem Norden zuzuschreiben. Bis jetzt ist es allerdings nicht gelungen, diese Hypothese auch wissenschaftlich zu belegen. Man dürfte eher daran denken, daß die große Ähnlichkeit auf dem damaligen (verhältnismäßigen) Konservatismus der südgermanischen Randgebiete beruhen kann, oder schon geradezu auf die Entwicklungsunfähigkeit der Runen im Süden schließen läßt.

III.3.6. Die lateinische Schrift bei den deutschen Stämmen und in England

Mit der Bekehrung zum Christentum war auch das Schicksal der kultisch gebundenen Runen trotz gelegentlicher Versuche, sie zu einer echten Gebrauchsschrift zu entwickeln, besiegelt. Die Vertreter der römischen Kirche haben in Kirchendienst, Schule und Amt nur die lateinische Schrift verwendet und propagiert. In den meisten germanischen Ländern hat die Kirche die Runen zusammen mit dem Heidentum erledigt. Zumal die amtlichen Schriftstücke wurden in lateinischer Sprache abgefaßt. Die Fixierung volkssprachlicher Texte in lateinischer Schrift hat erst viel später eingesetzt. Auf deutschem Boden hat das Christentum zur schnellen Vernichtung des Runengebrauchs wesentlich beigetragen. Schon um 700 u. Z. war unter den deutschen Stämmen die Kenntnis der Runenschrift zum großen Teil erloschen. Daß angelsächsische Missionäre der Karolingerzeit

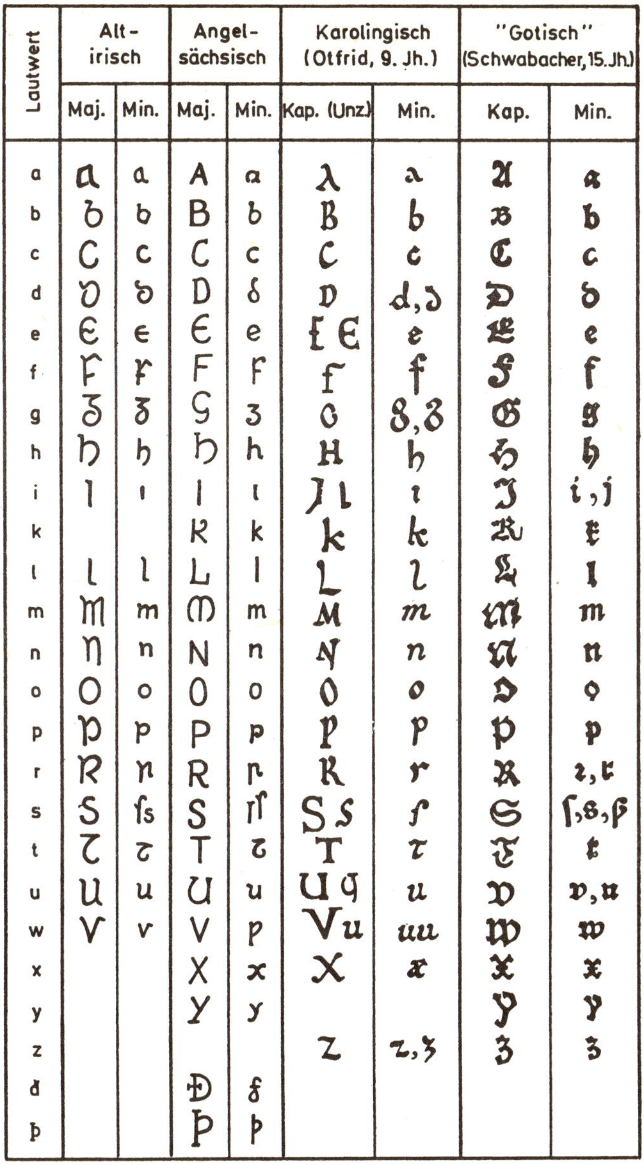

III. Kultur der Germanen. 3.6. 113

Lautwert	Alt-irisch		Angel-sächsisch		Karolingisch (Otfrid, 9. Jh.)		"Gotisch" (Schwabacher, 15. Jh.)	
	Maj.	Min.	Maj.	Min.	Kap. (Unz)	Min.	Kap.	Min.
a	a	a	A	a	λ	a	𝔄	a
b	b	b	B	b	B	b	𝔅	b
c	C	c	C	c	C	c	ℭ	c
d	ⅾ	ⅾ	D	ⅾ	D	d,ꝺ	𝔇	ⅾ
e	ε	ε	E	e	[E	e	𝔈	e
f	F	F	F	F	f	f	𝔉	f
g	Ʒ	Ʒ	G	Ʒ	G	g,ᵹ	𝔊	g
h	h	h	h	h	H	h	𝔍	h
i	ı	ı	I	ı	JI	ı	𝔍	i,j
k			K	k	k	k	𝔎	ᵏ
l	l	l	L	l	L	l	𝔏	l
m	m	m	M	m	M	m	𝔐	m
n	n	n	N	n	N	n	𝔑	n
o	O	o	O	o	O	o	𝔒	o
p	P	p	P	p	P	p	𝔓	p
r	R	ɾ	R	ɾ	R	r	𝔑	ʀ,ꞃ
s	S	ſs	S	ſⷧ	Sſ	ſ	𝔖	ſ,ß,β
t	T	t	T	t	T	t	𝔗	t
u	U	u	U	u	Uɡ	u	𝔘	v,u
w	V	v	V	p	Vu	uu	𝔚	w
x			X	x	X	x	𝔛	x
y			Y	y			𝔜	y
z					Z	z,ʒ	3	3
ð			Ð	ẟ				
þ			Þ	þ				

Abb. 32. Lateinische Schriftarten im Mittelalter

auch zur Verbreitung der englischen Runen vereinzelte zaghafte — und erfolglose — Versuche unternahmen, änderte nichts daran. In England und in Skandinavien, wo die Bekehrung in friedlicheren Bahnen verlief, konnten sich auch die Runen länger halten. In der Übergangszeit sind in diesen

Gebieten sogar Runeninschriften christlich-religiösen Inhalts entstanden. Schon um 700 sind allerdings lateinische Buchstaben unter die Runen eingedrungen, und um 800 war das Durcheinander bereits vollkommen: in ein und demselben Text werden die nämlichen Laute bald mit ihrem lateinischen Buchstaben, bald mit ihrem Runenzeichen niedergeschrieben. Immerhin ist es nicht leicht, den Zeitpunkt des absoluten Schwundes der Runen genau zu bestimmen, da die eine oder die andere Rune sogar in sehr späten Handschriften, manchmal ganz unerwartet, auftaucht. Es ist allerdings mehr als wahrscheinlich, daß die Runenschrift in England die normannische Eroberung (1066) nicht überstand. Die in England verbreitete Variante der lateinischen Schrift kam aber nicht unmittelbar aus Rom, sondern mit der irischen volkstümlichen Mission (insulare Minuskelschrift bzw. Halbunziale). Später aber, besonders seit der Karolingerzeit, wurden sie von der auf dem Festland bevorzugten Abart der lateinischen Schrift, den sogenannten k a r o l i n g i s c h e n M i n u s k e l n, allmählich verdrängt (Abb. 32).

Gewisse Anzeichen des stufenweisen Verfalls der Runen sind auch bei den südgermanischen (vordeutschen) Stämmen aufzufinden. Das Zeichen ᛒ = [b] auf der Inschrift der Fibel von Pallersdorf (Nordwestungarn, Ende des 6. Jh.s) spiegelt z. B. sicherlich schon den Einfluß der lateinischen Schrift. Das für das angehende 9. Jh. datierte Wessobrunner Gebet verwendet unter sonst lateinischen Lettern die Rune ᚷ = *g* zur Abkürzung des Präfixes *ga-*, während in der gleichaltrigen Kasseler Handschrift des Hildebrandsliedes (Sign. F 54) der Laut *w* noch mit dem Runenzeichen ᚹ wiedergegeben ist. Im Mittelalter wurden nur noch einzelne Runen als Handwerkzeichen verwendet.

III.3.7. Die Schrift der Goten

Neben den Runen der germanischen Stämme und der sie ablösenden lateinischen Schrift ist die sogenannte g o t i s c h e S c h r i f t, d. h. die Schrift der Goten (nicht zu verwechseln mit der mitunter ebenfalls als 'gotische Schrift' bezeichneten Fraktur!), besonders zu erwähnen. Die gotischen Handschriften sind nämlich mit eigentümlichen Buchstaben geschrieben, deren Reihenfolge, Zahlenwerte und Namen durch eine Salzburg-Wiener Alkuin-Handschrift aus dem 9. Jh., den schon erwähnten Codex Salisburgiensis, gesichert sind. Die Einführung der Schrift wird auf Grund von Angaben der griechischen Kirchenhistoriker des 5. Jh.s dem Gotenbischof WULFILA zugeschrieben. Die Schriftart ist die sogenannte „Unziale". Der Duktus der Handschriften ist ungleich. WULFILA nahm in das von ihm geschaffene Alphabet einige Runenzeichen auf. Die Frage, warum er die ihm bekannten Runen nicht zur Grundlage seines Alphabets gemacht hat, wird meist damit beantwortet, daß an Runen zuviel heidnischer Glaube und Brauch gehangen habe. Das ist aber nach HELMUT ARNTZ nicht anzunehmen, da WULFILA eine B u c h s c h r i f t brauchte, die ihm die Runen mit ihren nur monumentalen Formen nicht liefern konnten. Dafür war die klassische Unziale besser geeignet, die den gotischen Buchstaben zugrunde liegt (also nicht die Lapidarschrift der Griechen!). Die dem Griechischen fehlenden Zeichen für *g, j, f, h* — sowie die für *r* und *s* — übernahm er aus der lateinischen Schrift. Griechisches Θ (= *th*) ergab sein *h̥*, griechisches Ψ (= *ps*) sein *þ*. Zu den Buchstaben traten die reinen Zahlzeichen für 90 und 900, letzteres in der Form der Rune ↑, das in den Bibelhandschriften aber nicht überliefert ist (HELMUT ARNTZ). Das gotische Alphabet des WULFILA besteht demnach aus folgenden Zeichen:

Zeichen:	A	B	Γ	a	E	U	Z	h	Ψ	ï	ï₁	K	λ	M	N	G	Π	π	Ψ
Zahlenwert:	1	2	3	4	5	6	7	8	9	10	20	30	40	50	60	70	80	90
Lautwert:	a	b	g	d	e	q	z	h	þ	i	k	l	m	n	j	u	p	–

Zeichen:	K	S	T	Y	F	X	θ	Ω	↑
Zahlenwert:	100	200	300	400	500	600	700	800	900
Lautwert:	r	s	t	w	f	x	hw	o	–

Abb. 33. Gotische Schrift

III.4. GERMANISCHE DICHTKUNST

III.4.1. Gemeingermanische Dichtung

Grundlage der germanischen Verskunst ist der S t a b r e i m (Alliteration). Er ist auch sonst bei indogermanischen Völkern bezeugt (z. B. lat. *veni, vidi, vici* 'ich kam, ich sah, ich siegte'), seine Alleinherrschaft bei den Germanen verdankt er aber vor allem der germanischen A k z e n t v e r l a - g e r u n g, die — wie schon erwähnt (vgl. II.2.3.) — die Anfangssilbe des Wortes stärker hervorhob. Berechtigt erscheint also die Annahme, die den Stabreim chronologisch mit der Akzentverlagerung bzw. der ersten (germanischen) Lautverschiebung verknüpft. Die Voraussetzungen waren demnach seit der Mitte des 1. Jahrtausends v. u. Z. gegeben.

Freilich haben auch schlichtere Formen der Dichtung bestehen können, wie sie im Volksmund heute noch, besonders als Kinderverse, geläufig sind. Zu Beginn unserer Zeitrechnung setzte sich der Stabreim auch in der germanischen Namengebung durch, z. B. in den Gruppennamen der *Istwäonen* (auch Istäwonen) — *Ingwäonen* (auch Ingäwonen) — *Irminonen* (auch Erminonen) — *Illevionen* (Hillevionen) bei TACITUS oder bei den Namen des „Nibelungenlieds": *Gibicho — Gunther — Gernot — Giselher*, ursprünglich wohl auch *Krimhild < *Grimhild*.

Die Kernfrage der Verslehre ist die des R h y t h m u s und der r h y t h m i s c h e n F o r m e n, die den Vers von der Prosa bewußt abgrenzen. Die Stabreimdichtung wurde wahrscheinlich z. T. r e z i t i e r e n d, z. T. — vielleicht auch musikalisch begleitet — g e s u n g e n vorgetragen.

Der Stabreim läßt sich in allen germanischen Einzelsprachen nachweisen. Verhältnismäßig wenig Spuren hat er — auch das eine Folge der gewaltsamen Bekehrung zum Christentum — im Altsächsischen (vgl. aber den „Heliand"; III.4.2.) und im Althochdeutschen hinterlassen. In der Versgeschichte der germanischen Völker sind somit überall zwei Hauptetappen zu unterscheiden: die Etappe der autochthonen Stabreimdichtung und die darauf folgende Etappe der Endreimdichtung. Letztere hat sich bei den germanischen Einzelvölkern im Laufe der Sonderentwicklung ihrer Sprachen zu verschiedenen Zeiten entwickelt.

In England hat sich die Stabreimdichtung wesentlich länger behauptet als auf dem Festland. Die Bekehrung zum Christentum hat hier mit der Aufgabe heidnischer Inhalte nicht auch die Zerstörung der überlieferten Versformen erzwungen. Der altenglische Kirchendichter CÆDMON konnte z. B. die Stabreimform sogar auf christliche Hymnen anwenden und die Stabreimkunst dadurch aus ihren heidnischen Banden lösen. In den geschriebenen Quellen scheint die angelsächsische Stabreimdichtung um 700 auf, und ihre Alleinherrschaft konnte erst nach der normannischen Eroberung Englands (1066) gebrochen werden, von ihrem endgültigen Verfall kann man aber erst nach 1500 reden. Im Norden, vor allem in Island, bewährt sie sich in bestimmten Gattungen eigentlich heute noch. Die altenglische Stabreimdichtung steht sowohl in der Form als auch in der Anwendung der altsächsischen Dichtung am nächsten; jene Wendung zum Süden, die sich auch in der Entstehung des englischen Volkes und der englischen Sprache feststellen ließ, kam auch im altenglischen Schrifttum zum Durchbruch.

III.4.2. Quellen

Die altenglische Stabreimdichtung ist uns in ziemlich vielen Denkmälern, in etwa 3000 Langzeilen, überliefert. Davon sind an erster Stelle das umfangreichste, der sogenannte „Bēowulf", und die die Schöpfungslegende der Bibel behandelnde „Genesis" zu nennen. Von zahlreichen kleineren Inschriften und Bruchstücken abgesehen, stehen uns die Denkmäler der altenglischen Stabreimkunst in vier großen Sammlungen zur Verfügung. Es sind das die Vitellius-Handschrift (Brit. Mus. Cotton. Vitellius A XV) aus dem 10. Jh., die Junius-Handschrift (Junius XI. der Bodleiana in Oxford) aus der Zeit um 1000, das Exeter-Buch (aus der Bibliothek des Kapitels von Exeter) aus der Zeit von 1050—1072 und schließlich das Vercelli-Buch (aus der Bibliothek des Kapitels von Vercelli in Norditalien) aus der zweiten Hälfte des 10. Jh.s. Es sei angemerkt, daß ihr Material größenteils in westsächsischer Umschrift vorliegt, obwohl die Originale zumeist vermutlich im anglischen Dialekt abgefaßt worden sind.

Infolge der Bekehrung zum Christentum, und besonders infolge der unterschiedlichen Umstände dieses Vorgangs, ist die Zahl der Denkmäler altgermanischer Dichtung bei den Festlandgermanen ziemlich gering, und auch die auf uns gekommenen Texte sind meistens beschädigt oder entstellt. An erster Stelle sei das altdeutsche „Hildebrandslied" aus dem 8.—9. Jh. (in einer Kasseler Handschrift) genannt, das eine sprachliche Mischung ober- und niederdeutscher Elemente darstellt und eine tragische Episode der gotischen Völkerwanderung erzählt, desgleichen das mythisch-epische Bruchstück „Muspilli" (in einer Münchner Handschrift des 9. Jh.s), das eine christliche Vision des jüngsten Gerichts in germanischem Gewand enthält. Von den kleineren Fragmenten sind zu nennen: das „Wessobrunner Gebet" (in einer Wessobrunner Handschrift von 814), das an manchen Stellen in wortwörtlicher Übereinstimmung mit der älteren Edda die heidnische Erzählung von der Schöpfung der Welt behandelt, ferner die „Merseburger Zaubersprüche" aus dem 10. Jh. (in der Merseburger Handschrift), die durchaus heidnisch eingestellte Beschwörungsformeln sind.

Unter den literarischen Denkmälern des Altsächsischen ist zweifellos der „Heliand" am bedeutendsten, ein Epos von 5983 Zeilen, das die christliche Geschichte des Evangeliums (vgl. *Heliand* 'Heiland') im Sinne der germanischen militärischen Demokratie umgedichtet nacherzählt. Es ist in zwei großen Varianten überliefert: im Codex Cottonianus (*C*) und im Codex Monacensis (*M*). Es wurde höchstwahrscheinlich um 830 u. Z. verfaßt, wie auch das andere große Denkmal altsächsischer Stabreimdichtung, die altsächsische „Genesis". Es ist sprach- wie literarhistorisch nicht uninteressant, daß die altenglische Genesis größtenteils eine Übersetzung, an manchen Stellen sogar Transliterierung dieses altsächsischen Originals darstellt.

III.4.3. Stabreim und Versbau

Grundlage der eigenständigen germanischen Dichtung war der **Vers** (Zeile), genauer die **Langzeile**, die aus zwei **Kurzzeilen** (Halbzeilen) bestand. Die beiden Kurzzeilen wurden innerhalb der Langzeile, über die zwischen ihnen liegende **Zäsur** hinweg, vom **Stabreim** zusammengehalten. Zur **Strophenbildung** ist es erst später und auch nur bei den Nordgermanen gekommen. Jede Kurzzeile mußte wenigstens einen Stabreim enthalten; in der ersten Kurzzeile konnten auch zwei Stabreime stehen. Im letzten Entfaltungsstadium der altgermanischen Dichtkunst kam es aber auch zur weiteren Häufung von Stabreimen in beiden Kurzzeilen.

Die Stabreime — d. h. die hauptbetonten Silben („Hebungen") — wechselten mit einer unbestimmten Anzahl unbetonter Silben („Senkungen"); dem Stab konnte auch ein **Auftakt** vorangehen. Je ein Vers, d. i. eine aus zwei Kurzzeilen bestehende **Langzeile**, enthielt ursprünglich je eine geschlossene Sinneinheit, also einen **Satz**. Später kam es auch vor, daß der Satz erst in der zweiten Kurzzeile begann und am Ende der ersten Halbzeile des nächsten Verses (oder noch mehr verschoben) abgeschlossen wurde, wie etwa beim **Enjambement** (Übergreifen eines Satzes in den nächsten Vers) der modernen Dichtung. Man spricht dann vom **Bogenstil**, weil die Gedanken sich von Zeile zu Zeile bogenartig verzahnen.

Das Wesen des germanischen Stabreims besteht im Zusammenklang von gleich anlautenden betonten Silben („Stäbe"). Feste Konsonantengruppen wie *sp*, *st*, *sk*, *sw*, *br* usw. wurden dabei wie Lauteinheiten behandelt. Bei Vokalen bestand volle Freiheit: jeder Vokal konnte mit jedem anderen Vokal einen Stabreim bilden. Diese Regeln seien an folgenden Beispielen veranschaulicht:

1. a) ofer *br*áde *br*ímu || *Br*ýtene sōhtan
   'over (the) broad sea || (they) sought (the) Britons'
   (The Battle of Brunanburh, 937)

   b) suuīdo *fr*ód gumo || *fr*áon sīnum
   (*th*íonon *th*órfti)
   'der sehr alte [=kluge] Mann || seinem Herrn
   dienen sollte'
   (Heliand)

2. a) *é*þel bȳþ *ō*ferleof || *ǽ*ghwylcum men
   '(an) estate is very dear || to every man'
   (The Runic Poem)

b) énti do uuas der éino || álmahtīco cot
  'und da war der einzige || allmächtige Gott'
  (Wessobrunner Gebet)

3. a) Ðéodrīc āhte || þrítiȝ wintra
  'Theodoric ruled || (for) thirty years'
  (Deor's Lament bzw. The Song of Deor)

b) tōt ist Híltibrant, || Héribrantes sunu
  'tot ist Hildebrand, || Heribrands Sohn'
  (Hildebrandslied)

Vom Weiterleben alter volkstümlicher Dichtung auch nach der Bekehrung zum Christentum ist zu wenig bekannt. Stabreime kennen auch die germanischen Sprachen der Gegenwart noch, meist jedoch nur in Redewendungen wie dt. *Feuer und Flamme, Mann und Maus, Kind und Kegel, Haus und Hof, Herz und Hand, leibt und lebt, drauf und dran, Land und Leute* oder engl. *few and far, fur and feather, fire and fury, hair and hoof, hand over head, life and limb, rough and ready, rough and round, wild and woolly, thread and thrum* usw. Solche Wendungen waren besonders in der älteren Dichtersprache sehr beliebt.

III.4.4. Poetische Figuren; die Kenning

Der Bedarf an gleichanlautenden Haupttonsilben wirkte sich auf die W o r t s t e l l u n g und noch mehr auf die W o r t w a h l aus. Aus diesem Bedürfnis entwickelten die Dichter eine ausgefeilte Technik poetischer U m s c h r e i b u n g e n, Metaphern, um ihre Gedanken in stabreimender Form ausdrücken zu können. Diese Umschreibungen — altnordisch: *Kenning* 'Kennwort, Erkennungswort' (Pl. *Kenningar*) —, d. h. zwei- oder mehrgliedriger Ersatz eines einfachen Substantivs, gewähren einen guten Einblick in die Gedankenwelt der alten Germanen. Das Hauptverbreitungsgebiet der Kenningar ist Skandinavien, aber sie waren auch bei den Westgermanen bekannt, z. B. ags. *brim-hengest* 'See-Hengst: Schiff', ags. *œsc-mann* 'Eschen-Mann: Wikinger' (<ags. *œsc* 'Esche: Speer'), ags. *brim-mann* 'See-Mann: Wikinger', ags. *brēost-hord* 'Brust-Hort: Herz', ags. *swan-rād* 'Schwanen-Weg: See, Meer' u.dgl. In den südgermanischen Denkmälern finden sich nur noch Ansätze zur Entfaltung der Kenningar, ahd. *wīg-hūs* 'Kampf-Haus: Turm', ahd. *hildi-scalc* 'Kampf-Schalk [= Diener]: Krieger'. ahd. *meri-garto* 'Meer-Garten: Erde, Welt', ahd. *līh-hamo* 'Leib-Hülle:

Körper' (vgl. nhd. *Leichnam*) u. a. Bei den südgermanischen Stämmen konnte sich dieses Mittel dichterischer Wortbildung in seiner Fülle nicht mehr entfalten, da die Stabreimdichtung hier am frühesten aufgegeben wurde.

III.4.5. Thematik der germanischen Dichtung

Die traditionelle germanische Stabreimdichtung war anfangs Gemeinbesitz der ganzen Volksgemeinschaft, der Sippe bzw. des Stammes. Dementsprechend nahm sie ihren Gegenstand aus den wichtigsten Ereignissen des Lebens der Gemeinschaft. Es ist also kein Zufall, daß unter den Denkmälern dieser Dichtkunst die H e l d e n l i e d e r im Mittelpunkt stehen, die — wenngleich meistens in gefärbter, märchenhafter Form — historische Begebenheiten, Kämpfe und Geschicke historischer Persönlichkeiten behandeln. Sozialer Natur sind auch die stabreimenden Z a u b e r s p r ü c h e bzw. S e g e n s f o r m e l n. All diese Gattungen sind von mythischen Vorstellungen bestimmt; im Norden machten sogar die G ö t t e r l i e d e r einen hohen Anteil der gesamten Dichtung aus.

In der Periode des Verfalls kamen mehr und mehr übersteigerte, schwülstige Formen auf, und die alte Gemeinschaftsdichtung artete, besonders im Norden, zu einer flachen H o f d i c h t u n g aus, die von Berufsdichtern, den sogenannten S k a l d e n, ausgeübt wurde. Die Aufgaben dieser Hofdichtung wurden sowohl an den norwegischen Höfen als auch in England meistens von isländischen Skalden wahrgenommen. Der Träger der germanisch-englischen Dichtkunst, der *Skop*, ist hingegen bis zuletzt Volksdichter geblieben.

In ihrer letzten Phase wich die germanische Dichtung — besonders bei den Nordsee- und den Südgermanen und z. T. im Gegensatz zur höfischen Entwicklung in Skandinavien — der spätrömisch-christlichen Dichtung, namentlich der H y m n e n d i c h t u n g m i t E n d r e i m e n. Daß in England z. B. manche Dichter versuchten, die alte Form durch die Aufnahme christlicher Themen zu retten, konnte nichts daran ändern. Die Wandlung der Thematik hat zwar die Kunst der Stabreimdichtung in England, in kleinerem Umfang auch auf dem Festland, verlängert, trug aber doch zu ihrem Verfall bei, indem sie den totalen Anschluß an die christliche Dichtung beschleunigte.

III.5. NAMENKUNDE

III.5.1. Quellen und Aufgaben

Die Namenkunde (oder Namenforschung, Onomastik) ist eine relativ junge Disziplin der Sprachwissenschaft. Im Namengut sind überall in der Sprachenwelt viele linguistischen Merkmale bewahrt, die in anderen Schichten des Sprachschatzes nicht mehr vorhanden sind. Daraus folgt, daß die Erforschung der Namen für die Sprachwissenschaft direkt und indirekt gleicherweise ungemein wichtig ist. Die Quellen für P e r s o n e n n a m e n sind heutzutage sehr ausgiebig: Adreßbücher, Zusammenschreibungen, Anzeiger usw. stellen einen umfangreichen Stoff bereit. Trotzdem ist es nicht einfach, die Namen einer Landschaft geographisch wie typologisch zur Gänze zu ergründen, da manche Belege immer noch nicht erschlossen sind. Für die ältere Zeit dienen vor allem Konskriptionen, Urkunden, Archivalien, Rechtsbücher, Register und — in den letzten Jahrhunderten — auch Matrikeln als Quellen.

Seinem Charakter nach zerlegt man den Namenschatz in zwei große Gruppen: in P e r s o n e n n a m e n und in O r t s n a m e n (geographische Namen, Toponymie). Innerhalb dieser zusammenfassenden Einheiten lassen sich aber auch kleinere Gruppen bzw. Schichten abgrenzen.

III.5.2. Personennamen

Die Personennamen sind V o r n a m e n (oder Rufnamen), Ü b e r n a m e n (Spitznamen u. dgl.) oder F a m i l i e n n a m e n. Außer den in III.5.1. genannten Quellen sind sehr viele Personennamen nur noch in Ortsnamen bewahrt, deren chronologische Belege in der Regel auch viel älter sind als die der unmittelbaren Quellen von Personennamen. Aus dem Sprachschatz der Nordsee- und der Südgermanen sind vor der Karolingerzeit beiläufig 2000 germanische Personennamen belegt; von da an sind die Quellen schon ziemlich reich und kontinuierlich.

In sprachhistorischer Hinsicht sind die Personennamen teils germanischer Herkunft, teils Entlehnungen aus Fremdsprachen. Die germanischen Personennamen waren meistens zweigliedrig (z. B. swebisch: *Ario-vistus*; ahd. *Kuon-rāt*; ags. *Bēo-wulf*); seltener scheinen die eingliedrigen Namen gewesen zu sein (z. B. ags. *Hengist, Horsa*), besonders in den ältesten Belegen. Im späteren haben sie jedoch die ältere Schicht zweigliedriger Namen vielfach verdrängt. Im familiären, alltäglichen Gebrauch traten nämlich die eingliedrigen Kurzformen ursprünglich zweigliedriger Namen in den Vordergrund, ähnlich wie heute, z. B. dt. *Fritz* ∼ engl. *Fred* für dt. *Friedrich* ∼ engl. *Frederick*, dt. *Will(i)* ∼ engl. *Bill* für dt. *Wilhelm* ∼ engl.

William. Es ist auch charakteristisch, daß in den amtlichen Urkunden eher die zweigliedrigen Vollformen, in den nur halbamtlichen oder privaten Listen hingegen eher die eingliedrigen Kurzformen erscheinen. Die meisten eingliedrigen Formen sind im allgemeinen aus dem hauptbetonten Teil der älteren zweigliedrigen Formen entstanden, z. B. dt. *Konrad* > *Kunz(e)*, engl. *Walter* > *Walt*.

Die Personennamen waren ursprünglich auch sprachlich sinnvoll, das heißt, sie hatten einen dem Sprachstand ihrer Zeit entsprechenden, allgemein verständlichen semantischen Kern. Die Namengebung entsprach zugleich je einer Einheit der Gentilverfassung, indem die Einheit der Sippe auch in ihrem Namenschatz manifest war, vgl. ***Hildebrand*** und ***Hadubrand***. Dazu diente vor allem der Stabreim, vgl. ags. ***Hengist*** und ***Horsa*** (entsprechende deutsche Belege s. unter III.4.1.). Hand in Hand mit dem Niedergang der Gentilverfassung und mit der Auflockerung der alten Sippenverbände unter dem Druck des Christentums ist auch die traditionelle Namengebung der Zersetzung anheimgefallen. Andererseits waren bereits sehr viele Namen der Sprachentwicklung zufolge semantisch verblaßt und keine „redenden Namen" mehr, da ihre Grundwörter in der Sprache nicht mehr verwendet wurden. Mit solchen archaischen Elementen des Namenguts befaßt sich vor allem die historische Namenkunde.

Vergleicht man die Personennamen vorliterarischer Zeiten mit dem Namenbestand jüngerer Epochen, so sieht man, daß die Namengebung in verschiedenen Epochen verschiedenen M o d e s t r ö m u n g e n unterlag. Die Chronologie dieser „Moden" ist für die Forschung durchaus wichtig, da sie z. B. zur zeitlichen Ortung der aus Personennamen gebildeten Ortsnamen sowie zur Klärung mancher historischer Probleme beiträgt.

Seit dem 10. Jh. war der Verfall des germanischen Namenbestands im englischen und im deutschen Bereich schon gleicherweise fortgeschritten. Von da an war es eine Rarität, wenn neue Namen aus germanischen Ansätzen gebildet wurden. Mit der Festigung des Königtums ging die Ausbreitung der Mode der königlichen Personennamen einher, z. B. dt. *Heinrich* ~ engl. *Henry* u. dgl. Die Folge davon war, daß immer mehr Menschen dieselben Namen hatten. Die Verbreitung des Christentums hat diesen bereits früher einsetzenden Prozeß nur noch beschleunigt. Damit hängt auch zusammen, daß diese Periode in der Germania namenkundlich sehr uneinheitlich ist. Das Christentum trug aber zur Verdrängung germanischer Namen nicht mit der Verbreitung von alttestamentlichen Namen, sondern von Namen christlicher H e i l i g e r bei. Es handelte sich um eine gesamteuropäische Strömung, die von Italien und Frankreich ihren Ausgang nahm. Bei der raschen Ausbreitung der Heiligennamen (wie dt.-engl.

Peter, dt. *Georg/Jörg/Jürgen* ~ engl. *George* usw.) fiel in allen Ländern Europas den neuentstandenen Bettelorden, in erster Linie den Franziskanern und den Dominikanern, eine entscheidende Rolle zu. Für die Zeit, als Eltern mit germanischen Namen ihren Kindern Namen katholischer Heiliger beilegen, ist der Bruch mit der altgermanischen Familien- und Sippentradition gesichert. Die neue Mode hat zugleich alle Gesellschaftsschichten erfaßt; für die Beliebtheit der neuen Namen spricht übrigens auch ihre restlose Einlautung, vgl. *Johannes* > dt. *Johann* ~ *Hans* bzw. engl. *John*, isl. *Jón*, nl. *Jan* usw.

Im Zeitalter des H u m a n i s m u s kamen wieder k l a s s i s c h e Namen in Mode. Auch die R e f o r m a t i o n war den katholischen Heiligen nicht zugetan und griff mit Vorliebe auf die Namen des A l t e n T e s t a m e n t s zurück. Diese Tendenz ist übrigens bei den Anhängern protestantischer Sekten — besonders in Übersee — heute noch sehr zählebig, vgl. engl. *Abraham, Israel, Isaac, Daniel*.

Im 16. Jh. wird ganz Europa von einer neuen f r a n z ö s i s c h e n Namenmode ergriffen: von der Vorliebe für D o p p e l n a m e n wie *Marianne* ~ engl. *Mary-Ann, Hans-Georg* bzw. *Hans-Jürgen* u. dgl. Das 19. Jh. ist dagegen schon ohne jegliche Tradition. Es kommen immer mehr literarische Namen auf, manchenorts, z. B. in den Vereinigten Staaten, werden sogar Familiennamen und Ortsnamen als Vornamen verwendet, vgl. *Franklin, Delano* u. dgl.

Soziale und landschaftliche Bindungen und Unterschiede spielen in der Namengebung eine außerordentliche Rolle, trotzdem harren ihre wissenschaftlichen Beziehungen immer noch der Klärung.

III.5.3. Übernamen und Familiennamen

Die präzise Bestimmung bzw. Angabe der Familienzugehörigkeit des Individuums wurde in gemeingermanischer Zeit mit einem einfachen und auch außergermanisch weit verbreiteten Griff gesichert, indem man neben dem Rufnamen der betreffenden Person auch jenen ihres Vaters angab, vgl. *Hadubrant Hiltibrantes sunu* 'Hadubrand, Hildebrands Sohn' (Hildebrandslied). Auch die meisten Sippen scheinen einen S i p p e n n a m e n gehabt zu haben, z. B. *Merowinger, Karolinger* usw. Andererseits waren es die Ü b e r n a m e n, die die konkrete Bestimmung des gegebenen Namenträgers gewährleisteten. Sie können aber mit den Familiennamen noch nicht gleichgesetzt werden, da sie nicht erblich waren. Der Übername konnte auf den Beruf (*Schmidt* ~ engl. *Smith*), den Geburts- oder Wohnort (z. B. die Inschrift des Trinkhorns von Gallehus: *HlewagastiR HoltijaR* 'der Holte [= Holsteiner] Hleogast'), gelegentlich auf die Volkszugehörigkeit oder die Herkunft (*Sachs*[*e*], *Schwabe*, engl. *Scott*, *Wells* u. dgl.) oder sogar auf irgendeine Eigenschaft des Namenträgers (z. B. westgot. *Petrus Wamba* 'Peter Wampe') Bezug nehmen. Der Charakter der Übernamen läßt darauf schließen, daß die Entstehung von Familiennamen schon äußerst aktuell war. Eine der Hauptaufgaben der Familiennamenforschung ist es, eben diesen Prozeß zu erfassen.

In der Entstehung der F a m i l i e n n a m e n der germanischen Völker, vor allem der Deutschen und der Engländer, kam auch dem f r a n - z ö s i s c h e n E i n f l u ß eine große Bedeutung zu. Die Verbreitung der Familiennamen läßt sich auch soziologisch gut verfolgen. Sie traten zuerst im Kreise des Adels auf, sodann ergriffen sie auch die Schichten der Bürger und Handwerker, drangen aber erst nach längerem Zeitabstand in die Sphäre der Bauernschaft ein, zunächst jedoch nur in der unmittelbaren dörflichen Umgebung der Städte. Der Grund dafür ist freilich nicht nur in der Ausbreitung einer fremden Mode zu suchen, sondern auch darin, daß die Zahl der Träger identischer Namen immer mehr zunahm, d. h. im Bedürfnis für eine genaue Bezeichnung bei den einzelnen Namenträgern. Wo dieses Bedürfnis nicht vorhanden ist, so in der Familie oder in einer kleineren Gemeinschaft, dort kommen auch heutzutage nicht die Familiennamen, sondern die Ruf- bzw. Übernamen zur Geltung.

In der Gruppe der Familiennamen lassen sich mehrere Typen auseinanderhalten. Die schlichteste Form des Familiennamens ist der V o r n a m e (Rufname) in der Funktion von Familiennamen, z. B. *Gottfried*, *Lorenz*, *Konrad* bzw. engl. *Geoffrey*, *Lawrence*, *Conrad*. Bei diesem Typus kommen natürlich nur solche Namen in Betracht, die in der Zeit der Entstehung der Familiennamen in Europa, d. h. im 12.—14. Jh., im Schwange waren. In England sowie in Skandinavien und in Norddeutschland ist der Typus von Familiennamen sehr verbreitet, die den Rufnamen des Vaters mit dem Grundglied *son/sen* 'Sohn' verbinden, z. B. *Anderson/Andersen*, *Hansen*, *Emerson*, *Johnson*, *Morrison*, *Dixon*, *Nixon*. Dieser Typus ist übrigens auch außergermanisch sehr beliebt, vgl. russ. *Ivanov* [*syn*], eigtl. 'des Iwans [Sohn]', russ. *Černych* [*syn*], eigtl. 'des Schwarzen [Sohn]'; slow. — serbokroat. *Petrovič* 'Peters [Sohn]', ung. *Petőfi/Péterfi/Péterfia* 'dass.', arab. **Ibn** *Saud* 'Sohn des Saud', hebr. **Ben** *Gurion* 'Sohn des G.', neulat. *Fabri* [*filius*] 'des Schmiedes [Sohn]'. Ähnlich den meisten dieser ausländischen Beispiele kann das Grundglied *son/sen* auch im Englischen oft wegfallen, da die g e n i t i v i s c h e Form des Vornamens des Vaters zum Ausdruck der gegebenen Funktion ausreicht, vgl. *Williams*, *Jones*, *Matthews*, *Roberts*. Dieser Typus ist innerhalb des Germanischen nur im Nordseeraum, also in England, Dänemark, Nordwestdeutschland und den Niederlanden verbreitet, vgl. dt. *Heinrichs*, *Ewers*, *Sievers*, *Peters*.

Abb. 34. Bildungstypen deutscher Familiennamen (nach Wolfgang Fleischer)

In Fällen, wo Vater und Sohn denselben Rufnamen trugen, konnte der Familienname aus dem mit einem **Attributiv** ergänzten Vornamen entstehen, z. B. *Kleinmichel*, engl. *Littlejohn* (vgl. auch frz. *Grandpierre*, ung. *Kispéter* 'Kleinpeter' u. dgl.). Übernamen bzw. Spottnamen konnten auch ohne Erweiterung zu ständigen Familiennamen gefestigt werden, vgl. *Braun(e)* ~ engl. *Brown*, *Schwarz(e)* ~ engl. *Black*. Es gibt in dieser Gruppe mitunter vollständige Satznamen wie *Shakespeare* (< *shake speare!* 'schüttle den Speer!') oder nd. *Schüddekopp* 'schüttle den Kopf!' usw.

Einen besonderen Typus bilden die Familiennamen, die auf die **Herkunft**, vor allem auf die stammes- bzw. volksmäßige Zugehörigkeit ihrer Träger verweisen, vgl. *Sachs(e)* ~ engl. *Sax, Fries(e)/Vries* ~ engl. *Frees, Fleming* ~ engl. *Fleming, Schwabe*, engl. *Scott, Wells* usw. — Ortsnamen sind hauptsächlich unter dem grundbesitzenden Adel zu Familiennamen geworden, vgl. *Hohenstaufen, Graf von Habsburg, Prinz von Homburg, Hohenzollern* bzw. *Earl of Essex, Halifax*. Beim mittelalterlichen Bürgertum kommen in erster Linie verschiedene Berufsnamen unter den Familiennamen vor, z. B. *Goldschmidt* ~ engl. *Goldsmith, Schneider* ~ engl. *Taylor, Weber* ~ engl. *Webster* usw. Sie sind des öfteren auch für die Wortgeschichte von Belang, da sie manchmal die Namen spätmittelalterlicher Gewerbe bewahren, die seitdem erloschen sind (vgl. *Schwertfeger, Goldzieher* u. dgl.). Im Zeitalter des Humanismus und der Reformation war es eine Mode in ganz Europa, Familiennamen zu **gräzisieren** oder zu **latinisieren**, wobei manchmal doch nur die Endung griechisch oder lateinisch wurde, vgl. *König → Basilides, Schmidt → Fabricius/Fabri/Faber* bzw. *Honter → Honterus*; in England sind die Spuren dieser Mode allerdings spärlicher als auf dem Festland, vgl. *Moore → Morus, Zilliacus* (Abb. 34).

Die Erforschung der germanischen Familiennamen ist nicht nur für die Sprachwissenschaft von Belang. Diese Namen spiegeln zugleich die ganze Geschichte der germanischen Völker im Mittelalter und in der angehenden Neuzeit wider.

III.5.4. Geographische Namen (Ortsnamen, Toponymik)

Unter **Ortsnamen** versteht man in der Namenkunde nicht nur die Namen menschlicher Siedlungen, sondern jegliche geographischen Namen (Flüsse, Bäche, Berge usw.). Ihre Deutung wird, je nach Möglichkeit, auf die ältesten urkundlichen Belege aufgebaut. Sehr wichtig ist auch die Feststellung der phonetischen Struktur der Ortsnamen, da sie die etymologische Klärung nicht selten unterstützen kann.

In semantischer Hinsicht teilt man die Ortsnamen — rein spekulativ abstrahierend — in zwei große Gruppen. Die erste Gruppe bilden die zur Ortsbezeichnung dienenden reinen **Naturnamen**. Die zweite Gruppe ist die der **Kulturnamen**, die inhaltlich über die bloße Ortsbestimmung hinausgehen und auch die die Natur gestaltende Tätigkeit des Menschen andeuten.

Eingliedrige Namen sind in beiden Gruppen sehr selten (z. B. *Haus, Hof, Dorf, Dörfel* ~ engl. *Thorpe*), was auch verständlich ist, da solche Bezeichnungen zu allgemein sind, um eine präzise topographische Ortung zu gewährleisten. Deshalb sind die meisten geographischen Namen z u s a m m e n g e s e t z t. Sehr viele Namen, die heute als eingliedrig erscheinen, sind ebenfalls erst durch die Volksetymologie „vereinfacht" worden.

L a n d s c h a f t s n a m e n verweisen oft auf das Volk bzw. den Stamm, dem die Bewohner angehören, vgl. *Bayern, Schwaben, Sachsen, Hessen, Franken, Preußen* bzw. engl. *Essex* (Ostsachsen), *Wessex* (Westsachsen), *Sussex* (Südsachsen), *Wales* (< ags. *Wēalas* 'die Welschen') u. dgl. Die in Ortsnamen überlieferte Endung *-ing(en)* ~ engl. *-ing(s)*, die gewöhnlich zu Personennamen hinzugefügt erscheint, weist manchmal ebenfalls auf das Volkstum bzw. die Herkunft der Einwohner hin, z. B. *Schwabing*, engl. *Hastings* (< ags. *Hǣstingas*) 'Hasdinger' (Stamm). Einen altgermanischen Ortsnamentypus stellen die Komposita mit mhd. *-sâȝe/-sæȝe* ~ ags. *-sǣtan/ -sǣte* 'Sassen' dar, vgl. *Elsass*, engl. *Somerset, Dorset*. Zu dieser Gruppe sind auch die Zusammensetzungen mit ags. *-folc* 'Volk' (*Suffolk* 'Südvolk', *Norfolk* 'Nordvolk', *Freefolk* 'Freivolk') zu zählen.

Die auf die B e s c h a f f e n h e i t der Ortschaft verweisenden Ortsnamen sind 1. Ortsnamen im engeren Sinne oder 2. naturbedingt.

Die häufigsten Bildungselemente (Grundglieder) der ersten Gruppe sind:

ahd.	ags.	
-dorf	*-þorp*	'Dorf'
-wīh	*-wīc*	'Ortschaft' (< lat. *vicus*)
-burc	*-burg*	'Stadt, Burg'
-hūs	*-hūs*	'Haus'

Vgl. **Wein***dorf,* **Cas***trop,* **Kirch***drauf* bzw. engl. **Swan***thorpe,* **An***trop,* **Wes***trip;* **Weich,** **Wes***twig* bzw. engl. **Green***wich,* **Swan***age,* **Pris***wick;* **Öden***burg* bzw. engl. **Edin***burgh,* **Chel***brough,* **Bar***bury Hill;* **Karls***haus,* **Schaff***hausen* bzw. engl. **Stone***house,* **Ayr***some.*

Häufig belegt sind außerdem im Deutschen noch *-leben* 'Erbe' (z. B. *Fallersleben*), *-hof(en)* 'eingezäunte Stelle, Hof, Gehöft' (z. B. *Pfaffenhofen*), im Englischen *-ærn* 'Haus' (z. B. *Brewerne/Waldrone/Findern*), *-hāmstede* 'Heim, -stätte' (z. B. *Easthampstead*), *-hāmtūn* 'dass.' (z. B. *Northampton*). Manche davon bewahren alte Flexionsformen und sind daher auch für die historische Grammatik wichtig.

Die häufigsten Elemente der zweiten Gruppe sind *-feld* und *-statt* (*-stadt, -stetten*) im Deutschen (vgl. *Bielefeld, Cannstatt, Wasserstadt, Wasserstetten*) bzw. *-hamm* 'Heide', *-lēah* 'Wiese', *-ēg* 'Insel, Eiland', *-feld, -stede* 'Statt' im Altenglischen (vgl. *Westham, Tuesley/Rayleigh/Acklam/Barlow, Estrea/Caldy/Mearsea/Hilbre, Sheffield, Burstead/Milsted/Boxted/ Ashtead*). Die stärksten Bildungselemente dieser Gruppen sind jedoch ags. *-tūn* 'Zaun, Umfriedung, Stadt' und *-hām* 'Heim'. Die mit *-tūn* zusammengesetzten Ortsnamen sind auch auf dem Festland englischer Herkunft, vgl. engl. *Littlington* ~ nordfrz. *Lidlington*, kommen aber vereinzelt auch im deutschen Sprachraum vor (z. B. *Großthun*). Hingegen ist der Typus *-heim* ~ ags. *-hām* trotz des Vorkommens in England (z. B. *Waltham*) auf dem Festland viel stärker belegt, vgl. *Hildesheim, Oppenheim, Dahlem*.

Unter den N a t u r n a m e n sind die Komposita mit ahd. *būr* ~ ags. *-bȳre* 'Pferch, Lager', *-furt* ~ engl. *-ford* 'Furt', *-hügel/-büh(e)l/-riegel* ~ engl. *-hill, -born/brunn(en)* ~ engl. *-bourne* 'Quelle, Brunnen', *-bruck/-brücken* ~ engl. *-bridge, -bach* ~ engl. *-beck, -wald* ~ engl. *-wood, -berg* sehr häufig, vgl. *Altenbeuren/Winterbure* bzw. engl. *Stockbury/Edmondbyers*; *Frankfurt* bzw. engl. *Oxford*; *Rosenhügel/Katzenbühl/Steinriegel* bzw. engl. *Bexhill*; *Paderborn/Kaltenbrunn* bzw. engl. *Sherbourne*; *Innsbruck/Saarbrücken* bzw. engl. *Cambridge*; *Mühlbach* bzw. engl. *Millbeck*; *Westerwald* bzw. engl. *Westwood*; *Schwarzenberg* bzw. engl. *Blackberry*.

Die deutschen Ortsnamen enthalten ihrer Herkunft nach mehrere Schichten (Abb. 35). Es gibt auch solche, die auf die Sprache der v o r i n d o - g e r m a n i s c h e n Bevölkerung Europas zurückgehen. Die Flußnamen *Isar* und *Iser* sind z. B., zusammen mit den französischen Flußnamen *Oise* und *Isère*, vermutlich l i g u r i s c h e r Herkunft.

Die Südgermanen haben außerdem viele Namen von anderen indogermanischen Völkern übernommen, so von I l l y r e r n (*Imst, Raab* < *Arrabona, Cilli*), K e l t e n (*Regensburg, Kempten, Rhein, Wien* < **Vedunia, Glan* ~ *Glon*), sogar V e n e t e r n (*Netze, Aupa/Opa* [tschech. *Opava* bzw. *Upa*]) usw.

In den römischen Provinzen sind viele l a t e i n i s c h e oder zumindest romanisierte Namen in die südgermanischen Stammesdialekte eingegangen, z. B. *Colonia* > *Köln, Augusta* > *Augsburg, Tabernae* > *Zabern, Castra Batava* > *Passau*. Auf romanisierte Kelten lassen Ortsnamen schließen wie *Wals* (ahd. *Walahovis*, Übersetzung von lat. *Vicus Romanicus*) bei Salzburg.

Erheblich ist die Zahl s l a w i s c h e r Ortsnamen im Osten und Südosten des deutschen Sprachraums, zum Teil aber auch im binnendeutschen Raum, wo es früher slawische Siedlungen gab (z. B. in Niedersachsen oder im nördlichen Bayern). S o r b i s c h e s Erbe ist bewahrt in Namen wie *Berlin, Brandenburg, Leipzig, Lausitz* im Nordosten, s ü d s l a w i s c h e s im Südosten, vgl. *Krain, Plattensee, Gottschee* (kroat. *Kočevje*), *Kobenz* (<*Chobenza*, Steiermark). Im deutsch-böhmischen Grenzgebiet ist auch das b ö h m i s c h e und das s l o w a k i s c h e Material dicht belegt, vgl. *Budějovice* > *Budweis*, **Preslav(esburc)* > *Preßburg*, **Dabrovici* > *Taberesheim*.

Der **französische** Einfluß ist im eigentlichen deutschen Raum minimal und beschränkt sich im großen und ganzen auf Schloßnamen, die unter französischem Kultureinfluß als Modeerscheinung entstanden sind

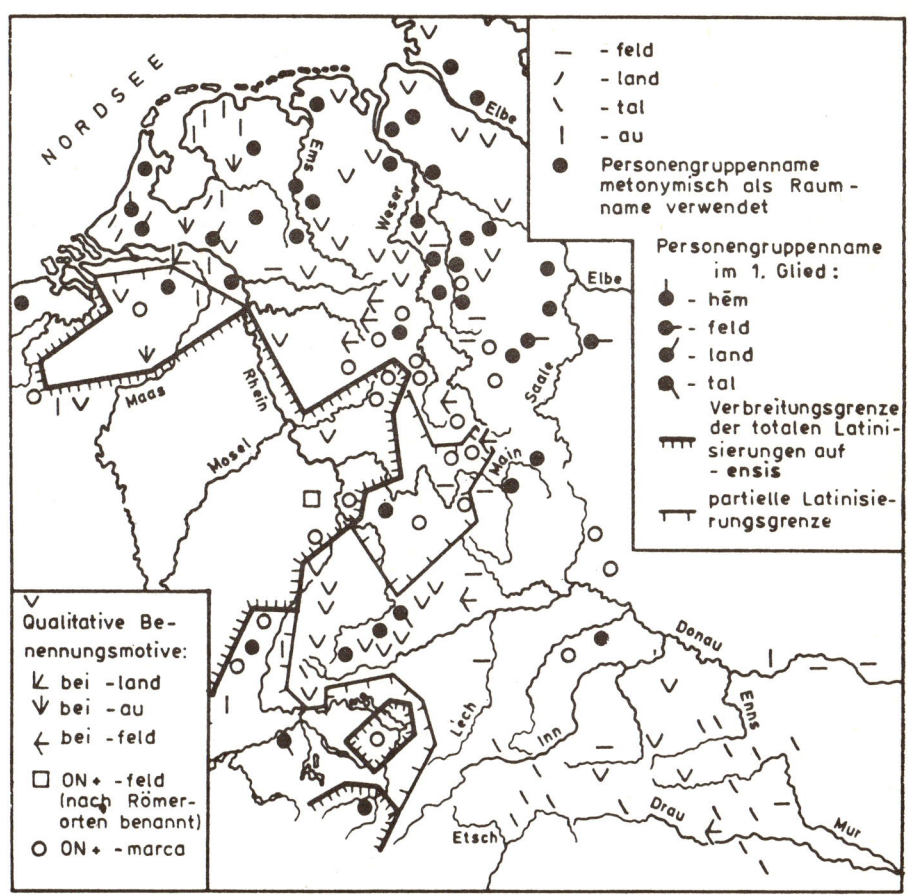

Abb. 35. Zur Namentypologie der Landschafts- und Bezirksnamen im frühmittelalterlichen Deutschland (vereinfachte Übersicht nach PETER VON POLENZ)

(*Bellevue, Sanssouci*). Ähnlicher Natur sind auch einige Namen aus dem **Italienischen** (z. B. *Belvedere* in Wien).

Auf fremdes Volkstum verweisen Namen wie *Windischgrätz, Ungarisch-Brod, Böhmisch-Waidhofen, Mährisch-Ostrau, Kroatisch-Kimling, Wallendorf, Raizenstadt* u. dgl.

Die Ortsnamen **Englands** sind herkunftsmäßig englisch, keltisch, nordisch, lateinisch oder französisch. Die **keltischen** Namen sind hauptsächlich britisch, zum kleineren Teil gälisch geprägt. Ihr Hauptverbreitungsgebiet ist auch heute das von Kelten bewohnte Wales und Schottland bzw. Irland. Hierher gehören die Namen der größeren Flüsse (*Thames*, *Avon*, *Severn*), während die Namen der Bäche meistenteils englischer Herkunft sind. In den Namen von Wäldern und Hügelländern kommen auch keltische Bestandteile — wie *barr*, *penn* — vor. Mitunter sind auch Namen britischer Städte, Festungen und Landschaften erhalten geblieben, z. B. *London*, *Kent*, *York*, *Wight*. Britischen Dorfnamen begegnet man nur dort, wo die keltische Bevölkerung sich auch nach der angelsächsischen Landnahme länger und in größerer Anzahl hat sprachlich behaupten können.

Das n o r d g e r m a n i s c h e Namengut ist in ganz England bedeutend, in erster Linie in den Gebieten, die früher unter norwegischer bzw. dänischer Herrschaft standen (*Danelaw*), vgl. *Skipton* (*skip* = engl. *ship* 'Schiff'), *Keswick* (*kes* = engl. *cheese* 'Käse'), Namen mit *-wick* (= engl. *-wich*, vgl. o.). Eindeutig nordische Namenskomponenten sind z. B. *-by* 'Dorf, Stadt' (*Ketsby*), *-fell* 'Felsen' (*Whinfell*), *-holm* 'Insel' (*Axholme*). Wo sich die Nordleute isoliert, in englisches Umland eingebettet niederließen, deuten auch die Ortsnamen auf diesen Umstand (vgl. *Normanby*) 'Normannenstadt', *Danthorpe* 'Dänendorf').

F r a n z ö s i s c h sind vor allem die Namen der Burgen und Ländereien der einstigen normannischen Herren wie *Montgomery*, *Richmond*, *Belmont*.

Ortsnamen l a t e i n i s c h e r. Herkunft sind in England selten. Sie bewahren in der Regel die Spuren der vorangelsächsischen Römerherrschaft: *Lindum Colonia* > *Lincoln*, *Augusta* > *Aust*. Vielleicht später entstanden sind die mit *-chester* (<lat. *castrum* 'Lager') und die mit *-port* (<lat. *portus* 'Hafen') zusammengesetzten Ortsnamen (z. B. *Manchester*, *Lamport*). Der für das Zeitalter des Humanismus charakteristischen klassizierenden Mode zufolge begann man gelegentlich auch Ortsnamen französischer Herkunft entsprechend der lateinischen Etymologie zu schreiben, vgl. frz. *Pontfreit* → *Pontefract*.

Sonstige ethnische Gruppen kommen im heutigen englischen Namenschatz nur ganz vereinzelt zum Vorschein. Zu nennen sind allerdings die F r i e s e n (vgl. *Friston*, *Fressingfield*, *Freezingham*) und die F l a m e n (vgl. *Flemton* < ags. *Flemingtūna*).

III.5.5. Ortsnamen als Geschichtsquelle

Die Ortsnamenforschung liefert äußerst wichtige Belege für die Erschließung der G e s c h i c h t e der Völker, deren Namengut sie interpretiert. Sogar die ethnische Zugehörigkeit der Urbevölkerung einer Landschaft kann des öfteren erst an Hand der Ortsnamen festgestellt werden, vgl. engl. **Walton** (← ags. *Wēalas*) 'Welsche' oder **Birkby** (← ags. *Bretabyr*) 'Briten'.

Die Ortsnamen erhellen nicht selten auch die Fragen der germanischen R e l i g i o n s g e s c h i c h t e. In Ortsnamen wie dt. **Godes**berg, engl. **Woodnes**borough oder **Wednes**bury ist z. B. der Name (bzw. Kult!) der obersten Gottheit der heidnischen Germanen, Wodans, bewahrt, während andere Ortsnamen auf ehemalige heidnische Kultstätten, heilige Haine und Opferstätten schließen lassen, vgl. *Weimar,* engl. *Weedon* und **Holywell** (vgl. Abb. 22—24).

Auch für die germanische V o l k s k u n d e sind die Ergebnisse der Ortsnamenforschung nicht gleichgültig. Manchmal läßt sich erst auf Grund von Ortsnamen feststellen, ob ein altgermanischer Mythos bei dem einen oder dem anderen Stamm bekannt war, so z. B. die Wielandssage bei den Angelsachsen im Ortsnamen *Wayland Smith's Cave* [: Wielands des Schmiedes Höhle].

Für die K u l t u r g e s c h i c h t e sind Namen wie *Straßburg* oder engl. *Stretton* höchst interessant, da sie auf das einstige Vorhandensein römischer Heerstraßen (vgl. lat. *via strāta*!) verweisen. Auf die Baumaterialien der altgermanischen Zeit lassen Ortsnamen schließen wie *Steinhausen* ~ engl. *Stonehouse, Holzhausen* ~ nd. *Holthusen,* engl. *Bradkirk* (=*board* 'Brett' + *kirk* 'Kirche').

Auch die Merkmale der alten G e s e l l s c h a f t s o r d n u n g sind in vielen Ortsnamen bewahrt geblieben. Engl. *Thingwall* läßt auf einen altgermanischen Versammlungsort des Stammes schließen (vgl. isl. *Þingvellir* : germ. *þing* 'Volksversammlung, Thing'). Königlicher Besitz wird angedeutet in Namen wie *Königswusterhausen* oder engl. *Kingston* bzw. kaiserlicher in *Kaiserslautern,* während engl. *Quinton* einst der Königin gehörte. Die Herren von engl. *Knighton* waren bewaffnete Freie, sogenannte 'königliche Vasallen' (vgl. ne. *knight* 'Ritter'), die von engl. *Charlton* hingegen freie Bauern (vgl. ags. *ceorl*).

Besonders hoch ist der Wert der Namenforschung für die eigentliche G e r m a n i s t i k (Anglistik, Nordistik, Niederlandistik), d. h. für die germanische Philologie, zu veranschlagen. Viele altgermanische P e r s o n e n n a m e n sind heute nur noch aus Ortsnamen herauszuschälen, z. B. der PN *Godhelm* aus dem ON *Godalming* in England. Manche altgermanische W ö r t e r sind ebenfalls nur noch in Ortsnamen belegt. Ahd. *harz* ~ ags. *hard* 'Wald' ist z. B. nur in ONN wie *Harz* oder engl. *Hardres* auf uns gekommen. Es kommt auch nicht selten vor, daß man aus den Ortsnamen für ein Wort viel ältere Belege gewinnt, als es sonst auf Grund anderer Quellen möglich wäre. Engl. *dod* 'runder Hügel' taucht nach dem OED

(= Oxford English Dictionary) erst 1843 in Schriftquellen auf, während es in Ortsnamen schon für 1230 belegt ist.

Hinsichtlich der **Mundartkunde** und der **Lautgeschichte** tragen die Ortsnamen vor allen Dingen zur Bestimmung der Chronologie von Lautwandlungen sowie zur Verlagerung der Dialektgrenzen bei. Die semantisch gleichen englischen Ortsnamen *Stratford* und *Stretford* 'Straßfurt' bewahren z. B. einen altenglischen Dialektunterschied, indem sie beweisen, daß in altenglischer Zeit neben westsächs. *str$\overline{æ}$t* auch engl. *str$\overline{e}$t* vorhanden war, aus welch letzterem auch ne. *street* 'Straße' hervorging. *Naundorf* liegt in einem Gebiet, wo heute sonst *neu* gesprochen wird; der Ortsname bewahrt die ältere mundartliche Lautung *nau* 'neu'. Ortsnamen wie *Reif* (it. *Riva*) in Südtirol oder die Flußnamen *Eipel* (ung. *Ipoly*) und *Theiß* (ung. *Tisza*) im Karpatenbecken lassen darauf schließen, daß diese Namen spätestens im 12. Jh. im Deutschen bereits bekannt waren, da sie vom damals einsetzenden deutschen Lautwandel $i > ei$ ebenfalls erfaßt wurden.

An Hand der Namenforschung können mitunter auch alte **Bevölkerungsbewegungen** beleuchtet werden. Parallele Namengebung verweist meistens auf das (gelegentlich ehemalige) Nebeneinander verschiedener Volksgruppen, z. B. *Diedenhofen* ~ frz. *Thionville* (< *Theudonis villa*) im Rheinland oder *Krickerhau* ~ slowak. *Handlova* in der Slowakei, wo im Deutschen der Familienname des urkundlich belegten Lokators *Heinrich Kricker*, im Slowakischen aber sein Vorname (*Handel* ist eine Koseform von *Heinrich*) bewahrt ist. Ein anderes Beispiel: Zum Prozeß der Romanisierung der Westfranken bieten die in ihrem Siedlungsraum häufigen Ortsnamen vom Typus *Avricourt* (<*Eberhardis curtis* 'Eberhards Hof') eine hervorragende chronologische Stütze. So tritt z. B. der Ortsname *Frémécourt* (bei Metz) in dieser Form erst im 9. Jh. auf, während im 8. Jh. in den Urkunden nur die germanisch-fränkische Form *Frimarsheim* belegt werden kann.

IV. GERMANISCHE VÖLKER UND SPRACHEN

IV.1. DIE OSTGERMANEN. DAS GOTISCHE

IV.1.1. Geschichte. Quellen

Die späteren Ostgermanen bildeten ursprünglich einen Teil der Nordgermanen und verließen ihre skandinavische Heimat erst im Zuge der Völkerwanderung (2.—6. Jh. u. Z.). Die Quellen nennen viele ostgermanische Stämme, z. B. W a n d a l e n, G e p i d e n, B u r g u n d e r, R u g i e r, H e r u l e r. Aber größere zusammenhängende Sprachdenkmäler haben nur die G o t e n (got. *Gutþiuda* 'Gotenvolk', vielleicht auch 'Gotenland') hinterlassen. Die Sprachen der übrigen ostgermanischen Stämme sind uns hauptsächlich in P e r s o n e n n a m e n, O r t s n a m e n und in L e h n w ö r t e r n anderer Sprachen und Dialekte überliefert. Kennzeichnend für die Entwicklung des Gotischen ist der Umstand, daß es nach der Trennung von der alten nordgermanischen Heimat in fremder Umgebung als eine S p r a c h i n s e l (ERNST SCHWARZ) weiterlebte und erst mit der hunnischen Völkerwanderung wieder in unmittelbare Berührung mit anderen germanischen Völkern bzw. Sprachen in Mittel- und Südeuropa geriet. Für die Entwicklung des Gotischen ist also typisch, daß es manches bewahren konnte, was im übrigen germanischen Sprachgebiet weiterentwikkelt wurde. Andererseits hat sich das Gotische gewissermaßen „auf eigene Faust" entwickelt und eine Reihe sprachlicher Neuerungen hervorgebracht, die in den übrigen germanischen Sprachen fehlen. Jedenfalls ermöglicht die Untersuchung der archaischen Züge des Gotischen in hohem Grade auch die solide R e k o n s t r u k t i o n d e s N o r d g e r m a n i s c h e n im 1. Jh. v. u. Z. Nicht weniger aufschlußreich ist das Studium des Gotischen im Hinblick auf die vergleichende (allgemeine) Germanistik. Es ermöglicht nämlich die Absonderung jener südgermanischen Neuerungen, die das Nordgermanische erreicht haben, das Gotische jedoch nicht mehr beeinflußten. Auf diesem Umweg liefert das Gotische die schlagendsten Beweise dafür, daß die Nordgermanen in dieser Periode bereits als die Peripherie der Germania anzusehen sind und vom 1. Jh. v. u. Z. bis um das 6. Jh. u. Z., auch sprachlich passiv, ununterbrochen dem Einfluß vom Süden her ausgesetzt waren.

Die Goten teilt man nach ihren beiden Wanderreichen ein in W e s t- und O s t g o t e n (lat. V i s i g o t [h] i bzw. O s t r o g o t [h] i). Sie sind aus dem Mündungsgebiet der Weichsel in die südrussischen Steppen gedrungen. Von dort aus zogen sie, z. T. unter hunnischem Druck, z. T. mit den Hunnen verbündet, wieder nach Westen. Zuletzt haben die W e s t - g o t e n in Südfrankreich und Spanien (419—711 u. Z.), die O s t g o t e n in Italien (bis 555 u. Z.) neue Reiche gegründet. In diesen Ländern zeugen O r t s n a m e n (z. B. *Marengo*), P e r s o n e n n a m e n (z. B. *Rodrigo* 'Roderich', *Alfonso, Fernando* 'Ferdinand') und zahlreiche L e h n w ö r - t e r (it.-sp. *guerra* 'Krieg', eigentlich dasselbe Wort wie dt. *Wehr*) von ihrer Anwesenheit. Ihrer eigenen Herkunftssage nach gehörten ursprünglich auch die G e p i d e n zu ihnen. Von der Abstammung aus dem Norden zeugt u. a. der gotische Wortschatz, vgl. got. *wato* (Gen. *watins*) ~ an. *vatn* gegenüber dt. *Wasser* ~ engl. *water*, got. *fon* ~ an. *funi* gegenüber dt. *Feuer* ~ engl. *fire* (vgl. aber dt. **Fun**-*ke* !), got. *sauïl* [sɔːil] ~ an. *sól* gegen- über dt. *Sonne* ~ engl. *sun* (vgl. aber daneben got. *sunno*!), ferner die ge- meinsame Neuerung der Konsonantenverdopplung von germ. *ii und *uu zu an. *ggj* ~ got. *ddj* bzw. *ggw*, z. B. germ. *$hauuana$- 'hauen' > an. *hǫggva*; germ. *$treuuo$ > an. *tryggva* ~ got. *triggws* 'treu'; germ. *$daiiana$- 'säugen' > aschw. *dœggia* ~ got. *daddjan*. Diese Entwicklung ist dem übrigen Germa- nischen fremd.

In kultureller Hinsicht wie auch für linguistische Forschungen nehmen die sogenannten K l e i n g o t e n (lat. *Gothi minores*) des Balkans in der Umgebung von Nikopel eine besondere Stellung ein; ihr Bischof WULFILA (ULFILAS; 311—382 oder 383 u. Z.) übersetzte die B i b e l ins Gotische. WUL- FILA war Arianer und bekehrte auch sein Volk zu dieser Sekte des Christen- tums; der A r i a n i s m u s wurde später von den beiden Großstämmen der Goten wie auch von den übrigen Ostgermanen angenommen. Zum Zweck der Bibelübersetzung hatte WULFILA aus dem griechischen Alphabet unter Hinzunahme einiger Runenzeichen bzw. lateinischer Buchstaben eine be- sondere g o t i s c h e S c h r i f t geschaffen (vgl. III.3.7.). Die phonetisch- phonologischen Untersuchungen werden dadurch erleichtert, daß auch die gotische Orthographie dem Verhältnis der zeitgenössischen griechischen Aussprache zur Rechtschreibung getreu folgt. Die Grundlage der Über- setzung war der griechische Bibeltext, obwohl auch die lateinische Variante beachtet wurde. So wurde z. B. die Lautung *ng* in griechischer Weise mit -*gg*-, langes *ī* mit *ei* wiedergegeben. Besonders aufschlußreich ist die Schreibweise griechischer und lateinischer L e h n w ö r t e r für das Stu- dium sowohl des zeitgenössischen Lautbestandes des Gotischen als auch des Griechischen bzw. des Lateinischen.

WULFILAS B i b e l wurde nach der Christianisierung auch von den übrigen verwandten (ostgermanischen) Stämmen übernommen. Sie fand sowohl bei den Ostgoten in Italien als auch bei den Westgoten in Spanien, ja sogar bei den Wandalen in Nordafrika Verwendung. Die uns bekannten

Handschriften scheinen w e s t g o t i s c h zu sein, obwohl die späteren Varianten auch ostgotischer Einflüsse nicht entbehren. Die grundlegende Handschrift, der sogenannte „Codex Argenteus" [Silberkodex] wurde im Werdener Kloster (Westfalen) aufgefunden, von Kaiser Rudolf II. nach Prag gebracht und ist von dort aus nach dem Dreißigjährigen Krieg (1648) als Kriegsbeute nach Schweden gekommen. Der Kodex befindet sich seitdem — nach einem kurzen Zwischenspiel in den Niederlanden — in Uppsala. Auszüge aus der gotischen Bibel wurden zuerst im ausgehenden 16. Jh. in den Niederlanden veröffentlicht. Die erste vollständige Ausgabe wurde 1665 in Dordrecht besorgt. Außer der Bibel sind auch vereinzelte gotische Runeninschriften, Bibelauslegungen (S k e i r e i n s), Urkunden und Glossen auf uns gekommen.

Im 16. Jh. berichtete der flämische Diplomat Augerius Gislain von Busbecq in Konstantinopel von den K r i m g o t e n, die dem Sultan jedes Jahr Tribut brachten. Busbecq hat von ihrer Sprache 86 Wörter aufgezeichnet (1562). Diese Wörter setzen außer Zweifel, daß die Krimgoten tatsächlich dem östlichen Zweig der Germanen angehörten. Ihre nähere genetische Bestimmung ist aber z. T. noch immer ungeklärt. In der Neuzeit — wohl im 18. Jh. — ist dieses gotische Restvolk auf der Krim völlig in seiner (hauptsächlich tatarischen) Umgebung aufgegangen. Gotische Lehnwörter sollen auch aus der Sprache der Krimtataren ermittelt worden sein.

Die ostgermanischen Stämme scheinen sprachlich einander sehr nahegestanden zu sein. Vielleicht aus diesem Grunde wurden sie von den Römern nach einem — einst wohl dem mächtigsten — ihrer Stämme verallgemeinernd als W a n d a l e n bzw. W i n d i l e r (lat. *Vindelici*) bezeichnet (Abb. 36).

IV.1.2. Die gotische Sprache. Lautsystem

Das Lautsystem des Gotischen ist verhältnismäßig einfach und weicht von der Lage in der germanischen Grundsprache unter allen Stammessprachen noch am wenigsten ab. Infolge der frühen Abwanderung der Goten aus der eigentlichen Germania wurde ihre Sprache von vielen, sonst gemeingermanischen Neuerungen nicht mehr erfaßt. Als Wichtigstes ist im Gotischen der U m l a u t (gräzisiert: M e t a p h o n i e) noch unbekannt, dessen Wesen darin bestand, daß tiefe Vokale (*a, o, u*) unter dem assimilativen Einfluß benachbarter Laute ihre Klangfarbe ändern und sich in die nach der Zungenstellung entsprechenden hohen Vokale verwandeln, vgl. dt. *Fuß → Füße*, engl. *foot → feet* 'dass.', an. *fótr → fǿtr* 'dass.' gegenüber got. *fotus → fotuns* (Akk. Pl.) 'dass.'; ahd. *sezzen* ∼ ags. *settan* (engl. *set*) ∼ an. *setja* gegenüber got. *satjan* 'setzen' usw. Dem stehen die inneren Entwicklungen des gotischen Lautsystems gegenüber. Im Gotischen lassen sich z. B. am frühesten die Auswirkungen der Tendenz zur Reduktion bzw. Aufgabe der unbetonten Vokale im Auslaut feststellen.

Ein phonologisch-morphologischer Archaismus ist die nominale *s*-Endung (z. B. got. *dag-s* 'Tag'), die ihr Gegenstück im Griechischen (z. B. οἶκο-ς 'Haus') und im Lateinischen (z. B. *domu-s* 'Haus') hat. Im Altnordischen wurde dieses *-s* im Wege des Rhotazismus zu ($R >$) *-r* und fiel später weg, mit Ausnahme des Isländischen und des Färöischen (z. B. *dagur* 'Tag' gegenüber schw.-dän.-norw. *dag* 'dass.'). In allen anderen germanischen Sprachen ist es geschwunden (vgl. ahd. *tag* ~ ags. *dæg* 'dass.'). Auch im Spätostgermanischen zeigen sich schon die Anzeichen dieses *r*-Schwunds zunächst in der Stellung nach *r* (bereits bei WULFILA!), vgl. *stiur* 'Stier', *baur* 'Knabe', *unsar* 'unser'. Die aus dem 6. Jh. belegten ostgotischen und wandalischen P e r s o n e n n a m e n (ostgot. *Ufitahari, Gudilub* bzw. *Geilamir, Gunthamund* usw.) zeigen schon den vollen Schwund, während das K r i m g o t i s c h e noch im 16. Jh. zu schwanken scheint, vgl. krimgot. *tag* ≠ got. *dags* 'Tag', krimgot. *stul* ≠ got. *stols* 'Stuhl', aber krimgot. *wintsch* 'Wind', *statz* 'Land' (got. *staþs*).

Eine der meistumstrittenen Fragen des gotischen V o k a l i s m u s ist die der D i p h t h o n g e. Die Junggrammatiker haben die in WULFILAS Text aufscheinenden Digraphe *ai, au, ei, iu* im allgemeinen in doppelter Weise ausgelegt. Für *ei* nahmen sie die Aussprache [i:], für *iu* die Aussprache [iu] an, dagegen waren sie der Ansicht, *ai* sei offenes [ɛ:], *au* offenes [ɔ:] — gemäß den griechischen Regeln der damaligen Orthographie —, aber [ai] bzw. [au] in den Fällen, wo sie im Gotischen für indogermanische Diphthonge stehen. In ihren Textausgaben wird daher die monophthongische Aussprache besonders kenntlich gemacht: *wait* [wait] 'ich weiß', aber *waír* [wɛ:r] 'Mann' bzw. *aukan* [aukan] 'vermehren', aber *baúrgs* [bɔ:rks] 'Stadt, Burg'. Nach verschiedenen Gegenmeinungen hat zuletzt VIKTOR SCHIRMUNSKI die phonologische Unhaltbarkeit dieser spekulativen Trennung überzeugend widerlegt, indem er nachwies, daß diese alten Diphthonge im Gotischen des WULFILA bereits monophthongiert waren. Somit sind die alleinigen Lesungen [ɛ:] für *ai* und [ɔ:] für *au* (also auch *wait* [wɛ:t] bzw. *aukan* [ɔ:kan]). Mit einer in Kenntnis der heutigen Lehrmeinungen unserer Wissenschaftsgeschichte verblüffend modernen Argumentation wurde diese Einheitlichkeit der monophthongischen Aussprache des Bibelgotischen zuerst in der gotischen Grammatik von HANS CONNON VON DER GABELENTZ und JOHANNES LÖBE 1846 (!) dargelegt; ihre Grammatik bietet übrigens heute noch die umfassendste Beschreibung des Gotischen, nicht zuletzt für die gotische Syntax, die auch für die gegenwärtige Forschung unentbehrlich ist.

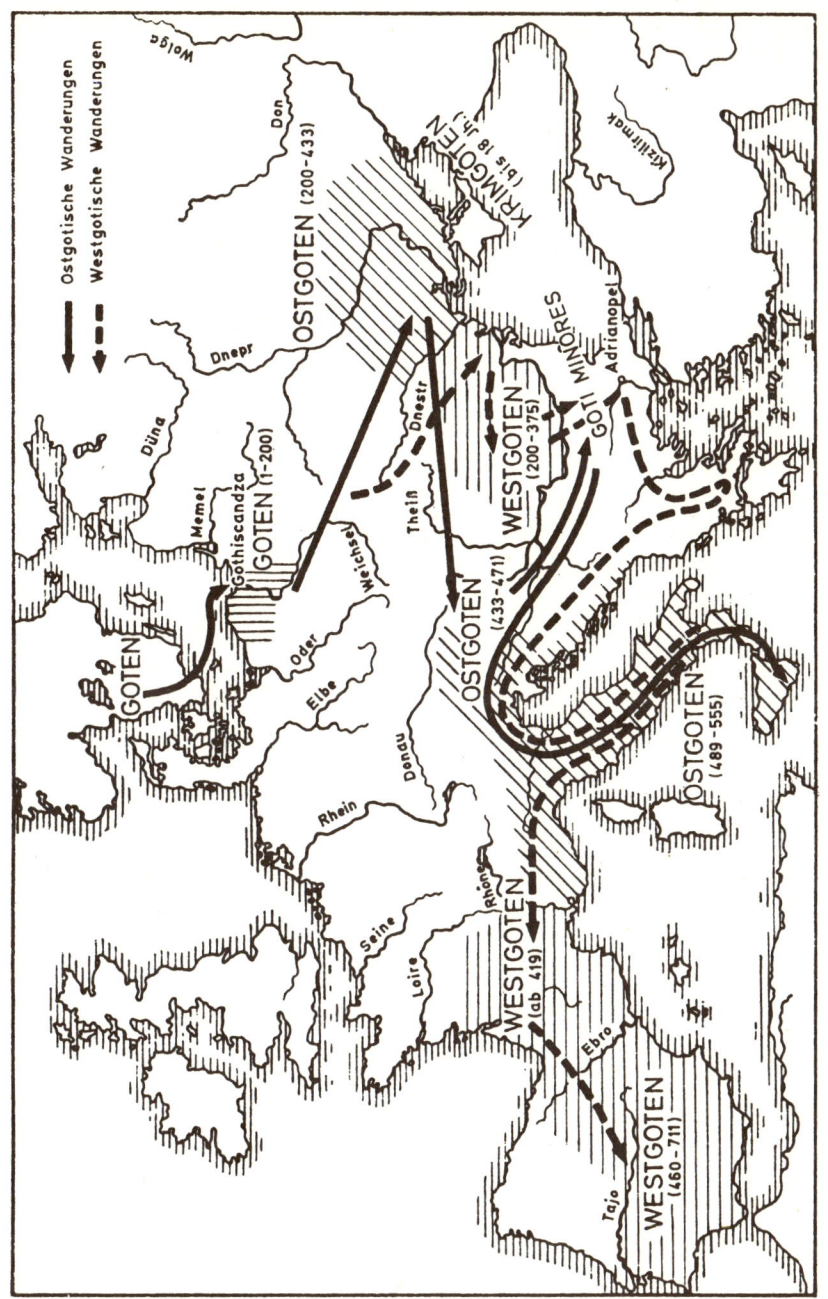

Abb. 36. Die Goten (nach ERNST SCHWARZ)

Der bibelgotische Vokalismus besteht demnach aus folgenden Phonemen: *a, o, u, e, i* und *iu*.

Der Konsonantismus ist eindeutiger: *b, d, g, p, t, k* sind Verschlußlaute; *l* und *r* sind Liquiden; *m* und *n* sowie das nach griechischem Muster durch *-gg-* bzw. *-gk-/-gg-* wiedergegebene [ŋ] sind Nasale; *f, w, h, þ, s, z* sind Reibelaute, wobei *h* im Anlaut einfacher Hauchlaut, in sonstigen Stellungen vielleicht noch ein *ach*-Laut ist; *þ* entspricht englischem *th*, das heißt, es kann je nach seiner Stellung stimmlos [θ] oder stimmhaft [ð] sein. Die Ligatur *ƕ* bezeichnet die Lautkombination [hw], *q* die Konsonanz [kw]. Es sei angemerkt, daß *b, d, g* zur Zeit WULFILAS vermutlich Verschlußlaute waren im Anlaut und in der Stellung nach Konsonanten, sonst aber wurden sie spirantisch: *ƀ* (= w), *đ* (= ð), *ǥ* (= γ), z. B. *barn* [barn] 'Kind', *wamba* [wamba] 'Bauch, Wampe', aber *giban* [giƀan] 'geben'; *dags* [daks] 'Tag', *hund* [hund] 'hundert', aber *þiuda* [θiuða] 'Volk'; *gaggan* [gaŋgan] 'gehen', aber *liuga* [liuǥa] 'Ehe'.

IV.1.3. Grammatische Struktur

Auch die Morphologie des Gotischen stand der germanischen Grundsprache besonders nahe. Bei den Nomina wurden die drei Genera, in der Kategorie des Numerus neben Singular und Plural auch noch der Dualis unterschieden, z. B. *weis* 'wir' ≠ *wit* 'wir beide', *izwis* 'euch' ≠ *iqqis* 'euch beide(n)' bzw. in der Verbalflexion *sokjam* 'wir suchen' ≠ *sokjos* 'wir (beide) suchen', *sokeiþ* 'ihr sucht' ≠ *sokjats* 'ihr (beide) sucht', *sokeiþ!* 'sucht (ihr)!' ≠ *sokjats!* 'sucht (ihr beide)!'.

Von den Kasus der Nominalflexion waren als selbständige Formen noch Nominativ, Akkusativ, Genitiv und Dativ, z. T. auch Vokativ (*hairdeis* 'Hirt' ≠ *hairdi!* 'Hirt!'), bei den Pronomina, wenngleich bruchstückhaft, auch der Instrumentalis (z. B. *þe[h]* 'damit, mit diesem', *ƕe?* 'mit wem?', *ni þeei* 'nicht, als...') vorhanden.

Ein indogermanisches Merkmal ist der formale Zusammenfall von Nominativ und Akkusativ der Neutra in allen Numeri (*waurd* 'Wort' — *waurda* 'Wörter' = Nom.-Akk.).

Die Deklination der Substantiva war nach Stammklassen unterschieden:

Vokalische ("starke") Klassen: 1. *a*-Stämme mit Maskulina und Neutra, z. B. *dags* m. 'Tag', *waurd* n. 'Wort'. Unterklassen gemäß den Stammvarianten *ja*- (z. B. *hairdeis* m. 'Hirt', *kuni* n. 'Geschlecht') und *wa*- (z. B. *þius* m. 'Diener, Knecht', *triu* n. 'Baum'); 2. *ō*-Stämme als Klasse der meisten Feminina (parallel zu der *a*-Klasse!), z. B. *giba* f. 'Gabe'. Unterklassen nach den Stammvarianten *jō* (*bandi* f. 'Fessel') und *wō*- (*mawi* f.

'Magd'); 3. *i*-Stämme mit Maskulina und — hauptsächlich — Feminina, z. B. *gasts* m. 'Gast', *laiseins* f. 'Lehre'. Die Maskulina sind im Singular bereits ganz zu der *a*-Klasse übergetreten; 4. *u*-Stämme mit Maskulina und einigen Feminina, z. B. *sunus* m. 'Sohn', *handus* f. 'Hand'. Ein einziges Neutrum scheint hierher gehört zu haben, das zugleich Singulare tantum war: *faihu* 'Geld' (<'Vieh').

Konsonantische Klassen: 1. *n*-Stämme („schwache" Deklination) umfassen die Mehrzahl der konsonantischen Stämme, die meistens Maskulina und Feminina, nur vereinzelt auch Neutra sind. Die Hauptformen zeigen Ablautvarianten in den Endungen, vgl. *guma* 'Mensch', *gumin* 'Menschen' (Pl.); 2. *r*-Stämme: wie in der indogermanischen Grundsprache, gehören auch im Gotischen Verwandtschaftsnamen hierher, z. B. *broþar* m. 'Bruder', *swistar* f. 'Schwester', *fadar* m. 'Vater', *dauhtar* f. 'Tochter'; 3. *nd*-Stämme als die Klasse der substantivierten Part. Präs., vgl. *frijonds* 'Freund' (< *frijon* 'lieben').

Andere Stammklassen sind nur in Spuren erhalten. Nicht selten wurden die Klassen verwechselt bzw. miteinander vermischt, ja manchmal läßt sich der Übertritt kleinerer Klassen zu den größeren feststellen. Die Stämme lassen sich am leichtesten — in der Regel — am Dat. Pl. erkennen, vgl. 1. *dagam, waurdam; hairdjam, kunjam; þiwam, triwam;* 2. *gibom; bandjom; maujom;* 3. *gastim, laiseinim;* 4. *sunum, handum.*

Bei den Pronomina ist — außer dem Dualis — ein charakteristisches Merkmal des Gotischen, daß das Personalpronomen der 3. Pers. nicht wie im Nordgermanischen, sondern parallel zum Südgermanischen gebildet wurde: *is* ~ dt. *er, si* ~ dt. *sie* (engl. *she*), *ita* ~ dt. *es* (engl. *it*), wobei die drei Genera auch im Plural gekennzeichnet waren: *eis* m., *ijos* f., *ija* n. 'sie'. Das Demonstrativum *sa* m. 'der', *so* f. 'die', *þata* n. 'das' versah bereits im Gotischen in mancher Hinsicht die Funktion des bestimmten Artikels.

Wie in der germanischen Grundsprache, konnte das Adjektiv auch im Gotischen stark oder schwach flektiert werden. In der starken Flexion folgten die Adjektiva z. T. den Regeln des *a*- (*ja-, wa-*) Stammes, z. T. denen der *i*- bzw. *u*-Stämme der Substantiva. Die schwache Deklination der Adjektiva war mit jener der Substantiva vollkommen gleich.

Von den Numeralien wurden die ersten drei Kardinalzahlen nach den drei Genera unterschieden und flektiert, vgl. 1. *ains* m., *aina* f., *ain*[*ata*] n. 'eins'; 2. *twai* m., *twos* f., *twa* n. 'zwei'; 3. *þreis* m.- f., *þrija* n. 'drei'.

Im System des Verbs sind außer dem Dualis (s. o.) auch weitere Archaismen bewahrt. Am wichtigsten ist das Vorhandensein des echten (synthetischen) Passivs im Präsens, z. B. Ind. *nima* 'ich nehme' ≠ *nimada* 'ich werde genommen'; Opt. *nimau* 'ich würde nehmen' ≠ *nimaidau*

'ich würde genommen werden', des weiteren die Verwendung der **R e d u-
p l i k a t i o n** (auch **V e r d o p p e l u n g**), die in der Wiederholung eines
bestimmten Wortteils besteht. Wie in der indogermanischen Grundsprache,
diente sie auch im Gotischen zur Bildung des Präteritums einer Gruppe der
Verba. (Den indogermanischen Stand spiegeln z. B. lat. *do* 'ich gebe' ≠
dedi 'ich gab' und gr. παιδεύω 'ich erziehe' ≠ πεπαίδευκα 'ich erzog' wider.)
Diese Verba sind im Gotischen *haldan* 'halten' (*haihald*), *fahan* 'fangen'
(*faifah*), *slepan* 'schlafen' (*saislep*), *haitan* 'heißen' (*haihait*), *hopan* 'prahlen'
(*haihop*), *aukan*, 'vermehren' (*aiauk*), *letan* 'lassen' (*lailot*), *gretan* 'weinen'
(*gaigrot*), *redan* 'raten' (*rairoþ*), *tekan* 'berühren' (*taitok*), *saian* 'säen' (*saiso*),
waian 'wehen' (*waiwo*). Darunter sind einige zugleich ablautend. Diese
germanische Form der Reduplizierung wird, da das verdoppelte Element
nur reduziert auftritt, auch **g e b r o c h e n e R e d u p l i k a t i o n** genannt.

Das gotische Verb kennt zwei grundlegende, synthetisch gebildete **T e m-
p o r a**: das **P r ä s e n s** und das **P r ä t e r i t u m**. Das **F u t u r u m**
wird in der Regel mit dem Präsens oder mit Hilfe von Präfixen (neben dem
Präsens) bzw. mit Umschreibungen ausgedrückt. Die drei **M o d i** waren
der Indikativ, der Optativ und der Imperativ. Der **O p t a t i v** versah
gleichzeitig die Funktion des Konjunktivs. Die **N o m i n a l f o r m e n**
des gotischen Verbs waren der Infinitiv, das Partizip des Präsens und das
Partizip des Präteritums, welch letzteres gewöhnlich passivisch gebraucht
wurde.

Über die starken und die schwachen Verba vgl. II.2.3. In einigen Grammatiken werden als eine besondere Gruppe jene Verba behandelt, die das
Präteritum und das Partizip des Präteritums (genauer: das perfekte Partizip) ohne Fugenvokal bilden, während ihre Präsensformen in allem den
Regeln der 1. Klasse folgen, z. B. *þagkjan* 'denken' — *þahta* 'dachte'.

Wie früher dargelegt, sind uns auch einige germanische Präteritopräsentien nur aus dem Gotischen belegt (vgl. II.2.3.). Die indogermanischen
-mi-Verba sind dagegen mit einem einzigen Verb vertreten: *im* 'ich bin', *is*
'du bist', *ist* 'ist', *siju* 'wir (beide) sind', *si(j)um* 'wir sind', *si(j)uþ* 'ihr seid',
sind 'sie sind' usw. Es ist eigentlich ein **W u r z e l v e r b**, da es jeglicher
Stammbildungssuffixe entbehrt. Vom indogermanischen *es*-Stamm wird
dabei außer den obigen Formen (Präs. Ind.) noch das Präs. Opt. (*si[j]au*
'ich sei/wäre' usw). gebildet; die sonstigen Tempora und die Verbalnomina
stellt das Verb *wisan* 'sein' (vgl. dt. *Wesen, ver-wesen, ge-wesen*), das zur 5.
Ablautsreihe gehört. Diese Ergänzung durch einen anderen Stamm heißt
auch **S u p p l e t i v i s m u s**.

Eine gotische — und im allgemeinen auch germanische — Besonderheit
ist, daß das Präs. Opt. von *wiljan* 'wollen' eigentlich den Indikativ ersetzt
(*wiljau* 'ich will').

IV.1.4. Wortschatz

Auf die besonderen **nordgermanischen** Beziehungen des gotischen Wortschatzes wurde bereits verwiesen (vgl. IV.1.1.). Sprachgeographisch noch interessanter sind jene Formen, die außer dem Gotischen nur dem **Altschwedischen** eigen sind, z. B. got. *bagms* ~ aschw. *bagn* 'Baum', got. *kriustan* ~ aschw. *krysta* 'knistern', was die Ortung der alten Wohnsitze der Goten im südöstlichen Skandinavien erhärtet.

An **Archaismen** fehlt es auch im gotischen Wortschatz nicht. Es handelt sich ab und zu sogar um Wörter, die zweifellos indogermanisches Erbe sind, im germanischen Kreis jedoch isoliert dastehen, z. B. got. *aþn* 'Jahr' (vgl. lat. *annus* < *atnos* 'dass.').

Ebenso aufschlußreich sind die Sonderschichten der Entlehnungen. Das Gotische kennt z. B. **keltische und lateinische Lehnwörter**, die — zumindest in derselben Lautung — sonst in keiner germanischen Sprache bekannt sind, vgl. got. *kelikn* (< gall. *cēlicnon*) 'Turm', got. *lukarn* (< lat. *lucerna*) 'Lampe, Licht', got. *Kreks* (< lat. *Graecus*) 'Grieche' u. dgl. m.

Einer jüngeren Lehnschicht gehören vermutlich Wörter an wie got. *aket* (< lat. *acetum*) 'Essig', got. *anno* (< lat. *annona*) 'Sold', got. *aurali* (< lat. *orarium*) 'Tuch', got. *aurkjus* (< lat. *urceus*) 'Krug', got. *sulja* (< lat. *solea*) 'Sohle', got. *bwssaun* (< gr. βύσσον) 'feine Leinwand' und freilich auch solche Lehnübersetzungen wie got. *diswiss* 'Abschied, Abzug' (< gr. ἀνάλυσις 'dass.').

Auf der südrussischen Steppe werden Wörter wie *ulbandus* (vgl. lat. *elephantus* !) 'Kamel' (!) und *smakka* 'Feige' ins Gotische gekommen sein. Für alte slawische Einwirkung zeugt got. *plinsjan* 'tanzen' (<asl. *plęsati*, vgl. russ. пляска 'Volkstanz').

IV.1.5. Textprobe

Atta unsar, þu in himinam, weihnai namo þein. Qimai þiudinassus þeins. Wairþai wilja þeins, swe in himina jah ana airþai. Hlaif unsarana þana sinteinan gif uns himma daga. Jah aflet uns þatei skulans sijaima, swaswe jah weis afletam þaim skulam unsaraim. Jah ni briggais uns in fraistubnjai, ak lausei uns af þamma ubilin; unte þeina ist þiudangardi jah mahts jah wulþus in aiwins.

(Codex Argenteus. MATTHÄUS VI. 9—13.)

atta m. 'Vater'; *unsar* 'unser' (~*ana* Akk. Sing. m.; ~*aim* Dat. Pl.); *þu* 'du'; *in* 'in'; *himin/s* m. 'Himmel' (~*am* Dat. Pl.; ~*a* Dat. Sing.); *weihnan* 'geweiht werden' (3. Sing. Präs. Opt.); *namo* n. 'Name'; *þeins* 'dein' (Nom. Sing. m.; *þein* Nom. Sing. n.; *þeina* Nom. Sing. f.); *qiman* 'kommen' (3. Sing. Präs. Opt.); *þiudinassus* m. 'Land, Reich, Königreich'; *wairþan* 'werden' (3. Sing. Präs. Opt.); *wilja* m. 'Wille'; *swe* 'wie, so wie'; *jah* 'und, so'; *ana* 'an, auf'; *airþa* f. 'Erde' (∼*i* Dat. Sing.); *hlaifs* m. 'Brot' (*hlaif* Akk. Sing.); *sa, so, þata* 'der, die, das' (*þana* Akk. Sing. m.; *þaim* Dat. Pl.; *þamma* Dat. Sing. m.-n.); *sinteins* 'täglich' (*sinteinan* Akk. Sing. m.); *giban* 'geben' (*gif* 2. Sing. Imp.); *uns* 'uns'; *himma daga* 'heute' (<*his* 'dieser' + *dags* 'Tag'); *afletan* 'vergeben, entlassen' (*aflet* 2. Sing. Imp.; *afletam* 1. Pl. Präs. Ind.); *þatei* 'daß, weil, wenn'; *skula* m. 'Schuldner' (∼*ns* Nom. Pl.); *sijaima* 'wir seien/wären' (1. Pl. Präs. Opt. → *wisan* 'sein'); *swaswe* 'wie auch, so wie'; *weis* 'wir'; *ni* 'nicht'; *briggan* 'bringen' (2. Sing. Präs. Opt.); *fraistubni* f. 'Versuchung' (*fraistubnjai* Dat. Sing.); *ak* 'aber, doch'; *lausjan* 'befreien, erlösen' (2. Sing. Imp.); *af* 'von'; *ubil(o)* n. 'Übel' (*ubilin* Dat. Sing.); *unte* 'weil, denn'; *ist* 'ist' (→ *wisan*); *þiudangardi* f. 'Königreich'; *mahts* f. 'Macht'; *wulþus* m. 'Pracht, Herrlichkeit'; *aiws* m. 'Zeit, Ewigkeit' (*aiwins* Akk. Pl.).

IV.2. DIE NORDGERMANEN

IV.2.1. Geschichte und Verbreitung

Von allen Germanen siedelten die Nordgermanen am weitesten entfernt von den südeuropäischen Kulturzentren des klassischen Altertums; somit ist es auch kein Wunder, daß die Autoren über sie am wenigsten zu berichten wußten.

Der römische Historiker PLINIUS DER ÄLTERE faßte sie unter dem Namen I l l e v i o n e s (H i l l e v i o n e s) zusammen. Nach ihm sollen sie in 500 Gauen gelebt haben. Im 44. Kapitel der „Germania" des TACITUS wird der Stamm der S v i o n e s erwähnt, die Vorfahren der heutigen Schweden, die in der altnordischen Überlieferung unter dem Namen *Svíar* bekannt sind (vgl. *Sverige* 'Reich der Svíar: Schweden'). Dieser Stamm lebte ursprünglich in der Gegend des Mälarsees und breitete seine Macht allmählich über das ganze Land aus. Bei dem griechischen Geographen PTOLEMAIOS erscheint im 2. Jh. u. Z. der andere Hauptstamm des Nordens, die G a u t e n, deren Name eine Ablautvariante des Stammesnamens der G o t e n ist und in geographischen Namen wie *Gotland* und *Göteborg* 'Gotenburg' noch heute lebt. Die Dänen werden erst später, im 6. Jh., bei dem Historiker der Goten, JORDANES, und bei dem Griechen PROKOP erwähnt.

Infolge der Stammeswanderungen hat sich die einheitliche a l t n o r- d i s c h e G r u n d s p r a c h e früh in einen westlichen und einen östlichen Zweig gespalten. Den W e s t z w e i g vertrat das A l t n o r w e- g i s c h e, dessen südwestliche Mundarten von Umsiedlern im 9.—10. Jh. nach Island verpflanzt wurden. Um diese sogenannte „Landnahmezeit" (an. *landnámatíd*) begann die Trennung des Isländischen vom Norwegischen. Der **Ostzweig** bestand aus dem **Altschwedischen** und dem **Altdänischen**. Ab 1500 dürfen wir von **Neuisländisch, Neuschwedisch** bzw. **Neudänisch** sprechen. Demnach gliederten sich die nordgermanischen Sprachen — NB: historisch-genetisch; typologisch vgl. jedoch V.5.! — folgendermaßen auf:

```
                        Altnordisch
         ┌──────────────────┴──────────────────┐
    westlicher Zweig                      östlicher Zweig
    ┌────┴────┐                           ┌────┴────┐
Isländisch  Norwegisch                 Dänisch   Schwedisch
(Färöisch)
```

Abb. 37. Gliederung der nordgermanischen Sprachen

Nordgermanische Sprachen werden in unserer Zeit in Dänemark, Norwegen, Schweden, im Küstengebiet Finnlands und in Island gesprochen; ein dem Isländischen sehr nahe stehendes, aber über eine eigene Schriftsprache verfügendes nordgermanisches Idiom herrscht auf den Färöischen Inseln im Nordwesten von Großbritannien.

IV.2.2. Quellen

Den nordgermanischen Sprachen, vor allem dem **Altnordischen** und dem heute noch in mancher Hinsicht archaischen **Isländischen**, kommt in der Erforschung der germanischen Sprachgeschichte eine besondere Bedeutung zu. Sie bieten uns ein überaus reiches Quellenmaterial zur Erschließung ältesten Sprachzustandes. Diese Quellen bestehen z. T. aus den — dank den Wikingern auch außerhalb Skandinaviens vorhandenen — **Runeninschriften**, die größtenteils schon veröffentlicht sind. Diese weittragende Aufgabe wurde in erster Linie von zwei norwegischen Gelehrten, SOPHUS BUGGE und MAGNUS OLSEN, gelöst. Noch wichtiger ist vielleicht jenes **historische und schöngeistige Schrifttum**, das in Island nach der Bekehrung zum Christentum (1000) niedergeschrieben wurde. Da die Christianisierung in Island nicht erzwungen wurde, sondern auf friedlichem Wege erfolgte, wurden die heidnischen Überlieferungen im Gegensatz zum europäischen Festland nicht ausgerottet.

Die erste Gruppe der isländischen Quellen bilden die in stabreimenden Strophen verfaßten Lieder der „Edda". Sie sind z. T. heidnische **Mythen**, z. T. **Heldenlieder** und gereimte Lebensweisheiten bzw. Überlieferungen in der Form der **Spruchdichtung** (Gnomen). Ihre Verfasser sind unbekannt (vgl. III.4.2.). Eine weitere Quellengruppe ergibt die nordische **Skaldendichtung**, die gekünstelt-barocke Hofdichtung der Wikingerzeit, die z. T. jedoch stark mythologisch gebunden ist. Linguistisch betrachtet, ist die dritte Gruppe der Quellen am allerwichtigsten: die **Sagaliteratur**. Die ältesten „Sagas" (Pl. auch *Sǫgur*) enthalten z. T. isländische Familiengeschichten aus der Landnahmezeit, z. T. die Vitae norwegischer Herrscher, in einem schlichten, realistisch bestimmten Prosastil. Sprachlich tradieren sie die zeitgenössische Umgangssprache und bieten somit — im Vergleich zu der Übersetzungsliteratur bei den übrigen germanischen Völkern — mehr Gelegenheit zur Untersuchung der von fremden Einflüssen mehr oder minder unberührten germanischen Syntagmatik und Syntax.

IV.2.3. Altnordisch

Die altnordische Sprache hat noch ziemlich deutlich Merkmale der germanischen Grundsprache bewahrt. Die Endung des Nominativs Sing. einzelner Deklinationsklassen (*-s*), die in anderen germanischen Sprachen (über *-z* > ʀ >) zu *r* gewandelt wurde bzw. abgefallen ist, ist in ihr als ʀ erhalten geblieben, z. B. got. *dags* ~ an. *dagaʀ* 'Tag' (< germ. **dagaz*), got. *wulfs* ~ an. *wulfaʀ* 'Wolf' (< germ. **wulfaz*), got. *gasts* ~ an. *gastiʀ* 'Gast' (< germ. **gastiz*). In der Bewahrung der auslautenden (nebentonigen) Vokale erwies sich das Altnordische als noch altertümlicher als das Gotische, vgl. an. *horna* gegenüber got. *haurn* 'Horn'.

Bis zur **Wikingerzeit** wurde dieser archaische Zustand jedoch weitgehend aufgegeben. Die Neuerungen der Wikingerzeit sind auch für die Geschichte des Englischen sehr wichtig, da die stärksten Einwirkungen des Nordischen auf das Englische gerade in diese Zeit fallen.

Immer stärker trat der Abfall auslautender Vokale und Konsonanten (**Apokope**) und der Ausfall wenig betonter Vokale (**Synkope**) in Erscheinung, z. B. *horna* > *horn* 'Horn', Pl. **hornu* > *horn* 'Hörner'; **landu* (Pl.) > *lǫnd* 'Länder'. — Parallel zur Reduktion setzte sich auch der **Umlaut** bzw. die **Brechung** durch, z. B. **landu* > *lǫnd* 'Länder'; **gastiʀ* > *gestr* 'Gast'; **herto* > *hjarta* 'Herz'; **erþu* > *jǫrð* 'Erde'.

Vor hinteren Zungenvokalen schwand anlautendes *j* bzw. *w*, z. B. **jēra* > *ár* 'Jahr'; **juka* > *ok* 'Joch'; **wulfaʀ* > *úlfr* 'Wolf'; **wurða* > *orð* 'Wort'. — Auslautendes *n* wurde zunächst nasaliert, dann endgültig aufgegeben, z. B. **geƀan* > *gefa* [geva] 'geben'; **ohsan* > *oxa* (Akk.) 'Ochse'.

Besonders häufig war die Lautangleichung (**Assimilation**) von Konsonanten, z. B. **gulþa* > *goll* 'Gold', **finþan* > *finna* 'finden', **stainaʀ* > *steinn* 'Stein', **stōlaʀ* > *stóll* 'Stuhl', **lausaʀ* > *lauss* 'lose'.

Gleichzeitig mit der Umstellung des Lautsystems, teilweise als Folge davon, wird das **Konjugationssystem** weiter vereinfacht: an.

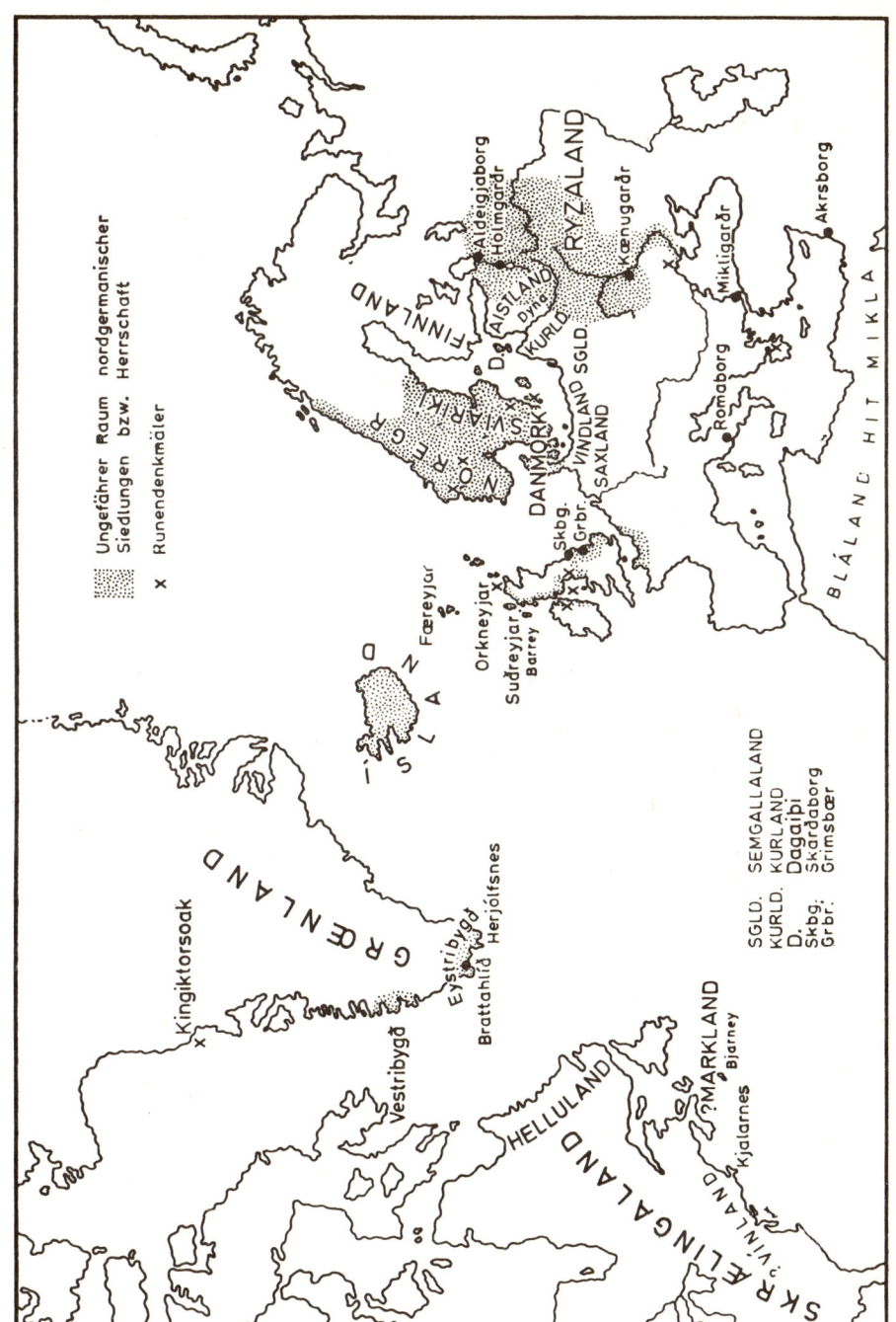

Abb. 38. Die Ausbreitung der Nordgermanen (nach E. V. GORDON)

*_bindiʀ_ 'du bindest' und _bindiþ_ 'er bindet' lauten im Altisländischen schon gleich: _bindr_. Als Neuerung kommt im Nordischen ein synthetisches P a s s i v auf, das auch die Funktion des Mediums erfüllt, mit dem Sondermerkmal, daß es eigentlich als Reflexivum gebildet wurde, z. B. _kalla_ 'nennen' → _kalla-sik_ 'nennen sich' → _kallas_(_k_) 'genannt/gerufen werden: heißen'. Im Kreis der germanischen Sprachen ist es eine nordische Besonderheit, daß der aus dem Demonstrativum entwickelte bestimmte Artikel nicht v o r, sondern h i n t e r das zu bestimmende Substantiv gestellt wird, z. B. _dagr_ 'Tag' → _dagr-inn_ 'der Tag'. Auch neue Pronomina sind in dieser Zeit im Nordgermanischen verallgemeinert worden, vgl. _hann_ 'er', _hon_ 'sie' usw.

Es sei angemerkt, daß die Nordgermanen in der Wikingerzeit noch alle ihre Stammesdialekte als e i n e Sprache betrachteten, die sie einheitlich _dǫnsk tunga_ 'dänische Sprache' nannten. Die bewußte Unterscheidung der nordischen Einzelsprachen wurde erst im Spätmittelalter üblich, nachdem die sprachlichen Unterschiede größer geworden waren (Abb. 38).

Die Trennung des West- und des Ostzweiges war im 10. Jh. bereits ganz offenkundig. Der W e s t z w e i g — Altnorwegisch und Altisländisch — trägt in dieser Zeit den gemeinsamen Namen _norrœn_ 'Nordisch' oder _norrœnt mál_ 'nordische Sprache'. Die wichtigsten Merkmale der Trennung der beiden Zweige lassen sich im Folgenden zusammenfassen:

Im Ostzweig wurden die alten Diphthonge monophthongiert, z. B. aisl.-anorw. _steinn_ ≠ aschw.-adän. _stēn_ 'Stein', aisl.-anorw. _auga_ ≠ aschw. _øgha_ ∼ adän. _øghe_ 'Auge', aisl. _heyra_ ∼ anorw. _høyra_ ≠ aschw. _høra_ ∼ adän. _høre_ 'hören'. — Im Ostzweig wurde der Umlaut nicht so weitgehend verallgemeinert wie im Norrøn, vgl. aisl. _kømr_ ≠ aschw.-adän. _komer_ 'er kommt', aisl. _væri_ ≠ aschw.-adän. _väre_ 'er wäre', aisl. _lǫnd_ (> _lönd_) ≠ aschw.-adän. _land_ 'Länder', aisl. _sǫk_ (> _sök_) ≠ aschw. _sak_ 'Sache' usw.

Im östlichen Zweig wurde _y_ > _iu_ diphthongiert vor den Lautverbindungen -_ngw_-, -_nkw_- und -_ggw_-, z. B. aisl. _syngva_ ≠ aschw. _siunga_ ∼ adän. _siunge_ 'singen' (B r e c h u n g). Die anlautende Konsonanz _vr_- blieb im Osten erhalten, im Westen wurde sie dagegen zu _r_- vereinfacht, vgl. aschw. _vriþa_ ≠ aisl. _ríða_ 'winden, drehen'. Auch die Assimilation von Konsonantengruppen ist im Ostzweig seltener als im Westen, vgl. aschw.-adän. _œnkia_ ≠ aisl.-anorw. _ekkia_ 'Witwe', aschw.-adän. _mantul_ ≠ aisl.-anorw. _mǫttul_ 'Mantel'.

Die Dativendung des Plurals ist in der Deklination der _u_-Stämme im Westen das altertümliche -_unum_, im Osten hingegen -_umin_, z. B. aisl.-anorw. _fótunum_ ≠ aschw.-adän. _fotumin_ 'Füßen'. Das reflexivische Passiv wurde im Osten ebenfalls vereinfacht, vgl. aschw.-adän. _kallas_ gegenüber aisl.-anorw. _kallask_ 'genannt/gerufen werden, heißen'.

IV.2.4. Textproben

(a) *Goldenes Horn von Gallehus* (Nordschleswig, 5. Jh.). Runeninschrift.

ᛖᚲ ᚺᛚᛖᚹᚨᚷᚨᛋᛏᛁᛉ ᚺᛟᛚᛏᛁᛃᚨᛉ
e k   H l e w a g a s t i R   H o l t i j a R

ᚺᛟᚱᚾᚨ ᛏᚨᚹᛁᛞᛟ
h o r n a   t a w i d o

ek 'ich'; *HlewagastiR* m. (PN); *HoltijaR* 'der Holte, der aus Holt stammende' (vgl. aisl. *holt* 'Wald'); *horna* 'Horn' (Nom.-Akk. Sing. n.); *tawido* 1. Pers. Sing. Prät. Ind. → *taujan* 'tun, machen, verfertigen'.

(b) *Brakteat von Tjurkö* (Blekinge, Schweden, 5. Jh.). Runeninschrift.

ᚹᚢᚱᛏᛖ ᚱᚢᚾᛟᛉ ᚨᚾ ᚹᚨᛚᚺᚨᚲᚢᚱᚾᛖ
w u r t e   r u n o R   a n   w a l h a k u r n e

ᚺᛖᛚᛞᚨᛉ ᚲᚢᚾᛁᛗᚢᛞᛁᚢ
H e l d a R   K u n i m u d i u

wurte 1. Pers. Sing. Prät. Ind. → **wurkjan/wirkjan* '(be)wirken, verfertigen'; *runoR* Akk. Pl. → *rūna* 'Rune'; *an* 'an, auf'; *walhakurne* Dat. Sing. → **walha-* 'fremd' + **kurna-* 'Korn, Getreide, Kern' > *walhakurna* 'fremdes Korn/Getreide' = 'Gold' (Kenning, vgl. III.4.4.!); *HeldaR* m. (PN); *Kunimudiu* Dat. Sing. → *Kunimu(n)d* (PN).

IV.2.5. Isländisch

IV.2.51. Geschichte. Quellen

Das zum Westzweig der nordgermanischen Sprachen gehörende **Isländische** steht unter den heutigen germanischen Sprachen dem Altnordischen, ja man darf sagen, dem Gemeingermanischen am nächsten. Sein Verbreitungsgebiet beschränkt sich so gut wie ausschließlich auf die Inselrepublik *Island* (d. h. 'Eisland'). Die Größe des Landes beträgt 102 829 km², die Zahl der Einwohner liegt etwas über 210 000. Das Land ist von zahlreichen kleineren, z. T. unbewohnten Inseln bzw. Inselgruppen umgeben. Island ist das westlichste Land Europas, seine Hauptstadt ist *Reykjavík* (d. h. 'Rauchbucht'). Außer in Island leben Isländer in größerer Anzahl nur in den Vereinigten Staaten und in Kanada. Das innere Land, etwa 75% der Gesamtfläche, ist unbewohnt; die Bevölkerung ist hauptsächlich in den Städten und Dörfern bzw. auf Gehöften an den Küstenstreifen ansässig. Im Wirtschaftsleben stehen Fischfang und Viehzucht an erster Stelle, der Ackerbau ist infolge der ungünstigen Klimaverhältnisse unbedeutend. Die Staatsform ist die parlamentarische Demokratie. Die Bevölkerung ist fast ausnahmslos lutherisch.

Vor dem 9. Jh. waren es nur irische Mönche, die die damals noch unbewohnte Insel besuchten, um dort Klöster zu gründen. In der zweiten Hälfte des 9. Jh.s, zwischen 850 und 870, besetzten norwegische Siedler das Land, die im Ergebnis der Wikingerzüge vor der feudalen Umstellung Norwegens hier eine neue Heimat suchten (*landnámatíd* 'Landnahmezeit'). Seit 930 besteht die Volksversammlung der Isländer als oberste gesetzgebende Körperschaft (*Alþingi* 'Althing: All-Ding'). Die Bekehrung zum Christentum wurde im Jahre 1000 ebenfalls vom Alþingi verordnet. Nach verschiedenen mißglückten Versuchen gelang es nach 1261 König HÁKON HÁKONSSON (1217—1263), Grönland, wo damals noch isländische Kolonien bestanden, Norwegen anzuschließen. Sein Sohn MAGNUS LAGABÆTIR (1263—1280) dehnte seine Macht auch auf Island aus. In der Folgezeit teilte Island die Geschichte Norwegens und kam 1380 unter dänische Herrschaft, obschon es seine Selbständigkeit — mehr formal als ökonomisch — gewissermaßen bewahren durfte. Die Angriffe ausländischer Piraten, vulkanische Ausbrüche (1783), vor allen Dingen aber der Umstand, daß die Dänen die Wirtschaft und den Außenhandel des Landes restlos an sich gerissen hatten, stürzten Island im 17.—18. Jh. in das schlimmste wirtschaftliche Elend. Bis 1854 gewährten die Dänen z. B. ausländischen Handelsleuten keinen Zutritt zum Land, und es gelang dem isländischen Volk erst nach einem langwierigen politischen Kampf, im Jahre 1874 gewisse politische Rechte zu erzwingen, indem der dänische König die Tätigkeit des Alþingi — wenngleich in sehr beschränktem Rahmen — wieder bewilligte. Der Erste Weltkrieg zwang Dänemark zu weiteren Zugeständnissen: 1918 mußten die Dänen die staatliche Selbständigkeit Islands innerhalb der dänisch-isländischen Personalunion anerkennen. Während des Zweiten Weltkriegs wurde das Inselland von amerikanischen und britischen Truppen besetzt; am 17. Juli 1944 löste sich Island auf Grund einer Volksabstimmung von Dänemark los und konstituierte sich zu einer unabhängigen Republik. Seit 1946 ist auch Island Mitglied der UNO.

Wie schon angedeutet (vgl. IV.2.2.), liefert die isländische Literatur in vieler Hinsicht die wichtigsten Quellen für die Forscher der nordgermanischen Sprachen wie auch der germanischen Kulturgeschichte. Die altisländische Literatur erlebte im 11.—13. Jh. ihre Blütezeit. Die fremde

Kolonisation beschwor zwangsläufig auch den Verfall des literarischen Lebens herauf. Erst im ausgehenden 14. Jh. zeichneten sich die Anfänge einer neuen Strömung in der Literatur ab: es war das die *Ríma*-Dichtung, wobei die *ríma* (eigtl. 'Reim') im großen und ganzen der europäischen Ballade bzw. Romanze entspricht. Das Zeitalter der Reformation (1750—1835) war vom religiösen Schrifttum beherrscht. Um die Mitte des vorigen Jahrhunderts hat die erstarkende nationale Bewegung der europäischen Romantik auch in Island zum Sieg verholfen. Um die Jahrhundertwende, besonders aber im 20. Jh., vollzog sich die Wiedergeburt der isländischen Literatur auf der Grundlage des Realismus, nicht zuletzt dank dem Schaffen solcher hervorragenden Dichter wie HALLDÓR K. LAXNESS, SIGURÐUR NORDAL und KRISTMANN GUÐMUNDSSON.

Die wichtigsten **Schriftdenkmäler** befinden sich in der sogenannten Arnamagnæanischen Sammlung in der Universitätsbibliothek von Kopenhagen, deren Grundlagen zu Beginn des 18. Jh.s von einem der größten isländischen Gelehrten, ÁRNI MAGNÚSSON (†1730), geschaffen wurden. Bedeutende Handschriften werden auch in der Königlichen Bibliothek von Kopenhagen aufbewahrt, vor allem die wichtigste Handschrift der Eddalieder („Codex Regius"). Zwei weitere wichtige Sammlungen isländischer Handschriften liegen in der Universitätsbibliothek in Uppsala und in der Königlichen Bibliothek von Stockholm in Schweden.

Die wertvollsten Handschriften im Besitz dieser Institutionen sind das Gesetzbuch „Grágás" ('Graugans') vom Ende des 13. Jh.s; der „Codex Regius" ('Königlicher Kodex') mit den Eddaliedern von 1270; die „Morkinskinna" ('Morsches Lederbuch') mit den norwegischen Königssagen aus der Zeit um 1260; die Handschrift der Abschriften von der Prosa-Edda von SNORRI STURLUSON aus dem 13. Jh., die sogenannte „Kringla"; die im Hinblick auf die Geschichte der Orthographie und der Sprache äußerst wichtigen „Annales Regii" ('Königliche Jahrbücher') aus dem angehenden 14. Jh.; der „Codex Wormianus" aus der zweiten Hälfte des 14. Jh.s, der auch schon Traktate über die Grammatik des Isländischen enthält; das „Flateyjarbók" ('Buch von Flatey') vom Ende des 14. Jh.s, eine der wertvollsten Quellen der nordischen Geschichtsschreibung.

IV.2.52. Altisländisch

Die altisländische Periode wird in der einschlägigen Literatur vom 9. bis um die Mitte des 16. Jh.s angesetzt. Dem Laienbewußtsein ist diese Abgrenzung unbekannt: die Unterschiede zwischen Alt- und Neuisländisch sind dermaßen geringfügig, daß die Sprachträger beides als **eine** Sprache empfinden.

Innerhalb des Altisländischen ist die Sprache der dichterischen Denkmäler besonders altertümlich. Nur in Gedichten sind solche alte Merkmale belegt wie die — enklitisch entstandene — Suffigierung der Pronomina (z. B. *emk* anstelle von *em ek* 'bin ich'), der Gebrauch der Negationspartikel *-a(t)*, z. B. *veitka* anstatt *veit ek eigi* 'weiß ich nicht', u. dgl.

Im Gegensatz zu den übrigen nordgermanischen Sprachen hat das Altisländische altes *h* in den Anlautskonsonanzen *hl-, hr-, hn-* bewahrt, z. B. *hleifr* 'Brot, Laib' (got. *hlaifs*, engl. *loaf*), *hringr* 'Ring' (engl. *ring*, vgl. etwa got. *hrops* 'Ruf'), *hníga* 'neigen, beugen (sich)' (vgl. got. *hneiwan*).

Lange Zeit hindurch lassen sich nur kaum nennenswerte Abweichungen des Altisländischen von den westnorwegischen Dialekten vermerken. Erst vom 13. Jh. an nimmt allmählich die Trennung der beiden Sprachvarianten größere Ausmaße an. Die gemeinsame Bezeichnung *norrønt mál* 'nordische Sprache' war sogar noch in der klassischen Periode des Altisländischen (12.—14. Jh.) im Umlauf; der Begriff 'isländische Sprache' (*íslenzkt mál*) tauchte das erste Mal im 15. Jh. auf, und zwar infolge der raschen Weiterentwicklung des Norwegischen vom 14. Jh. an, woran das Isländische nicht mehr teilhatte. Dieser Umstand erklärt die Vielfalt der Bezeichnungen für die letzten Endes gleiche Sprache in der Literatur wie *Altisländisch, Altnorwegisch, Altwestnordisch* oder einfach *Altnordisch*.

Die altisländischen Texte wurden vom Anfang an in l a t e i n i s c h e r S c h r i f t niedergeschrieben, obwohl auch vereinzelte — spätere — Runeninschriften aus Island bekannt sind. Die lateinische Schrift kam aus zwei Quellen nach Island: z. T. aus der karolingischen Minuskelschrift, z. T. aber aus England (vgl. III.3.6.). Die G r a p h e m a t i k war während der ganzen altisländischen Periode uneinheitlich. Die heute in den Textausgaben übliche N o r m a l i s i e r u n g beruht auf der wissenschaftlichen Textkritik der Neuzeit. Danach wird das folgende „altisländische" A l p h a b e t verwendet: *a, á, b, d, ð, e, é, f, g, h, i, í, j, k, l, m, n, o, ó, p, r, s, t, u, ú, v, x, y, ý, z, þ, ǽ (ǣ), ø, ǿ, ǫ*. Die Bezeichnung der Länge (*á, é* usw.) wurde aus der ags. Graphematik übernommen. *f* wird im Wortanlaut als [f], sonst als stimmhaftes [v] ausgesprochen; *p* ist im allgemeinen [p], aber [f] in der Stellung vor *t* und *s*; *y, ý* sind gerundet, d. h. [y] bzw. [y:]. *z* bezeichnet — wie im Deutschen — die Affrikate [ts]; *ǽ* und *ǣ* geben gleichsam ein langes offenes [ɛ:] wieder; *ø, ǿ* waren ursprünglich labiales [ø] bzw. [ø:], wurden aber ziemlich früh zu [æ] bzw. [æ:] entrundet. Der Lautwert von *ǫ* war ursprünglich labiales [ɔ], seit dem 13. Jh. aber gerundetes [ø]. Das Altisländische besaß außerdem drei Diphthonge: *au, ei, ey*.

Auf einige wichtigere L a u t v e r ä n d e r u n g e n der altnordisch-altisländischen Periode wurde bereits verwiesen (vgl. IV.2.3.). Ergänzend sei hier noch das Allerwichtigste angeführt:

1. Der Umlaut wurde weitgehend durchgeführt. Man unterscheidet folgende Varianten des Umlauts: (a) den *a*-Umlaut, der durch den Schwund von nebentonigem *a* verursacht wurde, z. B. **kurna* > *korn* 'Korn, Getreide', **þeoða* > *þjóð* 'Volk'; (b) den *i*-Umlaut, den die regressive Assimilation infolge eines nebentonigen *i* noch in der altnordischen Periode herbeiführte, wobei dieses *i* (noch im Altnordischen) wegfiel, z. B. an. *gastiʀ* > aisl. *gestr* 'Gast', *bók* 'Buch' — *bǿkr* 'Bücher', *mús* 'Maus' — *mýss* (< **mūsiʀ*) 'Mäuse', *heyra* 'hören' (vgl. got. *hausjan* [hɔːsjan]); (c) den ʀ-Umlaut, z. B. aisl. *kýr* 'Kuh' (vgl. ahd. *kuo*, ags. *cū*), aisl. *gler* 'Glas' (vgl. ahd. *glas*, engl. *glass*); (d) den sekundären *i*-Umlaut, bei dem den Umlaut bedingendes *i* der Nebentonsilbe erhalten blieb, z. B. got. *katils* gegenüber aisl. *ketill* 'Kessel'; (e) den *u*-Umlaut, z. B. aisl. *bǫrn* (< *barnu*) 'Kinder'; (f) den sekundären *u*-Umlaut, der sich im Altisländischen generell durchsetzte, in den altnorwegischen Dialekten hingegen in der Regel nicht eintrat, z. B. aisl. *faðir* 'Vater', aber *fǫdur* in den Objektkasus des Singulars.

2. Der andere folgenschwere Wandel im Vokalismus war die Brechung, wobei das *-e-* der Stammsilbe unter der Einwirkung eines nebentonigen *-a-* oder *-u-* zu *-ja-* bzw. *-jǫ-* „gebrochen" wurde, z. B. **berga* > *bjarg* 'Berg' bzw. **bergu* > *bjǫrg* 'Berge' (Pl.). Der nebentonige Vokal, der den Wandel ausgelöst hatte, fiel aus, ausgenommen, wenn die Brechung erst sekundär, analogisch erfolgte.

Der Konsonantismus hat sich wenig geändert, allerdings griffen verschiedene Assimilationstendenzen immer mehr um sich, so die verschiedenen Abarten des Nasalschwundes (z. B. aisl. *Þórr* gegenüber ahd. *Donar* ~ ags. *Þunor*; aisl. *drekka*, aber dt. *trinken* ~ engl. *drink*), desgleichen wurde *h*, außer im Anlaut, verdrängt (wie im Englischen!), vgl. got. *slahan*, aber aisl. *slá* 'schlagen' usw.

Die morphologische Struktur des Altisländischen — wie auch die des Neuisländischen und des damit eng verwandten Färöischen (vgl. IV.2.6.) — war im Vergleich zu den übrigen germanischen Sprachen sehr archaisch und hatte sich von der germanischen Grundsprache noch nicht wesentlich entfernt. Bei den Nomina wurden die drei Genera, bei den Pronomina (aber beim Verb nicht mehr) auch der Dualis unterschieden, z. B. *vér* 'wir' ≠ *vit* 'wir beide', (*þ*)*ér* 'ihr' ≠ (*þ*)*it* 'ihr beide'.

Die Deklination hat noch in beiden Numeri (Sing. ≠ Pl.) den Nominativ, Akkusativ, Genitiv und Dativ als Kasus bewahrt; Vokativ und Instrumentalis waren bereits geschwunden.

Die substantivischen Paradigmen lassen sich, genauso wie im Gotischen, nach Stammklassen auseinanderhalten. Die vokalischen Stammklassen waren: 1. *a*-Stämme (mit den Varianten *ja-*, *ia-* und *wa-*), z. B. *dagr* m. 'Tag', *land* n. 'Land'; *-ja-*: *herr* m. 'Heer', *sker* n.

'Schäre, Klippe'; -*ia*-: *hersir* m. 'Führer', *kvǽði* n. 'Lied'; -*wa*-: *sǫngr* m. 'Gesang', *hǫgg* n. 'Schlag, Hieb'; 2. *ō*-Stämme (mit den Varianten *jō*-, *iō*- und *wō*-), z. B. *skǫr* f. 'Haupthaar'; *jō*-: *ey* f. 'Insel'; -*iō*-: *heiðr* f. 'Heide'; -*wō*-: *dǫgg* f. 'Tau'; 3. *i*-Stämme, z. B. *gestr* m. 'Gast', *ǫxl* f. 'Achsel'; 4. *u*-Stämme, z. B. *vǫllr* m. 'Feld, Wiese'. Die Genusverteilung unter den Stämmen ist dieselbe wie im Gotischen (vgl. IV. 1. 3.). Die k o n s o n a n t i s c h e n Stämme waren: 1. *n*-Stämme („schwache" Deklination), z. B. *hani* m. 'Hahn', *hjarta* n. 'Herz', *saga* f. 'Saga, Sage, Geschichte', *gleði* f. 'Freude, Frohsinn'; 2. *r*-Stämme (Klasse der Verwandtschaftsnamen), z. B. *faðir* m. 'Vater', *bróðir* m. 'Bruder', *móðir* f. 'Mutter', *dóttir* f. 'Tochter', *systir* f. 'Schwester'; 3. *nd*-Stämme (Klasse der substantivierten Partizipien), z. B. *bóndi* m. 'Bauer, Landwirt'. Als eine 4. Gruppe erweist sich hier — im Gegensatz zum Gotischen, wo nur Reste davon vorhanden sind — die Klasse der r e i n e n S t ä m m e sehr produktiv, ja sie riß sogar Wörter aus anderen Klassen an sich, z. B. *fótr* m. 'Fuß' (aus der *u*-Klasse), *rǫng* f. 'Spant, Rippe'.

Es ist anzumerken, daß diese Klassen auch im Altisländischen des öfteren durcheinandergebracht werden, das heißt, die Tendenz der Einverleibung kleinerer Klassen in die größeren kam auch hier schon zur Geltung. Im Unterschied zu den übrigen germanischen Sprachen konnte sich aber diese innere Entwicklungstendenz im Isländischen bis heute nicht restlos durchsetzen.

Bei den P r o n o m i n a verdient das Personalpronomen der 3. Person besonders erwähnt zu werden, da es einen spezifisch nordischen Charakter trägt (*hann* 'er', *hón* 'sie'); das Neutrum (*þat* 'es') sowie der für alle drei Genera gleiche Plural (*þeir* 'sie') ist gleich der entsprechenden Form des Demonstrativpronomens. Wie in den nordischen Sprachen im allgemeinen, wird der aus dem Demonstrativum entwickelte A r t i k e l auch im Altisländischen als Suffix verwendet (S c h l u ß a r t i k e l oder s u f f i g i e r t e r A r t i k e l), z. B. *armr* m. 'Arm' → *armr-inn* 'der Arm', *skǫr* f. 'Haupthaar' → *skǫr-in* 'das Haupthaar', *land* n. 'Land' → *land-it* n. 'das Land'. Daneben wurde auch der f r e i s t e h e n d e A d j e k t i v a r t i k e l gebraucht, z. B. **hinn** *nǽsta dag* 'der nächste Tag; am nächsten Tag'.

Das A d j e k t i v wurde stark und schwach dekliniert. Die starke Deklination des Adjektivs folgte im allgemeinen den Regeln der Stammklassen der Substantiva, während die schwache Deklination im großen und ganzen mit jener der „schwachen" Substantiva identisch war.

Unter den N u m e r a l i e n war *einn* 'ein' auch als unbestimmter Artikel von Bedeutung und wurde nach den drei Genera flektiert wie auch *tveir* m., *tvǽr* f., *tvau* n. 'zwei' bzw. *þrír* m., *þrjár* f., *þrjú* n. 'drei' und — über das Gotische hinaus! — auch *fjórir* m., *fjórar* f., *fjǫgur* n. 'vier'.

Die altisländischen V e r b a sind z. T. stark, z. T. schwach. Die starken Verba — etwa 250 an der Zahl — gliedern sich in 6 bzw. 7 Ablautsreihen vgl. II. 2. 3.: 1. *grípa — greip — gripum — gripinn* 'greifen'; 2. *bjóða — bauð — buðum — boðinn* '(ge)bieten, befehlen'; 3. *binda — batt — bundum — bundinn* 'binden'; 4. *nema — nam — námum — numinn* 'nehmen'; 5. *lesa — las — lásum — lesinn* 'lesen'; 6. *fara — fór — fórum — farinn* 'fahren'. Die 7., reduplizierend-ablautende Klasse (vgl. im Gotischen, IV. 1. 3.) ist nur noch in Spuren zu erkennen, z. B. *sá* 'säen' — *sera* 'ich säte' < *seʀō < *sesō, vgl. got. *saiso*. — Die vier Stammklassen der schwachen Verba sind: 1. *-ō*-Stämme wie *kalla* (< *kallōn) → *kallaða* 'nennen, rufen'; 2. *-ja*-Stämme, z. B. *telja* (< *taljan) → *talða* 'sagen, erzählen'; 3. *-ia*-Stämme wie *føra* → *førða* 'führen'; 4. *-ē*-Stämme, z. B. *vaka* (< *vakēn) → *vakþa* 'wachen'.

In der Gruppe der Präteritopräsentien kennt, wie das zu sehen war (vgl. II.2.3.), nur das Altisländische die Verba *mun/munum*, Prät. *mynda* 'werden' (4. Ablautsreihe) und *kná/knegum*, Prät. *knátta* 'können' (5. Ablautsreihe). Das Verbum substantivum ist auch im Altisländischen ein Wurzelverb, also athematisch, indem es die Personalendungen zur Wurzel (also zum Verbalstamm) hinzufügt: *em* 'bin', *est ~ ert* 'bist', *es ~ er* 'ist', *erum* 'wir sind', *eruð* 'ihr seid' *eru* 'sie sind' bzw. im Präs. Opt. *sjá*, *sér*, *sé*, *sém*, *séð*, *sé*. Die übrigen Formen werden auch hier von *vera* (~ got. *wisan*, ahd.-ags. *wesan*; 5. Ablautsreihe) geliefert.

Die im Lautsystem des Altisländischen um die Mitte des 13. Jh.s aufgekommenen Wandlungen führten stufenweise zum Neuisländischen über, ohne im grammatischen Bau der Sprache tiefere Spuren hinterlassen zu haben. Immerhin seien als Neuerungen erwähnt die Entrundung (*ǿ* > *ǽ*, z. B. *dǿma* > *dǽma* 'urteilen'); der Zusammenfall von Umlauts-*ǫ* mit offenem *ø* (bezeichnet seit 1500 gleichsam als *ö*, z. B. *lǫnd* > *lönd* 'Länder'); die neue Aussprache von *é* mit *j*-Vorschlag [je:], z. B. *fé* [fje:] 'Vermögen'; die Auflösung von auslautendem postkonsonantischem *r* zu *ur*, z. B. *maðr* > *maður* 'Mann'; der Wandel *vá* > *vo*, z. B. *váði* > *voði* 'Gefahr'; die Umstellung von *-sk* > *-z(k)* > *-st* beim Passiv, z. B. *kallask* > *kallazk* > *kallast* 'genannt/gerufen werden: heißen'; die — mit den südwestnorwegischen Mundarten übereinstimmende — Aussprache [dl] der Lautgruppen *ll* und *rl*, vgl. *fjall* [fjaḍl] 'Berg', *karl* [kʰaḍl] 'Mann'.

IV.2.53. Neuisländisch

Das Neuisländische hat, wie bereits erwähnt wurde, die grammatische Struktur des Altisländischen in ihren Hauptzügen bewahrt, nur im L a u t - s y s t e m ist es, vor allem um die Mitte des 16. Jh.s bzw. danach, zu größeren Neuerungen gekommen. Der Trend zur Entrundung nahm zu, vgl. aisl. *kømr* > nisl. *kemur* 'kommt'; *y* und *ý* fielen mit *i*, *í* zusammen, z. B. aisl. *fyrir* [fyrir] > nisl. *fyrir* [fe:rir] 'vor'; *au* > [øı], z. B. aisl. *auga*

[auga] > nisl. *auga* [øɪga] 'Auge'. Langes *á, æ, ó* wurden diphthongisch, z. B. aisl. *mál* [maːl] > nisl. *mál* [maul] 'Rede, Sprache', aisl. *mæla* [mɛːla] > nisl. *mæla* [maɪla] 'reden, sprechen', aisl. *sól* [soːl] > nisl. *sól* [soul] 'Sonne'. In offenen Silben wurden die alten kurzen Stammvokale gedehnt, vgl. aisl. *fara* [fara] > nisl. *fara* [faːra] 'fahren', aisl. *lifa* [liva] > nisl. *lifa* [leːva] 'leben', aisl. *koma* [kʰoma] > nisl. *koma* [kʰoːma] 'kommen'. (NB: aisl. *i, y* > nisl. [e], z. B. *lifa* [leːva], *fyrir* [feːrir].)

Auslautendes *t* wurde in Nebentonsilben zu *ð*, z. B. aisl. *þat* > nisl. *það* 'das, dies', aisl. *húsit* > nisl. *húsið* 'das Haus', manchmal auch *k* > *g*, z. B. aisl. *mjǫk* > nisl. *mjög* 'sehr', aisl. *ek* > nisl. *ég* 'ich', aisl. *ok* > nisl. *og* 'und'. Charakteristisch ist die Präaspiration von langem *kk* [ʰk], *pp* [ʰp], *tt* [ʰt], die das Neuisländische mit dem Färöischen verbindet (vgl. IV.2.62.).

Anlautendes *vr-* wurde zu *r-* vereinfacht, vgl. aisl. *vréka* > nisl. *reka* 'treiben, verfolgen'.

Der alte D u a l i s wurde funktionell aufgegeben, dafür hat er bei den Pronomina den alten Plural verdrängt (z. B. aisl. *vér* 'wir' und *vit* 'wir beide', aber nisl. *við* 'wir', ebenso aisl. *þit* 'ihr beide', aber nisl. *þið* 'ihr') bzw. die alten Pluralformen in die Sphäre des gehobenen Stils gerückt (nisl. *vér* 'wir', *þér* 'ihr').

Vermutlich hat sich auch das System der B e t o n u n g vereinfacht, worauf man jedoch nur aus dem Vergleich mit den übrigen nordgermanischen Sprachen schließen kann.

Das Isländische ist heute eine verblüffend einheitliche Sprache. Minimale lautliche Abweichungen bestehen nur zwischen den Küstengebieten der West-Ost- und Nord-Süd- bzw. der Nord-Ost- und West-Süd-Achse. Am auffälligsten erscheint die Aussprache [kv] von geschriebenem *hv* im Norden und im Westen. Da das Zentrum des Westens zugleich die Hauptstadt ist, wird diese Aussprache zunehmend normativ. Das Vorhandensein von Mundarten in Island wurde früher ignoriert; die moderne isländische Dialektologie verdankt besonders viel den richtungweisenden Arbeiten des schwedischen Dialektologen KARL HAMPUS DAHLSTEDT (Abb. 39).

IV.2.54. Wortschatz

Das Isländische hat während seiner langen Sonderentwicklung äußerst wenige fremde Elemente übernommen; die lexikalischen Entlehnungen sind z. T. international, z. T. stammen sie aus dem E n g l i s c h e n, dem D ä n i s c h e n und in geringerem Maße aus anderen europäischen Sprachen, z. B. *tóbak* 'Tabak', *gas* 'Gas', *bíll* 'Automobil', *vír* (< engl. *wire*) 'Draht', *skáti* (< engl. *scout*) 'Pfadfinder', *slæmt* (< d. *slemt*) 'schade, leider', *spaug* (< d. *spøg*) 'Spaß, Ulk', *dama* (< frz. *dame*) 'Dame' u. dgl.

Die bewußte Sprachpflege, die dem Purismus gleichkommt, war von jeher bestrebt, die mit dem wissenschaftlichen und technischen Fortschritt verbundenen neuen Begriffe mit den Mitteln der Muttersprache auszudrücken. Eine gute Möglichkeit dazu bestand in der semantischen

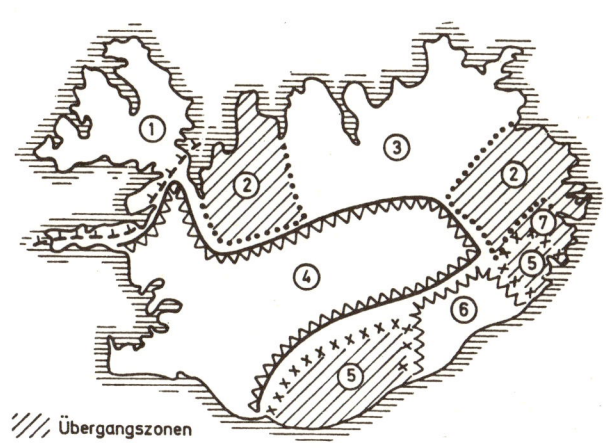

Abb. 39. Mundartgrenzen auf Island (bearbeitet nach KENNETH G. CHAPMAN)

Typen: 1. B, D, G: dn: Monophthong vor ng
2. p ∼ B, t ∼ D, k ∼ G: dn: Diphthong vor ng
3. p, t, k: dn: Diphthong vor ng
4. B, D, G: dn: Diphthong vor ng
5. B, D, G: dn ∼ rn: Diphthong vor ng
6. B, D, G: rn: Diphthong vor ng
7. p ∼ B, t ∼ D, k ∼ G: rn: Diphthong vor ng

Erneuerung alter, z. T. veralteter Wörter, vgl. aisl. *síma* 'Faden, Garn, Seil' → nisl. *sími* 'Telephon; Telegraph', aisl. *vél* 'Kunst, Sachverstand, List' → nisl. *vél* 'Maschine' (vgl. dt. *Wasserkunst*!). Ein weiteres Mittel ergab sich aus der Wortzusammensetzung, vgl. aisl. *lyf* 'starkes Mittel (Gift oder Arznei)' → nisl. *lyf* 'Medikament' und nisl. *sali* m. 'Verkäufer' (→ aisl. *selja* 'verkaufen') → nisl. *lyfsali* m. 'Apotheker' oder aisl. *leikr* 'Spiel' → nisl. *leikur* 'Spiel, Schauspiel' und aisl.-nisl. *hús* 'Haus' → nisl. *leikhús* 'Theater'.

Im Vergleich zu den übrigen germanischen Sprachen der Gegenwart bedeutet der Anspruch auf Sprachreinheit auch einen Rückschlag, nämlich die mannigfache Isolierung des Isländischen, in erster Linie im Bereich der modernen internationalen Begriffe. Das sei an der nachstehenden — als **Modell** zu verstehenden — Vergleichstabelle veranschaulicht:

neuisländisch		englisch	deutsch
togleður	['Zugleder']	*gum*	*Gummi*
kvikmynd	['Lebendes Bild']	*film*	*Film*
lýðveldi	['Menschenmacht']	*democracy*	*Demokratie*
þjóðveldi	['Volksmacht']	*republic*	*Republik*
heimspeki	['Weltweisheit']	*philosophy*	*Philosophie*
hreyfill	['Bewegender']	*motor*	*Motor*
eind	['Einheit']	*atom*	*Atom*
flokkur	['Haufen, Klasse, Gruppe']	*party*	*Partei*
verkfræðingur	['Arbeitsverständiger']	*engineer*	*Ingenieur.*

Das neuisländische N a m e n g u t ist ebenso archaisch und eigenständig. Die O r t s n a m e n g e b u n g pflanzt eindeutig altisländische Traditionen fort bzw. belebt sie wieder, vgl. *Jórsalaborg* 'Jerusalem', *Suðurálfa* [= 'Süd-Weltteil'] 'Afrika', *Vesturheimur* [= 'West-Welt'] 'Nordamerika', *Lundúnaborg* 'London', *Niðarós* 'Trondheim' (an.), *Eyjaálfa* [= 'Inselwelt'] 'Australien' u. dgl. Ähnlich verhält es sich mit den P e r s o n e n n a m e n, vgl. Vornamen wie *Árni, Arnór, Baldur, Egill, Einar, Sigurður, Þorkell* (männlich) bzw. *Brynhildur, Guðrún, Ingiríður, Sigríður* (weiblich). Erwähnenswert ist der Umstand, daß echte F a m i l i e n n a m e n in Island eine Seltenheit sind, und wo sie bei der autochthonen Bevölkerung vorkommen, sind sie bewußter Namenschöpfung auf Grund literarischer Einflüsse (z. B. *Bergmann*) oder nach geographischen Namen (z. B. *Laxness*) entsprungen. Gemäß der altgermanischen Sippentradition wird dem Vornamen (etwa in der Funktion des Familiennamens) der Vatername (im Genitiv) mit der Ergänzung *-son* 'Sohn' bzw. *-dóttir* 'Tochter' nachgesetzt, z. B. *Stefán Einarsson* 'Stefan, Sohn des Einar' bzw. *Katrín Einarsdóttir* 'Katharina, Tochter des Einar'. Auch in den Adreßbüchern werden die Personen in der alphabetischen Reihenfolge der Vornamen angeführt, anders als im übrigen Europa, wo man die Vaternamen der Isländer als Familiennamen behandelt.

IV.2.55. Textproben

Zur Veranschaulichung des engen Zusammenhangs von Alt- und Neuisländisch seien zwei Varianten des Vaterunsers angeführt:

(a) *Altisländisch*

Faðir Vor, sá þú ert á himnum. Helgist nafn þitt. Til komi þitt ríki. Verði þinn vili, svo á jǫrðu sem á himni. Gef oss í dag vort dagligt brauð. Og fyrirlát oss vorar skuldir, svo sem vér fyrirlátum vorum skuldu-nautum. Og inn leið oss eigi í freistni. Heldr frelsa þú oss af illu: þvíat þitt er ríkit, máttr og dýrð um aldir alda.

(Übersetzt v. ODDR GODSKALKSSON, hrsg. 1540. MATTHÄUS VI. 10—13.)

(b) *Neuisländisch*

Faðir vor, þú sem ert í himnunum, helgist nafn þitt. Komi ríki þitt. Verði vilji þinn, svo á jörðu sem á himni. Gef oss í dag vort daglegt brauð; og gef oss upp skuldir vorar, svo sem vér og höfum gefið upp skuldunautum vorum. Og leið oss ekki í freistni, heldur frelsa oss frá illu.

faðir m. 'Vater'; vor 'unser' (~t Akk. Sing. n., ~ar Akk. Pl. f., ~um Dat. Pl.); sá m. 'der, jener'; þú 'du'; ert 2. Pers. Sing. Präs. Ind. bzw. er 3. Pers. Sing. Präs. Ind. → vera 'sein'; á 'in, an'; himinn m. 'Himmel' (himnum Dat. Pl., himni Dat. Sing.); helgist 3. Pers. Sing. Präs. Opt. Pass. → helga 'heiligen'; nafn n. 'Name'; þinn Nom. Sing. m. 'dein' (þitt Nom. Sing. n.); til komi 3. Pers. Sing. Präs. Opt. → koma til 'ankommen, zukommen'; ríki n. 'Reich, Land, Macht'; verði 3. Pers. Sing. Präs. Opt. → verða 'werden'; vili m. 'Wille'; svo 'als, so ... wie/als'; jǫrð f. 'Erde' (~u Dat. Sing.); sem 'so, als'; gef 2. Pers. Sing. Imp. → gefa 'geben'; oss 'uns'; í dag 'heute'; dagligr '(all)täglich' (dagligt Akk. Sing. n.); brauð n. 'Brot'; og 'und'; fyrirláta 'vergeben' (fyrirlát 2. Pers. Sing. Imp.; fyrirlátum 1. Pers. Pl. Präs. Ind.); skuld f. 'Schuld' (~ir Akk. Pl.); vér 'wir'; skuldunautr m. 'Schuldner' (skuldu-nautum Dat. Pl.); inn leið 2. Pers. Sing. Imp. → leiða inn '(hin)einführen'; eigi 'nicht'; í 'in'; freistni f. 'Versuchung'; heldr 'eher, lieber'; frelsa 2. Pers. Sing. Imp. → frelsa 'erlösen, befreien'; af 'von'; illr 'übel' (illu Dat. Sing. n.); þvíat 'weil, denn'; máttr m. 'Macht'; dýrð f. 'Herrlichkeit'; aldr m. 'Alter' (um aldir alda 'in [aller] Ewigkeit').

Ergänzugen zum neuisländischen Text: sem 'wer, der, was, das, als'; himnunum Dat. Pl. → himinn m. 'Himmel'; vilji → aisl. vili; daglegt → aisl. dagligt; gefa upp 'vergeben'; höfum 1. Pers. Pl. Präs. Ind. → hafa 'haben' (vér höfum gefið upp 1. Pers. Pl. Perf. Ind. 'wir haben vergeben'); ekki → aisl. eigi; heldur → aisl. heldr; frá 'von'; illur → aisl. illr.

IV.2.6. Färöisch

IV.2.61. Geschichte. Quellen

Im Kreise der nordischen bzw. der germanischen Sprachen nimmt das Färöische (auch *Färingisch*, fär. *Føroysk*), d. h. die Sprache der Bevölkerung der Färöischen Inseln (*Føroyar*, d. *Færørne*, d. h. 'Schafinseln') zwischen England und Island im Atlantik, eine besondere Stellung ein. Die Inselgruppe besteht aus 24 kleineren Inseln vulkanischer Herkunft mit einer Gesamtfläche von 1399 km². Die Zahl der Einwohner liegt über 38 000. Die größte Insel ist Streymoy mit der Hauptstadt Tórshavn. Die Hauptbeschäftigungen der Bevölkerung sind — ähnlich wie in Island — Fischfang und Schafzucht.

Während der Streifzüge der Wikinger haben norwegische Siedler die Inseln besetzt. Ihre weiteren Geschicke glichen dem Schicksal der Isländer. Das kleine Inselland kam unter norwegische Oberhoheit, dann zusammen mit Norwegen an die dänische Krone. Die Befreiungsbewegung der Färinger gegen die dänische Unterdrückung hat sich in größerem Ausmaß während des 19. Jh.s entfaltet. Im Zweiten Weltkrieg wurde das Land von englischen Truppen besetzt; seit 1948 verfügen die Färöer über eine Autonomie im Rahmen Dänemarks.

Aus den Jahrhunderten des Mittelalters sind nur vereinzelte Denkmäler des Färöischen erhalten, insgesamt einige R u n e n i n s c h r i f t e n und U r k u n d e n. Um so überwältigender ist der aus dem Mittelalter durch mündliche Überlieferung auf uns gekommene Nachlaß der Volksdichtung, in erster Linie die färöischen B a l l a d e n, die auf den Inseln heute noch lebhaft gepflegt werden. Thematisch knüpfen diese Balladen an die altgermanische Epik an und verarbeiten vor allem die nordischen Varianten der Nibelungensage mit den Mitteln der Balladen, die traditionelle Tanzbegleitung als Vortragsweise mit einbegriffen. Das Fehlen an Versuchen zur schriftlichen Festigung der eigenen Literatur läßt sich damit erklären, daß in der langen Epoche der Dänenherrschaft keine Mittel gescheut wurden, um die Muttersprache der Färinger zugunsten des Dänischen zurückzudrängen. Die offizielle Sprache sowohl im öffentlichen Leben als auch im Unterricht und seit der Einführung der Reformation auch in der Kirche war das Dänische. Infolgedessen mußte das Färöische Jahrhunderte lang lediglich als gesprochene Umgangssprache sein Dasein fristen, weshalb auch keine einheitliche Schrifttradition bestehen konnte. Gleichzeitig mit dem Erstarken des Nationalbewußtseins im 18., besonders aber im 19. Jh. schlossen sich die Besten der färöischen Intelligenz zur Erneuerung der Nationalsprache und zur Rettung der großartigen Schöpfungen der Volksdichtung zusammen. Die ersten Balladenaufzeichnungen sind JENS CHRISTIAN SVABO (Ende des 18. Jh.s) zu verdanken. Die erste systematische Beschreibung der färöischen Grammatik besorgte der große dänische Germanist RASMUS RASK in seiner 1811 veröffentlichten nordgermanischen Sprachgeschichte.

Die zielbewußte Sammlung und Herausgabe der Balladen verdanken wir VENZEL ULRIK HAMMERSHAIMB (1819—1909: „Færøsk Anthologi". 1886—1891). Die von SVEN GRUNDTVIG und J. BLOCH zusammengestellte große Balladensammlung (*Corpus carminum Fœroensium.* 1872—1876) wird als Handschrift im Dänischen Volkskundearchiv in Kopenhagen aufbewahrt.

Die Schaffung einer einheitlichen färöischen O r t h o g r a p h i e ist ebenfalls das Verdienst von HAMMERSHAIMB, der zuerst 1846 Texte auf Grund der neuen Rechtschreibung mitteilte, dann 1854 seine in vieler Hinsicht heute noch wichtige färöische Grammatik herausgab. Geleitet von dem Gedanken einer Überdachung der erheblichen Unterschiede der auf den einzelnen Inseln gesprochenen Mundarten sowie von der Absicht, an die historische Tradition anzuknüpfen — und nicht zuletzt angeregt von führenden zeitgenössischen Nordisten in Norwegen und Dänemark —, regelte er die Einheitsorthographie nach einem streng etymologischen

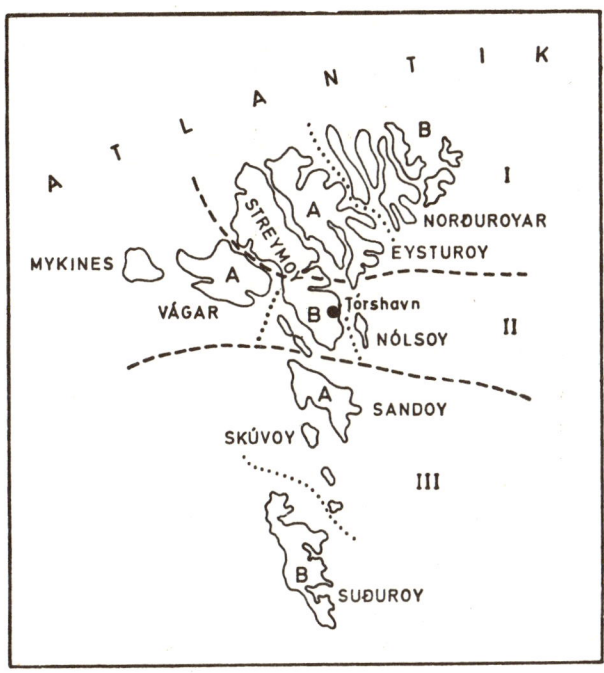

Abb. 40. Dialekträume auf den Färöern (nach JØRGEN RISCHEL)
I Nordfäröisch: A Nordwestfäröisch (Nordstreymoy, Eysturoy), *B* Nordostfäröisch (Norðuroyar); *II Mittelfäröisch:* A Westmittelfäröisch (Vágar, Mykines), *B* Zentralmittelfäröisch (Südstreymoy), *C* Ostmittelfäröisch (Nólsoy); *III Südfäröisch: A* Sandoy (mit Skúvoy), *B* Suðuroy

Prinzip. Als Grundlage dazu diente das Altisländische; ein Umstand, der die färöische Schriftsprache ihrer Schwester, dem Isländischen, wieder sehr nahe brachte.

In den 90er Jahren des vorigen Jahrhunderts begann ein zäher Kampf um die Zulassung des Färöischen als Amtssprache. 1939 wurde Färöisch die Sprache des Unterrichts, dann auch die der Kirche und des Rundfunks. Seit der Schaffung der Autonomie ist es dem Dänischen auch im amtlichen Gebrauch gleichgestellt.

IV.2.62. Lautsystem

Das färöische A l p h a b e t enthält folgende Grapheme: *a*, *á*, *b*, *d*, *ð*, *e*, *f*, *g*, *h*, *i*, *í*, *j*, *k*, *l*, *m*, *n*, *o*, *ó*, *p*, *r*, *s*, *t*, *u*, *ú*, *v*, *y*, *ý*, *œ*, *ø* (oder *ö*).

P h o n e t i s c h gesehen, zerfällt das Land in drei Dialekträume, von denen die zentral-nördliche Inselgruppe (Streymoy) der bedeutendste ist. Zu dieser Gruppe gehört auch Tórshavn, dessen Sprachgebrauch sich immer mehr als einheitliche umgangssprachliche Norm durchsetzt (Abb. 40).

Ähnlich den stark und schwach betonten Parallelformen des Englischen unterscheiden sich auch die Phoneme des Färöischen nach ihrer kurzen bzw. zerdehnten Aussprache, vgl. *a* [a] bzw. [ɛa], *á* [ɔ] bzw. [ɔa], *ó* [oe] bzw. [ou], *ey* [ɛ] bzw. [ɛı], usw.; *i* ist im allgemeinen diphthongisch [ɔʏ], *ø* ist gerundetes [œ] bzw. [ø:], *y* und *ý* werden genauso wie *i*, *í* ausgesprochen, *œ* stimmt in der Aussprache mit *a* überein.

Den K o n s o n a n t i s m u s zeichnet eine gewisse Palatalisierung bzw. Affrizierung aus, was das Färöische mit dem Englischen zu verbinden scheint, z. B. *djór* [ɟour] 'Tier', *genta* [ɟɛŋta] 'Mädchen', *hjól* [çoul] 'Rad', *ketil* [çe:tıl] 'Kessel', *nytsla* [noʃla] 'Nutzen', *sjúkur* [ʃʉukɔr] 'krank', *skip* [ʃi:p] 'Schiff', *skjóta* [ʃouta] 'schießen', *stjørna* [ʃœdna] 'Stern'.

ð wird in der Regel gar nicht gesprochen (z. B. *blað* [blɛa] 'Blatt'), oder aber als Hiatustilger ersetzt, z. B. *maður* [mɛawr] 'Mann', *suður* [su:wur] 'Süden', *leðrið* [lɛgri] 'das Leder', *siður* [si:jɔr] 'Sitte'.

Die Konsonantenverbindung *hv* wird als [kv] ausgesprochen, z. B. *hvat* [kvɛat] 'was'. *ll* und *nn* lauten des öfteren [dl] bzw. [dn] wie im Neuisländischen und in den südwestnorwegischen Mundarten, z. B. *fjall* [fjadl] 'Berg', *seinni* [saıdn] 'später'. Das Färöische teilt mit dem Neuisländischen auch die Präaspiration bei *kk*, *tt*, *pp*, z. B. *gakk* [ga^{h}k] 'geh !', *mitt* [mɔʏ^{h}t] n. 'mein' usw. (vgl. IV.2.53.). Anlautendes *k*, *p*, *t* sind — wie im Neuisländischen, Englischen und Deutschen — behaucht: [k^h], [p^h], [t^h].

Auch die Assimilationserscheinungen zeigen manchmal einen neuisländischen Charakter, vgl. *-vn-* > [m̥], z. B. *javnt* [jam̥t] 'eben'; *-avn-* > [aun], z. B. *havn* [haun] 'Hafen', usw.

Im allgemeinen läßt sich feststellen, daß das Färöische phonetisch-phonologisch den südwestnorwegischen Dialekten am nächsten steht; die Übereinstimmungen mit dem Neuisländischen sind ebenfalls in Südwestnorwegen bekannt. Sprachgeographisch sehr aufschlußreich sind die Beziehungen zum Englischen hinsichtlich der Affrikaten und der Palatalisierung.

IV.2.63. Grammatische Struktur

Der grammatische Bau des Färöischen stimmt mit jenem des Neu- und Altisländischen überein, vgl. IV.2.52 und IV.2.53. Das N o m e n hat alle drei Genera, zwei Numeri, in diesen beiden je vier Kasus (Nom., Akk.,

Gen., Dat.). Immerhin beschränkt sich der Genitiv meistens auf geographische Ortsbestimmungen, z. B. *til Havnar* 'in/nach Tórshavn', (*í*) *millum Grønlands og Íslands* 'zwischen Grönland und Island', auf feste Wortgefüge wie *til skips* 'an Bord', *til jóla* 'zu Weihnachten', und auf Komposita, z. B. *arbeiðsmaður* 'Arbeitsmann, Arbeiter', *handaverk* 'Handarbeit', obwohl die Dichter bestrebt sind, den Genitiv auch sonst zu beleben. Die Umgangssprache zieht allerdings die Umschreibungen mit Präpositionen vor, z. B. *hesturin* **hjá** *Jógvani* 'Johanns Pferd'; wörtlich: 'das Pferd bei Johann' (*hjá* 'bei'), *ein koppur* **av** *te* 'eine Tasse Tee'; wörtlich: 'eine Tasse von Tee' (*av* 'von', vgl. engl. *of*).

Die nach den alten Stammklassen geordneten Paradigmen sind erhalten geblieben. Das A d j e k t i v unterscheidet die sogenannte „starke" und die „schwache" Deklination. Auch der Gebrauch des suffigierten Artikels stimmt zum Isländischen, z. B. *bátur* m. 'Boot' → *báturin* 'das Boot', *hurð* f. 'Tür' → *hurðin* 'die Tür', *borð* n. 'Tisch' → *borðið* 'der Tisch'. Daneben wird auch der freistehende bestimmte Artikel gebraucht, z. B. **hin** *gamli* m. 'der alte/Alte'.

Wie im Isländischen, hat der alte D u a l i s bei den P e r s o n a l p r o n o m i n a die Pluralformen verdrängt, vgl. *vit* 'wir', *tit* 'ihr'. Das gilt sogar von den Possessiva, vgl. *okkara* 'unser', *tykkara* 'euer'. Das Personalpronomen der 3. Pers. Sing. zeigt den allgemeinen nordischen Typus: *hann* 'er', *hon* 'sie', *tað* 'es'. Ein Sondermerkmal des Färöischen ist die Unterscheidung der drei Genera im Plural des Personalpronomens der 3. Person, vgl. *teir* m., *tær* f., *tey* n. 'sie'.

Von den N u m e r a l i e n werden *ein* 'ein' und *tveir* 'zwei' nach den drei Genera flektiert.

Auch das Färöische unterscheidet zwischen starken und schwachen V e r b a. Die Ablautsreihen der starken Verba sind: 1. *grípa — greip — grípu — gripið* 'greifen'; 2. *bjóða — beyð — buðu — boðið* '(ge)bieten, rufen'; 3. *binda — bant — bundu — bundið* 'binden'; 4. *bera — bar — bóru — borið* 'tragen'; 5. *lesa — las — lósu — lisið* 'lesen'; 6. *fara — fór — fóru — farið* 'fahren'.

Die vier Klassen der schwachen Verba: 1. *kasta* 'werfen' — *kastaði*; 2. *nevna* 'nennen' — *nevndi*; 3. *krevja* 'wünschen' — *kravdi*; 4. *búgva* 'leben, wohnen' — *búði*.

Die athematischen Formen des Verbum substantivum sind *eri* 'bin', *ert* 'bist', *er* 'ist', *eru* 'wir/sie sind, ihr seid'; die übrigen Formen werden von *vera* 'sein' gebildet.

Wie in allen nordgermanischen Sprachen, sind Reflexivbildungen (z. B. *óttast* 'sich fürchten') sowie zusammengesetzte Tempora gängig, vgl. *eg havi verið* 'ich bin gewesen' (Perf.), *eg hevði verið* 'ich war gewesen' (Plusquamperf.). Allgemein ist auch die Verwendung von Hilfsverben, z. B. *vera* 'sein', *hava* 'haben' *verða* 'werden', *blíva* 'werden', *skula* 'sollen', *vilja* 'wollen', *munna* 'sich erinnern', *kunna* 'können', *mega* 'mögen'.

IV.2.64. Textprobe

Faðir okkara, tú sum ert í himlinum! Heilagt verði navn titt, komi ríki titt, verði vilji tín, sum í himlinum, soleiðis eisini á jørðini, gev okkum í dag okkara dagliga breyð, og fyrigev okkum skuldir okkara, sum vit eisini fyrigeva teimum, ið okkum skylda, og leið okkum ikki í freistiŋgar, men frels okkum frá tí illa! Tí titt er ríkið og maktin og æran í allar ævir.

(Übersetzt von Victor Danielson. Matthäus VI. 10—13.)

Im Vergleich zu den isländischen Varianten (vgl. IV.2.55.) sei angemerkt: *tú* ~ *þú*; *titt* ~ *þitt*; *tín* ~ *þinn*; *sum* ~ *sem*; *navn* ~ *nafn*; *gev* ~ *gef*; *breyð* ~ *brauð*; *ikki* ~ aisl. *eigi* bzw. nisl. *ekki*; *frels* ~ *frelsa*; *tí* ~ *því(at)*; *makt(in)* ~ aisl. *máttr*, ferner *okkara* 'unser' (Nom. Sing. m. und Nom.-Akk. Sing. n. *okkum* 'uns'); *heilagt verði* 'geheiligt werde' (3. Pers. Sing. Präs. Opt. Pass., vgl. aisl.-nisl. *helgist*); *himmal* m. (auch *himin* m.) ~ aisl.-nisl. *himinn*; *soleiðis* 'so, als'; *eisini* 'auch'; *fyrigeva* 'vergeben'; *vit* 'wir'; *teimum* Dat. Pl. → *hann/hon/tað* 'er/sie/es'; *ið* 'welcher/welche/welches'; *skylda* 3. Pers. Pl. Präs. Ind. → *skylda* 'schulden'; *freisting* f. 'Versuchung' (~*ar* Akk. Pl.); *men* 'aber, doch'; *tí* 'denn, weil'; *æra* f. 'Ehre, Herrlichkeit'; *ævi* f. 'Alter, Leben' (*í allar ævir* 'in aller Ewigkeit').

IV.2.7. Norwegisch

IV.2.71. Geschichte. Quellen

Norwegisch (*Norsk*) ist die Sprache des Staatsvolkes im norwegischen Königreich im Westen der Skandinavischen Halbinsel, zwischen dem Skagerrak und dem Nordkap. Die Oberfläche Norwegens (norw. *Norge*) umfaßt 324 219 km², die Einwohnerzahl liegt bei 3,9 Millionen. Die Hauptstadt des Landes ist Oslo (bis 1925 Kristiania nach König Christian IV., der die Stadt im 17. Jh. wieder aufbauen ließ). Unter den kleineren Außenbesitzungen Norwegens ist Spitzbergen (norw. *Svalbard*) am bedeutendsten. Norwegen ist ein typisches Gebirgsland; Holzgewinnung, Bergbau und Wasserbau spielen eine große Rolle in seinem Wirtschaftsleben. Für den Handel sind Fisch- und Walfang, Papierindustrie und Elektrizitätserzeugung besonders wichtig. Norwegens Handelsflotte ist die drittgrößte der Welt. Seine Bevölkerung ist zum größten Teil in den Südprovinzen ansässig; im Norden wohnen vor allem Lappen und Finnen. Die Mehrheit der Einwohner gehört der lutherischen Kirche an. Seiner Staatsform nach ist Norwegen eine konstitutionelle Monarchie; die gesetzgeberische Macht liegt beim *Storting* ('Groß-Ding'), dem norwegischen Parlament.

Die Gründung des norwegischen Staates geht auf die Wikingerzeit zurück und ist mit dem Namen König Haralds I. (etwa 850—933; Harald Schönhaar) verbunden, der 872 das vereinte Heer der norwegischen Jarls besiegte und damit die Vereinigung des Landes ermöglichte. Danach wanderten viele seiner Gegner nach Island bzw. in die spätere Normandie in Frankreich aus. Am Anfang des 11. Jh.s führte König Olaf II. im ganzen Land das Christentum ein. Die Aufstände des Adels, die der Bekehrung gefolgt waren, konnte erst König Sverre im angehenden 13. Jh. bezwingen; dadurch war auch die Zentralmacht des Königtums gesichert. Norwegens Blütezeit fiel im Mittelalter in das 14. Jh., ihr wurde aber durch das Eindringen der norddeutschen Hanse ein jähes Ende bereitet. Die Hanse hat das Handelsleben des Landes restlos unter ihre Kontrolle gebracht. Im 15. Jh. verlor Norwegen sogar seine nominelle Unabhängigkeit, nachdem es 1397 mit Dänemark vereinigt worden war. Von nun an wurde das Land bis 1814 von dänischen Beamten regiert. 1814 wurde Dänemark gezwungen, im Kieler Frieden Norwegen an Schweden abzutreten. Die Versuche der Norweger zur Wiedergewinnung ihrer alten Freiheit scheiterten an der Politik der Großmächte, und sie mußten 1815 die Union mit Schweden eingehen. Im Ergebnis des darauf folgenden und beinahe 100 Jahre währenden Unabhängigkeitskampfes ist es 1905 dem norwegischen Volk gelungen, seine staatliche Freiheit auf parlamentarischem Wege zu erringen.

Infolge der großen Wirtschaftskrisen um die Jahrhundertwende wanderten viele Norweger nach Übersee, in erster Linie nach den Vereinigten Staaten aus, wo die Zahl der Bürger norwegischer Abstammung heute noch sehr hoch ist. Im Ersten Weltkrieg konnte Norwegen seine Unabhängigkeit retten, aber im Zweiten Weltkrieg wurde das Land 1940 von deutschen Truppen besetzt. Die Regierung emigrierte; in Norwegen kam Quislings Kollaborationsregierung an die Macht. An der Befreiung des Landes hatte die norwegische Widerstandsbewegung ausschlaggebenden Anteil. Norwegen ist Mitglied der UNO und seit 1949 auch der NATO.

Die ältesten Denkmäler der norwegischen Sprache sind R u n e n i n s c h r i f t e n, deren Großteil aus dem 11. Jh. stammt, aber manche gehen auf das 7.—8. Jh. zurück. Einige von den bereits in lateinischer Schrift überlieferten E d d a l i e d e r n sowie manche Schöpfungen der S k a l d e n d i c h t u n g sind ebenfalls norwegischer Herkunft. Die auf uns gekommenen ältesten Handschriften sind in der zweiten Hälfte des 12. Jh.s entstanden. Sie enthalten z. T. historische, z. T. religiöse Aufzeichnungen, aber es gibt darunter auch Rechtsbücher und literarische Werke. Die bekannteste Handschrift aus dieser Zeit ist der um die Mitte des 13. Jh.s verfaßte „Königsspiegel" (*Konungs skuggsjá*, lat. *Speculum regale*). Manche isländische Sagas sind uns nur in norwegischen Abschriften überliefert.

IV.2.72. Altnorwegisch

Das Altnorwegische (*norrønt mál* 'nordische Sprache') war im wesentlichen, wie wir dargelegt haben (vgl. IV.2.3.), mit dem Altisländischen identisch. Jedenfalls lassen schon die ältesten Aufzeichnungen auf eine mundartliche Auffächerung des norwegisches Sprachgebiets schließen. Vor allem zwei größere Bereiche zeigten erhebliche Unterschiede: das 'Ostland' (*Østland*) mit Oslo als Mittelpunkt — zusammen mit dem nördlicher gelegenen *Trøndelag*, dessen Zentrum Niðarós (heute Drontheim, norw. Trondhjem oder Trondheim) war — und das 'Westland' (*Vestland*) mit seinem Mittelpunkt Bergen. Die Mundarten im Ostland-Trøndelag werden als o s t n o r w e g i s c h e, jene im Westland als w e s t n o r w e g i s c h e D i a l e k t e zusammengefaßt.

Im Westnorwegischen wurde — wie auch im Altisländischen — der sekundäre *u*-Umlaut durchgeführt (z. B. mǫnnum 'den Männern'), im Ostnorwegischen nicht (*mannum* 'dass.'). Im Osten wurde hingegen, genauso wie im Altschwedischen und im Altdänischen, die Lautgruppe *ia* palatalisiert, z. B. *hjærta* gegenüber westnorw. *hjarta* 'Herz'. Von einem kleineren Teil des Westens abgesehen, wurde $i > e, u > o$ in den Nebentonsilben bzw. in unbetontem Auslaut, z. B. *konor* 'Frauen' ($\neq$ aisl. *konur* 'dass.'), *skáler* 'Schalen, Tassen' ($\neq$ aisl. *skálir*). Im allgemeinen ist festzustellen, daß die Entwicklung des ostnorwegischen Dialektes mehr zum Schwedischen und Dänischen, die des Westnorwegischen aber zum Isländischen parallel verlief. Dabei war im Osten die Monophthongierung der Diphthonge vor Liquiden, Nasalen und Konsonantenverbindungen besonders charakteristisch, z. B. *høyra > høre* 'hören', *drøyma > drømme* 'träumen', *haust > høst* 'Herbst'. Das Schwergewicht im wirtschaftlichen und kulturellen Leben des Landes fiel in altnorwegischer Zeit dem Westen und dem Norden zu; dementsprechend wurde auch die Sprachnorm von den Zentren dieser Gebiete, d. h. von Niðarós (Drontheim) und Bergen, bestimmt.

Im angehenden 14. Jh. wurde Oslo das Herz des Landes, was auch dem Ostnorwegischen zum Aufstieg verhalf. Trotz dieser inneren Verschiebungen stimmte das Norwegische in seiner grammatischen Struktur in dieser Periode noch im großen und ganzen mit dem A l t i s l ä n d i s c h e n überein (vgl. IV.2.3.). Von der zweiten Hälfte des 14. Jh.s an setzten jene bedeutenden Sprachveränderungen ein, die die beiden Sprachen voneinander trennten und das Norwegische strukturmäßig dem Dänischen und dem Schwedischen näher brachten. An erster Stelle sei auf den raschen Verfall des nominalen und des verbalen F l e x i o n s s y s t e m s hingewiesen, was seinerseits die strengste Regelung der vorher ziemlich ungebundenen Wortfolge bedingte. Das Erstarken der deutschen Hanse beschleunigte die massenweise Einströmung lexikalischer und sonstiger Elemente aus dem Niederdeutschen (vgl. IV.4.5.). Das ganze System der (kurzen bzw. langen) Silbendauer wurde umgeformt. Der östliche Dialekt kam sowohl im Lautsystem als auch in seinem grammatischen Bau dem Schwedischen immer näher; er entwickelte u. a. eine neuartige Klasse der schwachen Verba, z. B. *tru* 'glauben' → *trudde* (Prät.; vgl. IV.2.94.). Im Süden lassen sich gleichzeitig Wandlungen verfolgen, die zur Entwicklung des Dänischen parallel verlaufen, z. B. die Lenierung der stimmlosen Fortes *p*, *t*, *k* zu *b*, *d*, *g*, vgl. *gape* > *gabe* 'gaffen', *mat* > *mad* 'Speise, Essen' usw.

Nach dieser sprachlichen Gärung im 14. Jh. konnte sich das Norwegische jedoch weder festigen noch erneuern, vor allem deshalb nicht, weil infolge der 1397 besiegelten Union mit Dänemark im öffentlichen Leben das Dänische zur Amtssprache erhoben und mit der Verbreitung der Reformation die Muttersprache der norwegischen Bevölkerung zugunsten des Dänischen sogar aus der Kirche verbannt wurde. Die Verbindung mit Schweden war nicht von derart verhängnisvollen Folgen für das Norwegische und äußerte sich hauptsächlich in der Auffüllung der Lexik mit schwedischen Entlehnungen. Das alles hatte naturgemäß zur Folge, daß die Kluft zwischen der Schriftsprache und den gesprochenen Varianten der Volkssprache immer größer wurde, und die beiden Sprachformen so weitgehend voneinander abwichen, daß die Auflösung ihrer Widersprüche bis heute noch nicht restlos gelingen konnte.

IV.2.73. Entstehung des Neunorwegischen

Die Entwicklung des Neunorwegischen wurde auf der Ebene der Schriftsprache vom Anfang des 16. Jh.s an bis in das 19. Jh. vom Dänischen bestimmt, und zwar so weitgehend, daß während dieser langen Periode die einzige Amtssprache Norwegens das Dänische war. Auch die norwegischen Dichter griffen in ihren Werken zum Norwegischen nur als zu einem Mittel der Charakter- bzw. Milieuzeichnung, d. h. der *couleur locale*, zuliebe. Die zwischen den Ebenen der Schriftsprache und den Dialekten allmählich entstehende norwegische Gemeinsprache nahm jedoch — trotz allen Strebens nach einer möglichst vollkommenen Angleichung an die dänische Norm — die Elemente der norwegischen Volkssprache in zunehmendem Maße in sich auf, vor allen Dingen im Bereich des Wortschatzes sowie der vom Dänischen grundsätzlich verschiedenen Intonation. Als Gegenpol zu der von den Bauern gesprochenen 'Landsprache' (*landsmål*) ist diese dänisch-norwegische regionale Umgangssprache die Sprache des norwegischen Bürgertums, die 'Stadtsprache' (*bymål*) geworden.

Nachdem Norwegen 1814 seine Unabhängigkeit von Dänemark wiedererlangt hatte, begann auch das Ringen um die Schaffung der eigenständigen norwegischen Schriftsprache. Dieser S p r a c h k a m p f wurde vom Anbeginn in zwei Richtungen ausgetragen. Die Mehrheit der Dichter beschritt den Weg der allmählichen Trennung vom Dänischen, ersetzte die dänischen Wörter durch ihre norwegischen Äquivalente, räumte auch in der Grammatik den typisch norwegischen Formen immer mehr Platz ein, ja sie entwickelte im Anschluß an die Volkssprache einen besonderen norwegischen schriftsprachlichen Stil (HENRIK VERGELAND u. a.). Ein begeisterter Lehrer, KNUD KNUDSEN, veröffentlichte schon 1881 ein puristisches W ö r t e r b u c h und ging mit aller Zähigkeit an die Verdrängung der dänischen Schriftsprache von den Bühnen Norwegens. Er war der Wegbereiter der Orthographiereform des 20. Jh.s und übte auf den Sprachgebrauch der hervorragendsten norwegischen Vertreter des bürgerlichen Realismus (HENRIK IBSEN, BJØRNSTJERNE BJØRNSON) eine große Wirkung aus. Die somit geschaffene und sich immer selbständiger gebarende dänisch-norwegische Sprachform wurde nach 1890 auf die Anregung BJØRNSONS hin als 'R e i c h s s p r a c h e' (riksmål), d. h. 'Staatssprache', bezeichnet.

Die radikale Intelligenz Norwegens wollte indessen in ihren Zielsetzungen, besonders von den revolutionären Ideen der R o m a n t i k angefeuert, viel weiter gehen. Teils von der Herausgabe altnorwegischer Texte beeindruckt, teils von der Erschließung der Volkspoesie angeregt, trachtete sie nach der Erhebung der Sprache des schlichten Volkes auf das Niveau einer Schriftsprache bzw. einer gewählteren Umgangssprache. Um die Mitte des vorigen Jahrhunderts ist es einem begeisterten norwegischen Dichter-Philologen, IVAR AASEN, geglückt, von den konservativen westlichen Dialekten ausgehend, die Grundlagen für eine vom Dänischen unabhängige, blutvolle norwegische Schriftsprache zu schaffen, die er die 'Sprache des Landes', d. h. des Landvolkes (landsmål), nannte. In den 80er Jahren des 19. Jh.s wurde auch dieser Sprachform der Rang einer A m t s s p r a c h e zuerkannt. Heute gilt das landsmål meistens als 'N e u n o r w e g i s c h' (nynorsk) schlechthin, während das daneben gebrauchte riksmål nunmehr als 'B u c h s p r a c h e' (bokmål) verwendet wird. Die Auseinandersetzung zwischen diesen beiden Sprachvarianten ist immer noch nicht abgeschlossen. Das landsmål kommt am stärksten in den Westprovinzen zur Geltung, während das riksmål sich vor allem in den Ostprovinzen und in der Hauptstadt zu bewähren weiß. Von Seiten der Dichter und Gelehrten fehlt es nicht an Bemühungen, die beiden Sprachvarianten in einer höheren Einheit zu verschmelzen. Der erste Schritt in dieser Richtung war die O r t h o g r a p h i e r e f o r m des riksmål (1907), bei der die dänischen Schreibregeln der richtigen Aussprache des Norwegischen entsprechend modifiziert wurden.

Diesem Ansatz sind 1917 und 1938 weitere Reformen gefolgt. Die verdänischte S c h r e i b u n g *b, d, g* für altes norw. *p, t, k* wurde rückgängig gemacht (z. B. *gribe* > *gripe* 'greifen' usw.), manche Sondermerkmale des

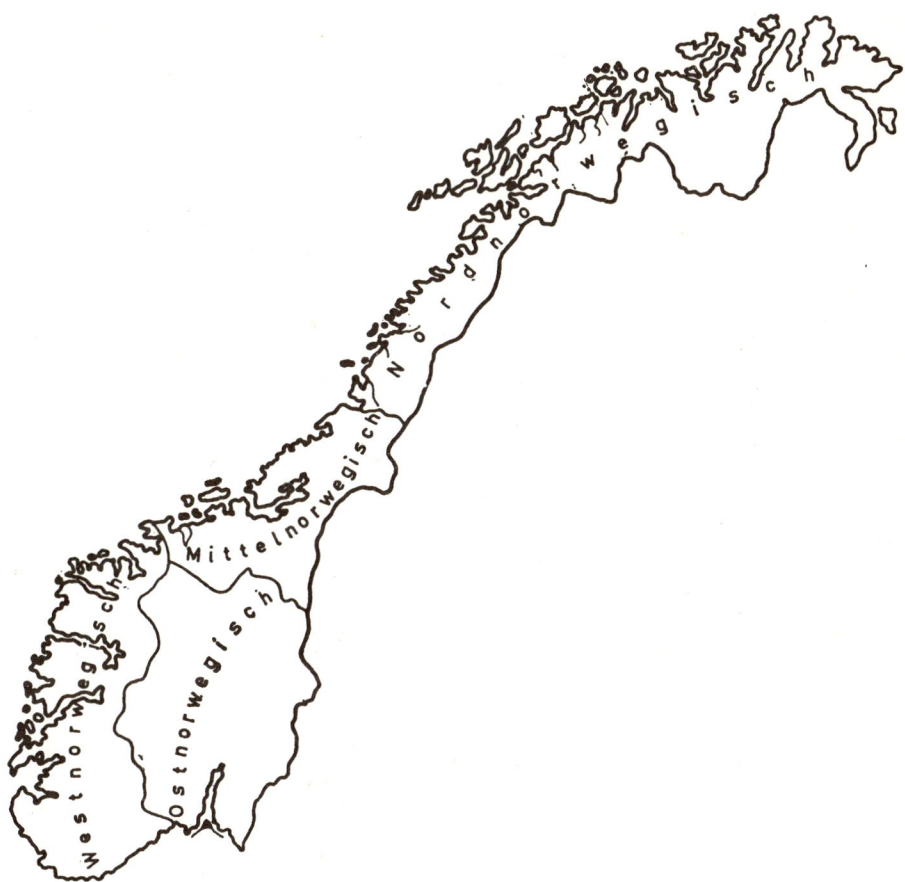

Abb. 41. Die Mundarten Norwegens (nach EINAR LUNDEBY und INGVALD TORVIK)

norwegischen F l e x i o n s s y s t e m s wurden eingeführt (z. B. *hester* 'Pferde' anstatt von dän. *heste* 'dass.'); und vielleicht als Wichtigstes wurde das F e m i n i n u m der Nomina als eigene Kategorie auch in der Schriftsprache wieder eingebürgert, entgegen dem Dänischen, das Maskulinum und Femininum nicht mehr auseinanderhält (vgl. IV.2.84.). Der Gebrauch der D i p h t h o n g e, die im Dänischen nicht geläufig sind, wurde auch in der Schreibe — in der Form von Digraphen — weitgehend zugelassen, z. B.

sten ~ *stein* 'Stein', *gøk* ~ *gauk* 'Gauch', *hø* ~ *høy* 'Heu'. Für das Schriftbild ist es besonders kennzeichnend, daß 1917 in Anlehnung an das Schwedische die Schreibung *å* für dänisch bedingtes *aa* [ɔ:] verordnet wurde.

Beide Varianten des Norwegischen sind heute im Gebrauch, und wenn das *riksmål* in der Hauptstadt und den übrigen Städten Ostnorwegens bevorzugt wird, so verfügt auch das *landsmål* über seine Festungen, unter welchen an erster Stelle Bergen zu nennen ist; ja, beide Varianten finden sowohl in der Presse und im Rundfunk als auch im Unterricht Verwendung.

IV.2.74. Neunorwegisch

Das gegenwärtige norwegische A l p h a b e t besteht aus den folgenden Graphemen: *a, b, c, d, e, f, g, h, i, j, k, l, m, n, o, p, q, r, s, t, u, v, w, x, y, z, œ, ø, å.*

Die L ä n g e der V o k a l e wird nicht besonders bezeichnet. *œ* ist offenes [æ], z. B. *være* [være] 'sein'; *ø* ein offenes [ø], z. B. *sjø* [ʃø:] 'See'. Ein gerundeter Laut ist auch *y* [y], z. B. *lykke* [lykkə] 'Glück'. Das moderne Graphem *å* (früher *aa*) gibt offenes [ɔ:] wieder, z. B. *hår* [hɔ:r] 'Haar'. Besonders typisch ist — wie auch im Schwedischen — die dunkle (labiale) Aussprache von langem *a*, also [å], z. B. *fare* [få:rə] 'Gefahr'. *e* ist in Nebentonsilben ein Murmelvokal [ə], z. B. *ikke* [ikkə] 'nicht', kann aber zwischen Konsonanten auch wegfallen, z. B. *hatten* [hattn̩] 'der Hut'. Die D i g r a p h e werden gemäß der Aussprache geschrieben (*ei, øy, ai, oi*), nur *au* lautet [ou], z. B. *sau* [sou] 'Schaf'.

Im K o n s o n a n t i s m u s sei vor allem die vereinfachte Aussprache der etymologisch bedingten Verbindungen *hv* [v], *kj* [ç], *sj* [ʃ], *rs* [ʃ], *gj* [j], *hj* [j], *tj* [ç] hervorgehoben. Vor hohen Vokalen wird *k* zu [ç], z. B. *kirke* [çirkə] 'Kirche', *g* in derselben Stellung zu [j], z. B. *gi* [ji:] 'geben'. Die Konsonantengruppe *sl* lautet innerhalb e i n e s Morphems [ʃl], z. B. *slem* [ʃlem] 'schlimm'. Das leitende Prinzip der norwegischen O r t h o g r a p h i e ist das phonetische: die Buchstaben *x, z, w, q* kommen eigentlich nur in Namen und in Fremdwörtern vor.

Wie im Schwedischen, ist die I n t o n a t i o n auch im Norwegischen phonematisch relevant. Es werden ein einfacher (I) und ein zweifacher (II) Ton unterschieden. Ton I ist fallend-steigend, z. B. *bønder* [bø'nnər] 'Bauern' (Pl.), Ton II ist steigend-fallend-steigend, wobei der Ton am Ende höher ansteigt als am Anfang, z. B. *bønner* [bø'nnə́r] 'Bohnen' (Pl.).

Die g r a m m a t i s c h e S t r u k t u r wurde im Vergleich zum Altnorwegischen stark vereinfacht. Das N o m e n unterscheidet zwar noch die drei Genera (z. B. *steinen* m. 'der Stein'; *høna* f. 'die Henne'; *dyret* n. 'das Tier'), kennt aber nur zwei Numeri (Sing. ≠ Pl.) und darin je zwei Kasus (Nominativ ≠ Genitiv). Funktionell werden die übrigen Kasus bereits durch Präpositionen ersetzt. Der Genitiv ist zwar im Norwegischen noch produktiv, trotzdem kann er auch durch Präpositionalkonstruktionen abgelöst werden, z. B. *fjellets topp* ~ *toppen av fjellet* 'der Gipfel des Berges'.

Beim A r t i k e l werden drei Genera unterschieden, und er wird, wie im Nordgermanischen überhaupt, dem Substantiv suffixartig, als S c h l u ß - a r t i k e l, angehängt. Es gibt daneben auch einen f r e i s t e h e n d e n Artikel, der aber nur in Attributivgefügen u n d mit dem Schlußartikel kombiniert vorkommt, z. B. *katten* 'die Katze' → **den** *hvite* **katten** 'die weiße Katze'. Auch der unbestimmte Artikel unterscheidet drei Genera, z. B. **en** *man* m. 'ein Mann', **ei** *høne* f. 'eine Henne', **et** *eple* n. 'ein Apfel'.

Mit der Aufgabe der Nominalflexion wurden auch die Unterschiede der Stämme aufgehoben. Das neunorwegische S u b s t a n t i v wird nach der Bildungsweise des Plurals verschiedenen Klassen zugeordnet, deren es fünf gibt: 1. *-er* (mit oder ohne Umlaut), z. B. *båt* 'Boot' → *båter* Pl., *bok* 'Buch' → *bøker* Pl.; 2. *-r* (mit oder ohne Umlaut), z. B. *hane* 'Hahn' → *haner* Pl., *ku* 'Kuh' → *kyr* Pl.; 3. *-e*, z. B. *arbeider* 'Arbeiter' → *arbeidere* Pl.; 4. *-ø*, z. B. *barn* 'Kind' → *barn* Pl.; 5. enthält isolierte Fälle, d. h. Relikte ehemaliger kleinerer Klassen, z. B. *øye* 'Auge' → *øyne* Pl., *far* 'Vater' → *fedre* Pl. u. dgl.

Das A d j e k t i v kann stark (z. B. *en* **stor** *gate* 'eine große Straße') oder schwach (z. B. *den* **stora** *gata* 'die große Straße') dekliniert werden.

Die P r o n o m i n a haben den Dualis aufgegeben; das Pronomen der 3. Pers. unterscheidet nur noch im Sing. die drei Genera, vgl. *han* 'er', *hun* 'sie', *det* 'es', aber *de* 'sie' Pl. Ein besonderer „Nordismus" ist die Korrelation von Possessiva und Reflexiv-Possessiva, z. B. **han** *leser* **sin** *bok* 'er liest sein (eigenes) Buch' ≠ **han** *leser* **hans** *bok* 'er liest sein Buch [: d. h. das Buch eines anderen!:]'; vgl. auch die Korrelation свой und его/ее im Russischen!

Bei den N u m e r a l i e n werden die Genusunterschiede nur noch bei 'eins' auseinandergehalten: *en* m., *ei* f., *ett* n.

Das V e r b drückt nur die Kategorie des Tempus, des Modus und des Genus verbi aus; Numerus und Person werden an den Verbalformen nicht angezeigt. Das Verb ist a k t i v (z. B. *kalle* 'rufen, nennen') oder p a s s i v (z. B. *kalles* 'gerufen/genannt werden: heißen'). Es gibt drei M o d i : Indikativ (z. B. *jeg leser* 'ich lese'), Imperativ (z. B. *les!* 'lies!') und Konjunktiv (z. B. *jeg skulle/ville lese* 'ich würde lesen'). Der Konjunktiv ist immer zusammengesetzt; über einen selbständigen (Flexions-) Konjunktiv verfügen nur noch die Hilfsverba und einige Verba in isolierter — redensartmäßiger — Verwendung, z. B. *leve!* '(es) lebe!' u. dgl.

Es werden auch im Neunorwegischen starke und schwache Verba unterschieden. Die sechs Klassen der starken Verba sind: 1. *gripe — grep — grepet* 'greifen'; 2. *by — bød — budt/buden* 'rufen, (an)bieten, empfehlen'; 3. *binde —*

bandt — bundet 'binden'; 4. *bære — bar — båret* 'tragen'; 5. *gi — ga(v) — gitt* 'geben'; 6. *fare — for — faret* 'fahren'. Selbstverständlich gibt es, infolge verschiedener Lautwandlungen usw., auch da mehrere Unterklassen. Die schwachen Verba zerfallen im Grunde in 3 Gruppen: 1. *kaste* 'werfen' → *kastet* oder *kasta* (Prät.); 2. *lese* 'lesen' → *leste* (Prät.); 3. *bygge* 'bauen' → *bygde* (Prät.). In diesem System wurden manche Verba völlig isoliert, z. B. *komme — kom — kommet* 'kommen', *si — sa — sagt* 'sagen'.

Die **Hilfsverba** sind größtenteils Präteritopräsentien, vgl. *kan* 'kann' — *kunne* (Prät.), *skal* 'soll' — *skulle* (Prät.), *vet* 'weiß' — *visste* (Prät.) usw. Das Verbum substantivum ist suppletivisch: *være* 'sein', er 'bin/bist/ist/sind/seid/sind', *var* 'war/warst/war/waren/waret/waren', *vært* 'gewesen'.

Um so reicher ist das Neunorwegische an **Tempora**. Neben dem alten Präsens und Präteritum wurden als zusammengesetzte Tempora entwickelt: das Perfekt (*jeg har lest* 'ich habe gelesen'), das Plusquamperfekt (*jeg hadde lest* 'ich hatte gelesen'), das Futur (*jeg skal lese* 'ich werde lesen'), das Futurum exactum (*jeg skal/vil ha lest* 'ich werde gelesen haben') sowie das Vorfutur — auch „Vergangenheitsfutur" oder Konditionalis I genannt — (*jeg ville/skulle lese* 'ich würde lesen'), ferner das Vorfuturum exactum bzw. Konditionalis II (*jeg skulle/ville ha lest* 'ich würde gelesen haben'). Im großen und ganzen stimmt dieses Tempussystem mit dem deutschen und dem englischen überein.

Die **Nominalformen** des Verbs sind der Infinitiv, der gleichlaufend mit den neuen Tempora auch neue, zusammengesetzte Formen entwickelte, z. B. (*å*) *gå* 'gehen' (Inf. I), (*å*) *ha gått* 'gegangen sein' (Inf. II).

Person und **Numerus** werden bei der Verbalflexion nur durch das Personalpronomen ausgedrückt, z. B. *jag er* 'ich bin', *du er* 'du bist', *han/hun/det er* 'er/sie/es ist', *vi er* 'wir sind', *dere er* 'ihr seid', *de er* 'sie sind'.

Im Vergleich zum Altnorwegischen spielen auch die **Präpositionen** eine viel größere Rolle, da sie — gleich dem Englischen — die aus dem System ausgemerzten Kasus zu ersetzen haben. Wie im Englischen (und aus ähnlichen sprachgeschichtlichen Gründen) wurde die Gebundenheit der **Wortstellung** gefestigt.

IV.2.75. Textproben

(a) *Altnorwegisch*

Sva er sagt at a Grœnalannde ero gros goð oc ero þar bu goð oc stor þviat mænn hafa þar mart nauta oc sauða oc er þar smiorgerð mikel oc osta lifa mænn við þat mioc oc sva við kiot oc við allz conar vœiðe bœðe við reine hollð oc hvala oc sœla oc biarnar oc fœðaz mænn við þat þar a lannde.

(*Speculum regale*. Kap. 18. Zweite Hälfte des 13. Jh.s)

sva 'so'; *er* 3. Pers. Sing. Präs. Ind. → *vera* 'sein'; *sagt* Part. Prät. → *seggja* 'sagen'; *at* 'daß'; *a* 'auf, an'; *Grønaland* 'Grönland'; *ero* 3. Pers. Pl. Präs. Ind. → *vera* 'sein'; *gros* (aisl. *gras*) n. 'Gras'; *goð* Nom. Sing. n. → *góðr* 'gut'; *oc* 'und'; *þar* 'da, dort'; *bu* (aisl. *bú*) 'Gehöft, Besitztum'; *stor* 'groß'; *þvíat* 'weil'; *mænn* (aisl. *menn*) Nom. Pl. → *maðr* m. 'Mann, Mensch'; *hafa* 'haben'; *mart* Akk. Sing. n. → *margr* 'viel'; *naut* n. 'Vieh' (∼*a* Gen. Pl.); *sauðr* m. 'Schaf' (*sauða* Gen. Pl.); *smiorgerð* (nisl. *smjörgerð*) f. 'Butterherstellung'; *mikel* (aisl. *mikill*) 'groß'; *ostr* m. 'Käse' (*osta* Gen. Pl.); *lifa* 3. Pers. Plur. Präs. Ind. → *lifa* 'leben'; *við* 'mit'; *mioc* (aisl. *mjǫk*) 'viel, sehr'; *kiot* (aisl. *kjǫt*) n. 'Fleisch'; *all* 'all' (∼*z* Gen. Sing. m.-n.); *cona* f. 'Art, Schlag' (∼*r* Gen. Sing.); *væiðe* (aisl. *veiða*) 'jagen' (Pl. Präs. Ind.); *bæðe* (aisl. *bæði*) n. → *báðir* ... *oc* 'sowohl ... als auch'; *rein* (aisl. *hreinn*) m. 'Ren' (∼*a* Gen. Pl.); *holld* n. 'Fleisch'; *hvalr* m. 'Wal' (*hvala* Gen. Pl.); *sælr* (aisl. *selr*) m. 'Seehund' (*sæla* Gen. Pl.); *biǫrn* m. 'Bär' (*biarnar* Gen. Pl.); *føða* (aisl. *føða*) 'füttern' (∼*z* Pl. Präs. Ind. Pass.); *lannd* (aisl. *land*) 'Land'.

(b) *Neunorwegisch (riksmål/bokmål!)*

Norge har en lang kyst, og nordmennene begynte tidlig å seile på sjøen. De hadde da ikke så store skip som vi har nå. Med de vakre Vikingskipene seilte de helt til England og Frankrike. I moderna tid har landet en meget stor handelsflåte, en av de største i verden, og en kan møte norske skip på alle verdenshav. Det norske flagget vaier i hver større havn.

(I. MARM—A. SOMMERFELT: *Norwegian.* ³1957.)

har Präs. Ind. → *ha* 'haben' (*hadde* Prät. Ind.); *en* m. 'ein(er), man'; *lang* 'lang'; *kyst* m. 'Küste'; *og* 'und'; *nordmennene* 'die Norweger' (Pl. ← *nordmann* 'Norweger'); *begynte* Prät. Ind. → *begynne* 'beginnen'; *tidlig* 'zeitlich, früh'; *å* (Infinitivzeichen, vgl. engl. *to*, dt. *zu*); *seile* 'segeln' (*seilte* Prät. Ind.); *på* 'auf, an'; *sjø* m. 'See, Meer'; *de* 'sie, die, jene (Pl.)'; *da* 'dann'; *ikke* 'nicht'; *så* 'so, solch'; *stor* 'groß' (∼*e* Pl., *større* Komp., *største* Superl.); *skip* n. 'Schiff(e)' (∼*ene* 'die Schiffe'); *som* 'als, wie'; *vi* 'wir'; *nå* 'nun, jetzt'; *med* 'mit'; *vakre* Pl. → *vakker* 'schön'; *helt* 'ganz' Adv.; *til* 'bis'; *Frankrike* n. 'Frankreich'; *i* 'in'; *modern* 'modern' (∼*a* Pl.); *tid* f. 'Zeit(alter)'; *land* n. 'Land' (∼*et* 'das Land'); *meget* 'sehr'; *handelsflåte* f. 'Handelsflotte'; *av* 'von, aus' (Genitivpartikel!); *verd* f. 'Welt' (*i* ∼*en* 'auf der Welt'); *kan* Präs. Ind. → *kunna* 'können'; *møte* 'begegnen'; *norsk* 'norwegisch' (∼*e* Pl. bzw. schwacher Sing.); *alle* 'alle' (Pl.); *verdenshav* n. 'Weltmeer, Ozean'; *flagg* n. 'Flagge' (∼*et* 'die Flagge'); *vaier* Präs. Ind. → *vaie* 'wehen'; *hver* 'jeder'; *havn* m. 'Hafen'.

IV.2.8. Dänisch

IV.2.81. Geschichte. Quellen

Dänisch (*Dansk*) ist die Staatssprache des auf der Halbinsel Jütland (dän. *Jylland*) und auf den Inseln um Jütland gelegenen Königreiches

Dänemark (dän. *Danmark*). Das Gebiet des Landes umfaßt 43 069 km², die Zahl der Einwohner liegt um 5 Millionen. Die Hauptstadt der konstitutionellen Monarchie ist Kopenhagen (dän. *København*, d. h. 'Hafen der Kaufleute'). Dänemark ist ein Industrie-Agrarland; Viehzucht und Ackerbau sind auch am Weltmaßstab gemessen ausgezeichnet. Bedeutend sind außerdem der Fischfang und der Schiffsbau sowie die Schiffahrt. Von seinen ehemaligen Kolonien gehören — mehr oder weniger autonom — nur noch die Färöer und Grönland zu Dänemark. Die überwiegende Mehrheit der Bevölkerung bilden die Dänen; im Süden (Schleswig) lebt eine deutsche Minderheit, in den Außengebieten wohnen Färinger und — in Grönland — Eskimos. Seit dem Sieg der Reformation sind die Dänen vorwiegend Lutheraner.

Als der südlichste Stamm der Nordgermanen spielten die Dänen eine außergewöhnlich große Rolle in der Wikingerzeit. Die Verwandlung der dänisch besiedelten Gebiete in einen feudalen Staat wurde im 9. Jh. vollzogen und manifestierte sich im 10. Jh. in der Gründung des Königreiches Dänemark. (Der erste Dänenkönig, HARALD BLAUZAHN, starb 985.) HARALDS Sohn und Nachfolger auf dem Thron, SVEINN, eroberte England, wo dann KNUT DER GROSSE vorübergehend ein einheitliches Reich schuf, das eine Zeitlang Dänemark, Norwegen und England zusammenschloß (1018—1035). Auch Schonen (Skåne in Südschweden) gehörte zu diesem Reich und wurde erst 1658, im Frieden von Roskilde, nach dem Dänisch-Schwedischen Krieg an Schweden abgetreten. Die Blütezeit der dänischen Macht im Mittelalter fiel in das 12.—13. Jh., aber schon im 14. Jh. geriet das Land unter die Herrschaft der norddeutschen Hanse. 1397 wurde Dänemark mit Schweden und Norwegen in der Kalmarer Union vereinigt, aus der Schweden 1523 endgültig ausschied. Norwegen blieb jedoch bis 1814 ein integrierender Bestandteil des dänischen Königreichs. Ende des 15. Jh.s wurde das deutsche Grenzgebiet (Schleswig-Holstein) einverleibt. Die LUTHERsche Reformation wurde auch in Dänemark eingeführt, und in diesem Zusammenhang nahm das Land am Dreißigjährigen Kriege teil (1618—1648). Im Laufe der Kriege im 17.—18. Jh. wurde Dänemark gezwungen, seine Vormachtstellung immer mehr Schweden zu überlassen. Mit dem frühen Anschluß Norwegens waren auf der anderen Seite auch die Außengebiete Norwegens, in erster Linie Island, dänisch geworden. Dänemark wurde auch in die Napoleonischen Kriege verwickelt, später (1848/49 bzw. 1864) stand es im Krieg mit Deutschland, der mit dem Verlust von Schleswig-Holstein endete. Der wirtschaftliche und kulturelle Aufstieg Dänemarks in der Neuzeit setzte erst im 19. Jh. ein. Im Ersten Weltkrieg blieb das Land neutral, und nach dem Krieg erhielt es von Deutschland sogar noch Schleswig zurück. Im Zweiten Weltkrieg wurde Dänemark von deutschen Truppen besetzt (1940—1945). Nach seiner Befreiung trat das Land der UNO bei.

Die ältesten Denkmäler der dänischen Sprache sind hauptsächlich R u n e n s t e i n e, d. h. Grabdenkmäler mit Inschriften aus der Wikingerzeit. In dieser Epoche haben die dänischen Wikinger bei der nordischen Besiedlung weiter Gebiete in Ostengland und in der Normandie die größte Rolle gespielt. Der Niederschlag dieser Expansion ist heute noch zu erkennen am Namengut und am Wortschatz des Englischen und des Französischen, vgl. Ortsnamen wie *Grimsby* ('Dorf des Grimr' ← dän. *by* 'Dorf, Stadt') in England, *Cherbourg* ('Schärenburg') in Frankreich usw. bzw. engl. *husband* 'Ehemann' (∼dän. *husbond*[*e*] 'Bauer, Hauswirt'), engl. *take* 'nehmen' (∼dän. *tage* 'dass.'), engl. *sky* 'Himmel' (∼dän. *sky* 'Wolke'), engl. *law* 'Gesetz' (∼dän. *lov* 'dass.'), frz. *équiper* 'ausrüsten' (zu dän. *skib* 'Schiff', vgl. isl. *skipa* '[vor allem Schiffe] ausrüsten, organisieren') usw.

Volkssprachliche H a n d s c h r i f t e n erscheinen in Dänemark (wie auch bei den Schweden) ziemlich spät. Die älteste uns bekannte dänische Handschrift, die Gesetze enthaltende Runenhandschrift (!), der sogenannte *Codex Runicus* (heute in der Universitätsbibliothek von Kopenhagen) ist gegen Ende des 13. Jh.s entstanden. Aus dem 14. Jh. sind schon zahlreiche G e s e t z b ü c h e r aus verschiedenen Teilen des Landes bekannt. Gleichaltrig mit diesen sind einige Legendenfragmente und Arzneibücher. Dank einem reichhaltigen Namenmaterial ist das Grundbuch König WALDEMARS (*Valdemars Jordebog*) besonders für die nordische (und allgemein germanische) O n o m a s t i k von großer Bedeutung.

Das dänische Sprachmaterial aus dem 14.—15. Jh. ist ziemlich dürftig und größtenteils r e l i g i ö s e s S c h r i f t t u m: Legenden, Gebetbücher und Erbauungsliteratur, d. h. in erster Linie Übersetzungen, die nach schwedischem Vorbild in den dänischen Klöstern besorgt wurden. Im ausgehenden 15. Jh. erschien das erste Druckwerk in dänischer Sprache, die 'Dänische Reimchronik' (*Den danske Rimkrønike*).

IV.2.82. Altdänisch

Die Sprache der dänischen R u n e n d e n k m ä l e r aus der Wikingerzeit ist im großen und ganzen mit jener der zeitgenössischen norwegischen und schwedischen Inschriften identisch, insonderheit im Hinblick auf die Morphologie. Im L a u t s t a n d hingegen lassen sich bereits einzelne charakteristische dänische Merkmale verzeichnen, so die Vereinfachung der anlautenden Konsonantenverbindung *hr-* im 9. Jh. (z. B. aisl. *Hrólfr* ∼ adän. *RoulfR* 'Rolf' PN), ferner die Monophthongierung der Diphthonge, z. B. aisl. *steinn* ∼ adän. *stēn* 'Stein', aisl. *dauðr* ∼ adän. *tuþr* 'tot' u. dgl. Die Sprache der Handschriften vom Ende des 13. Jh.s weicht von den isländischen und norwegischen Denkmälern schon viel stärker ab, weist dagegen eine um so größere Ähnlichkeit mit dem Altschwedischen auf. Die mundartlichen Unterschiede waren in dieser Periode bereits in Dänemark selbst ganz erheblich, was infolge des Fehlens einer einheitlichen schriftsprachlichen Norm nur noch gesteigert wurde.

Im F r ü h a l t d ä n i s c h e n waren die germanischen Laute *p*, *t*, *k* postvokalisch noch erhalten (z. B. *gripæ* 'greifen'); *t* und *þ* wurden unterschieden (z. B. *tak!* 'nimm!' ≠ *thak* 'Dach'), und der Prozeß der Monophthongierung war schon abgeschlossen; vgl. *bein* > *ben* 'Bein', *auga* > *øghæ* 'Auge', *leysa* > *løsæ* 'lösen'. Der sekundäre *u*-Umlaut ist — wie im Schwedischen — unterblieben, vgl. aisl. *lǫnd*, aber adän. *land* 'Länder', wie auch der sekundäre *i*-Umlaut, vgl. aisl. *tekr* gegenüber adän. *takær* 'er nimmt'. Im absoluten Wortauslaut wurden die nebentonigen Vokale in fast allen Mundarten reduziert, z. B. *bæræ* [bæ:rə] (< *bera*) 'tragen', *bondæ* [bondə] (< *bóndi*) 'Bauer, Wirt', *varæ* [varə] (< *varu*) 'sie waren'.

Die Zersetzung der N o m i n a l f l e x i o n war schon im Gange. Zunächst war die altnordische Nominativendung -ʀ > -*r* (vgl. aisl. *dagr* 'Tag') geschwunden, wodurch der Nominativ mit dem Akkusativ zusammenfiel. Der Synkretismus ging im seeländischen Dialekt einen Schritt weiter und warf auch den Dativ mit diesem gemeinsamen Kasus zusammen. Danach konnte das Substantiv im Singular nur noch einen allgemeinen Kasus (z. B. *thiuf* 'der/den/dem Dieb') und einen Genitiv (z. B. *thiufs*) unterscheiden. Der Plural kannte gleichzeitig eine einzige Form, z. B. *thiuf* (Nom., Akk., Gen., Dat. Pl.). Der jütländische Dialekt neigte zur totalen Abschaffung der Flexion der Substantiva. Das Paradigmensystem der P r o n o m i n a war verständlicherweise besser erhalten und bildete daher im Altdänischen bereits ein T e i l s y s t e m im Gesamtsystem der Sprache. W o r t s c h a t z und S y n t a x waren inzwischen noch ziemlich altertümlich.

Im Spätmittelalter begann sich das Altdänische um so rascher zu verändern, und zwar meistens parallel zur gleichzeitigen Umwandlung des Altschwedischen (vgl. IV. 2.92.). Altes *ā* wurde zu *ō*, wie (um 1300) vor bestimmten Lautgruppen auch kurzes *a* zu *o* wurde, z. B. *gaard* [gɔ:rd] 'Hof', *hollæ* [hollə] 'halten'. Diesem Wandel hat sich in bestimmter Lautumgebung auch anlautendes *va*- unterzogen, z. B. *vagn* > *vogn* 'Wagen'. Der alte Diphthong *iu* wurde in der Stellung nach Konsonant + *l/r* sehr früh zu *y*, vgl. *fliude* > *flyde* 'fließen'. Altes *p*, *t*, *k* wurde nach Vokalen zu *b*, *d*, *g* lenisiert, z. B. *gripe* > *gribe* 'greifen', *bite* > *bide* 'beißen', *ake* > *age* 'fahren, treiben'; in einem Teil der Mundarten entwickelten sich diese Laute zu den Spiranten [v, ð, ǥ] weiter, obwohl dies in der Schrift keinen Niederschlag fand, vgl. *gribe* [grivə], *bide* [biðe], *age* [age]. Diese Erscheinung wird in

Anlehnung an die erste (germanische) und die zweite (hochdeutsche) Lautverschiebung (vgl. II. 2. 2. bzw. IV. 4. 2.) auch dritte oder dänische Lautverschiebung genannt. Vor Hinterzungenvokalen wurde altes *gh* [g] zu *w*, vgl. *lywe* 'lügen', *mawe* 'Magen'. Vor Vorderzungenvokalen entwickelte sich derselbe Laut dagegen zu [j], z. B. *vei* 'Weg', *fløi* 'er flog'. In den Lautgruppen *ld*, *nd* wurde *d* assimiliert, z. B. *holle* 'halten' (engl. *hold*), *binne* 'binden' (engl. *bind*). Kurze Vokale wurden in offenen Silben gedehnt, z. B. *tale* [taːlə] 'sprechen', *leve* [leːvə] 'leben'.

Der **A k z e n t** soll in dieser Periode schon dem heutigen ähnlich gewesen sein. Im angehenden 16. Jh. ist sogar schon der die dänische Rede auch heute so unmißverständlich charakterisierende 'Stoß' (*stød*) belegt, d. h. die phonetische Erscheinung, bei der die Stimmbänder während der Lautbildung einen momentanen Verschluß bilden und damit den Weg der ausströmenden Luft unterbrechen. Diese anfangs nur phonetische Erscheinung hat sich im Folgenden zu einem wichtigen phonologischen Merkmal des Dänischen entwickelt, vgl. *hund* [hunˀ] 'Hund', aber — ohne *stød* — *hun* [hun] f. 'sie'. Das für die ältere Zeit angenommene doppelte Intonationssystem wurde — von einigen wenigen Mundarten abgesehen — gleichzeitig aufgegeben.

Am Ende der altdänischen Periode wurde das Genitiv-*s* auf alle Genera, Numeri und Stämme ausgedehnt. Auch das Pluralzeichen der vokalisch auslautenden Neutra wurde vereinheitlicht (*-r*: *rige* 'Reich, Staat' — *riger* 'Reiche, Staaten'), während die Neutra mit konsonantischem Auslaut, die den Plural vom Singular ursprünglich nicht unterschieden hatten, im Plural ein -*e* annahmen (-*e*: *hus* 'Haus' → *huse* 'Häuser'). Der Endvokal der mit -*ere* gebildeten Nomina agentis wurde, wie im Deutschen und im Englischen, abgeschliffen, z. B. *dommere* > *dommer* 'Richter'.

Hand in Hand mit den weitgehenden phonologischen und morphologischen Wandlungen wurde gegen Ende der altdänischen Zeit auch die **W o r t s t e l l u n g**, ja der **S a t z b a u** überhaupt, wesentlich verändert. Der **W o r t s c h a t z** erfuhr, besonders in der Blütezeit der Hanse, eine gewaltige **n i e d e r d e u t s c h e** Überlagerung.

IV.2.83. Entstehung des Neudänischen

Von der ersten Hälfte des 16. Jh.s an haben sich die im Dänischen stufenweise durchgeführten Verschiebungen in einem typologisch neuen Sprachsystem konsolidiert. Die Verbreitung der Buchdruckerkunst hat die Entstehung der neudänischen **S c h r i f t s p r a c h e** in hohem Grade gefördert. In diesem Prozeß kam der Reformation, da sie mit der Verbreitung der nationalsprachigen Bibel zur Schaffung der sprachlichen Einheit beitrug, keine geringe Bedeutung zu. Eine der größten sprachlichen Leistungen des dänischen literarischen Lebens im 16. Jh. war gerade die Übersetzung der B i b e l („Bibel Christians III.", 1550), ein Produkt der Zusammenarbeit der besten Geister der Zeit. Die Übersetzungsliteratur stand auch in der weltlichen Dichtung an erster Stelle. Beinahe ebenso Wichtiges hat A. S. VEDEL vollbracht, indem er die „Dänische Geschichte" (*Gesta Danorum*) des berühmten dänischen Historikers des Mittelalters, SAXO GRAMMATICUS (etwa 1150—1216), ins Dänische übertrug (1575); eine mutige Tat in der Blütezeit des Humanistenlateins bzw. der Herrschaft der deutschen Umgangssprache am Königshof wie auch beim dänischen Adel und Bürgertum! Unter solchen Umständen ist es verständlich, daß auch das Dänische des 17. Jh.s von d e u t s c h e n Wörtern und Wendungen geradezu strotzte. Es ist kein Zufall, daß von allen nordgermanischen Sprachen das Dänische heute noch den stärksten deutschen Einfluß aufweist. Das Barockdeutsch hat indessen auch sonstige, vor allem f r a n z ö s i s c h e lexikalische Elemente an die neudänische Umgangssprache vermittelt. In der Zwischenzeit wurde das Interesse für die Nationalsprache auch in Dänemark wach. Diesem Interesse ist das wichtigste dänische Werk des ausgehenden 17. Jh.s, die „Dänische Sprachkunst", d. h. Sprachlehre, von PEDER SYV (*Den danske Sprog-Kunst*, 1685) zu verdanken.

In dieser frühen Periode des Neudänischen war die O r t h o g r a p h i e noch besonders unausgeglichen. Sie rückte im 18. Jh. ebendeshalb in den Vordergrund der Bemühungen um die dänische Sprache. In den Bestrebungen zur Ausarbeitung einer einheitlichen Rechtschreibung wurden zwei verschiedene Prinzipien vermengt: das etymologisch-historische und das phonetische Prinzip. Dies hatte zur Folge, daß die Orthographie der neudänischen Schriftsprache die gesprochene (gehobene) Umgangssprache Dänemarks nur zum Teil widerspiegelt. Andererseits hat die orthographische Normung, genauer das Schriftbild, auf die gesprochene Umgangssprache zurückgewirkt. In der L e x i k haben sich gleichzeitig puristische Tendenzen gemeldet. In der zweiten Hälfte des 18. Jh.s wurden eine Menge neue Wörter geprägt zum Ersatz für fremde, hauptsächlich deutsche Elemente. Allerdings sind diese Neuschöpfungen des Purismus zum größten Teil nichts anderes als aus dänischen Morphemen nach deutschen Vorlagen erstellte Lehnübersetzungen wie dt. *Gegenstand* → dän. *genstand*, dt. *Leidenschaft* → dän. *lidenskab*, dt. *bewundern* → dän. *beundre* u. dgl. In geringerem Maße wurden auch schwedische Muster nachgeahmt (z. B. *øde* 'Schicksal'), ja sogar einzelne altdänische Lexeme neubelebt (z. B. *gåde* 'Rätsel'). Der dänische Purismus erstreckte sich auch auf die Regeln des Satzbaues, wobei er vor allen Dingen die lateinischen bzw. die — weniger relevanten — deutschen Einflüsse zu entfernen trachtete. Im gleichen Zuge verjüngten die

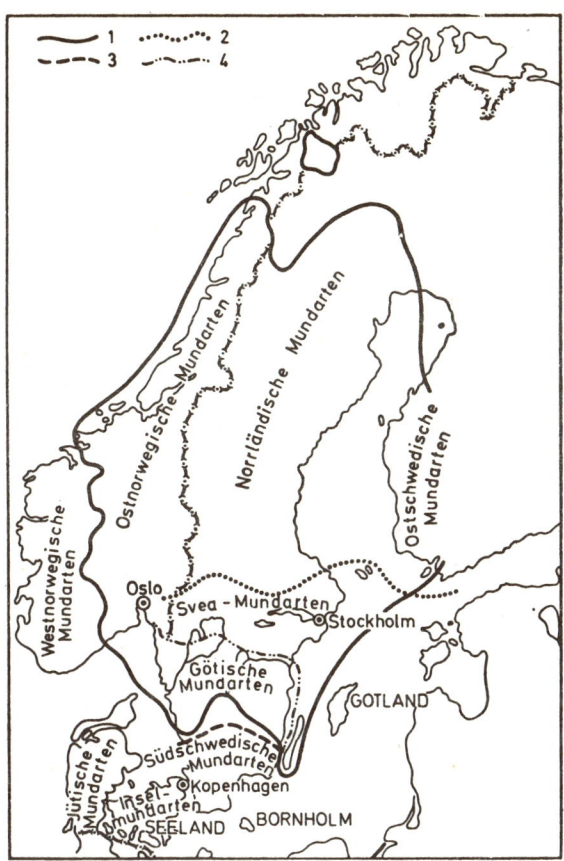

Abb. 42. Sprachgeographische Gliederung des Nordgermanischen (nach MICHAIL IVANOVIČ STEBLIN-KAMENSKIJ)

1 Verbreitung des „dicken" /l/, *2* Südgrenze der „norrländischen Palatalisierung", *3* Südgrenze des Nasalschwundes im Schlußartikel, *4* Südgrenze des *t*-Schwundes im Schlußartikel

Dichter die Schriftsprache mit Elementen aus dem Wortschatz der dänischen Bauerndialekte.

Gegen Ende des 19. Jh.s wurde die Bezeichnung der langen Vokale mit Verdoppelung (z. B. *huus* > *hus* 'Haus') aufgegeben, nur am Digraph *aa* hielt man zur Wiedergabe von [ɔ:] fest, vgl. *faa* [fɔ:] 'bekommen'. Um die Jahrhundertwende wurden bereits Rechtschreibungswörterbücher zusammengestellt. Von den amtlichen Reformen war der Beschluß von 1900 am wichtigsten, der die aus der Verbalflexion in der Sprache seit langem verschwundene Unterscheidung von Singular und Plural beseitigte.

Schon damals wurde auch die Bezeichnung von *aa* [ɔ:] nach schwedischer Art (mit *å*) gestattet; zur Vorschrift ist dies jedoch erst nach der O r t h o - g r a p h i e r e f o r m von 1948 geworden, genauso wie die Aufgabe der seit dem 18. Jh. nach deutschem Vorbild üblichen Großschreibung der Substantiva. Die Neuerungen in der Rechtschreibung haben die dänische Schriftsprache ihren nordgermanischen Schwestersprachen auch im Schriftbild wieder entschieden näher gebracht (Abb. 42).

IV.2.84. Neudänisch

Seit der Orthographiereform von 1948 enthält das dänische A l p h a b e t die folgenden Grapheme: *a, b, c, d, e, f, g, h, i, j, k, l, m, n, o, p, q, r, s, t, u, v, w, x, y, z, æ, ø, å*. Von diesen kommen *c, q, w, x, z* nur in Namen und in Fremdwörtern vor.

Die Aussprache des V o k a l s *æ* ist offenes [ε:] bzw. [æ], die von *ø* ist gerundetes [ø], während *å* (früher: *aa*) langes [ɔ:] festhält. Obwohl die moderne dänische Rechtschreibung die Vokaldauer unmittelbar nicht anzeigt, ist die Quantität im Dänischen von phonologischer Relevanz, z. B. *bonde* [bonə] 'Bauer' ≠ *bone* [bo:nə] 'bohnern, scheuern', *kølle* [k^{h}øle] 'Keule' ≠ *køle* [k^{h}ø:le] 'kühlen'. *a* [a] wird palatal ausgesprochen, aber neben *r* erscheint es stark gerundet als [å:]. Vor *r* wird auch *e* bzw. *æ* offener ([æ]). *ø* [ø] lautet ebenfalls oft als offeneres [œ].

Die Diphthonge des Dänischen sind [ai], z. B. *eje* [aiə] 'eigen'; [ɔi], z. B. *øje* [ɔiə] 'Auge'. Infolge der Vokalisierung bestimmter Konsonanten in Lautverbindungen entstehen auch weitere Diphthonge, z. B. *-av-* [au], vgl. *havn* [haun] 'Hafen'; *-yv-* [yv], vgl. *syv* [syu] 'sieben'; *-ov-* [ou], vgl. *lov* [lou] 'Gesetz'; *-ev-* [εu], vgl. *evne* [εunə] 'Fähigkeit'; *-øv-* [œu], vgl. *søvnig* [sœuni] 'schläfrig', ja manchmal auch *-eb-* [eu], z. B. *peber* [peuər] 'Pfeffer' und *-øg-* [ɔi], z. B. *øgle* [ɔilə] 'Eidechse'. Der bereits behandelte 'Stoß' (*stød*) wird, trotz seiner phonologischen Relevanz, in keiner Weise bezeichnet, vgl. IV.2.83.

Von den K o n s o n a n t e n sind *p, t, k* in der Stellung vor haupttonigen Vokalen behaucht [p^h, t^h, k^h], *b, d, g* sind dagegen Halblenes wie im Deutschen. In intervokalischer Stellung sowie nach Vokalen wird *d* zum interdentalen Reibelaut [ð] und fällt nachher des öfteren völlig weg; parallel dazu erscheint in denselben phonetischen Stellungen auch *g* spirantisch: [ğ]. Die Verdoppelung der Konsonanten in der Schrift gibt nicht die Länge der Konsonanten, sondern — wie im Deutschen — die Kürze des voraufgehenden Vokals an, z. B. *læsse* [lεsə] 'laden, belasten'. *z* und *s* lauten gleicherweise [s].

Die wichtigsten Konsonantenverbindungen sind *sj* [ʃ], z. B. *sjælden* [ʃεlən] 'selten'; *-ti-* [ʃ] (in französischen Wörtern), z. B. *patient* [pa'ʃen'd]

'Patient'; in *sp, st, sk* bleibt *s* stets unverändert, also *spæk* [spɛk] 'Speck', *stol* [sto:l] 'Stuhl', *skøn* [skø:n] 'schön'. Assimilierte Aussprache liegt vor in *dt* [d], z. B. *godt* [gɔd] 'gutes, gut Adv.'; *ds* [s], z. B. *plads* [plas] 'Platz'; *nd* [n], z. B. *mand* [man'] 'Mann'; *ld* [l], z. B. *guld* [gul] 'Gold'; *rd* [r], z. B. *fjerde* [fjɛ:rə] 'vierter'. Ausnahmen gibt es doch auch. *hj* und *hv* lauten immer [j] bzw. [v], z. B. *hjem* [jɛm'] 'heim, Heim' bzw. *hvem* [vɛm'] 'wer'.

Der A k z e n t ist durchaus germanisch, dagegen ist die für das Neunorwegische und das Neuschwedische charakteristische doppelte Intonation unbekannt (vgl. IV.2.74. bzw. IV.2.94.).

Die Bausteine der g r a m m a t i s c h e n S t r u k t u r wurden im Vergleich mit dem Altdänischen sehr stark verändert. Von den drei G e n e r a ist nur das Neutrum selbständig geblieben, während das Maskulinum und das Femininum in einem gemeinschaftlichen Geschlecht, dem sogenannten *Utrum*, vereinigt wurden. Dieser Vorgang zeigt sich auch in den Formen des für die nordischen Sprachen so typischen s u f f i g i e r t e n A r t i k e l s, z. B. *mand* 'Mann' → *man**den** 'der Mann' und *kone* 'Frau' → *kon**en** 'die Frau' bzw. *barn* 'Kind' → *barn**et** 'das Kind'. Genauso beim unbestimmten Artikel, z. B. **en** *mand,* **en** *kone,* aber **et** *barn.* Abweichend vom Schwedischen und vom Norwegischen wird der in Attributivgefügen gängige f r e i s t e h e n d e A r t i k e l in deutscher Weise gebraucht, d. h. ohne Schlußartikel, z. B. **den** *store mand* 'der große Mann' (vgl. schw. **den** *stora mannen*), **det** *store hus* 'das große Haus', **de** *gode børn* 'die guten Kinder'. Die drei Genera werden nur noch von der 3. Pers. Sing. des Personalpronomens unterschieden, vgl. *han* 'er', *hun* 'sie', *det* 'es'.

Das N o m e n kennt keinen Dualis mehr. Die alten Stammklassen wurden auf die Gruppierung nach der Pluralbildung umgestellt: 1. -e (mit oder ohne Umlaut), z. B. *dreng* 'Knabe' → *drenge, fader* 'Vater' → *fœdre*; 2. -(e)r (mit oder ohne Umlaut), z. B. *by* 'Stadt' → *byer, bog* 'Buch' → *bøger*; 3. -ø (mit oder ohne Umlaut), z. B. *ord* 'Wort' → *ord, barn* 'Kind' → *børn*. Das alte Kasussystem wurde vereinfacht, indem sowohl im Singular als auch im Plural neben dem allgemeinen Kasus nur der Einheitsgenitiv erhalten ist, z. B. *broder* 'Bruder' ≠ *broders* 'des Bruders' bzw. im Pl. *brødre* ≠ *brødrenes*. Die Kasusfunktionen werden auch im Neudänischen mit Präpositionalkonstruktionen ausgedrückt, nicht selten auch anstatt des Genitivs, z. B. *husets tag* ~ *taget* **på** *huset* 'das Dach des Hauses', eigtl. 'des Hauses Dach' bzw. 'das Dach auf dem Haus'.

Die zwei Genera werden im Singular auch beim A d j e k t i v unterschieden, vgl. *den friske luft* 'die frische Luft', aber *stort hus* 'großes Haus'.

Das P r o n o m e n bildet ein Diasystem innerhalb des Nominalsystems, wie auch sonst in den nordischen (und germanischen) Sprachen, vgl. *han* 'er' ≠ *ham* 'ihn, ihm' ≠ *hans* 'sein(er)'. Unter den Possessiva ist das Verhältnis von *hans/hendes* und *sin/sit* dasselbe wie im Norwegischen und im Schwedischen (vgl. IV.2.74. bzw. IV.2.94.).

Bei den N u m e r a l i e n werden das Genus und einige Reste der Flexion nur noch an 'ein' erkenntlich, vgl. *en* m./f., *et* n. bzw. *den ene arm* 'der eine Arm'.

Das V e r b kann stark oder schwach sein. Die dänischen Reflexionen der herkömmlichen Ablautsreihen sind die folgenden: 1. *gribe — greb — grebet* 'greifen'; 2. *byde — bød — budt* '(an)bieten, gebieten'; 3. *binde — bandt — bundet* 'binden'; 4. *bære — bar — båret* 'tragen'; 5. *give — gav — givet* 'geben'; 6. *fare — for — faret* 'fahren'. Infolge der vielfachen Lautveränderungen sind freilich mehrere Unterklassen entstanden, die in der beschreibenden Grammatik als eigene Reihen gruppiert werden. Manche Verfasser unterscheiden nicht weniger als 13 Klassen des starken Verbs im Dänischen. Das System der Hilfsverba stimmt mit jenem des Norwegischen bzw. des Schwedischen überein (vgl. IV.2.74. bzw. IV.2.94.), d. h. sie gehören historisch größtenteils zu der Gruppe der Präteritopräsentien, z. B. *kan* 'kann' — *kunne* 'konnte'. Das Verbum substantivum bildet seine Tempusformen auch hier von verschiedenen Stämmen, vgl. *være* 'sein', *er* 'ist', *var* 'war', *været* 'gewesen'.

Die schwachen Verba zerfallen in zwei Klassen: 1. *elske* 'lieben' — *elskede* (Prät.); 2. *spise* 'speisen' — *spiste* (Prät.). Bei der 2. Klasse ist im Präsensstamm auch der Umlaut häufig, im Gegensatz zum Präteritum, das — aus lautgeschichtlichen Gründen — nicht umgelautet wurde, vgl. *sætte* 'setzen' → *satte*, *smøre* 'schmieren' → *smurte*, *gøre* 'tun' → *gjorde*.

Das System der T e m p o r a wurde, ähnlich dem Norwegischen, stark erweitert. Neben dem herkömmlichen Präsens und dem Präteritum sind an weiteren Tempora aufgekommen: das Perfekt (*jeg har elsket* 'ich habe geliebt'), das Plusquamperfekt (*jeg havde elsket* 'ich hatte geliebt'), das Futurum (*jeg vil/skal elske* 'ich werde lieben'), das „Vergangenheitsfuturum" — der sogenannte Konditionalis I — (*jeg vilde/skulde elske* 'ich würde lieben'), das Futurum exactum oder Futurum II (*jeg vil/skal have elsket* oder *jeg får elsket* 'ich werde geliebt haben') und dessen Entsprechung in der Vorvergangenheit, der Konditionalis II (*jeg vilde/skulde have elsket* 'ich würde geliebt haben'). Der Konjunktiv ist nur im Präsens synthetisch (selbständig), z. B. *jeg/du* usw. *elske* '(wenn) ich liebte' usw. Der Imperativ besitzt zwei synthetische Formen: *elsk!* 'liebe !' und *elsker!* 'liebt !' — Die Funktion des Imperativs wird in der 1. Pers. Pl. mit Umschreibung ausgedrückt: *lad os elske!* 'laß uns lieben ! Lieben wir !' (vgl. engl. *let us love!*). Das Merkmal des Infinitivs ist im allgemeinen die Endung *-e* (*spis-e* 'speisen') und wird im vollen Gebrauch mit der Präposition *at* als Infinitivzeichen ergänzt, z. B.

at spise, vgl. engl. ***to*** *eat* (~ dt. ***zu*** *essen*). Es gibt zwei Partizipien: *elsk**ende*** (Präs.) 'liebend' und *elsk**et*** (Prät.) 'geliebt'.

Auch das P a s s i v wird nach gemeinnordischen Regeln gebildet: *jeg elskes* (Präs.) 'ich werde geliebt', *jeg elsk**edes*** (Prät.) 'ich wurde geliebt', *jeg er elsk**et*** (Perf.) 'ich bin geliebt worden', *jeg var elsket* (Plusqu.) 'ich war geliebt worden' usw., aber auch eine weitere Umschreibung ist möglich, und zwar mit der Einschaltung von *blive* 'bleiben; werden' als Hilfsverb, z. B. *jeg elskes = jeg **bliver** elsket* (Präs.), *jeg elskedes = jeg **blev** elsket* (Prät.) usw. Es handelt sich dabei um die im Germanischen auch sonst übliche Unterscheidung von Z u s t a n d s - und V o r g a n g s p a s s i v.

Singular und Plural wurden im Schriftdänischen früher auseinandergehalten, z. B. *jeg elsker* 'ich liebe', aber *vi elske* 'wir lieben'; heute ist jedoch die Nivellierung der Numeri vollzogen, vgl. *jeg elsker* 'ich liebe', *du elsker* 'du liebst', *vi elsker* 'wir lieben', *de elsker* 'sie lieben' usw.

Der durchgreifenden Vereinfachung des Flexionssystems zufolge zeichnet sich das Dänische der Gegenwart durch die umfassende Verwendung von P r ä p o s i t i o n a l g e f ü g e n und einer streng gebundenen W o r t s t e l l u n g aus.

IV.2.85. Textproben

a) *Altdänisch*

Fathær oc mothær ær sum oc dotær nest at æruæ. sun til ful lot. oc dotær til half lot; æn of af giftæs sun æller dotær ællær bathe. liuænde fathær oc mothær. tha faræ the af bo. sun mæth ful oc dotær mæt half lot. allæ æin ful lot sum theræ fathær hauær. for utæn fæthrinis iorth. oc the aruæ ær han ærfdæ sithen han fec theræ mother. ællær theræ mothær sithen hun fec theræ fathær.

(*Seeländisches Landrecht.* Ende des 13. Jh.s)

fathær m. 'Vater' (hier auch Dat. Sing.); *oc* 'und'; *mothær* f. 'Mutter' (hier auch Dat. Sing.); *ær* Präs. Ind. → *væræ* 'sein'; *sun* m. 'Sohn'; *dotær* f. 'Tochter'; *nest* 'nächst'; *at* 'daß'; *æruæ* (an. *erfa*) 'erben' (*ærfdæ* 1. Pl. Präs. Konj.); *til* 'zu'; *ful* 'voll'; (aisl. *hlutr*) m. 'Erbteil'; *half* 'halb'; *æn* 'doch'; *of* 'wenn, ob'; (*at*) *giftæ* Pl. Präs. Konj. Pass. 'heiraten'; *ællær* 'oder'; *bathe* (aisl. *báðir*) 'beide'; *liuænde* Pl. Part. Präs. → *liuæ* 'leben'; *tha* 'da, dann'; *faræ* Pl. Präs. Konj. → *faræ* 'fahren'; *the* 'sie' Pl.; *af* 'von'; *bo* (aisl. *bú*) 'Gehöft, Gut'; *mæth* 'mit'; *ællæ æin* 'ein jeder, jeglicher, jedweder'; *sum* 'das, welches, als'; *theræ* Gen. Pl. → an. *sá* 'er'; *hauær* Sing. Präs. Ind. → *hauæ* 'haben'; *for utæn* 'außer, ausgenommen'; *fæthrinis* Gen. Sing. → *fathær* s. o.; *iorth* f. 'Erde, Land, Grund und Boden'; *aruæ* (aisl. *erfð*) f. 'Erbe, Erbschaft'; *ær* 'welcher/welche/welches'; *han* m. 'er'; *sithen* 'seitdem, nachdem'; *fec* Prät. Ind. → an. *fá* 'bekommen'; *hun* f. 'sie'.

(b) Neudänisch

København blev grundlagt i den tidlige middelalder af biskop Absalon. Den udviklede sig snart til en betydelig handelsby på grund af beliggenheden ved Øresund, der forbinder Østersøen med verdenshavene. Navnet København betyder „købmændenes havn", og endnu er havnen, som er anlagt mellem Sjælland og Amager, den største og vigtigste i Skandinavien.

(H. A. KOEFOED: Danish. 1958.)

blev Prät. Ind. → *blive* 'werden'; *grundlagt* Part. Prät. → *grundlægge* 'begründen, gründen'; *i* 'in'; *den* m./f. 'der/die'; *tidlig* 'zeitlich, früh'; *middelalder* u. 'Mittelalter'; *af* 'von, durch'; *biskop* m. 'Bischof'; *udvikle sig* 'sich entwickeln'; *snart* 'schnell, rasch'; *til* 'zu'; *en* m./f. 'ein/eine'; *betydelig* 'bedeutend'; *handelsby* u. 'Handelsstadt'; *på grund af* 'auf Grund + Gen.', *beliggenhed* u. 'Lage'; *ved* 'bei, an'; *der* 'welcher/welche'; *forbinde* 'verbinden'; *Østersø(en)* 'Ostsee'; *med* 'mit'; *verdenshav* 'Weltmeer, Ozean' (~ *ene* Pl.); *navn* n. 'Name'; *betyde* 'bedeuten'; *købmand* m. 'Kaufmann, Handelsmann' (*købmændenes* Gen. Pl.); *havn* u. 'Hafen'; *og* 'und'; *endnu* 'noch'; *er* Präs. Ind. → *være* 'sein'; *som* 'der/die/das'; *anlagt* Part. Prät. → *anlægge* 'anlegen'; *mellem* 'zwischen'; *Sjælland* 'Seeland'; *størst(e)* Superl. → *stor* 'groß'; *vigtigst(e)* Superl. → *vigtig* 'wichtig'.

IV.2.9. Schwedisch

IV.2.91. Geschichte. Quellen

Schwedisch (*svenska*) ist heute die Staatssprache Schwedens (*Sverige*), wo sie von etwa 98% einer Bevölkerung von 8,1 Millionen als Muttersprache gesprochen wird. Bedeutende schwedische M,nderheiten sind in Finnland (9% der Bevölkerung!), in den Vereinigten Sitaaten und in Kanada ansässig, kleinere schwedische Siedlungen sind aber auch sonst, vor allem in Südamerika, Afrika und Australien zu finden. In Finnland ist Schwedisch neben dem Finnischen sogar zweite Amtssprache.

Die Oberfläche des Landes beträgt 449 750 km², die Hauptstadt ist Stockholm. Schweden ist ein hochentwickeltes Industrieland mit bedeutendem Handel und einer sehr intensiven Landwirtschaft. Die Holz-, Papier- und Eisenindustrie sorgen für eine bedeutende Ausfuhr. Forstwirtschaft, Fischerei und Rinderzucht sind äußerst modern entwickelt. Der Staatsform nach ist Schweden eine konstitutionelle Monarchie. Seit der Einführung der Reformation gehört die überwiegende Mehrzahl der Schweden der lutherischen Kirche an.

Das schwedische Volk ist aus den nordgermanischen Stämmen hervorgegangen, die die Osthälfte der Skandinavischen Halbinsel bewohnt haben. Im 6. Jh. u. Z. hatte der auch dem späteren Volk und Land den Namen gebende Stamm der S v í a r (bei TACITUS *Sviones*) die südlich von ihm ansässigen G a u t e n unterjocht. In der Wikingerzeit setzten sich auch die Schweden in Bewegung, aber sie suchten in erster Linie im Osten neue Handelswege und politische Beziehungen. Die schwedischen Wikinger, die sowohl in den Quellen als auch in der Geschichtsschreibung meistens als W a r ä g e r bezeichnet werden, sind über das Baltikum und Rußland hinweg bis nach Byzanz vorgedrungen, und sie spielten auch in der Festigung der Feudalstaaten von Kiew und Nowgorod eine Rolle. Im 9. Jh. haben dänische und deutsche Missionare mit der Bekehrung der heidnischen Stämme Schwedens begonnen, abgeschlossen wurde dieser Vorgang allerdings erst im 12. Jh. Gleichzeitig begann Schwedens „Drang nach Osten". König ERIK IX. hatte Finnland noch im Laufe des 12. Jh.s annektiert, im Jahre 1319 vereinigte dann MAGNUS VII. Schweden und Norwegen. Aus dieser Verbindung erwuchs 1397 die Kalmarer Union von Schweden, Norwegen und Dänemark. Die Schweden waren auch im Rahmen der Union auf die Sicherung ihrer politischen Unabhängigkeit bedacht, was zu Beginn des 16. Jh.s zum nationalen Aufstand gegen die Dänenherrschaft führte. Mit der Thronbesteigung GUSTAVS (I.) WASA (1523—1560) wurde wieder eine nationale Dynastie gegründet. Der darauf folgende allmähliche Aufstieg Schwedens zur Großmacht war mit der Besetzung der meisten Ostseeprovinzen, Kareliens sowie der dänischen Gebiete Südschwedens verbunden. Im Laufe des 17. Jh.s riß Schweden sogar noch Pommern und weite Gebiete des übrigen Norddeutschlands (Rügen, Bremen usw.) an sich, was mit seiner großen Rolle im Dreißigjährigen Krieg zusammenhing. Die Großmachtstellung Schwedens in Europa wurde erst im großen Nordischen Krieg (1700—1721) von der unter russischer Führung gebildeten Koalition gebrochen. In den Napoleonischen Kriegen wurde Schweden bereits zur Abtrennung Finnlands an das Russische Reich gezwungen. Der Wiener Kongreß (1813—1814) vereinigte Schweden erneut mit Norwegen; diese Personalunion wurde erst 1905 aufgehoben. Schwedens weitere Entwicklung wurde vor allem dadurch begünstigt, daß es sich nach 1815 aus allen internationalen Konflikten herauszuhalten wußte. 1946 schloß sich auch Schweden der Organisation der Vereinten Nationen an.

Ähnlich wie in den übrigen nordgermanischen Sprachen, sind die ältesten Sprachdenkmäler des Schwedischen R u n e n i n s c h r i f t e n, die z. T. aus dem 9.—10. Jh., vorwiegend aber aus der Zeit um die Wende des 11.—12. Jh.s stammen. Aus Uppland allein sind etwa 1200 Inschriften zum Vorschein gekommen; die Gesamtzahl der schwedischen Runeninschriften macht aber mehr als das Doppelte aus. Es sind das größtenteils G r a b i n s c h r i f t e n, daher lexikalisch wie strukturell ziemlich monoton. Die unmittelbar auf die Wikingerzeit folgende Periode verging mit der

Festigung des Christentums und des Feudalwesens (12.—13. Jh.), sie ist demzufolge auch viel ärmer an Schriftdenkmälern. Gegenüber Island und Norwegen blieb Schweden mit den Anfängen des kontinuierlichen Schrifttums in lateinischen Lettern mehr als hundert Jahre zurück. Zeitlich wurde es in dieser Hinsicht sogar von Dänemark überholt. Die ersten Denkmäler in lateinischer Schrift waren Rechtsbücher wie das „Westgötische Gesetzbuch" (*Västgötalag*), das im angehenden 13. Jh. niedergeschrieben wurde. Die meisten Gesetzbücher sind jedoch erst im 14. Jh. entstanden, z. B. das berühmte Landrecht des Königs MAGNUS ERIKSSON (*Magnus Erikssons landslag*). Eine zweite Schicht der frühesten Handschriften bildeten die Produkte des religiösen Schrifttums, z. B. die „Altschwedische Legendensammlung" (*Fornsvenska legendariet*) und die Offenbarungen der hl. BIRGITTA. Aus demselben Zeitalter stammen die aus erst zu Beginn des 17. Jh.s herausgegebenen Quellen bekannten historischen Werke, besonders Reimchroniken wie die „Erikschronik" (*Erikskrönikan*), ferner das berühmte Traktat über die königliche Verwaltung (*Konungastyrelsen*) u. dgl. m.

Das 14.—16. Jh. ist an religiös ausgerichteten Denkmälern besonders reich. Zum größten Teil sind es Legenden, biblische Erzählungen, Gebetbücher und allerlei Erbauungsliteratur. Nach west- und mitteleuropäischen Vorlagen entstanden zur gleichen Zeit die damals aktuellen Gattungen der weltlichen Vers- und Prosaliteratur wie Ritterromane, Reimchroniken, Arzneibücher usw. Die wichtigsten Sammlungen dieses Schrifttums sind im *Codex Oxenstierna* (Stockholm) und im sogenannten „Buch des Jöns Budde" (*Jöns Buddes bok*) enthalten. Für die Sprachgeschichte besitzen vielleicht einen noch höheren Wert die vom 14. Jh. an dicht belegten Urkunden. Gegen Ende des 16. Jh.s war der Buchdruck auch bereits in Schweden verbreitet; von dieser Zeit an stehen uns die verschiedensten Quellen in großer Zahl zur Verfügung.

IV.2.92. Altschwedisch

Die Geschichte der schwedischen Sprache wird von der Forschung im allgemeinen in zwei große Perioden — Altschwedisch (*fornsvenska*) und Neuschwedisch (*nysvenska*) — zerlegt. Innerhalb dieser Abschnitte ist auch eine detailliertere Chronologie möglich. So wird das Altschwedische in drei weitere Unterabteilungen eingeteilt: 1. Runenschwedisch (*runsvenska*) zwischen 800 und 1225, 2. Klassisches Altschwedisch (*klassisk fornsvenska*) etwa von 1225 bis 1375 und 3. Spätaltschwedisch (*senfornsvenska*) bzw. Mittelschwedisch (*medelsvenska*) zwischen 1375 und 1526.

Runenschwedisch ist die Sprachform der Runeninschriften Schwedens. Trotz aller ihrer Probleme bieten die Inschriften den Erforschern der schwedischen wie auch germanischen Namenkunde ein sehr dankbares Material. Aufschlußreich ist auch der Wortschatz der Inschriften. Allerdings wird die sprachliche Analyse dieser Denkmäler dadurch erschwert, daß die schwedischen Runeninschriften im jüngeren Fuþark geritzt wurden, dessen 16 Zeichen zur Wiedergabe des vollen Lautstandes nicht ausreichten (vgl. III.3.2.). Es hat z. B. zwischen stimmhaften und stimmlosen Verschluß- bzw. Reibelauten, aber auch zwischen umgelauteten und umlautslosen Vokalen keinen Unterschied gemacht. Die Vokalquantität wurde ebensowenig bezeichnet. Immerhin bieten diese Runen einige Anhaltspunkte zur Bestimmung gewisser phonetischer Merkmale: das Nebeneinander von zwei r-Runen (R = r und ᛦ = ʀ) bzw. ihre Verwechslung beweist z. B., daß der germanische Wandel $s > z > ʀ > r$ im Altschwedischen schon abgeschlossen war, z. B. *þaiʀ* 'sie', *runaʀ* 'Runen'. Inschriften Mittelschwedens bewahren sogar noch im 11. Jh. die alten Diphthonge: *stain* (nschw. *sten*) 'Stein', *austr* (nschw. *öster*) 'Ost' usw. Dagegen sind in den Handschriften ausschließlich monophthongierte Formen belegt, z. B. *sten*, *øster*. Dieser Lautwandel war als eine Art Neuerung der Wikingerzeit im 9. Jh. in Dänemark aufgekommen und drang von dort auch nach dem Norden, in erster Linie nach Schweden, vor. Es ist leicht möglich, daß die für das Schwedische und Norwegische der Gegenwart so charakteristische Doppelheit des musikalischen Akzents bereits in dieser Periode wirksam war, vgl. IV.2.74.

Das klassische Altschwedisch zeichnet sich infolge historischer Ursachen durch eine starke Einwirkung des Norwegischen und des Dänischen aus. Dies machte sich sowohl im Wortschatz als auch in der Orthographie geltend. Das aus dem Fuþark übernommene Zeichen *þ* wurde erst gegen Ende des 14. Jh.s von der digraphischen Bezeichnung *th* bzw. *dh* abgelöst. Die Vokallänge wurde nach dänischem (bzw. deutschem) Vorbild durch einfache Verdoppelung angegeben, z. B. *naal* [naːl] 'Nadel'. Das Lautsystem zeigt im Vergleich zu der voraufgegangenen Periode folgende wichtigere Veränderungen: 1. Die Monophthongierung wurde vollzogen (*stein* > *sten*); 2. *e* wurde zu [æ] geöffnet (*vegr* > *vægher* 'Weg'); 3. *ia* wurde zu *iæ*, *iu* zu *y* palatalisiert (*hiarta* > *hiærta* 'Herz' bzw. *briuta* > *bryta* 'brechen'); 4. die Brechung wurde verwirklicht, z. B. **syngva* > *siungva* 'singen'; 5. vor auslautendem *r* (< *ʀ*) wurde ein Sproßvokal (*e*) entwickelt, z. B. *vegr* > *vægher* 'Weg', dann wurde dieses *r* allmählich abgebaut, vgl. *hæstar* > *hæsta* 'Pferde', *vir* > *vi* 'wir' usw. Hingegen ist der sekundäre *u*-Umlaut, im Gegensatz zum Altisländischen, unterblieben, z. B. aisl. *lǫnd* ≠ aschw. *land* 'Länder'.

• In der grammatischen Struktur des Altschwedischen wurden beim Nomen drei Genera, zwei Numeri und in beiden vier Kasus

(Nominativ, Akkusativ, Genitiv, Dativ) unterschieden. Das System der Paradigmen baute sich auf Stammklassen auf. Der suffigierte **Artikel** war im Gebrauch, jedoch tendierte das Altschwedische (im Gegensatz zum Altisländischen, wo in der Flexion die Kasusendungen sowohl dem betreffenden Nomen als auch seinem Artikel angehängt wurden) dahin, die Kasusendung nur zum suffigierten Artikel hinzufügen, vgl. aisl. *hand|in* 'die Hand' und *handar|innar* Gen., aber aschw. *handin* und Gen. *hand|inna(r)*.

Eine ähnliche Tendenz zur Modernisierung läßt sich in der Grammatik des **Verbs** feststellen, wo die Personalendungen im Präsens der starken Verba schon in dieser Periode zusammenfielen, z. B. *iak/þu/han skiuter* 'ich schieße, du schießt, er schießt', im Gegensatz zum Präteritum, wo sich die Unterscheidung noch behaupten konnte, vgl. *iak skøt* 'ich schoß', *þu skøst* 'du schossest', *han skøt* 'er schoß'.

Die vom Süden nach Norden gerichtete sprachliche Durchdringung wurde in s p ä t a l t s c h w e d i s c h e r (oder genauer: m i t t e l s c h w e d i s c h e r) Zeit erst recht augenfällig. Die schwedische **Kanzleisprache** schloß sich auch in der **Orthographie** dem dänischen Usus an, z. B. *rike* > *rige* 'Reich, Land', *skip* > *skib* 'Schiff' usw. Auch am Wortende wurde nach dänischem Muster sehr häufig ein *-e* geschrieben anstatt des schwedischen Vollvokals *-a*, z. B. *bruka* > *bruge* 'brauchen'. Gleichzeitig wurden mehrere bedeutende **Lautwandlungen** durchgeführt: 1. Hinterzungenvokale wurden geschlossener, z. B. *ā* [aː] > *å* [åː], vgl. *bater* [baːter] > *båt* [båːt] 'Boot'; 2. In offenen Silben wurden die alten Kürzen gedehnt, z. B. *sova* [soːva] 'schlafen'; 3. Kurzes *a* wurde in gewissen Stellungen zu *o*, vgl. *gardher* [gɔrder] 'Hof' (nschw. *gård*).

Auslautende Vokale in nebentoniger Stellung wurden auch im Mittelschwedischen reduziert, aber nicht in dem Maße wie im Dänischen und im Norwegischen, da die Reduktion bei [a] stehen blieb, vgl. dän. *gade* ~ schw. *gata* 'Straße, Gasse'. Geschlossenes kurzes *i, y, u* wurde offener: *liva* > *leva* 'leben', *sydher* > *sødher* 'Süden', *hugh* > *hogh* 'Verstand, Gedanke'. Im Konsonantismus erwies sich die Aufgabe von [θ] als besonders charakteristisch: *thing* [θiŋg] > *ting* 'Ding'. Die Quantitätsverhältnisse wurden ebenfalls verschoben, z. B. *gaf* [gaf] > *gaf* [gaːf] 'gab'.

Auch das **morphologische System** wurde weiter vereinfacht. Die Nominalflexion gab die Unterscheidung von Akkusativ und Dativ auf, vgl. *dagher* > *dag* 'Tag: Nom., Akk., Dat.'. Das allgemeine Zeichen des Genitivs war bereits in dieser Periode die *s*-Endung.

Der **Wortschatz** wurde mit vielen Entlehnungen bereichert. Mit der Bekehrung zum Christentum kamen teils g r i e c h i s c h — l a t e i n i s c h e, teils altsächsische und altenglische Elemente ins Altschwedische, z. B. *kyrka* 'Kirche', *biskop* 'Bischof', *brev* 'Brief, Breve', *helgon* 'Heiliger', *bikt* 'Beichte', *himmel* 'Himmel'. Die Expansion der Hanse zeitigte einen Überfluß an n i e d e r d e u t s c h e n Lexemen, wie *skåp* 'Schrank, Kasten', *bädd* 'Bett', *frukost* 'Frühstück', *språk* 'Sprache', *fri* 'frei', *klen* 'schwach' (vgl. dt. *klein*), *arbeta* 'arbeiten', *fråga* 'fragen'. Der deutsche Einfluß war auch in der W o r t b i l d u n g sehr groß und bereicherte die schwedische Sprache mit einer langen Reihe neuer Bildungsaffixe, wie dt. *be-* > schw. *bi-/be-*, dt. *für-/vor-* > schw. *för-*, dt. *-in(ne)* > schw. *-inna*, dt. *-heit* > schw. *-het* usw.

IV.2.93. Entstehung des Neuschwedischen

Die in mittelschwedischer Zeit vollzogenen sprachlichen Wandlungen haben schon die Entstehung des Neuschwedischen vorbereitet. Auch in diesem Entwicklungsgang lassen sich einzelne Etappen feststellen. In der schwedischen Sprachgeschichte unterscheidet man gewöhnlich zwei Perioden des Neuschwedischen: 1. das Frühneuschwedische (1526—1732) und 2. das eigentliche Neuschwedische (von 1732 an).

Die Ausformung des F r ü h n e u s c h w e d i s c h e n war mit der Abschüttelung des dänischen Joches, mit dem Erringen der Unabhängigkeit Schwedens und dem von der Reformation eingeleiteten geistigen Aufstieg verbunden. Gleichzeitig mit der Verbreitung der Reformation verbreitete sich auch die Buchdruckerkunst, was vor allen Dingen den Prozeß der Vereinheitlichung der O r t h o g r a p h i e beschleunigte. Die 1526 erschienene Übersetzung des Neuen Testaments wurde zum Vorbild der schriftschwedischen Sprachnorm. Eine noch größere Bedeutung kam der „Gustav-Wasa-Bibel" (*Gustav Vasas Bibel*. 1540—1541) zu. Obwohl sie als Bibelübersetzung schon stilbedingt voller Archaismen war, förderte sie in großem Maße die Verdrängung des Einflusses des Dänischen. Andererseits ist sie unter dem Einfluß der deutschen Reformation entstanden und vermittelte daher auch deutsche Spracheigenheiten an die schwedische Schriftsprache, und zwar nicht nur im Wortschatz, sondern auch in Form syntaktischer G e r m a n i s m e n. Diese Bibelübersetzung war — mit geringfügigen Abänderungen — in Schweden praktisch sogar noch im angehenden 20. Jh. allgemein und offiziell in Gebrauch. Man kann sich gut vorstellen, wie weit sie im Laufe von vier Jahrhunderten auf die Entwicklung der schwedischen Schrift- bzw. Gemeinsprache hat einwirken können.

Die K a n z l e i s p r a c h e hat sich im Vergleich dazu doch langsamer verändert und konnte auch mit den dänischen Sprachmerkmalen nicht so schnell und radikal aufräumen, stand aber andererseits, im Hinblick auf die grammatische Struktur, der gesprochenen Umgangssprache zweifellos näher als der feierlich-erhabene Stil der Bibel.

In der schwedischen Literatur des 16.—17. Jh.s traten auch schon echte volkssprachliche Züge in den Werken einzelner Dichter hervor. Es setzte sogar die bewußte S p r a c h p f l e g e ein. In einer Kirchenverordnung wurde bereits der Schutz des Schwedischen vor Überfremdung sowohl durch das Lateinische als auch durch das Deutsche als eine wichtige Aufgabe aller Pfarrer und Schulmeister bezeichnet (1575). In der ersten Hälfte des 17. Jh.s forderte GUSTAV ADOLF die Zusammenstellung eines W ö r t e r b u c h s des Schwedischen, und er dachte auch an die Gründung eines Universitätskatheders für den mutterschprachlichen Unterricht. Die schwedischen Schüler von JOHANN AMOS COMENIUS wollten bereits den Unterricht in allen Stufen auf das Schwedische umstellen, und am Ende des 17. Jh.s bemühten sich die Gelehrten Schwedens schon um einen besseren Einklang von gesprochener Sprache und Orthographie. Gleichzeitig wurden zwei G r a m m a t i k e n des Schwedischen veröffentlicht und die Regeln der R e c h t s c h r e i b u n g verfeinert. Zu Beginn des 18. Jh.s ist dann auch das erste schwedische Wörterbuch erschienen.

Von den in der behandelten Periode vollzogenen W a n d l u n g e n ist vor allem die Ausdehnung der Palatalisierung von *g*, *k*, *sk* vor hohen Vokalen zu nennen: die Lautverbindungen *sj* und *skj* wurden in dieser Periode zu [ʃ], die Gruppe *tj* zu [tɕ] bzw. [tʃ], z. B. *siu* [ʃy:] 'sieben', *sken* [ʃe:n] 'Schein', *skiorta* [ʃorta] 'Hemd', *köpa* [tɕø:pa] 'kaufen'. Die Lautgruppen *hj*, *lj*, *dj* wurden zu [j] wie auch *hv* zu [v] vereinfacht, vgl. *hiärta* [jɛrta] 'Herz', *liud* [jɔ:d] 'Laut', *diup* [jɔ:p] 'tief', *hvass* [vas] 'scharf', *g* nach Liquiden wurde zur selben Zeit spirantisiert, z. B. *varg* [varj] 'Wolf', *talg* [talj] 'Talg'. Auch die M o r p h o l o g i e wurde noch mehr vereinfacht. Von den selbständigen Kasus konnte sich neben dem allgemeinen Kasus nur der Genitiv bewähren, ja das Pluralzeichen strebte nach einem weitgehenden Ausgleich. Als ein neues Personalpronomen meldete sich die satzphonetische Scheideform *Ni* 'Sie', z. B. *sagen-I > sage-Ni* 'sahen Sie, saht Ihr'. In der Konjugation wurde die Funktion des Plurals immer mehr durch den (schon früher vereinheitlichten) Singular versehen, allerdings kam dieses Merkmal noch für längere Zeit nur in der Spreche, nicht aber in der Schreibe zur Geltung.

Die eigentliche n e u s c h w e d i s c h e P e r i o d e wird in der schwedischen Sprachwissenschaft von der Mitte des 18. Jh.s, namentlich vom Erscheinen des „Schwedischen Argus" (*Then Swänska Argus*) von OLOV DALIN (1708—1763) an gerechnet. Das war das erste belletristische Prosawerk, das dem gesprochenen Schwedisch zum literarischen Rang verhelfen wollte. Ein Zeitgenosse DALINS, JOHAN IHRE, Professor in Uppsala, gab das erste etymologische Wörterbuch des Schwedischen heraus (*Glossarium Svio-gothicum*. 1769), in dem der Verfasser — vor der Entstehung der ver-

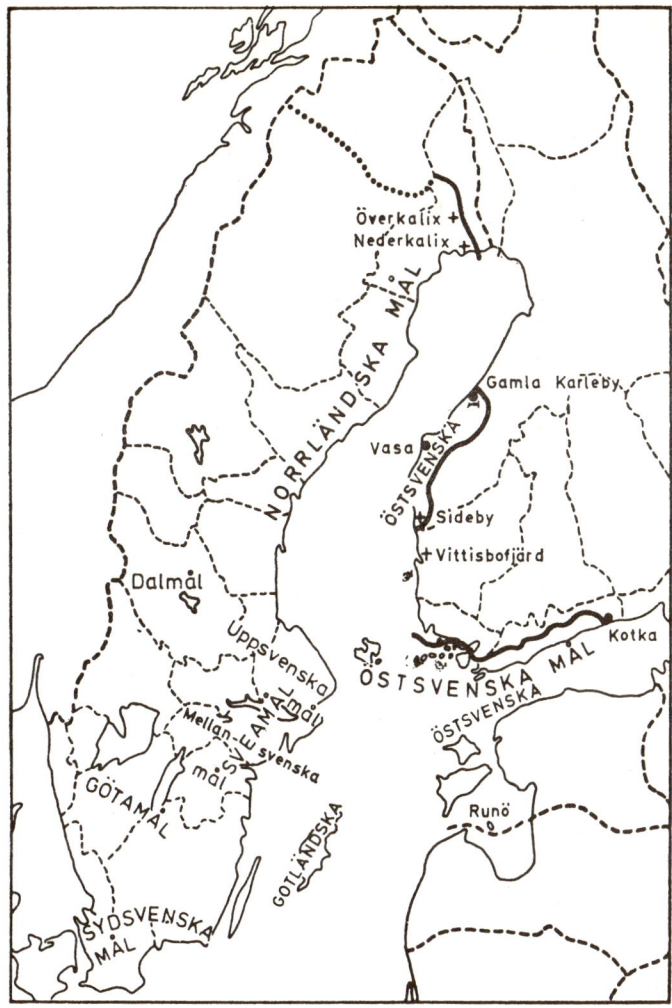

Abb. 43. Die schwedischen Mundarten (nach Elias Wessén und Gösta Bergman)

gleichenden Methode! — nicht nur die interne Verwandtschaft der germanischen Sprachen, sondern auch deren Beziehungen zum Griechischen und Lateinischen darlegte. Ihre vernachlässigte indessen auch die Synchronie nicht und war zusammen mit seinen Schülern um die praktische Entwicklung des Schwedischen bemüht. Parallel mit Ihres Arbeit hat die Schwedische Akademie der Wissenschaften verschiedene Rechtschreibungsbücher, Wörterbücher und Grammatiken herausgegeben. Im allgemeinen scheint sich die Sprachform der Hauptstadt in dieser Zeit im schrift- und umgangssprachlichen Gebrauch zur Alleinherrschaft aufgeschwungen zu haben. Das große Zeitalter der bewußten Ausarbeitung der modernen Norm war auch in Schweden das 19. Jh. Damit wurden die örtlich gebundenen, regionalen Varianten der Umgangssprache hinter der einheitlichen Nationalsprache immer mehr in den Hintergrund gedrängt. Dieser Prozeß setzte bereits im angehenden 17. Jh. ein und beschwor die Auflösung der Bauerndialekte herauf. Ein charakteristisches Beispiel dafür liefert die Umbildung der Kategorie des Genus der Nomina. In den meisten Bauerndialekten Schwedens ist die Dreiteilung der G e n e r a heute noch bewahrt (z. B. *stolen* m. 'der Stuhl', aber *sola* f. 'die Sonne' und *huset* n. 'das Haus'). Die Umgangssprache sowie die Schriftsprache dagegen haben schon seit frühneuschwedischer Zeit nach der Nivellierung von Maskulinum und Femininum gestrebt, eine Tendenz, die nach dem Aufstieg der Stockholmer Norm auch allgemein gültig wurde (z. B. *stolen* und *solen*, aber *huset*). Diese Stockholmer Besonderheit wird übrigens von manchen Sprachhistorikern auf niederdeutschen Einfluß zurückgeführt.

Die neuschwedische Periode zeichnet sich auch durch die unerhörte Bereicherung der L e x i k aus. Der d e u t s c h e Einfluß war um die Mitte des 17. Jh.s am allerstärksten. Nach dem Dreißigjährigen Krieg strömte erneut eine Menge deutscher Wörter ins Schwedische, z. B. *fänrik* (<dt. *Fähnrich*), *munter* (< dt. *munter*), *gruva* (< dt. *Grube*) 'Bergwerk', bzw. f r a n z ö s i s c h e Wörter durch deutsche Vermittlung, z. B. *respekt*, *affär* usw. Viele Präfixe wurden unter dem Einfluß des Deutschen aktiviert, z. B. *an-* (vgl. *anföra* 'anführen, lenken'), *ge-* (vgl. *gehör* 'Gehör') u. dgl. Die Terminologie der Seefahrt nahm viele n i e d e r l ä n d i s c h e Elemente auf, z. B. *kätting* '(Schiffs-) Kette', *bramsegel*. Unterdessen erwachte auch das schwedische Nationalbewußtsein, und dank der zielbewußten Arbeit der Dichter wurden manche alte n o r d g e r m a n i s c h e Wörter wiederbelebt, z. T. um die Wende des 17.—18. Jh.s, noch mehr aber in der Strömung der Romantik im angehenden 19. Jh., z. B. *ätt* 'Geschlecht', *fager* 'schön', *mäla* 'reden' u. dgl. Manche Schriftsteller starteten einen Kampf gegen die lexikalische Überfremdung, die dem Schwedischen am Ende des 19. Jh.s infolge der massenweisen Übernahme d ä n i s c h e r, n o r w e g i s c h e r und e n g l i s c h e r Wörter drohte, vlg. dän. *digtning* > schw. *diktning* 'Dichtung, Gedicht', dän. *betingelse* > schw. *betingelse* 'Bedingung', engl. *strike* > schw. *strejk* 'Streik', engl. (*to*) *start* > schw. *starta* 'starten', engl. *rails* > schw. *räls* 'Geleise'. Die politischen Bewegungen des 20. Jh.s haben den schwedischen Wortbestand auch um „sowjetische" (r u s s i s c h e) Lehnwörter und Lehnübersetzungen erweitert, z. B. *sovjet* 'Sowjet', *bolsjevik* 'Bolschewik', *femårsplan* 'Fünfjahrplan', *sputnik*.

Die Schwedische Akademie der Wissenschaften hatte sich noch gegen Ende des 18. Jh.s die Reform der Rechtschreibung zum Ziel gesetzt. 1801 wurde die Rechtschreibungslehre von CARL GUSTAF AF LEOPOLD herausgegeben, die u. a. schon die Schreibung der Fremdwörter nach den Regeln der schwedischen Aussprache festlegte, wie z. B. frz. *famille* > schw. *familj* 'Familie'. 1869 wurde in Stockholm die erste Nordische Orthographiekonferenz einberufen, deren Hauptziel darin bestand, die Rechtschreibung der einzelnen nordgermanischen Sprachen aufeinander abzustimmen. Dank der damit ausgelösten Reformbewegung rückte die schwedische Orthographie der gesprochenen Sprache viel näher.

IV.2.94. Neuschwedisch

Das moderne schwedische A l p h a b e t besitzt die folgenden Grapheme: *a, b, c, d, e, f, g, h, i, j, k, l, m, n, o, p, q, r, s, t, u, v, w, x, y, z, å, ä, ö*. Von den V o k a l e n ist *o* bald [o:], bald [u:], z. B. *kol* [kʰo:l] 'Kohle', aber *bo* [bu:] 'wohnen'; *e* ist geschlossenes [e:] oder [e]; *ä* bezeichnet das offene [ɛ] bzw. [ɛ:], z. B. *häl* [hɛ:l] 'Ferse'; *ö* ist offenes [ø:] oder geschlossenes [ö], z. B. *hög* [hø:g] 'hoch', aber *högg* [hög] 'hieb'; *å* bezeichnet offenes [ɔ] oder langes (geschlossenes) [o:], z. B. *blått* [blɔt] n. — *blå* [blo:] u. 'blau'. *y* wird ähnlich dem dt. *ü* ausgesprochen, z. B. *flyta* [fly:ta] 'fließen' bzw. *flytta* [flyta] 'bewegen'. Die Digraphe *au, eu* sind in der Regel auch in der Aussprache zweigliedrig, vgl. *aula* [aula] 'Aula', *Europa* [euro:pa].

Von den K o n s o n a n t e n werden *g* und *k* vor hohen Vokalen in Hochtonsilben palatalisiert, z. B. *giva* [ji:va] 'geben', *kämpe* [tʃempe] 'Kämpe, Held', bzw. wird *g* auch nach Liquiden im Auslaut palatal, vgl. *färg* [fɛrj] 'Farbe', *älg* [ɛlj] 'Elch'. *p, t, k* sind im Anlaut vor Vokalen leicht behaucht wie im Deutschen. *s* und *z* sind immer stimmloses [s]. Die Digraphe *dj, gj, hj, lj* lauten gleicherweise [j], z. B. *djup* [jʊ:p] 'tief', *gjort* [jurt] 'gemacht' (zu *göra* [jø:ra] 'machen'), *hjul* [jʊ:l] 'Rad', *ljus* [jʊ:s] 'Licht'. Die Aussprache von *kj* und *tj* ist [tʃ], vgl. *kjol* [tʃʊ:l] 'Rock', *tjänst* [tʃɛnst] 'Dienst'. Die Graphemverbindungen *sch, sj, skj, stj, ssj* sowie *-si-/-ssi-* in der Endung *-(s)sion* bzw. *-tion* französischer Lehnwörter lauten [ʃ], vgl. *schack* [ʃak] 'Schach(spiel)', *sjö* [ʃø:] 'See, Meer', *skjorta* [ʃurta] 'Hemd', *stjärna* [ʃɛrna] 'Stern', *explosion* [eksploʃu:n] 'Explosion', *nation* [naʃu:n] 'Nation'. Das Digraph *sk* ist vor hohen Vokalen [ʃ], sonst im allgemeinen [sk]: *skepp* [ʃep] 'Schiff', *skinka* [ʃiŋka] 'Schinken', aber *skarp* [skarp] 'scharf', *sko* [sku:] 'Schuh'. *ck* und *ch* lauten [k], z. B. *lock* [lok] 'Deckel' bzw. *och* [ok] 'und' — letzteres doch meistens nur [ɔ]. Fremdwörter, die ihre ursprüngliche Schreibung — ganz oder z. T. — beibehalten, folgen natürlich anderen Regeln, vgl. *chauffför* [ʃofø:r], *clown* [klaun] u. dgl.

Der A k z e n t kennt, wie im Norwegischen, zwei musikalische Töne (vgl. IV.2.74.), die dem Schwedischen eine für fremdes Gehör einigermaßen indigniert klingende Musikalität verleihen.

Der morphologische Bau ist, ähnlich dem Dänischen und dem Norwegischen, ziemlich einfach und steht mit diesen zusammen im Gegensatz zum Isländischen und zum Färöischen. Substantiva und Adjektiva unterscheiden nur zwei Genera, nämlich das Neutrum (z. B. *huset* 'das Haus') und das gemeinschaftliche Geschlecht (für Maskulinum und Fermininum), das sogenannte *Utrum* (z. B. *gossen* 'der Knabe' und *flickan* 'das Mädchen'). Das Nomen hat zwei Numeri (Singular ≠ Plural). Die Flexionsklassen werden nach der Bildungsweise des Plurals gruppiert: 1. *-or*: *blomma* 'Blume' → *blommor* [blumur] Pl.; 2. *-ar*: *dag* 'Tag' → *dagar* Pl.; 3. *-er* : *rad* 'Reihe' → *rader* Pl.; 4. *-n* : *bi* 'Biene' → *bin* Pl.; 5. *-∅* : *hus* 'Haus' → *hus* Pl.; 6. *-r* : *sko* 'Schuh' → *skor* Pl. — Die Klassen 2, 3, 5 und 6 zerfallen in Unterklassen, z. B. 2. *mo(de)r* 'Mutter' → *mödrar* Pl.; 3. *tand* 'Zahn' → *tänder* Pl.; 5. *fa(de)r* 'Vater' → *fäder* Pl.; 6. *bonde* 'Bauer, Wirt' → *bönder* Pl. — Zur Klasse 4 lassen sich eigentlich die Reste der historischen *n*-Klasse („schwache Deklination") stellen, z. B. *öga* 'Auge' → *ögon* Pl., *öra* 'Ohr' → *öron* Pl. u. dgl.

Der Artikel ist entweder suffigiert (z. B. *by* 'Stadt' → *byn* 'die Stadt'; *bok* 'Buch' → *boken* 'das Buch' bzw. *hus* 'Haus' → *huset* 'das Haus'; *öga* 'Auge' → *ögat* 'das Auge') oder freistehend-adjektivisch, letzterer wird jedoch wie im Norwegischen (und abweichend vom Dänischen) mit dem Schlußartikel kombiniert, vgl. **den** *stora* **staden** 'die große Stadt', **det** *stora* **huset** 'das große Haus'. Als unbestimmter Artikel fungiert das Zahlwort *en/ett* 'eins'. Das Adjektiv kann stark und schwach dekliniert werden. Von den Kardinalzahlen zeigt nur noch *en/ett* 'ein' die Spuren der Flexion. Das Personalpronomen der 3. Person unterscheidet im Singular noch drei Genera: *han* 'er', *hon* 'sie', *det* 'es'. Das Personalpronomen bildet auch hinsichtlich der Flexion ein Diasystem, denn während das Substantiv z. B. neben der Grundform (Nominativ — Akkusativ — Dativ) nur den Genitiv kennt, besitzt das Personalpronomen neben Nominativ und Genitiv auch einen Objektkasus für Akkusativ und Dativ, z. B. *jag* 'ich', *min/mitt* 'mein', *mig* 'mich, mir' bzw. *han* 'er', *hans* (und *sin/sitt*) 'sein', *honom* 'ihn, ihm' usw. Bei den Possessivpronomina besteht zwischen *hans* m., *hennes* f. und *sin/sitt* 'sein, ihr' dasselbe Verhältnis wie im Norwegischen und im Dänischen, vgl. IV.2.74. und IV.2.84.

Die Kategorien des Verbs unterscheiden sich im wesentlichen nicht von denen des Norwegischen und des Dänischen (vgl. IV.2.74. bzw. IV.2.84.). Immerhin verdient es angemerkt zu werden, daß im gehobeneren Stil Singular und Plural noch auseinandergehalten werden, vgl. *skriver* 'schreibe, schreibst, schreibt', aber *skriva* 'wir/sie schreiben, ihr schreibt'. Diese Unterscheidung ist aber keine Vorschrift mehr, und der Singular wird normalerweise auch für den Plural eingesetzt. Wie in allen nordischen Sprachen, ist

das Passiv auch im Schwedischen beliebt, z. B. *kalla* 'nennen, rufen' →
kallas 'genannt/gerufen werden: heißen'. Die Verba sind im Neuschwedischen z. T. „stark", z. T. „schwach". Die herkömmlichen Gruppen der
starken Verba sind: 1. *gripa — grep — grepo — gripit* 'greifen'; 2. *bjuda —
bjöd — bjödo — bjudit* 'bieten'; 3. *binda — band — bundo — bundit* 'binden';
4. *bära — bar — buro — burit* 'tragen'; 5. *giva* (~ *ge*) — *gav — gåvo — givit*
(~ *gett*) 'geben'; 6. *fara — for — foro — farit* 'fahren, reisen'. Die beschreibende Grammatik hält sich, von praktischen Überlegungen geleitet und
den in den germanischen Einzelsprachen eingetretenen Lautwandlungen
entsprechend, an eine andere Gruppierung. Die streng s y n c h r o n i s c h e
Gruppierung der ablautenden Verba sieht im Schwedischen folgendermaßen aus:

1. *i-e-i*:   *skriva*   —   *skrev(o)*   — *skrivit*   'schreiben';
2. *a-o-u*:   *draga*   —   *drog(o)*   — *dragit*   'ziehen';
3. *u-ö-u*:   *bjuda*   —   *bjöd(o)*   — *bjudit*   'bieten';
4. *y-ö-u*:   *frysa*   —   *frös(o)*   — *frusit*   'frieren';
5. *ä-a-u-u*: *bära*   —   *bar/buro*   — *burit*   'tragen';
6. *i-a-u-u*: *spinna*   — *spann/spunno* — *spunnit*   'spinnen'.

Unterklassen sind freilich auch hier zahlreich vorhanden.

Die Klassen der schwachen Verba sind: 1. *kalla* 'nennen, rufen' → *kallade* Prät.; 2. *läsa* 'lesen' → *läste* Prät.; 3. *bygga* 'bauen' → *byggde* Prät.
Phonetisch bedingte Unterklassen sind auch hier bekannt, z. B. *sy* 'nähen' →
sydde.

Die Hilfsverba sind auch im Schwedischen größtenteils Präteritopräsentien, vgl. *kan* 'kann' — *kunde*; *skall* 'soll' — *skulle*; *vet* 'weiß' — *visste*; *vill*
'will' — *ville* usw. Das Verbum substantivum bewahrt den nordgermanischen Typus: *vara* 'sein' — *är* 'ist' — *äro* 'sind' — *var* 'war', *varit* 'gewesen'.

Das System der T e m p o r a ist mit jenem des Norwegischen und des
Dänischen identisch (vgl. IV.2.84.). Es ist leicht verständlich, daß der
totale typologische Umbau des morphologischen Systems im Vergleich zum
Altschwedischen die strenge Festlegung der W o r t s t e l l u n g zur Folge
hatte.

IV.2.95. Textproben

(a) *Altschwedisch*

Tula lit raisa stain þinsat sun sin Haralt bruþur Inkuars, þaiR furu trikila fiari at kuli auk austarlarni kafu tun sunarla a Sirklanti.

(*Ingvars Stein*. Gripsholm, Wikingerzeit.)

In normalisierter Umschrift:

Tola let rœisa stœin þensa at sun sinn Harald, broður Ingvars. Þœir foru drœngila fjarri at gulli ok austarla œrni gafu. Dou sunnarla a Serklandi.

Tola f. (Frauenname); *let* 3. Pers. Sing. Prät. Ind. → (*láta*) 'lassen, veranlassen'; *rœisa* 'errichten'; *stœin* m. 'Stein, Grabstein'; *þensa* Akk. Sing. m. 'dieser'; *at* 'zu, für; zum Andenken an'; *sun* m. 'Sohn'; *sinn* 'sein/ihr'; *Harald* m. (Männername); *broður* m. 'Bruder'; *Ingvar* m. (Männername, vgl. russ. Игор), ~*s* Gen. Sing.; *þœir* 'sie' Pl.; *foru* Pl. Prät. Ind. → *fara* 'fahren'; *drœngila* 'tapfer' Adv. → *drœngr* m. 'Kerl, tapferer Mann'; *fjarri* 'fern'; *gull* m. 'Gold' (~*i* Dat. Sing.); *ok* 'und'; *austarla* 'im Osten' (< *austr* 'Osten'); *œrn* m. 'Adler' (~*i* Dat. Sing.); *gafu* Pl. Prät. Ind. → *gefa* 'geben'; *dou* Pl. Prät. Ind. → *deyja* 'sterben, hinscheiden'; *sunnarla* 'im Süden' (< *sunnr* 'Süden'); *a* (aisl. *á*) 'an, auf, in'; *Serkland* n. 'Sarazenerland' (die Gegend des Kaspischen Meers; im Neuisländischen ist es der Name von Marokko, verallgemeinert auch von ganz Nordafrika).

(b) *Neuschwedisch*

I Klosterbackens hantverksmuseum har det fallit sig särskilt naturligt att låta hantverkare arbeta i versktäderna. När museet ställdes upp skedde det till stor del med hjälp av gamla hantverkare: de skänkte verktyg och redskap, och de placerade ut varje föremål just på den plats där det hörde hemma. Och i många fall kunde man få dem att under åtminstone någon tid arbeta i verkstaden.

(*Allsvensk Samling* 1961, Nr. 5.)

i 'in'; *Klosterbacken* (Freilichtmuseum in der schwedischen Stadt Åbo [fi. Turku] in Finnland; ~*s* Gen. Sing.); *hantverksmuseum* n. 'Handgewerbemuseum'; *har* Präs. Ind. → *ha(va)* 'haben'; *det* n. 'das, diese, es'; *falla sig* 'geschehen, vorkommen' (*fallit* Part. Prät.; *sig* 'sich'); *särskilt* 'besonders'; *naturlig* 'natürlich' (~*t* Adv.); *att* 'daß'; *låta* 'lassen'; *hantverkare* u. 'Handwerker' (hier Pl.); *arbeta* 'arbeiten'; *verkstad* u. 'Werkstatt' (*verkstäderna* 'die Werkstätten'); *när* 'als, dann'; *museet* (bestimmte Form von *museum* n.); *ställa upp* 'aufstellen' (*ställdes* Prät. Ind. Pass.); *skedde* Prät. Ind. → *ske* 'geschehen'; *till stor del* 'zum großen Teil, größtenteils'; *med* 'mit'; *hjälp* u. 'Hilfe'; *av* Präposition des Besitzers, vgl. engl. *of*; *gamla* Pl. → *gammal* 'alt'; *de* 'sie' Pl.; *skänkte* Prät. Ind. → *skänka* 'schenken'; *verktyg* n. 'Werkzeug'; *och* 'und'; *redskap* n. 'Ausrüstung, Mittel, Werkzeug'; *placerade ut* Prät. Ind. → *placera ut* 'ausstellen'; *varje* 'jeder'; *föremål* n. 'Gegenstand'; *just* 'just, eben, genau'; *på* 'auf, an'; *den* 'der/die; jener/jene'; *plats* u. 'Platz'; *på den plats där* 'auf jenem Platz'; *där* 'dort'; *hörde* Prät. Ind. → *höra* 'hören; gehören', (~ *hemma* 'dorthin gehören', vgl. *hemma* 'heim'); *i många fall* 'in manchen Fällen; oft, vielmals'; *kunde* Prät. Ind. → *kunna* 'können'; *man* 'man'; *få* 'bekommen, erhalten'; *dem* 'sie, jene' (Akk. Pl.); *under* 'unter'; *åtminstone* 'zumindest, mindestens, wenigstens'; *någon* 'irgend-'; *tid* u. 'Zeit'.

IV.3. NORDSEEGERMANEN

IV.3.1. Heimat auf dem Festland

Bei der Bestimmung der ursprünglichen Siedlungsräume der nordseegermanischen Stämme sind ihre sprachlichen Merkmale von besonders hohem Wert. Eine spezifisch nordseegermanische Erscheinung ist die Palatalisierung von germ. *a* (z. B. an. *dagaʀ* ~ ags. *dæg* 'Tag', lat. [via] *strata* > ags. *strǣt* 'Straße') sowie der Wandel *ā* > *ō* vor Nasal (germ. *māna* > ags. *mōna* 'Mond'). Als besondere Ingwäonismen (vgl. IV.3.3.) können wir den Nasalausfall auch vor *s, f, þ* anführen, z. B. ags. *gōs* 'Gans', *fīf* 'fünf', *ōðer* 'ander-'. Sehr früh, wohl im 9.–10. Jh., trat auch die Palatalisierung von *k* und *g* ein: *k* > *kj* > *tj* > [tʃ] sowohl auf den Britischen Inseln als auch bei den Friesen auf dem Festland, sogar in alten Lehnwörtern, z. B. lat. *caseus* > ags. *cēse* [tʃēze] > engl. *cheese* 'Käse', lat. *coquina* > engl. *kitchen* 'Küche', was für das hohe Alter der Erscheinung spricht. Der Umstand, daß diese Merkmale nicht nur im E n g l i s c h e n, sondern auch im F r i e s i s c h e n, ja in vielen Fällen auch im A l t s ä c h s i s c h e n, belegt sind, beweist, daß der Prozeß des Ausgleichs nordseegermanischer Stammesdialekte noch auf dem Festland, v o r der angelsächsischen Landnahme (also im 5. Jh.) begann.

Es gibt engere Berührungen auch mit dem N o r d g e r m a n i s c h e n, die zum eigentlichen Westgermanischen im Gegensatz stehen. Die 1. und die 2. Person im Singular des Verbs 'sein' lauten z. B. altnordisch *em* und *est*, westgermanisch (altsächsisch) aber *bium* und *bist*. Das Altenglische steht zwischen den beiden Großgruppen mit seinen fakultativen Formen *eom* ~ *bēo(m)* bzw. *eart* ~ *bist*. Die nordisch bestimmten Formen sind im Altenglischen sehr alt und deuten auf eine frühere Einheit des Nordseegermanischen mit dem Nordgermanischen hin. Der spätere Vorstoß südlicher Formen bzw. die Aufgabe der nordischen Formen sind sekundäre Erscheinungen im Englischen.

Auf der anderen Seite zeigt das Altenglische manche Züge des germanischen S ü d e n s. Vor allem unter den Beugungsformen finden sich viele gemeinsame Neuerungen. Diese Entwicklung läßt sich nur so verstehen, daß die Heimat der Nordseegermanen auf dem Festland auch geographisch zwischen den Siedlungsräumen der Nord- und der Südgermanen lag.

Ein ähnliches Ergebnis bringt die w o r t g e o g r a p h i s c h e Untersuchung: Neben vielen ingwäonisch-südgermanischen Gemeinsamkeiten gibt es auch uralte Übereinstimmungen mit dem Norden. Dem ags. *of* > engl. *of* entspricht an. *of*, got. *af*, im Gegensatz zu südlichem *fana* ~ *fona* 'von'. Ags. *hara* > engl. *hare* 'Hase' hat nur im Altnordischen ein Gegenstück: an. *héri* (dän.-schw. *hare*); im Süden kam hier der Rhotazismus nicht zur Geltung. Ags. *bere* (> engl. *barley*) 'Gerste' entspricht an. *barr* 'dass.', ein Wort, das im Süden gar nicht bekannt war; dafür wurde ein anderes (ebenfalls indogermanisches!) Lexem verwendet (ahd. *gersta* 'Gerste').

Die Aussage der Wortgeographie beweist also, daß das Altenglische teils mit dem Norden, teils mit dem Süden zusammengeht. Somit liefert auch der Wortschatz wichtige Bausteine für die Annahme, die alte Heimat der Nordseegermanen habe sich zwischen den wortgeographischen Landschaften des Nord- und des Südgermanischen befunden. Wollten wir diesen auf Grund der Sprachgeographie erschlossenen Siedlungsraum auch geographisch festlegen, kommen wir zum Küstengebiet der Nordsee und zur Halbinsel Jütland.

IV.3.2. Stammeskundliche und archäologische Quellen

Die ältesten historischen Quellen über die germanischen Stämme, welche die Britischen Inseln erobert haben, sind keltischen Ursprungs. Ein Kirchenhistoriker britischer Abstammung, GILDAS, hat in seinem Werk (um 500) die Eroberer als *Saxones* bezeichnet. Papst GREGOR DER GROSSE und der byzantinische Historiker PROKOP erwähnten sie hingegen um die Mitte des 6. Jh.s als *Angiloi*, PROKOP verwendete sogar den Volksnamen *Frissones* 'Friesen'. Das älteste, auf den Britischen Inseln entstandene germanische Geschichtswerk, die englische Kirchengeschichte des nordenglischen Kirchenvaters BEDA VENERABILIS (*Historia ecclesiastica gentis Anglorum*, um 730) schreibt hingegen, daß Britannien von drei germanischen Stämmen erobert wurde. Ihre Namen sind bei ihm: *Saxones*, *Angli* und *Iutae*. Es besteht kein Grund daran zu zweifeln, daß BEDA sich dabei auf die mündliche Überlieferung seines Volkes stützte. Auf dem Festland hat sich als zusammenfassende Bezeichnung der Volksname *Angli* durchgesetzt, hauptsächlich um die Inselgermanen von den auf dem Festland gebliebenen *Sachsen* unterscheiden zu können.

Der Historiker der Langobarden, PAULUS DIACONUS, gebrauchte in der zweiten Hälfte des 8. Jh.s als erster die zusammenfassende Bezeichnung *Angli Saxones*. Im selben Sinne kam auch die Variante *Saxones Angli* vor. Manche Forscher, z. B. J. W. CLARK, sind der Meinung, daß dies noch keine eigentlich zusammenfassenden Namen waren und lediglich zur Abgrenzung der Inselbewohner von den Festlandsachsen dienten. Seit König ALFRED war auch der englische Königstitel *Rex Angulsaxonum*; aus dieser Form wurde die in mittellateinischen Texten sehr gängige Form *Anglo-Saxones* gebildet. Das lateinische Wort wurde erst von den englischen Historikern des angehenden 17. Jh.s in der auch heute üblichen Form *Anglo-Saxons* verenglischt. Diese Bezeichnung bezog sich ursprünglich nur auf die nordseegermanische Bevölkerung der Britischen Inseln, gilt aber in unserer Zeit bereits im allgemeinen für die Bewohner sämtlicher englischer Sprachräume der Erde („Angelsachsen"). In der sprachwissenschaftlichen Literatur wird der Begriff *Angelsächsisch* (engl. *Anglo-Saxon*) oft für die älteste Periode der englischen Sprachgeschichte (—1100) reserviert. Um Mißverständnissen vorzubeugen, ist es allerdings richtiger, *Altenglisch* zu verwenden, um so mehr, als die Autoren jener Zeit selbst ihre Sprache als *lingua Anglica* bzw. als *Englisc* 'Englisch' bezeichneten.

Auf dem Festland traten die S a c h s e n und die A n g e l n bereits in der Antike in Erscheinung. TACITUS erwähnte nur die Angeln, bei dem Geographen PTOLEMAIOS erschienen bereits auch die Sachsen (Mitte des 2. Jh.s u. Z.) als Bewohner der Südspitze der „Kimbrischen Halbinsel", d. h. des heutigen Holsteins. Bei den römischen Autoren des 3. Jh.s treten die germanischen Stämme, die das gallische und das britannische Küstengebiet brandschatzten, unter den Namen *Saxones* und *Franci* auf. In Anlehnung an die Quellen der Antike hat sich früher ziemlich hartnäckig die Ansicht behauptet, die angelsächsischen Stämme seien direkt aus Holstein ausgewandert. Heute gilt es aber als allgemein anerkannt, daß die Ausgangsbasis für die Eroberung der Britischen Inseln das Mündungsgebiet der Elbe und der Weser war. Diese Annahme wird auch durch archäologische Funde unterstützt, vgl. III.1.5 und III.1.6. Die A n g e l n (*Angli*) wurden, wie gesagt, schon bei TACITUS (Germania, Kap. 40) erwähnt, jedoch ohne die nähere Bestimmung ihrer Heimat. Allenfalls erschienen sie da unter den Stämmen an der unteren Elbe. Nach BEDA siedelten die Angeln in einem Gau *Angulus* (ags. *Angul*) auf dem Festland zwischen den Sachsen und den Jüten. Nach der Chronik des englischen Grafen ÆÞELWEARD aus der Zeit um 1000 soll das Zentrum dieses Gebiets Schleswig gewesen sein. Ein Teil Schleswigs trägt in der Tat heute noch den Namen *Angeln*. Die Untersuchung des Sprachmaterials läßt die Feststellung zu, daß es zwischen der Sprache der Sachsen und der Angeln bereits auf dem Festland dialektale Unterschiede gab. Die englischen Mundarten weisen zugleich mehr nordgermanisch bestimmte Wörter auf, was ebenfalls dafür zu sprechen scheint, daß sie den Nordgermanen näher, d. h. nördlich von den Sachsen, beheimatet waren.

Der bei BEDA genannte Stamm der *Iutae* wurde zumeist mit den J ü t e n gleichgesetzt. Der Umstand, daß im heutigen Jütland (dän. *Jylland*) Dänisch, also Nordgermanisch, und nicht Nordseegermanisch gesprochen wird, erklärt sich daraus, daß die Halbinsel nach der Abwanderung der eigentlichen Jüten, eines nordseegermanischen Stammes, von nordgermanischen (dänischen) Stämmen besetzt wurde, die den alten Landschaftsnamen übernahmen. Gleichzeitig trat der Volksname *Eutae* in der Rheinmündung auf. Die hier — d. h. im Raum zwischen Koblenz und Düsseldorf — erschlossenen, früher den Franken zugeschriebenen archäologischen Funde stimmen andererseits mit den gleichaltrigen Funden in Kent fast völlig überein. Daraus schloß man — so ERNST SCHWARZ — auf eine primäre Abwanderung der Jüten von Jütland zur Rheinmündung, der dann der Zug mit den Sachsen und Angeln gemeinsam nach den Inseln folgte.

Bei der Eroberung Englands sind im wesentlichen nur die schon bei PROKOP erwähnten F r i e s e n auf dem Kontinent zurückgeblieben. Aber ihre Spuren finden sich auch in einigen Ortsnamen in Großbritannien, vgl. III.5.4.

Die Quellen der Stammeskunde und der Archäologie beweisen also ebenfalls, was die linguistische Forschung herausfand. Die Heimat der germanischen Eroberer der Britischen Inseln auf dem Festland lag an der Nordseeküste, auf dem Gebiet von Dänemark und dem nordwestlichen Deutschland (Abb. 44).

IV.3.3. Das Ingwäonenproblem

In sprachlicher Hinsicht bestehen viele Übereinstimmungen einerseits zwischen Angelsächsisch, Friesisch und Festlandsächsisch (Altsächsisch), andererseits zwischen Gotisch und Deutsch, genauer den oberdeutschen Dialekten. Von diesen Übereinstimmungen ausgehend, hat FERDINAND WREDE 1924 seine I n g w ä o n i s c h e T h e o r i e erarbeitet. Er stellte fest, daß der Nasal n vor stimmlosen Spiranten sowohl im Niedersächsischen als auch im Schwäbisch-Alemannischen — also im westoberdeutschen Bereich — geschwunden ist (z. B. engl. *five* ∼ schwäb. *faif* 'fünf', engl. *us* ∼ schwäb. *os/aus* 'uns'), noch mehr, daß der Einheitsplural der Verba im Präsens ebenfalls in beiden Räumen charakteristisch ist. WREDE folgerte daraus, die beiden Gebiete hätten in der Zeit nach dem Sturz des römischen Imperiums eine Art i n g w ä o n i s c h e E i n h e i t gebildet. Ihre später erfolgte Trennung schrieb er dem angenommenen Vorstoß der Goten zu, der einen Keil zwischen sie getrieben haben soll. Diese Auffassung der ingwäonischen Einheit hat sich als irrig erwiesen. Die nämlichen Sprachmerkmale der beiden erwähnten Gruppen stellen keine gemeinsamen Neuerungen dar, sondern sie sind die Folgen der zu verschiedenen Zeiten und voneinander unabhängig vollzogenen Verwirklichung älterer gemeinsamer Tendenzen.

Für die ehemalige eigentlich ingwäonische — d. h. nordseegermanische — sprachliche Einheit gibt es trotzdem handfeste Beweise, auf die als erster OTTO BREMER (1900) verwiesen hat. Seine Feststellungen wurden später zum Teil von FERDINAND WREDE, in den letzten Jahrzehnten aber vor allem von THEODOR FRINGS, WILLIAM FOERSTE, ERNST SCHWARZ und

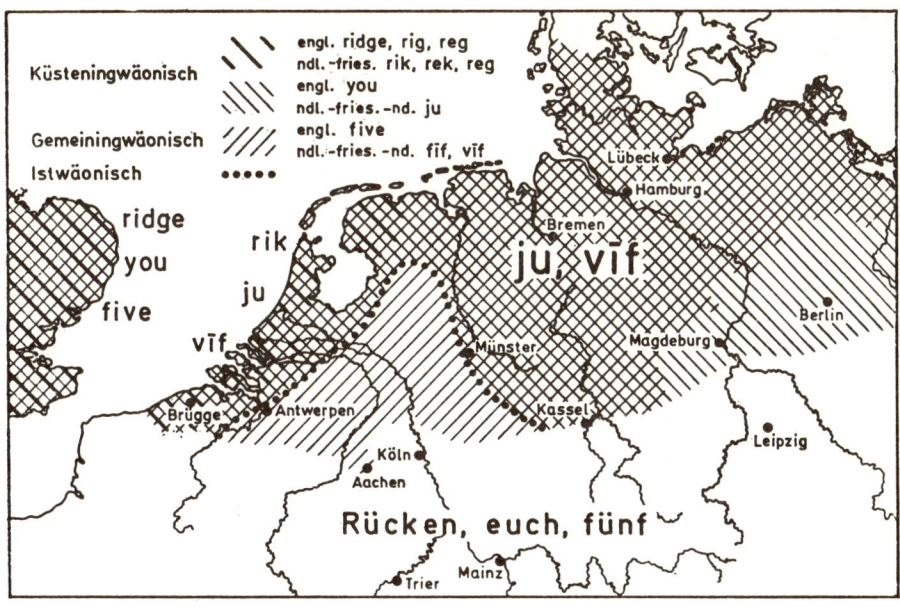

Abb. 44. Gliederung des Ingwäonischen (nach THEODOR FRINGS und GOTTHARD LERCHNER)

VIKTOR SCHIRMUNSKI weiterentwickelt. Seit WREDE erst nennen wir die gemeinsamen Sprachmerkmale der Nordseegermanen I n g w ä o n i s m e n.
Die hierherzuzählenden L a u t m e r k m a l e sind die folgenden:

1. Die P a l a t a l i s i e r u n g von germ. *$\bar{e}_1$ ($>$ an./ahd. $\bar{a}$!) zu $\bar{æ}$, $\bar{e}$, z. B. ahd. *tāt* ~ aisl. *dāþ*, aber ags. *dǣd/dēd* ~ afr. *dēd(e)* 'Tat';

2. Die dazu parallele P a l a t a l i s i e r u n g von germ. *$\bar{a}$ und *a, vgl. got. *stafs* ~ ahd. *stap* ~ aisl. *stafr*, aber ags. *stæf/stef* ~ afr. *stef* ~ as. *steph* (neben *staf!*) 'Stab';

3. *i* für *e* bzw. *u* für *o* vor *m* bzw. zwischen Lippenlaut und *l*, z. B. ahd. *nëman*, aber as.-ags. *niman* ~ afr. *nima* 'nehmen'; ahd. *quoman*, aber as. *kuman* ~ ags. *cuman* ~ afr. *cuma* 'kommen'; ahd. *wolf*, aber ags.-as. *wulf* 'Wolf'. Diese Erscheinung kennzeichnet auch das Langobardische und ist dort vermutlich das Ergebnis früherer Nachbarschaft mit den Ingwäonen, vgl. IV.4.7.;

4. Als einer der typischsten Ingwäonismen erscheint der mit Ersatzdehnung verbundene N a s a l s c h w u n d vor stimmlosen Spiranten, z. B. ahd. *gans*, aber ags.-afr. *gōs* ($>$ engl. *goose*) ~ as. *gās/gōs* 'Gans'; ahd. *finf*, aber as.-ags.-afr. *fīf* ($>$ engl. *five*) 'fünf'; ahd. *andar*, aber ags. *ōđer* ($>$ engl. *other*) ~ afr. *ōther* ~ as. *ōđar/āđar* (neben *andar!*) 'ander(er)';

5. **Palatalisierung** von *k* und *g* vor hohem Vokal oder vor *j* bzw. die noch weiterführende Affrizierung dieser Laute in mehreren nordseegermanischen Sprachen bzw. Mundarten, z. B. dt. *Kinn*, aber engl. *chin* (< ags. *cin* [tʃin, kʲin]) ~ afr. *szin* [tʃin] 'dass.'; dt. *legen*, aber ags. *lecgan* [ledʒan] ~ afr. *ledza* 'legen'. In Spuren läßt sich diese Erscheinung, die auch **Assibilierung** oder **Zetazismus** heißt, sogar im Altsächsischen ausweisen (vgl. IV.3.6.), ja sie griff zum Teil auch auf das Niederländische über;

6. Ein allgemeiner Ingwäonismus ist die **Spirantisierung** von *g* in bestimmten Stellungen, z. B. ags. *gierd* > engl. *yard* 'Hof', afr. *iēva* 'geben' usw. Infolge dieses Lautwandels verschwand das Präfix *ge-* in diesen Sprachen, vgl. ags. *gebrocen* > me. *ibroke(n)* > ne. *broken* 'gebrochen';

7. Im Gegensatz zum Südgermanischen haben die Ingwäonen die **spirantische** Aussprache von altem auslautendem *ƀ* bewahrt, z. B. ahd. *wîp*, aber ags.-afr.-as. *wîf* (engl. *wife*) 'Weib';

8. Die *r*-Metathese, z. B. ahd.-got. *brinnan*, aber ags. *beornan* (engl. *burn*) ~ afr. *barna/berna*, mnd. *bernen* 'brennen'.

Auch in der **Morphologie** lassen sich mehrere Ingwäonismen ermitteln, so in der **Flexion des Substantivs** (z. B. die Verallgemeinerung der alten Pluralendung *-ōs* als Pluralzeichen, vgl. engl. *masters* 'die Meister', nl. *burgers* ~ afrikaans *burghers* ~ nd. *börgers* 'die Bürger'), im System der **Pronomina** (z. B. got. *mis* ~ aisl. *mér* ~ ahd. *mir*, aber ags. *mē/me* ~ afr. *mī/mi* ~ as. *mī/mi/me* ~ mnl. *mij/me* 'mir'; got. *is* ~ ahd. *ër*, aber an. *hann* gegenüber ags. *hē/he* ~ afr. *hi/hi* ~ as. *hē/he/hie* ~ nd. *hē/hei* ~ nl. *hij* 'er'), vor allen Dingen aber in der **Verbalflexion**, wo der Plural für alle drei Personen vereinheitlicht wurde, vgl. IV.3.3. — IV.3.6.

Unter den **lexikalischen Ingwäonismen** hervorzuheben ist der Gegensatz von germ. **druknu-* > ahd. *trockan* 'trocken' und **drugi-* > ags. *drȳge* (> engl. *dry*) ~ mnd. *drüüge* ~ nd. *dröge* ~ nl. *droog* 'trocken'. Laut der Statistik von ERNST SCHWARZ gibt es unter 3575 altenglischen Wörtern 223 (also 6,1%), deren Entsprechungen nur bei den Ingwäonen, also im Altsächsischen und im Altfriesischen, zu finden sind.

IV.3.4. Englisch

IV.3.41. Geschichte

Englisch ist heute eines der wichtigsten Mittel im internationalen Verkehr und in dieser Funktion in allen Weltteilen verbreitet. Nicht nur spricht die Mehrheit der Bevölkerung in England, den Vereinigten Staaten von Amerika, in Kanada, Australien und Neuseeland Englisch als ihre **Muttersprache**, sondern es ist zugleich **Amtssprache** in den Außengebieten dieser Länder, in den Mitgliedstaaten des Commonwealth sowie in den unabhängig gewordenen ehemaligen Kolonien Großbritanniens. Englisch ist zur Zeit schon die Muttersprache von ungefähr 300 Millionen Menschen; es ist somit die bedeutendste germanische Sprache der Gegenwart. Von den Überseevarianten des Englischen (vgl. IV.5.3.) abgesehen, nimmt unter den Dialekten Großbritanniens das Schottische (engl. *Scots*) oder *Lallans* (< *Lowland* 'Unterland') — NB: nicht das Gälische! — eine besondere Stellung ein; es gilt zwar nicht als eine auch amtlich anerkannte Schriftsprache, ist aber immerhin — in verschiedenen Abarten — die Umgangssprache von ungefähr 3,5—4 Millionen Untertanen Großbritanniens (vgl. IV.5.21.).

Wie in den voraufgegangenen Abschnitten dargelegt wurde, waren die Vorfahren der Engländer, die nordseegermanischen Stämme der Angeln, der (West-) Sachsen und der Jüten, aus dem heutigen Dänemark und Nordwestdeutschland von der Mitte des 5. Jh.s an auf die Britischen Inseln ausgewandert. Über die Einzelheiten der Landnahme sind wir wenig unterrichtet, da die verwendbaren historischen Quellen erst später entstanden und in vieler Hinsicht auch widerspruchsvoll sind. Nach GILDAS hätten die inselkeltischen Briten in ihren Kämpfen gegen die ebenfalls keltischen Pikten 446—447 den römischen Konsul Galliens, AETIUS, um Hilfe gebeten, sich dann aber, da die Römer sich aus dem Bruderzwist der Kelten heraushielten, an die Sachsen gewandt. Es handelt sich hier offensichtlich um eine nachträgliche Kosmetik der Tatsachen. BEDA legt den Zeitpunkt der Landnahme auf das Jahr 449, was mit einem gewissen Spielraum auch annehmbar ist, denn die archäologischen Funde lassen ebenfalls auf die Mitte des 5. Jh.s schließen. Die Invasion soll nach BEDA als eine einmalige Aktion und zwar in Kent abgelaufen sein. Er nennt sogar die Anführer der landnehmenden Germanen: HENGEST (d. h. 'Hengst') und HORSA (d. h. 'Roß'). Das scheint allerdings dafür zu sprechen, daß BEDA aus der volkstümlichen Tradition schöpfte. In Wirklichkeit läßt sich die Invasion nur als ein in verschiedenen Etappen erfolgter Prozeß vorstellen, auch nicht etwa von einem Punkt, sondern von mehreren Seiten in Süd-Nord-Richtung ausgehend, entlang den größeren Flüssen, vor allem von der Themsemündung gegen das Binnenland.

Stichhaltig ist die Mitteilung BEDAS, daß die Jüten in Kent, auf der Insel Wight und den gegenüberliegenden Küsten, die Angeln im späteren Ost- und Mittelengland, Northumbrien und im ehemaligen Mercien, die Sachsen dagegen in den Gebieten der späteren Königreiche Ost-, Süd- und Westsachsen Fuß faßten (Abb. 45).

In altenglischer Zeit erstreckte sich der westsächsische Siedlungsraum von der mittleren Themse bis Hampshire; von da stießen die Westsachsen im 6. Jh. nach Westen vor. Ihr Zentrum lag vermutlich um Oxford. Im weiteren Verlauf ist auch hier mit einer englischen Überlagerung zu rechnen. Die Umstände der Besetzung der ostsächsischen Gebiete harren noch der Klärung. Der südsächsische Bereich wurde schon frühzeitig, im 5. Jh. germanisiert, obwohl hier wohl auch andere Stämme

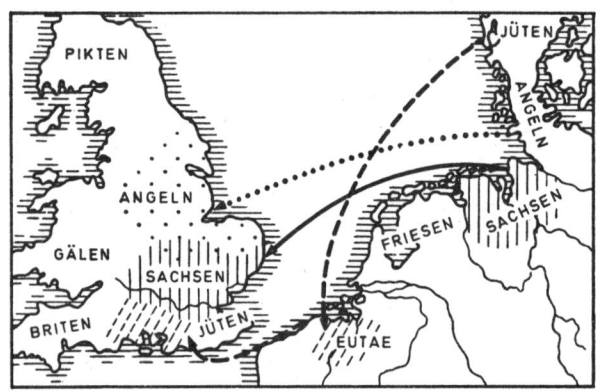

Abb. 45. Die Landnahme der Angelsachsen (nach ERNST SCHWARZ)

mit im Spiele waren. Zwischen dem west- und dem ostsächsischen Gebiet war ein sächsisches Zentrum entstanden, das in der späteren Entwicklung Englands eine große Bedeutung erlangte; da liegt nämlich London, das anfangs in ost-, vom Ende des 9. Jh.s an aber in westsächsischem Besitz war. Die Eigenständigkeit der J ü t e n war ziemlich früh geschwunden und gegen Ende des 7. Jh.s wurde auch Wight von den Westsachsen überflutet.

Vom eigentlich e n g l i s c h e n Siedlungsraum ist aus der altenglischen Zeit ziemlich wenig bekannt. Ostengland (Norfolk und Suffolk) ist früh besiedelt worden; Mittelengland und die englische „Mark" (*Mercien*, d. h. 'Mark, Grenzland') wurden von der Ostküste her besetzt.

Die erste Etappe der angelsächsischen Landnahme war um 600 abgeschlossen. Zunächst waren keine geschlossenen germanischen Räume, sondern zerstreute Siedlungshorste entstanden, wobei sich kleinere oder auch größere keltische „Inseln" noch längere Zeit hindurch haben halten können. Die germanischen Eroberer ergriffen zuerst von den fruchtbaren Flußtälern Besitz und verdrängten die unterworfene keltische Bevölkerung in die Wald- und Gebirgsgegenden. Die Kelten wurden — im Gegensatz zu der Ansicht der meisten älteren Historiker Englands — nicht ausgerottet, sondern sie wurden — wie wir es übrigens auch von BEDA erfahren — geknechtet. Vor der Knechtung ist ein Teil der Briten wieder auf das Festland, in die heutige Bretagne, gezogen. Anfangs bestanden nur spärliche Kulturbeziehungen zwischen den Eroberern und der Urbevölkerung, obwohl das frühe Auftreten keltischer P e r s o n e n n a m e n bei Germanen auf die Zunahme der Mischehen schließen läßt. Auffallend gering ist die Zahl keltischer E n t l e h n u n g e n im Altenglischen; sie beschränken sich, außer den Orts- und Personennamen, auf einige Tiernamen sowie auf die Bezeichnungen einiger spezifischer Werkzeuge der Landwirtschaft (vgl. IV.3.43.).

Im Laufe des 7.—8. Jh.s wurde die Herrschaft der Germanen auf ganz Großbritannien ausgedehnt. Damit schrumpften die freien keltischen Gebiete, wenn auch in ununterbrochenen Kämpfen, immer mehr zusammen. Im Süden wurde in dieser Periode von Wessex die aggressivste Kolonisierung betrieben. Die drei Fürstentümer von Wales konnten ihre Unabhängigkeit in altenglischer Zeit noch behaupten. Das Nachbarland Cornwall war dagegen im ersten Drittel des 10. Jh.s gezwungen, sich den anstürmenden Westsachsen zu ergeben. Um den Besitz Cumberlands wurde der Kampf mit wechselndem Glück geführt, und es kam erst gegen Ende des 11. Jh.s unter englisches Joch. Im wesentlichen konnte auch Schottland noch seinen keltischen Charakter bewahren und wurde erst im ausgehenden 14. Jh. zu einem gemischten gälisch—englischen Land. Dieser Prozeß ging mit der allmählichen und äußerst zähen Ausbreitung der englischen Bevölkerung einher. Die Ausmaße dieses Vordringens werden auch dadurch markiert, daß der in diesen Landstrichen gesprochene englische Dialekt bereits im 12. Jh. die Sprache des schottischen Königshofes war (vgl. IV.5.21.).

Die in der Folge der germanischen Landnahme entstandenen neuen Reiche führten nicht nur mit den Kelten, sondern auch miteinander ununterbrochen Kriege, die um die Zentralisierung der Macht ausgefochten wurden. Diese war zuerst um die Wende des 6.—7. Jh.s dem kentischen König Æþelberht geglückt, obwohl die Besiegten eher nur in eine vasallenmäßige Abhängigkeit von ihm gerieten. Zur gleichen Zeit begann der Kampf um die Zentralmacht auch im Norden. Æþelfrið, König von Bernicien, dehnte seine Macht am Ende des 6. Jh.s auf die ganze Insel aus, erlitt aber 613 eine entscheidende Niederlage von Mercien. Danach besetzte Mercien Mittelengland, Wessex und Ostengland. Dieser englischen Herrschaft haben die Westsachsen zu Beginn des 9. Jh.s ein Ende bereitet, als Ecgberht, König von Wessex, Mercien besiegte und Kent, Surrey, Sussex, Essex, Ostengland und 830 sogar den Norden von Wales eroberte.

In der Epoche dieser scharfen politischen Kämpfe der germanischen Reiche begann auch die B e k e h r u n g zum christlichen Glauben. Papst Gregor der Grosse entsandte 597 den Prior August mit einer großen Schar von Missionaren nach Kent. August wurde 601 Erzbischof von Canterbury und sandte von da seine Missionare zu den verschiedenen germanischen Stämmen aus. Diesem von oben gelenkten Bekehrungswerk hat sich das Volk vielerorten widersetzt und die Geistlichen nicht selten vertrieben. Der Aktion der Bekehrung wurde von der aus den irischen Klöstern in Gang gesetzten volksnahen Mission zum Sieg verholfen; sie wurde dann allerdings wieder unter Roms Kontrolle gebracht. Gegen Ende des 7.Jh.s war schon im wesentlichen ganz Großbritannien christlich. Damit wurde auch England dem Kreis der zeitgenössischen europäischen Kultur angeschlossen; es wurde die lateinische Schrift eingeführt, und dank der Gründung von Klosterschulen entwickelte sich auch die mittelalterliche Geschichtsschreibung Englands (vgl. III.3.6.).

Einen Wendepunkt in der Entwicklung Englands bedeutete die n o r m a n n i s c h e E r o b e r u n g im Jahre 1066. Die Machtübernahme WILHELMS I. (DES EROBERERS) brachte die politisch-militärische Festigung des Feudalwesens mit sich. In den Kämpfen der Lehnsherren wurde 1215 die *Magna Charta* geboren, die bereits die Grundlagen der englischen Konstitution bestimmte. Der Kampf um die Besitzungen der königlichen Dynastie in Frankreich mündete in den Hundertjährigen Krieg der beiden Länder, der erst 1337 ein Ende nahm. In den darauf folgenden „Rosenkriegen" (1459—1485) wurden in der wirtschaftlich-sozialen Gärung des ausgehenden 15. Jh.s hinter den Kulissen dynastischer Interessen die Wege zur modernen Entwicklung angebahnt.

Während der Herrschaft des Hauses Tudor eroberte die europäische Reformation auch England. Im 16. Jh. begann sich der Handel auszuweiten; gleichzeitig wurde in den Kämpfen der Stuarts und Tudors bzw. in der mit OLIVER CROMWELLs Namen verbundenen Puritanischen Revolution (1642—1649), obwohl sie letzten Endes der Übermacht erlag, der moderne englische Parlamentarismus begründet. Daran vermochte nicht einmal die Restauration etwas zu ändern, besonders nachdem in der Glorreichen Revolution von 1688 die reaktionäre Herrschaft JAKOBS II. gestürzt worden war. Damit gelangte die politische Macht in die Hände der von ROBERT WALPOLE geführten Whig-Partei, d. h. des aufstrebenden Bürgertums und der kleinen Gutsbesitzer, im Gegensatz zu der aristokratischen Tory-Partei. In raschem Tempo entfalteten sich in der gleichen Zeit die Großmachtbestrebungen Englands: nach der Eroberung Irlands und dem Anschluß von Schottland (1707) war Großbritannien aus der Taufe gehoben. Die Bank of England wurde zum Hauptzentrum des Welthandels (1694). Außer der erfolgreichen Teilnahme an den Kriegen in Europa konnte England seine Positionen während des 18. Jh.s auch in Indien und — trotz des Unabhängigkeitskrieges in Amerika — in anderen Teilen der Welt, vor allem in Australien und Neuseeland, festigen. Dank der Industrierevolution verwandelte sich das kapitalistische England zur bedeutendsten Großmacht der Erde. Nach dem Zweiten Weltkrieg konnten sich jedoch seine Kolonien in Asien und Afrika nach und nach befreien, sind allerdings großenteils im Rahmen des Commonwealth mit Großbritannien heute noch eng verbunden.

IV.3.42. Quellen

Die aus der Verschmelzung der englischen, sächsischen und jütischen Stammesdialekte hervorgegangene englische Sprache wird historisch, mit mehr oder weniger Abweichungen in der inneren chronologischen Abgrenzung, in drei große Perioden eingeteilt: 1. Altenglisch (*Old English*) von den Anfängen bis zur normannischen Eroberung (1066) bzw. 1100; 2. Mittelenglisch (*Middle English*) von 1100 bis zum 16. Jh.; 3. Neuenglisch (*New* oder. *Modern English*) vom 16. Jh. an.

Im Hinblick auf das Quellenmaterial der altenglischen Zeit ist es besonders wichtig und im Vergleich mit anderen germanischen Sprachen äußerst günstig, daß in England von den Anfängen der Schriftlichkeit an nicht nur lateinisch, sondern auch in der Volkssprache geschrieben wurde. Daher ist das zur Verfügung stehende Material (trotz der Vernichtung vieler Handschriften während der normannischen Eroberung) nicht nur sehr alt, sondern auch reichhaltig. Die ersten altenglischen Glossen datieren aus dem angehenden 8. Jh., ihre Masse jedoch stammt aus dem 10.—11. Jh. Die vom Ende des 11. Jh.s bzw. aus dem 12. Jh. auf uns gekommenen Glossen zeigen bereits die Merkmale des Übergangs zum Mittelenglischen. Außer den großangelegten poetischen Sammlungen (vgl. III.4.2) sind zahlreiche Urkunden bzw. Urkundenabschriften erhalten geblieben. Auch die Zahl der in lateinischen Texten verstreuten englischen Vokabeln bzw. — und vor allem — Namen ist nicht gering. Dies gilt in erhöhtem Maße von BEDAS Kirchengeschichte, deren älteste bekannte Handschrift um die Mitte des 8. Jh.s entstand. Die Forschung wird aber dadurch erschwert, daß die altenglischen Texte vom 10. Jh. an fast ausnahmslos — sogar im englischen Sprachbereich — im westsächsischen Dialekt geschrieben wurden, noch mehr, auch ältere englische Texte wurden ins Westsächsische umgesetzt, dem aber in der weiteren Entwicklung des Englischen nur eine bescheidene Rolle zufiel. Das eigentlich englische (Anglisch: *Anglian*) Material beschränkt sich meistenteils auf interlineare Glossen.

Der literaturfreundlichen Politik des im ausgehenden 9. Jh. herrschenden Königs ALFRED verdanken wir die wertvollsten Prosadenkmäler der altenglischen Zeit, so die bereits erwähnte Kirchengeschichte von BEDA, die westsächsische Übersetzung der Weltgeschichte des OROSIUS usw. Auch mit der Abfassung der sowohl für die Sprachgeschichte als auch für die Historiographie sehr wichtigen Angelsächsischen Chronik (*Anglo-Saxon Chronicle*) wurde unter ALFREDS Herrschaft begonnen. Nach ALFREDS

Regierungszeit, um die Wende des 10.—11. Jh.s war die literarische Tätigkeit des Abtes ÆLFRIC von besonderer Bedeutung; nicht nur seine Homilien (*Homilies*) und sein Heiligenleben (*Saints' Legends*) sind wichtig, sondern auch seine „Gespräche" (*Colloquium*), die die gesprochene Umgangssprache mit deren Wortschatz und Wendungen fixierten. Am Ausgang der altenglischen Periode entstand eines der bedeutendsten Denkmäler der Zeit, der letzte Abschnitt der Angelsächsischen Chronik, der nach seinem Entstehungsort auch *Peterborough Chronicle* genannt wird. Die letzte Eintragung dieser Sammlung stammt von 1154, d. h. aus der Entwicklungsphase des Mittelenglischen. (Über die englischen Runendenkmäler s. III.3.4.)

Die Quellen des M i t t e l e n g l i s c h e n fließen zwar noch reicher, sie sind aber ziemlich unausgeglichen, da die Sprache der Literatur nach der normannischen Eroberung in erster Linie das K i r c h e n l a t e i n i s c h e bzw. die aus der Normandie nach England eingeführte Variante des Französischen, das sogenannte A n g l o n o r m a n n i s c h e (*Anglo-Norman*) war. Auf der anderen Seite haben sich in den englischen Texten die in altenglischer Zeit entstandenen und die in der Zwischenzeit erfolgten sprachlichen Neuerungen kaum widerspiegelnden Schrifttraditionen noch ziemlich lange halten können. Das geschriebene Material war schon im 14. Jh. sehr umfangreich, hat sich aber während des 15. Jh.s vervielfacht, nachdem das Pergament vom viel einfacher und billiger herzustellenden Papier abgelöst worden war. Im 15. Jh. wurde der Buchdruck auch in England eingeführt — der erste Buchdrucker Englands war WILLIAM CAXTON (ungefähr 1422—1491) —; von da an ist das Quellenmaterial, das sich auch für sprachhistorische Zwecke eignet, kontinuierlich und überaus reich.

IV.3.43. Altenglisch

Im Altenglischen, d. h. in der Zeit zwischen 700 und 1100 unterscheidet man gewöhnlich vier Hauptdialekte in England, und zwar 1. das N o r t h - h u m b r i s c h e (*Northumbrian*) nördlich von der Humber bis zur Forth; 2. das M e r c i s c h e oder B i n n e n l ä n d i s c h e (*Mercian*) in Mittelengland, zwischen Themse und Humber; 3. das W e s t s ä c h - s i s c h e (*West-Saxon*) südlich der Themse, mit Ausschluß von Kent und einem Teil von Surrey, wo 4. das K e n t i s c h e (*Kentish*) geherrscht hat. Northumbrisch und Mercisch waren Dialekte der Angeln, Westsächsisch war der Dialekt der Sachsen, Kentisch aber jener der Jüten (Abb. 46).

Da die überwiegende Mehrzahl der Sprachdenkmäler der altenglischen Zeit im westsächsischen Dialekt auf uns gekommen ist, wird unter Altenglisch in der Regel Westsächsisch verstanden, das sich chronologisch folgender-

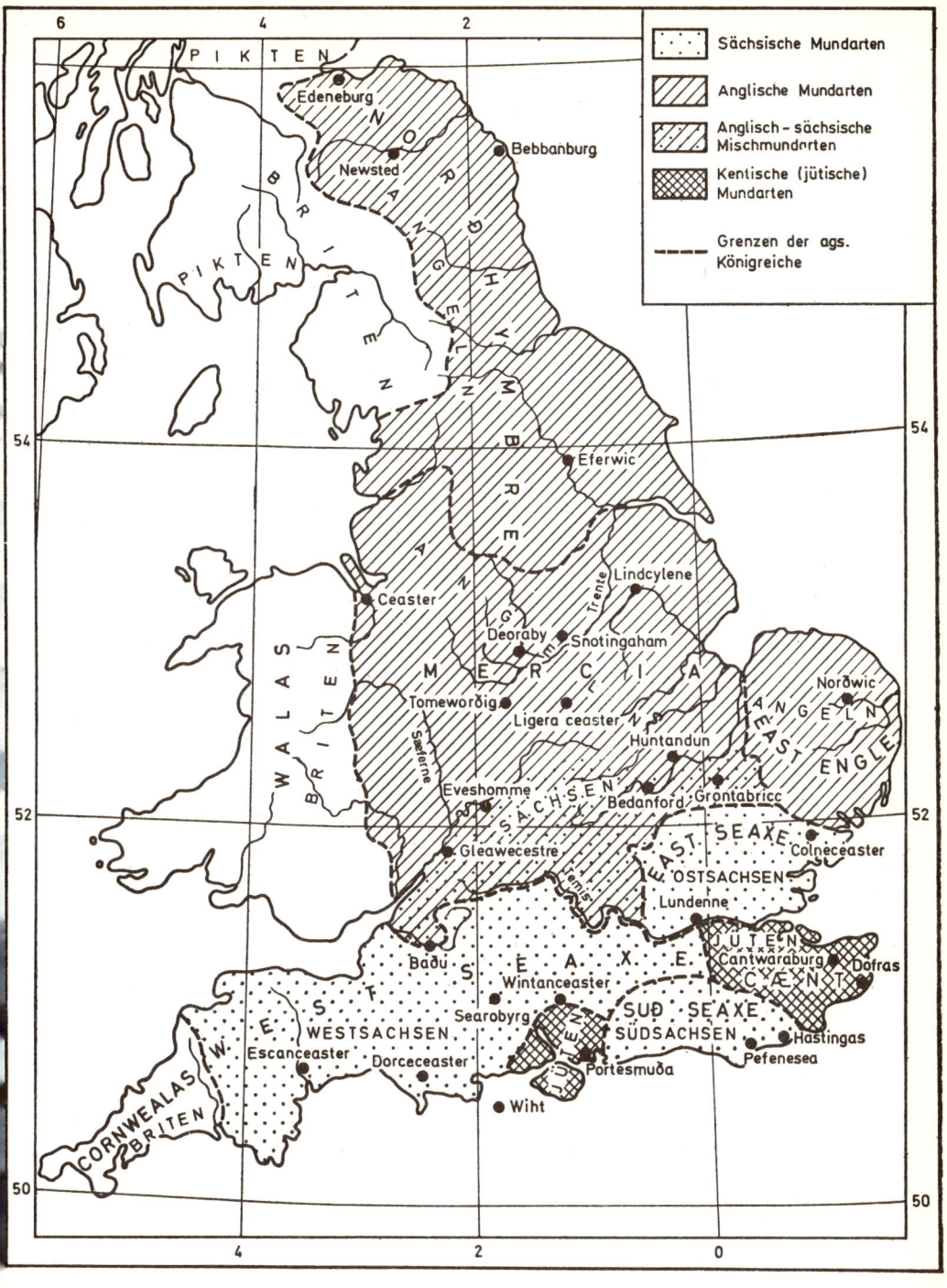

Abb. 46. Altenglische Mundarten (nach VLADIMIR DMITRIEVIĆ ARAKIN und KARL BRUNNER)

maßen aufschlüsseln läßt: 1. **Früh-** oder **Altwestsächsisch** (*Early West Saxon*) im Zeitalter des Königs ALFRED (871—901) und 2. **Spätwestsächsisch** (*Late West Saxon*) in der Zeit des Abtes ÆLFRIC (955—1025).

Es sei angemerkt, daß infolge des anfänglichen Übergewichts des Stammes und des Dialektes der Angeln das ganze Land nach ihnen seinen Namen erhielt (ags. *Englaland* 'Land der Angeln'), ja die Bezeichnung ihrer Sprache — ags. *Englisc* — auch auf den westsächsischen Dialekt erweitert wurde. Die Fachliteratur zieht heute die Bezeichnung **Altenglisch** vor, aber — besonders im älteren Schrifttum — ist auch **Angelsächsisch** gängig.

Von einer einheitlichen **Orthographie** ist in altenglischer Zeit noch keine Rede. In den modernen Textausgaben verwendet man meistens eine nachträglich normierte Rechtschreibung, die mit folgenden Graphemen manipuliert: 1. zur Bezeichnung der Vokale: *a*, *œ*, *e*, *i*, *o*, *u*, *y* bzw. 2. zur Bezeichnung der Konsonanten: *b*, *c*, *d*, *þ*, *ð*, *f*, *g*, *h*, (*k*), *l*, *m*, *n*, *p*, *r*, *s*, *t*, *w*, *x*.

Die **Vokale** können auch lang sein ($\bar{a}$, $\bar{œ}$, $\bar{e}$, $\bar{\imath}$, $\bar{o}$, $\bar{u}$, $\bar{y}$) bzw. Diphthonge bilden (*ea*/*ēa*, *eo*/*ēo*, *ie*/*īe*, *io*/*īo*). Diese Buchstaben spiegeln **nicht** die Ausspracheregeln des Englischen der Gegenwart, sondern sie folgen im großen und ganzen dem **phonetischen** Prinzip der Orthographie. *œ* wird als offenes [ɛ], $\bar{œ}$ als offenes [ɛ:] ausgesprochen; *y*, $\bar{y}$ sind die Grapheme für gerundetes [y], [y:]. Der zweite Bestandteil der Diphthonge ist ein Reduktionsvokal, der mit *a* oder *e* bzw. mit *o* bezeichnet wird, vgl. *ea* [æə], *ēa* [ɛ:ə], *eo* [eo], *io* [i:o] usw.; *ie*, *ie*, *io*, *io* sind frühaltenglische Diphthonge, die sich im Spätaltenglischen gewandelt haben, vgl. *ie* > *i*/*y*, *īe* > $\bar{\imath}$/$\bar{y}$, *io* > *eo*, *īo* > *ēo*. Im Spätaltenglischen waren *y* und $\bar{y}$ nur noch im Schriftbild erhalten, denn sie wurden bereits zu *i* bzw. $\bar{\imath}$ entrundet.

Die Aussprache der **Konsonanten** steht den heutigen englischen bzw. allgemein-germanischen Regeln etwas näher, immerhin gibt es auch da Sondermerkmale. *þ* entspricht stimmlosem englischem *th* [θ], *ð* seinem stimmhaften Paar *th* [ð], obwohl in den Originalhandschriften wie auch in vielen Textausgaben beide Grapheme für beide Laute auch abwechselnd verwendet werden. *c* ist in velarer Lautumgebung in allen Stellungen [k] bzw. vor hohen (palatalen) Vokalen palatales [k'], das gegen Ende der altenglischen Periode schon zu [tʃ] affriziert wurde. Parallel dazu ist *g* vor oder nach hohem Vokal [j], sonst [g] bzw. spirantisches [ǥ] in intervokalischer Stellung. Dieser Prozeß der Palatalisierung betraf aber die vor oder nach infolge der **Umlautung** entstandenen hohen Vokalen stehenden Laute *k* bzw. *g* nicht. Das heißt: *cild* [k'ild > tʃild] 'Kind' bzw. *weg* [wej ~ weį] 'Weg', aber *cynn* [kyn > kin] 'Geschlecht' (< *kuni*), *gǣst* [gɛ:st] 'du gehst' (< *gāst*). Die Verbindung *cg* gibt die Affrikate [dʒ] wieder, z. B.

secgan 'sagen'. Manche Sprachhistoriker schreiben auch den Wandel *sc* [sk] > [ʃ] der altenglischen Periode zu, vgl. ausführlicher IV.3.45. Die Reibelaute *f* und *s* sind in intervokalischer Stellung sowie zwischen einem stimmhaften Konsonanten und einem Vokal stimmhaftes [v] bzw. [z], z. B. *seolfor* [seolvor] 'Silber', *ofer* [over] 'über', *wesan* [wezan] 'sein', a b e r *lēof* [lɛ:of] 'lieb', *sōð* [so:ð] 'wahr'. *h* ist im Wortanlaut [h], sonst nach hohem Vokal stimmloses [ç], nach tiefem Vokal stimmhaftes [x] wie im Deutschen, z. B. *hātan* [ha:tan] 'heißen', *feohtan* [fæoçtan] 'fechten', *ðōhte* [ðo:xte] 'dachte'.

Die B e t o n u n g folgte, mit Ausnahme der Fremdwörter, den gemeingermanischen Regeln.

Im Vergleich zu der germanischen Grundsprache hat das L a u t s y s t e m des Altenglischen folgende Wandlungen durchgemacht:

1. *a* wurde in geschlossenen Silben bzw. auch in offenen Silben, falls die Nachsilbe ein *e* oder *i* enthielt, zu *æ* palatalisiert, z. B. **dag* > *dæg* 'Tag', **ak(e)r* > *æcer* 'Acker'. Vor Nasal ist es *a* geblieben bzw. zu *o* verdumpft worden, z. B. *lang* ~ *long* 'lang';

2. Die Vokale *æ*, *e*, *i* wurden vor *h* bzw. vor *l* + Kons., *r* + Kons. oder *h* + Kons. zu kurzen Diphthongen „gebrochen": *æ* > *ea*, *e* > *eo*, *i* > *io*, z. B. germ. **eh* > ags. *eoh* 'Pferd', germ. **haldan* > ags. **hœldan* > *healdan* 'halten', germ. **berg* > ags. *beorg* 'Berg', germ. **fehtan* > ags. *feohtan* 'fechten';

3. Nach anlautendem *c*, *g* oder *sc* wurden *æ*, *ǣ*, *e* diphthongiert: *æ* > *ea*, z. B. germ. **skal* > ags. **scæl* > *sceal* 'soll' (engl. *shall*); *ǣ* > *ēa*, z. B. ags. **gǣr* > *gēar* 'Jahr'; *e* > *ie*, z. B. ags. **sceran* > *scieren* 'scheren';

4. Innerhalb der sogenannten westgermanischen Einheit, d. h. zusammen mit dem Südgermanischen, hat das Altenglische die einfachen Konsonanten gedehnt („geminiert") vor *j*, wonach dieses *j* verschwand, z. B. **cwæljan* > *cwellan* 'töten' (engl. *kill*), **lægjan* > *lecgan* 'legen'. Davon bildete nur *r* eine Ausnahme, vgl. **swærjan* > *swerian* 'schwören';

5. Das Altenglische hat zwei Arten des Umlauts verwirklicht: (a) den sogenannten -*i*- (-*j*-)-Umlaut und (b) den sogenannten *o-/a-* bzw. *u*-Umlaut, je nachdem, welches von diesen ursprünglich in der Nachsilbe des umlautfähigen Vokals der Hochtonsilbe stand, z. B. **bōci* > *bēc* 'Bücher' (*i*-Umlaut), **fōdjan* > *fēdan* 'füttern' (*j*-Umlaut), **alo* > *ealu* 'Bier, Äl' (engl. *ale*) (*o*-Umlaut). Die Umlautentsprechungen sind: *a/o* > *e*, z. B. *mann* 'Mann' → *menn* 'Männer'; *ā* > *ǣ*, z. B. *brād* 'breit' → *brǣdan* 'verbreiten'; *æ* > *e*, z. B. **stædi* → *stede* 'Stätte'; *o* > *e*, z. B. *dohtor* 'Tochter' → *dehter* Dat. Sing.; *ō* > *ē*, z. B. *gōs* 'Gans' → *gēs* 'Gänse'; *u* > *y*, z. B. *full* 'voll' → *fyllan* 'füllen'; *ū* > *ȳ*, z. B. *mūs* 'Maus' → *mȳs* 'Mäuse'; *ea* > *ie*, z. B. *eald* 'alt' → *ieldra* 'älter'; *ēa* > *īe*, z. B. *hēah* 'hoch' → *hīehst* 'höchst'; *eo/io* > *ie*,

z. B. *weorc* 'Werk, Arbeit' → *wyrcan* 'wirken, arbeiten'; *ēo/īo* > *īe*, z. B. *lēoht* 'Licht' → *liehtan* 'leuchten'. — Der sekundäre *o/u*-Umlaut ist erst um 700 aufgekommen und blieb im allgemeinen auf den englischen Dialekt beschränkt.

Überdies kam es zu weiteren, weniger relevanten Lautwandlungen. An dieser Stelle sei von ihnen bloß die ebenfalls auf die Zeit um 700 datierte altenglische Ersatzdehnung angeführt, wobei *h* nach *l* + Vokal oder *r* + Vokal ausgestoßen, der voraufgehende Hochtonvokal jedoch gedehnt wurde, z. B. *mearh* 'Pferd', aber *mēares* Gen. Sing., *sleahan > *slēan* 'schlagen'.

Die wichtigsten V o k a l v e r ä n d e r u n g e n sind in Abb. 47 tabellarisch zusammengefaßt:

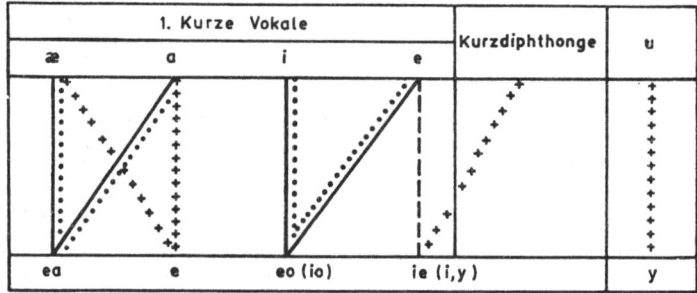

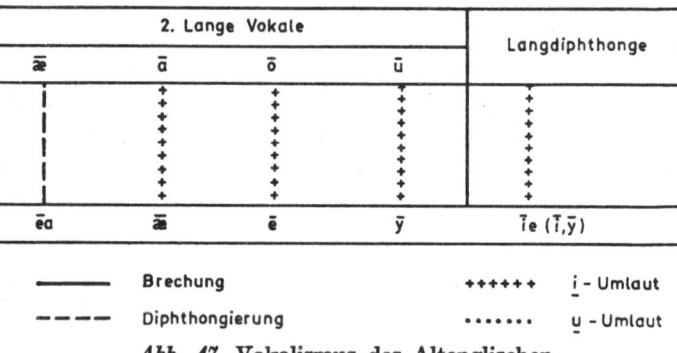

Abb. 47. Vokalismus des Altenglischen

Für die weitere Entwicklung des Englischen war aber die fortdauernde R e d u k t i o n des Vokalismus der Nebensilben von besonderer Bedeutung, da sie — wie zu sehen sein wird — letzten Endes auch in der typologischen Umbildung der grammatischen Struktur zu einem der entscheidenden Faktoren wurde.

Sonst hat sich das Altenglische während der 400 Jahre seiner Entwicklung verhältnismäßig langsam und wenig verändert.

Das Substantiv unterschied die drei Genera und parallel dazu die nach den Stämmen geordneten Paradigmen: 1. Die *a*-Stämme (*dæg* m. 'Tag', *word* n. 'Wort') mit den Varianten der *ja*-Stämme (*ende* m. 'Ende', *rīce* n. 'Reich, Land') und der *wa*-Stämme (*snāw* m. 'Schnee', *trēow* n. 'Baum, Holz'); 2. Die *ō*-Stämme (*gifu* f. 'Gabe') mit den Varianten der *jō*-Stämme (*hild* f. 'Kampf') und der *wō*-Stämme (*trēow* f. 'Treue'); 3. Die *i*-Stämme, z. B. *drinc* m. 'Trank', *cwēn* f. 'Frau', *sife* n. 'Sieb'; 4. Die *u*-Stämme, z. B. *sunu* m. 'Sohn', *hand* ~ *hond* f. 'Hand', des weiteren bei den konsonantischen Stämmen: 1. Die *n*-Stämme (sogenannte „schwache" Deklination), z. B. *guma* m. 'Mensch', *tunga* f. 'Zunge, Sprache', *ēage* n. 'Auge'; 2. Die *r*-Stämme der Verwandtschaftsnamen, z. B. *fæder* m. 'Vater', *mōdor* f. 'Mutter'; 3. Die *nd*-Stämme (substantivierte Partizipien), z. B. *frēond* m. 'Freund'; 4. Die *s*-Stämme, z. B. *cealf* n. 'Kalb', ferner einige, bereits in altenglischer Zeit im Zerfall begriffene, isolierte Gruppen, z. B. die Paradigmen von *fōt* m. 'Fuß', *bōc* f. 'Buch' u. dgl. Schon im Altenglischen läßt sich die Einschmelzung der weniger belasteten Stammklassen in die größeren, vor allem in die *a*- bzw. die *ō*-Klasse, beobachten.

Das Adjektiv war entweder „stark" oder „schwach". Die schwache Deklination folgte jener der substantivischen *n*-Stämme, während innerhalb der „starken" Deklination die *a-/ō*-Stämme (z. B. *gōd* m., f., n. 'gut'), die *ja-/jō*-Stämme (z. B. *grēne* m., n. ≠ *grēnu* f. 'grün') und die *wa-/wō*-Stämme (z. B. *geolu* 'gelb' → *gealwes* Gen. Sing. m.-n.) auseinandergehalten wurden.

Von den Kardinalzahlen werden (wie die Adjektiva) nach den drei Genera unterschiedlich dekliniert: *ān* 'ein'; *twēgen* m., *twā* f., *twā* ~ *tū* n. 'zwei' und *þrī(e)* m., *þrēo* f.-n. 'drei'.

Die Personalpronomina der 1. und der 2. Person haben noch im Gegensatz zu den übrigen Nomina den Dualis neben dem Singular und dem Plural gekannt, z. B. *wē* 'wir' ≠ *wit* 'wir beide', *gē* ~ *gie* 'ihr' ≠ *git* 'ihr beide'. Ein ähnlicher Archaismus ist der Instrumentalis bei einigen Demonstrativ- bzw. Interrogativpronomina, z. B. *þȳ* ~ *þon* → *sē/sēo/þæt* 'der/die/das, jener/jene/jenes', *þȳs* ~ *þis* → *þēs/þis* 'dieser', *hwȳ* ~ *hwī* → *hwā/hwæt* 'wer, was'. Die übrigen Nomina hatten nur vier Kasus: Nominativ, Akkusativ, Genitiv und Dativ.

Das Personalpronomen der 3. Person wurde im Altenglischen mit einem *h*-Vorschlag gebildet, im Gegensatz zu den südgermanischen Sprachen, vgl. *hē* 'er', *hēo* ~ *hī(e)* ~ *hȳ* 'sie', *hit* 'es' bzw. *hīe* (*hēo, hī, hy, hig*) im Plural.

Die Verba waren teils „stark", teils „schwach". Die Klassen der starken Verba sowie die Präteritopräsentien s. II.2.3.

Die schwachen Verba gliederten sich in drei Klassen: 1. *nerian* 'retten' — *nerede* Prät., *hȳran* 'hören' — *hȳrde* Prät., *tellan* 'erzählen' — *tealde* Prät.; 2. *lōcian* 'schauen, blicken' — *lōcode* Prät.; 3. nur in Resten, z. B. *habban* 'haben' — *hæfde* Prät., d. h. das Präteritum nach der 2., das Präsens eigentlich nach der 1. Klasse.

Die athematischen Verba des Indogermanischen waren nur noch in Relikten vorhanden, z. B. *wesan* ~ *bēon* 'sein' — *eom* ~ *bēo(m)* 'bin' usw., *si(e)* ~ *bēo* 'ich sei', *wes* ~ *bēo* 'sei !' — *wæs* 'war'; des weiteren *wille* 'will', *nylle* (< *ne wille*) 'will nicht'; *dōn* 'tun'; *gān* 'gehen' — *ēode* 'ging' (vgl. got. *iddja*).

Es ist ein charakteristisches Merkmal der Konjugation, daß im Plural die drei Personen formal zusammengefallen sind. Sonst waren die grammatischen Kategorien des Verbs vom gemeingermanischen flektierenden Typus nicht verschieden, vgl. im Altisländischen (IV.2.52.), im Färöischen (IV.2.63.) oder im Althochdeutschen (IV.4.63.).

Der altenglische W o r t s c h a t z zeigt neben den allen germanischen Sprachen gemeinsamen bzw. den in gemeingermanischer Zeit übernommenen L e h n w ö r t e r n an drei Punkten eigenartige Merkmale: 1. Im spezifisch n o r d s e e g e r m a n i s c h e n Wortgut („Ingwäonismen", vgl. IV.3.3.); 2. im Bereich der nach der Landnahme entlehnten F r e m d w ö r t e r ; 3. in den altenglischen Besonderheiten der W o r t -
b i l d u n g.

Die Großzahl der g r i e c h i s c h — l a t e i n i s c h e n Lehnwörter haben die Angeln noch vom Festland mitgenommen. Solche sind z. B. gr. *κυριακόν* > ags. *cirice* 'Kirche' (vgl. nl. *kerk*, schw. *kyrka* usw.), gr.-lat. *discus* 'Schüssel, Scheibe' > ags. *disc* 'Schüssel' (vgl. dt. *Tisch*), lat. *piper* > ags. *pipor* 'Pfeffer' (vgl. nl. *peper*, schw. *peppar* usw.), lat. *vīnum* > ags. *wīn* 'Wein' (vgl. nl. *wijn*, norw.-dän.-schw. *vin*, got. *wein*) usw. Erst nach der Landnahme können ins Englische gedrungen sein solche Wörter wie lat. *Latinus* > ags. *læden* 'lateinisch, Latein-', lat. *pirus* > ags. *pere* ~ *peru* 'Birne', lat. *turris* > ags. *tor* 'Turm'.

Die c h r i s t l i c h e M i s s i o n hat weitere lateinische (z. T. ursprünglich griechische) Fremdlinge heimisch gemacht, z. B. *forca* 'Forke, Gabel', *nunna* 'Nonne', *prēost* 'Priester', *munuc* 'Mönch', sowie eine Menge von L e h n ü b e r s e t z u n g e n inspiriert, wie *gōdspell* 'Evangelium', eigentlich 'gute Botschaft' gleich gr. *εὐαγγέλιον* < *εὖ* 'gut' + *ἀγγελία* 'Botschaft'.

Auffällig selten sind Entlehnungen aus dem I n s e l k e l t i s c h e n, und auch bei diesen ist es meistens strittig, ob sie aus dem Gälischen oder aus dem Kymrischen stammen. Außer den Orts- und Personennamen (vgl. III.5.4.) gehören z. B. *pen* 'Bergspitze, Gipfel', *bin(n)* 'Korb', *broc(c)* 'Dachs' und vielleicht auch *hog(g)* 'Ferkel' hierher.

Zur Zeit — und als Folge — der Streifzüge der nordgermanischen Wikinger wurden große Gebiete des Landes für kürzere oder längere Frist zweisprachig, zum Teil auch entfremdet. Auch ihre Sprache fand einen

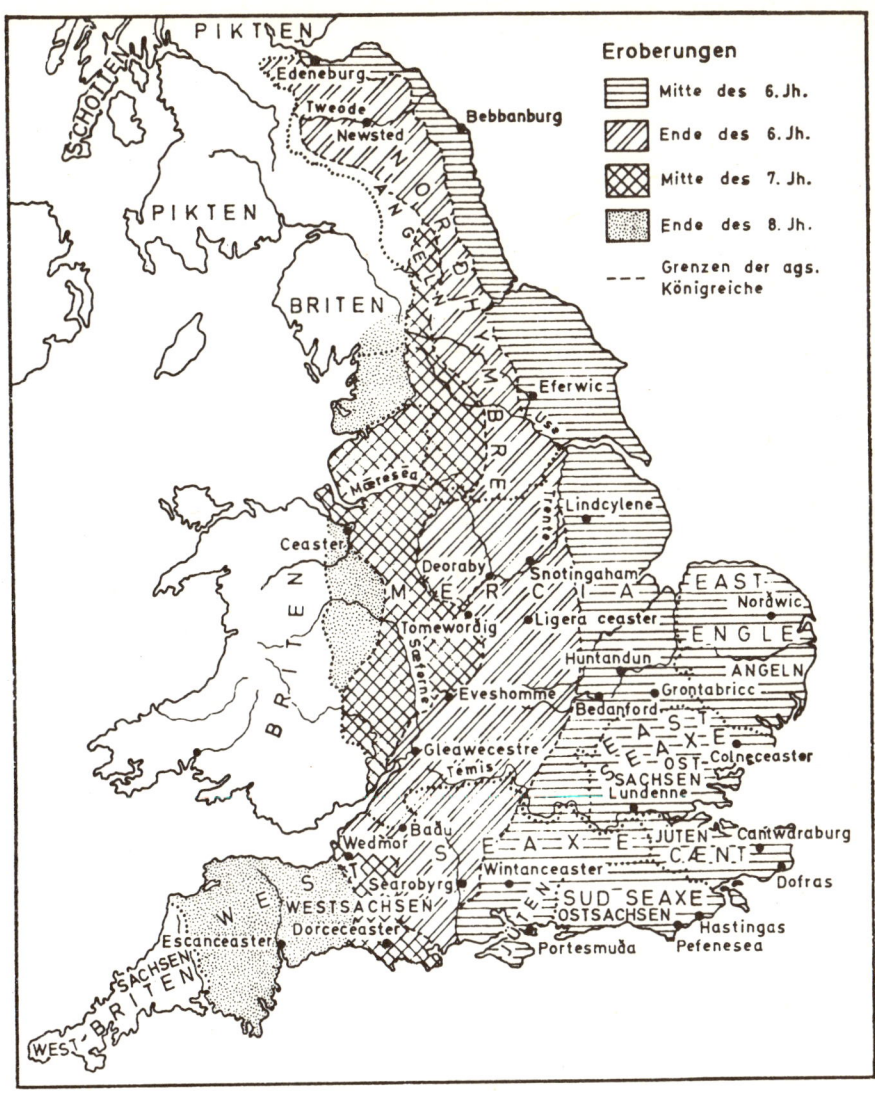

Abb. 48. England zur Zeit der nordseegermanischen Eroberungen
(nach KARL BRUNNER)

Niederschlag im Englischen. Die Zugehörigkeit zu einer der beiden Quellensprachen (Norwegisch oder Dänisch) läßt sich infolge ihrer großen Affinität meistens nicht genau bestimmen. Zu den in unseren altenglischen Texten besonders häufig belegten **nordgermanischen** Lehnwörtern zählen z. B. *fēolaga* (engl. *fellow*) 'Genosse, Kamerad', *cnīf* (engl. *knife*) 'Messer', *hūsbonda* 'Bauer, Hauswirt' (vgl. engl. *husband* 'Mann'), *lagu* ~ *lage* (engl. *law*) 'Gesetz', *wrang* (engl. *wrong*) 'schlecht, schlimm'. Aus dem Charakter der Denkmäler folgt, daß die meisten der in altenglischer Zeit übernommenen Lehnwörter erst in mittelenglischen Texten aufscheinen, als die dem Einfluß der Nordgermanen mehr ausgesetzten englischen Dialekte den südlichen (d. h. westsächsischen) Dialekt wieder zurückdrängen.

In der Nachfolge der normannischen Eroberung strömten auch f r a n - z ö s i s c h e Elemente in zunehmender Anzahl ins Englische; auch diese treten zumeist erst im Mittelenglischen auch in der Schriftsprache in dichter Streuung hervor.

IV.3.44. Textproben

(a) *Westsächsisch*

> Nū wē sculan herian || heofonrīces Weard,
> Metodes mihte || ond his mōdgeþonc,
> weorc Wuldorfæder, || swā hē wundra gehwæs,
> ēce Drihten || ord onstealde.
> Hē ǣrest gescēop || eorðan bearnum
> heofon tō hrōfe, || hālig Scyppend;
> ðā middongeard || moncynnes Weard,
> ēce Dryhten, || æfter tēode
> fīrum foldan || Frēa ælmihtig.

(b) *Northumbrisch* (= *Anglisch*)

> Nū scylun hergan || hefaenrīcaes uard,
> metudæs maecti || end his mōdgidanc,
> uerc uuldurfadur, || suē hē uundra gihuaes
> ēci dryctin, || ōr āstelidæ;
> hē ǣrist scōp ||aelda barnum
> heben til hrōfe, || hāleg scepen,
> thā middungeard || moncynnæs uard;
> ēci dryctin || æfter tīadae
> fīrum foldun, || frēa allmectig.

Primo cantauit Caedmon instud carmen.

(CÆDMONs Hymne. BEDA, 8. Jh.)

nū 'nun, jetzt'; *wē* 'wir'; *sculan* ~ *scylun* 1. Pl. Präs. Ind. *sculan* 'sollen' (engl. *shall*); *herian* ~ *hergan* 'hören'; *heofonrīce* (*hefaenrīcae*) n. 'Himmelreich' (~*s* Gen. Sing.); *weard* (*uard*) m. 'Wärter, Beschützer', *Metod* (*metud*) m. 'Herr, Schöpfer, Gott' (~*es* Gen. Sing.); *mihte* (*maecti*) Akk. Sing.

→ *miht* f. 'Macht'; *ond* (*end*) 'und'; *his* m. 'sein'; *mōdgeþonc* (*mōdgidanc*) m. 'Gedanke, Idee, Vorhaben, Plan'; *weorc* (*werc*) n. 'Werk'; *Wuldorfæder* (*Wuldurfadur*) m. 'Vater der Herrlichkeit: Gott' (hier Gen. Sing.); *swā* (*swē*) 'so ... als, wie'; *hē* 'er'; *wundor* n. 'Wunder' (*wundra* Gen. Pl.); *gehwā* '(ein) jeder' (*gehwæs* Gen. Sing. n.); *ēce* (*ēci*) 'ewig'; *Drihtin* (*Dryhtin, dryctin*) m. 'Herr, Führer' (vgl. dt. **Truch**-*seß*); *ord* (*ōr*) n. 'Anfang'; *onstealde* (*āstelidœ*) 3. Sing. Prät. Ind. → *onstellan* 'anstellen, einrichten, stellen'; *ǣrest* 'zuerst'; *scōp* (*gescēop*) 3. Sing. Prät. Ind. → *scyppan* (*gescyppan*) '(er)schaffen'; *eorðe* f. 'Erde' (*eorðan* Gen. Sing.); *aelda* Pl. m. 'Menschen, Menschheit' (*ælde* Gen. Pl.); *bearn* (*barn*) n. 'Kind' (~*um* Dat. Pl.); *heofon* (*heben*) m. 'Himmel'; *tō* (engl. *to*) 'zu'; *til* (engl. *till*, an. *til*) 'zu'; *hrōf* m. 'Dach' (~*e* Dat. Sing.); *hālig* 'heilig'; *Scyppend* (*scepen*) m. 'Schöpfer'; *ðā* (*thā*) 'dann'; *middungeard* m. 'Midgard: Erde, Welt'; *mancynn* (*moncynn*) n. 'Menschheit, Menschengeschlecht' (~*es* Gen. Sing.); *œfter* '(da)nach, dann'; *tēode* (*tiadœ*) 3. Sing. Prät. Ind. → *tēon* 'schaffen, formen, bilden'; *firas* Pl. m. 'Menschen, Leute, Menschheit' (*firum* Dat. Pl.); *folde* f. 'Erde, Welt' (*foldun* Akk. Sing.); *Frēa* m. 'Herr, Gott'; *œlmihtig* (*allmectig*) 'allmächtig'.

IV.3.45. Mittelenglisch

Die vier Jahrhunderte (1100—1500) des auf das Altenglische folgenden Mittelenglischen zeichnen sich durch den Vorstoß der Ortsmundarten aus. Dementsprechend bieten die mittelenglischen Quellen sprachlich kein so einheitliches Bild wie die Denkmäler des Altenglischen, welch letztere gutenteils in éinem Dialekt — dem Westsächsischen — abgeschrieben wurden. Das Streben nach einer einheitlichen Schriftlichkeit läßt sich aber — besonders gegen Ende der mittelenglischen Zeit — gut verfolgen, d. h. im 15. Jh., als dieser Prozeß auch durch die einzelnen Klöster und Kanzleien gefördert wird. Eine außerordentlich große Rolle spielte dabei die königliche Kanzlei in L o n d o n, deren Sprachgebrauch bald im ganzen Land zum Vorbild wurde. Trotzdem beschränkte sich Londons Einfluß noch ziemlich lang auf die Grafschaften des Südens, denn der politischen Lage zufolge wurde gleichzeitig auch in Nordengland ein paralleler Integrierungsprozeß in Gang gesetzt, und zwar auf der Basis der Klöster in Y o r k s h i r e bzw. der yorkischen (also nordenglischen) Mundart. Ein ähnliches Zentrum entstand — ebenfalls auf nordenglischer Grundlage — in E d i n b u r g h, der Residenzstadt der Könige von Schottland. Das letztere hat seine Eigenständigkeit auch im 15. Jh. nicht aufgegeben und konnte sich auch in der neuenglischen Periode behaupten (vgl. IV.5.21.), während sich York in der zweiten Hälfte des 15. Jh.s der Londoner Norm anschloß. Das hängt unmittelbar damit zusammen, daß Londons wirtschaftliche, politische und kulturelle Bedeutung in dieser Zeit gewaltig zunahm. Der Londoner Norm folgten die Schriften WYCLIFFS und die von seinem Kreis ausgehenden Bibelübersetzungen, sie wurde auch für den Sprachgebrauch der hervorragendsten Dichter der Zeit (wie CHAUCER) maßgebend. Und nicht zuletzt: von London aus begann sich der englische Buchdruck auszubreiten. Daraus erhellt auch der scheinbare Bruch der altenglischen Sprachtradition: die in mittelenglischer Zeit begonnene Entwicklung zur S c h r i f t- und N a t i o n a l s p r a c h e stützte sich nicht auf den ausschlaggebenden Dialekt des Altenglischen, d. h. auf das Westsächsische, sondern auf die eigentlichen e n g l i s c h e n (anglischen) Mundarten.

Diesem Umstand gemäß untersucht und beschreibt man den mittelenglischen Sprachzustand in erster Linie auf Grund des sprachlichen Zentrums, d. h. des M i t t e l l ä n d i s c h e n (*Midland Dialect*). Die ganze Periode gliedert man in der Regel in drei Etappen: 1. F r ü h m i t t e l e n g l i s c h (*Early Middle English*) zwischen 1100 und 1200; 2. K l a s s i s c h e s M i t t e l e n g l i s c h (*Normal Middle English*) von 1200 bis 1400; 3. S p ä t- m i t t e l e n g l i s c h (*Late Middle English*) zwischen 1400 und 1500. Die erste Etappe stand noch dem Altenglischen sehr nahe; in der letzten Periode hingegen waren schon alle Wesensmerkmale des Neuenglischen im Lautsystem sowie in der Grammatik fertig. Die großen Dialekträume der Zeit waren — neben dem M i t t e l l ä n d i s c h e n, das das Mercische fortführte — der s ü d l i c h e D i a l e k t als Entsprechung der südlichen (sächsischen) Mundarten des Altenglischen, ferner der aus den northumbrischen Mundarten des Altenglischen entwickelte n ö r d l i c h e D i a - l e k t (Abb. 49). Das Kentische war in dieser Zeit schon im südlichen Dialekt aufgegangen.

Die S c h r e i b g e w o h n h e i t e n setzten zwar die altenglische Tradition fort, trotzdem gerieten sie nach der normannischen Eroberung stark unter den Einfluß des Französischen. Dem Nebeneinander dieser beiden Normen sind schon in mittelenglischer Zeit eine Menge Anomalien entsprungen. Das ags. $\bar{æ}$ wurde mit *e* bezeichnet, z. B. ags. *hwǣte* > me. *whēte* 'Weizen'. Die Schreibung von *y* und *i* wurde völlig durcheinandergebracht, nachdem die beiden Phoneme zusammengefallen waren. Nach französischem Muster wurde der Buchstabe *c* auch zur Bezeichnung von [ts], dann auch von [s] verwendet, wie auch *ch* zur Wiedergabe der Affrikate [tʃ] bzw. *g* (abwechselnd mit *j*) für [dʒ]. Die Grapheme *þ* und *ð* wurden im Mittelenglischen nach und nach durch das Digraph *th* ersetzt. Die im Altenglischen noch übliche Bezeichnung der Vokallänge ist aus dem Schriftbild allmählich verschwunden.

Im Vergleich mit dem Altenglischen hat sich im L a u t s y s t e m des Mittelenglischen vor allem der V o k a l i s m u s verändert, indem die alten langen Monophthonge diphthongiert (z. B. -*ā*- vor *h* : ags. *tāhte* > me. *tauhte* 'lehrte'), die alten Diphthonge hingegen meistens monophthongiert wurden, vgl. ags. *dēor(e)* > me. *dēre* 'teuer', ags. *hearpe* > me. *harpe*

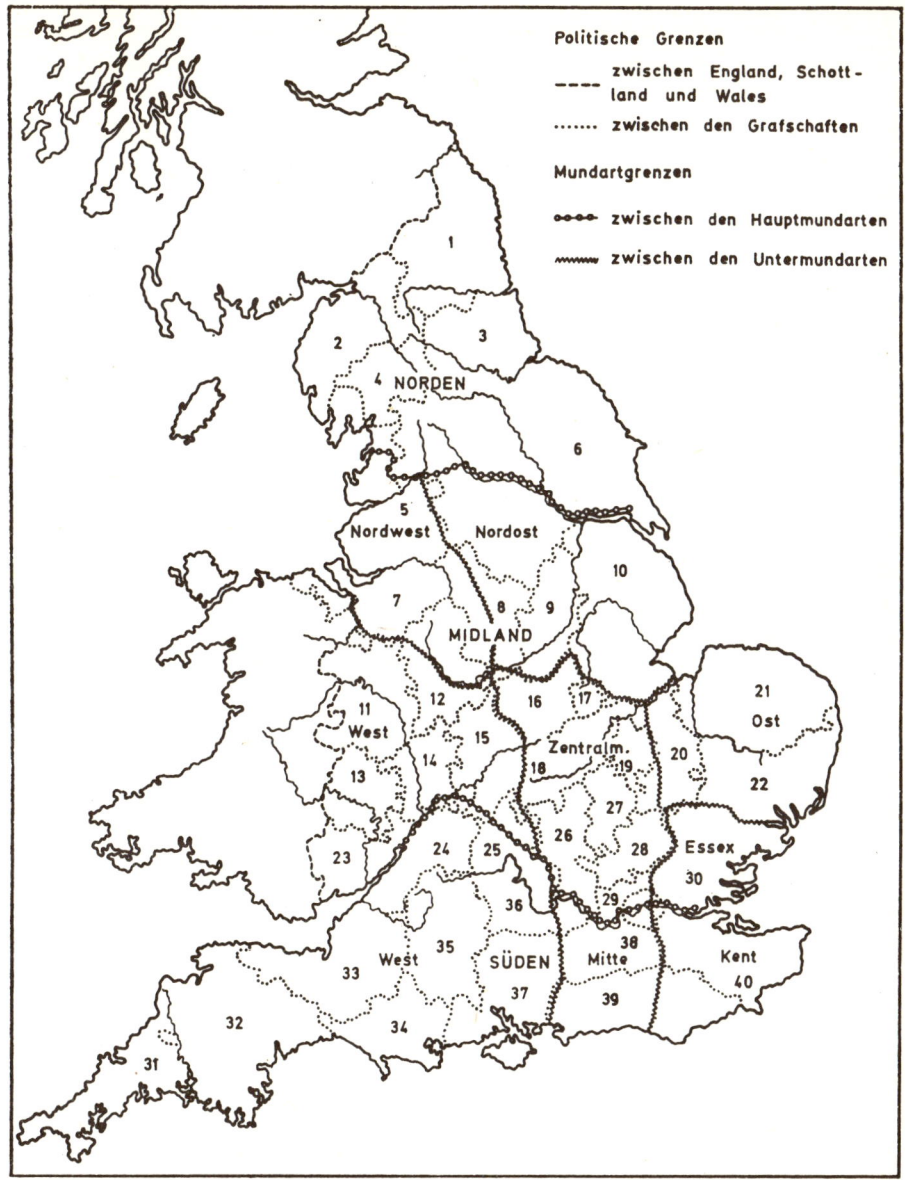

Abb. 49. Mittelenglische Mundarten (nach KARL BRUNNER)

1 Northumberland, *2* Cumberland, *3* Durham, *4* Westmoreland, *5* Lancashire, *6* Yorkshire, *7* Cheshire, *8* Derby, *9* Nottingham, *10* Lincoln, *11* Shropshire, *12* Stafford, *13* Hereford, *14* Worcester, *15* Warwick, *16* Leicester, *17* Rutland, *18* Northampton, *19* Huntingdon, *20* Cambridge, *21* Norfolk, *22* Suffolk, *23* Monmouth, *24* Gloucester, *25* Oxford, *26* Buckingham, *27* Bedford, *28* Hertford, *29* Middlesex, *30* Essex, *31* Cornwall, *32* Devon, *33* Somerset, *34* Dorset, *35* Wiltshire, *36* Berkshire, *37* Hampshire, *38* Surrey, *39* Sussex, *40* Kent

'Harfe' u. dgl. Auch die Quantitätsverhältnisse der Vokale wurden verschoben. Betonte Kurzvokale in offener Silbe wurden gedehnt, z. B. ags. *nama* > me. *nāme* 'Name', wie auch vor gewissen Konsonantengruppen, z. B. ags. *cild* > me. *chīld* 'Kind', ags. *ald* > me. *āld* ~ *ōld* 'alt'. Die langen Vokale des Altenglischen wurden dagegen vor langem Konsonanten oder vor Konsonantengruppen gekürzt, z. B. *fēol* > me. *fell* 'fiel', ags. *sōhte* > me. *sohte* 'suchte'.

Als viel folgenschwerer erwies sich die Entwicklung der Vokale der Nebensilben. Während das Altenglische die einzelnen Vokalphoneme auch in nebentoniger Stellung noch ziemlich sauber auseinandergehalten hatte, wurde diese Differenzierung im Mittelenglischen aufgegeben, und die Nebentonvokale wurden n e u t r a l i s i e r t, d. h. im sogenannten Schwa — [ə] — nivelliert. Die allgemeinste graphematische Bezeichnung dafür war *e*, z. B. ags. *sunu* > me. *sone* 'Sohn', ags. *lufian* > me. *lov(i)en* 'lieben'.

Im Auslaut wurden auch die Phoneme *m* und *n* neutralisiert, vgl. ags. *horsum* > me. *horse(n)* 'den Pferden', ja dieses *n* wurde allmählich ganz aufgegeben.

All dies führte einen weitgehenden Zusammenfall einzelner grammatischer Formen der Nomina wie auch der Verba herbei und beschleunigte dadurch die analytische Umstrukturierung der englischen Grammatik.

Im K o n s o n a n t i s m u s ist in dieser Periode der Wandel *sc* [skʲ] > [ʃ] erfolgt, z. B. ags. *scip* [skʲip] > me. *ship* [ʃip] 'Schiff', genauso der Wandel *c* [kʲ] > [tʃ], vgl. ags. *cild* [kʲild] > me. *child* [tʃi:ld] 'Kind', bzw. der Wandel *g* [gʲ] > [dʒ], z. B. ags. *brycg* [brygʲ] > me. *brigge* [bridʒə] 'Brücke'. Ags. spirantisches *g* wurde zu *w*, während *j* und *w* vokalisiert erschienen, wodurch ein neues System der Diphthonge aufkam, z. B. ags. *fugel* > me. *fuwel* ~ *fowel* [fouəl] 'Vogel', ags. *weg* > me. *wey* [wai] 'Weg', ags. *āgen* > me. *ōwen* [ouən] 'eigen' usw.

In den Anlautskonsonanzen *hl*, *hr*, *hn* und *hw* wurde das *h* abgestoßen, z. B. ags. *hlāf* > me. *lāf* 'Brot, Laib', ags. *hring* > me. *ring* 'Ring', ags. *hnutu* > me. *nute* 'Nuß', ags. *hwǣte* > me. *whǣte* ~ *wēte* 'Weizen', aber die Lautgruppe *hw* blieb in den nordenglischen Mundarten bis heute bewahrt, so ist die Aussprache von *what* 'was' z. B. [wɔt] im Süden, aber [hwat] im Norden.

Aus dem Gesagten ist ersichtlich, daß im Mittelenglischen bereits alle wesentlichen Elemente des heutigen englischen Lautsystems vorhanden waren.

Das S u b s t a n t i v hat die Kategorie des Genus so gut wie eliminiert bzw. das grammatische Genus zugunsten des natürlichen Genus ausgemerzt, z. B. ags. *wīf* n. → me. *wif(e)* f. 'Weib', mit Ausnahme des Personalpronomens der 3. Person Sing., das alle drei Genera weiterhin beibehielt, vgl. *hĕ* 'er', *shĕ* ~ *hē(o)* 'sie', *(h)it* 'es'. Das System der Paradigmen wurde ebenfalls abgeschliffen, indem sich im Plural alle Kasus integrierten, und auch im Singular konnte nur noch der Genitiv seine Endung behaupten. Das Adjektiv unterschied nur noch die Numeri (Singular ≠ Plural), die Kasus nicht mehr. Auch das alte System der Stammklassen wurde zersetzt. Praktisch hat die alte *a*- bzw. *ō*-Klasse (Plur. : ags. *-as* > me. *-es*) alle übrigen Stämme aufgesogen bis auf vereinzelte Reliktformen älterer Klassen, wie z. B. den Plural der alten *n*-Stämme, vgl. *oxen* 'Ochsen', *eyen* 'Augen', *brethren* 'Brüder', *children* 'Kinder', *kine* 'Kühe' u. dgl., oder aber die umgelauteten Plurale wie *fēt* 'Füße' (zu *fōt* 'Fuß'), *men* 'Männer, Menschen' (zu *man* 'Mann, Mensch').

Das Adjektiv machte zwischen „starker" und „schwacher" Flexion nur noch sehr bruchstückhaft einen Unterschied, z. B. *wīs* 'weise' → *þe wīse man* 'der weise Mann'. Zu guter Letzt hat auch das Numerale die Flexion erledigt.

Das Pronomen kannte den Dualis nicht mehr, bewahrte jedoch in seinem Teilsystem neben Nominativ und Genitiv den Objektkasus (Akkusativ-Dativ), z. B. *ic(h)* 'ich' — *mȳn* 'mein' — *me* 'mich, mir'.

Das Demonstrativum *þe* (*the*) versah (in weder nach dem Genus noch dem Numerus und dem Kasus unterschiedener Form) schon die Funktion des bestimmten Artikels.

Das Verb war auch im Mittelenglischen entweder stark oder schwach. Die Ablautsreihen waren die folgenden: 1. *drīven* — *drōf* — *driven* 'treiben'; 2. *shēten* — *shēt* — *shōten* 'schießen'; 3. *binden* — *bōnd* (*bānd*) — *boūnden* 'binden'; 4. *nimen* ~ *nemen* — *nam* (*nōm*) — *nōmen* (*nāmen*) — *numen* 'nehmen'; 5. *ēten* — *ēt* (*at*) — *ēten* — *eten* 'essen'; 6. *fāren* — *fōr* — *fōren* — *fāren* 'fahren'. Ebensowenig zeigen die Präteritopräsentien Veränderungen, vgl. 1. *owe* 'habe, besitze' — *ogte* ~ *oughte*; 2. *wōt* 'weiß' — *wist(e)*; 3. *can* (*con*) 'kann' — *cūþe* (*couth[e]*); 4. *dar* 'wage' — *durste* (*dorste* ~ *dirste*); 5. *þarf* 'bedarf' — *þurfte* (*þor[f]te*); 6. *shal* (*shul* ~ *shol*) 'soll' — *sholde* (*shulde*); 7. *mon* 'muß' — *mond* (*munde*); 8. *mai* 'mag' — *mi(g)hte* (*moughte*); 9. *mōt* 'muß' — *moste* (*muste*). Die übrigen Verba dieser Gruppe haben die Zeit des klassischen Mittelenglischen nicht mehr erlebt. Die athematischen Verba haben ihre Sondermerkmale noch bewahrt, vgl. *bē(n)* 'sein', *am* 'bin', *art* ~ *ert* 'bist', *is* ~ *es* 'ist', *arn* ~ *are* 'sind' usw.; *willen* 'wollen', *will* 'will', *wolde* 'wollte'; *dōn* 'tun'; *gō(n)* 'gehen'. Das Präteritum des letzteren wurde im Altenglischen suppletivisch gebildet: *ēode* 'ging' (vgl. lat. *ī-re* 'gehen', russ. идти 'dass.'; got. *iddja* 'ging' usw.). Diese Form wurde im Mittelenglischen durch das Präteritum von *wēnden* 'wenden' → *wente* abgelöst.

Das schwache Verb hatte noch zwei Klassen, je nachdem, ob es sein Präteritum mit dem Tempuszeichen *-ed(e)* oder *-de/-te* bildete: 1. *liven* 'leben' — *livede*; 2. *lōsen* 'verlieren' — *loste*. Es handelt sich aber auch hier nur um einen einfachen phonetischen Unterschied; morphologische Differenzen gab es zwischen den beiden Klassen nicht.

Obwohl die Kategorien des Verbs bei weitem nicht so konsequent beseitigt wurden wie die des Nomens, sind auch in diesem Bereich bedeutende Wandlungen erfolgt, vor allem infolge der Ergänzung der herkömmlichen Tempora durch das Perfekt und dessen weitere Variationsmöglichkeiten wie Plusquamperfekt usw. Es ist nicht ausgeschlossen, daß diese Erweiterung der Tempora der Kontaktentwicklung mit den nordgermanischen Sprachen zu verdanken ist. Sie machte eine allgemeinere und präzisere Verwirklichung der *Consecutio temporum* möglich, begründete zugleich die das moderne Englisch kennzeichnende Gegenüberstellung des d u r a t i v e n und des p e r f e k t i v e n A s p e k t e s.

Die Tendenz zur analytischen Struktur hat sich auch darin manifestiert, daß die Rolle der P r ä p o s i t i o n e n im Mittelenglischen im Vergleich zum Altenglischen geradezu potenziert wurde.

Der W o r t s c h a t z ließ nunmehr auch in der Schreibe den gewaltigen Einfluß der n o r d g e r m a n i s c h e n Sprachen erkennen. Manche Fremdlinge aus dem Norden vermochten sogar ihre englischen Konkurrenten zu verdrängen, z. B. *egg* 'Ei' (ags. *ǣg* > me. *ei*), (*to*) *get* 'bekommen' (das etymologisch entsprechende ags. *-gietan* kam nur in Komposita vor!), *gift* 'Gabe' (neben ags. *gift* > me. *yift*), *sister* 'Schwester' (neben ags. *sweostor* > me. *swuster*), (*to*) *take* 'nehmen' (anstatt von ags. *niman* > me. *nimen* ~ *nemen* 'dass.') usw. — Es wurden in England freilich auch nordgermanische Wörter eingebürgert, die ohne solche innere Konkurrenz dastanden, z. B. an. *bǫrkr* (~ adän. *bark*) > engl. *bark* 'Rinde', an. *klubba* > engl. *club* 'Stumpf', an. *leggr* > engl. *leg* 'Bein', an. *lopt* (adän. *loft*) > engl. *loft* 'Dachboden' (vgl. dt. *Luft*), an. *skinn* > engl. *skin* 'Haut'. Der nordgermanische Einfluß war im Norden und im Westen der Hauptinsel Großbritanniens, besonders in Schottland, noch größer als anderswo, vgl. engl. *church* [tʃə:tʃ] gegenüber schott. *kirk* [kʰə:k] 'Kirche' (~ an. *kirkja*), engl. *churl* [tʃə:l] gegenüber schott. *carl* [kʰa:l] 'Kerl' (< an. *karl*).

Für die weitere Entwicklung der englischen Lexik war der nach der normannischen Eroberung einsetzende Einfluß des Französischen vielleicht von noch größerer Bedeutung. Vor der normannischen Eroberung hat es im Englischen nur vereinzelt auch französische Elemente gegeben, wie etwa ags. *prūt* ~ *prūd* > engl. *proud* 'stolz', ags. *castel* > engl. *castle* 'Kastell, Schloß, Burg, Stadt'. Im angehenden 12. Jh. sind sie dagegen auch schon in der Schriftlichkeit dicht belegt, vor allem bei den vornehmeren Gesellschaftsschichten. In semantischer Hinsicht sind darunter besonders zahlreich vertreten die Ausdrücke des kirchlichen Lebens (z. B. *tomb* 'Grab', *comfort* 'Trost', *chaplain* 'Kaplan'), die Terminologie des Rittertums und des Kriegshandwerks (z. B. *count* 'Graf', *baron* 'Freiherr', *noble* 'edel, Edelmann', *dame* 'Dame', me. *werre* > engl. *war* 'Krieg', *siege* 'Belagerung, Bestürmung', *peace* 'Friede', *combat* 'Kampf, Schlacht', *lance* 'Lanze') und des Rechtswesens (z. B. *warrant* 'Vollmacht', *council* 'Rat[sversammlung]', *counsel* 'Rat'), obschon auch die Begriffe des täglichen Lebens nicht ausstehen, z. B. *carpenter* 'Tischler', *painter* 'Maler, Anstreicher', *tailor* 'Schneider', *chair* 'Stuhl', *mason* 'Maurer', *bacon* 'Speck', *beef* 'Rindfleisch').

Das Französische hat übrigens auch viele l a t e i n i s c h e Kulturwörter an das Mittelenglische vermittelt, genauso wie sonst in ganz West- und Mitteleuropa. Darin hat auch die Verbreitung des religiösen Schrifttums eine große Rolle gespielt. Andererseits ist der Gebrauch gelehrter lateinischer Ausdrücke und Wendungen — der sogenannten *aureate terms* — in der englischen Dichtersprache des 15. Jh.s eine allgemeine Mode geworden.

IV.3.46. Textprobe

Now ys Yngland alle in fyght,
Moche peple of consyens lyght,
Many knyghtes, and lytyl of myght,
Many lawys, and lytylle ryght;
Many actes of parlament,
And few kept wyth tru entent;
Lytylle charyté and fayne to plese;
Many a galant penyles,
And many a wondurfulle dysgyzyng
By umprudent and myssavysyng;
Grete countenanse and smalle wages,
Many gentillemen and few pages;
Wele besene and strong thevys
Moch bost of there clothys,
But wele I wot they lake none othys.

(*On the Times*. Mitte des 15. Jh.s.)

now 'nun, jetzt'; *ys* (*is*) 'ist'; *Yngland* 'England'; *alle* 'all-, ganz'; *in* 'in'; *fyght* 'Kampf, Gefecht'; *moch*(*e*) 'viel'; *peple* 'Volk'; *of* Präp. d. Gen.; *consyens* 'Gewissen'; *lyght* 'leicht, leichtsinnig, unbedeutend'; *many* 'mancher'; *knyght* 'Ritter' (∼*es* Pl.); *and* 'und'; *lytyl*(*le*) 'klein, wenig'; *myght* 'Macht'; *lawe* 'Gesetz' (∼*s* Pl.); *ryght* 'Recht, Gerechtigkeit'; *acte* 'Akte, Gesetz(entwurf)' (∼*s* Pl.); *parlament* 'Parlament, Reichstag'; *few* 'wenig'; *kept* Part. Prät. → *kepen* 'halten, einhalten, bewahren, beachten'; *wyth* 'mit'; *tru* 'treu, gerecht, ehrlich'; *entent* 'Gemüt, Mut, Achtung, Ziel(setzung), Vorhaben'; *charyté* 'Wohltätigkeit, Freigiebigkeit'; *fayn*(*e*) 'zufrieden, geneigt, gewillt, heiter'; *to* 'zu' (auch als Infinitivpartikel!); *plese(n)* 'gefallen'; *a* 'ein' (auch als unbestimmter Artikel); *galant* 'zuvorkommend, lieb, galant, ritterlich'; *penyles* 'geldlos, ohne Geld'; *wondurful(le)* 'wunderbar, wundervoll, großartig'; *dysgyzyng* 'Umkleidung, Aufputz, Umwandlung'; *by* 'bei, durch'; *umprudent* 'unklug, unüberlegt'; *myssavysyng* 'schlechte Beratung'; *grete* 'groß'; *countenanse* 'Gesicht, Verhalten, Benehmen'; *small(e)* 'klein'; *wage* 'Lohn, Steuer' (~*s* Pl.); *gentil(le)man* 'Edelmann, Gutsbesitzer'; *page* 'Page, Knappe' (~*s* Pl.); *wele* 'wohl, gut'; *besene* Part. Prät. → *beseen* 'sehen, besehen, erblicken, sichern'; *strong* 'stark'; *thevys* Pl. → *theef* 'Dieb, Verbrecher'; *bost* 'Gerede, Geschwätz, Prahlerei'; *there* 'jene; ihre' (Pl.); *clothys* Pl. → *cloth* 'Kleid'; *but* 'aber'; *I* 'ich'; *wot* 1. Pers. Sing. Präs. Ind. → *witen* 'wissen'; *they* 'sie' Pl.; *lake* 3. Pers. Pl. Präs. Ind. → *lakken* 'entbehren, bedürfen, nötig haben'; *none* 'keinerlei'; *othys* Pl. → *oth* 'Eid, Schwur, Schwören'.

IV.3.47. Entstehung des Neuenglischen

Die G r a p h e m a t i k der englischen Texte des 16. Jh.s stand der heutigen bereits sehr nahe, im Gegensatz zum L a u t s t a n d des Frühneuenglischen, der sich seitdem, besonders aber im Laufe des 18. Jh.s, erheblich gewandelt hat. Die Geschichte des Neuenglischen ist eigentlich die der englischen Gemeinsprache der Gegenwart, deren Anfänge mit der Ausbreitung der Sprachnorm Londons in mittelenglischer Zeit über ganz England verbunden sind. In einschlägigen Werken begegnet man heute noch ab und zu der Ansicht, das Neuenglische sei von GEOFFREY CHAUCER (ungefähr 1340—1400) bzw. nach einer anderen Meinung vom verdienstvollen Bibelübersetzer JOHN WYCLIFF (1320—1384) geschaffen worden. Das sind aber verfehlte Überbewertungen der Rolle der Persönlichkeit, wie sie auch hinsichtlich der sprachreformistischen Tätigkeit LUTHERS in der deutschen Sprachgeschichte zum Teil heute noch herumgeistern (vgl. IV.4.67.).

Die englische S c h r i f t s p r a c h e sowie ihre gesprochene Variante, die englische G e m e i n s p r a c h e (*Standard English*, also das, was in Bezug auf die Aussprache heute meistens als *Received Pronunciation* bezeichnet wird), wurden vom englischen Volk geschaffen. Die Rolle von CHAUCER, WYCLIFF u. a. bestand — wie darauf der russische Anglist ALEKSANDR IVANOVIČ SMIRNICKIJ mit Recht verwiesen hat — nicht in der Schöpfung des Neuenglischen, sondern in der schriftsprachlichen V e r b r e i t u n g der Londoner Norm.

Wie bereits angedeutet wurde, kam in der Herausbildung der Londoner Sprachnorm dem nördlich von London gesprochenen O s t m i t t e l l ä n d i s c h e n (*East Midland Dialect*) eine entscheidende Bedeutung zu. Dieser Dialekt hatte — nicht zuletzt dank seiner sprachgeographischen Stellung — u. a. den unübertrefflichen Vorzug, daß er imstande war, die ungestörte Kommunikation zwischen den Sprechenden der nördlichen und der südlichen Mundarten zu sichern, bildete also eine Art „englische Durchschnittssprache", worauf JOHN DE TREVISA schon 1387 verwies: *þerefore it is þat Mercii, þat beeþ men of myddel Engelond ... understondeþ bettre þe side langages, norþerne and souþerne, þan norþerne and souþerne understondeþ eiþer oþer* ['Deshalb ist es so, daß die Mercier, das sind die Leute von Mittelengland ... die seitlichen Sprachen, Nördlich und Südlich, besser verstehen als die Nordländer und die Südländer einander'].

Der Londoner Dialekt griff zunächst in der Schriftlichkeit um sich. Die gesprochene Sprache richtete sich noch überall im Lande nach den Ortsmundarten. Der Prozeß nahm noch in mittelenglischer Zeit seinen Anfang, dehnte sich aber auf Schottland erst in der neuenglischen Periode aus, da sich die aus den Mundarten der Umgebung von Edinburgh entwickelte schottische Schriftsprache dort besser behaupten konnte als die Mundarten der eigentlichen englischen Grafschaften. Die schottische Variante des Englischen, die im 15.—16. Jh. eine reiche Dichtung aufblühen ließ, wurde erst in der zweiten Hälfte des 16. Jh.s, vor allem unter dem Druck der von dem Süden ausgehenden Reformation und des Anschlusses an England, zurückgedrängt. Nachdem JAKOB VI. im Jahre 1603 König von England geworden war und seinen Hof aus Edinburgh nach London verlegt hatte, war auch das weitere Schicksal der Sprachentwicklung entschieden. Das Schottische konnte sich nur noch als die örtlich gebundene Umgangssprache der Gebildeten bewähren, sonst lebt es nur in den Mundarten der schottischen Bauern (und Dichter!) weiter, vgl. IV.5.21.

In frühneuenglischer Zeit wurden verschiedene Versuche gemacht zur Regelung der englischen R e c h t s c h r e i b u n g, aber ohne nennenswerten Erfolg. Der erste Buchdrucker Englands, WILLIAM CAXTON, zugleich Verleger der Werke CHAUCERS, trug mit seinen Drucken zu der landweiten Verbreitung der Londoner Sprachnorm und Schreibgewohnheiten in hohem Maße bei. CAXTON war vorsätzlich beflissen, das Englische zu „modernisieren", d. h. eine über den Ortsmundarten stehende allgemeine N o r m zu entwickeln. Bald war auch die S p r a c h p f l e g e nicht zu umgehen, vor allen Dingen in Bezug auf den Wortschatz; es wurde ein Kampf entfacht gegen die Latinismen, die das englische Wortgut bedrückten, und die man zutreffend als 'Tintenfaß-Ausdrücke' (*inkhorn terms*) bezeichnete. Daraus erwuchs schon im 16. Jh. eine auf breiter Basis angelegte L e x i k o g r a p h i e. Gleichzeitig — und noch mehr im 17. Jh. — gab es mehrere Versuche zur Systematisierung und Erneuerung der englischen Orthographie. Auch diese Bestrebungen haben nur Teilergebnisse gezeigt, indem die Schreibweise einzelner lexikalischer Elemente von Fall zu Fall vereinheitlicht wurde.

Im 17. Jh. entstand die erste normative Schulgrammatik der englischen Sprache, naturgemäß nach dem Vorbild der traditionellen Grammatik des Lateinischen.

Im Prozeß der sprachlichen I n t e g r i e r u n g wurde nicht nur das Schottische auf den Stand der Bauernmundart bzw. einer regionalen Umgangssprache zurückgewiesen. Gleichzeitig nahm auch die Verdrängung der keltischen Sprachen und der in manchen Landstrichen damals noch gesprochenen nordgermanischen Idiome einen beschleunigten Verlauf. Demzufolge wurde der Geltungsbereich des Irischen, des Gälischen und des Kymrischen stark eingeengt, während das Kornische im 18. Jh. dem Englischen endgültig seinen Platz räumen mußte (vgl. IV.5.22.).

Vom 17. Jh. an hat sich das Neuenglische im Zuge der Kolonisationen auch in Ü b e r s e e immer mehr verbreitet. Damit war mehreren Varianten des Englischen die Möglichkeit geboten, sich mehr oder weniger selbständig fortzuentwickeln (vgl. IV.5.3.). Seit der Jahrhundertwende wirken diese neuentstandenen Varianten, mit dem Amerikanischen an der Spitze, sogar in der Formung der Sprachnorm auf England mitbestimmend zurück.

IV.3.48. Neuenglisch

Das Neuenglische hebt sich vom Mittelenglischen insonderheit bei der Behandlung der V o k a l e ab. Die mehrere Jahrhunderte (15.—18. Jh.!) umfassende gewaltige Umwandlung des englischen Vokalismus ist die g r o ß e V o k a l v e r s c h i e b u n g (*Great Vowel Shift*). In diesem Prozeß wurden die Langvokale in Haupttonsilben diphthongiert oder um eine Stufe weiter gedehnt, z. B. me. *take(n)* [ta:kən] > ne. *take* [teik] 'nehmen', me. *child* [tʃɪ:ld] > ne. *child* [tʃaild] 'Kind', me. *stōn* [stɔ:n] > ne. *stone* [stoun] 'Stein', me. *hous* [hu:s] > ne. *house* [haus] 'Haus', bzw. me. *sę̄* [sɛ:] > ne. *sea* [sı:] 'See, Meer', me. *mōn* [mo:n] > ne. *moon* [mu:n] 'Mond'. Die viel früher begonnene R e d u k t i o n der Vokale der Nebentonsilben wurde mit dem endgültigen Schwund dieser Vokale abgeschlossen, z. B. me. *loven* [luvən] > ne. *love* [lʌv] 'lieben', me. *lokede* [lo:kədə] > ne. *looked* [lukt] 'sah, lugte'.

Der K o n s o n a n t i s m u s blieb im großen und ganzen unverändert. Mit Ausnahme des Schottischen haben sämtliche englische Mundarten die Varianten [ç] und [x] des Phonems /h/ aufgegeben, vgl. me. *night* [niç't] > ne. *night* [naıt] 'Nacht'. Um die Wende des 17.—18. Jh.s ist das erste Element der anlautenden Konsonantenverbindungen *wr-*, *kn-* und *gn-* weggefallen, z. B. me. *wrīten* [wrı:tən] > ne. *write* [raıt] 'schreiben', me. *knight* [kniç't] > ne. *knight* [naıt] 'Ritter'.

Das neuenglische A l p h a b e t enthält die folgenden Grapheme: *a, b, c, d, e, f, g, h, i, j, k, l, m, n, o, p, q, r, s, t, u, v, w, x, y, z.*

Die Orthographie folgt fast ausschließlich dem historischen Prinzip und spiegelt daher bei weitem nicht die Aussprache wider. Verhältnismäßig allgemein sind im Hinblick auf ihre Aussprache die Buchstaben *b* [b], *d* [d], *f* [f], *h* [h], *j* [dʒ], *k* [k, kʰ], *l* [l], *m* [m], *n* [n], *p* [p, pʰ], *q* [kw], *r* [r], *s* [s, z], *t* [t, tʰ], *v* [v], *w* [w], *y* [i, j], *z* [s, z] sowie gewisse Digraphe, z. B. *ch* [tʃ], *sh* [ʃ], *th* [θ, ð]. Das Schriftbild fällt durch die Häufigkeit der vokalischen Digraphe auf, die jedoch zumeist keineswegs eine diphthongische Aussprache bezeichnen, vgl. *breakfast* [brekfast] 'Frühstück', *sea* [sɪ:] 'See', *shoe* [ʃu:] 'Schuh', *book* [buk] 'Buch', *field* [fi:ld] 'Feld', *sheep* [ʃɪ:p] 'Schaf', *freit* [fri:t] 'Aberglaube, Amulett', *feud* [fju:d] 'Lebensgut' *would* [wud] 'wollte' u. dgl.

Die englische Grammatik der Gegenwart ist im Vergleich zu den voraufgegangenen Entwicklungsstadien — und am Flexionssystem gemessen — sehr einfach geworden. (Der Begriff „einfach" ist in diesem Falle freilich höchst relativ; das sprachökonomische Gleichgewicht des Englischen zeigt sich dafür in der weitgehenden „Komplizierung" der Syntax und der Semantik!) Die in mittelenglischer Zeit entfaltete Tendenz zum analytischen Sprachbau wurde noch verstärkt, indem das System der Flexion beinahe völlig abgebaut wurde. Der Gebrauch der neuen analytischen Formen hat sich verstärkt, die archaischen Formen wurden dagegen isoliert bzw. aufgegeben.

Das Substantiv unterscheidet die Genera im allgemeinen nur noch nach dem natürlichen Geschlecht, aber auch dies erhellt erst an Hand des Bezugs der Personalpronomina der 3. Pers. Sing. Relikte sind immerhin vorhanden, z. B. *man-of-war* f. 'Kriegsschiff', *child* n. 'Kind' u. dgl. Die Absonderung der Stämme wurde vollauf ausgemerzt; die Substantiva lassen sich nur nach ihrer Pluralbildung in Klassen einordnen, vgl. 1. -(*e*)*s*, z. B. (a) *cat* 'Katze' — *cats* Pl., *fox* 'Fuchs' — *foxes* Pl.; (b) mit Auslautslenierung, z. B. *wife* 'Weib, Frau' — *wives* Pl.; 2. mit Umlaut, z. B. *man* 'Mann' — *men* Pl., *woman* 'Frau' — *women* Pl., *foot* 'Fuß' — *feet* Pl., *goose* 'Gans' — *geese* Pl., *mouse* 'Maus' — *mice* Pl. Die Reste der alten schwachen sowie der r- bzw. Wurzeldeklination sind absolut isoliert, so *child* → *children* 'Kinder', *brother* → *brethren* 'Brüder' (semantisch differenziert von regelrechtem *brothers*!), *ox* → *oxen* 'Ochsen'. Zur Gruppe 2 lassen sich in sprachhistorischer Hinsicht auch einige Wörter stellen, die den Plural ohne Pluralzeichen oder Umlaut bilden (z. B. *sheep* 'Schaf' → *sheep* 'Schafe') und in der Synchronie eine 3. Klasse darstellen.

Neben dem allgemeinen Kasus hat sich nur der inflektive („sächsische") Genitiv, und zwar auf alle ehemaligen Genera und den Plural erstreckt, behaupten können (Endungs-*s*), z. B. *father* 'Vater' → *father's* 'des Vaters' bzw. *fathers'* 'der Väter'. Dafür werden aber immer mehr Präposition a l k o n s t r u k t i o n e n bevorzugt (mit der Präposition *of*, z. B. *of the house* 'des Hauses').

Das A d j e k t i v unterscheidet weder die Genera noch die Numeri oder die Flexionsformen, vgl. (a) ***good*** *man* 'ein guter Mann' ∼ *the* ***good*** *man* 'der gute Mann', (a) ***good*** *wife* 'eine gute Frau', *the* ***good*** *wife* 'die gute Frau' bzw. ***good*** *men* 'gute Männer', *the* ***good*** *man's* 'des guten Mannes'. Genauso vereinfacht wurden die N u m e r a l i e n.

Von den P r o n o m i n a hält das Personalpronomen (bzw. das Possessivum) der 3. Pers. Sing. die drei Genera noch auseinander: *he* 'er', *she* 'sie', *it* 'es'. Die Pronomina bilden auch sonst ein Diasystem innerhalb der Nomina, indem sie neben dem Nominativ und Genitiv auch noch den Objektkasus (Akkusativ-Dativ) kennen, z. B. *I* 'ich', *my* ∼ *mine* 'mein', *me* 'mich, mir'. Das Personalpronomen der 2. Pers. Sing. (*thou* 'du') wurde mit allen seinen Formen (*thee* 'dich, dir', ferner *thy* ∼ *thine* 'dein') peripherisch bzw. in gewisse Stilsphären verdrängt. Sowohl in der Schrift- als auch in der Umgangssprache wurde es durch *you* — d. h. das Pronomen der 2. Pers. Pl. — ersetzt.

Das V e r b ist nach dem Genus verbi a k t i v (*I ask* 'ich frage') oder p a s s i v (*I am asked* 'ich werde gefragt'). Es gibt vier M o d i, und zwar Indikativ (*I ask*), Subjunktiv (*I should ask* 'ich würde fragen' usw.), Konjunktiv (*I ask* ∼ *I may ask* ∼ *I should ask*) und Imperativ (*ask!*). Wie gezeigt wurde, ist neben dem allgemeinen A s p e k t (*I ask*) der durative Aspekt (*I am asking* 'ich bin fragend; ich frage [eben]') aufgekommen. Neben den alten grundlegenden T e m p o r a, d. h. dem Präsens (*I ask*) und dem Präteritum (*I asked* 'ich fragte'), wurde ein weites Netz von umschriebenen Konstruktionen mit modalen Hilfsverben in temporaler Funktion entwickelt, nämlich das Futurum (*I shall ask* 'ich werde fragen'), das Perfekt (*I have asked* 'ich habe gefragt'), das Plusquamperfekt (*I had asked* 'ich hatte gefragt'), das Futurum exactum (*I shall have asked* 'ich werde gefragt haben'), natürlich auch im durativen Aspekt: Präsens (*I am asking* 'ich frage'), Präteritum (*I was asking* 'ich fragte'), Futurum (*I shall be asking* 'ich werde fragen'), Perfekt (*I have been asking* 'ich habe gefragt'), Plusquamperfekt (*I had been asking* 'ich hatte gefragt') bzw. das Futurum exactum (*I shall have been asking* 'ich werde gefragt haben').

Die Verhältniszahlen der schwachen und der starken Verba verschoben sich bereits im Mittelenglischen zugunsten der schwachen Verba. Im Neuenglischen kommt diese Tendenz noch stärker zur Geltung, ja manche starken Verba sind sogar zu den schwachen hinübergetreten. (Gegenbeispiele sind äußerst selten!) Es wurde sogar die Opposition von Singular und Plural aufgegeben, nur die 3. Pers. Sing. bewahrt noch die Endung *-s* im Präsens Ind., z. B. *I/you/we/they ask* 'ich frage, du fragst, wir/sie fragen, ihr fragt' gegenüber *he/she/it asks* 'er/sie/es fragt'. Die Reihenverteilung der starken Verba wurde ebenfalls umgestellt.

Me. *dōn* > ne. *do* 'tun' wurde zum Hilfsverb und im 19. Jh. schon die einzige Möglichkeit verbaler Negation, vgl. älteres *I know not* → *I do not know* 'ich weiß nicht'. In ähnlicher Weise baute sich *do* in die Konstruktion von Fragesätzen ein, z. B. *you know it* 'du kannst/kennst/weißt es', aber *do you know it?* 'kannst/kennst/weißt du es?'.

Es versteht sich, daß all dies auch in der S y n t a x zu großen Veränderungen führen mußte; in diesem Zusammenhang wurde einerseits die strengste *Consecutio temporum*, andererseits die feste W o r t f o l g e verwirklicht.

Die Bereicherung des neuenglischen W o r t b e s t a n d s spiegelt den allseitigen Fortschritt der Technik, der Wissenschaft und der Kultur wider. Humanismus und Renaissance gingen mit dem Aufstieg der Kultur einher und vermittelten dem Englischen eine Menge l a t e i n i s c h e r und g r i e c h i s c h e r Termini. Nach der Statistik des österreichischen Anglisten KARL BRUNNER (Innsbruck) gibt es unter den 20 000 Titeln des englischen etymologischen Wörterbuchs von WALTER W. SKEAT rund 2880, die auf diese Weise aus dem Lateinischen unmittelbar ins Englische gelangten. Nicht selten wurde die Schreibung alter französischer Entlehnungen nachträglich latinisiert, z. B. *perfect* für me. *perfet ∼ parfet* 'perfekt', *picture* (vgl. lat. *pictura*) für me. *painture* 'Gemälde, Bild' usw. Die Latinisierung verblieb des öfteren beim Schriftbild, ohne die Aussprache beeinflussen zu können, z. B. (lat. *dubitum ∼*) *doubt* 'Zweifel' wird trotz des eingeschobenen *b* als [daut] ausgesprochen, (lat. *victualia ∼*) *victuals* 'Lebensmittel' lautet ungeachtet des sekundären *c* immer noch [vitl̥z]. Ziemlich häufig wurden französische Lehnwörter nur teilweise latinisiert, z. B. me. *aventure* > ne. *adventure* (∼ mlat. *adventura*) 'Abenteuer', me. *enterchange(n)* > ne. *interchange* (vgl. lat. *inter-*) 'austauschen, wechseln'. Infolge lateinischer, manchmal auch französischer Vermittlung nahmen auch g r i e c h i s c h e Lehnwörter eine lateinisch oder französisch bedingte Form an, z. B. *phosphorus* 'Phosphor', *phantasm* (< gr. φάντασμα) 'Phantasma'. Mit der Entwicklung der Technik hat sich auch, wie andernorts in Europa, die Zahl der auf griechischer Grundlage geschaffenen F a c h a u s d r ü c k e vermehrt, z. B. *telescope* 'Teleskop', *telephone* 'Telephon', *photography* 'Photographie'.

Es sei hier noch angemerkt, daß die f r a n z ö s i s c h e n Elemente in mittel- und neuenglischer Zeit nicht mehr über das Anglonormannische vermittelt wurden, sondern durch Kulturstrahlung direkt aus Paris nach England kamen, vor allem im Zeitalter des „Sonnenkönigs" LUDWIG XIV., aber auch durch das ganze 18. Jh. Vom 19. Jh. an ist der französische Einfluß kaum der Erwähnung wert. Neuere französische Lehnwörter sind z. B.

blouse [blauz] 'Bluse', *police* 'Polizei', *machine* 'Maschine', *garage* 'Garage', *canteen* 'Kantine'.

Im Ergebnis traditioneller wirtschaftlicher Verbindungen wurden auch n i e d e r l ä n d i s c h e Wörter — vor allem technisch bedingt — ins Englische einverleibt. Die englisch—flämischen Beziehungen waren seit dem 10.—11. Jh. von großer Bedeutung, zumal mit den normannischen Eroberern sich auch flämische Söldner in England niedergelassen haben. Ihre Siedlungen im südwestlichen Wales konnten ihre sprachliche Eigenständigkeit bis in das 16. Jh. bewahren. Im 14. Jh. hat EDWARD III. flämische Weber in London und sonst in den Städten angesiedelt, denen sich im Zeitalter der Reformation zahlreiche Gruppen der wegen ihrer Religion verfolgten flämischen Protestanten anschlossen. Das wichtigste Faktum ist aber zweifellos, daß der Seeverkehr Westeuropas im ganzen Mittelalter bis zum 17. Jh. zum größten Teil von niederländischen Handelsleuten abgewickelt wurde. Beredte Zeugen der Beziehungen der beiden Völker sind die niederländischen Entlehnungen des Englischen wie *stripe* 'Streifen, Band' (nl. *streep*), *spill* 'Spindel' (nl. *spil*), *spool* 'Weberspule' (nl. *spoel*), *deck* 'Deck' (nl. *dek*), *dock* 'Dock' (nl. *dok*), *bulwark* 'Bastei, Bollwerk' (nl. *bolwerk*), *mart* 'Markt' (nl. *markt*), *groat* 'Groschen' (< mnl. *groot*), *easel* 'Staffelei' (< nl. *ezel* 'dass.'), *sketch* 'Entwurf, Skizze' (< nl. *schets*).

Aus anderen Sprachen Europas sind Entlehnungen in nur viel geringerer Anzahl ins Englische gedrungen. I t a l i e n i s c h e Wörter haben sich hauptsächlich in der Terminologie der Musik (*opera*, *libretto*), der Malerei (*fresco*) und des Handels (*dispatch*) eingebürgert. Wörter aus dem S p a n i s c h e n wurden zum größten Teil im 16. Jh., in der Glanzperiode der Großmacht Spanien, übernommen, z. B. *armada*, *negro* 'Neger', *sherry*. D e u t s c h e Lehnwörter haben den Wortschatz des Englischen zum Teil in der Wissenschaft, zum Teil dank der Übernahme deutscher Einrichtungen, Speisen, Getränke usw. bzw. zur Bezeichnung deutscher Spezifika bereichert, z. B. *quartz*, *nickel*, *kindergarten*, *sauerkraut*, *bock*(*beer*) 'Bock(bier)', *blitz* 'Blitzkrieg', *Kaiser*.

Vereinzelt wurden k e l t i s c h e Wörter auch in neuenglischer Zeit übernommen, z. B. *whisk*(*e*)*y* < gäl. *uisge beatha* 'Lebenswasser: *Aqua vitae*', *clan*, *plaid*.

Auch international gewordene u n g a r i s c h e Wörter fanden Eingang in den englischen Wortschatz, vgl. *coach* 'Kutsche', *hussar* 'Husar', *goulash* 'Gulasch' u. dgl. Die nach dem Ersten, in größerem Maße jedoch nach dem Zweiten Weltkrieg entstandenen internationalen Beziehungen, neue ökonomische, technische und kulturelle Bedingungen haben auch viele r u s s i s c h e, vor allem sowjetrussische Entlehnungen gezeitigt, vgl. *vodka*, *verst* 'Werst', *soviet*, *bolshevik*, *sputnik*.

Es ist allzu natürlich, daß im Zeitalter der großen Kolonisationen das Englische auch aus dem Wortgut der **Eingeborenensprachen** in Übersee reichlich schöpfte, ja exotische Wörter in großer Zahl auch an andere Sprachen vermittelte, z. B. aus den Indianersprachen (*tobacco* 'Tabak', *tomato* 'Tomate', *potato* 'Kartoffel', *cocoa* 'Kakao'), aus Indien (*shampoo*, *pyjama*, *bungalow*), Australien (*boomerang*, *kangaroo*) usw.

IV.3.49. Textproben

(a) *Frühneuenglisch*

And that commyn Englysshe that is spoken in one shyre varyeth from another in so moche that in my dayes happened that certayn marchauntes were in a ship in Tamyse for to have sayled over the see into Zelande. And for lacke of wynde thei taryed atte forlond; and wente to land for to refreshe them. And one of thaym, named Sheffelde, a mercer, came in to an hows and axed for mete, and specyally he axyd after eggys. And the goode wyf answerede that she coude speke no Frenshe. And the marchaunt was angry; for he also coude speke no Frenshe, but wolde have hadde egges; and she understode hym not. And thenne at laste a nother sayd that he wolde have eyren. Then the good wyf sayd that she understod hym wel.

(WILLIAM CAXTON: *Eneydos*. 1491. Vorwort.)

and 'und'; *that* 'das, daß'; *commyn* 'gemein(sam)'; *Englysshe* 'Englisch'; *is* 'ist'; *spoken* 'gesprochen'; *in* 'in'; *one* 'ein(er)'; *shyre* 'Grafschaft'; *varyeth* 3. Sing. Präs. Ind. → (*to*) *vary* 'variieren, verändern'; *from* 'von'; *another* 'einander'; *so* 'so'; *moche* 'viel, sehr'; *my* 'mein'; *dayes* Pl. → *day* 'Tag'; *happened* 3. Sing. Prät. Ind. → (*to*) *happen* 'geschehen, vorkommen'; *certayn* 'gewiß'; *marchaunt* 'Kaufmann' (~*es* Pl.); *were* 3. Pl. Prät. Ind. → (*to*) *be* 'sein'; *a(n)* 'ein'; *ship* 'Schiff'; *Tamyse* 'Themse'; *for to* 'um ... zu'; *have* 'haben' (hier Hilfsverb); *sayled* Part. Prät. → (*to*) *sail* 'segeln'; *over* 'über'; *the* (bestimmter Artikel, vgl. dt. *der/die/das*); *See* 'See'; *into* 'in + Akk., nach'; *Zelande* 'Seeland' (Provinz in den Niederlanden); *for* 'für, wegen, infolge'; *lacke* 'Mangel, Fehlen'; *of* (Präp. des Genitivs); *wynde* 'Wind'; *thei* 'sie' Pl.; *taryed* 3. Pl. Prät. Ind. → (*to*) *tarry* 'sich beunruhigen'; *atte* (= *at the*) 'an/auf/bei dem, zu + Dat.'; *forlond* 'Gestade, Küste'; *wente* Pl. Prät. Ind. → (*to*) *go* 'gehen'; *land* 'Land'; *refreshe* 'erfrischen'; *them* 'sie, sich' Akk. Pl. (= *themselves*); *of thaym* 'von/unter ihnen'; *named* Part. Prät. → (*to*) *name* 'nennen, heißen'; *mercer* 'Tuchhändler'; *came* 3. Sing. Prät. Ind. → (*to*) *come* 'kommen'; *hows* 'Haus'; *axed* 3. Sing. Prät. Ind. → (*to*) *ax* (= *ask*) 'fragen, bitten'; *for* 'um'; *mete* 'Speise'; *specyally* 'speziell'; *he* 'er'; *eggys* ~ *egges* Pl. → *egg* 'Ei'; *goode* 'gut'; *wyf* 'Weib, Frau'; *answerede* 3. Sing. Prät. Ind. → (*to*) *answer* 'antworten'; *she* 'sie' Sing. Nom.; *coude* 3. Sing. Prät. Konj. → *can* 'kann'; *speke* 'sprechen'; *no* 'nein, kein'; *Frenshe* 'Französisch'; *was* 3. Sing. Prät. Ind. → (*to*) *be* 'sein'; *angry* 'zornig'; *for* 'weil, denn'; *also* 'auch'; *but* 'aber'; *wolde* 3. Sing.

Prät. Ind. → *will* 'will'; *hadde* Part. Prät. → *(to) have* 'haben' (Hilfsverb); *understod(e)* 3. Sing. Prät. Ind. → *(to) understand* 'verstehen'; *hym* 'ihn'; *not* 'nicht'; *thenne* 'dann'; *at laste* 'zuletzt, endlich, schließlich'; *sayd* 3. Sing. Prät. Ind. → *(to) say* 'sagen'; *eyren* Pl. → me. *ey* 'Ei'; *wel* 'wohl'.

(b) *Modernes Englisch*

Our language has stood up well to the strain of the half-century; it has not lost its adaptability or its power of invention. These powers, it is true, are too often exercised in perverse ways; the citadel of pure English is more than ever besieged by a horde of vulgarisms. But the noble instrument has never been better handled than it is by the best writers, and notably by the best journalists, of an age that is indeed sore beset, but that keeps the flag bravely flying.

(ROBERT WILLIAM CHAPMAN: *Epilogue.* 1951.)

our 'unser'; *language* 'Sprache'; *has* 3. Sing. Präs. Ind. → *(to) have* 'haben' (Hilfsverb); *stood up* Part. Prät. → *(to) stand up* 'aufstehen, widerstehen (+ to* 'zu'); *the* (bestimmter Artikel); *strain* 'Überspanntheit, Hatz'; *of* (Präp. des Genitivs); *half-century* 'halbes Jahrhundert'; *it* 'es'; *not* 'nicht'; *lost* Part. Prät. → *(to) lose* 'verlieren'; *its* 'sein' n.; *adaptability* 'Anpassungsvermögen'; *or* 'oder'; *power* 'Kraft, Macht' (~*s* Pl.); *invention* 'Invention, Einbildungsvermögen, Phantasie'; *these* Pl. → *this* 'dieser'; *is* 'ist'; *true* 'wahr'; *are* 'sind'; *too* 'zu' Adv.; *often* 'oft'; *exercised* Part. Prät. → *(to) exercise* 'exerzieren, üben, verhärten, peinigen'; *in* 'in'; *perverse* 'pervers, widerwärtig'; *ways* Pl. → *way* 'Weg, Weise'; *citadel* 'Zitadelle, Hochburg'; *pure* 'pur, rein'; *English* 'Englisch'; *more* 'mehr, eher'; *than* 'denn, als'; *ever* 'immer'; *besieged* Part. Prät. → *(to) besiege* 'belagern, bestürmen'; *by* 'bei, durch, von'; *a(n)* (unbestimmter Artikel); *horde* 'Horde'; *vulgarism* 'vulgärer Ausdruck'; *but* 'aber'; *noble* 'nobel, edel'; *instrument* 'Instrument, Mittel'; *never* 'nie'; *been* Part. Prät. → *(to) be* 'sein'; *better* 'besser'; *handled* Part. Prät. → *(to) handle* 'handhaben, lenken'; *best* 'bester'; *writers* Pl. → *writer* 'Schriftsteller'; *and* 'und'; *notably* 'hauptsächlich, vor allem'; *journalists* Pl. → *journalist*; *age* 'Zeitalter, Alter'; *that* 'welches'; *indeed* 'in der Tat'; *sore* 'schwer, peinlich'; *beset* Part. Prät. → *(to) beset* 'beunruhigen, stören, zusetzen'; *keeps* 3. Sing. Präs. Ind. → *(to) keep* 'halten'; *flag* 'Flagge'; *bravely* 'brav, tapfer'; *flying* Part. Präs. → *(to) fly* 'fliegen, flattern, wehen (Fahne)'.

IV.3.5. Friesisch

IV.3.51. Geschichte. Quellen

Den südlichsten Zweig des Nordseegermanischen bildet das F r i e - s i s c h e (*Frysk*). Die staatliche Selbständigkeit fehlt dem Friesischen: das Volk der Friesen lebt zum größten Teil in der Provinz *Friesland* im Norden der Niederlande (Holland), deren Oberfläche etwa 34 000 km² und deren

Einwohnerzahl ungefähr eine halbe Million beträgt. Die Hauptstadt der Provinz ist *Ljouwert* (nl. *Leeuwarden*). Die Basis der ökonomischen Struktur bildet die Viehzucht, insonderheit die Rinderzucht. Außerhalb Frieslands sprechen ungefähr 15 000—20 000 Menschen auf den Inseln und im Küstengebiet der Nordsee, auf deutschem, niederländischem und südwestdänischem Gebiet bis nach Schleswig-Holstein, Friesisch als ihre Muttersprache. Die *Friesischen Inseln* gliedern sich in drei Gruppen (West, Ost, Nord); am bekanntesten sind Sylt, Helgoland und Norderney als internationale Ferieninseln. Eine stark eingeschrumpfte Gruppe bewahrt auch um Oldenburg im nordwestdeutschen Saterland noch ihre ostfriesische Mundart. Die Gesamtzahl der Friesen, die Friesisch als ihre Muttersprache sprechen, wird auf 300 000 geschätzt.

Auch die Verfasser der Antike hatten Kenntnis von dem Stamm der Friesen. TACITUS unterschied in seiner „Germania" die Groß- und die Kleinfriesen (*Frisii maiores* bzw. *minores*) im Mündungsgebiet des Rheins. Bei PLINIUS DEM ÄLTEREN werden die Stammesnamen *Frisii* und *Frisiavones* genannt.

Der Freiheit der Friesen wurde der erste Schlag im 8. Jh. von den Franken versetzt, ohne daß der Eroberung eine sprachliche Assimilierung gefolgt wäre. Die Bekehrung der Friesen hatte schon vorher begonnen, als in Wiltaburg (heute Utrecht), im einstigen Friesengebiet, das erste Bistum errichtet wurde. Das Werk der Bekehrung wurde teils vom Wiltaburger Bischof WILLIBRORD, teils von BONIFATIUS mit Hilfe angelsächsischer Missionare geleitet. Nachdem sich die Friesen KARL DEM GROSSEN angeschlossen hatten, befreite sie der Kaiser vom Kriegsdienst und sicherte ihnen die Freiheit zu. Somit waren die Friesen, im Gegensatz zu den übrigen Völkern des Frankenreiches, nur zu der Abgabe des Kirchenzehents verpflichtet. Die königliche Gewalt über die Friesen wurde bis zum 11. Jh. von einem königlichen Grafen ausgeübt, bis sich die sieben Küstengaue der Friesen zusammenschlossen und die Herrschaft des Grafen abschüttelten. Die Vertreter dieser Gaue hielten ihre Jahresversammlung bei Aurich, am sogenannten „Upstalboom", d. h. dem Baum des obersten Gerichts, von der Mitte des 14. Jh.s an aber in Groningen ab.

In der Verteidigung ihrer Freiheit haben die Friesen 1256 den holländischen Grafen WILHELM II., den der Papst zum deutschen König gekrönt hatte, umgebracht. Nach hundert Jahren schwerster Kämpfe gelang es den Niederländern erst im 14. Jh., Westfriesland zu erobern. Ihre endgültige Pazifizierung glückte jedoch erst 1523 dem römisch-deutschen Kaiser KARL V. 1579 schloß sich Friesland der sogenannten Utrechter Union der nordniederländischen Provinzen an, wurde aber innerhalb dieser Vereinigung von einem eigenen Statthalter regiert. Der Statthalter Frieslands und

Prinz von Oranien, WILHELM IV., wurde 1748 zum Generalstatthalter über alle sieben Provinzen der Niederlande ernannt, und seine Würde wurde für erblich erklärt.

Ostfriesland, dessen Mittelpunkt Emden war, wurde 1454 als Land in das Römische Reich deutscher Nation eingegliedert und 1654 zum Fürstentum erhoben. 1744 wurde es dem vordringenden Preußen angeschlossen. Seitdem hat sich die ostfriesische Entwicklung vollauf im deutschen Rahmen gestaltet. Die Unterschiede in den neuzeitlichen Geschicken des West- und des Ostfriesischen erklären sich daraus, daß in den Niederlanden ein politischer Sprachenkampf nicht ausgetragen wurde, während auf deutschem Reichsgebiet das Friesische auch offiziell zurückgedrängt worden war.

Außer einigen, hinsichtlich ihrer Herkunft sehr problematischen, sogenannten friesischen **R u n e n i n s c h r i f t e n** sind die ältesten Denkmäler des Friesischen **R e c h t s b ü c h e r** und **U r k u n d e n** aus dem 13.—16. Jh. aus Ost- und Westfriesland.

IV.3.52. Anglofriesische Sprachgemeinschaft. Dialekte des Friesischen

Im Kreise der germanischen Sprachen der Gegenwart steht das Friesische mit dem Englischen in engster Verbindung. Die englisch—friesischen Gemeinsamkeiten lassen sich auch heute schon nach einem flüchtigen Vergleich erkennen, besonders wenn man sie dem mit dem Friesischen unmittelbar benachbarten Niederländischen und Niederdeutschen gegenüberstellt. Um diesen Sachverhalt zu veranschaulichen, sei nachstehend eine tabellarische Darstellung von KLAAS FOKKEMA — auszugsweise — mitgeteilt:

V o k a l i s m u s :

	niederländisch	friesisch	englisch	deutsch
1.	*glad*	*glêd* [-æ-]	*glad*	(*froh*)
	zak	*sek*	*sack*	*Sack*
2.	*slapen*	*sliepe* [-iə-]	*sleep*	*schlafen*
	daad [-a:-]	*died*	*deed*	*Tat*
	schaap	*skiep*	*sheep*	*Schaf*
	maal	*miel*	*meal*	*Mahl*
3.	*maan*	*moanne* [-uə-]	*moon*	*Mond*
4.	*groen* [-u:-]	*grien*	*green*	*grün*
	zoeken	*siikje* [-i:-]	*seek*	*suchen*
	dun	*tin*	*thin*	*dünn*
5.	*vlees* [-e:-]	*flêsk*	*flesh*	*Fleisch*

Konsonantismus:

1. *n*-Schwund:
gans	goes [-uː-]	goose	Gans
ander	oar [-oə-]	other	ander-

2. *k* > *tsj* [tj]:
kaas	tsiis [tʃiːs]	cheese	Käse
kerk	tsjerke	church	Kirche

3. *eg* ~ *ag*-Kontraktion:
dag	dei [-ai]	day	Tag
weg	wei	way	Weg
hagel	heil	hail	Hagel

4. *g* > *j*:
gisteren	juster	yesterday	gestern

Die eigenständige Entwicklung des Friesischen hat freilich auch manche Erscheinungen hervorgebracht, die weder dem Niederländischen noch dem Englischen oder dem Deutschen bekannt sind, z. B. nl. *zingen* ~ dt. *singen* ~ engl. *sing* ≠ fr. *sjonge*; nl.-dt. *recht* ~ engl. *right* ≠ fr. *rjocht*; nl. *glijden* ~ dt. *gleiten* ~ engl. *glide* ≠ fr. *glide*; nl. *rijden* ~ dt. *reiten* ~ engl. *ride* ≠ fr. *ride*; nl. *huis* ~ dt. *Haus* ~ engl. *house* ≠ fr. *hûs*.

Man darf aber nicht außer acht lassen, daß das Friesische mit südgermanischen, in erster Linie mit sächsischen und fränkischen Mundarten Verkehrsgemeinschaften eingegangen war und sich im engsten Kontakt mit ihnen entwickelte. Dieser Umstand erklärt jene Merkmale der friesischen Sprache, die sie mit den S ü d g e r m a n e n verbinden, das Englische und das Westsächsische aber nach deren Abwanderung nach Britannien nicht mehr erreichten. Es wurde auch die Ansicht laut, die „englischen" Züge des Friesischen seien der sprachlichen Überschichtung einer auf das Festland zurückgekehrten angelsächsischen Volksgruppe zuzuschreiben. Die Wahrscheinlichkeit dieser Hypothese ist nach dem gegenwärtigen Stand der Forschung gleich Null.

Auf Grund der engen Verwandtschaft des Englischen mit dem Friesischen ist es in der Fachliteratur üblich geworden, von diesen beiden — als Überbegriff — als von einer größeren Einheit des A n g l o f r i e s i s c h e n zu sprechen.

Im Frühmittelalter war das Verbreitungsgebiet des Friesischen wesentlich größer als heute. Einst war auch das ganze Gebiet zwischen Weser und Lauwers friesisch. Von diesem ostfriesischen Bereich ausgehend, haben kleinere Gruppen von Friesen die Nordseeküste bis nach Schleswig-Holstein in Besitz genommen. Die vordringenden Franken und Sachsen haben dieses zusammenhängende Siedlungsgebiet an mehreren Stellen zerschnitten und stark zurückgeschoben. Die Ostfriesen sind in ihrer niederdeutschen (niedersächsischen) Nachbarschaft fast restlos aufgegangen, deshalb spricht man heute vom „Ostfriesischen" auch als einer Mundart des Niederdeutschen, vgl. IV.4.5. Wie erwähnt, hat nur eine kleine Restgruppe ihren alten ostfriesischen Dialekt im nordwestdeutschen Saterland (Niedersachsen) bis heute bewahrt (Abb. 50).

Im Friesischen unterscheiden wir in der Gegenwart vier D i a l e k t e, und zwar das auf den Inseln und in einem schmalen Streifen der Westküste von Schleswig-Holstein gesprochene N o r d f r i e s i s c h e, das saterländische O s t f r i e s i s c h e, das im westlichen Küstengebiet Frieslands und auf den ihm vorgelagerten Inseln verbreitete W e s t f r i e s i s c h e, ferner das im größten Teile Frieslands herrschende M i t t e l f r i e s i s c h e. Die moderne friesische Schriftsprache, das G e m e i n f r i e s i s c h e, hat sich aus dem Mittelfriesischen entwickelt. Diese Sprachform wird vor allem von den friesischen Dichtern und Prosaikern gebraucht, ja sie ist auch die Sprache des friesischen Unterrichts. Ihre Formen sind durchaus elastisch, und sie verschließt sich keineswegs der Aufnahme von Wörtern und Wendungen der volkstümlichen Dialekte.

Die friesische Gemeinsprache hat — besonders in den Städten — zahlreiche Wörter, morphologische Merkmale und Redewendungen aus dem N i e d e r l ä n d i s c h e n übernommen. Die friesische S p r a c h p f l e g e richtet sich zur Zeit hauptsächlich gegen diese Fremdlinge. Andererseits hat aber auch das Niederländische, besonders im „holländischen" Norden, in großer Zahl friesische Elemente absorbiert, vgl. IV.4.34.

IV.3.53. Altfriesisch

Die Sprache der ältesten friesischen Denkmäler war das A l t f r i e s i s c h e, das ungefähr bis 1500 in Friesland, sogar in den seitdem — sprachlich — fast ganz niederländisch gewordenen Städten, offizielle A m t s s p r a c h e war. Nachdem aber Frieslands Unabhängigkeit verlorengegangen war, wurde auch das Friesische aus dem öffentlichen Gebrauch verdrängt. Das Schrifttum in friesischer Sprache setzte dann erst nach 1600 wieder ein. Das war aber schon die Periode des N e u f r i e s i s c h e n, bei deren Anfängen im 17. Jh. besonders die Tätigkeit des westfriesischen Dichters GIJSBERT JAPIKS (1603—1666) Erwähnung verdient.

Ein charakteristisches Merkmal der altfriesischen R u n e n d e n k m ä l e r besteht darin, daß sie zum Teil die auf englischem Boden entstandenen Neuerungen des Fuþarks teilen, z. B. bei der neuen Bezeichnung von o (ᚩ), vgl. III.3.4.

Das Altfriesische stand dem Altenglischen sehr nahe. Den *i*-Umlaut des aus germ. **ai* entwickelten *ā* hat es gleich dem Altenglischen realisiert, vgl. germ. **dailiz* > afr. *dēl* ~ ags. *dǣl* 'Teil', was sonst in den germanischen Sprachen nicht durchgeführt wurde. Eine Parallele dazu bildete der *i*-Umlaut von germ. *ū*, z. B. germ. **brūþiz* > afr. *brēd* ~ ags. *brȳd* 'Braut' (vgl. ahd. *brūt*).

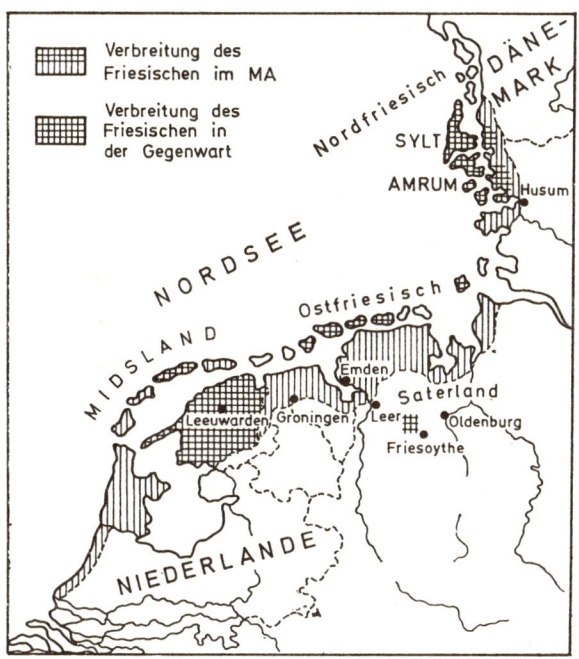

Abb. 50. Historische Verbreitung des Friesischen (nach KLAAS FOKKEMA)

Ähnliche Gemeinsamkeiten sind auch in der Morphologie und in der Wortbildung bzw. im Wortschatz vorhanden. Ganz wie im Altenglischen wurden die Formen der drei Personen des Plurals in der Verbalflexion auch im Altfriesischen nicht unterschieden, indem ihre gemeinsame Endung im Präs. Ind. -(*i*)*ath*, im Prät. Ind. -*on*/-*un* war, vgl. afr. *drivath* (*driveth*) ~ ags. *drīfað* 'wir/sie treiben, ihr treibt' bzw. afr. *bēdon* ~ ags. *bēodan* 'wir/sie boten, ihr botet'.

Der suppletivische Komparativ bzw. Superlativ von germ. **lutil* 'klein, wenig' wurde sowohl im Altfriesischen als auch im Altenglischen vom Stamm **les-* gebildet, vgl. afr. *lessa* ~ ags. *lǣssa* 'kleiner' bzw. afr. *lēst* ~ ags. *lǣst* 'kleinst-' (vgl. ne. *less, least*). Das Nordseegermanische geht also auch in dieser Hinsicht eigene Wege, denn in allen übrigen Gruppen erfolgte diese Bildung von einem anderen Stamm (germ. *min[n]-, vgl. lat. min-us), vgl. got. minniza ~ an. minnr ~ ahd. minniro 'minder' bzw. got. minnists ~ an. minzt ~ ahd. minnist 'mindest'.

Merkwürdigerweise besitzt aber das Altfriesische auch Merkmale, die engere Beziehungen zum Altnordischen herstellen, als dies sonst von den Nordseegermanen bekannt ist. Hierher gehört vor allem das afr. Pluralzeichen -ar, z. B. afr. dagar 'Tage' ~ an. dagar gegenüber ags. dagas ~ as. dagōs. Ähnliches liegt vor in der mit -r- gebildeten Formvariante afr. twēr 'zwei' (allerdings neben twēn), vgl. an. tveir gegenüber ags. twēgen, as. twēne ~ twēna. ERNST SCHWARZ zählt auch den Wandel in > jun zu diesen „Nordgermanismen", vgl. afr. sjunga (> nfr. sjonge) 'singen' ~ adän. sjungæ ~ schw. sjunga, aber ags. singan, ferner die steigenden Diphthonge wie in afr. sjuka ~ an. sjúkna 'erkranken, siechen'.

Andererseits wiederum bestehen auch Verbindungen zwischen dem Altfriesischen und den südgermanischen Sprachen, die dem Altenglischen nicht eigen sind, z. B. das fallweise Unterlassen des Rhotazismus wie in afr. hasa ~ ahd. haso 'Hase' gegenüber ags. hara. Ähnliches läßt sich im friesischen Wortschatz beobachten.

In den altfriesischen Textdenkmälern wurde die lateinische Schrift verwendet ohne die Einführung zusätzlicher Buchstaben für spezifisch germanische Laute. So wurde [θ, ð] schon im Altfriesischen mit th bezeichnet; u und v, w traten in einem bunten Durcheinander für den Vokal [u] wie für die Konsonanten [v] und [w] auf. Dasselbe Durcheinander läßt sich bei k und c vermerken. Die Laute [j] und [i] erscheinen in der Regel als i in der Schrift. Die Vokallänge ist nur in den westfriesischen Denkmälern angegeben, und zwar durch Verdoppelung (z. B. ee [e:]), oder aber nach den Gewohnheiten der niederländischen Orthographie, z. B. oe [u:]. In den modernen Textausgaben wird die Länge mit dem Zirkumflex oder einem Balken über dem Graphem wiedergegeben, z. B. âge oder āge 'Auge'. Das altfriesische Lautsystem stand übrigens dem altenglischen besonders nahe.

Das Nomen unterschied drei Genera, zwei Numeri (Singular ≠ Plural), in beiden Numeri vier Kasus (Nominativ, Akkusativ, Genitiv und Dativ), obwohl der Verfall der Kasusendungen und der damit verbundene Synkretismus schon in altfriesischer Zeit zu vermerken waren. Die an Hand des Altenglischen besprochenen vokalischen und konsonantischen Stämme wurden auch hier auseinandergehalten: 1. a-Stämme, z. B. dī m. 'Tag', wīf n. 'Weib'; 2. ō-Stämme, z. B. ieva f. 'Gabe'; 3. i-Stämme, z. B. dēl m. 'Teil', tīd f. 'Zeit', spiri n. 'Speer'; 4. u-Stämme, z. B. sūnu m. 'Sohn', hōnd ~ hānd f. 'Hand', fia n. 'Vieh', bzw. unter den konsonantischen Stämmen: 1. n-Stämme („schwache" Deklination), z. B. kampa ~ kempa m.

'Kämpe, Krieger', *tunge* ~ *tonge* f. 'Zunge', *āge* n. 'Auge'; 2. *r*-Stämme, z.B. *brōther* m. 'Bruder', *swester* ~ *suster* f. 'Schwester'; 3. *nd*-Stämme, z. B. *friond* ~ *friund* m. 'Freund'; 4. *s*-Stämme, z. B. *ālder* m. 'Elter: einer der Eltern', *klāth* n. 'Kleid'. Gleich dem Altenglischen kamen auch im Altfriesischen noch Relikte weiterer konsonantischer Klassen vor, z. B. *fōt* m. 'Fuß' — *fēt* Pl.; *kū* f. 'Kuh' — *ky* Pl. usw.

Das A d j e k t i v unterschied zwischen starker und schwacher Deklination. Die schwache Deklination stimmte auch im Altfriesischen zu jener der substantivischen *n*-Stämme, während in der starken Deklination sich die Elemente der substantivischen und der pronominalen Flexion vermengten, wie in den germanischen Sprachen auch sonst.

Von den N u m e r a l i e n wurden folgende nach den drei Genera unterschiedlich als Adjektiva gebeugt: *ān* m. — *ēn* f.-n. 'ein', *twēn* ~ *twēr* m. bzw. *twā* f.-n. 'zwei' und *thrē* m. — *thria* f. — *thriu* ~ *thria* n. 'drei'.

Bei den P r o n o m i n a haben die Personalpronomina der 1. und 2. Person ursprünglich den Dualis vom Plural unterschieden, ihn jedoch zu Beginn der Schriftlichkeit im großen und ganzen bereits auch beseitigt, mit Ausnahme des Nordfriesischen, das diese Kategorie zum Teil noch heute bewahrt, vgl. afr. **wit* > nordfr. *wat* ~ *wæt* 'wir beide', afr. **jit* > nordfr. *jat* ~ *jæt* 'ihr beide' bzw. **unk* > *unk* ~ *onk* 'uns beide(n); Akk.-Dat.' Die Demonstrativpronomina kannten teilweise noch im Altfriesischen den selbständigen Instrumentalis, z. B. **thī** ~ **dī** → *thi* ~ *di* ~ *thē* m. || *thiu* ~ *dio* ~ *thio* f. || *thet* ~ *dat* ~ *that* n. 'der/die/das, jener/jene/jenes'. Das Personalpronomen der. 3. Pers. Sing. wurde gleich dem Altenglischen mit *h*-Prothese gebildet: *hī* ~ *hē* 'er', *hiu* ~ *hio* 'sie', aber *it* ~ *et* 'es' gegenüber ags. *hit*. Die Formen des Plurals wurden nach den Genera nicht mehr gesondert behandelt (*hia* 'sie').

Die V e r b a waren teils „stark", teils „schwach". Die Ablautsreihen der starken Verba waren: 1. *grīpa* — *grēp* — *gripon* — *gripen* 'greifen'; 2. *biada* — *bād* — *bēdon* — *ebēden* 'bieten'; 3. *binda* — *bānd* — *būndon* — *būnden* 'binden'; 4. *nima* — *nam* — *nōmin* — *nimin/nimen* 'nehmen'; 5. *iēva* — *ief* — **iēvon/iōven* — *eiēven* 'geben'; 6. *fara* — *fōr* — *fōron* — *eferin/efaren* 'fahren'.

Die Präteritopräsentien (nach den Ablautsreihen geordnet) waren die folgenden: 1. *wēt* 'weiß' (Negationsform *nēt* 'weiß nicht') — *wiste* Prät.; *āch* 'habe, besitze' — *āchte/ōchte* Prät.; 2. **dāg* (*daech* ~ *daegh* [da:x]) 'tauge' — *dōgt* Prät.; 3. *kan* 'kann' — **kūthe/kūd* Prät.; **thārf/thōrf* 'darf, bedarf' — *thorste/dorste* Prät.; **dar/dōr/dūr* 'wage' — *dorste* Prät.; 4. *skil/skel* (*skol, sal*) 'soll' — *skōlde/sōlde* Prät.; 5. *mī/mei* 'mag' — *machte/mochte* Prät.; 6. *mōt* 'muß, darf' — *moste* Prät.

Die schwachen Verba bildeten drei verschiedene Klassen: 1. *ja*-Stämme, z. B. *nēria* 'retten' — *nērede* (*nērda*) Prät.; 2. *ō*-Stämme, z. B. *makia* 'machen' — *makade* Prät.; 3. *ai*-Stämme, z. B. *habba* 'haben' — *hēde* Prät. bzw. *libba* 'leben' — *lifde* Prät.

Die athematischen Verba des Indogermanischen waren nur noch in Resten vorhanden: *wesa* 'sein' — *bem/bim* ~ *ben/bin* 'bin' usw., *sē* ~ *sye/sie* 'ich sei', *wes*! 'sei!', *was* 'war', *wēron* 'waren' usw., *ewesen* 'gewesen'; *willa* 'wollen' (Negationsform: *nel*[*i*] 'will nicht'); *dōn 'tun' — *dūe* 'ich täte' usw. — *dēde* 'tat' — *dēn* 'getan'; *gān* 'gehen' und *stān* 'stehen' (Part. Prät.: *stēn*).

IV.3.54. Neufriesisch

Das Neufriesische, d. i. die friesische Gemeinsprache der Gegenwart, ist im niederländischen Friesland entstanden. Seine Grundlage bildet somit der mittelfriesische Dialekt. Die O r t h o g r a p h i e ist teils phonetisch, teils etymologisch-historisch, was dem Fremden, genauso wie beim Färöischen (vgl. IV.2.62.), große Schwierigkeiten bereitet.

Die Grundgrapheme des A l p h a b e t s sind *a, â, b, c, d, e, é, ê, f, g, h, i, j, k, l, m, n, o, ô, p, r, s, t, u, ú, û, v, w, y, z*. Die mit diakritischen Zeichen versehenen Buchstaben bilden keine Sonderposten im ABC und werden unter dem entsprechenden Grundzeichen angeordnet. Sowohl zur Bezeichnung der Vokale als auch der Konsonanten werden zahlreiche Digraphe, sogar auch Trigraphe verwendet: *ae, ai, au, (aw), ea, ee, ei, eo, eu, ie, ii, ij, oa, oe, oi, oo, ou, (ow), uo, ue, ui* bzw. *aei, eau, ieu, (iuw), oai, oei*, andererseits *ch, dzj, ng, nj, sj, stj, tsj, zj*.

â, ê, ô, û sind Längen, wobei in der Aussprache *â* und *ô* identisch sind: [o:]. Nach niederländischem Muster wird der Laut [y] mit *u* bezeichnet, z. B. *brulloft* [brylloft] 'Hochzeit, eigtl. Brautlauf', *druije* [dryjə] 'trocknen'. Verdoppelung dient zur Angabe der Vokallänge: *ee* [ɪː], z. B. *heech* [hɪːç] 'hoch'; *ii* [iː], z.B. *piip* [pɪːp] 'Pfeife'; *oo* [oː], z.B. *rook* [roːk] 'Geruch, Duft'. Eine alte niederländische orthographische Regel ist erhalten im Digraph *ae*, dessen Aussprache langes [aː] ist, z. B. *baes* [baːz] 'Wirt' (vgl. am. *boss*!), wie auch in *oe* [u, uː], z. B. *koeke* [kuːkə] 'Kuchen', obwohl sich dahinter auch eine diphthongische Aussprache verbergen kann, z. B. *boer* [buːər] 'Bauer'. Zu den übrigen Buchstabenkombinationen vgl. *eo* [y·ə], z. B. *freon* [fry·ən] 'Freund'; *oa* [o·ə], z. B. *soan* [so·ən] 'Sohn'; *ea* [e·ə], z. B. *hea* [he·ə] 'Heu'; *ie* [i·ə], z. B. *iepen* [i·əpm̩] 'offen'; *uo* und *ue* [u·ə], z. B. *fuer* [fu·ər] 'Feuer'; *ow* [ou], z. B. *jowe* [jou·ə] 'geben'; *aei* [aːi], z. B. *Maeije* [maːijə] 'Mai'; *eau* [y·ə], z. B. *dreaun* [dry·ən] 'getrieben'; *ieu* [i·u], z. B. *ieu* [i·u] 'Jahrhundert, Zeitalter'; *oai* [o·i] bzw. [ua·i], z. B. *moai* [mo·i] 'schön' bzw. *boaijem* [bua·iəm] 'Boden'; *oei* [ui], z. B. *ploeije* [pluijə] 'pflügen'.

Die Aussprache von *y* ist [i] — und dementsprechend ist es alphabetisch unter dem Buchstaben *i* eingeordnet —, z. B. *yn* [in] 'in', bzw. kann es manchmal diphthongisch sein: [ij], z. B. *wy* [wiːj] 'wir'.

Die Vokale der Nebentonsilben sind r e d u z i e r t , vgl. *honger* [hoŋər] 'Hunger', *mile* [mi:lə] 'Meile'.

Besonders charakteristisch für das Friesische sind die s t e i g e n d e n D i p h t h o n g e, z. B. *ljocht* [l̯i̯ó:xt] 'Licht', *ljurk* [l̯i̯ýrk] 'Lerche' u. dgl.

Von den Graphemgruppen für K o n s o n a n t e n seien erwähnt: *ch* [g], z. B. *each* [e·əg] 'Auge'; *dz* [dʒ], z. B. *eidze* [aidʒjə] 'eggen'; *tsj* [tʃ], z. B. *tsjerke* [tʃerkə] 'Kirche'; *sj* [ʃ], z. B. *sjen* [ʃen] 'sehen'. In den Lautverbindungen *sk, st, sp, sw, sn, sm, sl* bleibt *s* unverändert [s], vgl. *skip* [skep] 'Schiff', *stom* [stom] 'stumm', *spinne* [spinnə] 'spinnen', *swiet* [swi·ət] 'süß', *snie* [sni·ə] 'Schnee', *smel* [smel] 'schmal', *slepe* [sle:pə] 'schleppen'. Auch die Konsonanz *wr* ist erhalten geblieben, z. B. *wrâld* [wro:d] 'Welt', aber *hw* wird nur noch ohne *h* ausgesprochen, z. B. *hwa* [wa:] 'wer'.

Das S u b s t a n t i v unterscheidet nur noch zwei Genera, und zwar ein gemeinschaftliches Geschlecht für ehemalige Maskulina und Feminina sowie das Neutrum, vgl. *de master* 'der Meister' und *de masterske* 'die Meisterin' gegenüber *it wiif* 'das Weib', *it skrift* n. 'das Heft, die Schrift, das Schreiben'. Die alte Ordnung der P a r a d i g m e n gemäß den einzelnen Stämmen wurde im Neufriesischen nach der Weise der Pluralbildung umgruppiert: 1. (-*e*)*n*, z. B. *goune* 'Gulden' — *gounen* Pl., *brêge* 'Brücke' — *brêggen* Pl.; 2. -*s*, z. B. *fûgel* 'Vogel' — *fûgels* Pl.; 3. -∅ (auch mit Umlaut), z. B. *bern* 'Kind' — *bern* Pl., *skiep* 'Schaf' — *skiep* Pl., aber *kou* 'Kuh' — *kij* Pl., *goes* 'Gans' — *gies* Pl. Es kommt auch die Kombinierung der 1. und der 2. Gruppe vor, z. B. *reed* 'Schlittschuh' — *redens* Pl., andererseits gibt es auch — aus lauthistorischen u. ä. Gründen — isolierte Formen wie *dei* 'Tag' — *dagen* Pl., *kleed* 'Kleid' — *klean* Pl., *skoech* 'Schuh' — *skuon* Pl., *man* 'Mann' — *manlju* Pl. (eigtl. *Mannsleute*!). Von den nominalen Kasusendungen hat das Friesische neben der Grundform nur den Genitiv bewahrt (Endung -*s*), aber auch dieser wird meistens syntagmatisch umschrieben wie im Neuenglischen, vgl. *syn wiifs mem* 'die Mutter seiner Frau', aber häufiger sind doch Lösungen wie *mem* **har** *stoel* '[der] Mutter ihr Stuhl' (*har* 'ihr-'), ferner die Kombination beider Möglichkeiten, z. B. *de mem fan de masters* 'die Mutter vom Meister'. Bei einigen Wörtern kommt ausnahmsweise auch noch der „schwache" Genitiv vor, z. B. *heit* 'Vater' → *heite klean* 'des Vaters Kleider', auch im Plural: *Friezene fryheit* 'der Friesen Freiheit'. Der alte Dativ lebt nur noch in Ausdrücken, z. B. *to lânne komme* 'zu Lande kommen, d. h. landen, an Land gehen' (< *lân* 'Land').

Der bestimmte A r t i k e l ist — nach dem Umbau des Genussystems — *de* (männlich und weiblich) bzw. *it* (sächlich). Der unbestimmte Artikel *in* wurde auch hier vom Zahlwort 'eins' gebildet.

Das A d j e k t i v unterscheidet noch zwischen der „starken" und der "schwachen" Deklination: *in bêst minske* '(eine) beste Frau', aber *de bêste heit* 'der beste Vater'.

Das P e r s o n a l p r o n o m e n der 3. Pers. Sing. hält die drei Genera noch auseinander: *hy ~ er* 'er', *hja ~ sy/se* 'sie', *it* 'es', aber im Plural gibt es nur noch eine einheitliche Form: *hja ~ se* 'sie'. Die Formvarianten verweisen eindeutig auf den Ü b e r g a n g s c h a r a k t e r des Friesischen zwischen dem Nordsee- und dem Südgermanischen.

In der Kategorie der N u m e r a l i e n werden auch bei *ien* 'ein', *twa* 'zwei' und *trije* 'drei' keine Sonderformen nach den Genera gebildet. Dagegen können alle Kardinalzahlen Pluralformen mit -(*e*)*n* bilden wie im Niederländischen, z. B. *yn trijen* 'in (den) dreien' usw.

Das System der T e m p o r a ist dem niederländischen gleich, d. h. neben dem synthetischen Präsens (*ik nim* 'ich nehme') und Präteritum (*ik naem* 'ich nahm') wurden auch zusammengesetzte Tempora entwickelt, und zwar mit den Hilfsverben *hawwe* 'haben' und *wêze* 'sein' bzw. *sille* 'sollen' (für 'werden', vgl. ne. *shall*!), so das Perfekt (*ik ha*[*w*] *~ hab nommen* 'ich habe genommen'), das Plusquamperfekt (*ik hie nommen* 'ich hatte genommen'), das Futurum (*ik sil nimme* 'ich werde nehmen') und das Futurum exactum (*ik soe nimme*). Mit dem Hilfsverb *wêze* 'sein' z. B. *ik bin kommen* 'ich bin gekommen' usw.

Mit *wêze* bzw. *wurde* 'werden' können auch im Friesischen Formen des P a s s i v s gebildet werden: *ik wurd oannommen* 'ich werde angenommen' u. dgl.

Die N o m i n a l f o r m e n des Verbs sind der Infinitiv (*nimme* 'nehmen'), das Part. Präs. (*nimmend*[*e*] 'nehmend') und das Part. Prät. (*nommen* 'genommen').

Auch der Singular des I m p e r a t i v s hat eine eigene Form: *nim!* 'nimm!'.

Das friesische V e r b ist entweder "stark" oder "schwach". Die Klassen der starken Verba sind: 1. *gripe — griep* (*grypte*) — *grepen* (*grypt*) 'greifen'; 2. *biede — bea — bean* 'bieten'; 3. *bine — boun — boun* 'binden'; 4. *nimme — naem* (*nôm*) — *nommen* 'nehmen'; 5. *lêze — lies — lêzen* 'lesen'; 6. *farre — foer* (*fear*) — *fearn* 'fahren'. In der synchronisch-beschreibenden Grammatik wird noch eine 7. Reihe angeführt: *litte — liet — litten* 'lassen'.

Die schwachen Verba gliedern wir in zwei Klassen: 1. Inf. auf -*e*, z. B. *prate* 'plaudern' — *praette* Prät., *miene* 'meinen' — *miende* Prät.; 2. Inf. auf -*je*, z. B. *wenje* 'wohnen' — *wenne* Prät., *arbeidzje* 'arbeiten' — *arbeide* Prät. Die entsprechenden Partizipien Präteriti sind *praet, miend* bzw. *wenne, arbeide*.

Die Präteritopräsentien entsprechen dem regelmäßigen germanischen Typus, vgl. *wit* 'weiß' — *wist* Prät.; *kin* 'kann' — *koe* Prät.; *mei* 'mag' —

mocht Prät.; *doar* 'darf, wage' — *doarst* Prät.; *dooch* 'tauge' — *doogde* Prät.; *moat* 'muß' — *moast* Prät.

Das System der **Personalendungen** ist im Vergleich zum Altfriesischen im allgemeinen unverändert geblieben, vgl. Präs. Ind. *ik nim* 'ich nehme', *dou nimst(e)* ~ *jo nimme* 'du nimmst ~ Sie nehmen'; *hy/hja/it nimt* 'er/sie/es nimmt', *wy/jimme/hja nimme* 'wir/sie nehmen, ihr nehmet'. Ähnlich im Prät., vgl. *ik naem* 'ich nahm', *dou naemst(e)* ~ *jo namen* 'du nahmst ~ Sie nahmen', *hy/hja/it naem* 'er/sie/es nahm', *wy/jimme/hja namen* 'wir/sie nahmen, ihr nahmt'.

IV.3.55. Textproben

(a) *Altwestfriesisch*

Thit is landriocht Fresen ād sceltā rz. Thi grewa, ther an Freslande wessa scel, hi scel wessa fulre berde bern and sin riocht unforloren. Hi scel ti Suthermutha incoma and coma to Franekere mith breve ād mith insigile.

(*Altfriesisches Schulzenrecht.* 15. Jh.)

Orthographie des Originals: im Glossar stehen die normalisierten altfriesischen Formen in eckigen Klammern: *thit* n. 'dies(es)'; *is* 'ist'; *landriocht* [*lândriucht*] n. 'Landrecht'; *Fresena* Gen. Pl. → [*Frêsa*] m. 'Friese'; *ād* [Abkürzung für *and*] 'und'; *sceltā rz* [Abkürzung für *skeltanriucht*] n. 'Schulzenrecht'; *thi* m. 'der'; *grewa* [*grêwa*] m. 'Graf'; *ther* m. 'der, wer'; *an* 'in'; *Freslande* Dat. Sing. → [*Frêsland*] n. 'Friesland'; *wessa* [*wêsa*] 'sein'; *scel* [*skel*] 3. Pers. Sing. Präs. Ind. 'soll'; *fulre* Gen. Sing. f. → *ful* 'voll, vollberechtigt'; *berde* f. 'Geburt'; *bern* Part. Prät. → *bera* 'tragen, gebären'; *sin* [*sîn*] n. 'sein'; *riocht* [*riucht*] n. 'Recht'; *unforloren* [*unforlern*] 'unverloren'; *ti* (~ *to*) 'zu, bei'; *Suthermutha* [*Sûthermûtha*] f. 'Südliche Flußmündung'; *incoma* [*inkoma*] 'hereinkommen'; *coma* ~ *koma* [*kuma*] 'kommen'; *Franekere* Dat. Sing. → [*Frâneker*] 'Franeker' ON; *mith* 'mit, durch'; *breve* Dat. Sing. [*brêf*] m.-n. 'Brief'; *insigile* Dat. Sing. [*insigel*] n. 'Siegel'.

(b) *Neufriesisch*

(1) *Blanke seilen op 'e marren,*
    Rûkend hea yn swé op 't lân;
Seinehotsjen, ljurkesangen,
    Blauwe himel, sinnebrân.
't Swiere fé yn griene greiden,
    Swiet gerûs troch hege reiden,
      Bûgende ieren yn 'e bou —
        Heitelân, hoe moai bistou!

(PITER JELLES TROELSTRA: *Heamoanne*.)

blank 'blank, weiß, glänzend' (∼*e* Pl.); *seil* n. 'Segel' (∼*en* Pl.); *op* 'auf'; *'e* (= *de*) Pl. (bestimmter Artikel); *mar* n. 'Meer' (∼*ren* Pl.); *rûkend* Part. Präs. → *rûke* 'duften'; *hea* n. 'Heu'; *yn* 'in'; *swé* n. 'Schwade'; *'t* (= *it*) n. (bestimmter Artikel); *lân* n. 'Land, Feld'; *seinehotsjen* 'Sensendengeln'; *ljurkesang* m. 'Lerchen(ge)sang' (∼*en* Pl.); *blau* 'blau' (∼*we* Sing. m.); *himel* m. 'Himmel'; *sinnebrân* m. 'Sonnenbrand, Sonnenschein'; *swier* 'schwer'; *fé* n. 'Vieh'; *grien* 'grün'; *greide* f. 'Weide' (∼*n* Pl.); *swiet* 'süß'; *gerûs* n. 'Geräusch'; *troch* 'durch'; *hege* Pl. → *heech* 'hoch'; *reid* n. 'Ried, Röhricht' (∼*en* Pl.); *bûgende* Part. Präs. → *bûgje* 'beugen'; *ier* f. 'Ähre' (∼*en* Pl.); *bou* m. 'Gehöft'; *heitelân* n. 'Vaterland, Heimat'; *hoe* 'wie'; *moai* 'schön'; *bistou* 'bist du'; *heamoanne* m. 'Heumond: Juli'.

(2) *Yn sawn dagen wierne wy foar St. Ubes. Dêr laeit in baer foar in stuiting, en dêr binne wy yn ien ruk oer rekke, of om wierheit to sprekken, fjouwerkant oersmiten op in stik lân, dêr 't it sâlt krekt op heapen stiet as hjir de reaken hea yn de ongetiid. Wy hauwe de ballêst oan de iene kant fan it skip útsketten, en oan de oare kant is ús it sâlt 'er wer ynsketten; en doe hat de klokmakker fan de kening fan Portegal ús mei trije-tûzen horloazjefearren wer fan it lân ôfholpen: dat wier in divelskinstener, dat siz ik jimme.*

(EELTSJE HALBERTSMA: *Skipperslatyn.*)

yn 'in'; *sawn* 'sieben'; *dagen* Pl. → *dei* 'Tag'; *wierne* 1. Pl. Prät. Ind. → *wurde* 'werden'; *wy* 'wir'; *foar* 'vor'; *St. Ubes* ON; *dêr* 'da, dort' (formales Subjekt wie ne. *there* ∼ dt. *es*); *laeit* 3. Sing. Präs. Ind. → *lizze* 'liegen'; *in* 'ein' (unbestimmter Artikel); *baer* n. 'Wehr, Deich, Schranke, Geländer'; *stuiting* 'Deich, Staudamm'; *en* 'und'; *binne* Pl. Präs. Ind. → *wêze* 'sein'; *ien* 'einzig'; *ruk* n. 'Ruck'; *oer* 'über'; *rekke* 'reichen' (auch Part. Prät.); *of* 'oder'; *om ... to* 'um ... zu'; *wierheit* 'Wahrheit'; *sprekken* 'sprechen'; *fjouwerkant* 'vierkant(ig)'; *oersmiten* 'überschmeißen' (auch Part. Prät.); *op* 'auf'; *stik* 'Stück'; *lân* 'Land, Feld'; *'t* (= *hat*) 3. Sing. Präs. Ind. → *hawwe* 'haben' (Hilfsverb); *it* n. 'das' (bestimmter Artikel); *sâlt* 'Salz'; *krekt* 'genau, direkt'; *heap* 'Haufen' (∼*en* Pl.); *as* 'als, wie'; *hjir* 'hier'; *reak* '(Heu)Schober' (∼*en* Pl.); *hea* 'Heu'; *ongetiid* 'Zeit der Heumahd'; *ballêst* 'Ballast'; *oan* 'an'; *kant* 'Kante'; *fan* 'von'; *skip* 'Schiff'; *útsketten* Part. Prät. → *útsjitte* 'ausschütten, über Bord werfen'; *oare* 'ander-'; *is* 'ist'; *ús* 'uns'; *er* (= *dêr*) 'da, dort'; *ynsketten* Part. Prät. → *ynsjitte* 'einschütten, einschiffen'; *doe* 'dann'; *klokmakker* 'Uhrmacher'; *kening* 'König'; *Portegal* 'Portugal'; *mei* 'mit'; *trije-tûzen* 'dreitausend'; *horloazjefear* 'Uhrfeder' (∼*ren* Pl.); *ôfholpen* Part. Prät. → *ôfhelpe* 'aushelfen'; *dat* n. 'das, jenes', *wier* 3. Pers. Sing. Prät. Ind. → *wêze* 'sein'; *divelskinstener* 'Zauberer, Tausendkünstler' (wörtlich: 'Teufelskünstler'); *siz* 1. Pers. Sing. Präs. Ind. → *sizze* 'sagen'; *ik* 'ich'; *jimme* 'ihr; euch'; *skipperslatyn* 'Seemannslatein'; *wer* 'wieder'.

IV.3.6. Altsächsisch

IV.3.61. Geschichte. Quellen

Im Gebiet des heutigen Norddeutschlands, an der Nordsee, siedelte eine der bedeutendsten Gruppen der Nordseegermanen, der Stamm der S a c h - s e n. Starke Abteilungen dieses Großstammes haben zusammen mit den Angeln und den Jüten auch an der Eroberung Großbritanniens teilgenommen, ja, sie konnten dort in altenglischer Zeit sogar die Führung unter den Germanen an sich reißen. Diese auf die Inseln übergesiedelten W e s t - s a c h s e n vermochten nach ihrer endgültigen Trennung von den südgermanischen Nachbarn ihren nordseegermanischen Charakter auch in ihrer Sprache zu bewahren. Nicht so hingegen ihre auf dem Festland verbliebenen Stammesbrüder, die besonders seit der Karolingerzeit in eine immer stärkere Kontaktentwicklung mit den Südgermanen, d. h. den Stämmen des e r m i n o n i s c h e n B u n d e s des TACITUS, gerieten. Infolge dieser Bindungen zum Süden wurde die Sprache der Festlandsachsen immer mehr „verdeutscht", so daß ihre Dialekte sich in der mittleren Periode ihrer Sprachentwicklung schon unter die der N i e d e r - d e u t s c h e n einreihten und dementsprechend in eine der wichtigen Grundschichten der in Entstehung begriffenen gesamtdeutschen Spracheinheit verwandelten. Über diese m i t t e l n i e d e r d e u t s c h e Periode vgl. IV.4.52. Es ist leicht verständlich, daß diese mittelniederdeutsche Sprachform sich viel langsamer konstituierte als das parallele m i t t e l - h o c h d e u t s c h e (vgl. IV.4.65): ihre Anfänge dürfen wir erst im angehenden 13. Jh. ansetzen. Das ist zugleich das Zeitalter, in dem die Festlandsachsen auch sprachlich schon zu den deutschen Stämmen zu zählen sind, und ihre ingwäonische, d. h. nordseegermanische Herkunft nur noch in Relikten, in den sogenannten „I n g w ä o n i s m e n", auszuweisen ist.

Der Stammesname der Sachsen verweist auf ihre charakteristische Waffe, den *Sachs* (as. *sahs*), d. h. 'Messer; Schwert mit einer Schneide'. Als Heiden versahen sie auch ihre Hauptgottheit Tīw mit dem entsprechenden Epitheton *Sahsnōt* (< *nōt* 'Genosse, Freund, Kamerad, Waffenbruder'). Der Sachsenname kommt auch schon bei den Historikern und Geographen der Antike, so z. B. bei PTOLEMAIOS, vor. Nach den Beschreibungen sollen die Sachsen mit ihren Streifzügen das westeuropäische Küstengebiet in ständiger Unruhe gehalten haben. Zur Abwehr ihrer Einfälle errichteten die Römer zwischen der Loire und der Schelde eine gewaltige Verteidigungslinie, das sogenannte *litus Saxonicum* ('Sachsenküste'). Um die Mitte des 5. Jh.s haben sie sich an der Seite der Römer als Verbündete in den Kämpfen gegen die Hunnen hervorgetan. In dieser Zeit besetzten einige ihrer Abteilungen die Küstengegend Nordfrankreichs, die wahrscheinlich dann ebenfalls zu einer Ausgangsbasis der Invasion gegen Britannien wurde.

Der **sächsische Stammesverband** war letzten Endes aus dem Zusammenschluß von drei ingwäonischen Stämmen — den **Chauken**, den **Engern** (lat. *Angrivarii*) und den **Cheruskern** — unter der Führung der **Sachsen** im 3.—4. Jh. u. Z. entstanden. Von da an war der sächsische Stammesverband ein bestimmender politischer Faktor im Nordwesten Europas. Unter dem Druck der Sachsen waren um 400 z. B. die **Langobarden** gezwungen, nach Süden auszuweichen (vgl. IV.4.71.). Um die Mitte des 6. Jh.s ist es ihnen im Verein mit den Franken gelungen, den Stamm der Thüringer niederzuwerfen und ihren Einflußbereich im Osten bis zur mittleren Elbe auszudehnen. Der Versuch der Sachsen, dem fränkischen Vormarsch Einhalt zu gebieten, mißlang hingegen, obwohl sie darin auch von anderen germanischen Stämmen unterstützt wurden. Im 8. Jh. brach der Stammesverband der Sachsen unter dem Druck der Franken zusammen. Selbst ihr Fürst WIDUKIND ließ sich taufen, und 852 wurde im Rahmen des Frankenreiches das Herzogtum Sachsen begründet. Von dieser Zeit an ist das Schicksal der Sachsen im Zuge der fränkischen, später der deutschen Geschichte, damit organisch verbunden, geformt worden.

Unter **Altsächsisch**, das in der älteren Literatur auch **Altniederdeutsch** genannt wird, verstehen wir die im 9.—12. Jh. gesprochene Sprache der sächsischen Bevölkerung im Raum zwischen Rhein, Elbe, Nordsee und dem Harz. Die Grenzen dieses Gebiets waren im Norden die Schlei, im Osten die Linie Kiel—Lauenburg entlang der Elbe (ganz bis zum Zusammenfluß der Elbe und der Saale), im Süden die Harzgegend bis zur Werra (Westfalen miteinbegriffen), im Westen die Linie Elberfeld—Essen—Groningen (Abb. 51).

Dieses Riesengebiet des sächsischen Stammesverbandes können wir in vier Stammes- und Raumeinheiten einteilen: 1. **Westfalen** (mlat. *Westfalahi*); 2. **Engern** (lat. *Angrarii*) an der Weser; 3. **Ostfalen** (mlat. *Ostfalahi*); 4. **Nordalbingen** jenseits der Elbe, d. h. das Land um Hamburg, Holstein (mlat. *Holtsati* < germ. 'Waldbewohner') und Dietmarschen an der See.

Das **Altsächsische** ist uns in Handschriften aus dem 9.—12. Jh. überliefert. Außer dem **Namengut** sind zwei große zusammenhängende Sprachdenkmäler an erster Stelle zu nennen, und zwar der *Heliand* (d. h. 'Heiland'), der in Stabreimversen Christi Leidensweg den Evangelien nacherzählt, und die *Genesis*, die die biblische Schöpfungslegende bearbeitet (vgl. III.4.2.). Beide poetischen Denkmäler stammen aus dem 9. Jh.: der *Heliand* enthält beinahe 6000, die *Genesis* ungefähr 300 Langzeilen. Ihre wertvollsten Handschriften sind die Bamberg-Münchener (*Monacensis*: *M*) und die Londoner (*Cottonianus*: *C*), ferner die *Genesis*-Handschrift des Vatikans (*V*).

In linguistischer Hinsicht sind die kleineren Denkmäler vielleicht noch wichtiger, da der *Heliand* und die *Genesis*, dank den Umständen ihrer Entstehung, vielfach auch südliche, andererseits aber auch englische Einflüsse

Abb. 51. Der altsächsische Sprachraum im 9. Jh. u. Z. (nach WILLIAM FOERSTE und HANS JOACHIM GERNENTZ)

spiegeln. Die kleineren Denkmäler umfassen Segensprüche, Kirchenurkunden und Steuerlisten, z. T. auch interlineare Glossen bzw. in lateinischen Urkunden enthaltene altsächsische Wörter und Wendungen.

IV.3.62. Das Altsächsische

Die altsächsischen Schreiber verwendeten die bei den Franken entstandene Variante der lateinischen Schrift, die sogenannte karolingische Minuskel. Die Graphematik war noch nicht einheitlich: die Textausgaben teilen die Originale z. T. buchstabengetreu, z. T. in normalisierter Umschrift mit.

Das normalisierte Alphabet des Altsächsischen besteht aus folgenden Graphemen: $a, b, \bar{b}, c, d, \bar{d}, e, f, g, h, i, j, k, l, m, n, o, p, q, r, s, t, u, w, z$. Die Vokallänge wird mit dem Zirkumflex oder einem Balken über dem Buchstaben bezeichnet: $\bar{a}, \bar{e}, \bar{\imath}, \bar{o}, \bar{u}$ oder $\hat{a}, \hat{e}, \hat{\imath}, \hat{o}, \hat{u}$. Zur Bezeichnung der

Diphthonge werden Digraphe verwendet: *au, ei, eo, eu, ia, ie, io, iu, oe, ou, ua, uo*.

Die langen Konsonanten werden verdoppelt: *bb, dd, ss, rr, kk* usw., *c* und *q* kommen vor allem in den Digraphen *ch* [ç, x] und *qu* [kw] vor. In lateinischen Lehnwörtern gibt *c* je nach der Stellung [k] oder [ts] wieder. Aus der altenglischen Orthographie entlehntes *ƀ* und *đ* bezeichnen spirantisches *b* [w] bzw. *d* [ð]. Der stimmlose interdentale Reibelaut [θ] wird mit eem Digraph *th* festgehalten. *z* wird in altsächsischen Wörtern als [ts], in Fremdwörtern bzw. in fremden Namen als [z] ausgesprochen, z. B. *bezto* [betsto] 'der beste', aber *Zacharias* [zaxarias] PN.

Die Orthographie der Originale ist freilich bei weitem nicht einheitlich. Sie schreiben bald *th*, bald *đ* sowohl für den stimmlosen als auch für den stimmhaften interdentalen Reibelaut; [w] bezeichnen sie häufig mit *uu* usw. Nach altenglischem Vorbild wurden die langen Vokale nicht selten mit dem Akut gekennzeichnet (*á, é* usw.).

Ein charakteristisches nordseegermanisches Merkmal — ein Ingwäonismus — des Altsächsischen ist (parallel zum Altenglischen und zum Altfriesischen) der mit Ersatzdehnung gekoppelte Nasalschwund vor Reibelauten, vgl. as. *ōthar* [o:ðar] 'ander-' (≠ ahd. *ander*), as. *sīd* 'Weg' (≠ got. *sinþs*); as. *ūs* 'uns' (≠ ahd. *uns*), as. *fīf* 'fünf' (≠ ahd. *finf*), ebenso die Palatalisierung von *k*, obwohl dieser Wandel vor der Affrikate [tʃ] haltmachte und als [ts] realisiert wurde, z. B. as. *sprekean* [spretsan] 'sprechen' (≠ ne. *speech* [spi:tʃ]), as. *bizi* [bitsi] 'Bach' (≠ ahd. *bach*). Ein sowohl von den übrigen nordseegermanischen als auch von den südgermanischen Sprachen abweichendes altsächsisches Charakteristikum ist der Wandel der Konsonanz *hs* zu [ss] in spätaltsächsischer Zeit, z. B. *flahs > flas* 'Flachs' (≠ ags. *fleax*, afr. *flax*, ahd. *flahs*). Diese Erscheinung drang vom altsächsischen Gebiet im 10.—12. Jh. auch nach dem Süden vor und machte sich vor allem in den nord- und mitteldeutschen Mundarten bzw. auf hochsprachlicher Ebene im Niederländischen (einschließlich des Afrikaans) geltend.

Die Metathese der Liquiden erscheint im Altsächsischen zumeist in derselben Form wie im Altenglischen und im Altfriesischen, z. B. as. *hros > hers* 'Pferd' (~ ags. *hors*), aber ahd. *hros > Roß*.

Der i-Umlaut wurde auch im Altsächsischen durchgeführt, aber nicht in dem Maße wie im Altenglischen und im Altnordischen, z. B. got. *satjan* ≠ as. *settian* 'setzen', aber got. *mērjan* 'verkünden' ~ as. *māri* 'berühmt' gegenüber ags. *mǣre* ~ an. *mǣrr* 'berühmt'. In dieser Hinsicht zeigte das Altsächsische (zusammen mit dem Althochdeutschen) ein langsameres Entwicklungstempo als das Altenglische, vgl. as. *sōkian* (~ ahd. *suohhen*), aber ags. *sēcan* ~ afr. *sēka* 'suchen'; as. *mūsi* (~ ahd. *mūsi*), aber ags. *mȳs* 'Mäuse' u. dgl. — Ähnlich verhält es sich mit dem *u*-Umlaut, z. B. as. *ātum* ∼ ahd. *āʒʒum*, aber an. *ǫtum* 'wir aßen'; as. *eƀur* ∼ ahd. *ebur*, aber ags. *eofor* 'Eber'; as.-ahd. *naht*, aber ags. *neaht* 'Nacht'.

Die R e d u k t i o n der Nebentonsilben hat auch im Altsächsischen um sich gegriffen, aber — wie dies auch aus dem Schriftbild hervorgeht — viel langsamer als im Altenglischen und im Altfriesischen. Andererseits ging das Altsächsische auch in der Entwicklung eines S p r o ß v o k a l s (Einschubvokals) in den Konsonantenverbindungen *r+h*, *l+h* bzw. Konsonant+*w* in nebentoniger Stellung mit dem Althochdeutschen zusammen, z. B. (*forhta*) > *forahta* 'Furcht', (*bifelhan*) > *bifelahan* 'befehlen', (*farwa*) > *farawi* (∼ ahd. *farawa*) 'Farbe'. Zwar fehlt diese Erscheinung in den altenglischen Denkmälern (vgl. *fyrhto*, *befēolan* usw.), doch ist sie den englischen Mundarten keineswegs fremd, vgl. schott. [warəld] 'Welt' (ne. *world*), schott. [arəm] 'Arm' (ne. *arm*), schott. [filəm] 'Film' (ne. *film*).

Das S u b s t a n t i v unterschied zwei Numeri (Singular ≠ Plural), drei Genera und vier Kasus (Nominativ, Akkusativ, Genitiv, Dativ). Bei einigen Deklinationsklassen war im Singular auch noch der Instrumentalis vorhanden, z. B. bei den *a*-Stämmen wie *hross* 'Pferd' → *hrossu* 'mit (dem) Pferd'; bei den *i*-Stämmen wie *wini* 'Freund' → *wini(u)* 'mit dem Freund'. Die Spuren des alten Lokativs lassen sich nur noch aus versteinerten Gefügen rekonstruieren, z. B. **hūsi* → *te hūs* 'zu Hause'.

Gemäß den Stammbildungssuffixen hat das altsächsische Substantiv folgende Paradigmen gekannt: (a) Vokalische Stämme: 1. *a*-Stämme (*dag* m. 'Tag', *word* n. 'Wort') mit den Varianten der *ja*-Stämme (*endi* m. 'Ende', *riki* n. 'Reich, Land') und der *wa*-Stämme (*snēo* m. 'Schnee', *treo* ∼ *trio* n. 'Baum, Holz'); 2. *ō*-Stämme (*geƀa* f. 'Gabe') mit den Varianten der *jō*-Stämme (*blidzea* f. 'Freude, Frohsinn') und der *wō*-Stämme (*treuwa* f. 'Treue'); 3. *i*-Stämme, z. B. *wini* m. 'Freund', *tīd* f. 'Zeit', *urlagi* n. 'Krieg'; 4. *u*-Stämme, z. B. *sunu* m. 'Sohn', *hand* f. 'Hand', *fehu* n. 'Vieh', ferner (b) die konsonantischen Stämme: 1. *n*-Stämme („schwache Deklination"), z. B. *gumo* m. 'Mensch', *tunga* f. 'Zunge', *ōga* n. 'Auge'; 2. *r*-Stämme, z. B. *brōdar* m. 'Bruder', *swestar* f. 'Schwester'; 3. *nd*-Stämme partizipialer Herkunft, z. B. *friund* m. 'Freund'; 4. die Relikte einiger älterer Stammklassen wie *fōt* n. 'Fuß' (Pl. *fōti*), *man* m. 'Mann, Mensch' (Pl. *man* ∼ *men*), *bōk* f. 'Buch' (Pl. *bōk*). Die kleineren Stammklassen wurden auch im Altsächsischen immer mehr den größeren Klassen angeglichen.

Das A d j e k t i v wurde entweder „stark" oder „schwach" flektiert. Die schwache Deklination entsprach auch hier der substantivischen *n*-Deklination, während die starke Deklination sich nach den *a*- und *ō*-Stämmen richtete (z. B. *gōd* m.-f.-n. 'gut'), natürlich auch da mit den Varianten der *ja-/jō-* bzw. der *wa-/wō-*Stämme, z. B. *grōni* ~ *grōne* m.-f.-n. 'grün' bzw. *glau* 'klug' → *glauwes* Gen. Sing. m.-n.

Von den N u m e r a l i e n wurden — nach den Genera unterschieden — gleich dem Adjektiv flektiert: *ēn* 'ein'; *twēne* ~ *twēna* m., *twā* ~ *twō* f., *twē* n. 'zwei' und *thria* ~ *thrie* m., *threa* f., *thriu* ~ *thrū* n. 'drei'.

Einige P r o n o m i n a haben noch den alten Dualis bewahrt, so von den Personalpronomina *wit* 'wir beide' (Akk.-Dat. *unk*; Gen. *unkero* ~ *unkaro*), *git* 'ihr beide' (Akk.-Dat. *ink*), das Interrogativum *hweđar* ~ *hweđer* 'welcher von beiden' sowie die Possessiva *unka* 'unserer beider', *inka* 'eurer beider'. Innerhalb des Paradigmas einzelner Demonstrativa war noch im Singular der Instrumentalis erhalten: *thiu* n. → *that* n. 'das, jenes', *thius* n. → *thit* n. 'dieses', bzw. auch beim Interrogativum *hwat* 'was': *hwi(u)* ~ *hwō* ~ *huo* ~ *hū*.

Das Personalpronomen der 3. Person trägt zum guten Teil einen nordseegermanischen Charakter, vgl. *hē* ~ *he* bzw. *hi(e)* ~ *hī* 'er', *siu* 'sie', *it* ~ *et* 'es', ja es wurden die drei Genera auch noch im Plural unterschieden, vgl. *sia* (*sie, sea*) m.-n. ≠ *siu* f. 'sie', obwohl hier *siu* gelegentlich schon auch als Maskulinum auftrat.

Das V e r b war im Altsächsischen entweder „stark" oder „schwach". Die Ablautsreihen der starken Verba waren: 1. *grīpan* — *grēp* — *gripun* *gigripan* 'greifen'; 2. *biodan* — *bōd* — *budun* — *giboden* 'bieten'; 3. *bindan* — *band* — *bundun* — *gibundan* 'binden'; 4. *niman* (~ *neman*) — *nam* — *nāmun* — *ginuman* 'nehmen'; 5. *lesan* — *las* — *lāsun* — *gilesan* 'lesen'; 6. *faran* — *fōr* — *fōrun* — *gifaran* 'fahren'.

Die Präteritopräsentien bildeten gemäß den einzelnen Ablautsreihen die folgenden Gruppen: 1. *wēt* 'weiß' — *wissa* Prät. (Negationsform: *nēt* 'weiß nicht'); *ēgun* 'wir haben/besitzen' — *ēhta* Prät.; 2. *dōg* 'taugt' — *dugi* Opt.; 3. *gionsta* 'gönnte' (nur dieses Präteritum ist belegt!); *kan* 'kann' — *konsta* Prät. (Part. Prät.: *kūd*!); *gidar* 'wage' — *gidorsta* Prät.; *tharf* 'bedarf' — *thorfta* Prät.; 4. *skal* 'soll' — *skolda* Prät.; *farman* 'verneine, verabscheue' (→*munan* Inf.) — *farmonsta/farmunste* Prät. (Opt.: *muni*); 5. *mah* ~ *mag* 'mag, vermag' — *mahta/mohta* Prät.; 6. *mōt* 'muß' — *mōsta* Prät.

Die schwachen Verba bildeten drei Klassen: 1. *ja*-Stämme, z. B. *nerian* 'retten' — *nerida* Prät., *tellian* 'erzählen' — *talda* Prät., *hōrian* 'hören' — *hōrda* Prät., *kussian* 'küssen' — *kussta* Prät.; 2. *ō*-Stämme, z. B. *lōkoian* 'schauen' — *lōkoda* Prät., *makon* 'machen' — *makoda* Prät.; 3. *ai*-Stämme, z. B. *hebbian* (*habbian*) 'haben' — *haƀda/habda* ~ *hadda* Prät. Diese letzte Klasse ist aber im Altsächsischen nur noch ein Restparadigma, da die ursprünglich hierhergehörenden germanischen Verba größtenteils bereits in die 1. bzw. 2. Klasse übergetreten waren.

Die Reste der athematischen Verba waren noch ebenfalls im Schwange, so beim Verbum substantivum (*wesan* 'sein'), vgl. *bium/biun/bion* 'bin', *bis(t)* 'bist', *is(t)* 'ist' (mit der Verneinungsform *nis[t]* 'ist nicht'), Pl. *sind(un)/ sindon/sundon*, Opt. *sī, sīs* usw.; beim Verbum *dōn* 'tun' (*ik dōn* 'ich tue') — *deda/dede* Prät., ferner *gān* 'gehen', *stān* 'stehen' sowie beim ursprünglich optativischen Verb *willien/wellian* 'wollen', vgl. *ik willi(u)* ~ *ik welliu* 'ich will' usw.

Das altsächsische Verb besaß die Kategorien des G e n u s v e r b i (Aktiv und Passiv), des T e m p u s (Präsens und Präteritum), des M o d u s (Indikativ, Optativ und Imperativ), des N u m e r u s (Singular und Plural) sowie der V e r b a l n o m i n a (Infinitiv, Part. Präs. und Part. Prät.). Die F l e x i o n vertritt auch da den nordseegermanischen Typus, insofern im Plural alle drei Personen vereinheitlicht wurden, vgl. *drīƀan* 'treiben': Sing. Präs. Ind. 1. *drīƀu/drīƀo* 'ich treibe', 2. *drīƀis* 'du treibst', 3. *drīƀid/drīƀid/drīƀit* 'er/sie/es treibt', 1.—3. Pl. *drīƀad/drīƀad/drīƀat*, Ind. Präs. Sing. 1. *drēf*, 2. *drīƀi*, 3. *drēf*, 1.—3. Pl. aber *drīƀun/drīƀon*; Sing. Präs. Opt. 1. *drīƀe/drīƀa*, 2. *drīƀes/drīƀas*, 3. *drīƀe/drīƀa*, aber 1.—3. Pl. *drīƀen/drīƀan*, ferner Sing. Prät. Opt. 1. *drīƀi/drīƀe*, 2. *drīƀis*, 3. *drīƀi/drīƀe*, aber 1.—3. Pl. *drīƀin*. Mit Hilfsverben konnte man schon im Altsächsischen p a s s i v e Formen bilden; *wesan* 'sein' + Part. Prät., z. B. *nū is Krist giboran* 'nun ist Christus geboren' (Zustandspassiv); *werđan* 'werden' + Part. Prät., z. B. *wurdun farworpan* 'sie wurden verworfen' (Vorgangspassiv). In ähnlicher Weise wurden mit den Hilfsverben *hebbian* 'haben' und *wesan* 'sein' das Perfekt (z. B. *haƀad farwerkot* 'hat verwirkt', *bium kuman* 'bin gekommen') und das Plusquamperfekt (*habda ginerid* 'hatte gerettet' bzw. *wārun kuman* 'waren gekommen') gebildet.

IV.3.63. Textproben

(a) In normalisierter Umschrift:

Thō he gibolgan geng,

swīđo thristmōd thegan || *for is thiodan standen,*

hard for is hērron: || *ni was imu is hugi twīfli,*

blōđ an is breostun, || *ak he is bil atōh,*

swerd bi sidu, || *slōg imu tegegnes*

an thene furiston fiund || *folmo krafto,*

that thō Malchus warđ || *mākeas eggiun,*

an thea swīđaron half || *swerdu gimālod:*

thiu hlust warđ imu farhawan: || *he warđ an that hōƀid wund,*

that imu herudrōrag || *hlear endi ōre*

beniwundun brast| || *blōđ aftar sprang,*

wel fan wundun. || *Thō was an is wangun skard*

the furisto thero fiundo.

(*Heliand.* Zeile 4869—4881. 9. Jh.)

Thō 'da, dann, als'; *he* 'er'; *gibolgan* 'zornig, erzürnt'; *geng* 3. Pers. Sing. Prät. Ind. → *gān/gengan* 'gehen'; *swīdo* 'schnell, geschwind'; *thrīstmōd* 'vertrauensvoll'; *thegan* m. 'Degen, Mann, Vasall, Lehensmann' (vgl. ne. *thane*); *for* 'vor, für'; *is* Gen. Sing. → *he* 'er'; *thiodan* m. 'König'; *standen* Pl. Prät. Ind. → *stān/standan* 'stehen'; *hard* 'hart, tapfer, mutig'; *hērron* Dat. Sing. → *hērrō* m. 'Herr'; *ni* 'nein, nicht, kein'; *was* 3. Pers. Sing. Prät. Ind. → *wesan* 'sein'; *imu* Dat. Sing. → *he* 'er'; *hugi* m. 'Gedanke, Mut, Gemüt'; *twīfli* 'zweifelnd'; *blōd* 'zaghaft'; *an* 'an'; *breostun* Dat. Pl. → *breost* n. 'Brust'; *ak* 'aber, doch'; *bil* n. 'Schwert'; *atōh* 3. Pers. Sing. Prät. Ind. → *atiohan* 'ziehen, zücken'; *swerd* n. 'Schwert' (∼*u* Instr. Sing.); *bi* 'bei, von, aus'; *sīdu* Dat. Sing. → *sīda* f. 'Seite, Lende'; *slōg* 3. Pers. Sing. Prät. Ind. → *slahan* 'schlagen'; *tegegnes* 'entgegen, gegenüber'; *thene* Akk. Sing. → *the* m. 'der, jener'; *furiston* Akk. Sing. → *furisto* m. '(aller)erster'; *fiund* m. 'Feind, Bösewicht: Teufel' (∼*o* Gen. Pl.); *folmo* Gen. Pl. → *folmos* Pl. m. 'Hände', *krafto* Gen. Pl. → *kraft* m.-f. 'Kraft'; *that* 'daß; das'; *warđ* 3. Pers. Sing. Prät. Ind. → *werdan* 'werden'; *mākeas* Gen. Sing. → *māki* m.-n. 'Schwert'; *eggiun* Dat. Pl. → *eggia* f. 'Klinge, Schwertklinge: Schwert'; *thea* Akk. Sing. → *thiu/thia* f. 'die, jene'; *swiđaron* Akk. Sing. f. (Komp.) → *swiđra* 'recht(seitig)'; *half* f. 'Seite, Hälfte'; *gimālod* Part. Prät. → *mālon* 'bezeichnen, mit einem Mal versehen'; *hlust* f. 'Ohr'; *farhawan* Part. Prät. → *farhauwan* 'zerhauen'; *hōƀid* n. 'Haupt, Kopf'; *wund* 'wund, verwundet'; *herudrōrag* 'vom Schwert blutig'; *hlear* (*hleor*) n. 'Wange, Gesicht'; *endi* 'und'; *ōre* (*ōra*) n. 'Ohr'; *beniwundun* Dat. Pl. → *beniwunda* f. 'tödliche Wunde oder Verwundung'; *brast* 3. Pers. Sing. Prät. Ind. → *brestan* 'brechen, bersten'; *blōd* n. 'Blut'; *aftar* 'dann, danach, nachher'; *sprang* 3. Pers. Sing. Prät. Ind. → *springan* 'springen'; *wel* 'wohl, sicherlich, weh'; *fan* 'von'; *wundun* Dat. Sing. → *wunda* f. 'Wunde'; *wangan* Dat. Pl. → *wanga* f. 'Wange, Gesicht'; *skard* 'verwundet, versehrt'; *thero* Gen. Pl. 'derer, ihr'.

(b) Altsächsischer Text mit altenglischer Übersetzung
    (Orthographie des Originals)

(1) *Altsächsisches Original*:

> *Nu uuit hriuuig mugum*
> *sorogon for them sîđa,* || *uuand he hunk selƀo giƀôd,*
> *that uuit hunk sulic uuîti* || *uuardon scoldin,*
> *harama mêstan.*
>
> (*Genesis*. Zeile 664—667.)

(2) *Altenglische (westsächsische) Übersetzung*:

> *Nū wit hrēowige magon*
> *sorgian for þīs sīđe:* || *forþon hē unc self beƀēad,*
> *þæt wit unc wīte* || *warian sceolden,*
> *hearma mǣstne.*
>
> (*Genesis*. Zeile 799—803.)

Im Glossar ist die erste Form altsächsisch; die (normalisierten) altenglischen Entsprechungen stehen in eckigen Klammern.

nu [*nū*] 'nun, jetzt, schon, weil, da'; *uuit* [*wit*] 'wir beide'; *hriuuig* [*hrēowig*] 'besorgt, bekümmert, kummervoll'; *mugun* [*magon*] Pl. Präs. Ind. → *mugan* [*magan*] 'mögen'; *sor(o)gon* [*sorgian*] 'sorgen'; *for* 'für'; *them* Dat. Sing. m.-n. → *the/that* 'der/das; jener/jenes' bzw. (*þis* → *þēs/þeos* 'dieser/dieses'); *sîđa* Dat. Sing. → *sîđ* m. 'Weg, Weise, Schicksal' (*sîđe* Dat. Sing. → *sīđ* m. 'dass.'); *uuand* (*hwand*) 'denn, weil, da' (*forþon* 'dass.'); *he* [*hē*] 'er'; *hunk* ~ *unk* [*unc*] 'uns beide(n)'; *selƀo* [*self*] 'selber, selbst'; *giƀôđ* 3. Pers. Sing. Prät. Ind. → *giƀiodan* 'gebieten' [*beƀēad* → *beƀīodan* 'dass.']; *that* [*þæt*] 'daß'; *sulic* (*sulik*) 'solch-'; *uuiti* (*witi*) [*wite*] n. 'Strafe, Pein, Übel'; *uuardon* [*warian*] 'verwehren, abwehren, verhüten, (ver)meiden'; *scoldin* Pl. Prät. Opt. → *skulan 'sollen' [*sceolden* → *sculan/sceolan* 'dass.']; *harama* Akk. Pl. → *harm* m. 'Harm, Sorge' [*hearma* Gen. Pl. → *hearm* 'dass.']; *mêstan* Akk. Pl. m. → *mêst* 'meist, größt-' [*mǣstne* Akk. Pl. m. → *mǣst* 'dass.'].

IV.4. DIE SÜDGERMANEN

IV.4.1. Heimat und Verbreitung

Die in der Fachliteratur meistens unter dem Namen „W e s t g e r m a n e n" zusammengefaßte, doch aus den bereits angeführten Bedenken besser als S ü d g e r m a n e n zu bezeichnende Gruppe trat zuerst in den Sichtkreis des klassischen Altertums. Im Auftrag der griechischen Kaufleute von Massilia (heute Marseille) hat der griechische Handelsmann PYTHEAS im 4. Jh. v. u. Z. die Nordseeküste bereist und ist mit dem germanischen Stamm der T e u t o n e n in Berührung gekommen. Das war aber damals ein Ausnahmefall, denn die Römer waren sogar noch zweihundert Jahre später nicht imstande, Germanen und Kelten voneinander zu unterscheiden.

Nähere Beziehungen zum Mittelmeerraum wurden erst nach der Südwanderung germanischer Stämme möglich. Dadurch haben die Germanen das keltische Siedlungsgebiet im heutigen West- und Süddeutschland gesprengt und sind in die unmittelbare Nachbarschaft der Römer gekommen. Soviel uns heute bekannt ist, zogen zuerst die Stämme der K i m b e r n und der T e u t o n e n um 120 v. u. Z. aus Jütland über Süddeutschland, Pannonien (das heutige Westungarn und seine Nachbargebiete in Österreich bzw. Kroatien) und die Alpen gegen Italien und Gallien. Eine Zeitlang schien es so, als ob sie das Römische Reich stürzen würden; die Römer konnten ihre Angriffe erst nach schweren Kämpfen abwehren und sie schließlich völlig vernichten. Die nächste Welle der Germanen richtete sich auf den Rhein und die Donau. IULIUS CAESAR war bereits gezwungen, in Gallien auch gegen germanische Heere zu kämpfen. Zur Zeit des TACITUS (um 100 u. Z.) hatten die Südgermanen die Linie Donau—Rhein schon überall erreicht, an mehreren Stellen sogar überschritten.

Aus dieser Zeit sind die drei großen germanischen **Kultbünde der Westgermanen** — d. h. der Südgermanen und der Nordseegermanen — überliefert: **Istwäonen** am Rhein (Weser-Rhein-Germanen), **Ingwäonen** an der Nordsee (Nordseegermanen) und **Erminonen** (Elbgermanen) im Binnenland. Diese Kultbünde sind auf Grund ethnischer Verwandtschaft und sozialhistorischer Interessengemeinschaft zustande gekommen und bald auch politisch bedeutend geworden.

Zum Bund der Istwäonen gehörten hauptsächlich jene Stämme, die später (nach 258) unter dem Namen **Franken** erscheinen. Den Kern der Ingwäonen bildeten die **Angeln**, die **Friesen** und die **Sachsen** (seit dem 4. Jh.). Unter den wichtigsten Stämmen der **Erminonen** sind hervorzuheben die **Sweben** (Vorfahren der Schwaben), die **Langobarden**, die — aus dem Nordwesten gekommen — zuletzt in der Poebene in Norditalien ein Reich gründeten, an das noch der Name *Lombardei* erinnert, und die ihre germanische Sprache später zugunsten des Italienischen aufgaben, die **Hermunduren** (die vermutlichen Vorfahren der Thüringer), die **Alemannen**, die **Quaden** (in Mähren und in der Slowakei) und die **Markomannen** (die germanischen Vorfahren der Baiern).

Hauptsächlich aus dem Stammesdialekt der istwäonischen **Bataver** ist im Bereich der heutigen Niederlande das **Altniederfränkische** — die Grundlage des Niederländischen — entstanden.

Die ursprünglich nordseegermanischen — ingwäonischen — **Festlandsachsen** sind nach dem Anschluß an das Frankenreich der Karolinger auch sprachlich immer mehr zu der Gruppe der Südgermanen übergegangen.

Im Zuge der sprachlichen Integrierung der südlichen Stämme ist die Gruppe des **Hochdeutschen** entstanden, deren älteste schriftlich belegte Periode das **Althochdeutsche**, letzten Endes also das Gesamt miteinander im engsten Kontakt entwickelter Dialekte war. Von diesen Stämmen seien die **Franken**, die in der Merowinger- und Karolingerzeit die Grundlagen für das heutige Frankreich und Deutschland geschaffen haben, besonders genannt. Im Namen der **Franzosen** lebt ebenfalls ihr Stammesname weiter. Während der weiteren Entwicklung der deutschen Dialekte ist die fränkische Einheit auch sprachlich gesprengt worden. Aus den **niederfränkischen** Mundarten sind — außer dem bereits erwähnten **Niederländischen** — auch andere **niederdeutsche** Mundarten entstanden. Die **mittelfrän-**

kischen und die oberfränkischen Mundarten wurden zu mittel- bzw. oberdeutschen Dialekten weiterentwickelt, während die Westfranken, d. h. die Franken jenseits des Rheins, sprachlich in ihrer galloromanischen Umgebung aufgegangen waren und zum mitbestimmenden Faktor der französischen Sprachgeschichte wurden. Dieser Zerfall des Fränkischen wurde von manchen Forschern irrtümlich verabsolutiert, wobei man das Augenmerk nur auf einige Sprachmerkmale richtete. FRIEDRICH ENGELS hat in seinem Werk *Der fränkische Dialekt* (1881/1882) als Erster auf die innere, auch in der Gegenwart noch bestehende Einheit der fränkischen Mundarten hingewiesen. Die Richtigkeit seiner Auffassung wurde auch von den Resultaten der modernen Sprachgeographie erhärtet, was wissenschaftshistorisch um so wichtiger ist, als die Sprachgeographie in Unkenntnis der ENGELSschen Arbeit erst viel später zu demselben Ergebnis kam.

Das Verbreitungsgebiet der eigentlich südgermanischen — d. h. festlandgermanischen — Sprachen umfaßt heute in Europa den deutschen Sprachraum — also die Bundesrepublik Deutschland, die Deutsche Demokratische Republik, Österreich, die deutsche Schweiz, Luxemburg und Liechtenstein —, die Niederlande und den flämischen Raum in Belgien und in Nordfrankreich. Deutsche Sprachinseln gibt es aber auch in der Sowjetunion, in Polen, in der Tschechoslowakei, in Ungarn, Rumänien, Jugoslawien, Italien, Frankreich, Belgien und Dänemark, ja auch in vielen Ländern in Übersee, so in den ehemaligen deutschen Kolonien, in der Südafrikanischen Republik, in Australien, Kanada und den Vereinigten Staaten bzw. in den südamerikanischen Ländern (vgl. IV.4.6.).

Aus den deutschen Mundarten des Mittelalters hat sich das Jiddische, die Sprache eines großen Teiles der Juden in West-, Mittel- und Osteuropa, zu einer selbständigen Schriftsprache entwickelt, die auch in Übersee, vor allem im nordöstlichen Küstengebiet der Vereinigten Staaten sowie in Israel (aber nicht als Amtssprache) gesprochen wird (vgl. IV.4.9.).

Im Bundesstaat Pennsylvanien in den USA hat sich auch der Dialekt der in erster Linie aus der Pfalz stammenden deutschen Bauern, das Pennsilfaanische, zu einer Schriftsprache fortentwickelt (vgl. IV.4.8.).

Das Niederländische hat sich in Übersee zum Teil in den ehemaligen holländischen und belgischen Kolonien, besonders in Indonesien und in Zaire (ehemaliger Belgisch-Kongo) verbreitet (vgl. IV.4.3.). Sogar die lateinische Orthographie der indonesischen Sprache beruht auf niederländischen Vorbildern. Aus niederländischen Dialekten ist die Schrift- und Gemeinsprache der Buren in Südafrika, das Afrikaans, entstanden (vgl. IV.4.4.).

IV.4.2. Die Problematik der westgermanischen Einheit. Die zweite (althochdeutsche) Lautverschiebung

Die gegenseitigen Verbindungen und Überschneidungen der Sprachen aller dieser Stämme wurden von der Forschung in verschiedener Weise gedeutet. Man dachte zunächst an eine einheitliche „urdeutsche" Sprache. Diese Annahme hat sich aber nicht halten lassen (vgl. IV.4.63.). Heute noch gehen die Meinungen über das Problem der westgermanischen und der ingwäonischen Einheit stark auseinander. Manche Forscher wollen Westgermanisch nur noch als einen rein geographischen Begriff gelten lassen. Auch sehen sie in „Ingwäonisch" zumeist nur eine wissenschaftliche Abstraktion. Es ist jedoch THEODOR FRINGS und VIKTOR SCHIRMUNSKI gelungen, unter dem spezifischen Aspekt der Sprachgeographie nachzuweisen, daß diese Einheiten wirklich bestanden haben, ja daß sie zum Teil bis heute weiter bestehen. Nur darf man sich diese Sprachbünde nicht als erstarrte Größen vorstellen, denn sie wurden aus alten Kernen heraus im Zuge mannigfacher Verschränkungen und Überschneidungen, Verschmelzungen wie Differenzierungen der einzelnen Stammesdialekte geformt. Ihr Fortleben erblickt THEODOR FRINGS in der heutigen Dreiteilung von Niederländisch — Niederdeutsch — Hochdeutsch. Auf Grund der Sprachverschiebungen zieht er es aber vor, anstatt von Ingwäonisch, Istwäonisch und Erminonisch eher von Küstendeutsch, Binnendeutsch und Alpendeutsch-Süddeutsch zu sprechen.

Über die stammeskundlichen Belange dieser Problematik haben wir schon gesprochen (vgl. IV.4.1.); nachstehend soll versucht werden, die gemeinsamen Merkmale der westgermanischen Sprachen zusammenzufassen.

Im Lautsystem ist spezifisch westgermanisch die westgermanische Konsonantendehnung („Gemination", d. h. Konsonantenverdoppelung) durch ein folgendes *j*, zum Teil auch durch *w, r, l* in der Stellung nach kurzem Vokal, z. B. germ. *bidjan > westgerm. *biddjan > ahd. *bitten*, as. *biddian*, ags. *biddan*, afr. *bidda* 'bitten' gegenüber got. *bidjan*; as. *akkar*, afr. *ekker*, ahd. *ackar* 'Acker' (aber ags. *æcer*!) gegenüber got. *akrs*; germ. **apla-* > westgerm. *appla > ags. *æppel*, nd.-nl. *appel*, ahd. *apful* 'Apfel' gegenüber an. *epli*.

Allgemein westgermanisch ist das frühe Abstoßen des auslautenden *-s* der Nomina, z. B. got. *dags* ~ an. *dag(a)r*, aber ags. *dæg* ~ ahd. *tag* 'Tag', ferner der Wandel *ð* > *d* (> ahd. *t*), z. B. aisl. *faðir*, aber as. *fadar*, ags. *fæder*, afr. *feder*, ahd. *fater* 'Vater'. Der gotonordischen Gruppe gegenüber haben die westgermanischen Sprachen die Lautgruppen *ngw, nkw*, in postvokalischer Stellung auch *kw* und (manchmal) *hw* vereinfacht, z. B.

got. *siggwan* [si*ŋ*gwan], aber ags., as., ahd. *singan* 'singen'; got. *sigqan* [si*ŋ*kwan], aber ags., as., ahd. *sinkan* 'sinken'; got. *naqaþs* [nakwaθs], aber ags. *nacod*, ahd. *nackod* 'nackt'; got. *saihan* [sɛːçwan], aber as., ahd. *sëhan*, ags. *sēon* 'sehen'.

Ein wichtiges westgermanisches Merkmal der grammatischen Struktur ist das deklinable G e r u n d, das in den ost- und den nordgermanischen Dialekten unbekannt war, vgl. ags. *niman* → *to nimenne* (Dat.), ahd. *nëman* → *nëmannes* (Gen.), → *zi nëmanne* (Dat.) 'nehmen'. Bei der Bildung der suppletiven Formen des Verbs 'sein' wurde der idg. Stamm *es- 'sein' mit idg. *bhū- 'sein' (vgl. lat. *fui* 'war', russ. быть 'sein') kombiniert, z. B. got. *im*, aisl. *em*, aber as. *bium*, ags. *bēo(m)*, afr. *bem/bim* ~ *ben/bin*, ahd. *bim* 'bin' usw.

Der Nominativ Sing. der Maskulina der *n*-Stämme wird in der gotonordischen Gruppe mit der Endung -*a*, -*e* (-*i*), in den westgermanischen Sprachen mit -*o* (< idg. *-*ō*) gebildet, z. B. got. *hana* ~ aisl. *hane/hani*, aber ags. *hona* (<*hanō-) ~ as., ahd. *hano* 'Hahn'.

Das N u m e r a l e 'zwei' wird in den beiden Gruppen ebenfalls unterschiedlich gebildet. Das Maskulinum des Gotischen (*twai*) und des Altnordischen (aisl. *tveir*) entspricht — etymologisch — dem Neutrum des Westgermanischen (ags. *twā*, as. *twē*, ahd. *zwei*); das Maskulinum wird in den westgermanischen Sprachen mit dem adjektivischen *n*-Suffix konstruiert, z. B. as. *twēne*, ahd. *zwēne*, ags. *twēgen*.

Über die gemeinsamen Grundlagen hinaus spiegeln die gemeinsamen Merkmale der westgermanischen Sprachen in der W o r t b i l d u n g die spätere Kontaktentwicklung wider. Nur westgermanisch belegt ist ursprünglich die Umgestaltung gewisser alter Wörter zu Bildungssuffixen, z. B. ahd. -*heit*, ags. -*hād* '-heit' (aus ahd. *heit*, ags. *hād*, as.-afr. *hēd* 'Zustand, Lage'), vgl. ahd. *magat* ~ ags. *mægð* 'Magd, Jungfrau' → ahd. *magatheit* ~ ags. *mægðhād* 'Jungfräulichkeit' (vgl. ne. *maidenhood* ~ *maidenhead*), ferner ahd. -*tuom* '-tum' und ahd. -*schaft*, ags. *scap* (vgl. ahd. *heit* ~ got. *haidus* 'Wesen, Weise'; ahd. *tuom* ~ got. *doms* 'Gericht, Urteil, Handlung'; ahd. *scaft* zu 'schaffen').

Westgermanisch ist der Gebrauch von ahd. *anti/enti/inti/unti*, as. *ande/endi*, afr. *and*(*a*)/*end*(*a*), ags. *and/ond/end*, nl. *en* (< *end*) 'und' gegenüber got. *jah* bzw. *auk*, aisl. *ok* 'dass.'. Ähnliche Gemeinsamkeiten zeigen die K o n j u n k t i o n e n der Nebensätze im Westgermanischen.

Nur westgermanisch belegt sind manche E i n z e l w ö r t e r, die aus dem Gotonordischen fehlen, z. B. ahd. *grōʒ* ~ as. *grōt* ~ ags. *grēat* ~ afr. *grāt* 'groß' (gegenüber got. *mikils* ~ aisl. *mikill* 'dass.'); ahd. *scāf* ~ as., anfrk. *scāp* ~ ags. *scēap* ~ afr. *skēp* 'Schaf' (gegenüber got. *awi ~ aisl. *ǽr* 'dass.'); ahd., as. *kneht* ~ ags. *cniht* ~ afr. *kniuht* 'Knecht' (→ engl.

'Ritter'), aber auch Wörter wie dt. *Eidechse, Hering, Geist, klein, sprechen* u. dgl.

Daneben sind auch die N e u e r u n g e n recht interessant, die das Westgermanische mit dem Nordgermanischen verbinden. So ist germ. $\bar{e}$ (-$\bar{e}_1$) in beiden Gruppen zu $\bar{a}$ geworden, z. B. as. *lātan*, ags. *lātan > *lœtan*, ahd. *lāzan*, aber got. *lētan* 'lassen'. Es wurde der R h o t a z i s m u s durchgeführt, z. B. ags.-afr. *māra*, as.-ahd. *mēro*, an. *meire*, aber got. *maiza* 'größer' bzw. 'mehr'. Die germanische Lautgruppe *þl*- wurde zu *fl*-, im Gegensatz zu got. *þl*-, und was sehr wichtig ist, die Perfektumschreibung mit 'sein' und 'haben' beschränkte sich ebenfalls auf diese beiden Bereiche. Manche Wörter lassen sich nur nord- und westgermanisch nachweisen.

All dies spricht dafür, daß wir an dem Begriff der westgermanischen Sprachgemeinschaft, wenn auch nicht so verabsolutierend wie früher, weiterhin festzuhalten haben. Diese Einheit wurde in lautlicher Hinsicht am stärksten von der sogenannten z w e i t e n oder a l t h o c h d e u ts c h e n L a u t v e r s c h i e b u n g erschüttert. Dieser Wandel, der *mutatis mutandis* die erste (germanische) Lautverschiebung fortführte, war spätestens im 5. Jh. u. Z. von den südgermanischen Stämmen, und zwar aus dem Bereich der Stammessprachen der Baiern, der Langobarden und der Alemannen ausgegangen. Von da aus breitete er sich in ziemlich raschem Tempo auch nach Norden aus und erreichte bereits im 7.—8. Jh. auch die Franken am Rhein. Vor einigen Jahren hat RUDOLF SCHÜTZEICHEL zwar versucht, die zweite Lautverschiebung im Fränkischen als eine eigenständige, autochthone Wandlung zu deuten, seiner Theorie können wir jedoch, da sie handfester Beweise entbehrt, nicht beipflichten. Die zweite Lautverschiebung ist in Abb. 52 tabellarisch zusammengefaßt.

Germ. *p, t, k* wurden im Wortanlaut, in gedehnter Stellung sowie nach *l, r, m, n* auch im In- und Auslaut affriziert: p > *pf*, t > [ts], k > [kx, kç], z. B. ne. *pound* ≠ ahd. *pfunt* 'Pfund'; ne. *tide* ≠ ahd. *zīt* [tsi:t] 'Zeit'; ne. *corn* ≠ ahd. *chorn* [kxɔrn] 'Korn'; ne. *help* ≠ ahd. *hëlpfan* 'helfen'; ne. *thorp(e)* [θɔ:rp] ≠ ahd. *dorpf* 'Dorf'; ne. *swart* ≠ ahd. *swarz* 'schwarz'; ne. *holt* ≠ ahd. *holz* 'Holz, Gehölz, Wald'; ne. *work* ≠ ahd. *wërch* [wɛrkç] 'Werk'; ne. *apple* ≠ ahd. *apful* 'Apfel'; ne. *set* ≠ ahd. *sezzan* [setstsan] 'setzen'; ne. *awake* ≠ ahd. *we(c)chan* [we(kx)kxan] 'wecken'.

Dieselben germanischen Laute wurden in intervokalischer Stellung und im postvokalischen Auslaut zu stimmlosen Reibelauten: p > *f*/*ff*, t > *3*/*33* [s, ss], k > *ch* [ç, x], z. B. ne. *sleep* ≠ ahd. *slâ(f)fan* 'schlafen'; ne. *eat* ≠ ahd. *e33an* [essan] 'essen'; ne. *make* ≠ ahd. *machon* [maxon] 'machen'; ne. *ship* ≠ ahd. *scif* 'Schiff'; ne. *foot* ≠ ahd. *fuo3* [fuos] 'Fuß'; ags. *ic* [ik] ≠ ahd. *ih* 'ich'. In einigen oberdeutschen Mundarten wurde dieser Stand noch weiter entwickelt.

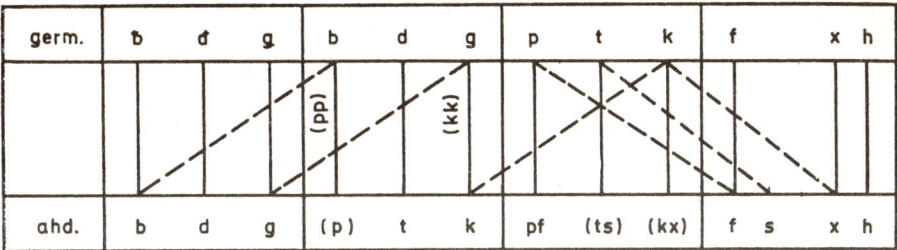

germ.	b̄	đ	g̑	b	d	g	p	t	k	f	x	h
				(pp)		(kk)						
ahd.	b	d	g	(p)	t	k	pf	(ts)	(kx)	f s	x	h

In den einzelnen altdeutschen Dialekten:

germ.	b ~ b̄	d ~ đ	g ~ g̑
As.	beran, geban	dohter, biodan	geban, ōga, liggian
Mittelfrk.	sibbia, -a	biddian, -en	geban, ouga, liggen
Rheinfrk.	beran	dohter, biodan, bitten	geban, ouga, liggen
Süd-(rhein)frk.	geban, sibba, sippa	dohter, biotan, bitten	geban, ouga, liggen
Ostfrk.			
Alem.	peran, k-, geban, sippa	tohter, b-, piotan, b-, pitten	g-, keban, ouga ~ ouka, likken
Bair.	peran, g-, kepan, sippa	tohter, b-, piotan, b-, pitten	g-, kepan, ouga ~ ouka, likken

germ.	p		t	k	
As.	opan	plegan, appul, helpan	etan	tehan	makon
Mittelfrk.					
Rheinfrk.		plegan, appul, helpfan			kind
Süd (rhein)frk.	offan	plegan, apful, helpfan	ezzan	zehan	mahhōn
Ostfrk.		pflegan, apful, helpfan			
Alem.-Bair.					chind

Abb. 52. Die zweite (althochdeutsche) Lautverschiebung (nach Hans Krahe)

Die **sprachgeographische Schule** gliederte die **deutschen Mundarten** in der Regel danach, ob sie diese Tendenz der Lautwandlungen entfaltet haben oder nicht. In den **süddeutschen** — d. h. oberdeutschen — Mundarten wurden die Regeln der zweiten Lautverschiebung vollkommen zur Geltung gebracht, in den **norddeutschen** — d. h. niederdeutschen — Mundarten hingegen überhaupt nicht. Zwischen diesen beiden Großräumen liegt der Bereich der sogenannten **mitteldeutschen** Mundarten, deren Einzelgruppen sich dem aus dem Süden vordringenden Wandel in verschiedenem Grade anschlossen, vgl. IV.5.13. Die in der Sprachgeographie als grundlegend angenommene Grenzlinie der nieder- und der hochdeutschen (d. h. mittel- und oberdeutschen) Mundarten ist die „**Benrather Linie**" (nach dem Ort, wo diese Linie am Rhein, unweit der niederländischen Grenze, ihren Anfang nimmt). Von den westgermanischen Schriftsprachen der Gegenwart haben Neuhochdeutsch, Jiddisch und Pennsilfaanisch die zweite Lautverschiebung zur Gänze oder doch teilweise durchgeführt, während Niederdeutsch, Niederländisch, Afrikaans sowie das gesamte Nordseegermanische (Englisch, Schottisch, Friesisch) in dieser Hinsicht noch auf dem gemeingermanischen Stand verharren (Abb. 53).

IV.4.3. Niederländisch (Flämisch-Holländisch)

IV.4.31. Geschichte. Quellen

Niederländisch ist die Staatssprache der Niederlande (nl. *Koninkrijk der Nederlanden* 'Königreich der Niederlande', kurz *Nederland*), außerdem die mit dem Französischen gleichgestellte Staatssprache Belgiens (*Koninkrijk België* bzw. frz. *Royaume de Belgique* 'Königreich Belgien'), wo sie zugleich die Muttersprache der flämischen Bevölkerung ist. Das Gebiet der Niederlande umfaßt 33 716 km², die Zahl der Einwohner beträgt etwas mehr als 13 Millionen (davon sind 10% **Friesen**, s. IV.3.51.). Von den annähernd 10 Millionen Einwohnern des 30 507 km² umfassenden Belgien bekennen sich ungefähr 54% zu der südlichen (flämischen) Variante des Niederländischen als zu ihrer Muttersprache. Eine kleinere flämische Minderheit gibt es außerdem noch im nordwestlichen Frankreich, an der Grenze Belgiens. Niederländisch ist auch die offizielle Sprache der niederländischen Besitzungen in Übersee (Niederländische Antillen und Surinam, d. h. Niederländisch-Guayana in Südamerika), aber die Kenntnis des Niederländischen ist auch in den ehemaligen niederländischen und belgischen Kolonien (Indonesien, Zaïre) verbreitet. Die Hauptstadt der Niederlande ist — nominell — Amsterdam bzw. — praktisch — Den Haag ('*s Gravenhage*); die Hauptstadt Belgiens ist Brüssel (*Brussel*, frz. *Bruxelles*). Wirtschaftlich ist Belgien ein entwickeltes Industrieland, die Niederlande sind ein entwickeltes Industrie-

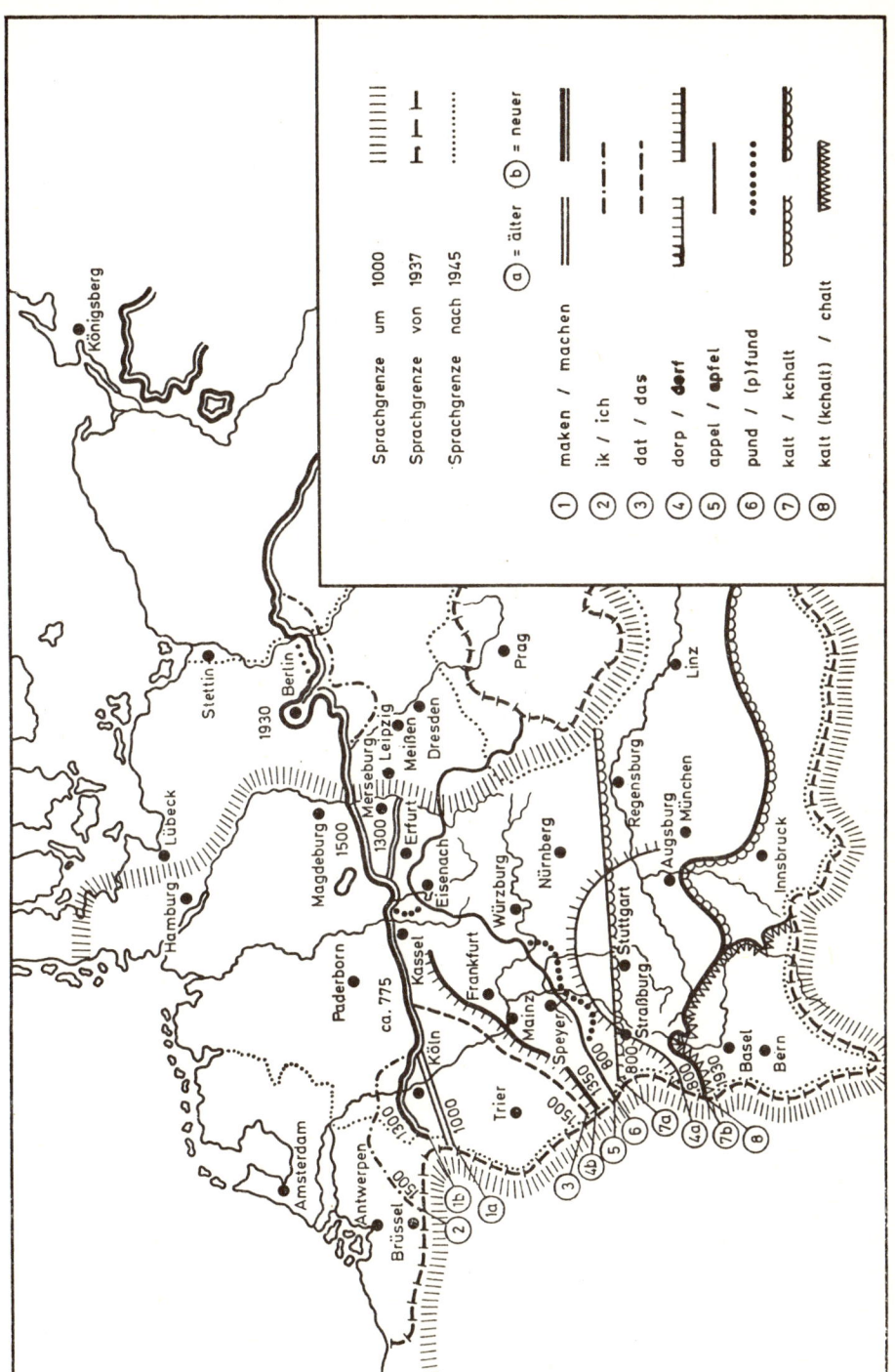

Abb. 53. Grenzen der zweiten Lautverschiebung (bearbeitet nach HUGO MOSER und VIKTOR SCHIRMUNSKI)

und Agrarland. Der Kohlen-, Eisen- und Buntmetallbergbau spielt besonders in Belgiens Nationaleinkommen eine große Rolle. Die Handelsflotte der Niederlande steht an der vierten Stelle in der Welt. Konfessionsmäßig ist Belgien fast zur Gänze römisch-katholisch, während in den Niederlanden etwa 45% der Bevölkerung der katholischen, 55% der reformierten (kalvinischen) Kirche angehören.

Im Zuge seiner Ausbreitung hat sich das Römische Reich auch das Gebiet der heutigen Niederlande und Belgiens einverleibt und die hier ansässigen keltischen und germanischen Stämme unterjocht. Nach der übereinstimmenden Aussage der antiken Historiker und der archäologischen Funde waren zu jener Zeit in diesem Raum östlich bzw. nordöstlich des Rheins die F r i e s e n, westlich des Rheins die ebenfalls germanischen B a t a v e r beheimatet, während das heutige Belgien vom festlandkeltischen (gallischen) Stamm der Belgier besetzt war. Im 5. Jh. u. Z. wurde auch dieses Gebiet von den F r a n k e n überrannt und auf diese Weise späterhin zum Bestandteil des Römischen Reiches Deutscher Nation. Nach dem Tode KARLS DES GROSSEN wurde der Süden der Niederlande an Lothringen angeschlossen, wurde aber bereits im 12. Jh. in verschiedene feudale Fürstentümer (Brabant, Luxemburg usw.) aufgeteilt. Im Norden spielte schon in dieser Zeit das eigentliche Holland die führende Rolle. Im 15. Jh. kamen die gesamten Niederlande in den Besitz des burgundischen Herzogtums bzw. 1482 an das Haus Habsburg. Nachdem Kaiser KARL V. 1555 diese Provinzen seinem Sohn, dem spanischen König PHILIPP II., überlassen hatte, begann der Freiheitskampf der bürgerlich-protestantischen Niederlande gegen die feudal-katholische Unterdrückung der Spanier. An der Spitze dieses bürgerlichen Freiheitskampfes stand WILHELM VON NASSAU (der „SCHWEIGSAME"), Prinz von Oranien, den die niederländische Geschichtsschreibung auch heute noch als den eigentlichen Begründer der unabhängigen Niederlande ansieht. Im Verlauf des Freiheitskampfes ist es Spanien zwar gelungen, seine Herrschaft über die Südprovinzen (d. h. über das heutige Belgien) zu sichern, aber Holland und die übrigen sechs Provinzen des Nordens brachten 1579 die Utrechter Union zustande und erklärten sich 1581 für unabhängig. Der Kampf gegen die Spanier wurde fortgesetzt und mündete in den Dreißigjährigen Krieg (1618—1648). Im Westfälischen Frieden (1648) wurde dann die Unabhängigkeit der vereinigten Niederlande, der sogenannten Generalstaaten (nl. *General-Staten*) endgültig anerkannt. Im 17. Jh. entwickelten sich die Niederlande zu einer der bedeutendsten Kolonialmächte Europas, indem sie dank der Niederländischen Ost- bzw. Westindischen Gesellschaft nicht nur riesige Gebiete in Übersee, sondern auch den Welthandel unter ihre Kontrolle nahmen. Die Zentralmacht wurde vom jeweiligen Statthalter der freien Provinzen ausgeübt; im

Jahre 1747 wurde die Würde der Statthalterschaft zugunsten des Hauses Oranien für erblich erklärt.

England und Frankreich gegenüber haben die Niederlande ihre Weltmachtstellung und ihre politische Freiheit in den schweren Kämpfen der sogenannten Niederländischen Kriege behauptet, und im Volksaufstand gegen die „große Allianz" (1688—1697) konnten die Niederlande die französischen Truppen LUDWIGS XIV., die die unter spanischer Herrschaft stehenden Südprovinzen besetzt hatten, zurückdrängen. Holland konnte sogar in die englische Politik aktiv eingreifen, nachdem der Statthalter der Niederlande, WILHELM III., im Jahre 1686 der Herrschaft der STUARTS ein Ende bereitet hatte und, ohne die Würde des Statthalters aufzugeben, zum englischen König gewählt wurde. Das englisch—niederländische Bündnis erntete seinen größten Erfolg im Spanischen Erbfolgekrieg (1701—1714). Im Ergebnis des Krieges kamen die Südprovinzen nach dem Rastätter Frieden in den Besitz Österreichs. In ihrer Position im Welthandel wurden aber die Nordprovinzen während des 18. Jh.s hinter England auf den zweiten Platz verwiesen.

Mit der großen Französischen Revolution (1789) brach in der Entwicklung der gesamten Niederlande eine neue Epoche an, ja im Süden entfachte sie noch im selben Jahr die sogenannte Brabantische Revolution, die letztlich mit der Herrschaft der Österreicher aufräumte. Die Revolutionsarmee der Franzosen besetzte 1794 die südlichen, 1795 auch die nördlichen Provinzen, welch letztere zur Batavischen Republik umgebildet wurden. Nach 15 Jahren Scheinunabhängigkeit hat NAPOLEON sie Frankreich angeschlossen. Nach den Napoleonischen Kriegen wurden die belgischen und die holländischen Provinzen auf dem Wiener Kongreß (1815) zum Königreich der Niederlande vereinigt. Mit der belgischen Revolution von 1830 schieden jedoch die Südprovinzen von diesem Königreich aus, und im Londoner Vertrag von 1831 wurde bereits das unabhängige Königreich Belgien von den europäischen Mächten anerkannt.

Im Ersten Weltkrieg sind die Niederlande unabhängig geblieben, während Belgien von deutschen Truppen besetzt wurde. Im Zweiten Weltkrieg hat dieses Schicksal auch die Niederlande ereilt. Nach 1945 wurden sowohl die Niederlande als auch Belgien von den um ihre Befreiung ringenden Völkern gezwungen, auf den größten Teil ihrer Kolonien in Übersee zu verzichten. Nach dem Zusammenschluß der ehemaligen Niederländischen Ostindischen Inseln ist 1949 das unabhängige Indonesien entstanden. Surinam und die Niederländischen Antillen erhielten 1954 eine interne Autonomie. 1960 wurde der einstige Belgisch-Kongo zur freien Republik Zaire, und 1962 wurde nach einer internationalen Entscheidung Niederländisch-Neuguinea unter dem Namen Irian der Indonesischen Republik angeschlossen.

1947 haben Belgien, die Niederlande und Luxemburg den Zusammenschluß der Benelux-Staaten (< *België* — *N*ederland — *Lux*emburg) geschaffen; seit 1949 sind alle drei Staaten Mitglieder der NATO bzw. seit 1957 auch der Europäischen Wirtschaftsgemeinschaft.

Als älteste Quellen der niederländischen Sprache gelten die a l t n i e - d e r f r ä n k i s c h e n G l o s s e n (sogenannte *Malberger Glossen*) der *Lex Salica*, d. h. des Gesetzbuches der Salischen Franken. Dieses Gesetzbuch stammt aus der Karolingerzeit; seine älteste bekannte Variante geht auf die Regierungszeit CHLODWIGS zurück. Aus dem 9.—10. Jh. sind die Übersetzungen einiger P s a l m e n des Alten Testaments — ziemlich bruchstückhaft — auf uns gekommen. Ein sehr wertvolles Material bilden außerdem die niederfränkischen Glossen lateinischer Urkunden sowie die alten O r t s - u n d P e r s o n e n n a m e n der Niederlande.

Aus m i t t e l n i e d e r l ä n d i s c h e r Zeit sind auch die Denkmäler der schöngeistigen Literatur schon sehr zahlreich erhalten. Unter den Schöpfungen des mittelalterlichen M i n n e s a n g s sind besonders die von hochdeutschen Einflüssen nicht freien Gedichte des hervorragendsten niederländischen Minnesängers des 12. Jh.s HEINRICH VON VELDEKE (nl. HENRIK VAN VELDEKE) zu erwähnen. Von den Denkmälern des 13. Jh.s sind die lyrischen und die umfangreichen didaktischen Dichtungen des Flamen JACOB VAN MAERLANT (ungefähr 1235—1300) sowie die um 1270 entstandene epische Variante der alten niederfränkischen Tierfabel *Van de Vøs Reinaerde* zu nennen ('Reinart der Fuchs'; das Sujet wurde auch von GOETHE in seinem *Reineke Fuchs* bearbeitet). Die Heimat der niederländischen Dichtung des 13. Jh.s sind Limburg, Brabant und Flandern. Die Schriften der Dichter dieser Zeit zeugen schon (worauf MAERLANT auch bewußt hindeutete) von schriftsprachlichen Bestrebungen. Für die Entstehung der modernen niederländischen S c h r i f t s p r a c h e kam neben den Dichtern auch den Grammatikern und in erster Linie der im Auftrag der protestantischen (holländischen) Provinzen in den Jahren 1619—1637 besorgten Bibelübersetzung die größte Bedeutung zu. Diese sogenannte S t a a t e n b i b e l (nl. *Statenbijbel*) hatte in der Entwicklung des Niederländischen eine ähnliche Rolle wie die LUTHERsche Bibel in Deutschland. Die Bibelübersetzer haben u. a. schon die Regeln der Grammatik und der Rechtschreibung des Niederländischen festgelegt.

IV.4.32. Entstehung des Niederländischen

Die niederländische Sprache (*Nederlands*) ist letzten Endes aus den Stammesdialekten der das Gebiet der heutigen Niederlande und Belgiens besetzenden Franken, Sachsen und Friesen entstanden.

Die **Friesen** gehören, wie bereits erwähnt, heute noch zu der Gruppe der Nordseegermanen, aber während der Jahrhunderte langen Koexistenz wurden bedeutende friesische Gruppen den Franken angeglichen, und auf diese Weise haben manche friesische Sprachmerkmale auch ins Niederländische Eingang gefunden, z. B. die alte germanische Konsonanz *ft* gegenüber frk. *cht* (vgl. nl. *bruiloft* 'Hochzeit, Brautlauf' neben nl. *lopen* 'laufen', früher auch 'tanzen'), die Aufgabe der Präfixe *ge-* und *be-* in manchen Wörtern (z. B. *heel* — neben *geheel* — 'ganz, heil'; *horen* — neben *behoren* — 'gehören'), die Lautverbindungen *sj* und *tj* (z. B. *sjouwen* [ʃauwə] 'schleppen', *tjalk* [tjalk] 'Schiff'. Viele Wörter und Namen friesischer Herkunft sind ebenfalls allgemein niederländisch geworden, z. B. *moot* 'Scheibe', *krioelen* 'wimmeln', *Ritsert* (neben nfrk. *Rijkert*) 'Richard', *Jasper* (neben nfrk. *Gaspar* ~ *Caspar*) 'Kaspar', *gland* (neben nfrk. *gloed*) 'Glut' usw. Die Frequenz der friesischen Elemente ist in den nördlichen Provinzen besonders stark, wo das friesisch-niederländische Nebeneinander die sprachliche Wechselwirkung am meisten hat fördern können.

Auch die **Sachsen** bildeten ursprünglich einen Teil der nordseegermanischen Sprachgruppe, aber entfernten sich infolge ihrer Kontakte zum Südgermanischen immer mehr von dieser alten Gemeinschaft und gingen allmählich auch sprachlich zum Südgermanischen über. Diese „versüdlichten" Sachsen hinterließen nicht nur ihre direkten Spuren im Niederländischen, sondern durch den in der Blütezeit der Hanse um sich greifenden niederdeutschen Einfluß überschichteten sie auch von außen her die Mundarten sowie die Schriftsprache der Niederlande. Das sächsische **Substrat** hat vor allem die nordöstlichen Dialekte des Niederländischen durchdrungen. Dem nfrk. Diphthong *ij* [ei] entspricht z. B. im holländischen Dialekt die monophthongische sächsische Aussprache [i:], z. B. *vrij* [ʋrei] gegenüber nordnl. [ʋri:] 'frei' (vgl. nd. *fri* 'dass.'). Der Einfluß der **Hanse** läßt sich hauptsächlich am **Wortschatz** verfolgen, besonders in der Terminologie des Handels, des Rechts, der Kirche und der Kriegskunst, z. B. *schok* 'Schock: 60 Stücke', *diefstal* 'Diebstahl', *heilzaam* 'heilsam', *oproer* 'Aufruhr', *overrompelen* 'überrumpeln' u. dgl.

Letzten Endes geht jedoch das Niederländische auf den **altniederfränkischen** Dialekt zurück, der einen integrierenden Bestandteil der südgermanischen Stammesdialekte bildete. Die fränkischen Dialekte sind eigentlich auf Grund der zweiten (althochdeutschen) Lautverschiebung in drei große Gruppen zerfallen, wobei das Niederfränkische von dieser Lautintention ganz unberührt blieb, vgl. nl. *pond* 'Pfund', *helpen* 'helfen', *appel* 'Apfel' bzw. *schip* 'Schiff'; nl. *tijd* 'Zeit', *zwart* 'schwarz', *hout* 'Holz', *zetten* 'setzen' bzw. *eten* 'essen', *voet* 'Fuß'; *koren* 'Korn' (ahd. *chorn*!), *werk* 'Werk' (ahd. *werch*!); *maken* 'machen', *ik* 'ich'. Das Verbreitungsgebiet der niederfränkischen Dialekte umfaßt in der Gegenwart den Großteil der Niederlande und das mit Holland benachbarte deutsche Grenzland bis zum Rhein (sogenannter Kölner Raum).Den historischen Kern dieses Sprachraums haben die s a l i s c h e n F r a n k e n (*Salier*) gebildet, die nach dem salzigen Zuidersee bzw. dem an dem See gegründeten Gau *Salland* benannt wurden.

In der historischen Entwicklung des Niederländischen werden — ähnlich wie im Deutschen und im Englischen — drei große Perioden unterschieden: 1. Altniederfränkisch (*Oudnederfrankisch*) im 7.—11. Jh.; 2. Mittelniederländisch (*Medelnederlands*) vom 12. bis zum 16. Jh.; 3. Neuniederländisch (*Nieuwnederlands*) vom 17. Jh. an.

Das A l t n i e d e r f r ä n k i s c h e war in seinen wesentlichen Merkmalen mit jenen südgermanischen und zum Teil auch mit jenen nordseegermanischen Sprachen identisch, die von der zweiten Lautverschiebung nicht ergriffen wurden. In westgermanischer Weise ist der Umlaut eingetreten, vgl. *betero* 'besser' ($\neq$ got. *batiza*), *heri* 'Heer' ($\neq$ got *harjis*), *hella* 'Hölle, Unterwelt' ($\neq$ got. *halja*), die Konsonantendehnung (Gemination), die Apokope vom germanischen Nominativsuffix *-z (vgl. got. *dags* < germ. *dagaz*), z. B. anfrk. *dag* 'Tag', u. dgl.

Die normierte Reihe (A l p h a b e t) der altniederfränkischen Grapheme enthält die folgenden Einheiten: *a, b, c, d, e, f, g, h, i, j, k, l, m, n, o, p, q, r, s, t, u, v, w*. In Fremdwörtern und Namen werden auch *x, y, z* verwendet. In altniederfränkischen Lexemen wird mit *c* meistens [k], mit *v* ein stimmhafter labiodentaler Reibelaut (vgl. *gevon* [gevon] 'geben'), mit *th* das Phonem [θ,ð] bezeichnet. Die Aussprache von *w* ist bilabial wie im Englischen. Die Vokallänge wird durch den Zirkumflex oder einen übergesetzten Balken wiedergegeben: *â, ê, î, ô, û* bzw. *ā, ē, ī, ō, ū*. Germ. *ō wurde im Altniederfränkischen — genauso wie im Althochdeutschen, aber im Gegensatz zum Altsächsischen — zu *uo* diphthongiert, z. B. *ricduom* 'Reichtum'; parallel dazu wurde germ. *io > *ia*, z. B. *thiat* 'Volk'.

Lange Konsonanten werden verdoppelt geschrieben. Der Buchstabe *h* bezeichnete im Anlaut das [h], in sonstigen Stellungen den sogenannten *ach*-Laut [x], z. B. *haldan* [haldan] 'halten', aber *naht* [naxt] 'Nacht'.

In der Lautgruppe *sc* [sk] wurde *k* schon in dieser Periode spirantisch, also > *sch* [sç], z. B. *schalc* [sçalk] 'Schalk, Knecht, Kerl'. Die Konsonantenverbindung *-hs-* [xs] wurde allmählich vereinfacht, vgl. *ohso* [oxso:] 'Ochse', aber *vusso* [vusso:] 'Fuchs' (< *vuhso*).

Auch der g r a m m a t i s c h e B a u des Altniederfränkischen war von westgermanischem Schlag. Das S u b s t a n t i v unterschied die drei Genera und die Stammklassen der Paradigmen nach vokalischen bzw. konsonantischen Stämmen. Vokalische Stämme: 1. *a*-Stämme (*dag* m. 'Tag', *wort* n. 'Wort') mit den Varianten der *ja*-Stämme (*putte* f. 'Brunnen', vgl. dt. *Pfütze*) und der *wa*-Stämme (*snēo* m. 'Schnee'); 2. *ō*-Stämme (*geva* f. 'Gabe') mit den Varianten der *jō*- und der *wō*-Stämme; 3. *i*-Stämme; 4. *u*-Stämme. — Konsonantische Stämme: 1. *n*-Stämme („schwache Deklination"), z. B. *tunga* f. 'Zunge', *ōga* n. 'Auge'; 2. *r*-Stämme, z. B. *bruother* m. 'Bruder'; 3. partizipiale *nd*-Stämme; 4. Relikte älterer Stammklassen, z. B. *man* m. 'Mann' usw.

Das Adjektiv hat die Unterscheidung der starken und der schwachen Deklination bewahrt. Numeralien und Pronomina zeigten ebenfalls keine nennenswerte Abweichung vom zeitgenössischen germanischen Typus. Auch das Altniederfränkische unterschied zwischen starker und schwacher Verbalflexion und begann — wie das Altsächsische u. a. — die zusammengesetzten Verbalkonstruktionen zu entwickeln.

In der mittelniederländischen Periode ist es — ähnlich den anderen süd- und nordseegermanischen Sprachen — auch im holländisch-flämischen Sprachgebiet zu weittragenden sprachlichen Wandlungen gekommen. Die im Ergebnis der Reduktion der nebentonigen Vokale um sich greifende Neutralisierung ging Hand in Hand mit der Verschmelzung der Kasus der Nomina (Synkretismus). Die vokalischen Stämme haben besonders im Süden das auslautende reduzierte *-e* [ə] im Nominativ-Akkusativ ziemlich lange gehalten, z. B. *sprake* f. 'Sprache', (anfrk. *ruggi* >) *rucghe* m. 'Rücken' usw., aber die nördlichen Dialekte haben die Lage rascher geklärt und ließen dieses *-e* nur bei den Feminina bis ins Neuniederländische gewähren bzw. in einem einzigen Maskulinum (*vrede* 'Friede') und einem simplen Neutrum (*einde* 'Ende') sowie in der mit dem Präfix *ge-* gebildeten Gruppe der Kollektiva, z. B. *gebergte* n. 'Gebirge' (< *berg* 'Berg'). Verhältnismäßig besser konnte sich die sogenannte „schwache" (*n-*) Klasse halten. Die Genitivendung *-s* wurde immer allgemeiner, eine seltene Ausnahme bildeten nur die *r*- bzw. *u*-Stämme, z. B. *des vader* 'des Vaters', *des sone/soon* 'des Sohns'. Ein Teil der Neutra hat auch noch im Mittelniederländischen im Nominativ-Akkusativ des Plurals kein Pluralzeichen erhalten, z. B. *woort* n. 'Wort' und 'Wörter', aber wie im Mittelhochdeutschen wurde das Pluralzeichen *-er* zunehmend verwendet, z. B. *kint* n. 'Kind' → *kinder* 'Kinder'. Vom 14. Jh. an wurde das Pluralzeichen *-s* vermutlich unter sächsischem und friesischem Einfluß immer allgemeiner verwendet, sogar in Fällen, wo dies früher nicht möglich war, vgl. *gulden* m. 'Gulden' → *guldens* Pl., *sanger* m. 'Sänger' → *sangers* Pl. Zur feineren Nuancierung der Bedeutungsinhalte haben immer mehr Wörter doppelte Pluralformen gebildet, z. B. *blad* n. 'Blatt' → *bladen* 'Blätter (Papier)' und *bladeren* 'Blätter (vom Baum)'. Als eine allgemeine mittelniederländische Tendenz hat sich die Umstellung des Singulars auf die „starke" und des Plurals auf die „schwache" Flexion gemeldet. Auch die Umschreibung des Genitivs wurde im 15. Jh. allgemein, z. B. *de heer **des** huizes* 'der Herr des Hauses' → *de heer **van den** huis/huize* 'der Herr von dem Haus(e)'. Die Deklination des A d j e k t i v s hat sich der Entwicklung des Substantivs angeschlossen.

Von den P r o n o m i n a hat sich das ursprüngliche Demonstrativum in der Verwendung als Artikel endgültig festgesetzt: *de/die* m.-f. 'der/die' bzw. *dat(te)* ∼ *'t* 'das', obwohl das Neutrum im 17. Jh. durch das Personalpronomen *het* 'es' verdrängt wurde. Das System der Personalpronomina hat sich gewandelt. Das Pronomen der 2. Pers. Sing. *du* 'du' und seine Kasusformen Gen. *dijns* ∼ *dijner*, Akk.-Dat. *dij* wurden im 16.–17. Jh. aus dem Gebrauch verdrängt bzw. — wie übrigens auch im Englischen — durch die Formen der 2. Pers. Plur. *gij* ∼ *ge* bzw. *jij* ∼ *je* abgelöst. Zur Bezeichnung der 3. Pers. Sing. wurden nebst der Unterscheidung der drei Genera die *h*-prothetischen Formen bewahrt (*hij* 'er', *het* ∼ *et* ∼ *'t* 'es'), obwohl im Femininum ein doppeltes System zum Vorschein trat: *si* ∼ *soe* ∼ *su* 'sie', Gen. *hare(r)* → *haer(re)* 'ihr-', Dat. *hare* 'ihr', Akk. *si* ∼ *ze* ∼ *hare* 'sie'. Der Akkusativ des Personalpronomens der 3. Person war im Mittelniederländischen zugleich ein Reflexivum (*hem* m., *ze* f., *het* n. 'sich'), das aber im 17. Jh. — unter deutschem Einfluß — in beiden Numeri vom Reflexivpronomen *zich* fast völlig verdrängt wurde.

Im System der V e r b a wurden die Gruppen der „starken" und der „schwachen" Verba auch weiterhin auseinandergehalten. Die Stammvokalwechsel der starken Verba nach den einzelnen Ablautsreihen waren die folgenden:

1. anfrk. $\bar{\imath} - ei - i - i$
   mnl. $\bar{\imath} - ee - \bar{e} - \bar{e}$
2. anfrk. $\bar{u}/ie - ou - u - o$
   mnl. $\bar{u}/ie - oo - \bar{o} - \bar{o}$
3. anfrk. $e/i - a - o/u - u/o$
   mnl. $e/i - a - o - o$
4. anfrk. $e/i - a - \bar{a} - u/o$
   mnl. $\bar{e} - a - \bar{a} - \bar{o}$
5. anfrk. $e/i - a - \bar{a} - e/i$
   mnl. $\bar{e} - a - \bar{a} - \bar{e}$
6. anfrk. $a - uo - uo - a$
   mnl. $\bar{a} - oe - oe - \bar{a}$

Die „schwachen" Verba wurden im Altniederfränkischen nach den *ja*-, *ō*- und *ē*-Stämmen unterschieden. Diese Unterscheidung wurde in mittelniederländischer Zeit eliminiert, bloß die *ja*-Klasse hat infolge des Umlauts des Stammvokals einige Spuren davon beibehalten, vgl. *drinkjan > mnl. drenken 'tränken'.

Die Klassen der Präteritopräsentien waren im Mittelniederländischen — nach den einzelnen Ablautsreihen — die folgenden: 1. weet/weit 'weiß' — wiste Prät., 2. dooch 'tauge' — dochte Prät.; 3. (j)an 'gönne, wünsche' — onde/onste Prät.; can 'kann' — conde/co(n)ste Prät.; dar/der 'wage' — dorste/durste/dorde Prät.; darf/derf 'darf, bedarf' — dorste/durste bzw. dorfte/durfte Prät.; 4. sal/sel 'soll' — soude Prät.; 5. mach 'mag, vermag' — mochte Prät.; 6. moet 'muß' — moste/moeste Prät.

Die Reste der athematischen Verba waren im Mittelniederländischen: (a) das Verbum substantivum: sijn 'sein' — bim (bin/ben) 'bin', best (bes/bist) 'bist', es/is (ist) 'ist', Plural: 1. sijn, 2. sijt, 3. sijn (= analogische Form; im Altniederfränkischen war es noch sint!), Optativ si(j) usw., was 'war', waren 'waren', Part. Prät. ghesijn oder ghewesen 'gewesen'; (b) doen (doeien) 'tun' — dede Prät., Part. Prät. gedaen; (c) gaen 'gehen'; (d) staen 'stehen'; (e) willen 'wollen'.

Im Hinblick auf die Personalendungen wurde das altniederfränkische System im Mittelniederländischen einfacher, indem die Vokale der Nebentonsilben auch hier n e u t r a l i s i e r t wurden:

Präsens Indikativ

		anfrk.	mnl.
Sing.	1.	-e/-i	-e
	2.	-as	-(e)s/-(e)st
	3.	-e/i	-e
Pl.	1.	-on	-en
	2.	-it/-et	-(e)t
	3.	-on(-in/-en)	-en.

Die Kategorien des Verbs sind übrigens mit dem allgemeinen germanischen Typus identisch. Im Vergleich zum Altniederfränkischen wurde der Gebrauch der umschriebenen Formen — zum Teil um das T e m p u s (Perfekt, Plusquamperfekt usw.), zum Teil um das P a s s i v bzw. den mit dem Tempus kombinierten M o d u s auszudrücken — im Mittelniederländischen verallgemeinert.

In der Entwicklung des Niederländischen kam dem K r ä f t e s p i e l der südlichen und der nördlichen Provinzen bzw. Dialekte eine außerordentliche Rolle zu. Zu Beginn des niederländischen Schrifttums herrschten die südlichen — altniederfränkischen — Mundarten vor, und der niederländische Sprachgebrauch des 13. Jh.s beruhte auf dem b r a b a n t i s c hlimburgischen (flämischen) Dialekt. Die starken deutschen Einflüsse im 14., ferner die französischen im 15.—16. Jh. haben die Entfaltung der analytischen Tendenzen des Niederländischen in hohem Grade beschleunigt: Zwischen 1345 und 1425 waren die niederländischen Provinzen von bayrischen Grafen regiert worden, von 1425 an wurden dagegen fast 150 Jahre hindurch (bis 1568) im Rahmen des Burgundischen Herzogtums die Bande der niederländisch-französischen Beziehungen enger geschnürt.

Trotz der wiederholten orthographischen Anstrengungen der Grammatiker schien es im 16. Jh. bereits so, als entwickelten sich zumindest drei niederländische Dialekte — Flämisch, Holländisch und Brabantisch (im engeren Sinne) — zu eigenständigen Schriftsprachen. Die historischen Voraussetzungen haben sich aber nach 1585 grundlegend verändert, als die Spanier auch Antwerpen besetzten und damit der freien kulturellen Entwicklung der Südprovinzen Einhalt geboten. In den darauffolgenden Jahrzehnten verstärkte sich zwar der brabantische Einfluß im Norden, da ein großer Teil der Brabanter Dichter und Rhetoriker nach dem freien Norden geflüchtet war und dort die südliche Sprachnorm verbreitete. Letzten Endes wurde aber der weitere Weg des Niederländischen von der Möglichkeit der freien Sprachentwicklung bestimmt. Das 17. Jh. stand bereits im Zeichen des Vormarsches der nördlichen (holländischen) Dialekte. Ein Niederschlag dieser seitdem anhaltenden Aufwärtsbewegung ist darin zu erblicken, daß die Begriffe *Niederlande* und *Niederländisch* im internationalen (und im einheimischen) Sprachgebrauch — obwohl irreführend — immer mehr durch *Holland* und *Holländisch* (*Hollands*) ersetzt werden, obwohl sich diese eigentlich nur auf eine Nordprovinz beziehen ließen und ihr erweiterter Gebrauch höchstens als eine Stilfigur *pars pro toto* zu bejahen ist. Die Niederländer selbst haben ihre Sprache im Mittelalter nur *Dietsch* [dɪːts] oder *Duutsch* [duːts], später *Duitsch* [dɔits], d. h. 'Deutsch' genannt. Im 17. Jh. wurde — als Gegenüberstellung zum rechtsrheinischen *Hochdeutsch* — die Bezeichnung *Nederduitsch* 'Niederdeutsch' allgemein, welch letzteres dann nach der Gründung des Königreichs der Niederlande im Jahre 1813 von der zuerst 1518 belegten Bezeichnung *Nederlandsch* (heute *Nederlands*) 'Niederländisch' verdrängt wurde. Der ältere Name ist im englischen Volksnamen *Dutch* 'Niederländisch', das auch zur Bezeichnung der Sprache dient, heute noch erhalten.

Gewisse Sprachmerkmale des Südens haben sich immerhin auch in der im Norden geformten Schriftsprache allgemein durchgesetzt, z. B. die Diphthongierung von altem $\bar{u}$ und $\bar{\imath}$, vgl. ($h\bar{u}s >$) *huis* 'Haus', ($m\bar{\imath}n >$) *mijn* 'mein'.

Die im 17. Jh. aufkommende niederländische S c h r i f t s p r a c h e wurde äußerst stark beeinflußt von der bereits erwähnten protestantischen

Bibelübersetzung (*Staten-Bijbel*, 1619—1637), die — dank ihrer raschen Verbreitung, und weil sie überall gelesen wurde — zur Festigung der schriftsprachlichen Norm des Niederländischen in allen Teilen des Landes und in

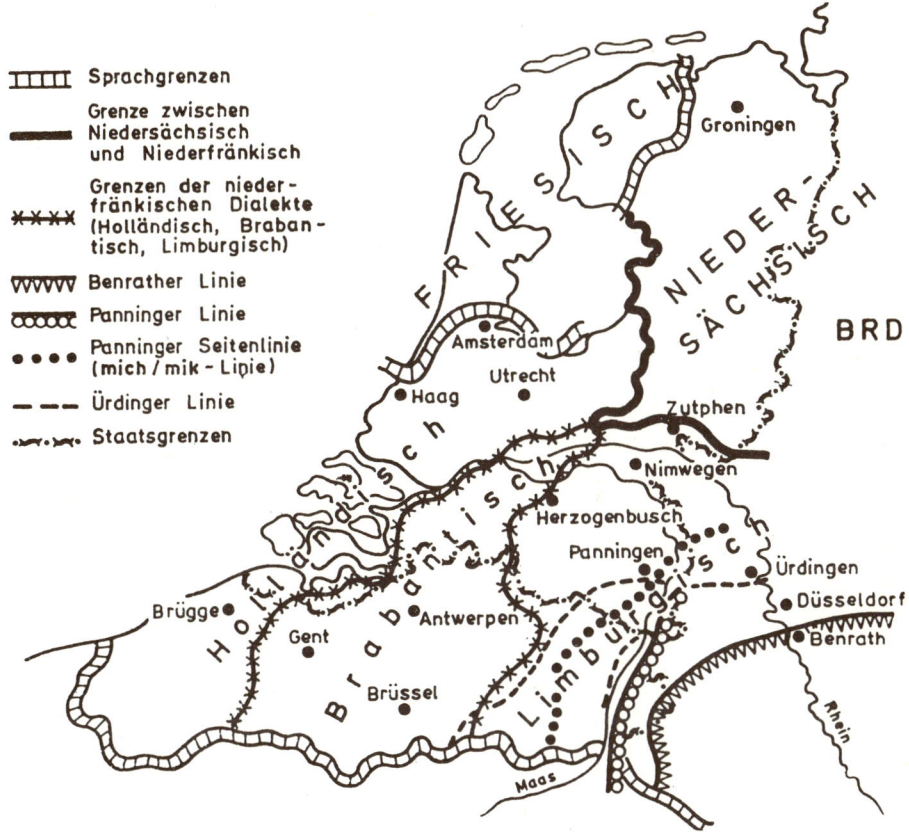

Abb. 54. Dialekträume in den Niederlanden (nach JAN VAN GINNEKEN und C. G. N. DE VOOYS)

jeder Hinsicht beitrug. Die erste eigentliche Grammatik des Niederländischen, der „Dialog von der niederdeutschen Literatur" (*Twespraack der Nederduytsche Letterkunst*) war noch 1584 in Amsterdam erschienen, aber die bewußte Sprachpflege setzte erst im 17. Jh. ein, zum Teil auf die Initiative der nach dem Vorbild der französischen Akademie gebildeten Künstlergesellschaft (*Nil Volentibus Arduum*). 1795, nach der Gründung der Batavischen Republik, beauftragte die Regierung verschiedene Experten mit der Erstellung einer einheitlichen offiziellen Grammatik bzw. Orthographie. Die von MATTHIJS SIEGENBECK und PETRUS WEILAND 1805—1806 niedergelegten Regeln der Rechtschreibung waren im Königreich der Niederlande bis 1883 in Geltung, als sie von der modernen Orthographie von L. A. TE WINKEL und MATTHIJS DE VRIES amtlich ersetzt wurden. Von kleineren Neuerungen abgesehen, hat erst die O r t h o g r a p h i e r e f o r m von 1947 eine größere Wende bedeutet, die unter anderem die Bezeichnung der Vokallänge übersichtlicher machte, die Schreibung von nicht gesprochenen Konsonantengruppen vereinfachte usw., ohne jedoch damit das Lesen des älteren Schrifttums zu erschweren.

Den historischen Umständen entsprechend, war das Tempo der sprachlichen Entwicklung in den südlichen (flämischen) Provinzen viel langsamer. Während sich die Schriftsprache in den Provinzen des Nordens frei weiterentwickeln konnte, verharrte die niederländische Schriftlichkeit im Süden weiterhin auf dem im 16. Jh. erreichten Stand. Die Amtssprache wurde, besonders nach dem Anschluß Flanderns an Frankreich im Jahre 1794, das Französische. Die Intelligenz der südlichen Niederlande sprach und schrieb nur mehr fast ausschließlich französisch, was die Einschrumpfung der schriftsprachlichen Lexik zur Folge hatte. Dieser Sprachwechsel nahm solche Ausmaße an, daß das Niederländische im Süden ernstlich bedroht war, in den Status einer einfachen Bauernsprache ohne Schriftnorm zurückzufallen. Nicht einmal die Bestrebungen der österreichischen Regierung, die 1777 den Versuch unternahm, den Dialekt von Antwerpen zur Schrift- und Amtssprache zu erheben, konnten daran etwas ändern. In der Zeit nach dem Wiener Kongreß (1815) waren der Norden und der Süden bereits so weit auseinandergewachsen, daß auch die zentralen Maßnahmen zur Einführung der im Norden gängigen Sprachnorm scheiterten. 1839, nach der Gründung des Königreichs Belgien, wurde das Französische trotz der flämischen Mehrheit der Bevölkerung die einzige Amtssprache des neuen Staates.

Gegen diese zunehmende Überfremdung trat die sogenannte „Flämische Bewegung" (*Vlaams[ch]e beweging*) auf den Plan, die sich vor allen Dingen die Einführung der niederländischen Schriftsprache zum Ziel setzte. Der Führer der Bewegung, JAN FRANS WILLEMS, hat schon 1837 unter dem Titel *Belgisch Museum* ein Kulturblatt herausgegeben. Um diese Zeitschrift scharten sich die Besten der flämischen Literatur (HENDRIK CONSCIENCE u. a.). Ihre Bemühungen mündeten in den ersten flämischen S p r a c h k o n g r e ß, der 1841 in Gent abgehalten wurde. 1864 hat die belgische Regierung die Einführung der „holländischen" Orthographie verordnet und in den Beschlüssen von 1873, 1878 und 1883 das Niederländische dem Französischen als Amtssprache gleichgestellt, seine Kenntnis auch den französischen (wallonischen) Beamten vorgeschrieben und den Unterricht des Niederländischen in den Schulen der flämischen Gebiete eingeführt. Dank diesen Bestrebungen entstand 1886 die Königliche Flämische Akademie (*Koninklijke Vlaamsche Academie*), die Hochburg des flämischen Geisteslebens in Belgien. Die flämische Frage ist aber bis heute nicht restlos gelöst, und der flämisch-wallonische Sprachenkampf ist immer noch nicht beigelegt.

IV.4.33. Neuniederländisch

Die neuniederländische O r t h o g r a p h i e verwendet die folgenden Grapheme: *a, b, c, d, e, f, g, h, i, j, k, l, m, n, o, p, q, r, s, t, u, v, w, x, y, z.*
Diphthonge werden durch Digraphe bzw. Trigraphe, ja sogar Tetraphe bezeichnet: *au* [ɔu] bzw. *ou* [ɔu], *ei* [ɛi] bzw. *ij* [ɛi], *ui* [œi, œy], *uw* [y:u], andererseits *aai* [a:i], *ooi* [o:i], *oei* [u:i], *ieuw* [i:u] und *eeuw* [e:u]. Die Graphemverbindungen *ie, oe, eu* entsprechen den langen Monophthongen [i:], [u:] und [ø:], z. B. *ziek* [zi:k] 'siech, krank', *hoed* [hu:t] 'Hut', *deur* [dø:r] 'Tür'. Die Vokallänge wird sonst durch Verdoppelung kenntlich gemacht: *aa* [a:], z. B. *maar* [ma:r] 'aber, doch'; *ee* [e:], z. B. *zee* [ze:] 'See, Meer'; *oo* [o:], z. B. *noord* [no:rt] 'Nord'; *uu* [y:], z. B. *duur* [dy:r] 'teuer', aber die Verdoppelung unterbleibt vor Konsonant+Vokal, d. h. in offener Silbe, vgl. *steen* [ste:n] 'Stein', aber *stenen* [ste:nən] 'Steine'. *u* wird als gerundetes [y, y:] bzw. als [œ] ausgesprochen, z. B. *nu* [ny:] 'nun, jetzt', aber *nut* [nœt] 'Nutzen'. Es sei angemerkt, daß kurzes *i* offener ist als im Deutschen: *ik* [ɪk, ək] 'ich'. In nebentoniger Stellung werden *e, i, ij* in der Regel als [ə] ausgesprochen, z. B. *zitten* [zɪtən] 'sitzen', *monnik* [mɔnək] 'Mönch', *lelijk* [le:lək] 'häßlich'.

Die V e r d o p p e l u n g der Konsonanten dient — wie im Deutschen — zur Bezeichnung der Kürze des voraufgehenden Vokals, z. B. *pen* 'Feder' — *pennen* [penən] Pl.; *pot* 'Topf' — *potten* [potən] 'Töpfe'. *y* lautet in Fremdwörtern [i] bzw. [y], in niederländischen Namen aber gemäß der älteren Orthographie [ɛi], z. B. *Dyck* [dɛik].

Nötigenfalls wird der A k z e n t mit einem Akut über dem Vokal angedeutet, z. B. *een* 'ein', aber *één* 'einzig' u. dgl. Diakritisches *ë* verweist darauf, das *e* in der Buchstabenfolge *ie* gesprochen wird, vgl. *indien* [ɪndi:n] 'wenn, indem', a b e r *Indië* [ɪndıje] 'Indien'.

Die K o n s o n a n t e n *p, t, k* sind — im Gegensatz zum Deutschen und zum Englischen wie auch zu den nordgermanischen Sprachen — nie behaucht. *g* ist im Auslaut oder vor Fortes [x], z. B. *droog* [dro:x] 'trocken', *liegt* [li:xt] 'lügt', sonst spirantisches [ɡ], z. B. *goed* [gu:t] 'gut', *dagen* [da:gən] 'Tage'. *b* und *d* verlieren im Auslaut ihren Stimmton: *ik heb* [ɪk hɛp] 'ich habe', *brood* [bro:t] 'Brot'. Die Buchstabengruppe *sch* lautet [sx], in postvokalischer Stellung im Wortauslaut aber [s], z. B. *schip* [sxɪp] 'Schiff', *Belgisch* [belgi:s] belgisch'. *sj, stj* werden als [ʃ] ausgesprochen, vgl. *sjaal* [ʃa:l] 'Schal', *meisje* [mɛiʃe] 'Mädchen', *kastje* [kaʃe] 'Kästchen'.

w ist ein leicht gerundeter Dental [v], während *v* die stimmhafte Variante von *f*, d. h. labiodentales [v] darstellt, vgl. *water* [vɑːtər] 'Wasser', aber *vader* [vaːdər] 'Vater'. In der Konsonanz *wr* ist *w* zu [v] geworden, z. B. *wrak* [vrak] 'Wrack'. *c, x, y, q* kommen normalerweise nur in Fremdwörtern bzw. in archaisch geschriebenen niederländischen Namen vor. Die Aussprache von *z* ist nie affriziert wie im Deutschen, sondern spirantisches [z], vgl. *ezel* [eˑzəl] 'Esel'. Auslautendes *s* wird in Flexionsformen bzw. in Ableitungen vor Vokal immer stimmhaftes [z], z. B. *huis* [hœys] 'Haus' — *huizen* [hœyzən] 'Häuser'. Das Digraph *ch* lautet [x], vgl. *nacht* [naxt] 'Nacht', *nichtje* [nɪxje] 'Nichte', es bezeichnet also — im Gegensatz zum Deutschen — s t e t s den *ach*-Laut. Fremdwörter behalten ihre ursprüngliche Schreibung und Aussprache des öfteren bei, z. B. *machine* [maʃiːnə] 'Maschine'.

Das S u b s t a n t i v unterscheidet im Neuniederländischen die drei Genera, obschon der Prozeß der Verschmelzung von Maskulinum und Femininum sehr fortgeschritten ist: **de** *man* m. 'der Mann', **de** *vrouw* f. 'die Frau', **het** *boek* n. 'das Buch'. Die Verteilung der Paradigmen nach Stammklassen wurde im Niederländischen im wesentlichen aufgegeben, und die Paradigmen der Substantiva lassen sich nach ihrer Pluralbildung gruppieren: 1. -(*e*)*n*, z. B. *man — mannen* m. 'Mann — Männer', *vrouw — vrouwen* f. 'Frau — Frauen', *boek — boeken* n. 'Buch — Bücher', *bediende — bedienden* m.-f. 'Bediente'; 2. -*s*, z. B. *oom — ooms* m. 'Oheim, Onkel' Sing.-Pl., *kamer — kamers* f. 'Zimmer' Sing.-Pl., *kopje — kopjes* n. 'Tasse — Tassen'; 3. -*eren*, z. B. *kind — kinderen* n. 'Kind — Kinder'. In einigen Fällen wird im Plural auch der Stammvokal verändert, z. B. *smid — smeden* m. 'Schmied — Schmiede', *stad — steden* f. 'Stadt — Städte', *schip — schepen* n. 'Schiff — Schiffe'. Von den nominalen Kasusendungen hält sich noch — vor allem in der Schriftsprache — der Genitiv: *de hoed een***s** *goede***n** *man***s** 'der Hut eines guten Mannes', *de hoed eener goede vrouw* 'der Hut einer guten Frau', *de hoeden zijne***r** *dochters* 'die Hüte seiner Töchter'. Allgemeiner ist jedoch die Umschreibung mit der Präposition *van* 'von', z. B. *de hoed* **van** *den vader* 'der Hut von dem Vater', während die Umgangssprache die Pronominalkonstruktionen vorzieht wie *Jan* **zijn** *hoed* 'Hans sein Hut' (*zijn* 'sein'), *Marie* **haar** [= dər] *hoed* 'Maria ihr Hut' (*haar* 'ihr'). Nur in erstarrten Syntagmen kommt noch der Dativ vor, z. B. *ten allen tijde* 'zu aller Zeit, jederzeit', *van goeden huize* 'von gutem Hause' usw. Die Kasusendungen wurden in ihrer Beziehungsfunktion im Satz durch Präpositionalkonstruktionen abgelöst wie im Englischen und in den meisten deutschen Mundarten.

Der bestimmte A r t i k e l ist *de* 'der/die' bzw. *het* ∼ *'t* 'das'. Die Rolle des unbestimmten Artikels fällt auch hier dem Zahlwort *een* 'ein' zu.

Das **Adjektiv** hält noch „starke" und „schwache" Formen auseinander, z. B. *het goede boek* 'das gute Buch', aber *een goed boek* 'ein gutes Buch'.

Das **Personalpronomen** der 3. Pers. Sing. unterscheidet die drei Genera (*hij* 'er', *zij* ~ *ze* 'sie', *het* 'es'), aber im Plural ist diese Unterscheidung nicht mehr vorhanden (*zij* ~ *ze* 'sie').

Im Gegensatz zum Altniederfränkischen wird heute auch bei den **Numeralien** *een* 'ein', *twee* 'zwei' und *drie* 'drei' nach dem Genus kein Unterschied gemacht bzw. bei *een* nur in der Funktion des Artikels, aber auch da immer weniger.

Im System der **Tempora** sind das Präsens (*ik houd* 'ich halte') und das Präteritum (*ik hield* 'ich hielt') als synthetische Formen isoliert. Die zusammengesetzten Tempora werden mit den Hilfsverben *hebben* 'haben' oder *zijn* 'sein' und dem Part. Prät. des Hauptverbs gebildet, so das Perfekt (*ik heb gehouden* 'ich habe gehalten'), das Plusquamperfekt (*ik had gehouden* 'ich hatte gehalten'). Das Futurum und das Futurum exactum werden mit dem Hilfsverb *zullen* 'sollen' und dem Infinitiv des Hauptverbs konstruiert: *ik zal houden* bzw. *ik zou houden*. Mit dem Verbum substantivum gebildet werden Verba der Bewegung u. dgl., z. B. *gaan* 'gehen': *ik ben gegaan* 'ich bin gegangen' (Perf.), *ik was gegaan* 'ich war gegangen' (Plusqu.) usw.

Das **Passiv** wird im Niederländischen mit dem Hilfsverb *worden* 'werden', das Zustandspassiv mit *zijn* 'sein' gebildet, vgl. *het ei wordt gekookt* 'das Ei wird gekocht' bzw. *het ei is gekookt* 'das Ei ist gekocht'.

Die **Nominalformen** des Verbs sind der Infinitiv (*houden* 'halten'), das Partizip des Präsens (*houdend[e]* 'haltend') und das Partizip des Präteritums (*gehouden* 'gehalten'). Beim letzteren verbindet das Präfix *ge-* in seiner Funktion das Niederländische heute noch besonders klar mit dem südgermanischen Typus.

Das niederländische **Verb** ist heute noch entweder „stark" oder „schwach". Die Gruppen der starken Verba nach den Ablautsreihen sind: 1. *grijpen — greep — grepen — gegrepen* 'greifen'; 2. *bieden — bood — boden — geboden* 'bieten, gebieten'; 3. *binden — bond — bonden — gebonden* 'binden'; 4. *nemen — nam — namen — genomen* 'nehmen'; 5. *lezen — las — lazen — gelezen* 'lesen'; 6. *varen — voer — voeren — gevaren* 'fahren'.

Die „schwachen" Verba zerfallen nur noch phonetisch bedingt in zwei Gruppen, je nachdem, ob sie das Präteritum mit *-te* (1) oder mit *-de* (2) bilden, z. B. *hopen* 'hoffen' → *hoopte* bzw. *branden* 'brennen' → *brandde* Entsprechend ist auch das Partizip des Präteritums *gehoopt* 'gehofft' bzw. *gebrand* 'gebrannt'.

Die Präteritopräsentien vertreten den regelrechten germanischen Typus, soweit sie nicht nach dem Muster anderer Typen umgebaut wurden, z. B.

weet 'weiß' — *wist* Prät.; *kan* 'kann' — *kon* (Pl. *konden*) Prät.; *mag* 'mag' — *mocht* Prät.; *zal* 'soll' — *zou* (Pl. *zouden*) Prät.; *moet* 'muß' — *moest* Prät.; *wil* 'will' — *wou/wilde* (Pl. *wilden*) Prät.

Reste der athematischen Verba sind in einigen Formen von *zijn* 'sein' bewahrt, vgl. *ben* 'bin', *bent* 'bist, seid', *is* 'ist', *zijn* 'sind', *was* 'war', *waren* 'waren', *geweest* 'gewesen'.

Das System der P e r s o n a l e n d u n g e n wurde weitgehend nivelliert, vgl. *lachen* 'lachen': Präs. Ind. Sing. 1. Pers. *lach* 'lache', 2.—3. Pers. *lacht* 'lachst, lacht', Pl. 1., 3. Pers. *lachen* 'wir/sie lachen', 2. Pers. *lacht* 'ihr lacht' bzw. Prät. Ind. Sing. 1.—3. Pers. *lachte*, Pl. 1., 3. Pers. *lachten*, 2. Pers. *lachte*.

IV.4.34. Der holländische und der flämische Dialekt

Die beiden Hauptverbreitungsgebiete des Niederländischen besitzen infolge der Unterschiede der alten Stammesdialekte und der Unterschiedlichkeit der im Laufe der Geschichte eingetretenen Einflüsse und Überschichtungen eine nicht geringe Anzahl abweichender Sprachmerkmale. Praktisch lassen sich diese Unterschiede ungefähr mit jenen zwischen Englisch, Amerikanisch und Australisch bzw. zwischen Deutsch, Österreichisch und Schweizerdeutsch vergleichen. Das bedeutet zugleich, daß die meisten Unterschiede in der gesprochenen U m g a n g s s p r a c h e bzw. in der A u s s p r a c h e festzustellen sind, während sie in der Schreibsprache mehr übertüncht bzw. verwischt werden.

Die f l ä m i s c h e Variante des Niederländischen enthält unter dem Einfluß des F r a n z ö s i s c h e n sehr viele G a l l i z i s m e n bzw. Lehnkonstruktionen aus dem Französischen, die im holländischen Norden meistens unbekannt sind, vgl. holl. *ik weet niet wat **te** zeggen* 'ich weiß nicht was zu sagen' (d. h. 'was ich sagen soll', vgl. auch engl. *what to say*) gegenüber fläm. *ik weet niet **wat zeggen*** = frz. ***que dire*** 'was sagen' mit Weglassen der Konjunktion *te* 'zu' wie im Französischen; holl. *over ene wet stemmen* 'über ein Gesetz (ab)stimmen', aber fläm. *ene wet stemmen* wie frz. *voter **une** loi* u. dgl. Besonders auffallend sind die französischen Vorlagen in der Verwendung der Präpositionen, vgl. holl. ***uit*** *dit oogpunt beschouwd* gegenüber fläm. ***onder*** *dit oogmerk* = frz. ***sous*** *ce point de vue* 'in dieser Hinsicht'; holl. *rekening houden **met***, aber fläm. *rekening houden **van*** = frz. *tenir compte **de*** 'einer Sache Rechnung tragen, mit etw. rechnen' u. dgl.

Es gibt überdies auch viele Abweichungen im Gebrauch der Präpositionen, die mit dem Einfluß des Französischen nichts zu tun haben, z. B. holl. **binnen** *korten tijd* gegenüber fläm. **op** *weinigen tijd* 'in kurzer Zeit'; holl. **behoudens** *door*, aber fläm. **mits** 'durch, mittels'. Die Trennbarkeit der Verbalpräfixe ist mitunter ebenfalls unterschiedlich, z. B. holl. *ik haalde **over**,* aber fläm. *ik overhaalde* 'ich holte (her/hin)über', d. h., der syntagmatischen Konstruktion des Holländischen entspricht in diesem Falle eine einfache Zusammensetzung im Flämischen. Nicht selten sind die Abweichungen der Wortinhalte sonst übereinstimmender Lexeme, z. B. *uitroepen* = holl. 'ausrufen', aber fläm. 'erklären, äußern'.

F r e m d w ö r t e r werden von flämischen Schriftstellern sorgfältiger gemieden als von den Holländern, vgl. holl. *redacteur*, aber fläm. *opsteller* 'Redakteur, Redaktor'; holl. *secretaris*, aber fläm. *geheimschrijver* 'Sekretär' (vgl. älteres dt. *Geheimschreiber*!).

Die schriftsprachliche Variante des H o l l ä n d i s c h e n bewahrt hingegen f r i e s i s c h e und s ä c h s i s c h e Elemente in größerer Anzahl als das Flämische, z. B. die Lautung [i:] anstelle von nfrk. [ɛɪ] in *iep* [i:p] 'Ulme' für zu erwartendes **ijp* [ɛɪp], ferner friesisches [e:] anstelle von nfrk. [ɪ:] in *veertig* [fe:rtəx] 'vierzig' für zu erwartendes **viertig* [fɪ:rtəx].

Die Entwicklung wird in der Gegenwart immer mehr durch den A u s g l e i c h der beiden Sprachräume gekennzeichnet, da die niederländische G e m e i n s p r a c h e , d. h. die gesprochene Variante der Hochsprache, sowohl im Norden als auch im Süden die holländischen wie auch die flämischen Ortsmundarten allmählich überdacht. Zur gleichen Zeit wurde der „Hollandisierung" des Friesischen dank dem nationalen Aufschwung in Friesland Einhalt geboten, und nunmehr kommt das Friesische in den von Friesen bewohnten Gebieten der nordwestlichen Niederlande als Schrift- und Gemeinsprache immer entschiedener zur Geltung (vgl. IV.3.5.).

IV.4.35. Textproben

(a) *Altniederfränkisch*

Uuanda betera ist ginātha thīna ovir līf; lepora mīna lovon sulun thī. Sō sal ik quethan thī an līve mīnin, in an namon thīnin hevon sal ik heinde mīni.

(*Psalm LXII.* [*LXIII.*] 4—5.)

In eckigen Klammern stehen die (normalisierten) althochdeutschen Entsprechungen zur Veranschaulichung der zeitgenössischen Unterschiede innerhalb des Südgermanischen.

wanda 'weil, denn' [*hwanta*]; *betera* 'besser' [*bezziro*]; *ist* 'ist'; *ginātha* f. 'Gnade' [*gināda*]; *thīna* f. 'deine' [*dīn*]; *ovir* 'über, mehr als' [*ubar*]; *līf* m.-n. 'Leben' [*līb*]; *lepora* Pl. → *lepor* m. 'Lippe' [*lëffur*]; *mīna* Pl. → *mīn* 'mein'; *lovon* 'loben' [*lobōn, lobēn*]; *sulun* 3. Pers. Pl. Präs. Ind. → [*sulen, skulan*] 'sollen'; *thī* 'dich' [*dih*]; *sō* 'so, also'; *sal* 1. Pers. Sing. Präs. Ind. → *sulen* 'sollen'; *ik* 'ich' [*ih*]; *quethan* 'nennen, erwähnen, zitieren' [*que-*

dan]; *an* 'an, in' [*ana*]; *līve* Dat. Sing. → *līf*, s. o.; *mīnin* Dat. Sing. m.-n. → *mīn*, s. o.; *in* 'und' [*anti*]; *namon* Dat. Sing. → [*namo*] m. 'Name'; *thīnin* Dat. Sing. m.-n. → *thīn*, s. o.; *hevon* '(er)heben' [*heffen*]; *heinde* Akk Pl. → [*hand*] f. 'Hand'; *mīni* Akk. Pl. → *mīn*, s. o.

(b) *Mittelniederländisch*

> *Sô wê der minnen is sô vrût*
> *dat hê der minnen dînen kan,*
> *ende hê dore minne pîne dût,*
> *dê is ein vele minnesâlech man.*
> *Van minnen komet allet gût,*
> *dî minne maket reinen mût,*
> *wat solde ich âne minne dan?*

(HENRIK VAN [= HEINRICH VON] VELDEKE, etwa 1,150—1,210.)

In eckigen Klammern stehen zum Vergleich die entsprechenden (normalisierten) mittelhochdeutschen Lautungen.

sô wê 'wenn jemand, wer, der' [*swër*]; *der* Gen. Sing. f. 'der'; *minnen* Gen. Sing. f. → *minne* 'Minne, Liebe'; *is* 'ist' [*ist*]; *sô* 'so, solch-'; *vrût* (+ Gen.) 'klug, gewandt, verständig, kund' [*vruot*]; *dat* 'daß' [*daʒ*]; *hê* 'er' [*ër*]; *dînen* 'dienen, huldigen, fröhnen' [*dienen*]; *kan* 'kann'; *ende* 'und' [*und*(*e*)]; *dore* 'durch' [*dur*(*ch*)]; *pîne* f. 'Mühe, Bemühung, Pein'; *dût* 'tut' [*tuot*]; *dê* m. 'der, jener' [*dër*]; *ein* m. 'ein' (unbestimmter Artikel) bzw. 'einzig, allein, bloß, lediglich'; *vele* 'viel, sehr' [*vil*(*e*)]; *minnesâlech* 'glücklich in der Liebe' [*minnesælec*]; *man* m. 'Mann, Mensch'; *van* 'von' [*von*]; *komet* 3. Pers. Sing. Präs. Ind. → [*komen*] 'kommen'; *allet* n. 'alles, immer' [*alleʒ*]; *gût* n. 'Güte': *allet gût* 'alles Gute' [*guot*]; *dî* f. 'die, jene' [*diu*]; *maket* 'macht, tut, schafft' [*machet*]; *reinen* Akk. Sing. m. → *rein* 'rein, vollkommen, tadellos'; *mût* m. 'Mut, Gemut, Geist, Seele, Vorsatz' [*muot*]; *wat* 'was' [*waʒ*]; *solde* 1. Pers. Sing. Prät. Opt. → [*soln*] 'sollen'; *ich* [!] 'ich'; *âne* 'ohne'; *dan* 'dann, also, in dieser Weise' [*dan*(*ne*)].

(c) *Frühneuniederländisch*

Onze spraeck wort tegenwoordigh in 's Gravenhage, de Raetkamer der Heeren Staten en het hof van hunnen Stedehouder en t' Amsterdam, de maghtighste koopstadt der weerelt, allervolmaeckst gesproken by lieden van goede opvoedinge, indien men der hovelingen en pleiteren en kooplieden onduitsche termen uitsluite; want out Amsterdamsch is te mal, en plat Antwerpsch te walgelijck en niet onderscheidelijck genoegh. Hierom moeten wy deze tonghen matigen en mengen en met kennisse besnoeien; ook niet alte latijnachtigh, nochte te naeugezet en nieuwelijcks Duitsch spreken, maer zulcks dat de tong haer eigenschap niet en verlieze, waervan de hervormers onzer Spraecke niet geheel vrij zijn.

(JOOST VAN DEN VONDEL: *Aenleidinge ter Nederduitsche Dichtkunst.* 1650.)

In eckigen Klammern werden zum Vergleich die modernen Formen beigegeben.

onze 'unsere'; *spraeck(e)* f. 'Sprache' [*spraak*]; *wort* 'wird' [*wordt*], *tegenwoordigh* 'gegenwärtig' [*tegenwoordig*]; *in* 'in'; *'s Gravenhage* ON 'Den Haag'; *de* m.-f. 'der/die' (bestimmter Artikel); *Raetkamer* f. 'Rat, Kammer' [*raadkamer*]; *der* Gen. Sing. f. und Gen. Pl. 'der' (bestimmter Artikel); *Heeren* Pl. → *heer* m. 'Herr'; *Staten* Pl. → [*staat*] m. 'Staat, Provinz, (sozialer) Stand'; *en* 'und'; *het* n. 'es, das'; *hof* n. 'Hof(haltung)'; *van* 'von' (auch als possessivische Präposition, vgl. dt. *von*, engl. *of*); *hunnen* Dat. Sing. → *hun* 'ihr-' (Possessivpronomen); *Stedehouder* m. 'Statthalter'; *t'* ~ *te* 'zu, bei, in'; *maghtighste* f. (Superlativ) → *maghtigh* 'mächtig' [*machtig|ste*]; *koopstadt* f. 'Handelsstadt' [*koopstad*]; *weerelt* f. 'Welt' [*wereld*]; *allervolmaeckst* (Superlativ) 'allervollkommenst-' [*allervolmaakst*]; *gesproken* Part. Prät. → [*spreken*] 'sprechen'; *by* 'bei, durch' [*bij*]; *lieden* Pl. → *lui* 'Leute'; *goede* Sing. f. → [*goed*] 'gut'; *opvoedinge* f. 'Erziehung' [*opvoeding*]; *indien* 'wenn, indem'; *men* 'man' (allgemeines Subjekt); *hovelingen* Pl. → [*hoveling*] m. 'Höfling'; *pleiteren* Pl. → [*pleiter*] m. 'Advokat, Rechtsanwalt, Verteidiger'; *kooplieden* Pl. → *koopman* m. 'Kaufmann'; *onduitsche* Pl. → [*onduits*] 'undeutsch, fremdartig'; *termen* Pl. → [*term*] m. 'Terminus, Ausdruck, Wort'; *uitsluite* 3. Pers. Sing. Präs. Opt. → [*uitsluiten*] 'ausschließen'; *want* 'weil, dann'; *out* Sing. n. 'alt, veraltet' [*oudt*]; *Amsterdamsch* n. 'Amsterdamisch(er Dialekt)' [*Amsterdams*]; *is* 'ist'; *te* 'zu' [*toe*]; *mal* 'dumm, töricht'; *plat* 'platt, gemein, alltäglich'; *Antwerpsch* n. 'Antwerpener Dialekt' [*Antwerps*]; *walgelijck* 'ekelhaft, abscheulich, widerwärtig' [*walgelijk*]; *niet* 'nicht'; *onderscheidelijck* 'unterschiedlich' [*onderscheidelijk*]; *genoegh* 'genug' [*genoeg*]; *hierom* 'deshalb, darum'; *moeten* 'müssen'; *wy* 'wir' [*wij*]; *deze* Pl. 'diese'; *tonghen* Pl. → [*tong*] f. 'Zunge, Sprache'; *matigen* 'mäßigen'; *mengen* 'mengen, mischen'; *met* 'mit'; *kennisse* f. 'Kenntnis, Wissen(schaft)' [*kennis*]; *besnoeien* 'beschneiden, beschränken, verdumpfen'; *ook* 'auch'; *alte* 'allzu' [*al + toe*]; *latijnachtigh* 'lateinartig' [*latijnachtig*]; *nochte* 'weder... noch' [*noch*]; *naeugezet* Part. Prät. → [*nazetten*] 'nachsetzen, zurückdrängen, hindern'; *nieuwelijcks* 'neuartig, modisch' [*nieuw* 'neu']; *Duitsch* n. 'Deutsch, Niederländisch' [*Duits* 'Deutsch']; *spreken* 'sprechen'; *maer* 'aber, jedoch' [*maar*]; *zulcks dat* 'solch-...., der/die/das' [*zulks*]; *haer* f. 'ihr-' [*haar*]; *eigenschap* f. 'Eigenschaft'; *verlieze* 3. Pers. Sing. Präs. Opt. → [*verliezen*] 'verlieren'; *waervan* 'wovon' [*waarvan*]; *hervormers* Pl. → *hervormer* m. 'Reformer, Erneuerer'; *onzer* Gen. Sing. f. → *onze* 'unsere', s. o.; *geheel* 'ganz'; *vrij* 'frei'; *zijn* 'sind'.

(d) *Neuniederländisch*

Het Nederlands is een Germaanse taal. Reeds vóór het begin van onze jaartelling woonden er Germanen in Nederland. De Germaanse dialecten, door de nakomelingen van deze en andere Germanen in Noord- en Zuid-Nederland gesproken, onderscheidt men in drie hoofdgroepen: Nederfrankisch, Saksisch en Fries. Nederfrankisch sprak men in het midden en in het zuiden van Nederlanden, in de Belgische provinciën Vlaanderen, Antwerpen, Brabant en

Limburg. Het Saksisch werd in het oosten, het Fries in het noorden en westen van Nederland gesproken. Er zijn geen scherpe grenzen te trekken tussen Frankische, Saksische en Friese streken. Ongemerkt gaat ook het ene dialect in het andere over; vandaar dat er overgangsdialecten zijn.

(TH. G. G. VALETTE: *Het Nederlands.* 1931.)

het n. 'das' (bestimmter Artikel); *Nederlands* n. 'Niederländisch'; *is* 'ist'; *een* m.-n., *ene* f. 'ein/eine' (unbestimmter Artikel); *Germaanse* Sing. f. → *Germaans* 'germanisch'; *taal* f. 'Sprache'; *reeds* 'schon, bereits'; *vóór* 'vor'; *begin* n. 'Beginn'; *van* 'von' (possessivische Präposition); *onze* 'unser-'; *jaartelling* f. 'Zeitrechnung' (< *jaar* 'Jahr' + *telling* 'Zählung'); *woonden* 3. Pers. Pl. Prät. Ind. → *wonen* 'wohnen'; *er* 'es' (Formsubjekt); *Germanen* Pl. → *Germaan* m. 'Germane'; *in* 'in'; *Nederland* n. 'Niederlande, Holland'; *de* m.-f. 'der/die' (bestimmter Artikel); *dialecten* Pl. → *dialect* n. 'Dialekt, Mundart'; *door* 'durch, von'; *nakomelingen* Pl. → *nakomeling* m. 'Nachkomme, Abkömmling'; *deze* 'dieser/diese' bzw. 'diese' Pl. (Demonstrativum); *en* 'und'; *andere* 'andere' Pl.; *Noord-* 'Nord-'; *Zuid-* 'Süd-'; *gesproken* Part. Prät. → *spreken* 'sprechen'; *onderscheidt* 3. Pers. Sing. Präs. Ind. → *onderscheiden* 'unterscheiden'; *men* 'man' (allgemeines Subjekt); *drie* 'drei'; *hoofdgroepen* Pl. → *hoofdgroep* f. 'Hauptgruppe'; *Nederfrankisch* n. 'Niederfränkisch'; *Saksisch* n. 'Sächsisch'; *Fries* n. 'Friesisch'; *sprak* 3. Pers. Sing. Prät. Ind. → *spreken* 'sprechen'; *midden* n. 'Mitte'; *zuiden* n. 'Süden'; *Belgische* Pl. → *Belgisch* 'belgisch'; *provinciën* Pl. → *provincie* f. 'Provinz'; *Vlaanderen* n. 'Flandern'; *werd* 3. Pers. Sing. Prät. Ind. → *worden* 'werden'; *oosten* n. 'Osten'; *noorden* n. 'Norden'; *westen* n. 'Westen'; *zijn* 'sein, sind'; *geen* 'kein'; *scherpe* Pl. → *scherp* 'scharf'; *grenzen* Pl. → *grens* f. 'Grenze'; *te* 'zu' (und Infinitivzeichen, vgl. dt. *zu*, engl. *to*); *trekken* 'ziehen'; *tussen* 'zwischen'; *streken* Pl. → *streek* f. 'Strecke, Landschaft, Landstrich'; *ongemerkt* 'ungemerkt, unbemerkt'; *gaat*... *over* 3. Pers. Sing. Präs. Ind. → *gaan*... *over* 'übergehen'; *vandaar* 'deshalb'; *dat* 'daß, weil'; *overgangsdialecten* Pl. → *overgangsdialect* n. 'Übergangsmundart'.

IV.4.4. Afrikaans

IV.4.41. Historischer Überblick

Das *Afrikaans* (d. h. „Afrikanisch") ist die Muttersprache der B u r e n (< afrik. *boer* 'Bauer'), d. h. der aus den Niederlanden stammenden weißen Einwohner der Republik Südafrika (*Republiek van Suid-Afrika*, engl. *Republic of South Africa*). Die Buren bezeichnen sich selbst als *Afrikaander*, d. h. 'Afrikaner'. Das Land erstreckt sich über 1 221 042 km². Von der Bevölkerung, etwa 22 Millionen Einwohnern, sind etwa 12% Buren, 10% Mulatten, etwa 11% Engländer, während die überwiegende Mehrheit (67%) die Neger bilden. In den Außenbesitzungen des Landes, d. h. in den Mandatsgebieten Walvis Bay und Südwestafrika (Namibia), sind 6% der Gesamtbevölkerung von etwa einer halben Million Buren (daneben 75% Neger,

3% Deutsche), und auch ein Teil der Weißen in Rhodesien, wo die weißen Kolonisten ungefähr 5,7% der Bevölkerung ausmachen, bekennt sich zum Afrikaans als Muttersprache. Afrikaans ist (zusammen mit dem Englischen) die Amtssprache der Republik Südafrika (und von Südwestafrika) (Abb. 55).

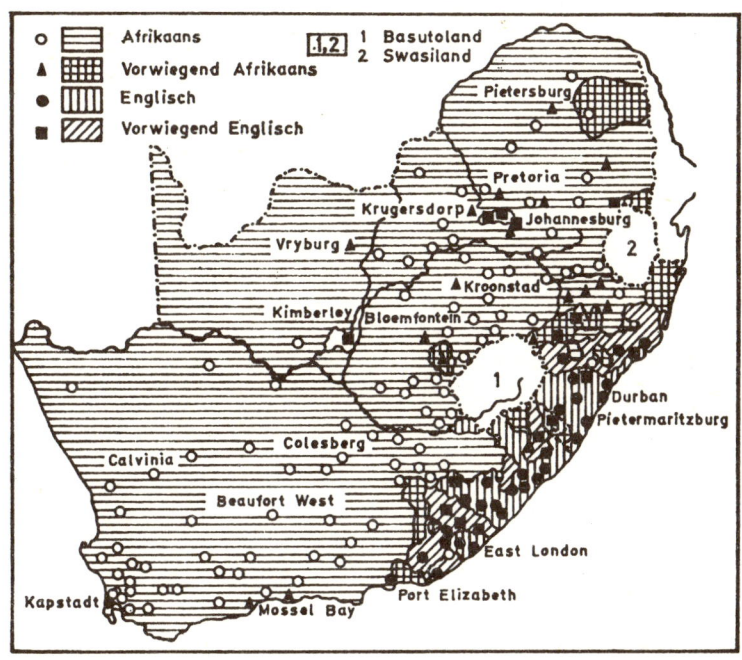

Abb. 55. Die Sprachen Südafrikas (nach ERIK HOLM)

Hauptstadt des Landes ist Pretoria; das Parlament sitzt in Kapstadt (*Kaapstad*, engl. *Cape Town*). Südafrika ist ein Industrie-Agrarland mit sehr entwickeltem Bergbau und mit einer bedeutenden Schwer- und Leichtindustrie. Im Abbau von Chromerz und Gold steht es an erster, von Mangan, Vanadium und Diamanten an zweiter, von Uran an dritter Stelle in der Welt. In der Landwirtschaft ist die Viehzucht (Schafe und Rinder) am wichtigsten.

Das an der Südspitze Afrikas gelegene Kapland (auch Kapprovinz, urspr. Kapkolonie) wurde für Europa vom portugiesischen Seefahrer BARTOLOMEU DIAZ 1487/88 entdeckt, als dieser, unterwegs nach Indien, den schwarzen Erdteil umsegelte. Ständige Siedlungen wurden aber erst nach 1652 angelegt, als die Holländisch-Ostindische Kompanie die Kapstadt als Flottenstützpunkt gründete und die Umgebung kolonisierte. Der erste niederländische Gouverneur, JAN VAN RIEBEECK, siedelte die ersten weißen Kolonisten aus verschiedenen Provinzen der Niederlande im neuerschlossenen Kapland an. Von hier aus begann die Expansion der Kolonisten nach Norden: 1760 überschritten weiße Jäger schon den Oranje, ihnen folgten die Züge der Bauern, die der Ausbeutungspolitik der Kompanie durch die Abwanderung in das Innere des Landes zu entweichen suchten. Im Laufe der sogenannten Kaffernkriege, die sie gegen die ihre Heimat verteidigenden Neger führten, ist es den Buren gegen Ende des 18. Jh.s gelungen, im nördlichen Grenzland der Kapkolonie endgültig Fuß zu fassen. Um dieselbe Zeit war aber das britische Weltreich schon dabei, seinen niederländischen Konkurrenten zu verdrängen. Den Auftakt dazu bildete die Besetzung des Kaplands durch britische Truppen im Jahre 1795. Die Kapprovinz wurde zwar zwischen 1803 und 1806, in den letzten Jahren der Batavischen Republik (vgl. IV.4.31.), vorübergehend wieder holländisch, wurde allerdings schon 1806 von England (scheinbar für immer) zurückerobert. Die Gegensätze zwischen dem Burenvolk und der britischen Verwaltung führten in den dreißiger Jahren des 19. Jh.s zur Auswanderung der Masse der Buren aus dem Kapland. In den Jahren 1835—1836 (bzw. danach) gründeten diese Auswanderer — nach dem „Großen Treck" (afrik. *die Groot Trek* 'der Große Zug') — nördlich vom Oranje und von dessen rechtem Nebenfluß, dem Vaal, die Freistaaten Transvaal und Oranje, die auch von den Briten anerkannt wurden, während sie die dritte Burenrepublik, Natal, schon 1843 annektierten. Allerdings war England bestrebt, besonders nach der Entdeckung der reichen Diamantfelder, die beiden anderen Burenstaaten ebenfalls der britischen Krone zu unterwerfen. 1871 wurden zunächst die Diamantfelder von britischen Truppen besetzt. Die englische Expansion, die der Erschließung der Goldreviere im Norden gefolgt war, entfachte 1899 den B u r e n k r i e g. Im Friedensvertrag von Vereeniging (1902) wurde der Sieg der Briten kodifiziert, und dementsprechend wurden 1910 das Kapland, Natal, der Oranjefreistaat und Transvaal in der Südafrikanischen Union als englisches Dominium vereinigt. Die Ausübung des römisch-niederländischen Rechts wurde den Buren weiterhin zugesichert, ebenso der Gebrauch des Afrikaans als zweiter Amtssprache neben dem Englischen. Zum ersten Präsidenten der Union wurde der Burengeneral LOUIS BOTHA gewählt. Die weitere Entwicklung des Landes war vor allem von den innenpolitischen Verhältnissen, d. h. von Parteikämpfen, bestimmt. Die von General JAN C. SMUTS (1870—1950) geführte Unionspartei strebte nach einer Zusammenarbeit der Afrikaander und der englischen Bevölkerungsteile im Rahmen des Britischen Reiches, während die von General JAMES B. M. HERTZOG (1866—1942) gegründete Nationalistenpartei seit 1913 konsequent für die Lostrennung von England und für die Sicherung der Suprematie der Buren arbeitete. Im Ersten Weltkrieg besetzten südafrikanische Truppen die deutsche Kolonie Deutschsüdwestafrika, die von der Organisation der Vereinten Nationen nach dem Zweiten Weltkrieg zum Mandatsgebiet der Südafrikanischen Union erklärt wurde. Am Zweiten Weltkrieg nahm Südafrika an der Seite Englands teil. 1952 begannen die Nationalisten unter DANIEL MALAN und HENDRIK FRENSCH VERWOERD mit der Politik der A p a r t h e i d, die die nichtweißen Bevölkerungsgruppen diskriminiert. Die Apartheidpolitik wurde in mehreren Beschlüssen des Commonwealth verurteilt, aber die südafrikanische Regierung hat diesen nicht Folge geleistet, sondern sie ist 1960 aus dem Commonwealth ausgetreten. 1961 wurde die von Großbritannien unabhängige Republik Südafrika gegründet.

IV.4.42. Das Afrikaans

Das Afrikaans verwendet das folgende A l p h a b e t : *a, b, c, d, e, f, g, h, i, j, k, l, m, n, o, p, q, r, s, t, u, v, w, x, y, z*. Davon kommen *c, q, x, z* nur in Fremdwörtern und in Namen mit alter Orthographie vor, z. B. *Ceylon, Chinees* (neben *Sjinees*) 'Chinese, chinesisch'.

Die Länge der V o k a l e wird in geschlossener Silbe durch Verdoppelung angedeutet, z. B. *jaar* [ja:r] 'Jahr', *week* [ve:k] 'Woche', *boom* [bo:m] 'Baum', *uur* [y:r] 'Uhr'. Langvokale in offener Silbe werden nicht besonders bezeichnet, da sie regelrecht lang sind, z. B. *jare* [ja:rə] 'Jahre', *weke* [ve:kə] 'Wochen', *bome* [bo:mə] 'Bäume', *ure* [y:rə] 'Uhren'. Langes [e:] wird auch im absoluten Auslaut als *ee* geschrieben, vgl. *nee* [ne:] 'nein', *see* [se:] 'See, Meer', während das Digraph *ie* kurzes [i] bzw. langes [i:] bezeichnet, z. B. *diep* [dip] 'tief', aber *dier* [di:r] 'Tier'. Die Vokalkürze kann auch durch die Verdoppelung des nachfolgenden Konsonantenzeichens angezeigt werden, vgl. *lees* [le:s] 'lesen', aber *lesse* [lɛsə] 'Lektionen, Aufgaben' (← *les* [lɛs] 'Lektion'). Kurzes *i* lautet [ə], z. B. *vis* [fəs] 'Fisch', wie auch *e* in nebentoniger Stellung, z. B. *lepel* [le:pəl] 'Löffel', *tesaam* [təˈsa:m] 'zusammen', *diepte* [diptə] 'Tiefe'. Das Digraph *ae* bezeichnet immer z w e i Laute wie in *daeliks* [da:ələks] 'täglich'. E i n e n Laut bezeichnen hingegen *oe* [u, u:] und *eu* [ø, ø:], z. B. *boek* [buk] 'Buch', *boer* [bu:r] 'Bauer' bzw. *deur* [dø:r] 'Tür'.

Diphthongisch werden gesprochen *aai* (z. B. *saai* [sa:i] 'Saat, säen'), *au* (z. B. *Australië* [oustra:liə] 'Australien'), *ei* (z. B. *brein* [brəin] 'Hirn', vgl. nd. *Brägen* ~ ne. *brain*), *eeu* (z. B. *leeu* [le:u] 'Löwe'), *ieu* (z. B. *nieu* [niu] 'neu'), *oi* (z. B. *goiingsak* [xɔiəŋsak] 'Leinensack'), *ooi* (z. B. *mooi* [mo:i] 'nett, fesch'), *ou* (z. B. *sout* [sout] 'Salz'), *oei* (z. B. *koei* [kui] 'Kuh'), *ui* (z. B. *huis* [hœys] 'Haus') und — in alter niederländischer Weise — *y*, z. B. *pyl* [pəil] 'Pfeil'. Der Buchstabe *u* gibt [œ] wieder, z. B. *put* [pœt]

'Quelle' (vgl. dt. *Pfütze*). Getrennte Aussprache von zwei aufeinander folgenden *e* bzw. *ee* wird durch Diärese (d. h. durch ein Trema über dem zweiten Buchstaben) angegeben, vgl. *see* [se:] 'See, Meer', aber *seë* [se:ə] 'Seen, Meere' bzw. *voël* [fo:əl] 'Vogel'. Der Zirkumflex verweist auf offene Aussprache des betreffenden Lautes, z. B. *sê* [sɛ:] 'sagen', *wîe* [vɛ:ə] 'Keile' (← *wig* 'Keil'), *môre* [mɔ:rə] 'Morgen, morgen', *brûe* [brœ:ə] 'Brücken' (← *brug* 'Brücke').

Die K o n s o n a n t e n *p, t, k* werden, wie auch im Niederländischen, in keiner Stellung behaucht. Vom Niederländischen abweichend werden *v* und *f* in derselben Weise als stimmloses [f] ausgesprochen, z. B. *vee* [fe:] '1. Vieh; 2. fegen' und *fabriek* [fabri:k] 'Fabrik'. Im Wortauslaut werden *d* und *b* stimmlos, vgl. *bed* [bɛt] 'Bett', *Job* [jɔp] 'Job, Hiob'. *g* lautet in der Regel [x], z. B. *goed* [xut] 'gut', *maag* [ma:x] 'Magen', *liggaam* [ləxa:m] 'Leichnam', jedoch zwischen Liquiden und Vokalen als [g], z. B. *burger* [bœrgər] 'Bürger', *gevolge* [xəfɔlgə] 'Erfolge' (← *gevolg* 'Erfolg'). Der Laut [g] wird in Fremdwörtern mit *gh* geschrieben, z. B. *ghong* 'Gong'. Die Aussprache von *h* ist stimmhaftes [ɦ], vgl. *hand* [ɦant] 'Hand'. Das Digraph *sj* bezeichnet [ʃ], z. B. *sjieling* [ʃiləŋ] 'Shilling, Schilling'; *tj* lautet im Wortanlaut [tʃ], im Deminutivsuffix *-tje* (zusammen mit *-dje*) dagegen als palatalisiertes *k* [c], vgl. *tjek* [tʃɛk] 'Scheck', aber *tafeltje* [ta:fəlcə] 'Tischlein', *beeldje* [be:lcə] 'Bildchen'. *w* ist labiodental, wird aber in den Lautgruppen *kw* und *sw* etwas stärker gerundet.

Im Gegensatz zum Niederländischen ist die starke N ä s e l u n g der Vokale vor der Konsonanz *ns* sehr charakteristisch (ausgenommen, es sei ein Plural), z. B. *mens* [mẽ:s] 'Mensch' gegenüber nl. [mɛns]; *kans* [kã:s] 'Chance', *ons* [õ:s] 'wir, uns'.

Der g r a m m a t i s c h e B a u des Afrikaans zeichnet sich im Vergleich zu den übrigen germanischen Sprachen durch eine tiefgreifende „Vereinfachung", d. h. einen Abbau der Morphologie, aus. In sprachtypologischer Hinsicht ist das Afrikaans nicht nur unter den germanischen, sondern im großen und ganzen unter den indogermanischen Sprachen schlechthin dem (wurzel)isolierenden Typus am nächsten gekommen.

Das Substantiv (wie auch das Adjektiv) unterscheidet k e i n e G e n e r a mehr, nur noch das Personalpronomen der 3. Pers. Sing. (*hy* 'er', *sy* 'sie', *dit* 'es') verweist auf das natürliche Geschlecht, vgl. **die** *man* 'der Mann', **die** *vrou* 'die Frau', **die** *huis* 'das Haus'. Relikte des Neutrums (nl. *het*) sind noch selten, in Redewendungen erhalten, z. B. *om 't ewe* 'alles eins'. Die Kasusendungen wurden vollauf beseitigt (außer bei den Pronomina).

Die S u b s t a n t i v a werden gemäß den Pluralzeichen gruppiert: 1. *-e*, z. B. *tand* 'Zahn' — *tande* Pl., bzw. mit Konsonantenschwund, z. B. *dag*

'Tag' — *dae* Pl., *pad* 'Pfad' — *paaie* Pl., oder aber mit Umlaut wie in *stad* 'Stadt' — *stede* Pl., *skip* 'Schiff' — *skepe* Pl. Außerdem wird bei dieser Gruppe auslautendes *f* zu *w*, vgl. *wolf* 'Wolf' — *wolwe* Pl.; 2. *-s*, z. B. *oom* 'Oheim, Onkel' — *ooms* Pl.; 3. *-(e)ns*, z. B. *wa* 'Wagen' — *waens* Pl., *hawe* 'Hafen' — *hawens* Pl.; auch mit Konsonantenschwund, z. B. *brug* 'Brücke' — *brûens* (neben *brûe* und *brugge*) Pl.; 4. *-ere*, z. B. *volk* 'Volk' — *volkere* Pl.; 5. *-ers*, z. B. *kind* 'Kind' — *kinders* Pl., bzw. auch hier mit dem Auslautswandel *f > w*, vgl. *kalf* 'Kalb' — *kalwers* Pl.

Die **Adjektíva** bewahren noch zum Teil die Spuren der Unterscheidung der starken und der schwachen Deklination, vgl. *'n donker nag* oder *'n donkere nag* 'eine dunkle Nacht', aber dies ist bereits bei weitem nicht mehr allgemein.

Die **Pronomina** weisen zum Teil noch den selbständigen Objektiv (Akkusativ-Dativ) auf, vgl. *ek* 'ich' — *my* 'mich, mir'; *hy* 'er' — *hom* 'ihn, ihm'; *sy* 'sie' — *haar* 'sie (Akk.), ihr (Dat.)'. Im Plural ist auch dieses schon geschwunden: *ons* 'wir, uns', *julle* 'ihr, euch', *hulle* 'sie, ihnen'. Es sind das zugleich Reflexiva, vgl. *hy gedra* **hom** 'er benimmt sich', *ons beroepen* **ons** 'wir berufen uns'.

Das **Numerale** *een* 'ein' dient in reduzierter Form — als *'n* (sprich [ə]!) — auch als unbestimmter **Artikel** des Singulars, vgl. *'n man* 'ein Mann', *'n vrou* 'eine Frau', *'n huis* 'ein Haus'.

Die nominalen Kasusendungen werden — nicht nur umgangssprachlich! — durch Präpositionalfügungen ersetzt, z. B. *die jas* **van** *Jan* 'die Jacke von Hans', aber auch durch Possessivpronomina, z. B. *Jan* **se** *jas* 'Hans seine Jacke'.

Auch das **Verb** wird durch die Tendenz zur Isolierung gekennzeichnet. Der Verbalstamm stellt zugleich alle Formen des Präsens, während das Partizip der Vergangenheit mit dem Vorschlag des Präfixes *ge-* gebildet wird, vgl. *skryf* 'schreib-; schreiben': *ek/jy/hy/ons/julle/hulle skryf* 'ich schreibe/du schreibst/er schreibt/wir schreiben/ihr schreibt/sie schreiben' bzw. *geskryf* 'geschrieben'. Das Perfekt wird durch die Verbindung dieses Partizips mit den Stammformen des Hilfverbs *hê* 'haben' gebildet, also *ek/jy* usw. *het geskryf* 'ich habe geschrieben, du hast geschrieben' usw., desgleichen das Plusquamperfekt, vgl. *ik had geskryf* 'ich hatte geschrieben'. Das Futurum bildet man durch die Verbindung des Hilfsverbs *sal* 'soll-, sollen' und des Stammes des Sinnverbs, z. B. *ek sal skryf* 'ich werde schreiben' bzw. *ek sal geskryf het* 'ich werde geschrieben haben' (Futurum exactum).

Zur Bildung des **Passivs** bzw. des Zustandspassivs dienen die Hilfsverba *word* 'werden' bzw. *wees* 'sein': *dit word geskryf* 'es wird geschrieben', *dit is geskryf* 'es ist geschrieben', *dit was geskryf* 'es war geschrieben'. Im

Futurum: *dit sal geskryf word* 'es wird geschrieben werden', *dit sal geskryf geword het* 'es wird geschrieben worden sein' bzw. *dit sal geskryf wees* 'es wird geschrieben sein'.

Der direkte **Imperativ** ist mit dem Stamm identisch, z. B. *wees* 'sein' und *wees!* 'sei!, seien Sie!' usw. Daneben sind auch umschriebene Formen üblich, z. B. *skryf!* 'schreib(e)!' neben *laat hom skryf!* 'laß ihn schreiben!' bzw. *hy moet skryf!* 'er muß schreiben!' (als Imperativ).

Das einfache **Präteritum** ist nur noch bei den Hilfsverba vorhanden: *wees* 'sein' — *was* 'war' (neben *was gewees* 'war gewesen'); *hê* 'haben' — *had* 'hatte' (neben *het gehad* 'hat gehabt'). Hierher gehören schon auch die aus alten Präteritopräsentien entwickelten Hilfsverba, vgl. *weet* 'weiß, wissen' — *wis* 'wußte'; *sal* 'soll(en)' — *sou* 'sollte'; *kan* 'kann, können' — *kon* 'konnte'; *will* 'will, wollen' — *wou* 'wollte'; *moet* 'muß, müssen' — *moes* 'mußte'; *mag* 'mag, mögen' — *mog* 'mochte'. Zu dieser Gruppe wurde auch *dink* 'denken, meinen' gestellt mit dem Präteritum *dog/dag* 'dachte' (neben *het gedink* 'hat gedacht').

Infolge der Entwicklung des isolierenden Partizips sind die alten **Partizipien** der Vergangenheit mancher (ehemals „starker") Verba nicht verschwunden, sondern sie wurden zu echten Adjektiva. Aus ihnen lassen sich für die Vorstufe des Afrikaans folgende Ablautsreihen rekonstruieren:

	Präsens	Part. Prät.		Adjektiv
1.	*skryf* 'schreib-'	*geskryf*	:	*geskrewe* 'geschrieben'
2.	*verbied* 'verbiet-'	*verbied*	:	*verbode* 'verboten'
3.	*bind* 'bind-'	*gebind*	:	*gebonde* 'gebunden'
4.	*inneem* 'einnehm-'	*ingeneem*	:	*ingenom* 'eingenommen'
5.	*lees* 'les-'	*gelees*	:	*beleze* 'belesen'.

Die 6. Reihe zeigt diese Differenz — infolge der Identität der Stammvokale — nicht, vgl. *oordra* 'übertragen' — *het oorgedra* 'hat über(ge)tragen' und *oorgedra* 'übertragen' als Adjektiv.

Es sei angemerkt, daß das Präfix *ge-* bei Verba, die mit trennbaren Präfixen zusammengesetzt sind, zwischen dem Präfix und dem Verb zu stehen kommt, während es bei Verba mit untrennbarem Präfix ausbleibt, also wie im Niederländischen und im Deutschen, vgl. *ingeneem* 'eingenommen', *oorgedra* 'übergetragen' bzw. *verbied* 'verboten' (Part.) und *verbode* 'verboten' (Adj.).

Der vollständige **Infinitiv** wird mit dem Vorsatz *om te* 'um zu' und dem Verbalstamm gebildet, z. B. **om te** *wees* 'sein', **om te** *skryf* 'schreiben'. Bei einigen Verba genügt auch *te* 'zu' allein (wie im Englischen *to go* 'gehen'), z. B. *te begin* 'beginnen', *te blyk* 'blicken, schauen', *te skyn* 'scheinen'. In ganz seltenen Ausnahmefällen ist der volle Infinitiv mit dem bloßen Stamme gleich, z. B. *kom* 'kommen', *wil* 'wollen'.

Ein Merkmal des Afrikaans ist die verbindliche d o p p e l t e V e r n e i n u n g, die geradezu französisch anmutet (vgl. frz. *ne ... pas*), z. B. *hy staan nie op nie* 'er steht nicht auf' (← *opstaan* 'aufstehen' + *nie* 'nicht').

In sprachhistorisch-genetischer Hinsicht ist das Afrikaans eine T o c h t e r s p r a c h e des Niederländischen, die aus den Splittern verschiedener niederländischer Mundarten letzten Endes im 17.—18. Jh. im Kapland entstand. Daher wurde es in der älteren Literatur auch als *Kapholländisch* bezeichnet. Die Orthographie und der Wortschatz des Afrikaans wurden in hohem Grade von der niederländischen U m g a n g s s p r a c h e (bzw. V e r k e h r s s p r a c h e) der Zeit der Kolonisierung Südafrikas bestimmt. Die älteren Denkmäler des Afrikaans sind hauptsächlich Schöpfungen der Volksdichtung. Seit Ende des vorigen Jahrhunderts aber hat es eine zunehmende schöngeistige Literatur aufzuweisen und verfügt über Presse und Buchwesen. Die Regeln der Grammatik und der Orthographie des Afrikaans wurden von der Südafrikanischen Akademie für Wissenschaft und Kunst (*Suid-Afrikaanse Akademië vir Wetenskap en Kuns*) als höchster Instanz des südafrikanischen Kulturlebens festgelegt.

IV.4.43. Textproben

(a) *Mnr. du Plessis loop by 'n slagterswinkel in. „Het julle vis?" vra hy. „Dit spyt my" antwoord die slagter; „ons het geen vis nie. Maar wat van 'n likker vet skaapboud?" „Moenie bog praat nie!" sê meneer du Plessis. „Hoe kan ek nou vir my vrou gaan vertel dat ek 'n lekker vet skaapboud gevang het?"*

(M. P. O. BURGERS: *Afrikaans*. 1957.)

Mnr. = *meneer* 'Herr'; *du Plessis* [dy plə'si] (Familienname); *inloop*, *loop in* 'her-/hineingehen'; *by* 'bei, zu'; *'n* 'ein' (unbestimmter Artikel); *slagterswinkel* 'Fleischbank'; *het* Präs. Ind. → *hê* 'haben'; *julle* 'Sie'; *vis* 'Fisch'; *vra* 'fragen'; *hy* 'er'; *dit* 'es; dieses'; *spyt my* 'tut mir leid; ich bedauere'; *antwoord* 'antworten'; *die* (bestimmter Artikel); *slagter* 'Fleischer'; *ons* 'wir'; *geen* 'kein(er), niemand, nichts'; *nie* 'nicht'; *maar* 'aber'; *wat* 'was'; *van* 'von, über'; *likker* 'lecker'; *vet* 'fett'; *skaapboud* 'Schafskeule'; *moenie* = *moet nie* 'doch nicht...' (eigtl. 'muß nicht': Prohibition); *praat bog* 'Unsinn reden, faseln'; *sê* 'sagen'; *hoe* 'wie'; *kan* 'kann'; *ek* 'ich'; *nou* 'nun, jetzt'; *vir* 'für'; *my* 'mein'; *vrou* 'Frau'; *gaan* 'gehen'; *vertel* 'erzählen'; *dat* 'daß'; *gevang* Part. Prät. → *vang* 'fangen'.

(b) *Daar het 'n doring boompie*
vlak by die pad gestaan,
waar lange ossespanne
met sware vragte gaan.

En eendag kom daarlanges
'n ossewa verby
Wat met sy sware wiele
dwars-oor die boompie ry.

„Jy het mos doring struikie,
my anderdag gekrap;
en daarom het my wiele
jou kroontjie plat getrap."

Die ossewa verdwyn weer
agter 'n heuweltop,
en langsaam buig die boompie
sy stammetjie weer op.

Sy skoonheid was geskonde;
sy bassies was geskeur;
Op een plek was die stammetjie
so amper middeldeur.

Maar tog het daardie boompie
weer stadig reggekom,
want oor sy wonde druppel
die salf van eie gom.

Ook het die loop van jare
die wonde weggewis;
net een plek bly 'n teken,
wat onuitwisbaar is.

Die wonde word gesond weer
as jare kom en gaan,
maar daardie merk word groter
en groei maar aldeur aan.

(DU TOIT: *Vergewe en Vergeet*.)

1. *daar* 'da, dort'; *het* Präs. Ind. → *hê* 'haben'; *'n* (unbestimmter Artikel); *doring boompie* 'Dornbäumchen'; *vlak by* 'ganz nahe (bei)' (< *flak* 'flach, eben'); *die* (bestimmter Artikel); *pad* 'Pfad'; *gestaan* Part. Prät. → *staan* 'stehen'; *waar* 'wo'; *lange* Pl. → *lang* 'lang'; *ossespanne* Pl. → *ossespan* 'Ochsengespann'; *met* 'mit'; *sware* Pl. → *swaar* 'schwer'; *vragte* Pl. → *vrag* 'Fracht, Ladung, Last, Bürde'; *gaan* 'gehen';

2. *en* 'und'; *eendag* 'eines Tages'; *kom* 'kommen'; *daarlanges* 'dort entlang/vorüber'; *ossewa* 'Ochsenwagen'; *verby* 'vorbei'; *wat* 'was, das'; *sy* 'sein'; *wiele* Pl. → *wiel* 'Rad'; *dwars-oor* 'quer über'; *ry* 'reiten, fahren';

3. *jy* 'du'; *mos* Prät. Part. → *moet* 'müssen'; *doring struikie* 'Dornsträuchchen'; *my* 'mich'; *anderdag* 'ein anderes Mal, neulich'; *gekrap* Part. Prät. → *krap* 'kratzen'; *daarom* 'darum'; *jou* 'dein'; *kroontjie* 'Krönchen'; *plat* 'platt, flach'; *getrap* Part. Prät. → *trap* 'treten';

4. *verdwyn* 'verschwinden'; *weer* 'wieder'; *agter* 'hinter'; *heuweltop* 'Hügelspitze, Gipfel'; *langsaam* 'langsam'; *buig . . . op* 'aufbiegen, -richten'; *stammetjie* 'Stämmchen';

5. *skoonheid* 'Schönheit'; *was* 'war'; *geskonde* Part. Prät. (Adj.) → *skend* 'schänden'; *bassies* Pl. → *bassie* 'Rinde Dem.' (vgl. dt. *Bast*, nl. *bast*);

geskeur Part. Prät. → *skeur* 'zerreißen'; *op* 'auf'; *een* 'ein' (Numerale); *plek* 'Stelle, Platz'; *so* 'so'; *amper* 'beinahe'; *middeldeur* 'mittendurch, entzwei (-gebrochen)';

6. *maar tog* 'dennoch' (← *maar* 'aber' + *tog* 'doch'); *daardie* 'jener'; *stadig* 'allmählich'; *reggekom* Part. Prät. → *regkom* 'zurückkommen, zu sich kommen, sich erholen'; *want* 'denn'; *oor* 'über'; *wonde* Pl. → *wond* 'Wunde'; *druppel* 'tropfen, tröpfeln'; *salf* 'Salbe'; *van* 'von'; *eie* 'eigen-'; *gom* 'Gummi, Harz';

7. *ook* 'auch'; *loop* 'Lauf'; *jare* Pl. → *jaar* 'Jahr'; *weggewis* Part. Prät. → *wegwis* 'wegwischen'; *net* 'gerade, eben'; *bly* 'bleiben'; *teken* 'Zeichen'; *onuitwisbaar* 'unauslöschlich'; *is* 'ist';

8. *word* 'werden'; *gesond* 'gesund'; *as* 'als'; *merk* 'Merkmal, Zeichen (hier Narbe)'; *groter* Komp. → *groot* 'groß'; *aangroei* 'anwachsen; zunehmen, größer werden'; *aldeur* 'mit der Zeit'.

IV.4.5. Niederdeutsch

IV.4.51. Zur Geschichte

Das Niederdeutsche (nd. *Nedderdüütsch*) — mit seinem im volkstümlichen Gebrauch gängigeren Namen: *Platt* oder *Plattdeutsch* (nd. *Platt* bzw. *Plattdüütsch*) aus *platt* 'einfach, schlicht, Gemein-' — ist die Muttersprache der alteingesessenen Bevölkerung Norddeutschlands, das heißt, sein eigentliches Verbreitungsgebiet umfaßt heute Brandenburg und Mecklenburg in der Deutschen Demokratischen Republik bzw. Niedersachsen, Schleswig-Holstein, Westfalen, das nördliche Hessen und zwei wichtige Hansestädte — Bremen und Hamburg — in der Bundesrepublik Deutschland. Sprachgeographisch liegt dieser Bereich also nördlich von der sogenannten Benrather Linie, d. h. von der Grenze der zweiten (althochdeutschen) Lautverschiebung, und erstreckt sich auf das Verbreitungsgebiet jener deutschen Mundarten, deren Raum wir als Norddeutschland (nd. *Nedderdüütschland*) zusammenfassen. Vor dem Zweiten Weltkrieg gehörten sprachlich auch Pommern und größtenteils Ostpreußen zu diesem Sprachraum, die auf Grund des Potsdamer Abkommens an Polen bzw. an die Sowjetunion angeschlossen wurden. Niederdeutsche Sprachinseln bestehen außerhalb der DDR und der BRD in Dänemark, Polen, in der Sowjetunion, der Slowakei und vor allem in Übersee (USA, Kanada, Südamerika, Südafrika, Australien).

Im norddeutschen Wirtschaftsleben stehen Ackerbau und Viehzucht bzw. im Küstengebiet der Ost- und der Nordsee der Fischfang und die Schiffahrt an erster Stelle. Die Hafenstädte der Nordsee sind auch heute sehr wichtige Zentren des Welthandels. Im Südwesten des niederdeutschen Raumes, im Ruhrgebiet, befindet sich eines der bedeutendsten Industriegebiete Deutschlands, das Kernland der deutschen Schwerindustrie.

In seinen geschichtlichen Anfängen begann sich Norddeutschland aus dem im 9. Jh. gegründeten sächsischen Herzogtum heraus zu entwickeln, dessen Kern das heutige Niedersachsen bildete, das aber zugleich den Raum zwischen Elbe und Rhein umfaßte. Der Sachsenherzog HEINRICH I. wurde 919 zum deutschen König gewählt, sein Sohn, OTTO I., war der erste Kaiser des Römischen Reiches Deutscher Nation. Vom sächsischen Herzogtum wurde im 12. Jh. die Eroberung der ostelbischen Gebiete organisiert („Drang nach Osten"). Unter dem Vorwand der Bekehrung der heidnischen Slawen unterwarf der Sachsenherzog HEINRICH DER LÖWE um die Mitte des 12. Jh.s die ostelbischen Slawenstämme und gründete in ihrem Land das Herzogtum Mecklenburg. Gleichzeitig unterwarf Herzog ALBRECHT DER BÄR die Slawen an der Elbe; ihre Nachkommen haben die Mark Brandenburg gegründet, in deren Bereich im 13. Jh. auch Berlin, die spätere Hauptstadt des Deutschen Reiches entstand. Die Slawenländer wurden nach ihrer Eroberung mit Kolonisten aus den westlichen Provinzen des Reiches, vor allem aus Niedersachsen, Westfalen, nicht zuletzt aber auch aus den Niederlanden besiedelt. Parallel dazu ging man auch an die Besetzung der baltischen Länder. Auf Grund der Handelsbeziehungen der norddeutschen Städte sind in Estland, Lettland, Litauen und dem damals sprachlich noch baltischen Preußen niederdeutsche Handels- und Kirchenniederlassungen entstanden. 1201 ist in der Dünamündung Riga als Ausgangsbasis der deutschen Eroberung des Baltikums gegründet worden. Im Laufe des 13. Jh.s gerieten die baltischen Länder in die Botmäßigkeit der Deutschen. Zur Eindeutschung der Bevölkerung kam es aber nicht, da nur die Mitglieder der herrschenden Klassen — Ritter und Kirchenadel — Deutsche waren, das Volk blieb unverändert.

Preußen — das spätere Ostpreußen — fiel der Aggression des deutschen und des polnischen Adels anheim. Der Papst hat die zwei während der Kreuzzüge entstandenen Ritterorden, den S c h w e r t b r ü d e r o r d e n und den D e u t s c h e n O r d e n vereinigt. Nach der Niederwerfung der Litauer, der Letten und der Preußen gründete dieser vereinigte Ritterorden das Ordensland Ostpreußen, wo Marienburg (heute Małbork in Polen) 1309 Sitz des Hochmeisters wurde. Dem Drang nach Osten setzte der Nowgoroder Fürst ALEXANDER NEWSKI ein Ende, nachdem er 1242 das Ordensheer am Tschudsee entscheidend geschlagen hatte. 1410 gelang es den vereinigten Streitkräften der Polen, Litauer und Russen, den Deutschen Orden bei Grünwalde (Tannenberg) endgültig zu besiegen. 1466 mußten die Ritter die feudale Oberhoheit Polens als Vasallen des polnischen Königs anerkennen.

Im Westen war der Aufstieg Norddeutschlands vor allen Dingen mit dem Aufschwung des deutschen Handels verbunden. Sein Bestreben richtete sich zunächst auf den Nordseeraum und England, ja bis zum 16. Jh. wurde sogar der Außenhandel Englands zum großen Teil von niederdeutschen Kaufleuten abgewickelt. Auf englischem Boden ist auch die erste feste Gemeinschaft deutscher Kaufleute, die *Hanse* (auch *Hansa*) entstanden, die in London — unter kölnischer Führung — eine Faktorei besaß (Abb. 56). Vom 12. Jh. an haben die norddeutschen Kaufleute auch die Ostseeländer in ihren Interessenbereich einbezogen. Während dieser Expansion wurde Lübeck nach seiner Neugründung zum Zentrum des Ostseehandels. Der „Rostocker Bund baltischer Städte und Herren", d. h. der norddeutschen Hanse, räumte dann im ausgehenden 13. Jh. mit der flämischen, der friesischen, der schwedischen und selbst mit der brandenburgischen Konkurrenz auf, wodurch Lübeck seine Stellung als Mittelpunkt des Ost—West-Handels für Jahrhunderte behalten konnte. Über die Faktorei in Brügge wurde auch Flandern in die Interessensphäre der Hanse eingegliedert. Später bekamen die Kaufleute von Lübeck, Hamburg und Köln den gesamten nordeuropäischen Handel zwischen England und Nowgorod in die Hand. In der zweiten Hälfte des 14. Jh.s waren bereits 57 Städte im Kölner Bund zusammengeschlossen. Diese Vereinigung zwang auch Dänemark in die Knie und sicherte sich damit für über ein Jahrhundert den Handel Skandinaviens. Nach dieser Blütezeit, mit dem beginnenden Aufstieg des Kapitalismus, vor allem infolge der Verlagerung der wichtigsten Wege des Welthandels vom Ostseeraum in die Weltmeere, setzte der allmähliche Verfall der Hanse ein, die im 17. Jh. praktisch wie rechtlich aufhörte zu existieren; nur noch die Bezeichnung „Hansestadt" für Lübeck, Hamburg und Bremen erinnert an die alte Herrlichkeit. Mit dem Niedergang der Hanse war aber auch die eigenständige historische Entwicklung Norddeutschlands beendet, bzw. sie mündete in die gesamtdeutsche Entwicklung. Über die Geschicke der mit Norddeutschland einst organisch verbundenen Niederlande s. IV.4.31.

IV.4.52. Quellen. Mittelniederdeutsch

Hinsichtlich seiner Herkunft geht das Niederdeutsche, wie zu sehen war (vgl. IV.3.6.), auf das Altsächsische zurück. Daneben fiel dem Altniederfränkischen, also der Grundsprache des Niederländischen der Gegenwart, die von niederländischen — hauptsächlich flämischen — Auswanderern auch nach den Ostgebieten Norddeutschlands (vor allem nach Mecklenburg) verpflanzt wurde, eine große Rolle zu. Was die Entwicklungsphasen des Niederdeutschen anbelangt, trat es nach seiner altsächsischen bzw. altniederfränkischen Vorgeschichte im 13. Jh. in seine mittlere Stufe, die als Mittelniederdeutsch (nd. *Mid-*

dennedderdüütsch) bezeichnet wird. Die Blütezeit des Mittelniederdeutschen fiel naturgemäß mit der Glanzperiode seiner tragenden Macht, des wichtigsten ökonomischen, sozialen und politischen Faktors im Norden, der H a n s e, zusammen. Ebenso ist der Verfall des Mittelniederdeutschen mit dem Niedergang der Hanse im 16. Jh. verbunden. Vom 17. Jh. an spricht man bereits vom Neuniederdeutschen (nd. *Ninedderdüütsch*), vom eigentlichen P l a t t bzw. Plattdeutsch (nd. *Plattdüütsch*).

Die ältesten L i t e r a t u r d e n k m ä l e r des Mittelniederdeutschen sind uns nur in modernisierten Varianten wie z. B. dem Lied vom Untergang des Gotenkönigs ERMANARICH (*Ermenrikes Dot*) aus einem Druck des 16. Jh.s, oder aber in Übersetzungen wie der im 13. Jh. ins Norwegische übersetzten *Dietrichsage* (*Thidrekssaga*), überliefert. Die Quellen aus dem 13. Jh. sind teils Rechtsbücher und Urkunden wie z. B. das Braunschweiger *Jus Ottonianum* (1227?), der ostfälische *Sachsenspiegel* (1221—1224) von EIKE VON REPGOW und verschiedene Stadtbücher (Lübeck 1263 u. dgl.). Die bisher bekannte älteste niederdeutsche Urkunde stammt aus Hildesheim (1272). Im 14.—15. Jh. vermochte das Niederdeutsche das Lateinische aus den städtischen Kanzleien völlig zu verdrängen: ihnen folgte die Kirche im 16. Jh.

Die Geschichtsschreibung war anfangs lateinisch (ADAM VON BREMEN), aber die *Gandersheimer Reimchronik* (1216) des Pfaffen EVERHARDT wurde schon niederdeutsch verfaßt, wie auch die *Sächsische Weltchronik* (1230—1231) des EIKE VON REPGOW. Aus dem 14. Jh. ist uns das niederdeutsche *Hohe Lied* des Magdeburger Patriziers BRUN VON SCHÖNEBECK sowie die Sammlung der Kirchenlieder des Geistlichen KÖNEMANN überliefert.

Abb. 56. Der Machtbereich der Hanse →

Kleinstädte der Hanse: Ahaus, Ahlen, Anklam, Arnheim, Arnsberg, Aschersleben, Attendorn, Beckum, Belgard, Berlin, Bielefeld, Billerbeck, Björneborg, Bocholt, Bochum, Bockenem, Borghorst, Borken, Brandenburg, Braunsberg, Brilon, Buxtehude, Demmin, Dinant, Doesburg, Dorsten, Duderstadt, Dülmen, Düsseldorf, Einbeck, Elbing, Elburg, Emmerich, Essen, Fellin, Gardelegen, Geseke, Goldingen, Gollnow, Göttingen, Greifenberg, Greifswald, Gronau, Groningen, Halberstadt, Halle, Haltern, Hameln, Hamm, Hannover, Hardewijk, Haselünne, Hasselt, Hattem, Havelberg, Helmstedt, Herford, Hildesheim, Iserlohn, Kamen, Kammin, Kiel, Koesfeld, Kokenhusen, Kolberg, Kölln, Korbach, Köslin, Kulm, Kyritz, Lemgo, Lemsal, Lennep, Lippstadt, Lünen, Meppen, Merseburg, Minden, Mühlhausen, Naumburg, Neuß, Nimwegen, Nordhausen, Northeim, Oldenzaal, Ommen, Osterburg, Osterode, Paderborn, Perleberg, Pernau, Pritzwalk, Quedlinburg, Ratingen, Recklinghausen, Rheine, Roermond, Roop, Rügenwalde, Rüthen, Salzwedel, Schlawe, Schwerte, Seehausen, Solingen, Stade, Stargard, Stavoren, Stendal, Stettin, Stolp, Tangermünde, Telgte, Tiel, Treptow, Uelzen, Unna, Usedom, Uslar, Venlo, Vreden, Warburg, Warendorf, Wenden, Werben, Werl, Werne, Wesel, Windau, Wipperfürth, Wollin, Wolmar, Wyborg, Zaltbommel, Zutphen

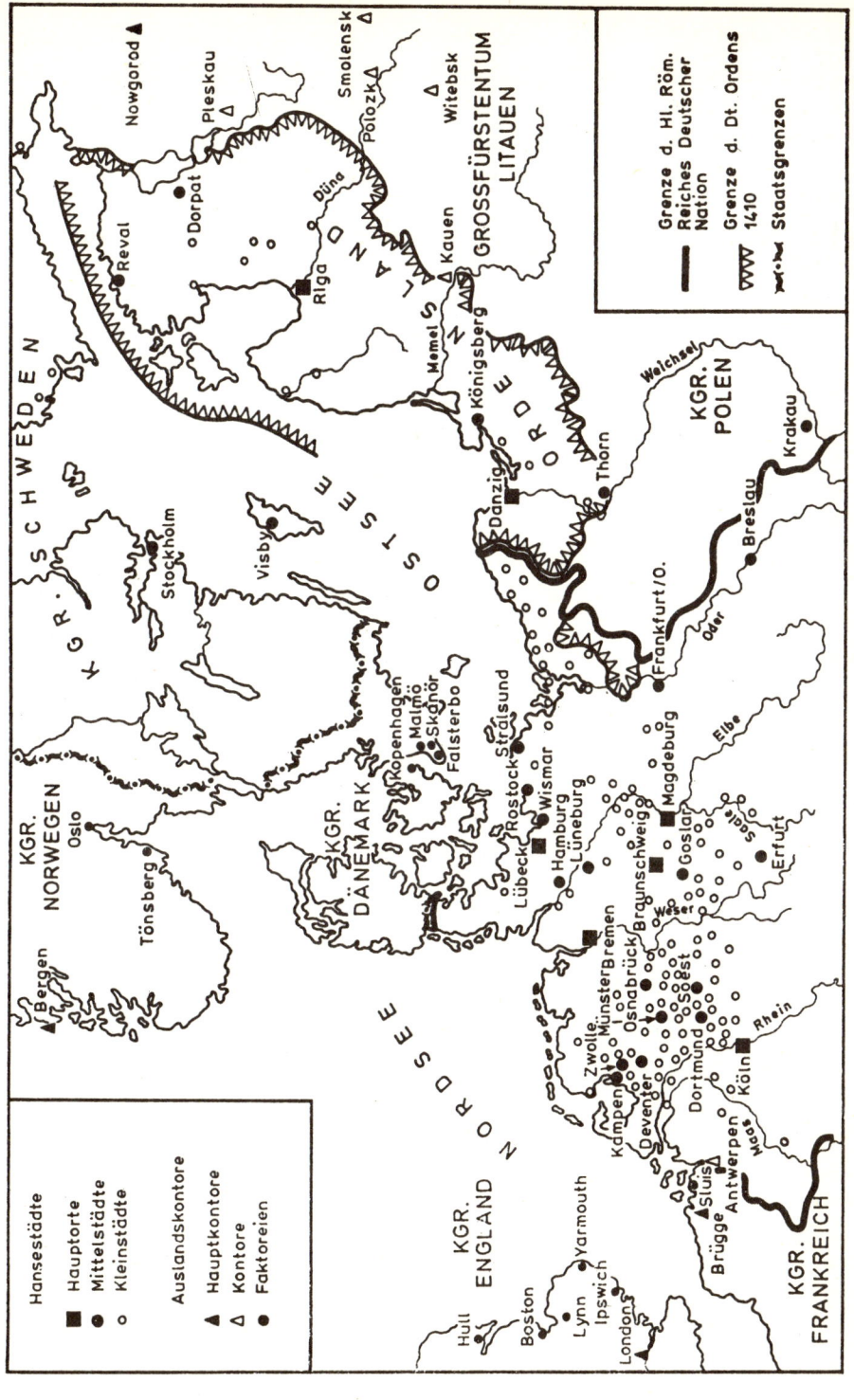

Die bedeutendste dichterische Leistung der mittelniederdeutschen Zeit ist das komische Epos vom Reineke Fuchs (*Reynke de Vos*. Lübeck 1498), das eigentlich eine köstliche Satire des mittelalterlichen Feudalstaates enthält. Die Spitzenleistung des mittelniederdeutschen Kirchendramas ist das *Redentiner Osterspiel* aus dem 15. Jh.

In sprachlicher Hinsicht läßt sich die mittelniederdeutsche Zeit durch den Ausgleichsprozeß der Mundarten charakterisieren. Im Vollzug dieser I n t e g r i e r u n g war die überlandschaftliche, die verschiedenen Mundarten gewissermaßen in einem Durchschnitt verschmelzende Lübecker schrift- und gemeinsprachliche N o r m entstanden, die in dieser Funktion in ganz Norddeutschland beispielgebend wurde. Im Schriftgebrauch läßt sich in der ganzen Periode die Kreuzung der hochdeutschen und der niederländischen Orthographie bzw. die doppelte Orientierung verfolgen. Die Ausbreitung hochdeutscher Elemente in der Zeit v o r dem Aufstieg der Hanse ist besonders dem Durchbruch der feudal-ritterlichen Kultur zuzuschreiben. Mit der Entfaltung der norddeutschen Städte wurde dieser Einfluß wieder zurückgedrängt, und in seiner mittleren Entwicklungsperiode war das Niederdeutsche bereits in ganz Norddeutschland die Sprache der Schriftlichkeit. Sogar die Anfänge der LUTHERschen Reformation standen im Norden Deutschlands noch im Zeichen des Niederdeutschen. Die erste norddeutsche Variante der *Luther-Bibel* war die niederdeutsche Übersetzung JOHANN BUGENHAGENs im 16. Jh. Die Sprache des Kirchenliedes und der Predigt war auch nach dem 16.—17. Jh. noch das Niederdeutsche.

Als eine Folge des Verfalls der Hanse wurde der hochdeutsche Einfluß wieder stärker. Der Niedergang der Hanse bedeutete zugleich auch den Niedergang des norddeutschen Bürgertums, der Hauptstütze der niederdeutschen Schriftsprache. Die Überhandnahme der deutschen Duodezfürsten und des Hochadels sowie der Vorstoß der ostmitteldeutschen Handelszentren wie Leipzig und Breslau (heute Wrocław in Polen) führten zum Aufstieg der ostmitteldeutschen Kanzleisprache. In den Kanzleien der Hansestädte wurde das Niederdeutsche vom 16. Jh. an von der mitteldeutschen, letztlich also hochdeutschen Norm in einem harten Konkurrenzkampf allmählich verdrängt. Ein geradezu klassisches Beispiel für die Durchdringung des Nordens stellt der Dialekt Berlins dar, der seinen ursprünglich niederdeutschen Charakter zugunsten des Mitteldeutschen fast restlos verlor und seitdem als eine Art mitteldeutsche Sprachinsel (bzw. -halbinsel) in seiner niederdeutschen Umgebung weiterlebte, vgl. IV.5.45. Im 17.—18. Jh. ist im Kreise des norddeutschen Bürgertums aus der Mischung der niederdeutschen Dialekte und der auf der Ebene der Schriftsprache als sprachlicher Mehrwert anerkannten hochdeutschen Norm eine aus hoch- und niederdeutschen Elementen gebildete Umgangssprache entstanden, die man seit dem Beginn des 18. Jh.s mit einem niederdeutschen Wort *Missingsch* (d. h. Meißnisch) nannte.

Der Sprachzustand der mittleren Periode des Niederdeutschen läßt sich als ein Analogon zum Mittelniederländischen betrachten. Die g r a m m a t i s c h e S t r u k t u r ist, wie auch die des Mittelniederländischen, gekennzeichnet durch eine rasche Vereinfachung, die im 16.—17. Jh. schon den gegenwärtigen Stand erreichte, vgl. IV.4.33. Auch in seiner L a u t s t r u k t u r hat das Niederdeutsche in derselben Zeit den heutigen, im Schriftniederdeutschen gültigen Stand erreicht.

Charakteristisch ist vor allem das F e h l e n d e r zweiten (hochdeutschen) L a u t v e r s c h i e b u n g, vgl. nd. *Punt* (∼ ne. *pound*) 'Pfund'; nd. *Appel* (∼ ne. *apple*) 'Apfel'; nd. *Topp* (∼ ne. *top*) 'Zopf'; nd. *helpen* (∼ ne. *help*) 'helfen'; nd. *deep* (∼ ne. *deep*) 'tief'; nd. *to* (∼ ne. *to*) 'zu'; nd. *Katt* (∼ ne. *cat*) 'Katze'; nd. *Witt* (∼ ne. *wit*) 'Witz'; nd. *Water* (∼ ne. *water*) 'Wasser'; nd. *wat* (∼ ne. *what*) 'was'; nd. *maken* (∼ ne. *make*) 'machen'; nd. *Eek(boom)* (∼ ne. *oak*) 'Eiche(nbaum)'; nd. *ik* (∼ nl. *ik*) 'ich' usw. — Die alte Konsonantenverbindung -*hs*- wurde zu -*ss*- angeglichen, z. B. *wassen* 'wachsen', *Oß* 'Ochse' (auch gegenüber ne. *ox*!), allerdings nicht so folgerichtig wie im Niederländischen, vgl. IV.4.32. Altes anlautendes *þ* wurde im Mittelniederdeutschen zu *d*, vgl. *dre* (≠ ne. *three*) 'drei', *dar* (≠ ne. *there*) 'da(r)', *Dörp* (≠ ne. *thorp*[*e*]) 'Dorf' usw. Die Lautverbindungen -*nd*-/-*nt*-, -*ld*-/-*lt*- und -*rd*- (< -*rð*-) wurden im (ursprünglichen) Inlaut assimilatorisch zu -*nn*-, -*ll*-, -*rr*- vereinfacht: *anners* 'anders', *ünnen* 'unten', *Feller* 'Felder', *hollen* 'halten', *warrn* 'werden', n i c h t a b e r im Auslaut: *Land* 'Land' (gegenüber Pl. *Länner* 'Länder'), *Feld* 'Feld', *hart* (< *hard*) 'hart'.

Die K o n s o n a n z e n *sl, sm, sn, sw* — sowie *sp* und *st* — sind in ihrer ursprünglichen Qualität erhalten geblieben: *slapen* [slaːpən] 'schlafen', *small* [smal] 'schmal', *Sne* [sneː] 'Schnee', *Swester* [swestər] 'Schwester', nur die Verbindung *sr* hat sich zu [ʃr] gewandelt (z. B. *schreeg* [ʃreːχ] 'schräg'), bzw. *sk* [sx] wurde zu [ʃ], vgl. *Schipp* [ʃip] 'Schiff', *Fisch* [fiʃ] 'Fisch', *waschen* [vaʃən] 'waschen'. Im allgemeinen ist auch die Anlautsgruppe *wr* bewahrt, z. B. *wrantig* 'rauh, mürrisch', *wringen* 'auswinden'.

Der V o k a l i s m u s erscheint ebenfalls archaischer als im Neuhochdeutschen: *Huus* 'Haus', *Hüüs* 'Häuser', *Wief* [viːf] 'Weib', bzw. als in den oberdeutschen Mundarten: *deep* ≠ obd. [tiːəf] (< ahd.-mhd. *tiof* ∼ *tief*) 'tief', *Broder* ≠ obd. [bruːədə] (< ahd.-mhd. *bruoder*) 'Bruder'. Altes *au* und *ai* wurden in der Regel monophthongiert, z. B. *Boom* 'Baum', *Steen* 'Stein'. Hinsichtlich der R e d u k t i o n bzw. des Schwundes der Vokale in nebentoniger Stellung nahm das Niederdeutsche ein rascheres

Tempo als die hochdeutsche Schriftsprache, vgl. *ik warr* 'ich werde', *Kaart* 'Karte' u. dgl.

Seit dem 17. Jh. lebt das Niederdeutsche in erster Linie in den gesprochenen Mundarten weiter. S p r a c h g e o g r a p h i s c h werden innerhalb des niederdeutschen Raumes z w e i H a u p t g e b i e t e unterschieden: 1. das a l t s ä c h s i s c h e (= westniederdeutsche) Stammland und 2. das o s t e l b i s c h e (= ostniederdeutsche) Kolonialland. Die Gruppe der westniederdeutschen Mundarten umfaßt das W e s t f ä l i s c h e (im Raum Münster, Paderborn, Dortmund, Bielefeld und Osnabrück), das O s t f ä l i s c h e (im Raum Hannover, Hildesheim, Braunschweig, Goslar und Göttingen) sowie das N o r d n i e d e r s ä c h s i s c h e, d. h. das eigentlich N i e d e r s ä c h s i s c h e (Bremen, Minden, Lüneburg und Hamburg), das verniederdeutschte O s t f r i e s i s c h e (Emden, Aurich), das S c h l e s w i g i s c h e (Itzehoe, Neumünster, Kiel) und das H o l s t e i n i s c h e (Flensburg, Husum). Die Ostgruppe zerfällt in das N o r d m e c k l e n b u r g i s c h e und das N o r d b r a n d e n b u r g i s c h e, das M i t t e l b r a n d e n b u r g i s c h e und das O s t p o m m e r s c h e, die sich vor 1945 im Osten im O s t - und im W e s t n i e d e r p r e u ß i s c h e n fortsetzten (Abb. 57).

Auf der Grundlage verschiedener niederdeutscher Mundarten begann sich die Sprache Norddeutschlands um die Wende des 18./19. Jh.s wieder den — allerdings nicht amtlichen — Rang einer S c h r i f t s p r a c h e zu erringen. In diesem Prozeß haben besonders zwei Dichter eine große Rolle gespielt: der Holste KLAUS GROTH (1819—1899) und der Mecklenburger FRITZ REUTER (1810—1874). Mit ihrer Dichtung blühte die niederdeutsche Literatur wieder auf, und nach langen Diskussionen über die Fragen der Orthographie wurden auf Grund der hochdeutschen Schreibe, der Orthographie der niederländischen Schwestersprache und der mittelniederdeutschen Schrifttradition im Jahre 1919 die *Lübecker Richtlinien* veröffentlicht. In Anlehnung an diesen Beschluß wurde 1935 die nunmehr als einheitlich geltende neuniederdeutsche Rechtschreibung festgelegt, die seitdem in amtlich bestimmten Veröffentlichungen, z. T. auch in Schulbüchern bzw. im kirchlichen Gebrauch u. dgl. allgemein verwendet wird. In Schwerin (DDR) besteht ein erfolgreiches niederdeutsches Theater mit reicher Tradition.

Manche Forscher (und Laien) möchten das Niederdeutsche nur noch als einen Dialekt bzw. als eine Dialektgruppe der deutschen Nationalsprache einstufen. Streng linguistisch betrachtet wird aber diese Einstufung den sprachlichen Tatsachen nicht gerecht. Die offizielle deutsche Staatssprache spielt heute auch im Leben der Norddeutschen bereits die Rolle der Amtssprache, ja in vieler Hinsicht der Nationalsprache schlechthin. Immerhin

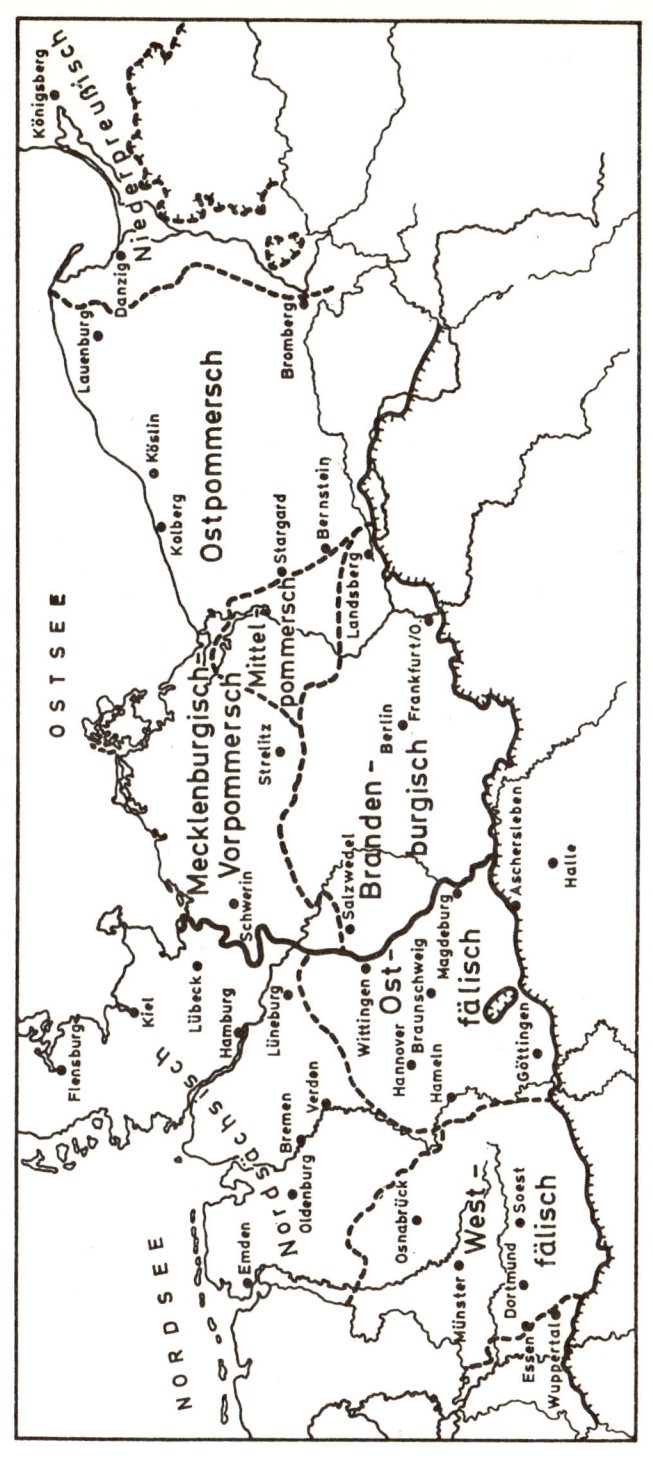

Abb. 57. Neuniederdeutsche Mundarten vor dem Zweiten Weltkrieg (nach WILLIAM FOERSTE)

lebt und entwickelt sich über den niederdeutschen Mundarten und neben der hochdeutschen Staats- und Schriftsprache auch eine niederdeutsche Schrift- und Gemeinsprache, die sich nicht nur als die Umgangssprache gebildeter Volksschichten, sondern zugleich als ein paralleles Ausdrucksmittel des norddeutschen Kulturlebens bewährt. Für den Linguisten hat es einen besonderen Reiz, sozusagen mit den eigenen Augen verfolgen zu können, wie sich eine germanische Sprache von ihren nordseegermanischen („ingwäonisch-altsächsischen") Anfängen über die bereits südgermanische („istwäonische") Stufe des Mittelniederdeutschen zum hochdeutschen („erminonischen") Stadium hin verwandelt. Die Norddeutschen bilden schon seit langem einen organischen Teil der deutschen Nation, somit ist anzunehmen, daß sie — ohne eine ökonomische und politische Selbständigkeit — letzten Endes auch sprachlich „verhochdeutscht" werden.

IV.4.53. Neuniederdeutsch

Das heutige System der niederdeutschen O r t h o g r a p h i e beruht, soweit es sich nicht um die nach phonetischer Genauigkeit strebende Festhaltung linguistisch wichtiger Mundarttexte handelt, auf den 1935 bestätigten Regeln. Die niederdeutsche Orthographie wurde dabei nach dem Zeichensystem der neuhochdeutschen Rechtschreibung ausgerichtet, ohne jedoch das sogenannte Dehnungs-*h* zu übernehmen, vgl. nd. *leren* 'lehren', nd. *Kaal* 'Kohle'.

Das niederdeutsche E i n h e i t s a l p h a b e t besteht aus den folgenden Graphemen: *a, ä, b, c, d, e, f, g, h, i, j, k, l, m, n, o, ö, p, q, r, s, β, t, u, ü, v, w, x, y, z.* (*y* kommt jedoch nur in Fremdwörtern und in niederdeutschen Namen mit alter Orthographie vor.)

Die Länge der V o k a l e wird in offener Silbe nicht besonders bezeichnet (z. B. *bliven* 'bleiben', *Fru* 'Frau'): in geschlossener Silbe dient — konsequent wie im Niederländischen — die Verdoppelung des Graphems zu diesem Zweck, z. B. *aa, (ää), ee, oo, öö, uu, üü,* bzw. *ie* für langes [i:], vgl. *Haan* 'Hahn', *Eekboom* 'Eiche(nbaum)', *Döör* 'Tür', *Uul* 'Eule', *Füür* 'Feuer' bzw. *Kiel* 'Keil, Kiel'. Nach neuhochdeutschem Muster ist die doppelte Schreibung von *e* für langes [e:] in offenem Auslaut ziemlich verbreitet in Wörtern wie *nee* 'nein', *See* 'See', *Tee* 'Tee' usw. Die Diphthonge sind *au* [au], z. B. *Aust* [aust] 'Ernte'; *ei* [ae], z. B. *eisch* [aeʃ] 'schlimm, unartig'; *eu* [ɔi], z. B. *Heu* [hɔi] 'Heu' (neben *Hau*); *oi* [ɔi], z. B. *moi* [mɔi] 'schön, angenehm'.

Die Verdoppelung der K o n s o n a n t e n verweist nur auf die Kürze des vorausgehenden Vokals, z. B. *Kopp* 'Kopf', *hollen* 'halten', *nütt* 'nützlich', *ossing* 'wild, wütend', bzw. *ck* bei *k*, z. B. *Fack* [fak] 'Fach'.

Die Schreibung von *d* und *t* im Auslaut folgt — trotz gleicher Aussprache — dem neuhochdeutschen Usus, z. B. *Dood* [do:t] 'Tod', aber *doot* [do:t] 'tot', jedoch wird nach Vokalen, die länger als im Neuhochdeutschen sind, stets *d* geschrieben, z. B. *Lüüd* 'Leute', *Broot* 'Brot', aber *Brööd* 'Brote' Pl. Die Grapheme *v* und *f* lauten im Anlaut gleicherweise als stimmloses [f], ihr Gebrauch richtet sich ebenfalls nach dem Neuhochdeutschen, z. B. *vör* [før] 'vor', aber *för* [før] 'für', *vull* [ful] 'voll', aber *fuul* [fu:l] 'faul', *Fisch* [fiʃ] 'Fisch' usw. Abweichend vom Neuhochdeutschen wird aber *w* nur im Wortanlaut geschrieben, sonst wird auch der stimmhafte Laut [v] durch *v* bezeichnet, vgl. *Wief* [vi:f] 'Weib', aber *geven* [ge:vən] 'geben'. *g* und *gg* bezeichnen gleichzeitig den Verschlußlaut [g] und den entsprechenden Reibelaut [ç, x], dessen graphematisches Zeichen sonst — wo er mit dem orthographischen Stand im Neuhochdeutschen übereinstimmt — das Digraph *ch* ist. *q* kommt nur mit *u* ergänzt vor, z. B. *quick* [kwik] 'quick'. Ähnlich dem Neuhochdeutschen kann *s*, gemäß seiner Stellung, stimmhaftes [z] und stimmloses [s] wiedergeben, vgl. *Sünn* [zyn] 'Sonne', *lesen* [le:zən] 'lesen', *Hüüs* [hy:z] 'Häuser', aber *du leest* [le:st] 'du liest'. Das „scharfe" *ß* wird ebenfalls in neuhochdeutscher Weise verwendet (vgl. IV.4.68.), z. B. *Oß* [os] 'Ochse', a b e r *Ossen* [osən] 'Ochsen'. Es sei angemerkt, daß *sp* und *st* — mit der Ausnahme einiger ostniederdeutscher Mundarten — stets [sp] bzw. [st], nicht aber [ʃp], [ʃt] wiedergeben: *Steen* [ste:n] 'Stein', *Speel* [spe:l] 'Spiel'. Der Laut [ʃ] wird stets mit *sch* wiedergegeben: *Scho* [ʃo:] 'Schuh', *Schaap* [ʃa:p] 'Schaf', *schriven* [ʃri:vən] 'schreiben', *Wisch* [viʃ] 'Wiese'. *x* wird auch im Niederdeutschen als [ks] gelesen, z. B. *nix* [niks] 'nichts'; *z* und *tz* als [ts], vgl. *Zippel* [tsip(ə)l] 'Zwiebel' bzw. *letzt* [letst] 'letzt-'. Die Graphemverbindung *tsch* bezeichnet die Affrikate [tʃ], z. B. *Quitsch* [kwitʃ] 'Quecke'.

Nach dem Vorbild des Neuhochdeutschen werden die Substantiva mit großem Anfangsbuchstaben geschrieben: *leven* 'leben', aber *Leven* 'Leben', *schaden* 'schaden', aber *Schaden* ~ *Schaad* 'Schaden'.

Das S u b s t a n t i v unterscheidet noch teilweise die drei Genera: *de Mann* m. 'der Mann' — *den Mann* 'den/dem Mann' (Akk.-Dat.); *de Fru* f. 'die/der Frau' (Nom.-Akk.-Dat.); *dat Huus* n. 'das/dem Haus' (Nom.-Akk.-Dat.). Die Gruppierung nach Stammklassen wurde auch im Niederdeutschen nach der Pluralbildung umstrukturiert: 1. -(e)*n*: *Barg* m. 'Berg' — *Bargen* Pl., *Dünn* f. 'Schläfe' — *Dünnen* Pl., *Hart* n. 'Herz' — *Harten* Pl. bzw. *Muur* f. 'Mauer' — *Muur(e)n* Pl., *Gadder* n. 'Gitter' — *Gaddern* Pl. Mitunter tritt auch Wechsel des Stammvokals ein, z. B. *Spitt* n. 'Spieß' — *Speten* Pl. Auch der Auslautkonsonant wird gelegentlich verändert, z. B. *Tiet* f. 'Zeit' — *Tiden* Pl.; 2. -*er* (mit oder ohne Umlaut), z. B. *Dook* m.-n. 'Tuch' — *Döker* Pl., *Land* n. 'Land' — *Länner* Pl., *Lief* n. 'Leben' — *Liver*

Pl.; 3. -*s*, z. B. *Balken* m. 'Balken' — *Balkens* Pl., *Bäcker* m. 'Bäcker' — *Bäckers* Pl., *Deern* f. 'Mädchen' — *Deerns* Pl., *Dotter* n. 'Dotter' — *Dotters* Pl., *Buttje* m. 'kleiner Mann, Strolch' — *Buttjes* Pl.; 4. -∅ (meistens mit Umlaut, bisweilen auch mit Veränderung des Konsonanten des Stammauslauts), z. B. *Aal* m. 'Aal' — *Aal* Pl., *Aas* n. 'Aas' — *Öös* Pl., *Bank* f. 'Bank' — *Bänk* Pl., *Foot* m. 'Fuß' — *Fööt* Pl., *Fuust* f. 'Faust' — *Füüst* Pl. bzw. *Deef* m. 'Dieb' — *Deev* Pl. Auch das Kasussystem des Substantivs wurde eingeengt: die ohnehin gemeinsame Form des Akkusativs und Dativs wird so gut wie nur noch im Sing. Mask. besonders kenntlich gemacht. Die Verwendungssphäre des Genitivs ist äußerst begrenzt (im großen und ganzen ähnlich wie im Neuenglischen, vgl. IV.3.48.), z. B. *Nawers Soot* 'Nachbars Brunnen'.

Das A d j e k t i v unterscheidet noch zum Teil die Formen der „starken" und der „schwachen" Deklination sowie die Genera, vgl. *en lüttjet Kind* n. 'ein kleines Kind', *de kranke Bost* f. 'die kranke Brust', *de hellen Tran* 'die hellen Tränen'.

Von den N u m e r a l i e n ist *een* 'ein' in reduzierter Form (*en*) zugleich der unbestimmte Artikel.

Das P r o n o m e n hat den Dualis aufgegeben. Das Personalpronomen der 3. Pers. Sing. hält die drei Genera auseinander (*he* ∼ *hei* 'er', *se* ∼ *sei* 'sie', *et* ∼ '*t* 'es'). Kennzeichnend ist der Zusammenfall von Akkusativ und Dativ: *mi*(*k*) 'mich, mir', *di*(*k*) 'dich, dir' usw.

Das niederdeutsche V e r b ist entweder „stark" oder „schwach". Die Ablautsreihen der starken Verba sind: 1. *gripen — greep — grepen — grepen* 'greifen'; 2. *beden — bood — boden — baden* 'bieten'; 3. *binnen — bunn — bunnen — bunnen* 'binden'; 4. *nemen — neem — nemen — namen* 'nehmen'; 5. *lesen — lees — lesen — (leest)* 'lesen'; 6. *fragen — froog — frogen — (fraagt)* 'fragen'.

Die Präteritopräsentien sind, nach den Ablautsreihen geordnet: 1. *weet* 'weiß' — *wüß* Prät.; 2. *döög* 'tauge' — *döch* Prät.; 3. *kann* 'kann' — *kunn* Prät.; *dörf* (*dröff*) 'darf' — *dörv* (*dröff*) Prät.; 4. *schall* 'soll' — *schull* Prät. (vgl. ne. *shall*); 5. *mag* 'mag' — *much* Prät.; 6. *mutt* 'muß' — *müß* Prät.

Die schwachen Verba bilden im wesentlichen eine Gruppe: *setten* 'setzen' — *sett* Part. Prät., *wennen* 'wenden' — *wendt* Part. Prät.

Die athematischen Verba wurden in die Ablautsreihen der starken Verba eingegliedert, ein Relikt stellt nur die Formenreihe des Hilfsverbs *sien* ∼ *wesen* 'sein' dar, vgl. *bün* 'bin', *büst* 'bist', *is* 'ist', *sünd* 'sind, seid, sind', *was* ∼ *weer* 'war', *weerst* 'warst', *weren* 'waren, waret, waren', *wees!* ∼ *si!* 'sei!' — *weest!* ∼ *siet!* 'seid!', *wesen* ∼ *west* 'gewesen'. Das ursprünglich optativische Verb *willen* 'wollen' folgt dem Muster der Präteritopräsentien: *will* 'will' — *wull* 'wollte'.

Die Formen des Optativs sind bereits mit jenen des Präteritums zusammengefallen, z. B. *keem* 'kam' und 'käme', oder sie werden mit Hilfe des Optativs von *doon* 'tun' umschrieben, vgl. *wat se sik inbill'n* **ded** 'was sie sich einbilden täte (d. h. würde)'. *Doon* ist auch sonst sehr häufig als Hilfsverb strapaziert, obwohl sein Gebrauch noch bei weitem nicht so streng geregelt ist wie im Neuenglischen, vgl. *wat ik weten* **do** 'was ich weiß' (eigtl. 'was ich wissen tue'), *wat ik beden* **do** 'was ich bitte' (eigtl. 'was ich bitten tue') usw.

In der Kategorie der Tempora sind die Formen der 1. und der 2. Pers. Sing. im Präteritum bei den schwachen Verba schon mit den entsprechenden Formen des Präsens zusammengefallen: *ik arbeid* 'ich arbeite' und 'ich arbeitete', *du arbeidst* 'du arbeitest' und 'du arbeitetest'. Die 3. Pers. Sing. weicht davon ab: *buut* 'baut', aber *bu* 'baute'. Die Personalendungen des Plurals des Präsens wurden im Westen des niederdeutschen Sprachraums nach dem Vorbild des Altsächsischen (also nach der 2. Pers. Pl.) vereinheitlicht, vgl. *wi drievt* 'wir treiben', *ji drievt* 'ihr treibt', *se drievt* 'sie treiben', während im Osten, also in Mecklenburg, das (ältere) hochdeutsche Modell zur Geltung kommt: *wi driven, ji drievt, si driven*. Der Plural des Präteritums geht einheitlich auf *-en* aus, vgl. *wi dreven* 'wir trieben', *ji dreven* 'ihr triebet', *si dreven* 'sie trieben'.

Der Imperativ kennt zwei selbständige Formen, z. B. *bu!* 'baue!' und *buut!* 'baut!'.

Im Part. Prät. wurde das Präfix *ge-* im Gegensatz zum Niederländischen, aber im Einklang mit dem Neuenglischen, beseitigt, vgl. *arbeidt* 'gearbeitet', *buut* 'gebaut'. Mit den Hilfsverben *sien ~ wesen* 'sein' bzw. *hebben* 'haben' und *warrn* 'werden' verbunden, dient das Partizip der Vergangenheit (bzw. der Infinitiv) zur Bildung zusammengesetzter Zeitformen, z. B. *ik heff buut* 'ich habe gebaut' (Perf.), *ik harr buut* 'ich hatte gebaut' (Plusqu.); desgleichen mit dem Infinitiv, vgl. *ik warr buen* 'ich werde bauen' (Futurum) usw. Die Passivformen werden ähnlich wie im Neuhochdeutschen (und sonst in den germanischen Sprachen) gebildet, vgl. *ik warr leert* 'ich werde gelehrt (= unterrichtet)' usw.

IV.4.54. Niederdeutsche Elemente in der neuhochdeutschen Schriftsprache

Das Niederdeutsche ist, obwohl es im Laufe der historischen Entwicklung des deutschen Volkes ununterbrochen der Durchdringung seitens seiner südlichen Schwestersprache ausgesetzt war, keineswegs passiv geblieben, sondern es hat seinerseits in verschiedenen Epochen zu der Bereicherung und der Verfeinerung der hochdeutschen Schrift- und Gemeinsprache in mancher Weise beigetragen. Im Hochmittelalter wurde vor allem die ritterlich-feudale Terminologie des Mittelhochdeutschen durch niederdeutschen (und niederländischen) Beitrag erweitert, vgl. im Wortschatz z. B. nd.-mnl. *ridder* > mhd. *ritter* 'Ritter' gegenüber regelrechtem mhd. *rîtære* > nhd. *Reiter*, nd.-mnl. *wâpen* > mhd. *wâpen* 'Wappen' gegenüber regelrechtem mhd. *wâfen* > nhd. *Waffe(n)* u. dgl., aber es gehören auch sonstige Wörter mit ganz allgemeinem semantischem Gehalt wie nhd. *Kleid* gegenüber mhd. *wât* 'dass.', nhd. *Glück* gegenüber mhd. *sælde* 'dass.' usw. zum niederdeutschen Bestandteil des Hochdeutschen.

Dank dem sprachlichen Einfluß der H a n s e sind viele niederdeutsche Wörter noch im Ausgang der mittelhochdeutschen bzw. zu Beginn der neuhochdeutschen Zeit gesamtdeutsch geworden, z. B. mnd.-mnl. *waar* > nhd. *Ware*, mnl. (mnd.) *over* > nhd. *Ufer* anstelle von obd. *Kaufmannschatz* bzw. *Gestade*. Im Wege der Ausbreitung des zwischen dem Süden und dem Norden stehenden mitteldeutschen („Lutherschen" bzw. „meißnischen") Sprachgebrauchs haben sich in der deutschen Schriftsprache viele Wörter eingebürgert, deren Lautung die Herkunft aus dem Niederdeutschen ohnehin verrät, z. B. *fett* neben obd. *feist*, *Stoppel* neben obd. *Stupfel*, *Lippe* neben obd. *Lefze*, *Hafer* neben obd. *Haber*, *Schacht* neben obd. *Schaft* u. dgl.

Der Einfluß des Niederdeutschen läßt sich in der deutschen Terminologie der S c h i f f a h r t und im sonstigen Sprachgebrauch der S e e l e u t e verständlicherweise besonders gut verfolgen, vgl. *Strand* und *Küste*, *Klippe* (vgl. ne. *cliff*), *Düne*, *Bucht*, *Moor*, *Boot*, *Kiel*, *Tau* 'Seil', *Deck* (gegenüber obd. *Dach*), *Flagge*, *Hafen*, *Wrack*.

Über den Wortschatz hinaus hat das Niederdeutsche auch auf die G r a m m a t i k der deutschen Gemeinsprache eingewirkt. Hierher zu zählen ist zum Teil die Bewahrung des synthetischen P r ä t e r i t u m s (im Gegensatz zu der oberdeutschen Entwicklung), des weiteren die Verallgemeinerung des g e n i t i v i s c h e n *-s* (z. B. *Mutters Hut*) sowie die Zunahme der P l u r a l f o r m e n auf *-s* (z. B. *Müllers* gegenüber obd. *Müllern*; *Mädels* gegenüber obd. *Mädel* bzw. *Mädeln*), der um sich greifende Gebrauch von *haben* als Hilfsverb neben Verben wie *stehen, liegen, sitzen* (*ich* **habe** *gestanden/gelegen/gesessen* gegenüber obd. *ich* **bin** *gestanden/gelegen/gesessen*). Nicht zuletzt seien freilich auch die niederdeutschen Züge in der normierten deutschen H o c h l a u t u n g erwähnt sowie die O r t s - und P e r s o n e n n a m e n niederdeutscher Herkunft wie *Hannover, Wittenberge* bzw. *Jens, John* und *Frings, Jensen*.

In diesem Zusammenhang sei auch an den außerordentlichen Einfluß des Niederdeutschen auf die n o r d g e r m a n i s c h e n Sprachen, besonders während der Herrschaft der Hanse, erinnert, vgl. IV.2.83. und IV.2.93.

IV.4.55. Textproben

(a) *Mittelniederdeutsch*

Id gheschach vp eynen pynxstedach,
Datmen de wolde vnde velde sach
Grone staen myt loff vnde gras,
Vnde mannich fogel vrolich was
Myt sange in haghen vnde vp bomen;
De krûde sproten vnde de blomen;
De wol rôken hir vnde dar;
De dach was schone, dat weder klar.

(*Reynke de Vos.* Lübeck, 1498.)

id 'es'; *gheschach* 'geschah'; *vp* 'auf, an'; *eynen* Dat. Sing. m. 'ein'; *pynxstedach* m. 'Pfingsttag'; *datmen* 'daß man'; *de* (bestimmter Artikel); *wolde* m. 'Wald'; *vnde* 'und'; *velde* n. 'Feld'; *sach* 'sah'; *grone* 'grün' (Adv.); *staen* 'stehen'; *myt* 'mit'; *loff* n. 'Laub'; *gras* n. 'Gras'; *mannich* 'manch-'; *fogel* m. 'Vogel'; *vrolich* 'fröhlich'; *was* 'war'; *sange* Dat. Sing. n. → 'Sang, Gesang, Lied'; *in* 'in'; *haghen* Dat. Pl. m. → 'Hag, Hecke'; *bomen* Dat. Pl. m. → 'Baum'; *krûde* Pl. n. → 'Kraut'; *sproten* 3. Pl. Prät. Ind. → 'sprießen'; *blomen* Pl. f. → 'Blume'; *wol* 'wohl'; *rôken* 3. Pl. Prät. Ind. → 'riechen, duften'; *hir* 'hier'; *dar* 'dort, da'; *dach* m. 'Tag'; *schone* 'schön' (Adv.); *dat* 'das'; *weder* n. 'Wetter'; *klar* 'klar, hell, heiter'.

(b) *Neuniederdeutsch*

1. *Nordniedersächsisch (in der modernen Orthographie):*

Ik wull, wi weern noch kleen, Jehann,
Do weer de Welt so groot!
Wi seten op den Steen, Jehann,
Weest noch? bi Nawers Soot.
An Heben seil de stille Maan,
Wi segen, wa he leep,
Un snacken, wa de Himmel hooch
Un wa de Soot wull deep.

(Klaus Groth: *Min Jehann.* 1852.)

ik 'ich'; *wull* 1. Pers. Sing. Prät. Opt. → *willen* 'wollen'; *wi* 'wir'; *weern* 1. Pers. Pl. Prät. Opt. → *wesen* 'sein'; *noch* 'noch'; *kleen* 'klein'; *Jehann* 'Johann'; *do* 'da, dann'; *weer* 3. Pers. Sing. Prät. Ind. Opt. → *wesen* 'sein'; *de* m./f. 'der/die': *den* Akk. Sing. m. (bestimmter Artikel); *Welt* f. 'Welt'; *so* 'so'; *groot* 'groß'; *seten* 1. Pers. Pl. Prät. Ind. → *sitten* 'sitzen'; *op* 'auf, an'; *Steen* m. 'Stein'; *weest* 2. Pers. Sing. Präs. Ind. → *weten* 'wissen'; *bi* 'bei'; *Nawer* m. 'Nachbar' (∼*s* Gen. Sing.); *Soot* m. 'Brunnen, Ziehbrunnen'; *an* 'an'; *Heben* m. 'der hohe Himmel' (vgl. ne. *heaven*); *seil* 3. Pers. Sing. Prät. Ind. → *seilen* 'segeln'; *still* 'still' (∼*e* Nom. Sing. m.); *Maan* m. 'Mond'; *segen* 1. Pers. Pl. Prät. Ind. → *seegen* 'sehen'; *wa* 'wie'; *he* 'er'; *leep* 3. Pers. Sing. Prät. Ind. → *lopen* 'laufen, wandeln'; *un* 'und'; *snacken* 'plaudern'; *Himmel* m. 'Himmel'; *wull* 'wohl'; *deep* 'tief'; *min* 'mein'.

2. Mecklenburgisch (*in der Orthographie des Verfassers*):

„Wi krig'n doch nich dat Heu taurecht,"
Seggt Bur Fischer tau Kammin. —
„Jehann! — Jehann!" röppt hei den Knecht.
„Wo Deuwel mag de Bengel sin?"
Na, endlich krüppt Jehann heruter ut dat Stroh:
„Wat will Hei denn! Hir bün ik jo!" —
„Hürst du denn nich, dat ik hir rohr?
Wat kümmst du nich, wat makst du dor?"
„O, nicks nich, Herr! ik leg en beten.
Hüt middag heww 'k so dick mi freten,
Un wull en lüttes Spirken slapen."
„Wo is den Krischan?" — „Ik bün ok tau Hannen,"
Seggt de un kümmt nu ok heruter schaben.
„Na, segg! wat makst denn du dor baben?"
„O, nicks nich, Herr! Ik hülp Jehannen."

(FRITZ REUTER: *De Hülp.* 1859.)

wi 'wir'; *krig'n* 'kriegen'; *nich* 'nicht'; *dat* 1. 'das' (bestimmter Artikel, n.), 2. 'daß'; *taurecht* 'zurecht'; *seggt* 'sagt' (*segg!* 2. Pers. Sing. Imp.); *Bur* 'Bauer'; *tau* 'zu'; *Jehann* 'Johann' (∼*en* Akk.-Dat.Sing.); *röppt* 'ruft'; *hei* 'er' (*Hei* 'Er': auch beim Siezen als Anrede im Sing. wie im älteren Hochdeutsch); *den* 'den, dem' (bestimmter Artikel); *Deuwel* 'Teufel'; *de* 'der, die' (bestimmter Artikel, m.-f.); *sin* 'sein' (Inf.); *krüppt* 'kriecht'; *heruter* 'heraus'; *ut* 'aus'; *wat* 'was'; *hir* 'hier'; *bün* 'bin'; *ik*, *'k* 'ich'; *jo* 'ja'; *hürst* 'hörst'; *ik rohr* 'röhren: schreien rufen'; *kümmst* 'kommst'; *makst* 'machst'; *dor* 'da'; *nicks* 'nichts' (∼ *nich* 'überhaupt nichts', eigtl. *nichts nicht*); *leg* '(ich) liege'; *en beten* 'ein bißchen'; *hüt* 'heute'; *middag* 'Mittag, mittags'; *heww 'k* 'habe ich'; *mi* 'mich'; *freten* '(voll) gefressen'; *un* 'und'; *wull* 'wollte' (1. Pers. Sing. Prät. Ind bzw. Konj.); *en* 'ein' (unbestimmter Artikel); *lüttes* Nom.-Akk. Sing. n. → *lütt* 'klein' (vgl. ne. *little*); *Spirken* n. 'Bißchen, Kleinigkeit'; *slapen* 'schlafen'; *is* 'ist'; *Krischan* PN 'Christian'; *ok* 'auch'; *tau Hannen* 'bei der Hand' (eigtl. *zuhanden*); *nu* 'nun, jetzt'; *schaben* 'geschoben'; *baben* 'oben': *ik hülp* 'ich helfe'; *Hülp* f. 'Hilfe'.

IV.4.6. Deutsch

IV.4.61. Historische Voraussetzungen

Unter sämtlichen germanischen Sprachen hat das Deutsche neben dem Englischen die größte Bedeutung erlangt. Deutsch ist, vor allem in Europa, auch heute ein wichtiges Mittel der internationalen Verständigung. Es ist Staatssprache im Gesamtbereich der Bundesrepublik Deutschland und der Deutschen Demokratischen Republik, in Österreich (vgl. IV.5.23.) und Liechtenstein, ferner in der Schweiz (neben Französisch und Italienisch bzw. Rätoromanisch in Graubünden; zum Deutschen bekennen sich ungefähr 65% der Bevölkerung als zu ihrer Muttersprache, vgl. IV.5.24.) und in Luxemburg, wo daneben auch Französisch und Letzeburgisch (vgl. IV.5.25.) Amtssprachen sind.

In diesen Staaten leben also auf etwa 470 000—475 000 km² 93—95 Millionen Menschen deutscher Zunge. Deutsche Volksgruppen verschiedener Stärke leben außerdem in allen Nachbarländern des deutschsprachigen Raumes, ferner in der Sowjetunion und in vielen Ländern in Übersee, vor allem in den Vereinigten Staaten von Amerika, in Kanada, Brasilien, Chile, Argentinien usw., in Australien und Südafrika sowie in den ehemaligen deutschen Kolonien (Südwestafrika, Togo, Kamerun usw.). Die deutschsprachigen Staaten sind größtenteils Republiken, nur Luxemburg ist Großherzogtum und Liechtenstein ist Herzogtum. Ihre Hauptstädte sind Bonn (BRD), Berlin (DDR), Wien (Österreich), Bern (Schweiz), Luxemburg (Luxemburg) und Vaduz (Liechtenstein).

Die deutschbesiedelten Länder sind hochentwickelte Industriestaaten, nur Liechtensteins Wirtschaftsleben ist auf die Viehzucht konzentriert. Die Zentren der Schwerindustrie sind das Ruhrgebiet und das Saarland in der Bundesrepublik Deutschland, der obersächsische Raum in der Deutschen Demokratischen Republik bzw. das Wiener Becken in Österreich.

Bereits im Altertum nahmen die drei großen Stammesverbände der **Süd-** und der **Nordseegermanen**, nämlich die **Ingwäonen**, die **Istwäonen** und die **Erminonen**, das heutige Gebiet der germanischen Völker auf dem Festland in Besitz. Während des 1. Jh.s v. u. Z. bzw. im 1. Jh. u. Z. eroberten die Römer das Rheinland und das damals noch größtenteils keltische Süddeutschland (mit dem heutigen Österreich). Dem weiteren Vormarsch der Römer nach Norden boten die Germanen unter der Führung von Armin(ius) im Jahre 9. u. Z. in der Teutoburger Schlacht (Westfalen) Einhalt. Im 4.—5. Jh. u. Z. überrannten die Germanen das Römische Reich: die Stämme der **Markomannen** (Vorfahren der **Baiern**) und der **Sweben** (Vorfahren der **Schwaben**) — denen u. a. auch die **Alemannen** angehörten — besetzten endgültig das Gebiet des heutigen Süddeutschlands, Österreichs und der Schweiz. Westlich und nordwestlich davon gründeten die Stämme der F r a n k e n ein mächtiges Reich auf den Trümmern der gallischen Provinzen (nördlich von den ostgermanischen Reichen der Goten und Burgunder).

Die B e k e h r u n g der festlandgermanischen Stämme zum christlichen Glauben wurde von angelsächsisch-irischen Missionaren unter der Führung des hl. BONIFATIUS in Angriff genommen. Dieser Prozeß wurde eigentlich mit der Besiedlung der slawischen Länder östlich der Elbe abgeschlossen (vgl. IV.4.51.). Nach der Auflösung des F r a n k e n r e i c h s entstand im 9. Jh. im Osten des Karolingerreichs das Königreich LUDWIGS DES DEUTSCHEN. Die Zentralmacht wurde durch die Verselbständigung der deutschen Herzogtümer (Franken, Schwaben, Baiern, Sachsen und Lothringen) im Zuge der feudalen Entwicklung, des weiteren durch die Streifzüge der Normannen, der Ungarn und der Slawen zersetzt. Erst HEINRICH I. und dem 962 zum Kaiser gekrönten OTTO I. ist es gelungen, die Macht des Herrschers wiederherzustellen. Das erbrachte zugleich den Zusammenschluß von Deutschland und Italien im H e i l i g e n R ö m i s c h e n R e i c h D e u t s c h e r N a t i o n. Der K a i s e r (genauer- der deutsche K ö n i g) wurde von den deutschen Fürsten, den sogenannten K u r f ü r s t e n, gewählt. Im Spätmittelalter und in der angehenden Neuzeit bestand die kaiserliche Macht immer mehr nur nominell, und die wirkliche Macht geriet in die Hände des feudalen Hoch- und Kirchenadels. Dadurch wurde das Tempo der bürgerlichen Entwicklung in den deutschen Landen sehr gehemmt.

Nach dem D r e i ß i g j ä h r i g e n K r i e g (1618—1648) trennten sich die Niederlande (vgl. IV.4.31.) und die Schweiz vom Reich los. Zugleich begannen sich die beiden miteinander konkurrierenden Mächte der Habsburger und der Hohenzollern zu festigen. Im Süden entstand der Vielvölkerstaat Ö s t e r r e i c h, im Norden das moderne, zentralisierte Königreich P r e u ß e n. Der Kampf um die Vormachtstellung zwischen Preußen und Österreich wurde von der Napoleonischen Aggression unterbrochen. In den Jahren 1806 und 1807 zwang NAPOLEON Kaiser FRANZ II. zur Niederlegung der römisch-deutschen Kaiserwürde und Preußen zur Abtretung großer Gebiete, die er zum Königreich Westfalen vereinigte. Sechzehn deutsche Kleinstaaten vereinigten sich unter seinem Protektorat im R h e i n b u n d. Der Wiener Kongreß hat zwar 1814—1815 die Zahl der deutschen Fürstentümer erheblich herabgesetzt, aber er hat auch das fürstliche Bundessystem restauriert, indem er Deutschland in den D e u t s c h e n B u n d verwandelte.

Die Revolution von 1848 und das darauffolgende Frankfurter Parlament mit seinen Einheitsbestrebungen waren ebensowenig von Erfolg gekrönt wie ähnliche Zielsetzungen der deutschen Bauernkriege im 16. Jh. In der zweiten Hälfte des 19. Jh.s aber vermochte Preußen Österreich vom politischen Leben Deutschlands immer mehr auszuschalten. Nach dem Österreichisch-Preußischen Krieg (1866) bzw. nach dem Deutsch-Französischen Krieg (1871) gelang es OTTO VON BISMARCK als Kanzler des Norddeutschen Bundes, die deutsche Einheit unter der Hegemonie Preußens wiederherzustellen. 1871 wurde der König von Preußen, WILHELM I., zum Kaiser des vereinigten Deutschen Reiches ausgerufen. Hinter dem einheitlichen R e i c h s t a g und dem zur Sicherung der wirtschaftlichen Einheit bereits 1834 gegründeten D e u t s c h e n Z o l l v e r e i n ist jedoch die Selbständigkeit der deutschen Königreiche (Preußen, Bayern, Württemberg, Sachsen), der Großherzogtümer (Baden, Hessen, Sachsen-Weimar, Mecklenburg) und einiger kleinerer Feudalterritorien sowie der Hansestädte (Hamburg, Bremen, Lübeck) unversehrt geblieben.

Nach 1871 hat sich Deutschland in raschem Tempo den kapitalistischen Staaten des Westens angeschlossen und galt in den ersten Jahrzehnten des 20. Jh.s bereits als die bedeutendste Wirtschafts- und Militärmacht Europas. Die damit verbundene wirtschaftliche und politische Expansion hat den Kampf, den die Großmächte um die Neuaufteilung der Welt geführt hatten, in einen offenen Krieg — den Ersten Weltkrieg (1914—1918) — verwandelt. 1918 mußte Deutschland kapitulieren, der Kaiser dankte ab, und in Berlin wurde die Deutsche Republik („Weimarer Republik") ausgerufen. Rechtsextremistisch-chauvinistische Kreise verhalfen 1933 der nationalsozialistischen Partei ADOLF HITLERS zur Macht, um die Großmachtstellung Deutschlands durch erneute Expansionen zu sichern. Dieser Versuch mündete in den Zweiten Weltkrieg (1939—1945), der mit dem totalen Zusammenbruch der deutschen Angriffspolitik endete. Von den vier alliierten Siegermächten — Frankreich, Großbritannien, UdSSR und USA — wurde das Deutsche Reich (bzw. gesondert Berlin) 1945 (im „Potsdamer Abkommen") in vier Besatzungszonen aufgeteilt. Im Jahre 1949 wurden auf deutschem Boden zwei Staaten gegründet: im Osten der erste sozialistische deutsche Staat, die Deutsche Demokratische Republik, im Westen die Bundesrepublik Deutschland.

IV.4.62. Quellen

Die Geschichte der auf hochdeutschen Grundlagen entstandenen deutschen Sprache wird gewöhnlich in drei große Perioden eingeteilt: 1. Althochdeutsch von den Anfängen, d. h. von etwa 600 u. Z. an bis zum 11. Jh.; 2. Mittelhochdeutsch vom 11. Jh. bis zur Mitte des 14. Jh.s; 3. Neuhochdeutsch vom 14. Jh. an. Diese Periodisierung hat natürlicherweise nur einen relativen Wert, da die einzelnen Perioden im organischen Wachsen der deutschen Sprache durch längere und kürzere Übergangsperioden verbunden sind, woraus sich eine weitere, mehr detaillierte Periodisierung ergibt, ja sich nicht selten als unumgänglich erweist.

Die Schriftsprache der althochdeutschen Zeit war noch größtenteils das Lateinische, aber es setzte auch der Vorgang der Entfaltung einzelner hochdeutscher Dialekte zu Schriftdialekten ein. Neben den interlinearen Glossen sind im 8. Jh. bereits die ersten zusammenhängenden kirchlichen und weltlichen Texte entstanden, z. B. die ostfränkische *Hamelburger Markbeschreibung* sowie die *Würzburger Markbeschreibung*, verschiedene Gesetze, Predigten, Beichtformeln, Kirchenlieder, dogmatische Erörterungen, Übersetzungen lateinischer Kirchenschriften u. dgl. Besondere Erwähnung verdient das unter dem Titel *Abrogans* bekannte Glossar, das mit Recht das älteste deutsche Buch genannt wird. Im angehenden 9. Jh. mag die Niederschrift des in einem hochdeutsch-niederdeutschen Mischdialekt verfaßten *Hildebrandsliedes* erfolgt sein. In der deutschsprachigen Literatur des 9. Jh.s kommt dem bairischen *Muspilli* (dem Gesang vom Weltuntergang), der ostfränkischen Evangelienübersetzung TATIANS, dem Versevangelium des rheinfränkischen Benediktinermönches OTFRID und dem ebenfalls rheinfränkischen *Ludwigslied*, in dem der Sieg des Königs der Westfranken, LUDWIGS III., über die Normannen im Jahre 881 in epischer Form verewigt wurde, eine besondere Bedeutung zu.

Im 10. Jh. konnte das Lateinische die deutschen Dialekte in der Schriftlichkeit fast gänzlich verdrängen. Hingegen wurden um die Wende des 10./11. Jh.s die religionsphilosophischen Werke des hervorragendsten Sprachgenies der althochdeutschen Zeit, des St. Gallener Mönchs NOTKER, in alemannischer Mundart niedergeschrieben (*Boëthius* u.a.), wie auch das auf das 11. Jh. datierte *Ezzolied* von Christi Wundern.

Das literarische Erbe der germanischen Völkerwanderung ist uns — mit spärlichen Ausnahmen — erst aus jüngeren Bearbeitungen bzw. aus lateinischen oder nordischen Übersetzungen überliefert.

Das *Ezzolied* steht eigentlich schon an der Grenze zum Mittelhochdeutschen. Das deutsche Schrifttum war in dieser Zeit bereits nicht nur sehr umfangreich, sondern auch künstlerisch äußerst wertvoll. Am Kaiserhof sowie an den einzelnen Fürstensitzen waren Mittelpunkte der höfischen Dichtung entstanden. Die Pfleger dieser Literatur des Rittertums waren vor allem die Troubadoure Deutschlands, die sog. Minnesänger. HARTMANN VON AUE, WOLFRAM VON ESCHENBACH, GOTTFRIED VON STRASSBURG u. a. wandten sich neben den kleineren lyrischen Gattungen hauptsächlich der höfischen Epik zu. Unter den besten Meistern der L y r i k verdient WALTHER VON DER VOGELWEIDE an erster Stelle genannt zu werden. Reich ist auch die Zahl kunstvoller mittelhochdeutscher V o l k s e p e n (*Nibelungenlied*, *Kudrunlied* usw.).

Die Entstehung des N e u h o c h d e u t s c h e n war mit der Entfaltung der bürgerlichen Literatur verbunden und wurde u. a. in den Singschulen der M e i s t e r s i n g e r, anderntells aber auch im praktisch ausgerichteten Schrifttum gepflegt. In sprachhistorischer Hinsicht war die Tätigkeit der kaiserlichen, der fürstlichen sowie der städtischen K a n z l e i e n ausschlaggebend, denn sie haben die Grundlagen der einheitlichen deutschen Schriftsprache geschaffen. Gleichzeitig mit dem Durchbruch der Reformation und dank dem Buchdruck und der Einführung des Papiers stieg die Anzahl der Schriftprodukte. Der erste deutsche Buchdrucker, JOHANN GUTENBERG (etwa 1397—1468), war der Erfinder des Druckwesens in Europa. Seit der Verbreitung der gedruckten religiösen Schriften, vor allen Dingen der *Luther-Bibel* sowie der *Volksbücher*, steht der einschlägigen Forschung ein kontinuierliches und reiches Material zur Verfügung.

IV.4.63. Althochdeutsch

In althochdeutscher Zeit, d. h. etwa zwischen 600 und 1100, gliedern wir den h o c h d e u t s c h e n Raum, in dem die zweite — althochdeutsche — Lautverschiebung durchgeführt wurde (vgl. IV.4.2.) und der sich dadurch vom niederdeutschen Raum getrennt hatte, auf Grund der auch schriftlich belegten D i a l e k t e in eine oberdeutsche und eine mitteldeutsche Gruppe.

Die beiden Hauptdialekte des O b e r d e u t s c h e n waren das A l t b a i r i s c h e im Osten und das A l t a l e m a n n i s c h e im Westen. Zu diesen ist in althochdeutscher Zeit auch noch das L a n g o b a r d i s c h e zu stellen, vgl. IV.4.7. Die eigenständigen Glieder des M i t t e l d e u t s c h e n waren eigentlich die aus der auf den Zerfall der fränkischen Einheit folgenden Differenzierung bzw. während der oberdeutschen Überdachung entstandenen Mundarten fränkischer Prägung, und zwar das O b e r f r ä n k i s c h e, das M i t t e l f r ä n k i s c h e und das R h e i n f r ä n k i s c h e, welch letztere heute noch stark mit niederdeutschen Elementen durchsetzt sind. Innerhalb des O b e r f r ä n k i s c h e n unterscheiden wir das O s t f r ä n k i s c h e im Osten und das S ü d r h e i n f r ä n k i s c h e in der Rheingegend im Westen. Dieser mitteldeutschen Gruppe schloß sich im Osten wohl auch das T h ü r i n g i s c h e an, das nur in keinen Denkmälern auf uns gekommen ist, die sich mit Sicherheit orten ließen. — Im Zusammenhang mit der Ausdehnung im Osten drang das

Bairische im Bereich der Bayerischen Ostmark (im späteren Österreich) vor. Gegen Ende der althochdeutschen Zeit begann im Norden die Eindeutschung des obersächsischen Raumes vor allem im Zeichen des östlichen Mitteldeutschen.

Alle diese Mundarten waren zugleich Schriftdialekte: eine einheitliche deutsche Schriftsprache gab es in althochdeutscher Zeit noch nicht. Die modernen Textausgaben behalten daher in der Regel die ursprüngliche Orthographie der Handschriften bei, oder aber sie stützen sich — wie auch bei der Beschreibung der Grammatik des Althochdeutschen — auf das Ostfränkische des TATIAN, das bei der wissenschaftlichen — d. h. nachträglichen — Normierung hypothetisch als die älteste belegte Vorstufe des Neuhochdeutschen angesetzt wird (Abb. 58).

Es sei angemerkt, daß in der einschlägigen Fachliteratur lange Zeit hindurch mit dem Begriff „Urdeutsch" (als angenommener Grundsprache des Deutschen) operiert wurde. Indessen hat sich herausgestellt, daß solch eine urdeutsche Spracheinheit nie vorhanden war: *das Hochdeutsche, d. h. das Deutsche im engeren Sinne, ist keine urtümliche Einheit, sondern es ist das Ergebnis eines langen und verwickelten Integrierungsprozesses.* Dementsprechend war der Name *Deutsch* als Bezeichnung für das deutsche Volk und seine Sprache ursprünglich nicht so konkret und bestimmt wie heute, sondern er diente im Mittelalter zur Bezeichnung der gesprochenen germanischen Volkssprachen schlechthin, indem er diese der damaligen Amts- bzw. Schriftsprache — dem Lateinischen — gegenüber abgrenzte. Darauf verweist auch die Etymologie des Wortes *Deutsch*: es geht auf das germanische Grundwort *piuda* ~ *peoda* 'Volk' zurück, das lat. *vulgus* 'Volk, Menge' wiedergab, während der aus dem letzteren gebildeten Sprachbezeichnung *lingua vulgaris* 'Volkssprache' im Germanischen als eigene Prägung das von *piuda* abgeleitete Adjektiv entsprach. Somit kann es auch nicht verwundern, daß dieses Adjektiv in seiner latinisierten Form *Theodiscus* an der Stelle, wo es in den Denkmälern zum ersten Male erscheint (786), nicht auf die deutschen Schriftdialekte, sondern auf das Englische bezogen wird. Zur gleichen Zeit wurde aber auch das Fränkische des Karolingerreiches mit demselben Wort benannt, und erheblich später kommt dann die auf einen altgermanischen Stammesnamen anspielende, zu demselben Wortstamm gehörende mittellateinische Bezeichnung *Teutonici* als Volksname der Deutschen in den Urkunden von Kaiser OTTO I. vor (961). Das von ahd. *diot/diut* 'Volk' mit dem Bildungssuffix *-isk* > *-isch* abgeleitete Adjektiv ahd. *diutisc* bedeutete ursprünglich ebenfalls 'völkisch, volkhaft, volkstümlich', und wurde erst allmählich (vgl. mhd. *diutsch/tiu[t]sch* > nhd. *t[h]eutsch* > *deutsch*) auf die deutsche Sprache eingeengt, umfaßte allerdings im weiteren Sinne auch das Niederdeutsche und das Niederländische, vgl. IV.4.32. bzw. IV.4.52. Demgemäß erscheint in der älteren germanistischen Literatur das Wort *deutsch* vielfach als Synonym von *germanisch* zur Bezeichnung a l l e r germanischen

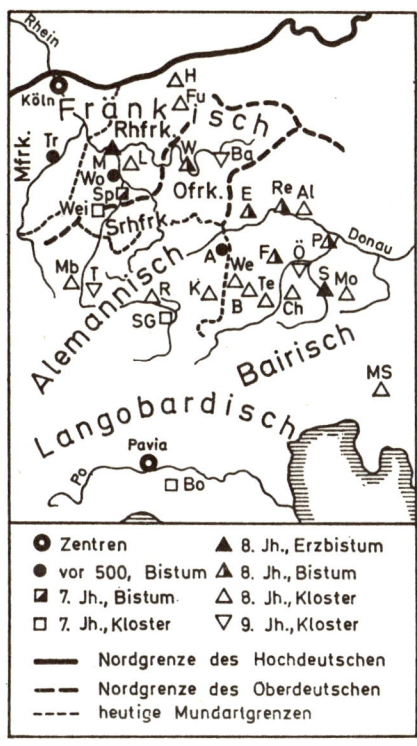

Abb. 58. Althochdeutsche Schreiborte (nach HANS NAUMANN und WERNER BETZ)
Mfrk. = Mittelfränkisch, Srhfrk. = Südrheinfränkisch, Ofrk. = Ostfränkisch, Rhfrk. = Rheinfränkisch

A = Augsburg, Al = Niederalteich, B = Benediktbeuren, Ba = Bamberg, Bo =, Bobbio, Ch = Chiemsee, E = Eichstätt, F = Freising, Fu = Fulda, H = Hersfeld- K = Kempten, L = Lorsch, M = Mainz, Mo = Monsee, Mb = Murbach, MS = Maria Saal ?, Ö = Altötting, P = Passau, R = Reichenau, Re = Regensburg, S = Salzburg, SG = St. Gallen, Sp = Speyer, T = St. Trudpert, Te = Tegernsee, Tr = Trier, W = Würzburg, We = Wessobrunn, Wei = Weißenburg, Wo = Worms

Sprachen und Völker, so z. B. bei JACOB GRIMM, dessen „Deutsche Grammatik" eigentlich eine „germanische" ist. In der englischen Germanistik ist in dieser Funktion der latinisierte Begriff *Teutonic* heute noch ziemlich verbreitet.

Von den spärlichen Denkmälern „deutscher" Runen (vgl. III.3.5.) abgesehen, sind die Sprachdenkmäler des Althochdeutschen mit den Graphemen des lateinischen Alphabets aufgezeichnet worden. Im nachträglich vereinheitlichten orthographischen System werden in den Textausgaben die folgenden Grapheme (A l p h a b e t) verwendet: *a, b, c, d, e, f, g, h, i, j, k, l, m, n, o, p, q*(*u*), *r, s, ʒ, t, u, v, w, z*.

Die Länge der V o k a l e wird durch den Zirkumflex oder einen Balken über dem Buchstaben diakritisch angedeutet: *â, ê, î, ô, û* bzw. *ā, ē, ī, ō, ū*. Die althochdeutschen Diphthonge waren *ei* [ɛɪ] bzw. [aɪ], *ia* oder *ie* [iə], *io* [iɔ], *iu* [iu] bzw. im Spätalthochdeutschen schon [y], *ou* [ɔu] und *uo* [uɔ].

Lange K o n s o n a n t e n werden durch die Verdoppelung der entsprechenden Buchstaben wiedergegeben (z. B. *bb, dd*, usw.), nur langes [kk] erscheint als *ck* in der Schrift. Die Fortes *p, t* und zum Teil auch *k* waren möglicherweise noch unbehaucht. *h* war je nach seiner phonetischen Umgebung bzw. Stellung einfaches [h] (im Anlaut, vgl. *hunt* [hunt] 'Hund') oder [x], z. B. *naht* [naxt] 'Nacht'; zweifelhaft ist hingegen, ob schon in dieser Periode auch der *ich*-Laut [ç] entwickelt worden war. Die Digraphe *ch* und *kh* bezeichnen die Affrikate [kx], aber in der normierten Schrift wird diese mit einfachem *k* fixiert, z. B. *chind, khind* oder *kind* [kxind] 'Kind'. Der Lautwert der Verbindung *qu* ist [kw], z. B. *quëna* [kwena] 'Frau, Gattin'. *s* war in intervokalischer Stellung stimmhaft (z. B. *lësan* [lezan] 'lesen'), sonst palatales, d. h. dem [ʃ] nahestehendes stimmloses [s], das mit dem durch *ʒ* (bisweilen mit *z*) bezeichneten dentalen [s] eine Opposition bildete (vgl. *muoʒ* [muɔs] 'muß'). *z* ist sonst die Bezeichnung der Affrikate [ts], vgl. *zīt* [tsi:t] 'Zeit'. In einigen althochdeutschen Mundarten kommt auch noch das Digraph *th* zur Wiedergabe von interdentalem [θ] bzw. *dh* für [ð] vor. Das Verhältnis von *v* und *w* wird ungefähr dem heutigen Stand im Niederländischen entsprechend gewesen sein (vgl. IV.4.32.). Zur Unterscheidung der etymologisch zweierlei *e*-Laute ist auch die Verwendung des Graphems *ë* (für den offenen Wert) üblich. Das Digraph *sc* bzw. *sk* wurde wohl noch im allgemeinen als [sk] bzw. [sx] ausgesprochen, wie *s* auch in den Konsonanzen *sp, st* noch als [s] galt.

Von den Sonderfällen der Lehnwörter abgesehen, folgte die B e t o n u n g im Althochdeutschen den gemeingermanischen Regeln.

Im Vergleich zur germanischen Grundsprache hat das althochdeutsche L a u t s y s t e m verschiedene Wandlungen durchgemacht, von denen die kennzeichnendste die bereits behandelte zweite oder a l t h o c h d e u t s c h e L a u t v e r s c h i e b u n g war (vgl. IV.4.2.).

Die wichtigsten Wandlungen im V o k a l i s m u s waren:

1. Die B r e c h u n g von *u* zu *o* in der Stammsilbe unter der Einwirkung eines *a* der nebentonigen Nachsilbe, welch letzteres im Althochdeutschen bereits aufgegeben wurde, vgl. germ. *gulða > vorahd. *golða > ahd. *gold* 'Gold' gegenüber *guldīn* 'golden, gülden' (vgl. nhd. *Gulden*). Im

fränkischen Dialekt war auch die Brechung *iu* > *io* allgemein, die in den übrigen hochdeutschen Mundarten nur vor Dental bzw. vor [h] eintrat, z. B. *diota* 'Volk' (vgl. nhd. *Deut*!) gegenüber *diutisk* 'völkisch, deutsch'. Im 10. Jh. aber hat diese fränkische Brechung auch die oberdeutschen Dialekte erfaßt und fiel gegen Ende der althochdeutschen Zeit (z. B. bei NOTKER) infolge der fortschreitenden Reduktion mit dem Diphthong *ie* [iə] zusammen. Ihrem Wesen nach war also die Brechung eine Tendenz zur Herstellung der Vokalharmonie.

2. Eine althochdeutsche Besonderheit war der Vokalwechsel *ë* ∼ *i* im Sing. Präs. Ind. der Verba vom Typus *gëban* — *gab* — *gigëban* 'geben', *wërdan* — *ward* — *giwordan* 'werden' bzw. *nëman* — *nam* — *ginoman* 'nehmen', vgl. *nimu* 'ich nehme', *nimis* 'du nimmst', *nimit* 'er nimmt' im Singular gegenüber *nëmēm* 'wir nehmen', *nëmet* 'ihr nehmet', *nëmant* 'sie nehmen' im Plural. Auch dabei handelt es sich um die Tendenz zur Vokalharmonie (oft als „Brechung" bezeichnet).

3. Unter der assimilativen Einwirkung eines älteren (oder auch erhalten gebliebenen) *i* bzw. *j* der nebentonigen Nachsilben wurde der Vokal *a* der haupttonigen Stammsilbe im 8. Jh. zu *e* gewandelt. Diese Erscheinung ist der *i*- bzw. *j*-Umlaut (mit einem sekundär gräzisierten Ausdruck: Metaphonie). Um sie von der später (in mittelhochdeutscher Zeit) erfolgten parallelen Erscheinung zu unterscheiden, spricht man hier vom Primärumlaut (z. B. *gast* 'Gast' → *gesti* 'Gäste'). Am Ausgang der althochdeutschen Periode (z. B. bei NOTKER) trat bereits auch der Umlaut von *ū* in der Form von *iu* [y:] in Erscheinung, z. B. *hūt* 'Haut' → *hiute* [hy:te] 'Häute'.

4. Von den Diphthongen wurde germ. *eu* im Althochdeutschen infolge der Brechung zu *eo*, dann zu *io* bzw. *ia* und schließlich zu *ie* entwickelt (vgl. o.), was das Vorhandensein von Formpaaren wie *beotan* 'bieten' und *biutis* 'du bietest' verständlich macht. Germ. $ē_2$ und *ō* wurden noch in der zweiten Hälfte des 8. Jh.s diphthongiert, und zwar *ē* > *ea* > *ia* > *ie* (z. B. ahd. *mēta* > *meata* > *miata* > *mieta* [miəta] 'Miete, Lohn') bzw. *ō* > *uo* bzw. *ua* (auch > *ue*), z. B. ahd. *plōt* > *pluot* ∼ *pluat* 'Blut'.

5. NOTKERS Anlautgesetz, d. h. jene Erscheinung des althochdeutschen Lautsystems, die von NOTKER auch im Schriftbild folgerichtig festgehalten wurde, und die darin besteht, daß die Laute *b, d, g* und *p, t, k*, gemäß ihrer phonetischen Stellung, miteinander regelrecht abwechseln. Im Satzanlaut und nach stimmlosem Vokal stehen *p, t, k*; lautet aber das vorausgehende Wort auf einen Vokal oder auf Liquiden (*l, r*) bzw. Nasale (*m, n*) aus, so werden sie durch *b, d, g* ersetzt, vgl. *tes koldes* 'des Goldes', aber *unde demo golde* 'und dem Golde'. Dieselbe Regel läßt sich zum Teil auch bei den Reibelauten *f* und *v* feststellen.

Für die weitere Entwicklung des Deutschen hat sich die fortschreitende R e d u k t i o n der Vokale der Nebentonsilben als noch viel wichtiger erwiesen denn die angeführten sonstigen Wandlungen. Sie hat nämlich — wenn auch noch nicht in dem Maße wie im Englischen oder im Afrikaans — eine mitbestimmende Rolle in der Umwandlung der grammatischen Struktur gespielt. (Über sonstige Lautveränderungen vgl. noch IV.4.2.)

Der g r a m m a t i s c h e B a u des Althochdeutschen zeigt im Vergleich zum Gemeingermanischen noch verhältnismäßig wenige Verschiebungen.

Das S u b s t a n t i v — wie das Nomen im allgemeinen — unterscheidet die drei Genera sowie die aus der germanischen Grundsprache vererbten vokalischen Stammklassen: 1. die *a*-Stämme (z. B. *tag* m. 'Tag', *wort* n. 'Wort') mit den Unterklassen der *ja*-Stämme (z. B. *hirti* m. 'Hirte', *enti* n. 'Ende', *richi* n. 'Reich, Land') und der *wa*-Stämme (z. B. *snēo* m. 'Schnee', *kneo* n. 'Knie'); 2. die *ō*-Stämme (z. B. *gëba* f. 'Gabe') mit den Unterklassen der *jō*-Stämme (z. B. *hiltia* f. 'Kampf') und der *wō*-Stämme (z. B. *triuwa* f. 'Treue'); 3. die *i*-Stämme, z. B. *gast* m. 'Gast', *anst* f. 'Gnade', *meri* n. 'Meer'; 4. die *u*-Stämme, z. B. *fridu* m. 'Friede', *hant* f. 'Hand', *fihu* n. 'Vieh', des weiteren die konsonantischen Stammklassen: 1. die *n*-Stämme (d. i. die sogenannte „schwache" Deklination), z. B. *hano* m. 'Hahn', *zunga* f. 'Zunge', *ouga* n. 'Auge'; 2. die *r*-Stämme der Verwandtschaftsnamen, z. B. *bruoder* m. 'Bruder', *swëster* f. 'Schwester'; 3. die *nt*-Stämme partizipialer Herkunft, z. B. *friunt* m. 'Freund'; die selbständige Klasse der *s*-Stämme war im Althochdeutschen dagegen nicht mehr vorhanden. Auch die alte Wurzelklasse konnte sich nur noch in einigen isolierten Restwörtern behaupten wie *man* m. 'Mann, Mensch' oder — zum Teil — *fuoʒ* m. 'Fuß'. Ähnlich dem Altenglischen haben die großen Stammklassen — also jene der *a*-, der *ō*- und der *i*-Stämme — auch im Althochdeutschen die kleineren Stammklassen immer mehr aufgesogen.

Der Dualismus „starker" und „schwacher" Paradigmen war auch im System des althochdeutschen A d j e k t i v s noch bewahrt. Die schwache Deklination folgte dem Vorbild der substantivischen *n*-Stämme. Bei der starken Flexion der Adjektiva wurden die *a*- und die *ō*-Stämme (z. B. *guot* m., f., n. 'gut'), die *ja*- und die *jō*-Stämme (z. B. *māri* m., f., n. 'berühmt') sowie die *wa*- und die *wō*-Stämme (z. B. *gëlo* 'gelb' → *gël[a]wes* Gen. Sing. m.-n.) auseinandergehalten.

In der Gruppe der N u m e r a l i e n wurden die Kardinalzahlen *ein* 'ein', *zwēne* m., *zwā/zwō* f., *zwei* n. 'zwei' sowie *drī* m., *drīo* f., *driu* n. 'drei' nach den Genera getrennt und als Adjektiva flektiert.

Der Dualis kommt bei den P r o n o m i n a der althochdeutschen Sprachdenkmäler nur noch in Bruchstücken vor, z. B. *unkēr* (*zweio*) 'unserer beider' (Gen.). Der Form nach müssen im Bairischen *ëʒ 'ihr beide', *ënk 'euch beide(n)' und *ënker 'euer (beider)' noch vorhanden gewesen sein, aber belegt sind sie erst aus mittelhochdeutscher Zeit, als sie jedoch schon die Funktion der 2. Pers. Plur. innehatten. Allgemein erhalten war der Dualis im Althochdeutschen nur noch im Interrogativum (h)wëdar? 'welcher von beiden?'. Bei einigen Demonstrativa war noch der Instrumentalis als eigener Kasus bewahrt, vgl. diu (zu dër/daʒ) 'damit, mit dem/jenem', dës(i)u ~ dis(i)u 'damit, mit diesem', (h)wiu (zu [h]wër/[h]waʒ) 'womit, mit wem/was'. Sonst hatte das Nomen nur noch vier Kasus (Nominativ, Akkusativ, Genitiv, Dativ) sowohl im Singular als auch im Plural.

Das Personalpronomen der 3. Pers. Sing. weist im allgemeinen den (mit dem Gotischen übereinstimmenden!) südgermanischen Typus auf, vgl. ër 'er', si(u) ~ sī 'sie' und iʒ 'es', aber es wurde — im Gegensatz zum Altenglischen — der Genusunterschied auch am Personalpronomen der 3. Pers. Pl. angezeigt, vgl. sie m., sio f., siu n. 'sie' (Pl.). In fränkischen Quellen kommen — bezeichnenderweise — auch Formen mit h-Prothese vor, z. B. hër ~ hē 'er' (hër wohl als Kontamination von nördlichem hē + südlichem ër).

Das V e r b war entweder „stark" oder „schwach". (Die Ablautsreihen der starken Verba sowie die Klassen der Präteritopräsentien s. II.2.3.)

Bei den „schwachen" Verba unterscheiden wir drei Klassen: 1. die mit einem j-Suffix gebildeten Verba, z. B. nerien 'retten' — nerita Prät.; 2. die mit dem Suffix -ō- gebildeten Verba, z. B. salbōn 'salben' — salbōta Prät.; 3. die mit dem Suffix -ē- gebildeten Verba wie habēn 'haben' — habēta Prät.

Die Reste der indogermanischen athematischen Verba waren im Althochdeutschen: 1. das Verbum substantivum, vgl. wësan ~ sīn 'sein' — bim/bin 'bin', bist 'bist', ist 'ist', birum/birun 'wir sind', birut 'ihr seid', sint 'sie sind', Opt. sī 'sei(e), wäre' usw., Imp. wis! (~ bis!) 'sei!' und wëset! (~ sīt!) 'seid!', ferner was 'war', wāri 'du warst', wārum 'wir waren' usw.; 2. tuon 'tun'; 3. gān (~ gēn) 'gehen' — giang Prät.; 4. stān (~ stēn) 'stehen' — stuont Prät.; 5. wellen ~ wollen 'wollen', vgl. willu 'ich will'. Eine zusammengerückte Verneinungsform, wie ags. nylle (< ne wille) 'ich will nicht', wurde im Althochdeutschen nicht entwickelt.

Das althochdeutsche Verb kannte von den synthetischen Kategorien des G e n u s v e r b i nur das Aktiv; das Passiv wurde mit den Hilfsverben wësan 'sein' bzw. wërdan 'werden' und dem Part. Prät. des Hauptverbs gebildet, z. B. ist/wirdit ginoman 'wird genommen' (← nëman 'nehmen'), was/ward ginoman 'wurde genommen'. Später — vom 9. Jh. an — wurden die Konstruktionen wie ist ginoman als Perfekt, was ginoman als Plusquamperfekt, wirdit ginoman als Präsens bzw. ward ginoman als Präteritum verwendet, und zwar im Rahmen des Zustands- bzw. des Vorgangspassivs.

Neben den M o d i des Indikativs und des Optativs (= Konjunktivs) war der Imperativ mit der 2. Person des Singulars und des Plurals vertreten. In der Kategorie des N u m e r u s wurden auch beim Verb nur noch der Singular und der Plural unterschieden. Dagegen waren die P e r - s o n a l e n d u n g e n, im Gegensatz zum Altenglischen wie auch zu den nordgermanischen Sprachen, noch vollständig erhalten, vgl. *nimu* 'ich nehme', *nimis* 'du nimmst', *nimit* 'er nimmt', *nëmumēs* (*nëmamēs, nëmemēs, nëmēm*) 'wir nehmen', *nëmet* (*nëmat*) 'ihr nehmet', *nëmant* 'sie nehmen'. Unter den T e m p o r a waren Präsens und Präteritum selbständig, während das Futurum funktionell mit den entsprechenden Formen des Präsens ausgedrückt wurde.

Die Zusammensetzung des althochdeutschen W o r t s c h a t z e s war jener in den übrigen germanischen Stammessprachen ähnlich, besaß indes auch einige Sondermerkmale. Die an die germanischen Einzelsprachen durch die gotisch-arianische Mission vermittelte g r i e c h i s c h e Kirchenterminologie kam z. B. im Althochdeutschen, besonders aber im Altbairischen, verhältnismäßig stärker zur Geltung als in der übrigen Germania, vgl. zum Beispiel die bairischen Wochentagsnamen *Er(ge)tag* 'Dienstag' und *Pfinztag* 'Donnerstag', die über mhd. *erintag* auf ein got. **areinsdags* (< gr. Ἄρεως ἡμερᾲ) bzw. auf got. **paintē* (< gr. πέμπτη) zurückgehen. Gotischer Einfluß läßt sich im Bairischen auch sonst feststellen, vgl. nhd. (bair.) *Maut* < mhd. *mûte* < got. *mota* 'Maut, Zoll', bair. *Pfaid* 'Hemd' < got. *paida* 'Leibrock', obd. (bair.) *Dult* 'Marktfest' < got. *dulþs* 'Fest(lichkeit), Feier' usw.

Aus dem M i t t e l l a t e i n i s c h e n bzw. durch mittellateinische Vermittlung auch aus anderen Sprachen ist eine lange Reihe von Lehnwörtern in das Althochdeutsche eingedrungen, vgl. *paraveredus* > ahd. *pferit* 'Pferd', *spicarium* > ahd. *spīhhāri* 'Speicher', *palatium* > ahd. *pfalinza* 'Pfalz', *molinarius* > ahd. *mulināri* 'Müller'. Diese Lehnwörter haben des öfteren ältere — in einzelnen deutschen Mundarten heute noch vorhandene — germanische Lexeme verdrängt, z. B. mlat. *butyrum* > *Butter* für germ. *Anke*, das im Alemannischen heute noch gängig ist, oder mlat. *archiater* > *Arzt* für ahd. *lāhhi* 'dass.' u. dgl.

Die Konkurrenz von Synonymen hat in althochdeutscher Zeit auch sonst die Verdrängung vieler Wörter herbeigeführt, vgl. ahd. *bah* 'Rücken' (s. engl. *back* 'dass.') gegenüber nhd. *Rücken* (bzw. obd. *Buckel*), ahd. *ēwa* 'Jahrhundert' (vgl. nl. *eeuw* 'dass.') gegenüber nhd. *Jahrhundert* usw.

Mit der Ausbreitung der Mönchsorden haben viele l a t e i n i s c h e Lehnwörter im Deutschen Wurzeln geschlagen, und zwar nicht nur in der kirchlichen Terminologie (z. B. mlat. *nonna* > *Nonne*, mlat. *propositus* > ahd. *probōst* 'Propst'), sondern auch in den unter kirchlichem Einfluß sich wandelnden Sachgruppen des Unterrichts (z. B. lat. *schola* > ahd. *scuola* 'Schule'), der Schriftlichkeit (z. B. mlat. *tincta* > ahd. *tinkta* 'Tinte', mlat. *breve* > ahd. *briaf* 'Brief, Urkunde'), des Gartenbaus (z. B. lat. *petrosilium* > ahd. *petersilia* 'Petersilie', lat. *rosa* > ahd. *rōsa* 'Rose') sowie im Bereich der Medizin und der Kochkunst.

Der Einfluß des Lateinischen hat sich auch indirekt geltend gemacht, vor allen Dingen in der Unzahl von L e h n ü b e r s e t z u n g e n wie lat. *conscientia* (< *con-* 'mit, ge-' + *scire* 'wissen') → ahd. *giwizzani* 'Gewissen', mlat. *senior* (Komparativ zu *senex* 'alt, greis; ehrwürdig') 'Herr' (vgl. it. *signore*, span. *señor*, frz. *Sire* bzw. *Monseigneur* u. dgl.) → ahd. *hēriro* (Komparativ zu *hēr* 'greis, ehrwürdig', vgl. nhd. *hehr*!) 'Herr' u. dgl.

Auch andere Sprachen haben auf das Althochdeutsche eingewirkt, doch in viel geringerem Ausmaß, vor allem das A l t f r a n z ö s i s c h e (z. B. afrz. *papes* > ahd. *bābes* 'Papst', afrz. *almosne* > ahd. *alamuosan* 'Almosen') und — dank der vom hl. BONIFATIUS gelenkten Mission — das A l t e n g l i s c h e (z. B. ags. *gōdspel* → ahd. *gotspel* 'Evangelium', ags. *sunnanæfen* 'Sonnen-Abend: Vorabend des Sonntags' → ahd. *sunnūnābant* 'Sonnabend, Samstag', ags. *hālig* → ahd. *heilag* 'heilig' usw.). Der Einfluß des Altenglischen hat nicht nur im Wortschatz, sondern auch in der orthographischen Praxis des Althochdeutschen starke Spuren hinterlassen.

IV.4.64. Textproben

(a) *Alemannisch*

Fater unseer, thū pist in himile, uuīhi namun dīnan, qhueme rīhhi dīn, uuerde uuillo diin, sō in himile sōsa in erdu. Prooth unseer emezzihic kip uns hiutu, oblāʒ uns sculdi unseero, sō uuir oblāʒēm uns sculdikēm, enti ni unsih firleiti in khorunka, ūʒʒer lōsi unsih fona ubile.

(*St. Gallener Handschrift.* 8. Jh.)

(b) *Bairisch*

Fater unsēr, du pist in himilum. Kauuihit sī namo dīn. Piqhueme rīhhi dīn. Uuesa dīn uuillo, sama sō in himile est, sama in erdu. Pilipi unsraz emizzigaz kip uns eogauuanna. Enti flāʒ uns unsro sculdi, sama sō uuir flāʒʒamēs unsrēm scolōm. Enti ni princ unsih in chorunka, ūʒʒan kaneri unsih fona allēm suntōn.

(*Freisingener Handschrift.* 9. Jh.)

(c) *Rheinfränkisch*

Fater unsēr, thū in himilom bist, giuuihit sī namo thīn. Quaeme rīchi thīn. Uuerde uuilleo thīn, sama sō in himile endi in erthu. Broot unseraʒ emeʒʒīgaʒ gib uns hiutu. Endi farlāʒ uns sculdhi unsero, sama sō uuir farlāʒʒēm scolōm unserēm. Endi ni gileidi unsih in costunga, auh arlōsi unsih fona ubile.

(*Weißenburger Katechismus*. 9. Jh.)

fater m. 'Vater'; *unsēr* (m.-n.) 'unser'; *dū* (*thū*) 'du'; *bist* (*pist*) 'bist'; *in* 'in'; *himil* m. 'Himmel' (∼*e* Dat. Sing., ∼*um*/∼*om* Dat. Pl.); *wīhen* 'weihen, heiligen, segnen' (*giwīhit* ∼ *kawīhit* Part. Prät., *wīhi* 3. Pers. Sing. Präs. Konj.); *sī* 3. Pers. Sing. Präs. Konj. → *sīn* (*wësan*) 'sein'; *namo* m. 'Name' (*namun* Akk. Dat. Sing.); *dīn* (*thīn*) 'dein' (∼*an* Akk. Dat. Sing. m.); *queman* 'kommen' (*quœme* 3. Pers. Sing. Prät. Konj.); *biqueman* 'kommen' (perfektivisch) (*biqueme* 3. Pers. Sing. Prät. Konj.); *rīchi* (*rīhhi*) n. 'Reich, Land'; *werde* 3. Pers. Sing. Präs. Konj. → *werdan* 'werden'; *wesa* 3. Pers. Sing. Präs. Konj. → *wesan* 'sein'; *will(e)o* m. 'Wille'; *sō(sa)* ǁ *sama sō* 'wie ..., so (auch)...'; *erda* (*ertha*) f. 'Erde' (*erdu* ∼ *erthu* Dat. Sing.); *brōt* (*prōt*) n. 'Brot'; *pilipi* (*bilibi*) n. 'Nahrung, Speise, Lebensmittel'; *emiʒʒag* (*emeʒʒīhic*, *emiʒʒīg*) 'fortwährend, ständig' (vgl. nhd. *emsig*!); *endi* (*enti*) 'und'; *gib* (*kip*) 2. Pers. Sing. Imp. → *geban* 'geben'; *uns* 'uns'; *hiutu* 'heute'; *eogawanna* 'immerfort, jederzeit'; *oblāʒ* ǁ *farlāʒ* ǁ *flāʒ* 2. Pers. Sing. Imp. → *oblāʒʒan* ǁ *farlāʒʒan* ǁ *flāʒʒan* 'vergeben, verzeihen' (*oblāʒēm* ǁ *farlāʒʒēm* ǁ *flāʒʒamēs* 1. Pers. Pl. Präs. Ind.); *sculd(h)* f. 'Schuld' (∼*i* Akk. Pl.); *uns(e)ro* 'unsere' Pl.); *wir* 'wir'; *sculdic* 'schuldig' (∼*em* Dat. Pl.); *uns* (alem.) = *uns(e)rēm* 'unseren'; *scolō* n. 'Schuldner' (∼*m* Dat. Pl.); *ni* 'nicht'; *unsih* 'uns'; *firleiti* 2. Pers. Sing. Imp. → *firleitan* 'verleiten, verführen'; *gileidi* 2. Pers. Sing. Imp. → *gileidan* 'geleiten, leiten, führen'; *princ* 2. Pers. Sing. Imp. → *pringan* (*bringan*) 'bringen'; *korunga* (*chorunga*, *khorunga*) ǁ *costunga* f. 'Versuchung'; *ūʒʒer* ǁ *ūʒʒan* ǁ *auh* 'sondern'; *lōsi* ǁ *arlōsi* 2. Pers. Sing. Imp. → (*ar*)*lōsen* 'erlösen, befreien'; *kaneri* 2. Pers. Sing. Imp. → *ganeren* 'erretten'; *fona* 'von'; *ubil* n. 'Übel, das Böse' (∼*e* Dat. Sing.); *allēm* Dat. Pl. → *all-* 'all-'; *sunta* f. 'Sünde' (*suntōn* Dat. Pl.).

IV.4.65. Mittelhochdeutsch

Die drei Jahrhunderte des auf die althochdeutsche Zeit folgenden Mittelhochdeutschen (1050—1350) lassen sich in drei große Abschnitte zerlegen: 1. F r ü h m i t t e l h o c h d e u t s c h bis zum Ausgang des 12. Jh.s; 2. K l a s s i s c h e s M i t t e l h o c h d e u t s c h vom Ende des 12. Jh.s bis um 1250; 3. S p ä t m i t t e l h o c h d e u t s c h zwischen 1250 und 1350. Wie die sprachliche Entwicklung in althochdeutscher Zeit, wird auch das Mittelhochdeutsche durch die Vielfalt der Dialekte gekennzeichnet. Innerhalb des O b e r d e u t s c h e n waren bereits den feudalen Territorialgrenzen entsprechend das S ü d - oder H o c h a l e m a n n i s c h e, das N i e d e r a l e m a n n i s c h e (= O b e r r h e i n i s c h) — von dem sich im 13. Jh. das **Schwäbische** absonderte –, des weiteren östlich und nördlich davon das **Bairische**, das **Ostfränkische** und das **Südfränkische** ausgegliedert. Das **Mitteldeutsche** ließ sich bereits in mittelhochdeutscher Zeit in **Westmitteldeutsch** und in **Ostmitteldeutsch** zerlegen. Die Westgruppe hat im allgemeinen fränkische Mundarten umfaßt: 1. **Mittelfränkisch** mit dem **Ripuarischen** im Norden und dem noch weniger eigenständigen **Moselfränkischen** im Süden; 2. **Rheinfränkisch** (einschließlich des **Hessischen**). Die Ostgruppe begann sich im Verlauf der Eindeutschung slawischer Länder östlich der Elbe eigentlich erst in mittelhochdeutscher Zeit zu entwickeln, und zwar als eine Gruppe mitteldeutscher Mischmundarten, deren präzise Abgrenzung für die behandelte Periode noch nicht gut möglich ist. Hierher zu zählen sind jedenfalls die Vorstufen des **Thüringischen**, des **Obersächsischen** und des – nunmehr historisch gewordenen – **Schlesischen** (einschließlich des **Oberzipserischen** in der Slowakei) (Abb. 59).

Im Hinblick auf das **Lautsystem** bestanden schon in mittelhochdeutscher Zeit gewichtige Abweichungen zwischen den einzelnen Dialekten des Hochdeutschen. Im Süden des bairisch-alemannischen Raumes wurde der Laut *k* im Wortanlaut sowie in der „Verdoppelung" — wenn es also lang war — und nach Liquiden sowie nach *n* [*n*] affriziert, z. B. *chint* [kxint] 'Kind', *birche* [birkxə] 'Birke', obwohl dies in der Stellung nach Liquiden nicht gesetzmäßig durchgeführt erschien. Ein bairisch-alemannisches Merkmal ist auch der Wandel *b* > *p* bzw. *g* > *k*, aber um die Mitte des 12. Jh.s wurde *b* zu [w] spirantisiert, während anlautendes *w* im Bairischen zur selben Zeit zu [b], anlautendes *f* zu [w] wurde, z. B. *bort* 'Wort', daneben aber *wischof* 'Bischof' u. dgl. Gegen Ende des 13. Jh.s hat das Bairische offenes *ä* [ɛ] und *œ* [æ] zu [a] bzw. [a:] gewandelt, andererseits setzte auch die Diphthongierung von *ī*, *ū*, *ǖ* und zum Teil sogar von *ā*, *ō*, *ē*, *ǣ*, *œ̄* ein, während *ā* und *ō* bzw. teilweise auch *a* und *o* im offenen [ɔ:] bzw. [ɔ] zusammenfielen.

Im Alemannischen wurde schon in dieser Periode die Aussprache [ʃt] für *st* sowie [ʃp] für *sp* in allen phonetischen Stellungen verallgemeinert.

Der **Vokalismus** der mitteldeutschen Mundarten zeichnete sich vor allem durch die Monophthongierung von ahd. *ie*, *iu* und *uo* zu [i:] bzw. [u:] aus, der sich auch die Diphthonge *ei* (> *ē*) und *ou* (> *ō*) anschlossen.

Im mittelfränkischen Bereich wurde die althochdeutsche **Lautverschiebung** nicht konsequent durchgeführt, vgl. *dat* ≠ bair. *daʒ* 'das, daß', *wat* ≠ bair. *waʒ* 'was', *it* ≠ bair. *ëʒ* 'es' usw. Besonders charakteristisch ist die Bewahrung von altem *p* in allen westmitteldeutschen Dialekten, während es im Ostmitteldeutschen in der Regel zu *f* entwickelt wurde (im Gegensatz zum Wandel *p* > *pf*/*f* im Oberdeutschen).

Die alte Anlautsgruppe *wr-* ist ebenfalls erhalten geblieben, z. B. *wrīven* ≠ obd. *rīben* 'reiben'.

Eine einheitliche Schriftsprache hat es in mittelhochdeutscher Zeit noch nicht gegeben. Die größte Einheitlichkeit zeigte sich noch im Sprachgebrauch der höfischen Dichtung. Auf dieser Grundlage hat man im vorigen Jahrhundert — nach den Grundsätzen des deutschen Gelehrten KARL LACHMANN — eine für die Zwecke pädagogischer und belletristischer Textausgaben geeignete, die Sprachwirklichkeit des Mittelhochdeutschen jedoch verfälschende normalisierte „mittelhochdeutsche" R e c h t -
s c h r e i b u n g ausgearbeitet. Sie besteht aus folgenden Graphemen: *a*, *ä*, *æ*, *b*, *c*, *d*, *e*, (*ë*), *f*, *g*, *h*, *i*, *j*, *k*, *l*, *m*, *n*, *o*, *ö*, *œ*, *p*, *q*, *r*, *s*, *ȝ*, *t*, *u*, *ü*, *v*, *w*, *z*.

Die Vokallänge wird im allgemeinen mit dem Zirkumflex, neuerdings — doch noch seltener — auch mit einem Balken über dem Buchstaben bezeichnet, also *â*, *ê*, *î*, *ô*, *û* bzw. *ā*, *ē*, *ī*, *ō*, *ū*, allerdings hält sich der Zirkumflex sehr zäh in den Textausgaben und wurde deshalb auch hier beibehalten. Das *ä* entspricht dem umgelauteten *a*; *œ* bezeichnet langes, offenes [æ:], *œ* ein langes, offenes [œ:]. Das Digraph *iu* gibt in diesem System langes [y:] wieder. Die Diphthonge werden in folgender Weise festgehalten: *ei*, *ou*, *öu*, *ie*, *uo*, *üe*, obwohl *ou* bereits auch als *öi*, *eu* oder *oi* [ɔi] geschrieben wurde. Der Buchstabe für das etymologisch germanische (und nicht im Ergebnis des Umlauts entstandene) [e] ist in der Regel *ë* wie in der althochdeutschen Grammatik.

Der Lautwert des Graphems *ȝ* ist [s], jener von *z* und *tz* hingegen [ts], vgl. *müeȝen* [myəsən] 'müssen', *zît* [tsi:t] 'Zeit'. Die Bezeichnung von [x] — eventuell auch von [ç] — ist *ch*, z. B. *ich* [ix, iç] 'ich', meistens aber nur *h*, z. B. *rëht* [rext, reçt] 'recht', *naht* [naxt] 'Nacht'. Im Wortanlaut ist *h* der einfache Hauchlaut, z. B. *hunt* [hunt] 'Hund'. Konsonantenlänge wird durch Verdoppelung, bei *k* jedoch durch *ck* angedeutet, z. B. *stellen* 'stellen', aber *stucke* [ʃtukkə] 'Stück'. Die Lautung der Graphemverbindung *qu* ist [kw], vgl. *quâle* [kwa:lə] 'Qual'. *k* und *c* bezeichnen denselben Laut [k], ihre graphematische Verteilung ist aber verschieden: *k* steht im Silbenanlaut, *c* hingegen im Silbenauslaut, z. B. *kunst* [kʰunst] 'Kunst, Kenntnis, Wissen, Werk', aber *tac* [tak] 'Tag'. Die Graphemreihe *sch* bezeichnet seit Ende des 13. Jh.s genauso wie *s* in den Lautgruppen *-rs-* sowie im anlautenden *st*, *sp*, *sl*, *sm*, *sn* und *sw* das Phonem [ʃ], z. B. *schif* [ʃif] 'Schiff', *kirse* [kʰirʃə] 'Kirsche', *stein* [ʃtɛin] 'Stein', *spil* [ʃpil] 'Spiel', *slâfen* [ʃla:fən] 'schlafen', *smal* [ʃmal] 'schmal', *snëcke* [ʃnekkə] 'Schnecke', *swert* [ʃwert] 'Schwert'. *w* war ursprünglich — wie im Englischen — bilabial, aber vom 13. Jh. an wurde es im allgemeinen als dentilabiales [v] ausgesprochen;

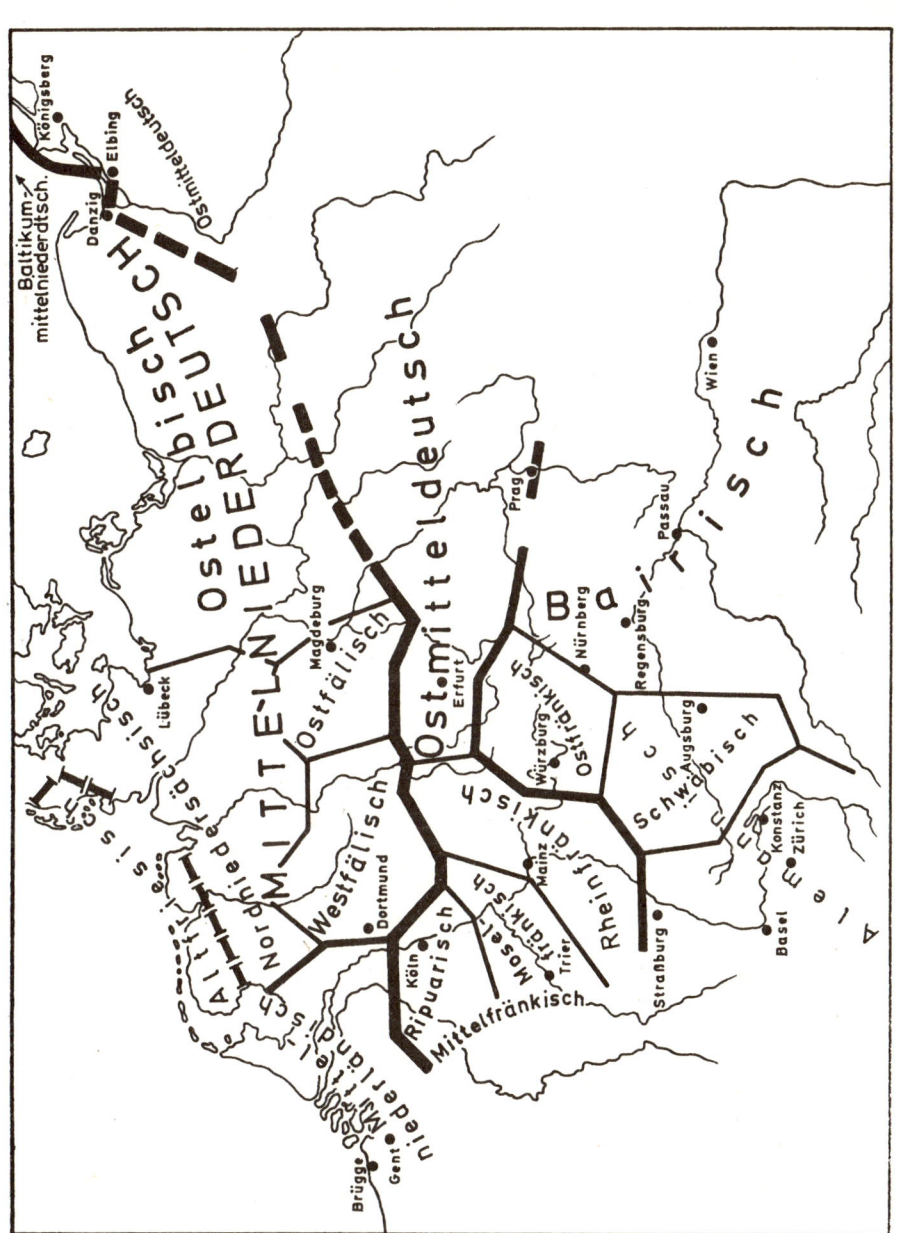

Abb. 59. Schriftdialekte in mitteldeutsche Zeit (Mittelhochdeutsch bis 1350, Mittelniederdeutsch bis 1600; nach WALTHER MITZKA)

v war ursprünglich das stimmhafte Gegenstück von stimmlosem [f], hat aber im 13. Jh., parallel mit dem Wandel [w] > [v], seinen Stimmton verloren und fiel mit [f] zusammen (wie im heutigen Deutsch). *hs* und *chs* lauteten noch [xs], im Oberdeutschen jedoch schon meistens [ks], vgl. *vuhs* [vuxs > fuxs > fuks] 'Fuchs'. Die Grapheme *y* [i, j] und *x* [ks] werden hauptsächlich nur in Fremdwörtern und -namen geschrieben.

Im Vergleich zum Althochdeutschen ist der wohl folgenschwerste L a u t - w a n d e l des Mittelhochdeutschen die R e d u k t i o n der Nebentonsilben, wobei die nebentonigen Vokalphoneme gegen Ende der mittelhochdeutschen Zeit bereits im Vokal der Indifferenzlage, d. h. in [ə] neutralisiert wurden. Im Schriftbild wurde dieses [ə] im allgemeinen mit *e* eingefangen. Damit ging freilich auch die Neutralisierung der verschiedensten Flexions- sowie Ableitungssilben Hand in Hand.

Das V o k a l s y s t e m des Mittelhochdeutschen wurde durch den U m l a u t der langen und kurzen tiefen Vokale (*â, ô, û* bzw. *a, o, u*) sowie der entsprechenden Diphthonge (*uo* und *ou*), der in der Haupttonsilbe von einem *i* bzw. *j* der Nachsilbe bewirkt worden war, bedeutend erweitert, vgl. *â > œ*, z. B. *slâfe* 'ich schlafe' → *slæfet* (< ahd. *slāfit*) 'er schläft'; *ô > œ*, z. B. *hôch* 'hoch' → *hœher* (< ahd. *hōhiro*) 'höher'; *û > iu*, z. B. *hûs* 'Haus' → *hiuser* (< ahd. *hūsir*) 'Häuser'; *o > ö*, z. B. *hof* 'Hof' → *hövesch* 'höfisch' (vgl. nhd. *hübsch*); *u > ü*, z. B. *sun* 'Sohn' → *süne* (< ahd. *suni*) 'Söhne'; *uo > üe*, z. B. *buoch* 'Buch' → *büechelîn* 'Büchlein'; *ou > öu* z. B. *loup* 'Laub' → *löuber* (< ahd. *loubir*) Pl. 'Laubwerk'. Der Umlaut *a > e* hat sich im Vergleich zum Althochdeutschen auch vor gewissen Konsonantengruppen, vor langem *î* sowie vor kurzem *i* (der dritten Silbe) stark erweitert, vgl. ahd. *mahti* > mhd. *mähte* 'Mächte', ahd. *magadi* > mhd. *mägede* 'Magd', ja dieser Umlaut hat sogar im Wege der Analogie um sich gegriffen, z. B. *nagel* 'Nagel' → *nägel* (≠ ahd. *nagala*) 'Nägel'. Dieser spätere Umlaut *a > ä* wird im Gegensatz zum älteren (althochdeutschen) Primärumlaut auch *Sekundärumlaut* genannt (vgl. IV.4.63.).

Das System der K o n s o n a n t e n hat sich nur wenig verändert. (Vom neuen Phonem [ʃ] bzw. vom Verhältnis der Laute [v] und [f] s. o.) Im Auslaut haben die stimmhaften Verschlußlaute ihren Stimmton eingebüßt (*b > p, d > t, g > k*); diese sogenannte A u s l a u t s v e r h ä r - t u n g wird auch im Schriftbild bezeichnet, vgl. *lîbes* Gen. — *lîp* Nom. 'Leib', *tôdes* Gen. — *tôt* Nom. 'Tod', *tages* Gen. — *tac* [tak] Nom. 'Tag'. In der Stellung vor stimmlosen Konsonanten läßt sich die gleiche Lage verzeichnen, z. B. *gelouben* 'glauben' — *geloupte* 'glaubte'. Im Auslaut wurde altes [w] aufgegeben, vgl. *sêwes* Gen. neben *sê* Nom. 'See, Meer'. Der Hauchlaut wurde im Auslaut zu *ch* [x], z. B. *sëhen* 'sehen' — *sach* [sax] 'sah'. Im Wort- sowie im Silbenauslaut wurden auch die langen

Konsonanten gekürzt, z. B. *stammes* Gen. neben *stam* Nom. 'Stamm'.
In der Stellung vor [t] sind schon früher *k*, *g*, *ch* zu *h*, *pf* und *b* zu *f*, *ʒ* zu
s geworden, z. B. *würken* 'wirken, machen' — *worhte* Prät.; *pflëgen* 'pflegen'
— *pfliht* 'Pflege' (vgl. nhd. *Pflicht*); *gëben* 'geben' — *gift* 'Gabe' (vgl. nhd.
Gift); *ich muoʒ* 'ich muß' — *du muost* 'du mußt'.

Ein charakteristisches Merkmal des Mittelhochdeutschen ist die K o n -
t r a k t i o n der Lautgruppen -*igi*-, -*egi*-, -*ibi*- und -*idi*-, vgl. *ligit* > *lît*
'liegt', *tregit* > *treit* 'trägt', *gibit* > *gît* 'gibt', *quidit* > *quît* 'sagt, spricht'.

Das S u b s t a n t i v unterschied die drei Genera, dagegen hat sich das
Kasussystem parallel zur Reduktion der nebentonigen Vokale schon ziemlich vereinfacht. Der Instrumentalis war geschwunden, die vokalischen
Auslaute wurden im indifferenten -*e* [ə] neutralisiert, d. h. die meisten
Kasus wurden gleichförmig, vgl. ahd. *gast* m. 'Gast' — Akk. *gast*, Gen.
gastes, Dat. *gaste*, Instr. *gast(i)u* gegenüber mhd. Nom.-Akk. *gast*, Gen.
gastes, Dat. *gaste* bzw. im Plural ahd. Nom.-Akk. *gesti*, Gen. *gest(e)o*, Dat.
gestim (*gestin*, *gesten*) gegenüber mhd. Nom.-Akk.-Gen. *geste*, Dat. *gesten*.
Dadurch war zugleich die Umgruppierung der früher nach Stammklassen
geordneten P a r a d i g m e n gegeben. Im Mittelhochdeutschen wurden
die Substantiva nicht mehr nach Stämmen, sondern gemäß der Pluralbildung gegliedert: 1. -*e* (auch mit Umlaut), z. B. *tac* m. 'Tag' — *tage* Pl.,
balc m. 'Balg' — *belge* Pl., *kraft* f. 'Kraft' — *krefte* Pl.; 2. -*er* (mit Umlaut),
z. B. *lamp* n. 'Lamm' — *lember* Pl.; 3. -∅, z. B. *kil* m. 'Federkiel' — *kil*
Pl., *hirte* m. 'Hirte' — *hirte* Pl., *zal* f. 'Zahl' — *zal* Pl., *gëbe* f. 'Gabe' — *gëbe*
Pl., *wort* n. 'Wort' — *wort* Pl.; 4. -*n*, z. B. *bote* m. 'Bote' — *boten* Pl., *ar* m.
'Aar, Adler' — *arn* Pl., *zunge* f. 'Zunge' — *zungen* Pl., *hërze* n. 'Herz' —
hërzen Pl. Innerhalb dieser Klassen lassen sich nach der Form des Genitivs (Sing.) weitere Unterklassen erstellen, z. B. in Klasse 1. *tac* m. 'Tag'
— *tages* Gen., aber *kil* m. 'Federkiel' — *kils* Gen. bzw. in Klasse 3. *wort*
n. 'Wort' — *wortes* Gen., aber *sper* n. 'Speer' — *spers* Gen., andererseits
auch im Gen. Pl. = *worte*, aber *sper*.

(In den herkömmlichen Grammatiken des Mittelhochdeutschen werden
die Substantiva meistens nach den Genera angeordnet: (a) „starke Deklination": 1. Maskulina; 2. Neutra; 3. Feminina; (b) „schwache Deklination". Diese Gruppierung spiegelt jedoch nur die historischen Grundlagen,
nicht aber den tatsächlichen mittelhochdeutschen Stand wider.)

Das A d j e k t i v wurde stark oder schwach flektiert, aber es konnte
auch jeder Endung entbehren, z. B. *guot* 'gut' → *guoter man* oder *guot man*
'guter Mann'; *grôʒ* 'groß' → *grôʒiu sorge* oder *grôʒ sorge* 'große Sorge' usw.

Das System der P r o n o m i n a zeigt im Vergleich zum Althochdeutschen keine größeren Veränderungen, bildet trotzdem ein Teilsystem unter
den Nomina, da es die Kasus noch sauber auseinanderhält, z. B. *ich — mich*

— *mir* — *mîn* 'mein' usw. Von den Personalpronomina unterscheidet man bei der 3. Person im Singular die drei Genera: *ër* 'er', *siu* (*sie* ~ *sî* ~ *si*) 'sie', *ëʒ* 'es'. Im Plural war die Einheitsform schon allgemein (*sie* ~ *sî* ~ *si* ~ *se* 'sie'), obwohl das Neutrum sich zum Teil noch absonderte (*siu*). Die Demonstrativa haben noch die Reste des Instrumentalis bewahrt, z. B. *diu* 'mit dem/jenem' zu *dër* 'der, jener' und *daʒ* 'das, jenes'; *des(i)u* ~ *dis(i)u* 'mit diesem, damit' zu *diʒ* 'dieses'; *(h)wiu* 'womit, mit was' zu *(h)waʒ* 'was'.

In mittelhochdeutscher Zeit hat sich das Demonstrativum *dër* m. 'der, dieser', *diu* f. 'die, diese', *daʒ* n. 'das, dieses' in der Funktion des bestimmten Artikels gefestigt.

Von den Numeralien wurden *ein* 'ein', *zwêne* 'zwei' und *drî* 'drei' nach den drei Genera flektiert, vgl. *einer* 'einer', *einiu* 'eine', *eineʒ* 'eines'; *zwêne* m., *zwô* (*zwâ*) f., *zwei* n. 'zwei'; *drî* (*drîe*) m., *drî* (*drîe*, *drîo*) f., *driu* n. 'drei'.

Das Verb war entweder stark oder schwach. Die Klassen der starken Verba waren: 1. *grîfen* — *greif* — *grifen* — *gegrifen* 'greifen'; 2. *bieten* (Präs. *biute*) — *bôt* — *buten* — *geboten* 'bieten, gebieten'; 3. *binden* — *bant* — *bunden* — *gebunden* 'binden'; 4. *nëmen* (Präs. *nime*) — *nam* — *nâmen* — *genomen* 'nehmen'; 5. *gëben* (Präs. *gibe*) — *gap* — *gâben* — *gegëben* 'geben'; 6. *varn* — *vuor* — *vuorn* — *gevarn* 'fahren'.

Auch die Präteritopräsentien haben sich kaum geändert: 1. *weiʒ* 'weiß' — *wisse* Prät.; 2. *eigen* 'wir besitzen' — *eige* (Opt.!) (andere Formen sind nicht belegt); 3. *touc* 'tauge' — *tohte* Prät.; 4. *gan* 'gönne' — *gunde* Prät.; 5. *kan* 'kann' — *kunde* Prät.; 6. *darf* 'bedarf' — *dorfte* Prät.; 7. *tar* 'wage' — *torste* Prät.; 8. *sol* ~ *sal* (*schol* ~ *schal*) 'soll' — *solde* ~ *solte* (*scholde*) Prät.; 9. *mac* 'mag' — *mahte/mohte* Prät.; 10. *muoʒ* muß' — *muose/muoste* Prät. Ihnen hat sich auch das ursprünglich optativische *wil* 'will' — *wolte/wolde* (Prät.) angeglichen.

Die alten athematischen Verba haben ihre paradigmatische Sonderstellung auch im Mittelhochdeutschen zum Teil noch bewahrt, vgl. *sîn* 'sein' — *bin, bist, ist, birn* ~ *sîn* 'wir sind', *birt/bint* bzw. *sît/sint* 'ihr seid', *sint* 'sie sind' usw.; *tuon* 'tun' — *ich tuon* ~ *ich tuo* 'ich tue' usw.; *gân* 'gehen' — *ich gân/gên* ~ *gâ/gê* 'ich gehe' usw.; *stân* 'stehen' — *ich stân/stên* ~ *ich stâ/stê* 'ich stehe' usw. Diese Gruppe wurde sogar zum Teil auch durch die kontrahierten Formen der Verba *lâzen* > *lân* 'lassen' (*ich lân* ~ *lâ* 'ich lasse') und *haben* > *hân* 'haben' (*ich hân* 'ich habe') erweitert.

Die drei Klassen der schwachen Verba wurden im Zusammenhang mit der Reduktion der Nebentonsilben zusammengezogen, nur in der Bildung des Präteritums war noch der Unterschied zwischen Verba mit kurzen und mit langen Stammsilben erhalten geblieben, indem bei letzteren der Bindevokal ausgestoßen wurde, vgl. 1. (kurz): *ner(e)n* 'retten' — *nerete* Prät. bzw. 2. (lang): *hœren* 'hören' — *hôrte* Prät.

Das System der T e m p o r a wurde in mittelhochdeutscher Zeit weitgehend entfaltet. Den synthetischen Tempora hat sich eine ganze Reihe zusammengesetzter Zeitformen angeschlossen, so das Perfekt, das Plusquamperfekt usw.

Gleichzeitig mit der analytischen Entwicklung der grammatischen Struktur hat sich die funktionale Bedeutung der P r ä p o s i t i o n e n gewaltig erhöht.

Der W o r t s c h a t z wurde im Bereich der Terminologie der feudalritterlichen Kultur vor allem unter dem Einfluß des F r a n z ö s i s c h e n bereichert, z. B. afrz. *aventure* > mhd. *âventiure* 'Abenteuer', afrz. *lance* > mhd. *lanze* 'Lanze', afrz. *tornei* > mhd. *turnei* 'Turnier', afrz. *amie* > mhd. *amie* 'Freundin', afrz. *castel* > mhd. *kastel* 'Kastell', afrz. *estival* > mhd. *stival* 'Stiefel', afrz. *dancer* > mhd.-nhd. *tanzen* u. dgl. Übrigens hat das Deutsche dieses ritterliche Wortgut des Altfranzösischen auch an seine Nachbarn vermittelt, vgl. poln. *taniec* ~ tschech.-slow. *tanec* ~ serbokroat. *tănac* ~ russ. танец ~ ung. *tánc* 'Tanz', poln. *turniej* ~ tschech.-slow. *turnaj* ~ ung. *torna* 'Turnier', poln. *kasztel* ~ tschech. *kaštel* ~ slow. *kaštieľ* ~ serbokroat. *kastel* ~ ung. *kastély* 'Kastell' usw.

Von der Stärke des altfranzösischen Einflusses zeugen auch einige B i l d u n g s m o r p h e m e, die sich im Mittelhochdeutschen einbürgerten, z. B. afrz. *-ier* > mhd. *-ieren* bei Verben, z. B. afrz. *logier* > mhd. *loschieren* 'logieren, absteigen, wohnen'; afrz. *-ie* > mhd. *-îe* zur Bildung von Substantiven, z. B. mhd. *zouber* 'Zauber' + *-îe* → *zouberîe* 'Zauberei'. Hoch ist die Zahl nach französischem Vorbild entstandener L e h n ü b e r s e t z u n g e n, z. B. afrz. *cortoisie* → mhd. *hövescheit* 'Höflichkeit' u. dgl. Nach wortstatistischen Berechnungen lag im Mittelhochdeutschen die Anzahl französischer Lehnwörter im 14. Jh. bereits um 2000.

In der Nachfolge der Kreuzzüge kamen auch aus verschiedenen Sprachen des O r i e n t s viele Wörter nach Deutschland, zumeist jedoch nicht unmittelbar, sondern durch die Vermittlung des Italienischen und des Französischen, z. B. arab.-it. *giuppa* > mhd. *jop(p)e* 'Joppe', pers.-afrz. *eschac* > mhd. *schâch* 'Schach(spiel)'.

Im Zuge der deutschen Expansion in Osteuropa wurden auch aus den s l a w i s c h e n S p r a c h e n verschiedene Lexeme übernommen, z. B. slaw. *tvarogъ* > mhd. *twarc* 'Quark' (vgl. obd. *Quargel*), tschech. *číž(ek)* > mhd. *zîse* 'Zeisel' usw. Dasselbe gilt auch von den u n g a r i s c h e n bzw. von den durch das Ungarische vermittelten Entlehnungen wie ung. *tolmács* > mhd. *tolmetsche* 'Dolmetsch(er)' u. ä.

Der Kultureinfluß des L a t e i n i s c h e n hat freilich auch in mittelhochdeutscher Zeit nicht aufgehört, besonders in den Sachgruppen des staatlichen, rechtlichen, wissenschaftlichen und religiösen Lebens, vgl. mlat. *jurista* > mhd. *juriste* 'Jurist', mlat. *poeta* > mhd. *poête* 'Poet, Dichter', mlat. *apotheca* > mhd. *apotêke* 'Apotheke', aber auch in der Form von L e h n ü b e r s e t z u n g e n, z. B. mlat. *vallis lacrimarum* ('Tal der Tränen') → mhd. *jâmertal* 'Jammertal', mlat. *ignis purgatorius* → mhd. *vegeviur* 'Fegefeuer' usw. Dieser mittelbare Einfluß hat sich im Sprachgebrauch der deutschen Mystik als besonders ausschlaggebend erwiesen. Über den Einfluß des N i e d e r d e u t s c h e n s. IV.4.54.

IV.4.66. Textprobe

Wer sleht den lewen? wer sleht den risen?
wer überwindet jenen und disen?
daz tuot einer der sich selber twinget
und alliu sîniu lit in huote bringet
ûz der wilde in stæter zühte habe.
geligeniu zuht und schame vor gesten
mugen wol eine wîle erglesten:
der schîn nimt drâte ûf und abe.

(WALTHER VON DER VOGELWEIDE, 81,7. 12.Jh.)

sleht 'schlägt'; *lewen* Akk. Sing. m. → *lewe* 'Löwe'; *risen* Akk. Sing. m. → *rise* 'Riese'; *disen* 'diesen'; *daz* 'das'; *tuot* 'tut'; *twinget* 'zwingt'; *alliu* Akk. Pl. 'alle'; *sîniu* Akk. Pl. 'seine'; *lit* Akk. Pl. → *lit* m. 'Familienmitglied'; *huote* f. 'Hut, Sicherheit'; *ûz* 'aus'; *wilde* f. 'Wildheit, Wut'; *stæter* Dat. Sing. f. → *stæt(e)* 'stet, dauerhaft, ständig'; *zühte* Dat. Sing. f. → *zuht* '(geistige) Zucht, innere Ordnung'; *geligeniu* Nom.-Akk. Sing. f. → *geligen* 'gelegen, entsprechend, würdig'; *schame* f. 'Scham(haftigkeit)'; *gesten* Dat. Pl. → *gast* m. 'Gast, Fremder'; *mugen* 'sie mögen'; *wol* 'wohl'; *wîle* f. 'Weile'; *erglesten* 'glänzen (machen)'; *schîn* m. 'Schein'; *nimt abe* 'nimmt ab, läßt nach'; *nimt ûf* 'nimmt zu' (vgl. aufnehmen); *drâte* 'schnell, rasch, plötzlich'.

IV.4.67. Entstehung des Neuhochdeutschen

Die Anfänge des Neuhochdeutschen hat man früher in das 16. Jh. gelegt, in der Annahme, die Schöpfung der deutschen Sprache der Neuzeit sei dem großen Reformator MARTIN LUTHER (1483—1546) zu verdanken. LUTHER war indessen nicht der Schöpfer der deutschen Schriftsprache, sondern der gewaltigste Verbreiter der führenden S p r a c h n o r m seiner Zeit (vgl. IV.4.69.). Gemäß unserer derzeitigen Periodisierung bezeichnen wir den Sprachzustand des 14.—16. Jh.s als F r ü h n e u h o c h d e u t s c h, da all die Sprachmerkmale, die zu der deutschen Sprache der Gegenwart hinführten, in dieser Periode angehäuft wurden (Abb. 60).

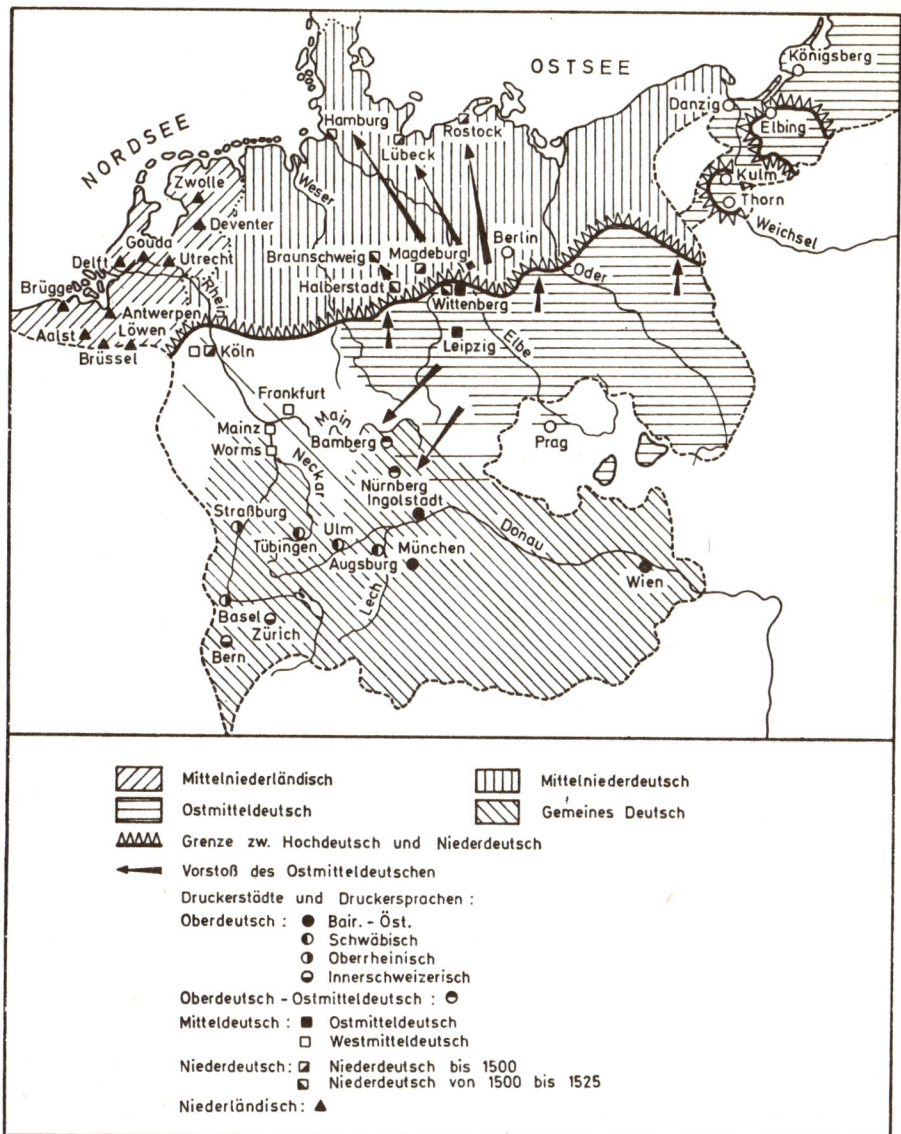

Abb. 60. Der deutsche Sprachraum im 15. und 16. Jh. (nach HUGO MOSER, VIRGIL MOSER, WILLY KROGMANN und WALTHER NIEKERKEN)

Die Periode des Frühneuhochdeutschen läßt sich, der Kleinstaaterei entsprechend, in erster Linie durch das Nebeneinander verschiedener Dialekte kennzeichnen. Immerhin haben sich diese Dialekte als kräftig genug erwiesen, das Lateinische Schritt für Schritt aus der Praxis auszuschalten. Im

Ergebnis der Reformation wurde das Latein sogar von der Kanzel verdrängt. Allmählich war auch der durch das Gebot der Entwicklung bedingte Drang zur Einheit der deutschen Sprache aufgekommen, teils auf mitteldeutschen Grundlagen dank der Prager Kanzlei des Kaisers KARL IV. (1316—1378), teils aber auf oberdeutscher Basis in der Kanzlei des Kaisers MAXIMILIAN I. (1459—1519). Die Entwicklung der einheitlichen Schrift- und Nationalsprache wurde aber letzten Endes, wie THEODOR FRINGS darlegte, nicht von diesen Kanzleien vorgezeichnet, sondern von der Gemeinsprache der Mitte, d. h. des obersächsisch-thüringischen Raumes, nachdem dessen Wirtschafts- und Handelszentren (Erfurt, Halle, sodann Meißen und Leipzig) auch in gesamtdeutschen Belangen eine führende Rolle erlangt hatten. Dieser Prozeß wurde auch von der sprachlichen Realität gefördert, da gerade die ostmitteldeutschen Dialekte — infolge ihrer Zusammensetzung als Mischmundarten — jenen D u r c h s c h n i t t vertraten, in dem es möglich war, die sonst stark auseinandergehenden ober-, mittel- und sogar niederdeutschen Dialekte auf einen gemeinsamen Nenner zu bringen. In der gegebenen politisch-historischen Lage Deutschlands war es demnach der Raum, der sich für die Rolle des Zentrums einer sprachlichen Integrierung als am besten geeignet erwies. Die G e m e i n s p r a c h e dieses Gebietes wurde daher von THEODOR FRINGS zutreffend als eine k o l o n i a l e D u r c h s c h n i t t s s p r a c h e bezeichnet, die dank der fürstlichen Kanzlei Sachsens auch im schriftlichen Verkehr fixiert wurde. In der Verbreitung dieser Norm kam also MARTIN LUTHER, genauer gesagt, seiner auch sprachkünstlerisch hervorragenden Bibelübersetzung, eine unüberschätzbare Bedeutung zu, da sie sich bald nach ihrem Erscheinen im ganzen deutschen Sprachraum verbreitete und damit (und nur in diesem Sinne!) — wie FRIEDRICH ENGELS feststellte — „die moderne deutsche Sprache schuf".

Gleichzeitig mit der Verbreitung des Protestantismus hat die mitteldeutsche Norm vom 16. Jh. an auch den oberdeutschen Raum überlagert, was zusätzlich auch von der Grammatik von JOHANNES CLAIUS (*Grammatica Germanicae linguae*, Leipzig 1578) gefördert wurde.

Im 17. Jh. wurde der Integrierungsprozeß der deutschen Gemeinsprache überdies durch die zielbewußte Arbeit der Dichter und der Grammatiker beschleunigt. Eine besondere Rolle kam dabei den sogenannten S p r a c h g e s e l l s c h a f t e n zu, deren erste, die *Fruchtbringende Gesellschaft oder der Palmenorden*, 1617 in Weimar unter der Teilnahme bekannter Dichter und Gelehrten der Zeit, wie MARTIN OPITZ, ANDREAS GRYPHIUS, FRIEDRICH VON LOGAU bzw. JUSTUS GEORG SCHOTTEL u. a., begründet wurde. SCHOTTELs Werke, die *Teutsche Sprachkunst* (1641) sowie die — auch die Problematik der Sprachgeschichte berührende — *Ausführliche Arbeit von der Teutschen Haupt-Sprache* (1663), können bereits als die Grundsteine einer wissenschaftlichen Analyse des Deutschen gelten.

Die Sprachgesellschaften kämpften in erster Linie für die Reinheit der Muttersprache, da der Überfluß fremder, hauptsächlich französischer Elemente in den Jahren des Dreißigjährigen Krieges und der Zeit danach für die deutsche Sprache bereits die Gefahr totaler Überfremdung heraufbeschwor. Außerdem waren die Sprachgelehrten bemüht, einheitliche Normen für die Schreibe und die Orthographie auszuarbeiten, so vor allem JOHANN CHRISTOPH GOTTSCHED, der Verfasser der *Deutschen Sprachkunst* (1748), der die Einheitsgrammatik des Deutschen im Geiste des Rationalismus jener Zeit und nach dem Vorbild französischer Meister wie NICOLAS BOILEAU-DESPRÉEAUX (1636—1711) zusammenzustellen suchte.

Weitere Erfolge in diesen Bestrebungen erzielte gegen Ende des 18. Jh.s JOHANN CHRISTOPH ADELUNG, indem er auf Grund des meißnischen Sprachgebrauchs in seinem *Versuch eines vollständigen grammatisch-kritischen Wörterbuchs der hochdeutschen Mundart* (1774—1786) die erste großangelegte lexikalische Erschließung des Deutschen unternahm. Zur selben Zeit hat das Deutsche allmählich auch im wissenschaftlichen Verkehr den Platz des Lateinischen eingenommen: gegen Ende des 17. Jh.s wurde an der Universität Leipzig die erste deutsche Vorlesung gehalten. In der Ausarbeitung der deutschen Sprache der Wissenschaft hat einer der bedeutendsten Gelehrten der Zeit, GOTTFRIED WILHELM LEIBNIZ (1646—1716), eine ausschlaggebende Rolle gespielt.

Das 18. und 19. Jh. läßt sich schon durch die zunehmende Verdrängung sprachlicher Provinzialismen und durch das bewußte Streben nach der Einheit der deutschen Aussprache kennzeichnen. Ein vornehmer Platz war darin der schöngeistigen Literatur und insonderheit der nationalen Bühne (GOETHE, SCHILLER, HERDER) beschieden. Zur Vereinheitlichung der B ü h n e n a u s s p r a c h e wurde 1898 eine Konferenz nach Berlin einberufen, deren Beschlüsse vom Norddeutschen THEODOR SIEBS unter dem Titel *Deutsche Bühnenaussprache* noch in demselben Jahr veröffentlicht wurden. Diese Beschlüsse wurden als die Norm der richtigen deutschen Aussprache begrüßt und allgemein angenommen.

In der zweiten Hälfte des 19. Jh.s hat man auch die Vereinheitlichung der deutschen R e c h t s c h r e i b u n g in Angriff genommen, letzten Endes im Kreuzfeuer zweier gegnerischer Parteien. Die Sprachler wollten das h i s t o r i s c h - e t y m o l o g i s c h e P r i n z i p durchsetzen, schlugen daher Schreibungen vor, die mehr dem älteren Sprachzustand gerecht wurden, z. B. *zwelf* für *zwölf*, *Leffel* für *Löffel*, *Wirde* für *Würde* u. dgl. Die Gegenpartei nahm für die strenge Verwirklichung des p h o - n e t i s c h e n P r i n z i p s Stellung und drang auf die spezifische und eindeutige Bezeichnung sämtlicher Sprechlaute. Die erste gemeinsame Konferenz der beiden Parteien (1876) war erfolglos geblieben, und es kam erst 1901 zu einem Ausgleich der feindlichen Ansichten. Die Beschlüsse dieser neuen Konferenz wurden 1902 auch staatlich gutgeheißen; auf ihnen beruht die *Deutsche Rechtschreibung*, das Werk des Schweizers KONRAD DUDEN, welches seitdem in ständig neuen Auflagen herausgebracht wird. Der „Duden" wird im ganzen deutschen Sprachgebiet als normative Zusammenfassung der einheitlichen deutschen Orthographie verwendet, obwohl in der Schweiz und in Österreich einige Teilfragen von der gesamtdeutschen Norm abweichend geregelt erscheinen, um den bodenständigen oberdeutschen Sprachgewohnheiten gerecht zu werden.

IV.4.68. Neuhochdeutsch

Im L a u t s y s t e m hat sich das Neuhochdeutsche sowohl vom Mittel- als auch vom Althochdeutschen hinsichtlich des V o k a l i s m u s am stärksten abgehoben. Die wichtigsten unter den verschiedenen qualitativen und quantitativen Veränderungen, die sich in frühneuhochdeutscher Zeit ereigneten, waren die folgenden:

Vom 12. Jh. angefangen war von einem „Herd" im Bairischen die D i p h t h o n g i e r u n g der alten Längen ausgegangen, die im Neuhochdeutschen auch schriftlich zum Ausdruck kam: mhd. *î* > nhd. *ei*, z. B. *wîp* > *Weib*; mhd. *û* > nhd. *au*, z. B. *hûs* > *Haus*; mhd. *iu* [y:] > *eu* [oø], z. B. *tiutsch* > *deutsch* (Abb. 61). Als Gegenstück dazu wurden in den mitteldeutschen Mundarten die alten Diphthonge *ie, uo, üe* gleichzeitig m o n o p h t h o n g i e r t : mhd. *ie* [iə] > nhd. *i*, z. B. *liep* [liəp] > *lieb* [li:p]; mhd. *uo* > *u*, z. B. *buoch* > *Buch*; mhd. *üe* > *ü*, z. B. *grüene* > *grün*.

Infolge analogischer Entwicklung hat sich der alte *i* - U m l a u t auch noch im Frühneuhochdeutschen ausgewirkt, hatte aber nicht mehr freie Varianten, sondern für das morphologische System äußerst wichtige Phoneme ergeben, so vor allem in der Pluralbildung (z. B. *Vogel → Vögel, Kraft → Kräfte, Haus → Häuser*) und in der Wortbildung (z. B. *alt → Eltern, Fahrt → fertig, warm → wärmen, Hand → Händchen, Schule → Schüler*).

So wie in anderen germanischen Sprachen, wurde das Verhältnis langer und kurzer Vokale im Zuge q u a n t i t a t i v e r Wandlungen auch im Neuhochdeutschen verschoben. Kurze Stammvokale wurden in offener Silbe gedehnt, z. B. mhd. *sagen* [sagən] > nhd. *sagen* [za:gen], mhd. *nëmen* > nhd. *nehmen* [ne:mən], und diese Dehnung hat sogar im Paradigma die Formen mit *einer* (geschlossenen!) Silbe ergriffen, vgl. mhd. *hoves* Gen. zu *hôf* Nom.-Akk. 'Hof', aber nhd. *Ho-fes* [ho:fəs] und *Hof* [ho:f]. Demgegenüber wurden vor *t* manchmal sogar alte Längen gekürzt, z. B. mhd. *nâter* > nhd. *Natter*, mhd. *muoter* > nhd. *Mutter*.

In geschlossener Silbe wurden die ursprünglichen gleichwie die aus Diphthongen entstandenen jüngeren Längen kurz, z. B. mhd. *brâhte* > nhd. *brachte* [braxtə], mhd. *hêrre* > nhd. *Herr*, mhd. *lieht* > nhd. *Licht*, obwohl die Länge vor der Konsonanz *st* in der Regel erhalten blieb (z. B. mhd:

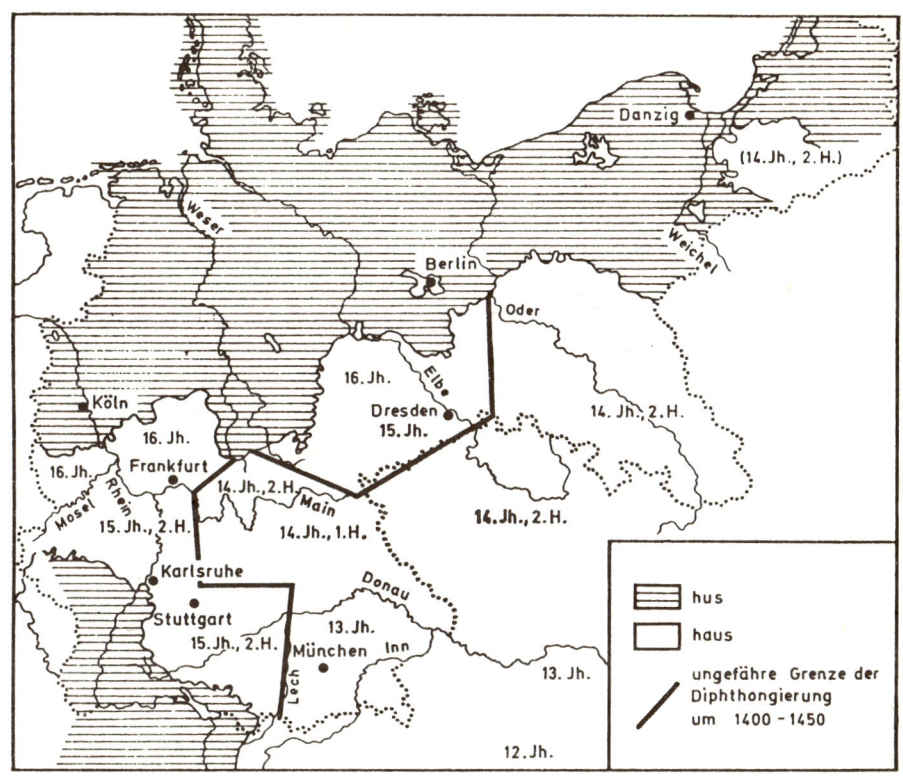

Abb. 61. Die neuhochdeutsche Diphthongierung (nach KURT WAGNER und ADOLF BACH)

klôster > nhd. *Kloster* [klo:stər]), wie auch im Falle sekundärer Silbenschließung (z. B. mhd. *krêbes* > nhd. *Krebs* [kre:ps]).

Im Konsonantismus wurden nur einige wenige qualitative Wandlungen durchgeführt. So wurde [s] vom 13. Jh. an im Wortanlaut sowie im Inlaut vor Vokal zu stimmhaftem [z], was in der Schrift nicht bezeichnet wurde, ähnlich dem Wandel [s] > [ʃ] in den Lautgruppen *st*, *sp*, im Gegensatz zu den Verbindungen *sl*, *sr*, *sm*, *sn*, *sw*, deren [ʃ]-Laut in neuhochdeutscher Zeit bereits mit *sch* festgehalten wurde (also *schl*, *schr*, *schm*, *schn*, *schw*), z. B. mhd. *slâfen* > nhd. *schlafen*.

Der Hauchlaut [h] wurde im Inlaut aufgegeben bzw. im Schriftbild nur zur Andeutung der voraufgehenden vokalischen Länge beibehalten (z. B. mhd. *sëhen* [sehən] > nhd. *sehen* [ze:ən]), ja dieses Dehnungs-*h* wurde dann in dieser Funktion auch in etymologisch nicht motivierten Fällen verwendet, vgl. mhd. *sun* > nhd. *Sohn*, mhd. *sêr* > nhd. *sehr* usw.

In nebentoniger Stellung ist die R e d u k t i o n bzw. der S c h w u n d von Vokalen weiter fortgeschritten. Dieser Prozeß wurde durch die bewußte Bemühung der Grammatiker (allerdings nur in der Schriftsprache) um die Bewahrung der Flexionselemente eingedämmt. Die gesprochene Umgangssprache ließ sich aber keineswegs aufhalten, daher sind auch die Dubletten von heute verständlich, vgl. *gehen* [ge:ən] und *gehn* [ge:n], *ich habe* [ha:be] und *ich hab'* [hap]. Im absoluten Auslaut der Adjektiva ist das nebentonige *e* immerhin auch in der Schriftsprache geschwunden, z. B. mhd. *swære* > *schwer*, mhd. *niuwe* > *neu*, mhd. *strenge* > *streng*. Eine parallele Entwicklung läßt sich auch in der Wortbildung feststellen, vgl. mhd. *vischære* > *Fischer*, mhd. *handelunge* > *Handlung*, mhd. *küniginne* > *Königin*.

Als typisch neuhochdeutsche Neuerung wurde die G r o ß s c h r e i b u n g der Substantiva in der Barockzeit verallgemeinert, während sie früher nicht zur Hervorhebung der Substantiva, sondern beliebiger betonter, im Satze für wichtig erachteter Elemente diente.

Das A l p h a b e t der deutschen Gegenwartssprache besteht aus den folgenden Graphemen: *a, ä, b, c, d, e, f, g, h, i, j, k, l, m, n, o, ö, p, q, r, s, ß, t, u, ü, v, w, x, y, z*. Die Buchstaben *x, y, c* kommen zumeist in Fremdwörtern und in Namen mit alter Orthographie vor, aber *c* wird als Element der Digraphe *ch* [ç, x] und *ck* [k] auch in deutschen Erbwörtern verwendet. Die Länge der Vokale wird durch Verdoppelung (z. B. *Aal* [a:l], *See* [ze:], *Boot* [bo:t]) oder durch ein Dehnungs-*h* (z. B. *Hahn* [ha:n], *Hähne* [hæ:nə], *mehr* [me:r], *Mohr* [mo:r], *Möhre* [mø:rə], *Huhn* [hu:n], *Hühner* [hy:nər]), im Falle von *i* [i:] durch *e* (z. B. *viel* [fi:l]) bzw. durch die Kombination von *e* und Dehnungs-*h* (z. B. *sieht* [zi:t]) bezeichnet. Wo die erwähnte Regel der Vokaldehnung in offener Silbe wirkte, ist die besondere Bezeichnung der Dehnung meistens unterblieben, z. B. *Hafer* [ha:fər], *Hose* [ho:zə].

Die Verdoppelung k o n s o n a n t i s c h e r Grapheme zeigt nicht eine Konsonantendehnung, sondern die Kürze des voraufgehenden Vokals an, vgl. *lassen* [lasən], aber (*wir*) *lasen* [la:zən]. *p, t, k* sind im Anlaut vor Vokal behaucht (wie im Englischen), vgl. *Post* [pʰost], *Tee* [tʰe:], *Kuh* [kʰu:]. Im Auslaut werden hingegen *b, d, g* stimmlos, z. B. *lieb* [li:p], *Tod* [tʰo:t], *Tag* [tʰa:k]. *f* und *v* lauten gleicherweise [f], nur in nicht hochdeutschen Wörtern bzw. in Namen mit alter Orthographie sowie in Fremdwörtern kann das Graphem *v* auch stimmhaftes [v] bezeichnen. Die Verbindung *qu* wird als [kw] ausgesprochen, vgl. *Qual* [kwa:l]. Das sogenannte „scharfe" *ß* ist immer [s] und verweist in den meisten Fällen zugleich auf die Länge des voraufgehenden Vokals, vgl. *wir saßen* [za:sən] gegenüber *Sassen* [zasən]. *w* ist im Neuhochdeutschen immer labiodentales [v] und nicht bilabiales [w] wie im Englischen. Wie im Alt- und Mittelhochdeutschen, bezeichnen *z* und *tz* die Affrikate [ts], z. B. *Zeit* [tsaet], *Katze* [kʰatsə], wobei *tz* gleichzeitig auf die Kürze des voraufgehenden Vokals (nicht aber der Diphthonge!) hinweist. Die Graphemreihe *chs* wird als [ks] ausgesprochen (z. B. *Lachs* [laks]), während *sch* für [ʃ] steht (z. B. *schön* [ʃø:n]).

Mit der R e d u k t i o n bzw. dem S c h w u n d der Endungen war auch die Umstrukturierung der D e k l i n a t i o n verbunden. Die herkömmliche Gliederung der S u b s t a n t i v a nach Stämmen wurde bereits im Mittelhochdeutschen aufgegeben (vgl. IV.4.65.), die neue Anordnung nach der Pluralbildung hingegen endgültig gefestigt: 1. -Ø (mit oder ohne Umlaut), z. B. *Lehrer* m. — *Lehrer* Pl., *Leder* n. — *Leder* Pl. bzw. *Vater* m. — *Väter* Pl., *Mutter* f. — *Mütter* Pl.; 2. -*e* (mit oder ohne Umlaut), z. B. *Tag* m. — *Tage* Pl. bzw. *Gast* m. — *Gäste* Pl., *Frosch* m. — *Frösche* Pl., *Baum* m. — *Bäume* Pl.; 3. -*er* (mit oder ohne Umlaut), z. B. *Kind* n. — *Kinder* Pl., *Brett* n. — *Bretter* Pl. bzw. *Land* n. — *Länder* Pl., *Kraut* — *Kräuter* Pl.; 4. -*s*, z. B. *Auto* n. — *Autos* Pl.; 5. -(*e*)*n* („schwache" Deklination), z. B. *Mensch* m. — *Menschen* Pl., *Zunge* f. — *Zungen* Pl., *Herz* n. — *Herzen* Pl. Fremdwörter behalten mitunter ihren ursprünglichen Plural bei, vgl. *Libretto* n. — *Libretti* Pl. (it.), *Cherub* m. — *Cherubim* Pl. (ha.), *Konto* n. — *Konti* Pl. (it.), *Tempus* n. — *Tempora* Pl. (lat.), *Thema* n. — *Themata* Pl. (neben *Themen*) (gr.).

Das K a s u s s y s t e m wurde ebenfalls vereinfacht. Im schriftsprachlichen Gebrauch ist die Endung -(*e*)*s* des Gen. Sing. von Maskulina und Neutra (z. B. *des Vaters*, *des Kindes*), ja sogar — immerhin schon etwas veraltet — die Endung -*e* des Dat. Sing. in einem Teil derselben Gruppe von Substantiva (z. B. *dem Tage*, *dem Kinde*), bzw. die Dativendung -(*e*)*n* im Plural aller drei Genera (z. B. *den Tagen*, *den Vätern*, *den Müttern*, *den Kindern*) bewahrt. In der Sprechsprache wird jedoch der Genitiv des öfteren analytisch umschrieben (z. B. *der Hut* **vom** *Vater* oder **dem** *Vater* **sein** *Hut* für *der Hut des Vaters*), und der Dativ des Singulars normalerweise ohne Endungs-*e* gebraucht (z. B. *dem Tag*, *dem Kind*). In der „schwachen" Deklination erscheint in synchronischer Sicht die „Endung" verallgemeinert, z. B. *Friede* m.: Sing. Nom. *Friede* ≠ Akk.-Dat. *Frieden*, Plur. *Frieden* ≠ Sing. Gen. *Friedens*. Die drei Genera halten sich hingegen auch im Neuhochdeutschen verhältnismäßig fest.

Das A d j e k t i v grenzt die starke und die schwache Deklination voneinander ab, vgl. *der gute Mann*, aber *ein guter Mann*; *das gute Buch*, aber *ein gutes Buch* usw. Daher ist das Adjektiv zum Teil imstande, auch das Genus des mit ihm syntagmatisch verbundenen Substantivs aufzuzeigen.

Das System der N u m e r a l i e n hat sich im allgemeinen stark abgeschliffen. Die drei Genera werden nur noch von der Kardinalzahl *ein/einer* m., *eine* f., *ein/ein(e)s* n. und von den Ordinalien unterschieden. *ein* ist zugleich unbestimmter Artikel, vgl. **ein** *Mann* m., **eine** *Frau* f., **ein** *Kind* n.

In neuhochdeutscher Zeit ist es auch in der Kategorie der P r o n o m i n a zu mehreren Neuerungen gekommen. Das ursprünglich nur akkusativische Reflexivum *sich* hat noch im 16. Jh. auch auf den Dativ übergegriffen, indem es aus dieser Funktion die ursprünglicheren Formen der Personalpronomina (*ihm* m.-n., *ihr* f. 'sich' Dat.) verdrängte. Das Personalpronomen der 3. Person hat im Singular den Unterschied der drei Genera bewahrt (*er, sie, es*), im Plural hingegen aufgegeben (*sie*). Der Instrumentalis ist aus dem pronominalen Kasussystem geschwunden. Eine Erweiterung läßt sich dafür im nuancierteren Ausdruck der Funktion des Genitivs und des Dativs verzeichnen, die der Einführung neuer, erweiterter Nebenformen zu verdanken ist, vgl. *mein → meiner, des → dessen* m., *der → deren* f. bzw. *der → deren ~ derer* Pl., *den → denen* Dat. Pl. usw.

Das V e r b ist entweder „stark" oder „schwach". Das Neuhochdeutsche zeigt eine entschiedene Tendenz zum Ausgleich der Lautwechsel innerhalb der Ablautsreihen. Der Stammvokal des Singulars und des Plurals des Präteritums waren in frühneuhochdeutscher Zeit noch in den meisten Klassen selbständig. Diese Unterscheidung kommt heute nur noch reliktweise, in Sprichwörtern, Redewendungen u. dgl. vor, z. B. *wie die Alten* **sungen**, *so zwitschern die Jungen* gegenüber *sang* (Sing. Prät.), desgleichen ist sie noch ab und zu am synthetischen Konjunktiv (z. B. *stünde* ←mhd. *stu[o]nt ≠ standen*) zu erkennen. Der auf das VERNERsche Gesetz zurückgehende Konsonantenwechsel unter den einzelnen Stammformen wurde parallel dazu ebenfalls weitgehend ausgeglichen. Charakteristisch ist andererseits die Verschiebung im Verhältnis der starken und der schwachen Verba zugunsten der letzteren, demzufolge im Deutschen der Gegenwart keine neuen starken Verba gebildet werden, bzw. manche ursprünglich starke Verba bereits ganz oder zum Teil in die Kategorie der schwachen Verba übergingen, z. B. *spalten — spaltete — gespalten/gespaltet, melken — molk/melkte — gemolken/ gemelkt.*

Die grundlegenden Ablautsreihen der starken Verba sind: 1. *greifen — griff — gegriffen*; 2. *bieten — bot — geboten*; 3. *binden — band — gebunden*; 4. *nehmen — nahm — genommen*; 5. *lesen — las — gelesen*; 6. *fahren — fuhr — gefahren*.

Die Klassen der schwachen Verba waren größtenteils schon im Mittelhochdeutschen vereinheitlicht. Dieser Prozeß wurde im Neuhochdeutschen im wesentlichen abgeschlossen, indem das Bildungssuffix des schwachen Präteritums generell zu *-te* wurde und das Partizip der Vergangenheit außer diesem *-t*-Suffix auch noch das Präfix *ge-* erhielt, z. B. *sagen — sagte* Prät. — *gesagt* Part. Prät. Eine Untergruppe bilden dabei die ursprünglich langvokalischen Stämme, d. h. die sogenannten „rückumlautenden" Verba, vgl. *brennen — brannte — gebrannt*.

Von den alten Präteritopräsentien sind die folgenden erhalten: 1. *weiß — wußte*; 2. *kann — konnte*; 3. *darf — durfte*, ferner die Weiterbildung *bedarf — bedurfte*; 4. *soll — sollte*; 5. *mag — mochte* (und *vermag — vermochte*); 6. *muß — mußte*.

Zu diesen gesellte sich *will — wollte* von den athematischen Verben, bzw. *gehen, stehen, lassen, tun* und *haben* sind unter die starken Verba eingereiht worden. Seine Eigenständigkeit hat eigentlich nur das Verbum substantivum *sein* bewahrt, vgl. die Formen *bin, bist, ist, sind, seid, war, gewesen* usw.

Die Endung der 3. Pers. Pl. der Verba *-ent* wurde im Neuhochdeutschen zu *-en* und dadurch mit der 1. Pers. Pl. vereinheitlicht, z. B. *wir leben ∼ sie leben ≠ ihr lebt* bzw. *wir lebten ∼ sie lebten*. Der Infinitiv hat seine Flexionsfähigkeit eingebüßt, dafür setzte sich die Konstruktion *zu* + Infinitiv in ihrer modernen Funktion fest, z. B. *sehen → zu sehen* (vgl. engl. *see → to see*). Von weiteren kleineren Neuerungen abgesehen, wurde die Grammatik des Verbs dank der Zunahme analytischer Gebilde äußerst erweitert, indem sich dem bereits im Mittelhochdeutschen gängigen Perfekt und Plusquamperfekt im Neuhochdeutschen die analytischen Formen des Futurums und des Konditionalis sowohl im Aktiv wie im Passiv anschlossen. Dementsprechend ist auch die Rolle der Hilfsverba wie *sein, haben, werden* usw. viel größer geworden.

All diese Veränderungen haben sich im Umbau der Syntax summiert. Die Wortstellung wurde z. B. erst in neuhochdeutscher Zeit endgültig gefestigt.

Der Wortschatz wurde im Neuhochdeutschen mit zahlreichen Entlehnungen ergänzt. Zu Beginn der Entstehung kapitalistischer Verhältnisse, im 14.—16. Jh., war der Einfluß des Italienischen besonders groß, z. T. in der Terminologie des Handels, z. T. in den Sachgruppen der Schiffahrt und der Kriegskunst, z. B. it. *conto* > *Konto*, it. *credito* > *Kredit*, it. *capitale* > *Kapital* bzw. it. *galera* > *Galeere*, it. *fregata* > *Fregatte* und it. *arsenale* > *Arsenal*, it. *canone* > *Kanone*, it. *caserna* > *Kaserne*.

Im Zeitalter der Renaissance und des Humanismus hat auch das Lateinische auf die deutsche Lexik stark eingewirkt. Das Wortgut der

Wissenschaften, der Jurisprudenz, der Kirchenmusik u. dgl. wurde auch in dieser Epoche mit (mittel)lateinischen (bzw. durch das Lateinische vermittelten g r i e c h i s c h e n) Elementen aufgefüllt, z. B. *philosophia* > *Philosophie*, *logica* > *Logik*, *materia* > *Materie*, *advocatus* > *Advokat*, *processus* > *Prozeß*, *hypotheca* > *Hypothek*, *academia* > *Akademie*, *facultat-* > *Fakultät*, *doctor* > *Doktor*, *rector* > *Rektor*, *professor* > *Professor*, *nota* > *Note*, *contrapunctum* > *Kontrapunkt*, *octava* > *Oktave* u. dgl.

Vom 14. Jh. an kam eine zweite Welle s l a w i s c h e r Wörter nach Deutschland, z. B. *Peitsche* (vgl. poln. *bicz* ~ tschech. *bič*), *Petschaft*.

Die Fremdwörter, die im 16.—18. Jh. übernommen wurden, waren in ihrer überwiegenden Mehrzahl f r a n z ö s i s c h e r Herkunft, was mit dem potenzierten Einfluß der französischen Kultur in allen Bereichen des Lebens zusammenhängt, so im Kriegswesen (z. B. *Offizier, Leutnant, General, Armee*), in der Mode (z. B. *Mode, Dame, elegant, Perücke*), in der Nahrung (z. B. *Haschee, Likör*), um von den L e h n ü b e r s e t z u n g e n ganz zu schweigen, z. B. frz. *bel esprit* → *Schöngeist, avantgarde* → *Vorhut, ordre de jour* → *Tagesordnung, opinion publique* → *öffentliche Meinung*.

Im Zeitalter der Revolutionen von 1789 und 1848 haben lateinisch-griechische Wortprägungen zumeist dank französischer Vermittlung bzw. nach französischem Vorbild auch ins Deutsche Eingang gefunden, z. B. *Republik* (< frz. *république* < lat. *res publica*), *Reaktion* (< frz. *réaction* < lat. *reactio*), *Konstitution* (< frz. *constitution* < lat. *constitutio*), *Demokratie* (< frz. *démocratie* < gr.-lat. *democratia*) bzw. *Bourgeoisie, Proletariat* (< frz. *prolétariate* < lat. *proletariatus*), *Sozialdemokrat, Sozialismus, Kommunist* usw.

Nach dem Sieg der Industrierevolution drangen auch viele e n g l i s c h e Wörter ins Deutsche (z. B. *Streik, Boykott*), nicht zuletzt aber die Ausdrücke des politischen Lebens, der Literatur, der Mode, der Küche u. dgl., z. B. *Parlament, Debatte, Humor, Klub, Ballade, Frack, Pullover, Plaid, Pudding, Puntsch, Keks*. Im 19. Jh. hat das Englische vor allem Termini des Sports, der Technik und der Ökonomie geliefert wie *boxen, Jockey, Sport, Start, Tennis* bzw. *Lift, Film, Koks, Konzern, Export, Import*. Nach englischen Vorbildern wurde eine Reihe von L e h n ü b e r s e t z u n g e n geprägt, vgl. ne. *steamer* (< *steam* 'Dampf') → *Dampfer*, ne. *football* → *Fußball*, ne. *still-life* → *Stilleben*.

Im Zeitalter der sozialistischen Revolutionen im 20. Jh. haben sich auch r u s s i s c h e Wörter bzw. auf russischer Basis geschaffene Lehnübersetzungen eingebürgert, z. B. *Sowjet, Bolschewik, Kolchos(e)* bzw. *Räterepublik, Fünfjahr(es)plan, Planwirtschaft* u. dgl.

Zur Bereicherung des deutschen Wortschatzes haben auch weitere Sprachen der Erde beigetragen, so die Kultursprachen des O r i e n t s (z. B.

Arabisch: *Kalif, Mameluck, Matratze, Alkohol*; Chinesisch: *Tee, Gong*; Japanisch: *Kimono, Karate, Harakiri*; Türkisch: *Bazar, Kaviar*), die Indianersprachen Amerikas — meistens auf dem Umweg über das Englische —, z. B. *Tabak, Kautschuk, Schokolade, Tomate, Kakao*, des weiteren die Sprachen Afrikas (z. B. *Zebra, Gnu*) und Australiens bzw. Ozeaniens (z. B. *Rum, tätowieren, Känguruh*), aber auch die nordgermanischen Sprachen (z. B. *Ski, Geiser, Saga, Skald*), das Niederländische (z. B. *Aktie, Makler, Aprikose*), das Ungarische (z. B. *Tschako, Husar[e], Gulasch*) usw.

Der Anbruch der technisch-wissenschaftlichen Revolution hat in aller Welt eine Menge künstlich gebildeter, aus griechisch-lateinischen Elementen geschaffener Fachausdrücke ins Leben gerufen, die mit Recht als international bezeichnet werden, z. B. *Auto(mobil), Telephon, Radio, audiovisuell, Biochemie* usw. Nach dem Zweiten Weltkrieg stieg besonders die Zahl der englischen (genauer gesagt: amerikanischen) Entlehnungen im Deutschen an, in erster Linie in der Bundesrepublik und in Westberlin (z. B. *Swimming-pool, Hobby, Thriller, Camping*), während in der DDR, infolge der politisch-historischen Entwicklung sich mehr der Einfluß der sowjetisch bedingten Lexik des Russischen durchsetzt (z. B. *Stachanowarbeiter → Henneckebewegung, Personenkult, Pionierlager*). Die sprachlichen Folgen der Spaltung Deutschlands zeigen sich naturgemäß in der Lexik am stärksten.

IV.4.69. Textproben

(a) *Frühneuhochdeutsch*

Ich hab keine gewisse / sonderliche / eigene Sprach im Teutschen / sondern brauche der gemeinen Teutschen Sprach / daß mich beyde / Ober vnd Niderländer verstehen mögen. Ich red nach der Sáchsischen Cantzeley / welcher nachfolgen alle Fürsten vñ Könige im Teutschlande / alle Reichßstätte / Fürstenhóve / schreiben nach der Sáchsischen vnd vnsers Fürsten Cantzley / Darumb ists auch die gemeineste Teutsche Sprach . . .

(MARTIN LUTHER: *Tischgespräche.*)

Ober- vnd Niderländer 'Ober- und Niederdeutsche'; *vnd, vñ* 'und'; *sáchsisch* 'obersächsisch, meißnisch'; *Reichßstätte* 'Reichsstädte'; *Fürstenhóve* 'Fürstenhöfe'.

(b) *Modernes Neuhochdeutsch*

Wir haben eine sehr hohe dichterische Sprache und sehr liebliche und ausdrucksstarke Volksdialekte, von denen die Sprache des Umgangs in allen deutschen Landschaften verschiedentlich angefärbt ist. Woran es uns man-

gelt, das ist die mittlere Sprache, nicht zu hoch, nicht zu niedrig, in der sich die Geselligkeit der Volksglieder untereinander auswirkt. Unsere Nachbarn, Nord und Süd, Ost und West, haben sie; wir allein sind ihrer entbehrend. In dieser mittleren Sprache aber faßt sich allezeit das Gesicht einer Nation zusammen.

(HUGO VON HOFMANNSTHAL: *Wert und Ehre deutscher Sprache.*)

IV.4.7. Langobardisch

IV.4.71. Geschichte. Quellen

Der Stamm der Langobarden wurde in der „Germania" des TACITUS zu den Sweben gerechnet, wie auch von seinem Zeitgenossen STRABO, einem der berühmtesten griechischen Geographen und Historiker, der sie um den Beginn unserer Zeitrechnung östlich der Elbe anführte. Dieses Gebiet — die Lüneburger Heide — trug sogar noch lange nach der Abwanderung der Langobarden den Namen *Bardengau*, dessen Mittelpunkt *Bardenwich* — das heutige *Bardowiek* — war. Nach der Stammesüberlieferung, wie sie von PAULUS DIACONUS in seiner Geschichte der Langobarden im 8. Jh. aufgezeichnet wird, sowie nach dem *Codex Gothanus* (aus dem 9. Jh.) stammten sie ursprünglich aus Skandinavien. Die römischen Historiker berichteten über sie bereits als Elbermanen, die an der unteren Elbe ansässig waren. Die Sprache der Langobarden trug, seitdem sie bekannt ist, unverkennbar elbische Züge, d. h. sie gehörte zweifellos zum Südgermanischen.

Im Zeitalter der Völkerwanderung wandten sich auch die Langobarden dem Süden zu. Obschon ihre ersten Scharen gegen Ende des 2. Jh.s u. Z. in Pannonien aufgetaucht waren, setzte sich der ganze Stamm erst im 4.—5. Jh. in Bewegung und zog über Ostdeutschland nach Südosten, wo er im ausgehenden 5. Jh. auch einen Teil Österreichs in Besitz nahm. Von da sowie von der Kleinen Ungarischen Tiefebene, die in der langobardischen Geschichtsschreibung unter dem Namen *Feld* aufscheint, bzw. von Böhmen und Mähren aus besetzten sie 568 Norditalien, wo der Eroberung nach dem Zusammenbruch des Ostgotenreiches (555) so gut wie nichts im Wege stand. Um die Mitte des 6. Jh.s begann sich, offensichtlich unter ostgermanisch-gotischem Einfluß, auch unter den Langobarden die arianische Form des Christentums auszubreiten.

Das neugegründete Königreich der Langobarden hat sich auf den größten Teil Italiens erstreckt, aber das Gros des Stammes siedelte in den nördlichen Provinzen, wo ihr Zentrum Pavia war. Die entlang der Grenzen angesiedelten freien Krieger, die sogenannten H a r i m a n n e n, schlossen sich in Sippen (*fāra*) zusammen; diese Verbände spielten später eine nicht unwesentliche Rolle in der Entstehung der feudalen Latifundien in Italien.

Im ausgehenden 7. Jh. hat die Überhandnahme des Katholizismus eine entscheidende Wendung herbeigeführt, da der Weg zur Verschmelzung der römischen und der langobardischen Volksteile, d. h. zur Assimilierung der Langobarden durch Mischehen, freigelegt wurde. Politisch wurde der Staat

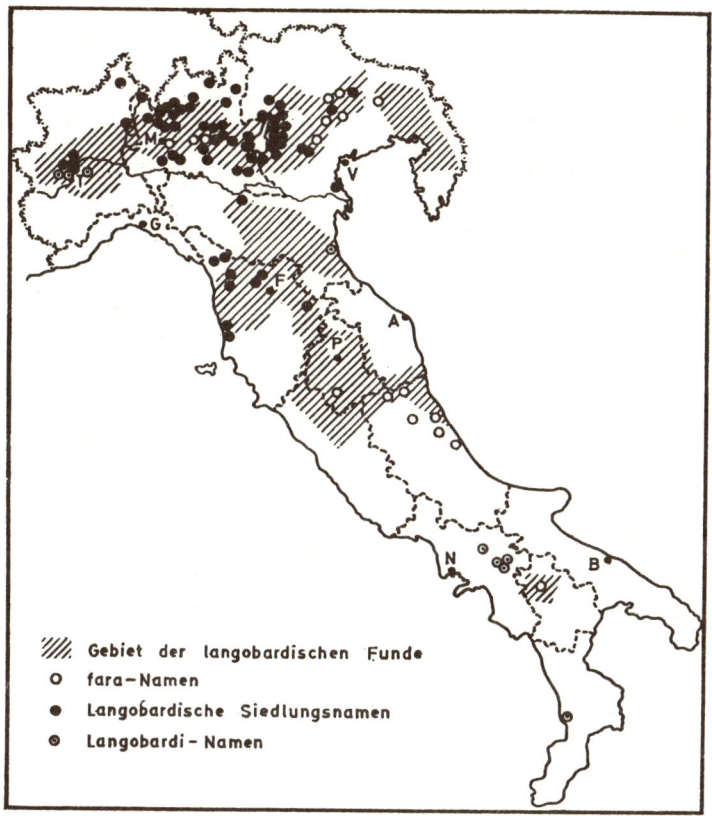

Abb. 62. Verbreitung der Langobarden in Italien (nach EMIL GAMILLSCHEG)

der Langobarden zur selben Zeit von zwei mächtigen Feinden bedrängt: vom römischen Papst und von den Franken. KARL DER GROSSE hat 774 den letzten Langobardenkönig entscheidend geschlagen; damit war auch das Schicksal der Langobarden besiegelt. Lediglich das auch früher schon verhältnismäßig unabhängige langobardische Herzogtum in Süditalien, Benevento, war imstande, sich bis zum 11. Jh. zu halten, dann fiel es der normannischen Eroberung zum Opfer. Das eigentliche Königreich wurde indessen in das Frankenreich eingegliedert. In der weiteren Geschichte Italiens hat dieses auch industriell hochentwickelte Gebiet, die heutige *Lombardei* (Zentrum Mailand), die den Stammesnamen der Langobarden weiterführt, eine hervorragende Rolle gespielt (Abb. 62).

Die Langobarden selbst waren allen Anzeichen nach bereits im 8. Jh. zweisprachig. Ein letzter, zweifelsfreier Beweis des langobardischen Sprachgebrauchs stammt vom Anfang des 11. Jh.s. Es ist kennzeichnend genug, daß auch das vom römischen Recht abweichende langobardische Recht das 11. Jh. nicht überlebte.

Das Langobardische ist in keinen größeren, zusammenhängenden Denkmälern überliefert, da es sich in der Schreibe — von den ältesten R u n e n i n s c h r i f t e n abgesehen — ausschließlich des Lateinischen bediente. Immerhin enthalten die historischen Werke sowie die Urkunden und die Rechtsbücher der Langobarden in großer Zahl auch Belege, die sich zur linguistischen Analyse eignen, vor allem P e r s o n e n n a m e n und E i n z e l w ö r t e r. Von den wichtigsten einschlägigen Quellen sind das erwähnte Werk des langobardischen Geschichtsschreibers PAULUS DIACONUS (*Historia Langobardorum*), ferner die Urkundensammlungen (TROYA: *Codice diplomatico Langobardo I—VII*. Neapel 1852 ff. bzw. der *Edictus Langobardorum*) an erster Stelle zu nennen.

Noch wichtiger sind in vieler Hinsicht die im Italienischen erhalten gebliebenen langobardischen P e r s o n e n n a m e n (z. B. *Gairo* < lgb. *gair* 'Ger, Speer', vgl. *Garibaldi*, wo lgb. *-bald* 'kühn' das Nachglied bildet), O r t s n a m e n (z. B. *Breda* < lgb. *braida* 'Breite, Ebene'; *Berghi/Bergha* < lgb. *berg* 'Berg') sowie die langobardischen Entlehnungen italienischer M u n d a r t e n, z. B. *grupia* (Piemont) < lgb. *kruppja* 'Krippe', *rangù* 'Weinstock' (Cremona) < lgb. *hrango* 'Stock, Leiste, Pfahl' u. dgl. Langobardische Wörter sind aber auch in der italienischen Hochsprache in großer Zahl vorhanden, z. B. *gazz(er)a* < lgb. *agazza* 'Elster', *banca* < lgb. *banka* 'Bank', *smaccare* 'beschimpfen' < lgb. *smāhh(j)an* 'herabsetzen, schmähen', *staffile* 'Steigbügelriemen' < lgb. *staffa* 'Stegreif', *strale* 'Pfeil' < lgb. *strāl* 'dass.', *zecca* 'Zecke' < lgb. *zëkka* 'dass.'. Bis jetzt wurde die Herkunft aus dem Langobardischen für ungefähr 300 italienische Dialektwörter außer jedem Zweifel erwiesen.

Im Norden ihres ehemaligen Königreichs waren die Langobarden auch mit den Vorfahren der Slowenen in enge Beziehungen gekommen, wovon die langobardischen Lehnwörter slowenischer Mundarten ein beredtes Zeugnis ablegen. Die Frage der frühen bairisch-langobardischen Beziehungen aus der Zeit v o r der langobardischen Landnahme in Italien harrt zum größten Teil immer noch der Klärung. Die Langobarden haben nicht nur die zweite (althochdeutsche) Lautverschiebung mit den oberdeutschen Stämmen zusammen durchgeführt (vgl. IV.4.72.), sondern den eindringenden Baiern im Raum Niederösterreich, Südmähren und Westungarn zahlreiche g e o g r a p h i s c h e N a m e n übermittelt, darunter höchstwahrscheinlich den Namen *Wien* sowie verschiedene Gewässernamen, z. B.

March (tschech. *Morava*), *Thaya*, *Schwarza*, *Raab* (ung. *Rába*, daher auch der deutsche Name der Stadt *Raab* ~ ung. *Győr*).

Das Fehlen eines langobardischen Schrifttums in der Volkssprache läßt sich beim heutigen Stand unserer Kenntnisse am ehesten damit erklären, daß — wie es auch von ERNST GAMILLSCHEG angenommen wurde — neben dem führenden Hochadel und der armen Bauernschaft bei den Langobarden keine Zwischenschicht entstand, die die volkssprachliche Kultur hätte tragen können. Diese Zwischensphäre blieb auch unter der Langobardenherrschaft den Römern vorbehalten. Die Sprache der Besiegten wurde zuerst von den herrschenden Schichten der Langobarden übernommen. Einen mittelbaren Beweis stellt auch der Umstand dar, daß die langobardischen Lehnwörter der italienischen Mundarten — freilich mit Ausschluß der spezifischen Rechtsterminologie — fast ausnahmslos auf den Wortschatz der langobardischen Kleinbauern zurückgehen, vgl. it. (mdl.) *zirre/zimmaro/zivera* 'Ziege, Vieh' < lgb. *ziber* 'Getier, Großvieh' (vgl. dt. *Ziefer, Ungeziefer*), it. (mdl.) *slit(t)a* < lgb. *slita* 'Schlitten', it. (mdl.) *fiadone* 'Honigscheibe' und *fiarone* 'Art Kuchen' < lgb. *flado* 'Fladen', it. (mdl.) *gaburo/gabör* 'Schurke, Schelm, starker/überlegener Mann, ungehobelter Mensch' < lgb. *gabūro* 'Bauer'.

IV.4.72. Das Langobardische

Die Denkmäler des Langobardischen werden, soweit es sich nicht um die Mitteilung der in der Regel in latinisierter Form belegten Originalstellen handelt, meistens in der für althochdeutsche Texte geschaffenen normalisierten Transkription wiedergegeben. Dieses normalisierte A l p h a b e t des Langobardischen enthält die folgenden Grapheme: *a, b, d, e, f, g, h, i, j, k, l, m, n, o, p, q(u), r, s, ʒ, t, þ, u, w, z*. Die Aussprache von *qu*, ist [kw], z. B. *quāla* [kwa:la] 'Marter'; *ʒ* lautet [s], z. B. *skauʒ* [skaus] 'Schoß'; *þ* ist das Zeichen für interdentales spirantisches [θ]; *z* vertritt — wie im Deutschen und im Isländischen — die Affrikate [ts], z. B. *zann* [tsann] 'Zahn'. Die Vokallänge wird mit dem Zirkumflex oder mit einem Balken über dem Buchstaben angedeutet (*â, ê, î, ô, û* bzw. *ā, ē, ī, ō, ū*). Lange Konsonanten werden verdoppelt, z. B. *akkar* 'Acker', *kleffōn* 'rufen, schreien', *ripp(j)a* 'Rippe, Klippe', *skaffil* 'Scheffel'. Der Lautwert von *h* ist im Wortanlaut [h], in sonstiger Stellung [x] wie im älteren Deutsch, im Jiddisch oder im älteren Schottisch. Gegen Ende der langobardischen Sprachentwicklung wurde — wohl unter italienischem Einfluß — [x] zu [h] reduziert, im Anlaut aber völlig aufgegeben, z. B. *harimann* > *arimann* 'Soldat, Krieger'. Außer *e* wird im allgemeinen, wie auch für das Althochdeutsche, auf Grund der Etymologie, auch *ë* besonders bezeichnet, vgl. *skerzan* 'scherzen', aber *fëhu* 'Vieh, Vermögen'. Die Diphthonge sind *ai, au*, *eu* (*eo*), *iu*. In latinisierter Umschrift erscheint þ als *th* oder einfach als *t*; *u* und *w* werden abwechselnd mit *u*, *v*; *k* und *z* nicht selten mit *c* bezeichnet.

In phonetisch-phonologischer Hinsicht stand das Langobardische den zeitgenössischen oberdeutschen Stammesdialekten, vor allem dem A l t - b a i r i s c h e n, sehr nahe. Das kommt am schlagendsten in der Durchführung der zweiten (althochdeutschen) Lautverschiebung zum Ausdruck. Manche Forscher, so u. a. auch ERNST SCHWARZ, führen diesen Lautwandel geradezu auf das Langobardische zurück. Fest steht allerdings, daß die Anzeichen der zweiten Lautverschiebung im Langobardischen bereits im ausgehenden 6. bzw. im angehenden 7. Jh. in den Denkmälern nachzuweisen sind. Dementsprechend wurden germ. *p*, *t*, *k* im Inlaut und im Auslaut (nach Vokal) zu den der Stelle der Bildung nach entsprechenden (inlautend meistens langen) Reibelauten, z. B. *rīffi* 'reif' (≠ as. *rīpi* ~ ags. *rīp*) bzw. *skaf* 'Gestell' (≠ as. *skap*); *stauʒʒan* 'stoßen' (≠ got. *stautan*) bzw. *blauʒ* 'bloß' (≠ ags. *blēat*); *lōhhōn* 'schauen' (≠ as. *lōkōn* ~ ags. *lōcian* > ne. *look*) bzw. *blaih* 'bleich' (≠ as. *blēk* ~ ags. *blāc* > ne. *bleak*). Im Anlaut und im Inlaut (nach Konsonanten) wurden auch im Langobardischen Affrikaten entwickelt: *p* > *pf*, z. B. *pflūma* 'Flaumfeder' (< lat. *pluma* 'Feder') bzw. *krapfo* 'Haken, Klammer' (≠ as. *krampo* ~ mnd. *krappe*), *krampf* 'Krampf' (≠ as. *kramp* ~ ne. *cramp*); *t* > *z*(*z*) [ts, tsts], z. B. *zahhar* 'Tropfen, Träne, Zähre' (≠ ags. *tēar* ~ *tæhher* > ne. *tear*), *razz*(*j*)*an* 'kratzen, (ab)schaben' (≠ mnl. *kretten*), *bolzo* 'Bolzen' (≠ ags.-ne. *bolt*), *sterz* 'Pflugsterz' (≠ ags. *steort* > ne. *start*). Allem Anschein nach hat sich auch *k* ähnlich wie im Althochdeutschen weiterentwickelt. Auch für den Verlust des Stimmtons von *b*, *d*, *g* stehen uns Belege zur Verfügung, vgl. *banka* ~ *panka* 'Bank', *tōh* 'Tuch' (≠ as. *dōk*), *gatero* ~ *katero* 'Gitter' (≠ mnd. *gaddere*) usw. Abweichend vom Althochdeutschen hat sich þ bis um die Mitte des 8. Jh.s, stellenweise sogar bis ins 9. Jh., im Wortanlaut und in der Konsonantengruppe -*nþj*- als Reibelaut erhalten (z. B. *þampf* 'Dampf', *þrukk*[*j*]*an* 'drücken', *fanþ*[*j*]*o* 'Fahne'), wurde später aber in diesen Stellungen zu *t*. Im übrigen, d. h. im Inlaut und nach Liquiden (*l*, *r*), hat sich der Wandel þ > *d* auch im Langobardischen durchgesetzt.

Von verschiedenen Überlegungen geleitet, hat man das Langobardische früher zum Nordseegermanischen gestellt. Diese Zuordnung hat sich als verfehlt erwiesen: sämtliche Sprachmerkmale des Langobardischen sind elb-, d. h. s ü d g e r m a n i s c h geprägt, so die Bewahrung der alten Diphthonge *ai* und *au*, z. B. *skaida* 'Scheitel' (≠ ags. *scēada*), *tauff*(*j*)*an* 'eintauchen' (~ nhd. *taufen* ≠ as. *dōpian* 'taufen') bzw. der monophthongische Charakter von *ē* und *ō*. Sprachgeographisch läßt sich also das Langobardische am Nordrand des Südgermanischen, in der Nachbarschaft des Altsächsischen (Ingwäonischen) lokalisieren. Darauf verweisen u. a. die

-*ul*-Lautungen gegenüber -*ol*- im Süden (z. B. lgb. *wulf* ~ as. *wulf* ≠ ahd. *wolf*), die Endung -*ōs* im Nom. Pl. m. der *a*-Stämme (= as. -*ōs*: *dagōs* 'Tage') sowie die Endung -*a* im Nom. Sing. m. der schwachen Deklination der Adjektiva (z. B. lgb. *arga* = as. *arga/argo* = ahd. *arga* 'arg'). Bisweilen, vor allem in Personennamen, ist auch *n* vor Spiranten geschwunden, vgl. *Anspert* ~ *Aspert*, aber es kann bei weitem nicht als eine Gesetzmäßigkeit des Langobardischen gelten.

Andererseits wurde auch der U m l a u t durchgeführt, obwohl in geringerem Maße als in den übrigen deutschen Stammesdialekten, z. B. lgb. *wahtāri* > spätlgb. *wahteri* (> it. *guattero*) 'Wächter', lgb. *manni > *menni* 'Halskette'. Das Unterbleiben der Monophthongierungen *ai* > *ē* und *au* > *ō* zeugt davon, daß das Langobardische isoliert wurde bzw. im Tempo der Entwicklung hinter den Schwestersprachen zurückblieb. Etwas verallgemeinernd läßt sich sagen, daß der Konsonantismus des Langobardischen im Vergleich zu diesen sehr modern, sein Vokalismus hingegen entschieden konservativ war.

Die Rekonstruktion der g r a m m a t i s c h e n S t r u k t u r des Langobardischen ist eine äußerst prekäre und komplizierte Aufgabe. Trotzdem läßt sich jetzt schon festhalten, daß sie sich von den zeitgenössischen germanischen Stammesdialekten, insonderheit vom Althochdeutschen, nicht wesentlich hat unterscheiden können (vgl. IV.4.63.).

IV.4.73. Textproben

(a) *Runeninschrift*

ᚠᚱᛟᚷᛁᛉ ᛞ ᚠᛚᚨᚷᚢᚦᛚᛖᚢᛒᚨ ᛞᛖᛞᚢᚾ
A r o g i s d A l a g u þ l e u b a d e d u n

(Bronzekapsel von Schretzheim, Bayern, Ende des 6. Jh.s.)

Arogis m. (Personenname); *d* (vermutlich Abkürzung) → *andi* 'und'; *Alaguþ* (= *Alagunþ*) f. (Personenname); *leuba* f. 'Liebe' (vielleicht ein Frauenname?); *dedun* 'taten'.

(b) *Runeninschriften*

A. ᚷᛟᛞᚨᚺᛁᛞ ᚢᛏᚾᚨ
   G o d a h i d   u n j a

B. ᚲᚨᚱᛊᛁᛒᛟᛞᚨ ᛊᛖᚷᚢᚾ
   k A r s i b o d a   s e g u n

(Bügelfibeln A und B von Pallersdorf [Bezenye], Ungarn, Ende des 6. Jh.s.)

Godahi(l)d f. (Personenname); *(w)unja* f. 'Wonne' (Nom.-Akk. Sing.); *k* (= *ik*) 'ich'; *Arsiboda* f. (Personenname); *segun* 'Segen'.

IV.4.8. Pennsilfaanisch

IV.4.81. Geschichte. Quellen

Im Zuge der Besiedlung des Gebietes der Vereinigten Staaten von Amerika fanden im 17.—18. Jh. größere Gruppen deutscher Kolonisten eine neue Heimat im Osten des späteren Bundesstaates Pennsylvania, vor allem in den Bezirken Northampton, Berks, Lancaster, Lehigh, Lebanon, York und Snyder bzw. in deren Nachbarschaft (Northumberland, Monroe, Mont-

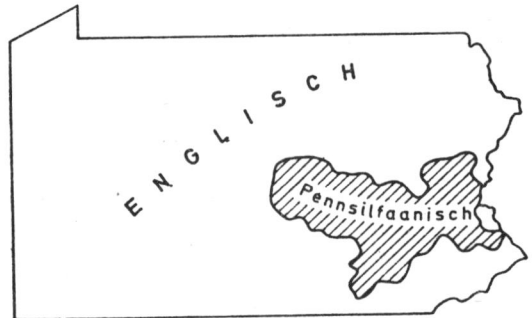

Abb. 63. Deutscher Sprachraum in Pennsylvanien (nach CARROLL E. REED und LESTER W. SEIFERT)

gomery, Bucks, Schuylkill), ferner im Westen des Bundesstaates Maryland und in kleineren Sprachinseln in Ohio, Illinois, Iowa sowie im Staate Ontario in Kanada (Abb. 63).

Die ersten Ansiedler waren hauptsächlich der religiösen Verfolgung wegen als Anhänger verschiedener protestantischer Sekten (Mennoniten, Mährische Brüder usw.) nach Übersee gegangen. 1683 wurde im Land die erste deutsche Stadt, *Germantown*, gegründet. Der Großteil der Einwanderer kam aber erst nach 1710 aus der Rheinpfalz. Die deutschen Kolonisten haben sich in erster Linie als Landwirte angesiedelt, und ihre Nachkommen sind meistens auch heute noch wohlhabende Farmer, die an ihrem angestammten Brauchtum und an ihrer Muttersprache — besonders an amerikanischen Verhältnissen gemessen — ziemlich zähe festhalten. Ihre Volkskunst (Keramik u. dgl.) wird in den USA allgemein hochgeschätzt.

Siedler kamen natürlich nicht nur aus der Pfalz, sondern auch aus Württemberg, Baden, der Schweiz und dem Elsaß, ja sogar aus den damaligen Ostgebieten Deutschlands, und so wurde das alte Grenzland westlich von Philadelphia allmählich ein geschlossener deutschbesiedelter Raum, wo bald auch der Prozeß der Integrierung der verschiedenen mitgebrachten Mundarten einsetzte. In dieser Zeit, bis etwa 1775, sind verschiedene, im großen und ganzen einheitliche Dialekträume auf der Grundlage der jeweils vorherrschenden fränkischen, schwäbischen oder alemannischen Ortsmundarten entstanden (Ausgleich erster Stufe). Zwischen 1775 und 1820 wurde auch die Integrierung dieser Kleinräume vollzogen (Ausgleich zweiter Stufe). Seit diesem Zeitpunkt sind wir berechtigt, vom Pennsilfaanischen als einem eigenständigen, einheitlichen Idiom zu sprechen. Die neue deutsche Siedlungsmundart hat sich als dermaßen lebensfähig erwiesen, daß sie in ihrem Geltungsbereich sogar die sprachliche Angleichung des angelsächsischen Landvolkes erzielte.

Die Sprache der pennsylvanischen Deutschen bestand in diesem Anfangsstadium — ähnlich wie in der alten Heimat — aus mehreren **sozialen Sprachschichten**. Über den ländlichen Ortsmundarten stand die mit schriftsprachlichen Elementen bereicherte städtische **Umgangssprache**, ferner die in der Presse, im Verlagswesen sowie im Unterricht und im kirchlichen Leben herrschende deutsche **Hochsprache**. Die Bestrebungen, die auf den Zusammenschluß der Sprachgemeinschaft unter der Ägide der deutschen Schrift- bzw. Hochsprache gerichtet waren, mußten in den dreißiger Jahren des vorigen Jahrhunderts scheitern. In der Zeit zwischen 1840 und 1920 wurde die deutsche Hochsprache beinahe aus allen Sphären des pennsylvanischen Kulturlebens verdrängt. Die deutsche Schriftsprache stützt sich seitdem fast ausschließlich auf die mennonitische Kirche, wo sie als eine Art **Liturgiesprache** weiterlebt, während sich die Bevölkerung sonst des aus den einheimischen Mundarten entstandenen Pennsilfaanischen bedient.

Gemäß der sozialen Gliederung der Sprachträger ist das Pennsilfaanische auch heute mehr eine **gesprochene**, denn eine geschriebene Sprache, die im öffentlichen Leben, in Versammlungen sowie im Rundfunk und auf der Bühne Pennsylvaniens zwar vorherrscht, in der Presse und im lokalen Verlagswesen aber hinter dem Englischen an zweiter Stelle steht. Zur Zeit wird das Pennsilfaanische allerdings in mehreren Ober- und Hochschulen verschiedener Städte auch als Sprache des Unterrichts verwendet.

Die ältesten **Quellen** des Pennsilfaanischen sind die örtlichen deutschen Veröffentlichungen der Ansiedlungszeit, die zwar in der deutschen Hochsprache verfaßt wurden, immerhin aber — besonders in lexikalischer Hinsicht — stark genug die Merkmale der Ortsmundarten spiegeln. Diese Sondermerkmale kamen im Laufe des 19. Jh.s vor allen Dingen in der deutschen Presse Pennsylvaniens zum Durchbruch. Um die Sicherung des Ranges einer Schriftsprache für das Pennsilfaanische haben sich die einheimischen Dichter (wie T. H. HARTER, CHARLES C. MORE, LLOYD MOLL, HENRY HARBAUGH, J. BIRMELIN u. a.) sowie die Dramatiker (CLARENCE IOBST u. a.) besondere Verdienste erworben.

Von zerstreuten älteren Veröffentlichungen abgesehen, hat sich das Pennsilfaanische in der Presse gegen Ende des 19. Jh.s endgültig gefestigt, allerdings — und charakteristisch genug — zunächst in einem Organ mit englischem Titel (*The Pennsylvania German Magazine*, 1899—1914). Nach dem Tiefstand, der dem Ersten Weltkrieg gefolgt war, wurde erst 1935 wieder ein zweisprachiges, englisch-pennsilfaanisches Wochenblatt, das *Pennsilfawnisch Deitsch Eck* gestartet, das auch schon die pennsylvaniendeutschen Dichter um sich zu gruppieren verstand. Daneben wurde, zu ähnlichen Zwecken, 1949 die Zeitschrift *The Pennsylvania Dutchman* gegründet.

Die ältesten Quellen der V o l k s s p r a c h e, nämlich die Volkslieder und die Volksmärchen, werden erst in unserer Zeit aufgezeichnet.

IV.4.82. Die deutsche Sprache in Pennsylvanien

Die Bezeichnung *Pennsilfaanisch* für das Deutsche in Pennsylvanien wurde zu Beginn des vergangenen Jahrhunderts geprägt. Daneben sind auch andere Namen wie *Pennsilfaanischdeitsch*, *Pennsilvenideitsch* bzw. — zur Gegenüberstellung mit dem Englischen — einfach *Deitsch* im Schwange. Im Amerikanisch-Englischen ist dafür meistens der Ausdruck *Pennsylvania Dutch* gängig, obwohl das Pennsilfaanische mit dem Niederländischen (ne. *Dutch* 'niederländisch, holländisch', vgl. IV.4.32.) nichts zu tun hat. Amtlich, vor allem in der englischen Presse Pennsylvaniens, ist die korrekte Bezeichnung *Pennsylvania German* verbreitet.

In der Schreibe hat sich das Pennsilfaanische, wie angedeutet, von der deutschen Hochsprache erst stufenweise losgelöst. Als Gründe dafür lassen sich vor allen Dingen die englische Umwelt sowie die Auflockerung und schließlich das Aufhören der Beziehungen zum Mutterland nennen.

Eines der vordergründigsten Probleme der im Werden begriffenen neuen deutschen T o c h t e r s p r a c h e hat sich an Hand der Rechtschreibung ergeben. Die Mundarttexte wurden anfangs strikt nach den Regeln der deutschen Schriftsprache aufgezeichnet, daraus hat sich, mit erhöhter Beachtung der Besonderheiten des Pennsilfaanischen, die sogenannte „deutsche Orthographie" der einheimischen Presse entwickelt. In den sechziger Jahren des 19. Jh.s hat EDWARD H. RAUCH außerdem auch eine sogenannte „englische Orthographie" ausgearbeitet, die nach ihrer Kreuzung mit der „deutschen" Orthographie zum Teil heute noch verwendet wird. Die Regeln der R e c h t s c h r e i b u n g wurden, mit Rücksicht auf den tatsächlichen Sprachstand — also ziemlich elastisch und großzügig —, auf dem Orthographiekongreß von 1938 letzten Endes auf der Grundlage der „deutschen" Orthographie festgelegt. In Anlehnung an diese Beschlüsse haben die Redakteure des *Eck*, PRESTON A. BARBA und ALBERT F.

BUFFINGTON, die erste moderne Schulgrammatik bzw. das erste Lesebuch des Pennsilfaanischen herausgegeben.

Seiner Struktur nach ist das Pennsilfaanische eine **Mischmundart**, die neben den Bestandteilen verschiedener deutscher Dialekte — besonders im Wortschatz und im Satzbau — eine hohe Zahl englischer Elemente aufnahm (Abb. 64).

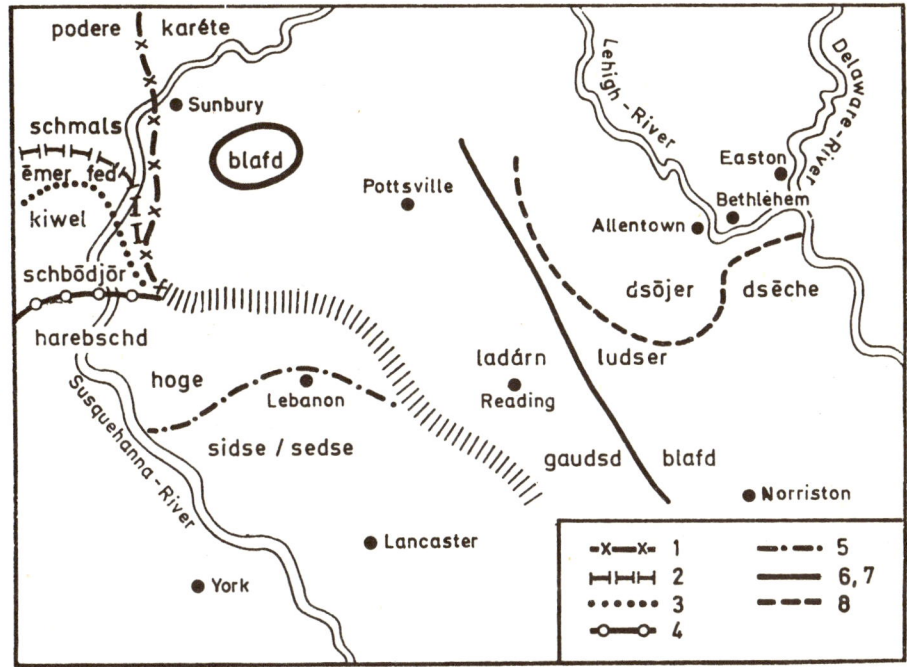

Abb. 64. Mundartgrenzen im Pennsilfaanischen (Südostpennsylvanien; nach CARROLL E. REED und LESTER W. SEIFERT)

1 podere ~ karéte 'Glasperlen', *2 schmals ~ fed* 'Schweinefett', *3 ēmer ~ kiwel* 'Eimer', *4 schbōdjōr ~ harebschd* 'Herbst', *5 hoge ~ sidse/sedse* 'sitzen', *6 ladárn ~ ludser* 'Laterne', *7 gaudsd ~ blafd* 'bellt', *8 dsōjer ~ dsēche* 'Uhrzeiger'

Im **Lautsystem** herrscht die südwestdeutsche Grundschicht vor. Die zweite (althochdeutsche) Lautverschiebung erscheint als durchgeführt (z. B. *was, zu, hees* 'heiß'), immerhin mit den bekannten mitteldeutschen Einschränkungen, z. B. *gegloppt* 'geklopft'. In Nebentonsilben ist der Schwund des Nasals charakteristisch, vgl. *gfalle* 'gefallen', *gebore* 'geboren'. Der Wandel $nd > n(n)$ ist — als mitteldeutsches Merkmal — allgemein eingetreten, z. B. *Kinner* 'Kinder', *anneres* 'anderes'. Im Vokalismus sind ebenfalls die Charakteristika der Grundmundart bewahrt, so der Wandel

$a > o$ bzw. $\bar{a} > \bar{o}$ (z. B. *Norr* 'Narr', *S(ch)prooch* 'Sprache'), die Monophthongierung mhd.-nhd. $ei > \bar{e}$ (z. B. *ich weess* [iç veːs] 'ich weiß') und die allgemeine Entrundung wie $\ddot{o} > \bar{e}$ (z. B. *gheert* 'gehört') bzw. $\ddot{a}u$ [ɔə] $> \bar{e}$ (z. B. *Beem* 'Bäume').

Die **grammatische Struktur** entspricht dem Typus der meisten deutschen Mundarten, d. h. sie ist, im Gegensatz zur deutschen Hochsprache, stark analytisch. Bei den **Nomina** wird kein Genitiv gebraucht, der Akkusativ ist mit dem Nominativ identisch, z. B. *der Man* 'der/den Mann', bzw. wird das Besitzverhältnis durch Umschreibungen ausgedrückt, z. B. *'m Man sei Hut* 'dem Mann sein Hut' oder *der Hut vom Man*. Im Tempussystem der **Verba** wurde das synthetische Präteritum zugunsten des analytischen Perfekts aufgegeben.

Der Einfluß des **Englischen** ist im **Wortschatz** besonders augenfällig, z. B. *ice cream* > *ice kream* [aeskriːm] 'Speiseeis, Gefrorenes', *county* > *Caunty* 'Bezirk, Kreis', *busy* > *büssig* 'geschäftig', *smoke* > *Schmook* 'Rauch', bzw. in **Lehnübersetzungen**, die bereits auch auf die Syntagmatik und die Syntax übergreifen, z. B. *What time is it?* → *Was Zeit iss 's?* 'wie spät ist es? wieviel Uhr ist es?'; *I am all right* → *ich bin alrecht* 'mir fehlt nichts' u. dgl.

Durch die Literatur vermittelt, erhält das Pennsilfaanische freilich auch ständig Impulse von der deutschen Hochsprache, die jedoch lautlich in der Regel vollkommen absorbiert werden, vgl. *Lebenslauf* > *Leewenslaaf*, *Muttersprache* > *Mudders(ch)prooch*.

Für die Sprachgeschichte bzw. die historische Sprachsoziologie ist es besonders aufschlußreich, daß die herkunftsmäßig wie typologisch nächste Verwandte des Pennsilfaanischen, die Banater bzw. batschkadeutsche „Phälzersproch" ('Pfälzersprache'), d. h. der Dialekt der (z. T. historisch gewordenen) deutschen Siedlungen im nordöstlichen Jugoslawien, im nordwestlichen Rumänien und in Südungarn, trotz mancher ähnlichen Prämissen infolge der Nähe des Hochdeutschen zu keiner selbständigen Tochtersprache entwickelt wurde, sondern auf dem Stand einer Siedlungsmundart verharrt.

IV.4.83. Textproben

(Nach WOLFGANG STAMMLERS „Deutsche Philologie im Aufriß")

(a) *„Englische" Orthographie*:

Kensht du mich? Ich bin der Boonastiel! Dale leit sawga ich ware net gons recht g'scheit. Ferleicht bin ich aw net. Ich bin evva so gabora un cons net helfa, awer 'sis en oldt shprich-wardt os „die kinner un de norra sawga de woreheit".

kensht 'kennst'; *Boonastiel* 'Bohnenstiel' (Pseudonym); *dale* '(doch) alle'; *leit* 'Leute'; *sawga* 'sagen'; *ware* 'wäre' bzw. 'werde'; *net* 'nicht'; *gons* 'ganz'; *g'scheit* 'gescheit, klug, normal'; *ferleicht* 'vielleicht'; *aw* 'auch'; *evva* 'eben'; *gabora* 'geboren'; *un* 'und'; *cons* 'kann es'; *helfa* 'helfen'; *awer* 'aber'; *'sis* 'es ist'; *en* 'ein'; *oldt* 'alt'; *shprich-wardt* 'Sprichwort'; *os* 'daß, als'; *kinner* 'Kinder'; *norra* 'Narren'; *de* 'die'; *woreheit* 'Wahrheit'.

(b) „*Deutsche*" *Orthographie*:

> *Es waar en kalder Winderdaag,*
> *Die Aerd bedeckt mit Schnee;*
> *Nau harricht was ich zu eich saag,*
> *Seid ihr gross odder klee.*
> *Die Kelt waar wunners scharf un rau,*
> *Sie hot eem 's Harz ball gschtoppt;*
> *Oft hot mer gmeent es waer gans schtill,*
> *Un doch hot's noch gegloppt.*
>
> ('*s Pennsilfawnisch Deitsch Eck.* 1949.)

waar 'war'; *en* 'ein'; *kalder* 'kalter'; *Winderdaag* 'Wintertag'; *Aerd* f. 'Erde'; *nau* 'nun, jetzt'; *harricht* 'horcht'; *eich* 'euch'; *saag* 'sage'; *odder* 'oder'; *klee* 'klein'; *Kelt* 'Kälte'; *wunners* 'wunders, sehr, schrecklich'; *un* 'und'; *rau* 'rauh'; *hot* 'hat'; *eem* 'einem'; *'s* 'das'; *Harz* 'Herz'; *ball* 'bald'; *gschtoppt* 'gestoppt, zum Stehen gebracht' (vgl. engl. *stop*); *oft* 'dann'; *mer* 'man'; *gmeent* 'gemeint'; *waer* 'wäre'; *gans* 'ganz'; *schtill* 'still'; *gegloppt* 'geklopft'.

IV.4.9. Jiddisch

IV.4.91. Geschichte. Quellen

Jiddisch (*Yidish*) ist eine der wichtigsten Nebensprachen des Deutschen. Es ist die Muttersprache und innere Verkehrssprache der (west-), mittel- und osteuropäischen, sogenannten „aschkenasischen" (d. h. deutschen) Juden, die sich im deutschen Sprachraum im Mittelalter herausgebildet hat. Die deutschen Juden waren nach der Aussage ihrer Sprache vor allem aus den linksrheinischen (galloromanischen) Gebieten nach Südwestdeutschland eingewandert, wo sie sich vor allem in den größeren Städten niederließen. In Deutschland entstanden die wichtigsten jüdischen Siedlungen seit der Karolingerzeit an den großen Handelsstraßen, besonders am Rhein, in den Donauländern, aber auch nördlich davon. Im 10. Jh. haben sich Juden, zusammen mit deutschen Kolonisten, in erster Linie mit Handwerkern und Handelsleuten, auch in der östlichen Nachbarschaft

Deutschlands, so an der Elbe und der Moldau, bis zum 15. Jh. sogar in Norditalien, namentlich in der Lombardei, festgesetzt.

Einen folgenschweren Einschnitt in der Geschichte der deutschen Judenheit bedeuteten die in Westeuropa um 1300 einsetzenden, zum Teil mit den Kreuzzügen zusammenhängenden und auf Deutschland und Ungarn übergreifenden Judenverfolgungen, die zur massenweisen Auswanderung deutscher Juden nach Polen und Litauen zwischen dem 13. und 16., besonders im 14. und 15. Jh., geführt haben. Diese Ostbewegung hielt, parallel zu den europäischen Pogromen, bis ins angehende 17. Jh. an, freilich mit verschiedener Intensität in den einzelnen Epochen.

Die Geschichte der aschkenasischen Juden hat auch in der Entwicklung ihrer Sprache bleibende Spuren hinterlassen. Das in der Sprache der Liturgie auch weiterhin bewahrte und sorgsam gepflegte H e b r ä i s c h - A r a m ä i s c h e wurde als Substrat im galloromanischen Sprachraum von zahlreichen a l t f r a n z ö s i s c h e n Elementen überlagert. Das im Ergebnis der sprachlichen Angleichung in Deutschland entstandene J i d d i s c h erfuhr dann in den slawischen Ländern auf allen Sprachebenen eine gewaltige s l a w i s c h e Durchdringung (vgl. IV.4.94.). Unter dem Druck der Judenverfolgungen und der Wirtschaftskrisen der Neuzeit wanderten Jidden (d. h. Juden mit jiddischer Muttersprache) in großer Menge auch nach Übersee, wo sie sich vor allem in den Vereinigten Staaten niederließen. Seit Ende des 19. Jh.s verschob sich das Schwergewicht der jiddischen Kultur immer mehr auf das amerikanische Festland, obwohl ihre traditionellen Zentren in Europa, wenn auch stark eingeschrumpft, z. T. heute noch bestehen, so in erster Linie in der Sowjetunion (Moskau, Kiew, Lemberg [ukr. Львів], Odessa, Minsk, Wilna, Munkatsch [ukr. Мукачево], Tschernowitz usw.), in Polen (Warschau, Breslau [poln. Wrocław] usw.), Rumänien (Bukarest) und — in Resten — in der Tschechoslowakei (Prag, Brünn). Im Fernen Osten der Russischen Konföderation in der Sowjetunion, an der Grenze Südostsibiriens und der Mandschurei ist 1934 (mit etwa 100 000 Einwohnern) das *Jüdische Autonome Gebiet Birobidschan* entstanden, wo Jiddisch neben Russisch als zweite Amtssprache fungiert. In Übersee befinden sich die bedeutendsten jiddischen Zentren in den Vereinigten Staaten von Amerika, wo heute übrigens mehr als die Hälfte der gesamten Judenheit der Erde ansässig ist. Hier sind zu nennen: New York, Chicago, Philadelphia, Los Angeles, Boston, Detroit, Cincinnati, ferner die Großstädte in Kanada, Mexiko und Südamerika, vor allem Argentinien. Der westliche Zweig der Juden, der früher den Grundstock der jiddisch sprechenden Judenheit, der sogenannten Jidden (j. *yid* 'Jude') bildete, wurde z. T. von der jeweiligen Umgebung sprachlich assimiliert, z. T. ist er den Judenverfolgungen der Nationalsozialisten während des

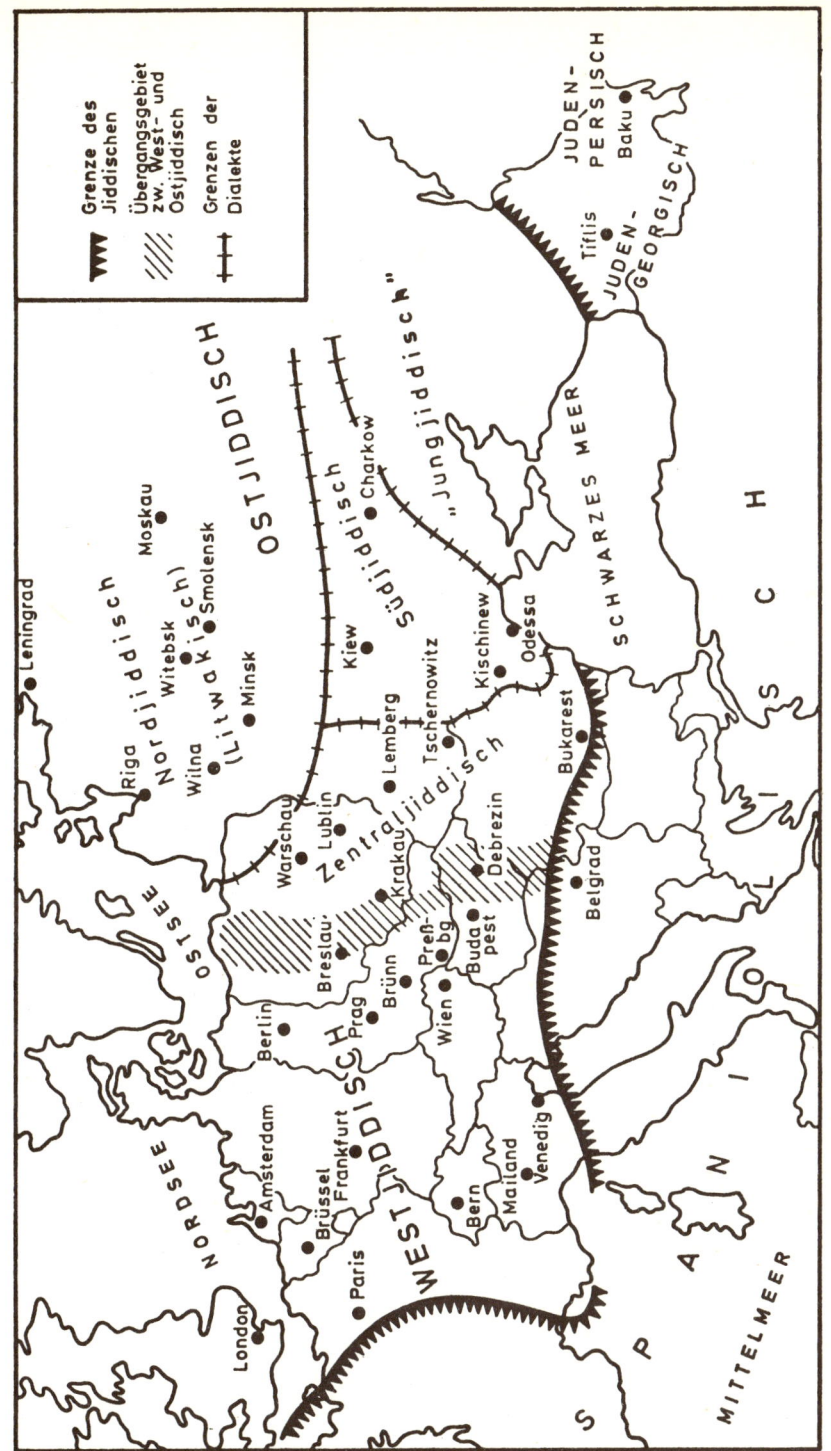

Abb. 65. Verbreitung des Jiddischen in Europa (nach Franz Josef Beranek und Uriel Weinreich)

Zweiten Weltkriegs zum Opfer gefallen, wobei nicht weniger als 6 Millionen, größtenteils jiddisch sprechende Menschen ums Leben kamen. Die Zahl der Juden mit jiddischer Muttersprache wird heute auf etwa 2 Millionen geschätzt. Außer in Rumänien, Polen und der Sowjetunion, wo es zum Teil heute noch ein jiddisches Kulturleben (Theater, Presse, Schulen, Verlagswesen) gibt, wird das Jiddische in Europa nur noch von der religiösen Orthodoxie bzw. von kleineren Streugruppen im Elsaß, in der Schweiz und in den Niederlanden gepflegt. Jiddische Diaspora jüngster Herkunft besteht allerdings auch sonstwo, so in Paris, in England und in Belgien. Kleinere jiddische Gemeinschaften existieren auch in Israel, wo die Amtssprache aber das Neuhebräische (*Iwrit*) ist.

Die ältesten D e n k m ä l e r des jiddischen Schrifttums reichen in das 12. Jh. zurück. Es sind das vor allem interlineare deutschsprachige (jiddische) G l o s s e n in hebräischen religiösen Werken, die ebenfalls mit hebräischen Lettern niedergeschrieben wurden. Die ersten größeren, zusammenhängenden Sprachdenkmäler stammen aus dem 14. Jh. Die jüdischen Verfasser des 13. Jh.s bedienten sich nämlich noch ausschließlich des Deutschen, so der einzige auch seinem Namen nach bekannte, nach der Meinung mancher Forscher jüdische M i n n e s ä n g e r, SÜSSKIND VON TRIMBERG. Das wichtigste Denkmal des 14. Jh.s ist die jiddische Bearbeitung des deutschen Kudrunliedes, der sogenannte *Dukus Horant*, d. h. 'Prinz Horant' (1382). Für die Sprachgeschichte sind die z. T. schon jiddischen U r k u n d e n aus dem Mittelalter (Fehdebriefe u. dgl.) besonders wertvoll.

Die Ausbreitung des Buchdrucks hat auch die jiddische Literatur einer Blütezeit entgegengeführt, zunächst im Bereich des r e l i g i ö s e n Schrifttums (Gebetbücher, Erbauungsliteratur, biblische Geschichten, Übersetzungen und Kommentare, religiöse Schauspiele usw.), dann aber auch in der weltlichen E p i k, nicht zuletzt unter dem Einfluß der deutschen Volksbücher. Besonders hervorzuheben ist das *Bovebukh* ('Bowe-Buch', 1507) des ELIJA LEVITA aus Venedig, eine Bearbeitung des italienischen Romans von BUOVO D'ANCONA in jiddischen Versen. Aus dem 17. Jh. sind zahlreiche Sammlungen von E r z ä h l u n g e n mit belehrender Tendenz, sogenannte *maysebikher* (< j. *mayse* 'Geschichte, Märchen, Sage, Fabel, Erzählung' und j. *bukh* 'Buch'), auf uns gekommen.

Im Zeitalter der jüdischen A u f k l ä r u n g, der sogenannten *Haskala*, ist im 19. Jh. die moderne jiddische Literatur entstanden, deren größte Klassiker, MENDELE MOYKHER SFORIM (1836—1917), YITSHOK LEYB PERETS (1851—1915) und SHOLEM ALEKHEM (1859—1916) mit Recht als die bedeutendsten Formgeber der modernen jiddischen Schriftsprache angesehen werden.

IV.4.92. Entwicklung und Dialekte des Jiddischen

Die Bezeichnung der Sprache als *Jiddisch* stammt aus dem deutschen Namen des jüdischen Volkes (vgl. j. *yid* m. 'Jude') und ist in dieser Funktion zuerst i. J. 1597 auch schriftlich belegt. Die Außenwelt hat das Jiddische, angesichts der großen Affinität zum Deutschen, bis in die jüngste Zeit als J u d e n d e u t s c h (oder J ü d i s c h - D e u t s c h) bezeichnet. In jüdischen Kreisen wurde das Jiddische — besonders im deutschen Sprachraum — einfach T a y t s h, d. h. 'Deutsch' genannt, oder noch häufiger — und mit bewußter Geringschätzung — als J a r g o n, eine Art „verderbtes Deutsch" bezeichnet. Indessen ist dieses Urteil verfehlt: Jiddisch ist heute in jeder Hinsicht ein rechtsgleiches Glied in der Kette der germanischen Sprachen und verfügt über eine entwickelte Literatur, ein weites Unterrichtsnetz, in Birobidschan sogar über einen staatlichen Rahmen.

Das F r ü h j i d d i s c h e hat sich — abgesehen von seinem hebräisch-aramäischen und romanischen (altfranzösischen) Substrat — im wesentlichen von der deutschen Sprache seiner zeitgenössischen Umwelt nicht unterschieden. Seine Sprachträger bildeten aber in erster Linie eine städtisch-bürgerliche Gesellschaftsschicht, und somit ist es leicht verständlich, daß sich das Jiddische nicht als ein territorialer Dialekt, sondern als eine überlandschaftliche V e r k e h r s- bzw. U m g a n g s s p r a c h e entwickelte. Es schlug vom Anfang an den für die Umgangssprachen charakteristischen Weg zur weitgehenden Integration ein, obwohl seine Sprecher in einem Riesengebiet zerstreut siedelten. Hinsichtlich seiner deutschen Grundlagen trägt das Jiddische einen h o c h d e u t s c h e n Charakter, genauer gesagt, es ist aus der organischen Verbindung ober- und mitteldeutscher Elemente hervorgegangen, und zwar — letzten Endes — in mittelhochdeutscher bzw. frühneuhochdeutscher Zeit. Die voraufgegangene Periode wird von manchen Forschern als U r j i d d i s c h bezeichnet. Wir ziehen es allerdings vor, jenen nur unzulänglich erforschten Sprachzustand vorsichtshalber V o r j i d d i s c h zu nennen. Die Entwicklungsphase vom 14. zum 17. Jh. ist das A l t j i d d i s c h e; vom 18. Jh. an sind wir berechtigt, vom N e u j i d d i s c h e n zu sprechen.

In a l t j i d d i s c h e r Zeit sind verschiedene lautliche Neuerungen — besonders im V o k a l i s m u s — eingetreten: 1. Die Entrundung der gerundeten Vokale, z. B. mhd. *jüde* ~ aj. *yid* 'Jude'; 2. Die Entfaltung der Tendenz $\bar{a} > \bar{o}/\bar{u}$, z. B. mhd. *zwahen/zwân* ~ aj. [tsvo:gṇ/tsvu:gṇ] 'die Haare waschen'; 3. Die Palatalisierung von $u \sim \bar{u}$ bzw. $uo > \bar{u}$, z. B. mhd. *bruoder* ~ aj. [bry:dər] 'Bruder' (vgl. im Pl. mhd. *brüeder* ~ aj. [bri:dər] 'Brüder'); 4. Die Diphthongierung von $\bar{o}$ zu [ou], vgl. mhd. *tôt* ~ aj. [tout] 'tot'; 5. Die Brechung von $(u >) y$ sowie von i vor [x], z. B. mhd. *buoch* ~ aj. [byəx] 'Buch', mhd. *ich* ~ aj. [iəx] 'ich'. Vor allen Dingen sei aber die

R e d u k t i o n der Vokale der Nebentonsilben (zu ə) hervorgehoben, die auch im Jiddischen mit dem tiefgreifenden Umbau der morphologischen Struktur einherging.

Manche von den genannten Erscheinungen wurden in den verschiedenen Mundarten des Jiddischen noch in altjiddischer Zeit weiteren Wandlungen unterzogen. Im Osten wurde $(u >) y$ entrundet, vgl. aj. [bry:dər] > [bri:dər] 'Bruder' (wobei hier der Singular mit dem Plural [bri:dər] zusammenfiel); aus altem $\bar{a}$ entstandenes $\bar{o}/\bar{u}$ wurde im selben Raum zu [uə] diphthongiert, vgl. aj. [fɔ:tər, fu:tər] > [fuətər] 'Vater'; während $(\bar{o} >) ou$ im Westen zu [ɔi], im Osten darüber hinaus zu [ei] wurde, vgl. aj. [tout] > [tɔit] bzw. [teit] 'tot'. Im Osten wurde — parallel dazu — auch mhd.-aj. $\bar{e}$ zu [ei] diphthongiert, z. B. aj. [me:lax] > [meilax] 'König'.

Gegen Ende der altjiddischen Periode wurde, parallel zu den entsprechenden Wandlungen im Deutschen, auch die Diphthongierung der alten Längen abgeschlossen, vgl. mhd.-aj. $\bar{u} > au$ und mhd.-aj. $\bar{\imath} > ai$ im Westen bzw. $au > oi$ und $ai > \bar{a}$ im Osten, z. B. mhd. *hûs* ~ aj. [hy:s] > nj. [haus] bzw. [hois] 'Haus'; mhd.-aj. *wîp* > nj. [vaib] bzw. [va:b] 'Weib'. Gleichzeitig wurde mhd.-aj. *ei* bzw. *ai* im Osten zu [eɪ], im Westen zu [a:] entwickelt, vgl. mhd.-aj. *stein* > nj. [ʃteɪn] bzw. [ʃta:n] 'Stein'.

Der K o n s o n a n t i s m u s zeigt die Folgen der zweiten (hochdeutschen) Lautverschiebung, allerdings mit deren mitteldeutschen Einschränkungen im Osten, vgl. mhd. *kopf* ≠ nj. *kop*, nhd. *Apfel* ≠ nj. *apl*, nhd. *Pferd* ≠ nj. *ferd*. Die westjiddischen Mundarten entsprechen dem oberdeutschen Stand, vgl. [kʰopf], [apfl̩], [pfɛrd]. Dank der hebräisch-aramäischen und der slawischen I n t e r f e r e n z sind [h] und [x] bzw. [s] und [z] nicht die Allophone e i n e s Phonems, sondern vollwertige Phoneme, vgl. [halə] 'Halle' gegenüber [xalə] 'eine Art Kuchen' bzw. [sax] 'viel' gegenüber [zax] 'Sache'. Die A r t i k u l a t i o n s b a s i s liegt in der Mundhöhle im allgemeinen weiter nach hinten verschoben als im Deutschen, was ebenfalls als ein altes — östliches — Merkmal des Jiddischen gelten darf.

In seiner M o r p h o l o g i e zeigte das Altjiddische noch keine nennenswerten Abweichungen vom Deutschen. Bis zur neujiddischen Periode hat es hingegen von den synthetischen Tempora das Präteritum aufgegeben und eigene Formen des Konjunktivs entwickelt (vgl. IV. 4.94.).

Wie zu sehen ist, sind durch die spätmittelalterliche Wanderbewegung der aschkenasischen Juden (*Aschkenasi* war die Bezeichnung für Deutschland im hebräischen Schrifttum des Mittelalters) innerhalb des Jiddischen zwei große, geschlossene Dialektbereiche entstanden, ein w e s t - und ein o s t j i d d i s c h e r R a u m, die unter der späteren Überdachung durch deutsche bzw. slawisch-baltische Einflüsse verschiedene Entwicklungswege einschlugen. Heute unterscheidet man zwischen W e s t j i d d i s c h (*may-*

rev-yidish von j. *mayrev* 'West') und O s t j i d d i s c h (*mizrakh-yidish* von j. *mizrakh* 'Ost'). In der Entstehung der jiddischen Schriftsprache kam den ö s t l i c h e n Mundarten eine besonders große Rolle zu, vor allem dem sogenannten L i t w a k i s c h e n, d. h. Litauisch-Jiddischen, das u. a. die Rundung $u > y$ nicht durchgeführt hat (vgl. litw. [bruder] 'Bruder') und deshalb in seinem Lautstand dem Deutschen unter sämtlichen jiddischen Dialekten am nächsten steht. Seine normative Rolle ist jedoch zweifellos nicht diesem Umstand zuzuschreiben, sondern der hervorragenden Bedeutung seiner Träger, der sogenannten „Litwaken" (d. h. litauischer Juden), in der Entwicklung der aschkenasischen Judenheit. An der südöstlichen Nahtstelle des West- und des Ostjiddischen, im Karpatenbecken, wird der westjiddische Dialekt als *Oyberlendish* 'Oberländisch', der ostjiddische Dialekt als *Interlendish* 'Unterländisch' bezeichnet, welche Benennungen aber nicht die gegenwärtige, sondern die historische Lagerung dieser Mundarten andeuten und heute lediglich auf die Sprache bzw. deren Träger (und nicht auf etwaige geographische Gegebenheiten) bezogen werden.

IV.4.93. Die jiddische Sprache

Die O r t h o g r a p h i e der jiddischen Schriftsprache beruht vor allem auf dem phonetischen Prinzip, ist jedoch, was die Schreibung der hebräisch-aramäischen Elemente des Jiddischen betrifft, nicht einheitlich. Seit der Orthographiereform von 1926 werden die hebräisch-aramäischen Wörter des Jiddischen in der Sowjetunion ebenfalls phonetisch geschrieben, während in Westeuropa und in Übersee diese Wörter traditionsgemäß, d. h. nach dem historischen Prinzip, fixiert werden. So wird z. B. [bɔ:xər] 'Jüngling, Bocher' in der westlichen Orthographie als בחור — d. h. als *bkhur* —, nach den östlichen Regeln aber als באָכער — transliteriert: *bokher* — festgehalten. Nach Ende des Zweiten Weltkriegs haben sich die jiddischen Literaten Rumäniens der sowjetischen Reform angeschlossen, während in der jiddischen Presse Polens auch weiterhin die westliche Norm herrscht.

Aus dem Gesagten folgt, daß die westliche Orthographie von sämtlichen Graphemen des hebräischen Alphabets Gebrauch macht, während im Osten jene alten Grapheme ausgemerzt wurden, die in der modernen Aussprache hebräisch-aramäischer Wörter nicht mehr gesprochen werden. Das „Stamm-Alphabet" enthält demnach folgende Grapheme und Digraphe:

א	אָ	ב	ג	ד	ה	ו	ז	ט	י	י	כ
[a]	[o]	[b]	[g]	[d]	[h]	[u]	[z]	[t]	[i]	[y]	[kh]

ל	מ	נ	ס	ע	פ	פֿ	צ	ק	ר	ש	ת
[l]	[m]	[n]	[s]	[e]	[p]	[f]	[ts]	[k]	[r]	[sh]	[t];

וו	זש	טש	יי	יי	וי
[v]	[zh]	[tsh]	[ey]	[ay]	[oy]

Vor anlautendem *i, u, oy, ey* und *ay* wird das sogenannte „stumme Aleph" [א] geschrieben, z. B. אוניװערסיטעט [universitet] 'Universität', איינער [eyner] m. 'einer, irgendwer'. In der westlichen Orthographie werden einige Buchstaben im Wortauslaut in ihrer herkömmlichen besonderen Form geschrieben, vgl. ך [kh], ם [m], ן [n], ף [f], ץ [ts]. In der östlichen Orthographie werden auch im Auslaut die Grundformen der entsprechenden Grapheme verwendet (s. o.). Von den verschiedenen Systemen der Transkription mit lateinischen Lettern kann zur Zeit jenes von URIEL WEINREICH als das meist verbreitete gelten und wird deshalb auch in diesem Buch verwendet. *z* bezeichnet dabei den stimmhaften Reibelaut [z], *kh* entspricht dem velaren Guttural (*ach*-Laut im Deutschen, Niederländischen und Schottischen bzw. x im Russischen, nach der API der Laut [x]), *y* ist die Bezeichnung von [j] bzw. [i̯] in den Diphthongen, *sh* gibt [ʃ], *zh* den in den romanischen und slawischen Sprachen bekannten Laut [ʒ], *tsh* dagegen die Affrikate [tʃ] wieder. Die Länge der Vokale und der Konsonanten wird, da sie (im Hochjiddischen) phonologisch irrelevant ist, nicht besonders gekennzeichnet.

Die B e t o n u n g beruht, wie in allen germanischen Sprachen, auch im Jiddischen auf dem Stamm, aber die hebräisch-aramäischen Wörter sowie auch die meisten Lehnwörter behalten zum Teil ihre ursprüngliche Betonung bei, z. B. *yídish* 'jüdisch, jiddisch', aber *milkhóme* 'Krieg'.

Im Schriftjiddischen besitzt das N o m e n noch alle drei Genera, die (im Singular) vor allem durch den bestimmten A r t i k e l angedeutet werden, z. B. **der** *sof* m. 'das Ende', **di** *gas* f. 'die Gasse'; **dos** *bukh* n. 'das Buch'. Im Litwakischen wurde jedoch das Neutrum — wie in den baltischen Umsprachen! — aufgegeben, die entsprechenden Wörter wurden den beiden übrigen Genera zugeordnet, z. B. **der** *ferd* m. 'das Pferd' u. dgl.

Die Deklinationsklassen der S u b s t a n t i v a werden nicht mehr nach den ehemaligen Stämmen, sondern gemäß der Pluralbildung auseinandergehalten. Es gibt im wesentlichen sechs Paradigmentypen: 1.-(*e*)*n*: *tish* m. 'Tisch' — *tishn* 'Tische', *shif* f. 'Schiff' — *shifn* 'Schiffe', *oyg* n. 'Auge' — *oygn* 'Augen', *froy* f. 'Frau' — *froyen* 'Frauen'; 2. -*s*: *zeyde* m. 'Großvater' — *zeydes* 'Großväter', *yidene* f. 'Jüdin' — *yidenes* 'Jüdinnen', *lebn* n. 'Leben' — *lebns* 'Leben' Pl. Trotz ihrer schriftlichen Abweichung in der westlichen Orthographie gehört in deskriptiver Hinsicht auch die Gruppe der hebräisch-aramäischen Wörter mit dem Kollektivplural ha. -*uth* > j. -*es* zu diesem Typus, vgl. *melukhe* 'Arbeit' — *melukhes* Pl., *mishpokhe* 'Familie' — *mishpokhes* Pl.; 3. -*er* (mit oder ohne Umlaut): *shteyn* m. 'Stein' — *shteyner* 'Steine', *noz* f. 'Nase' — *nezer* 'Nasen', *hoyz* n. 'Haus' — *hayzer* 'Häuser', *bukh* n. 'Buch' — *bikher* 'Bücher'; 4. -∅ (z. T. mit Umlaut): *fish* m. 'Fisch' — *fish* 'Fische', *shvester* f. 'Schwester' — *shvester* 'Schwestern', *nomen* m.

'Name' — *nemen* 'Namen', *foygl* m. 'Vogel' — *feygl* 'Vögel', *tson* m. 'Zahn' — *tseyn* 'Zähne'; 5. *-im*: Es ist die Gruppe hebräisch-aramäischer Wörter, die z. T. auch noch die traditionelle Akzentverlagerung auf die Penultima bewahren, vgl. *bókher* m. 'Jüngling' — *bókherim* 'Jünglinge', aber *khosn* m. 'Bräutigam' — *khasánim* 'Bräutigame'; 6. *-lekh*: die Gruppe der meisten Deminutiva auf *-l* (im Singular), z. B. *meydl* n. 'Mädel' — *meydlekh* 'Mädel' Pl., *yingl* 'Bube' — *yinglekh* 'Buben'. Außerdem kommen auch weitere „unregelmäßige", d. h. hebräisch-aramäische Pluralformen vor, die jedoch im System des Jiddischen isoliert dastehen.

Das S u b s t a n t i v unterscheidet in beiden Numeri den Genitiv durch die Endung *-(e)s*, vgl. *lerer* m. 'Lehrer' — Gen. *lerers*, *babe* f. 'Großmutter' — Gen. *babes*, *kind* n. 'Kind' — Gen. *kinds*. Allerdings wird der Genitiv im Plural nur selten verwendet, z. B. *kinders*, *nemens* (← *nomen* m. 'Name'). Die Eigennamen kennen auch noch den Objektkasus (Akkusativ-Dativ), vgl. *Moyshe* 'Moses' — Akk.-Dat. *Moyshen*, *Gitl* 'Gütel (Frauenname)' — Akk.-Dat. *Gitlen*, *Marks* 'Marx' — Akk.-Dat. *Marksen*. Diese archaische Kasusform ist übrigens auch einigen — semantisch den Eigennamen nahestehenden — Gattungsnamen eigen, z. B. *tate* m. 'Vater' → *tatn*, *zeyde* m. 'Großvater' → *zeydn*, *rebe* m. 'Rabbi' → *rebn*.

Der bestimmte A r t i k e l (*der* m., *di* f., *dos* n. ≠ *di* Pl.) hat im Singular Maskulinum eine gemeinsame Form für Akkusativ, Dativ und Genitiv (*dem*), im Singular Neutrum und Femininum für Dativ und Genitiv (*dem* bzw. *der*), wodurch der Unterschied vom Deutschen prägnant hervortreten kann, vgl. *dem tatns* 'des Vaters', *dem sheynem mans* 'des schönen Mannes', *der guter froys* 'der guten Frau' (Gen.) usw.

Das A d j e k t i v besitzt die Kategorien des Genus, des Numerus und des Kasus, ja es unterscheidet z. T. noch zwischen „starker" und „schwacher" Deklination, z. B. *dos gute kind* 'das gute Kind', aber *a gut kind* 'ein gutes Kind'. Es sei angemerkt, daß dies nur im Neutrum der Fall ist; Maskulina und Feminina verfahren ganz einheitlich, vgl. *der guter man* 'der gute Mann' und *a guter man* 'ein guter Mann'. Im Plural sind diese Kategorien — wie es bei den Substantiva zu sehen war — nicht mehr vorhanden.

Die P r o n o m i n a bewahren das alte Kasussystem auch im Jiddischen verhältnismäßig besser, z. B. *du* 'du', *dikh* 'dich', *dir* 'dir'; *ver* 'wer', *vemen* 'wen, wem', *vemens* 'wes(sen)'. Das Personalpronomen der 3. Pers. Sing. hält auch noch die drei Genera auseinander: *er* 'er', *zi* 'sie', *es* 'es'.

Von den N u m e r a l i e n unterscheidet *eyn* 'ein' in prädikativer Funktion die drei Genera, vgl. *eyn tate* 'éin Vater' — *der tate iz eyner* 'der Vater ist einer'; *eyn shtot* 'éine Stadt' — *di shtot iz eyne* 'die Stadt ist eine'; *eyn kind* 'éin Kind' — *dos kind iz eyns* 'das Kind ist eines'. Der unbestimmte A r t i k e l hängt damit nur noch historisch zusammen, ist heute aber schon ganz eigenständig und tritt vor konsonantischem Anlaut des folgenden Wortes als *a*, vor vokalischem Anlaut als *an* auf, vgl. ***a** boym* 'ein Baum', aber ***an** oyg* 'ein Auge'. Die Negation von *eyn* (bzw. *a/an*) ist *nit ... keyn* 'kein' (eigtl. 'nicht ... kein').

Das jiddische V e r b ist entweder „stark" oder „schwach". Die starken Verba haben — ähnlich den übrigen germanischen Sprachen — im Zuge der Sprachentwicklung mehrere Unterklassen entstehen lassen. Die Entsprechungen der grundlegenden sechs Ablautsreihen sind: 1. *traybn — getribn* 'treiben'; 2. *flien — gefloygn* 'fliegen'; 3. *gefinen — gefunen* 'finden'; 4. *nemen — genumen* 'nehmen'; 5. *gebn — gegebn* 'geben'; 6. *forn — geforn* 'fahren'. Von den Präteritopräsentien sind noch erhalten: *veys* 'weiß' — *gevust*; *ken* 'kann' — *gekent*; *darf* 'bedarf' — *gedarft*; *tor* (*nit*) 'darf (nicht)' — *getort* (*nit*); *zol* 'soll' — *gezolt*; *muz* 'muß' — *gemuzt*; *meg* 'mag, darf'. Ihnen hat sich *vil* 'will' — *gevolt* angeschlossen. Auch das Verbum substantivum *zayn* 'sein' konnte seine Sonderformen größtenteils behaupten, vgl. *ikh bin, du bist, er/zi/es iz, mir zaynen* 'wir sind', *ir zayt* 'ihr seid', *zey zaynen* 'sie sind' im Präsens bzw. *iz gevén ~ gevézn* 'ist gewesen' im Perfekt.

Die schwachen Verba werden gewöhnlich auf Grund der Endung der 1. Pers. Sing. Präs. Ind. in zwei Gruppen geteilt: 1. (ohne Personalendung): *shikn* 'schicken' → *ikh shik* 'ich schicke'; 2. (mit Personalendung): *strashen* 'erschrecken' → *ikh strashe* 'ich erschrecke'. In phonetischer Hinsicht lassen sich in beiden Gruppen einige weitere Untertypen unterscheiden. Die überwiegende Mehrzahl der jiddischen Verba gehört der Gruppe 1 an, während Gruppe 2 vor allen Dingen slawische (und neuerdings auch englische) Entlehnungen umfaßt.

Wie im Deutschen, gibt es auch im Jiddischen einige Verba, die — synchronisch gesehen — „unregelmäßig" sind, z. B. *hobn* 'haben', vgl. *ikh hob* 'ich habe', *du host* 'du hast', *er hot* 'er hat', *mir/zey hobn* 'wir/sie haben', *ir hot* 'ihr habt'; *gebn* 'geben', vgl. *ikh gib* 'ich gebe', *du gist* 'du gibst', *er git* 'er gibt', *mir/zey gebn* 'wir/sie geben', *ir git* 'ihr gebt'. Dem Verb nachgestellt, wird das Personalpronomen der 2. Pers. Sing. dem Verb affigiert, z. B. *du leyenst*, aber *leyenstu* 'du liest' bzw. 'liest du'.

Das Verb unterscheidet zwei N u m e r i (Singular ≠ Plural) und in beiden die drei Personen, die z. T. mit P e r s o n a l e n d u n g e n, z. T. mit Hilfe von Personalpronomina verdeutlicht werden. Die Kategorie der T e m p o r a ist besonders reich nuanciert. Das alte Präteritum wurde zwar aufgegeben, nur die Form ***volt*** vom Verb *veln* 'wollen, werden', die zur Bildung des Konjunktivs dient, erinnert noch daran, vgl. *ikh volt gebrengt* 'ich würde bringen' (zu *brengen* 'bringen'). Dafür sind im breiteren Rahmen zusammengesetzter Tempusformen auch zum Ausdruck der verschiedenen Vergangenheitsstufen neue Tempora entwickelt worden. Das Perfekt wird durch die Verbindung des Part. Prät. des Sinnverbs mit den flektierten Formen der Hilfsverba *hobn* 'haben' bzw. *zayn* 'sein' gebildet, z. B. *shikn* 'schicken' → *ikh hob geshikt* 'ich habe geschickt' bzw. *geyn* 'gehen' → *ikh bin gegangen* 'ich bin gegangen'. Das Plusquamperfekt wird seltener gebraucht, vgl. *ikh hob gehat geshikt* 'ich hatte geschickt' (eigtl. 'ich habe geschickt gehabt'). Das Futurum bildet man durch die Verbindung des Infinitivs des Sinnverbs mit den flektierten Formen der Hilfsverba *veln* 'wollen' und *vern* 'werden', die sich dabei zu einem Mischparadigma zusammenfügen wie etwa *shall* und *will* in derselben Funktion im Englischen, vgl. *ikh vel shikn* 'ich werde schicken' und *mir/zey veln shikn* 'wir/sie werden schicken', a b e r *du vest shikn* 'du wirst schicken', *er vet shikn* 'er wird schicken' und *ir vet shikn* 'ihr werdet schicken'. Seltener findet auch das Futurum exactum Verwendung, z. B. *ikh vel hobn geshikt* 'ich werde geschickt haben'.

Die N o m i n a l f o r m e n des Verbs sind der Infinitiv (z. B. *shikn* 'schicken') und die beiden Partizipien. Das Part. Prät. wird genauso gebildet wie im Deutschen (z. B. *shikn* → *geshikt* 'geschickt'), das Part. Präs. dagegen entsteht — synchronisch gesehen! — durch die Hinzufügung des Suffixes *-dik* zum Infinitiv, z. B. *shikndik* 'schickend'. Diachronisch liegt hier freilich die Erweiterung des ursprünglichen Part. Präs. durch das Adjektivsuffix *-ik* (< *-ig*) vor, also etwa *shiknd + ik*.

Im System der M o d i ist neben Indikativ und Konjunktiv auch der Imperativ bekannt, vgl. *shik!* 'schicke!' bzw. *shikt!* 'schickt!'. Der Imperativ kann auch die übrigen Personen ausdrücken, aber z. T. mit dem Hilfsverb *zoln* 'sollen' (z. B. *zol er shikn!* 'er soll schicken!'), z. T. mit dem Gefüge *lomir* 'laß uns' (vgl. auch engl. *let us*), z. B. *lomir shikn!* 'laß uns schicken! wir sollen schicken!'. Iterative bzw. durative Handlungen können mit Hilfe des flektierten Verbs *flegn* 'pflegen' und dem Infinitiv des Sinnverbs ausgedrückt werden, z. B. *ikh fleg shikn* 'ich pflege zu schicken'. Reflexive Verba werden mit R e f l e x i v p r o n o m i n a gebildet, wobei es doch — charakteristischerweise — zwei Möglichkeiten gibt: 1. Das Reflexivpronomen kann in deutscher Weise mit der flektierten Verbalform in der Person kongruieren, z. B. *greytn* '(vor)bereiten' → *ikh greyt mikh* 'ich bereite mich vor', *du greyst dikh* 'du bereitest dich vor', *er greyt zikh* 'er bereitet sich vor', *mir greytn unz* 'wir bereiten uns vor', *ir greyt aykh* 'ihr bereitet euch vor', bzw. 2. wird durchwegs — in slawischer Weise — das Reflexivum *zikh* 'sich' verwendet (wie übrigens auch im nordgermanischen Passiv, vgl. IV.2.3., IV.2.52., IV.2.74., IV.2.84., IV.2.94.), z. B. *ikh greyt zikh* 'ich bereite mich vor' usw.

Das P a s s i v kommt in der Sprechsprache ziemlich selten vor. Es wird durch die Verbindung der flektierten Formen des Hilfsverbs *vern* 'werden' und des Part. Prät. des Sinnverbs gebildet, vgl. im Präsens: *ikh ver geshikt* 'ich werde geschickt'; im Perfekt: *ikh bin gevorn geshikt* 'ich wurde geschickt' bzw. 'ich bin geschickt worden'; im Futurum: *ikh vel vern geshikt* 'ich werde geschickt werden' usw.

Im Verbalsystem des Jiddischen nehmen jene p e r i p h r a s t i s c h e n Verba eine Sonderstellung ein, die eine hebräisch-aramäische Stammform mit den flektierten Formen des Verbum substantivum kombiniert verwenden, z. B. ha. *moykhl* 'Verzeihung' → *moykhl zayn* 'verzeihen' → *zayt mir moykhl!* 'verzeiht mir!' bzw. 'verzeihen Sie mir!'.

Vom Deutschen abweichend, bleibt die zusammengesetzte Verbalgruppe im Jiddischen mehr zusammengerückt im Satz, worin es eher an das Englische erinnert, vgl. V.3.

IV.4.94. Sprachverbindungen

Die Träger des Jiddischen haben ihr h e b r ä i s c h - a r a m ä i s c h e s S u b s t r a t als altes Erbe bewahrt. Heute noch wird das Jiddische von seinen Sprechern mit einem jiddisch-hebräisch-aramäischen Wort als *mameloshn* 'Muttersprache' gegenüber dem als *loshn-koydesh*, d. h. 'heilige Sprache', bezeichneten Althebräischen abgegrenzt. Der Anteil hebräisch-aramäischer Elemente ist im Jiddischen aber nicht nur im Wortschatz der Liturgie bzw. des kultischen Lebens besonders groß (z. B. *shoyfer* 'kultisches Horn', *mitsve* 'Wohltat, Tugend, Verdienst', *shames* 'Tempeldiener'), sondern in sämtlichen Bereichen des Lebens, vgl. *eytse* 'Rat, Einfall', *emes* 'wahr, Wahrheit', *balegole* 'Fuhrmann', *moyre* 'Angst', *ponim* 'Gesicht', *efsher* 'etwa, vielleicht', ja sogar im Namengut, vgl. *Dovid* 'David', *Sore* 'Sarah'. Auch die grammatische Struktur des Jiddischen entbehrt hebräisch-aramäischer Elemente nicht, vgl. die Besonderheiten der Pluralbildung u. dgl. (IV.4.93.). Unter Einwirkung des neuhebräischen Wortgebrauchs kann ein und dasselbe Wort mitunter in zweierlei Lautung und Bedeutung vorkommen, z. B. ha.-j. *aliye* 'Aufruf zur Thora (im Tempel)' gegenüber nh. > j. *aliyá* 'Heimkehr, Repatriierung (nach Israel)'.

Einige a l t f r a n z ö s i s c h e Lehnwörter sind im Jiddischen heute noch vorhanden, z. B. *leyenen* 'lesen' (vgl. lat. *legere*), *bentshn* 'segnen' (vgl. lat. *benedicere*). Vereinzelt sind auch noch Vokabeln aus dem A l t g r i e c h i s c h e n und dem L a t e i n i s c h e n bewahrt, z. B. *apikoyres* 'Freidenker' (< *Epikur*[*os*]) bzw. *tite*(*s*) 'Judenfeind' (< *Titus*).

Sehr unterschiedlich ist die Anzahl bzw. die Frequenz s l a w i s c h e r Elemente in den jiddischen Einzelmundarten. Es gibt allerdings Slawismen, die ihnen allen eigen sind, z. B. *nebekh* 'leider; Gott bewahre; Nichtigkeit' (< *neboha*), *khotsh* 'ob, zwar, doch' (< *choć*), wj. *dede* [de:də] ~ oj. *zeyde* 'Großvater', *babe* 'Großmutter' usw. In slawischer Umgebung erweist sich der slawische Einfluß viel stärker, nicht zuletzt in der Grammatik des Jiddischen, vgl. den Gebrauch des Reflexivums *zikh* in allen Personen (s. IV.4.93.), die slawische Verwendung reflexiver Verba, z. B. *shpiln* 'spielen' und *shpiln zikh* 'spielen (sich)', vgl. russ. играть und играться, um von den zahllosen Lehnübersetzungen und -bedeutungen ganz zu schweigen. Die slawische Durchdringung ist im Jiddischen der Neuzeit an einem Punkt angelangt, wo man trotz der deutsch bedingten Oberfläche der Sprache schon von einer slawischen Grundstruktur des Jiddischen sprechen darf.

D e u t s c h e Elemente haben allerdings auch im Eigenleben des Jiddischen Aufnahme gefunden, insonderheit über die deutsche Schriftsprache, dank der jüdischen Aufklärung im 19. Jh., deren führende Persönlichkeiten eigentlich bestrebt waren, das Jiddische restlos „zurückzuverdeutschen". Diese Bestrebung blieb zwar schon in ihren Anfängen stecken, konnte jedoch die Modernisierung der jiddischen Lexik in mancher Hinsicht fördern. Manchmal verrät ein Wort durch seine Lautung die neuere Entlehnung aus dem Deutschen, z. B. *shprakh* 'Sprache' anstatt des zu erwartenden *[ʃprɔ:x]; in anderen Fällen sind — wie auch im Bereich neuhebräischer Einflüsse — Parallelformen aufgekommen, z. B. neueres *karte* 'Landkarte' neben aj. *kort* 'Spielkarte'.

In Übersee wurde die Entwicklung des Jiddischen vor allem vom E n g l i s c h e n (d. h. Amerikanischen) beeinflußt, und zwar nicht nur durch Augenblicksentlehnungen wie ne. *street* > j. *strit* 'Straße', *boy* 'Knabe', sondern auch in festgewordenen Lehnwörtern wie *baseball* > *beysbol*, *avenue* > *evenyu*. Dadurch entstand im Wortschatz des europäischen und des amerikanischen Jiddisch eine Spaltung, vgl. Ausdrücke wie *profesyoneler farayn* ['Berufsverein' < russ. профессиональный союз 'dass.'] in Europa, aber *yunyon* (< ne. *union*) in den USA für 'Gewerkschaft' u. dgl. Für die Sprachentwicklung ist der semantische Umbau jiddischer Wörter unter englischem Einfluß besonders wichtig. Der Zusammenfall von j. *glaykh* ~ engl. *like* 'gleich' und engl. (*to*) *like* 'lieben, gern haben' hat z. B. ein j. *glaykhn* 'lieben, gern haben' entstehen lassen. (Ähnliches im Pennsilfaanischen s. IV.8.2.) Moderne Begriffe werden unter dem Druck der Umsprachen häufig ganz unterschiedlich benannt, vgl. *metro* (< russ. метро) in der Sowjetunion, aber *sobvey* (< am. *subway*) in Amerika für 'Untergrundbahn', *aeroport* (< am. *airport*) in Amerika, aber *aerodrom* (< russ. аэродром) in der Sowjetunion für 'Flugplatz', usw.

Das Jiddische verhielt sich aber keineswegs passiv im sprachlichen Austausch. Es hat eine Menge Wörter dem D e u t s c h e n und z. T. dadurch, z. T. aber unmittelbar auch anderen europäischen Sprachen, besonders den S l a n g s, abgegeben, vgl. j. *kosher* > nhd. *koscher* ~ ne. *kosher*; j. *khaver* > nhd. *Chawer* ~ ung. *haver* 'Freund, Kumpel'; j. *moyre* > nhd. *Maure*/*Moire* ~ ung. *majré* 'Angst'; j. *melokhe* > nhd. *Meloche* 'Arbeit' usw.

IV.4.95. Textproben

(a) *Altjiddisch*

Eyn bozer lev moelikh der vart krank,
gros yomer das er rank.
di tir shouten zin gros not,
ob er lebt oder ver tot.
der hirts trat im in den munt.
darnokh kam eyn groser hunt
un beys in zer in den nak,
da er in grosen noten lak.
eyn okhs kam mit gantser lust
un shtis in shvind an zin brust.
eyn fukhs kam gedrungen
un beys in in di tsungen.
eyn han klukt im in di ougen
ofenbor un tougen.
eyn fert shluk in mit leken,
das begund in zer arshreken.

(*Schreiber* ABRAHAM: *Die Fabel vom alten Löwen.* 1382.)

eyn 'ein' (auch als unbestimmter Artikel); *bozer* Nom. Sing. m. 'böser'; *lev* m. 'Löwe'; *moelikh* 'einst, einmal'; *der* m. 'der, jener'; *vart* 'ward, wurde'; *gros* 'groß'; *yomer* m. 'Jammer'; *rank* 3. Pers. Sing. Prät. Ind. → *ringen*; *di* Pl. 'die'; *tir* n. 'Tier'; *shouten* 'schauten, sahen'; *zin* m. 'sein'; *not* f. 'Not, Kummer'; *ver* 'wäre'; *hirts* m. 'Herz'; *im* 'ihm'; *munt* m. 'Mund'; *darnokh* 'danach, dann'; *hunt* m. 'Hund'; *un* 'und'; *beys* 3. Pers. Sing. Prät. Ind. → *bisn* 'beißen'; *in* 'ihn'; *zer* 'sehr'; *nak* m. 'Nacken, Genick'; *lak* 'lag'; *okhs* m. 'Ochse'; *gants* 'ganz'; *shtis* 'stieß'; *shvind* 'geschwind, schnell'; *fukhs* m, 'Fuchs'; *tsungen* f. 'Zunge'; *han* m. 'Hahn'; *klukt* 'zwickt, beißt'; *ougen* 'Augen'; *shluk* 'schlug'; *leken* Dat. Pl. → *lek* f. 'Zunge' (?); *begund* 'begann'; *arshreken* 'erschrecken'.

(b) *Neujiddisch*

A gevezene mark-yidene emigrirt keyn Yisroel un farkoyft in Tel-Aviv epl. Zi zitst lebn ir koysh un farbet di koynem mit a nign: ,,Tapukhim, lemakoyr ... lekhamoyr ...". A galitsisher yid bleybt shteyn un fregt: ,,Vos plontert ir mit der tsung? Far vos zogt ir nisht oyf prost yidish, az ir hot epl tsu farkoyfn?" — ,,Feter" entfert di yidene mit a zifts. ,,Vos zol men ton? Men iz dokh in goles...''

(SALCIA LANDMANN: *Jiddisch.* 1962.)

a(n) 'ein' (unbestimmter Artikel); *gevezene* 'gewesene'; *mark-yidene* f. 'Marktjüdin: Verkäuferin'; *keyn* 'gegen, nach'; *un* 'und'; *farkoyft* 'verkauft';

epl 'Äpfel'; *lebn* 'neben'; *ir* 'ihr(em)'; *koysh* m. 'Korb'; *farbet* 'verbittet: ruft herbei'; *koynem* Pl. → *koyne* m. 'Kunde'; *nign* 'Melodie'; *tapukhim* (ha.) Pl. 'Äpfel'; *lemakoyr, lekhamoyr* (ha.; unrichtige Aussprache!) 'zu verkaufen' (< ha. *lim'kor*); *shteyn* 'stehen'; *fregt* 'fragt'; *vos* 'was'; *plontert* 'stolpert'; *tsung* f. 'Zunge'; *far vos* 'warum'; *zogt* 'sagt'; *nisht* 'nicht'; *oyf* 'auf'; *prost* 'einfach'; *az* 'daß'; *hot* 'habt'; *farkoyfn* 'verkaufen'; *feter* m. 'Vetter, Onkel'; *entfert* 'antwortet'; *yidene* f. 'Jüdin'; *zifts* m. 'Seufzer'; *men* 'man'; *ton* 'tun'; *iz* 'ist'; *goles* m. 'Galuth, Diaspora'.

IV.5. SPRACHSCHICHTUNG IM DEUTSCHEN UND IM ENGLISCHEN

IV.5.1. Mundarten

IV.5.11. Sprachgeographie

Bei der näheren Untersuchung einer Sprache stellt sich meistens heraus, daß die Sprachformen einzelner Sprecher bzw. einzelner Gruppen von Sprachträgern in ein und derselben Sprachgemeinschaft mehr oder weniger unterschiedlich sind. Diese Unterschiede zeigen z. T. eine h o r i z o n t a l e, d. h. geographisch-areale A u f f ä c h e r u n g, z. T. eine v e r t i k a l e, d. h. soziale S c h i c h t u n g. Bei der horizontalen Gliederung einer Sprache spricht man von D i a l e k t e n oder Mundarten im engeren Sinne des Wortes, bei der vertikalen Schichtung hingegen von S o z i o l e k t e n, wobei doch anzumerken ist, daß im jeweiligen Sprachgebrauch der Sprechenden diese beiden gleichzeitig mit im Spiel sind, denn ein jeder Sprecher gehört sowohl einer bestimmten territorialen als auch einer sozialen Gruppe innerhalb der gegebenen Sprachgemeinschaft an.

Über das Wesen der Dialekte sind sehr verschiedene Auffassungen im Umlauf. Ja, in den verflossenen hundert Jahren wurde sogar das Vorhandensein von Mundarten, somit auch das Daseinsrecht der Mundartkunde mehrfach in Zweifel gezogen: Man berief sich vor allen Dingen darauf, daß es innerhalb eines Sprachraums keine kleineren räumlichen Einheiten gebe, die sich voneinander scharf abgrenzen ließen, im Gegenteil, man könne faktisch nur eine ununterbrochene Kette von Ü b e r g a n g s f o r m e n festhalten. Diese Ansicht wurde vor allem in der ersten Hälfte des 20. Jh.s in Frankreich vertreten; die deutsche Schule der Sprachgeographie (oder Dialektgeographie, worunter man praktisch dasselbe verstand) war aber weiterhin der Auffassung, die Dialekte stellten wirkliche Sprachgebilde dar.

Der (scheinbare) Antagonismus der beiden Ansichten wurzelt in der Verschiedenheit der untersuchten Materie. Im seit ältester Zeit zentralisierten französischen Sprachraum wurden kleinere Zentren, die von der zentralen Norm abwichen, im Laufe der historischen Entwicklung weitgehend zersetzt, bzw. paßten sich diese kleineren Zentren ununterbrochen ihrer zentralen Norm, dem Sprachgebrauch der Île-de-France, d. h. von Paris, an. Die historische Entwicklung im deutschen Sprachraum erhielt hingegen, bedingt durch das Jahrhunderte lange Fehlen einer zentralen Staatsgewalt, ihre Impulse von zahlreichen kleineren politisch-kulturellen Mittelpunkten: daher konnte auch der Prozeß der sprachlichen Integrierung erst verhältnismäßig spät einsetzen. Unter den Vertretern des Strukturalismus gab es wiederum einige, die die Existenz von Mundarten mit der Begründung abzustreiten versuchten, die Dialekte hätten der sie überdachenden Gemein- bzw. Nationalsprache gegenüber strukturmäßig keine relevanten Unterschiede aufzuweisen.

Dies mag — ziemlich großzügig verallgemeinert — im angelsächsischen Raum (vornehmlich in Übersee) auch stimmen. Bei einer wissenschaftlich vertretbaren Begriffsbestimmung müssen wir jedoch von Mundarten ausgehen, die über ein eigenes System verfügen, aber noch nicht als selbständige Sprachen gelten können. Im Falle des Deutschen sind die tiefgreifenden Unterschiede zwischen Mundart und Hochsprache nicht nur im Wortschatz und im Lautstand, sondern auch im Sprachbau augenfällig. Während die Hochsprache im wesentlichen immer noch synthetisch-flektierend verbleibt, zeigen die deutschen Dialekte bereits ein analytisches, in vieler Hinsicht sogar ein dem Englischen ähnliches isolierendes System. Wollen wir die Mundart, den linguistischen Forderungen entsprechend, nicht im Verhältnis zu einer anderen, sozial bedingten Sprachschicht (z. B. der Schriftsprache), sondern an sich ergründen, so läßt sich Folgendes feststellen: **Die Mundart ist ein in sich faßbarer, auch nach seinem eigenen System erklärbarer Komplex, der gleichzeitig auch ein Teilsystem der gegebenen Gemein- bzw. Nationalsprache bildet.**

Die Mundarten sind also eine Realität, woran auch die Tatsache, daß man es an den Grenzen der einzelnen Mundarten mit einer Reihe von Misch- und Übergangsformen zu tun hat, nicht das Geringste ändert. Solche Überdeckungen sind nicht nur an der Grenze von Mundarten, sondern auch zwischen eigenständigen Nationalsprachen möglich, wie es z. B. im Verhältnis Deutsch—Niederländisch an beiden Seiten der Staatsgrenze offenkundig wird.

Die wichtigste Methode der modernen Mundartforschung ist die Sprachgeographie, wobei jedoch anzumerken ist, daß Mundartforschung mit Sprachgeographie zwar verbunden, aber nicht identisch ist. Die sprachgeographische Methode ist auf die Feststellung der geographischen Verbreitung einzelner Sprachmerkmale ausgerichtet. Auf dieser Grundlage versucht dann die Forschung über die Beschreibung der Mundarten hinaus auch deren historischen Werdegang zu erhellen. In der sprachgeographischen Methode sind im Grunde genommen zwei Hauptströmungen aufgekommen: die deutsche und die französische Schule.

Gegen Ende des 19. Jh.s nahm GEORG WENKER die dialektgeographische Erschließung des deutschen Sprachraums in Angriff. Die Sammelarbeit wurde mit Hilfe von Laien (größtenteils Lehrern) in etwa 40 000 Belegorten begonnen. WENKERS Unternehmen, der *Sprachatlas des Deutschen Reiches*, wurde dann von seinem Schüler, FERDINAND WREDE, später von WALTHER MITZKA und LUDWIG ERICH SCHMITT am Forschungsinstitut der Universität Marburg (Hessen) weitergeführt. Als wichtige Ergänzungen dazu werden die Bände des *Deutschen Wortatlas* von WALTHER MITZKA sowie eine Reihe regionaler Sprachatlanten und Einzeluntersuchungen veröffentlicht.

Die französische Schule stützte sich dagegen von Anfang an ausschließlich auf gebildete Fachkräfte. So wurde der *Sprachatlas Frankreichs*, verständlicherweise auf Grund einer äußerst begrenzten Anzahl von Belegorten, von zwei Forschern, JULES GILLIÉRON und EDMOND EDMONT, erstellt. Der Unterschied zwischen den beiden Großatlanten ist nicht in erster Linie qualitativ, sondern ergibt sich aus der eingangs geschilderten Verschiedenheit der beiden Sprachräume.

Die sprachgeographische Schule Englands bzw. des angelsächsischen Raumes steht methodologisch-methodisch in der Mitte, das heißt, man trägt dem Umstand Rechnung, daß die englischen Mundarten in ihrer Vielfalt weniger als der deutsche Raum, aber stärker als Frankreich gegliedert sind. Aus der Aufsammlung von mehr Belegorten, als dies in der Norm der französischen Schule begründet ist, ergibt sich eine größere Akribie und Verläßlichkeit der Belege; die Aufnahme von weniger Forschungspunkten, als nach der Norm der deutschen Schule erfaßt werden, läßt dafür die Erhebung durch Fachkräfte zu, was der Sammlungsarbeit eine größere Einheitlichkeit zu sichern vermag.

IV.5.12. Die englischen Mundarten

Die systematische Aufzeichnung der gesprochenen Mundarten Englands wurde von ALEXANDER ELLIS an Hand einiger vorbereiteter Texte, die die mundartlichen Merkmale zu veranschaulichen hatten, zwischen 1871 und 1889 in Angriff genommen. ELLIS stützte sich dabei auf eine größere Gruppe von freiwilligen Mitarbeitern. Das Ergebnis dieser Arbeit wurde noch 1889 veröffentlicht (*On Early English Pronunciation V.*). Eine Schwäche dieser Sammlung bestand darin, daß die einzelnen Sprachlandschaften sehr unterschiedlich vertreten waren sowie im unterschiedlichen Wert der aus den verschiedenen Mundarten mitgeteilten Materialien. ELLIS unternahm auch bereits einen Versuch zur Gliederung der Mundarten Englands, allerdings zumeist noch nicht auf Grund der entscheidendsten Sprachmerkmale. Als Anhang zu seiner Veröffentlichung gab er eine kartographische Darstellung dieser Auffächerung. Seine Gliederung der englischen Mundarten wurde auch später von manchen Forschern übernommen.

Auf Grund des ELLISschen Materials sowie der in der Folgezeit veröffentlichten Dialektmonographien und neuer Aufzeichnungen hat dann JAMES WRIGHT zu Beginn des 20. Jh.s eine viel bessere, von ihm selber jedoch noch als ungenau bezeichnete Aufstellung mitgeteilt, und zwar teils im Rahmen des großangelegten *Grundrisses der germanischen Philologie* von HERMANN PAUL, teils in seinem Werk *The English Dialect Dictionary* (Bd. I—VI, London 1898—1905), das in Ergänzung zum NED (= New English Dictionary on Historical Principles. Oxford 1884—1933) herausgegeben wurde. Im Band VI, der unter dem Titel *The English Dialect Grammar* (Oxford 1905) auch einzeln erschien, behandelte WRIGHT schon die g r a m m a t i s c h e n Probleme der englischen Mundarten. Er beschränkte sich allerdings auf eine Klassifizierung der einzelnen Dialektmerkmale gemäß den englischen Grafschaften bzw. den einzelnen landschaftlichen Einheiten dieser Grafschaften. Nach ihm wurden in England verhältnismäßig viele Dialektmonographien veröffentlicht, die aber die Frage nach den Mundartgrenzen, d. h. den geographischen Blickpunkt, größtenteils vernachlässigten.

Die moderne Dialektforschung Englands wurde eigentlich von einem Schweizer Phonetiker, EUGEN DIETH, in Gang gebracht. Auch der Leiter der Arbeiten am Englischen Sprachatlas (*Linguistic Atlas of England*, abgekürzt LEA), HAROLD ORTON, ist ein Schüler von DIETH. Dank der eifrigen Geländearbeit wurde die Sammelarbeit in sechs Grafschaften des Nordens (Northumberland, Cumberland, Durham, Westmoreland, Lancashire und Yorkshire) trotz der finanziellen Schwierigkeiten bereits 1962/63 abgeschlossen und das Material in zwei Bänden veröffentlicht. In diesem Bereich wurden auf Grund eines Fragebuchs, im Wege direkter Abfragung 73 Belegorte bearbeitet. Das Fragebuch enthielt auch Fragen zur Wortgeographie. An dieser Stelle sind zwei weitere Vorhaben im angelsächsischen Sprachraum zu nennen: der in Edinburgh unter der Leitung von A. MCINTOSH vorbereitete schottische Sprachatlas und der z. T. schon veröffentlichte amerikanische Sprachatlas, dessen Auftakt der von HANS KURATH erstellte Sprachatlas Neuenglands (*Linguistic Atlas of New-England* I—III. Providence 1939—1943) bildete.

Gewisse d i a l e k t a l e U n t e r s c h i e d e müssen bereits in der Sprache der landnehmenden Angeln, Sachsen und Jüten, in a l t e n g l i s c h e r Z e i t, vorhanden gewesen sein. Diese Unterschiede wurden in der neuen Heimat anfänglich nur noch vertieft; in den neuen, vielerorts gemeinsamen Siedlungsräumen nahm die Integrierung der ursprünglichen Stammesdialekte ihren Anfang, während sonst bei einzelnen kleineren Gruppen auch die Herausbildung eigenständiger Sprachmerkmale begann. Im Verlauf der politisch-historischen Entwicklung ist nach 679 bei den Angeln, entlang der zwischen Mercien und Northumbrien gefestigten Grenzlinie, eine äußerst scharfe Dialektgrenze entstanden. Sie entsprach im großen und ganzen der Grenze zwischen den alten Diözesen Lichfield und York, nur der Südwesten von Yorkshire gehörte trotz dieser Grenze zu Mercien, d. h. zum mittelländischen Mundartraum (Midland).

Die Grenze der mercischen englischen und sächsischen (südmittelländischen) Dialekträume fällt aber nicht zusammen mit der politischen Grenze, wie sie um 800 zwischen dem westsächsischen und dem mercischen Reich bestand, denn damals gehörten auch noch sächsische Gebiete zu Mercien. Trotzdem zeigen die Grenzen der alten Bischofssprengel größtenteils die ehemaligen Siedlungsräume (London, Dorchester, Worcester und Hereford), obwohl Worcester und Hereford mercischen Einschlag verraten, was höchstwahrscheinlich einer sekundären Ansiedlung zuzuschreiben ist.

Man darf allerdings nicht übersehen, daß die Schriftdenkmäler der altenglischen Zeit sprachlich fast ausschließlich westsächsisch sind. Die Grenzen der altenglischen Mundarten lassen sich somit nur auf Grund altenglischer Quellen nicht erschließen. Doch geht auch aus den überlieferten Texten zumindest hervor, daß sich ein **westsächsischer**, ein **englischer** (mercischer bzw. northumbrischer) und ein **kentischer Dialektraum** schon für jene Zeit mit ziemlich großer Schärfe ermitteln lassen. Eine genauere Abgrenzung und innere Gliederung der altenglischen Dialekte ist erst von einer mit der sprachgeographischen Methode zu erarbeitenden Geschichte der englischen Mundarten zu erhoffen.

Die Mundarten der **mittelenglischen Zeit** sind uns dank der größeren Zahl der zur Verfügung stehenden Quellen viel besser bekannt. Eine wichtige Quellengruppe besteht aus Texten, hauptsächlich Urkunden, die sich auch genau orten lassen. Urkunden in englischer Sprache gibt es bereits im ausgehenden 14. Jh., und ihre Zahl nimmt im 15. Jh. besonders stark zu, in einer Zeit, in der allerdings schon der Sprachgebrauch Londons auch auf die ländlich gebundenen Texte stark abfärbt. Die Forschung hat sich dabei vor allem auf die Mundartmerkmale der Schreiber und Kopisten zu richten. Paradox, aber verständlich ist also, daß bei der Bearbeitung der Urkunden als Quellen für den Mundartforscher die Abschrift wichtiger ist als das Original. Eine weitere Quellenschicht gewähren die Reime der Dichtkunst, falls uns die engere Heimat des Dichters bekannt ist. Man muß freilich auch mit der Möglichkeit rechnen, daß die Dichter der Versform zuliebe öfters auch Wörter und Formen verwenden können, die in ihrer angestammten Mundart sonst nicht zu Hause sind. Auch die Ortsnamen der mittelenglischen Zeit lassen des öfteren wichtige dialektologische Schlüsse zu, vgl. III.5.5. In Anbetracht all dessen und in Anlehnung an die genannten Quellen ist es vor allem auf Grund der aus den heutigen Mundarten gewonnenen Einsichten möglich, die Mundarten des Mittelenglischen aufzudecken, bzw. sie gegeneinander abzugrenzen.

Nach der Aussage der Quellen ist man schon heute in der Lage, die wichtigsten Merkmale sowie die Grenzen der mittelenglischen Dialekte annähernd zu bestimmen. Es stellt sich heraus, daß sich die Grenzen mancher Dialekte des Altenglischen schon in mittelenglischer Zeit verlagerten.

Im Süden hat sich das K e n t i s c h e als eigenständige Mundart um die Kernlandschaft Kent gefestigt; manche Merkmale des Kentischen haben aber auch auf die angrenzenden Gebiete Sussex und Surrey, z. T. sogar auf Essex nördlich der Themse übergegriffen.

Westlich von diesem Gebiet wurden die s ü d w e s t l i c h e n M u n d a r t e n gesprochen, die eigentlich das Westsächsische der altenglischen Periode weiterführten. Die bekannteste von ihnen ist die Mundart von Gloucester. Die Ost- und Nordgrenze dieser Gruppe läßt sich zur Zeit noch nicht genau festlegen. Londons Sprache ist zwar seit dem 12. Jh. bekannt, aber umfangreichere Texte sind erst vom 14. Jh. an überliefert. Über die Sprache von Essex läßt sich kaum etwas Sicheres feststellen.

Seine gut belegte innere Grenze zeigt, daß der einstige englische Sprachraum in zwei Teile, in S ü d h u m b r i s c h (Mittelländisch) und N o r t h u m b r i s c h zerfiel. Von den mittelländischen Mundarten sind uns die östlichen (Norfolk, Suffolk, Lincolnshire) und die westlichen ziemlich gut bekannt. Die letzteren kann man sogar in einen südwestlichen Zweig (Herefordshire, Worcestershire bis Shropshire) und in einen nordwestlichen Zweig (Cheshire, Lancashire südlich vom Ribble, vermutlich auch Derbyshire und das West Riding in Yorkshire) unterteilen. Ihre innere Abgrenzung ist im Bereich des alten Mittelengland kaum noch möglich. — Von den northumbrischen Mundarten ist ziemlich gut bekannt die von Nordyorkshire, die bis zur schottischen Grenze galt, obwohl sie erst um die Wende des 13./14. Jh.s belegt ist. Weniger erschlossen sind noch die westlichen Mundarten (Nordlancashire, Cumberland, Westmoreland) der mittelenglischen Zeit. Hierher gehörte eigentlich auch das S c h o t t i s c h e (*Lallans*), d. h. die Sprache Edinburghs und der ostschottischen Küste, die sich im 15.—16. Jh. als die Sprache des schottischen Königshofs zu einer regionalen Schriftsprache entwickelte und hinsichtlich ihrer Struktur sehr einheitlich war (vgl. IV.5.21.).

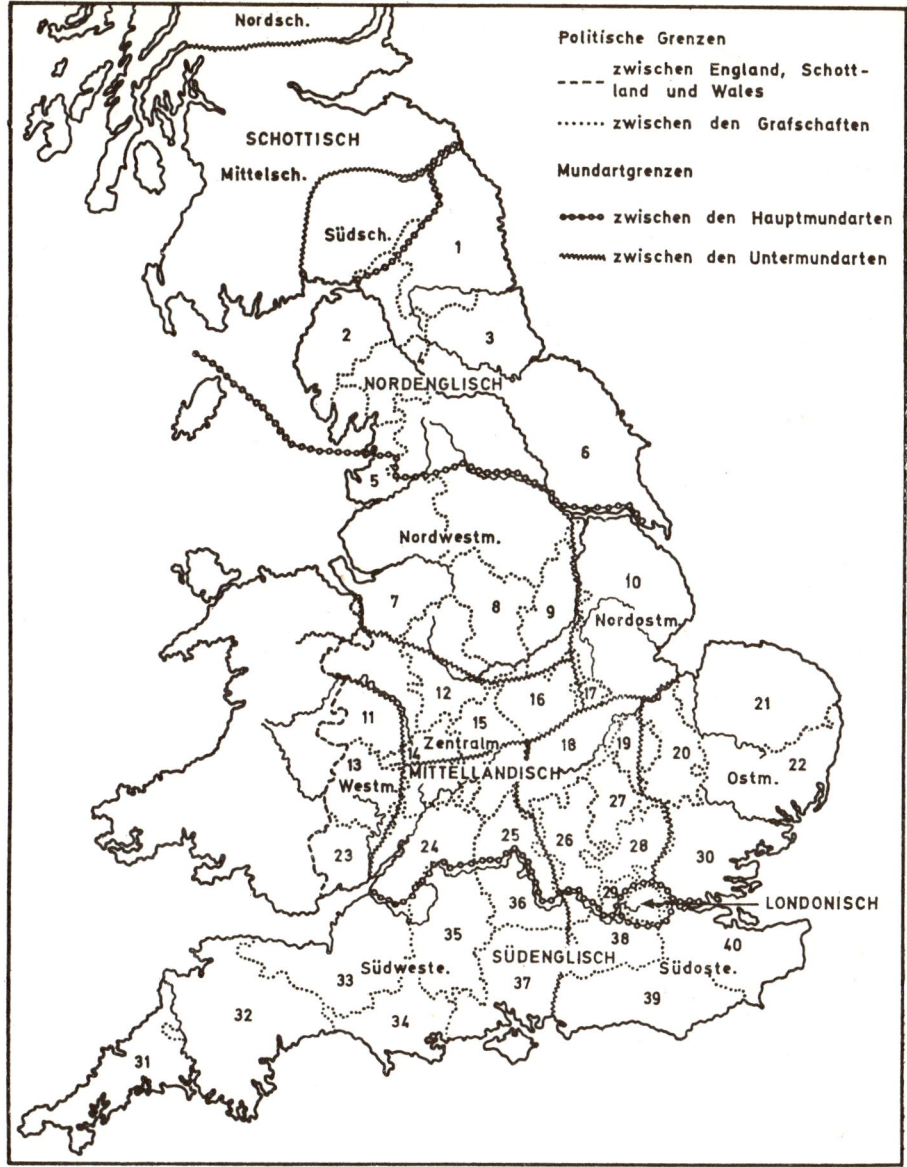

Abb. 66. Neuenglische Mundarten (nach KARL BRUNNER; die Namen der Grafschaften *1—40* siehe Abb. 49)

Die mittelenglischen Mundarten weisen im Lautstand und in der Morphologie, namentlich der Flexion, die größten Unterschiede auf. Viel Mundartliches ist auch im Wortschatz enthalten, was teils auf die Dialektunterschiede der altenglischen Zeit, teils auf die unterschiedlichen Ausmaße des Eindringens nordgermanischer und französischer Lehnwörter zurückzuführen ist. Genaue Wortgrenzen ließen sich bisher, mangels entsprechender Belege, noch nicht umreißen. Auch die Aufdeckung syntaktischer Mundartmerkmale bleibt noch der künftigen Forschung vorbehalten.

Unter den mittelenglischen Mundarten kommt der Sprache L o n d o n s eine besondere Bedeutung zu, da auch die neuenglische Gemein- bzw. Hochsprache in dieser Sprachform wurzelt. Londons sprachgeographische Lage ist immer schon zentral gewesen: im Süden grenzt das Kentische, im Südwesten das Südwestliche (d. h. das ehemalige Westsächsische), im Nordosten das Ostsächsische, im Norden und Nordwesten das zentrale Mittelländische an London. Man muß daher in London schon rein potentiell auch mit der Einsickerung all dieser Mundarten rechnen. Tatsächlich deuten die ältesten Sprachdenkmäler Londons auf eine starke M u n d a r t m i s c h u n g hin. Im Laufe des 14. Jh.s erstarkten in London die ostmittelländischen Sprachmerkmale (Lincolnshire, Norfolk, Suffolk) auch zahlenmäßig außergewöhnlich rasch. Dies kann auch nicht wundernehmen, denn die Bevölkerung dieser Gebiete begann gerade in der fraglichen Periode massenweise in die Hauptstadt einzuströmen.

Die englischen Mundarten der G e g e n w a r t dürfen nur zum Teil als direkte Fortsetzungen der mittelenglischen Dialekte angesehen werden. Mittelenglische Dialektmerkmale sind im Laufe der Zeit zum Teil verschwunden, dafür sind manche mundartliche Merkmale erst in neuenglischer Zeit entstanden. Solange die Arbeiten am Englischen Sprachatlas nicht abgeschlossen sind, können die Grenzen der neuenglischen Mundarten in der Mehrzahl der Fälle nur approximativ und provisorisch gezogen werden. Die Untersuchungen drängen um so mehr, als die Mundartgrenzen dank der hochgradigen Industrialisierung und dem entwickelten Verkehr in raschem Tempo verschoben und aufgehoben werden, bzw. die englische G e m e i n s p r a c h e den Geltungsbereich der Mundarten im Zuge des Ausgleichs und der Überdachung Tag für Tag einengt. Südlich und südöstlich von London z. B., wo der größte Teil der bodenständigen Bevölkerung in der Hauptstadt beschäftigt wird, hat das C o c k n e y, Londons eigenes Idiom (vgl. IV.5.44.), die alten Ortsmundarten schon beinahe restlos verdrängt. Konservativer verhalten sich auch in England die vornehmlich landwirtschaftlichen Gebiete wie Essex. Als ein höchst interessanter Zug ist es zu bewerten, daß sich in den Industrierevieren Mittel- und Nordenglands die einheimische Mundart ziemlich gut zu behaupten weiß. Dieser Umstand erklärt sich damit, daß die Industrie ihre Arbeitskräfte lange Zeit hindurch aus der nächsten Umgebung bezog, und die später einsetzende starke Zuwanderung an der örtlichen Sprachnorm nichts mehr zu ändern vermochte, im Gegenteil, die Zuwanderer mußten sich der vorgefundenen Sprachnorm anpassen. In anderen Industriegegenden ist wiederum ein infolge des verhältnismäßig identischen Ausgleichs verschiedener Mundarten ziemlich einheitlich geprägter **Industriedialekt** entstanden, so vor allem im südlichen und im mittleren Lancashire, um Birmingham und in der Tyneside.

Der Innsbrucker Anglist KARL BRUNNER hat, z. T. auch im Anschluß an die Vorarbeiten von ALEXANDER ELLIS und JAMES WRIGHT, die englischen Mundarten der Gegenwart in eine **nördliche**, eine **mittlere (zentrale)** und eine **südliche** Gruppe eingeteilt. Zur Nordgruppe stellte er das **Schottische** (*Lallans*) und die eigentlichen **nordenglischen** Mundarten (Northumberland, Cumberland, Durham, Westmoreland, Lancashire). Südlich davon liegt der Bereich der **zentralen Gruppe** mit einer **nordwestlichen**, einer **nordöstlichen**, einer **zentralen** (mittelländischen), einer **westlichen** und einer **östlichen** Unterabteilung. Südlich vom Zentralenglischen (d. h. der Linie Themse—Bristolkanal) unterschied BRUNNER eine **südwestliche** und eine **südöstliche** Untergruppe (Abb. 66).

IV.5.13. Die deutschen Mundarten

Der deutsche Sprachraum der Gegenwart ist mundartlich außerordentlich stark gegliedert. Es ist eine Binsenwahrheit, daß sich die Sprecher verschiedener deutscher Mundarten miteinander erst über die Vermittlung der deutschen **Gemeinsprache** (bzw. einer **Verkehrsmundart**) verständigen können, da die erheblichen Unterschiede, die zwischen je zwei Dialekten bestehen, trotz der wesentlichen Identität in deren Struktur, eine unmittelbare, d. h. auf dialektaler Ebene vollzogene Kommunikation nicht ermöglichen. Es ist eine Tatsache, daß z. B. die Unterschiede zwischen den slawischen Einzelsprachen geringfügiger sind als jene zwischen den einzelnen Mundarten der deutschen Nationalsprache. Diese merkwürdige Lage hat man früher zu begründen versucht, indem man die Vermutung aufstellte, die deutschen Mundarten der Gegenwart gingen eigentlich auf die verschiedenen südgermanischen Stammesdialekte bzw. Stammessprachen der Völkerwanderung zurück, die erst im Prozeß der Entstehung des deutschen Volkes einer Integrierung entgegengeführt worden seien. Diese Annahme mußte nach den Einsichten der Sprachgeographie, genauer gesagt, des Deutschen Sprachatlas (früher *Sprachatlas des Deutschen Reiches*, abgekürzt DSA) aufgegeben werden. Dabei haben die Forschungen von THEODOR FRINGS im Rheinland eine sehr wichtige Rolle gespielt. FRINGS gelang es nachzuweisen, daß die gegenwärtigen Dialektverhältnisse im Kölner Raum (im weiteren Sinne) nicht die alten Stammesgrenzen widerspiegeln. Obwohl nämlich dieser Raum von einem Großstamm, den Franken, besiedelt wurde, ist das Rheinland mundartlich überhaupt nicht einheitlich, sondern es zerfällt in mindestens drei große Einheiten, die miteinander durch zahlreiche Übergänge verbunden sind. Aus dem Vergleich der Mundartkarten von heute mit den historischen Karten des behandelten Raumes hat FRINGS erkannt, daß die Mundartgrenzen der Gegenwart weitgehend mit den Grenzen der feudal-politischen Einheiten — Fürstentümer, Diözesen u. dgl. — des Hochmittelalters übereinstimmen. Daraus zog er den Schluß, daß die deutschen Mundarten der Gegenwart nicht von den alten südgermanischen Stammesdialekten, sondern von den im Mittelalter entstandenen Territorialmundarten herzuleiten seien. Unsere heutige Anschauung ist eine Synthese der beiden erwähnten Ansichten: Die deutschen Mundarten der Gegenwart gehen letzten Endes auf die einzelnen südgermanischen (z. T. auch nordseegermanischen) Stammesdialekte zurück, haben jedoch ihr heutiges Gepräge erst im Hochmittelalter, im Zuge der historischen Sonderentwicklung des deutschen Volkes, vor allem als Ergebnis der feudalen Kleinstaaterei, erhalten. Das heißt, der anfängliche Prozeß der Integrierung wurde vom Prozeß einer tiefgreifenden Differenzierung abgelöst, bis es in der Neuzeit, parallel zur Entstehung der wirtschaftlich-politischen Einheit Deutschlands, wieder zur sprachlichen Integrierung kam, deren zweifellos wichtigste Errungenschaft die deutsche Schrift- bzw. Hochsprache darstellt. Diese moderne Synthese der wissenschaftlichen Deutung ist dem Leningrader Gelehrten VIKTOR SCHIRMUNSKI zu verdanken.

Die mundartliche Gliederung in althochdeutscher bzw. mittelhochdeutscher Zeit s. unter IV.4.63. bzw. IV.4.65. Zum Niederdeutschen s. IV.4.5.

Die deutschen Mundarten der Gegenwart werden in herkömmlicher Weise auf Grund des Lautstandes, hauptsächlich gemäß der z w e i t e n (althochdeutschen) L a u t v e r s c h i e b u n g (vgl. IV.4.2.) klassifiziert. Wie a. a. O. schon dargelegt, zerfällt der geschlossene deutsche Sprachraum nach dieser Einteilung in drei große Bereiche. Davon hat der Bereich des O b e r d e u t s c h e n (oder *Süddeutschen*) die zweite Lautverschiebung vollkommen durchgeführt, das nördlicher gelegene M i t t e l d e u t s c h e zum größten Teil, der äußerste Norden, das N i e d e r d e u t s c h e (oder *Norddeutsche*) hingegen überhaupt nicht. Die niederdeutschen Mundarten klammern wir an dieser Stelle aus, da sie größtenteils erst im Begriff sind, eigentlich deutsche Mundarten zu werden; über ihre Gliederung s. IV.4.5. Ihnen gegenüber werden die ober- und die mitteldeutschen Mundarten als Hochdeutsch zusammengefaßt. Da die deutsche Gemein- sowie Schriftsprache ebenfalls auf letzteren basiert, ist es verständlich, daß

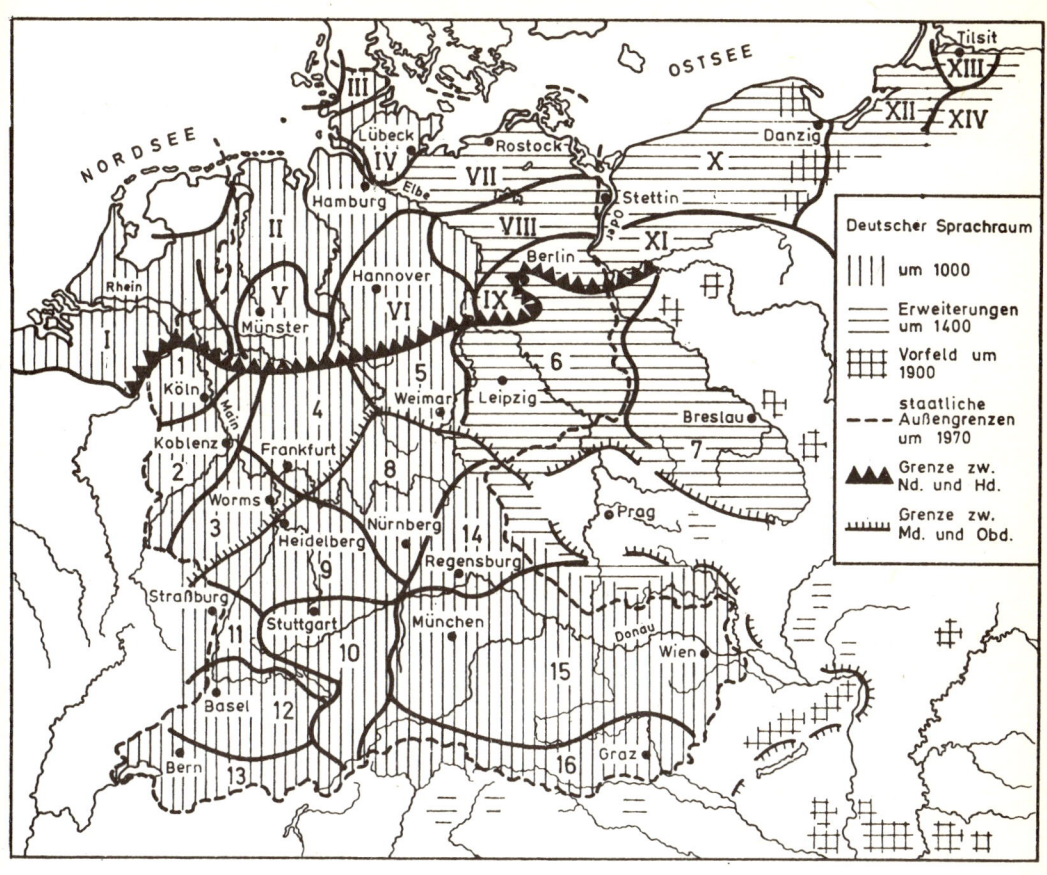

Abb. 67. Historische Verbreitung der deutschen Mundarten (nach ADOLF BACH, HUGO MOSER, HELMUT PROTZE und VIKTOR SCHIRMUNSKI)

Niederdeutscher Raum: Westniederdeutsch: *I* Niederfränkisch, *II* Nordsächsisch, *III* Schleswigisch, *IV* Holsteinisch, *V* Westfälisch, *VI* Ostfälisch; Ostniederdeutsch: *VII* Mecklenburgisch, *VIII* Nordbrandenburgisch (Nordmärkisch), *IX* Südbrandenburgisch (Mittelmärkisch), *X* Nordostpommersch, *XI* Südostpommersch, *XII* Westniederpreußisch, *XIII* Ostniederpreußisch, *XIV* Südpreußisch; *Mitteldeutscher Raum:* Westmitteldeutsch: *1* Ripuarisch, *2* Moselfränkisch, *3* Pfälzisch, *4* Hessisch; Ostmitteldeutsch: *5* Thüringisch, *6* Obersächsisch, *7* Schlesisch; Oberdeutscher Raum: Fränkisch: *8* Ostfränkisch, *9* Südfränkisch; Schwäbisch-Alemannisch: *10* Schwäbisch, *11* Niederalemannisch, *12* Oberalemannisch, *13* Hochalemannisch; Bairisch-Österreichisch: *14* Nordbairisch, *15* Donaubairisch (Mittelbairisch), *16* Südbairisch

auch sie — nunmehr sprachsoziologisch bedingt — den Mundarten (allerdings nicht ganz präzis) als Hochdeutsch gegenübergestellt wird (Abb. 67).

Die Nordgrenze des O b e r d e u t s c h e n fällt im Westen im großen und ganzen mit den nördlichen Landesgrenzen von Baden-Württemberg und Bayern, im Osten dagegen mit der österreichisch-böhmischen Grenze zusammen, obwohl auch die Reste der deutschen Mundarten im südlichen Böhmen und Mähren zum Oberdeutschen zu zählen sind. Im Osten des oberdeutschen Raumes herrscht das B a i r i s c h e, das aus einer nord-, einer mittel- (oder donau-) und einer südbairischen Gruppe besteht und Österreich (mit Ausschluß von Vorarlberg), Südtirol (in Italien), den Nordostzipfel der Schweiz, Nieder- und Oberbayern, ja sogar die Gegend von Brambach in der DDR umfaßt. Bairische Sprachinseln gibt es außerdem in der Slowakei (um Preßburg), in West- und Mittelungarn (an der Grenze Österreichs bzw. zwischen Budapest und Plattensee), in Kroatien und Slawonien in Jugoslawien; hierher gehört auch das sogenannte „Zimbrische" der Sieben und der Dreizehn Gemeinden in Norditalien. Für die sprachwissenschaftliche Forschung ist die kleine nordbairische Sprachinsel Jamburg an der Newa (südlich von Leningrad in der UdSSR) dank den Arbeiten von VIKTOR SCHIRMUNSKI besonders wichtig: es ließ sich hier ein in — linguistisch gesehen — kürzester Zeit vor sich gehender, zumal mehrfacher Mundartwechsel konkret beobachten. — Westlich vom Bairischen liegt der Bereich des S c h w ä b i s c h - A l e m a n n i s c h e n. Im Großteil Württembergs und in Schwaben (Bayern) wird das Schwäbische, westlich davon, in Baden und im Elsaß (um Straßburg in Frankreich) das Niederalemannische, im Süden — in der Schweiz — das Hochalemannische bzw. im äußersten Süden das sehr archaische Höchstalemannische gesprochen. Alemannische Mundarten herrschen auch in Liechtenstein und in Vorarlberg (Österreich). Schwäbisch-alemannische Sprachinseln gibt es in vielen Ländern Europas sowie in Übersee. Allerdings sei angemerkt, daß in manchen Ländern Südosteuropas (Ungarn, Slowakei, Karpatenukraine [UdSSR], Rumänien, Jugoslawien) die erst nach den Türkenkriegen (vom Ende des 17. Jh.s an) angesiedelten deutschen Bauern — wohl nach der ersten Siedlerwelle — verallgemeinernd „Schwaben" heißen, obwohl sie in erster Linie nicht Schwaben, sondern Baiern oder Franken sind. So ist also auch der Begriff „Donauschwaben" n i c h t als eine Bezeichnung für Abstammungsschwaben im Ausland zu verstehen. Wenn hingegen der Begriff D o n a u b a i r i s c h in Bezug auf auslandsdeutsche Sprachinseln verwendet wird, so steht dahinter stets eine mittelbairische Siedlergruppe. Das heißt: dieser Begriff trägt einen rein wissenschaftlichen Charakter.

Zur oberdeutschen Gruppe gehören auch noch die ost- bzw. südfränkischen Mundarten im Norden der Bundesländer Bayern und Württemberg.

Das M i t t e l d e u t s c h e zerfällt auch heute in eine West- und eine Ostgruppe, deren Grenze Thüringen, also im wesentlichen die südwestliche Staatsgrenze der DDR bildet. Die westmitteldeutschen Mundarten werden entsprechend dem Maße gruppiert, in dem sie die zweite Lautverschiebung übernommen bzw. durchgeführt haben. Dem Oberdeutschen steht in dieser Hinsicht das Rheinfränkische (mit Rheinpfälzisch und Hessisch) am nächsten. Nördlich davon, an der Mosel, wird das Moselfränkische (Mittelfränkisch), im Raum Köln—Düsseldorf—Aachen hingegen bereits das Ripuarische (nach dem ehemaligen Stamm der Ripuarischen Franken) gesprochen. Das Thüringische bildet den Übergang zum Obersächsischen, das den Raum Obersachsen (Leipzig—Meißen—Dresden) beherrscht. Die Nordgrenze des Obersächsischen bilden der Harz im Westen, die Umgebung Berlins im Osten. Eine Fortsetzung des Obersächsischen existiert in den stellenweise heute noch gesprochenen deutschen Mundarten Schlesiens in Polen. Es sei angemerkt, daß vor 1945 auch in einer Enklave in Ostpreußen ein ostmitteldeutscher Dialekt, das sogenannte Hochpreußische, gesprochen wurde, obwohl Ostpreußen sonst niederdeutsch war. Mitteldeutsche Sprachinseln gibt es sowohl in Europa als auch in Übersee in vielen Ländern. Sie wurden z. T. noch im Hochmittelalter angelegt, so z. B. das Siebenbürgisch-Sächsische (um Hermannstadt, Kronstadt und Bistritz in Siebenbürgen, Rumänien), das entschieden westmitteldeutsch geprägt ist und mit dem Moselfränkischen (bzw. Letzeburgischen, vgl. IV.5.25.) aufs engste zusammenhängt, oder das Zipserische in der Slowakei (nördlich von Kaschau, um Kesmark und Leutschau), das eine natürliche Fortsetzung des Schlesischen darstellt. Für die Bergmannssiedlungen des Hochmittelalters war in Südosteuropa eine eigenartige Mischung (ost)mitteldeutscher und bairischer Elemente charakteristisch; dabei sind vor allem das sogenannte „Pergstädterische" im mittelslowakischen Hauland (um Kremnitz und Schemnitz) sowie das „Gründlerische" in den Zipser Gründen (Südzips in der Slowakei) bzw. die Gottschee in Kroatien zu nennen. — Nach den Türkenkriegen sind besonders viele westmitteldeutsche Siedlungen entstanden im Karpatenbecken, z. B. im Banat und in der Batschka (in Rumänien und Jugoslawien) sowie in der sogenannten „Schwäbischen Türkei" (um Fünfkirchen in Südwestungarn), vielerorts in der Sowjetunion und vor allem in den Vereinigten Staaten von Amerika (vgl. das Pennsilfaanische, IV.4.8.).

IV.5.2. Regionale Umgangssprachen

IV.5.21. Schottisch

Schottland (engl. *Scotland*) umfaßt den Norden Großbritanniens; sein Gebiet erstreckt sich über 78 772 km², die Einwohnerzahl beträgt etwa 5 Millionen. Die Hauptstadt des Landes ist Edinburgh. Schottland besteht aus drei geographischen Zonen: im Norden liegt das schottische Hochland (engl *Highlands*), in der Mitte das schottische Unterland (engl. *Lowlands*) und im Süden das schottische Hügelland (engl. *Uplands*). Zu Schottland gehören auch die Hebriden (engl. *Hebrides*) sowie die Orkney- und die Shetland-Inseln im Norden. Erwerbszweige sind neben Eisen- und Kohlenbergbau vor allem Viehzucht und Fischfang sowie die entsprechenden Zweige der Industrie.

Während der angelsächsischen Eroberung sind im alten gälischen Bereich Schottlands drei keltische Reiche (piktisch, schottisch und britisch) und ein englisches Königreich (Northumbrien) entstanden. Unter den unaufhörlichen Kleinkriegen der Kelten, der Angeln und der die Küstengebiete und die vorgelagerten Inseln besetzenden norwegischen Wikinger wurde das eigentliche, nunmehr einheitliche und englisch geprägte Schottland erst während der Herrschaft des schottischen Königs DAVID I. (1084—1153) gefestigt. Nach der Vertreibung der Wikinger entwickelte sich das Schottische Königreich zum gefährlichsten Rivalen Englands. Die beiden Länder wurden in Personalunion verbunden, als der Schottenkönig JAKOB VI. — im Jahre 1603 unter dem Namen JAKOB I. — auch den englischen Thron bestieg. Nach den schottischen Bürgerkriegen im 17. Jh. wurde Schottland 1707 mit England endgültig vereinigt und zog nun auch offiziell in beide Kammern des englischen Parlaments ein. Der Minister für die Angelegenheiten Schottlands (engl. *Secretary of State for Scotland*) ist seitdem Mitglied eines jeden englischen Kabinetts. Die Anhänger der separatistischen Stuartpartei, die sogenannten Jakobiten, wollten den Zusammenschluß mit England rückgängig machen und brachen im 18. Jh. sogar zwei große Aufstände vom Zaun, allerdings ohne Erfolg. Nachdem 1745 die Invasion des Prinzen KARL STUART (des „Bonnie Prince Charlie" der Schotten) gescheitert war, hatten die Separatisten keine Chancen mehr. Dieser politische Zusammenbruch und die Verschlechterung der wirtschaftlichen Lage gaben den Anstoß zu einer massenhaften Auswanderung, besonders vom Hochland, nach Übersee, in erster Linie nach Amerika und Neuseeland (vgl. IV.5.33.). Eine Wende trat erst im 19. Jh. ein, als Schottland dank der Industrialisierung wieder zu einem der bedeutendsten Provinzen Großbritanniens aufstieg.

Nur ein Bruchteil der keltischen Urbevölkerung Schottlands hat — vor

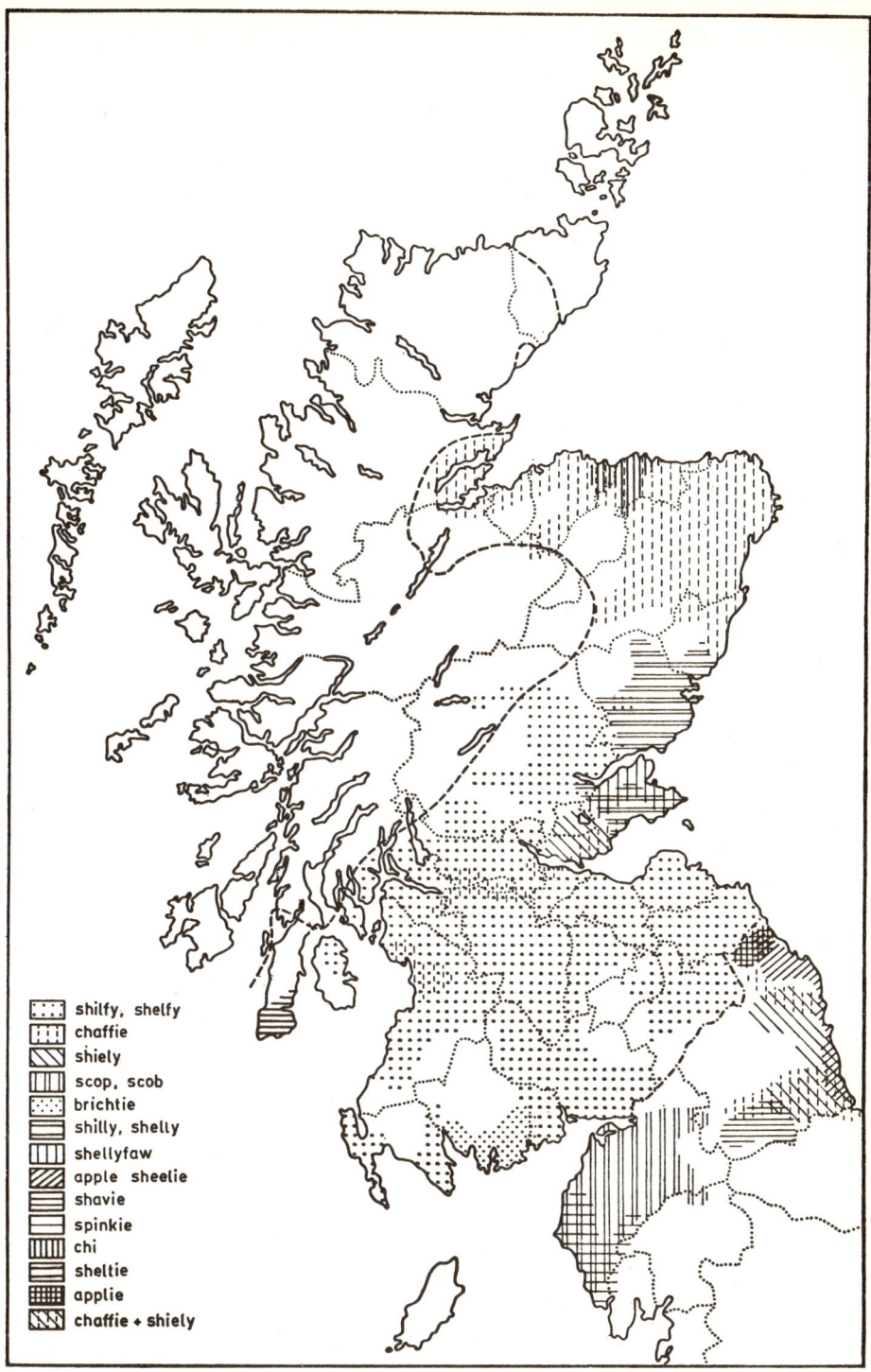

Abb. 68. Die Mundarten Schottlands am Beispiel der Bezeichnung für 'Buchfink'

allem im Hochland und auf den Inseln — seine **gälische** (also keltische) Sprache bewahrt (vgl. I.2.5.); ihre Nachkommen sprechen zum überwiegenden Teil die schottländische Variante des Englischen, das sogenannte **Schottische** (engl. *Scots*), mit einem anderen Namen das *Lallans* (< *Lowlands* 'Unterland'). Es ist heute noch die Muttersprache von etwa 3,5 Millionen Schotten und ist, obwohl nicht als Amtssprache anerkannt, als **regionale Umgangssprache** in ganz Schottland verbreitet, ja es verfügt, dank den schottischen Dichtern (ALLAN RAMSAY, ROBERT FERGUSSON, ROBERT BURNS, HUGH MCDIARMID u. a.), über eine moderne Literatursprache, die auf dieser Ebene dem Englischen ebenbürtig ist (Abb. 68).

Die Eigenständigkeit des Schottischen kommt, gemäß seiner Lage, vor allem im Lautstand und im Wortschatz zum Vorschein. Kennzeichnend ist die monophthongische Aussprache anstelle mancher Diphthonge des Englischen, vgl. [hom] 'heim, Heim' (ne. *home* [hɔum]), [tek] 'nehmen' (ne. *take* [teɪk]), [bird] 'Bart' (ne. *beard* [biəd]), [bɛr] ~ [beːr] 'tragen' bzw. 'nackt' (ne. *bear* bzw. *bare* [bɛə]), [ʃuːr] 'sicher' (ne. *sure* [ʃuə]). In bestimmten Stellungen werden sonst lange Vokale bzw. Diphthongoide gekürzt, vgl. [wɪk] 'Woche' (ne. *week* [wiːk]), [rod] 'Weg' (ne. *road* [roud]), [fud] 'Futter, Lebensmittel' (ne. *food* [fuːd]), [roz] 'Rose' (ne. *rose* [rouz]) usw. Das Schottische hat den im Englischen längst aufgegebenen *ach*- bzw. *ich*-Laut bewahrt, vgl. [θoxt] 'dachte' (ne. *thougt* [θɔut]), [kʰoxt] 'faßte, griff' (ne. *caught* [kʰout]), [lɪçt] 'Licht' (ne. *light* [laɪt]), [nɪçt] 'Nacht' (ne. *night* [naɪt]) usw. Altes *hw* ist ebenfalls bewahrt, vgl. [hwat] 'was' (ne. *what* [wɔt]), [hwai] 'warum' (ne. *why* [war]) u. dgl. Auch palatales [y] ist noch vorhanden, während es im Englischen bereits in altenglischer Zeit entrundet wurde, vgl. [gyd] 'gut' (ne. *good* [gud]).

Im schottischen **Wortschatz** sind manche germanische Wörter enthalten, die im Englischen der Gegenwart nicht gängig sind, z. B. *bairn* 'Kind', *burg* 'Kleinstadt', *stark* 'stark' usw. Verständlicherweise ist auch der Prozentsatz der keltischen Entlehnungen viel höher als im Durchschnitt der englischen Mundarten sonst, vgl. *ingle* 'Feuer, Herd', *binn* 'Wasserfall' usw. Lautlich bedingt erscheinen auch neue Wortformen infolge der Elision eines *t* im Auslaut, wie etwa *canna* 'kann nicht' (ne. *can not*), *winna* 'will nicht' (ne. *will not*) u. dgl.

Trotz der allgemeinen Übereinstimmung mit dem Englischen gibt es auch in der **Grammatik** Besonderheiten. Manche starke Verba sind bereits schwach, z. B. (*to*) *tell* 'sagen' → *telled* [≠ ne. *told*), (*to*) *gang* 'gehen' (ne. *go!*) → *gaed* (≠ ne. *went*, vgl. IV.3.45.). Die Endung *-s* der 3. Pers. Sing. Präs. Ind. der Verba kann auch auf die 1. Person übergreifen, z. B. *I gangs* 'ich gehe'. Das alte (schwache) Pluralsuffix *-n* der Substantiva ist ebenfalls mehr belastet als im Neuenglischen, vgl. *shoon* 'Schuhe' (≠ ne. *shoes*), *een* 'Augen' (≠ ne. *eyes*), *foen* 'Gegner, Feinde' (≠ ne. *foes*), *kine* 'Kühe' (≠ ne. *cows*) usw.

Das Schottische fällt durch seine monotone I n t o n a t i o n, die sich hauptsächlich aus der Schwäche des Druckakzents ergibt, besonders auf.

Nachstehend sollen zwei Textproben die schottische Schriftsprache der mittelenglischen bzw. der neuenglischen Zeit veranschaulichen. Bei den Worterklärungen werden, wo es nötig erscheint, zum Vergleich in eckigen Klammern die entsprechenden mittel- bzw. neuenglischen Äquivalente mitgeteilt.

(a) *Mittelschottisch*:

> *Þis wes in were, quhen vyntirtyde*
> *Vith his blastis hydwiß to byde*
> *Wes ourdriffin, and byrdis smale*
> *As thristill and þe nychtingale,*
> *Begouth rycht meraly to syng*
> *And for to mak in þair synging*
> *Syndry notis and soundis sere*
> *And melody plesande to here:*
> *And þe treis begouth to ma*
> *Burgeonys and brycht blwmys alsua*
> *To vyn þe heling of þar hevede,*
> *Þat vikkit vyntir had þame revede,*
> *And all grewis begouth to spring.*

(JOHN BARBOUR: *Bruce*. 1375.)

þis 'dies-'; *wes* 'war'; *in were* 'im Frühling'; *quhen* 'wenn, wann, als' [me. *whanne*]; *vyntirtyde* 'Winterszeit' [me. *wyntertide*]; *vith* 'mit' [me *with*], *his* 'sein' m.; *blastis* Pl. → *blast* 'Wind, Briese'; *hydwiß* 'schrecklich, häßlich' [me. *hideous*]; *to byde* 'warten, bitten'; *ourdriffin* Part. Prät. → *ourdrife* 'vertreiben, bezwingen' [me. *overdryven*]; *and* 'und'; *byrdis* Pl. → *byrd* 'Vogel'; *smale* 'klein, schmal, gering'; *as* 'als, wie, auch'; *thristill* 'Drossel' [me. *thrustel*]; *þe* 'der/die/das' (bestimmter Artikel); *nychtingale* 'Nachtigall'; *begouth* Prät. Ind. → *begynne(n)* 'beginnen'; *rycht* '(ge)recht, richtig, sehr' [me. *riht*]; *meraly* 'fröhlich, lieblich'; *to syng* 'singen' [me. *singe(n)*]; *for to* 'um zu' (+ Inf.); *to ma(k)* 'machen, tun' [me. *make(n)*]; *þair* ∼ *þar* 'ihr-' (Possessiv) [me. *þeire*]; *synging* 'das Singen, Gesang'; *syndry* 'verschieden, unterschiedlich'; *notis* Pl. → *not(e)* 'Note, Zeichen, Weise, Lied (?)'; *soundis* Pl. → *sound* 'Laut, Ton, Stimme: Melodie'; *sere* Pl. → *ser* 'verschieden, etlich, manch-'; *melody* 'Melodie'; *plesande* Part. Präs. → *plese(n)* 'gefallen'; *to here* 'ihm/ihr, ihnen'; *treis* Pl. → *tre* 'Baum'; *burgeonys* Pl. → *burgeon* 'Knospe'; *brycht* 'glänzend, froh'; *blwmys* Pl. → *blwme* 'Blume' [me. *blome*]; *alsua* 'auch' [me. *als(o)*]; *to vyn* 'gewinnen, siegen' [me. *wynne(n)*]; *heling* 'Haltung' [vgl. ne. *holding*]; *of* 'von' (possessiv. Präp.); *hevede* Pl. → *heved* 'Haupt, Kopf'; *þat* 'das, jenes'; *vikkit* 'falsch, verlogen, böse'; *vyntir* 'Winter' [me. *wynter*]; *had* 'hatte'; *þame* 'ihnen, denen' bzw. 'sie' (Akk. Pl.) [me. *þeim* ~ *þaim*]; *revede* Part. Prät. → *reve(n)* '(be)rauben, entführen, (aus)plündern'; *all* 'alle'; *grewis* Pl. 'alles, was wächst'; *to spring* 'springen, hüpfen; (auf)blühen; lenzen' [me. *spryngen*].

(b) *Neuschottisch*:

O lang, lang may their ladies sit,
Wi thair fans into their hand,
Or eir they se Sir Patrick Spence
Cum sailing to the land.

O lang, lang may the ladies stand,
Wi thair gold kems in their hair,
Waiting for thair ain deir lords,
For they 'll se thame na mair.

Haf owre, haf owre to Aberdour
It' fiftie fadem deip,
And their lies guid Patrick Spence,
Wi the Scots lords at his feit.

(*Sir Patrick Spence*. Hrsg. v. F. CHILD: *English and Scottish Popular Ballads I—V*. 1883—1898.)

o 'oh, ach'; *lang* 'lange' [ne. *long*]; *may* 'mögen'; *their/thair* 'ihr' (Possessiv, auch in der Funktion des Demonstrativs bzw. des bestimmten Artikels); *ladies* Pl. → *lady* 'Dame, Herrin'; *to sit* 'sitzen'; *wi* 'mit' [ne. *with*]; *fans* Pl. → *fan* 'Fächer'; *into* 'in'; *hand* 'Hand'; *or* 'oder'; *eir* 'eher, bevor'; *they* 'sie' (Nom. Pl.); *to se* 'sehen, erblicken' [ne. *see*]; *to cum* 'kommen' [ne. *come*]; *sailing* Gerund → *to sail* 'segeln'; *to* 'zu, nach, gegen'; *the* (bestimmter Artikel); *land* 'Land' (hier im Gegensatz zu See); *to stand* 'stehen'; *gold* 'Gold-, golden' [ne. *golden*]; *kems* Pl. → *kem* 'Kamm' [ne. *comb*]; *in* 'in'; *hair* 'Haar'; *waiting* Gerund → *to wait* 'warten'; *for* 'für' (hier: 'auf'); *ain* 'eigen' [ne. *own*]; *deir* 'teuer, lieb' [ne. *dear*]; *lords* Pl. → *lord* 'Herr, Gemahl'; *for* 'denn, weil'; *'ll = will* 'werden'; *thame* 'sie' (Akk. Pl.) [ne. *them*]; *na* 'nein, nicht' [ne. *no(t)*]; *mair* 'mehr' [ne. *more*]; *haf* 'halb(wegs)' [ne. *half*]; *owre* 'über, jenseits' [ne. *over*]; *it'* 'es ist/war' [ne. *it is/was*]; *fiftie* 'fünfzig' [ne. *fifty*]; *fadem* 'Faden' (als Tiefen- bzw. Längenmaß) [ne. *fathom*]; *deip* 'tief' [ne. *deep*]; *and* 'und'; *their* 'dort' [ne. *there*]; *lies* 3. Pers. Sing. Präs. Ind. → *to lye* 'liegen'; *guid* 'gut, brav' [ne. *good*]; *Scots* 'schottisch'; *at* 'bei, zu'; *his* 'sein-' (Possessiv); *feit* 'Füße' [ne. *feet*].

IV.5.22. Das Englische in Irland und in Wales

Die Sprache der englischen Eroberer begann sich im 12. Jh. auch in I r l a n d zu verbreiten. Die allmähliche Verdrängung der keltischen Muttersprache der Bevölkerung hatte dazu geführt, daß die meist gesprochene — und zugleich amtlich verwendete — Sprache der irischen Inseln im 17. Jh. bereits die englische war. Dank der seit dem 18. Jh. erstarkenden irischen Freiheitsbewegung wurde auch dem Jahrhunderte lang nur in der Form von Bauernmundarten vegetierenden Keltisch-Irischen zur Wiedergeburt verholfen, obwohl das Englische aus dem allgemeinen Gebrauch nicht mehr wegzudenken ist.

Allerdings weist das Englische in Irland manche Züge auf, die sich aus dem k e l t i s c h e n S u b s t r a t erklären. Für den L a u t s t a n d ist vor allem das Fehlen der interdentalen Reibelaute [ð] und [θ] bzw. ihr Ersatz durch [d] und [t] charakteristisch, vgl. [dıs] 'this:dieser', [bed] 'bathe:baden'. Im absoluten Auslaut wird [d] in der Regel aufgegeben, z. B. [ən] 'and:und', [la:n] 'land:Land' usw.

Das Substrat wirkt sich auch in der größeren Anzahl keltischer Entlehnungen im W o r t s c h a t z aus, vgl. *smur* 'dichter Nebel' (< ir. *smur* 'Nebel'), *sonaghan* 'eine Art Forelle, die im November in den Gewässern Irlands erscheint' (< ir. *samhain* 'November' + ir. -[ch]an Deminutivsuffix).

Ebenso kennzeichnend ist auch die Beibehaltung alter semantischer Inhalte von vielen englischen Wörtern, die in England selbst gewandelt wurden, z. B. *harvest* 'Herbst' in Irland, aber 'Ernte' in England. Gleichzeitig wurde aber auch die Bedeutung mancher Wörter im Laufe der Zeit in Irland geändert, z. B. (*to*) *join* 'beginnen' (in England: 'koppeln'), *strong* 'reich, gesund' (in England: 'stark') usw.

Für den m o r p h o l o g i s c h e n B a u ist das völlige Fehlen der Perfektformen des Verbs charakteristisch. Sie werden mit Hilfe des Verbum substantivum und dem mit der Präposition *after* 'nach' versehenen Gerund des Sinnverbs umschrieben, z. B. *I am after seeing him this day* (anstatt *I have seen him today*) 'ich habe ihn heute gesehen'. Das Futurum wird bei allen Personen mit dem Hilfsverb *will* gebildet, während *shall* in allen Fällen 'sollen' bedeutet.

Das keltische W a l e s wurde von den Angelsachsen zum Teil noch im 10.—11. Jh. unterjocht. Nach langwierigen Kämpfen ging Wales im 13. Jh. seiner Unabhängigkeit endgültig verlustig. Von dieser Zeit an drang auch die Sprache der Eroberer immer mehr vor, obwohl ein Teil der Bevölkerung auch heute noch nur kymrisch spricht (vgl. I.2.5.). Die Mehrheit ist zweisprachig, die Amtssprache ist jedenfalls Englisch.

Beide Sprachen stehen in ständiger Wechselwirkung. Einerseits übernimmt das Kymrische Wörter vom Englischen, andererseits macht sich aber besonders der kymrische W o r t s c h a t z im Englisch der keltischen Bevölkerung geltend. Der keltische Einfluß zeigt sich verständlicherweise in der A u s s p r a c h e des Englischen am stärksten. Das gleiche läßt sich über das Englisch der z. T. noch zweisprachigen, aber im Zustand des Sprachwechsels begriffenen Bevölkerung der Insel M a n (vgl. I.2.5.) feststellen: die sprachliche Umvolkung ist hier allerdings schon so gut wie ganz abgeschlossen.

IV.5.23. Das Deutsche in Österreich

Das östliche Grenzgebiet des karolingischen Frankenreiches wurde von KARL DEM GROSSEN unter dem Namen Ostmark als eine Verteidigungszone zur Abwehr östlicher, vor allem awarischer Angriffe organisiert. Im 12. Jh. ist dieses Gebiet ein selbständiges Herzogtum geworden und gelangte im ausgehenden 13. Jh. in den Besitz der Habsburger, die, nachdem sie ihr politisches Zentrum dorthin verlegt hatten, ihre Macht teils durch Kriege, teils durch dynastische Eheverträge weit über die eigentlichen Grenzen Österreichs hinausschoben. 1526 fielen Ungarn und Böhmen als Erbteil dem Haus Habsburg zu; 1699 kam Siebenbürgen, Ende des 18. Jh.s auch Galizien und das Buchenland (Bukowina) unter ihre Oberhoheit. 1814 konnte Österreich auch Illyrien, Dalmatien, zeitweilig sogar die Lombardei und Venedig annektieren. Auf diese Weise ist das Reich der Habsburger ein Vielvölkerstaat geworden. Die verbindende und vermittelnde Sprache der Verwaltung, des Heeres usw. war in erster Linie Deutsch, allerdings ein Deutsch, das sich vom Sprachgebrauch des binnendeutschen Raumes in vieler Hinsicht unterschied bzw. in der nach dem Ersten Weltkrieg geschaffenen Republik Österreich heute noch unterscheidet, obwohl die grundlegenden deutschen Orthographieregeln von 1901 auch von Österreich angenommen wurden.

Mit Ausschluß des alemannischen Vorarlberg werden in allen Bundesländern Österreichs b a i r i s c h - ö s t e r r e i c h i s c h e M u n d a r t e n gesprochen. Dementsprechend sind für die geschriebene, noch mehr für die gesprochene Variante der deutschen Hochsprache in Österreich die Merkmale des Bairischen charakteristisch. Dabei spielt die Hauptstadt W i e n eine entscheidende Rolle. Der Wiener Dialekt gilt heute schon in allen Städten Österreichs als maßgebliche Norm und drängt dadurch auch die urtümlichen Bauernmundarten immer mehr zurück (Abb. 69).

Die deutsche A u s s p r a c h e des Österreichers zeichnet sich durch die häufige Entrundung labialer Vokale und Diphthonge aus, vgl. [ʃeːn] für [ʃøːn] 'schön', [ʃitn̩] für [ʃytən] 'schütten', [haezə] für [hɔøzɐɪ] 'Häuser',

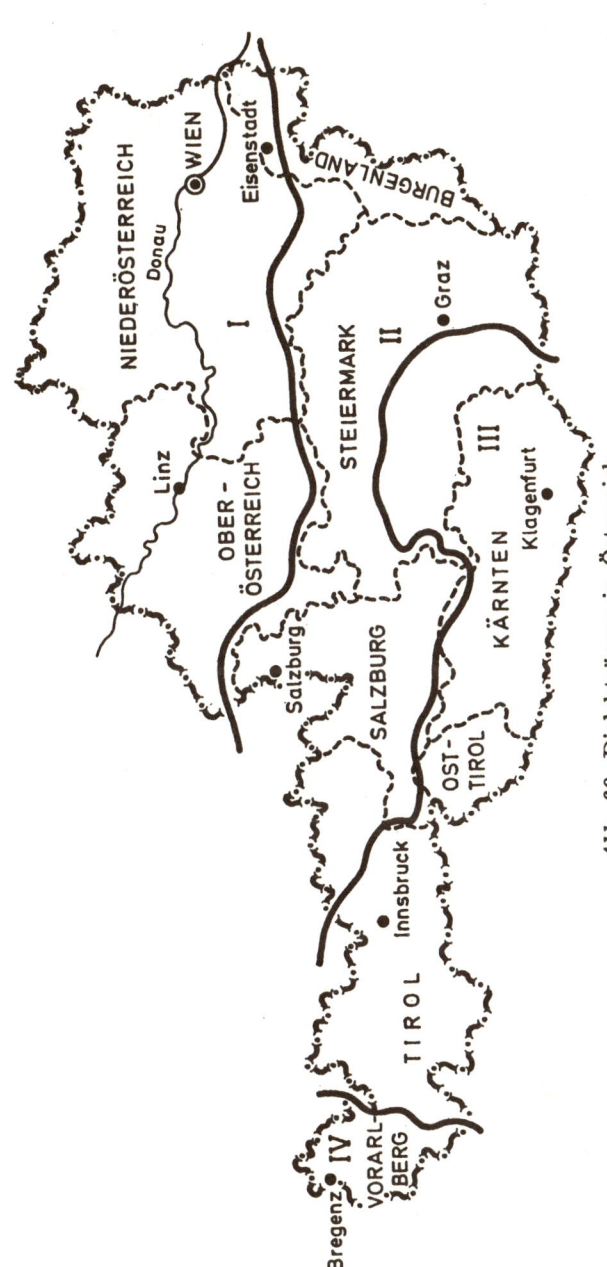

Abb. 69. Dialekträume in Österreich

I donaubairische Mundarten („Mittelbairisch"), *II* Süddonaubairisch (Übergangszone zwischen I und III), *III* südbairische Mundarten, *IV* alemannische Mundarten

[laet] für [lɔøtə] 'Leute' usw. Anlautendes p und t sind unbehaucht, vgl. [peç] für [pʰeç] 'Pech' bzw. [te:] für [tʰe:] 'Tee'. [r] ist meistens Zungenlaut und wird in der Stellung nach Vokal vielfach vokalisiert, d. h. es führt zu neuen Diphthongen, vgl. [tɔəf~ tuəf] für [dɔrf] 'Dorf', [nu:ə] für [nu:r] 'nur' usw. Sogar in der städtischen Umgangssprache kommt der mundartlich (Wienerisch) bedingte Lautersatz [a:] für [ae], [ao] bzw. [e:] vor, z. B. [kla:n] neben [klaen] 'klein', [pa:m] neben [paom] 'Baum', [ma:dḷ ~ ma:'ḷ] neben [me:dḷ] 'Mädel'.

Die Morphologie zeigt ebenfalls manche Besonderheiten dem Deutschen gegenüber. Die Genusverteilung der Nomina zeigt in vielen Fällen erhebliche Abweichungen, vgl. *der Butter*, *der Dotter*, *das Monat* (Wien) usw. Unter den Pluralsuffixen der Nomina ist der „schwache" Typus besonders stark verbreitet: *Mädeln* 'Mädel' (Pl.), *Schanken* 'Schänke'. Im grammatischen Bau kommt die mundartliche Basis im allgemeinen stärker zur Geltung als im binnendeutschen Raum, vgl. z. B. den häufigeren Ersatz des synthetischen Präteritums durch das Perfekt, des Genitivs durch possessivische Wortgefüge u. dgl. Die Verwendung von *tun* als Hilfsverb gilt in Österreich auch als umgangssprachlich, nicht nur dialektal wie in Deutschland (z. B. *essen tun wir!* 'wir [wollen] essen!').

Die Austriazismen, die übrigens auf mundartlicher Ebene manchmal auch in Bayern bzw. ganz Oberdeutschland verbreitet sind, melden sich besonders massiert im Wortschatz. Allgemein oberdeutsch gelten z. B. Wörter wie *Backe* 'Wange', *Orange* (älter: *Pomeranze*) 'Apfelsine', *bügeln* 'plätten' u. dgl. Manche gemeinbairische Mundartwörter gelten in Österreich z. T. auch als hochsprachlich, z. B. *Triste* 'Schober', *Kukuruz* 'Mais', *Paradeis* 'Tomate', *Tram* 'Balken', *Grammel* 'Griebe', *Bäckerei* 'Gebäck, Backwerk' usw.

Auch im Gebrauch der Verbalpräfixe bestehen viele Unterschiede zwischen Binnendeutsch und Österreichisch, z. B. **aus**spotten 'verspotten', **ab**gebrannt 'verbrannt'. In der Wortbildung sind die oberdeutschen Deminutivformen sehr beliebt, vgl. *Mäuserl*, *Stückerl*, *Stamperl*, *Zuckerl*. Wörter, z. T. Entlehnungen aus Fremdsprachen, die im Deutschen für veraltet gelten, sind in Österreich noch im Schwange, z. B. *Zuckerbäcker* 'Konditor', *Lebzelten* 'Leb-, Honigkuchen', *Klafter* bzw. *Coupé* 'Abteil', *Advokat* 'Rechtsanwalt', *Match* 'Fußballspiel', *Goal* 'Tor', *Spital* 'Krankenhaus', *Lavoir* 'Waschbecken, -schüssel' usw. Viele österreichische lexikalische Besonderheiten stammen aus den Nachbarsprachen, z. B. aus dem Italienischen: *Karfiol* 'Blumenkohl', *Ribisel* 'Johannisbeere', *Fisole* 'Bohne', *Marille* 'Aprikose'; aus dem Slawischen: *Powid(e)l* 'Mus', *Kolatsche(n)* 'Kuchen', *Jause* 'Zwischenmahlzeit', *Buchtel/Wuchtel* 'ein Hefegebäck, Dampfnudel', bzw. aus dem Ungarischen: *Palatschin-*

ken 'Eierkuchen' usw. Es sind das meistens **K u l t u r w ö r t e r**, die das ganze ehemalige Habsburgerreich überlagerten und gutenteils in alle — auch nichtdeutsche — Sprachen der alten Monarchie Eingang fanden, vgl. im **U n g a r i s c h e n**: *kupé* 'Abteil', *meccs* [mɛtʃ] 'Match', *gól* [go:l] 'Goal', (veralt.) *(ho)spitály* [⟨ho:⟩ʃpita:l, -a:j] 'Spital', *lavór* [lavo:r] 'Lavoir', *karfiol, ribizli* [ribizli] 'Ribisel', *kalács* [kåla:tʃ] 'Kolatsche', *bukta* 'Buchtel', im **S e r b o k r o a t i s c h e n**: *karfiol, kupe, kolač, ribiz(la), palačinka, lavor, špitalj, meč, gol* oder im **T s c h e c h i s c h e n**: *karfiol, fizole ~ fisole, kupé, goal, lavor* u. dgl.

Nachstehend soll ein moderner Wiener Textteil die organische Vermischung von Hochsprache und Mundart in der deutschen Gemein- bzw. Umgangssprache Österreichs veranschaulichen. (Das Graphem *å* bezeichnet offenes, labiales [ɔ] bzw. [ɔ:], wie meistens auch in der bairischen Mundartdichtung, gibt zugleich etymologisches *a* wieder.)

Ih bin ned årm, ih bin ned reich,
und wüll es aa nia werd'n,
Ih håb im Leben, wås ih brauch',
mi g'freut's aa so auf Erd'n;
Mir schmeckt dås Bier, mir schmeckt der Wein,
mir schmeckt aa dås Zigarl,
Mei Herz hupft m'r vur Freud in d'Höh',
siach ih a saubers Madl.

(KARL SCHNEIDER: *Wunschtraum eines Alt-Wieners.*)

ih [i:] 'ich'; *ned* 'nicht'; *wüll* 'will'; *aa* 'auch'; *nia* 'nie'; *mi* 'mich'; *Zigarl* 'Zigarre' (Dem.); *hupft* 'hüpft'; *m'r* [mə] 'mir'; *vur* 'vor'; *siach* 'sehe'; *sauber* 'nett, hübsch'; *Madl* 'Mädel'.

IV.5.24. Schwyzertüütsch

Schwyzertüütsch 'Schweizerdeutsch' ist die Bezeichnung der **a l e m a n n i s c h e n** Mundarten bzw. der aus diesen entstandenen regionalen Umgangssprache der deutschen Bevölkerung der Schweiz. Es wird auch als schriftliches Kommunikationsmittel verwendet, besonders in seiner Zürcher Variante (*Züritüütsch* 'Zürich-Deutsch'), und in den meisten Schweizer Zeitungen werden regelmäßig auch kleinere schwyzertüütsche Texte veröffentlicht. In den Jahren des Zweiten Weltkriegs wurde sogar eine sehr aktive Bewegung mit der Zielsetzung gestartet, die deutsche Amtssprache des Landes durch das Schwyzertüütsch zu ersetzen. Auf diesen Bruch mit der eigenen Tradition wurde jedoch aus praktischen Bedenken verzichtet. Ähnlich wie Österreich hat auch die Schweiz die gesamtdeutschen orthographischen und grammatischen Beschlüsse von 1901 — mit gewissen geringfügigen Modifikationen — anerkannt. Allerdings hat auch die Schweizer Variante der deutschen Hochsprache Besonderheiten bewahrt, die sich aus dem Einfluß des Schwyzertüütsch erklären lassen (Abb. 70).

Wie in den alemannischen Mundarten überhaupt, wurde die zweite (althochdeutsche) L a u t v e r s c h i e b u n g auch im Schwyzertüütsch in vollem Maße durchgeführt, und sie erscheint heute noch viel konsequenter als in der deutschen Gemeinsprache sonst, vgl. *pflääge* 'pflegen', *hupfe* 'hüpfen', *Chopf* 'Kopf'; *zele* 'zählen', *haize* 'heizen', *Holz*; *haiss* 'heiß', ja sogar *Chint* [xint] 'Kind', *Acher* [axər] 'Acker' und *Wulch* [vulx] 'Wolke'. Die Lautgruppen *st*, *sp* lauten in allen Stellungen [ʃt], [ʃp], z. B. *Schtai* 'Stein', *isch*(*t*) 'ist', *Schpiis* 'Speise', *Reschpäkt* 'Respekt', sogar die Konsonanz *sk* lautet in der Regel [ʃk], vgl. *Schkandaal* 'Skandal', *tischgeriere* 'diskurrieren'.

Das kennzeichnendste Merkmal des V o k a l i s m u s ist die Bewahrung der alten Längen sowie der alten Diphthonge, vgl. *Schwyz* [ʃwi:ts] 'Schweiz', *riich* [ri:ç] 'reich', *tüütsch* [ty:tʃ] 'deutsch', *Fründ* 'Freund', *Huus* [hu:s] 'Haus', *fuul* [fu:l] 'faul', andererseits *lieb* [liəp], *Liecht* [lieçt] 'Licht', *Bluet* [pluət] 'Blut', *guet* [kuət] 'gut', *grüen* [kryən] 'grün', *süess* [syəs] 'süß'.

Die Vokale der Nebentonsilben wurden meistens stark r e d u z i e r t, vielfach auch aufgegeben, vgl. *gwüss* 'gewiß', *tanzet* 'getanzt', *z'rugg* 'zurück', *Haimet* 'Heimat', *Aug* 'Auge', *Suntig* 'Sonntag' u. dgl.

Typisch und äußerst beliebt sind in der W o r t b i l d u n g die alemannischen Deminutiva auf -*li* und -*i*, vgl. *Büebli* 'Bübchen ∼ Büblein', *Hüüsli* 'Häuschen ∼ Häuslein', *Ruedi* 'Rudi'.

Im Kasussystem der N o m i n a hebt sich der Dativ Pl. von den übrigen Kasus ab, vgl. *Fuess* 'Fuß' → *Füess* 'Füße' → *Füesse*(*n*) 'Füßen'; desgleichen — allerdings mit einer Einschränkung der Kompetenz wie im Englischen — der Genitiv Sing., vgl. '*s Naachbers Huus* 'das Haus des Nachbarn', '*s Mueters Schue* 'der Schuh der Mutter', *i ha* **der** *Wiil/Ziit* 'ich habe Zeit', wörtlich: 'ich habe der Weile/Zeit' (alter partitivischer Genitiv!). Reliktweise haben einige Nomina auch im Dat. Sing. eine Sonderform, z. B. *Bueb* m. 'Bube' → *Buebe*(*n*) 'dem Buben'.

Die S u b s t a n t i v a werden auch im Schwyzertüütsch nicht mehr nach den alten Stammklassen, sondern gemäß ihrem Pluralsuffix gruppiert: 1. -ø (mit oder ohne Umlaut), z. B. *Chnächt* m. 'Knecht' — *Chnächt* Pl., *Bai* n. 'Bein, Knochen' — *Bai* Pl., *Gascht* m. 'Gast' — *Gescht* 'Gäste', *Huut* f. 'Haut' — *Hüüt* Pl.; 2. -*e*(*n*) (mit oder ohne Umlaut), z. B. *Bueb* m. 'Bube' — *Buebe*(*n*) Pl., *Frau* f. 'Frau' — *Fraue*(*n*) Pl., *Aug* n. 'Auge' — *Auge*(*n*) Pl., *Vatter* m. 'Vater' — *Vättere* Pl.; 3. -*er* (mit oder ohne Umlaut), z. B. *Brätt* n. 'Brett' — *Brätter* Pl., *Buech* n. 'Buch' — *Büecher* Pl.

Das **Adjektiv** kann stark oder schwach sein: (*en*) *alte Maa* '(ein) alter Mann', aber *der alt Maa* 'der alte Mann'; (*en*) *alts Huus* '(ein) altes Haus', aber *'s alt Huus* 'das alte Haus'; (*en*) *alti Frau* '(eine) alte Frau'.

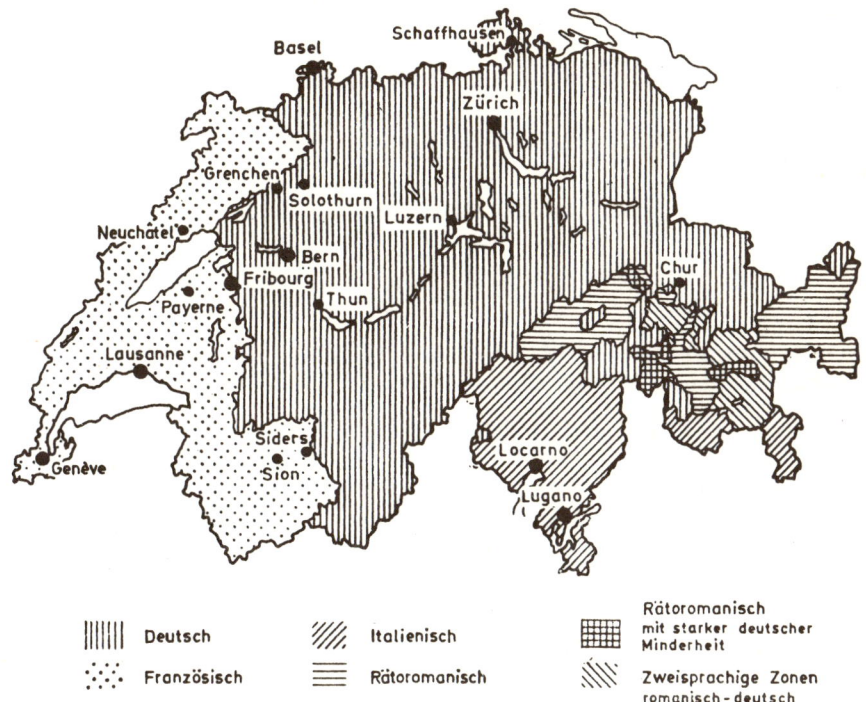

Abb. 70. Sprachenkarte der Schweiz (nach BRUNO BOESCH und ADOLF BACH)

Von den **Numeralien** werden nach den drei Genera unterschieden flektiert *ain* m. (*ai* f., *ai* ~ *ais* n.) 'ein', *zwee* m. (*zwoo* f., *zwai* n.) 'zwei' und *drei* m./f. (*drüü* n.) 'drei'.

Die Personalendungen des **Verbs** wurden im Plural — wie im Alemannischen schlechthin — ausgeglichen, vgl. den Einheitsplural in *mer mached* 'wir machen', *er mached* 'ihr macht', *si mached* 'sie machen'. Das synthetische Präteritum Ind. wurde durch das Perfekt ersetzt, vgl. *i bi g'gange* 'ich bin gegangen; ich ging', wozu auch das Plusquamperfekt entsprechend gebildet wird: *i bi g'gange g'sii* 'ich bin gegangen gewesen', d. h. 'ich war gegangen'. Auf das alte Präteritum verweisen — wie übrigens auch im Bairisch-Österreichischen — nur noch die Konjunktivformen, vgl. *i suechti* 'ich suchte', *i fund* 'ich fände/ich würde finden'. Das Verb ist entweder „stark" oder „schwach". Die Ablautsreihen des Gemeingermanischen haben im Schwyzertüütsch die folgenden Entsprechungen: 1. *griffe — (griff) — g'griffe* 'greifen'; 2. *büüte/biete — botte* 'bieten'; 3. *binde — 'bunde* 'binden'; 4. *bräche — (brääch) — 'broche* 'brechen'; 5. *lä(ä)se — g'lä(ä)se* 'lesen'; 6. *faare — (fier) — g'faare* 'fahren'.

Von den germanischen Präteritopräsentien sind noch erhalten: *söll (soll)* 'soll' — *sött (sett)* (Konj.); *mues* 'muß' — *müesst(i)* [myəsti] (Konj.); *cha (chan[n])* 'kann' — *chönnt(i)* (Konj.); *maa(g)* 'mag' — *möcht(i) (mieg)* (Konj.); *töörff (taarff)* 'darf' — *töörft(i)* (Konj.; semantisch ist damit auch *taar*, Konj. *töör* zusammengefallen); *waiss (weiss)* 'weiß' — *wüsst(i)* (Konj.). Ihnen hat sich auch *will (wott)* 'will' — *wett (wött)* (Konj.) angeschlossen.

Die Gruppe der athematischen Verba ist etwas stärker als im Neuhochdeutschen, vgl. *si(i)* 'sein': *bi(n), bischt, isch(t), sind (sii, siit)* bzw. *sei(g) ~ sig(i)* 'sei', *wää(r)* 'wäre', *bis!* 'sei!' — *sind (siit)!* 'seid!', *g'si(i)* 'gewesen'; *tue* 'tun', *tuene* 'ich tue'; *gaa* 'gehen', *gaane ~ gang ~ gaa* 'ich gehe', *schtaa* 'stehen', *schtaane~schtand~schtaa* 'ich stehe'; *ha(a)* 'haben', *ha(n)* 'ich habe'; *laa (~ loosse)* 'lassen', *laane ~ laa* 'ich lasse'; *fange (faa ~ fää)* 'fangen', *faane ~ fange ~ fääne* 'ich fange'; *schlaa (schloo)* 'schlagen', *schlaane ~ schlaa* 'ich schlage'; *g'see* 'sehen', *g'seene ~ g'see* 'ich sehe'; *'gää* 'geben', *gibe(n)* 'ich gebe'; *nää* 'nehmen', *nime* 'ich nehme'; *choo* 'kommen', *chume* 'ich komme' usw.

Ansonsten ist für das Schwyzertüütsch die stark wogende I n t o n a - t i o n besonders charakteristisch, die auch in der hochsprachlichen Rede des Schweizers meist beibehalten wird.

Zur Aufzeichnung der örtlichen Varianten des Schwyzertüütsch hat der bekannte Phonetiker EUGEN DIETH eine sehr praktische p h o n o l o g i - s c h e U m s c h r i f t geschaffen (*Schwyzertütschi Dialäktschrift*. Zürich 1938). In dieser Lautschrift wird geschlossenes [e] mit *e*, offenes [ɛ] mit *ë*, überoffenes [æ] mit *ä* wiedergegeben; *y* ist geschlossenes langes [i:] oder kurzes [i]; ʃ bezeichnet [ʃ]; die Verdoppelung der Konsonanten gibt aber nicht die Kürze des voraufgehenden Vokals an (wie im Deutschen), sondern die tatsächliche Länge des betreffenden Konsonanten. Die nachstehende Textprobe soll auch dieses Transkriptionssystem veranschaulichen:

Mys müeti hët mer brichtet:
chumm wider ëiniʃt hëi,
ës syg so ganz verlasse,
ës syg so ganz elëi.

Und druuf so han em gʃriibe,
i hëig jo chuum der zyt,
heb ëister z tüe und zʃaffe
und s hëigoo syg so wyt.

Doch ëiniſſ bin i gange,
bi hëichoo s wäägli uus,
und s müeti han i gfunde
elëi im alte huus.

Elëi im chlyne ſtüübli,
wo s zyt goot a der wand,
am fëiſterli hëts gſlooffe,
mys briefli i der hand.

(JOSEF REINHART: *Mys Briefli.* Solothurn.)

mys 'mein(es)'; *müeti* n. 'Mutti, Muttchen'; *hët* 'hat'; *mer* 'mir'; *brichtet* 'berichtet'; *chumm* 'komm'; *ëiniſt* ~ *ëiniſſ* 'einst: einmal'; *hëi* 'heim'; *syg* 'sei'; *elëi* 'allein'; *druuf* 'darauf'; *han* 'ich habe'; *em* 'ihm'; *gſriibe* 'geschrieben'; *i hëig* 'ich hätte'; *jò* 'ja'; *chuum* 'kaum'; *zyt* 'Zeit'; *heb* 'habe' (Konj.); *ëister* 'eher, vorher'; *s hëigoo* 'das Heimgehen'; *wyt* 'weit'; *bi hëichoo* 'bin heimgekommen'; *s wäägli* 'das Weglein: Pfad'; *uus* 'aus'; *huus* 'Haus'; *im chlyne ſtüübli* 'im kleinen Stüblein'; *goot* 'geht'; *s zyt goot a der wand* 'die Zeit [d. h. die Uhr] geht an der Wand'; *a* 'an'; *fëiſterli* 'Fensterlein'; *hëts* 'hat es'; *gſlooffe* 'geschlafen'; *briefli* 'Brieflein'; *i* 'in'.

IV.5.25. Letzeburgisch

Letzeburgisch (eigtl. „Lützelburgisch", nach dem alten Namen von Luxemburg) gehört zur **moselfränkischen** Gruppe der **westmitteldeutschen** Mundarten. Innerhalb des Moselfränkischen ist es ein ziemlich archaisches Rückzugsgebiet. **Luxemburg** (frz. Luxembourg), amtlich das *Großherzogtum Luxemburg* (frz. *Grand-Duché de Luxembourg*) gehört mit seinem Gebiet von 2586 km² und mit seinen 350 000 Einwohnern zu den Zwergstaaten Europas. Die Hauptstadt des Landes ist *Luxemburg* (frz. *Luxembourg*). Das Land ist ein entwickelter Industriestaat, dessen Nationaleinkommen großenteils dem Eisenerzbergbau bzw. der Eisenverhüttung zu verdanken ist. Obwohl die Einwohner Deutsche sind, ist aus geographisch-historischen Gründen das Französische die Amtssprache, während die deutsche Hochsprache daneben als Schriftsprache fungiert; die Umgangssprache, die auch ein bedeutendes schöngeistiges Schrifttum aufzuweisen hat, ist Letzeburgisch.

Im 10. Jh. war Luxemburg eine der wichtigsten feudalen Provinzen des „Imperium Romanum", des späteren Römischen Reiches Deutscher Nation. Eine Zeitlang waren die Grafen von Luxemburg sogar römisch-deutsche Kaiser bzw. Könige von Ungarn und Böhmen (SIGISMUND, 1368—1437). 1443 hatte Herzog PHILIPP DER GUTE das Land mit Burgund vereinigt, aber schon gegen Ende des 15. Jh.s kam Luxemburg in den Besitz der Habsburger und geriet zusammen mit den südniederländischen Provinzen unter die Herrschaft der Spanier. Der Wiener Kongreß (1815) hat Luxemburg im Rahmen des Deutschen Bundes als Großherzogtum wiederhergestellt, das 1830 dem Königreich Belgien angeschlossen wurde. An der belgischen Revolution von 1830 war auch Luxemburg beteiligt; 1839 wurde der Westen des Großherzogtums ebenfalls unter dem Namen Provinz Luxemburg (frz. Luxembourg) — mit starker deutscher Minderheit — an Belgien angegliedert. Das eigentliche Luxemburg wurde aber durch eine Personalunion mit dem Königreich der Niederlande verbunden. 1867, nach der Londoner Konferenz, trat Luxemburg aus dem Deutschen Bund, 1890 auch aus der Union mit Holland aus. Immerhin ist es im vorigen Jahrhundert noch im deutschen Zollverein verblieben. Sowohl im Ersten wie im Zweiten Weltkrieg wurde das Land von deutschen Truppen besetzt. Nach dem Zweiten Weltkrieg ist auch Luxemburg der NATO (1949) und der EWG (1957) beigetreten. Es ist einer der Mitgliedstaaten der unter dem Namen *Benelux* bekannten holländisch-belgisch-luxemburgischen Vereinigung.

Als r e g i o n a l e U m g a n g s s p r a c h e kommt das Letzeburgische neben Deutsch und Französisch auch im Rundfunk, in der Presse, ja sogar im Unterricht und in der Verwaltung zur Geltung. Ähnlich wie während des Krieges in der Schweiz, entstand nach dem Zweiten Weltkrieg auch in Luxemburg eine Bewegung, die sich die Ablösung der deutschen Hochsprache durch die luxemburgische Umgangssprache als Schriftsprache zum Ziel setzte, allerdings sind diese Bestrebungen ohne Erfolg geblieben. 1946 wurde sogar eine Orthographiereform des Letzeburgischen durchgeführt (z. B. Letzeburgisch → *lezebuurjesh*), immerhin werden meistens heute noch die Regeln der deutschen Rechtschreibung befolgt.

Das Letzeburgische ist letzten Endes aus dem alten westfränkischen Stammesdialekt unter den besonderen territorialen Bedingungen des Hochmittelalters entstanden. Die Klärung des Werdegangs und der inneren Gliederung des Letzeburgischen ist dem früh verstorbenen großen luxemburgischen Gelehrten ROBERT BRUCH zu verdanken (Abb. 71).

Als westmitteldeutscher Dialekt hat das Letzeburgische die zweite (althochdeutsche) L a u t v e r s c h i e b u n g nur teilweise durchgeführt, vgl. *Fuß*, aber *dat* 'das', *wat* 'was'; *greiffen* 'greifen', aber *op* 'auf' u. dgl. Es sei angemerkt, daß die Mundarten der sogenannten Siebenbürger „Sachsen" in Rumänien mit dem Letzeburgischen am engsten verwandt sind.

Die ältesten datierbaren D e n k m ä l e r des Letzeburgischen sind die *Echternacher Glossen* aus dem 9.—10. Jh.; der älteste zusammenhängende Text ist das *Trierer Capitulare* aus dem 10. Jh. Das wichtigste Sprachdenkmal des Letzeburgischen aus mittelhochdeutscher Zeit ist die Reimlegende des Marienthaler Bruders HERMANN über das Leben der Gräfin *Yolande von Vianden.* Die moderne letzeburgische Literatur bzw. Heimatdichtung setzte in der ersten Hälfte des vorigen Jahrhunderts ein. Das repräsentative Korpus der Geschichte der letzeburgischen Literatur wurde von FERNAND HOFFMANN (1964) zusammengestellt.

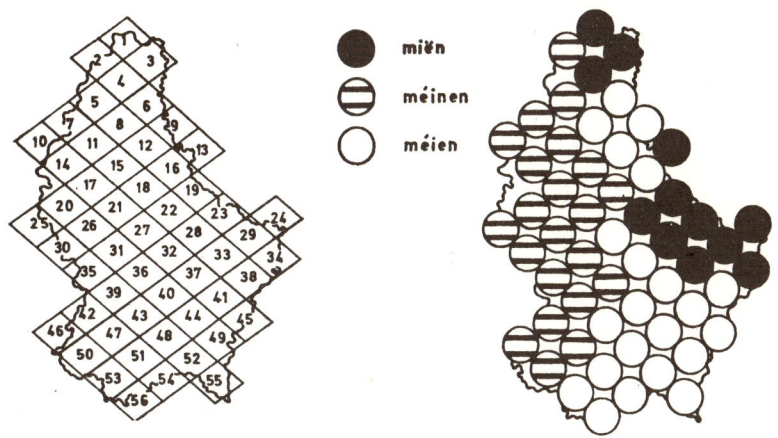

Abb. 71. Der Aufbau des Letzeburgischen am Beispiel der Aussprache von 'mähen' in Luxemburg (nach ROBERT BRUCH)

Textproben

(1) *Aus mittelhochdeutscher Zeit*:

Sy gruoʒt sy, als it wol gezam.
Sy sprach: „Vil liyve suster mîn,
Du solt mir willekume sîn.
Mîn dynest sol dir sîn gereit
Bit guoden willen sunder leit.
Doch einer beden bit ich dich:
Des danzes hilf erlâzen mich,
So wil ich nâ den willen dîn
Dyn suster und dyn dyrne sîn."

(Bruder HERMANN: *Yolande von Vianden.* Um 1290.)

sy 'sie'; *gruoʒt* 'grüßt'; *it* 'es'; *wol* 'wohl'; *gezam* 'geziemte; geziemend'; *vil* 'viel: sehr'; *liyve* 'liebe'; *suster* 'Schwester' (heute: *Söschter*); *mîn* 'mein'; *solt* 'sollst'; *willekume* 'willkommen'; *sîn* 'sein'; *dynest* m. 'Dienst(bereitschaft)'; *sol* 'soll'; *gereit* 'bereit'; *bit guoden willen* 'mit gutem Willen'; *sunder* 'sonder, ohne'; *leit* 'Leid'; *beden* 'beten: Bitte' *bit* 'bitte'; *danz* 'Tanz'; *erlâzen* (+ Gen.) 'erlassen, befreien'; *wil* 'will'; *nâ* 'nach'; *dîn* ∼ *dyn* 'dein'; *dyrne* f. 'Dirn: Dienstmagd'.

(2) *Moderne Dichtung*:

> *Et war esô emm d'Peischten,*
> *'T stung Alles ann der Blë,*
> *An d'Villercher di songen*
> *Hir Lidder spët a frë.*
> *Du rifft de Lëw, de Kinnek,*
> *All Dëer op e Fäst*
> *Am Grengewald zesuomen,*
> *an 't kômen all seng Bäst.*

(MICHEL RODANGE: *Renert.* 1873.)

et ~ *'t* 'es'; *esô* 'so'; *emm* 'um'; *Peischten* 'Pfingsten'; *stung* 'stand'; *ann* 'in'; *Blë* f. 'Blüte'; *a(n)* 'und'; *d'Villercher* 'die Vögelchen'; *songen* 'sangen'; *hir* 'ihr(e)'; *Lidder* 'Lieder'; *spët* 'spät'; *frë* 'früh'; *du* 'da'; *rifft* ... *zesuomen* 'ruft ... zusammen'; *Lëw* 'Löwe'; *Kinnek* 'König'; *Dëer* 'Tiere'; *op* 'auf', *e* 'ein-'; *Fäst* 'Fest'; *am* 'im'; *Grengewald* 'Grunwald' (FlN in Luxemburg); *kômen* 'kommen; kamen'; *seng* 'sein(e)'; *Bäst* 'Bieste, Bestien: Tiere'.

IV.5.3. Englisch in Übersee

IV.5.31. Die Vereinigten Staaten und Kanada

Die Ausbreitung des Englischen in Übersee begann eigentlich mit der Kolonisierung der Ostküste Nordamerikas im 17. Jh. Nach den anfänglichen erfolglosen Unternehmungen war es den beiden führenden Handelsgesellschaften Englands, der Plymouth Company und der London Company, gelungen, in der Neuen Welt ständige Siedlungen zu gründen. Ihre Kolonisten hatten 1607 in Virginia das erste englische Zentrum erbaut, das sie nach König JAKOB I. *Jamestown* benannten. Bald begannen jedoch jene Flüchtlinge eine größere Rolle in der Kolonisation zu spielen, die England aus religiösen Gründen verlassen hatten. Ihre erste Gruppe war 1620 an Bord der berühmten *Mayflower* im Gebiet des heutigen Bundesstaates Massachusetts angelangt. Von da an vollzog sich die Kolonisierung in einem beschleunigten Tempo. Die Mehrzahl der ersten englischen Siedler kam aus den östlichen Grafschaften Englands. Natürlicherweise haben sich auch andere Nationen an der Erschließung des neuen Kontinents beteiligt, so die H o l l ä n d e r in der Umgebung des heutigen New York, das ursprünglich den Namen *Nieuw Amsterdam* führte, die D e u t s c h e n vor allem in Pennsylvanien, wo sie seitdem ihren Dialekt zu einer Art Schriftsprache entwickelten (vgl. IV.4.8.), des weiteren die F r a n z o s e n im Nordosten, im heutigen Grenzgebiet der USA, sowie an den Südküsten (Louisiana, New Orleans usw.). Im Süden war — und ist teils heute noch — den s p a n i s c h e n Ansiedlern eine besondere Rolle beschieden. Hinzu kamen die sprachlich bald anglisierten Massen der aus Afrika eingeschleppten N e g e r, die auf den großen Pflanzungen des Südens als Sklaven verwendet wurden. Die Freiheitsbestrebungen der amerikanischen Siedler hatten 1775 den Unabhängigkeitskrieg herbeigeführt, nach dem (1783) die Unabhängigkeit der Vereinigten Staaten in Versailles auch von England vertraglich anerkannt wurde. Nach dem Vertrag von Versailles ist nur Kanada (nebst einigen kleineren Inseln) in englischem Besitz verblieben. Die aus den verschiedensten europäischen (aber auch anderen) Ländern eingewanderten Bevölkerungsteile sind nach einer oder nach zwei Generationen sprachlich fast ausnahmslos im Englischen aufgegangen (daher die Bezeichnung ,,Schmelztiegel" für Amerika).

Die Spuren der früheren, nicht englischen Kolonisten sind heute — mit Ausschluß der obigen Sondergruppen — vor allem in geographischen Namen nachzuweisen. Namen wie *St. Louis*, *New Orleans*, *Louisiana* sind eindeutig f r a n z ö s i s c h e r Herkunft, andere verraten nur in ihrer Orthographie bzw. Aussprache die französische Quelle: z. B. *Chicago* [ʃɪˈkɔːgo], *Michigan* [ˈmɪʃɪgən], *Illinois* [ɪlɪˈnɔɪ], der Staat *Arkansas* [arkənsɔː]. Verständlicherweise fanden auch französische Wörter ins Englische der Amerikaner Eingang, z. B. *prairie* 'Prärie', *rapids* 'Wasserschnellen', *depot*, *levée* 'Damm, Kai', *shanty* 'Hütte, Kate' usw.

In den Südstaaten begegnet uns eine Menge s p a n i s c h e r geographischer Namen, z. B. *California*, *New Mexico*, *Texas*, *Florida*, *Los Angeles*, *San Francisco*, *Sierra Nevada*. Viele spanische Gattungsnamen, die sachlich spezifisch bedingt erscheinen, haben sich im Amerikanischen ebenfalls eingebürgert, vgl. *hacienda*, *ranch(o)*, *sombrero*, *canyon*, *tornado*, *creole* u. dgl.

H o l l ä n d i s c h e Ortsnamen sind vor allem im Gebiet des Staates New York massiert, z. B. *Brooklyn*, *Bowery*, *Staten Island*. Aber auch einige niederländische Wörter sind allgemein verbreitet, z. B. *cookie* 'Kuchen, Gebäck', *waffle* 'Waffel', *boss*, *Santa Claus* 'Knecht Ruprecht' usw.

Die d e u t s c h e n Lehnwörter des Amerikanischen stehen hauptsächlich mit Speisen, Getränken, politisch-militärischen und philosophischen Begriffen bzw. Einrichtungen im Zusammenhang, vgl. *sauerkraut*, *zwieback*, *bock-beer* 'Bockbier', *schnap(p)s*, *kümmel*, *leberwurst*, *frankfurter*, *wienerwurst*, *kohlrabi*, *beer-garden* 'Biergarten', *U-boat* 'U-Boot', *blitz* 'Blitzkrieg', *Anschluß*, *Lebensraum*, *Kaiser*, *Volk*, *Weltschmerz*, *Gestalt psychology*, *seminar*, *kindergarten*. (Hauptsächlich durch amerikanische Linguisten verbreitet wurden deutsche Termini der Sprachwissenschaft z. T. direkt, z. T.

in Form von Lehnübersetzungen, vgl. neben *ablaut, umlaut, lautverschiebung* u. dgl. *Sprachgemeinschaft* → *speech community* und *Sprachinsel* → *speech island* bei LEONARD BLOOMFIELD, *Neigung* → *slope*, *Verschmelzung* → *fusion*, *Symbolisation* → *symbolization*, *Typologie* → *typology* usw. bei EDWARD SAPIR usw.) In Pennsylvanien ist die Häufigkeit deutscher Entlehnungen natürlich viel höher als anderswo.

Die Ausgangsbasis des Englischen in Amerika war nicht ein einziger, räumlich genau zu bestimmender Dialekt Englands, sondern die englische Umgangssprache der Ansiedlungszeit. Eine ununterbrochene Einwirkung der englischen Umgangssprache war auch dadurch gesichert, daß die begüterten Amerikaner ihre Kinder mit Vorliebe an den Universitäten Englands studieren ließen. Nach dem Sieg im Unabhängigkeitskrieg wurden aber Bestrebungen wach, eine vom Englischen der alten Heimat unabhängige, eigenständige amerikanische Gemeinsprache zu entwickeln. Da das Amerikanisch trotz all seiner Sondermerkmale jedoch englisch war, vermochte diese Bewegung im wesentlichen nur die gegenüber dem Englischen stärkere und beschleunigtere Aufnahme volkssprachlicher bzw. erst neu gebildeter Wörter und Ausdrücke in die Schriftsprache zu erzielen. Andererseits haben sich auch einige Vereinfachungen in der Orthographie durchgesetzt (s. u.). Dem raschen Tempo der Kolonisation entsprechend sowie der damit verbundenen starken Binnenwanderung zufolge hat sich das Englische beinahe im ganzen Gebiet der Vereinigten Staaten einheitlich entwickelt und die Entstehung neuer Mundarten keineswegs begünstigt. Diese in hohem Maße einheitliche Variante des Englischen in Amerika wird Gemeines Amerikanisch (*Common* bzw. *General American*) genannt. Davon abweichende größere Dialekte sind nur in zwei Gebieten entstanden: einerseits im Osten, in den Staaten des ehemaligen Neuengland (um Boston, nördlich von Neuyork), andererseits in den ehemaligen Sklavenhalterstaaten im Süden, die im Volksmund oft „Solid South" oder auch „Dixieland" genannt werden. Im östlichen Grenzgebiet dieser drei großen Varianten des Amerikanischen lassen sich noch einige Übergangszonen ermitteln: 1. der Dialekt von Neuyork selbst (zwischen Neuengland und dem Gemeinamerikanischen); 2. das Mittelatlantische im östlichen Pennsylvanien, im südlichen Neujersey, in Norddelaware und den angrenzenden Gebieten von Maryland; 3. das Westpennsylvanische im westlichen Pennsylvanien und in den angrenzenden Gebieten von Maryland und Westvirginia, das starke Einflüsse des Pennsilfaanischen (s. IV.4.8.) aufweist; 4. der Dialekt des südlichen Berglandes, der im übrigen Westvirginia, in den Berggegenden von Virginia und Nordkarolina, zumeist aber auch in Kentucky und Tennessee gesprochen wird (Abb. 72).

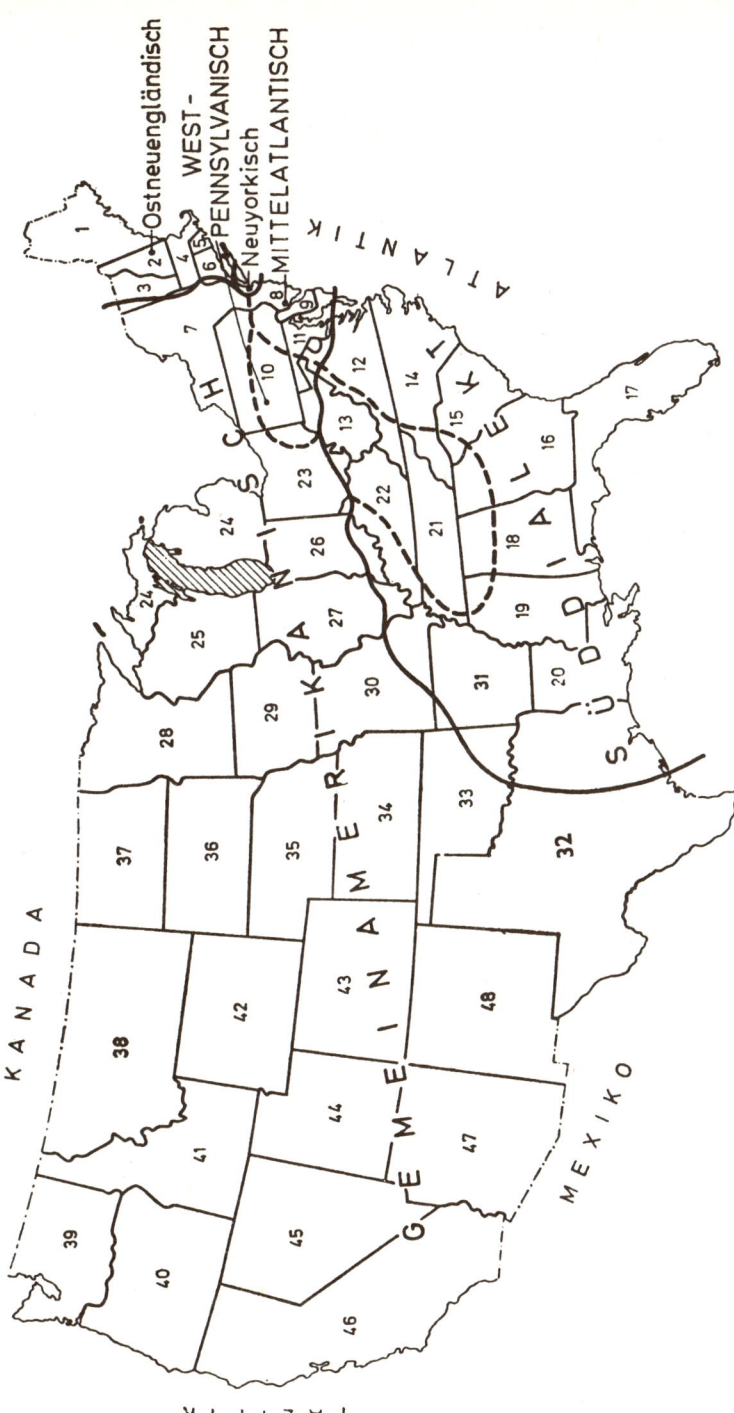

Abb. 72. Dialekträume in den Vereinigten Staaten (nach A. D. SCHWEIZER)

1 Maine, *2* New Hampshire, *3* Vermont, *4* Massachusetts, *5* Rhode Island, *6* Connecticut, *7* New York, *8* New Jersey, *9* Delaware, *10* Pennsylvania, *11* Maryland, *12* Virginia, *13* West Virginia, *14* North Carolina, *15* South Carolina, *16* Georgia, *17* Florida, *18* Alabama, *19* Mississippi, *20* Louisiana, *21* Tennessee, *22* Kentucky, *23* Ohio, *24* Michigan, *25* Wisconsin, *26* Indiana, *27* Illinois, *28* Minnesota, *29* Iowa, *30* Missouri, *31* Arkansas, *32* Texas, *33* Oklahoma, *34* Kansas, *35* Nebraska, *36* South Dakota, *37* North Dakota, *38* Montana, *39* Washington *40* Oregon, *41* Idaho, *42* Wyoming, *43* Colorado, *44* Utah, *45* Nevada, *46* California, *47* Arizona, *48* New Mexico

Der vorherrschende Typus des Amerikanischen wird im Norden und im Westen der Vereinigten Staaten etwa von zwei Dritteln der Gesamtbevölkerung gesprochen, ja dieses Gemeinamerikanisch erfaßt auch das englische Kanada.

In der Aussprache sind — KARL BRUNNERs Aufstellung folgend — vor allem die folgenden amerikanischen Eigenheiten hervorzuheben:

1. Postvokalisches *r* ist im Wortauslaut oder vor Konsonanten ungerollt bzw. verändert die Bildungsweise des voraufgehenden Lautes.

2. Vor [ɹ] ist die Zungenstellung nicht so tief wie in England, vgl. am. [hi:ɹ] für ne. [hɪə] 'hear: hören', am. [moɹ] für ne. (mɔ:] 'more:mehr'.

3. Die Laute [ɪ, ʌ] kommen in der Stellung vor *r* auch als [ə] vor, vgl. *very* [vərɪ] 'sehr', *squirrel* [skwərəl] 'Eichhörnchen', *hurry* [hərɪ] 'eilen'.

4. Die aus me. *ā* und *ǭ* entwickelten Diphthonge [eɪ] bzw. [oʊ] sind schwach gebildet, ja der erste Bestandteil ist meistens geschlossen, z. T. unterbleibt die Diphthongierung überhaupt, vgl. *fate* [fe:t, fe:ɪt] 'Schicksal', *say* [se:, se:ɪ] 'sagen' bzw. *cloak* [klo:k, klo:ʊk] 'Umhang', *know* [no:, no:ʊ] 'wissen, kennen', nie aber [feɪt], [sɛɪ], [kloʊk], [noʊ].

5. Vor den stimmlosen Reibelauten [f], [s], [θ] sowie vor [n] in Wörtern französischer Herkunft wird anstatt von südenglischem [ɑ:] in Amerika [æ:] oder [æ] gesprochen, vgl. *path* [pæ:θ] 'Pfad', *glass* [glæ:s, glæs] 'Glas', *dance* [dæ:ns, dæns] 'Tanz', *plant* [plæ:nt, plænt] 'Pflanze'.

6. Kurzes mittelenglisches *o* erscheint — hauptsächlich vor stimmlosen Verschlußlauten — als illabiales [ɑ] (gegenüber labialem [ɔ] im Englischen), vgl. *hot* [hɑt] 'heiß', *clock* [klɑk] 'Uhr'. Derselbe Laut tritt auch für me. *a* in der Stellung nach *w* auf, obwohl auch [ʌ] möglich ist, vgl. *watch* [wɑtʃ, wʌtʃ] 'Uhr', *water* [wɑtəɹ, wʌtəɹ] 'Wasser'.

7. Die Lautgruppe [ju:] lautet in der Stellung nach Alveolaren meistens [u:], vgl. *duty* [du:tɪ] 'Pflicht', *student* [stu:dənt] 'Student'.

8. *t* wird im Inlaut in intervokalischer Stellung meistens leniert, z. B. in Wörtern wie *matter, better* u. dgl. („*partial voicing*").

9. In Wörtern von vier oder mehr Silben wird die Mittelsilbe im allgemeinen n i c h t synkopiert, wobei die vorletzte Silbe (besonders, wenn sie ein Suffix ist) einen Nebenton erhält, vgl. *nécessàry* 'nötig', *mónastèry* 'Kloster', *préparàtory* 'vorbereitend', *láboràtory* 'Laboratorium'. In Dreisilbern tritt dagegen die Synkope der Mittelsilbe ein, vgl. *history* [ˈhɪstrɪ] 'Geschichte'.

10. Das musikalische Intervall ist durchschnittlich kleiner als im Englischen, was die Aussprache des Amerikaners im Vergleich zu der des Engländers etwas monotoner erscheinen läßt. Diesen Zug des Amerikanischen wollen manche Forscher auf die Artikulationsbasis nichtenglischer, vor allem deutscher Siedler zurückführen.

11. Vor Nasalen werden die Vokale in einer sehr charakteristischen Weise genäselt.

Die Ortung all dieser Sprachmerkmale in England ist ein äußerst schwieriges, immer noch unerledigtes Unterfangen. Man darf mit Recht an das Mitspielen sowohl nord- wie südenglischer Dialekte denken. Einige Forscher vertreten die Meinung, es handle sich meistens um südenglische Merkmale, die im Mutterland bereits aufgegeben wurden.

Die beiden weiteren grundlegenden Sprachvarianten der Vereinigten Staaten weichen vom Gemeinamerikanischen nur an wenigen Punkten ab.

Die wichtigsten Lautmerkmale des um Boston am Atlantik (nördlich von Neuyork und östlich vom Hudson) gesprochenen **östlichen Typus** (*Ostamerikanisch*) sind die folgenden:

1. Postvokalisches *r* schwindet vor Konsonanten sowie im absoluten Auslaut.
2. [a] wird vor stimmlosen Reibelauten und in den Wörtern vom Typus *aunt* 'Tante', *dance* 'Tanz', *plant* 'Pflanze' des öfteren zu [a:], ab und zu sogar [ɑ:] oder [ɑ].
3. Kurzes *o* ist immer etwas labial wie in England: [ɔ].
4. Die Näselung ist besonders stark.

In der eigentlichen Volkssprache wird außerdem die Lautfolge [ju:] in Nebentonsilben nach Dental häufig nicht assimiliert, vgl. *nature* [neːtə] 'Natur'; *g* und *k* werden vor Vokalen palatalisiert, vgl. *garden* [gʹaːdn, gjaːdn] 'Garten', *cow* [kʹau, kjau] 'Kuh'. Besonders bei der älteren Generation ist auch noch kurzes *o* zu hören in Wörtern wie *stone* [ston] 'Stein', *coat* [kʻot] 'Mantel', *road* [rod] 'Weg, Straße', *home* [hom] 'heim, Heim'. Das sind größtenteils Sprachmerkmale, die auch in den Mundarten Südenglands vorkommen.

Der **südliche Typus** wird im Küstenbereich des Atlantischen Ozeans, südlich von Maryland (die Hauptstadt Baltimore mit einbegriffen), aber auch weit im Westen jenseits des Mississippi, im östlichen Texas und nördlich davon bis zum Ozarkgebirge gesprochen. Ebenso ist er im südlichen Illinois, in Indiana und Ohio verbreitet, erfaßt aber West-Virginia und St. Louis nicht mehr. Die wichtigsten Lautmerkmale des Südens sind die folgenden:

1. In postvokalischer Stellung verschwindet *r* gänzlich.
2. Bei der Bildung von [i:] vor altem *r* ist die Zungenstellung etwas tiefer als gewöhnlich, vgl. *hear* [hɛːə] 'hören'.
3. Kurzes me. *o* erscheint in der Regel als illabiales [ɑ].
4. Vor stimmlosen Reibelauten und in Wörtern vom Typus *aunt, dance, plant* wird — allerdings nicht ohne Ausnahmen — ein [ɑ:] gesprochen.
5. Me. $\bar{u}$ > ne. [au] wurde zu [æu] palatalisiert, z. B. *house* [hæus] 'Haus'.

6. Auslautende Verschlußlaute werden in postkonsonantischer Stellung sehr schwach artikuliert bzw. aufgegeben, vgl. *land* > *lan* 'Land', *first* > *firs* 'erst-', *soft* > *sof* 'sanft, sacht'.

Der **Neuyorker Dialekt** zeigt neben einigen Zügen des Ostens (z. B. dem *r*-Schwund u. dgl.) manche Merkmale des Gemeinamerikanischen. Mit dem Mittelatlantischen hat Neuyork die Aussprache [ʌ] in Wörtern wie *donkey* [dʌŋkɪ] 'Esel', gemein. Typisch neuyorkisch ist dagegen das Nebeneinander von [a] und [æ] für *a* vor stimmlosen Reibelauten bzw. in Wörtern vom Typus *aunt* 'Tante' sowie der (fakultative) Diphthong [oi] für -*ir*-, vgl. *bird* [boid] 'Vogel'. Für die ziemlich singende Intonation wird von manchen Forschern der Einfluß des in Neuyork massiert vertretenen Jiddischen verantwortlich gemacht.

Das **Mittelatlantische** scheint ein typischer Übergangsdialekt zu sein. Charakteristisch ist das Schwanken zwischen [ɑ] und [ɔ] für altes (me.) *o*, vgl. *dog* [dɑg ~ dɔg] 'Hund, Dogge', bzw. die geschlossene Aussprache [u] und [ou] vor stimmlosen Verschlußlauten, vgl. *book* [bʊk] 'Buch', *hope* [houp] 'hoffen'.

Das **Westpennsylvanische** weicht nur in einigen wenigen Merkmalen vom Gemeinamerikanischen ab, die alle ebenfalls die Übergangsstellung zwischen den angrenzenden großen Dialekträumen unterstreichen.

Der Dialekt des **südlichen Berglandes** nimmt, siedlungshistorisch und sprachgeographisch bedingt, eine Zwischenstellung zwischen dem Mittelatlantischen und dem eigentlichen Süden ein.

Zwischen Englisch und Amerikanisch lassen sich die augenfälligsten Unterschiede im **Wortbestand** feststellen. Manche Wörter bzw. Formen, die in England seit langem als veraltet gelten, sind in Amerika normale Bestandteile des lebendigen Wortguts, z. B. *gotten* für ne. *got* 'bekommen' (Part. Prät.), *sick* für ne. *ill* 'krank' (Adj.), *mad* für ne. *angry* 'zornig', *fall* für ne. *autumn* 'Herbst', *sidewalk* für ne. *pavement* 'Trottoir' u. dgl. Auf der anderen Seite sind im Amerikanischen viele Wörter nicht mehr gängig, die im Englischen noch im Gebrauch sind, z. B. ne. *cock* 'Hahn' (am. *rooster* 'dass.'). Eine große Anzahl von Wörtern sind in beiden Sprachvarianten vorhanden, aber in verschiedener Bedeutung. *Corporation* bezeichnet in Amerika z. B. jegliche Handelsgesellschaft, die in England *company* 'Kompagnie' heißt, während *corporation* in England auf ein Verwaltungsorgan bezogen im alten Sinne nur noch in einigen Firmennamen verwendet wird (z. B. *British Broadcasting Corporation*). *Sheriff* bedeutet in Amerika das, was in England *chief constable* heißt, während das Wort *sheriff* in England nur noch als repräsentativer Begriff bekannt ist.

Auch die Bezeichnungen von Tieren und Pflanzen, von den Gewohnheiten und Werkzeugen der Ureinwohner der neuen Welt sowie der im Laufe der weiteren Entwicklung aufgekommenen Einrichtungen u. dgl. zeigen manche Besonderheiten gegenüber dem Englischen in Europa. So bedeutet z. B. *corn* in England 'Getreide', vor allem 'Weizen', in Amerika hingegen 'Mais'. Zu dieser Gruppe gehören Wörter wie *potato-bug* 'Kartoffelkäfer', *underbrush* 'Unterholz, Gestrüpp', *rattlesnake* 'Klapperschlange', *egg-plant* 'Eierfrucht', *backwoodsman* 'Rodesiedler', *war-paint* 'Kriegsbemalung', *pipe of peace* 'Friedenspfeife', *war path* 'Kriegspfad', *medicine man* 'Medizinmann', *congress* 'Kongreß, Parlament', *Statehouse* 'Parlamentsgebäude (eines Bundesstaates)' usw. Auch die Erfindungen der modernen Technik u. dgl. werden des öfteren unterschiedlich benannt. Engl. *booking office* 'Fahrkartenschalter' entspricht *ticket office* in Amerika; die 'Straßenbahn' heißt *tramcar* in England, aber *street-car* in den Staaten. Was in Europa *lift* 'Fahrstuhl' heißt, ist ein *elevator* für den Amerikaner; dem *motor-car* 'Kraftwagen' der Engländer entspricht *automobile* in Amerika. Es sei aber angemerkt, daß die A m e r i k a n i s m e n seit dem Ersten, noch mehr aber dem Zweiten Weltkrieg auch in Großbritannien (vielfach zugleich in ganz Westeuropa) immer stärker um sich greifen (z. B. *okay* ~ *O. K.*, *boss*, *show*, *to buy a ticket* — für *to book a ticket* 'eine Fahrkarte lösen' — usw.). Der Aufstieg der Elemente des Slangs (vgl. IV.5.42.) in die Hochsprache erfolgt in Presse, Funk und anderen Massenmedien in Amerika — auch in der Literatur — rascher und kompakter als in Großbritannien.

Abweichungen gibt es auch in der G r a m m a t i k. Typisch ist der amerikanische Ersatz von *shall* und *should* durch *will* bzw. *would* zur Bildung des Futurs. Das Adjektiv kann meistens auch ohne ein besonderes Suffix als Adverb gebraucht werden (vgl. V.2.). Der Amerikaner verwendet auch den bestimmten Artikel häufiger als der Engländer. Neue Verba bzw. semantische Nuancen werden in einer für die Volkssprache charakteristischen Weise mit nachgestellten Präpositionen erzielt, die die Rolle der Verbalpräfixe übernehmen, z. B. *to heat up* 'aufsieden', *to load up* 'aufladen' u. dgl.

Eine Reform der O r t h o g r a p h i e wurde zuerst von BENJAMIN FRANKLIN vorgeschlagen (1768). Mit ähnlichen Bestrebungen ist 1793 WILLIAM THORNTON hervorgetreten, der auch damit die Loslösung von England beschleunigen wollte. Ihre Vorschläge wurden dann in den Wörterbüchern von NOAH WEBSTER verwirklicht bzw. landesüblich gemacht. Die Vereinfachung des älteren Bildungssuffixes *-ick* zu *-ic* (z. B. *frolick* > *frolic* 'fröhlich') wurde auch in England eingeführt; die USA gingen aber weiter und ersetzten auch die Endungen *-our* und *-re* durch aussprachenäheres *-or* bzw. *-er*, z. B. *colour* > *color* 'Farbe', *honour* > *honor* 'Ehre' bzw. *theatre* > *theater*, *centre* > *center* 'Zentrum'. Die traditionelle Verdoppelung verschiedener Konsonanten im Auslaut bzw. bei der Wort- oder Formenbildung wurde in Amerika ebenfalls aufgegeben, vgl. *traveller* > *traveler*

'Reisender', *tariff* > *tarif*, *programme* > *program*. Das Streben nach einer Orthographie, die die Aussprache widerspiegelt, hat auch weitergehende Vereinfachungen wie etwa *plough* > *plow* 'Pflug', *though* > *tho* 'doch', *through* > *thru* 'durch' u. dgl. gezeitigt. Diese Neuerungen wurden 1906 auch vom *Simplified Spelling Board* anerkannt. Sie gelten in der amerikanischen Presse sowie im Verlagswesen der Vereinigten Staaten so gut wie unbeschränkt.

Für die sprachliche Entwicklung K a n a d a s ist es nicht gleichgültig, daß mehr als 30 Prozent der Bevölkerung F r a n z o s e n sind. Dadurch wird auch das Tempo der Integrierung verschiedener Sprachgruppen im Vergleich zu den Staaten verlangsamt. Der englische Sprachgebrauch des Kanadiers unterliegt dem doppelten Einfluß des Englischen und des Amerikanischen. Verwaltungsorgane, Schulen und teils auch die Universitäten richten sich nach dem britischen Usus aus, während Presse, Rundfunk, Fernsehen und Kino sowie Geschäftsleben und der Alltag sich immer mehr dem Amerikanischen (d. h. dem Gemeinamerikanischen) angleichen. Es folgt aus der wirtschaftlich-politischen Lage des Landes, daß das Englische in Kanada noch immer bedeutend mehr britische Züge aufweist als die in den USA bekannten Sprachvarianten.

Das gleiche gilt auch für das Englische der britischen Restkolonien in Amerika: auf den *Bermuda-Inseln*, *Jamaika*, *Trinidad*, *Barbados* und den *Bahama-Inseln* wird die britische Variante des Englischen Schritt für Schritt amerikanisiert.

IV.5.32. Südafrika

In der Republik Südafrika, deren Gebiet im 17.—18. Jh. von den Holländern kolonisiert wurde (vgl. IV.4.4.), bekennen sich ungefähr 11% der weißen Bevölkerung zum Englischen als zu ihrer Muttersprache. Die Abweichungen des in Südafrika gesprochenen Englischen von der Sprache des ehemaligen Mutterlandes werden vor allem im Lautstand und im Wortschatz und nur vereinzelt auch in der Syntagmatik bzw. Syntax manifest. Sie zeigen dabei überall eine starke Einwirkung des A f r i k a a n s.

Demzufolge läßt sich die südafrikanische Aussprache des Englischen durch einen ständigen und durchgreifenden Parallelismus kennzeichnen, da neben den gemeinenglischen Formen fast überall auch niederländisch-afrikaans beeinflußte Nebenformen möglich sind. Sehr charakteristisch ist die offenere Aussprache von [ı], z. B. [pın] und [pën] 'pin: Stecknadel'. Alle Vokale sind halblang, und ein eigenartiger Afrikanismus ist auch das Vorhandensein von [ÿ] bzw. [ÿü], vgl. [sÿün] 'soon: schon, bald', [jÿü] 'you:du, ihr, Sie'. [i] wird im absoluten Auslaut zu [ij] diphthongiert wie im Afrikaans,

z. B. [mɛ·rij] 'merry: froh'. Im Wortauslaut büßen die stimmhaften Konsonanten ihren Stimmton ähnlich wie im Afrikaans ein, z. B. [smuθ] 'smooth: eben, platt', [rɪp] 'rib: Rippe', [ɛk] 'egg: Ei' u. dgl.

Die Besonderheiten der englischen L e x i k in Südafrika ergeben sich aus den gleichen Ursachen, die auch beim Amerikanischen zu nennen waren. Aus den Sprachen der ursprünglichen Bevölkerung („Eingeborenensprachen") haben die englischen Kolonisten verhältnismäßig wenig Wörter und Wendungen, darunter vor allem Tier-, Pflanzen- und Ortsnamen, übernommen, z. B. hottentottisch *gnu*, bantuisch *bwana* 'Herr', *inkosi* 'danke' u. dgl.

Viel bedeutender erweist sich die Schicht der Entlehnungen aus dem Afrikaans. Darunter gibt es eine Reihe Tiernamen wie *wildebeest*, *gemsbok*, *hamel* 'Hammel', *shimmel* usw., Pflanzennamen wie *denne* 'Tanne', *bosch* 'Busch, Gestrüpp', und landgebundene Sachwörter wie *kloof* 'Kluft, Schlucht', *copie* 'Hügel', *veld* 'Feld, offene Ebene', *trek* 'Treck, Wanderung', *dorp* 'Dorf' (gegenüber arch. engl. *thorpe* 'dass.') u. dgl.; *kraal* 'Pferch, Hürde: Eingeborenendorf' usw.

Die englischen Kolonisten haben freilich auch n e u e W ö r t e r gebildet, namentlich Komposita, die in der alten Heimat unbekannt sind, vgl. die Pflanzennamen *iron-wood* ['Eisenbaum': Sideroxylon], *lemonwood* ['Zitronenbaum': Pittosporum], *bioscope* 'Spielfilm' usw.

Die Afrikanismen der S y n t a g m a t i k gehen zumeist auf Lehnübersetzungen aus dem Afrikaans zurück, vgl. afrik. *meekom* → (*to*) *come with* 'mitkommen'.

Manche Forscher sind der Ansicht, in der Entstehung der südafrikanischen Variante des Englischen seien auch das Schottische (Lallans, vgl. IV.5.21.) und das Cockney (vgl. IV.5.44.) maßgeblich beteiligt gewesen.

IV.5.33. Australien und Neuseeland

Die erste englische Kolonie Australiens wurde gegen Ende des 18. Jh.s gegründet. Die Ausrottung bzw. Verdrängung der einheimischen Bevölkerung während der Erschließung des neuen Kontinents hat dazu geführt, daß die Bevölkerung Australiens heute bereits zu 99,5% aus Weißen besteht.

Die Eigenständigkeit des Englischen in Australien kommt vor allem in der A u s s p r a c h e und im W o r t s c h a t z zum Ausdruck. Gutturales [h] verschwindet — wie im Cockney (vgl. IV.5.44.) — sehr oft; die Vokale werden sehr stark genäselt, ähnlich wie in manchen Mundarten Südenglands (vgl. IV.5.12.) bzw. in Amerika (vgl. IV.5.31.). Die Diphthonge sind viel breiter als in England, vgl. [mʌndeɪ] 'Monday: Montag', [pɪteɪ] 'pity: Schade'. Offenes [æ] erscheint teils als geschlossenes [e], teils zu [ɛə] diphthongiert, z. B. [em] 'am: bin', [hend] 'hand: Hand', [mɛən] 'man: Mann, Mensch'. Die australische Aussprache ist in vielen Zügen dem Cockney bzw. den südenglischen Dialekten ähnlich, die Intonation ist aber weniger lebhaft als auf den Britischen Inseln.

Es ist für den zunehmenden Einfluß des Amerikanischen charakteristisch, daß manche orthographische Neuerungen der Amerikaner auch in Australien Eingang fanden, z. B. *labour* > *labor* 'Arbeit', *favour* > *favor* 'Vorteil, Bevorzugung', *through* > *thru* 'durch' u. dgl., vgl. IV.5.31.

Die Zahl der Entlehnungen aus den Sprachen der Eingeborenen ist unerheblich; manche von ihnen gelten bereits — sachgebunden — als international, z. B. *kangaroo* 'Känguruh', *boomerang* 'Bumerang', *cockatoo* 'Kakadu', *emu, dingo*. Um so größer ist die Anzahl der Wörter aus dem englischen Slang, z. B. (*to*) *jabber* 'sprechen', *never-never* 'Niemandsland', *larrikin* 'Krakeeler, Streithahn', vgl. IV. 5.42.

Die **grammatischen** Abweichungen sind unbedeutend. Typisch ist die Verwendung des Objektkasus der Personalpronomina im Nominativ, sogar in der Funktion des Possessivs (z. B. *me* für *I* 'ich' usw.). Das Futur wird, wie in vielen englischen Mundarten und im Amerikanischen auch, in allen Personen mit dem Hilfsverb *will* (und nie mit *shall*) ausgedrückt (vgl. IV.5.31.). Als ein charakteristischer **Australismus** kann die Verwendung des Flexionsgenitivs auch im Zusammenhang mit Unbelebtem gelten, vgl. *goldfield's folk* 'Leute des Goldfeldes', *the river's bank* 'das Ufer des Flusses' u. dgl.

Gleichzeitig mit der Kolonisierung Australiens wurde auch **Neuseeland** erschlossen. Die Grundlage des Englischen hat hier eigentlich das Schottische (Lallans, vgl. IV.5.21.) gebildet, aber infolge der geographischen Lage wirkte sich auch der sprachliche Einfluß Australiens in vieler Hinsicht aus. Im 20. Jh. wird auch Neuseeland immer mehr vom Amerikanischen überlagert, vor allem in der Aussprache. Wörter wie *dance* 'Tanz', *grass* 'Gras' werden bereits in zweifacher Weise ausgesprochen: [dɑːns] ~ [dæns] bzw. [graːs] ~ [græːs]. Auch der Diphthong [au] erscheint größtenteils schon als [æu], vgl. [kʰæu] 'cow: Kuh', [tʰæun] 'town: Stadt'. Dafür wird der Diphthong [ou] zu [au], vgl. [kʰauld] 'cold: kalt', [haum] 'home: heim, Heim'. Ans Cockney erinnert in vielen Wörtern die Aufgabe von [h], vgl. IV.5.44.

Der Wortschatz wurde einerseits stark von Australismen, andererseits durch Entlehnungen aus der Maorisprache der Ureinwohner aufgefüllt, vgl. (a) *digger* 'Goldsucher, Goldgräber: Kerl', *colo(u)r* 'Goldstaub' (eigtl. 'Farbe'), *swagger* 'Landstreicher, Saisonarbeiter' bzw. (b) Pflanzennamen wie *kahikatea, pohukatawa*, Tiernamen wie *kiwi, moa, tuatara*, ferner *hoot* 'Geld', *puku* 'Bauch', *kapai* 'gut'. Über die Hälfte aller geographischen Namen Neuseelands stammen ebenfalls aus dem Maori. Es fehlt freilich auch an Neubildungen nicht, z. B. *sandshoe(s)* 'Tennisschuhe', *morning tea* 'Zwischenmahlzeit', *header* 'Schäferhund', *maoridom* 'Maorigebiet', *ba(t)ch* 'Ferienhaus an der See' u. dgl.

IV.5.34. Die Philippinen und Ozeanien

Die Einwohner der P h i l i p p i n e n gehören sprachlich der malaiisch-polynesischen Sprachfamilie an. Im 16. Jh. wurden die Inseln von den Spaniern erobert; 1898 hat sich aber das Land vom spanischen Joch befreit und sich als eine Republik eingerichtet. Gleichzeitig damit breitete sich jedoch der amerikanische Einfluß aus. Dementsprechend wurde neben dem Tagalog (der Sprache der bedeutendsten Gruppe der Bevölkerung) und der spanischen Amtssprache bald auch das Englische als ein drittes Kommunikationsmittel anerkannt.

Das Englische der Philippinen unterscheidet sich zwar in der Schrift so gut wie überhaupt nicht vom Amerikanischen, um so stärker kommt aber der Einfluß des tagalogischen, in geringerem Maße auch des spanischen Substrats in der Spreche zur Geltung.

Die in den Eingeborenensprachen fehlenden englischen Laute [ʃ], [tʃ], [dʒ], [ʒ] werden in allen Stellungen mit einfachem [s] substituiert, z. B. [sɪp] 'ship: Schiff', [seɪns] 'change: Wechsel', [mesər] 'measure: Maß', [sʌst] 'just'; besonders stark ist die Nasalierung der Vokale.

Da die Kategorie des Genus in den Substratsprachen unbekannt ist, werden die Personalpronomina *he* und *she* ohne Unterschied für männliche und weibliche Lebewesen gebraucht. Ein ähnliches Durcheinander läßt sich im Gebrauch der Nominativ- und der Objektformen verzeichnen (*he* ∼ *she* ∼ *him* ∼ *her* gleichwertig in allen Kasus). Die Tempora befolgen ebensowenig die strengen Regeln der englischen Grammatik.

Am augenfälligsten ist der Einfluß der Eingeborenensprachen sowie des Spanischen im W o r t s c h a t z, vgl. (a) *tao* '(eingeborener) Bauer', (b) *mestizos* 'Mestize', *sala* 'Wohnzimmer'. Charakteristisch erscheinen auch hybride Bildungen wie *shoe-hombre* (< ne. *shoe* 'Schuh' + span. *hombre* 'Mensch') '(eingeborener) Beamter'.

Im unermeßlichen Inselreich O z e a n i e n s dringt überall die amerikanische Variante des Englischen vor, in erster Linie auf den H a w a i i - I n s e l n, die vom Beginn des 19. Jh.s an allmählich unter die Oberhoheit der USA gekommen waren und seit 1959 ein Mitgliedstaat der Vereinigten Staaten sind. Im übrigen Ozeanien dienen vor allem die auf Grund des Englischen entstandenen M i s c h s p r a c h e n wie Pidgin-English u. dgl. (vgl. IV. 5.51.—IV.5.52.) zum sprachlichen Verkehr der Eingeborenen mit den Weißen, zum Teil auch mit Vertretern anderssprachiger Eingeborener.

Der Einfluß des **Englischen** läßt sich auch in den Sprachen der verschiedensten Teile Ostasiens und Ozeaniens feststellen, vor allen Dingen in der Anreicherung des Wortguts, so im **Tagalog** (Philippinen), vgl. (*film* >) *pilm* 'Film', (*teenager* >) *tinedyer*, (*round* >) *ráun* 'Runde', (*strike* >) *istráik* 'Streik'; im **Samoanischen**, vgl. (*wool* >) *vulu* 'Wolle', (*goose* >) *kusi* 'Gans', (*continent* >) *konitineta*, (*club* >) *kalapu*, (*key* >) *kī* 'Schlüssel'; im **Malaiischen**, vgl. (*blue* >) *biru* 'blau', (*book* >) *buku* 'Buch' (neben arab. *kitab*!), (*button* >) *butang* 'Knopf'; im **Kaliai-Kove** (Neubritannien); vgl. (*work* >) *βoko* 'arbeiten', (*fight* >) *pait* 'Gefecht', (*spear* >) *supia* 'Speer'; im **Tschamorro** (Marianen), vgl. (*ice* >) *ais* 'Eis', (*revolver* >) *rubetbet*; im **Marshallesischen**, vgl. (*onion* >) *haniyen* 'Zwiebel', (*green* >) *kiryn* 'grün', (*milk* >) *milik* 'Milch', (*trouble* >) *tirabel* 'Sorge'; sogar im **Japanischen**, vgl. (*strike* >) *suto* 'Streik', (*machine* >) *mishin* 'Sämaschine', (*stand* >) *sutando* 'Tischlampe', (*sign* >) *sain* 'Signatur', (*program* >) *puroguramu* u. dgl.

IV.5.35. Indien und Pakistan

In Asien sind die Engländer als Eroberer zuerst in **Indien** erschienen. Im Kielwasser der 1600 ins Leben gerufenen Ostindischen Kompanie begann die englische Flotte, sodann auch die Armee, die übrigen europäischen Kolonialmächte, vor allem Portugal, Frankreich und die Niederlande aus diesem Raum zu verdrängen. Im Laufe des 18.—19. Jh.s hat England ganz Indien an sich gerissen. Infolge der langen englischen Herrschaft sowie der außerordentlichen Vielfalt der in Südasien gesprochenen Sprachen kann sich das Englische neben dem Urdu in Pakistan bzw. neben Hindi (und anderen Sprachen) in der Indischen Republik als zweite Amtssprache heute noch behaupten. Allerdings ist das Englische in diesen Ländern keine Muttersprache, sondern die (zweite) Verkehrssprache der Einwohner. Daher ist es auch verständlich, daß das Englische in lautlicher Hinsicht dem Einfluß der jeweiligen muttersprachlichen Grundschicht äußerst stark ausgesetzt ist. So werden z. B. die englischen Diphthonge weitgehend monophthongiert, vgl. [tɛk] 'take: nehmen', [bɔn] 'bone: Bein, Knochen'. Die für das Englische kennzeichnenden interdentalen Reibelaute [ð] bzw. [θ] werden durch [d] bzw. [t] ersetzt. Der Wortgebrauch ist naturgemäß mit hindustanischen Elementen vervollständigt, die größtenteils auch sachlich indisch bedingt sind, z. B. *sahib*, *memsahib* 'Herrin, Frau', *maharajah*, *nabob*, *rupee* 'Rupia', *bungalow*, *pundit* 'Pandit, Schriftgelehrter, Experte', *pyjamas*, *shampoo* u. dgl. Manche dieser Wörter sind über die Vermittlung des Englischen international geworden, vgl. dt. *Maharadscha*, *Nabob*, *Bungalow*, *Pyjama*, *Shampoo*.

Unter den Leuten, die unmittelbar in englischem Dienst stehen bzw. standen, sind zwei Sonderformen des Indisch-Englischen entstanden, und zwar das sogenannte Baboo English [= Ammenenglisch] und das Butler English [= Dienerenglisch]. Beide Varianten zeichnen sich durch die unter dem Einfluß des muttersprachlichen Substrats erfolgte starke Vereinfachung der Grammatik aus. Im B a b o o E n g l i s h wird z. B. die abgeschlossene oder die futurische Handlung mit der Umschreibung mit dem Verb *(to) finish* 'beenden, vollenden' ausgedrückt, vgl. *Woman she finish thing me speak?* [wörtlich: 'Frau — sie — beenden — Sache — mich ⟨= ich⟩ — sprechen'] für engl. *Has she done what I told?* 'Hat sie erledigt, was ich ihr gesagt hatte?', oder: *What man you give him stick?* [wörtlich: 'Was ⟨für ein⟩ Mensch du geben ihm Stock?'] für engl. *To whom did you give the stick?* 'Wem hast du den Stock gegeben?' usw. — Das B u t l e r E n g l i s h war besonders in Bombay und Madras verbreitet. In dieser Variante des Englischen kann das Präsenspartizip typischerweise auch das Futur ausdrücken, z. B. *I telling* [wörtlich: 'ich sagend'] für engl. *I shall tell* 'ich werde sagen', während das Partizip der Vergangenheit von *do* 'tun' zum Ausdruck der vollzogenen Handlung (Perfekt) dient, z. B. *I done tell* [wörtlich: 'ich getan sagen'] für engl. *I have told* 'ich habe gesagt'.

IV.5.4. Soziolekte

IV.5.41. Hochsprache und Umgangssprache

Die anspruchsvollste Variante des E n g l i s c h e n, die in der Literatur, im Rundfunk und im Fernsehen, in Kirche und Theater, in Vorträgen u. dgl. verwendet wird (sogenanntes *King's* bzw. *Queen's English*, oder einfach *Standard English* bzw. *Received Pronunciation*) weicht von der alltäglich gesprochenen Umgangssprache (*Colloquial English*) in vieler Hinsicht ab. Die Unterschiede beschränken sich keineswegs auf die L a u t b i l d u n g, sondern sie melden sich vor allem auch in dem W o r t s c h a t z. Die Umgangssprache bevorzugt im Unterschied zu der Hochsprache (bzw. Schrift- oder Literatursprache) die konkretere, zugleich mehr familiäre Bezeichnung von Personen, Begriffen und Gegenständen. Um einige Beispiele zu nennen: Das Wort *little* 'klein: ein wenig' der Hochsprache wird häufig mit *a bit* 'ein bißchen' ersetzt; um die Vorzüglichkeit von etwas auszudrücken, greift die Umgangssprache nicht zu den hochsprachlichen Adverbien *very* 'sehr' oder *exceedingly* 'vorzüglich, hervorragend', sondern zu verschiedenen kraftvolleren Wörtern wie etwa *awful(ly)*, *terribly* 'schrecklich' u. dgl. (vgl. auch im Deutschen 'schrecklich schön', 'arg schön' usw.). Der Seemann wird nicht *sailor*, sondern nach der Farbe seiner Uniform *blue-jacket*

'Blaujacke' genannt; besonders charakteristisch sind die Fälle humoristischer Bedeutungs- und Bezeichnungswandlungen, vgl. *brick* 'Ziegel' → 'Prachtkerl', *button* 'Knopf' → 'Diener', *cooper* 'Kupfer' → 'Penny', *kid* 'Kitze' → 'Kind, Puppe' u. dgl. Wie in den meisten Sprachen der Welt, sind auch in der englischen Umgangssprache die Abkürzungswörter (z. B. *bus* 'Omnibus', *zoo* 'Zoo') sehr beliebt, ja sogar die Wendungen der Gaunersprache bürgern sich immer mehr auch in der Umgangssprache ein, vgl. *shut up!* 'halt's Maul!', *he is in the swim* 'er liegt gut' (übertragen) usw.

In der eigentlichen Grammatik sind die Abweichungen von der Hochsprache unerheblich. Es ist jedenfalls typisch, daß die Distribution der nämlichen grammatischen Konstruktionen in den beiden Sprachvarianten manchmal doch nicht die gleiche ist. Die Interrogativa erscheinen im Nominativ zum Ausdruck einer Objektfunktion, vgl. ***who** do you take me for?* 'für wen halten Sie mich?'; ***who** do you mean?* 'wen meinen Sie?' (anstatt *whom*: Akk.-Dat.). Das Gegenteil findet sich bei den Personalpronomina, wo der Akkusativ für den Nominativ stehen kann, z. B. *it's **me*** 'das bin ich' (anstatt *I*); *it was **him/her/us/them*** 'das war er/sie' bzw. 'das waren wir/sie' (anstatt *he/she* bzw. *we/they*). In der Verbalflexion ist der semantisch sehr verzweigte, konkretisierte Gebrauch einzelner Hilfsverba oder als solche eingesetzter Sinnverba gang und gäbe, z. B. *to **do** a person* für *to deceive/cheat him* ['jemanden auf den Arm nehmen']; *to **do** a town/country* für *to visit its curiosities* ['besichtigen eine Stadt/ein Land']; *to **go** mad/green/wild/stale* für *to turn mad* ['wahnsinnig werden'] u. dgl. Das adjektivische Bildungssuffix *-ish* spielt in der Umgangssprache eine deminutive Rolle, z. B. *good* → *goodish* (für *pretty good*) 'gut, gütlich', *long* → *longish* (für *rather long*) 'lang, länglich', *ten* → *tenish* (für *about ten ⟨o'clock⟩*) 'um zehn (Uhr) herum'.

Wie schon angedeutet wurde, nimmt die Umgangssprache, besonders im Wortschatz und in den Redewendungen, immer mehr Bestandteile des Argots (vgl. IV.5.42.) auf und trägt somit in hohem Grade dazu bei, die niedrigeren Sprachschichten allmählich auch in die Sphäre der Hochsprache einzuführen. In der Sprache der schöngeistigen Literatur handelt es sich naturgemäß auch um eine Frage der Stilistik. Vor allem seit der Verbreitung des Naturalismus und des Expressionismus läßt sich diese Entwicklungstendenz auch in England, noch stärker aber im Englischen in Übersee verfolgen.

Was das Verhältnis von Hoch- und Umgangssprache anbelangt, ist das Gesagte auch im deutschen Sprachraum gültig. Der Wortschatz der Umgangssprache strebt auch hier zum Konkreten und zum Unvermittelten, vgl. Wendungen wie *einen langen Arm haben* für 'viel Einfluß haben'; *höllisch/verdammt/scheußlich* für 'sehr'; *Hausdrache* für 'zänkische Frau'; *Pomadenhengst* für 'Modenarr'; *Wasserratte* für 'Seemann'; *großer Teich* für 'Atlantik' u. dgl. Die Bedeutungsübertragungen legen auch im Deutschen eine entschieden humoristische Tendenz an den Tag, vgl. *Zifferblatt* für 'Gesicht'; *Spülwasser* für 'schwacher/schlechter Kaffee'; *Nest* für 'Dorf/Stadt'. „Aküwörter" (Abkürzungswörter) bzw. Kurzwörter sind auch in der deutschen Umgangssprache sehr beliebt, z. B. *Zoologischer Garten* → *Zoo*; *Omnibus* → *Bus*; *lange Leitung* 'schwer vom Verstand' → *l.l.* usw. Die Einsickerung der Elemente der Gaunersprache ist ebenfalls nicht aufzuhalten, vgl. *koscher* 'gut, entsprechend, erstklassig', *Massel* 'Glück', *schicker* 'betrunken' usw. (vgl. IV.5.43.).

Es sei aber angemerkt, daß die soziale Rolle und Stellung der Umgangssprache im Deutschen noch ausgeprägter ist, da die Bedeutung der regionalen Umgangssprachen im Deutschen dank der stärkeren mundartlichen Gliederung viel größer ist als in Großbritannien. Während in England auf der Ebene der Umgangssprache neben dem von London her bestimmten *Colloquial English* nur das Schottische (Lallans) und gewissermaßen der sogenannte „Industriedialekt" zur Geltung kommen (vgl. IV.5.21. bzw. IV.5.12.), hatten im deutschen Sprachraum fast alle Kulturzentren ihre eigenen Umgangssprachen entwickelt, die in regionaler Hinsicht nicht selten eine ausschließliche Kompetenz erhielten, z. B. in Österreich (IV.5.23.), Luxemburg (IV.5.25.), Berlin (IV.5.45.), Köln, München, Hamburg sowie in der Schweiz (IV.5.24.) usw. Die Bezeichnung *Umgangssprache* wurde auf Grund ihrer Geltungssphäre von JOACHIM HEINRICH CAMPE noch im 19. Jh. geprägt. Die deutsche Umgangssprache bildet einen eigenartigen Übergang zwischen der Hochsprache und den territorialen bzw. den Ortsmundarten. Sie vermittelt mundartliche bzw. seit dem Aufstieg der Metropolen „gaunersprachliche" Elemente an die Hochsprache, andererseits bringt sie den Einfluß der Hochsprache in den Dialekten sowie im Slang bzw. in der „Gaunersprache" zur Geltung. In ihrer **grammatischen Struktur** beruhen sämtliche Varianten der deutschen Umgangssprache auf den Mundarten, die ihre Grundschicht bilden, sind jedoch bestrebt, sich auch in dieser Hinsicht (wie im Wortschatz und in der Lautbildung) den Formen der sie überdachenden Hochsprache anzupassen. Diese Tendenz spiegelt die soziale Stellung der überwiegenden Mehrheit ihrer Träger, des groß- und kleinstädtischen Kleinbürgertums, des oberen Mittelstandes, z. T. auch der Intelligenz und der Arbeiter wider. Der deutschen Umgangssprache kommt in der Verbreitung der schriftsprachlichen Einheitsnorm im gesamten deutschen Sprachgebiet eine unüberschätzbare Bedeutung zu, d. h. sie darf in unserer Zeit als der allerwichtigste Integrationsfaktor der einheitlichen deutschen Nationalsprache angesehen werden (vgl. IV.5.13.).

IV.5.42. Slang

Slang heißt ursprünglich die Sprachform der untersten oder auch deklassierten Gesellschaftsschichten im Englischen, die anders auch Argot, Jargon oder Gaunersprache genannt wird. In der englischen Literatur trat der Slang zunächst vor allem in den großen gesellschaftskritischen Romanen von CHARLES DICKENS und WILLIAM THACKERAY hervor. Da der Wortbestand der Gaunersprache sozusagen „zweckgebunden" einem verhältnismäßig raschen Wandel unterliegt, sind die bei diesen Autoren verzeichneten Wörter und Wendungen des Slangs begreiflicherweise im modernen englischen Slang großenteils nicht mehr vorhanden. Der Sprachstoff des Slangs läßt sich im großen und ganzen wie jener der Umgangssprache charakterisieren, mit dem wichtigen Zusatz, daß sein W o r t s c h a t z sowie seine W e n d u n g e n noch derber und brutaler sind, vgl. *old cock* [:alter Hahn] für *fellow* 'Genosse, Kamerad, Freund'; *nut* [:Nuß] für *head* 'Kopf'; *he 's off his nut* [: er hat seine Nuß ab] für *he is cracked/dotty* 'er ist von Sinnen'; *trotters* [: Traber, Keulen] für *feet* 'Füße'; *to kick the bucket* [: den Fleischriemen ⟨?⟩ ausschlagen/umstoßen] für (*to*) *die* 'sterben' u. dgl.

Der Slang verfügt, ähnlich der Umgangssprache, eigentlich über keine von der englischen Gemeinsprache abweichende, eigene G r a m m a t i k. Er läßt sich daher noch weniger als ein eigenständiges sprachliches System bezeichnen als etwa die territorialen Dialekte. Des weiteren ist für den Slang charakteristisch, daß seine Sprecher — vor allem, um sich vor den Behörden zu schützen — ständig neue Wörter und Wendungen entwickeln, sehr häufig gar nicht aus englischen, sondern aus fremden (hauptsächlich deutschen, jiddischen, zigeunerischen u. a.) Vorlagen. Dieser Zug zeichnet aber nicht nur den englischen Slang, sondern fast alle Gaunersprachen der Erde aus.

Trotz der ununterbrochenen Abwehr seitens der Puristen wäre es verfehlt zu glauben, der Slang befände sich auf dem Rückzug. Im Gegenteil, er bereichert die moderne Schrift- bzw. Hochsprache und noch mehr die Umgangssprache mit zahlreichen neuen Zügen, d. h. es fällt ihm in der Verjüngung der Hochsprache in zunehmendem Maße die Aufgabe zu, die früher auf den Mundarten lastete.

IV.5.43. Rotwelsch

Rotwelsch ist die in der deutschen Fachsprache gängige Bezeichnung für jenes sprachlich-linguistische Phänomen, das im Englischen Slang (IV.5.42.) genannt wird. Der Name war bereits um die Mitte des 13. Jh.s bekannt und bedeutete ursprünglich soviel wie 'Kauderwelsch der Gauner', vgl. mhd.-rw. *rot*(*e*) 'Gauner, Bettler' und *welsch* 'Italienisch → fremde, unverständliche

Sprache'. Es waren auch noch andere Namen im Umlauf, von denen *Jenisch* bzw. *jenische Sprache*, d. h. 'Sprache der Schlauen' (*jenisch* < zig. *džan-* 'wissen, können, kennen, verstehen'?) am weitesten verbreitet war.

Die erste zusammenfassende Q u e l l e des Rotwelschen stellt das *Liber Vagatorum* ('Buch der Landstreicher', 1510) dar, das MARTIN LUTHER 1528 unter dem Titel *Von der falschen Bettler Büberei* neu herausgab. Das vom englischen Slang Gesagte gilt auch für das Rotwelsch: vor allem des Fehlen einer eigenen grammatischen Struktur und der verhältnismäßig rasche und ständige Wandel im W o r t s c h a t z. Daraus erklärt sich auch, daß die Erforschung des Rotwelschen in erster Linie auf den Wortschatz konzentriert ist. Noch mehr als der Slang ist der rotwelsche Wortbestand von Fremdlingen durchsetzt, deren Überzahl aus dem Jiddischen und dem Zigeunerischen stammt. Dies ist eine unmittelbare Folge der Tatsache, daß die Träger beider Sprachen Jahrhunderte hindurch unterdrückt und von der deutschen Gesellschaft teilweise, oft aber auch ganz ausgeschlossen waren. Das deutsche Rotwelsch bildete infolge der besonderen Bevölkerungsverhältnisse in vielen Städten Europas auch außerhalb des deutschen Sprachraums (z. B. in Böhmen, Ungarn, Polen, Kroatien, ja sogar in Schweden usw.) die Grundlage nichtdeutscher Gaunersprachen, da die deklassierten Volksschichten in diesen, früher zum Teil oder auch ganz deutschprachigen Städten beim jeweiligen S p r a c h w e c h s e l die Grammatik der Umsprachen übernahmen, einen großen Teil ihres ursprünglichen Wortschatzes aber beibehielten. Nach statistischen Schätzungen ließen sich z. B. in den 20er Jahren etwa 65—80% des Wortbestandes der ungarischen Gaunersprache von Budapest auf das Rotwelsche zurückführen, vgl. j. *melukhe* > rw. *Meloche* > ung. *meló* 'Arbeit'; j. *skhoyre* > rw. *Soore* > ung. *szajré* [sɑjre:] 'Hehlgut, Ware'; zig. *mol* 'Wein' > rw. *Mol* 'dass.' > ung. *móles* [mo:leʃ] 'betrunken'; zig. *šero* 'Kopf' > rw. *Schero* 'dass.' > ung. *séró* [ʃe:ro:] 'Haar, Frisur'; zig. *čorel* > rw. *tschoren* > ung. *csór(el)* [tʃo:r-] 'stehlen, klauen', usw. Das Rotwelsch wiederum enthält Wörter aus verschiedenen romanischen, slawischen und anderen Sprachen, aber auch ungarische Wörter durch zigeunerische Vermittlung, vgl. ung. *hintó* 'Kutsche' > zig. *hintova* > rw. *Hintova* 'dass.'; ung. *völgy* [vøld'] 'Tal' > zig. *věd'o* > rw. *Vedo* 'dass.' usw.

Um das ältere Rotwelsch zu zeigen, sei nachstehend eine Strophe aus einer im französischen Argot geschriebenen Ballade FRANÇOIS VILLONS in (zeitgerechter) rotwelscher Übersetzung mitgeteilt (die Übersetzung wurde freilich nachträglich — 1942 — von MARTIN LÖPELMANN besorgt):

> *Schufft euch durch Strombart über Glentz,*
> *Sonst menkelt hartes Lechem ihr,*
> *Ohn' Stefung hockt im Brix ihr hier.*

Nur linkes Rusch dippt euch der Sentz,
Verkneistet, seid loo zikuß mir,
Beim Hochsentz dolft der Reppler sonst bereit.
Genf nopel Meß im Dorf, Bescheid,
Und troll dich aus der Gleicherey
Der Breger, Stromer weit und breit;
Tut einhar vor der Prinzerey!

(FRANÇOIS VILLON: *Ballade.*)

schufft euch 'packt euch'; *Strombart* 'Wald'; *Glentz* 'Feld, Wiese'; *menkeln* 'essen'; *Lechem* 'Brot'; *Stefung* 'Ziel'; *hocken* 'liegen'; *Brix* 'Gefängnis'; *link* 'schlecht'; *Rusch* 'Stroh'; *dippen* 'geben'; *Sentz* 'Herr, Wirt'; *verkneisten* 'verstehen'; *loo* '(gar) nicht'; *zikuß* 'blind'; *Hochsentz* 'großer Herr'; *dolfen* 'stehen'; *Reppler* 'Henker'; *genfen* 'stehlen'; *nopel* 'ungern'; *Meß* 'Geld'; *im Dorf* 'aus der Geldtasche'; *Bescheid* 'Spitzbube'; *Gleicherey* 'Gesellschaft'; *Breger* 'Bettler'; *Stromer* 'Landstreicher'; *einhar tun* 'fliehen'; *Prinzerey* 'Hochgericht'.

IV.5.44. Der Cockney-Dialekt

Unter den territorialen Mundarten und den sozialen Varianten des Englischen gebührt dem sogenannten Cockney ein besonderer Platz. Ursprünglich war es ein ausgesprochen räumlich bedingter Dialekt, der von den Bewohnern der Cheapside in London gesprochen wurde, „*who were born within the sound of Bow Bells*", d. h. die im Bereich der Mary-le-Bow-Kirche in der Cheapside geboren wurden. Heute ist der Begriff viel allgemeiner und schließt alle Ureinwohner Londons ein. Im Gegensatz zum Slang verfügt das Cockney nicht nur im W o r t s c h a t z über eigene Merkmale (z. B. *to learn* '1. to learn: lernen'; '2. to teach: lehren'; oder *to stand* 'to put: stellen' u. dgl.), sondern auch im L a u t s t a n d und in der G r a m m a t i k.

Kennzeichnend für den Londoner ist der Schwund von anlautendem [h] — *he drops his h's*, wie es heißt —, andererseits der Gebrauch von [h] in etymologisch unmotivierten Fällen, vgl. *am an heggs* für ne. *ham and eggs* 'Schinken mit Eiern', *Arry* 'Harry', *Arriet* 'Harriet', *andsome* für *handsome* 'hübsch, nett', *ere* für *here* 'hier' bzw. *(to) hear* 'hören', aber *hear* für *ear* 'Ohr', *hus* für *us* 'uns', *in the hopen hair* für *in the open air* 'unter freiem Himmel', *hup the ill* für *up the hill* 'auf den Hügel'. Dieser sekundäre h-Ansatz ist eine falsche Rückbildung unter dem Einfluß der Hochsprache, denn im Cockney wurde das [h] sonst über den Stand im Standard English hinausgehend nicht nur im In- und Auslaut, sondern auch im Anlaut aufgegeben.

Ziemlich regelmäßig unterbleibt auch die Konsonantenpalatalisierung in der Stellung vor [u:], vgl. *dooke* für *duke* 'Herzog', *Toosday* für *Tuesday* 'Dienstag', *dooty* für *duty* 'Pflicht', *noo* für *new* 'neu', *nater* für *nature* 'Natur'. In anderen Fällen wird jedoch palatalisiert, wo es in der Hochsprache unbekannt ist, z. B. *chiild* für *child* 'Kind', *parients* für *parents* 'Eltern'.

Das Suffix *-ing* erscheint im Auslaut als *-in*, z. B. *mornin'* für *morning* 'Morgen', *evenin'* für *evening* 'Abend', *shillin'* für *shilling* 'Schilling', *goin'* für *going* 'gehend', in einigen Wörtern hingegen wird das einfache [n] stark velarisiert, z. B. *kitching* für *kitchen* 'Küche', *garding* für *garden* 'Garten', *childring* für *children* 'Kinder'. Beim sekundären *-ing* handelt es sich ebenfalls um hyperkorrekte Formen nach dem Beispiel der Hochsprache.

In- und auslautendes [d], [t], manchmal auch [g] wird aufgegeben, vgl. *an'* für *and* 'und', *ol'* für *old* 'alt', *cap'n* für *captain* 'Kapitän, Hauptmann', *lor'* für *lord* 'Lord, Herr', *I don' know* für *I do not (don't) know* 'ich weiß/kenne (es) nicht', *you shouldn' do it* für *you should not do it* 'du sollst es nicht tun', *I mus' go* für *I must go* 'ich muß gehen', *li'll* für *little* 'klein', *freekently* für *frequently* 'häufig'. Falsche Rückbildungen gibt es freilich auch hier, z. B. *noicet* für *nice* 'nett, schön, hübsch', *suddent* für *sudden* 'plötzlich' u. dgl.

Im Vokalismus hat sich vor allem das System der Diphthonge verändert:

	Standard English		Cockney
	[eɪ]	=	[aɪ]
	[aɪ]	=	[ɔɪ]
	[ou]	=	[au]
	[ɑ:]	=	[ɔu]

Vgl. *die* [daɪ] für *day* 'Tag', *(to) mike* [maɪk] für *make* 'machen', *plice* [plaɪs] für *place* 'Platz, Stelle', *Oi* [aɪ] für *I* 'ich', *toim* [tɔɪm] für *time* 'Zeit'; *sow* [sau] für *so* 'so', *now* [nau] für *no* 'nein, kein', *rowd* [raud] für *road* 'Straße'; *Chawley* [tʃɔuli] für *Charley* 'Karl', *glawss* [glɔus] für *glass* 'Glas'. So lautet z. B. der Satz *I should like to go to Cambridge today* im Cockney [ɔɪ d lɔɪk tʰə gau tʰə kʰaɪmbriʒ tʰudaɪ] 'ich möchte heute nach Cambridge fahren/gehen'. Offenes [æ] der Hochsprache ist im Cockney meistens geschlossen, z. B. *ket* [ket] für *cat* 'Katze', *kerry* [kerɪ] für *carry* 'tragen'.

Die interdentalen Reibelaute [θ], [ð] werden durch [f] ersetzt, vgl. *nuffin(k)* für *nothing* 'nichts', *fenks* für *thanks* 'Dank(e)'.

Die **Verbalflexion** wurde im Vergleich zur Gemeinsprache weiter vereinheitlicht. Einfache Verba haben im allgemeinen die Endung der 3. Pers. Sing. des Präsens auf alle Personen erweitert, z. B. *I calls* 'ich rufe', *you calls* 'du rufst, ihr ruft, Sie rufen', *we calls* 'wir rufen', *they calls* 'sie rufen'; auch bei den meisten Hilfsverben, z. B. *I has* [$\neq$ ne. *I have*] 'ich habe', *we/you/they has* [$\neq$ ne. *have*] 'wir haben, du hast, ihr habt, Sie haben, sie haben'; *I does* 'ich tue', *we does* 'wir tun', *you does* 'du tust, ihr tut, Sie tun'; *we is* 'wir sind', eventuell sogar im Präteritum, vgl. *we/you/they was* [$\neq$ ne. *were*] 'wir waren, du warst, ihr wart, Sie waren, sie waren' usw. Dagegen kommt auch die Form der 3. Pers. Sing. ohne Endung vor, z. B. *he do* [$\neq$ ne. *does*] 'er tut'. Ziemlich archaische, zum Teil südgermanisch anmutende Formen sind auch noch vorhanden, z. B. *he be(e)s* [$\neq$ ne. *is*] 'er ist', *they be(e)s* [$\neq$ ne. *are*] 'sie sind' u. dgl.

Bei den starken Verba wird das Präteritum durch das Präsens ersetzt, z. B. *I come* für *I came* 'ich kam', *I see* für *I saw* 'ich sah'. Manche starke Verba sind schwach geworden, vgl. *I knowd* [$\neq$ ne. *knew*] 'ich wußte/kannte'. Das Präteritum fungiert meistens auch als das Partizip der Vergangenheit, z. B. **took** für *taken* 'genommen'; *I 've* **wrote** *a letter* für *I have written a letter* 'ich habe einen Brief geschrieben'; *he's* **spoke** für *he has spoken* 'er hat gesprochen'. Bei der Bildung des Part. Präs. wird in der Regel außer dem Suffix *-in* (< *-ing*) auch das Präfix *a-* verwendet, z. B. *I'm* **alivin'** *in that rowd* für *I am living in that road* 'ich wohne in jener Straße'.

Im Cockney ist die doppelte Verneinung verbindlich, vgl. *I* **aint no** *dog* 'ich habe keinen Hund [nicht]' gegenüber ne. *I have* **no** *dog* 'dass.' Dies springt um so mehr in die Augen, als in der englischen Hochsprache die doppelte Negation — nach lateinischem Vorbild — zur Erhärtung einer Behauptung dient.

Des öfteren läßt sich die Verdoppelung des Pluralsuffixes der **Substantiva** feststellen, z. B. *swellses* [$\neq$ ne. *swells*] 'Modenarren'. Das **Adjektiv** wird fast ausschließlich synthetisch gesteigert, mitunter auch synthetisch-analytisch kombiniert, z. B. *fine → finer* oder **more finer** 'schöner, feiner' (Komparativ). Ein archaisches, im Übersee-Englischen allerdings auch gemeinsprachlich anerkanntes Merkmal stellt der Gebrauch adjektivischer Formen als **Adverbien** dar, z. B. *awful* (Adj. und Adv.) gegenüber ne. *awful* Adj. → *awfully* Adv. 'schrecklich', vgl. IV.5.31.

Das Cockney ist also ein Soziolekt, der zugleich auch ein Dialekt ist und einerseits mehr Archaismen aufweist als die Hochsprache, andererseits aber manche Entwicklungstendenzen des Englischen weiter vorangetrieben hat als die Hoch- bzw. die Umgangssprachen Großbritanniens.

IV.5.45. Berlinisch

Wie das Cockney im Rahmen des Englischen, nimmt auch der Dialekt Berlins unter den landschaftlichen und sozialen Varianten des Deutschen einen besonderen Platz ein. Bis zum 16. Jh. hat sich der Dialekt Berlins vom allgemeinen Sprachgebrauch der niederdeutschen Städte Brandenburgs

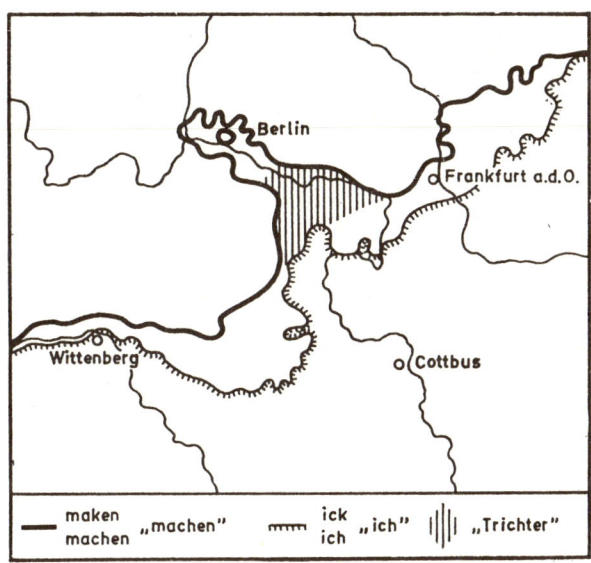

Abb. 73. Der „Trichter" bei Berlin (nach HORST BECKER und ADOLF BACH)

nicht unterschieden. Im angehenden 16. Jh. aber stellte sich die städtische Kanzlei Berlins, offensichtlich infolge ihrer engen wirtschaftlichen und kulturellen Beziehungen zum mitteldeutschen Sachsen, bereits auf die in Sachsen befolgte neuhochdeutsche Schriftnorm um. Darin schloß sich die städtische Kanzlei Berlins zweifellos auch der Praxis der fürstlichen Kanzlei Brandenburgs an, wo die oberdeutschen Hohenzollern das Neuhochdeutsche schon im 15. Jh. zur allgemeinen Norm erhoben hatten. Dieser Prozeß der Verhochdeutschung wurde vom siegreichen Vormarsch der LUTHERschen Reformation besonders beschleunigt. Die Wandlung ergriff auch, obschon etwas langsamer, die Umgangssprache Berlins, und im Laufe des 18. Jh.s konsolidierte sich bereits jener charakteristische Ortsdialekt, den man sowohl in der Sprachwissenschaft als auch im Volksmund als Berlinisch bezeichnet (Abb. 73).

Für den Lautstand des Berlinischen ist heute das Vorhandensein der zweiten (althochdeutschen) Lautverschiebung auf mitteldeutscher Stufe kennzeichnend; germ. *p* entspricht z. B. [f] im Anlaut (vgl. *fennig* 'Pfennig'), aber [p] im In- und Auslaut (vgl. *appel* 'Apfel', *kopp* 'Kopf'). Der niederdeutsche Stand ist nur noch in einigen Relikten erhalten, z. B. *ick* ~ *icke* 'ich', *wat* 'was', *det* 'das', *et* 'es', *doof* 'taub: dumm, naiv'. Allgemein ist dagegen der für die niederdeutschen Mundarten Brandenburgs typische Wandel *g* > *j* im Anlaut, vgl. *jans* 'Gans', *jroß* 'groß'. Ebenfalls ein niederdeutsches Merkmal ist der Wandel *-nd-* > *-nn-* bzw. *-ld-* > *-ll-*, vgl. *anners* 'anders' *der olle* 'der Alte'. (Dieselbe Erscheinung in mitteldeutschen Mundarten ist ebenfalls niederdeutscher Herkunft, vgl. IV.4.53.)

Die niederdeutschen Merkmale des V o k a l i s m u s stimmen z. T. mit jenen des Ostmitteldeutschen überein, vgl. *ooch* 'auch', *kleen* 'klein' usw. In bestimmten Stellungen ist sogar die alte Quantitätsverteilung der Vokale erhalten geblieben, z. B. *hof* [hof] 'Hof' — *hofes* [ho:fəs] 'Hofes'; *jap* [jap] 'gab' — *jaben* [ja:bm̩] 'gaben'. Der Reduktionsvokal der Nebentonsilben ist im absoluten Auslaut des öfteren noch vorhanden, vgl. *hemde* [hemdə] 'Hemd', *ofte* [oftə] 'oft', *sachte* [zaxtə] 'sacht, sanft'.

In der N o m i n a l f l e x i o n ist für Berlin der Umtausch von Akkusativ und Dativ besonders charakteristisch, vgl. *mir* 'mich' gegenüber *mich* 'mir', *Ihnen* 'Sie', aber *Sie* 'Ihnen' usw. Das ist eine Folge der falschen Rückbildung unter dem Einfluß der Hochsprache, denn der Unterschied von Akkusativ und Dativ wurde im Niederdeutschen sonst eliminiert (vgl. IV.4.53.).

Verständlicherweise sind die meisten niederdeutschen Züge im W o r t s c h a t z enthalten, z. B. *jöhre* [jø:rə] 'Mädchen' (vgl. ne. *girl* 'dass.'), *mank* 'zwischen, unter' (vgl. ne. *among* 'dass.'), *kicken* 'gucken, schauen', *Molle* 'Helles' (vgl. *Mulde*), *Bärme* 'Hefe', *piepe* 'gleichgültig' (vgl. *Pfeife*) usw. Niederdeutsch ist auch das in Berlin beliebte Deminutivsuffix *-ken* (= *-chen*), z. B. *Jungeken* 'Junge', *Männeken* 'Mann', *Karlineken* 'Karolinchen'.

Als Sprache einer Metropole trägt des Berlinische andererseits auch die Kennzeichen des Rotwelschen, d. h. es ist — wie das Cockney in England — gleichzeitig auch ein Soziolekt. Die Besonderheiten dieser Stellung des Berlinischen zwischen Mundart und Schichtensprache kommen naturgemäß in erster Linie im W o r t s c h a t z zum Ausdruck, vgl. *Gannew* 'Dieb', *Chawrusse* 'Verbrecherbande', *Sore* 'Beute', *koscher* 'gut, es klappt', *Schlamassel* 'Pech, Mißgeschick', *Moos* 'Geld' u. dgl. aus der Gaunersprache, ferner die vielen ironischen Bedeutungsübertragungen, die auf den herben Humor der Großstadt hinweisen wie *Sardinenbüchse* 'Straßenbahn', *Wagenschmiere* 'schlechte Butter', *Giftmischer* 'Apotheker', *Klapperschlange* 'Tippfräulein', *gekränkte Leberwurst* 'ein Mensch, der alles übel nimmt' usw.

Nach der Schaffung der deutschen Einheit, von den 70er Jahren des vorigen Jahrhunderts an, ist Berlin sowohl wirtschaftlich als auch politisch und kulturell das Zentrum des größten Teiles des deutschen Sprachraums geworden und schaltete sich somit auch in den Prozeß der Entstehung der deutschen Einheitssprache ein. Die Spaltung Berlins bzw. ganz Deutschlands nach dem Zweiten Weltkrieg hat diesen Prozeß wieder zum Stillstand gebracht, zumindest aber äußerst verlangsamt.

Unsere Textproben sollen die Sprache Berlins vor dem Zweiten Weltkrieg veranschaulichen:

(a) *Scherzgedicht*:

Ick sitze an 'n Disch
und esse Klops.
Mit eenmal — kloppt 's.
Ick kicke, staune, wundere mir:
Mit eenmal jeht se uff — de Dier.
„Nanu", denk' ick — ick denke: „Nanu?" —
Erst war se uff — jetzt is se zu???
Ick jehe 'raus und kicke —
und wer steht draußen???
— Icke!

(b) *Redewendungen*

In der Regel sagt der Berliner das, was er denkt, allerdings in derb-komischer Art. Hat jemand eine rote Nase, dann sagt man: „Na, d i e Neese hat er ooch nich von 't Kaffeetrinken jekricht". — Der stets Betrunkene muß hören: „Der hat mal in de Sterne jekikt", „den Dienstrevolver [= Schnapsflasche] hat er immer jefüllt". — Ähnlich: „Ick vastehe ooch ohne Brille." — Stimmt eine Sache nicht recht, dann heißt es: „Nischt Jenaues weeß man nich". — „Een stiller Mensch bleibt ruhich". — „Nehmen Se mir", sagte ein Arbeitsuchender, „Sie jlooben jar nich, mit wie wenich Arbeet ick zufrieden bin".

(FRANZ LEDERER: *Ick lach ma 'n Ast*. 1929.)

IV.5.5. Mischsprachen

IV.5.51. Hybride Sprachen und Kreolisch

Die Notwendigkeit der Kommunikation zwischen den Kolonisatoren und der unterworfenen Urbevölkerung hat in verschiedenen Teilen der Erde sogenannte Mischsprachen entstehen lassen, die verschiedene Bestandteile der Sprache(n) der Eroberer und jener der Unterjochten amalgamieren. Solche Mischsprachen können auch als hybride Sprachen bezeichnet werden.

Ihr grundlegendes Merkmal besteht darin, daß sie in der Regel nur einem unmittelbaren, auf verhältnismäßig enge Kreise beschränkten sprachlichen Verkehr dienen, ohne als Muttersprachen zu gelten. Solche Mischsprachen waren in der Neuzeit zuerst in den Kolonien auf der Basis des Portugiesischen, des Spanischen und des Französischen entstanden, sie wurden aber mit dem Aufschwung Englands als Kolonialmacht fast überall von neuen Mischsprachen auf englischer Grundlage abgelöst. Ihr W o r t s c h a t z ist hauptsächlich englisch, aber sehr begrenzt, während ihre g r a m m a t i s c h e S t r u k t u r die Merkmale der einzelnen Eingeborenensprachen — als der Grundschichten — widerspiegelt. Mischsprachen ermöglichen als eine Art *lingua franca* den sprachlichen Verkehr auch in Bereichen, wo meistens viele, voneinander manchmal grundverschiedene Sprachen gesprochen werden. LEONARD BLOOMFIELD wollte daher den Begriff *lingua franca* — wohl der Praxis der amerikanischen Anthropologenschule des vorigen Jahrhunderts folgend — auf Sprachen einengen, die keine Muttersprachen sind. Indessen können auch reine Muttersprachen diese Rolle übernehmen, wie z. B. das Englische in weiten Gebieten Afrikas und Asiens, bzw. innerhalb einzelner Fachbereiche, so etwa in der internationalen Zivilluftfahrt. Andererseits steht fest, daß unter günstigen Umständen auch hybride Sprachen zur Muttersprache werden und sich im weiteren dementsprechend, als „natürliche" Sprachen, organisch entwickeln können. Diese Gruppe der Mischsprachen faßt man unter dem Namen Kreolisch oder Kreolsprachen zusammen. Kreolsprachen werden vielfach mit mehr oder weniger Recht schon als regionale Varianten (oder auch „Mundarten") jener Sprachen angesehen, die ihnen zugrunde liegen.

IV.5.52. Hybride Sprachen

Die älteste und heute noch bedeutendste Mischsprache, die auf der Basis des Englischen und der Sprache der Urbevölkerung im Zuge des Handelsverkehrs im 17. Jh. entstand, ist das sogenannte P i d g i n E n g l i s h, das seine Herausbildung den Beziehungen der englischen Handelsflotte zu der autochthonen Bevölkerung Kantons (China) verdankt. Der Name *Pidgin* ist eigentlich die der chinesischen Artikulationsbasis angepaßte Form von ne. *business* 'Handel, Geschäft'. Der Wortschatz des Pidgin English zeigt auch in seinen englischen Elementen die charakteristischen lautlichen Merkmale des Chinesischen, z. B. *room* > *loom* 'Zimmer, Raum', *green* > *kilin* 'grün', *brother* > *pat-lu-ta* 'Bruder', *child* > *chilo* 'Kind', *talk* > *talkee* 'sprechen'. Die Anzahl portugiesischer Wörter ist ebenfalls nicht unerheblich, vgl. *deus* > *joss* 'Gott', daraus *joss house* 'Kirche', *joss Pidgin* 'Religion, Konfession', *joss Pidgin man* 'Priester' u. dgl. Es folgt aus der

Natur der Mischsprachen, daß der Bedeutungskreis der meisten Wörter sehr breit sein kann, vgl. *(to) pay* > *pi* neben 'zahlen, bezahlen' auch für 'geben', 'übergeben, überreichen', 'bewegen', 'schicken, senden' usw.

In Anpassung an die grammatischen Regeln des Chinesischen ist das System regelrechter Suffixe im Pidgin English unbekannt. Dafür werden die syntaktischen Bedeutungen der Wörter in chinesischer Weise modifiziert, z. B. *alle man talkee me so fashion* für ne. *all men tell me so* 'alle Leute sagen mir (so)'. Das Verb hat unabhängig von Numerus, Person, Tempus usw. immer nur eine einzige Form.

Die Ureinwohner Australiens, Melanesiens und Ozeaniens verwenden ebenfalls verschiedene Abarten des Pidgin English in ihrem Verkehr mit den Weißen, ja sogar mit den Vertretern anderer Stämme. Das Pidgin English Australiens hört unter dem zunehmenden Einfluß der englischen Umwelt immer mehr auf, eine Mischsprache zu sein, und gleicht sich allmählich der australischen Variante des Englischen an. Die in der Inselwelt Ozeaniens geltende Variante des Pidgin English wird nach dem Sandelholz, das im Handel der Europäer mit den Eingeborenen eine sehr wichtige Rolle spielt, auch S a n d a l w o o d E n g l i s h [:Sandelholzenglisch], mitunter auch *Beach-la-Mar* [:Küsten⟨englisch⟩], in jüngster Zeit meist *Tok Pisin* oder auch *Nuginian* (<*Talk Pidgin* bzw. *New Guinean*) genannt. Die Basis bildet hierbei das Malaiische neben dem Englischen. Hauptverbreitungsgebiet dieser Variante ist der Nordosten von Neuguinea, wo es sogar im Schriftverkehr verwendet wird und auch als Amtssprache anerkannt ist. In diesem Bereich verfügt das Pidgin English auch über eine bescheidene Literatur, die fast ausschließlich religiös bestimmt ist und im Dienste der Missionare steht.

Eine dem Pidgin English ähnliche Mischsprache ist das an den Westküsten Afrikas verwendete N e g e r e n g l i s c h (ne. *Negro English*), das nach einem Eingeborenenstamm der westafrikanischen Küste auch *Kroo English* genannt wird. Seine Entstehungszeit läßt sich im ausgehenden 18. Jh. ansetzen, als die Kolonisation von Sierra Leone in größerem Umfang vorangetrieben wurde. Zu Beginn des 19. Jh.s wurden in diesem Raum etwa 40 000 befreite Negersklaven aus den Vereinigten Staaten von Amerika angesiedelt. Im Wortschatz des Negerenglischen ist der Prozentsatz nichtenglischer Elemente verhältnismäßig unbedeutend. Der grammatische Bau hingegen weist entschieden die Merkmale der Eingeborenensprachen auf, z. B. *me, them chief of Bagida, and all man, whom live here, beg for God that he can protect we for Englishmen* für ne. *I, the Chief of Bagida, and all men [of mine] who live here, beg of God to protect us against the English* 'ich, Bagidas Häuptling, und alle meine Leute, die hier leben, bitten Gott, uns gegen die Engländer zu schützen'. Die Unterscheidung der Pronomina nach den Genera ist genauso unbekannt wie in den Sprachen der Eingeborenen.

Die F a n a g a l o   E n g l i s h genannte afrikanische Mischsprache ist in der zweiten Hälfte des 19. Jh.s, allem Anschein nach in der südafrikanischen Provinz Natal, entstanden. In der Folgezeit hat es sich auch in Rhodesien und im Bereich der Republik Südafrika verbreitet. Heute wird es bereits in allen ehemaligen Kolonien Englands im Süden Afrikas gesprochen. Der Wortschatz des Fanagalo English besteht zu 70% aus Bantu-, zu 6% aus Afrikaans-, und lediglich zu 24% aus englischen Wörtern. Die Struktur dieser Mischsprache ist weder englisch noch bantuisch und muß daher sowohl von Weißen wie Eingeborenen zusätzlich erlernt werden. Die Lautbildung ist allerdings stark von den Bantusprachen beeinflußt, z. B. ne. *bath* [ba:θ] > *baf* 'Bad', ne. *better* > *botela* 'besser', was übrigens auch die englischen Lehnwörter der Bantusprachen kennzeichnet, vgl. im Luganda: ne. *bar* > *'bbaalâ* 'Trinkbar', *Purgatory* > *'Ppuligaatùli* 'Fegefeuer', *Regent* > *Riijenti/Liij(j)enti* usw. Der Einwirkung des Englischen und des Afrikaans ist es hingegen zuzuschreiben, daß der Akzent im Fanagalo English — von den Bantusprachen abweichend — nicht musikalisch ist. In der Grammatik ist es besonders kennzeichnend, daß die Flexion des Englischen mit der Agglutination der Bantusprachen abwechselt.

IV.5.53. Kreolsprachen

In Guayana, hauptsächlich im ehemaligen Britisch-Guayana (Guyana) und in Niederländisch-Guayana (Surinam) an der Nordostküste Südamerikas ist unter den besonderen historischen Umständen eine eigenartige Mischsprache aus Elementen des Englischen, des Niederländischen und der Indianersprachen des Landes entstanden. Diese Mischsprache ist das sogenannte T a k i - T a k i   E n g l i s h, wobei *taki-taki* soviel wie 'schwätzen, plaudern, ohne Zusammenhang sprechen' bedeutet (wohl ne. *talk* 'reden, sprechen, plaudern'). Diese Kreolsprache, die manche Abarten besitzt, wird seit Ende des Zweiten Weltkriegs unter dem Einfluß des Amerikanischen immer mehr gefestigt. Ihre phonetisch-phonologische Struktur ist — gemäß dem eingeborenen Substrat — stark vereinfacht, während das System der Betonung verwickelter ist als im Englischen.

Die Grammatik des Taki-Taki ist äußerst einfach. So drückt das Verb z. B. weder Person noch Numerus, Genus verbi oder Tempus aus. Die Tempora können nur mit verschiedenen Hilfswörtern bestimmt werden. Das Substantiv kennt die Kategorie des Numerus ebensowenig wie die des Kasus. Ebendeshalb fällt der Wortstellung in der Syntagmatik bzw. der Syntax eine ausschlaggebende Rolle zu, vgl. *wan pikin sáka moni* für ne.

a little bag of money 'ein kleiner Sack Geld', *man ey báka* für ne. *the back of man* (wörtlich: *man his back*) 'der Rücken des Mannes; dem Mann sein Rücken'.

Der Grundwortschatz besteht großenteils aus englischen, zum kleineren Teil aus niederländischen Lexemen, die lautlich stark entstellt sind, vgl. (ne. *head* >) *héde* 'Haupt, Kopf', (ne. *foot* ~ nl. *voet* >) *fútu* 'Fuß', (ne.-nl. *hand* >) *hánu* 'Hand', (ne. *dog* >) *dágu* 'Hund', (ne. *make* >) *méki* 'machen', (ne. *leave* >) *líbi* 'lassen', (ne. *find* ~ nl. *vinden* >) *féni* 'finden', (ne. *brother* >) *bráda* 'Bruder', (ne. *close by* >) *klosibáy* 'nahe (zu)', (ne. *work* >) *wroko* 'arbeiten', (ne. *horse* >) *hási* 'Pferd', (ne. *country* >) *kondre* 'Land', (ne. *blood* ~ nl. *bloed* >) *brudu* 'Blut', ferner (nl. *berg* >) *bérgi* 'Berg', (nl. *damp* >) *dámpu* 'Dampf', (nl. *boom* >) *bóm* 'Baum' usw.

In linguistischer Hinsicht zeigt große Ähnlichkeit mit dem Taki-Taki das sogenannte **Pitcairn English**, das seine Entstehung einem historischen Ereignis verdankt. Ende des 18. Jh.s lehnte sich die Mannschaft des englischen Kriegsschiffes *Bounty* in der Nähe der Freundschaftsinseln gegen den Kapitän auf und nahm Kurs nach Tahiti. Die Aufständischen flüchteten dann in der Gesellschaft einiger Männer und Frauen aus Tahiti und nahmen die etwa 1300 Meilen entfernten unbewohnten Pitcairn-Inseln in Besitz. Um die Mitte des vorigen Jahrhunderts wurde die Mehrzahl der Inselbewohner infolge der Überbevölkerung auf die Norfolk-Insel umgesiedelt. Engländer und Tahitaner haben sich auf Pitcairn zu einer neuen ethnischen Gruppe entwickelt, was auch ihren englischen Sprachgebrauch beeinflußte. Das Pitcairn English enthält viele polynesische Wörter wie *fe'i* 'rote Banane', *ka'* 'wissen', *kawa* 'weiß nicht', *orkal* 'Kind' usw. Der grammatische Bau wurde ähnlich den übrigen Kreolsprachen stark vereinfacht. Das Verb hat die Kategorie der Person auch für die 3. Pers. Sing. aufgegeben. Desgleichen ist die (Formen-)Kategorie des Tempus unbekannt, und das Präsens kann für alle Tempora stehen, bloß zum Ausdruck des Futurs und der durativen (andauernden) Handlung wird bisweilen das Wörtchen *gwen* (< ne. *going* 'gehend') verwendet. Die Zunahme der Verbindungen mit dem englischen Mutterland lassen aber das Pitcairn English in der letzten Zeit immer mehr wieder in der englischen Gemeinsprache aufgehen.

IV.5.54. Englisch als Welthilfssprache

In unserer Zeit wurde immer wieder die Ansicht vertreten, daß es von Vorteil sei, eine **künstliche Sprache** zu schaffen, die es überflüssig machen könnte, neben der Muttersprache noch verschiedene Fremdsprachen mühsam zu erlernen. Von den zahllosen einschlägigen Versuchen haben sich nur drei — **Volapük, Ido** und **Esperanto** — als mehr oder weniger dauerhaft erwiesen. Eine international ins Gewicht fallende Gruppe von Anhängern besitzt aber heute nur noch das Esperanto.

Während die Schöpfer dieser Hilfssprachen bestrebt waren, Elemente mehrerer natürlicher Sprachen in einem logischen System zu summieren, hat es auch an Versuchen nicht gefehlt, auf Grund der einen oder anderen Weltsprache eine auch für andere Völker annehmbare und leicht zu erlernende Welthilfssprache zu kreieren. Von diesen Versuchen sind vor allem die auf lateinischer bzw. romanischer Grundlage beruhenden Hilfssprachen wie *Latina sine flexione, Interlingua* u. dgl. zu nennen.

In England und in Amerika wurde schon früher der Gedanke laut, auf Grund des Englischen eine leicht zu erlernende, wesentlich einfachere Welthilfssprache zu erstellen. Diese Idee wurde in den 30er Jahren von CHARLES KAY OGDEN unter dem Namen B a s i c E n g l i s h [= Grundenglisch] verwirklicht. Die Bezeichnung hat allerdings eine — vorsätzlich — doppelte Bedeutung, denn sie ist gleichzeitig die Abkürzung von *British-American-Scientific-International-Commercial*. OGDEN stützt sich in seinem System auf einen minimalen Wortschatz von 850 Wörtern, deren Kern vor allem Substantiva und die wichtigsten und gebräuchlichsten Verba (wie *come* 'kommen', *get* 'bekommen; werden', *give* 'geben', *go* 'gehen', *keep* 'halten', *let* 'lassen', *make* 'machen', *put* 'stellen, setzen', *see* 'sehen', *take* 'nehmen', *be* 'sein', *do* 'tun', *have* 'haben', *may* 'mögen', *will* 'wollen') bilden. Die Begrenztheit des Wortschatzes verleitet den Benutzer des Basic English jedoch dazu, sogar die schlichtesten Begriffe meistens mit komplizierten Umschreibungen auszudrücken. Das Erlernen des Basic English kostet daher wenigstens soviel Mühe wie das Meistern der englischen Hochsprache. Es ist also mehr als zweifelhaft, daß dem Plan des Basic English oder sonstigen ähnlichen Versuchen (wie *Iret English, Swenson English*) je ein Erfolg beschieden sein wird.

IV.5.55. Germanische Bestandteile der Welthilfssprachen

Von den künstlich zusammengestellten und konstruierten internationalen Welthilfssprachen ist heute das 1887 vom Warschauer Arzt LEJZER LUDWIK ZAMENHOF (1859—1917) ausgearbeitete E s p e r a n t o am stärksten verbreitet. Im Gegensatz zu den meisten ähnlichen Versuchen besitzt das Esperanto ein einfaches, durchsichtiges phonologisches, morphologisches und syntaktisches System. In typologischer Hinsicht ist es eine agglutinierende Sprache, deren Wortstämme zum überwiegenden Teil romanischen Sprachen entnommen sind, ja man kann es praktisch als eine künstliche neulateinische Hilfssprache einstufen. Immerhin gibt es im Wortschatz des Esperanto auch germanische Elemente in großer Zahl, vgl. (norw. *ski* >) *skio* 'Ski', (ne. *yes* >) *jes* 'ja', (ne. *ink* >) *inko* 'Tinte', (ne.

silk >) *silko* 'Seide' u. dgl., vor allem aber aus dem Neuhochdeutschen, z.B. *tago* 'Tag', *šuldo* 'Schuld', *lando* 'Land', *štrumpo* 'Strumpf', *vango* 'Wange', *šerco* 'Scherz', *šranko* 'Schrank', *lerni* 'lernen', *flegi* 'pflegen', *fliki* 'flicken', *fremda* 'fremd' usw. In vielen Fällen handelt es sich um gemeinsame deutsch-englische, manchmal auch allgemeinere germanische Stämme, vgl. *varmo* 'warm', *glaso* 'Glas', *fišo* 'Fisch', *butero* 'Butter'.

Ein ähnlicher Einfluß germanischer Sprachen läßt sich auch in der Wortbildung ausweisen. Das Kollektivpräfix nhd. *ge-* ist auch im Esperanto ausgelastet, vgl. *patro* 'Vater' → **ge***patroj* 'Eltern', desgleichen das Präfix *mis-* (< nhd. *miß-* bzw. ne. *mis-*), z. B. *audi* 'hören' → **mis***audi* 'verhören, mißverstehen'. Unmittelbar aus dem Englischen wurde das Suffix *-ebl(a)* '-bar, -fähig' entlehnt, vgl. *manǵi* 'essen' → *manǵebla* 'eßbar'. Die Wortstämme selbst sind in den angeführten Beispielen romanischer Herkunft, vgl. lat. *pater* 'Vater', lat. *audire* 'hören', frz. *manger* 'essen'.

Das über das Esperanto Gesagte ist auch für das I d o gültig, das eigentlich eine 1908 vom Franzosen L. DE BEAUFRONT verbesserte Variante des Esperanto darstellt, vgl. Wörter wie *gardeno* 'Garten', *nur* 'nur' usw.

Das heute so gut wie ganz vergessene V o l a p ü k, das 1879 von einem deutschen Geistlichen, JOHANN MARTIN SCHLEYER, geschaffen wurde, sowie die unter dem Namen I d o m N e u t r a l von W. ROSENBERGER 1902 verbesserte Variante des Volapük (*Ido*) bilden einen guten Teil ihrer Wörter aus englischen Wortstämmen, und zwar unter Beachtung der für das Neuenglische (und das Neuhochdeutsche!) typischen Wortstruktur *CVC* (Konsonant + Vokal + Konsonant), vgl. (*world* >) *vol* 'Welt' (Gen. *vola*), (*speak* >) *pük* 'Sprache' (also *Volapük* 'der Welt Sprache: Weltsprache'), (*book* >) *buk* 'Buch', (*need* >) *nedön* 'benötigen' usw.

V. DIE STRUKTURMERKMALE DER GERMANISCHEN SPRACHEN

(Abriß)

V.1. LAUTSTAND UND RECHTSCHREIBUNG

Wenn wir die germanischen Sprachen der Gegenwart hinsichtlich ihrer Strukturmerkmale mit dem Gemeingermanischen vergleichen und uns dabei die eigenständige Entwicklungsgeschichte der Einzelsprachen vor Augen halten, so lassen sich auf sämtlichen Ebenen der sprachlichen Wirklichkeit — sowohl im Lautstand und in der Morphologie als auch in der Syntax und im Wortschatz — wesentliche Unterschiede feststellen.

Deutsch, d. h. die deutsche Sprache im eigentlichen Sinne des Wortes, und seine Tochtersprachen wie Jiddisch und Pennsilfaanisch sowie auch das erloschene Langobardische heben sich auf Grund der zweiten (althochdeutschen) L a u t v e r s c h i e b u n g (IV.4.2.) von allen übrigen germanischen Sprachen sehr deutlich ab, vgl.

schw.	*pund*	
dän.	*pund*	≠ dt. *Pfund*
nl.	*pond*	
engl.	*pound*	

schw.	*äpple*	
dän.	*æble*	≠ dt. *Apfel*
nl.	*appel*	
engl.	*apple*	

schw.	*tio*	
dän.	*ti*	≠ dt. *zehn*
nl.	*tien*	
engl.	*ten*	

schw.	*hjärta*	
dän.	*hjerte*	≠ dt. *Herz*
nl.	*hart*	
engl.	*heart*	

schw.	*ut*	
dän.	*ud*	≠ dt. *aus*
nl.	*uit*	
engl.	*out*	

V. Strukturmerkmale. 1.

schw. *bok*
dän. *bog*
nl. *boek*
engl. *book*
$\Bigg\}\neq$ dt. *Buch*

schw.
dän. *dag*
nl.
engl. *day*
$\Bigg\}\neq$ dt. *Tag*

Im Vokalismus war der Ablaut (II.2.3.), obwohl er in der eigenständigen Geschichte der Einzelsprachen gesondert weiterentwickelt bzw. ergänzt wurde, im wesentlichen in allen germanischen Sprachen erhalten geblieben: ein konsequenter Abbau erfolgte nur im Afrikaans (IV.4.42.), wo trotzdem noch Relikte nachzuweisen sind. Dagegen fehlt der Umlaut in den sogenannten ostgermanischen Sprachen, woraus zu schließen ist, daß diese Tendenz zur Vokalharmonie in jener Periode der gemeingermanischen Zeit zur Entfaltung kam, der die Loslösung der Ostgermanen (Goten, Burgunder, Wandalen usw.) von der zusammenhängenden Germania schon vorausgegangen war (IV.1.2.). Anzumerken ist jedoch, daß sich der Umlaut nicht in allen übrigen germanischen Sprachen gleich stark hat durchsetzen können und in der Nordgruppe (IV.2.3.) wesentlich umfassender ist als im Westgermanischen (d. h. im Süd- und im Nordseegermanischen), vgl. schw. *löpa* ∼ dän. *løbe* ∼ norw. *løpe* gegenüber nhd. *laufen* ∼ nl. *lopen* (∼ engl. *leap*) 'laufen, springen'.

Auch in Bezug auf die Vorgänge der Diphthongierung und der Monophthongierung weisen die einzelnen Gruppen erhebliche Unterschiede auf. Langes *i* und langes *ū* sind im Nordgermanischen unverändert geblieben, z. B. schw.-dän.-norw. *min* [mɪːn] gegenüber engl. *my/mine* ∼ nl. *mijn* [mɛɪn] ∼ afrik. *my* [mɛɪ] ∼ dt. *mein* ∼ j. *meyn* ∼ ps. *mei* bzw. schw.-dän.-norw. *hus* gegenüber engl. *house* [haʊs] ∼ nl.-afrik. *huis* [høys] ∼ dt. *Haus* ∼ j. *hoyz* ∼ ps. *haus*. Die Entsprechungen der alten Diphthonge zeigen ein bunteres Bild in den einzelnen Unterabteilungen, vgl. isl. *steinn* ≠ schw. *sten* [steːn], nl. *steen* [steːn] ≠ engl. *stone* [stoʊn] und nhd. *Stein*.

Eine der wichtigsten und zugleich charakteristischsten Entwicklungstendenzen des germanischen Lautsystems, die mit der Akzentverlagerung einhergehende Reduktion (bzw. der Vokalschwund) in den Nebentonsilben hat sich — obgleich in unterschiedlichem Maße — in sämtlichen germanischen Sprachen ausgewirkt. Das Afrikaans und das Englische zeichnen sich im allgemeinen durch den Schwund der Auslautvokale aus, vgl.

afrik. (*om te*) *bind* ~ engl. (*to*) *bind* 'binden', während im Deutschen, im Niederländischen, im Friesischen, im Jiddischen und im Pennsilfaanischen erst die Reduktion (als Vorstufe zum Schwund) erreicht wurde, vgl. nhd. *binden* [bindn̩ ~ bindən] ~ nl. *binden* [bɪndə] ~ fries. *bine* [binə] ~ j. *binden* [bindn̩] ~ ps. *binne* [binə]. Diese Reduktion kennzeichnet z. T. auch das Nordgermanische, vgl. dän.-norw. *binde*, doch ist sonst auch noch der — entnäselte — Vollvokal im Auslaut möglich, z. B. isl.-fär.-schw. *binda* (vgl. got. *bindan*, ahd. *bintan*). Die Ausmaße der Reduktion stehen übrigens mit dem morphologischen Umbau der germanischen Einzelsprachen im Zusammenhang, vgl. V.2.

Unter den germanischen Sprachen, die die zweite Lautverschiebung nicht erreichte, weisen heute nur noch das Isländisch-Färöische und das Englisch-Schottische die archaischen interdentalen Reibelaute [θ] und [ð] auf, während sie sonst nur in einzelnen Mundarten bzw. als stellungsbedingte Allophone vorkommen, vgl. isl.-fär. *móðir* ~ engl. *mother* ≠ nl. *moeder* ~ dän.-schw.-norw. *mo(de)r* ~ nhd. *Mutter*.

Die Palatalisierung gutturaler Verschlußlaute — in der Stellung vor Palatalvokalen — kam in erster Linie im Nordgermanischen und im Nordseegermanischen (Ingwäonischen) zur Geltung, doch ist auch da insofern eine Abstufung festzustellen, als diese Tendenz im Schottischen (*Scots* oder *Lallans*) bzw. im Isländischen und im Dänischen weniger oder kaum noch zum Vorschein kam.

Auch germ. [h] bzw. [x] hat sich in den germanischen Einzelsprachen unterschiedlich entwickelt. Im Deutschen (und freilich auch im Pennsilfaanischen) wurde in der Stellung nach Palatalvokalen auch das Allophon [ç] entwickelt, vgl. nhd. *machen* [maxn̩], aber *ich* [iç], desgleichen im Schottischen, vgl. *loch* [lɔx] 'See, Teich', aber *nicht* [nɪçt] 'Nacht', während im Niederländischen, im Afrikaans und im Jiddischen die Ausgangslage erhalten blieb. Englisch und Nordgermanisch haben sich am weitesten fortentwickelt, in dem sie nur noch [h] im Anlaut kennen, vgl. engl. *night* [naɪt] ~ schw. *natt* gegenüber nl. *nacht* ~ nhd. *Nacht*, aber engl. *hound* ~ schw. *hund* 'Hund'. Erst unter sprachsoziologisch bedingtem Druck wurde anlautendes [h] im Cockney — meistens aber an falscher Stelle — wieder eingeführt (vgl. IV.5.44.).

Die Entnäselung hat sich in der Nordgruppe am konsequentesten durchgesetzt, vgl. schw. *dricka* ≠ engl. *drink* ~ nhd. *trinken* usw. Die Nordseegruppe bildet auch in dieser Hinsicht einen Übergang vom germanischen Süden (— d. h. der „deutschen" Gruppe —) zum Norden, vgl. die „Ingwäonismen" unter IV.3.3. Die unbehauchte Aussprache der anlautenden stimmlosen Verschlußlaute trennt hingegen das Niederländische, das Afrikaans und das Jiddische von ihren Schwestersprachen, vgl.

nl.-afrik. *kan* [kan] ~ j. *ken* gegenüber engl. *can* [kʰan] ~ nhd. *kann* [kʰan] ~ schw. *kan* [kʰan].

Von den gemeingermanischen anlautenden K o n s o n a n t e n v e r - b i n d u n g e n wurden [hw], [hr], [hl] und [wr] in den Einzelsprachen meistens vereinfacht, vgl. aisl. *vreka* > nisl. *reka* 'treiben, jagen', oder sie sind nur in Dialekten als Relikte erhalten geblieben, vgl. (nd.>) nhd. *wringen*, tir. [hrɔ:ət] 'rot' usw. Die alte Konsonanz *wr* wird im Englischen nur noch in der Orthographie bewahrt, vgl. (*to*) *write* [raɪt] 'schreiben', während das mit *wh* bezeichnete [hw] in manchen Teilen Englands heute noch ausgesprochen wird, vgl. *what* als [wɔt] bzw. [hwat, hwɔt] 'was'. Auch in dieser Hinsicht erweist sich das Isländische als archaisch, da es die anlautenden Verbindungen [hw], [hr] und [hl] immer noch bewahrt; ihm schließt sich z. T. auch das Färöische an.

Die Q u a n t i t ä t s v e r h ä l t n i s s e der Vokale wurden in den germanischen Einzelsprachen teilweise einheitlich verschoben, indem parallel zum Trend zur Silbenöffnung die in ursprünglich offenen sowie in sekundär geöffneten Haupttonsilben stehenden Kürzen gedehnt wurden, vgl. got. *fadar* [faðar] ≠ engl. *father* [fa:ðər] ~ nhd. *Vater* [fa:tər] ~ nl. *vader* [ʋa:dər] ~ schw. *far* [fȧ:r] u. dgl.

Das Dänische hebt sich von den Schwestersprachen im Lautlichen vor allem durch die sogenannte dritte Lautverschiebung und den charakteristischen „stød" ab, vgl. IV.2.84.

[o] und [u] einerseits bzw. [e] und [i] andererseits, die in gemeingermanischer Zeit nur noch A l l o p h o n e je eines Phonems waren, haben sich in den germanischen Einzelsprachen zu vollwertigen P h o n e m e n entwickelt. Dasselbe geschah mit den im Ergebnis des U m l a u t s entstandenen neuen Lippenvokalen (o ≠ ø, o: ≠ œ, a ≠ ɛ, a: ≠ æ, u ≠ y, u: ≠ y: usw.). Die P h o n e m a t i s i e r u n g von [h] und [x] sowie von [s] und [z] im Jiddischen bzw. von [s] und [z] auch im Englischen ist eine Einzelerscheinung im Kreis des Germanischen; sie geht im Jiddischen allerdings nicht eigentlich auf innere Tendenzen der Sprachentwicklung zurück, sondern ist dem Durchbruch des hebräisch-aramäischen Substrats sowie der slawischen Durchdringung zuzuschreiben, vgl. IV.4.93.

Der A k z e n t ist in den germanischen Sprachen im wesentlichen dynamisch. Gewisse Elemente des musikalischen Akzents sind aber im Nordgermanischen, vor allem im Schwedischen und im Neunorwegischen vorhanden. Die vergleichende Untersuchung der germanischen Intonation steckt zwar noch in den Kinderschuhen, doch springen auch in diesem Bereich auffallende Ähnlichkeiten in die Augen, wenn man die Randgebiete der Germania, z. B. Schwedisch-Norwegisch mit Schwyzertüütsch vergleicht (vgl. IV.2.74., IV.2.94. und IV.5.24.).

Das orthographische System der germanischen Einzelsprachen ist keineswegs einheitlich. Die in der Barockzeit so modisch gewordene „Großschreibung" hervorzuhebender Wörter im Satze hat sich im Deutschen zur Bezeichnung der Substantiva systematisiert (vgl. *Vater, Haus, Kind*), desgleichen auch — unter schriftdeutschem Einfluß, aber bei weitem nicht so konsequent — im Pennsilfaanischen, wo sich jedoch in dieser Hinsicht eine starke Schwankung (zwischen dem deutschen und dem amerikanischen Vorbild) zeigt (vgl. *Haus* ~ *haus* bzw. *hows*). Im Englischen ist die Großschreibung — mit Ausnahme der Eigennamen u. dgl. — nur noch in Titeln, Überschriften u. ä. üblich, aber auch dann, in Abweichung vom Deutschen, zur Hervorhebung aller als „wichtig" empfundenen Wörter ohne Rücksicht auf die Wortart bis auf Partikeln und Präpositionen, z. B. *father* 'Vater', aber *Father Brown* 'Vater/Pater Brown' bzw. O. JESPERSEN: *Growth and Structure of the English Language*. Im Amerikanischen herrscht dagegen die weitverbreitete Norm der Kleinschreibung, vgl. O. JESPERSEN: *Growth and structure of the English language*. Eine Entwicklung wie im Deutschen hat nur das Dänische durchgemacht, aber auch da wurde die generelle Großschreibung der Substantiva bereits aufgegeben. Die im Mittelalter in ganz West-, Nord- und Mitteleuropa verbreitete „Fraktur" (sogenannte „gotische Schrift", nicht zu verwechseln mit der „Schrift der Goten", vgl. III.3.6. und III.3.7.) hat sich ebenfalls bei Deutschen und Dänen am längsten behaupten können. In Dänemark wurde der Übergang zur Antiqua zu Beginn des 20. Jh.s, im Deutschen erst 1941 endgültig vollzogen; seitdem wird die Fraktur nur noch als Verzierungselement, meistens in Titeln, Über- und Aufschriften u. dgl. (wie übrigens auch in anderen europäischen Sprachen) verwendet.

Auf dem historisch-etymologischen Prinzip beruht die Orthographie des Englischen, des Färöischen, ziemlich weitgehend auch die des Friesischen und des Dänischen. Das phonetische (bzw. phonologische) Prinzip herrscht in der Rechtschreibung des Niederländischen, des Afrikaans, des Pennsilfaanischen und der nordischen Sprachen (mit Ausschluß des Färöischen und z. T. des Dänischen) vor, während das Deutsche zwischen den beiden Gruppen eine mittlere Stellung einnimmt. Ganz allein steht das Jiddische da, das mit hebräischen Lettern, aber auf Grund des phonetischen Prinzips geschrieben wird (über die Schreibung der hebräisch-aramäischen Elemente des Jiddischen s. IV. 4.93.). Die Orthographie des Färöischen wurde von ihren Schöpfern bewußt dem Altnordischen — d. h. praktisch dem Isländischen — angepaßt (vgl. IV.2.62.). Die Rechtschreibung des Schwedischen, des Norwegischen und des Dänischen zeichnet sich in unserem Jahrhundert durch das Streben nach einer nordischen Einheit aus, so in der Übernahme des schwedischen Graphems *å* für *aa* im Dänischen und im

Norwegischen (vgl. älteres *maal* > *mål* 'Sprache') u. dgl., vgl. IV.2.74. und IV.2.84. Das Afrikaans verharrt letzten Endes auf einer älteren Stufe der niederländischen Orthographie, vgl. IV.4.42. Das über eine eigene Schrift verfügende Gotische folgte in orthographischer Hinsicht fast restlos den Regeln der zeitgenössischen griechischen Rechtschreibung bzw. Aussprache, vgl. III.3.7. und IV.1.2. Über die einschlägigen Fragen der Runendenkmäler vgl. III. 3.

Die Orthographiesysteme der germanischen Sprachen der Gegenwart sind vom Trend zur Vereinfachung, d. h. zur zunehmenden Verwirklichung des p h o n o l o g i s c h - p h o n e t i s c h e n   P r i n z i p s gekennzeichnet. Im Nordischen, im Niederländischen sowie im Deutschen ist es bereits möglich, fremde Laute in den Lehnwörtern gemäß den Regeln der eigenen Rechtschreibung wiederzugeben (vgl. dt. *Photo* ~ *Foto, Chauffeur* ~ *Schofför*; schw. *chaufför* usw.), ja es wird auch im Deutschen — eigentlich schon seit dem Auftreten der Junggrammatiker — immer wieder versucht, die K l e i n s c h r e i b u n g und die Abschaffung überflüssiger Grapheme (*f* für *v*, *i* für *ie* u. dgl.) durchzusetzen. Die amtliche Einführung solcher Neuerungen hängt z. Z. allerdings von der Übereinkunft sämtlicher Länder deutscher Zunge ab. Im englischen Sprachraum sind die Chancen einer durchgreifenden Orthographiereform noch mehr begrenzt. Die einschlägigen Versuche sind vorläufig über die ziemlich vorsichtige Initiative der Amerikaner nicht hinausgekommen, vgl. IV.5.31. und IV.5.33. Der Verzicht auf das historisch-etymologische Prinzip bedeutet zugleich, daß die in der Schriftlichkeit der einzelnen germanischen Völker zum Teil noch gegebenen Kommunikationsmöglichkeiten immer mehr eingeengt bzw. ausgeschlossen werden.

V.2. MORPHOLOGIE

Die für das Gemeingermanische erschließbaren g r a m m a t i s c h e n K a t e g o r i e n (II.2.3.) wurden im Laufe der historischen Entwicklung der germanischen Einzelsprachen in mehrfacher Hinsicht wesentlich verändert oder wenigstens modifiziert.

Das System der N o m i n a l f l e x i o n hat (ähnlich der Verbalflexion) den Dualis aufgegeben bzw. ihn spezifisch stilistisch umgewertet (im Isländischen), oder aber zum einfachen Plural umgruppiert (in einzelnen deutschen und jiddischen Dialekten), vgl. IV.2.53. Die Kategorie des G e n u s der Nomina hat das alte Dreiersystem (männlich, weiblich, sächlich) in der 3. Pers. Sing. des Personalpronomens (vgl. dt. *er — sie — es*; engl. *he — she — it*, nl. *hij — zij — het*; schw. *han — hon — det* usw.) überall bewahrt, keineswegs überall jedoch beim Substantiv. Isländisch, Färöisch, Neunorwegisch (*landsmål*), manche Mundarten Schwedens, Deutsch, Jiddisch und Pennsilfaanisch unterscheiden noch drei Genera, während im Schriftschwedischen, im Reichsnorwegischen (*bokmål* bzw. *riksmål*), im Dänischen, im Friesischen und — praktisch auch — im Niederländischen dem Neutrum das gemeinschaftliche Genus für alte Maskulina und Feminina, das sogenannte Utrum, gegenübergestellt wird, d. h. das grammatische Genus wird immer mehr zugunsten der Klassifizierung nach Belebt ≠ Unbelebt (Lebewesen ≠ Gegenstände) verdrängt. Die direkte (d. h. nicht durch Relativa erfolgende) Unterscheidung der Substantiva nach Genera wurde im Englischen und im Afrikaans letzten Endes zur Gänze beseitigt. Nur dem Schein nach parallel zu diesem Wandel ist die Entwicklung des Litauisch-Jiddischen (Nordjiddischen), das das Neutrum aufgab und die Opposition männlich ≠ weiblich verallgemeinerte, da dies unter fremdem Einfluß, nach dem Vorbild der baltischen Umsprachen erfolgte, vgl. IV.4.93.

Während der Gebrauch des **bestimmten Artikels** im Gotischen noch nicht ganz als systemhaft-gefestigt erscheint (IV.1.3.), ist diese Kategorie in den germanischen Sprachen der Gegenwart schon überall vollkommen entwickelt. Die Grundlage bilden überall die Demonstrativa, nur die nordischen Sprachen weisen eine Sonderentwicklung auf, indem sie neben dem allgemein germanischen Typus (vgl. dt. *der/die/das*; engl. *the*; nl. *de/het*; j. *der/di/dos* usw.) den sogenannten **Schlußartikel** besitzen, der die Genera ebenfalls auseinanderhält, z. B. schw. *man* 'Mann' → *mann-en* 'der Mann', *hus* 'Haus' → *hus-et* 'das Haus', vgl. IV.2.3., IV.2.52., IV.2.63., IV.2.72., IV.2.74., IV.2.82., IV.2.84., IV.2.92. und IV.2.94.

Mit Ausschluß des Isländischen und des Färöischen (und eigentlich auch des Gotischen) hat sich das **Numerale** für 'eins' — durch den parallelen Gebrauch des Demonstrativs als bestimmter Artikel — zum sogenannten **unbestimmten Artikel** entwickelt, vgl. dt. *ein/eine/ein*; engl. *a/an*, nl. *een/'n*, schw. *en/ett* usw.

Gleichzeitig mit dem Aufkommen der Artikel ist auch der weitere Abbau des **Kasussystems** der Substantiva, d. h. der zunehmende Ausbau der Präpositionalkonstruktionen möglich geworden, insofern als der Artikel die Funktion der einzelnen Kasus dank der Beibehaltung der Kasusendungen auf sich nahm, wodurch letztere am Lautkörper der Substantiva selbst sprachökonomisch überflüssig wurden, vgl. got. *dag***s** 'Tag' ≠ *dag***a** Dat. Sing. ≠ *dage* Gen. Pl., aber nhd. *der* Tag ≠ *dem* Tag(e) ≠ *der* Tag**e** (NB: -*e* im Auslaut der letzten Form ist keine Kasusendung mehr, sondern Pluralsuffix!). Auf dieser Stufe steht die deutsche Hochsprache, des weiteren das Isländische und das Färöische, die übrigens auch die alte singulare Nominativendung -*s* > -*R* > -*r* bewahren, vgl. *dag***ur** (< an. *daga***R**, vgl. got. *dag***s**). Die deutsche Schriftsprache kann mit Hilfe des Artikels im Singular maximal 4 Kasus voneinander abgrenzen: **der Tag** (Nom.), **den Tag** (Akk.), **des Tag(e)s** (Gen.), **dem Tag(e)** (Dat.), bzw. nur drei im Plural: **die Tage** (Nom.-Akk.), **der Tage** (Gen.), **den Tagen** (Dat.). Alte Kasusendungen sind dabei nur als Relikte im Gen. Sing. und im Dat. Pl. bzw. fakultativ auch im Dat. Sing. vorhanden. Das bloße Substantiv vermag allerdings nicht einmal diese Formen zu unterscheiden, vgl. im Sing.: *Tag* (Nom.-Akk.-Dat.), *Tag(e)s* (Gen.), *Tag(e)* (fakultativer Dat.), bzw. im Pl.: *Tage* (Nom.-Akk.-Gen.), *Tagen* (Dat.). Das heißt, die entsprechende Proportion zwischen den beiden Numeri ist hier nicht mehr 4 : 3, sondern nur 3 : 2 bzw. 2 : 2. Isländisch und Färöisch sind etwas konservativer, sie sind meistens noch imstande, die einzelnen Kasus auch am bloßen Substantiv aufzuzeigen, vgl. isl. *stóll* 'Stuhl' (Nom.), *stól* (Akk.), *stóls* (Gen.), *stóli* (Dat.) im Singular.

Die meisten germanischen Sprachen sind über diese Stufe bereits hinaus und unterscheiden praktisch in beiden Numeri nur noch den G e n i t i v von der — dem Numerus nach abgewandelten — allgemeinen Form des Substantivs, vgl. ne. *man* 'Mann, Mensch' (Nom.-Akk.-Dat.) und *men* 'Männer, Menschen' (Nom.-Akk.-Dat.) bzw. *man's* 'des Mannes, des Menschen' und *men's* 'der Männer, der Menschen' (Gen.) u. dgl. Es sei allerdings angemerkt, daß der selbständige synthetische Genitiv in den germanischen Sprachen einerseits eine Einschränkung, andererseits aber eine funktionale Ausweitung erfährt. Mehr oder weniger ist es nämlich in allen germanischen Sprachen möglich, den synthetischen Genitiv analytisch, d. h. durch Präpositionalkonstruktionen oder durch Possessivgefüge zu ersetzen, vgl. dt. *des Mannes* = **vom Mann** = **dem Mann sein**; nl. *mans* = **van de(n) man** = **de(n) man zijn** usw. Anderseits läßt sich aber auch die Tendenz beobachten, daß die ursprünglich genusmäßig gebundene Genitivendung auch auf Feminina übergreift, vgl. dt. *Mutters Hut*, j. *der guter froys* 'der guten Frau' u. dgl. Entwicklungsgeschichtlich ist es besonders wichtig und wohl für die ganze Germania symptomatisch, daß im Zuge der Entfaltung analytisch-isolierender Strukturmerkmale die Kasusunterschiede im Afrikaans und im Englischen auch an den Artikeln nicht angedeutet werden, vgl. afrik. **die** *man* ∼ ne. **the** *man* (Gen. **the** *man's*) bzw. afrik. **die** *manne* ∼ ne. **the** *men* (Gen. **the** *men's*).

Im Gemeingermanischen sowie in den ältesten belegten Varianten seiner Tochtersprachen wurden die P a r a d i g m e n d e r S u b s t a n t i v a gemäß den indogermanischen Stammklassen auseinandergehalten. Davon sind in den germanischen Sprachen der Gegenwart nur noch Spuren vorhanden, z. B. in den Resten der sogenannten „schwachen" Deklination. In den germanischen Sprachen werden die Paradigmenreihen der Substantiva nur mehr durch die verschiedenen Pluralbildungen bzw. durch eine gewisse paradigmatische Differenzierung der verschiedenen Genera gegeneinander abgegrenzt. Dieser zweite Gesichtspunkt kommt freilich nur in jenen germanischen Sprachen zur Geltung, die die Kategorie des Genus bei den Substantiva nicht abgeschafft bzw. vereinfacht haben.

Die archaischste, d. h. stammklassenmäßige Verteilung haben nur das Isländische und das Färöische in ihrem Paradigmensystem bewahrt. In rein formaler Hinsicht, d. h. wenn man auch die paradigmatischen Unterklassen als eigenständig berechnet, verteilen sich die paradigmatischen Bildungsweisen der Substantiva in den germanischen Einzelsprachen wie folgt: 1. Jiddisch, Schwedisch (je 6 Klassen); 2. Norwegisch, Afrikaans, Deutsch (je 5 Klassen); 3. Niederdeutsch (4 Klassen); 4. Dänisch, Englisch, Friesisch, Niederländisch (je 3 Klassen). Diese weitgehende Umstrukturierung geht letztlich darauf zurück, daß die kleineren Paradigmenreihen von den größeren Stammklassen verhältnismäßig früh absorbiert, letztere hingegen — nunmehr aber nicht nach der Stammverteilung — zu neuen Paradigmentypen entwickelt wurden.

Das Flexionssystem der A d j e k t i v a wurde im allgemeinen ebenfalls abgeschliffen. Isländisch und Färöisch erscheinen auch in dieser Hinsicht als archaisch geprägt. Die Differenz zwischen sogenannter „starker" und „schwacher" Adjektivflexion ist in den germanischen Sprachen in der Regel erhalten geblieben, mit Ausnahme des Englischen, das dieses Nebeneinander eliminierte. Unabhängig davon, ob diese beiden Typen nebeneinander bestehen oder nicht, ist aber auch das Paradigmensystem der Adjektiva in den Einzelsprachen im großen und ganzen jenen Regeln unterworfen, die sich bei den Substantiva geltend machen.

Ein Sondermerkmal des germanischen Adjektivs gegenüber den übrigen Nomina ergibt sich aus der Möglichkeit der S t e i g e r u n g. Neben dem Positiv ist überall ein Komparativ sowie ein Superlativ vorhanden, deren Bildung jedoch in den Einzelsprachen gewisse Besonderheiten an den Tag legt. Neben dem synthetischen Typus (vgl. dt. *schön — schöner — schönst-*; ne. *fine* 'schön' *— finer — finest*) ist in den auch sonst zur Deflexion tendierenden germanischen Sprachen noch ein analytischer Steigerungstypus aufgekommen, so z. B. im Englischen, vgl. *characteristic* 'charakteristisch' → **more** *characteristic* 'mehr charakteristisch' → **most** *characteristic* 'am meisten charakteristisch' u. dgl.

Auch die A d v e r b i e n werden aus den Adjektiven nicht in einheitlicher Weise gebildet. Im Deutschen, Niederländischen, Afrikaans, Jiddischen und Pennsilfaanischen werden die Grundformen der Adjektiva mit keinem Bildungssuffix erweitert, d. h. sie verwenden ein Zero-Morphem, vgl. dt. *schön*: *das Lied war* **schön** und *sie sang sehr* **schön**. In den nordgermanischen Sprachen dient das „starke" Neutrum oder irgendein Adverbialsuffix zu diesem Zweck, vgl. schw. *rik* 'reich' → *rikt* n. bzw. Adv. — Im Englischen wird in der Regel das Suffix *-ly* in dieser Funktion dem Adjektiv angehängt, z. B. *correct* Adj. → *correctly* Adv. 'korrekt'. Anzumerken ist jedoch, daß dies im Amerikanischen nicht mehr verbindlich ist; dort kann auch das bloße Adjektiv im allgemeinen als Adverb verwendet werden, vgl. IV.5.31.

Im N u m e r a l s y s t e m behauptet das meistens auch als unbestimmter Artikel gebrauchte Kardinale 'eins' einen besonderen Platz in den Sprachen, die die Elemente der Nominalflexion mehr oder weniger bewahrt haben, hat aber seine Flexionsfähigkeit häufig dort eingebüßt, wo die Tendenz zur Deflexion weiter fortgeschritten ist, z. B. im Niederländischen und im Afrikaans, vor allem aber im Neuenglischen.

Die Kardinalzahl 'zwei' ist nur noch im Isländischen und im Färöischen deklinabel und nach den drei Genera unterschieden. Im heutigen Deutsch gibt es nur noch Relikte davon, z. B. *Diener zweier Herren* (Gen. Pl.), *mit zweien* (Dat. Pl.), bzw. in einigen Mundarten zeigt sich noch der Genusunterschied, vgl. bair. [tsweːn] m., [tswoː] f., [tswoə] n. 'zwei'.

Die P r o n o m i n a bilden in den germanischen Einzelsprachen in der Regel ein T e i l s y s t e m (Diasystem), indem sie das alte Kasussystem noch besser erhalten als die übrigen Nomina, vgl. engl. *father* (Nom.-Akk.-Dat.) 'Vater' und *father's* (Gen.) gegenüber *I* 'ich' (Nom.) ≠ *me* 'mich' (Akk.) und 'mir' (Dat.) ≠ *my/mine* 'mein-' (Gen.) bzw. dt. *Vater* (Nom.-Akk.-Dat.) und *Vaters* (Gen.) gegenüber *ich* (Nom.) ≠ *mich* (Akk.) ≠ *mir* (Dat.) ≠ *mein(er)* (Gen.). Der Dualis wurde auch im Pronominalsystem aufgegeben, oder aber stilistisch umgebaut bzw. pluralisiert, wie im Isländischen (vgl. IV.2.53.), im Bairischen (*ë̄ʒ* 'ihr'; *ënk* 'euch'; *ënker* 'euer') bzw. im Zentraljiddischen (= Südostjiddischen), vgl. *ets* 'ihr'; *enk* 'euch'; *enker* 'euer'.

Bei den P e r s o n a l p r o n o m i n a werden zur Bezeichnung der 3. Person (in beiden Numeri) in den einzelnen Gruppen der germanischen Sprachen, ja sogar innerhalb dieser Gruppen, verschiedene etymologische Elemente verwendet, vgl.

	Singular			Plural		
	m.	f.	n.	(m.)	(f.)	(n.)
1. Isländisch	*hann*	*hún*	*það*	*þeir*		
Färöisch	*hann*	*hon*	*tað*	*teir*	*tær*	*tey*
Norwegisch	*han*	*hun*	*det*	*de*		
Dänisch	*han*	*hun*	*det*	*de*		
Schwedisch	*han*	*hon*	*det*	*de*		

	Singular			Plural		
	m.	f.	n.	(m.)	(f.)	(n.)
2. Englisch	*he*	*she*	*it*	*they*		
Friesisch	*hy ~ er*	*hja ~ sy/se*	*it*	*hja ~ se*		
Niederländisch	*hij*	*zij/ze*	(*het*)	*zij/ze*		
Afrikaans	*hy*	*sy*	*dit*	*hulle*		
Niederdeutsch	*he/hei*	*se/sei*	*et/'t*	*se*		
3. Deutsch	*er*	*sie*	*es*	*sie*		
Jiddisch	*er*	*zi*	*es*	*zey*		

In den nordgermanischen Sprachen wurde — ein Doppelsystem der P o s s e s s i v a ausgebaut (vgl. IV.2.74.), während im Jiddischen das R e f l e x i v u m in seiner Verwendung slawisiert erscheint (vgl. IV.4.93.).
Das germanische V e r b a l s y s t e m wurde im Verlauf der Sonderentwicklung der Einzelsprachen tiefgreifenden Umwandlungen unterzogen. Im Norwegischen, Dänischen und mit Ausnahme der „Höchstsprache" auch im Schwedischen ist es nicht mehr möglich, an der finiten Form des Verbs den Numerus und die Person aufzuzeigen, woraufhin diese Funktionen gänzlich den Personalpronomina überantwortet wurden, vgl. dän. *kalde* 'rufen' (Inf.): **jeg** *kalder* 'ich rufe', **du** *kalder* 'du rufst', **han** *kalder* 'er ruft', **vi** *kalder* 'wir rufen', **I** *kalder* 'ihr ruft; Sie rufen', **de** *kalder* 'sie rufen'. NB: Im feierlichen Stil werden im Hochschwedischen Singular und Plural noch getrennt, vgl. *jag/du/han* **kallar** 'ich rufe/du rufst/er ruft', a b e r *vi/ni/de kalla* 'wir/sie rufen; ihr ruft'. Im Englischen wird nur noch die 3. Pers. Sing. Präs. Ind. von den sonst nach Person und Zahl unbezeichneten Formen durch die Endung -*s* hervorgehoben, vgl. *I call* 'ich rufe', *you call* 'du rufst; ihr ruft; Sie rufen', *we call* 'wir rufen', *they call* 'sie rufen' gegenüber *he* **calls** 'er ruft'. Das Afrikaans steht auf einer Stufe mit den nordischen Sprachen, vgl. IV.4.42. Deutsch, Pennsilfaanisch, Jiddisch, Friesisch, Isländisch und Färöisch kennen noch 4, das Niederländische 3 Formen, während im Westniederdeutschen 3, im Ostniederdeutschen 4 Formen unterschieden werden, vgl. IV.4.68., IV.4.93, IV.3.54., IV.2.52. bzw. IV.2.54.,IV.2.63., IV.4.33. und IV.4.53. Die Vereinheitlichung der Pluralformen kennzeichnet das Niederdeutsche und das Friesische in Bezug auf das Präsens und das Präteritum, vgl. IV.4.53. und IV.3.54.
Auch die Kategorie des T e m p u s wurde gewandelt. Von den synthetischen Tempora wurde das Präteritum im Afrikaans, im Jiddischen, im Pennsilfaanischen und im Oberdeutschen aufgegeben bzw. im Niederdeutschen größtenteils mit dem Präsens synkretisiert. Demgegenüber haben alle germanischen Sprachen die mit H i l f s v e r b a konstruierten,

umschriebenen — d. h. analytisch gebildeten — Tempora (Perfekt und Plusquamperfekt) entwickelt. Zu diesem Zwecke wird in den nordischen Sprachen sowie im Englischen und im Afrikaans nur 'haben' — in Verbindung mit dem vollendeten Partizip des Sinnverbs — verwendet, vgl. ne. *I have called* 'ich habe gerufen' (Perf.) und *I had called* 'ich hatte gerufen' (Plusqu.); dän. *jeg har elsket* 'ich habe geliebt' (Perf.) bzw. *jeg havde elsket* 'ich hatte geliebt' (Plusqua.). Deutsch, Pennsilfaanisch, Jiddisch, Niederdeutsch, Niederländisch und Friesisch verwenden hingegen bei Verba des Seins, der Bewegung u. dgl. das Hilfsverb 'sein' in dieser Funktion, vgl. dt. *ich habe gesagt* bzw. *ich hatte gesagt*, aber *ich bin gewesen* bzw. *ich war gewesen*. Im Oberdeutschen wurde das Verb 'sein' in derselben Funktion auch auf jene Gruppe der Zustandsverben erstreckt, die man zur Not als „Verba der Lage" bezeichnen dürfte, vgl. *ich bin gestanden* bzw. *ich war gestanden* gegenüber nördl. *ich habe gestanden* bzw. *ich hatte gestanden*. Das Präteritum der Hilfsverba ist freilich größtenteils auch in den Sprachen erhalten geblieben, die das Präteritum sonst nicht mehr kennen.

Zum Ausdruck des Futurs diente im Gemeingermanischen wie auch auf der ältesten belegten Stufe der germanischen Sprachen der Gegenwart das einfache Präsens. Zugleich mit der Sonderentwicklung der Einzelsprachen wurden auch dafür umschriebene Formen entwickelt. Die modernen germanischen Sprachen verbinden zu diesem Zweck die finiten Formen irgendeines modalen Hilfsverbs mit dem Infinitiv des Sinnverbs. Hinsichtlich des Modalverbs bilden die nordischen Sprachen, das Niederländische, das Afrikaans und das Friesische, andererseits Deutsch, Niederdeutsch und Pennsilfaanisch je einen einheitlichen Block, vgl. schw. *jag skall gå* 'ich werde gehen' bzw. *jag skall ha gått* 'ich werde gegangen sein'; nl. *ik zal gaan* bzw. *ik zou gaan*; afrik. *ek sal skryf* 'ich werde schreiben' bzw. *ek sal geskryf het* 'ich werde geschrieben haben'; fries. *ik sil nimme* 'ich werde nehmen' bzw. *ik soe nimme* 'ich werde genommen haben', andererseits dt. *ich werde nehmen* bzw. *ich werde genommen haben*. Bei der ersten Gruppe zeichnet sich das Englische, bei der zweiten aber das Jiddische durch die Verbindung zweier Modalverba in einem Paradigma aus, vgl. engl. *I shall go* 'ich werde gehen' bzw. *I shall have gone* 'ich werde gegangen sein', aber *you will go* 'du wirst gehen' bzw. *you will have gone* 'du wirst gegangen sein' bzw. j. *ikh vel geyn* 'ich werde gehen', aber *du vest geyn* 'du wirst gehen' usw. Das Amerikanische hat diese Dichotomie bereits zugunsten von *will* aufgelöst, dort heißt es also *I will go* 'ich werde gehen' (freilich auch 'ich will gehen') bzw. *I will have gone* 'ich werde gegangen sein' usw.; diese Erscheinung erfaßt in unserer Zeit zusehends auch das Englische in Großbritannien. Eine ähnliche Tendenz zeigt übrigens auch *wollen* in der deutschen Umgangssprache.

Die Entstehung der Formen des Futurs ging mit dem Absterben des gemeingermanischen Verbalaspekts als Kategorie einher. Im Gotischen standen (wie übrigens auch im Altenglischen und. Althochdeutschen) dem einfachen Verb noch die mit dem Präfix *ga-* gebildeten vollendeten (perfektiven) Parallelformen gegenüber, wie dies heute z. B. im Russischen der Fall ist: got. *bindan* 'binden' — *gabindan* '(fest)binden' (perf.); ags. *siglan* 'segeln' — *geseglian* 'umsegeln' (perf.), vgl. russ. видеть 'sehen' — увидеть 'erblicken'. Dieses Präfix wurde in den germanischen Sprachen später nur noch als Mittel der Wortbildung verwendet. Auf die ursprüngliche Funktion lassen jedoch noch Verba schließen wie *gehören* neben *hören, gefallen* neben *fallen, gebieten* neben *bieten, geziemen* neben *ziemen,* aber auch *gebären* (vgl. got. *bairan* ~ engl. *to bear* ~ schw. *bära* 'tragen'), *genesen* (zu *nähren*) u. dgl.

Parallel zum Aktiv wurde in allen germanischen Sprachen auch das Passiv entwickelt, und zwar im allgemeinen an Hand der Verbindung von finiten Formen einzelner Hilfsverba mit dem vollendeten Partizip des Sinnverbs. Vor allen Dingen wird dafür — zum Ausdruck des Zustandspassivs — das Verbum substantivum verwendet (dt. *sein*, ne. [*to*] *be*, nl. *zijn*, afrik. *wees*, fries. *wêze*, j. *zayn*, nd. *sien* oder *wesen* usw.) bzw. — beim Vorgangspassiv — ein Hilfsverb, welches den Begriff des 'Werdens' ausdrückt (dt. *werden*, nl. *worden*, afrik. *word*, fries. *wurde*, j. *veln*, nd. *warrn* usw.), vgl. *ich bin genannt* (Präs.) — *ich war genannt* (Prät.) — *ich bin genannt gewesen* (Perf.) — *ich war genannt gewesen* (Plusqu.) usw. als Zustandspassiv bzw. *ich werde genannt* (Präs.) — *ich wurde genannt* (Prät.) — *ich bin genannt worden* (Perf.) — *ich war genannt worden* (Plusqu.) usw. als eigentliches (Vorgangs-) Passiv. Im Englischen wird nur *to be* in dieser Funktion verwendet: *I am called* (Präs.) — *I was called* (Prät.) — *I have been called* (Perf.) — *I had been called* (Plusqu.). Dies bezieht sich natürlich auch auf das Futurum, vgl. *ich werde genannt werden* usw. bzw. *I shall be called, I shall have been called* usw.

Die nordgermanischen Sprachen zeigen in dieser Hinsicht eine gewisse Gabelung. Im Schwedischen, Norwegischen und Dänischen werden die umschriebenen Formen des Passivs mit dem Hilfsverb *bliva/blive* 'werden' (vgl. dt. *bleiben*) gebildet, z. B. schw. *jag blir kallad* 'ich werde genannt' usw., doch steht ihnen auch ein synthetisches Passiv zur Verfügung, vgl. schw. *jag kallas* 'dass.' usw. Im Isländischen und im Färöischen kann diese synthetische Form zwar ebenfalls passivisch verwendet werden, ist allerdings meistens eher reflexiv bzw. medial (z. B. isl. *kallast*); daneben sind aber die mit den finiten Formen des Hilfsverbs *vera* 'sein' umschriebenen Formen im Schwange, vgl. isl. *ég er kallaður* 'ich bin/werde genannt' usw. Charakteristisch ist dabei im Nordischen (auch im Passiv) die alte Kongruenz von Subjekt und Prädikatsadjektiv in Genus, Kasus und Numerus, die in der übrigen Germania nicht mehr bekannt ist, vgl. isl. *hann er barinn* 'er wird geschlagen', *hún er barin* 'sie wird geschlagen', *það er barið* 'es wird geschlagen' bzw. *þeir eru barðir* (m., f., n.) 'sie werden geschlagen'.

Von den alten M o d i sind Indikativ und Imperativ in allen germanischen Sprachen erhalten. Der sogenannte Optativ hat schon im Gemeingermanischen gleichzeitig auch als Konjunktiv fungiert. Seine weitere Entwicklung in den germanischen Einzelsprachen ist hauptsächlich durch das Vordringen der Umschreibung (Hilfsverb + Infinitiv des Sinnverbs) charakterisiert. Selbständige (synthetische) Formen treten noch als ein geschlossenes System in der deutschen Schriftsprache (*ich käme, ich sagte*), z. T. auch in den nordischen Sprachen (z. B. dän. *jeg elske* 'ich liebte' Konj.) und im Englischen (*I be* 'ich sei') auf, allerdings nur noch im Präsens. Aber auch in diesen Sprachen herrscht schon die analytische Konstruktionsweise vor, vgl. *ich würde kommen* (Präs.), *ich wäre gekommen* (Prät.), *ich würde gekommen sein* (Perf.) usw.; engl. *I should be* 'ich wäre' (Präs.), *I should have been* (Prät.) usw.; dän. *jeg vilde/skulde elske* 'ich würde lieben' usw. Interessant verfährt dabei das Jiddische, indem es die finiten Konjunktivformen mit dem vollendeten Partizip des Sinnverbs verbindet, vgl. *ikh volt gebrengt* (< *brengen* 'bringen') 'ich würde bringen' (eigtl. 'ich wollte gebracht'), daneben freilich ist — ähnlich manchen deutschen Dialekten — auch eine Umschreibung mit *tet* 'täte' möglich (z. B. *ikh tet brengen*, gelegentlich auch *ikh volt brengen*).

Unter den Sondermerkmalen des Englischen soll auch die Unterscheidung eines durativen und eines allgemeinen Verbalaspekts erwähnt werden. Die durativen Formen entstehen aus der Verbindung der finiten Formen des Verbum substantivum mit dem Gerund des Sinnverbs, z. B. *I go* 'ich gehe', aber *I am going* 'ich gehe: ich bin gehend', vgl. IV.3.48.

In allen germanischen Sprachen sind der I n f i n i t i v sowie das P a r t i z i p des Präsens und des Präteritums als selbständige Formen bewahrt, vgl. dt. *sagen : sagend : gesagt*, engl. (*to*) *say : saying : said* 'dass.' usw. Die Verbaladjektiva — die Partizipien — fügen sich den sonstigen Regeln der Adjektiva der gegebenen Einzelsprachen, d. h., sie sind in einigen Sprachen deklinabel (z. B. im Deutschen: *sagender* usw., *gesagter* usw.), in anderen dagegen nicht (z. B. im Englischen: *the flying bird* 'der fliegende Vogel').

Die Gruppen der „s t a r k e n" und der „s c h w a c h e n" V e r b a werden noch in allen germanischen Sprachen auseinandergehalten, nur das Afrikaans hat diese Opposition bis auf Reste in der Wortbildung beseitigt (vgl. IV.4.42.). Die ursprünglichen Klassen wurden freilich in den germanischen Einzelsprachen stark umgruppiert. Ehemalige Unterklassen haben sich vielfach verselbständigt, andere Verba wurden in einigen Sprachen in andere Klassen eingegliedert, oder aber ganz umstrukturiert (hauptsächlich in der Richtung *stark* → *schwach*, nur ausnahmsweise — und dann stets analogisch — umgekehrt). Die starken Verba bilden schon überall ein abgeschlossenes System ohne weitere Aufnahmefähigkeit: neue Verba werden — die direkten Ableitungen von starken Verba ausgenommen — in der ganzen Germania nur nach den Regeln der schwachen Verba gebildet.

Die Zahl der Präteritopräsentien wurde überall vermindert. Sie fungieren meist nicht selbständig, sondern als Hilfsverba. Diese Entwicklung scheint ganz logisch zu sein, denn auch das Aufkommen der Präteritopräsentien im Gemeingermanischen läßt sich nicht loslösen von der modalen Bedingtheit ihrer Semantik.

V.3. SYNTAX

Gleichzeitig mit dem Umbau der Morphologie haben sich notgedrungen auch die Regeln der Syntax der germanischen Einzelsprachen in vieler Hinsicht gewandelt. Dem Formenreichtum der gemeingermanischen Flexion entsprechend, ist für die Sprachen der ältesten Schriftdenkmäler eine verhältnismäßig große Freiheit der Wortfolge charakteristisch, etwa in der Weise, wie sie im Lateinischen, im Altgriechischen oder im Russischen zu beobachten ist. Hand in Hand mit dem Abbau des morphologischen Systems wurde naturgemäß auch diese Freiheit eingeengt, d. h. die grammatische Relevanz der Wortstellung nahm in den germanischen Einzelsprachen ununterbrochen zu, nicht zuletzt deshalb, weil dem germanischen Satzbau die Verwendung umschriebener Verbalformen in prädikativer Funktion auch in dieser Hinsicht neue Probleme stellte. Die germanischen Sprachen der Gegenwart lassen sich dabei zwei Typen zuordnen. Im Deutschen, Niederländischen, Niederdeutschen und im Afrikaans wird der unflektierte Teil des Verbalprädikats im erweiterten einfachen Satz auf das Ende des Satzes verschoben, der flektierte Teil aber an die zweite Stelle, d. h. unmittelbar hinter den Subjektteil bzw. den hervorgehobenen Satzteil, gestellt. Somit schließt die Prädikatsgruppe den ganzen Satz wie in einen geschlossenen Rahmen ein, z. B. im Deutschen:

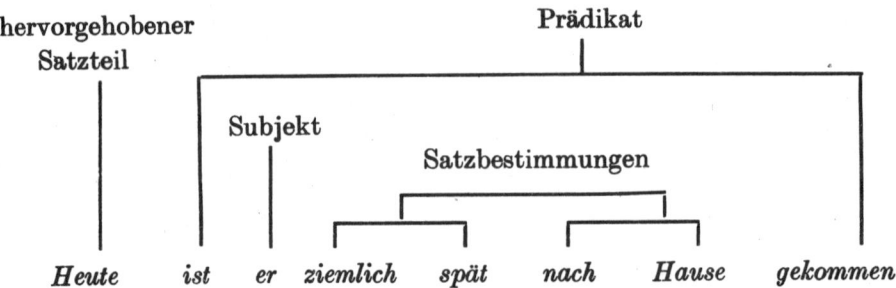

Die germanischen Sprachen des zweiten Typus, d. h. alle germanischen Gegenwartssprachen außer den obigen, sind hingegen bestrebt, den gesamten Prädikatsteil zusammenzuhalten, und zwar dicht neben dem flektierten Verbalteil, vgl. im Englischen:

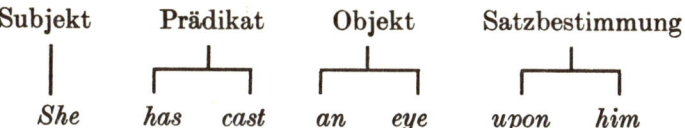

Es sei außerdem angemerkt, daß der voranstehende hervorgehobene Satzteil bei diesem zweiten Typus das Subjekt nicht hinter den flektierten Teil des Prädikats verbannt, vgl.

aber
        dt.   *heute ist **er**...*,

        engl. *to-day **she** has*... usw.

Den ersten Typus dürfte man provisorisch als s y n t h e t i s c h, den zweiten als a n a l y t i s c h bezeichnen. Allerdings ist nicht zu übersehen, daß die analytische Tendenz auch beim ersten Typus im Erstarken ist. In dieser Hinsicht kann das Jiddische als charakteristisch gelten, da es bereits fast vollständig zum analytischen Typus hinüberglitt, vgl.

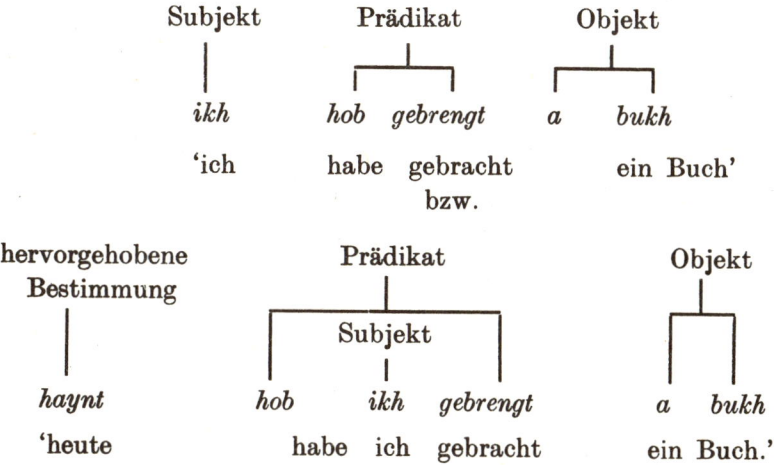

Das heißt, das Jiddische bildet typologisch bereits einen Übergang vom deutschen (synthetischen) zum englischen (analytischen) Typus.

Einige **Bindewörter** der untergeordneten Nebensätze verdrängen den flektierten Teil des Prädikats beim synthetischen Typus auf die letzte Stelle; beim analytischen Typus findet sich keine Spur davon:

   dt. *ich weiß*, || **dass** *er kommen* **wird**

     bzw.

   engl. *I know* || **that** *he* **will** *come.*

Das Jiddische hat sich, wie z. T. ürigens auch das Pennsilfaanische bzw. die deutschen Mundarten, dem analytischen Typus angeschlossen, vgl.

   ikh veys || *az er* ***vet*** *kumen* 'dass.'

Eine besondere Form umschriebener Verbalkonstruktion wurde im Englischen zum Ausdruck von **Negations**- bzw. **Fragesätzen** entwickelt, und zwar mit Hilfe des Verbs (*to*) **do** 'tun': *He writes a letter* 'er schreibt einen Brief' → ***Does*** *he write a letter?* 'schreibt er einen Brief?' bzw. → *He* ***does*** *not write a letter* 'er schreibt keinen Brief'. Die Bausteine dieser Konstruktion sind auch in anderen germanischen Sprachen, sogar in den deutschen und den niederdeutschen Mundarten vorhanden (vgl. IV.4.53.).

Gleichzeitig mit der Umformung des alten morphologischen Systems hat sich auch die **syntaktische Funktion** der nominalen Kasus verändert. Die Rolle des indogermanischen **Ablativs** wurde bereits im Gemeingermanischen vom Dativ übernommen. Somit werden die Präpositionen, die in der indogermanischen Grundsprache bzw. in den archaischen indogermanischen Einzelsprachen den Ablativ regiert haben, in den älteren bzw. auch heutigen archaischeren germanischen Einzelsprachen (Deutsch, Isländisch, Färöisch) mit dem Dativ verbunden, z. B. lat. *in domo* (Abl. von *domus* 'Haus'), aber dt. *in dem Haus(e)* (mit Dativ). Der **Instrumentalis** war in den germanischen Stammessprachen nur noch in Resten vorhanden, hauptsächlich im paradigmatischen System gewisser Pronomina. Seine Funktion ging ebenfalls auf verschiedene Präpositionalkonstruktionen über (z. B. dt. **mit** *dem Messer* [mit Dat.], engl. **with** *the knife* 'dass.'), einige etymologisch verdunkelte Zusammensetzungen bewahren höchstens Relikte des alten Instrumentalis, vgl. nhd. *heute* < ahd. *hiu tagu* (Instr.) 'mit diesem Tage: heute'. Auch die Funktion des indogermanischen Lokativs wurde von anderen Kasus, so vom Dativ, fallweise auch vom Genitiv, übernommen, vgl. dt. *nachts* < *Nacht*, got. *dagam jah nahtam* 'bei Tag und Nacht' usw. Der für das Indogermanische erschlossene **Genitivus partitivus**, der im Russischen z. B. ununterbrochen fortlebt (vgl. вода 'Wasser' → стакан воды 'ein Glas Wasser' [Gen.]), war auch den älteren germanischen Sprachen bekannt, vor allem in Negationskonstruktionen, aber er ist aus den germanischen Sprachen der Gegenwart infolge der deflektiven Entwicklung so gut wie verschwunden.

Als allgemein kann die Tendenz gelten, die syntaktischen Funktionen der Nominalkasus immer mehr mit **Präpositionalkonstruktionen** zu versehen. Dabei haben sich das Afrikaans und das Englische als die konsequentesten Sprachen erwiesen, während Deutsch, Isländisch und Färöisch immer noch die konservativsten sind. Die übrigen germanischen Sprachen schwanken noch zwischen diesen beiden Extremen.

Es darf nicht unerwähnt bleiben, daß der Satzbau der germanischen Schriftsprachen auch vom Lateinischen stark beeinflußt wurde. Dies hatte u. a. zur Folge, daß einzelne germanische Schriftsprachen, im Gegensatz zu ihren eigenen Mundarten, die doppelte Verneinung aufgaben bzw. umwerteten. Eine Ausnahme bilden freilich solche volkssprachlich bedingte Schriftsprachen wie das Afrikaans, das Pennsilfaanische und das Jiddische, vgl. j. *er shreybt a brif* 'er schreibt einen Brief' → *er shreybt **nit keyn** brif* 'er schreibt keinen Brief'. Ähnlich verhält es sich mit der Verteilung von Neben- und Unterordnung. Die Volkssprache verwendet meist auch dort die Mittel der Nebenordnung, wo die eigene Schrift- bzw. Hochsprache die lateinisch bedingte Unterordnung erheischt.

Es scheint des weiteren keinem Zweifel zu unterliegen, daß die grammatische Struktur, nicht zuletzt der Satzbau der germanischen Sprachen nicht unabhängig von ihren nichtgermanischen Umsprachen, also nicht isoliert, sondern im Einklang mit ihnen, in sogenannten **Sprachbünden** entwickelt wurde bzw. auch wird. Um ein einziges Beispiel zu nennen: Die Tendenz zur Deflexion charakterisiert auch die romanischen Nachbarsprachen der Germanen (Französisch, Italienisch, Spanisch, Ladinisch), vgl. lat. *scripsi* 'ich habe geschrieben' ≠ frz. *j'ai écrit* (rücklatinisiert wäre das ein 'Barbarismus': *ego habeo scriptum*, obschon ähnliche Gebilde sogar bei CICERO belegt sind) ∼ nhd. *ich **habe** geschrieben* ∼ engl. *I **have** written* 'dass.'. Die Funktionsunterschiede in den Einzelsprachen sind dabei durch die jeweilige Stellung dieser Konstruktionen im konkreten Formensystem bedingt. Ebenso kennzeichnend ist es, daß das Niederländische z. B. dem Französischen der Gegenwart auch in dieser Hinsicht näher steht als dem Deutschen der Gegenwart. (Über die sprachtypologischen Beziehungen des Problems vgl. V.5.)

V.4. WORTSCHATZ

Die Zusammengehörigkeit der germanischen Sprachen kommt auch in den gemeinsamen inhaltlichen Zügen ihrer Lexik zum Ausdruck. Die Problematik der indogermanischen und der gemeingermanischen Wörter wurde bereits angedeutet, vgl. I.3.5. bzw. II.2.5. An dieser Stelle müssen wir in erster Linie auf einige Besonderheiten der Entwicklung Bezug nehmen. Die lexikalische Einheit der germanischen Sprachen setzt sich in allen Begriffskreisen des Wortschatzes durch, wenn die lexikalischen Abweichungen der germanischen Einzelsprachen voneinander infolge der selbständigen Entwicklung dieser Sprachen auch zweifelsohne größer sind als z. B. im Falle der slawischen oder der romanischen Sprachen. Der grundlegende Wortschatz, der sogenannte G r u n d w o r t s c h a t z, kann in großen Zügen trotzdem heute noch als einheitlich gelten, so z. B. bei den Verwandtschaftsnamen, den Benennungen der Körperteile, bei den Tier- und Pflanzennamen, den Bezeichnungen der Naturerscheinungen, bei den Verba, die die wichtigsten Lebensfunktionen und Betätigungen ausdrükken, sowie bei den Numeralien usw. Nachstehende tabellarische Vergleichungen sollen als Modell die i n n e r g e r m a n i s c h e n V e r b i n d u n g e n veranschaulichen.

Immerhin kann sich die Eigenständigkeit der Einzelsprachen auch in diesem Bereich geltend machen, teils durch die eigenartige funktionale Verschiebung der Synonymik, teils als Ergebnis nachträglicher, manchmal aus eigenen Mitteln schöpfender, manchmal fremden Vorlagen folgender Wortbildung, vgl.

a) *Verwandtschaftsnamen*

got.	nschw.	ne.	nl.	nhd.	j.
fadar	*fa(de)r*	*father*	*vader* (*vaar*)	*Vater*	*foter*
atta	—	—	—	(mdl. *Ätte*)	—
—	—	—	—	(mdl. *Tata*)	*tate*
aiþei	—	—	—	—	—
—	*mo(de)r*	*mother*	*moe(de)r*	*Mutter*	*muter*
—	(*Mam[m]a*)	(*Mam[m]a*)	(*mama*)	(*Mama*)	*mame*
broþar	*bro(de)r*	*brother*	*broe(de)r*	*Bruder*	*bruder*
swistar	*syster*	*sister*	*zuster*	*Schwester*	*shvester*
sunus	*son*	*son*	*zoon*	*Sohn*	*zun*
dauhtar	*dotter*	*daughter*	*dochter*	*Tochter*	*tokhter*

got.	nschw.	ne.	nl.	nhd.	j.
aba	—	—	—	—	—
guma	—	(*groom*)	—	—	—
manna	*man*	*man*	*man*	*Mann*	*mon*
wair	—	—	—	—	—
—	*karl*	—	—	—	—
—	—	*husband*	—	—	—
—	—	—	*gemaal*	*Gemahl*	—
—	—	—	—	*Gatte*	—
qens/qino	*kvinna*	(*queen/ quean*)	—	—	—
—	*fru*	(*vrouw*)	*vrouw*	*Frau*	*froy*
—	*maka*	—	—	—	—
—	*hustru*	—	—	—	—
—	—	*woman*	—	—	—
—	—	*wife*	*wijf*	*Weib*	*vayb*
—	—	—	*gemalin*	*Gemahlin*	—
—	—	—	—	*Gattin*	—
awo	—	—	—	—	—
—	*farmor, mormor*	—	—	—	—
—	—	*grand- mother*	—	—	—
—	—	—	*groot- moder*	*Großmutter*	—
—	—	—	—	—	*babe*

Die obige Tabelle wurde semantisch zusammengestellt. In etymologisch-sprachhistorischer Hinsicht sei nur Folgendes hinzugefügt: Die etymologische Entsprechung von got. *guma* ist enthalten in dt. *Bräutigam* ~ ne. **bride**groom (< ags. *brȳdguma*) ~ schw. *brudgum* ~ nl. *brui(de)*gom, also eigtl. 'Mann der Braut'. Got. *wair* entspricht der erste Bestandteil von dt. *Werwolf* ~ ags. *wer(e)wulf* ~ nl. *weerwolf* ~ schw. *varulv*, also eigtl. 'Mann-Wolf', 'Mensch-Wolf'. Schw. *karl* entspricht dt. *Kerl* ~ ne. *churl* ~ schott. *carl* ~ nl. *kerel*. Engl. *husband* ist ein nordgermanisches Lehnwort, das ursprünglich 'Wirt, Hauswirt' bedeutete. Dt. *Gatte* entspricht etymologisch got. *gadiliggs* 'Verwandter' bzw. ags. *gegada* 'Genosse', as. *gaduling* 'Stammesgenosse'; dt. *Gemahl* und *Gemahlin* bzw. nl. *gemaal* und *gemalin* gehen auf germ. **maþla-* > **mahla-* 'Versammlung, Verhandlung' zurück, vgl. got. *maþl*, ags. *mæðel*, an. *mál*. Der Stamm von dt. *Frau*, nl. *vrouw*, schw. *fru* liegt in got. *frauja* 'Herr' (vgl. dt. **Fron**leichnam!) vor sowie in den heidnischen altnordischen Götternamen *Freyja* und *Freyr* (vgl. **Freitag** ~ engl. **Friday**); für das Neuenglische verzeichnetes *vrouw* 'Luder, Hure' ist eine Entlehnung aus dem Niederländischen. Got. *qens* ~ *qino* und schw. *kvinna* entsprechen ahd. *quëna* > mhd. *kone* 'Frau, Gattin', etymologisch aber auch ne. *queen* 'Königin' und *quean* 'Hure'. Von den Bezeichnungen für 'Großmutter' ist nur got. *awo* ein altes Simplex, sonst finden sich überall innersprachlich entstandene Komposita, z. B. im Schwedischen (*far-mor* 'Vatersmutter' bzw. *mor-mor* 'Muttersmutter'), oder aber nach dem Vorbild von frz. *grande-mère* gebildetes *Großmutter*, ne. *grandmother* und nl. *grootmoeder*, die sich als korrekte Lehnübersetzungen erweisen. J. *babe* ist ein Lehnwort aus dem Slawischen, vgl. russ. баба, бабушка. Die mundartliche Synonymik der Bezeichnung der Großeltern ist im Deutschen besonders weit verzweigt, vgl. obd. *Ahnel, Nänne, Fräule,* md. *Altemutter, Frauchen* usw. für 'Großmutter'.

b) *Körperteile*

got.	nschw.	ne.	nl.	nhd.	j.
haubiþ	*huvud*	*head*	*hoofd*	*Haupt*	*hoypt*
—	—	—	*kop*	*Kopf*	*kop*
fotus	*fot*	*foot*	*voet*	*Fuß*	*fus*
hairto	*hjärta*	*heart*	*hart*	*Herz*	*harts*
leik	*lekamen*	—	*lichaam*	(*Leiche*)	—
—	*liv*	(*life*)	*lijf*	*Leib*	—
—	*kropp*	—	—	*Körper*	—
—	—	*body*	—	—	—
—	—	—	—	—	(*ha.*) *guf*
augo	*öga*	*eye*	*oog*	*Auge*	*oyg*
auso	*öra*	*ear*	*oor*	*Ohr*	*oyer*
bloþ	*blod*	*blood*	*bloed*	*Blut*	*blut*
arms	*arm*	*arm*	*arm*	*Arm*	*arm*
handus	*hand*	*hand*	*hand*	*Hand*	*hand*
munþs	*mun*	*mouth*	*mond*	*Mund*	—
*mūlō	*mule*	—	*muil*	*Maul*	*moyl*

c) *Tier- und Pflanzennamen*

got.	nschw.	ne.	nl.	nhd.	j.
stiur	*tjur*	—	*stier*	*Stier*	*shtir*
—	—	*bull*	*bul*	*Bulle*	—

V. Strukturmerkmale. 4.

got.	nschw.	ne.	nl.	nhd.	j.
?	häst — —	(vgl. *Hengist*) horse —	(hengst) ros paard	(Hengst) Roß Pferd	— — ferd
gaits —	get —	goat —	geit —	Geiß Ziege	(gays) tsig
hana — — —	han(n)e tupp — —	— — cock rooster	haan — — —	Hahn — (Gockel) —	hon — — —
ara — —	örn — —	earn eagle —	arend — adelaar	Aar — Adler	— — odler
hunds —	hund (dogg)	hound dog	hond (dog)	Hund (Dogge)	hund (dog)
wulfs —	(ulv) varg	wolf —	wolf —	Wolf —	volf —
swein — — —	svin gris — —	swine — pig hog	zwijn — — —	Schwein — — —	— — — khazer
bagms —	— träd	(boom/beam) tree	boom —	Baum —	boym —
triu — —	trä — —	— wood —	— — hout	— — Holz	— — holts
bloma —	blomma —	(bloom) flower	bloem —	Blume —	blum —
gras	gräs	grass	gras	Gras	groz
hawi	hö	hay	hooi	Heu	hoy
kaurno — — —	korn — — —	corn — rye —	koren graan rogge —	Korn — Roggen —	— — — tviye
*aiks	ek	oak	eik	Eiche	demb
?	skog — — —	— (wood) forest (bush) (holt)	— woud — bos (hout)	— Wald Forst (Busch) (Holz)	— vald — — —

d) *Naturerscheinungen*

got.	nschw.	ne.	nl.	nhd.	j.
fairguni (*bairgahei*) —	*berg* —	(*ice-* **berg**) *mountain* —	*berg* —	*Berg* -- —	*barg* —
dags	*dag*	*day*	*dag*	*Tag*	*tog*
nahts	*natt*	*night*	*nacht*	*Nacht*	*nakht*
stairno *tuggl*	*stjärna* —	*star* —	*ster* —	*Stern* —	*shtern* —
sunno *sauil*	— *sol*	*sun* —	*zon* —	*Sonne* —	*zun* —
mena —	*måne* —	*moon* —	*maand* —	*Mond* —	— *levone*
fon — —	— *eld* —	— — *fire*	(*vonk*) — *vuur*	(*Funke*) — *Feuer*	(*funk*) — *fayer*
wato —	*vatten* —	— *water*	— *water*	-- *Wasser*	— *vaser*
airþa	*jord*	*earth*	*aarde*	*Erde*	*erd*
marei *saiws* — —	— *sjö* *hav* —	(*mere*) *sea* — —	(*meer*) *zee* — —	*Meer* *See* (*Haff*) —	— — — *yam*
aƕa (*flodus*) — —	(*ö*) — (*ström*) *älv* —	(*island*) (*flood*) *stream* — *river*	(*landouw*) *vloed* *stroom* — *rivier*	(*Aue, -ach*) *Flut, Fluß* *Strom* — —	-- *flus* *shtroym* — —

e) *Verba*

got.	nschw.	ne.	nl.	nhd.	j.
giban	*giva* ~ *ge*	*give*	*geven*	*geben*	*gebn*
gaggan	*gå*	*go*	*gaan*	*gehen*	*geyn*
qiman	*komma*	*come*	*komen*	*kommen*	*kumen*
liban	*leva*	*live*	*leven*	*leben*	*lebn*
briggan	*bringa*	*bring*	*brengen*	*bringen*	*brengen*

V. Strukturmerkmale. 4.

got.	nschw.	ne.	nl.	nhd.	j.
wisan (*was*) (*sind*) (*im*)	(*väsen* 'Wesen') *vara* (*är*) —	(*were*) (*was*) (*is*) *be*	*wezen* (*was*) *zijn* (*ben*)	(*gewesen*) (*war*) *sein* (*bin*)	(*geveyn*) (*vor*) *zayn* (*bin*)
hlaupan — (*rinnan*)	*löpa* *springa* (*ränna*)	(*leap*) (*spring*) *run*	*lopen* (*springen*) (*rennen*)	*laufen* (*springen*) (*rennen*)	*loyfn* (*shpringen*) (*renen*)

f) *Numeralien*

got.	schw.	ne.	nl.	nhd.	j.
ains/aina/ ainata	*en/ett*	*one ~ a/an*	*een*	*einer/eine/ ein(e)s*	*eyner/eyne/ eyns, a/an*
twai/twos/ twa	*två*	*two*	*twee*	*zwei*	*tsvey*
þreis/þrija	*tre*	*three*	*drie*	*drei*	*dray*
fidwor	*fyra*	*four*	*vier*	*vier*	*fir*
fimf	*fem*	*five*	*vijf*	*fünf*	*finf*
saihs	*sex*	*six*	*zes*	*sechs*	*zeks*
sibun	*sju*	*seven*	*zeven*	*sieben*	*zibn*
ahtau	*åtta*	*eight*	*acht*	*acht*	*akht*
niun	*nio, nie*	*nine*	*negen*	*neun*	*nayn*
taihun	*tio, tie*	*ten*	*tien*	*zehn*	*tsen*
ainlif	*elva*	*eleven*	*elf*	*elf*	*elf*
twalif	*tolv*	*twelve*	*twaalf*	*zwölf*	*tsvelf*
?	*tretton*	*thirteen*	*dertien*	*dreizehn*	*draytsn*
twai tigjus	*tjugo*	*twenty*	*twintig*	*zwanzig*	*tsvantsik*
taihunte- hund, taihuntai- hund	*hundra*	*hundred*	*honderd*	*hundert*	*hundert*
þusundi	*tusen*	*thousand*	*duizend*	*tausend*	*toyznt*

got.	nschw.	ne.	nl.	nhd.	j.
fruma — (*airis*)	(*för, fyra*) *första* —	(*for, fore*) *first* (*ere, erst*)	(*voor*) (*vorst*) *eerste*	(*vor, für*) (*Fürst, First*) *erst-*	(*for, far*) (*firsht*) *ersht-*
anþar (*twai*) —	*andra* (*två*) (*sekundär*)	(*other*) (*two*) *second*	(*ander*) *tweede* (*secundair*)	(*ander-*) *zweit-* (*sekundär*)	(*ander-*) *tsveyt-* (*sekunder*)
þridja	*tredje*	*third*	*derde*	*dritt-*	*drit-*

Die mitgeteilten Querschnitte sind zwar nur als Modell aufzufassen, zeigen aber immerhin die entwicklungshistorischen Besonderheiten der verschiedenen germanischen Gruppen („Ostgermanisch"; „Nordgermanisch"; „Südgermanisch" und „Nordseegermanisch" = „Westgermanisch") sowie die der germanischen Einzelsprachen innerhalb dieser Gruppen.

Das Gotische zeichnet sich durch entschieden archaische Züge aus, die den übrigen germanischen Sprachen unbekannt sind, vgl. *aiþei* 'Mutter', *aba* ~ *guma* ~ *wair* 'Mann', *awo* 'Großmutter', *leik* 'Leib, Körper', *fairguni* 'Berg', *tuggl* 'Stern', *fon* 'Feuer', *aha* 'Fluß, Strom' (vgl. lat. *aqua* 'Wasser') usw. Gleichzeitig lassen sich auch die spezifisch nord- bzw. südgermanischen Bindungen nicht verkennen, z. B. *qens/qino* ~ nschw. *kvinna* 'Frau, Gattin' (vgl. ne. *queen* und *quean* bzw. mhd. *kone*), *triu* ~ nschw. *trä* 'Holz', *sauïl* ~ nschw. *sol* 'Sonne', andererseits *sunno* ~ ne. *sun* ~ nhd. *Sonne* ~ nl. *zon*, *wato* ~ nschw. *vatten*, *atta* ~ nhd. (mdl.) *Ätte* 'Vater' usw., vgl. IV.1.4.

Auch der nordgermanische Wortschatz weist eine Reihe ausschließlich nordischer Besonderheiten auf, vgl. schw. *maka* ~ *hustru* 'Frau, Gattin', *tjur* 'Stier', *tupp* 'Hahn', *varg* 'Wolf', *gris* 'Schwein', *skog* 'Wald', *eld* 'Feuer', *hav* 'See, Meer' (vgl. nhd. *Haff*), *älv* 'Fluß, Strom' usw., obwohl die Bindungen zum 'West'- bzw. Nordseegermanischen auch hier gegeben sind: schw. *syster* ~ ne. *sister* ~ nl. *zuster* 'Schwester'; *fru* ~ nl. *vrouw* ~ nhd. *Frau*; *liv* ~ nl. *lijf* ~ nhd. *Leib* (vgl. ne. *life* 'Leben'); *träd* ~ ne. *tree* 'Baum', vgl. IV.3.43. bzw. IV.3.45., ferner IV.2.73., IV.2.83. und IV.2.93. Besonders augenfällig sind der niederdeutsche Einfluß (vgl. IV.2.73. usw.; *fru* ~ nd. *Fru* 'Frau') sowie die von den verwandten Sprachen abweichenden Gebilde wie *farmor* (< *fader* + *moder*) '(väterliche) Großmutter', *mormor* (< *moder* + *moder*) '(mütterliche) Großmutter', *hustru* 'Frau, Ehefrau, Gattin'.

Der Wortschatz des Englischen sondert sich von den verwandten Sprachen zunächst infolge der älteren nordgermanischen und mehr noch infolge der seit der normannischen Eroberung Englands (1066) zunehmenden französischen Einflüsse ab (vgl. IV.3.43. und IV.3.45.): *husband* 'Ehemann, Gatte' (vgl. an. *húsbóndi* 'Wirt, Landwirt'), *first* ~ schw. *första* 'erst-', andererseits *grandmother* (← frz. *grande-mère*) 'Großmutter', *eagle* (< frz. *aigle*) 'Adler', *flower* (< frz. *fleur*) 'Blume', *forest* (< frz. *forêt*) 'Forst, Wald', *mountain* (< frz. *montagne*) 'Berg', *river* (< frz. *rivière*) 'Fluß', *second* (< frz. *second*) 'zweiter'. Naturgemäß enthält auch der englische Wortschatz ausschließliche, nur ihm eigene Bestandteile, z. B. *woman* (< ags. *wifmann* < *wif* 'Weib' + *mann* 'Mann, Mensch', vgl. die Manifestierung derselben Anschauung in ung. *némber* 'Frauenzimmer' < *nő* 'Frau, Weib' + *ember* 'Mensch'), *body* (< ags. *bodig* 'Bottich') 'Körper', (am.) *rooster* (< *roost* < ags. *hrost* 'Hahnbalken') 'Hahn', *hog* ~ *pig* 'Ferkel, Schwein', *other* 'ander-, zweiter' usw. Ganz offensichtlich sind die „westgermanischen" Beziehungen, vgl. *wife* ~ nl. *wijf* ~ nhd. *Weib*, *bull* ~ nl. *bul* ~ (nd. →) nhd. *Bulle*, *horse* ~ nl. *ros* ~ nhd. *Roß*, *cock* ~ nhd. *Gockel*, *rye* ~ nl. *rogge* ~ nhd. *Roggen*, *star* ~ nl. *ster* ~ nhd. *Stern*, *fire* ~ nl. *vuur* ~ nhd. *Feuer*, *water* ~ nl. *water* ~ nhd. *Wasser* u. dgl.

Die n i e d e r l ä n d i s c h e (holländisch-flämische) Sprache ist mit dem Deutschen enger verbunden, was nicht wundernimmt, da beide Sprachen auch eine engere genetische Einheit bilden, vgl. *gemaal* ~ nhd. *Gemahl*, *gemalin* ~ nhd. *Gemahlin*, *kop* ~ nhd. *Kopf*, *paard* ~ nhd. *Pferd*, *hout* ~ nhd. *Holz*, *eerste* ~ nhd. *erster*, *tweede* ~ nhd. *zweiter* usw. Die parallele Entwicklung kommt des öfteren auch in eigenartigen Komposita bzw. in französisch motivierten Lehnübersetzungen zum Vorschein: *adelaar* ~ nhd. *Adler* (< mhd. *adelare* 'edler Aar'), *grootmoeder* ~ nhd. *Großmutter* (vgl. frz. *grande-mère*). Sondermerkmale sind jedoch auch im niederländischen Wortschatz vorhanden, vgl. *graan* 'Getreide, Korn', *bos* 'Busch, Wald'. Der Einfluß des Französischen erweist sich — historisch bedingt — viel stärker als im Deutschen, vgl. *rivier* (< frz. *rivière*) ≠ nhd. *Fluß* u. dgl.

Der Wortschatz des N e u h o c h d e u t s c h e n ist am stärksten mit den übrigen Sprachen der süd- und der nordseegermanischen Gruppe verbunden (s. o.). Auch er besitzt aber seine Sonderlexeme, wie z. B. *Gatte*, *Gattin*, *Körper* (< lat. *corpus*, Gen. *corporis*), *Ziege* u. dgl. Der französische Einfluß ist weniger bedeutend als im Niederländischen, geschweige denn im Englischen (vgl. IV.4.6.).

Das J i d d i s c h e stellt, wie dargelegt (vgl. IV.4.92. bzw. IV.4.94.), eine auf hebräisch-aramäischem Substrat entstandene Tochtersprache des Deutschen dar, deren weitere Entwicklung auch in der Lexik vor allem von slawischen Einwirkungen geprägt wurde. Dies ist auch aus unseren Querschnitten klar ersichtlich: *guf* (ha.) 'Körper', *khazer* (ha.) 'Schwein', *tviye* (ha.) 'Getreide', *levone* (ha.) 'Mond', *yam* (ha.) 'Meer' bzw. *babe* (slaw.) 'Großmutter', *demb* (slaw.) 'Eiche'. Die germanischen Elemente des Jiddischen sind verständlicherweise deutschen Charakters, z. B. *froy* 'Frau', *kop* 'Kopf', *ferd* 'Pferd', *tsig* (~ *gays*) 'Ziege', *odler* 'Adler', *vaser* 'Wasser', *ersht-* 'erst-' usw.

Um die grundlegende E i n h e i t des germanischen Wortbestands im Kontext zu zeigen, seien die Entsprechungen eines kurzen Satzes in den einzelnen germanischen Sprachen angeführt. Anzumerken ist allerdings, daß sich V. A. Bogorodickij, der sie zusammenstellte, dabei vorsätzlich auf gemeinsame germanische Lexeme beschränkte:

nschw. *Solen säger:* „*Jag heter Sol, jag är mycket klar.*"
ndän.   *Solen siger:* „*Jeg hedder Sol, jeg er meget klar.*"
ne.   *The sun says:* „*My name is Sun, I am very bright.*"
nl.   *De zon zegt:* „*Mijn naam is Zon; ik ben zeer helder.*"
nhd.   *Die Sonne sagt:* „*Ich heiße Sonne, ich bin sehr glänzend.*"

Diese Aufstellung kann man mit der jiddischen und der gotischen Entsprechung ergänzen:

j.   *Di zun zogt:* „*Ikh heys zun, ikh bin gants likhtik.*"

got. (*þata*) *sauïl* oder (*Sa*/*þata*) *sunno* } *qiþiþ*: { „*Sauïl* / „*Sunno* } *ist namo mein, ik im* { *ala-skeir(ata).*" / *ala-skeira(ta).*"

schw.-dän. *sol* ~ ne. *sun* ~ nl. *zon* ~ j. *zun* ~ got. *sauïl* ~ got. *sunno* 'Sonne'; schw.-dän. *-en* (u.) ~ ne. *the* ~ *de* (m.-f.) ~ j. *di* (f.) ~ got. *sa* (f.)/ *þata* (n.) 'die' bzw. 'das'; schw. *säger* ~ dän. *siger* ~ nl. *zegt* ~ j. *zogt* ~ got. *qiþiþ* 'sagt' (3. Pers. Sing. Präs. Ind.); schw. *jag* ~ dän. *jeg* ~ j. *ikh* ~ ne. *I* ~ nl. *ik* ~ got. *ik* 'ich'; schw. *heter* ~ dän. *hedder* ~ j. *heys* 'heiße' (1. Pers. Sing. Präs. Ind.); ne. *my* ~ nl. *mijn* ~ got. *mein* 'mein'; ne. *name* ~ nl. *naam* ~ got. *namo* 'Name'; ne. *is* ~ nl. *is* ~ got. *ist* 'ist' (Kopula); schw. *är* ~ dän. *er* ~ ne. *am* ~ nl. *ben* ~ j. *bin* ~ got. *im* 'bin'; schw. *mycket* ~ dän. *meget* ~ ne. *very* ~ nl. *zeer* ~ j. *gants* ~ got. *ala-* 'sehr; ganz'; schw.-dän. *klar* ~ ne. *bright* ~ nl. *helder* ~ j. *likhtik* ~ got. *skeir(ata)* (< *skeirs*) 'glänzend, klar, hell'.

V.5. HISTORISCHE TYPOLOGIE DER GERMANISCHEN SPRACHEN

Die germanischen Sprachen wurden bisher nach dem genetischen Prinzip, d. h. mit Hilfe der historisch-vergleichenden Methode, klassifiziert. Die vordergründige Zielsetzung dieser Klassifikation bestand, wie schon der Name nahelegt, in der Aufdeckung der ursprünglichen — genetischen — Zusammenhänge, der inneren Verwandtschaftsstufen der untersuchten Sprachen, darüber hinaus aber in der Rekonstruktion ihrer gemeinsamen sprachlichen Basis, der sogenannten germanischen G r u n d s p r a c h e („Urgermanisch" und „Gemeingermanisch"). Die beiden Pfeiler dieser Rekonstruktion sind: erstens die beim Vergleich mit den dem Germanischen verwandten indogermanischen Einzelsprachen erschlossene indogermanische Grundsprache (vgl. I.3.), die die Vorstufe der zu rekonstruierenden germanischen Grundsprache manifestiert, und zweitens das Gesamt der germanischen Stammessprachen, die schon an Hand schriftlich überlieferter Belege zu erforschen sind. Auf diese Weise entstand das System der g e n e t i s c h e n K l a s s i f i k a t i o n der germanischen Sprachen, die anfangs eine nördliche (gotonordische) und eine südliche (kontinentale) Gruppe unterschied. Nach der Abwanderung der Goten und ihrer nächsten Verwandten (Burgunder, Wandalen, Heruler, Gepiden usw., d. h. der sogenannten „windilischen" Völker) hat sich das Ostgermanische von der Nordgruppe losgelöst. Parallel dazu verselbständigte sich an der Nahtstelle des Nord- und Südgermanischen im Westen die zwischen den beiden eine Art Übergang bildende Gruppe der nordseegermanischen Sprachen, die von manchen Forschern als absolut eigenständige Einheit — als gleiche Größe —, von anderen wiederum nur als eine Untergruppe des sogenannten Westgermanischen angesehen wird (vgl. II.3.).

Einzelne Sprachmerkmale legen es nahe, daß die germanische Einheit schon auf der Stufe der sog. germanischen Grundsprache — aber vielleicht auch früher — trotz der generellen Kommunikationsgemeinschaft dialektgeographisch gegliedert war. Den ehemaligen Verlauf der Isophonen und Isoglossen ist es heute nicht mehr möglich mit absoluter Gewißheit zu rekonstruieren, vor allem aus dem Grund, weil die gegenseitigen Überlagerungen der einzelnen Gruppen in der an Hand der Schriftdenkmäler verfolgbaren Zeit theoretisch doch frühere Vorgänge reflektieren können. Daher haben alle Rekonstruktionsversuche notgedrungen einen hypothetischen Charakter, was aber nicht bedeutet, daß man mit ihnen als möglichen Modellen nicht arbeiten kann.

Noch vorgermanischen Ursprungs ist wohl die Herausbildung und Festigung der Personalpronomina der 3. Person sowohl im Singular wie im Plural. Dafür spricht wenigstens die Vielfalt der Realisierungen in den idg. Sprachgruppen, die in dieser Funktion verschiedene Demonstrativpronomina herangezogen haben. Das Germanische zeigt dabei ein geteiltes Bild. Während das O s t g e r m a n i s c h e, das sonst in sehr wesentlichen Einzelheiten des Sprachbaus und der Lexik mit dem N o r d g e r m a n i s c h e n zusammengeht und sich von der übrigen Germania abhebt, zeigt in dieser Hinsicht eine Einheit mit dem S ü d g e r m a n i s c h e n (nicht W e s t g e r m a n i s c h e n, d. h. mit Ausschluß des Nordseegermanischen!), indem beide Gruppen das u. a. dem Lateinischen urverwandte Demonstrativum *is > got. *is* generalisierten, das lauthistorisch dem ahd. *ër* (<* *ir* < *is*) entspricht. Das N o r d g e r m a n i s c h e und das N o r d s e e g e r m a n i s c h e festigten in der gleichen Funktion den ebenfalls idg. Wurzellaut *h-* (als Basis zur Bildung von Demonstrativen), jedoch mit verschiedenen Ableitungssuffixen; im Norden wurde dieses *h-* mit einem *-n-*Suffix weitergebildet (*han*[*n*] m., *hun* ∼ *hon* f.), im Nordwesten mit einem *-ĕ*, vgl. ags. *hĕ*, as. *hĕ*, afries. *hī* ∼ *hē* 'er'. Die Isoglosse durchschneidet auch das Istwäonische (Fränkische), wo im Niederfränkischen in dieser Hinsicht die nordseegermanische Realisation (nl. *hij*, nfr. mdl. *hei*) gilt, während — wohl durch sekundäre Interferenz bedingt — im Großteil des übrigen Fränkischen eine Staffellandschaft mit der Kontaminationsform *hër* < *he* + *ër* 'er' entstanden ist. Das schematische Bild wäre also:

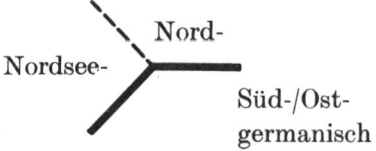

Andere, ebenfalls sehr alte Isoglossen zeigen aber eine andere Verteilung. Die idg. Heteroklytika verbinden das Nord- mit dem Ostgermanischen und trennen es von dem Süd- und Nordseegermanischen („Westgermanischen"). Nord- und Ostgermanen generalisierten die *-n-*Ableitungen (got. *wato*, Gen. *watins*, nordgerm. *vatn* 'Wasser'), während Nordsee- und Südgermanen die *-r-*Ableitung paradigmatisch verallgemeinerten (e. *water*, dt. *Wasser*). *-n-*Ableitungen sind im Südgermanischen nur noch in Resten als Bestandteile weiterer Ableitungen (z. B. *Funke, Funzel* zu *fun-* 'Feuer') erhalten. Das schematische Bild wäre diesmal:

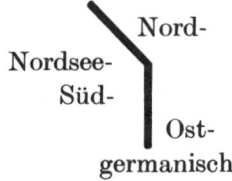

Beide Abgrenzungen können durch weitere Beispiele unterstützt werden. Das Fazit kann nicht anders lauten als daß die beiden Großgruppen Nord: Süd wohl schon in der Periode der Ausgliederung aus dem Indogermanischen an den beiden Flanken, im Westen in der Form des in Entstehung begriffenen Nordseegermanischen, im Osten in jener des in Entstehung begriffenen Ostgermanischen nach allen Regeln der Sprachgeographie ineinander verzahnt waren. Nach der primären Absonderung des Ostgermanischen von der übrigen Germania kam es zu Neuerungen im Westen, die die Goten nicht mehr erreichten, und umgekehrt, es kam zu Neuerungen, die spezifisch gotisch waren. Für ersteres wird etwa der Umlaut namhaft gemacht, während bestimmte grammatische Erscheinungen (so etwa die Verdrängung des Instrumentalis durch den Dativ bis auf die Pronomina) im Gotischen selbständig aufkamen. (In den ahd. Stammesdialekten konnte der formale Instrumentalis in einigen Stammklassen zunächst sogar den Dativ absorbieren, und erst im weiteren kam es zum Ausgleich zugunsten des funktionellen Dativs.) Auch da müssen wir aber vorsichtig sein, da wir zwar das Gotische mit Recht als *par excellence*-Vertreter des Ostgermanischen betrachten, so besagt es aber noch nicht, daß andere ostgermanische Sprachen, die nicht in eine „Sprachinsellage" abgedrängt worden waren, die territoriale Kontinuität mit dem Westen nicht besser hatten beibehalten bzw. ausbauen können. Zu jenen historischen Prozessen, deren sprachliche Folge man im weiteren nicht außer acht lassen darf, vgl. bes. SCHIRMUNSKIS Ausgliederungstheorie in II.3.2.

Prinzipiell steht es jedenfalls fest, daß wir bei der wissenschaftlichen Klassifizierung der germanischen Sprachen für die älteste Zeit trotz aller Einsichten der modernen Linguistik in beträchtlichem Maße noch heute auf die Errungenschaften der rein genetisch ausgerichteten historisch-vergleichenden Methode der Junggrammatiker angewiesen sind. Neuere, ganz besonders die übrigens zu begrüßenden Versuche der Strukturalisten und der Vertreter der generativen Linguistik haben die Umschreibung junggrammatischer Einsichten und Formeln erbracht, ohne sie im wesentlichen umzustürzen. Es steht wohl außer Zweifel, daß man mit der genetischen Komparativistik, soweit man die Anfänge zu klären suchte, eines der wichtigsten Instrumente in die Hand bekam. Bei dem heutigen Stand der historischen Sprachwissenschaft genügt es jedoch nicht mehr, sich bei dem Versuch der Klassifizierung der Germanen und der germanischen Sprachen auf Grundlagen zu beschränken, die zwar die inneren Verhältnisse der Germania vor tausend oder zweitausend Jahren adäquat widerspiegeln, aber die Wandlungen und Verlagerungen, inneren und äußeren Mischungen und Ausgleiche, die seitdem in der Entwicklung der germanischen Einzelsprachen eingetreten sind, vielfach verschieben und modifizieren. Dadurch wird eine klare Übersicht nicht nur erschwert, sondern geradezu unmöglich gemacht. Es genügt hier ein einziges Beispiel, um zu zeigen, wie anachronistisch heute unsere altfränkischen Ansichten über die Gliederung der Germania erscheinen: Man findet noch immer in so gut wie allen Handbüchern über das Nordgermanische die Zweiteilung in West- und Ostnordisch, wobei Isländisch (mit Färöisch) und Norwegisch dem West-, Schwedisch und Dänisch dem Ostnordischen zugeordnet werden:

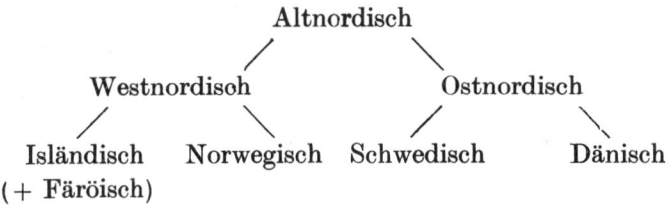

Diese Gliederung spiegelte die Verhältnisse wohl noch im 6. Jh. u. Z. richtig wider, für das Hochmittelalter oder die Neuzeit aber entspricht sie nicht mehr der Wirklichkeit. Isländisch und Färöisch wurden seitdem an den Rand der Germania verdrängt, und sie erscheinen — ihrer spezifisch bestimmten Randlage entsprechend — unter den nordischen Sprachen von heute eindeutig archaisch; Dänisch wurde vom Deutschen, insonderheit vom Niederdeutschen unterwandert, während ein Vertreter der ehemaligen Westgruppe (Norwegisch) und ein anderer der Ostgruppe (Schwedisch) im linguistischen Sinne des Wortes zu einer Sprache geworden sind. An dieser ostnordischen Sprache im höheren Sinne ist auch Dänisch, das seinerseits das Norwegische ebenfalls stark beeinflußt hat, als „Dialekt" (im klassischen Sinne des Wortes) beteiligt. Seit dem Mittelalter ist also folgendes Schema gültig:

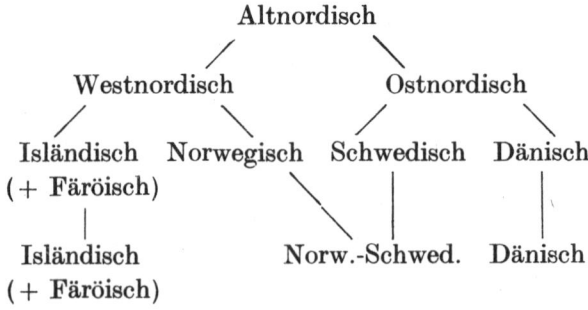

Daran ändert auch die von K. G. CHAPMAN erarbeitete Einsicht nichts, daß gewisse Dialektgrenzen (hauptsächlich im Bereich der Phonetik-Phonologie) zwischen West und Ost infolge der Zusammengehörigkeit sowie der jüngeren sprachgeographisch ausschlagenden historischen Konkte des öfteren im südwestlichen Norwegen gestaffelt verlaufen. Dies beweist übrigens sehr klar, daß die geographischen Grenzen — diesmal sogar der Atlantik — nicht unbedingt auch sprachliche Grenzen sein müssen. Eine färingische (färöische) Besonderheit ist es, daß manche Erscheinungen der Laut- und Grammatikgeschichte bereits eine Annäherung an das Englische zeigen (vgl. IV.2.62.). Auch dahinter dürfen wir die Auswirkung (sekundärer) historischer Sprachkontakte annehmen.

Überhaupt: Die Unhaltbarkeit der alten statischen Schemata wurde bereits dank dem Vormarsch der S p r a c h g e o g r a p h i e augenfällig. Die Dynamisierung der Gliederungsversuche verdanken wir letzten Endes den Arbeiten von ERNST SCHWARZ und VIKTOR SCHIRMUNSKI. Sie haben als erste auf jene Prozesse der Integrierung und der Differenzierung in den germanischen Sprachen hingewiesen, die in der Zeit des Übergangs von der mehr oder weniger einheitlichen germanischen Grundsprache zur Ausgliederung der einzelnen Stammesdialekte und -sprachen vor sich gegangen waren. Die wichtigste methodologische Neuerung in dieser Hinsicht ist zweifelsohne mit dem Namen SCHIRMUNSKI verknüpft, der bei der genetischen Untersuchung der letztgenannten Periode die K o n t a k t f o r s c h u n g grundsätzlich und äußerst konsequent durchgeführt hat (vgl. II.3.2.). Den wissenschaftshistorischen Hintergrund dazu bildet die Kette von Gelehrten, die mit WILHELM VON HUMBOLDT begann und über GEORG VON DER GABELENTZ, den Begründer der modernen Sprachtypologie (vgl. I.1.1.), zu HUGO SCHUCHARDT, dem Verfechter der Theorie über Wirkung der Konvergenz und Divergenz in der Sprachgeschichte, führte. Mit seinen sprachhistorischen Arbeiten gehört auch VIKTOR SCHIRMUNSKI in diese Reihe von Gelehrten: Vorbildliches hat in der Untersuchung des Jiddischen auf seine Kontaktbedingtheit hin der leider allzu jung verstorbene URIEL WEINREICH (Bibl. 1060) geleistet.

Allerdings ging auch SCHIRMUNSKI nicht über die Epoche der A u s g l i e d e r u n g d e r S t a m m e s s p r a c h e n hinaus. Wollen wir jedoch eine Klassifizierung der germanischen Sprachen bis heute und in der Gegenwart selbst vornehmen, so reicht die grundsätzlich genetisch-vergleichende Methode allein nicht aus. Die kontaktbedingte Entwicklung hat sich — sowohl unter den germanischen als auch zwischen germanischen und nichtgermanischen Sprachen — auch nach der Ausgliederung der Stammessprachen fortgesetzt. Ja, sie hat die germanischen Sprachen so stark verändert, daß eine Klärung ihrer heutigen Zusammenhänge auf Grund der rein genetischen Klassifizierung nicht mehr möglich ist. Um die historische Entwicklung und den gegenwärtigen Stand der germanischen Sprachen annähernd richtig zu interpretieren, sind wir auch auf die Mittel der S p r a c h t y p o l o g i e angewiesen. Eine typologische Vergleichung gemäß dem heutigen Sprachbau, die mehrfach versucht wurde, kann selbstverständlich nur deskriptive, synchron gültige Resultate erzielen. Der Aufgabe der Interpretation der gegenwärtigen Lage, worauf es letztendlich ankommen sollte, können wir erst gerecht werden, wenn wir den Versuch einer typologischen Klassifizierung der germanischen Sprachen auf historischer Grundlage unternehmen, d. h. wenn wir dabei gemäß der h i s t o - r i s c h — v e r g l e i c h e n d e n   T y p o l o g i e   vorgehen. Das ermöglicht zugleich — als Resultat — einen Blick in die Zukunft der germanischen Sprachen als Gesamtheit, wobei die auf die Einzelsprachen bezogenen Einzelheiten jeweils von den konkreten Raum-Zeit-Bedingungen abhängen werden. Die Grundsätze hat schon GEORG VON DER GABELENTZ klar formuliert (Bibl. 11, S. 481):

„Jede Sprache ist ein System, dessen sämmtliche Theile organisch zusammenhängen und zusammenwirken. Man ahnt, keiner dieser Theile dürfte fehlen oder anders sein, ohne dass das Ganze verändert würde. Es scheint aber auch, als wären in der Sprachphysiognomie gewisse Züge entscheidender als andere. Diese Züge gälte es zu ermitteln; und dann müsste untersucht werden, welche andere Eigenthümlichkeiten regelmässig mit ihnen zusammentreffen. Ich denke an Eigenthümlichkeiten des Wort- und des Satzbaues, an die Bevorzugung oder Verwahrlosung gewisser grammatischer Kategorien. Ich kann, ich muss mir aber auch denken, dass alles dies zugleich mit dem Lautwesen irgendwie in Wechselwirkung stehe. Die Induction, die ich hier verlange, dürfte ungeheuer schwierig sein; und wenn und soweit sie gelingen sollte, wird es scharfen philosophischen Nachdenkens bedürfen, um hinter der Gesetzlichkeit die Gesetze, die wirkenden Mächte zu erkennen. Aber welcher Gewinn wäre es auch, wenn wir einer Sprache auf den Kopf zusagen dürften: Du hast das und das Einzelmerkmal, folglich hast du die und die weiteren Eigenschaften und den und den Gesammtcharakter! — wenn wir, wie es kühne Botaniker wohl versucht haben, aus dem Lindenblatte den Lindenbaum construiren könnten. Dürfte man ein ungeborenes Kind taufen, ich würde den Namen T y p o - l o g i e   wählen. Hier sehe ich der allgemeinen Sprachwissenschaft eine Aufgabe gestellt, an deren Lösung sie sich schon mit ihren heutigen Mitteln wagen darf. Hier würde sie Früchte zeitigen, die jenen der sprachgeschichtlichen Forschung an Reife nicht nachstehen, an Erkenntnisswerthe sie wohl übertreffen sollten. Was man bisher von geistiger Verwandtschaft, von verwandten Zügen stammverschiedener Sprachen geredet hat, das würde hinfort greifbare Gestalt gewinnen, in ziffernmässig bestimmten Formeln dargestellt werden; und nun träte das speculative Denken an diese Formeln heran, um das Erfahrungsmässige als ein Nothwendiges zu begreifen."

Die historisch-typologische Untersuchung der Strukturmerkmale der germanischen Sprachen auf allen Ebenen (Lautstand, ja sogar Schrift infolge der Wechselwirkung im kulturhistorischen Rahmen, Morphologie,

Syntagmatik-Syntax und Wortschatz, vgl. V.1.—V.4.) zeigt uns, daß im Prozeß der Entwicklung der germanischen Einzelsprachen eine Entfaltung von angestammten — d. h. auch genetisch motivierten — **inneren Tendenzen** zu verzeichnen ist, die allen germanischen Sprachen sozusagen „innewohnen".

Es sei hier bloß auf die wichtigsten verwiesen:

Nach der gemeingermanischen **Akzentverlagerung** hat sich der Entwicklungsweg des **Vokalismus** der Haupttonsilben von dem der Vokale der Nebentonsilben getrennt, d. h. die Reduktion der Vokale der Nebentonsilben nahm ihren Anfang, womit auch die Prozesse der Diphthongierung der Längen in Haupttonstellung bzw. die Monophthongierung und Kürzung (bis zum Schwund) in Nebenstellung verbunden waren. Damit motiviert lassen sich die Erscheinungen der **Synkope** und der **Apokope** schon in den ältesten germanischen Schriftdenkmälern (auch im Gotischen) beobachten. Als eine allgemeine Neigung ist auch der **Umlaut**, eine Art Streben nach **Vokalharmonie** innerhalb der konkreten Wortform, zu nennen, desgleichen die Vereinfachung gewisser **Konsonanzen** im Anlaut, die fortschreitende **Reduktion der Nasale**, bes. im Auslaut (mitunter bis zum Schwund hin), vor allem aber die fortschreitende Herstellung der **Kongruenz** zwischen Vokallänge und offener Silbe, eine Erscheinung, die bereits alle germanischen Sprachen erfaßt hat und dort, wo die Diphthongierung noch nicht eintrat bzw. sekundär rückgängig gemacht worden zu sein scheint, in unserer Zeit Ansätze zur erneuten Diphthongierung zeigt.

So wichtig und charakteristisch die Erscheinungen in der Lautgestalt und im Klangbild der Sprache auch sein mögen, ist festzuhalten, daß der Durchbruch solcher Tendenzen erst dann möglich ist, wenn das von dem grammatischen Bau *quasi* freigegeben wird, d. h. nicht die Lautveränderungen an sich führen grammatische Wandlungen herbei, sondern es muß eine Disposition im Sprachbau vorhanden sein, damit sich die phonetisch-phonologischen Tendenzen voll verwirklichen können. Nicht die Reduktion der Vokale führt etwa zum Abbau des nominalen Kasussystems, sondern die syntaktische und morphologische Entwicklung produziert die grammatisch-semantische Entleerung von Endsilben (Endungen, ja mitunter auch Suffixen und Präfixen), deren Vokalismus sich dann dem vorhandenen Trend der Reduktion fügen kann. Ein gutes Beispiel dafür bieten die Stammbildungssuffixe der sog. schwachen Verben in der deutschen Sprachgeschichte. Solange die grammatische Funktion („Bedeutung") dieser Suffixe (-*i/j*-, -*ō*-, -*ē*-) als Ausdrücke von verschiedenen Aktionsarten nicht überflüssig geworden war, konnten sie von der allgemeinen, schon viel früher wirksam gewordenen Tendenz zur Reduktion nicht erfaßt werden:

sobald sie „entleert" waren, d. h. in frühmittelhochdeutscher Zeit, wurden sie ebenfalls reduziert. Wir wissen zwar nicht, ob die palatalen „Umlaute" im Ostgermanischen auch da waren als stellungsbedingte, aber strukturell noch irrelevante Varianten, immerhin wurden sie in allen übrigen germanischen Sprachen, wie es besonders von H. PENZL, W. G. MOULTON und V. SCHIRMUNSKI unter Beweis gestellt werden konnte, grammatisch verwertet, vor allem als Zeichen des Plurals beim Substantiv, der Steigerung beim Adjektiv und beim Adjektivadverb bzw. beim Konjunktiv und einigen Sonderformen des Verbs. Von da an waren die zu diesen Zwecken dienenden nebentonstelligen Suffixe sinnentleert und konnten — wieder einmal bis zum Schwund hin — reduziert werden. Art und Grad der Verwirklichung des Umlauts war jedoch in den Einzelsprachen von ihren grundlegenden grammatischen Tendenzen im weiteren sehr unterschiedlich gestaltet. Während an den Rändern der Germania (im Deutschen — mit Jiddisch und Pennsilfaanisch — bzw. im Isländisch-Färingischen) der größte Umfang erreicht wurde, zeichnen sich die übrigen nordgermanischen Sprachen wie auch Niederländisch durch einen gemäßigteren Stand aus. Englisch, das in altenglischer, z. T. sogar noch in mittelenglischer Zeit sehr umlautsfreudig war, hat den Umlaut großenteils lexikalisiert oder paradigmatisch bedingt ausgemerzt und nur noch in isolierten Fällen (z. B. *man* → *men* 'Mann' Pl., *foot* → *feet* 'Fuß' Pl., *mouse* → *mice* 'Maus' Pl. u. a.; *good* → *better*, *best* 'gut') auch mit grammatischer Funktion beibehalten. Im Schottischen scheint die Zahl solcher grammatischer Fälle etwas größer zu sein (z. B. *kye* 'Kühe' u. ä.). (NB: Obwohl der Terminus „Vokalharmonie" in der Germanistik unüblich ist, handelt es sich eindeutig um die gleiche phonetische Assimilationserscheinung, die in der Uralistik, Altaiistik usw. so bezeichnet wird.) Die retrograde Entwicklung des Umlauts ist auch nur im Lichte der in entgegengesetzter Richtung verlaufenden Verwirklichung innerer Tendenzen des grammatischen Baus zu erklären. Auch der Umbau der Längeverhältnisse in Haupttonsilben ist erst im Zusammenspiel mit dem Abbau der konsonantischen Längen verständlich: Schwedisch-Norwegisch erweisen sich hierbei als Nachzügler in der Entwicklung und es ist wohl nicht von ungefähr, daß diese Sprachen hier areale Ähnlichkeiten mit der finnisch-ugrischen Nachbarschaft an den Tag legen.

Auch in der Morphologie lassen sich gemeinsame Tendenzen erkennen. Das genuin indogermanische Mittel des Ablauts, das in der Formenbildung der sog. starken Verben und in der Wortbildung (vgl. II.2.3.) im Germanischen einen besonderen Ausbau erfahren hatte, wurde umgewichtet. Während auf der älteren Stufe der stammessprachlichen Entwicklung sporadisch sogar die Aufnahme von Lehnwörtern auf Grund der Lautähnlichkeit möglich war (*schreiben* → *schrieb*, *preisen* → *pries*, vielleicht auch *pflegen* → *pflag/pflog*), wurde diese Gruppe der starken Verben im weiteren überall zurückgedrängt. Neue Lehnverben werden in allen germanischen Sprachen nur noch als „schwach" behandelt.

Die Untersuchung zwischen „schwach" und „stark" in der Deklination blieb zwar in Reflexionen überall erhalten, befindet sich jedoch überall im Schwinden. Afrikaans, Jiddisch und bes. Englisch sind die Vorreiter in dieser Entwicklung. Allgemein ist die Umgruppierung des D e k l i n a -t i o n s s y s t e m s , indem die Trennung der alten Stammklassen aufgegeben bzw. durch die Trennung nach Pluralsuffixen ersetzt wird. Eine Klassifikation der Deklinationstypen des Substantivs nach „Stämmen" erscheint nur noch im Isländischen als sinnvoll, obwohl die Grammatiker das auch hier nicht mehr wahrhaben möchten, sonst geht es überall nur um erst historisch erschließbare Reliktformen, vgl. *oxen* Pl. 'Ochsen' im Englischen, *Nachti-gall* bzw. *Bräuti-gam* (alte *i*-Stämme) im Deutschen oder etwa in abstechenden, von dem Paradigma isolierten Resten wie *behende* (< *Hand* als *i*-Stamm), *vorhanden* (< *Hand* als *u*-Stamm) u. dgl. In der Kategorie des Numerus wurde der alte D u a l i s generell aufgegeben; wo er der Form nach noch erhalten ist, z.B. in bair.-öst. Mundarten bzw. im Isländisch-Färöischen in der 2. Pers., dort besitzt er nur noch eine einfache Pluralfunktion, z.T. mit einer schichtenspezifischen Nebenfunktion: alles nur Folgen der Sprachökonomie in der Entwicklung. Als allgemeine Tendenz darf man den S y n k r e t i s m u s im Abbau der grammatischen Kategorie des K a s u s bewerten: dies war erst möglich dank dem parallelen Ausbau der Präpositionalkonstruktionen (Typ: *speru* Instr.~ *mit speru* 'mit Speer' → *mit* [*dem*] *Speere* [*mit* + Dat.]). Die Randsprachen Deutsch und Isländisch erweisen sich dabei als die langsamsten in der Entwicklung, während Englisch und die festlandnordischen Sprachen hierbei am weitesten fortgeschritten sind. Von den Kasus obliqui scheint sich der Genitiv am besten zu halten, aber dieser Schein trügt: Der Genitiv wird in der gesprochenen Sprache auch dort durch periphrastische Konstruktionen ersetzt, wo dies in der Schreibe noch nicht der Fall ist und ist unterwegs gänzlich zu einer Art Kompostionselement zu werden wie in den sog. genitivischen Zusammensetzungen:

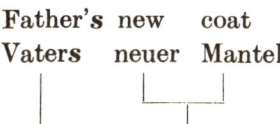

Es wiederholt sich somit auf höherer, erweiterter Ebene jene „Einverleibung", die überhaupt zu den genitivischen Komposita geführt hat:

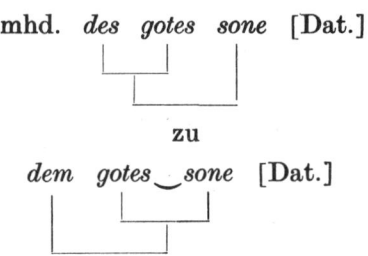

Gleichsam ist es ein Beispiel dafür, was GEORG VON DER GABELENTZ als Spirale der Sprachentwicklung bezeichnet hat.

Diese Wandlungen sind syntaktisch legiert auch durch die Umfunktionierung eines Demonstrativums zum bestimmten bzw. eines Zahladjektivs zum unbestimmten Artikel. Während Gotisch und die sonstigen ältesten Stammessprachen diese neue Kategorie noch gar nicht kennen, wird zunächst ein Demonstrativpronomen (im Nordgermanischen werden sogar mehrere) zum bestimmten Artikel umfunktioniert: der unbestimmte Artikel ist erst ein logischer, aber jüngerer Schritt, der im Isländischen bis heute aussteht. Diese Verzögerung ist deshalb möglich, weil der syntaktisch-morphologische Zwang dazu noch nicht kulminiert hat.

Die Entwicklungsspirale zeigt sich auch in der Entfaltung bzw. Rückentwicklung der grammatischen Kategorie des nominalen G e n u s . Dem indogermanischen Dreiersystem (Mask., Fem., Neutr.) ist zweifellos eine Zweiteilung nach Belebt: Unbelebt und als Zwischenstufe ein Sexussystem (Mask. ≠ Fem.) vorausgegangen (wie dieses zweite System noch in den baltischen Sprachen vorhanden ist). Im Germanischen erfolgt die Umstellung des Dreiersystems dieser Genera auf ein Zweiersystem und im folgenden zum Abbau der Kategorie des grammatischen Genus schlechthin. Syntaktisch-semantisch motiviert bilden die Pronomina dabei ein Diasystem innerhalb des Gesamtsystems der Einzelsprachen und sondern sich vom sonstigen — ursprünglicheinheitlichen — Nominalsystem noch mehr ab bzw. sie lassen bei diesem Gang Relikte zurück (z. B. engl. *ship* = *she*; *child* = *it* u. dgl.). Syntaktisch bedingt geht auch der Abbau der Kasus bei den Pronomina seit altersher langsamer vor sich als im übrigen Bereich der Nomina.

Typisch ist in allen germanischen Sprachen der parallel verlaufende großzügige Ausbau bzw. die Ergänzung des V e r b a l s y s t e m s im Wege der Entstehung der ,,periphrastischen Tempusformen" und des ,,periphrastischen Passivs" bzw. der zusammengesetzten Modalformen (vgl. V.2.). Diese spezifisch germanischen Gebilde sind syntagmatisch-syntaktischer Natur und führen allmählich dazu, daß wichtige Funktionen der Verbmorphologie der Syntax überantwortet werden, wodurch — wenigstens in den Grundzügen — ein qualitativ neuer typologischer Stand des

Germanischen angepeilt wird. Im Gemeingermanischen spielte beim Verb die Kategorie des Aspektes eine entscheidende Rolle und wurde allgemein grammatisiert, hauptsächlich durch das Präfix got. *ga-*, dt. *ge-*, ags. *ʒe-*. Im Altnordischen scheint diese Funktion den Präfixen *um-* und *of-* zugefallen zu sein. In der mittleren Entwicklungsperiode wurde diese Kategorie vollkommen lexikalisiert bzw. neu entfaltet, wobei Englisch in der vordersten Linie steht, aber die Anzeichen der parallelen Neigung sind auch sonstwo da, besonders stark in der Volkssprache (vgl. das Vordringen der Konstruktion *tun* + Inf. in den deutschen Dialekten). Auch darin darf man eine Bestätigung der Annahme der historischen Spirale der Sprachentwicklung erblicken.

Generell läßt sich jedenfalls auch in der S y n t a x als gemeinsame Tendenz der Übergang vom sog. „synthetischen" zum „analytischen" Typus feststellen. Die Wortkategorien bzw. -gattungen und -klassen der L e x i k werden daher zunehmend syntaktisch und nicht mehr morphologisch markiert, wobei Englisch und Afrikaans an der Spitze der Entwicklung stehen und schon Anzeichen der Rückkehr zum isolierenden Typus aufweisen (natürlich auf höherer Stufe als dies für das Vorindogermanische angesetzt werden kann). Also auch in dieser Hinsicht läßt sich die GABELENTZsche Theorie von der Entwicklung entlang der Diagonale einer Spirale — immer wieder auf höherer, erweiterter Ebene — verifizieren.

Solche Entwicklung geht allerdings nicht überall gleichzeitig und nicht ohne Verzögerungsmomente vonstatten. Manche Erscheinungen haben ihren Herd und erstrecken sich erst mit der Zeit auf die Nachbarschaft, indem sie immer weitere Ringe um sich ziehen, etwa in der Form, wie JOHANNES SCHMIDT sich die Entstehung der indogermanischen Sprachen gedacht hat. So konnte sich z.B. die Diphthongierung der germ. Langvokale $\bar{e}$ und $\bar{o}$ zu *ia* und *ua* vom Fränkischen als Herd ausgehend über das übrige Südgermanische (nicht auf das Nordseegermanische, Altsächsisch miteinbegriffen) erstrecken. Die sekundäre Monophthongierung dieser Laute hat die Diphthonge im deutschen Süden bis heute noch nicht ganz verdrängt. Immerhin zeigt sich dabei ein West — Ostgefälle im Südgermanischen, ausgehend vom Westfränkischen, dessen „Prestige" im Merowinger- und Karolingerreich begründet wurde und bis heute nicht vererbt ist, obwohl seit der Romanisierung der Westfranken dieses Gefälle französisches (z. T. romanisiert fränkisches) Sprachgut ausstrahlt. Besonders augenfällig ist es im Bereich der L e x i k. Mit den historisch-kulturhistorischen Schüben kamen die Neuerungen im ganzen Mittelalter wie in der Neuzeit ins Deutsche. Der Ablauf hat freilich auch ein Zeitgefälle. Die verschiedenen Bezeichnungen für den 'Friseur' sind zu verschiedenen Zeiten aus dem Französischen gekommen und sich der Reihe nach abgelöst (*Barbier*,

Perückenmacher, Friseur): die Innovation *Coiffeur* war zu Beginn der 60er Jahre im deutschen Rheinland bereits nicht nur geschriebene, sondern mitunter auch gesprochene Form. Im Südosten des deutschen Sprachraumes war *Coiffeur* zehn Jahre später eher nur noch geschrieben, und erst in den 80er Jahren wird es immer mehr auch die gesprochene Variante für *Friseur*. Teils durch deutsche Vermittlung wandern solche Neuerungen auch über den deutschsprachigen Raum weiter nach Osten, so ist etwa парикмахер 'Perückenmacher' in dieser Mischlautung heute noch die allgemeine Bezeichnung bei den Ostslawen. Mit Wörtern germanischer Herkunft ist es nicht viel anders, nur daß die fränkische Herkunft dabei nicht ohne weiteres sichtbar wird. Das Wort *Donnerstag* verdrängt auf die gleiche Weise das ostoberdeutsche *Pfinztag*, das Wort *Dienstag* das westoberdeutsche *Zistag* und das ostoberdeutsche *Er(ge)tag* endgültig erst in unserer Zeit. Das heißt, daß die Veränderungen in der L e x i k in erster Linie in den Wandlungen der Bedeutung bzw. der Bezeichnung infolge der Kommunikationsaufgaben der Sprache sowie in den ähnlich motivierten inneren — mehr oder weniger einzelsprachlichen — Kompositionen und in der Aufnahme verschiedener Fremdlinge zu fassen sind. Da das alles aber weitestgehend von den konkreten Umständen der einzelsprachlichen Entwicklung regiert wird, kann von einer Generalisierung der einst mit so viel Erwartung eingeführten G l o t t o c h r o n o l o g i e nicht einmal innerhalb einer genetisch eng zusammengehörigen Sprachgruppe die Rede sein. Somit erweist sich die glottochronologische Methode als undiskutabel.

Alles in allem: Im Vergleich zu der indogermanischen Grundsprache legen die germanischen Sprachen letzten Endes einmütig die Tendenz zur D e f l e x i o n an den Tag, deren Anzeichen sich bereits im Gemeingermanischen feststellen lassen. Auch deshalb scheint es begründet (s. o.), im Prozeß der Umstrukturierung der germanischen Sprachen letztlich auf die E n t f a l t u n g g e m e i n s a m e r l a t e n t e r, i n n e r e r T e n d e n z e n zu schließen. Das „Zeitmaß" dieser Umstrukturierung ist bei den einzelnen Untergruppen bzw. Einzelsprachen, ja sogar bei den einzelnen räumlich-sozialen Varietäten der Einzelsprachen allerdings sehr unterschiedlich. So hat z. B. das Englische — mit Ausnahme des Afrikaans und der Kreolsprachen (vgl. IV.5.51. und IV.5.53.) — hinsichtlich der Morphologie alle übrigen germanischen Sprachen in der Deflexion überholt, während es phonetisch-phonologisch in gewisser Hinsicht (z. B. in der Bewahrung von [θ] und [ð] zu den altertümlichsten Gliedern der Germania gehört. Hingegen kann man das Deutsche, das in seinem Lautstand die allerkühnsten Neuerungen aufweist, morphologisch (z. T. auch syntaktisch) als ziemlich archaisch bezeichnen. Diese Erscheinungen lassen sich zum Teil aus der zentralen bzw. peripherischen Lage einer Sprache innerhalb der

Germania erklären. So beschränkt sich z. B. die Existenz der archaischen [θ, ð]-Laute auf den West-Nordwestrand (England, Färöer, Island), das Vorhandensein von Vollvokalen im Auslaut oder in Nebentonsilben schlechthin auf den Nordwestrand (Island) und auf den Nordostrand (Schweden) bzw. auf die südlichsten Randgebiete (Wallis in der Schweiz). Auch dieses Bild ist nicht gleichmäßig, denn es stehen Neuerungen daneben, die ebenfalls peripherisch beschränkt sind, z. B. die Entwicklung der Affrikaten [tʃ] und [dʒ] bzw. des Sibilanten [ʒ] im Englischen bzw. zum Teil im Färöischen und im Schwedisch-Norwegischen ([tʃ]). Einen ersten Vorstoß zur vergleichenden Aufdeckung der Evolution der germanischen phonologischen Systeme hat V. JA. PLOTKIN (Bibl. 188) vorgenommen.

Die Ursachen, wie auch sonst im Sprachsystem bzw. in den (Teil-) Strukturen, sind zunächst in der Eigenentwicklung der germanischen Einzelsprachen zu suchen, die bestimmte Tendenzen jeweils fördern oder retardieren, ja mitunter auch unterbinden konnten/können. Demnach läßt sich die Veränderung auch von den ä u ß e r e n U m s t ä n d e n nicht trennen. Die langsamere Entwicklung des Deutschen wurde über die Randlage hinaus auch durch die Überhandnahme der Schreibe der von Zeit zu Zeit anderswo konzentrierten Kanzleien bedingt. Die mehrfache Mehrwertverlagerung (Westfranken, Schwaben, Prag, Wien, Meißen, Berlin usw.) hat der Schreibtradition eine größere Kompetenz gesichert als dies in von Anfang an zentralisierten Ländern der Fall war. Daher erklärt sich auch der Charakter der gegenwärtigen deutschen Standardsprache als eine Art südgermanisch-hochdeutsche Durchschnittssprache. Auch manche Züge der in sich widerspruchsvollen Orthographie lassen sich daraus verstehen. Anders verliefen die Dinge im Englischen (vgl. IV. 3.45.), wo in den Jahrhunderten nach der normännischen Eroberung die gesprochene Sprache sich ohne den Druck einer Mustersprache entfalten konnte: dafür verharrte aber die Graphematik im Grunde genommen auf der altenglischen Schreibtradition.

Gleich allen anderen Sprachen haben sich auch die germanischen in der Nachbarschaft von anderen, teils eng, teils entfernt, teils überhaupt nicht verwandten Sprachen in bald lockeren, bald engeren wirtschaftlichen, sozialen und kulturellen K o n t a k t e n mit diesen verwandten oder auch fremden Sprachen entwickelt. Dieser areale Zusammenhang als sprachgeographische Kontinuität bedeutet zugleich eine s p r a c h l i c h e S y m b i o s e, die bewirkt, daß sich gewisse Tendenzen nicht nur parallel zu denen in den Nachbarsprachen, sondern zumeist auch ungefähr gleichzeitig (freilich im längeren Zeitrahmen) durchsetzen. Die Verlagerung des W o r t a k z e n t s hat Gegenstücke im Französischen, im Ungarischen und in der unmittelbaren westslawischen Nachbarschaft der Germanen (Sorbisch, Tschechisch, Slowakisch, Serbokroatisch). Anzeichen der Tendenz zur **Vokalharmonie** zeigen sich sowohl im Germanischen als auch im Galloromanischen und im Finnisch-Ugrischen (Ungarischen). Einzelne Merkmale der zweiten (althochdeutschen) **Lautverschiebung** sind ungefähr gleichzeitig bei den Südgermanen und in Italien, z. T. auch im Galloromanischen — und vielleicht auch anderswo — in Erscheinung getreten. Ähnliches gilt für die Entwicklung sekundärer Palatalvokale wie /u/ > /y/, /o/ > /ø/ usw. Areal aufschlußreich ist die Tatsache, daß diese Rundungen im deutschen Sprachraum an der Grenze zum Französischen sowie im Niederländischen besonders massiert aufscheinen, während sonst in den meisten Dialekten des Deutschen wie auch des Englischen in hohem Maße wieder entrundet bzw. nur stellungsbedingt erhalten geblieben sind. In den Randsprachen behaupten sich die gerundeten Lautungen am stärksten (Nordgermanisch, Schottisch, Alemannisch). Mit den Palatalvokalen schließt sich diesem Raum an den Nahtstellen Finnisch im Norden, Ungarisch im Südosten an.

Art und Weise wie auch das Entstehungsalter der germanischen **zusammengesetzten Verbformen** korrespondieren mit der Entwicklung in den romanischen Sprachen, aber ähnliche Tendenzen sind auch in der östlich-südöstlichen Nachbarschaft der Germanen (bei Westslawen, Südslawen und Ungarn) zu verzeichnen.

Angesichts dieser strukturell-typologischen **Konvergenz** genetisch verschiedener Sprachen ist es wohl angebracht, von der Entstehung eines

---

Abb. 74. Verbreitung der germanischen Sprachen in der Gegenwart →
Nordgermanische Sprachen: *1* Norwegen, Spitzbergen, Jan Mayen, Bouvet-Insel, *2* Schweden, *2a* Finnland, *3* Dänemark, Färöer, Grönland, *4* Island
Nordseegermanische Sprachen: *3, 65, 69* Teile des Friesischen (vgl. Abb. 50), sonst Englisch: *5* Großbritannien und Nordirland, *6* Republik Irland, *6a* Malta, *6b* Zypern, *6c* Israel, *7* Kanada, *8* USA, *9* Guyana, *10* Jamaika, Cura ao, Schwanen-Inseln, Caymans-Inseln, Corn-Inseln, *11* Bahama-Inseln, *12* Puerto Rico, *13* Kleine Antillen, Barbados, Trinidad, *14* Bermuda-Inseln, *15* Gambia, *16* Sierra Leone, *17* Liberia, *18* Ghana, *19* Nigeria, *20* Südwestafrika (Namibia), *21* Botswana, Lesotho, Swasiland, *22* Republik Südafrika, *23* Rhodesien, Sambia, *24* Tansania, Malawi, *25* Kenia, *26* Uganda, Rwanda, Burundi, *27* Somalia, *28* Äthiopien, *29* Sudan, *30* Aden, Oman, Maskat, Bahrein, Kuweit, Katar, *31* Pakistan, *32* Indien, *33* Ceylon (Sri Lanka), *34* Bangladesh, *35* Burma, *36* Malediven, *37* Tschagos-Inseln, *38* Seychellen, Amiranten, Aldabra-Inseln, *39* Rodriguez, Mauritius, *40* Malaysia, *41* Christmas-Island, *42* Kokos-Inseln, *43* Australien, *44* Neuseeland, *45* Philippinen, *46* Guam, Marianen, *47* Vulkan-Inseln, Bonin-Inseln, *48* Riukiu-Inseln, *49* Ponape, Karolinen, Palau-Inseln, *50* Salomon-Inseln, *51* Aucklandinseln, Campbell-Insel, *52* Macquarie-Inseln, *53* Heard-Insel, *54* Prince Edward Island, *55* Sankt Helena, *56* Ascension, *57* Tristan da Cunha, *58* Gough-Insel, *59* Süd-Sandwich-Inseln, *60* Südgeorgien, *61* Süd-Orkney-Inseln, *62* Süd-Shetland-Inseln, *63* Falkandinseln, *64* Britisch-Honduras
Südgermanischen Sprachen: Niederländisch: *65* Niederlande, *66* Belgien, *67* Zaire, *68* Surinam (und z. T. noch in Indonesien); Deutsch: *69* BRD, *70* DDR, *71* Österreich, *72* Schweiz, *73* Luxemburg, *74* Liechtenstein; Jiddisch: *75* Birobidschan (UdSSR) (NB: Afrikaans in *20, 22, 54*)

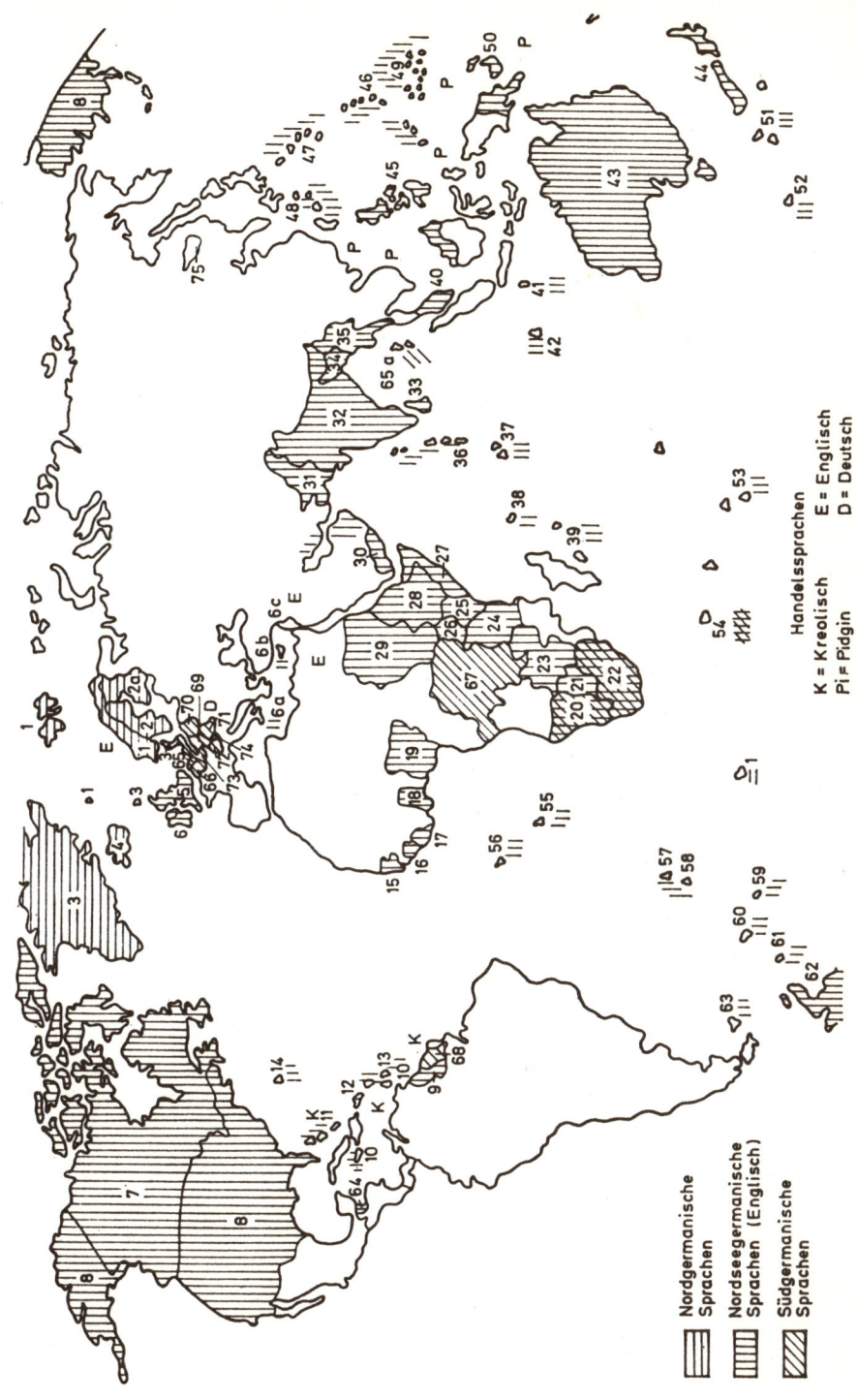

europäischen Sprachbundes zu sprechen, dessen kontaktbedingte Entwicklung eine Annäherung genetisch verschiedener Sprachen, d. h. ihre sekundären ,,verwandtschaftlichen" Beziehungen, ihre neuerworbene Affinität herbeiführt. Die Einzelheiten der konvergenten Entwicklung lassen sich am besten an den linguistischen Nahtstellen beobachten. Wie an der Grenze von Dialekten einer Sprache Vibrationszonen, so entstehen auch an der Grenze von verschiedenen – gleichgültig, ob genetisch verwandten oder nicht verwandten – Sprachen Zonen, in denen die sprachübergreifenden Neuerungen am eindrucksvollsten sichtbar werden. Ein klassisches ,,Experimentierfeld" in dieser Hinsicht ist das Burgenland in Österreich mit dem angrenzenden Westungarn, wo Ungarisch, Slowenisch, Kroatisch bzw. Jiddisch und Zigeunerisch einen gemeinsamen Entwicklungskomplex bilden. Aber auch in diesem Kleinraum zeigt sich sehr prägnant, daß das sprachgeographisch-räumliche Moment nur eine Seite der Beweggründe darstellt, die ununterbrochen auch durch den jeweiligen sprachlichen Mehrwert beeinflußt, ja gelenkt wird. Dieser sprachliche Mehrwert (,,Prestige") ergibt sich aber keineswegs aus dem generellen typologischen Stand irgendeiner von den an der Amalgamierung beteiligten Sprachen, sondern ist raum- und zeitbedingt. In Burgenland-Westungarn war der ordnende Faktor früher ungarisch, dann ungarisch-deutsch und ist in der Jetztzeit deutsch in Österreich, ungarisch in Ungarn.

Die wichtigste Lehre daraus ist, daß man sich bei der historischen Untersuchung der Sprachen keinesfalls auf die einseitige innere Analyse des betreffenden synchronischen Querschnitts beschränken darf, denn auch aus einem Vergleich der germanischen Sprachen geht ja hervor, daß die wichtigste Triebkraft für die Entfaltung der latenten inneren Tendenzen, die durch die genetische Vergleichung erschlossen wurden, gerade in der von oben (im sozialen Gefälle) aktiv werdenden äußeren Einwirkung, in einer Reihe sog. ,,außerlinguistischer", hauptsächlich also soziologischer Faktoren besteht.

Wie gesagt, sind diese Faktoren auch im Rahmen genetisch verwandter Gruppen zusätzlich zum gemeinsam Ererbten wirksam. In der Germania traten die Goten als historisch erstes Kulturvolk in Erscheinung. Ihre religiöse Schriftlichkeit stand auf einer Höhe, die von den übrigen germanischen Stämmen erst nach einer Jahrhunderte langen zähen Entwicklung eingeholt wurde. Dahinter stand allerdings die Übernahme griechisch-byzantinischer Errungenschaften: sie hatten etwa bereits eine Orthographie, nicht nur eine Graphematik wie ihre Anverwandten, die diese Stufe erst in der Neuzeit, praktisch im 19.–20. Jahrhundert, erreicht haben. Es ist also nicht von ungefähr. daß das gotisch vermittelte volksgriechische Wort für das christliche Gotteshaus, dt. *Kirche*, engl. *church* usw., die ganze Germania überschwemmte. Wie früher der keltische Einfluß im Verwaltungsbereich (vgl. II.1.3.), so machte sich der gotische Einfluß wohl dank arianischen Missionsversuchen im kirchlichen Bereich geltend (vgl. etwa *Pfaffe, Dult* 'Fest' u. ä.). Die zweite Welle der Missionierung, diesmal aus Britannien, brachte angelsächsisches Sprachgut zu den Südgermanen, als Schibboleth dafür diene der Ausdruck *heiliger Geist* (dem Englischen nachgeprägt), der den in den älteren althochdeutschen Denkmälern vorhandenen Terminus *wîho ātum* (etwa: „weiher — d. h. heiliger — Atem"), der auf got. *ahma (sa) weiha* zurückging, verdrängte. Von dem westfränkisch initiierten West-Ostgefälle war früher schon die Rede (s. o.). Dieser Druck preschte vom Süden her auch die althochdeutsche Lautverschiebung gegen Norden vor. Dieser Prozeß ist bis heute nicht ganz abgeschlossen. Der westfränkischen Suprematie wurde nach der Schlacht bei Hastings (1066) auch im weiteren Westen, nunmehr im romanisierten Sprachgewand, Tür und Tor geöffnet. Aber auch „deutsches" Wortgut wurde schon in altenglischer Zeit auch an die Britischen Inseln abgegeben, besonders — und auch das ist kein Zufall — auf der Ebene der Dichtersprache (z. B. ags. *herra* 'Herr', das nur in der Dichtung belegt ist). Die Erstarkung des Niederdeutschen, vor allem in der Blütezeit der Hanse, hat die festlandnordischen Sprachen am stärksten in ihren Sog gezogen. In Dänemark wurde die Auseinandersetzung zwischen Dänisch und Niederdeutsch um die Rolle der Nationalsprache erst im 17. Jahrhundert zugunsten des Dänischen entschieden! In unserer Zeit wird der Einfluß des Englischen, nicht zuletzt dank dem Amerikanischen, in allen übrigen germanischen Sprachen augenfälliger. Daß dieser Enfluß nicht auf der Ebene der Lexik stecken bleibt, liegt auf der Hand.

Wenn wir nun, in Anbetracht der oben angedeuteten linguistischen Tendenzen, ein E n t w i c k l u n g s m o d e l l der germanischen Sprachen ermitteln wollen, erhalten wir eine K l a s s i f i z i e r u n g , die die älteren, rein genetischen Bindungen durchbricht. Auf den einzelnen Entwicklungsstufen des neuen Modells lassen sich genetisch ursprünglich verschiedene Unterabteilungen miteinander typologisch verbinden, andererseits gibt es genetisch ursprünglich einheitliche Unterabteilungen, die in unserem Modell auseinanderfallen.

Die einzelnen Stufen — „Typen" — des vorgeschlagenen Modells lassen sich in bezug auf die germanischen Sprachen der G e g e n w a r t wie folgt aneinanderreihen (Richtung: alt → neu) (Abb. 75):
(1) Isländisch, Färöisch, Neuhochdeutsch;
(2) Niederländisch (+ Niederdeutsch), Friesisch, Jiddisch;
(3) Norwegisch, Schwedisch, Dänisch;
(4) Englisch;
(5) Afrikaans (+ Kreolsprachen).

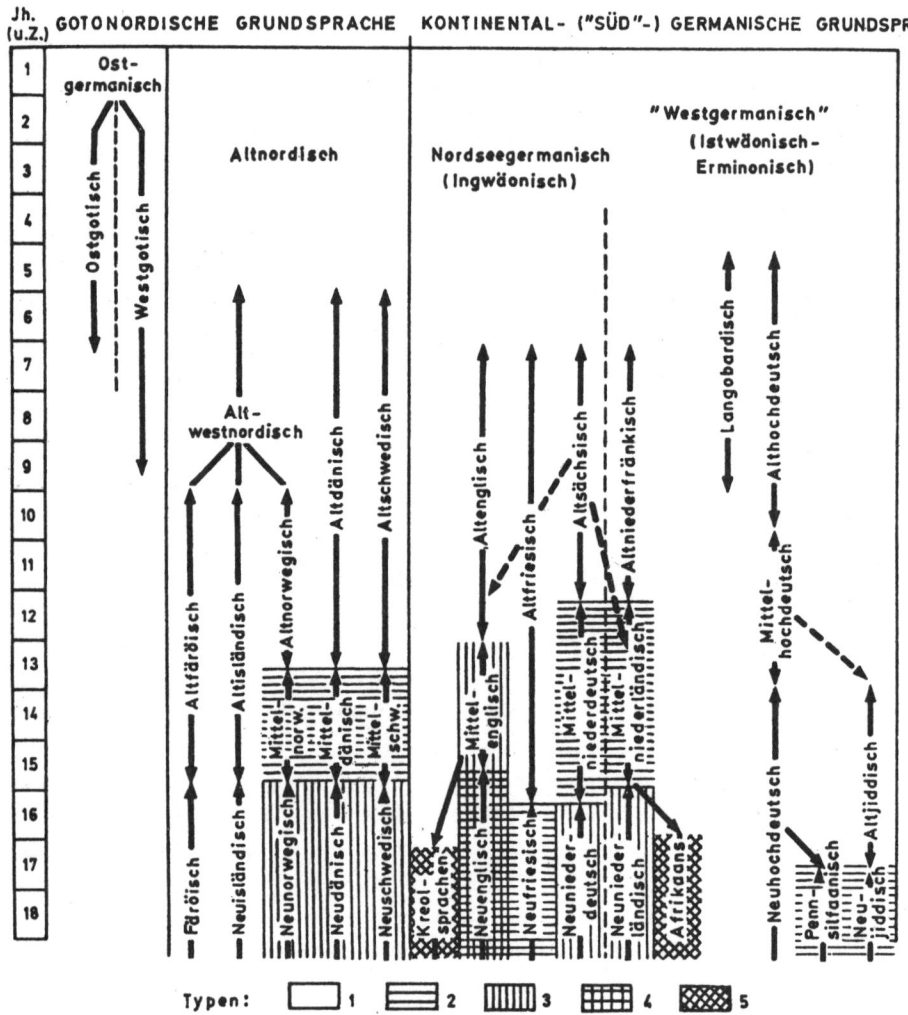

Abb. 75. Genetische und historisch-typologische Gliederung der germanischen Sprachen

Ergänzen wir nun diese synchronische Aufstellung mit den wichtigsten Querschnitten aus der Geschichte der germanischen Einzelsprachen, das heißt, pressen wir sie gewissermaßen in einer Zeitschicht zusammen, so erhalten wir im großen und ganzen eine Stufenleiter rein typologischer Art, worauf die entsprechend numerierten Blöcke auf Abb. 75 verweisen:

(1) Isländisch, Färöisch, Hochdeutsch, Gotisch, Langobardisch, Altenglisch, Altnordisch (mit Altschwedisch, Altdänisch, Altnorwegisch), Altfriesisch, Altsächsisch, Altniederfränkisch;

(2) Mittelniederländisch, Jiddisch, Pennsilfaanisch, Friesisch, Mittelniederdeutsch, Mittelnorwegisch, Mitteldänisch, Mittelschwedisch;
(3) Neunorwegisch, Neudänisch, Neuschwedisch, Neuniederdeutsch („Platt"), Neuniederländisch, Mittelenglisch;
(4) Neuenglisch;
(5) Afrikaans und die Kreolsprachen.

In den älteren Auflagen dieses Buches wurden unter (5) in beiden Tabellen auch die Hilfssprachen angeführt. Das ist hier zu korrigieren. Die Welthilfssprachen — z.B. Esperanto — sind typologisch weiter hinten in der Entwicklung, da sie immer noch manche Kategorien der Grammatik formalisieren, die in den Kreolsprachen bzw. im Afrikaans, ja sogar im Englischen bereits abgelöst worden sind. Ihr Platz wäre also — *mutatis mutandis* zwischen (3) und (4).

Es sei auch angemerkt, daß in der obigen Aufstellung die regionalen Umgangssprachen bzw. die räumlich aufgefächerten Mundarten der einzelnen National — bzw. Standardsprachen, die z. T. — so besonders im Falle des Deutschen — über die typologische Stufe ihrer National- bzw. Standardsprache schon hinausentwickelt sind, nicht berücksichtigt werden.

J. ERBEN hat vor Jahren in einem Vortrag in Mannheim die Zweckdienlichkeit der typologischen Vergleichung historischer Querschnitte angezweifelt und (an Hand einer Darstellung der Entwicklung des deutschen *duzen → erzen → ihrzen → Siezen* in J. Grimms „Deutscher Grammatik") die isolierte Untersuchung einzelsprachlicher Längsschnitte empfohlen. Die Bedeutung solcher Längsschnittuntersuchungen muß jedoch — so interessant sie für Einzelteile der Geschichte einer Einzelsprache auch sein mögen — stark relativiert werden. Im Hinblick auf das Gesamtgermanische müssen die Einzelsprachen letzten Endes doch in Querschnitten ausgewertet werden, um über sie T y p o l o g i s c h e s aussagen zu können. Noch mehr: Sogar innerhalb der Geschichte einer Einzelsprache ist das nicht anders; man bedenke nur, um ein Beispiel zu nennen, daß wir im Niederdeutschen noch im 16. Jahrhundert von einer m i t t e l n i e d e r d e u t s c h e n Periode sprechen müssen, wo im Süden schon seit Jahrhunderten die Stufe des N e u h o c h d e u t s c h e n erreicht war.

Auch an dieser Stelle sei hervorgehoben, daß es ein grober Fehler wäre zu denken, die Richtungen der sprachtypologischen Entwicklung der germanischen Sprachen stellten ein für alle Sprachen verbindliches Modell dar. Man hat zwar versucht, an Hand der Geschichte des Englischen eine W e r t o r d n u n g, eine Art allgemeingültige „Rangliste" der verschiedensten Sprachen nach vermeintlicher „Vereinfachung" des Sprachsystems aufzustellen, jedoch ohne Erfolg. Theoretisch genommen, kann die Entwicklung in jeder Richtung erfolgen; sie hängt von den typischen und besonderen Bedingungen der Entwicklung der gegebenen Sprache bzw. Sprachen ab. Darin zeigt sich auch, daß die philosophische Erkenntnistheorie sich auf die Sprache nicht unmittelbar anwenden läßt. Ganz allgemein erscheinende Entwicklungstendenzen können sogar in ihren Herden wieder rückgängig gemacht werden, z.B. unter dem Druck s e k u n - d ä r e r R e g u l a t o r e n , wie dies am stärksten am Beispiel des Kontrastes Schriftsprache ≠ Mundarten im Deutschen zu beobachten ist. Den sekundären Regulatoren, „äußeren Faktoren", „Begleitumständen" u. dgl. ist es meist zuzuschreiben, daß eine Sprache als *Gesamtsystem* voneinander abweichende T e i l s y s t e m e in sich schließen kann, ja sogar auf verschiedenen Ebenen gleichzeitig verschiedenen Stufen (T y p e n) zuzuordnen ist.

Hier sei noch ein Bestimmungsproblem geklärt, was für das ganze Buch gültig ist. Die Termini S t r u k t u r und S y s t e m werden von manchen Verfassern als Synonyme gebraucht. Wir verstehen unter S t r u k t u r den Aufbau der Elemente in den einzelnen Teilsystemen bzw. innerhalb des Systems einer Sprache. Das System umfaßt aber alle diese strukturierten Teilsysteme — und ist in diesem Sinne auch selbst strukturiert —, was aber das Wesen des S y s t e m s ausmacht und es von den Strukturen als Oberbegriff auch abhebt, ist die Aufeinanderbezogenheit all der Elemente, der Strukturen, innerhalb des Sprachganzen. Die Strukturen bzw. die Teilsysteme der Sprache werden im S y s t e m selbst zueinander in lückenlose Beziehung gesetzt. In dieser Hinsicht ist das System im Sinne der Mathematik (und nicht der Biologie) o r g a n i s c h und s e l b s t - r e g u l i e r e n d , was freilich nicht bedeutet, daß ein Sprachsystem losgelöst von den Trägern der gegebenen Sprache existent sein kann. Sogar eine „tote Sprache" ist ein vollkommenes System, wenn auch auf der letzten Wirklichkeitsstufe ihrer Entwicklung.

Es gehört mit zu den wichtigsten Aufgaben der h i s t o r i s c h — v e r g l e i c h e n d e n T y p o l o g i e , die Teilsysteme innerhalb der untersuchten Sprache zu erschließen, ferner jene primären und sekundären Merkmale zu ermitteln, die es ermöglichen, die Wesensmomente der Entwicklung der betreffenden Sprachstrukturen und des betreffenden Sprachsystems auf den verschiedenen Sprachebenen und in ihrem Zusammenspielen zu erarbeiten oder mindestens anzudeuten.

Wir sprechen zwar von latenten, den germanischen Sprachen von ihren Anfängen an innewohnenden Entwicklungstendenzen, jedoch bedarf es zur Entfaltung dieser Tendenzen auch solcher Umstände und Impulse, die entweder bestimmte Hindernisse aus dem Weg räumen oder die latente Tendenz verstärken und ihr zum Durchbruch verhelfen. Solche Umstände und Impulse müssen nicht unbedingt einen unmittelbar-sprachlichen

Charakter besitzen, ja sie werden erst auf dem Umweg über historisch, politisch, kulturell, geographisch und vor allen Dingen sozial bedingte Einwirkungen — die Sprachträger sind ja soziale Wesen und die Sprachträgergemeinschaften sind soziale Gefüge — zu mitgestaltenden Kräften der Sprachentwicklung. Dies bedeutet zugleich, daß eine moderne **historische Sprachtypologie** eine möglichst komplexe Forschungsmethodik verlangt und erst in Verbindung mit der **arealen Sprachforschung**, auch über die genetischen Grenzen hinausgreifend, vollwertige Resultate erzielen kann. Wie jede Disziplin der Linguistik, wird auch die Sprachtypologie erst durch die **historische Tiefe** zu einem vollwertigen Zweige der Sprachwissenschaft.

BIBLIOGRAPHIE

Das Verzeichnis der einschlägigen Literatur beschränkt sich vor allen Dingen auf eine A u s w a h l von Werken bzw. Abhandlungen, die im Zusammenhang mit der Thematik der betreffenden Kapitel des Buches auch weitere bibliographische Hinweise enthalten. Grundsätzlich wurden das deutsche und das englische Schrifttum vorangestellt (vgl. Vorwort, S. Vf.). Aufsätze wurden nur ausnahmsweise auch gesondert verzeichnet. In diesem Zusammenhang sei jedoch auf die Aufstellung zusammenfassender Handbücher und Nachschlagewerke bzw. auf die wichtigsten Zeitschriften im Schlußteil der Bibliographie verwiesen. Eine Ausnahme bilden freilich solche enzyklopädische Werke, die das ganze Material, und zwar in der Regel alphabetisch angeordnet, behandeln: diese sind nicht im Schlußteil, sondern immer in ihrem thematischen Zusammenhang angeführt.

Das Material wurde entsprechend den Kapiteln bzw. den einzelnen thematischen Abschnitten des Buches — jeweils in der alphabetischen Anordnung der Autoren — gegliedert, und zwecks Raumersparnis folgt am Schluß der Literaturangaben zu den Teilfragen ein Hinweis auf das weitere Schrifttum gemäß der numerischen Anordnung der vorliegenden Zusammenstellung. Abgeschlossen im Herbst 1988.

I. DAS INDOGERMANISCHE

Theorie und Problematik der allgemeinen Sprachwissenschaft: 1. AKIN, J.—GOLDBERG, A.—MYERS, G.—STEWART, J. (Hrsg.): Language Behavior. A Book of Readings in Communication. Den Haag—Paris 1970. — 2. AMMER, K.: Einführung in die Sprachwissenschaft I. Halle/S. 1958. — 3. ARENS, H.: Sprachwissenschaft: der Gang ihrer Entwicklung von der Antike bis zur Gegenwart. Freiburg—München ²1969. — 4. BACH, E.: An Introduction to Transformational Grammars. New York 1964. — 5. BALLY, C.: Linguistique générale et linguistique française. Bern ²1944. — 6. BENVENISTE, E.: Problèmes de linguistique générale. Paris 1966. — 7. BLOOMFIELD, L.: Language. New York 1933 [1956]. — 8. BONDZIO, W. (Hrsg.): Einführung in die Grundfragen der Sprachwissenschaft. Leipzig ²1984. — 9. COLLINDER, B.: Språket. Stockholm ⁵1970. ⟨Dt.:⟩ Sprache und Sprachen. Hamburg 1978. — 10. COSERIU, E.: Einführung in die Allgemeine Sprachwissenschaft. Tübingen 1988. — 11. GABELENTZ, G. v. D.: Die Sprachwissenschaft. Leipzig 1890, ²1901. Neudruck: Tübingen 1969, ²1972. — 12. GÜNTERT, H.—SCHERER, A.: Grundfragen der Sprachwissenschaft. Heidelberg 1956. — 13. HEINTEL, E.: Johann Gottfried Herder: Sprachphilosophische Schriften. Hamburg 1964. — 14. HOCKETT, C. F.: A Course in Modern Linguistics. New York 1959. — 15. JESPERSEN, O.: Language. Its Nature, Development and Origin. London—New York 1922. ⟨Dt.:⟩ Die Sprache. Heidelberg 1925. — 16. JOOS, M. (Hrsg.): Readings in Linguistics I. New York 1958. — 17. ∼ (Hrsg.): — HAMP, E. P.—HOUSEHOLDER, F. W.—AUSTERLITZ, R.: Readings in Linguistics II. Chicago 1966. — 18. LEHMANN, W. P.: Language. An Introduction. New York 1983. — 19. Linguistik I. Lehrbuch und Übungsbuch zur Einführung in die Sprachwissenschaft. Tübingen 1970. — 20. MARTINET, A.: Éléments de linguistique générale. Paris ²1967. ⟨Engl.:⟩ Elements of General Linguistics. London 1964 [Chicago 1966]. ⟨Dt.:⟩ Grundzüge der allgemeinen Sprachwissenschaft. Stuttgart 1963. — 21. ∼ (Hrsg.): Le langage. Paris 1968. — 22. PERROT, J.: La linguistique. Paris 1961. — 23. PORZIG, W.: Das Wunder der Sprache. Bern ⁴1967, Stuttgart ⁸1986. — 24 ROBINS, R. H.: General Linguistics: An Introductory Survey. London 1964. — 25. SAPIR, E.: Language. New York 1921. ⟨Dt.:⟩ Die Sprache München 1961. — 26. SAUSSURE, F. DE: Cours de linguistique générale. Paris ⁴1949 ⟨Dt.:⟩ Grundfragen der allgemeinen Sprachwissenschaft. Berlin ²1967. — 27. THIEL, M

(Hrsg.): Methoden der Sprachwissenschaft. München—Wien 1968. — 28. VACHEK, J.: The Linguistic School of Prague. Bloomington—London 1966. — 29. VENDRYES, J.: Language. London 1925. (Letzte frz. Auflage: Paris 1950.) — 30. WARTBURG, W. v.: Einführung in Problematik und Methodik der Sprachwissenschaft. Tübingen ³1970. — 32. WUNDT, W.: Völkerpsychologie I: Die Sprache. Leipzig 1905—1906. — Vgl. 53, 646, 1030, 1091, 1102, 1117.

Sprachen und Sprachenkreise: 32. BODMER, F.: Die Sprachen der Welt. Köln ²1959, — 33. KIECKERS, E.: Die Sprachstämme der Erde. Heidelberg 1931. — 34. MEILLET. A.—COHEN, M.: Les langues du monde. Paris 1952. — 35. PEI, M.: The World's Chief Languages. London ³1954. — 36. SCHMIDT, W.: Die Sprachfamilien und Sprachenkreise der Erde. Heidelberg 1926. — 37. WENDT, H. F.: Sprachen. Frankfurt/M. 1961. — Vgl. 21, 115, 117—118, 120, 147, 151, 175.

Historische Sprachwissenschaft: 38. ASCOLI, G. I.: Corsi di glottologia. Turin—Florenz 1870. — 39. BONFANTE, G.: On Reconstruction and Linguistic Method. In: Word I [1945], 83 ff., 132 ff. — 40. BYNON, TH.: Historical Linguistics. Cambridge—New York—Melbourne 1977. — 41. ELLIS, J.: Towards a General Comparative Linguistics. London—Den Haag—Paris 1966. — 42. HAAS, M. R.: The Prehistory of Languages. Den Haag—Paris 1969. — 43. HOCKETT, C. F.: Sound Change. In: Language 41 [1965], 185 ff. — 44. HOENIGSWALD, H. M.: Language Change and Linguistic Reconstruction. Chicago 1960. — 45. IVANOV, V. V.: Die genealogische Klassifikation der Sprachen und der Begriffe der Sprachverwandtschaft. Halle/S. 1956. — 46. JAKOBSON, R.: Prinzipien der historischen Phonologie. In: TCLP. 4 [1931], 247 ff. — 47. KING, R. D.: Historical Linguistics and Generative Grammar. Englewood Cliffs, N. J. 1969. — 48. KOCH, W. A.: Zur Theorie des Lautwandels. Hildesheim—New York 1970. — 49. LEHMANN, W. P.: Historical Linguistics. An Introduction. New York 1962. ⟨Dt.:⟩ Einführung in die historische Linguistik. Heidelberg 1969. — 50. MARTINET, A.: Économie des changements phonétiques. Bern 1955. — 51. MEILLET, A.: Linguistique historique et linguistique générale I—II. Paris ²1948. — 52. ∼: La méthode comparative en linguistique historique. Oslo ²1954. ⟨Engl.:⟩ The Comparative Method in Historical Linguistics. Paris 1967. — 53. PAUL, H.: Prinzipien der Sprachgeschichte. Tübingen ⁸1968 [1970]. — 54. PEI, M.: The Story of Language. New York 1960. — 55. PISANI, V.: Allgemeine und vergleichende Sprachwissenschaft. Bern 1953. — 56. ∼: Die Etymologie. Geschichte, Fragen, Methode. München 1975. — 57. SCHUCHARDT, H.: Über die Lautgesetze: gegen die Junggrammatiker. 1855. In: L. SPITZER (Hrsg.): Hugo Schuchardt-Brevier. Halle/S. 1928, 51 ff. — 58. SOMMERFELT, A.: Diachronic and Synchronic Aspects of Language. Den Haag 1962. — 59. STURTEVANT, E. H.: Linguistic Change. Chicago 1961. — Vgl. 7—9, 11, 14—15, 20—23, 29—31, 112, 120, 166, 693, 1030, 1085, 1088, 1090—1091, 1120.

Sprachtypologie: 60. BAZELL, C. E.: Linguistic Typology. London 1958. — 61. FINCK, F. N.: Die Haupttypen des Sprachbaus. [Stuttgart—]Darmstadt ⁴1961. — 62. HAARMANN, H.: Grundzüge der Sprachtypologie. Stuttgart 1976. — 63. HUMBOLDT, W. v.: Über die Verschiedenheit des menschlichen Sprachbaues. In: Ges. Schriften VI [1907], 111 ff. Neudruck: Berlin 1968. — 64. KUZNECOV, P. S.: Die morphologische Klassifikation der Sprachen. Halle/S. 1956. — 65. LEWY, E.: Die Lehre von den Sprachtypen. In: StGen. 4 [1950], 415 ff. — Vgl. 11, 21, 23, 29, 89, 97, 1030, 1085, 1087.

Geschichte der Sprachwissenschaft: 66. BENFEY, T.: Geschichte der Sprachwissenschaft und orientalischen Philologie in Deutschland. München 1869. — 67. HELBIG, G.: Entwicklung der Sprachwissenschaft seit 1970. Leipzig ²1988. — 68. IVIČ, M.: Trends in Linguistics. Den Haag 1965. — 69. LEROY, M.: Les grands courants de la linguistique moderne. Brüssel—Paris 1963. — 70. ROBINS, R. H.: A Short History of Linguistics. London 1967. — 71. SEBEOK, T. (Hrsg.): Portraits of Linguists. A Biographical Source Book for the History of Western Linguistics, 1746—1963. I—II. Bloomington—London 1966. — 72. THOMSEN, V.: Sprogvidenskabens historie. Kopenhagen 1902. ⟨Dt.:⟩ Geschichte der Sprachwissenschaft bis zum Ausgang des 19. Jhs. Halle/S. 1927. — 73. Trends in European and American Linguistics 1930—1960. Utrecht—Antwerpen 1961. — 74. WATERMAN, J. T.: Die Linguistik und ihre Perspektiven. München 1966. — Vgl. 3, 9, 11, 23, 30, 120, 124, 166, 175, 370, 693, 1091, 1115, 1120—1121.

Handbücher zur Terminologie: 75. ABRAHAM, W.: Terminologie der neueren Linguistik 1—2. Tübingen ²1988. — 76. ACHMANOVA, O. S.: Словарь лингвистических терминов. Moskau 1966. — 77. CONRAD, R. (Hrsg.): Lexikon sprachwissenschaftlicher Termini. Leipzig 1985. — 78. HAMP, E. P.: A Glossary of American Technical Linguistic Usage 1925—1950. Utrecht—Antwerpen 1957. ⟨Russ.:⟩ Словарь американской лингвистической терминологии. Moskau 1964. — 79. HEUPEL, C.: Taschenwörterbuch der Linguistik. München 1973. — 80. KNOBLOCH, J.: Sprachwissenschaftliches Wörterbuch. Heidelberg 1961 ff. — 81. LEWANDOWSKI, TH.: Linguistisches Wörterbuch 1—3. Stuttgart⁴1985. — 82. MAROUZEAU, J.: Lexique de la terminologie linguistique. Paris ³1951. ⟨Russ.:⟩ Словарь лингвистических терминов. Moskau 1960. — 83. PEI, M.: Glossary of Linguistic Terminology. New York 1966. — 84. STEIBLE, D. J.: Concise Handbook of Linguistics. A Glossary of Terms. New York 1967. — 85. VACHEK, J.: Dictionnaire de linguistique de l'école de Prague. Utrecht—Antwerpen 1960. ⟨Russ.:⟩ Лингвистический словарь пражской школы. Moskau 1964. — Vgl. 14, 1109.

Indogermanen und Indogermanisch. — *Völker und Sprachen:* 86. BENVENISTE, É.: Noms d'agent et noms d'action en indo-européen. Paris 1948. — 87. BIRNBAUM, H.— PUHVEL, J. (Hrsg.): Ancient Indo-European Dialects. Los Angeles 1966. — 88. BOPP, F.: Über das Conjugationssystem der Sanskritsprache in Vergleichung mit jenem der griechischen, lateinischen, persischen und germanischen Sprache. Frankfurt/M. 1816. — 89. ∼: Vergleichende Grammatik des Sanskrit, Zend, Griechischen, Lateinischen, Litauischen, Gotischen und Deutschen. Berlin 1833. — 90. BRADKE, P. v.: Beiträge zur Kenntnis der vorhistorischen Entwicklung unseres Sprachstammes. Gießen 1888. — 91. BRUGMANN, K.: Kurze vergleichende Grammatik der indogermanischen Sprachen. Berlin 1903. Neudruck: Berlin 1969. — 92. ∼ — DELBRÜCK, B.: Grundriß der vergleichenden Grammatik der indogermanischen Sprachen I—V. Berlin 1906—1930. Neudruck: 1967. — 93. DELBRÜCK, B.: Einleitung in das Studium der indogermanischen Sprachen. Leipzig ⁴1904. — 94. DESNICKAJA, A. V.: Вопросы изучения родства индоевропейских языков. Moskau—Leningrad 1955. — 95. DEVOTO, G.: Origini indeuropee. Florenz 1962. — 96. GEORGIEV, V. I.: Introduzione alla storia delle lingue indeuropee. Rom 1966. — 97. HARTMANN, P.: Zur Typologie des Indogermanischen. Heidelberg 1957. — 98. HENCKEN, H.: Indo-European Languages and Archaeology. In: Amer. Anthrop. Association 87 [1955], N° 6. — 99. HIRT, H.: Die Indogermanen, ihre Verbreitung, ihre Urheimat und ihre Kultur. Straßburg 1905—1907. — 100. ∼: Indogermanische Grammatik. Heidelberg 1927. — 101. ∼ — ARNTZ, H.: Die Hauptprobleme der indogermanischen Sprachwissenschaft. Halle/S. 1939. — 102. HÖFLER, O.: Stammbaumtheorie, Wellentheorie, Entfaltungstheorie. In: PBB/T. 77 [1955], 30 ff., 78 [1956], 1 ff. — 103. HUDSON-WILLIAMS, I.: A Short Introduction to the Study of Comparative Grammar (Indo-European). Cardiff 1935. — 104. JONSSON, H.: The Laryngeal Theory. A Critical Survey. Lund 1978. — 105. KILIAN, L.: Zum Ursprung der Indogermanen. Bonn 1983. — 106. KRAHE, H.: Sprache und Vorzeit. Heidelberg 1954. — 107. ∼: Indogermanisch und Alteuropäisch. In: Saeculum 8 [1957], 1 ff. — 108. ∼: Indogermanische Sprachwissenschaft I—II. Berlin ⁴/⁵1963— 1966. (Und darauf beruhend die von W. MEID besorgte Ausgabe von H. Krahes Universitätsvorlesungen: Einleitung in das vergleichende Sprachstudium. Innsbruck 1970.) — 109. KURYŁOWICZ, J.: L'apophonie en indeuropéen. Breslau 1956. — 110. ∼: L'accentuation des langues indoeuropéennes. Breslau—Krakau 1958. — 111. LEHMANN, W. P.: Proto-Indoeuropean Phonology. Austin 1952. — 112. LOCKWOOD, W. B.: Indo-European Philology. Historical and Comparative. London 1969. — 113. MAYRHOFER, M. u. a. (Hrsg.): Antiquitates indogermanicae: Studien zur indogermanischen Altertumskunde und zur Sprach- und Kulturgeschichte der indogermanischen Völker. Innsbruck 1974. — 114. MEILLET, A.: Les dialects indo-européens. Paris ³1950. — 115. ∼: Introduction á l'étude comparative des langues indo-européennes. Paris ³1953. ⟨Dt.:⟩ Einführung in die vergleichende Grammatik der indogermanischen Sprachen. Leipzig 1909. — 116. MEYER, F.: Die Indgermanenfrage. Marburg 1948. — 117. PISANI, V.: Introduzione alla linguistica indoeuropea. Turin 1948. — 118. ∼: Le lingue indoeuropee. Mailand [Brescia] 1944. — 119. POLOMÉ, E.: The Laryngeal Theory So Far. In: 135, 9 ff. — 120. PORZIG, W.: Die Gliederung des indogermanischen Sprachgebiets. Heidelberg 1954. — 121. PULGRAM, E.: Familiy-Tree, Wave-Theory and Dialectology. In: Orbis 2 [1953], 67 ff. — 122. RAMAT, P. (Hrsg.): Linguistic Reconstruction and Indo-European Syntax. Amsterdam 1980. — 123. REDARD, G. (Hrsg.): Indogermanische und allgemeine Sprachwissenschaft. Wiesbaden 1973. — 124.

SCHLEGEL, F.: Über die Sprache und Weisheit der Indier. Heidelberg 1808. — 125.
SCHLEICHER, A.: Compendium der vergleichenden Grammatik der indogermanischen
Sprachen. Weimar 1861—1862, ²1866. — 126. SCHMIDT, J.: Die Verwandschaftsverhältnisse der indogermanischen Sprachen. Weimar 1872. — 127. SCHMITT-BRANDT,
R.: Einführung in die Indogermanistik. Stuttgart 1988. — 128. SCHRADER, O.: Sprachvergleichung und Urgeschichte. Jena ³1907. — 129. ~ — KRAHE, H.: Die Indogermanen. Leipzig 1935. — 130. SCHRIJNEN, J.: Einführung in das Studium der indogermanischen Sprachwissenschaft. Heidelberg 1921. — 131. SCHUCHARDT, C.: Alteuropa. Berlin 1941. — 132. SPECHT, F.: Der Ursprung der indogermanischen Deklination. Göttingen 1944 [²1948]. — 133. SZEMERÉNYI, O.: Principles of Etymological
Research in the Indo-European Languages. Innsbruck 1962. — 134. THIEME, P.:
Die Heimat der indogermanischen Gemeinsprache. Mainz 1953. — 135. WINTER, W.
(Hrsg.): Evidence for Laryngeals. Austin 1965. — Vgl. 11, 14, 21, 37, 52, 142—143,
145, 166, 175, 514, 693, 1091, 1119—1120.

Wörterbücher: 136. BENVENISTE, É.: Le vocabulaire des institutions indo-européennes. Paris 1969. ⟨Engl.: 1973.⟩ — 137. BUCK, C. D.: A Dictionary of Selected Synonyms in the Principal Indo-European Languages. Chicago 1949. — 138. CARNOY, A.:
Dictionnaire étymologique du proto-indo-européen. Löwen 1955. — 139. POKORNY,
J.: Indogermanisches etymologisches Wörterbuch. Bern 1948 ff. — 140. WALDE, A.—
POKORNY, J.: Vergleichendes Wörterbuch der indogermanischen Sprachen I—III.
Berlin—Leipzig 1927—1932. Neudruck: 1973. — Vgl. 133, 152, 203—204, 381, 398—
403, 716.

II. DIE GERMANISCHE GRUNDSPRACHE
UND DIE STAMMESDIALEKTE

Entstehung des Germanischen: 141. ANTONSEN, E. H.: On Defining Stages in Prehistoric Germanic. In: Language 41 [1965], 19 ff. — 142. FEIST, S.: Indogermanen und
Germanen. Halle/S. ³1924. — 143. Germanen und Indogermanen. Volkstum, Sprache,
Heimat, Kultur. Festschrift für H. Hirt I—II. Heidelberg 1936. — 144. GÜNTERT, H.:
Der Ursprung der Germanen. Heidelberg 1934. — 145. KARSTEN, T. E.: Die Germanen.
Berlin—Leipzig 1928. — 146. KRAHE, H.: Sprache und Vorzeit. Heidelberg 1954. —
147. ~: Sprachliche Aufgliederung und Sprachbewegungen in Alteuropa. Wiesbaden
1959. — 148. LEHMANN, W. P.: A Definition of Proto-Germanic. In: Language 37
[1961], 67 ff. — 149. ~: Grouping of the Germanic Languages. In: 87, 13 ff. — 150.
PISANI, V.: Zur Chronologie der germanischen Lautverschiebung. In: Die Sprache I
[1949], 139 ff. (Ergänzungen in: Mossé-Festschrift. Paris 1959, 379 ff.) — 151. RÖSEL,
L.: Die Gliederung der germanischen Sprachen nach dem Zeugnis ihrer Flexionsformen.
Nürnberg 1962. — 152. SCARDIGLI, P. G.: Elementi non indeuropei nel germanico.
Florenz 1960. — Vgl. 14, 52, 87, 96, 98, 165—166, 218, 376, 514, 693, 732, 743, 1091,
1113—1115, 1119.

Sprachverbindungen: 153. BONFANTE, G.: Latini e Germani in Italia. Brescia 1965.
— 154. BRØNDAL, V.: Substrater og Laan i Romansk og Germansk. Kopenhagen 1917.
— 155. FRINGS, TH.: Germania Romana I—II. Halle/S. ²1966—1968. — 156. FROMM,
H.: Die ältesten germanischen Lehnwörter im Finnischen. In: ZfdA. 88 [1957—1958],
81 ff., 211 ff., 299 ff. — 157. GAMILLSCHEG, E.: Romania Germanica I—III. Berlin—
Leipzig 1934—1936. Neudruck [Teildruck]: Berlin 1970. — 158. KYLSTRA, A. D.:
Geschichte der germanisch-finnischen Lehnwortforschung. Assen 1961. — 159.
LESKIEN, A.: Declination im Slavisch-Litauischen und Germanischen. Leipzig 1876.
— 160. ROHLFS, G.: Germanisches Spracherbe in der Romania. München 1947. — 161.
SENN, A.: Germanische Lehnwortstudien. Heidelberg 1925. — 162. THOMSEN, V.:
Über den Einfluß der germanischen Sprachen auf die finnisch-lappische. Halle/S.
1870. ⟨Engl.:⟩ On the Influence of Germanic Languages on Finnic and Lapp. Den Haag
1967. — 163. VRIES, J. DE: Kelten und Germanen. Bern—München 1960. — Vgl.
32—37, 88—89, 120, 126, 142, 145, 159, 163, 166, 643, 693, 905, 1091, 1112, 1115.

Urgermanisch, Gemeingermanisch. — *Zusammenfassende Darstellungen:* 164. BOER,
R. C.: Oergermaansch handboek. Haarlem ²1924. — 165. DIETNER, F. (Hrsg.): Lautund Formenlehre der altgermanischen Dialekte. Leipzig 1900. — 166. GUCHMANN,

M. M.—SCHIRMUNSKI, V.—MAKAJEV, E. A.—JARCEVA, V. N. (Hrsg.): Сравнительная грамматика германских языков I—V. Moskau 1962 ff. (Bisher sind 4 Bände erschienen.) — 167. HIRT, H.: Handbuch des Urgermanischen I—III. Heidelberg 1931—1934. — 168. HOPPER, P. J.: The Syntax of the Simple Sentence in Proto-Germanic. Den Haag—Paris 1975. — 169. HUTTERER, M. [= C. J.]: A germán nyelvek. Budapest 1986. — 170. KLUGE, F.: Urgermanisch. Vorgeschichte der altgermanischen Dialekte. Straßburg ³1913. — 171. KRAHE, H. (— MEID, W.): Germanische Sprachwissenschaft I—III. Berlin ¹/⁶1966—1967. — 172. MEILLET, A.: Caractères généraux des langues germaniques. Paris ⁷1949. ⟨Russ.:⟩ Основные особенности германской гуппы языков. Moskau 1952. — 173. NIELSEN, H. F.: De germanske sprog. Odense 1979. — 174. PENZL, H.: Methoden der germanischen Linguistik. Tübingen 1972. — 175. PROKOSCH, E.: A Comparative Germanic Grammar. Philadelphia 1939. ⟨Russ.:⟩ Сравнитильная грамматика германских языков. Moskau 1954. — 176. RAMAT, P.: Einführung in das Germanische. Tübingen 1981. — 177. SCAFFIDI ABBATE, A.: Introduzione allo studio comparativo delle lingue germaniche antiche. Bologna 1979. 178- SCHIRMUNSKI, V.: Über die altgermanischen Stammesdialekte. In: ALH. 15 [1965], 1 ff. — 179 STREITBERG, W.: Urgermanische Grammatik. Heidelberg ³1963. — 180. TAGLIAVINI, C.: Cenni di grammatica comparata delle lingue germaniche. Bologna ²1961. — Vgl. 14, 37, 52, 108, 114—115, 145, 693, 743, 1091, 1115—1116, 1119.

Lautstand: 181. ALEXANDER, G. I.: Fortis and Lenis in Germanic. Bern—Frankfurt/M.—New York 1983. — 182. FOURQUET, J.: Les mutations consonantiques du germanique. Paris 1948. — 183. JUNG, E.: Chronologie relative des faits phonétiques en germanique commun. In: EG. 11 [1958], 304 ff. — 184. KATZNELSON, S. D.: Сравнительная акцентология германских языков. Moskau—Leningrad 1966. — 185. KURYŁOWICZ, J.: The Germanic Vowel System. In: Biuletyn Polskiego Towarzystwa Językoznawczego 11 [1952], 50 ff. — 186. MOULTON, W. G.: The Stops and Spirants of Early Germanic. In: Language 30 [1954], 1 ff. — 187. NOREEN, A.: Abriß der urgermanischen Lautlehre. Straßburg 1894. — 188. PLOTKIN, J.: Эволюция фонологичесих систем. На материале германских языков. Moskau 1982. — 189. SCHRODT, R.: Die germanische Lautverschiebung und ihre Stellung im Kreise der indogermanischen Sprachen. Wien 1973. — 190. TRNKA, B.: Fonologický vývoj germánského vokalismu. In: ČMF. 22 [1936], 155 ff. — 191. TWADDELL, W. F.: The Prehistoric Germanic Short Syllabics. In: Language 24 [1948], 139 ff. — Vgl. 14, 109, 119, 135, 150, 166, 171—172, 544, 1114—1115, 1119.

Grammatik: 192. BECH, G.: Die Entstehung des schwachen Präteritums. Kopenhagen 1963. — 193. ∼: Das germanische reduplizierende Präteritum. Kopenhagen 1969. — 194. BIRKMANN, T.: Präteritopräsentia. Morphologische Entwicklungen einer Sonderklasse in den altgermanischen Sprachen. Tübingen 1987. — 195. BRAUNMÜLLER, K.: Syntaxtypologische Studien zum Germanischen. Tübingen 1982. — 196. COETSEM, F. v.: Das System der starken Verba und die Periodisierung im älteren Germanischen. Amsterdam 1956. — 197. FOURQUET, J.: L'ordre des éléments de la phrase en germanique ancien. Paris 1938. — 198. FULLERTON, G. L.: Historical Germanic Verb Morphology. Berlin—New York 1977. — 199. HODLER, W.: Grundzüge einer germanischen Artikellehre. Heidelberg 1954. — 200. MAKAJEV, E. A.: The Morphological Structure of Common Germanic. In: Linguistics 10 [1964]. — 201. MEID, W.: Das germanische Präteritum. Innsbruck 1971. — 202. MOTSCH, W.: Zum Ablaut der Verben in der Frühperiode germanischer Sprachen. In: Studia Grammatica 6 [1967], 119 ff. — Vgl. 14, 88—89, 109, 151, 159, 166, 171, 1114—1115, 1119.

Wörterbücher: 203. FALK, H.—TORP, A.: Wortschatz der germanischen Spracheinheit. Göttingen ⁴1909. — 204. SEEBOLD, E.: Vergleichendes und etymologisches Wörterbuch der germanischen starken Verben. Den Haag 1970. — Vgl. 136—140, 152, 166, 398—403, 440—442, 456, 474, 477, 483, 495, 593—599, 601—605, 628—630, 638—639, 660—661, 663, 716, 819, 821—822, 824, 830—832, 834.

III. DIE KULTUR DER GERMANEN

Germanische Altertumskunde. — *Quellen:* 205. BEDAE Chronica minora ad a. 703, de temporum ratione LXVI. In: Chronica Minora saec. IV—V—VI—VII. edidit TH. MOMMSEN, Vol. III. Monumenta Germaniae Historica, Auctores antiquissimi 13. Berlin 1898, 223 ff. — 206. C. IULII CAESARIS Commentarii de bello Gallico, erklärt von F. KRAMER und W. DITTENBERGER. 1—2: 20. Aufl. v. H. MEUSEL (Zürich—Berlin 1964—1965); 3: 19. Aufl. v. H. MEUSEL (Berlin 1962). — 207. DAHN, F.: Des Paulus Diaconus Leben und Schriften. Leipzig 1876. — 208. GREGORII Episcopi TURONENSIS libri Historiarum X, editionem alteram curaverunt B. KRUSCH et W. LEVISON. Monumenta Germaniae Historica, Scriptores rerum Merovingicarum I, 1. Hannover 1951. — 209. Historia Langobardorum Codicis Gothani edidit G. WAITZ, in: Monumenta Germaniae Historica, Scriptores rerum Langobardicarum et Italicarum saec. VI.—IX. Hannover 1878, 7 ff. — 210. JORDANIS de origine actibusque Getarum edidit A. HOLDER. Germanischer Bücherschatz 5. Freiburg—Tübingen 1882. — 211. JORDANIS Romana et Getica recensuit TH. MOMMSEN. Monumenta Germaniae Historica, Auctores antiquissimi V, 1. Berlin 1882. — 212. C. PLINII SECUNDI Naturalis Historia libri XXXVII edidit C. MAYHOFF. Stuttgart [1906], 1967. — 213. PROCOPII CAESARIENSIS Opera omnia recognavit J. HAURY, Vol. II. De bellis libri V—VIII. Leipzig 1963. — 214. CLAUDII PTOLEMAEI Geographia edidit C. F. A. NOBBE cum introductione a A. DILLER. Hildesheim 1866. — 215. PYTHEAS von Marseille: Über das Weltmeer. In: D. STICHTENOTH: Die Geschichtsschreiber der deutschen Vorzeit 3. Köln—Graz 1959. — 216. SAXONIS Gesta Danorum primum a C. KNABE et P. HERRMANN recensita recognoverunt et ediderunt J. OLRIK et H. RAEDER. Kopenhagen 1931. — 217. Geographica [STRABONIS] recensuit W. ALY 1: libri I—II (Prolegomena Strabonis) Antiquitas, Reihe 1: Abhandlungen zur Alten Geschichte 9. Bonn 1968. — 218. P. CORNELII TACITI libri qui supersunt [iterum] edidit E. KOESTERMANN. Leipzig, 1: Annales [1965]: II, 2: Germania, Agricola, Dialogus de Oratoribus. [1962]. — Vgl. 1101.

Zusammenfassende Darstellungen: 219. BREMER, O.: Ethnographie der germanischen Stämme. In: 1110, Straßburg 1900, ²1904. — 220. CAPELLE, W. (Hrsg.): Das alte Germanien. Die Nachrichten der griechischen und römischen Schriftsteller. Jena 1929. — 221. CLOSS, A.: Ethnologische Bestimmung des Altgermanentums. In: Theorie und Praxis der Zusammenarbeit zwischen den anthropologischen Disziplinen — Symposion (New York) 1959 [1961], 165 ff. — 222. COURCELLE, P.: Histoire littéraire des grandes invasions germaniques. Paris 1948 [1943]. — 223. FILIP, J. (Hrsg.): Enzyklopädisches Handbuch zur Ur- und Frühgeschichte Europas I—II. Prag [—Stuttgart] 1966— 1969. — 224. GUTENBRUNNER, S.: Germanische Frühzeit in den Berichten der Antike. Halle/S. 1939. — 225. HOOPS, J. (Hrsg.): Reallexikon der germanischen Altertumskunde I—IV. Straßburg 1911—1919. 2., neubearb. Aufl. hrsg. v. H. BECK u. a. 1 ff., Berlin 1973 ff. — 226. KAUFFMANN, F.: Deutsche Altertumskunde I—II. München 1913—1923. — 227. KRÜGER, B. u. a. (Hrsg.): Die Germanen. Geschichte und Kultur der germanischen Stämme in Mitteleuropa 1—2. Berlin 1979—1983. — 228. LOT, F.: Les invasions germaniques. Paris 1945. — 229. MILDENBERGER, G.: Sozial- und Kulturgeschichte der Germanen. Stuttgart—Berlin—Köln—Mainz 1972, ²1977. — 230. MUCH, R.: Deutsche Stammeskunda. Leipzig 1900, ³1920. — 231. ~ : Die Germania des Tacitus. Heidelberg 1937, ⟨—JAHNKUHN, H.—LANGE, W.:⟩ ³1967. — 232. MÜLLENHOFF, K.: Deutsche Altertumskunde I—V. Berlin 1870—1891. — 233. NORDEN, E.: Die germanische Urgeschichte in Tacitus' Germania. Leipzig ³1923. — 234. REINERTH, H. (Hrsg.): Vorgeschichte der deutschen Stämme I—III. Leipzig— Berlin 1940. — 235. SCHNEIDER, H. (Hrsg.): Germanische Altertumskunde. München 1938, ²1951. — 236. SCHWARZ, E.: Germanische Stammeskunde. Heidelberg 1956. — 237. SPROCKHOFF, E.: Zur Entstehung der Germanen. In: Hirt-Festschrift. Heidelberg 1936, 255 ff. — 238. STENTON, F. M.: Anglo-Saxon England. Oxford ³1971. — 239. STROHEKER, K. F.: Germanentum und Spätantike. Zürich—Stuttgart 1965. — 240. WILSON, D. M. (Hrsg.): The Archaeology of Anglo-Saxon England. London 1976. — 241. ~ (Hrsg.): Kulturen im Norden. Die Welt der Germanen, Kelten und Slawen 400—1100 n. Chr. München 1980 (auch engl.). — Vgl. 98, 128, 145, 355—356, 358—359, 363—364, 516, 521, 523, 551, 1091, 1113, 1115, 1120.

Germanische Kunst: 242. HOLMQUIST, W.: Germanic Art During the First Millennium, A. D. Stockholm 1955. — 243. KLINDT-JENSEN, O.—EHRÉN, S.: Welt der Wikinger. Frankfurt/M. [1969]. — 244. KÜHN, H.: Germanische Kunst der Völkerwanderung. München—Hannover 1956. — 245. LÁSZLÓ, G.: Steppenvölker und Germanen. Kunst der Völkerwanderungszeit. Herrsching/Ammersee 1970. — 246. RICE, D. T.: English Art 871—1100. Oxford 1952. — 247. TAYLOR, H. M.—TAYLOR, J.: Anglo-Saxon Architecture 1—2. Cambridge 1979. — Vgl. 218, 1120.

Germanisches Recht: 248. AMIRA, K. v.—ECKHARDT, K. A.: Germanisches Recht I—II. Berlin ⁴1961—1967. — 249. BADER, K. S.: Deutsches Recht. In: 1117, ²III, 1407 ff. — 250. ERLER, A.—KAUFMANN, E.: Handwörterbuch zur deutschen Rechtsgeschichte 1 ff. Berlin 1966 ff. — 251. FLIESS, W.: Die Begriffe Germanisches Recht und Deutsches Recht bei den Rechtshistorikern des 19. und 20. Jahrhunderts. Freiburg/Br. 1968. — 252. LIEBERMANN, F. (Hrsg.): Die Gesetze der Angelsachsen 1—3. Halle 1903—1916. — 253. SCHRÖDER, R.—KÜNSSBERG, E. v.: Deutsches Rechtswörterbuch. Weimar 1914 ff. — Vgl. 218, 357, 360, 614, 1043, 1091, 1120.

Die Religion der Germanen: 254. Handwörterbuch des deutschen Aberglaubens I—X. Berlin 1927—1942. — 255. COENEN, D.—HOLZAPFEL, O.: Germanische und keltische Mythologie. Freiburg—Basel—Wien 1982. — 256. HELM, K.: Altgermanische Religionsgeschichte I—III. Heidelberg 1913—1953. — 257. MEYER, R. M.: Altgermanische Religionsgeschichte. Leipzig 1910. — 258. MOGK, E.: Germanische Religionsgeschichte und Mythologie. Berlin—Leipzig ³1927. — 259. NEUMANN, E.—VOIGT, H.: Germanische Mythologie. In: Wörterbuch der Mythologie, hrsg. v. H. W. HAUSSIG II: Götter und Mythen im alten Europa. Stuttgart, o. J. — 260. SCHMIDT, K. D.: Die Bekehrung der Germanen zum Christentum I—II. Göttingen 1936 ff. — 261. ∼: Germanischer Glaube und Christentum. Göttingen 1948. — 262. SIMEK, R.: Lexikon der germanischen Mythologie. Stuttgart 1984. — 263. VRIES, J. DE: Altgermanische Religionsgeschichte I—II. Berlin ²1956—1957. — Vgl. 155, 218, 1091, 1115, 1120.

Die germanische Runenschrift. — *Allgemeine Schriftkunde:* 264. COHEN, M.: Le grande invention de l'écriture et son évolution. Paris 1958. — 265. DIRINGER, D.: The Alphabet I—II. London ³1968. — 266. DOBLHOFER, E.: Zeichen und Wunder. München ²1964. — 267. FÉVRIER, J. G.: Histoire de l'écriture. Paris 1948. — 268. GELB, I. J.: A Study of Writing. Chicago 1952. ⟨Dt.:⟩ Von der Keilschrift zum Alphabet. Stuttgart 1958. — 269. HILL, A. A.: The Typology of Writing Systems. L. Dosert-Festschrift. Den Haag 1967. — 270. JENSEN, H.: Die Schrift in Vergangenheit und Gegenwart. Berlin ²1958. — 271. KULUNDŽIC, Z.: Historija pisama. Agram 1957. — Vgl. 14, 17, 21, 29, 31, 1030.

Allgemeine Runenkunde: 272. ARNTZ, H.: Bibliographie der Runenkunde. Leipzig 1937. — 273. ∼: Handbuch der Runenkunde. Halle/S. ²1944. — 274. DÜWEL, K.: Runenkunde. Stuttgart 1968. — 275. ELLIOTT, R. W. V.: Runes. An Introduction. Manchester 1959. — 276. HUNGER, U.: Die Runenkunde im Dritten Reich. Frankfurt—Bern—New York 1984. — 277. KLINGENBERG, H.: Runenschrift—Schriftdenken—Runeninschriften. Heidelberg 1973. — 278. KRAUSE, W. ⟨—JAHNKUHN, H.⟩: Die Runeninschriften im älteren Fuþark I—II. Göttingen ²1966. — 279. ∼: Runen. Berlin 1970. — 280. MUSSET, L.: Introduction à la runologie. Paris 1965. — Vgl. 145, 218, 427, 1091, 1115, 1120.

Nordische Runen: 281. BÆKSTED, A.: Islands Runeindskrifter. Kopenhagen 1942. — 282. BUGGE, S.—OLSEN, M.: Norges Indskrifter med de ældre Runer I—IV. Oslo 1891—1924. — 283. GRØNVIK, O.: Fra Ågedal til Setre. Sentrale runeinnskrifter fra det 6. århundre. Oslo 1987. — 284. JACOBSEN, L.—MOLTKE, E.: Danmarks Runeindskrifter. Kopenhagen 1941—1942. — 285. JANSSON, S. B. F.: The Runes of Sweden. Stockholm 1962. ⟨Schwedisch:⟩ Runinsksrifter i Sverige. Stockholm 1963. — 286. JOHNSEN, I. S.: Stuttruner i vikingtidens innskrifter. Oslo 1968. — 287. MOLTKE, E.: Runerne i Danmark og deres oprindelse. Kopenhagen 1976. — 288. OLSEN, M.: Norges innskrifter med de yngre runer I—V. Oslo 1941—1960. — Vgl. 272—280, 289—294, 417, 421, 427.

Runen auf dem Festland und in England: 289. ARNTZ, H.—ZEISS, H.: Die einheimischen Runendenkmäler des Festlandes. Leipzig 1939. — 290. MARQUARDT, H.: Die Runeninschriften der Britischen Inseln. Göttingen 1961. — 291. OLSEN, M.: Runic

Inscriptions in Great Britain, Ireland and the Isle of Man. Bergen 1954. — 292. OPITZ, S.: Südgermanische Runeninschriften im älteren Fuþark aus der Merowingerzeit. Kirchzarten 1977. — 293. PAGE, R. I.: An Introduction to English Runes. London 1973. — 294. PAUES, A. C.: Runes and Manuscripts. In: The Cambridge History of English Literature I. Cambridge 1907. — Vgl. 272—280, 427, 1051, 1115.

Lateinische Schrift im Mittelalter: 295. HAJDÚ, H.: Lesen und Schreiben im Spätmittelalter. Fünfkirchen 1931. — 296. ~: Das mnemotechnische Schrifttum des Mittelalters. Fünfkirchen [—Leipzig] 1936. Neudruck: Amsterdam 1967. — 297. KIRCHNER, J.: Germanistische Handschriftenpraxis. München ²1967. — 298. TEMPLE, E.: Anglo-Saxon Manuscripts 900—1066. London 1976. — Vgl. 294.

Die Schrift der Goten: Vgl. 280, 1051, 1114—1115.

Germanische Dichtkunst. — *Historische Zusammenfassungen:* 299. ATKINS, H. G.: A History of German Versification: Ten Centuries of Metrical Evolution. London 1923. — 300. BESSINGER, J. B. (Hrsg.): A Concordance to the Anglo-Saxon Poetic Records. Ithaca—London 1978. — 301. BREUER, D.: Deutsche Metrik und Versgeschichte. Stuttgart 1981. — 302. HEUSLER, A.: Deutsche Versgeschichte mit Einschluß des altenglischen und altnordischen Strabreimverses I—III. Berlin ²1956. — 303. ~: Die altgermanische Dichtung. [Berlin—] Darmstadt ²1957. — 304. KAYSER, W.: Geschichte des deutschen Verses. Stuttgart ³1981. — 305. LEHMANN, W. P.: The Development of Germanic Verse Form. Austin 1956. — 306. PAUL, O.: Deutsche Metrik. München ³1950. — 307. SARAN, F.: Deutsche Verslehre. München 1907. — 308. SIEVERS, E.: Altgermanische Metrik. [Straßburg 1881] Halle/S. 1893. — Vgl. 218, 1051, 1115, 1120.

Sprachkunst: 309. FINNUR JÓNSSON: Det norsk-islandske skjaldesprog omtr. 800—1300. Kopenhagen 1901. — 310. JAKOBSON, R.: On the So-Called Vowel Alliteration in Germanic Verse. In: ZPSK. 16 [1963], 85 ff. — 311. KURYŁOWICZ, J.: Die sprachlichen Grundlagen der altgermanischen Metrik. Innsbruck 1970. — 312. PEARSALL, D.: Old English and Middle English Poetry. London 1977. — 313. SEE, K. v.: Germanische Verskunst. Stuttgart 1967. — 314. VALESIO, P.: Strutture dell' alliterazione. Bologna 1967. — Vgl. 438, 441, 595, 1120.

Thematik: 315. SCHIRMUNSKI, V.: Vergleichende Epenforschung I. Berlin 1961. — 316. ~: Народный героический эпос. Moskau—Leningrad 1962. — 317. SCHNEIDER, H.: Germanische Heldensage I—II. Berlin 1/²1933—1962. — 318. SEE, K. v.: Germanische Heldensage. Frankfurt/M. 1971. — 319. SHIPPEY, T. A.: Old English Verse. London—New York 1972. — 320. UECKER, H.: Germanische Heldensage. Stuttgart 1972. — 321. VRIES, J. DE: Altnordische Literaturgeschichte I—II. Berlin ²1964—1967. — Vgl. 302—303, 421, 554, 1120.

Namenkunde. — *Altgermanische Namengebung:* 322. SCHÖNFELD, M.: Wörterbuch der altgermanischen Personen- und Völkernamen. Heidelberg 1911. — 323. WOLF, H. B.: The Old Germanic Principles of Name-Giving. Baltimore 1939. — Vgl. 145, 157, 263, 328—329, 339—354, 1113, 1120.

Deutsche Namenkunde: 324. BACH, A.: Deutsche Namenkunde I—II (In 4 Teilen). Heidelberg ²1952—1953. — 325. BAHLOW, H.: Deutsches Namenlexikon. Familien- und Vornamen nach Ursprung und Sinn erklärt. München 1967, ²1980. — 326. BAUER, G.: Namenkunde des Deutschen. Bern—Frankfurt—New York 1985. — 327. FLEISCHER, W.: Die deutschen Personennamen. Berlin 1965. — 328. FÖRSTEMANN, E.: Altdeutsches Namenbuch I—II. Nordhausen 1856—1859. 〈—JELLINGHAUS, H.:〉 Bonn ²1900—1916. Neudruck: München—Hildesheim 1966. — 329. ~: Altdeutsche Personennamen. Ergänzungsband v. H. KAUFMANN. Hildesheim 1968. — 330. GOTTSCHALD, M.: Deutsche Namenkunde. Unsere Familiennamen. Berlin—New York ⁵1982. — 331. KAUFMANN, H.: Bildungsweise und Betonung der deutschen Ortsnamen. München ²1977. — 332. SCHRÖDER, E.: Deutsche Namenkunde. Göttingen 1938, ²1944, ³1955. — 333. SCHWARZ, E.: Deutsche Namenforschung I—II. Göttingen 1949—1950. — 334. SEIBICKE, W.: Vornamen. Wiesbaden 1977. — 335. ~: Die Personennamen im Deutschen. Berlin—New York 1982. — 336. SIEBS, B. E.: Die Personennamen der

Germanen. Wiesbaden 1970. — 337. Socin, A.: Mittelhochdeutsches Namenbuch. Basel 1903 [1966]. — Vgl. 157, 263, 1043, 1091, 1115, 1117, 1120.

Englische Namenkunde: 338. Ekwall, E.: English River-Names. Oxford 1928. — 339. ~: The Concise Dictionary of English Place-Names. Oxford 1947. — 340. Field J.: English Field Names: a Dictionary. Newton Abbot 1972. — 341. Forster, K.: Englische Familiennamen aus Ortsnamen. Nürnberg 1978. — 342. Förster, M.: Der Flußname Themse und seine Sippe. München 1941. — 343. Matthews, C. M.: Place-Names of the English-Speaking World. London—New York 1972. — 344. Nicolaisen, W. F. H.: Scottish Place-Names: their Study and Significance. London 1976. — 345. Piroth, W.: Ortsnamenstudien zur angelsächsischen Wanderung. Wiesbaden 1979. — 346. Reaney, P. H.: A Dictionary of British Surnames. London ³1980. — 347. Rivet, A. L. F.—Smith, C.: The Place-Names of Roman Britain. London 1979. — 348. Room, A.: A Concise Dictionary of Modern Place-Names in Great Britain and Ireland. Oxford 1983. — 349. Searle, W. G.: Onomasticon Anglo-Saxonicum. Cambridge 1897. — 350. Smith, A. H.: English Place-Name Elements I—II. Cambridge 1956. — 351. Stenton, F. M.: Introduction to the Study of English Place-Names. Cambridge 1924. — 352. Verstappen, P.: The Book of Surnames: Origins and Oddities of Popular Names. London 1980. — 353. Weekley, E.: Surnames. London ³1936. — 354. Withycombe, E. G.: The Oxford Dictionary of English Christian Names. Oxford 1945. — Vgl. 263, 1120.

IV. GERMANISCHE VÖLKER UND SPRACHEN

1. Die Ostgermanen

Das Gotische. — *Geschichte, Quellen:* 355. Aschbach, J.: Geschichte der Westgoten. Frankfurt/M. 1827. — 356. Courtois, C.: Les Vandales et l'Afrique. Paris 1955. — 357. Dahn, F.: Lex Visigothorum. Westgotische Studien. Würzburg 1874. — 358. Diesner, H. J.: Das Vandalenreich. Aufstieg und Untergang. Leipzig 1966. — 359. Hachmann, R.: Die Goten und Skandinavien. Berlin 1970. — 360. Helfferich, A.: Entstehung und Geschichte des Westgotenrechts. Berlin 1858. — 361. Manso, J. K. F.: Geschichte des ostgotischen Reichs in Italien. Breslau 1824. — 362. Oxenstierna, E. C.: Die Urheimat der Goten. Stockholm—Leipzig ²1948. — 363. Rosenfeld, H.: Ost- und Westgoten. In: Die Welt der Geschichte 17 [1957], 245 ff. — 364. Schmidt, L.: Geschichte der Wandalen. Leipzig 1901, München ²1942. — 365. ~: Die letzten Ostgoten. Berlin 1944. — 366. Wolfram, H.: Geschichte der Goten. München 1979. — 367. Streitberg, W.: Die gotische Bibel. [Heidelberg—] Darmstadt ³/⁴1960. — 368. Stutz, E.: Gotische Literaturdenkmäler. Stuttgart 1966. — 369. Vasiliev, A. A.: The Goths in the Crimea. Cambridge, Mass. 1936. — 370. Velde, R. S. van de: De studie van het Gotisch in de Nederlanden. Gent 1966. — 371. Wagner, N.: Getica. Berlin 1967. — Vgl. 37, 157, 210—213, 393, 1051, 1113—1115, 1119—1120.

Sprachbeziehungen: 372. Corazza, V.: La parole latine in gotico. Rom 1969. — 373. Piel, J. M.—Kremer, D.: Hispano-gotisches Namenbuch. Heidelberg 1976. — 374. Schwarz, E.: Goten, Nordgermanen, Angelsachsen. Bern—München 1951. — 375. Stearns jr., M. D.: Crimean Gothic. Saratoga 1978. — 376. Voyles, J. B.: Gothic, Germanic and Northwest Germanic. Wiesbaden 1981. — 377. Wrede, F.: Über die Sprache der Wandalen. Straßburg 1886. — 378. ~: Über die Sprache der Ostgoten in Italien. Straßburg 1891. — Vgl. 14, 32—37, 145, 153, 157, 160, 175, 178, 640, 693, 1091, 1113, 1115.

Sprache: 379. Bennet, W. H.: An Introduction to the Gothic Language. New York 1981. — 380. Braune, W.—Ebbinghaus, E. A.: Gotische Grammatik. Tübingen ¹⁹1981. — 381. Gabelentz, H. C. v. d.—Löbe, J.: Ulfilas. Veteris et novi testamenti versionis Gothicae fragmenta quae supersunt. Vol. I [Textausgabe], II, 1 [Wörterbuch]. Leipzig 1843; II, 2 [Grammatik]. Leipzig 1846. — 382. Guchmann, M. M.: Готский язык. Moskau 1958. — 383. Hempel, H.: Gotisches Elementarbuch. Berlin ⁴1966. — 384. Hutterer, C. J.: A gót nyelv. Grammatika, szövegek, szótár [Die gotische Sprache. Grammatik, Texte, Glossar]. Budapest 1974. Letzter Neudruck: Budapest 1988. — 385. Kieckers, E.: Handbuch der vergleichenden gotischen Grammatik.

München 1928. Neudruck 1960. — 386. KRAHE, H.: Historische Laut- und Formenlehre des Gotischen. Heidelberg 1948. ⟨—SEEBOLD, E.:⟩ ²1967. — 387. KRAUSE, W.: Handbuch des Gotischen. München ²1963, ³1968. — 388. LEYEN, F. V. D.: Einführung in das Gotische. München 1908. — 389. MARCHAND, J. W.: The Sounds and Phonemes of Wulfila's Gothic. Den Haag—Paris 1973. — 390. MASTRELLI, C. A.: Grammatica gotica. Mailand 1967. — 391. MOSSÉ, F.: Manuel de la langue gotique. Paris ²1956. — 392. MOULTON, W. G.: The Phonemes of Gothic. In: Language 24 [1948], 81 ff. — 393. SCARDIGLI, P. G.: Lingua e storia dei Goti. Florenz 1964. ⟨Dt.:⟩ Die Goten. Sprache und Kultur. München 1973. — 394. SCHUBERT, H.-J.: Die Erweiterung des bibelgotischen Wortschatzes mit Hilfe der Methoden der Wortbildungslehre. München 1968. — 395. STREITBERG, W.: Gotisches Elementarbuch. Heidelberg 1857, ⁵⁻⁶1920. — 396. WRIGHT, J.—SAYSE, O. L.: Grammar of the Gothic Language. Oxford ²1954. — 397. WURZEL, W. U.: Der gotische Vokalismus. In: ALH 25 [1975], 263 ff. — Vgl. 89, 157, 165—166, 171, 175, 199, 202, 705, 1115.

Wörterbücher: 398. DIEFENBACH, L.: Vergleichendes Wörterbuch der gotischen Sprache I—II. Wiesbaden [1851] 1967. — 399. FEIST, S.: Vergleichendes Wörterbuch der gotischen Sprache mit Einschluß des Krimgotischen und sonstiger zerstreuter Überreste des Gotischen. Leiden ³1939. — 400. HOLTHAUSEN, F.: Gotisches etymologisches Wörterbuch. Heidelberg 1934. — 401. LEHMANN, W. P.: A Gothic Etymological Dictionary. Based on the third edition of *Vergleichendes Wörterbuch der gotischen Sprache* by Sigmund Feist. Leiden 1986. — 402. SCHULZE, E.: Gotisches Glossar. Magdeburg o. J. [1847]. — 403. TOLLENAERE, F. DE—JONES, R.: Word-Indices and Word-Lists to the Gothic Bible and Minor Fragments. Leiden 1976. — Vgl. 367, 379—384, 387, 391, 394—396, 824.

Bibliographie: 404. MOSSÉ, F.: Bibliographia Gotica. In: Mediaeval Studies 12 [1950], 237 ff., 15 [1953], 169 ff., ⟨—MARCHAND, J. W.:⟩ 19 [1957], 174 ff. — Vgl. 359, 380, 382—387, 395, 1120.

2. Die Nordgermanen

Zusammenfassende Darstellungen: 405. BANDLE, O.: Die Gliederung des Nordgermanischen. Basel—Stuttgart 1973. — 406. HAUGEN, E.: Scandinavian Language Structure. Tübingen 1982. ∼: Die skandinavischen Sprachen. Eine Einführung in ihre Geschichte. Hamburg 1984. (Engl.: London 1976). — 408. JAKOBSEN, J.: Det norrøne sprog på Shetland. Kopenhagen 1897. — 409. KOLB, E.: Alemannisch-nordgermanisches Wortgut. Frauenfeld 1957. — 410. KÜSPERT, K.-CHR.: Vokalsysteme im Westnordischen. Isländisch, Färöisch, Westnorwegisch. Prinzipien der Differenzierung. Tübingen 1988. — 411. MAURER, F.: Nordgermanen und Alemannen. Bern—München ³1952. — 412. NOREEN, A.: Scandinavian Languages. In: Encyclopaedia Britannica XXVIII. London 1886. — 413. ∼: Geschichte der nordischen Sprachen, besonders in altnordischer Zeit. Straßburg ³1913. — 414. RASK, R.: Undersøgelse om det gamle nordiske eller islandske sprogs oprindelse. Kopenhagen 1818. — 415. STEBLIN-KAMENSKIJ, M. I.: История скандинавских языков. Moskau—Leningrad 1953. — 416. WESSÉN, E.: De nordiska språken. Stockholm ⁵1957. ⟨Dt.:⟩ Die nordischen Sprachen. Berlin 1967. — Vgl. 14, 32—37, 145, 175, 178, 199, 212, 215—216, 243, 359, 374, 446, 514, 693, 1113, 1120.

Altnordisch. — *Sprache:* 417. ALEXANDER JÓHANNESSON: Grammatik der urnordischen Runeninschriften. Heidelberg 1923. — 418. ANTONSEN, E. H.: A Concise Grammar of the Older Runic Inscriptions. Tübingen 1975. — 419. EBEL, E.: Kleine altisländische Grammatik. Bochum 1976. — 420. GORDON, E. V.: An Introduction to Old Norse. Oxford ²1938. — 421. GUDBRAND VIGFUSSON—YORK POWELL, F.: Icelandic Prose Reader with Notes, Grammar and Glossary. Oxford 1879. — 422. GUTENBRUNNER, S.: Historische Laut- und Formenlehre des Altisländischen. Heidelberg 1951. — 423. HANSSEN, E. u. a.: Norrøn grammatikk. Lydlære, formlære og syntaks i historisk framstilling. Oslo 1975. — 424. HEUSLER, A.: Altisländisches Elementarbuch. Heidelberg ⁵1962. — 425. KRAUSE, W.: Abriß der altwestnordischen Grammatik. Halle/S. 1948. — 426. ∼: Die Sprache der urnordischen Runeninschriften. Heidelberg 1971. — 427. MAKAJEV, E. A.: Язык древнейших рунических надписей. Moskau 1965. —

428. NOREEN, A.: Altisländische und altnorwegische Grammatik. Laut- und Flexionslehre. Halle/S. ⁴1923. — 429. ∼: Altnordische Grammatik. Alabama 1970. — 430. ∼ — TOMAS JOHANSSON: Isländsk läsebok. Lund ³1965. — 431. RANKE, F.—HOFMANN, D.: Altnordisches Elementarbuch. Berlin ⁵1988. — 432. SCOVAZZI, M.: Grammatica dell'antico nordico. Mailand 1966. — 433. STEBLIN-KAMENSKIJ, M. I.: Древнеисландский язык. Moskau 1955. — 434. VALFELLS, S.—CATHEY, J. E.: Old Icelandic. An Introductory Course. Oxford—New York 1981. — 435. WALTER, E.: Lexikalisches Lehngut im Altwestnordischen. Berlin 1976. — 436. ZAŁUSKA-STRÖMBERG, A.: Grammatik des Altisländischen. Hamburg 1982. — Vgl. 165, 171, 175—178, 199, 202, 309, 413, 415—416, 464, 466—468, 478—479, 487—488, 1113—1114, 1119—1120.

Wörterbücher: 437. BAETKE, W.: Wörterbuch zur altnordischen Prosaliteratur I—II. Berlin 1965—1968, ²1976. — 437a. FRITZNER, J.: Ordbog over det gamle norske Sprog I—III. Kristiania ²1886—1896. Neudruck: Oslo 1954. — 438. GERING, H.: Vollständiges Wörterbuch zu den Liedern der Edda. Halle/S. 1903. Neudruck: Hildesheim—New York 1971. — 439. HEGGSTAD, L.: Gamalnorske ordbok med nynorsk tyding. Oslo ²1930. — 440. HOLTHAUSEN, F.: Vergleichendes und etymologisches Wörterbuch des Altwestnordischen (Altnorwegisch-Isländischen). Göttingen 1948. — 441. SVEINBJÖRN EGILSSON: Lexicon Poeticum Antiquae Linguae Septentrionalis. 2. Aufl. bearb. v. FINNUR JÓNSSON. Kopenhagen ²1931. Neudruck: 1966. — 442. VRIES, J. DE: Altnordisches etymologisches Wörterbuch. Leiden 1957 ff. — Vgl. 309, 420—421, 424, 431, 433, 456, 474, 477, 483, 495, 824.

Bibliographie: 443. BEKKER-NIELSEN, H.: Old Norse-Islandic Studies. A Select Bibliography. Toronto 1967. — 444. ∼ (Hrsg.): Bibliography of Old Norse-Icelandic Studies. Kopenhagen 1981. — 445. Bibliography of Old Norse-Icelandic Studies. Kopenhagen 1961 ff. — Vgl. 425—427, 433.

Isländisch (Altisländisch s. unter Altnordisch). — *Sprachgeschichte:* 446. CHAPMAN' K. G.: Icelandic-Norwegian Relationships. Oslo 1962. — 447. FINNUR JÓNSSON: Det islandske Sprogs Historie i kort Omrids. Kopenhagen 1918. — 448. KRENN, E.: Lautveränderungen im Isländisch und Färoyisch. In: Anthropos 33 [1938], 165 ff. — Vgl. 175—178, 184, 412—413, 415—416, 1120.

Grammatik: 449. GLENDING, P. J. T.: Teach Yourself Icelandic. London 1961. — 450. KRESS, B.: Laut- und Formenlehre des Isländischen. Halle/S. 1963. — 451. HALLDÓR HALLDÓRSSON: Íslenzk málfræði. Reykjavík 1950. — 452. MAGNÚS PÉTURSSON: Isländisch. Eine Übersicht über die moderne isländische Sprache. Hamburg 1978. — 453. ∼: Lehrbuch der isländischen Sprache. Hamburg ²1987. — 454. STEFÁN EINARSSON: Icelandic Grammar, Texts, Glossary. Oxford 1949. — 455. THOMSON, C. D.: Íslensk Beygingafræði = Isländische Formenlehre/Icelandic Inflections. Hamburg 1987. — Vgl. 199, 410, 1094.

Wörterbücher: 456. ALEXANDER JÓHANNESSON: Isländisches etymologisches Wörterbuch. Bern 1951—1956. — 457. BERKOV, V. P.—ÁRNI BÖÐVARSSON: Исландско-русский словарь. Moskau 1962. — 458. CLEASBY, R.—GUDBRAND VIGFUSSON—CRAIGIE, W.: An Icelandic-English Dictionary. Oxford ²1957. — Vgl. 309, 449, 454.

Färöisch. — *Geschichte, Quellen:* 459. HAMMERSHAIMB, V. U.: Færøysk antologi. Kopenhagen 1891. Neudruck: 1947. — 460. RISCHEL, J.: Diphthongization in Faroese. In: AL. 11 [1968], 89 ff. — Vgl. 413, 415—416, 1120.

Grammatik: 461. LOCKWOOD, W. B.: An Introduction to Modern Faroese. Kopenhagen 1955. — Vgl. 410, 412, 448.

Wörterbücher: 462. JACOBSEN, M. A.—MATRAS, C.: Føroysk-Donsk Orðabók. Kopenhagen 1928. — 463. SVABO, J. C.: Dictionarium Færoense. Færøsk-dansk-latinsk ordbog I. Kopenhagen 1966. — Vgl. 461.

Norwegisch (Altnorwegisch s. unter Altnordisch). — *Sprachgeschichte:* 464. LUNDEBY, E.—TORVIK, I.: Språket vårt gjennom tidene. Oslo 1956, ³1964. — 465. NYGAARD, R. R.: Fra dansk-norsk riksmål. Oslo 1945. — 466. SEIP, D. A.: Norsk språkhistorie. Oslo ²1955. (Dt. bearb. v. L. SALTVEIT. Berlin 1971). — 467. ~: En liten norsk språkhistorie. Oslo ¹⁵1963. — 468. SKARD, V.: Norsk språkhistorie I. Oslo 1967. — Vgl. 175—178, 309, 412—413, 415—416, 446, 1112, 1120.

Grammatik, Sprachstand: 469. AASEN, I.: Norsk Grammatik. Christiania 1864. — 470. HALLARAKER, P.: Norwegian—Nynorsk: An Introduction for Foreign Students. Oxford 1984. — 471. HAUGEN, E.: Language Planning in Modern Norway. In: Scand. Studies 33 [1961], 68 ff. — 472. ~: Spoken Norwegian. New York ³1982. — 473. SOMMERFELT, A.—MARM, I.: Teach Yourself Norwegian. London 1957. — Vgl. 37, 166, 184, 199, 1030.

Wörterbücher: 474. FALK, H.—TORP, A.: Norwegisch-dänisches etymologisches Wörterbuch I—II. Heidelberg 1903—1906. Neudruck: Heidelberg—Oslo 1960. — 475. HUSTAD, T.: Stor norsk-tysk ordbok. Großes norwegisch-deutsches Wörterbuch. Oslo—Bergen—Tromsø 1979. — 476. KNUDSEN, T.—SOMMERFELT, A.: Norsk riksmålsordbok. Oslo 1930 ff. — 477. TORP, A.: Nynorsk etymologisk ordbok. Oslo 1919. — Vgl. 309, 410, 773.

Dänisch. — *Sprachgeschichte, Altdänisch:* 478. BRØNDUM-NIELSEN, J.: Gammeldansk Grammatik I—III. Kopenhagen 1932—1950. — 479. SKAUTRUP, P.: Det danske Sprogs Historie I—III. Kopenhagen 1944—1953. — Vgl. 175—178, 216, 412—413, 415—416, 465, 1112, 1120.

Grammatik: 480. HENNINGSEN, H.: Dänisch. München—Berlin—Zürich ¹⁴1965.— 481. KOEFOED, A. A.: Teach Yourself Danish. London 1958. — Vgl. 37, 166, 184, 196, 1094.

Wörterbücher: 482. KALKAR, O.: Ordbog til det ældre danske Sprog (1300—1700) I—V. Kopenhagen 1881—1918. — 483. NIELSEN, N. Å.: Dansk etymologisk ordbog. Kopenhagen 1966. — 484. Ordbog over det danske Sprog. Udgivet af Det danske Sprog- og Litteraturselskab I—XXVII. Kopenhagen 1919—1954. — Vgl. 474, 480.

Schwedisch. — *Sprachgeschichte, Altschwedisch:* 485. KOCK, A.: Svensk ljudhistoria. Lund 1906—1923. — 486. NOREEN, A.: Altschwedische Grammatik. Halle/S. 1904. — 487. WESSÉN, E.: Svensk språkhistoria I—III. Stockholm—Gotenburg—Uppsala I: ⁸1968 [1969]; II: ⁴1965; III ²1965. ⟨Dt.: Berlin 1970⟩ — 488. ~: Svensk medeltid I—II. Stockholm—Gotenburg—Uppsala 1968. — Vgl. 175—178, 412—413, 415—416, 1112, 1120.

Grammatik: 489. MCCLEAN, R. J.: Teach Yourself Swedish. London 1958. — 490. KIEFER, F.: Swedish Morphology. Stockholm 1970. — 491. NOREEN, A.: Vårt språk I—IX. Lund 1903 ff. — 492. WESSÉN, E.: Vårt svenska språk. Stockholm 1968. — 493. WORGT, G.: Wir lernen Schwedisch sprechen. Halle/S. 1961. — 494. ~: Schwedisch. Leipzig ⁵1984. — Vgl. 37, 166, 184, 196, 1094.

Wörterbücher: 495. HELLQUIST, E.: Svensk etymologisk ordbok. Lund ³1948. — 496. TÖRNQVIST, N.: Das niederdeutsche und niederländische Lehngut im schwedischen Wortschatz. Neumünster 1977. — 497. Ordbok över svenska språket. Utgiven av Svenska Akademien. Stockholm 1893 ff. — Vgl. 489, 493—494.

3. Die Nordseegermanen

Zusammenfassende Darstellungen: 498. DELBONO, F.: Gli Anglosassoni e il Continente. Rom ²1975. — 499. EVISON, V. I. (Hrsg.): Angles, Saxons, and Jutes. Oxford 1981. — 500. FÖRSTER, M.: Keltisches Wortgut im Englischen. Halle 1921. — 501. JUNGANDREAS, W.: Geschichte der deutschen und englischen Sprache I—III. Göttingen 1946—1950. — 502. KUFNER, H. L.: The Grammatical Structure of English and German. Chicago 1963. — 503. LERCHNER, G.: Studien zum nordwestgermanischen Wortschatz. Halle/S. 1965. — 504. MARKEY, TH. L.: Germanic Dialect Grouping and the Position of Ingvaeonic. Innsbruck 1976. — 505. ~: A North Sea Germanic Reader. München 1976. — 506. NIELSEN, H. F.: Old English and the Continental Germanic

Languages. Innsbruck 1981. — 507. SIEBS, TH.: Zur Geschichte der englisch-friesischen Sprache I. Halle/S. 1889. Neudruck: Wiesbaden 1966. — 508. WREDE, F.: Ingwäonisch und Westgermanisch. In: ZfdMaa 19 [1924], 270 ff. — Vgl. 32—37, 145, 155, 166, 171, 175, 178, 374, 376, 514, 693, 1051, 1112, 1116, 1119—1120.

Englisch. — *Geschichte, Sprachgeschichte:* 509. BAUGH, A. C.: A History of the English Language. New York—London 1953 [1957]. (—CABLE, TH.: Englewood Cliffs, ³1978) — 510. BERNDT, R.: A History of the English Language. Leipzig 1982. — 511. BOLTON, W. F.: A Short History of Literary English. Totowa ²1973. — 512. BOURCIER, G.: Histoire de la langue anglaise du Moyen Age à nos jours. Paris 1978. (Engl.: Cheltenham 1981). — 513. BROOK, G. L.: A History of the English Language. London 1958. — 514. BRUNNER, K.: Die englische Sprache I—II. Tübingen ²1960—1962. — 515. BURGSCHMIDT, E.—GÖTZ, D.: Historische Linguistik: Englisch. Tübingen 1973. — 516. CHADWICK, H. M.: The Origin of the English Nation. Cambridge 1907. — 517. CRÉPIN, A.: Histoire de la langue anglaise. Paris 1967. — 518. EINENKEL, E.: Geschichte der englischen Sprache. Historische Syntax. Berlin ³1916. — 519. FISIAK, J. (Hrsg.): Historical Syntax. Berlin—New York—Amsterdam 1984. — 520. GÖRLACH, M.: Einführung in die englische Sprachgeschichte. Stuttgart ²1982. — 521. HODGKIN, R. H.: A History of the Anglo-Saxons I—II. Oxford ³1952. — 522. IL'IŠ, B. A.: История английского языка. Moskau ⁴1958. — 523. JACKSON, K.: Language and History in Early Britain. Edinburgh 1953. — 524. JARCEVA, V. N.: Историческая морфология английского языка. Moskau—Leningrad 1960. — 525. ~: Исторический синтаксис английского языка. Moskau—Leningrad 1961. — 526. JESPERSEN, O.: Growth and Structure of the English Language. Oxford 1945. — 527. LUICK, K.: Historische Grammatik der englischen Sprache. Leipzig 1914—1921. Neudruck: 1964. — 528. MOSSÉ, F.: Esquisse d'une histoire de la langue anglaise. Lyon 1947. — 529. PEI, M.: The Story of the English Language. Philadelphia—New York ²1967. — 530. PLOTKIN, V. J.: Динамика английской фонологической системы. Nowosibirsk 1967. — 531. POTTER, S.: Our Language. London ²1959. — 532. PYLES, T.: The Origins and Development of the English Language. London 1958. — 533. RYDÉN, M.: An Introduction to the Historical Study of English Syntax. Stockholm 1979. — 534. SCHIBSBYE, K.: Origin and Development of the English Language I: Phonology. Kopenhagen 1972. — 535. SCRAGG, D. G.: A History of English Spelling. Manchester—New York 1974. — 536. SHAKRAI, O.: The ABC of English Historical Grammar. Phonetics and Morphology. Kiew 1971. — 537. SMIRNICKIJ, A. I.: Хрестоматия по истории английского языка с VII по XVII. в. Moskau 1953. — 538. STRANG, B. M. H.: A History of English. London—New York 1970. — 539. TRAUGOTT, E. C.: A History of English Syntax. New York 1972. — 540. VISSER, F. TH.: An Historical Syntax of the English Language I—II. Leiden 1963—1973. — 541. WADSTEIN, E.: On the Origin of the English. Uppsala 1927. — 542. WEŁNA, J.: A Diachronic Grammar of English 1: Phonology. Warschau 1978. — 543. WILLIAMS, J. M.: Origins of the English Language: a Social and Linguistic History. New York—London 1975. — Vgl. 14, 166, 175—178, 199, 205, 501, 507, 584, 589, 592, 687, 1112, 1116, 1120.

Altenglisch: 544. BARRACK, CH. M.: A Diachronic Phonology from Proto-Germanic to Old English Stressing West-Saxon Conditions. Den Haag—Paris 1975. — 545. CAMPBELL, A.: Old English Grammar. Oxford 1959. — 546. CASIERI, S.: Grammatica dell'Inglese Antico. Mailand 1973. — 547. CATALINI FENNELL, C.: Lezioni di antico e medio inglese. Bologna ²1978. — 548. CLAMOES, P. u. a. (Hrsg.): Anglo-Saxon England 1—6. Cambridge 1972—77. — 549. CLARK, J. W.: Early English: A Study of Old and Middle English. London 1957. — 550. DÜRMÜLLER, U.—UTZ, H.: Altenglisch: eine Einführung. Tübingen 1977. — 551. HUNTER BLAIR, P.: An Introduction to Anglo-Saxon England. Cambridge 1956, ²1977. — 552. KISPERT, R. J.: Old English: An Introduction. New York 1971. — 553. LASS, R.—ANDERSON, J. M.: Old English Phonology. Cambridge 1975. — 554. LEHNERT, J.: Poetry and Prose of the Anglo-Saxons I—II. Berlin 1956. — 555. ~: Altenglisches Elementarbuch. Berlin—New York ⁹1978. — 556. MARCKWARDT, A. H.—ROSIER, J. L.: Old English: Language and Literature. New York 1972. — 557. MOORE, S.—KNOTT, J. A.: The Elements of Old English. Ann Arbor 1940. — 558. PILCH, H.: Altenglische Grammatik. München 1970. — 559. PINSKER, H.—FRIES, U.—BIERBAUMER, P.: Altenglisches Studienbuch. Düsseldorf—Bern—München 1976. — 560. QUIRK, R.—WRENN, C. L.: An Old English Grammar. London 1955. — 561. RESZKIEWICZ, A.: A Diachronic Grammar of Old English.

Warschau 1973. — 562. SIEVERS, E.—BRUNNER, K.: Altenglische Grammatik. Halle/S. ²1951. [Tübingen 1965]. — 563. SMIRNICKIJ, A. I.: Древнеанглийский язык. Moskau 1955. — 564. SWEET, H.: An Anglo-Saxon Reader. Oxford ¹⁴1959. (WHITELOCK, D. [Hrsg.]: SWEET's Anglo-Saxon Reader in Prose and Verse. Oxford 1967.) — 565. ~: A Second Anglo-Saxon Reader, Archaic and Dialectal. Oxford ²1978. — 566. WEIMANN, K.: Einführung ins Altenglische. Stuttgart 1982, Heidelberg 1984. — 567. WRIGHT, J.—WRIGHT, E. M.: An Elementary Old English Grammar. Oxford 1923. — 568. ~ — ~: Old English Grammar. Oxford ³1925. — 569. WYATT, A. J.: An Anglo-Saxon Reader. Cambridge 1947. — 570. ZUPITZA, J.—SCHIPPER, A.: Alt- und mittelenglisches Übungsbuch. Wien ¹⁴1931. — Vgl. 14, 165, 171, 175—178, 202, 514, 897, 1112—1113, 1119.

Mittelenglisch: 571. BÄHR, D.: Einführung ins Mittelenglische. Stuttgart ²1983. — 572. BRUNNER, K.: Abriß der mittelenglischen Grammatik. Halle/S. ²1948. — 573. EMERSON, O. F.: A Middle English Reader. New York ²1948. — 574. JONES, CH.: An Introduction to Middle English. New York 1972. — 575. KLUGE, F.: Mittelenglisches Lesebuch. Halle/S. 1912. — 576. MOESSNER, L.—SCHAEFER, U.: Proseminar Mittelenglisch. Stuttgart ²1987. — 577. MOESSNER, L.: Early Middle English Syntax. Tübingen 1988. — 578. MOSSÉ, F.: Manuel de l'anglais du Moyen-Age, des origines au XIVᵉ siècle I—II. Paris 1945. ⟨Engl.:⟩ A Handbook of Middle English. Baltimore 1952. — 579. MUSTONAJA, T.: A Middle English Syntax. Helsingfors 1960. — 580. SMIRNICKIJ, A. I.: История английского языка. Средний и новый период. Moskau 1965. — 581. WEINSTOCK, H.: Mittelenglisches Elementarbuch. Berlin 1968. — Vgl. 14, 514, 547, 549, 570, 892, 897.

Neuenglisch: 582. CURME, G. O.: A Grammar of the English Language I—II. Boston 1931—1935. — 583. DOBSON, F. J.: English Pronunciation 1500—1700. I—II Oxford 1957, ²1968. — 584. EKWALL, E.: Historische neuenglische Laut- und Formenlehre. Berlin ⁴1965. — 585. GÖRLACH, M.: Einführung ins Frühneuenglische. Stuttgart 1978. — 586. GRAMLEY, S. E.—PÄTZOLD, K. M.: Das moderne Englisch. Stuttgart 1985. — 587. JESPERSEN, O. H.: A Modern English Grammar on Historical Principles I—VII. Heidelberg 1909—1949. — 588. JONES, D.: An Outline of English Phonetics. Cambridge 1918, ⁸1957. — 589. MARCHAND, H.: The Categories and Types of Present-Day English Word-Formation. München ²1969. — 589a. SCHERER, G.—WOLLMANN, A.: Englische Phonetik und Phonologie. Berlin ³1988. — 590. SCHLAUCH, M.: The English Language in Modern Times (Since 1400). Warschau 1959. — 591. WEEKLEY, E.: The English Language. London 1952. — 592. WYLD, H. C.: A History of Modern Colloquial English. Oxford 1936. — Vgl. 37, 408, 502, 514, 580, 897, 900, 940, 943, 946—947, 1046, 1094.

Wörterbücher: 593. BORDEN, A. R.: A Comprehensive Old English Dictionary. Washington 1982. — 594. BOSWORTH, J.—TOLLER, T. N.: An Anglo-Saxon Dictionary I—II. Oxford 1882—1898. Neudruck: 1954. — 595. GREIN, C. W. M.: Sprachschatz der angelsächsischen Dichter. Heidelberg ²1912. — 596. HALL, J. R. C.: A Concise Anglo-Saxon Dictionary. Cambridge ⁴1960 [1962]. — 597. HESSLES, J. H. (Hrsg.): An Eighth-Century Latin-Anglo-Saxon Glossary (Corpus). Cambridge 1890. — 598. HOLTHAUSEN, F.: Altenglisches etymologisches Wörterbuch. Heidelberg 1934, ³1974. — 599. JEMBER, G. K.—KEMMLER, F.: A Basic Vocabulary of Old English Prose/ /Grundwortschatz altenglischer Prosa. Tübingen 1981. — 600. KURATH, H.—SHERMAN, M. K.: Middle English Dictionary. Ann Arbor 1952 ff. — 601. ONIONS, C. T. (Hrsg.): The Oxford Dictionary of English Etymology. Oxford 1966. — 602. PARTRIDGE, E.: A Short Etymological Dictionary of Modern English. London 1959. — 603. SHIPLEY, I. T.: Dictionary of Word Origins. New York ²[o. J.]. — 604. SKEAT, W. W.: An English—Anglo-Saxon Vocabulary. Cambridge 1879. Neudruck: Bringhampton 1978. — 605. ~: An Etymological Dictionary of the English Language. Oxford 1910. — 606. SPRINGER, O. (Hrsg.): Langenscheidts Enzyklopädisches Wörterbuch der englischen und deutschen Sprache I—II. Berlin—Schöneberg 1962—1963. — 607. STRATMANN, F. H.: A Middle English Dictionary. Oxford 1891. — 608. The Oxford English Dictionary I—XIII. Oxford 1933. — Vgl. 339, 346, 350, 354, 503, 537, 555, 560—570, 573—578, 687, 824, 899, 939—940, 944, 990—991, 1001, 1005, 1008, 1010, 1012, 1015.

Friesisch. — *Sprachgeschichte, Altfriesisch:* 609. COSTELLO, J. R.: A Generative Grammar of Old Frisian. Frankfurt/M.—Bern—Las Vegas 1978 [1977]. — 610.

HELTEN, W. L. v.: Altostfriesische Grammatik. Niederwalluf v. Wiesbaden 1970. —
611. HEUSLER, A.: Altfriesisches Lesebuch. Heidelberg 1903. — 612. MARKEY, TH. L.:
Frisian. Den Haag—Berlin 1979 [1981]. — 613. RAMAT, P.: Das Friesische. Innsbruck
1976 (auch it.). — 614. RICHTHOFEN, K. v.: Friesische Rechtsquellen. Berlin 1840.
Neudruck: Aalen 1960. — 615. SIEBS, TH.: Geschichte der friesischen Sprache. In: 1110,
I. — 616. SJÖLIN, B.: Einführung in das Friesische. Stuttgart 1969. — 617. STELLER,
W.: Abriß der altfriesischen Grammatik. Halle/S. 1928. — Vgl. 165—166, 171, 175,
205, 507, 1113—1115, 1117, 1119—1120.

Neufriesisch: 618. ÅRHAMMAR, N.: Die Sprachen der Insel Föhr; Föhrer Friesisch
(Fering) und Plattdeutsch. Münsterdorf 1976. — 619. FOKKEMA, K.: Het Stadfries.
Assen 1937. — 620. ∼: Beknopte Friese spraakkunst. Groningen—Batavia 1948. —
621. ∼: De waardering van het Fries. Groningen-Batavia 1948. — 622. HEWETT, W.
T.: The Frisian Language and Literature. London [o. J.]. — 623. KROGMANN, W.:
Die friesische Sprache. In: 1117, 1899 ff. — 624. STEENSEN, T.: Friesische Sprache
und friesische Bewegung. Husum 1987. — 625. WALKER, A.—WILTS, O.: Friesisch
heute. Sankelmark 1979. — 626. ZHLUKTENKO, IU. A.—DVUKHZHILOV, A. V.: Фризский язык. Moskau 1984. — Vgl. 37, 1117, 1120.

Wörterbücher: 627. DIJKSTRA, W.: Friesch woordenboek. Leeuwarden 1900. — 628.
HOLTHAUSEN, F.: Altfriesisches Wörterbuch. Heidelberg 1925. — 629. NAUTA, G. A.:
Oudfriesche woordenlijst. Haarlem 1926. — 630. RICHTHOFEN, K. v.: Altfriesisches
Wörterbuch. Göttingen 1840. Neudruck: Aalen 1961. — 631. SIPMA, P.—POORTINGA,
Y.: Lyts Frysk Wirdboek I. Boalsert ²1944. — Vgl. 503, 611, 824.

Altsächsisch. — *Sprachgeschichte, Grammatik:* 632. BEHAGHEL, O.: Die Syntax des
Heliand. Leipzig—Wien—Prag 1897. — 633. BRETSCHNEIDER, A.: Die Heliandheimat
und ihre sprachgeschichtliche Entwicklung. Marburg 1934. — 634. CORDES, G.:
Altniederdeutsches Elementarbuch. Wort- und Lautlehre. Heidelberg 1973. — 635.
GALLÉE, J. H.: Altsächsische Grammatik. Halle/S. ²1910. — 636. HOLTHAUSEN, F.:
Altsächsisches Elementarbuch. Heidelberg ²1921. — 637. RAMAT, P.: Grammatica
dell'antico sassone. Mailand 1969. — Vgl. 155, 165—166, 171, 175, 199, 202, 205, 508,
693, 749, 1091, 1113—1115, 1119—1120.

Wörterbücher: 638. HOLTHAUSEN, F.: Altsächsisches Wörterbuch. Münster—Köln
1954, Köln—Graz ²1967. — 639. SEHRT, E. H.: Vollständiges Wörterbuch zum Heliand
und zur altsächsischen Genesis. Göttingen ²1966. — Vgl. 503, 824.

4. Die Südgermanen

Zusammenfassende Darstellungen: 640. HÖFLER, O.: Die zweite Lautverschiebung
bei Ostgermanen und Westgermanen. Tübingen 1958. — 641. TÖRNQVIST, N.: Gibt
es tatsächlich eine westgermanische Spracheinheit? In: NM. 75 [1974], 386 ff. — Vgl.
32—37, 145, 155, 160, 166, 171, 175—178, 182, 199, 409, 411, 503, 508, 693, 905, 1091,
1113, 1119—1120.

Niederländisch. — *Sprachgeschichte, Altniederfränkisch:* 642. BREE, C. v.: Historische
grammatica van het Nederlands. Dordrecht 1987. — 643. FRINGS, TH.: Die Stellung
der Niederlande im Aufbau des Germanischen. Halle/S. 1944. — 644. GOOSSENS, J.:
Historische Phonologie des Niederländischen. Tübingen 1974. — 645. KYES, R. L.
(Hrsg.): The Old Low Franconian Psalms and Glosses. Ann Arbor 1970. — 646.
LECOUTERE, C. P. F.—GROOTAERS, L.: Inleiding tot de taalkunde en tot de geschiedenis
van het Nederlandsch. Heverlee—Löwen ⁶1948. — 647. PETRI, F.: Die fränkische Landnahme und die Entstehung der germanisch-romanischen Sprachgrenze
in der interdisziplinären Diskussion. Darmstadt 1977. — 648. SCHÖNFELD, M. ⟨—LOEY,
A. v.⟩: Historische grammatica van het Nederlands. Zutphen ⁷1965. — 649. VOOYS,
C. G. N. DE: Geschiedenis van de Nederlandse taal. Antwerpen—Groningen ⁵1952. —
650. WITTE, A. J. J. DE: Strukturele historische grammatica van het Nederlands.
1964. — Vgl. 155, 157, 166, 171, 175, 178, 199, 680, 905—906, 1113—1115, 1120.

Mittelniederländisch: 651. FRANCK, J.: Mittelniederländische Grammatik. Mit Lesestücken und Glossar. Leipzig ²1910, Arnhem ²1967. — 652. LE ROUX, T. H.—LE ROUX,

J. J.: Middelnederlandse Grammatika. Pretoria ⁵1967. — 653. LOEY, A. V.: Introduction à l'étude de moyen néerlandais. 1951. — 654. ~: Middelnederlandse spraakkunst I—II. Antwerpen ⁵⁻⁶1968—1969. — Vgl. 1114—1115.

Neuniederländisch: 655. BRACHIN, P.: Die niederländische Sprache. Eine Übersicht. Hamburg 1987. — 656. GROOTAERS, L.—KLOEKE, G. G.: Taalatlas van Noord- en Zuid-Nederland 1 ff. Leiden 1939 ff. — 657. JALINK, J. M.—TOORN, M. C. v. D.: Praktisches Lehrbuch Niederländisch. Berlin—München—Zürich ²1967. — 658. KOOLHOVEN, H.: Teach Yourself Dutch. London ²1952. — Vgl. 37, 1068—1069, 1094, 1115, 1120.

Wörterbücher: 659. DALE, J. H. v.: Groot woordenboek der Nederlandse taal 1—3. Den Haag 1864, ⁸1960—1961, Utrecht—Antwerpen ¹¹1984. — 660. FRANCK, J.—WIJK, N. v.: Etymologisch woordenboek der Nederlandse taal. Den Haag ²1912 (Ergänzt: 1936). Neudruck: 1949. — 661. VERCOULLIE, J.: Beknopt etymologisch woordenboek der Nederlandse taal. 's-Gravenhage ³1926. — 662. VERWIJS, E.—VERDAM, J.: Middelnederlandsch Woordenboek I—IX. Den Haag 1885—1929. — 663. VRIES, J. DE: Etymologisch woordenboek. Utrecht—Antwerpen ²1959. — Vgl. 503, 824, 1043.

Afrikaans. — *Geschichte, Sprachgeschichte:* 664. BOSHOFF, S. P. E.: Volk en taal van Zuid-Afrika. Amsterdam 1921. — 665. BOSMAN, D. B.: Oor die ontstaan van Afrikaans. Amsterdam 1928. — 666. KLEINZ, N.: Deutsche Sprache im Kontakt in Südwestafrika; der heutige Gebrauch der Sprachen Deutsch, Afrikaans und Englisch in Namibia. Stuttgart 1984. — 667. KLOEKE, G. G.: Herkomst en groei van het Afrikaans. Leiden 1950. — 668. RADER, F.: Afrikaans. München 1984. — 669. ROSENTHAL, E. (Hrsg.): Encyclopedia of Southern Africa. London—New York ²1964. — Vgl. 655, 912, 1086, 1115, 1120.

Grammatik: 670. BREYNE, M. R.: Afrikaans. Eine Einführung in die Laut-, Formen- und Satzlehre mit Literaturproben. Leipzig 1936. — 671. BURGERS, M. P. O.: Teach Yourself Afrikaans. London 1957. — 672. MIRONOV, A. A.: Язык африкаанс. Moskau 1969.

Wörterbücher: 673. KRITZINGER, M. S. B.—STEYN, H. A.—SCHOONES, P. C.— CRONJÉ, U. J.: Groot Woordeboek Afrikaans-Engels, Engels-Afrikaans. Pretoria ⁸1959. — 674. SCHULZE, H. G.—TRÜMPELMANN, G. P. J.: Handwörterbuch Afrikaans. (Deutsch-Afrikaans, Afrikaans-Deutsch). Berlin—Beperk, Pret. ⁵1957. — Vgl. 1011— 1015.

Niederdeutsch (Altniederdeutsch s. unter Altsächsisch). — *Sprachgeschichte, Mittelniederdeutsch:* 675. BISCHOFF, K.: Über die Grundlagen der mittelniederdeutschen Schriftsprache. In: NddJ. 85 [1962], 9 ff. — 676. CORDES, G.—MÖHN, D. (Hrsg.): Handbuch zur niederdeutschen Sprach- und Literaturwissenschaft. Berlin—Bielefeld— München 1985. — 677. FOERSTE, W.: Geschichte der niederdeutschen Mundarten. In: 1117, ²I, 1792 ff. — 678. ~: Einheit und Vielfalt der niederdeutschen Mundarten. Münster/Westf. 1960. — 679. FRINGS, TH.: Aufbau und Gliederung des Niederdeutschen. In: NdM. 6 [1950], 28 ff. — 680. ~ — LERCHNER,G.: Niederländisch und Niederdeutsch. Aufbau und Gliederung des Niederdeutschen. Berlin 1966. — 681. GERNENTZ, H. J.: Niederdeutsch — gestern und heute. Berlin 1964, Rostock ²1980. — 682. GOOSSENS, J. (Hrsg.): Niederdeutsch. Sprache und Literatur 1: Sprache. Neumünster 1973. — 683. KIRCH, M.: Der Einfluß des Niederdeutschen auf die hochdeutsche Schriftsprache. Gießen 1952. — 684. LASCH, A.: Mittelniederdeutsche Grammatik. Halle/S. 1914. — 685. STAMMLER, W.: Mittelniederdeutsches Lesebuch. 1921. — Vgl. 166, 178, 1056, 1091, 1114—1115, 1120.

Neuniederdeutsch: 686. GRIMME, H.: Plattdeutsche Mundarten. Leipzig 1910. — Vgl. 681, 690, 912, 917, 920, 924, 926, 931, 1042, 1055—1058, 1091, 1117, 1120.

Wörterbücher: 687. BENSE, J. F.: Dictionary of the Low-Dutch Element in the English Vocabulary. Den Haag 1939. — 688. JUNGANDREAS, W.—WESCHE, H. (Hrsg.):

Niedersächsisches Wörterbuch 1 ff., Neumünster 1953 ff. — 689. LASCH, A.— BORCHLING, C.— CORDES, G.: Mittelniederdeutsches Handwörterbuch. Hamburg 1928 ff. — 690. SASS, J.: Plattdeutsches Wörterverzeichnis mit den Regeln für die plattdeutsche Rechtschreibung. Hamburg 1935. — 691. SCHILLER, K.—LÜBBEN, A.: Mittelniederdeutsches Wörterbuch I—VI. Bremen ²1931. — 692. STELLMACHER, D. (Hrsg.): Niedersächsisches Wörterbuch. Neumünster 1981 ff. — Vgl. 503, 685, 824.

Deutsch. — *Geschichte, Sprachgeschichte:* 693. BACH, A.: Geschichte der deutschen Sprache. Heidelberg ⁸1965.—694. BEHAGHEL, O.: Deutsche Syntax. Eine geschichtliche Darstellung I—IV. Heidelberg 1923—1932. — 695. ~: Geschichte der deutschen Sprache. Berlin—Leipzig ⁵1928. — 696. ~ — MAURER, F.: Die deutsche Sprache. Halle/S. ¹³1958. — 697. BESCH, W. u. a. [Hrsg.]: Sprachgeschichte. Ein Handbuch zur Geschichte der deutschen Sprache und ihrer Erforschung. 1—2. Berlin—New York 1984—1985. — 698. BIRKHAHN, H.: Etymologie des Deutschen. Bern—Frankfurt/M.— New York 1985. — 699. EBERT, R. P.: Historische Syntax des Deutschen. Stuttgart 1978. — 700. EGGERS, H.: Deutsche Sprachgeschichte I—IV. Hamburg 1963—1977. — 701. ~ (Hrsg.): Der Volksname Deutsch. Darmstadt 1970. — 702. FRINGS, TH.: Sprache und Geschichte I—III. Halle/S. 1956. — 703. ~: Grundlegung einer Geschichte der deutschen Sprache. Halle/S. ³1957. — 704. HEMPEN, U.: Die starken Verben im Deutschen und Niederländischen. Diachrone Morphologie. Tübingen 1988. — 705. HENZEN, W.: Deutsche Wortbildung. Tübingen ²1957. — 706. HERRLITZ, W.: Historische Phonologie des Deutschen I: Vokalismus. Tübingen 1970. — 707. HIRT, H.: Geschichte der deutschen Sprache. München ²1925. — 708. HORACEK, B.: Kleine historische Lautlehre des Deutschen. Wien—Stuttgart ²1966. — 709. KARSTIEN, C.: Historische deutsche Grammatik I. Heidelberg 1939. — 710. KELLER, R. E.: The German Language. London—Boston 1978. ⟨Dt.:⟩ Die deutsche Sprache und ihre historische Entwicklung. Hamburg 1986. — 711. KIENLE, R. v.: Historische Laut- und Formenlehre des Deutschen. Tübingen 1960. — 712. KLUGE, F.: Deutsche Sprachgeschichte. Leipzig ²1925. — 713. KOZŁOWSKA, H.: Formenneutralisierung im nominalen Bereich der deutschen Sprache. Posen 1969. — 714. LACHMANN, K.: Kleinere Schriften zur deutschen Philologie. Berlin 1876. — 715. LOCKWOOD, W. B.: Historical German Syntax. Oxford 1968. — 716. MAURER, F.—STROH, F.: Deutsche Wortgeschichte I—III. Berlin ²1959—1960. — 717. MOSER, H[ANS]—WELLMANN, H.—WOLF, N. R.: Geschichte der deutschen Sprache 1: Althochdeutsch, Mittelhochdeutsch. Stuttgart 1981. — 718. MOSER, H[UGO]: Annalen der deutschen Sprache von den Anfängen bis zur Gegenwart. Stuttgart 1961, ³1968. — 719. ~: Probleme der Periodisierung des Deutschen. In: GRM., NF 1 [1951], 296 ff. — 720. ~: Deutsche Sprachgeschichte. Stuttgart 1950, Tübingen ⁵1965. — 721. MOULTON, W. G.: Zur Geschichte des deutschen Vokalismus. In: PBB/T. 83 [1961], 1 ff. — 722. NAUMANN, H.: Geschichte der deutschen Literatursprache. Leipzig 1926. — 723. PENZL, H.: Geschichtliche deutsche Lautlehre. München [1969]. — 724. ~: Vom Urgermanischen zum Neuhochdeutschen. Eine historische Phonologie. Berlin 1975. — 725. POLENZ, P. v.: Geschichte der deutschen Sprache. Berlin ⁸1972. — 726. PROKOSCH, E.: The Sounds and History of the German Language. New York 1916. — 727. ~: Outline of German Historical Grammar. New York 1933. — 728. RONNEBERGER-SIBOLD, E.: Historische Phonologie und Morphologie des Deutschen. Tübingen 1988 ⟨Bibliographie!⟩ — 729. SCHERER, W.: Zur Geschichte der deutschen Sprache. Berlin ²1878. — 730. SCHILDT, J.: Abriß der Geschichte der deutschen Sprache. Berlin ²1981. — 731. ~ (Hrsg.): Zur Periodisierung der deutschen Sprachgeschichte. Berlin 1982. — 732. SCHIRMUSKI, V.: История немецкого языка. Moskau ⁵1965. — 733. SCHMIDT, W. u. a.: Geschichte der deutschen Sprache. Berlin ³1980. — 734. SCHWEIKLE, G.: Germanisch-deutsche Sprachgeschichte im Überblick. Stuttgart 1986. — 735. SONDEREGGER, S.: Grundzüge deutscher Sprachgeschichte. Berlin—New York 1979. — 736. STEDJE, A.: Deutsche Sprache gestern und heute. Stuttgart 1988. — 737. SZULC, A.: Historische Phonologie des Deutschen. Tübingen 1987. — 738. TSCHIRCH, F.: Geschichte der deutschen Sprache I—II. Berlin 1966—1969. — 739. WELLS, C. J.: German: a Linguistic History to 1945. Oxford 1985. — 740. WILMANNS, W.: Deutsche Grammatik I—III. Straßburg ²/³1899—1911. — 741. WOLFF, G.: Deutsche Sprachgeschichte. Frankfurt/M. 1986. — 742. WRIGHT, J.: Historical German Grammar. Oxford 1907. — 743. ZABROCKI, L.: Wspólnoty komunikatywne w genezie i rozwoju języka niemieckiego I: Prehistoria języka niemieckiego. Warschau 1963. — Vgl. 21, 144, 175, 178, 199, 409, 411, 501, 905, 912, 978, 1008, 1091, 1113, 1115, 1117, 1119—1120.

Althochdeutsch: 744. BAESECKE, G.: Kleinere Schriften zur althochdeutschen Sprache und Literatur. Bern—München 1966. — 745. BARBER, C. C.: Old High German Reader. London 1952. — 746. BERGMANN, R. u. a. (Hrsg.): Althochdeutsch 1—2. Heidelberg 1987. — 747. ~ — PAULY, P.: Alt- und Mittelhochdeutsch. Göttingen 1973, ³1985. — 748. BRAUNE, W.—HELM, K.: Althochdeutsches Lesebuch. Tübingen ¹⁴1962. — 749. ~ — ~: Abriß der althochdeutschen Grammatik mit Berücksichtigung des Altsächsischen. Halle/S. ¹⁰1956, Tübingen ¹⁴1977. — 750. BRAUNE, W.—MITZKA, W.: Althochdeutsche Grammatik. Halle/S. ⁸1955, Tübingen ¹¹1963. Bearb. v. H. EGGERS, Tübingen ¹³1975. — 751. ELLIS, J.: Elementary Old High German Grammar. Oxford 1954. — 752. GERDES, U.—SPELLERBERG, G.: Althochdeutsch — Mittelhochdeutsch. Frankfurt/M. ³1976. — 753. LÖSEL, F.: A Short Old High German Grammar and Reader with Glossary. [Dublin] 1969. — 754. NAUMANN, H.: Althochdeutsche Grammatik. Berlin 1918. — 755. ~ — BETZ, W.: Althochdeutsches Elementarbuch. Berlin ⁴1967. — 756. RAUCH, I.: The Old High German Diphthongization. Den Haag 1967. — 757. REIFFENSTEIN, I.: Die althochdeutsche Kirchensprache. In: Germanistische Abhandlungen. Innsbruck 1959, 41 ff. — 758. SCHATZ, J.: Althochdeutsche Grammatik. Göttingen 1927. — 759. SONDEREGGER, S.: Althochdeutsche Sprache und Literatur. Berlin—New York 1974. — 760. SZULC, A.: Diachronische Phonologie und Morphologie des Althochdeutschen. Warschau 1974. — 761. TSCHIRCH, F.: Frühmittelalterliches Deutsch. Halle/S. 1955. — 762. WOLF, N. R.: Althochdeutsch — Mittelhochdeutsch. Heidelberg 1981. — Vgl. 155, 165—166, 171, 175, 182, 202, 906, 923, 1091, 1113—1115, 1117, 1119.

Mittelhochdeutsch: 763. ASHER, J. A.: A Short Descriptive Grammar of Middle High German with Texts and Vocabulary. London 1967 [1968]. — 764. BOOR, H. DE— WISNIEWSKI, R.: Mittelhochdeutsche Grammatik. Berlin—New York 1978. — 765. EHRISMANN, O.—RAMGE, H.: Mittelhochdeutsch. Tübingen 1976. — 766. EIS, G.: Historische Laut- und Formenlehre des Mittelhochdeutschen. Halle/S. 1958. — 767. MAUSSER, O.: Mittelhochdeutsche Grammatik auf vergleichender Grundlage I—III. München 1933. — 768. METTKE, H.: Mittelhochdeutsche Grammatik. Laut- und Formenlehre. Halle/S. ²1967. — 769. MICHELS, V.: Mittelhochdeutsches Elementarbuch. Heidelberg ³/⁴1921.—770. PAUL, H.—GIERACH, E.—BEHAGHEL, O.—MITZKA, W.: Mittelhochdeutsche Grammatik. Tübingen ¹⁹1963, ²²1982. — 771. PAUL, H.—MOSER, H[UGO]—SCHRÖBLER, I.: Mittelhochdeutsche Grammatik. Tübingen ²⁰1969. — 772. PAUL, H.: Mittelhochdeutsche Grammatik. Bearb. v. S. GROSSE und P. WIEHL. Tübingen ²³1988. — 773. RICHEY, M. F.: Middle High German. Edinburgh 1952. — 774. WEINHOLD, K.—MOSER, H[UGO]: Kleine mittelhochdeutsche Grammatik. Wien ¹²1960. — 775. WRIGHT, J.—O'C. WALSHE, M.: Middle High German Primer. Oxford ⁵1955. — 776. ZUPITZA, J.—TSCHIRCH, F.: Einführung in das Studium des Mittelhochdeutschen. Jena ²⁰1960. — Vgl. 166, 683, 714, 747, 752, 762, 1091, 1114—1115, 1117.

Neuhochdeutsch: 777. ADMONI, V. G.: Der deutsche Sprachbau. Moskau—Leningrad ²1966, München ³1970, ⁴1982. — 778. ~: Die Entwicklungstendenzen des deutschen Satzbaus von heute. München 1973. — 779. BENWARE, W. A.: Phonetics and Phonology of Modern German. Washington 1986. — 780. BERGMANN, R.—PAULY, P.: Neuhochdeutsch. Göttingen ²1975.—781. BESCH, W.: Sprachlandschaften und Sprachausgleich im 15. Jh. München 1967. — 782. BRINKMANN, H.: Die deutsche Sprache. Düsseldorf 1962. — 783. BROOKE, K.: Introduction to Early New High German. London 1955. — 784. CURME, G. O.: A Grammar of the German Language. New York— Oxford ²1922. — 785. Duden. Grammatik der deutschen Gegenwartssprache. Hrsg. v. P. GREBE. Mannheim ²1959, 1984.— 786. EBERT, W. —FRINGS, TH.—GLEISSNER, K.— KÖTZSCHKE, R.—STREITBERG, G.: Kulturräume und Kulturströmungen im mitteldeutschen Osten. Halle/S. 1936. — 787. EGGERS, H.: Deutsche Sprache im 20. Jh. München 1973. — 788. ENGEL, U.: Deutsche Grammatik. Heidelberg 1988. — 789. ERBEN, J.: Abriß der deutschen Grammatik. Berlin 1958, ⁸1965. — 790. FLEISCHER, W.: Strukturelle Untersuchungen zur Geschichte des Neuhochdeutschen. Berlin 1966. — 791. ~: Wortbildung der deutschen Gegenwartssprache. Leipzig 1971. — 792. FRINGS, TH.: Die Grundlagen des Meißnischen Deutsch. Halle/S. 1936. — 793. GÖTZE, A.—VOLZ, H.: Frühneuhochdeutsches Lesebuch. Göttingen ⁴1958. — 794. GRIMM, J.: Deutsche Grammatik I—IV. Berlin 1870—1878. Gütersloh ²1890. — 795. GROSSE, R.: Die mitteldeutsch-niederdeutschen Handschriften des Schwabenspiegels in seiner

Kurzform. Berlin 1974. — 796. GUCHMANN, M. M.: Der Weg zur deutschen Nationalsprache I—II. Berlin 1964—1969. — 797. HOTZENKÖCHERLE, R.: Entwicklungsgeschichtliche Grundzüge des Neuhochdeutschen. In: WW. 12 [1962], 321 ff. — 798. MOSER, H[UGO]: Entwicklungstendenzen des heutigen Deutsch. In: ModSpr. 50 [1956], 213 ff. — 799. ~ — STOPP, H. (Hrsg.): Grammatik des Frühneuhochdeutschen I/1: SAUERBECK, K.: Vokalismus der Nebensilben I. Heidelberg 1970. — 800. ~—~ (Hrsg.): Grammatik des Frühneuhochdeutschen I/3: Beiträge zur Laut- und Formenlehre. Heidelberg 1978. — 801. MOSER, H[UGO] u. a. (Hrsg.): Grammatik des Frühneuhochdeutschen. 2. Beiträge zur Laut- und Formenlehre. Heidelberg 1987. — 802. ~ (Hrsg.): Grammatik des Frühneuhochdeutschen. Flexion der Pronomina und Numeralia. Bd. 7 von MARIA WALCH und SUSANNE HÄCKEL. Heidelberg 1988. — 803. MOSER, V.—KIENAST, R.: Frühneuhochdeutsche Grammatik I—III. Heidelberg 1929—1951. — 804. PASIERBSKY, F.: Deutsche Sprache im Reformzeitalter. Bearb. v. E. BÜCHLER und E. DIRKSCHNIEDER. 1—2. Tübingen 1988. — 805. PAUL, H.: Deutsche Grammatik I—V. Halle ⁵1958. — 806. PHILIPP, G.: Einführung ins Frühneuhochdeutsche. Sprachgeschichte, Grammatik, Texte. Heidelberg 1980. — 807. PIIRAINEN, I. T.: Graphematische Untersuchungen zum Frühneuhochdeutschen. Berlin 1968. — 808. PRIEBSCH, R.—COLLINSON, W. E.: The German Language. London ²1946. — 809. REICHMANN, O.: Deutsche Wortforschung. Stuttgart 1969. — 810. SCHIRMER, A.— MITZKA, W.: Deutsche Wortkunde. Berlin ⁵1965. — 811. SCHMIDT, J. (Hrsg.): Zum Sprachwandel in der deutschen Literatursprache des 16. Jahrhunderts. Berlin 1987. — 812. SCHMITT, L. E.: Untersuchungen zu Entstehung und Struktur der neuhochdeutschen Schriftsprache. Köln—Graz 1966 ff. — 813. SIEBS, TH.: Deutsche Aussprache. Hrsg. v. H. v. BOOR, H[UGO]MOSER und C. WINKLER. Berlin ¹⁹1969. — 814. STEPANOVA, M. D.—ČERNYŠEVA, I. I.: Lexikologie der deutschen Gegenwartssprache. Moskau 1975. — 815. WEISGERBER, L.: Von den Kräften der deutschen Sprache I—IV. Düsseldorf ²1953 ff. — 816. Zur Ausbildung der Norm in der deutschen Literatursprache (1470—1730). Berlin 1980—81. — Vgl. 37, 184, 502, 683, 917, 920, 924—926, 931, 1030—1031, 1039, 1042, 1091—1094, 1114—1115, 1117, 1120.

Wörterbücher: 816a. BENECKE, F.—MÜLLER, W.—ZARNCKE, F.: Mittelhochdeutsches Wörterbuch I—III. Leipzig 1854—1861. Neudruck: Hildesheim 1963. — 817. DORNSEIFF, F.: Der deutsche Wortschatz nach Sachgruppen. Berlin ⁶1965. — 818. DROSDOWSKI, G. (Hrsg.): Duden. Das große Wörterbuch der deutschen Sprache in 6 Bänden. Mannheim—Wien—Zürich 1976 ff. — 819. FRINGS, TH.—KARG-GASTERSTÄDT, E.— GROSSE, R.: Althochdeutsches Wörterbuch. Berlin 1952 ff. — 820. GÖTZE, A.: Frühneuhochdeutsches Glossar. Berlin ⁷1967. — 821. GRAFF, E. G.: Althochdeutscher Sprachschatz I—VII. Berlin 1834—1846. Neudruck: Darmstadt 1963. — 822. GRIMM, J.—GRIMM, W.: Deutsches Wörterbuch I—XIV. Leipzig—Berlin 1854—1971. —´ 823. KEMPCKE, G. u. a. (Hrsg.): Handwörterbuch der deutschen Gegenwartssprache 1—2. Berlin 1984. — 824. KLUGE, F.—MITZKA, W.: Etymologisches Wörterbuch der deutschen Sprache. Berlin ²⁰1967. — 825. LEXER, M.: Mittelhochdeutsches Handwörterbuch I—III. Leipzig ²1913. — 826. ~ — HENSCHEL, E.—KIENAST, R.: Mittelhochdeutsches Taschenwörterbuch. Stuttgart ³⁶1981. — 827. MACKENSEN, L.: Deutsches Wörterbuch. Baden-Baden ⁴1962. — 828. PAUL, H. ⟨— BETZ, W.⟩: Deutsches Wörterbuch. Tübingen ⁵1966. — 829. PEKRUN, R.—PLANATSCHER, F.: Das deutsche Wort. Frankfurt—Innsbruck—Paris—Brüssel—Lausanne 11. Aufl. [o. J.]. — 830. SCHÜTZEICHEL, R.: Althochdeutsches Wörterbuch. Tübingen 1969, ³1981. —831. SEHRT, E. H.—LENGER, W. K.: Notker-Wortschatz. Halle/S. 1955. — 831/a. SEHRT, E. H.: Notker-Glossar. Tübingen 1962. — 832. STARCK, T.—WELLS, J. C.: Althochdeutsches Glossenwörterbuch. Heidelberg 1975 ff. — 833. Trübners Deutsches Wörterbuch I—VIII. Berlin 1947—957. — 834. O'C. WALSHE, M.: A Concise German Etymological Dictionary. London 1951. — Vgl. 409, 748, 753, 755, 764, 770, 776, 838, 925, 960, 973, 976, 982, 1005, 1008, 1040—1042, 1047—1050.

Langobardisch: 835. BRUCKNER, W.: Die Sprache der Langobarden. Straßburg 1895. — 836. MEYER, C.: Sprache und Sprachdenkmäler der Langobarden. Paderborn 1877. — 837. SABATINI, F.: Riflessi linguistici della dominazione longobarda nell'Italia mediana e meridionale. Florenz 1963. — 838. SCHRÖBLER, J.: Langobardisch-deutsches Glossar. In: F. BEYERLE: Die Gesetze der Langobarden. Weimar 1947, 497 ff. — Vgl. 153, 155, 157, 160, 166, 171, 178, 207, 209, 923, 1113, 1115, 1120.

Pennsilfaanisch: 838/a. BEAM, C. R.: Pennsylvania German Dictionary. English to Pennsylvania German. Lancaster, Pa. 1985. — 839. BUFFINGTON, A. F.—BARBA, P. A.: Pennsylvania German Grammar. Allentown 1954. — 839/a. FREY, J. W.: Pennsylvania Dutch Grammar. Lancaster, Pa. 1950. — 839/b. KEHR, K.: „Pennsylvaniadeutsch" außerhalb von Pennsylvania (U.S.A.). In: ENNINGER, W. u.a. (Hrsg.): Internal and External Perspectives on Amish and Mennonite Life 2. Essen 1986, S. 124 ff. — 839/c. KLOSS, H. (Hrsg.): Deutsch als Muttersprache in den Vereinigten Staaten. II. Stuttgart 1985. — 839/d. LAMBERT, M. B.: Pennsylvania German Dictionary. Exton, Pa. 1924. Neudruck: 1977. — 839/e. SEEL, H.: Lexikologische Studien zum Pennsylvaniadeutschen. Stuttgart 1988. — 840. SNADER, H.: The English-Pennsylvania Dutch Dictionary. Reading, Pa. 1965. — 841. REED, C. E.—SEIFERT, L. W.: A Linguistic Atlas of Pennsylvania German. Marburg 1954. — 842. SPRINGER, O.: The Study of the Pennsylvania German Dialect. In: JEGP. 42 [1943], 1 ff. — 842/a. VEITH, W. H.: Pennsylvaniadeutsch. Ein Beitrag zur Entstehung von Siedlungsmundarten. In: ZfMaf 35 [1968], S. 254 ff. — Vgl. 912, 927, 1086, 1091, 1117—1120.

Jiddisch. — *Geschichte, Sprachgeschichte:* 843. BERANEK, F. J.: Jiddisch. In: 1117, ²I, Sp. 1555 ff. Berlin 1952. — 844. BIHARI, J.: Zur Erforschung des slawischen Bestandteils des Jiddischen. In: ALH. 19 [1969], 157 ff. — 845. BIN-NUN, J.: Jiddisch und die deutschen Mundarten unter Berücksichtigung des ostgalizischen Jiddisch. Tübingen 1973. — 846. FISCHER, J.: Das Jiddische und sein Verhältnis zu den deutschen Mundarten. Leipzig 1936. — 847. FISHMAN, J. A. (Hrsg.): Never say die! A 1000 Years of Yiddish in Jewish Life and Letters. Den Haag—Paris—New York 1981. — 848. GRÜNBAUM, M.: Jüdischdeutsche Chrestomathie. Leipzig 1882. — 849. HEIDE, M. G.: Graphematisch-phonematische Untersuchungen zum Altjiddischen. Der Vokalismus. Bern—Frankfurt/M. 1974. — 850. LANDMANN, S.: Jiddisch. Das Abenteuer einer Sprache. Freiburg/B. 1962, ²1970. — 851. LÖTZSCH, R.: Slawische Elemente in der grammatischen Struktur des Jiddischen. In: Zsr. f. Slawistik 19 [1974], 446 ff. — 852. MIESES, M.: Die jiddische Sprache. Eine historische Grammatik. Berlin—Wien 1924. — 853. SIMON, B.: Jiddische Sprachgeschichte. Frankfurt 1988. — 854. WEINREICH, M.: Yidishkayt and Yiddish: On the Impact of Religion on Language in Ashkenazic Jewry. In: M. M. Kaplan-Festschrift. New York 1953, 481 ff. — 855. ~: [Geshikte fun der yidisher shprakh. Bagrifn, faktn, metodn]1—4. New York 1973 ⟨Engl.:⟩ History of the Yiddish Language. Chicago—London 1980. — Vgl. 1030, 1033, 1043, 1060, 1086, 1091, 1117, 1120.

Grammatik: 856. BERANEK, F. J.: Westjiddischer Sprachatlas. Marburg 1965. — 857. BIRNBAUM, S. A.: Yiddish. Toronto—Buffalo 1979. ⟨Dt.:⟩ Die jiddische Sprache. Hamburg 1974. — 858. ~: Praktische Grammatik der jiddischen Sprache für den Selbstunterricht. Wien—Leipzig 1915, Nachdruck ⁴1984. — 859. HERZOG, M.: The Yiddish Language in Northern Poland. Its Geography and History. New York 1965. — 860. MARK, Y.: [Gramatik fun der yidisher klal-shprakh]. New York 1978. — 861. SCHAECHTER, M.—WEINREICH, M.: [Yidisher ortografisher vegvayzer]. New York 1961. — 862. VILENKIN, L.: [Yidisher shprakhatlas fun Sovetnfarband]. Minsk 1931. — 863. WEINBERG, W.: Die Reste des Jüdischdeutschen. Stuttgart 1969. — 864. WEINREICH, U.: College Yiddish. New York ⁵1971. — 865. WEISSBERG, J.: Jiddisch. Eine Einführung. Bern—Frankfurt 1988.

Wörterbücher: 866. HARKAVY, A.: [Yidish-english-hebreisher verterbukh]. New York ²1928. — 867. JOFFE, J. A.—MARK, Y.: [Groyser verterbukh fun der yidisher shprakh I ff.]. New York 1961 ff. — 868. SHAPIRO, M. A.—SPIVAK, I. G.—SCHULMANN, M. J.: Русско-еврейский (идиш) словарь. Moskau 1984. — 869. STRACK, H. L.: Jüdisches Wörterbuch. Leipzig 1916. — 870. STUTSHKOV, N.: [Der oytser fun der yidisher shprakh]. New York 1950. — 871. WEINREICH, U.: Modern English-Yiddish, Yiddish-English Dictionary. New York 1968. — 872. WOLF, S. A.: Jiddisches Wörterbuch. Mannheim 1962. — Vgl. 844, 850—851.

Bibliographie: 873. WEINREICH, U.—WEINREICH, B.: Yiddish Language and Folklore. A Selective Bibliography for Research. Den Haag 1959. — Vgl. 1117.

5. Sprachschichtung im Englischen und im Deutschen

Mundarten. — *Allgemeine Dialektologie, Sprachgeographie:* 874. CHAMBERS, J. K.— TRUDGILL, P.: Dialectology. Cambridge 1980. — 875. COSERIU, E.: La geografía lingüística. Montevideo 1956. — 876. DAUZAT, A.: La géographie linguistique. Paris 1948. — 877. GOOSSENS, J.: Strukturelle Sprachgeographie. Eine Einführung in Methodik und Ergebnisse. Heidelberg 1969. — 878. HARD, G.: Zur Mundartgeographie. Ergebnisse, Methoden, Perspektiven. Düsseldorf 1966. — 879. HENZEN. W.: Schriftsprache und Mundarten. Bern ²1954. — 880. HUTTERER, C. J.: La geografía lingüística y la dialectología. Montevideo 1965. — 881. ∼: Sieben Thesen zur Dialektforschung. In: ALH. 18 [1968], 279 ff. — 882. PETYT, K. M.: The Study of Dialect: an Introduction to Dialectology. London 1980. — 883. POP, S.: La dialectologie. Löwen 1950. — 884. SCHMITT, L. E. (Hrsg.): Germanische Dialektologie I—II. Wiesbaden 1968. — 885. Sprachatlanten. Bericht über sprachgeographische Forschungen. Wiesbaden 1969. — 886. WEINREICH, U.: Is a Structural Dialectology Possible? In: Word 10 [1954], 388 ff. — Vgl. 9, 11, 14, 21, 29—30, 52, 121, 166, 656, 693, 841, 912, 924, 926, 943, 968, 1030—1033, 1039, 1043, 1091.

Englische Mundarten: 887. BROOK, G. L.: English Dialects. London 1963. — 888. KURATH, H.: A Handbook of the Linguistic Geography of New England. Providence 1939. — 889. ∼: The Linguistic Atlas of New England I—III. Providence 1939—1943. — 890. ∼: A Word Geography of the Eastern United States. Ann Arbor 1949. — 891. McDAVID, R. I.: Varieties of English. Stanford 1980. — 892. MEECH, S. B.—WHITEHALL, H.: Middle English Dialect Characteristics and Dialect Boundaries. Michigan 1935. — 893. O'DONNELL, W. R.—TODD, L.: Variety in Contemporary English. London 1980. — 894. ORTON, H.—HALLIDAY, W. J.: Survey of English Dialects I—II. Leeds 1962. — 895. ORTON, H.—WRIGHT, N.: A Word Geography of England. London—New York—San Francisco 1974. — 896. ORTON, H.—SANDERSON, S.— WIDDOWSON, J. (Hrsg.): The Linguistic Atlas of England. London 1978. — 897. SKEAT, W. W.: English Dialects from the 8th Century to the Present Day. Cambridge 1911. — 898. SUTHERLAND, J.: The Oxford Book of English Talk. Oxford 1953. — 899. WRIGHT, J.: The English Dialect Dictionary I—VI. London 1898—1905, Oxford ²1961. — 900. ∼: The English Dialect Grammar. Oxford 1905. — Vgl. 514, 1043.

Deutsche Mundarten: 901. BACH, A.: Deutsche Mundartforschung. Heidelberg ²1950. — 902. BESCH, W.—KNOOP, U.—PUTSCHKE, W.—WIEGAND, H. E. (Hrsg.): Dialektologie. Ein Handbuch zur deutschen und allgemeinen Dialektforschung. 1—2. Berlin—New York 1982—83. — 903. BOHNENBERGER, K.: Die alemannische Mundart. Tübingen 1953. — 904. BRETSCHNEIDER, A.: Deutsche Mundartenkunde. Marburg/L. 1934. — 905. ENGELS, F.: Der fränkische Dialekt. In: K. MARX—F. ENGELS: Werke 19. Berlin 1962. — 906. FRANCK, J.: Altfränkische Grammatik. Laut- und Flexionslehre. Göttingen 1909. — 907. HUTTERER, C. J.: Grundsätzliches zur Sprachinselforschung. In: PBB/H. 85 [1963], 177 ff. — 908. ∼: Mischung, Ausgleich und Überdachung in den deutschen Sprachinseln des Mittelalters. In: Verhandlungen des II. Int. Dialektologenkongresses I. Wiesbaden 1967, 399 ff. — 909. KAUFFMANN, F.: Geschichte der schwäbischen Mundart. Straßburg 1899. — 910. KELLER, R.: German Dialects. Manchester 1961. — 911. KLEIBER, W. u. a. (Hrsg.): Historischer südwestdeutscher Sprachatlas 1—2. Bern—München 1979. — 912. KLEIN, K. K.: Transsylvanica. München 1963. — 913. LÖFFLER, H.: Probleme der Dialektologie. Darmstadt 1974, ²1980. — 914. LEOPOLD, W. F.: The Decline of German Dialects. Word 15 [1959], 130 ff. — 915. MATTHEIER, K. J.: Pragmatik und Soziologie der Dialekte. Heidelberg 1980. — 916. MITZKA, W.: Handbuch zum Deutschen Sprachatlas. Marburg 1952. — 917. ∼ — SCHMITT, L. E.: Deutscher Wortatlas. Marburg 1951 ff. — 918. NIEBAUM, H.: Dialektologie. Tübingen 1983. — 919. PFALZ, A.: Grundsätzliches zur deutschen Mundartenforschung. Wien 1925. — 920. REIS, H.: Die deutschen Mundarten. Berlin ²1950. — 921. RUSS, CH.: The Dialects of Modern German. London 1988. — 922. SCHÄFER, P.—VEITH, W. H.: Die Kartenthemen der Lautatlanten. Tübingen 1988. — 923. SCHATZ, J.: Altbairische Grammatik. Laut- und Flexionslehre. Göttingen 1907. — 924. SCHIRMUNSKI, V.: Deutsche Mundartkunde. Berlin 1962. — 925. SCHMITT, L. E. (Hrsg.): Deutsche Wortforschung in europäischen Bezügen 1 ff. Gießen 1958 ff. — 926. SCHWARZ, E.: Die deutschen Mundarten. Göttingen 1950. — 927. SCHWOB, A.: Wege und Formen des Sprachausgleichs in neuzeitlichen ost- und südostdeutschen Sprachinseln. München 1971. — 928. VEITH, W. H.—PUTSCHKE, W.—HUMMEL, L. (Hrsg.): Kleiner deutscher Sprachatlas 1—2. Marburg/L.—Tübingen 1984—1987. — 929. WAGNER, K.: Die Gliederung der deutschen Mundarten. Begriffe und Grundsätze. Wiesbaden 1954. — 930. WREDE, F.: Kleine Schriften. Marburg 1963. — 931. ~ — MARTIN, B.—MITZKA, W.—SCHMITT, L. E.: Deutscher Sprachatlas. Marburg 1926 ff. — 932. WIESINGER, P.—RAFFIN, E.: Bibliographie der deutschen Dialekte. Laut-, Formen-, Wortbildungs- und Satzlehre 1800 bis 1980. Bern—Frankfurt/M. 1982. — 933. ZWIRNER, E.—ZWIRNER, K.: Grundfragen der Phonometrie. Berlin 1936. — 934. ZWIRNER, E.: Deutsches Spracharchiv 1932—1962. Münster/Westf. 1962. — 935. ~ (Hrsg.): Lautbibliothek der deutschen Mundarten. Göttingen 1957 ff. — Vgl. 155, 503, 677—679, 686, 688, 690, 693, 716, 841, 846, 954, 960, 972, 977, 1031, 1039, 1091, 1117, 1120.

Regionale Umgangssprachen. — *Schottisch:* 936. AITKEN, A. J. (Hrsg.): Lowland Scots. Edinburgh 1973. — 937. ~ — MCDIARMID, M. P.—THOMSON, D. S. (Hrsg.): Bards and Makars: Scottish Language and Literature, Medieval and Renaissance. Glasgow 1977. — 938. ~ — MCARTHUR, T. (Hrsg.): Languages of Scotland. Edinburgh 1979. — 939. GRAHAM, W.: The Scots Word Book. Edinburgh 1977. — 940. GRANT, W.: The Scottish National Dictionary. Edinburgh 1952. — 941. ~ — DIXON, J. M.: Manual of Modern Scots. Cambridge 1927. — 942. MATHER, J. Y.—SPEITEL, H. H. (Hrsg.): The Linguistic Atlas of Scotland: Scots Section. 1 ff. Hartford 1975 ff. — 943. MCINTOSH, A.: An Introduction to a Survey of Scottish Dialects. Edinburgh 1952. — 944. ROBINSON, M.: The Concise Scots Dictionary. Aberdeen 1985. — Vgl. 514,898— 899, 984.

Englisch in Irland und Wales: 945. BLISS, A.: Spoken English in Ireland, 1600—1740. Dublin 1979. — 946. HOGAN, J. J.: The English Language in Ireland. Dublin 1927. — 947. JOYCE, P. W.: English As We Speak It in Ireland. London ²1920. — 948. O MUIRITHE, D. (Hrsg.): The English Language in Ireland. Dublin 1977. — 949. TRUDGILL, P. (Hrsg.): Language in the British Isles. Cambridge 1984. — Vgl. 514, 984—986.

Deutsch in Österreich: 950. EBNER, J.: Wie sagt man in Österreich? Wörterbuch der österreichischen Besonderheiten. Mannheim—Wien—Zürich 1969. — 951. HUTTERER, C. J.—KAINZ, W.—WALCHER, E.: Weststeirisches Wörterbuch. Grammatik und Wortschatz nach Sachgruppen. Wien—Köln—Graz 1987. — 952. JUTZ, L.: Vorarlbergisches Wörterbuch. Wien 1955 ff. — 953. KOEKKOEK, B. J.: Zur Phonologie der Wiener Mundart. Gießen 1955. — 954. KRANZMAYER, E.: Historische Lautgeographie des gesamtbairischen Dialektraumes. Wien 1956. (Vgl. dazu die Stellungnahme in ALH. 9 [1959], 335 ff.). — 955. KRETSCHMER, P.: Wortgeographie der hochdeutschen Umgangssprache. Göttingen 1918, ²1969. — 956. Österreichisches Wörterbuch. Wien ³⁵1979. — 957. RIZZO-BAUR, H.: Die Besonderheiten der deutschen Schriftsprache in Österreich und in Südtirol. Mannheim 1962. — 958. SCHATZ, J. ⟨— FINSTERWALDER, K.⟩: Wörterbuch der Tiroler Mundarten I—II. Innsbruck 1955—1956. — 959. SCHIKOLA, H.: Schriftdeutsch und Wienerisch. Wien 1954. — 960. SCHMELLER, J. A.: Bayerisches Wörterbuch I—II. München ²1872—1877. Neudruck: Aalen 1966. — 961. SCHUSTER, M.—SCHIKOLA, H.: Sprachlehre der Wiener Mundart. Wien 1956. — 962. UNGER, TH.—KHULL, F.: Steirischer Wortschatz als Ergänzung zu Schmellers Bayerischem Wörterbuch. Graz 1903. Neudruck: Wiesbaden 1968. — 963. WALLS, F. G.: Der Dialekt der Wiener Grundschicht und die neuere Wiener Mundartdichtung. Bern—Frankfurt/M. 1976. — 964. WEHLE, P.: Sprechen Sie Wienerisch? Wien—Heidelberg 1980. — 965. WIESINGER, P. (Hrsg.): Das österreichische Deutsch. Wien—Köln—Graz 1988. — 966. Wörterbuch der bairischen Mundarten in Österreich (WÖB) 1 ff. Wien 1963 ff., 1970 ff. — Vgl. 693, 901, 917—924, 926, 931—932, 1043, 1047, 1051.

Schwyzertüütsch: 967. HOTZENKÖCHERLE, R.: Sprachatlas der deutschen Schweiz. Bern 1962 ff. — 968. ~: Einführung in den Sprachatlas der deutschen Schweiz. Bern 1962. — 969. ~: Die Sprachlandschaften der deutschen Schweiz. Aarau—Frankfurt—Salzburg 1984. — 970. LÖTSCHER, A.: Schweizerdeutsch. Geschichte, Dialekte, Gebrauch. Frauenfeld—Stuttgart 1983. — 971. PANIZZOLO, P.: Die schweizerische Variante des Hochdeutschen. Marburg 1982. — 972. SCHWARZENBACH, R.: Die Stellung der Mundart in der deutschsprachigen Schweiz. Frauenfeld 1969. — 973. Schweizerisches Idiotikon. Wörterbuch der schweizerdeutschen Sprache. Frauenfeld 1881 ff. —

974. STUCKI, K.: Schweizerdeutsch. Abriß einer Grammatik mit Laut- und Formenlehre. Zürich 1921. — 975. WEBER, A.: Zürichdeutsche Grammatik. Zürich 1948. — 976. ∼ — BÄCHTOLD, J. M.: Zürichdeutsches Wörterbuch für Schule und Haus. Zürich ²1968. — 977. WEINHOLD, K.: Alemannische Grammatik. Berlin 1863. — Vgl. 409, 411, 693, 901—903, 920, 924, 926, 931, 1043, 1051, 1091.

Letzeburgisch: 978. BRUCH, R.: Grundlegung einer Geschichte des Luxemburgischen I—III. Luxemburg 1953—1954. — 979. HESS, J.: Die Sprache der Luxemburger. Luxemburg 1953—1954. — 980. HOFFMANN, F.: Geschichte der Luxemburger Mundartdichtung I—II. Luxemburg 1964—1967. — 981. ∼: Sprachen in Luxemburg. Wiesbaden 1979. — 982. Luxemburger Wörterbuch 1—4. Luxemburg 1950—1975. — 983. SCHMITT, L. E. (Hrsg.): Luxemburgischer Sprachatlas. Marburg 1963. — Vgl. 155, 693, 901—903, 912, 917, 920, 924, 926, 931, 1043, 1051, 1091.

Das Englische in Übersee. — *Zusammenfassende Darstellungen:* 984. BELJAJEVA, T. M. — POTAPOVA, I. A.: Английский язык за пределами Англии. Leningrad 1961. — 985. HERMAN, L.—HERMAN, M. S.: Manual of Foreign Dialects. New York 1943. — 986. TRUDGILL, P.—HANNAH, J.: International English: a Guide to Varieties of Standard English. London 1982. — Vgl. 514, 1086.

Die Vereinigten Staaten und Kanada: 987. BERREY, L. V.—BARK, M. VAN DEN: The American Thesaurus of Slang. New York 1953. — 988. BLOOMFIELD, L.: Canadian English. In: JEGP. 1948. — 989. CHAMBERS, J. K. (Hrsg.): Canadian English: Origins and Structures. Toronto 1975. — 990. CRAIGIE, W.: The Growth of American English I—II. Oxford 1940. — 991. ∼ — HULBERT, J. R.: A Dictionary of American English on Historical Principles I—IV. Chicago 1938—1944. — 992. DILLARD, J. L.: All-American English: A History of the English Language in America. New York 1975. — 993. ∼ (Hrsg.): Perspectives on American English. Den Haag 1980. — 994. FERGUSON, CH. A.—HEATH, S. B. (Hrsg.): Language in the USA. New York—Cambridge 1981. — 995. FRANCIS, W. N.: The Structure of American English. New York 1958. — 996. FRIES, C.: American English Grammar. New Haven—London 1940. — 997. GALINSKY, H.: Die Sprache des Amerikaners. Heidelberg 1948, I—II: ²1951—1952. — 998. KRAPP, G. P.: The English Language in America I—II. New York ²1960. — 999. KURATH, H.: The Pronunciation of English in the Atlantic States. Ann Arbor 1960. — 1000. MARCHWARDT, A. H.: American English. New York 1958. — 1001. MATTHEWS, M. M.: Americanisms. A Dictionary of Selected Americanisms on Historical Principles. Chicago—London 1966. — 1002. MCCONNELL, R. E.: Our Own Voice: Canadian English and How it is Studied. Toronto 1979. — 1003. MENCKEN, H. L.: The American Language. New York ⁴1962. — 1004. ONESTI, N. F.: L'inglese d'America. Florenz 1980. — 1005. PFEFFER, J. A.: Deutsches Sprachgut im Wortschatz der Amerikaner und Engländer. Tübingen 1987. — 1006. SAUER, W.: American English Pronunciation. Heidelberg 1988. — 1007. SCARGILL, M. H.: A Short History of Canadian English. Victoria 1977. — 1008. SCHÖNFELDER, K. H.: Deutsches Lehngut im amerikanischen Englisch. Halle/S. 1957. — 1009. SCHWEIZER, A. D.: Очерк современного английского языка в США. Moskau 1963. — 1010. WENTWORTH, H.—FLEXNER, S. B.: Dictionary of American Slang. New York 1960, ⁵1972. — Vgl. 21, 514, 888—890, 984—986, 1036.

Südafrika: 1011. BEETON, D. R.—DORNER, H.: A Dictionary of English Usage in Southern Africa. Kapstadt—Oxford 1975. — 1012. BRANFORD, J.: A Dictionary of South African English. Kapstadt—Oxford 1978. — 1013. HOPWOOD, D.: South African English Pronunciation. Kapstadt 1928. — 1014. LANHAM, L. W.—MAC DONALD, C. A.: The Standard in South African English and its Social History. Heidelberg 1979. — 1015. PETTMANN, C.: Africanderisms. A Glossary of South African Colloquial Words and Phrases. London 1913. — Vgl. 514, 984—986.

Australien und Neuseeland: 1016. BAKER, S. J.: New Zealand Slang. London 1940. — 1017. ∼: The Australian Language. Sydney—London 1945, Melbourne ²1976. — 1018. HORNADGE, B.: The Australian Slanguage. North Ryde 1980. — 1019. JOHNSTON, G. (Hrsg.): The Australian Pocket Oxford Dictionary. Melbourne—London 1976. — 1020. ORSMAN, H. W. (Hrsg.): Heinemann New Zealand Dictionary. Auckland 1979. — 1021. RAMSON, W. S.: Australian English. Canberra 1966. — 1022. TURNER, G. W.:

The English Language in Australia and New Zealand. London 1966. — 1023. WILKES G. A.: A Dictionary of Australian Colloquialisms. London 1978. — Vgl. 514, 984—986

Philippinen und Ozeanien: 1024. PLATT, J.—WEBER, H.: English in Singapore and Malaysia: Status, Features, Functions. Kuala Lumpur—Oxford 1980. — Vgl. 514 984—986.

Indien und Pakistan: 1025. NIHALANI, P. u. a.: Indian and British English: A Handbook of Usage and Pronunciation. Delhi 1979. — Vgl. 514, 984—986.

Soziolekte. — *Zusammenfassende Darstellungen:* 1026. BARBER, B.: Social Stratification. New York 1957. — 1027. CLYNE, M. G.: Language and Society in the German-Speaking Countries. Cambridge—New York—Melbourne 1984. — 1028. DAHLSTEDT, K.-H.: The Dilemmas of Dialectology. In: HREIN BENEDIKTSSON (Hrsg.): The Nordic Languages and Modern Linguistics. Reykjavík 1970, 158 ff. — 1029. EICHHOFF, J.: Wortatlas der deutschen Umgangssprachen 1—2. Bern—München 1977—78. — 1030. FISHMAN, J. A. (Hrsg.): Readings in the Sociology of Language. Den Haag—Paris 1968. — 1031. GROSSE, R.—HUTTERER, C. J.: Hochsprache und Mundart in Gebieten mit fremdsprachigen Bevölkerungsteilen. Berlin 1961. — 1032. GUMPERZ, J. J.: Language in Social Groups. Selected and Introduced by A. S. DIL. Stanford 1971. — 1033. HUTTERER, C. J.: Sprachschichtung und Sprachnorm. In: Annales Univ. Scient. Budapestinensis I [1970], 7 ff. — 1034. ~: Der Dialekt als diatopische und diastratische Einheit. In: WIESINGER, P. (Hrsg): Beiträge zur bairischen und ostfränkischen Dialektologie. Göppingen 1984, 1 ff. — 1035. HYMES, D.—GUMPERZ, J. J. (Hrsg.): Directions in Sociolinguistics: The Etnography of Communication. New York 1970. — 1036. LABOV, W.: The Social Stratification of English in New York City. Washington, D.C. 1966. — 1037. LÖFFLER, H.: Germanistische Soziolinguistik. Berlin 1985. — 1038. RONA, J. P.: A Structural View of Sociolinguistics. In: GARVIN, P. (Hrsg.): Method and Theory in Linguistics. Den Haag—Paris 1970. — 1039. KLAPPENBACH, R.—STEINITZ, W.: Wörterbuch der deutschen Gegenwartssprache. Berlin 1961 ff. — 1040. KÜPPER, H.: Wörterbuch der deutschen Umgangssprache. Hamburg ²1956. — 1041. ~: Handliches Wörterbuch der deutschen Alltagssprache. Hamburg 1968. — 1042. MITZKA, W. (Hrsg.): Wortgeographie und Gesellschaft. Berlin 1968. — 1043. SCHIRMUNSKI, V.: Национальный язык и социальные диалекты. Leningrad 1936. — Vgl. 1, 20—22, 29, 53, 693, 879, 901, 912, 916, 927, 955, 1060, 1091, 1115, 1120.

Slang: 1044. DAUZAT, A.: Les Argots, caractères, évolution, influence. Paris 1929, ²1956. — 1045. GUIRAUD, P.: L'Argot. Paris 1958. — 1046. PARTRIDGE, E.: A Dictionary of Slang and Unconventional English from the 15th Century to the Present Day. London 1949. — Vgl. 21, 514, 901, 987, 1010, 1016.

Rotwelsch: 1047. BURNADZ, J. M.: Die Gaunersprache der Wiener Galerie. Lübeck ²1966. — 1048. KLUGE, F.: Rotwelsch. Berlin—New York 1987. — 1049. WEHLE, P.: Die Wiener Gaunersprache. Wien—München o. J. [1977]. — 1050. WOLF, S. A.: Wörterbuch des Rotwelschen. Mannheim 1956. — Vgl. 21, 693, 901, 1091, 1120.

Cockney: 1051. BARLTROP, R.—WOLVERIDGE, J.: The Muvver Tongue. London 1980. — 1052. CHAMBERS, R. W.—DAUNT, M.: A Book of London English (1384—1425). London 1931. — 1053. MACKENZIE, B. A.: The Early London Dialect. Oxford 1928. — 1054. WRIGHT, P.: Cockney Dialect and Slang. London 1981. — Vgl. 514.

Berlinisch: 1055. DITTMAR, N.—SCHLOBINSKI, P. (Hrsg.): Wandlungen einer Stadtsprache. Berlinisch in Vergangenheit und Gegenwart. Berlin 1988. — 1056. LASCH, A.: Geschichte der Schriftsprache in Berlin bis zur Mitte des 16. Jahrhunderts. Dortmund 1910. — 1057. ~: „Berlinisch". Eine berlinische Sprachgeschichte. Berlin 1928. — 1058. SCHILDT, J.—SCHMIDT, H.: Berlinisch. Berlin 1986. — Vgl. 693, 901, 920, 924, 926, 931, 935, 1120.

Mischsprachen. — *Allgemeines Schrifttum:* 1059. SAMARIN, W. J.: Lingua Francas of the World. In: RICE, F. A. (Hrsg.): Study of the Role of Second Languages in Asia, Africa and Latin America. Washington, D.C. 1962, 54 ff. — 1060. WEINREICH, U.: Languages in Contact. New York 1953. ⟨auch dt.⟩ — Vgl. 11, 21, 29, 31, 52—53, 154, 984, 1030, 1086, 1120.

Hybride Sprachen: 1061. CHURCHILL, E.: Beach-la-Mar. The Jargon of Trade Speech of the Western Pacific. Washington 1911. — 1062. HALL, R. A. jr.: Melanesian Pidgin English. Baltimore 1943. — 1063. ∼: Hands Off Pidgin English. Sydney 1955. — 1064. ∼: The Life Cycle of Pidgin Languages. In Lingua 11 [1962], 151 ff. — 1065. HOLM, J. A.: Pidgins and Creoles. Cambridge 1988. — 1066. MÜHLHÄUSLER, P.: Growth and Structure of the Lexicon of New Guinean Pidgin. Canberra 1979. — 1067. SAYERS, E. S.: Pidgin English. Toronto 1039. — Vgl. 514, 984, 1030, 1059.

Kreolsprachen: 1068. DE JONG, J. P. B. J.: Het huidige Negerhollandsch. Amsterdam 1926. — 1069. HALL, R. A. jr.: The Linguistic Structure of Taki-Taki. In: Anglia 24 [1948]. — 1070. ∼: Sostrato e lingue creole. In: Archivo glottologico italiano 40 [1955], 1 ff. — 1071. LE PAGE, R. B.: General Outlines of Creole English Dialects in the British Caribbean. In: Orbis 6 [1957], 373 ff. — 1072. SCHUCHARDT, H.: Englisches Kreolisch. In: Englische Studien 12 [1891], 470 ff. — 1073. TAYLOR, D.: New Languages for Old in the West Indies. In: Comp. Studies in Society and History 3 [1961], 277 ff. — 1074. VALDMAN, A.—HIGHFIELD, A. (Hrsg.): Theoretical Orientations in Creole Studies. New York—London 1980. — Vgl. 21, 29, 984, 1030, 1059.

Englisch als Welthilfssprache: 1075. OGDEN, C. K.: Basic English. A General Introduction with Rules and Grammar. London 1930. — 1076. RICHARDS, I. A.: Basic English and Its Uses. London 1943. — Vgl. 37, 514.

Germanisch in den Welthilfssprachen: 1077. DEGEN, A.: Esperanto nach dem *Fundamento* von Dr. Zamenhof. Leipzig 1927. — 1078. KIRCHHOFF, A.: Volapük. Halle/S. 1887. — 1079. RONAI, P.: Der Kampf gegen Babel. München 1969. — Vgl. 37.

V. DIE STRUKTURMERKMALE DER GERMANISCHEN SPRACHEN

1080. ADMONI, V. G.: Историко-типологическая морфология германских языков. Moskau 1978. — 1081. ANDREOTTI SAIBENE, M. G.—COMETTA, M.: Dal germanico alle lingue germaniche. Mailand 1981. — 1082. ARAKIN, V. D.: Сравнительная типология английского и русского языков. Leningrad 1979. — 1083. DEZSŐ, L.—HAJDÚ, P. (Hrsg.): Theoretical Problems of Typology and the Northern Eurasian Languages. Budapest 1970. — 1084. HAARMANN, H.: Aspekte der Arealtypologie. Tübingen 1976. — 1085. IVANOV, V. V.: Типология и сравнительно-историческое языкознание. In: Vja. 5 [1958], 34 ff. — 1086. KLOSS, H.: Die Entwicklung neuer germanischer Kultursprachen von 1800 bis 1950. München 1952, Düsseldorf ²1978. — 1087. LEWY, E.: Kleine Schriften. Berlin 1961. — 1088. SCHIRMUSKI, V.: Die gemeinsamen Tendenzen in der Lautentwicklung der germanischen Sprachen. In: ZfAA. 14 [1966], 5 ff. — 1089. WEIJNEN, A. u. a (Hrsg.): Atlas Linguarum Europae ⟨ALE⟩. Introduction. 1. Questionnaire. Assen 1975—76; 2. Questionnaire. Assen 1979. — 1090. WEINREICH, U.: On the Compatibility of Genetic Relationship and Convergent Development. In: Word 14 [1958], 374 ff. — Vgl. 11, 37, 60—65, 97, 166, 175, 178, 180, 199, 203—204, 409, 411, 501—502, 713, 798—799, 924.

VI. STUDIENFÜHRER UND NACHSCHLAGEWERKE

1091. AGRICOLA, E.—FLEISCHER, W.—PROTZE, H. (Hrsg.): Kleine Enzyklopädie: Die deutsche Sprache I—II. Leipzig 1969—1970. — 1092. ALTHAUS, H. P.—HENNE, H.—WIEGAND, H. E. (Hrsg.): Lexikon der germanistischen Linguistik. Tübingen ²1980. — 1093. BERGMANN, R.: Einführung in die deutsche Sprachwissenschaft. Heidelberg 1981. — 1094. BOGORODICKIJ, V. A.: Введение в изучение современных романских и германских языков. Moskau 1953. — 1095. DOLCETTI CORAZZA, V.: Introduzione alla filologia germanica. Turin 1979. — 1096. DRESCH, J.: Guide de l'étudiant germaniste. Paris 1945. — 1097. FLEISCHER, W.—HARTUNG, W.—SCHILDT, J.—SUCHSLAND, P. (Hrsg.): Kleine Enzyklopädie: Deutsche Sprache. Leipzig 1983. — 1098. FUCHS, A.: Initiation à l'étude de la langue et de littérature allemandes modernes. Paris ²1948. — 1099. GROSS, H.: Einführung in die germanische Linguistik. München 1988. — 1100. HEIDOLPH, K. E.—FLÄMIG, W.—MOTSCH, W. (Hrsg.): Grundzüge einer deutschen Grammatik. Berlin 1981. — 1101. HOOPS, J.—JAHNKUHN, H. (Hrsg.:

Reallexikon der Germanischen Altertumskunde I/1. Berlin ²1968. — 1102. KOLBE, J. (Hrsg.): Ansichten einer künftigen Germanistik. [München ²1969]. — 1103. KÖNIG, W.: dtv-Atlas zur deutschen Sprache. Tafeln und Texte. München ⁴1978. — 1104. KÜHNEL, J.: Grundkurs Historische Linguistik. Materialien zur Einführung in die germanisch-deutsche Sprachgeschichte. Göppingen 1975. — 1105. LEYEN, F. v. D.: Deutsche Philologie. Eine Einführung in ihr Studium. Stuttgart 1952. — 1106. MOLINARI, M. V.: La filologia germanica. Bologna 1980. — 1107. MÜLLER-SCHWEFE, G.: Einführung in das Studium der englischen Philologie. Tübingen ²1968. — 1108. NEWALD, R.: Einführung in die Wissenschaft der deutschen Sprache und Literatur. Lahr ²1949. — 1109. ~ — RISTOW, B.: Sachwörterbuch zur deutschen Philologie. Lahr 1954. — 1110. PAUL, H. (Hrsg.): Grundriß der germanischen Philologie I—III. Straßburg 1891 ff., ²1900—1909. — 1111. PISANI, V.: Introduzione allo studio delle lingue germaniche. Turin ⁴1962 — 1112. SCARDIGLI, P.: Filologia germanica. Florenz 1964, ²1971. — 1113. SCHIRMUNSKI, V.: Введение в сравнительно-историческое изучение германских языков. Moskau—Leningrad 1964. — 1114. SCHMITT, L.E. (Hrsg.): Kurzer Grundriß der germanischen Philologie bis 1500. I: Sprachgeschichte. Berlin 1970. — 1115. SCHWARZ, E.: Deutsche und germanische Philologie. Heidelberg 1951. — 1116. SOLOVEVA, L. N.: Введение в английскую филологию. Leningrad 1963. — 1117. STAMMLER, W. (Hrsg.): Deutsche Philologie im Aufriß I—III. Berlin ¹/²1952—1959. — 1118. STORM, J.: Englische Philologie. Anleitung zum wissenschaftlichen Studium der englischen Sprache I—II. Leipzig 1892. — 1119. STREADBECK, A. L.: A Short Introduction to Germanic Linguistics. Boulder 1966. — 1120. STROH, F.: Handbuch der germanischen Philologie. Berlin 1952. — 1121. TAGLIAVINI, C.: Panorama di storia della filologia germanica. Bologna 1968. — 1122. VIËTOR, W.: Einführung in das Studium der englischen Philologie mit Rücksicht auf die Anforderungen der Praxis. Marburg 1897. — Vgl. 37, 225, 514, 693.

VII. BIBLIOGRAPHISCHE WEGWEISER

1123. ALSTON, R. C.: A Bibliography of the English Language from the Invention of Printing to the Year 1800. Leeds 1965 ff. — 1124. *Annual Bibliography of English Language and Literature*. Cambridge 1920 [1921] ff. — 1125. BARROW, J. G.: A Bibliography of Bibliographies in Religion. Ann Arbor, Mich. 1955. — 1126. *Bibliographie zur archäologischen Germanenforschung*. Deutschsprachige Literatur 1941—1955. Berlin 1966. — 1127. *The Cambridge Bibliography of English Literature*. Cambridge 1940 ff. (Ab 24: General Introduction. Wird alljährlich ergänzt.) — 1128. *Deutsche Bibliographie. Zeitschriften 1945—1952*. Frankfurt/M. 1958. — 1129. DIESCH, C.: Bibliographie der germanistischen Zeitschriften. Leipzig 1927. — 1130. EISENBERG, P.—GUSOVIUS, A.: Bibliographie zur deutschen Grammatik 1965—1983. Tübingen 1985. — 1131. FISIAK, J. (Hrsg.): Bibliography of Writings for the History of the English Language. Berlin—Amsterdam ²1988. — 1132. GENZEL, P.: Kurze Bibliographie für das Studium der Anglistik. Halle/S. 1960. — 1133. GREENFIELD, S. B.—ROBINSON, F. C.: A Bibliography of Publications on Old English Literature from the Beginnings to the End of 1972. Toronto—Buffalo—London 1980. — 1134. HANSEL, J. —TSCHAKERT, L.: Bücherkunde für Germanisten. Berlin ⁸1988. — 1135. *Jahresbericht über die Erscheinungen auf dem Gebiet der germanischen Philologie*. Berlin [—Leipzig] 1879 ff.—1136. KENNEDY, A. G.: A Bibliography of Writings on the English Language from the Beginnings of Printing to the End of 1922. Cambridge, Mass.—London— New Haven 1927. Neudruck: 1961. — 1137. ~ SANDS, D. B.: A Concise Bibliography for Students of English. Stanford [—Oxford]⁴1960. — 1138. KOCH, H.-A.—KOCH, U.: Internationale germanistische Bibliographie ⟨IGB⟩. München—New York 1981—1983. — 1139. KOHL, N.: Bibliographie für das Studium der Anglistik I: Sprachwissenschaft. Bad Homburg 1970. — 1140. *Kulturhistorisk leksikon for nordisk midelalder fra vikingetid til reformationstid*. Kopenhagen 1956 ff. — 1141. LENGENFELDER, H. (Hrsg.): International Bibliography of Specialized Dictionaries. Fachwörterbücher und Lexika. Ein internationales Verzeichnis. München—New York—London ⁶1979. — 1142. MARKEY, TH. L. u. a. (Hrsg.): Germanic and its Dialects: a Grammar of Proto-Germanic III. Bibliography and Indices. Amsterdam 1977. — 1143. MEYER, H.: Bibliographie der Buch- und Bibliotheksgeschichte 1—3. Bad Iburg 1982—85. — 1144. *MLA Directory of Periodicals: A Guide to Journals and Series in Languages and Literatures*. New York 1979. — 1145. *Old English Newsletter* 1 ff., 1967 ff. — 1146. PASIERB-

SKY, F.: Deutsche Sprache im Reformationszeitalter. [Bibliographie]. Tübingen 1988. — 1147. PIIRAINEN, I. T.: Frühneuhochdeutsche Bibliographie. Literatur zur Sprache des 14.—17. Jahrhunderts. Tübingen 1980. — 1148. SCHMIDT, K.: Anglistische Bücherkunde. Tübingen 1953. — 1149. SPARGO, J. W.: A Bibliographical Manual for Students of the Language and Literature of England and the U. S. New York ³1956. — 1150. TOTOK, W.—WEITZEL, R.—WEIMANN, K. H.: Handbuch der bibliographischen Nachschlagewerke. Frankfurt/M. ³1966. — 1151. ULVING, T.: Periodica philologica abbreviata. Stockholm 1963. — 1152. *Union List of Periodicals Dealing with Germanic Languages and Literatures.* London 1956. — 1153. WIEBE, H.: Die Fachbücherei des Neusprachlers. Englisch. Eine kritische Bibliographie für Lehrende und Studierende. Dortmund 1960. — 1154. *The Year's Work in English Studies* 1 ff., London 1921 ff. — 1155. ZAUNMÜLLER, W.: Bibliographisches Handbuch der Sprachwörterbücher. Stuttgart 1958. — 1156. ZISCHKA, G. A.: Index lexicorum. Wien 1959. — Vgl. 404, 443—445, 693, 804, 873, 1096, 1098, 1120.

VIII. ZEITSCHRIFTEN, SAMMLUNGEN

ALH.	*Acta Linguistica Academiae Scientiarum Hungaricae.* Budapest 1951 ff.
AL.	*Acta Linguistica Hafnensia.* Kopenhagen 1939 ff.
APS.	*Acta Philologica Scandinavica.* Kopenhagen 1926 ff.
AGR.	*The American-German Review.* Philadelphia 1934 ff.
	American Speech. New York 1925 ff.
	Anglia. Halle/S. 1878 ff.
	Anthropos. Salzburg 1906 ff.
AfdA.	*Anzeiger für deutsches Altertum und Literatur.* [Berlin—] Wiesbaden 1876 ff.
Archiv.	*Archiv für das Studium der neueren Sprachen und Literaturen.* Braunschweig—Berlin—Hamburg—München—Kiel—Darmstadt 1846 ff.
ArL.	*Archivum linguisticum.* Glasgow 1949 ff.
ANF.	*Arkiv för nordisk filologi.* Lund—Kopenhagen 1883 ff.
PBB.	*Beiträge zur Geschichte der deutschen Sprache und Literatur.* Halle/S. 1874 ff. (PBB/H.), seit 1981: *Beiträge zur Erforschung der deutschen Sprache.* Leipzig. Ab 77 [1955] auch Tübingen (PBB/T.) (Abkürzung nach den Begründern Paul, H. und Braune, W.)
BzN.	*Beiträge zur Namenforschung.* Heidelberg 1949 ff.
BSL.	*Bulletin de la Société Linguistique de Paris.* Paris 1871 ff.
ČMF.	*Časopis pro moderní filologii.* Prag 1911 ff.
DLZ.	*Deutsche Literaturzeitung.* Berlin 1880 ff.
	Deutsche Sprache. Zeitschrift für Theorie, Praxis, Dokumentation. [München—] Berlin 1973 ff.
	Deutschunterricht. Berlin—Leipzig 1948 ff.
DU.	*Der Deutschunterricht.* Stuttgart 1949 ff.
	Englische Studien. Leipzig 1877 ff.
	English and Germanic Studies. Cambridge 1947 ff.
	English Studies. Amsterdam—Bern—Kopenhagen 1919 ff.
	Estudios germánicos. Boletín. Buenos Aires 1939 ff.
EG.	*Études germaniques.* Paris 1946 ff. (1905—1939: *Revue germanique.*)
FOF.	*Fund og Forskning i Det Kongelige Biblioteks samlinger.* Kopenhagen 1954 ff.
GR.	*The Germanic Review.* New York 1926 ff.
	Germanica Wratislaviensia. Breslau 1957 ff.
GRM.	*Germanisch-Romanische Monatsschrift.* Heidelberg 1909 ff., N. F. 1950 ff.
	Germanistik. Internationales Referatenorgan mit bibliographischen Hinweisen. Tübingen 1960 ff.
GF.	*Германская филология.* Leningrad 1962 ff.
IF.	*Indogermanische Forschungen.* [Straßburg-] Berlin 1892 ff.
IA. (OLJa.)	*Известия Академии наук СССР. Отделение литературы и языка.* Moskau—Leningrad 1940 ff.
IT.	*Íslenzk Tunga* [Lingua Islandica]. Reykjavík 1959 ff.

JEGP.	*The Journal of English and Germanic Philology.* Urbana, Ill. 1897 ff. (Bis 1903: *The Journal of Germanic Philology.*)
JIES.	*The Journal of Indo-European Studies.* Halliesburg, Miss. 1973 ff.
AUMLA.	*Journal of the Australasian Universities' Language and Literature Association.* Christchurch 1953 ff.
	Kratylos. Kritisches Berichts- und Rezensionsorgan für indogermanische und allgemeine Sprachwissenschaft. Wiesbaden 1956 ff.
KFLQ.	*Kentucky Foreign Language Quarterly.* Lexington 1954 ff.
	Language. Journal of the Linguistic Society of America. Baltimore 1925 ff.
LaM.	*Les langues modernes.* Paris 1903 ff.
	Leeds Studies in English and Kindred Languages. Leeds 1932 ff.
LeuvBijdr.	*Leuvense Bijdragen op het gebiet van de germaansche philologie.* Löwen-Den Haag 1896 ff.
LiLi.	*LiLi.* Zeitschrift für Literaturwissenschaft und Linguistik. [Frankfurt—] Göttingen 1971 ff.
Lingua.	*Lingua.* [Haarlem—] Amsterdam 1948 ff.
	Lingua Posnaniensis. Posen 1949 ff.
	The Linguistic Reporter. Washington, D.C. 1959 ff.
	Linguistics. Den Haag 1963 ff.
LingBer.	*Linguistische Berichte.* Opladen—Wiesbaden—Braunschweig 1969—1983.
MM.	*Maal og Minne.* Oslo 1909 ff.
MedAev.	*Medium Aevum.* Oxford 1932 ff.
MGV.	*Mitteilungen des Deutschen Germanistenverbandes.* Frankfurt/M. 1954 ff.
MLN.	*Modern Language Notes.* Baltimore Jg. 1—76: 1886—1961. Ab 1962: *MLN.*
MLQ.	*Modern Language Quarterly.* Washington, D.C. 1940 ff.
MLR.	*The Modern Language Review.* [London] 1905 ff.
ML.	*Modern Languages.* London 1922 ff.
MPhil.	*Modern Philology.* Chicago 1903 ff.
ModSpr.	*Moderna Språk.* Saltsjö-Duvnäs 1907 ff.
Mutterspr.	*Muttersprache.* [Lüneburg—] Wiesbaden 1958 ff. (1891—1925: *Zeitschrift des Allgemeinen Deutschen Sprachvereins.*)
NB.	*Namn och Bygd.* Tidskrift för nordisk ortnamnforskning. Uppsala 1913 ff.
Neoph.	*Neophilologus.* Groningen 1915 ff.
NM.	*Neuphilologische Mitteilungen.* Helsingfors 1899 ff.
NGR.	*New Germanic Review.* A Journal of Germanic Studies. Los Angeles 1985 ff.
NdM.	*Niederdeutsche Mitteilungen.* Lund 1945 ff.
NddJ.	*Niederdeutsches Jahrbuch.* Neumünster 1875 ff.
NdW.	*Niederdeutsches Wort.* Münster 1960 ff.
NTS.	*Norsk Tidsskrift for Sprogvidenskap.* Oslo 1928 ff.
	Orbis. Löwen 1952 ff.
PP.	*Philologica Pragensia.* Prag 1958 ff.
PQ.	*Philological Quarterly.* Iowa City 1922 ff.
PMLA.	*Publications of the Modern Language Association of America.* [Baltimore—] New York 1884 [1886] ff.
	Quickborn. Zeitschrift für plattdeutsche Sprache und Dichtung. Hamburg 1907 ff.
	Research in Progress. A Biennial Supplement to the June Issue of the Publications of the Modern Language Association of America. New York 1948 ff.
	Revue internationale d'onomastique. Paris 1949 ff.
	Saeculum. Freiburg—München 1950 ff.
	Scandinavian Studies. Lawrence, Kans. 1911 ff.
	Scriptorium. Review internationale des études aux manuscrits. Antwerpen—Brüssel 1946 ff.
	Skandinavistik. zeitschrift ür sprache, literatur und kultur der nordischen länder. Glückstadt [1970] 1971 ff.
	Sprachdienst. Mannheim 1957 ff.

Sprache.	*Die Sprache*. Wien 1949 ff.
	Sprachreport. Mannheim [1985] 1986 ff.
	Sprachspiegel. Zürich 1945 ff.
	Sprachwissenschaft. Heidelberg 1976 ff.
	Studia Germanica Gandensia. Gent 1959 ff.
	Studia Grammatica. Berlin 1962 ff.
	Studia Linguistica. Lund 1947 ff.
	Studia Neophilologica. A Journal of Germanic and Romance Philology Uppsala 1928 ff.
	Studies in Linguistics. Washington, D.C. 1943 ff.
StGen.	*Studium generale*. Berlin—Göttingen—Heidelberg 1947 ff.
	Tijdschrift voor Nederlandse taal- en letterkunde. Leiden 1881 ff.
TCLP.	*Traveaux du Cercle Linguistique de Prague*. Prag 1929—1939.
	Us Wurk. Groningen 1951 ff.
WW.	*Wirkendes Wort*. Düsseldorf 1950 ff.
VJa.	*Вопросы языкознания*. Москау 1952 ff.
	Word. New York 1945 ff.
	Yearbook. German Society of Pennsylvania. Philadelphia 1951 ff.
ZfAA.	*Zeitschrift für Anglistik und Amerikanistik*. Berlin 1953 ff.
ZfdPh.	*Zeitschrift für deutsche Philologie*. [Halle/S.—] Berlin—Bielefeld—München 1868 ff.
ZfdA.	*Zeitschrift für deutsches Altertum und deutsche Literatur*. Berlin [—Wiesbaden] 1841 ff.
ZDL.	*Zeitschrift für Dialektologie und Linguistik*. Wiesbaden 1969 ff., ab 1984: Stuttgart (Fortsetzung der ZfMaf.)
ZfGerm.	*Zeitschrift für Germanistik*. Leipzig 1980 ff.
ZGL.	*Zeitschrift für germanistische Linguistik*. Berlin—New York 1973.
ZfMaf.	*Zeitschrift für Mundartforschung*. Wiesbaden 1924 ff. (1924—1935: *Teuthonista*, ab 1969: ZDL.)
ZPSK.	*Zeitschrift für Phonetik, Sprachwissenschaft und Kommunikationsforschung*. Berlin 1961 ff. (1947—1960: *Zeitschrift für Phonetik und allgemeine Sprachwissenschaft*.)
	Zeitschrift für Religions- und Geistesgeschichte. Köln 1948 ff.
ZfvglSpr.	*Zeitschrift für vergleichende Sprachforschung auf dem Gebiete der indogermanischen Sprachen*. [Berlin—] Göttingen 1851 ff. [= Kuhns Zeitschrift]

WORTVERZEICHNIS

Indogermanisch

aǵrós 52
bhāgos 41
bherēǵ- 41
bhoi-[kos] 41
bhrā́tēr- 40
bhr̥tis 32, 52
bhū- 255
dék̑m̥ 42
dem(ā)- 65
dhē-/dhō- 60
dhughəter-/dhukter- 40
du̯ai 42
ék̑u̯os 40
elen 41
erer →orer
es- 255
ǵhaidis 52
ǵhans- 41, 50
ghosti-s 50ū 65
gu̯ena 49
gu̯hn̥t 50
gu̯hormos 50
kanon-m̥ 53
k̑ei- 65
k̑m̥tóm 10, 52
k̑u̯on-/k̑un- 40 f.
mātēr- 6, 40
-mi 63
nepōt- 53
néu̯n̥ 42
oq- 64
oinos 42, 52
ok̑tṓ(u) 42, 52
orer 41
ou̯is 40
pék̑u- 40

péṇqu̯e 42
pətḗr- 40
piskos 41
qap-ut- 64
quetu̯ōres 42
qu̯om 53
r̥kpos 41
roudhos 52
sē 55
seǵhos 56
séks 42
seṇguh- 50
septḿ̥ 42
séqu̯- 65
snusós/snusā́ 65
steigh- 50
su̯ek̑rú 65
su̯ek̑ōr-/su̯esr 40
su̯īno- 40
sū́nus 40
tām 53
tē/tō 53
tréi̯-/tri- 42
uksen- 65
ul̥q̑u̯os/ul̥pos 41, 52, 65
u̯ért- 51
u̯r̥mis 41

Germanisch

ak(er) 209
alcēs 48
also 209
(Anke)'Butter' 314
ap(p)la- 254
Ario-vistus PN 121

augō(n) 64
berg- 209
bid(d)jan 254
brūþiz 235
dag(az) 144, 209, 264
daii̯ana- 134
dail(iz) 235
Donar PN 98
drugi- 200
druknu- 200
eh- 209
ehu̯a- 65
erþō 74
fehtan 209
fōdjan 209
frame(a) 88
Freyja PN 98
Frīg PN 98
ganta 48
gast(iz) 65, 144
gebu 53
glēsum 48
guðan 74
gulþa 310
gunþ- 66
haðu-/haþu- 66
haldan 209
hamp- 66
hanan-u(n), hano 53
hau̯u̯ana- 134
Hertha PN 98
hild- 66
hīwa(n) 65
hursa-/hrussa- 65
hūsan 74
hwala- 66
kuni 208
les- 235
leudus 48

lutil 235
māna 195
marha- 65
mapla- >*mahla-* 439
medus 48
min(n)- 236
nefō(đ)- 53
Nerthus PN 98
ohsen- 65
ōþil 110
rūna 48
sahs 88
sesō 153
skal 209
skipa- 66
snuzō 65
timra- 65
Tiw(az) PN 98
treṷṷo- 134
þē, þō 53
þeoda ~ *þiuda* 308 f.
þing 131
ūrus 48
walha 25
werþō 51
wig -66
Wōdan PN 98
wulf(az) 65, 144

Gotisch

aba 439, 444
af 195
ahtau 42, 443
aha 444
aigum/aihun 61
aih, aihta 61
aiþa (tundi) 40, 65
*aiks 441
ainlif 443
ains (aina, ainata) 42, 52, 139, 443
airis 444
airþa 442
aiþei 438, 444
aket 141
akrs 254
Alfonso PN 134

anda-sets 60
andbahts 47
anno 141
anþar 444
ara 41, 441
*areinsdags 314
arms 440
asilus 66
atta 438, 444
aþn 141
augo 440
auk 255
aukan (aiauk) 136, 140
aurali 141
aurkjus 141
auso 51, 440
awi- 255
awistr 40
awo 439 f., 444
bagms 141, 441
bairan 58, 59
bairgahei 442
band 58
bandi 59, 138, 139
bandjom 139
bar 58
barn 59, 138
batiza 264
baur 136
baurans 58
baurgs 136
bauþ 57
berum 58
bidjan 254
bim 443
bindan 58, 59, 422, 432
biudan 57
bloma 52, 441
bloþ 440
briggan 442
brinnan 200
broþar 40, 139, 438
budum, budans 57
bundum, bundans 58
bwssaun 141
daddjan 134
dags 35, 136, 138, 139, 144, 254, 426, 436, 442

daug 61
dauhtar 40, 139, 438
diswiss 141
doms 255
dulþs 314
eis 139
fadar 40, 139, 423, 438
fahan (faifah) 140
faihu 81, 139
fairguni 444
faran, farans 59
Fernando PN 134
fidwor 42, 443
fimf 42, 443
fiskon 61
fisks 41, 51, 61
flodus 442
fon 134, 444
for, forum 59
fotus 135, 440
frauja 439
frijon, frijonds 139
fruma 444
fullnan (fullnoda) 61
ga- 114
gabaurþs 59
gabindan 432
gabundi 59
gadars, -daursum, daursta 62
gadeþs 60
gadiliggs 439
gaggan 138, 442
gaits 52, 441
galaubjan 59
galeiko 53
gamot (gamosta) 63
ganah 62
gasts 139, 144
gawigan 39
Geilamir (wand.) PN 136
giba 53, 138, 139
giban 138, 442
graba 60
graiþ 57
gras 441
greipan 57

Wortverzeichnis

gretan (gaigrot) 140
gripum, gripans 57
groba 60
Gudilub (ostgot.) PN 136
→*guerra* 131
guma 139, 439, 444
Gunthamund (wand.) PN 136
Gutþiuda 133
haban (habaida) 60
hafts 51
haidus 255
hailjan 61
hails 61
hairdeis 138, 139
hairto 440
haitan (haihait) 140
haldan (haihald) 140
halja 264
hals 46
hana 255, 441
handus 139, 440
harjis 264
haubiþ 440
haurn 144
hausjan 151
hawi 441
hlaifs 150
hlaupan 443
hneiwan 150
hrops 150
hund 52, 138
hunds 41, 441
ƕas, ƕazuh 36
ƕe 138
ƕopan (ƕaiƕop) 140
iddja 212, 219
ija, ijos 139
iggis 138
ik 46
im 63, 140, 255
is 139, 200
is₂ 140
ist 140
ita 139
izwis 138
jah 255, 436
kann 62

katils 151
kaurno 441
kelikn 141
Kreks 141
kriustan 141
kuni 138, 139
kunnum (kunþa) 62
lailot, lailotum 59
lais 61
laiseins 139
las 58
leik 440, 444
lesum 58
letan, letans 59, 140, 256
liban 442
lisan 58
liufs 59
liuga 138
lubains 59
lukarn 141
-m 16
mag, magum 62
mahta 62
maiza 256
man 62
manna 439
marei 442
→*Marengo* ON 134
mapl 439
maujom 139
maurgins 60
mawi 138, 139
meljan 106
mena 442
merjan 246
midjungards 100
mik 46
mikils 255
miliþ 41
minniza, minnists 236
mis 200
mota 314
*mulo 440
munþs 440
munum (munda) 62
nahts 436, 442
nam 57, 58
naqaþs 255

nasjan (nasida) 60
nemum 57, 58
ni 138
niman 57, 58, 139
niun 42, 443
numans 57, 58
og, ogum (ohta) 63
paida 66, 86, 314
*painte 314
plinsjan 141
qens 439, 444
qiman 442
qino 349, 444
rauþs 52
redan (rairoþ) 140
reiks 47
rinnan 443
→*Rodrigo* PN 134
runa 106
sa 139
saian (saiso) 140, 153
saihs 42, 443
saiƕan 65, 255
saiwa 442
salbon, salboda 60, 61
satjan 60, 135, 246
sauïl 134, 442, 444
si 139
sibun 42, 443
siggwan 50, 255
siggqan 255
siju, si(j)um, si(j)uþ 140
sind 140, 443
sinþs 246
sitan 61
sitls 60
skal 62
skatts 81
skulum, skulda 62
slahan 151
slepan (saislep) 140
smakka 141
so 139
sokjan 138
stafs 199
stairno 442
staþs 136
stautan 340

stiur 136, 440
stols 136
sulja 141
sunno 134, 442, 444
sunus 40, 139, 438
swein 40, 441
swistar 40, 139, 438
taihun 42, 443
taihuntehund, taihuntaihund 443
tekan (taitok) 140
triggws 134
triu 41, 138, 139, 441, 444
tuggl 444
twai (twos, twa) 42, 139, 255, 443
twai tigjus 443
twalif 443
þagkjan (þahta) 140
þarf (þaurbum, þaurfta) 62
þata 139
þe(h), þeei 53, 138
þiuda 138
þius 138, 139
þo 53
þreis (þrija) 42, 139, 443
þri- →*þreis*
þridja 444
þusundi 443
Ufitahari (ostgot.) PN 136
-uh 31, 36
ulbandus 141
unsar 136
unwiss 59
waian (waiwo) 140
wair 136, 61, 439, 444
wairpan 58
wait 59, 61, 136
wamba 124, 138
warp 58
wato 35, 134, 442, 444
was 443
waurd 138, 139
waurms 41
waurpam, waurpans 58

wein 66, 212
weis 138
-weis 59
wiljan (wiljau, wileis) 63, 140
wisan 140, 153, 443
wit 138
witan 20
witum (wissa) 61
wulfs 16, 41, 52, 60, 144, 441

Krimgotisch

statz 136
stul 136
tag 136
wintsch 136

Altnordisch

(s. auch Altisländisch, Altnorwegisch)

ár 144
áss 95
auga 146, 174
Baldr PN 98
barnu 151
barr 196
bein 174
bera 174
berga, bergu 151
bindiʀ, bindiþ 146
bóndi 174
bǫrkr 220
dag(a)ʀ > *dagr* 144, 146, 195, 236, 254, 426
dǫnsk 146
em 195
epli 254
erþu 144
est 195
fé 81
finþan > *finna* 144
fiskr 51
fótr (føtr) 135, 146
Freyr PN 439

Freyja PN 439
funi 134
fǿrþa 153
gastiʀ 144, 151
geƀan > *gefa* 144
gestr 144
gjǫf 53 f.
glíka 53
gulþa > *goll* 144
haf 66
hann 146
héri 195
herto > *hiarta* 144
HlewagastiʀR PN 123
hon 146
horn, horna, hornu 144
húsbóndi 214
hǫggva 134
-inn 146
jēra 144
juka 144
jǫrð 144
kalla (kalla-sik > *kallask)* 146
kallōn 153
karl 220
kirkja 220
klubba 220
kná (knegum, knátta) 62
konungr 60
kurna 151
landnámatið 142
landu > *lǫnd* 144
lausaʀ > *lauss* 144
leggr 220
leysa 174
lopt 220
maðr 153
mál 146, 164
mǽrr 246
meire 256
Miðgarðr ON 100
miðr 50
minnr, minzt 236
mun, munum (mynda) 62
mūsiʀ 151
nifl 50

Wortverzeichnis

Niðarós ON 156
norrœn(t) 146, 164
Óðinn 98
of 195
ohsan > oxa 144
ok 144
orð 144
Ragnarǫk 100
rauðr 52
seʀō 153
setja 135
sjúkna 236
skinn 220
sōl 134
stainaʀ > steinn 144, 146
stōlaʀ > stóll 144
taljan 153
tryggva 134
tunga 146
tveir 236
úlfr 144
Utgard ON 100
vakēn 153
Valir 25
varu 174
vatn 134
Walhall ON 100
wulfaʀ 144
wurða 144
Yggdrasil 100
þeoða 151
Þórr 98
ǫtum 247

Isländisch

Altisländisch
(s. auch Altnordisch, Altnorwegisch)

Alþingi 148
armr, -inn 152
-a(t) 150
auga 146, 153
batt 153
bauð 153
binda (binder) 153
bjarg 151

bjóða 153
bjǫrg 151
bók (bøker) 151
bóndi 152
boðinn 153
bróðir 152
bundum, bundinn 153
buðum 153
bǫrn 151
dagr 151 f., 174
dauðr 173
dāp 199
dóttir 152
drekka 151
dœma 153
dǫgg 152
einn 152
ek 150, 154
ekkia 146
em 150, 153, 255
emk < em ek 150
ert (est), er (es) 153
erum, eruþ, eru 153
ér → þér 151
ey 152
fara, farinn 153 f.
faðir 151 f., 254
fé 153
fjall 153
fjórir (fjórar, fjǫgur) 152
Flateyjarbók 149
fór, -um 153
fótr (fótunum) 146, 152
fyrir 153 f.
fǿra, fǿrða 153
fǫður 151
gestr 151, 152
gler 151
gleði 152
Grágás 149
greip 153
grípa, gripum, gripinn 153
hand 186
hane, hani 152, 255
hann 152
heiðr 152

herr 151
hersir 152
heyra 146, 151
hinn 152
hjarta 152
hleifr 150
hníga 150
hón 152
hringr 150
Hrólfr PN 173
hús, -it 154 f.
hǫgg 152
-in(n), -it 152, 186
íslenzkt 150
it → þit
kalla, -ða, -sk 146, 153
karl 153
ketill 151
kná, knegum, knátta 153
koma 154
konur 164
korn 151
kvǽði 152
kýr 151
kømr 146, 153
land, -it 151 f.
landnámatíð 148
las, lásum 153
leikr 155
lesa, lesinn 153
lifa 154
lyf 155
lǫnd (> lönd) 146, 153 174, 185
maðr 153
mál 146, 150, 154
mér 200
mikill 255
mjǫk 154
móðir 152
Morkinskinna 149
mun, -um (mynda) 153
mús, mýss 151
mǽla 154
mǫttul 146
nam 153

nema 153
norrønt 146, 150
numinn 153
námum 153
næsta 152
ok 154, 255
ríða 146
ríma 149
rǫng 152
sá 153
saga 144, 152
sé, sér usw. 153
sera 153
selja 155
síma 155
sjá 153
skálir 164
sker 151 f.
skǫr, -in 152
slá 151
sól 154
stafr 199
steinn 146, 173
syngva 146
systir 152
sǫk 146
sǫngr 152
talða 153
tekr 174
telja 153
tvau, tveir, tvær 152, 255
þat 152, 154
þeir 152
þér 151
þit 151, 154
þjóð 151
Þórr PN 151
þrír, þrjár, þrjú 152
-unum 146
váði 153
vaka, vakþa 153
veitka (<veit ek eigi) 150
vél 155
vér 151, 154
vera 153
vit 154
vréka 154, 423
væri 146

Vǫllr 152
ǽr 255
ǫxl 152

Neuisländisch

Árni PN 156
Arnór PN 156
auga 154
Baldur PN 156
bar/inn, -in, -ið, -ðir 433
Bergmann PN 156
bíll 154
binda 422
Brynhildur PN 156
dagur 136, 426
dama 154
-dóttir 156
ég 154, 432
Egill PN 156
Einar PN 156
Einars/dóttir, -son PN 156
eind 156
er, eru 432 f.
Eyjaálfa ON 156
fara 154
fé 153
fjall 153
flokkur 156
fyrir 153 f.
gas 154
Guðrún PN 156
hann 429, 433
heimspeki 156
hreyfill 156
hún 429, 433
hús, -ið 154 f.
Ingiríður PN 156
Ísland ON 147
Jón PN 123
Jórsalaborg ON 156
kallast, kallaður 153, 432
karl 153
Katrín PN 156
kemur 153
koma 154

kvikmynd 156
Laxness ON/PN 156
leikhús 155
leikur 155
lifa 154
Lundúnaborg ON 156
lýðveldi 156
lyf, lyfsali 155
lönd 153
maður 153
mál 154
mjög 154
móðir 422
mæla 154
Niðarós ON 156
og 154
reka 154, 423
Reykjavík ON 147 f.
ríma 149
sali 155
Sigríður PN 156
Sigurður PN 156
sími 155
skáti 154
skipa 173
slæmt 154
sól 154
-son 156
spaug 154
Stefán PN 156
steinn 121
stóll 427
Suðurálfa ON 156
sök 146
tóbak 154
togleður 156
vél 155
vér 154
vera 432
verkfræðingur 156
Vesturheimur ON 156
við 154
vír 154
voði 153
það 154, 429, 433
þeir 429
þér 154
þið 154
Þingvellir ON 131

Wortverzeichnis

þjóðveldi 156
Þorkell PN 156

Färöisch

arbeiðsmaður 161
av 161
bant 161
bar 161
bátur, -in 161
bera 161
beyð 161
binda 161, 422
bjóða 161
blað 160
blíva 162
boðið 161
borð, -ið 161
borið, bóru 161
búði 161
buðu 161
búgva 161
bundið, bundu 161
dagur 136, 426
djór 160
eg 161
ein 161
er, -i, -t, -u 161
fara, farið 161
fjall 160
fór, fóru 161
Føroyar ON 157
Føroysk 157
gakk 160
gamli 161
genta 160
greip 161
grípa, -u, -ið 161
Grønland(s) 161
handaverk 161
hann 161, 429
hava, havi 161 f.
havn 160
Havn(ar) ON 161
hestur, -in 161
hevði 161
hin 161
hjá 161

hjól 160
hon 161, 429
hurð, -in 161
hvat 160
í 161
Ísland(s) 161
javnt 160
Jógvan PN 161
jól 161
kasta, -ði 161
ketil 160
koppur 161
kravda 161
krevja 161
kunna 162
las 161
leðrið 160
lesa, lisið 161
lósu 161
maður 160
mega 162
millum, i∼ 161
mitt 160
móðir 422
munna 162
nevna, nevndi 161
nýtsla 160
og 161
okkara 161
óttast 161
seinni 160
siður 160
sjúkur 160
skip 160 f.
skjóta 160
skula 162
stjørna 160
suður 160
tað 161, 429
te 161
teir, tær, tey 161, 429
til 161
tit 161
tveir 161
tykkara 161
vera, verið 161 f.
verða 162
vilja 162
vit 161

Norwegisch

Altnorwegisch
(s. auch Altnordisch, Altisländisch)

auga 146
drømme, drøyma 164
ekkia 146
fótunum 146
haust 164
hjarta, hjærta 164
høre, høyra 146
høst 164
kallask 146
konor 164
konung 163
mannum, mǫnnum 164
mǫttul 146
skáler 164
skuggsjá 163
steinn 146
-unum 146

Neunorwegisch

arbeider, -e 169
av 169
bandt 170
bar, båret 170
barn 169
binde 169, 422
blive 432
bød 169
bok, bøker 169
bokmål 166, 426
buden, budt 169
bundet 170
by 169
bygge, byggde 170
bymål 165
bære 170
bønder 168
bønner 168
båt, -er 169
dag 136
de, det 169, f., 429
den 169
dere 170
du 170
dyret 168

en, ei, et 169
eple 169
er 170
far 169
fare, fåret 168, 170
fedre 169
fjell, -et/s 169
for 170
ga(v) 170
gape, gabe 165
gate, gata 169
gauk 168
gi, gitt 168, 170
grep, -et
gripe 167
gøk 168
gå(tt) 170
ha, har, hadde 170
han 169 f., 429
hane, haner 169
hans 169
hatten 168
hester, heste 167
hun 169 f., 429
hus 421
hvit 169
hø, høy 168
høna, høne 168
hår 168
ikke 168
jeg 169
kalle, -s 169
kan 170
kaste, -t, kasta 170
katten 169
kirke 168
kom, -me, -met 170
ku, kyr 169
kunne 170
landsmål 165 ff., 426
les, -e, -er, -te, -t 169 f.
leve 169
lykke 168
løpe 421
man 169
mat, mad 165
min 421
mo(de)r 422
maal, mål 425

Norge ON 162
norrønt 146, 164
nynorsk 166
riksmål 166, 426
sa, sagt 170
sau 168
si 170
sin 169
sjø 168
skal 170
ski 418
skulle 169 f.
slem 168
sten, stein, -en 168
stor, -a 169
Storting 162
Svalbard ON 162
topp, -en 169
Trondelag ON 164
tru, -dde 165
var 170
Vestland ON 164
vet 170
vi 170
vil 170
ville 169 f.
vin 212
visste 170
være, vært 168, 170
Østland ON 164
øye, øyne 169
å 170

Dänisch
Altdänisch
age, ake 174
bark 220
ben 174
binne 175
bide, bite 174
bondæ 174
bæræ 174
dommer, -e 175
fliudæ, flyde 174
fløi 175
fotumin 146
gaard 174, 186
gripæ, gripe, gribe 174
hollæ, holle 174 f.

hun 175
hund 175
hus, -e 175
høre 146
komer 146
kallas 146
land 146, 174
leve 175
loft 220
lywe 175
løse 174
mantul 146
mawe 175
rige, -r 175
Roulfʀ PN 173
siunge, sjungæ 146, 236
stēn 146, 173
tak 174
takær 174
tale 175
tuʙr 173
thak 174
thiuf, -s 174
-umin 146
vagn, vogn 174
vāræ, vāre 146, 174
vei 175
ænkia 146
øghæ, øghe 146, 174

Neudänisch
arm 180
at 181
bandt 180
bar, båret 180
barn 179
betingelse 190
beundre 176
binde 180, 422
blev, blive, -r 181, 432
bog 179, 421
bonde 178
bone 178
broder, -s; brødre, -nes 179
budt 180
bruge 186
bundet 180
by, -er 173, 179

Wortverzeichnis

byde 180
bære 180
bød 180
bøger 179
børn 179
dag 136, 421
Danmark ON 172
Dansk 171
de 179, 181, 429 f.
den 179 f.
det 179, 429
digtning 190
dreng, -e 179
du 180 f., 430
eje 178
elske, -de, -et, -er, -nde, es, -edes, elsk 180 f., 431, 433
en, -e, et 179 f.
er 180 f.
evne 178
fader 179
fare, -t 180
fjerde 179
for 180
friske 179
fædre 179
Færøerne ON 157
faa 177
får 180
gav 180
genstand 176
give, -t 180
gjorde 180
gode, godt 179
greb, gribe, grebet 166, 180
guld 179
gøre 180
gåde 176, 186
ham, han, hans 179 f., 429 f.
har, have, havde 180, 431
hare 195
havn 178
hendes 180
heste 167
hjem 179

hjerte 420
hun 179, 429
hus (huus), -et 177, 179, 421
husbond(e) 173
hvem 179
I 430
jeg 180 f., 430 f., 433
Jylland ON 171, 197
kalde, -r 430
kan 180
kone, -n 179
kunne 180
København ON 172
køle 178
kølle 178
lad 180
lidenskab 176
lov 173, 178
luft 179
læsse 178
løbe 421
mand, -en 179
min 421
mo(de)r 422
maal, mål 425
ord 179
os 180
patient 178
peber 178
plads 179
pund 420
på 179
satte 180
sin, sit 180
sjælden 178
skal 180
skib 173, 186
skøn 179
skulde 180
sky 173
slemt 154
smurte, smøre 180
spise, spiste 180 f.
spæk 179
spøg 154
stol 179
store, stora, stort 179
stød 178

syv 178
sætte 180
søvnig 178
tag, -et 179
tage 173
ti 420
ud 420
var 180 f.
vi 181, 430
vil, -de 180
vin 212
være, -t 180
æble 420
øde 176
øgle 178
øje 178

Schwedisch

Altschwedisch

austr 185
bagn 141
bat, -er 186
biskop 186
brev 186
briuta, bryta 185
bruka, bruge 186
dag, dagher 186
dæggia 134
fotumin 146
gade, gata 186
gaf 186
gardher 186
han 186
hand, -innar 186
helgon 187
hiarta, hiærta 185
hogh, hugh 186
hæst, -a(r) 185
høra 146
iak 186
kallas 146
komer 146
krysta 141
kyrka 186
land 146, 185
leva, liva 186
mantul 146
naal 185

runaʀ 185
rike, rige 186
sak 146
siunga 236
siungva, syngva 146, 185
skip, skib 186
skiuter, skøt 186
sova 186
stein, stēn, stain 146, 185
sydher, sødher 186
Svíar 142, 183
ting, thing 186
þaiʀ 185
þú 186
-umin 146
vāre 146
vegr, væg(h)er 185
vi(r) 185
vriþa 146
øgha 146
øster 185
ænkia 146

Neuschwedisch

affär 190
an- 190
andra 444
anföra 190
arbeta 187
arm 440
aula 191
band 193
bar 193
be-/bi- 187
berg 442
betingelse 190
bi(n) 192
bikt 187
binda 193, 422
bjuda, bjöd(o), bjudit 193
bliva, blir 432
blod 440
blomma, blommor 192, 441

blå, -tt 191
bo 191
bok, -en 192, 421
bolsjevik 190
bonde 192
bramsegel 190
bringa 442
bro(de)r 438
brudgum 439
bundo, bundit 193
buro, burit 193
by, -n 192
bygga, byggde 193
bädd 187
bära 193, 432
bönder 192
chaufför 191, 425
clown 191
dag, -ar 136, 192, 421, 442
de 429
den 192
det 192, 425, 429
diktning 190
diup, djup 188, 191
dogg 441
dotter 438
draga, drog(o), dragit 193
dricka 422
du 430
ek 441
en, ett 192, 426, 443
eld 442, 444
elva 443
Europa ON 191
explosion 191
fager 190
familj 191
far, fa(de)r 192, 423, 438, 444
fara, farit 193
farmor 439 f., 444
fem 443
femårsplan 190
flicka, -n 192
flyta 191
flytta 191
for, -o 193

fot 440
fri 187
fru 439, 444
frukost 187
frysa, frös(o), frusit 193
fråga 187
fyra 443
fäder 192
fänrik 190
färg 191
för, för- 187, 444
första 444 f
gata 186
gav, gåvo 193
ge, gett 193, 442
ge- 190
gehör 190
get 441
giva, givit 191, 193, 442
gjort 191
gosse, -n 192
Gotland ON 142
gripa, grep(o), gripit 193
gris 441, 444
gruva 190
gräs 441
gå, gått 431, 442
gård 186
göra 191
Göteborg ON 142
ha 431
han, hans 192, 425, 429 f
hand 440
han(n)e 441
hare 195
hav 442, 444
hennes 192
-het 187
himmel 187
hjul 191
hiärta, hjärta 188, 420, 440
hon 192, 425, 429
honom 192
hund 422, 441

hundra 443
hus, -et 190, 192, 421, 426
hustru 439, 444
huvud 440
hvass 188
häl 191
häst 441
hö 191
högg 191
I 188
-inna 187
jag 192, 430 ff.
jord 442
kalla, -s, -de, -d, -r 193, 430, 432
kan 193, 423
karl 439
kjol 191
klen 187
komma 442
korn 441
kropp 440
krysta 141
kunde 193
kvinna 439, 444
kyrka 212
kämpe 191
kätting 190
köpa 188
lekamen 440
leva 186, 442
liv 440, 444
liud, ljud 188
ljus 191
lock 191
läsa, läste 193
löpa 421, 443
maka 439, 444
Mam(m)a 438
man 8, 426, 439
mig 192
min, mitt 192, 421
mo(de)r 1, 192, 422, 438, 444
mormor 439 f., 444
mule 440
mun 440
munter 190

måne 442
mäla 190
mödrar 192
nation 191
natt 422, 442
ni, Ni 188
nio, nie 443
och 191
onsdag 67, 95
peppar 212
pund 420
respekt 190
rik, -t 429
råd, -er 192
räls 190
ränna 443
sage-n- 188
schack 191
sekundär 444
sex 443
sin, sitt 192
siu, sju, 188, 443
sjunga 236
sjö 191, 442
skall 193, 431
skarp 191
sken 188
skepp 191
skinka 191
skiorta, skjorta 188, 191
sko, -r 190 f.
skog 441, 444
skriva, skriver, skrev, skrivit 192 f.
skulle 193
skåp 187
sol, -a, -en 190, 442 f.
son 438
sovjet 190
spinna, spann, spunno, spunnit 193
springa 443
språk 187
sputnik 198
-(s)sion 190
stad, -en 192
starta 190
sten 185, 120

stjärna 191, 442
stol, -en 190
strejk 190
ström 442
svenska 182
Sverige ON 142, 182
svin 441
sy, -dde 193
syster 438, 443
talg 188
tand 192
tio, tie 120, 443
-tion 191
tjugo 443
tjur 440, 444
tjänst 191
tolv 443
tre 443
tredje 444
tretton 443
trä 441, 444
träd 441, 444
tupp 111, 444
tusen 443
två 443
tänder 192
ulv 411
ut 420
var, -a, -it 193, 443
varg 188, 441, 444
varulv 439
vatten 35, 442, 430, 444
vet 193
vill, -e 193
vin 212
visste 193
väsen 443
åtta 443
älg 191
älv 442, 444
äpple 420
är, -o 193, 443
ätt 190
ö 442
öde 176
öga, -t, ögon 192, 440
öra, öron 192, 440
örn 441
öster 182

Englisch

Altenglisch

æcer 209, 254
ǣg 220
æppel 254
-ærn 127
æsc(-mann) 119
æt 53
āg, -on 61
āgen 218
āh, -te 61
ald 218
ān 211
and 255
Angul ON 197
ann 62
bær, bǣron 58
band 58
bēad 57
bearn 59
bēc 209
befeolan 247
bend 59
beneah, -nohte, -nugon 62
bēo(m), bēon 63, 195, 212, 255
bēodan 57, 235
beorg 209
beornan 200
Bēowulf PN 121
beran 58 f.
bere 46, 196
biddan 254
bindan 58 f.
bin(n) 212
bires 53
bist 195
blāc 340
blēat 340
blōma 52
bōc 211
*bōci > bēc 209
bōc-stæf 106
boden 57
bodig 455
bolt 340

boren 58
brād, brǣdan 209
brēost-hord 119
Bretabyr ON 131
brim-hengest 119
brim-mann 119
broc(c) 212
brōhte 52
brycg 218
brȳd 235
brȳdguma 439
budon 57
bund/en, -on 58 f.
būr 47
burg 127
bȳre 128
can(n) 62
castel 220
cealf 211
ceorl 131
cēse 195
cild 208, 218
cin 200
cirice 212
cnīf 213
cniht 252
cū 152
cuman 199
cunnon, cūðe 62
*cwæljan > cwellan 209
cwēn 211
cyning 60
cynn 208
dǣd 60, 199
dæg 136, 195, 209, 211, 254
dǣl 235
dagas 236
dēag, dēah 61
dear(r) 62
dēd 199
dehter 209
dēor(e) 216
disc 212
ðōhte → þōhte
dōhtor 209
dō(m), dōn 60, 63, 212

dorste 62
drīfað 235
drinc 211
dryge 200
dugon 61
durron 62
ēage 64, 21
eald 209
ealu 209
eart 195
ēðel 110
-ēg 127
end 255
ende 211
Engla land ON 208
Englisc 197, 208
ēode 212, 219
eofor 247
eoh 40, 65, 209
eom 63, 195, 212
eowestre 40
fæder 211, 254
faran, faren 59
fēdan 209
-feld 127
feohtan 209
fēol 218
fēolaga 213
fīf 195, 199
fisc 51
fleax 246
Flemingtūna ON 130
*fōdjan 209
folc 127
fōr, -on 59
forca 212
forh 17
fōt 211
Frēohill ON 93
frēond 211
Fridorne ON 93
fugel 218
full, fyllan 209
fyrhto 247
gā, -n 63, 208, 212
*gǣr > gēar 209
gæst 208
gē 211
geboden 57

geboren 58
gebrocen 200
gebunden 58
gebyrd 59
gefaren 59
gegada 439
gegripen 57
gelesen 58
geliefan 59
genumen 58
geolu, gealwes 211
gēs 209
geseglian 432
geworpen 58
gie 211
giefe, giefu 53
gierd 200
-gietan 220
gife 53
gift 220
gifu 211
git 211
gōd 211
Godhelm PN 131
gōdspel(l) 212, 315
gōs 195, 199, 209
græf 60
grāp 57
grēat 255
grēne, grēnu 211
grīpan, grīpon, gripen 57
guma 211
gūð 50
habban 60, 211
hād, -hād 255
hæf 66
hæfde 60, 212
*hældan 209
Hæstingas ON 127
hafud 64
hālig 315
hām 65, 128
-ham(m) 127
hām-stede 127
hāmtūn 127
hana(n) 53
hand 211
hara 195, 236

hātan 209
hē, he 200, 211
hēafod 64
hēah 209
healdan 209
hearp(e) 216
hebbad 56
Hengest PN 121 f.
hēo 211
hi(e), hig 200, 211
hiehst 209
hild 211
hit 211
hlāf 218
hnutu 218
hog(g) 212
hona 255
hond 211
hors 246
Horsa PN 121 f.
horsum 218
hring 218
hrōst 445
hund 52
hūs 127
hūsbonda 214
hwā 211
hwæt 49, 211
hwǣte 216, 218
hwi, hwȳ 211
hȳ 211
hȳran, hȳrde 211
ic 256
ieldra 209
īse(r)n 47
lǣden 212
*lǣgjan > lecgan 209
lǣs, lǣson 58
lǣssa, lǣst 235
lǣtan 256
lagu, lage 214
lang 209
*lātan 256
-lēah 127
lecgan 200
lēof 59, 209
lēoht 210
lesan, lesen 58
liehtan 210

lōcian, lōcode 211, 340
lof 59
long 209
lufian 218
mæg, magon 62
mægð (mægþ, mægeþ) 255
mægðhād 255
mǣre 246
mǣðel 439
man 62
mann 209, 445
māra 256
mē, me 200
mearh, mēares 210
menn 209
middangeard 100
mōdor 211
mōna 195
mōt, -on, mōste 63
munde, munon 62
munuc 212
mūs, mȳs 209, 247
nacod 255
nam, nāmon 58
nama 218
ne 212, 313
neaht 247
nefa 53
nerian, nerede 211
niman 58, 199, 220 255
numen 58
nunna, nunne 212
nylle < ne wille 212, 313
of 195
ofer 209
ond 255
ōs 95
ōðer 195, 199
pen(n) 212
pere, peru 212
pipor 212
pōl 49
prēost 212
prūd, prūt 220
rica, rīce 47, 211
rīdan, riden 57
rīp 340

sǣt 60
-sǣtan/-sǣte 127
*scœl 209
scap 255
scĕda 340
sceal, sc(e)olde 62, 209
scēp 225
sceran, scieren 209
scip 218
sculon 62
sē, se, sēo 211
Seaxe, Seaxan 65, 126
sēcan 246
secgan 209
seolfor 209
sēon 65, 255
setl 60
settan 60, 135
sī, sie 212
sife 211
siglan (seglian, seglan) 432
sincan 255
singan 236, 255
*sleahan > slēan 210
snāw 211
snoru 65
sōhte 218
sōð 209
*stœdi > stede 209
stœf, stef 199
-stede 127, 209
steort 340
stīgan 50, 52
strǣt, strēt 132, 195
sunnanǣfen 315
sunu 211, 218
*swœrjan > swerian 209
swan-rād 119
sweger 65
sweostor 220
tœh(h)er 341
tāhte 216
tēar 341
tellan, tealde 211
-tig 51
timber 65
Tiwesle ON 93

tō 255
tor 212
trēow n. 211
trēow f. 211
tū 211
tūn 47, 128
tunga (tunge) 211
twā, twēgen 211, 236, 255
þæt 211
þearf 62
þēod 46
þēs, þis 211
þōhte, ðōhte 53, 61, 209
þon 211
þorfte 62
þorp 127
þri(e), þrēo 211
Þunor PN 93, 151
Þunresfeld ON 93
þurfon 62
þȳ 211
þȳs 211
unnon, ūðe 62
wœs 212
wāt 52, 59, 61
wē 211
Wēalas 25, 127, 131
wearp 58
weg 208, 218
wēoh 93
weorc 210
weorp, -an 58
wer(e)wulf 439
wes, wesan 153, 209, 212
wīc 127
wīf 200, 218, 445
wīfmann 445
wille, wilt 63, 212, 313
wīn 212
wīs 59
wiss 59
wis(s)te 61
wit 211
witon 61
Wōdnes dīc ON 93
word 211

worpen 58
wrang 214
wulf 52, 199
wurpon 58
wyrcan 210

Mittelenglisch

āld 218
am, art, arn ∼ are 219
at 219
aventure 227
bānd 219
bē(n) 219
binden, bōnd, boūnden 219
brethren 219
brigge 218
can 219
child 218, 224
children 219
con, cūþe, couth(e) 219
dar 219
dēre 216
dōn 219, 227
dorste, dirste, durste 219
driven, drōf 219
ei 220
enterchange(n) 227
es, ert 219
ēt, ēten, eten 219
eyen 219
fāren 219
fell 218
fēt 219
fōr, fōren 219
fōt 219
fowel, fuwel 218
gō(n) 219
grōfe 60
harpe 216
hḗ, hē(o) 218 f.
hit 219
horse(n) 218
hous 224
ibroke(n) 200
ic(h) 219
is 219

Wortverzeichnis

it 219
kine 219
knight 224
lāf 218
liven, livede 219 f.
liven, livede 219 f.
lokede 224
lōsen, loste 220
loven, lovien 218, 224
mai 219
man 219
me 219
men 219
mi(g)hte 219
mōn 224
mon, mond 219
mōt, moste 219
moughte 219
munde 219
muste 219
mȳn 219
nam, nāmen 219
nāme 218
nemen,nimen 219 f.
night 224
nōm, nōmen, numen 219
nute 218
ogte 219
ōld 218
oughte 219
owe 219
ōwen 218
oxen 219
painture 227
parfet, perfet 227
ring 218
sę̄ 224
shal 219
shē, she 219
shēt, shēten 219
shol, sholde 219
ship 218
shēten 219
shul, shulde 219
sohte 218
sone 218
stǭn 224
swuster 220

take(n) 224
tauhte 216
þarf 219
þe 219
þor(f)te, þurfte 219
wēnden, wente 219
werre 221
wēte, whēte 218
wey 218
wif(e) 218
will, willen 219
wis(e) 219
wist(e) 219
wolde 219
wōt 219
writen 224
yift 220

Neuenglisch

a, an 52, 226, 397, 403 f., 410, 416, 426, 435 f., 443
ablaut 392
about 404
Abraham PN 123
Acklam ON 127
acre 52
adventure 227
after 379
aint 410
air 408
airport 359
ale 209
aliving 410
all 346, 415
am, 'm 226, 346, 379, 400, 410, 432 f.
am an heggs 408
among 412
an(d) 408 f. 124
Anderson, Andersen PN 124
andsome 408
angry 396
Anschluss 391
Antrop ON 127
apple 256, 293, 420

are 410
Arkansas (am.) ON 391
arm 247, 440
armada 228
Arriet, Arry PNN 408
Ashtead ON 127
ask, -ed, -ing 226 f.
at 53 *at* 53
atom 156
aunt 395 f.
Aust ON 130
automobile 397
autumn 396
Ayrsome ON 127
avenue 359
Avon ON 130
awake 256
awful(ly) 403, 410
Axholme ON 130
back 314
backwoodsan (am.) 397
bacon 221
bag 416
bairn (schott.) 376
bank 400
bar 416
Barbury Hill ON 127
bare 376
bark 220
barley 46, 196
Barlow ON 127
baron 221
barr 130
baseball 359
ba(t)ch 401
bath 416
be 226, 418, 432 f., 443
beam 441
bear v. 376, 432
beard 376
-beck 128
beech 41, 106
beef 221
been 226, 432 f.
beer-garden 391
be(e)s 410
Belmont ON 130
berg 442

better 394, 416
Bexhill ON 128
Bill PN 121
bind 175, 422
binn (schott.) 376
bioscope 399
bird 396, 433
Birkby ON 131
bit 403
Black PN 125
Blackberry ON 128
bleak 340
blitz 228, 391
blood 417, 440
bloom 52, 441
blouse 228
blue 402
blue-jacket 403
board 131
boat 66
bock(-beer) 228, 391
body 440, 445
Bohemia ON 25
bolt 340
bolshevik 228
bone 45, 402
book 106, 225, 296, 402, 419, 421
book v. 397
booking office 397
boomerang 229, 400
boom 441
bosch (afrik.) 399
boss (am.) 238, 391, 397
-bourne 128
bow 66
bower 47
Bowery (am.) ON 391
Boxted ON 127
boy 259
Bradkirk ON 131
brain 281
breakfast 225
brethren 225
Brewerne ON 127
brick 404
bridegroom 439
-bridge 128

bring 4, 52, 442
broken 200
brother, -s 50, 225, 414, 417, 438
Brooklyn (am.) ON 391
brought 4, 52
Brown PN 125
bucket 406
bull 440, 445
bulwark 228
bungalow 229, 402
burgh (schott.) 376
burn 200
Burstead ON 127
bus 404
bush 441
business 414
busy 346
butter 419
button 402, 404
budy 397
bwana (afrik.) 339
by 417
-by 130
Caldy ON 127
California (am.) ON 391
call, -s, -ed 410, 430 ff.
Cambridge ON 128, 409
came 410
camp, -ing 67, 335
can, can not 376, 423
canna (schott.) 376
canteen 228
canyon (am.) 391
Cape Town ON 279
captain, cap'n 409
car 397
carl (schott.) 220, 439
carp 66
carpenter 221
carry 409
cast 435
castle 220
cat, -s, 225, 293, 409
cattle 81
caught 376

centre, center 397
chair 221
chamber 67
change 401
chaplain 221
characteristic 428
Charley (Chawley) PN 409
Charlton ON 131
cheese 67, 130, 195, 233
Chelbrough ON 127
cheery 67
chest 67
-chester 130
Chicago (am.) ON 391
chief constable 396
child 224 f., 409, 414
children (childring) 225, 409
chin 200
church 220, 233
churl 220, 439
clan (schott.) 228
chilff 300
cloak 394
clock 394, 404, 445
close (by) 417
club 220, 334, 402
coach 228
coat 395
cock 396, 406, 441
cockatoo 400
cocoa 229
cold 400
colo(u)r 397, 400
combat 221
come 410, 418, 436, 442
come with 399
comfort 221
company 396
congress 397
Conrad PN 124
constable 396
continent 402
cookie (am. 391
cooper 404
copie (afrik.) 399
corn 256, 397, 441
corporation 396

correct, -ly 429
council 221
counsel 221
count 221
country 404, 417
county 346
cow, -s 377, 395, 400
cracked 406
cramp 340
cream 346
creole 391
curiosities 404
dame 221
dance 394 f., 400
Daniel PN 123
Danthorpe ON 130
daughter 438
day 233, 379, 409 421, 442
deck 228
deed 50, 232
deep 293
Delando PN 123
democracy 156
denne (afrik.) 399
depot 391
did 403
die 'day' 409
digger 400
dingo 400
dispatch 228
Dixon PN 124
do, -es, -ne 227, 403 f., 409 f., 418, 436
don't 227, 409
dock 228
dod 131
dog 396, 410, 417, 441
donkey 396
dooke 'duke' 409
dooty 'duty' 409
dorp (afrik.) 399
Dorset ON 127
dotty 406
doubt 227
drink 45, 151, 422
dry 200
duke 409
Dutch 344

duty 394, 409
eagle 441, 445
ear 51, 408, 440
earn 41, 441
earth 442
easel 228
East 66
Easthampstead ON 127
Eastrea ON 127
Eastwood ON 128
eat 181, 256
ebb 66
Edinburgh ON 127
Edmondbyers ON 128
eel 66
een (schott.) 377
egg 220, 399, 408
egg-plant 397
eight 51 f., 443
elevator (am.) 397
eleven 443
Emerson PN 124
emu 400
engineer 156
English 4, 127, 208
ere, erst 444
ere 'here' 408
Essex ON 127
Essex PN 126
eye, -s 64, 377, 435, 440
evenin(g) 409
exceedingly 403
export 334
fall 396
fate 394
father, -'s, -s 8, 49 ff., 225, 423 f., 429, 438
favo(u)r 400
feet 135, 225, 406
-fell 130
fellow 213, 406
fenks 'thanks' 409
feud 225
field 48, 225
fight 402
film 156, 247, 334, 402
find 417
Findern ON 127
fine, -r, -st 410, 428

finish 403
fir 17
fire 134, 442, 445
first 396, 444 f.
fish 8, 51, 419
fishmonger 67
five 198 f., 443
flail 67
Fleming PN 126
Flemton ON 130
flesh 232
flood 442
Florida (am.) ON 391
flower 441, 445
flying 423
foam 49
foen (schott.) 376
foes 376
folk 66, 400
food 376
foot 135, 225, 256, 417, 440
football 334
-ford 128
for(e) 404, 444
forest 441, 445
four 443
fox 225
Franklin PN 123
frankfurter 391
Fred(erick) PN 121
Freefolk ON 127
freekently 'frequently' 409
Frees PN 126
Freezingham ON 130
freit 225
fresco 228
Ferssingfield ON 130
Fretherne ON 93
Friday 67, 95
Friston ON 130
frith (arch.) 66
frolic(k) 397
Froyle ON 93
fusion 393
gaed, gang(s) (schott.) 376
garage 228

garden, garding 395, 409, 419
gate 48
geese 225
gemsbock (afrik.) 399
Geoffrey PN 124
George PN 123
German 344
Gestalt psychology 391
get 220, 418
gift 220
girl 412
give 403, 418, 442
gland 232
glass, glawss 48, 151, 394, 409, 419
glide 233
gnu 399
go, -in(g), -ne 285, 376, 404, 409, 417 f., 431, 433, 442
goal 382
goat 52, 441
God 96
Godalming ON 131
goldfield's folk 400
Goldsmith PN 126
good 226, 376, 404
goodish 404
goose 50, 199, 225, 233, 402
got, -ten 396
goulash 228
grandmother 439 f., 445
grass 400, 441
green 232, 402, 404, 414
Greenwich ON 127
Grimsby ON 173
groat 228
groom 439
guest 50 f., 65
gum 156
hacienda 391
had 226, 431 f.
haft 51
hail 233
hair 'air' 408

Halifax PN 126
ham 408
hamel (afrik.) 399
hand 400, 417, 440
handsome 408
Hardres ON 131
hare 195
Harriet, Harry PN 408
harvest 379
has 403, 410, 435
Hastings ON 127
have 226, 379, 410, 418, 431 ff.
he 139, 227, 401, 404, 406, 425, 430, 436 f.
head 46, 64, 406, 417, 440
header 401
hear 394 f., 408
heart 49, 420, 440
heat up 397
heggs 'eggs' 408
hell 96, 100
helm(et) 66
help 256, 293
hemp 66
hen 48
Hengist PN 441
Henry PN 122
her 401, 404
here 408
Highland(s) ON 374
Hilbre ON 127
hill 128, 408
him 379, 401, 403 f., 435
his 406
history 394
hobby 335
hog 212, 441, 445
hold 175
-holm 130
holt 256, 441
Holywell ON 131
home 48, 65, 376, 395, 400
hono(u)r 397
hoot 400

hope 396
hopen 'open' 408
horse 65, 417, 441, 445
hot 394
hound 422, 441
house 56, 224, 226, 233, 395, 414, 421
humor 334
hundred 52, 443
hup 'up' 408
hurry 394
hus 'us' 408
husband 173, 214, 439, 445
hussar 228
I 2, 4, 8, 51, 226, f., 346, 376, 379, 400, 403, 409 f., 429 ff., 432 f., 436 f.
ice 402
ice-berg 442
ice-cream 346
ill 396
ill 'hill' 408
Illinois (am) ON 391
import 334
in 404, 408, 410
-in(g) 409
ingle 376
ink 418
inkosi (afrik.) 389
interchange 227
iron 47, 66
iron-wood 399
is 346, 404, 406, 410, 443
Isaac PN 123
-ish 404
island 442
Israel PN 123
it 139, 227, 346, 404, 409 f., 425, 430
its 404
jabber 400
jockey 334
John PN 123
Johnson PN 124
join 379

Jones PN 124
just 401
kahikatea 400
Kaiser 228, 391
kangaroo 229, 400
kapai 400
keel 66
keep 418
Kent ON 130
kerry 'carry' 409
Keswick ON 130
ket 409
Ketsby ON 130
key 402
kick 406
kid 404
kill 209
kindergarten 228, 391
kine 377
king 48, 66
Kingston ON 131
kirk (schott.) 131, 220
kitchen, kitching 67, 195, 409
kiwi 400
kloof (afrik.) 399
knew 410
knife 213, 436
knight 66, 131, 224, 255 f.
Knighton ON 131
know 227, 394, 409, 436
knowed 410
kohlrabi 391
kosher 359
kraal (afrik.) 399
kümmel 391
labo(u)r 400
laboratory 394
Lallans (schott.) 201, 366, 369, 376, 422
Lamport ON 130
lance 221
land 396
larrikin 400
lautverschiebung 392
law 173, 214

Lawrence PN 124
lead 66
leap 45, 411, 443
learn 408
least 235
leave 417
lebensraum 391
leberwurst (am.) 391
leg 220
lemonwood 399
less 235
let 180, 357, 418
letter 410, 436
levée 391
libretto 228
life 440, 444
lift 334, 397
light 376
like 359
like v. 359, 409
li'll →*little*
Lincoln ON 130
little 403, 409
Littlejohn PN 125
Littlingeton ON 128
live 443
living 410
load up 397
loaf 150
loch (schott.) 422
loft 220
London ON 130
long, -ish 404
look, -ed, 224, 340
lor(d) 409
Los Angeles (am.) ON 391
Louisiana (am.) ON 391
love 180, 224
Lowland(s) ON 201, 374, 376
-ly 429
'm 'am' 410
machine 228, 402
mad 396, 404
maharajah 402
maidenhood, maidenhead 225

make 256, 293, 409, 417 f.
mam(m)a 438
man, -'s 225, f., 397, 400, 403, 414, 427, 439
Manchester ON 130
man-of-war 225
maoridom 401
mare 65
mart 228
Mary-Ann PN 123
mason 221
mast 66
master 200
match 382
matter 394
Matthews PN 124
may 226, 418
me 226, 400, 403 f., 415, 429
meal 232
mean 404
Mearsea ON 127
measure 401
medicine man 397
memsahib 402
men, -'s 225 f., 415, 427
mere 442
merry 399
mestizos 401
Michigan (am.) ON 391
mice 225
mid 50
mike 'make' 409
milk 402
mill 67
Millbeck ON 128
Milsted ON 127
mine 226, 421, 429
mint 67
mis- 419
moa 400
monastery 394
Monday 67, 399
money 417
-monger 67
Montgomery ON 130

moon 224, 232, 442
Moore PN 126
more 394, 410, 428
mornin(g) 401, 409
Morrison PN 124
Morus PN 126
most 428
mother 1, 6, 30, 52, 422, 438
motor 156
motor-car 397
mountain 442, 445
mouse 225
mouth 47, 440
mus(t) 409
my 226, 421, 429
nabob 402
nature 395, 409
necessary 394
need 419
needle 48
negro 228
never-never 400
new 409
New Mexico (am.) ON 391
New Orleans (am.) ON 391
nice 409
nicht (schott.) 422
nickel 228
night 224, 376, 422, 442
nine 443
Nixon PN 124
no 409 f.
noble 221
noicet 'nice' 409
noo 'new' 409
Norfolk ON 127
Normanby ON 130
North 66
Northampton ON 127
not 227, 409, 436
nothing 409
now 'no' 409
nuffink 'nothing' 409
nut 406
oak 293, 441
oath 47

of 125, 161, 195, 226, 397, 404, 417
off 406
office 397
Oi 'I' 409
O. K., okay (am.) 397
ol(d) 406, 409
one 52, 443
onion 402
open 408
opera 228
ordeal 63
other 199, 233, 444 f.
out 420
oc, -en 65, 225, 293
Oxford ON 128
painter 221
parents, parients 409
party 156
path 394, 397
pavement 396
pay 415
peace 221, 397
penn 130
Pennsylvania (am.) ON 344
perfect 227
person 404
Peter PN 123
phantasm 227
philosophy 156
phosphorus 227
photography 227
picture 227
Pidgin 414
pig 441, 445
pile 67
pin 398
pipe of peace 397
pity 399
place 409
plaid 228, 334
plant 67, 394 f.
plice 'place' 409
plough, plow 398
plum 67
pohuratawa 400
police 228
Pontefract ON 130

pool 49
-port 130
potato 229
potato-bug 397
pound 67, 256, 293, 420
prairie (am.) 391
preparatory 394
pretty 404
Priswick ON 127
program(me) 398, 402
proud 220
pudding 334
puku 400
pullover 334
pundit 402
Purgatory 416
put 418
pyjama(s) 229, 402
quartz 228
quean, queen 49, 439 f., 444
quick 49
Quinton ON 131
rails 190
ranch(o) (am.) 391
rapids 391
rather 404
rattlesnake 397
Rayleigh ON 127
read 108
rear 51
Regent 416
republic 156
revolver 402
rib 399
Richmond ON 130
ride, ridden 57, 233
right 233, 346
rise 51
river 400, 442, 445
road 376, 395, 409 f.
Roberts PN 124
room 414
roost 445
rooster (am.) 396, 441, 445
rose 376
round adj, 402

round v. 106
rowd 'road' 409 f.
rudder 66
run 443
rupee 402
Rupee 402
rye 441, 445
's 'is, has' 406
sack 232
sahib 402
sail 45, 66
sailor 403
sake 66
sala 401
sandshoe 401
San Francisco (am.) ON 391
sang 57
Santa Claus PN 391
sauerkraut (am.) 228, 391
Sax(on) 65, 126
say, -*ing*, *said* 274, 394, 433
schnap(p)s 391
Scott PN 124, 126
scout 154
sea 45, 66, 224 f., 442
second 444 f.
see, -*ing*, -*n* 333, 379, 410, 418
seek 232
seminar 391
set 135, 256
seven 51, 443
Severn ON 130
Shakespeare PN 125
shall 209, 226, 298, 397, 400, 403, 431 f.
shampoo 229, 402
shanty 391
she 139, 227, 401, 403 f., 425, 430, 435
sheep 225, 232
Sheffield ON 127
Sherbourne ON 128
sheriff 396
sherry 228
shield 66

shillin(g) 409
shimmel (afrik.) 399
ship 66, 130, 256, 401
shoe, -*s* 225, 377, 401
shoe-hombre 401
shoon (schott.) 377
should 226, 397, 409, 433
show 397
shut 404
sick 396
sidewalk (am.) 396
siege 221
Sierra Nevada (am.) ON 391
sign 402
silk 419
sing 50, 57, 233
sister 220, 438, 444
six 443
sketch 228
skin 220
Skipton ON 130
sky 173
sleep 49, 232, 256
slope 392
Smith PN 123
smoke 346
smooth 399
smur (ir.) 379
so 409, 415
soft 396
sombrero (am.) 391
Somerset ON 127
son 124, 438
sonaghan (ir.) 379
soon 398
South 66
soviet 228
sow 'so' 409
speak 4, 403, 419
spear 402
speech 246
speech community 392
speech island 392
spill 228
spoke(n) 410
spool 228
sport 334

spring 51, 443
sputnik 228
squirrel 394
stand 402, 408
stale 404
star 442, 445
stark (schott.) 376
start 190, 334, 340
Statehouse (am.) 397
Staten Island (am.) ON 391
steam, -*er* 334
steer 66
St. Louis (am.) ON 391
stick 403
still-life 334
Stockbury ON 128
stone 224, 395, 421
Sonehouse ON 127, 131
strom 66
strand 45
Stratford ON 132
stream 47, 442
street 67, 132, 359
street-car 397
Stretford ON 132
Stretton ON 131
strike 190, 402
stripe 228
strong 379
student 394
subway 359
sudden(t) 409
Suffolk ON 127
sun 134, 441, 444
Sunday 67
sure 376
swagger 400
Swanage ON 127
Swanthorpe ON 127
swart 256
swear 66
swells(es) 410
swim 404
swimming-pool 335
swine 40, 441
sword 66
symbolization 392

tailor 221
take, -n 2, 173, 220, 224, 376, 402, 404, 410, 418
talk 414 ff.
tao 401
tarif(f) 398
Taylor PN 126
tea 401
tear 340
teenager 402
telephone 227
telescope 227
tell, -ed (schott.),*-ing* 376, 403, 415
ten 49, 404, 420, 443
tenish 404
terribly 403
Teutonic 309
Texas (am.) ON 391
Thames ON 130
thanks 409
that 410, 436
theatre, theater 397
the 226, 400, 403 f., 406, 408, 426 f., 436
thee 226
them 404
there 293
they 226, 404, 410, 430
thief 66
thin 232
thine 226
thing 66, 403
Thingwall ON 131
think 53
third 444
thirteen 443
this 379
thorp(e) 256, 293, 399
Thorpe ON 126
thou 226
though, tho 398
thought 53, 376
thousand 443
three 49, 293, 443
thriller 335
through, thru 398, 400
Thuesley ON 93, 127

Thunderfield ON 93
Thursday 67, 95
thy 226
ticket office 397
tide 256
timber 65
time 346, 409
to 51, 181, 274, 285, 293, 333, 397, 399, f., 403 f. 406, 408 f., 415, 422, 433
tobacco 229
today 379, 409, 435
toim 'time' 409
told 376, 403
toll 67
tomato 229
tomb 220
tongue 46
took 2, 410
Toosday 'Tuesday' 409
top 293
tornado 391
town 47, 400, 404
tram-car 397
travel(l)er 397
tree 441, 444
trek (afrik.) 399
trotters 406
trouble 402
tuatara 400
Tuesday 67, 95, 409
turn 404
-ty 51
twelve 443
twenty 51, 443
two 443
typology 392
U-boat 391
umlaut 392
underbrush 397
union 359
up 397, 404, 408
Upland(s) ON 374
upon 345
us 180, 198, 357, 404, 408
've 'have' 410
veld (afrik.) 399

verst 228
very 394, 403
victuals 227
visit 404
vodka 228
Volk 391
vrouw 439
walffle 391
wain 39
Waldrone ON 127
Wales ON 25, 127
wall 67
Walt(er) ON 122
Waltham ON 128
Walton ON 131
Wansdyke ON 93
war 221
warm 50, 419
war-paint 397
war path 397
warrant 221
was 51, 226, 404, 410, 432, 443
watch 394
water 35, 134, 293, 394, 442, 445
way 39, 233
Wayland Smith's Cave ON 131
we 51, 404, 410, 430
Webster PN 126
Wednesbury ON 131
Wednesday 67, 95
Weedon ON 131
week 376
Wells PN 124, 126
weltschmerz 391
went 376
were 51, 410 443
Wessex ON 127
West 66
Westham ON 127
Westrip ON 127
Weyhill ON 93
whale 66
what 49, 218, 274, 293, 346, 376, 403, 423
when 53
Whinfell ON 130

whisk(e)y 228
who(m) 403 f.
why 376
-wich, -wick 130
wienerwurst 391
wife, wives 45, 200, 225 f., 439, 445
Wight ON 130
wild 404
wildebeest (afrik.) 399
will 376, 397, 400, 418, 431, 436
William PN 122
Williams PN 124
winna (schott.) 376
wire 154
wit 20, 293
with 399, 436
wolf 65, 441
woman, women 225, 403, 445
wood 128, 441
Woodnesborough ON 131
wool 402
work 256, 402, 417
world 247, 419
would 225, 397
write, written 106, 224, 410, 423, 436 f.
wrong 214
wrote 410
yard 200
yes 418
yesterday 233
York ON 130
you 4, 226 f., 398, 403 f., 409 f., 430 f.
zoo 404
Zilliacus PN 126
zwieback 391

Friesisch

Altfriesisch

āch, -te 237
and(a) 255
ābe 236 f.
ālder 237
ān 237
bād 237
bānd 237
barna 200
bēdon 235, 237
bem, ben 238, 255
berna 200
biada 237
bim, bin 238, 255
bidda 254
binda, būnden, būndon 237
brēd 235
brōther 237
cuma 199
*dāg, daech, daegh 237
dagar 236
dat 237
*dar 237
dēd(e) 238
dēl 235 f.
dēd(e) 199
dēn 238
di, dio 237
dōgt 237
*dōn 238
dōr, -ste 237
dūe 238
dūr 237
drīvath, drīveth 235
ebēden 237
efaren, eferin 237
ekker 254
eiēven 237
ēn 237
end(a) 255
et 237
ewesen 238
fara 237
feder 254
fēt 237
fia 236
fīf 199
flax 246
fōr, -on 237
fōt 237
friond, friund 237
gān 238
gōs 199
grāt 255
gripa, grēp, grīpon, grīpen 237
hānd, hōnd 236
habba, hēde 238
hasa 236
hēd 255
hēde 238
hi, hi, hē, hiu, hio 200, 237
hia 237
iēva 200, 236
ief, *ievon, iōven 237
it 237
*jit 237
kampa, kempa 236
kan 237
klāth 237
kniuht 255
kū, ky 237
kūd, *kūthe 237
ledza 200
lessa, lēst 235
libba, lifde 238
makia, makade 237 f.
machte 237
mei, mi 237
mī, mi 200
mochte 237
mōt, moste 237
nam 237
nel(i) 238
nēria, nērede, nērda 237
nēt 237
nima, nimin, nimen, nōmin 199, 237
ōchte 237
ōther 199
sal 237
sē, sie, sye 238
sēka 246
sjuka, sjukna 236
sjunga 236
skēp 255
skel, skil, skol, skōlde 237
sōlde 237
spiri 236

stān, stēn 238
stef 199
sūnu 236
suster, swester 237
szin 200
that, thet 237
thī, thiu, thio, thē 237
*thārf 237
thōrf, thorste 237
thrē, thria, thriu 237
tīd 236
twā, twēn, twēr 236 f.
tunge, tonge 237
*unk 237
was 238
wēron, wes, wesa 238
wēt 237
wīf 200, 236
willa 238
wiste 237
wit 237

Neufriesisch

arbeidzje, arbeide 240
baes 238
bea, -n 240
bern 239
bêst, -e 240
biede 240
bin 240
bine 240, 422
boaijem 238
boer 238
boun 240
brêge, brêggen 239
brulloft 238
dagen 239
de 239 f.
dei 233, 239
died 232
doar, -st 241
dooch, doogde 241
dou 241
dreaun 238
druije 238
each 239
eidze 239
er 240, 430
fan 239

farre 240
fear, -n 240
flesk 232
foer 240
freon 238
Friezene 239
fryheit 239
Frysk 230
fuer 238
fûgel, -s 239
goes, gies 233, 239
glêd 232
glide 233
goune, -n 239
grien 232
gripe, griep, grypte, grepen, grypt 240
hab, ha(w), hawwe 240
har 239
hea 238
heech 238
heil 233
heit, -e 239 f.
hie 240
hja 240 f., 430
honger 239
hûs 233
hy 240 f., 430
hwa 239
ien 240
iepen 238
ieu 238
ik 240 f., 431
in 239 f.
yn 238, 240
it 239 ff., 430
jimme 241
jo 241
jowe 238
juster 233
kin, koe 240
klean, kleed 239
koeke 238
komme 239 f.
kou, kij 239
lân, -ne 239
lêze, -n, lies 240
litte, -n, liet 240
ljocht 239

ljurk 239
Ljouwert ON 231
Maeije 238
man, -lju 239
master, -ske, -s 239
mei 240
mem 239
miel 232
miene, miend(e) 240
mile 239
minske 240
moai 238
moanne 232
moast, moat 241
mocht 241
nim, -me, -t, -st(e), -mend(e) 240 f., 431
naem, -st(e), namen 240 f.
nôm, nommen 240
oannommen 240
oar 233
piip 238
ploeije 238
prate, praet, -te 240
reed, redens 239
ride 233
rjocht 233
rook 238
se 240, 430
sek 232
sy 240, 430
siikje 232
sil, -le 240, 431
syn 239
sjonge 233, 236
sjen 239
skiep 232, 239
skip 239
skoech, skuon 239
skrift 239
slepe 239
sliepe 232
smel 239
snie 239
soan 238
soe 240, 431
spinne 239
stoel 239

Wortverzeichnis

stom 239
swiet 239
tin 232
to 239
trije, -n 240
tsiis 233
tsjerke 233, 239
twa 240
wei 233
wenje, wenne 240
wêze 240, 432
wy 238, 241
wiif, -s 239
wist, wit 240
wrâld 239
wurd, -e 240, 432

Nordfriesisch

jat, jaet 237
onk, unk 237
wat, waet 237

Altsächsisch

āđar 199
akkar 254
āndar 199
ande 255
appul 257
arga, argo 341
ātum 247
band 248
beran 257
bezto 246
biddian 254, 257
bifel(a)han 247
bindan 248
biodan 248, 257
bion, biun, bium 195, 248 f., 255
bis(t) 195, 249
bizi 246
blīđzea 247
blēk 340
bōd 248
bōk 247
brōđar 247
budum 248
bundun 248
dag 247

dagōs 236, 341
deda, dede 249
dōg 248
dohter 257
dōk 340
dōn 249
dōpian 340
drīban, drībo usw. 249
dugi 248
eƀur 247
ēgun, ēhta 248
ēn 248
endi 247, 255
et 248
etan 257
fadar 254
fana, fona 195
faran 248
farman, -monsta, -munste 248
farwa, farawi 247
farwerkot 249
farworpan 249
fehu 247
fíf 199, 246
fla(h)s 246
for(a)hta 247
fōr, -um 248
fōt, -i 247
friund 247
gaduling 439
gān 249
gās, gōs 199
geƀa 53, 247
geƀan 257
giboden 248
giboran 249
gibunden 248
gidar, gidorsta 248
gifaran 248
gigripan 248
gilesan 248
gilīko 54
ginuman 248
ginerid 249
gionsta 248
git 248
glau, -wes 248
gōd 247

grēp, grīpan, grīpun 248
grōne, grōni 248
grōt 255
gumo 247
haƀad, haƀda 248 f.
habbian, haƀda, hadda 248 f.
hand 247
hano 255
hē, he 248
hebbian, hebbiad 56, 248 f.
hēd 255
Hēliand 117
helpan 257
hi(e) 248
hōrian, hōrda 248
hros, -u, hers 246 f.
hū, huo 248
*hūsi, te hūs 247
hwat, hwi(u), hwō 248
hweđar, hweđer 248
ik 249
ink 248
inka 248
is(t) 249
it 248
kan 248
kind 257
kneht 255
konsta, kūđ 248
kramp(o) 340
Krist PN 249
kuman 199, 249
kussian, kussta 248
las, lāsun 248
lātan 256
lesan 248
liggian 257
lōkon, lōkoian, lōkođ 248, 340
mag, mah, mahta 248
makon, makoda 248, 257
man 247
māri 246
men 247
mēro 256

mi, mi, me 200
mohta 248
morgan 60
mōt, mōsta 248
munan, muni 248
mūsi 246
naht 247
nam, nāmun 248
neƀal 50
neman, niman 199, 248
nerian, nerida 248
nēt 248
nis(t) 249
nōt 243
nū 249
ōđar 199
ōga 247, 257
opan 257
ōthar 246
plegan 257
riki 247
ripi 340
sahs 243
Sahsnōt 243
sëhan 255
settian 246
sī, sīs 249
sia, sie, sea 248
sibb(i)a 257
sīđ 246
sind(un), sindon 249
singan 255
sinkan 255
siu 248
skal 248
skāp, scāp 255, 340
skolda 248
snēo 247
sōkian 246
sprekean 246
staf, steph 199
stān 249
sundon 249
sunu 247
swestar 247
talda 248
te 247
tehan 257
tellian 248

tīd 247
treo, trio 247
treuwa 247
tunga 247
twā, twē(ne), twō usw.
   236, 248, 255
tharf 248
that 248
thiu, -s 248
thit 248
thorfta 248
threa, thria usw. 248
unk, -aro, -ero 248
unka 248
urlagi 247
ūs 246
wārun 249
welliu 249
werđan 249
wesan 248 f.
wēt 248
wif 200
*willien, wellian, wil-
   li(u)* 249
wini(u) 247
wissa 248
wit 248
word 247
wulf 199, 341
wurdun 249
Zacharias PN 246

Niederländisch

Altniederfrän-
kisch

betero 264
bruother 265
dag 264
*drinkjan 267
geva, gevon 264 f.
haldan 264
hella 264
heri 264
hūs 268
man 265
min 268
naht 264
ōga 265

ohso 264
putte 265
ricduom 264
ruggi 265
scāp 255
schalc 264
sint 267
snēo 265
tunga 265
thiat 264
vuhso, vusso 264
wort 265

Mittelnieder-
ländisch

berg 265
*bes(t), bist, ben, bim,
   bin* 267
blad, -en, -eren 265
can, conde, co(n)ste
   267
de, -n, -s 265 f.
dede 267
die 266
Dietsch 268
dar, der 267
darf, derf 267
dat(te) 266
die 266
dij, -ner, -ns 266
dochte, dooch 267
doen, doeien 267
dorste, dorde, durste
   267
dorfte, durfte 267
du 266
drenken 267
Duitsch, Duutsch 268
einde 265
en(d) 255
es 267
et 266
gaen 267
ge, gij 266
gebergte 265
gedaen 267
ghesijn, ghewesen 2
gulden, -s 265

haer, hare(e), haerre 266
hem, het 266
heer 266
hij 266
huis, huize(s) 266, 268
is(t) 267
(j)an 267
jij, je 266
kint, kinder 265
kretten 340
mach, mochte 267
mij, -n, me 200, 268
moet, mo(e)ste 267
onde, onste 267
over 300
ridder 300
rucghe 265
sal, sel 267
sanger, -s 265
si(j), soe, su 266
sijn, sijt 267
soon, sone 265
soude 267
sprake 265
staen 267
't 266
vader 265
vrede 265
van 266
waar 300
wapen 300
waren 267
was 267
weet, weit, wiste 267
willen 267
woort 265
ze 266
zich 266

Neuniederländisch

aarde 442
acht 443
adelaar 441, 445
allen 272
ander 233, 444
appel 254, 263, 420

arend 441
arm 440
bediende, -n 272
behoren 263
behoudens 274
Belgisch 271
ben, -t 273 f., 443
berg 417, 442
beschouwd 274
bieden 273
binden 273, 422
binnen 274
bloed 417, 440
bloem 441
boden, bood 273
boek, -en 272 f., 421
bolwerk 228
bond, -en 273
boom 417, 441
bos 441, 445
boss (am.) 391
Bowery (am.) ON 391
branden, brandde 273
brengen 442
broe(de)r 438
brood 271
Brooklyn (am.) ON 391
brui(de)gom 439
bruiloft 263
bul 440, 445
burger, -s 200
Caspar PN 263
cookie (am.) 391
daad 232
dag, -en 233, 271, 421, 442
damp 417
de, den 272, 426 f.
dek 228
derde, dertien 443
deur 271
diefstal 263
dit 274
dochter, -s 272, 438
dog 441
dok 228
door 274
drie 273, 443

droog 200, 271
duizend 443
dun 232
duur 271
Dyck PN 271
een, éen, -er, -s, ene 271 ff., 426, 443
eerste 444, 445
eeuw 314
ei 273
eik 441
elf 443
en 255
eten 263
ezel 228, 272
gaan 273, 431, 442
gans 233
Gaspar PN 263
geboden 273
gebonden 273
gebrand 273
gegaan 273
gegrepen 273
geheel 263
geheimschrijver 275
gehoopt 273
gehouden 273
geit 441
gekookt 273
gelezen 273
gemaal, gemalin 439, 445
genomen 273
gevaren 273
geven 442
geweest 274
gisteren 233
glad 232
gland 263
glijden 233
gloed 263
goed, -e(n) 271 ff.
graan 441, 445
gras 441
greep, grepen, grijpen 273
groen 232
groot 228
grootmoeder 439 f., 445

haan 441
haalde over 274
haar 272
had 273
hagel 233
hand 417, 440
hart 420, 440
heb, -ben 271, 273
heel 263
heilzaam 263
helpen 263
hengst 441
het 272 f., 425 f., 430
hij 200, 273, 425, 430
hield 273
hoed, -en 271 f.
Hollands 268
hond 441
honderd 443
hoofd 440
hooi 441
hoopte, hopen 273
horen 263
houden, -d(e), houd 273 f.
hout 263, 441, 445
huis, huize(n) 233, 268, 272, 421
iep 275
ik 263, 271, 273 ff., 293, 431
Indië 271
indien 271
is 273 f.
Jan PN 123, 272
Jasper PN 263
kaas 233
kamer, -s 272
kan 274, 423
kastje 271
kerel 439
kerk 212, 233
kind, -eren 272
komen 442
kon, -den 274
kop 440, 445
kopje, -s 272
koren 263, 441
korten 274

krioelen 263
lachen, lach(t), lachte(n) 274
landouw 442
las, lazen 273
lelijk 271
leven 442
lezen 273
lichaam 440
liegt 271
lijf 440, 444
lopen 263, 421, 443
maal 232
maan 232
maand 442
maar 271
machine 272
mag 274
maken 263
mama 438
man, -nen, -s 272, 427, 439
Marie PN 272
markt 228
meer 442
meisje 271
mijn 268, 421
mits 274
mocht 274
moe(de)r 1, 422, 438
moet, moest 274
mond 440
monnik 271
moot 263
muil 440
'n 'een 426
nacht 272, 443
nam, -en 273
Nederduitsch, Nederlands(ch) 262, 268
negen 443
nemen 273
nichtje 272
niet 274
nieuw 8
Nieuw Amsterdam (am.) ON 390
noord 271
nu 271

nut 271
onder 274
oog 440
oogmerk, oogpunt 274
oom, -s 272
oor 440
op 274
oproer 263
opsteller 275
over 274
overhaalde 275
overrompelen 263
paard 441, 445
pen, -nen 271
peper 212
pond 263, 420
pot, -ten 271
recht 233
redacteur 275
rekening 274
rennen 443
rijden 233
Rijkert, Ritsert PN 263
rivier 442, 445
rogge 441, 445
ros 441, 445
Santa Claus (am.) 391
schaap 232
schets 228
schip, schepen 263, 271 f.
schok 263
secretaris 275
secundair 444
sjaal 271
sjouwen 263
slapen 232
smid, smeden 272
spil 228
spoel 228
springen 443
stad, steden 272
Staten Island (am.) ON 391
steen, stenen 271, 421
stemmen 274
ster 442, 445
stier 440
streep 228
stroom 442

't 'het' 272
te 274
ten 272
tien 420, 443
tijd, -e 263, 272, 274
tjalk 263
twaalf 443
twee, -de 273, 443
twintig 444
uit 274, 420
uitroepen 275
vaar, vader 272, 423, 438
van 272, 274, 427
varen 273
veertig 275
vier 443
vijf 443
vlees 232
vloed 442
voer, -en 273
voet 263, 417, 440
vonk 442
voor 444
vorst 444
Vries PN 125
vrij 263
Vroonloo ON 93
vrouw, -en 272, 439, 444
vuur 442, 445
waffle (am.) 391
was, waren 273 f., 443
wat 274
water 272, 442, 445
weet 274
weerwolf 439
weg 233
weinig(en) 274
werk 263
wet 274
wezen 443
wijf 439, 445
wijn 212
wil, -de(n) 274
wist 274
woensdag 67, 95
wolf 441
worden, wordt 273, 432

wou 274
woud 441
wrak 272
zak 232
zal 273 f., 431
ze 273, 430
zee 271, 442
zeggen 274
zes 443
zetten 263
zeven 443
ziek 271
zij 273, 425, 430
zijn, -er 272, 432
zijn v. 273 f., 427, 443
zingen 233
zitten 271
zoeken 232
zon 442, 444
zoon 438
zou, -den 273 f., 431
zullen 273
zuster 438, 444
zwart 263
zwijn 441

Afrikaans

Afrikaander, Afrikaans 278
Australië ON 281
bed 282
beeldje 282
begin 285
beleze 284
beroepen 283
bind 284, 422
blyk 285
boek 281
boer 278, 281
boom, bome 281
bosch 399
brein 281
brug, -ge, brûe, -ns 282 f.
burger, -s 200, 282
Ceylon ON 281
Chinees 281
copie (engl.) 399
daeliks 281

dag, dae 282 f.
dag v. 284
denne 399
deur 281
die 280, 282 f., 427
diep, -te 281
dier 281
dink 284
dit 282 ff., 430
dog 284
donker, -e 283
dorp 399
een 283
ek 283, 431
ewe 282
fabriek 282
gebind, gebonde 284
gedink 284
gedra 283
gehad 284
gelees 284
gemsbok 399
geskrewe 284
geskryf 283 f.
gevolg, -e 282
gewees 284
geword 284
ghong 282
goed 282
goiingsak 281
groot 280
haar 283
had 283 f.
hamel 399
hand 282
hawe, -ns 283
hê, het 283 f.
hom 283 f.
hulle 283, 430
huis 281 ff., 421
hy 282 ff., 430
ingeneem, ingenom 284
inneem 284
is 283
jaar, jare 281
Jan PN 283
jas 283
jy 283
Job PN 282

julle 283
jy 283
Kaapstad ON 279
kalf, kalwers 283
kan 284, 423
kans 282
kind, -ers 283
kloof 399
koei 281
kom 285, 399
kon 284
kraal 399
laat 284
lees 281, 284
leeu 281
lepel 281
les, -se 281
liggaám 282
maag 282
mag 284
man, -s, -ne 282 f., 427
meekom 399
mens 282
moet, moes 284
mog 284
mooi 281
môre 282
my 283, 421
'n 'een' 283
nag 283
nee 281
nie 285
nieu 281
om 284, 422
ons 282 f.
oom, -s 283
oordra, oorgedra 284
op 285
opstaan 285
pad, paaie 283
put 281
pyl 281
saai 281
sal 283 f., 431
sê 282
see, seë 281 f.
shimel (engl.) 399
sil 431
sjieling 282

Sjinees 281
skip, skepe 283
skryf 283 f., 431
skyn 285
sou 284
sout 281
staan 285
stad, stede 283
sy 282 f., 430
't 'het' 282
tafeltje 282
tand, -e 282
te 284 f., 422
tesaam 281
tjek 282
trek 280, 399
uur, ure 281
van 283
vee 282
veld 399
verbied, verbode 284
vis 281
voël 282
volk, -ere 283
vrou 282 f.
wa, -ens 283
was 283 f.
week, weke 281
wees 283 f., 432
weet 284
wig, wie 282
wil(l) 284, 285
wildebeest 399
wolf, wolwe 283
wis 284
word 283 f., 432
wou 284

Niederdeutsch

Mittelniederdeutsch

bernen 200
drüüge 200
gaddere 340
hard 293
krappe 340
over 300
ridder 300

waar 300

Neuniederdeutsch

Aal 298
Aas 298
anners 293
Appel 254, 293
arbeid, -st, -t 299
Aust 296
Bäcker, -s 298
baden 298
Balken, -s 298
Bank, Bänk 298
Barg, -en 297
beden 298 f.
binnen 298
bliven 296
boden, bood 298
Boom 293
Börgers 200
Bost 298
Brägen 281
Broder 293
Broot, Brööd 297
bu, -ut, -en 299
Bulle 445
bün, büst 298
bunn, -en 298
Buttje, -s 298
dar 293
dat 297
de, den 297 f.
ded 299
Deef, Deev 298
deep 293
Deern, -s 298
di(k) 298
do, doon 299
döch 298
Dood 297
döög 298
Dook, Döker 297
Döör 296
doot 297
dörf, dörv 298
Dörp 293
Dotter, -s 298
dre 293

Wortverzeichnis

dreven, drieven, drievt 299
dröff 298
dröge 200
du 297, 299
Dünn, -en 297
Eek(boom) 293, 296
een 298
eisch 296
en 298
et 298, 430
Fack 296
Feld, Feller 293
Fisch 293, 297
Foot, Fööt 298
för 297
fragen, fraagt 298
fri 263
Frings PN 300
froog, frogen 298
Fru 296 f., 444
fuul 297
Füür 296
Fuust, Füüst 298
Gadder, -n 297
geven 297
gripen, greep, grepen 298
Haan 296
Hannover ON 300
harr 299
hart (<*hard*) 293
Hart, -en 297
Hau 296
hē, hei 200, 298, 430
hebben 299
heff 299
hell(en) 298
helpen 293
Heu 296
hollen 293, 296
Holthusen ON 131
Huus, Hüüs 293, 297
ik 293 f., 299
inbill'n 299
is 298
Jens PN 300
Jensen PN 300
ji 299

John PN 300
Kaal 296
Kaart 294
kann 298
Katt 293
keem 299
Kiel 296
Kind 298
Kopp 296
krank(e) 298
kunn 298
Land, Länner 293, 297
leert, leren 296, 299
lees, -t, lesen 297 f.
letzt 297
leven, Leven 297
Lief, Liver 297
lüttjet 298
Lüüd 297
mag 298
maken 293
Mann 297
mi(k) 298
Missingsch 293
moi 296
much 298
mutt, müß 298
Muur, -(e)n 297
namen 298
Nawer, -s 298
Nedderdüütsch 287
nee 296
neem, nemen 298
nix 297
nütt 296
Öös 298
Oß, Ossen 293, 297
ossing 296
platt 287
Platt(düütsch) 287
Punt 293
quick 297
Quitsch 297
Ridder 300
Schaad, Schaden, schaden 297
Schaap 297
schall 298
Schipp 293

Scho 297
schreeg 293
schriven 297
schull 298
se, sei, si 298 f., 430
See 296
sett, -en 298
si, siet 298
sien v. 299, 432
sik 299
slapen 293
small 293
Sne 293
Soot 298
Speel 297
Spitt, Speten 297
Steen 293, 297
sünd 298
Sünn 297
Swester 293
't 'et' 298, 430
Tee 296
Tiet, Tiden 297
to 293
Topp 293
Tran 298
ünnen 293
Uul 296
vör 297
vull 297
Wapen 300
warr, -n 293 f., 299, 432
was 298
waschen 293
wassen 293
wat 293, 299
Water 293
weer, -st, -t, weren 298
wees, -t, west, wesen 298 f., 432
weet, weten 298 f.
wennen, wendt 298
wi 299
Wief 293, 297
will, -en 298
Wisch 297
Witt 293
Wittenberge ON 300

wrantig 293
wringen 293
wull 298
wüß 298
Zippel 297

Deutsch

Althochdeutsch

ackar 254
alamuosan 315
ambaht 47
an 62
andar, ander 199, 246
anst 312
anti 255
anut 41
apful 254, 256 f.
arga 341
awist → *ewist*
aʒ 53
āʒʒum 247
bābes 315
bach 246
bah 314
bant 58 f.
bar, bārum 58
barn 59
beotan → *biutan*
bëran 58 f.
bim, bist, bin, birum, birun, birut 63, 255, 313
bini 41
bintan 58 f. 422
biris 53
bis! 313
bitten 254, 257
biutan, biutis: biotan, beotan 257, 311
bōt 57
brāhta 52
briaf 315
brinnan 200
bruoder 293, 312
brūt 235
buntum 58
būr 47, 128
-burc 127

butum 57
chind 310
chorn 256, 263
chuning 60
dāhta 53
darf 62
daʒ 313
dër, dëmo, dës(i)u ∼ dis(i)u 311 ff.
diu 313
diut, diot 308
diota, deota, diutisk 46, 308, 311
dō, duo 53
dohter, tohter 257
Donar PN 93, 151
-dorf 127
dorfta, durfum 62
dorpf 256
drī, drīo, drīu 312
ëbur 247
eigun 61
ein 312
elho 41
enti 255, 312
ër 200, 313
ēwa 314
ewist 40
ëʒʒan 256 f.
faran 59
far(a)wa 247
fater 254
fihu 312
finf 199, 246
fisc 51
flahs 246
fridu 312
friunt 312
fūl, -ēn 61
fuor, -um 59
fuoʒ 256, 312
gab 311
gām, gān 63, 313
gans 41, 199
gast, -e, -es 311 f., 321
gëba 53, 312
gëban 257, 311
gēn 313
gëlo, gël(a)wes 312

gersta 196
gesti, -m, -n, gest(e)o, gesten 311, 321
giang 313
giboran 58
gibotan 57
gibuntan 58
giburt 32, 59
gifaran 59
gigëban 311
gigriffan 57
gilëran 58
gilīcho 54
gilouben 59
ginah 62
ginoman 58, 311, 313
giritan 57
gisāʒʒi 60
gitar, -turrum, -torsta 62
giwiss 59
giwiʒʒani 315
giwordan 311
giworfan 58
glas 151
gold, -e, golða 310 f.
gotspel 315
grab 60
grīfan, greif, griffum 57
grōʒ 255
gruoba 60
guldīn 310
guot 312
habēn, habēta 60, 313
Hadubrand PN 122 f.
hals 46
hano, -n 53, 255, 312
hant 312
harz 131
haso 236
hē, hë(r) 313
heffemēs, heffe(n)t 56
heilag 315
heim 65
heit, -heit 255
hëlpfan 256 f.
hēr, -iro 315
Hildebrand PN 122 f.

Wortverzeichnis

hildi-scalc 119
hiltia 312
hirti 312
hiu 436
hiute Pl. 311
hiutu 436
hōhiro 320
holz 256
houbit 64
hros, -a 65, 246
hunt 52, 310
hūs 127
hūsir 320
hūt 311
(h)waʒ 49, 313
(h)wëdar 313
(h)wër, (h)wiu 313
ih 256
inti 255
īsarn 47
ist 313
iʒ 313
kan 62
k(h)ind 310
knëht 255
kneo 312
kold(es) 311
konda, kunnum 62
kranuh 41
kuo 151
Kuonrāt PN 121
lāhhi 314
lārum, las 58
lāʒan 256
lësan 58, 310
liggen, likken 257
lih-hamo 119 f.
liob 59
lob 59
loubir 320
machōn 256 f.
mag, -um, mahta, mohta 62
magat, -heit 255
magadi 320
mahti 320
man 312
mangāri, mangōn 67
mari 66

māri 312
meri 312
meri-garto 119
mēro 256
mëtu 41
meta, meata, miata, mieta 311
minniro, minnist 236
mir 200
mittilgart 100
morgan 60
mucca 41
mugum 62
mulināri 314
muoter 6
muoʒ, -um, muosa 63, 310
mūsi 246
nackod 255
nagala 320
naht 247, 310
nam, nāmum 58, 311
nefo 53
nëman, nëmen, nëmet usw. 58, 199, 255, 311, 313 f.
nimu, nimis, nimit 311, 314
nerien, nerita 313
offan 257
onda 62
ouga 64, 257, 312
petersilia 315
pfalinza 314
pferit 65, 314
pflëgan 257
pfunt 256
plōt, pluot, pluat 311
prōbost 315
quëna 49, 310, 439
quoman 199
rīchi 312
rītan, ritt 57
rōsa 315
sahs 65
salbōn, salbōta 313
scāf 255
-scaft, -schaft 255
scal, scolta, sculum 62

scif, skif 256
scuola 315
sedel 315
sëhan 65, 255
setzan, setzen, sezzen 60, 135, 256
si, sie, siu, sio 313
sīn v., *sī(t), sint* 313
singan 255
sinkan 255
slāf(f)an, slāfit 256, 320
snēo 312
snur(a) 65
spīhhāri 314
stām, stān 63, 313
stap 199
stēn 313
stīgan 52
stuont 313
suni 320
sunnūnābant 315
suohhen 246
swarz 256
swëster 312
swiger 65
tag, -u 136, 254, 312, 436
tāt 60, 199
tës 311
tinkta 315
tiof, tief 293
toug, tugum, tohta 61
triuwa 312
trockan 200
tuom, tuon 60, 63, 313
-tuom 255
unde 311
unkēr 312 f.
unnum 62
uns 246
unti 255
uodal 66
voraha 17
Walahovis ON 128
Walha 25
ward 311, 313
warf 58
was, wāri, wārum 313

we(c)chan, wehhan 256
weiz 53, 59, 61
wellen 313
wërch 256, 263
wërdan 311, 313
werēn 61
wërfan 58
wësan, wëset 61, 153, 313
wida 41
wig-hūs 119
-wīh 127
Wihmari ON 93
wili, willu 63, 313
wip 200
wirdit 313
wis! 313
wis 59
wissa, wista, wizzum 61
Wōdenesberg ON 93
wolf 199, 341
wollen 313
wort 312
Wuotan PN 98
wurfum 58
zëhan 257
zi 255
zimbar 65
zīt 256, 310
-zug 41
zūn 47
zunga 46, 312
zwā, zwō, zwei(o), zwēne 255, 313

Mittelhochdeutsch

adelar(e) 445
amie 323
apotêke 324
ar, -n 321
âventiure 323
balc 321
bant 322
belge 321
bieten, biute 322
bin, bist, birn, birt, bint 322

binden 322
birche 317
bort 'Wort' 317
bôt, buten 322
bote, -n 321
brâhte 52, 329
bruoder, brüeder 293, 351
büechelin 320
bunden 322
bunt 59
buoch 320, 328, 351
chint 317
dâhte 53
darf 322
dat, daz 317, 322
dër, dës(i)u, dis(i)u 322
diu 322
diutsch 308
diz 322
dorfte 322
drî(e), driu, drîo 322
du 321
eige(n) 322
ein, -er, -iu, -ez 322
ër 322
erintag 314
ëz 317, 322
gân, gâ 322
gap, gâben 322
gast, -e, -es 321
gëbe 321
gëben 321 f.
geboten 322
gebunden 322
gegëben 322
gegrifen 322
gelouben, geloupte 320
genomen 322
gên, gê 322
geste, -n 321
gevarn 322
gibit ~ gît, gibe 321 f.
gift 321
grîfen, greif, grifen 322
grôz, -iu 321
grüene 328
guot, -er 321

gunde 322
haben, hân 322
handelunge 330
hêrre 329
hërze, -n 321
hirte 321
hiuser 320
hôch 320
hof, hoves 320, 328
hœher 320
hœren, hôrte 323
hövesch 320
hövescheit 323
hunt 318
hûs 320, 328, 352
(h)waz 317, 322
(h)wiu 322
ich 318, 321 f., 351
iîe 323
-ieren 323
-st 322
it 317
jâmertal 324
joppe 323
jüde 351
juriste 324
kan 322
kastel 323
kil, -s 321
kirse 318
klôster 329
kone 439, 444
kopf 352
kraft, krefte 321
krëbez 329
kunde 322
küniginne 330
kunst 318
lamp 321
lân, lâ 322
lanze 323
lâzen 322
lember 321
lieht 329
liep 328
ligit ~ lît 321
lip, lîbes 320
loschieren 323
loup, löuber 320

Wortverzeichnis

mac, mahte 322
mägede 320
mähte 320
man 321
mich, mir, mîn 321 f.
mohte 322
müeʒen, muost 318
muoʒ, muos(t)e 321 f.
muoter 328
mûte 314
nagel, nägel 320
naht 318
nam, nâmen 322
nâter 328
nëmen, nime 322, 328
ner(e)n, nerete 323
niuwe 330
pflëgen 321
pfliht 321
pôête 324
quâle 318
quidit ~ quit 321
rëht 318
rîben 318
rîtære 300
ritter 300
rot(e) 406
sach 320
sagen 328
sal 322
sælde 300
-sâʒe/-sæʒe 127
schâch 323
schal, schol, scholde 322
schif 318
sê, -wes 320
sëhen 320, 330
sêr 330
sîn v., sît, sint 322
siu, sie, si, se 322
slâfe, -n, slæfet 318, 320, 329
smal 318
snëcke 318
sol, -te, -de 322
sorge 321
spër, -s 321
spil 318
stam, -mes 321

stân, stâ, standen 322
stein 318, 352
stellen 318
stê, stên 322
stival 323
strenge 330
stucke 318
stuont 332
sun 320, 330
süne 320
swære 330
swërt 318
tac, tage(s) 318, 320 f.
tanzen 323
tar 322
tief 293
tiu(t)sch 308, 328
tôt, -des 320
tolmetsche 323
torste 322
touc, tohte 322
tregit, treit 321
tuo(n) 322
turnei 323
twarc 323
varn 322
vegeviur 324
vischære 330
vuhs 320
vuor, -n 322
wâfen 300
wât 300
waʒ, wat 317, 322
weiʒ 322
wil 322
wîp 328, 352
wischof (bair.) 317
wisse 322
wolte, wolde 322
worhte 321
wort, -es 321
wrîven (md.) 318
würken 321
zal 321
zîse 323
zît 318
zouber, -ie 323
zunge, -n 321
zwahen, zwân 351

zwêne, zwô, zwâ, zwei 322

Neuhochdeutsch

Aal 66, 330
Aar 41, 441
abgebrannt 382
Ablaut 392
-ach 442
acht 51 f., 443
Acker 52
Adel 66
Adler 441, 445
Advokat 334, 382
Ahnel 440
Akademie 334
Aktie 335
Alkohol 335
alt, die Alten 328, 332, 412
Altemutter 440
Altenbeuren ON 128
Amt 47, 66
an- 190
ander- 233, 412, 444
Anke 314
Anschluß 391
Antlitz 63
Antwort, antworten 63
Apfel 352, 412, 420
Aprikose 335
Arm 404, 440
Armee 334
Arsenal 333
Arzt 314
Atom 156
Ätte (mdl.) 438, 444
auch 412
audiovisuell 335
Aue 442
Auge 64, 440
Augsburg ON 128
Aupa ON 128
aus 420
aus → os
ausspotten 382
Auto(mobil) 331, 335
-bach 128

Wortverzeichnis

Backe 382
Bäckerei 382
Ballade 334
band 332
Bär 66
Bardowiek ON 336
Bärme 412
Bauer 47
Baum, Bäume 331, 382, 441
Bayern ON 127
Bazar 335
be- 187
bedarf, bedurfte 333
Bein 45
Berg 128, 442
Berlin ON 128
bewegen 39
bewundern 176
Bielefeld ON 127
Biergarten 391
bieten 332, 432
bin 300, 333, 431 f., 443
binden 332, 422
Biochemie 335
bist 333
bleiben 432
Blitz 228, 391
Blume 441
Blut 440
Bock 228
Bockbier 228, 391
Bogen 66
Böhmen ON 25
Böhmisch-Waidhofen ON 129
Bolschewik 334
Boot 66, 300, 330
-born 128
bot 332
Bourgeoisie 334
boxen 334
Boykott 334
brachte 52, 329
Brandenburg ON 128
brannte 333
Braun(e) PN 125
Bräutigam 439
brennen 333

Brett 331
bringen 52, 442
-bruck, -brücken 128
Bruder 50, 65, 293, 438
-brunn(en) 128
Buch 106, 328, 331 f., 421
Buche 41
Buchstabe 106
Bucht 300
Buchtel 382
Buckel 314
Budweis ON 128
bügeln 382
-büh(e)l 128
Bulle 440, 445
Bungalow 402
Bus 405
Busch 441
Butter 314, 382, 419
Camping 335
Cannstatt ON 127
Castrop ON 127
Chauffeur 425
Chawer 359
Chawrusse 412
-chen 412
Cherub, -im 331
Cilli ON 128
Coupé 382
Dach 300
dachte 53
Dahlem ON 128
Dame 334
Dampfer 334
darf 333
das 332, 412, 426, 428
daß 436
Debatte 334
Deck 300
Demokratie 156, 334
denken 53
der, den, des(sen), dem 331 f., 426 f., 436
Deut 311
deutsch, Deutsch 46, 308 f., 328
die, der(en, -er), den(en) 332, 382, 426 f.

Dieb 66
Diedenhofen ON 132
Diener 429
Dienstag 67, 95
Ding 66
Dogge 441
Doktor 334
Donnersberg ON 93, 95
Donnerstag 67
doof 412
Dorf 126, 382
Dörfel ON 126
Dotter 382
drei, -zehn 443
dritt- 444
Dult (bair.) 314
Düne 300
dünn 232
durfte 333
Ebbe 66
Eberhard PN 132
ees, ëʒ (bair.) 54, 313, 429
Eiche 441
Eid 47
Eidechse 256
ein, -er, -en usw. 52, 332 f. 404, 426, 443
Eipel ON 132
Eisen 66
elegant 334
elf 443
Elsaß ON 127
Eltern 328
empfangen 63
ënk, -er (bair.) 54, 313, 429
entsagen 63
er 4, 139, 332, 425, 430, 434 ff.
Erde 442
Er(ge)tag (bair.) 314
erlauben 63
erst- 444 f.
erteilen 63
es 139, 332, 412, 425, 430
essen 181, 382
Ewers PN 124

Wortverzeichnis

Export 334
Fähnrich 190
fahren 332
Fahrt 328
faif (schwäb.) 198
Fakultät 334
fallen 432
Fallersleben ON 127
Feim 49
feist 300
Feld 48, 127
fertig 328
fett 300
Feuer 134, 442, 445
Film 156, 334
First 444
Fisch 8, 51, 419
Fischer 330
Fisole 382
Flagge 300
Flegel 67
Fleisch 232
Fleming PN 126
flicken 419
Fluß 442, 445
Flut 442
Forst 441
Foto 425
Frack 334
Franken ON 127
Frankfurt ON 128
Frankfurter 391
Frau 332, 439, 444
Frauchen, Fräule 440
Fregatte 333
Freitag 67, 95, 439
fremd 419
Friede, -n(s) 66, 331
Friedrich PN 47, 121
frieren 51
Fries(e) PN 126
Frimarsheim ON 132
Fritz PN 121
froh 232
Fronleichnam 439
Frosch, Frösche 331
Frost 51
fuhr 332
fünf 443

Fünfjahr(es)plan 334
Funke 134, 442
für 187, 444
Fürst 444
-furt 128
Fuß, Füße 135, 440
Fußball 334
gab, -en 412
Galeere 333
Gannew 412
Gans 50, 233, 412
Garten 405
Gasse 48
Gast, Gäste 50 f., 65, 331
Gatte, Gattin 439, 445
Gaul 65
ge- 190, 419
gebären 432
geben 442
gebieten 432
geboten 332
gebrannt 333
gebunden 332
Geburt 52
gefahren 332
gefallen 432
gegangen 4
Gegenstand 176
gegriffen 332
Geheimschreiber 275
geh(e)n 330, 333, 442
Gehör 190
gehören 432
Geiser 335
Geiß 441
Geist 256
gekommen 433 f.
gekränkt 412
gelegen 300
gelesen 332
Gemahl, -in 439, 445
gemolken, gemelkt 332
genannt 432
General 334
genesen 432
genommen 332, 431
Georg PN 123
geritten 57

gesagt 333, 431, 433
geschrieben 437
gesessen 300
gespalten, gespalten 332
Gestade 300
Gestaltpsychologie 391
gestanden 300, 431
gestern 233
gewesen 51, 140, 333, 431 f., 443
geziemen 432
Gift 321
Giftmischer 412
Glan, Glon ON 128
Glas 48, 419
gleiten 233
Glück 300
Gnu 335
Goal 382
Godenstag (wd.) 95
Godesberg ON 93, 131
Goldschmidt PN 126
Goldzieher PN 126
Gong 335
Gott 96
Gottfried PN 124
Gottschee ON 128
Grammel (bair.) 382
Gras 441
greifen, griff 332
groß 405, 412
Großmutter 439 f., 445
Großthun ON 128
Grube 190
grün 232, 328
Gudenstag (ns.) 95
Gulasch 335
Gulden 310
Gummi 156
-gund 50
Günther PN 66
Guntram PN 50
gut 331 f.
habe, -n 300, 330, 333, 404, 431, 437
Haber 300
Habsburg PN 126
Hadubrand PN 66, 122
Hafen 300

Hafer 300, 330
Haff 66, 442, 444
Haft 51
Hagel 233
Hahn, Hähne 48, 330, 441
Hand 328, 440
Händchen 328
Handel PN 132
Handlung 330
Hanf 66
Hans PN 123
Hansa, Hanse 67
Hansen PN 124
Hans-Georg, Hans-Jürgen PN 123
Harakiri 335
Harz ON 131
Haschee 334
hatte 431
Haupt 46, 64, 440
Haus, Häuser 4, 65, 126, 233, 328, 380, 421, 423, 434, 436
Hausdrache 404
Hedwig PN 66
hehr 315
Heim 48
Heinrich PN 122, 132
Heinrichs PN 124
-heit 187
Helm 66
Hemd 412
Hengst 441
Henne 48
Henneckebewegung 335
Hering 256
Herr 315, 329, 429
Herz, -en 49, 331, 420, 440
Hessen ON 127
Heu 441
heute 434 ff.
Hildebrand PN 122
Hildegard PN 66
Hildesheim ON 128
Himmel 96
Hobby 335
Hof, -es 126, 328, 412

-hof(en) 127
Hohenstaufen PN 126
Hohenzollern PN 126
Hölle 96, 100
höllisch 404
Holz 441, 445
Holzhausen ON 131
Homburg PN 126
Honter(us) PN 126
hören 432
Hose 330
hübsch 320
-hügel 128
Huhn, Hühner 48, 330
Humor 334
Hund 441
hundert 443
Husar(e) 335
Hut 300, 331, 427
Hypothek 334
ich 300, 330, 412, 422, 429, 431 ff., 436 f.
Ihnen 412
ihr Pl. 333
ihr, ihm Dat. Sg. 332
Import 334
Imst ON 128
in 436
-in 187
-ing(en) 127
Ingenieur 156
Innsbruck ON 128
Isar, Iser ON 128
ist 4, 333, 434 f.
Jahrhundert 314
Jause (öst.) 382
jenisch 407
Jockey 334
Johann(es) PN 123
Jöhre (berl.) 412
Jörg, Jürgen PN 123
Junge, -n 332
Jungeken (berl.) 412
Kaiser 67, 228, 391
Kakao 335
Kalb 66
Kalif 335
Kaltenbrunn ON 128
käme 433

Kammer 67
Kampf 67
Känguruh 335
kann 333, 423
Kanone 333
Kapital 333
Karate 335
Karfiol (öst.) 382
Karlinken (berl.) PN 412
Karlshaus ON 127
Karpfen 66
Karte 359
Käse 67, 233
Kaserne 333
Katze 331
Katzenbüh(e)l ON 128
Kauderwelsch 25
Kaufmannschatz 300
Kautschuk 335
Kaviar 335
keck 49
Keks 334
Kempten ON 128
-ken 412
Kerl 439
kicken 412
Kiel 66, 300
kiesen 51
Kimono 335
Kind, -e(s), -er 331 f., 424
Kindergarten 228, 391
Kinn 200
Kirchdrauf ON 127
Kirche 233
Kirsche 67
Kiste 67
Klafter 382
Klapperschlange 412
Kleid 300
klein 187, 256, 382, 412
Kleinmichel PN 125
Klippe 300
Kloster 329
Klub 334
Knecht 66
Knie 49
Kobenz ON 128

Wortverzeichnis 537

Kohlrabi (öst.) 391
Koks 334
Kolatsche(n) (öst.) 382
Kolchos(e) 334
Köln ON 128
kommen 433, 436, 442
Kommunist 334
König 48, 66, (PN:) 126
Königin 330
Königswinterhausen ON 131
konnte 333
Konrad PN 122, 124
Konstitution 334
Konto, Konti 331, 333
Kontrapunkt 334
Kopf 412, 440, 445
Korn 441
Körper 440, 445
koscher 359, 405, 412
Kraft, Kräfte 328
Krain ON 128
Kraut, Kräuter 331
Krebs 329
Kredit 333
Kricker PN 132
Krickerhau ON 132
Krieg 66
Kroatisch-Kimling ON 129
Küche 67
Kuh 330
Kukuruz (bair.-öst.) 382
Kümmel 391
Kunigund PN 50
Kunz(e) PN 122
küren 51
Küste 300
Lachs 331
Land, Länder 331, 419
lang 404 f.
las, -en 330, 332
lassen 330, 333
laufen 45, 421, 443
Lausitz ON 128
Lautverschiebung 392
Lavoir 382

leben, lebte(n) 333, 442
-leben 127
Lebenslauf 346
Lebensraum 391
Leberwurst 391, 412
Lebzelten (öst.) 382
Leder 331
Leffel 'Löffel' 327
Lefze 300
legen 200
Lehrer 331
Leib 440, 444
Leiche 440
Leidenschaft 176
Leipzig ON 128
Leitung 405
lernen 419
lesen 56, 332
Leute 382
Leutnant 334
Libretto, Libretti 331
Licht 329
lieb 328, 330
Lied 428
liegen 300
Lift 334
Likör 334
Lippe 300
l. l. 405
Löffel 327
Logik 334
Lombardei ON 252
Lorenz PN 124
Lot 66
Luft 220
machen 422
Mädel, -n, -s 300, 382
mag 333
Maharadscha 402
Mahl 232
Mähre 65
Mährisch-Ostrau ON 129
Makler 335
Mama 438
Mameluck 335
mank (berl.) 412
Mann, -es 331 f., 427, 439

Männeken 412
Mannsleute 239
March ON 339
Marianne PN 123
Marille 382
Masse 405
Mast 66
Match (öst.) 382
Materie 334
Matratze 335
Maul 440
Maure 359
Mäuserl 382
Maut (bair.) 314
Meer 442
mehr 256
mein, -er usw. 332, 421, 429
Meinung 334
melken, melkte 332
Meloche 359, 406
-menges 67
Mensch, -en 331
Messer 436
mich, mir 412, 429
miß- 419
mit 436
Mitte 50
mochte 333
Mode 334
Mohr, Möhre 330
Moire 359
Mol 406
molk 332
Molle 412
Monat 382
Mond 232, 442
Montag 67
Moor 300
Moos 412
Motor 156
Mühlbach ON 128
Mühle 67
Mulde 412
Müller, -s 300
Mund 47, 440
munter 190
Münze 67
muß, -te 333

Mutter, -s, Mütter, -n
1, 6, 30, 65, 300,
328, 331, 422, 427,
438
Muttersprache 346
Nabob 402
nach 4, 434
Nacht, nachts 422, 436,
442
Nadel 48
nahm 332
nähren 432
Nänne 440
Natter 328
nau (mdl.) 132
Naundorf ON 132
Neffe 65
nehmen 328, 332, 431
Neigung 392
Nest 405
Netze ON 128
neu 132, 330
neun 443
Nickel 228
Nonne 315
Nord 66
Note 334
nur 382, 419
Ochse 65
Ödenburg ON 127
öffentlich 334
Offizier 334
oft 412
Ohr 440
Oktave 334
Omnibus 405
Opa ON 128
Oppenheim ON 128
Orange 382
os (schwäb.) 198
Ost 66
Oswald PN 95
Oswin PN 95
Paderborn ON 128
Palatschinken(öst.) 382
Paradeis (öst.) 382
Parlament 334
Partei 156
Passau ON 128

Pech 382
Peitsche 334
Personenkult 335
Perücke 334
Peter PN 122 f.
Peters PN 124
Petschaft 334
Pfaffenhofen ON 127
Pfaid (bair.-öst.) 66,
86, 314
Pfeife 412
Pfeil 67
Pfennig 412
Pferd 65, 352, 441, 445
Pferdmenges PN 67
Pfinztag (bair.-öst.)
314
Pflanze 67
Pflaume 67
Pflegen 419
Pflicht 321
Pfund 67, 420
Pfütze 265, 282
Philosophie 156, 334
Photo 425
piepe 412
Pionierlager 335
Plaid 334
Planwirtschaft 334
Plattensee ON 128
Pomadenhengst 405
Pomeranze 382
Post 330
Powid(e)l (öst.) 382
Preßburg ON 128
Preußen ON 127
Professor 334
Proletariat 334
Prozeß 334
Pudding 334
Pullover 334
Puntsch 334
Pyjama 402
Qual 331
Quargel 323
Quartz 228
quick 49
Raab ON 128, 339
Radio 335

Raizenstadt ON 129
Räterepublik 334
raunen 106
Reaktion 334
recht 233
Regensburg ON 128
-reich, -rich 47 f.
Reich 47 f., 66
Reif ON 132
reiten 57, 233
Reiter 300
Rektor 334
rennen 443
Republik 156, 334
Rhein ON 128
Ribisel (öst.) 382
-riegel 128
Rind 66
Ritter 300
Roggen 441, 445
Rosenhügel ON 128
Roß 65, 441, 445
rot 423
Rotwelsch 25, 406
Rücken 314
Ruder 66
Rum 335
Saarbrücken ON 128
Sache 66
Sachs(e) PN 124, 126
Sachsen 65, 127
sacht 412
Sack 232
Saga 335
sagen, sagte usw. 328,
333, 433
sang 57, 332, 428
Sardinenbüchse 412
Sassen 331
saßen 331
Sauerkraut 228, 391
Schacht 300
Schaf 232
Schaffhausen ON 127
Schaft (obd.) 300
Schanken (öst.) 382
Schatz 81
Schero 406
Scherz 419

Wortverzeichnis

scheußlich 404
schicker 405
Schiff 66
Schild 66
schlafen 232, 329
Schlamassel 412
Schmidt PN 123, 126
Schnaps 391
Schneider PN 126
Schofför 425
Schokolade 335
schön, -er, -st 331, 380, 428
Schöngeist 334
Schrank 419
Schüddekopp FN 125
Schuld 419
Schule, Schüler 328
schütten 380
Schwabe PN 124, 126
Schwaben, Schwabing ONN 127
Schwarza ON 339
Schwarz(e) PN 125
Schwarzenberg ON 128
Schwein 40, 441
schwer 330
Schwert 66
Schwertfeger PN 125
Schwester 65, 438
schwören 66
sechs 443
See 45, 66, 442
Segel 45, 66
sehen 330, 333
sehr 330, 428
sein v., *seid* 333, 432 f., 443
sein, -er 331, 427
sekundär 444
selber, selbst 46
Seminar 391
Shampoo 402
sich 332
sie 139, 332 f., 425, 428, 430
Sie 412
sieben 443
sieht 330

Sievers PN 124
sind 333
singen 50, 57, 233
sitzen 300
Skald 335
Ski 335
so 332
Sohn 65, 330, 438
soll, -te 333
Sonne 134, 442, 444
Sonntag 67
So(o)re 406, 412
Sowjet 334
Sozialdemokrat 334
Sozialismus 334
spalten, spaltete 332
spät 434
Spital 382
Sport 334
Sprache 359
Sprachgemeinschaft 392
Sprachinsel 392
sprechen 256
springen 51, 443
Spülwasser 405
Stachanowarbeiter 335
Stamperl (öst.) 382
stand, -en 332
Start 334
-statt, -stadt, -stetten 127
stehen 300, 333
Stein 421
Steinhausen ON 131
Steinriegel ON 128
Stern 442, 445
Steuer 66
Stier 440
Stilleben 334
Stoppel 300
Storch 66
Strand 45, 300
Straßburg ON 131
Straße 67
Streik 334
streng 330
Strom 47, 442
Strumpf 419

Stückerl (bair.-öst.) 382
stünde 332
Stupfel (obd.) 300
Sturm 66
suchen 232
Süd 66
sungen 332
Swimming-pool 335
Symbolisation 392
Tabak 335
Taberesheim ON 128
Tag, -e, -es, -en 233, 330 f., 419, 421, 426 f., 442
Tagesordnung 334
tanzen 323
Tat 232
Tata (mdl.) 438
tätowieren 335
Tau 'Seil' 300
taub 412
taufen 340
tausend 443
Tee 330, 335, 382
Teich 405
Telephon 335
Tempus, Tempora 331
Tennis 334
Thaya ON 339
Theiß ON 132
Thema, -ta, Themęn 331
t(h)eutsch 308
Thriller 335
tief 293
Tisch 212
Tochter 65, 438
Tod 330
Tomate 335
Tram (bair.-öst.) 382
trinken 45, 151, 422
Triste (bair.-öst.) 382
Tschako 335
tschoren 406
tun 333, 382
Typologie 392
U-Boot 391
Ufer 300

Umlaut 392
*Ungarisch-Brod*ON 129
Ungeziefer 339
Urlaub 63
Urteil 63
Vater, -s, Väter 2, 8, 49, 64, 331, 423 f., 429, 438
verdammt 404
verlieren 51
Verlust 51
vermag, vermochte 333
Verschmelzung 392
verwesen 140
Vieh 40, 81
viel 330
vier 443
Vogel, Vögel 328
Vogelbauer 47
Volk 66, 391
von, vom 125, 331, 427
vor, vor- 187, 444
Vorhut 334
Vries PN 126
Waffe, -n 300
Wagen 39
Wagenschmiere 412
wahr 8
Wal 66
Wald 128, 441
Wall 67
Wallendorf ON 129
Wallonen 25
Wals ON 128
Wange 419
wann 53
Wappen 300
war, wäre 51, 333, 428, 431, 443 ff.
Ware 300
warm, wärmer 50, 328, 419
was 412
Wasser 35, 134, 442, 445
Wasserkunst 155
Wasserratte 405
Wasserstadt, Wasserstetten ONN 127

Weber PN 126
Weg 39, 233
Wehr 134
Weib 45, 328, 439, 445
Weimar ON 93, 131
Weindorf ON 127
weiß 333, 436
welsch 25, 406
Weltschmerz 391
werden 333, 431 f.
Wergeld 90
Werwolf 439
Wesen 140
West 66
Westerwald ON 128
wie 332
Wien ON 128
Wienerwurst 391
Wilhelm, Will(i) PN 121
will 333
Windischgrätz ON 129
Winterbure ON 128
wir 330 f., 333, 382
wird 436
Wirde 'Würde' 327
Wisent 66
wissen 20
Wolf 65, 441
wollte 333
worden 432
Wrack 300
wringen 423
Wuchtel (öst.) 382
wurde 432
würde 433
Würde 327
wußte 333
Zabern ON 128
Zebra 335
zehn 420, 443
Zeit 331
Ziefer 339
Ziege 441, 445
ziemen 432
ziemlich 434
Zifferblatt 405
-zig 51
Zimmer, zimmern 65

Zoll 67
Zoo(logischer Garten) 405
zu 181, 333
Zuckerbäcker (öst.) 382
Zuckerl (bair.-öst.) 382
Zunge 331
zwanzig 51, 443
zwei 429, 443
zweit- 444 f.
zwelf 'zwölf' 327
Zwieback 391
zwitschern 332
zwölf 327, 443

Langobardisch

agazza 338
akkar 339
A(n)spert PN 341
arga 341
arimann 339
-bald 338
banka 338, 340
bërg 338
blaih 340
blauz 340
bolzo 340
braida 338
fanþ(j)o 340
fāra 336
fëhu 339
Feld ON 336
flado 339
gabūro 339
gair 338
gatero 340
harimann 339
hrango 338
katero 340
kletton 339
krampf 340
krapfo 340
kruppja 338
lōhhōn 340
*manni > menni 341
panka 340

Wortverzeichnis

pflūma 340
quāla 339
razz(j)an 340
rīffi 340
ripp(j)a 339
skaf 340
skaffil 339
skaida 340
skauʒ 339
skërʒan 339
slita 339
smahh(j)an 338
staffa 338
stauʒʒan 340
stërʒ 340
strāl 338
tauff(j)an 340
tōh 340
pampf 340
prukk(j)an 340
wahtāri, wahteri 341
wulf 341
zahhar 340
zann 339
zëkka 338
zīber 339

Pennsilfaanisch

alrecht 346
annens 345
Beem 346
bin 346
binne 422
büssig 346
Caunty 346
Deitsch 344
der 346
gebore 345
gegloppt 345
gfalle 345
gheert 346
Haus, haus, hows 421, 424
hees 345
Hut 346
ice-kream 346
ich 346
iss 346

Kinner 345
Leewenslaaf 346
'm 346
Man 346
mei 421
Mudders(ch)prooch 346
Norr 346
Pennsilfaanisch, -deitsch, Pennsilvenideitsch 344
's 346
Schmook 346
S(ch)prooch 346
sei 346
vom 346
was 345 f.
weess 346
Zeit 346
zu 345

Jiddisch

a, an 355 f., 435 f., 443
aerodrom, aeroport 359
aliya*, aliye* 358
akht 443
ander- 444
apikoyres* 358
apl, apfl 352
arm 440
Aschkenasi* 347
az 436
aykh 357
babe 355, 358, 439 f., 445
balegole* 358
barg 442
Ben Gurion* PN 124
bentshn 358
beysbol 359
bikher 350, 354
bin 356 ff., 443
binden 422
bist 356
blum 441
blut 440
bokher, -im* 353, 355
boy 359

boym 356, 441
brengen 356, 433, 442
brif 437
bruder, brider 351 ff., 438
bukh 350 f., 354, 435
darf 356
dede 358
demb 441, 445
der, dem, di, dos 354 f., 426
dikh 355, 357
dir 355
dog 441
Dovid* PN 358
dray, -tsn 443
drit- 444
du 355 ff., 431
efsher* 358
elf 443
emes* 358
enk, -er 430
er 355 ff., 430, 436 f.
erd 442
ersht- 444, 446
es 355 f., 430
-es 354
ets 430
evenyu 359
eyner, eyne, eyns 354 ff., 443
eytse* 358
far 444
farayn 359
fayer 442
ferd 352, 354, 441, 446
feygl 355
finf 443
fir 443
firsht 444
fish 354
fleg, -n 357
flien 356
flus 442
for 444
forn 356
foter 352, 438
foygl 355

froy, -*s*, -*en* 354 f., 427, 439, 446
funk 442
fus 440
gas 354
[*ganev*] 412
gays 441, 446
gebn 356, 442
gebrengt 356, 433, 435
gedarft 356
gefinen, gefunen 356
gefloygn 356
geforn 356
gegangen 357
gegebn 356
gehat 357
gekent 356
gemuzt 356
genumen 356
geshikt 357 f.
getort (nit) 356
getribn 356
geve(y)n, gevezn 356, 443
gevolt 356
gevorn 358
gevust 356
geyn 357, 431, 442
gezolt 356
gib, git 356
Gitl, -en PN 355
glaykh, -n 359
greytn, grey(s)t 357
groz 441
guf* 440, 445
gut, -e, -er 355, 427
(halə)* 352
hand 440
harts 440
hayzer 354
haynt 435
hobn, hob, ho(s)t 356 f., 435
holts 441
hon 441
hoy 441
hoypt 440
hoyz 352, 354, 421
hund 441

hundert 443
ikh 351, 356 ff., 431, 433, 435 f.
-*im* 355
interlendish 353
ir 356 f.
Iwrit 350
iz 355 f.
karte 359
ken 356, 423
keyn 356, 437
khasanim* 355
khaver* 359
[*khavruse*] 412
khazer* 441, 445
khopf (mdl.) 352
khosn* 355
khotsh 358
kind, -s, -ers 355
kop 352, 440, 446
kort 359, 405, 412
kosher* 359
kumen 436, 442
lebn, -s 354, 442
-*lekh* 355
lerer, -s 355
levone* 442, 445
leyenen, leyenst(u) 356, 358
lomir 357
loshn-koydesh* 358
loyfn 443
mame 438
mameloshn* 358
man, -s 355
Marks, -en PN 355
mayrev* 352 f.
mayse* 350
mazl* 405
meg 356
melekh* 352
melukhe, -s *354, 359, 407
metro 359
meydl, -ekh 355
meyn 421
mikh 357
milkhome* 354
mir Dat. Sg. 358

mir Nom. Pl. 356 f.
mishpokhe, -s* 354
mitsve* 358
mizrakh* 353
mon 439
moykhl* (zayn) 358
moyl 440
moyre* 358 f.
Moyshe, -n* PN 355
muter 438
muz 356
nakht 442
nayn 443
nebekh 358
nemen v. 356
nemens 355
nezer 354
nit 356, 417
nomen 354
noz 354
odler 441, 446
oyberlendish 353
oyer 440
oyg, -n 354, 356, 440
pferd (mdl.)
ponim* 358
profesyoneler(farayn) 359
rebe, rebn* 355
renen 443
(sax)* 352
sekunder 444
shames* 358
sheyn, -em 355
shif, -n 354
shik, -t, -n, -ndik 356 f.
shoyfer* 358
shpiln (zikh) 359
shprakh 359
shpringen 443
shreybt 437
shtern 442
shteyn, -er 352, 354
shtir 440
shtot 355
shtroym 442
shvester 354, 438
skhoyre* 407, 412
sobvey 359

Wortverzeichnis

sof* 354
Sore* PN 358
strashn, strashe 356
strit 359
tate, tatn(s) 355, 438
tet 433
tish, -n 354
tite, -s* 358
tog 442
tokhter 438
tor (nit) 356
toyt 351 f.
toyznt 443
traybn 356
tsen 443
tseyn 355
tsig 441, 446
tson 355
tsvantsik 443
tsvelf 443
tsvey, -t- 443
tsvogn 351
tviye* 441, 445
universitet 354
unz 357
vald 441
vaser 442, 446
vayb 352, 439
vel, veln 357 f., 431 f.
ver, vemen(s) 355
vern, ver, ve(s)t 357 f., 431, 436
veys 356, 436
vil 356
volf 441
volt 356, 433
vor 443
(xala)* 352
yam* 442, 445
yid 348, 351
yidene, -s 354
Yidish 347, 353 f.
yingl 355
yunyon 359
(zax) 352
zayn, -en, -t 356 ff., 432, 443
zeks 443
zey 356 f., 430

zeyde, -s, -n 354 f., 358
zi 355 f., 430
zibn 443
zikh 357, 359
zoln, zol 356 f.
zun 438, 442

Schwyzertüütsch

Acher 384
ai(n), ais 385
alt, -e, -i, -s 385
Aug, -e(n) 384
Bai 384
biete 386
bi(n), bis(cht) 385 f.
bis! 386
binde 386
Bluet 384
botte 386
brääch, brüche 386
Brätt, -er 384
'broche 386
Bueb, -e(n) 384
Büebli 384
Buech, Büecher 384
'bunde 386
büüte 386
cha, -n(n) 386
Chint 384
Chnächt 384
chönnt(i) 386
choo 386
Chopf 384
chume 386
der 384 f.
drei, drüü 385
en 385
er 385
fää, faan(e), fääne, fange 386
faare, fier 386
Frau, -e(n) 384 f.
Fründ 384
Fuess, Füess, Füesse(n) 384
fuul 384
fund 385
gaa(ne), gang 386

'gää 386
Gascht, Gescht 384
g'faare 386
g'gange 385
g'griffe 386
gibe(n) 386
g'lä(ä)se 386
griff(e) 386
grüen 384
g'see(ne) 386
g'sii 385 f.
gvet 384
gwüss 384
ha(a) 384, 386
Haimat 384
haiss 384
haize 384
han 386
Holz 384
hupfe 384
Huus, Hüüsli 384 f.
Huut, Hüüt 384
i 384 f.
-i 384
isch(t) 384, 386
laa(ne) 386
lä(ä)se 386
-li 384
lieb 384
Liecht 384
losse 386
maa(g) 386
Maa 385
mached 385
mer 385
mieg, möcht(i) 386
mues, müesst(i) 386
Mueter, -s 384
nää 386
Naachber, -s 384
nime 386
pflääge 384
Reschpäkt 384
riich 384
Ruedi PN 384
s 384 f.
Schkandaal 384
schlaa(ne), schloo 386
Schpiis 384

Schtai 384
schtaa(ne), schtand 386
Schue 384
Schwyz ON 384
Schwyzertüütsch 383
sei(g) 386
si 385
si(i), -t, sind, sig(i) 386
soll, söll, sött (sett) 386
suechti 385
süess 384
Suntig 384
taar 386
tanzet 384
taarff 386
tischgeriere 384
töör 386
töörft(i) 386
tue, -ne 386
tüütsch 384
Vatter, Vättere 384
wää(r) 386
waiss, weiss 386
wett 386
Wiil 384
will 386
wott, wött 386
Wulch 384
wüsst(i) 386
zele 384
ziit 384
z'rugg 384
Züüritüütsch 383
zwee, zwoo, zwai 385

Letzeburgisch

dat 388
Fuß 388
greiffen 388
letzeburgisch, lezebuur-jesh 388
op 388
wat 388

Esperanto

audi 419

butero 419
-ebl(a) 419
fiŝo 419
flegi 419
fliki 419
fremda 419
ge- 419
gepatroj 419
glaso 419
inko 418
jes 418
lando 419
lerni 419
manĝi, manĝebla 419
mis- 419
misaudi 419
patro 419
silko 419
skio 418
ŝerco 419
ŝranko 419
ŝtrumpo 419
ŝuldo 419
tago 419
vango 419
varmo 419

Ido

gardeno 419
nur 419

Volapük

buk 419
nedön 419
pük 419
vol(a) 419
volapük 419

Pidgin, Taki-Taki u.ä.

alle 415
baf 416
báka 417
bérgi 417
bóm 417
botela 416
bráda 417

brudu 417
chilo 417
dágu 417
dámpu 417
ey 117
fashion 415
fe'i 417
féni 417
fútu 417
gwen 417
hánu 417
hási 417
héde 417
joss, -house, -Pidgin (man) 414
ka' 417
kawa 417
kilin 414
klosibáy 417
kondre 417
libi 417
loom 414
man 415, 417
me 415
mëki 417
moni 416
orkal 417
pat-lu-ta 414
pi 415
pikín 416
sáka 416
so 415
taki-taki 416
talkee 414 f.
wan 416
wroko 417

Indogermanische Sprachen

Indische Sprachen

Altindisch

ā́rya 20
aṣṭáu 42
áśvas 40
ātíś 41

Wortverzeichnis

ávi- 40
bharasi 53
bhrāta(r)- 40, 50
bhū́rjas 41
catvā́raḥ 42
dádhami 50
dā́ru- 41
dáśa 42
duhitár 40
dvḗ 42
Dyā́us 98
haṃsá- 41
Indra PN 98
mádhu 41
mádhya- 50
mātár- 1, 6
nábhas- 50
náva 42
páñca 42
páśu(ṣ) 40
phḗna 49
pitár 40
prakr̥ti 21
rig 20
ŕ̥kṣah 41
ŕ̥śyas 41
saptá 42
ṣaṣ 42
sãskr̥tam 21
satəm 10
snuṣā́ 65
sūnúš 40
śvā́ 41
svásā(r)- 40
śvaśrú- 65
tráy-aḥ 42
ukšán- 65
váhati 39
veda 20
vŕ̥ka- 41

Hindi

Maharadscha (nhd.), maharajah (ne.) 402
memsahib (ne.) 402
nabob (ne.), Nabob (nhd.) 402
pundit (ne.) 402
pyjamas (ne.), Pyjama (nhd.) 229, 402
rupee (ne.) 402
shampoo (ne.), Shampoo (nhd.) 229, 402
sahib (ne.) 402
mātā 1
bungalow (ne.), Bungalow (nhd.) 229, 402

Romāni

(Zigeunerisch)

čōrel 407
džan- 407
hintova 407
mol 407
šēro 407
vēd'o 407

Iranisch

Altpersisch

(Awestisch unbezeichnet)

airya 20
aspō 40
ašta 42
dāuru- 41
dugədar 40
[eschac, Schach] 323
hunuš 40
pasuš 40
spā́-, Gen. sūnō 41
vaēitiš 41
vazaiti 39
vehrko 41
χšvaš 42
χvα̨har- 40

Ossetisch

bärz 41
fus, fys 40

Hethitisch

u̯atar, Gen. u̯etenaš 35

Tocharisch (A,B)

ckācar A 40
ku 41
mācar 6
okt B 42
pācar A 40
pracar A 40
šar- A 40
se A 40
soy B 40
tkācer B 40
yakwe B 40

Illyrisch

Arrabona ON 128
bū́rion 47
[Cilli] ON 128
[Imst] ON 128
[Raab] ON 128
Stravianae ON 47
Teutana PN 46

Thrakisch

baitē 66
Strŭmon ON 47

Armenisch

dustr 40
ełbair 40
ełn 41
ēš 40
hair 40
kṙunk 41

k'oir 40
mair 6
melr 41
mun 41
oror 41
šun 41
tun 7
urur →*oror*

Albanisch

arí 41
dru 41
mize 41
mjaľ 41
motrë 6
sistem 8
ulk 41

Keltische Sprachen

Gallisch

(Altkeltisch unbezeichnet)

ambaktos 47
cēlicnon 141
epo- 40
gallos 27
[Glan, Glon] ON 128
īsarno- 47
[Kempten] ON 128
marha- 65
paraverēdus 65
[Regensburg] ON 128
[Rhein] ON 128
rīg-s 47
**Vedunia* ON 128
[Wien] ON 128

Irisch

Altirisch

athir 40
bech 41
brāthir 40
daur, dair 41

dūn 47
ech- 40
īasc 41
irar 41
māthir 6
ōeth 47
siur 40
srūth 47
tūath 46

Neuirisch

arth 41
-(ch)an 379
Erin 26
goidel 26
Hérin 26
mid 41
mil 41
samhain 379
smur 379
sonaghan 379

Kymrisch

elain 41
garan 41
mant 47
tūd 46

Gälisch

**barr* 130
bin(n) 212
broc(c) 212
hog(g) 212
**pen(n)* 130, 212
uisge beatha 228

Griechisch

ἄκρον 104
ἀνάλυσις 141
Ἄρεως ἡμέρα 314
ἄρκτος 41
[*Basilides*] PN 126
βύσσον 141
γέρανος 41

γράφω 104
δέκα 42
δεκάς 51
δίσκος 212
δρῦς 41
δύο 42
ἑκυρή 65
ἐλλός 41
ἐννέα 42
ἕξ 42
[*Epikur(os)*] PN 358
ἕπομαι 65
ἑπτά 42
εὐαγγέλιον 212
Ζεύς PN 98
θέμα 331
θυγάτηρ 40
ἵππος 40
ἰτέα 41
Κελτοί 26
κυριακόν 212
κύων 41
λύκος 41
μέθυ 41
μέλι 41
μήτηρ, μάτηρ 6
μυῖα 41
νῆσσα 41
νυός 65
οἶδα 53
οἶκος 136
οἰνή 42
ὀκτώ 42
ὄρνις 41
παιδεύω 140
πατήρ 40
πέμπτη 314
πέντε 42
πεπαίδευκα 140
πύργος 67
ῥόμος 41
στείχω 52
τέτταρες 42
τρεῖς 42
ὕειος, ὕινος 40
υἱός 40
φάντασμα 227
φηγός 41
φοσφόρος 227

φράτηρ, φράτωρ 40
χήν 41

Romanische Sprachen

Lateinisch

(Alt-, Mittel- und Vulgär-
lateinisch unbezeichnet)

academia 334
acetum 141
ad 53
adventura 227
ager 52
advocatus 334
anas 41
annona 141
annus (<*atnos) 141
apotheca 324
aqua 442
aqua vitae 228
archiater 314
Arrabona ON 12 8
asellus 66
asinus 66
audire 419
Augusta ON 128, 130
auris 51
benedicere 358
Boiohaemum ON 25
breve 315
butyrum 314
caballus 65
Caesar PN 67
camera 67
campus 67
canis 41
cannabis 66
capitale 81
captum 51
caput 46, 64
caseus 67, 195
Castra Batava ON 128
castrum 130
centum 10, 52
ceresia 67
cista 67

collus (>collum) 46
con- 315
Colonia ON 128
conscientia 315
constitutio 334
contrapunctum 334
coquina 67, 195
cord- 49
corpus, G. corporis 445
cum 53
curtis 132
decem 42, 49
dedi 140
democratia 334
dies 67
Diespiter PN 98
discus 212
do 140
doctor 334
domus, domo 65, 136, 436
dubitum 227
duo 42
Eberhardis curtis ON 132
ego 437
elephantus 141
equus 40, 65
Faber, Fabricius PN 126
Fabri PN 126
facultat- 334
fagus 41
filius 124
flagellum 67
flos 52
frater 40, 50
fraxinus 41
fucus 41
fui 255
gallus 26
genu 49
Graecus 141
habeo 437
haedus 52
Honterus PN 126
hostis 16, 50, 65
hypotheca 334
ignis purgatorius 324

in 436
inter- 227
ire 219
Jovis dies 67
Jupiter PN 98
jurista 324
labi 49
Latinus 212
legere 56, 358
Lindum Colonia ON 130
lingua (<dingua) 46, 308
logica 334
lucerna 141
Lunae dies 67
lupus 41
mango 67
mare 66
Martis dies 67
mater 1, 6, 52
materia 334
medius 50
mel 41
mentum 47
Mercurii dies 67
minus 236
molina 67
molinarius 314
moneta 67
Morus PN 126
musca 41
nebula 50
nepot- 53
nonna 315
nota 334
novem 42
nurus 65
octava 334
octo 42, 51, 52
oculus 64
odi 61
oinos 'unus' 52
orarium 141
ovis 40
palatium 314
paraveredus 65, 314
pater 8, 40, 49, 50, 51, 419

pecunia 81
pecu(s) 40, 81
petrosilium 315
philosophia 334
phosphorus 227
pictura 227
pictus 104
pilum 67
piper 212
pirus 212
piscis 8, 41
planta 67
pluma 67, 340
poeta 324
pondo 67
portus 130
processus 334
professor 334
proletariatus 334
propositus 315
quattuor 42
-que 31
quercus 17
quinque 42
quod 49
quom 'cum' 53
reactio 334
rector 334
res publica 334
rex, regis 47
rosa 315
sapo 67
saxum 65
schola 315
scire 315
scripsi, scriptum 437
se 55
senex, senior 315
septem 42, 51
sequor 65
sex 42
solea 141
Solis dies 67
soror 40
spicarium 314
strata (via) 67, 131, 195
suinus 40
Sviones 142, 183

Tabernae ON 128
tempus 331
tego 56
Teutonici 308
Theodiscus 308
Theudonis villa ON 132
tincta 315
Titus PN 358
toga 56
toloneum 67
totus 46
tres 42, 49
turris 212
unus 42
urceus 141
ursus 41
vallis lacrimarum 324
vallum 67
Vedunia ON 128
veho 39
Veneris dies 67
vermis 41
via 67, 131, 195
victualia 227
Vicus Romanicus ON 128
videre 20
villa 132
vinum 66, 212
vir 90
vitex 41
vivus 49
Volcæ 25
vulgus, vulgaris 308
Zilliacus PN 125

Oskisch

far 46
touto 46

Italienisch

Alfonso PN 134
arsenale 333
banca 338
Belvedere ON 129
Berghi, Bergha ON 338

Breda ON 338
canone 333
capitale 333
caserna 333
conto 331, 333
credito 333
Fernando PN, 134
fiadone, fiarone (mdl.) 339
fregata 333
fresco 228
gaburo, gabör (mdl.) 339
Gairo PN 338
galera 333
Garibaldi PN 338
gazz(er) a 338
giuppa 323
grupia 338
guattero 341
guerra 134
libretto 228, 331
madre 1
Marengo ON 134
opera 228
rangù 338
Riva ON 132
signore 315
slit(t)a (mdl.) 339
smaccare 338
staffile 338
strale 338
zecca 338
zimmero (mdl.) 339
zirre (mdl.) 339
zivera (mdl.) 339

Spanisch

Alfonso PN 134
armada 228
California ON (am.) 391
canyon (am.) 391
creole 391
Fernando PN 134
Florida ON (am.) 391
guerra 134

Wortverzeichnis

hacienda 391
hombre 401
Los Angeles ON (am.) 391
madre 1
mestizos 401
negro 228
New Mexico ON (am.) 391
ranch(o) (am.) 391
Rodrigo PN 134
sala 401
San Francisco ON (am.) 361
señor 315
Sierra Nevada ON (am.), 391
sombrero 391
Texas ON (am.) 391
tornado 391

Portugiesisch

deus 414

Französisch

Altfranzösisch

almosne 315
amie 323
aventure 323
castel 323
cortioisie 323
dame 154
dancer 323
eschac 323
estival 323
-ie 323
-ier 323
lance 323
logier 323
papes 315
tornei 323

Neufranzösisch

aigle 445
[*Arkansas*] ON 391
avantgarde 334

Avricourt ON 132
bel esprit 334
Bellevue ON 129
bourgeoisie 334
ce 274
Cherbourg ON 173
[*Chicago*] ON 391
compte de 274
constitution 334
dame 334
démocratie 334
depot 391
dire 274
(j'ai) écrit 437
équiper 173
famille 191
fleur 445
forêt 445
Frémécourt ON 132
grande-mère 440, 445
Grandpierre PN 125
[*Illinois*] ON 391
Isère ON 128
lavoir 382
levée 391
Lidlington ON 128
loi 274
[*Lousiana*] ON 391
manger 419
[*Michigan*] ON 391
mode 334
Monseigneur 315
montagne 445
ne ... pas 285
[*New Orleans*] ON 391
Oise ON 128
opinion publique 334
ordre de jour 334
oui 28
point de vue 274
Pontfreit ON 130
prairie 391
prolétariate 334
que 274
[*rapids*] 391
réaction 334
république 334
rivière 445
Sanssouci ON 129

[*second*] 445
[*shanty*] 391
Sire 315
sous 274
[*St. Louis*] ON 391
tenir 274
Thionville ON 132
une 274
voter 274

Provenzalisch

oc 28

Rumänisch

om 8

Venetisch

[*Aupa*] ON 128
ego 46
mego 46
[*Netze*] ON 128
[*Opa*] ON 128
selbo 46

Baltische Sprachen

Altpreußisch

kalis 66
rīkis 48
tauto 46

Lettisch

gatva 48
māte 6
suvẽns, sivẽns 40
tàuta 46

Litauisch

ántis 41
arẽlis 41
aštuo-nì 42
béržas 41
bitìs 41
duktẽ 40

gérvė 41
kiĕmas 48
kùnigas 48
medùs 41
motė̃ 6
musė̃ 41
sekù 65
septynì 42
sesuõ 40
strovė̃ 47
sūnùs 40
šuõ 41
tautà 46
tỹs 42
vežù 39
viĺkamus 16
viĺkas 41
výtis 41
žąsìs 41

Slawische Sprachen

Altslawisch

ąty 41
blato 49
bratrъ 40
bьčela 41
bъzъ 41
drěvo 41
dъvě 42
dъšь 40
gostь 65
jelenь 41
mati, Gen. *matere* 6
medъ 41
mucha 41
orьlъ 41
osmь 42
plęsati 141
sedmь 42
sestra 40
svinъ 40
synъ 40
trъje 42
tvarogъ 323
vezą 39
vlachъ 25

vlъkъ 41
vozъ 39
vragъ 67
vъlkomъ 16
žeravь 41

Russisch

аэродром 359
баб, бабушка 440
береза 41
быть 255
видеть 432
вода 436
волк 65
враг 67
гость 65
дом, дома 31, 65
его, ее 169
же 31
Иванов PN 124
играть(ся) 359
идти 219
мать 1, 6
метро 359
море 66
один 42
о(ч)ко 64
он 8
пискарь 41
пляска 141
профессиональный союз 359
рожь 8
свой 169
скот 81
стакан (воды) 436
струя 47
сын 124
танец
увидеть 432
Черных PN 124
читать 56

Polnisch

bicz 334
choć 358
demb 445

kasztel 323
taniec 323
turniej 323

Tschechisch

bič 334
Budějovice ON 128
číž(ek) 323
Dabrovici ON 128
fizole, fisole 383
goal 383
karfiol 383
kaštel 323
kupé 383
lavor 383
Morava ON 339
neboha 358
Opava ON 128
tanec 323
turnaj 323
Upa ON 128

Slowakisch

bič 334
Handlova ON 132
kaštiel 323
Petrovič PN 124
*Preslavesburc ON 128
tanec 323
turnaj 323

Sorbisch

[*Berlin*] ON 128
[*Brandenburg*] ON 128
[*Lausitz*] ON 128
[*Leipzig*] ON 128

Serbokroatisch (und Slowenisch)

gol 383
[*Gottschee*] ON 128
karfiol 383
kastell 323
[*Kobenz*] <**Chobenza* ON 128
Kočevje ON 128

kolač 383
[*Krain*] ON 128
kupe 383
lavor 383
meč 383
palačinka 383
[*Plattensee*] ON 128
Petrovič PN 124
ribiz(la) 383
špitalj 383
tănac 323
ùtva 41

Bulgarisch

kniga 8

Uralische Sprachen

Finnisch

kala 66
kana 48
kansa 57
kuningas 48
niekla 48
pelto 48

Ungarisch

bukta 383
csór(el) 407
ember 445
gól 383
Győr ON 339
hal 66
haver 359
ház 7
Ipoly ON 132
hintó 407
(ho)spitály 383
kalács 383
karfiol 383
kastély 323
Kispéter PN 125
kupé 383
lavór 383
majré 359

marha 81
meccs 383
meló 407
mólés 407
némber 445
nő 445
oláh, olasz 25
Petőfi→Péterfi(a) PN 124
Rába ON 339
ribizli 383
rozs 8
séró 407
szajré 407
tánc 323
Tisza ON 132
tolmács 323
torna 323
vár 8
völgy 407

Semitische Sprachen

Hebräisch-Aramäisch

Vgl. unter Jiddisch, mit nachgestelltem* bezeichnet.

Arabisch

Ibn Saud PN 124
kitab 402
[*giuppa*] 323

Japanisch

mishin 402
puroguramu 402
sain 402
sutando 402
suto 402

Austronesische Sprachen

Malaisch

biru 402

buku 402
butang 402
kitab 402

Tahitanisch

fe'i 417
ka' 417
kawa 417
orkal 417

Samoanisch

kalapu 402
lī 402
konitineta 402
kusi 402
niu 8
vulu 402

Maori

hoot 400
kahikatea 400
kapai 400
kiwi 400
moa 400
pohukatawa 400
puku 400
tuatara 400

Tagalog

istráik 402
pilm 402
ráun 402
tao 401
tinedyer 402

Kaliai-Kove

ßoko 402
pait 402
supia 402

Tschamorro

ais 402
rubetbet 402

Marshallesisch

haniyen 402
kiryn 402
milik 402
tirabel 402

Australisch
(im Englischen)

boomerang 229 400
cockatoo 400
dingo 400
emu 400

kangaroo 229, 400

Afrikanische Sprachen

Bantu

bwana 399
inkosi 399

Luganda

'bbaala 416
'Ppuligaatùli 416

Riijenti, Liij(j)enti 416

Midobisch

on 8

Dongolesisch

ay 8

Hottentottisch

gnu 399

NAMENVERZEICHNIS

Aasen, I. 166, 480
Abraham der Schreiber 360
Abraham, W. 471
Achmanova, O. S. 471
Açoka 20 f.
Adam von Bremen 92, 290
Adelung, J. Ch. 327
Admoni, V. G. 486, 493
Aetius 201
Agricola, E. 493
Aitken, A. J. 490
Akin, J. 469
Albrecht der Bär 288
Alexander, G. I. 473
Alexander Jóhannesson 478 f.
Alexander Newski 288
Alfred 196, 205
Alston, R. C. 494
Althaus, H. P. 493
Altheim, F. 105
Aly, W. 474
Amira, K. v. 475
Ammer, K. 469
Anderson, J. M. 481
Andreotti Saibene, M. G. 493
Antonsen, E. H. 472
Arakin, V. D. 207, 493
Arens, H. 469
Århammar, N. 483
Armin(ius) 303
Árni Böðvarsson 479
Árni Magnusson 149
Arntz, H. 105, 107, 111, 115, 471, 475
Artaxerxes 22
Aschbach, J. 477
Ascoli, G. J. 18, 470
Asher, J. A. 486
Atkins, H. G. 476
August (Prior) 203 f.

Austerlitz, R. 469
Ælfric 92, 206
Æþelberht 203
Æþelfrið 203
Æþelweard 197

Bach, A. 329, 371, 385, 411, 476, 485, 489
Bach, E. 469
Bächtold, J. M. 491
Bader, K. S. 475
Bæksted, A. 475
Baesecke, G. 486
Baetke, W. 479
Bahlow, H. 476
Bähr, D. 482
Baker, S. J. 491
Bally, C. 469
Bandle, O. 478
Barba, P. A. 344, 488
Barber, B. 492
Barber, C. C. 486
Barbour, J. 377
Bark, M. van den 491
Barltrop, R. 492
Barrack, Ch. M. 481
Barrow, J. G. 494
Bauer, G. 476
Baugh, A. C. 481
Bazell, C. E. 470
Beam, C. R. 488
Beaufort, L. de 419
Bech, G. 461, 473
Beck, H. 474
Becker, H. 411
Beda Venerabilis 92, 196 f., 201 f., 205, 474
Beeton, D. R. 491
Behaghel, O. 483, 485 f.

Bekker-Nielsen, H. 479
Beljajeva, T. M. 491
Benecke, F. 487
Benediktsson → Hrein Benediktsson
Benfey, Th. 5, 470
Bennett, W. H. 477
Bense, J. F. 484
Benveniste. W. 33, 469, 471 f.
Benware, W. A. 486
Beranek, F. J. 349, 488
Bergman, G. 189
Bergmann, R. 486, 493
Berkov, V. P. 479
Berndt, R. 481
Berrey, L. V. 491
Besch, W. 485 f., 489
Bessinger, J. B. 476
Betz, W. 309, 486 f.
Beyerle, F. 487
Bierbaumer, P. 481
Bihari, J. 488
Bin-Nun, J. 488
Birgitta, hl. 184
Birkhahn, H. 485
Birkmann, T. 473
Birmelin, J. 343
Birnbaum, H. 471
Birnbaum, S. A. 488
Bischoff, K. 484
Bismarck, O. v. 305
Bjørnson, B. 166
Blair, P. H. → Hunter
Bliss, A. 490
Bloch, J. 158
Bloomfield, L. 392, 414, 469, 491
Bodmer, F. 470
Böðvarsson → Árni B.
Boer, R. C. 74, 472
Boesch, B. 385
Bohnenberger, K. 489
Boileau-Despréeaux, N. 327
Bogorodickij, V. A. 446, 493
Bolton, W. F. 481
Bondzio, W. 469
Bonfante, G. 470, 472
Bonifatius, hl. 231, 304, 315
Boor, H. de 486 f.
Bopp, F. 5, 9, 48, 471
Borchling, C. 485

Borden, A. R. 482
Boshoff, S. P. E. 484
Bosman, D. B. 484
Bosworth, J. 482
Botha, L. 280
Bourcier, G. 481
Brachin, P. 484
Bradke, P. v. 10 f., 471
Branford, J. 491
Braune, W. 477, 486
Braunmüller, K. 473
Bréal, M. 38
Bree, C. v. 483
Bremer, O. 198, 474
Bretschneider, A. 483, 489
Breuer, D. 476
Breyne, M. R. 484
Brinkmann, H. 486
Brøndal, V. 472
Brøndum-Nielsen, J. 480
Brook, G. L. 481, 489
Brooke, K. 486
Bruch, R. 388 f., 491
Bruckner, W. 487
Brugmann, K. 33, 38, 471
Brun von Schönebeck 290
Brunner, K. 207, 213, 217, 227, 367, 369, 394, 481 f.
Büchler, E. 487
Buck, C. D. 472
Buffington, A. F. 344 f., 488
Bugenhagen, J. 292
Bugge, S. 143, 475
Buovo d'Ancona 350
Bure, J. 108
Burgers, M. P. O. 285, 484
Burgschmidt, E. 481
Burnadz, J. M. 492
Burns, R. 376
Busbecq, A. G. v. 135
Bynon, Th. 470

Cable, Th. 481
Cædmon, 214
Campbell, A. 481
Campe, J. H. 405
Capelle, W. 474
Carnoy, A. 472
Casieri, S. 481

Catalini Fernell, C. 481
Cathey, J. E. 479
Caxton, W. 206, 223, 229
Černiševa, I. I. 487
Chadwick, H. M. 481
Chambers, J. K. 489, 491
Chambers, R. W. 492
Chapman, K. G. 155, 450, 479
Chapman, R. W. 230
Chaucer, G. 216, 222 f.
Child, F. 378
Chlodwig 262
Christian III. 176
Christian IV. 162
Churchill, E. 493
Clamoes, P. 481
Claius, J. 326
Clark, J. W. 196, 481
Cleasby, R. 479
Cloß, A. 474
Clyne, M. G. 492
Coenen, D. 475
Coetsem, F. van 76, 473
Cohen, M. 470, 475
Collinder, B. 469
Collinson, W. E. 487
Comenius, A. 188
Cometta, D. 493
Conrad, R. 471
Conscience, H. 270
Corazza, V. 477
Cordes, W. 483 ff.
Coseriu, E. 469, 489
Costello, J. R. 482
Courcelle, P. 474
Courtois, C. 477
Craigie, W. 479, 491
Crépin, A. 481
Cromwell, O. 204
Cronjé, U. J. 484
Cuny, A. 33
Curme, G. O. 482, 486

Dahlstedt, K.-H. 154, 492
Dahn, F. 474, 477
Dale, J. H. van 484
Dalin, O. 188
Daniel 92
Danielson, V. 162

Darius I. 22
Daunt, M. 474, 492
Dauzat, A. 489, 492
David I. (schott.) 374
Degen, A. 493
De Jong, J. P. B. J. 493
Delbono, F. 480
Delbrück, B. 471
Desnickaja, A. V. 471
Devoto, G. 471
Dezső, L. 493
Diaz, D. 279
Dickens, Ch. 406
Diefenbach, L. 478
Diesch, C. 494
Diesner, H. J. 477
Dietner, F. 472
Dieth, E. 364, 386
Diez, F. 5
Dijkstra, W. 483
Dil, A. S. 492
Dillard, J. L. 491
Diller, A. 474
Diringer, D. 475
Dirkschnieder, E. 487
Dittenberger, W. 474
Dittmar, N. 492
Dixon, J. M. 490
Doblhofer, E. 475
Dobson, F. J. 482
Dolcetti Corazza, V. 493
Dorner, H. 491
Dornseiff, F. 487
Dresch, J. 493
Drosdowski, G. 487
Duden, K. 328, 486
Dumézil, G. 41
Dürmüller, U. 481
Du Toit, S. J. 286
Düwel, K. 475
Dvukhzhilov, A. V. 483

Ebbinghaus, E. A. 477
Ebel, E. 478
Ebert, R. P. 485
Ebert, W. 486
Ebner, J. 490
Ecgberht 203
Eckhardt, K. A. 475

Edmont, E. 363
Edward III. 228
Eggers, H. 485 f.
Egilsson → Sveinbjörn Egilsson
Ehrén, S. 474 f.
Ehrismann, O. 486
Eichhoff, J. 492
Eike von Repgow 290
Einarsson → Stefán E.
Einenkel, E. 481
Eis, G. 486
Eisenberg, P. 494
Ekwall, E. 477, 482
Elija Levita 350
Elliot, R. W. V. 475
Ellis, A. 363, 369
Ellis, J. 470, 486
Emerson, O. F. 482
Engel, U. 486
Engels, F. 253, 326, 489
Enninger, W. 488
Erben, J. 465, 486
Erik IX. 183
Erler, A. 475
Ermanarich 290
Everhard 290
Evison, V. I. 480

Falk, H. 473, 480
Feist, S. 472, 478
Ferguson, Ch. A. 491
Fergusson, R. 376
Février, J. G. 475
Field, J. 477
Filip, J. 474
Finck, F. N. 3, 470
Finnur Jónsson 476, 479
Finsterwalder, K. 490
Fischer, J. 488
Fishman, J. A. 488, 492
Fisiak, J. 481, 494
Flämig, W. 493
Fleischer, W. 126, 476, 486, 493
Flexner, S. B. 491
Fließ, W. 475
Foerste, W. 198, 245, 295, 484
Fokkema, K. 232, 235, 483
Förstemann, E. 476
Forster, K. 477

Förster, M. 477, 480
Fortunatov, F. F. 3
Fourquet, J. 473
Francis, W. N. 491
Franz II. 304
Franck, J. 483 f., 489
Franklin, B. 397
Frey, J. W. 488
Fries, C. 491
Fries, U. 481
Friesen, O. v. 107
Frings, Th. 72, 198 f., 254, 326, 369, 472, 483 ff., 486 f.
Fritzner, J. 479
Fromm, H. 472
Fuchs, A. 493
Fullerton, G. L. 473

Gabelentz, G. v. d. 3 f., 13, 39, 451 f., 456 f., 469
Gabelentz, H. C. v. d. 3, 136, 477
Galinsky, H. 491
Gallée, J. H. 483
Gamillscheg, E. 337, 339, 472
Garvin, P. 492
Gelb, I. J. 475
Genzel, P. 494
Georgiev, V. 18, 30, 471
Gerdes, U. 486
Gering, H. 479
Gernentz, H. J. 245, 484
Gierach, E. 486
Gildas 196, 201
Gilliéron, J. 363
Ginneken, J. van 33, 269
Gleißner, K. 486
Glending, P. J. T. 479
Goethe, J. W. 262, 327
Goldberg, A. 469
Goossens, J. 483 f., 489
Gordon, E. V. 145, 478
Görlach, M. 481 f.
Gottfried von Straßburg 306
Gottschald, M. 476
Gottsched, J. Chr. 327
Götze, A. 486 f.
Graff, E. G. 487
Graham, W. 490
Gramley, S. E. 482

Grant, W. 490
Grebe, P. 471, 486
Greenfield, S. B. 494
Gregor der Große 196, 203 f.
Gregor von Tours 92, 474
Grein, C. W. M. 482
Grimm, J. 5, 49, 55 f., 309, 465, 486 f.
Grimm, W. 487
Grimme, H. 484
Grønvik, O. 475
Grootaers, L. 483 f.
Groß, H. 493
Große, R. 486 f., 492
Große, S. 486
Groth, K. 294, 301
Grünbaum, M. 488
Grundtvig, S. 158
Gryphius, A. 326
Guchmann, M. M. 472 f., 477, 487
Gudbrand Vigfusson 478 f.
Guðmundsson → Kristman G.
Guiraud, P. 492
Gumperz, J. J. 492
Güntert, H. 469, 472
Gusovius, A. 494
Gustav Adolf 188
Gustav I. Wasa 183
Gutenberg, J. 307
Gutenbrunner, S. 74, 474, 478
Gyarmathi, S. 5

Haarmann, H. 470, 493
Haas, M. R. 470
Hachmann, R. 477
Häckel, S. 487
Hajdú, H. 476
Hajdú, P. 493
Håkon Håkonsson 148
Halbertsma, E. 242
Hall, J. R. C. 482
Hall, R. A. jr. 493
Hallaraker, P. 480
Halldór Halldórsson 479
Halliday, W. J. 489
Hammershaimb, V. U. 158 f., 479
Hamp, E. P. 469, 471
Hannah, J. 491
Hansel, J. 494

Hanssen, E. 478
Harald I. Schönhaar 163
Harald Blauzahn 172
Harbaugh, H. 343
Hard, G. 489
Harkavy, A. 488
Hater, T. H. 343
Hartmann von Aue 306
Hartmann, P. 471
Hartung, W. 493
Haugen, E. 478, 480
Haury, J. 474
Haussig, H. W. 475
Heath, S. B. 491
Heggstad, L. 479
Hehn, V. 17
Heide, M. G. 488
Heidolph, K. E. 493
Heinrich I. 288, 304
Heinrich (= Henrik) van Veldeke 262, 276
Heinrich der Löwe 288
Heintel, E. 469
Helbig, G. 470
Helfferich, A. 477
Hellquist, E. 480
Helm, K. 475, 486
Helten, W. L. v. 483
Hempel, H. 477
Hempen, U. 485
Hencken, H. 471
Hengest 201
Henne, H. 493
Henningsen, H. 480
Henschel, E. 487
Henzen, W. 485, 489
Herder, J. G. 5, 327
Herman, L. 491
Herman, M. S. 491
Hermann, Bruder 388 f.
Herodot 22, 77
Herrlitz, W. 485
Herrmann, P. 474
Hertzog, J. B. M. 280
Herzog, M. 488
Heß, J. 491
Hessles, J. H. 482
Heupel, C. 471
Heusler, A. 476, 478, 483

Hewett, W. T. 483
Highfield, A. 493
Hill, A. A. 475
Hirt, H. 33, 74, 471, 473, 485
Hitler, A. 305
Hockett, C. F. 73, 469 f.
Hodgkin, R. H. 481
Hodler, W. 473
Höfler, O. 471, 483
Hoffmann, F. 389, 491
Hofmann, D. 479
Hofmannstahl, H. v. 336
Hogan, J. J. 490
Holder, A. 474
Holm, E. 279
Holm, J. A. 493
Holmquist, W. 474
Holthausen, F. 478 f., 482 f.
Holzapfel, O. 475
Hoenigswald, H. M. 470
Hoops, J. 474, 493 f.
Hopper, P. J. 473
Hopwood, D. 474, 491
Horacek, B. 469 f., 485
Hornadge, B. 491
Horsa 201
Hotzenköcherle, R. 487, 490
Householder, F. W. 469
Hrein Benediktsson 492
Hrozný, B. 29
Hudson-Williams, I. 471
Hulbert, J. R. 491
Humboldt, W. v. 2 f., 38 f., 451, 470
Hummel, L. 490
Hunger, U. 475
Hunter Blair, P. 481
Hustad, T. 480
Hutterer, C. J. 473, 477, 489 f., 492
Hymes, D. 492

Ibsen, H. 166
Ihre, J. 188 f.
Il'iš, B. A. 481
Iobst, C. 343
Iulius Caesar 25 f., 48, 77, 92, 251, 474
Ivanov, V. V. 34, 470, 493
Ivič, M. 470

Jackson, K. 481
Jacobsen, L. 475
Jacobsen, M. A. 479
Jahnkuhn, H. 474 f., 493 f.
Jakob I. 390
Jakob II. 204
Jakob VI. (= I.) 223, 374
Jakobsen, J. 478
Jakobson, R. 470, 476
Jalink, J. M. 484
Jansson, S. B. F. 475
Japiks, G. 234
Jarceva, V. N. 473, 481
Jellinghaus, H. 476
Jember, G. K. 482
Jensen, H. 475
Jespersen, O. H. 3, 469, 481 f.
Joffe, J. A. 488
Jóhannesson → Alexander J.
Johansson → Tomas Johansson
Johnsen, I. S. 475
Johnston, G. 491
Jones, Ch. 482
Jones, D. 482
Jones, R. 478
Jones, W. 4 f.
Jonsson, H. 471
Jónsson → Finnur J.
Joos, M. 469
Jordanes 92, 142, 474
Joyce, P. W. 490
Jung, E. 473
Jungandreas, W. 480, 484 f.
Jutz, L. 490

Kainz, W. 490
Kalidasa 21
Kalkar, O. 480
Karg-Gasterstädt, E. 487
Karl der Große 102, 231, 260, 337
Karl IV. 326
Karl V. 231, 260
Karl Stuart 374
Karsten, T. E. 472
Karstien, C. 485
Katznelson, S. D. 473
Kauffmann, F. 474, 489
Kaufmann, E. 475
Kaufmann, H. 476

Kayser, W. 476
Kehr, K. 488
Keller, R. E. 485, 489
Kellermann, V. 83
Kemmler, F. 482
Kempcke, G. 487
Kennedy, A. G. 494
Khull, F. 490
Kieckers, E. 470, 477 f.
Kiefer, F. 480
Kienast, R. 487
Kienle, R. V. 485
Kilian, L. 471
King, R. D. 470
Kirch, M. 484
Kirchhoff, A. 493
Kirchner, J. 476
Kispert, R. J. 481
Kjær, H. 84
Klappenbach, R. 492
Kleiber, W. 489
Klein, K. K. 489
Kleinz, N. 484
Klindt-Jensen, O. 474 f.
Klingenberg, H. 475
Kloeke, G. G. 484
Kloß, H. 488, 493
Kluge, F. 473, 482, 485, 487, 492
Knabe, C. 474
Knobloch, J. 471
Knoop, U. 489
Knott, J. A. 481
Knudsen, K. 166
Knudsen, T. 480
Knut der Große 172
Koch, H.-A. 494
Koch, U. 494
Koch, W. A. 470
Kock, A. 480
Koefoed, A. A. 182, 480
Koekkoek, B. J. 490
Kohl, N. 494
Kolb, E. 478
Kolbe, J. 494
Könemann 290
König, W. 494
Koolhoven, H. 484
Koestermann, E. 474
Kötzschke, R. 486

Kozłowska, H. 485
Krahe, H. 19, 46, 49, 52, 57, 74, 257, 471 ff., 478
Kramer, F. 474
Kranzmayer, E. 490
Krapp, G. P. 491
Krause, W. 74, 475, 478
Kremer, D. 477
Krenn, E. 479
Kreß, B. 479
Kretschmer, P. 490
Kristmann Guðmundsson 149
Kritzinger, M. S. B. 484
Krogmann, W. 325, 483
Krüger, B. 474
Krusch, B. 474
Kufner, H. L. 480
Kuhn, A. 16 f.
Kühn, H. 475
Kühnel, J. 494
Kulundžic, Z. 475
Künßberg, E. v. 475
Küpper, H. 492
Kurath, H. 364, 367 f., 482, 489, 491
Kuryłowicz, J. 33 f., 471, 473, 476
Kuznecov, P. S. 470
Küspert, K.-Chr. 478
Kyes, R. L. 483
Kylstra, A. D. 472
Kyrill 23

Labov, W. 492
Lachmann, K. 318, 485
Lambert, M. B. 488
Landmann, S. 360, 488
Lange, W. 474
Lanham, L. W. 491
Lasch, A. 484 f., 492
Laß, R. 481
László, G. 475
Laxness, H. K. 149
LeCoutere, C. P. F. 483
Lederer, F. 413
Legner, W. K. 487
Lehmann, W. P. 469 ff., 476, 478
Lehnert, J. 481
Leibniz, G. W. 327
Lengenfelder, H. 494

Lenger, W. K. 487
Leopold, C. G. af 191
Leopold W. F. 489
Le Page, R. B. 493
Lepsius, R. 5
Lerchner, G. 199, 480, 484
Le Roux, J. J. 483 f.
Le Roux, T. H. 483 f.
Leroy, M. 470
Leskien, K. 38, 472
Levison, W. 474
Lewandowski, Th. 471
Lewy, E. 3, 470, 493
Lexer, M. 487
Leyen, F. v. d. 478, 494
Liebermann, F. 475
Lockwood, W. B. 471, 479, 485
Löbe, J. 136, 477
Loey, A. V. 483 f.
Löffler, H. 489, 492
Logau, F. v. 326
Löpelmann, M. 407 f.
Lösel, F. 486
Lot, F. 474
Lötscher, A. 490
Lötzsch, R. 488
Lübben, A. 485
Ludwig der Deutsche 304
Ludwig III. 306
Ludwig XIV. 227, 261
Luick, K. 481
Lundeby, E. 167, 479
Luther, M. 172, 222, 262, 292, 324, 335, 407, 411

MacDonald, C. A. 491
Mackensen, L. 487
Mackenzie, B. A. 492
Maerlant J. van 262
Magnus Eriksson 184
Magnus Lagabætir 148
Magnús Pétursson 479
Magnus VII. 183
Magnusson → Árni M.
Makajev, E. 76, 473, 478
Malan, D. 281
Manso, J. K. F. 477
Marchand, H. 482
Marchand, J. W. 478

Marckwardt, A. H. 481, 491
Mark, Y. 488
Markey, Th. L. 480, 483, 494
Marm, I. 171, 480
Marouzeau, J. 471
Marquardt, H. 475
Marr, N. J. 3
Martin. B. 490
Martinet, A. 469 f.
Mastrelli, C. A. 478
Mather, J. Y. 490
Matras, C. 479
Matthäus 141, 156 f., 162
Mattheier, K. J. 489
Matthews, C. M. 477
Matthews, M. M. 491
Maurer, F. 70 f., 478, 485
Mausser, O. 470, 486
Maximilian I. 326
Mayhoff, C. 474
Mayrhofer, M. 471
McArthur, T. 490
McClean, R. J. 480
McConnell, R. E. 491
McDavid, R. I. 489
McDiarmid, H. 376
McDiarmid, M. P. 490
McIntosh, A. 490
Meech, S. B. 489
Meid, W. 471, 473
Meillet, A. 14, 33, 38, 470 ff., 473
Mencken, H. L. 491
Mendele, M. S. 350
Method 23
Mettke, H. 486
Meusel, H. 474
Meyer, C. 487
Meyer, E. 471
Meyer, H. 494
Meyer, R. M. 475
Michels, V. 486
Mieses, M. 488
Mildenberger, G. 474
Mironov, A. A. 484
Misteli, F. 3
Mitzka, W. 319, 363, 486 f., 489 f., 492
Moessner, L. 482
Mogk, E. 475

Möhn, D. 484
Molinari, M. V. 494
Moll, L. A. 343
Møller, H. 33
Moltke, E. 475
Mommsen, Th. 474
Moore, S. 481
More, C. C. 343
Moser, H[ans] 485
Moser, H[ugo] 13, 259, 325, 371, 485 ff.
Moser, V. 325, 487
Mossé, F. 74, 478, 481 f.
Motsch, W. 473, 493
Moulton, W. G. 454, 473, 478, 485
Much, R. 75, 474
Mühlhäusler, P. 493
Müllenhoff, K. 69 ff., 474
Müller, W. 487
Müller-Schwefe, G. 494
Musset, L. 475
Mustonaja, T. 482
Myers, G. 469

Napoleon I. 261, 304
Naumann, H. 309, 485 f.
Nauta, G. A. 483
Nehring, A. 18
Neumann, E. 475
Newald, R. 47 f., 494
Nicolaisen, W. F. H. 477
Niebaum, E. 489
Niekerken, W. 325
Nielsen, H. F. 473, 480 f.
Nielsen, N. Å. 480
Nihalani, P. 492
Nobbe, C. F. A. 474
Nordal, S. 149
Norden, A. 105, 474
Norden, E. 78
Noreen, A. 473, 478 ff.
Notker 306, 311
Nygaard, R. R. 479

O'C. Walshe, M. 486 f.
O'Donnell, W. R. 489
Ogden, C. K. 493
Olaf II. 163
Oddr Goðskalksson 156 f.

O Muirithe, D. 490
Olrik, J. 474
Olsen, M. 143, 475 f.
Onesti, N. F. 491
Onions, C. T. 482
Opitz, M. 326
Opitz, S. 476
Orosius 205
Orsman, H. W. 491
Orton, H. 364, 489
Osthoff, H. 38
Otfrid 306
Otto I. 288, 304, 308
Oxenstierna, E. C. 477

Page, R. I. 476
Pāṇini 21
Panizzolo, P. 490
Partridge, E. 482, 492
Pasierbsky, F. 487, 494 f.
Pätzold, K. M. 482
Paues, A. C. 476
Paul, H. 364, 470, 486 f., 494
Paul, O. 476
Paulus Diaconus 92, 196, 336, 338, 474
Pauly, P. 486
Pearsall, D. 476
Pei, M. 470 f.
Pekrun, R. 487
Penzl, H. 454, 473, 485
Perets, Y. L. 350
Perrot, J. 469
Petri, F. 483
Pettmann, C. 491
Pétursson → Magnús Pétursson
Petyt, K. M. 489
Pfalz, A. 489
Pfeffer, J. A. 491
Philipp, G. 487
Philipp der Gute 387
Philipp II. 260
Pictet, A. 9, 16
Piel, J. M. 477
Piirainen, I. T. 487, 495
Pilch, H. 481
Pinsker, H. 481
Piroth, W. 477
Pisani, V. 470 ff., 494

Planatscher, F. 487
Platt, J. 492
Plinius der Ältere 22, 48, 77 f., 142, 231, 474
Plotkin, V. J. 459, 473, 481
Plutarch 92
Pokorny, J. 472
Polenz, P. v. 129, 485
Polomé, E. 33, 471
Poortinga, Y. 483
Pop, S. 489
Porzig, W. 469, 471
Potapova, I. A. 491
Potter, S. 481
Priebsch, R. 487
Prokop 142, 196, 474
Prokosch, E. 74, 473, 485
Protze, H. 371, 493
Ptolemaios 142, 197, 243, 474
Puhvel, J. 471
Pulgram, E. 471
Putschke, W. 489 f.
Pyles, T. 481
Pytheas 251, 474

Quirk, R. 481
Quisling, V. 163

Rader, F. 484
Ræder, H. 474
Raffin, E. 490
Ramat, P. 471, 473, 483
Ramge, H. 486
Ramson, W. S. 491
Ramsay, A. 376
Ranke, F. 479
Rask, R. 5, 48 f., 148, 478
Rauch, E. H. 344
Rauch, I. 486
Reaney, P. H. 477
Redard, G. 471
Reed, C. E. 342, 345, 488
Reichmann, O. 487
Reiffenstein, I. 486
Reinerth, H. 474
Reinhart, J. 387
Reis, H. 489
Reszkiewicz, A. 481 f.
Reuter, F. 294, 302

Rice, D. T. 475
Rice, F. A. 492
Richards, I. A. 493
Richey, M. F. 486
Richthofen, K. v. 483
Riebeeck, J. van 280
Rischel, J. 159, 479
Ristow, B. 494
Rivet, A. L. F. 477
Rizzo-Baur, H. 490
Robins, R. H. 469 f.
Robinson, F. C. 494
Robinson, M. 490
Rodange, M. 390
Rohlfs, G. 472
Rona, J. P. 492
Ronai, P. 493
Ronneberger-Sibold, E. 485
Room, A. 477
Rösel, L. 472
Rosenberger, W. 419
Rosenfeld, H. 477
Rosenthal, E. 484
Rosier, J. L. 481
Russ, Ch. 489
Rydén, M. 481

Sabatini, F. 487
Sæmundr 93
Sajnovics, J. 5
Salin, B. 112
Saltveit, L. 480
Samarin, W. J. 492
Sanderson, S. 489
Sands, D. B. 494
Sapir, E. 3, 33, 392, 469
Saran, F. 476
Saß, J. 485
Sauer, W. 491
Sauerbeck, K. 487
Saussure, F. de 1, 32 ff., 469
Saxo Grammaticus 93, 176, 474
Sayers, E. S. 493
Sayse, O. L. 478
Scaffidi Abbate, A. 473
Scardigli, P. G. 472, 478, 494
Scargill, M. H. 491
Schaechter, M. 488
Schaefer, U. 482

Schäfer, F. 489
Schatz, J. 486, 489 f.
Scherer, A. 469
Scherer, G. 482
Scherer, W. 485
Schibsbye, K. 481
Schikola, H. 490
Schildt, H. 485, 492 f.
Schiller, F. 327
Schiller, K. 485
Schipper, A. 482
Schirmer, A. 487
Schirmunski, V. 71, 136, 199, 254, 259, 371 f., 448, 451, 454, 473, 476, 485, 489, 492 f., 494
Schlauch, M. 482
Schlegel, A. W. v. 2 f.
Schlegel, F. v. 1 ff., 16, 472
Schleicher, A. 2, 9 f., 14 f., 69, 472
Schleyer, J. M. 419
Schlobinski, P. 492
Schmeller, J. A. 490
Schmidt, H. 492
Schmidt, J. 14 ff., 457, 472, 487
Schmidt, K. 495
Schmidt, K. D. 475
Schmidt, L. 477
Schmidt, W. 470, 485
Schmitt, L. E. 363, 487, 489 ff., 494
Schmitt-Brandt, R. 472
Schneider, H. 474, 476
Schneider, K. 383
Schönfeld, M. 476, 483
Schönfelder, K. H. 491
Schoones, P. C. 484
Schottel(ius), J. G. 326 f.
Schrader, O. 18, 472
Schrijnen, J. 472
Schröbler, I. 486
Schröbler, J. 487
Schröder, E. 476
Schröder, R. 475
Schrodt, R. 473
Schubert, H.-J. 478
Schuchardt, C. 472
Schuchardt, H. 451, 470, 493
Schulmann, M. J. 488
Schulze, E. 478

Schulze, H. G. 484
Schuster, M. 490
Schützeichel, R. 487
Schwarz, E. 20, 45 f., 69 ff., 133, 137, 198 ff., 202, 340, 448, 451, 476 f., 489, 494
Schwarzenbach, R. 490
Schweikle, G. 485
Schweizer, A. D. 393, 491
Schwob, A. 489 f.
Scovazzi, M. 479
Scragg, D. G. 481
Searle, W. G. 477
Sebeok, T. 470
See, K. v. 476
Seebold, E. 473, 478
Seel, H. 488
Sehrt, E. H. 483, 487
Seibicke, W. 476
Seifert, L. W. 342, 345
Seip, D. A. 479 f.
Senn, A. 472
Shakrai, O. 481
Shapiro, M. A. 488
Sherman, M. K. 482
Shipley, I. T. 482
Shippey, T. A. 476
Sholem Alekhem 350
Siebs, B. E. 476 f.
Siebs, Th. 327, 481, 483, 487
Siegenbeck, M. 269 f.
Sievers, E. 476, 482
Sigismund (1368—1437) 387
Simek, R. 475
Simon, B. 488
Sipma, P. 483
Sjölin, B. 483
Skard, V. 480
Skautrup, P. 480
Skeat, W. W. 227, 482, 489
Smirnickij, A. I. 222, 481 f.
Smith, A. H. 477
Smuts, J. C. 280
Snader, H. 488
Snorri Sturluson 93, 149
Socin, A. 477
Soloveva, L. N. 494
Sommerfelt, A. 171, 470, 480
Sonderegger, S. 485 f.

Spargo, J. W. 495
Specht, F. 472
Speitel, H. H. 490
Spellerberg, G. 486
Spitzer, L. 470
Spivak, I. G. 488
Springer, O. 482, 488
Sprockhoff, E. 43 f., 89, 474
Stammler, W. 346, 494
Starck, T. 487
Stearns, M. D. jr. 477
Steblin-Kamenskij, M. I. 177, 478 f.
Stedje, A. 485
Steensen, T. 483
Stefán Einarsson 479
Steible, D. J. 471
Steinitz, W. 492
Steinthal, H. 3
Steller, W. 483
Stellmacher, D. 485
Stenton, F. M. 474, 477
Stepanova, M. D. 487
Steyn, H. A. 484
Stewart, J. 469
Stichtenot, D. 474
Stopp, H. 487
Storm, J. 494
Strabo 336, 474
Strack, H. L. 488
Strahlenberg, P. J. 5
Strang, B. M. H. 481
Stratmann, F. H. 482
Streadbeck, A. L. 494
Streitberg, W. 74, 473, 477 f., 486
Ströbel, R. 84
Stroh, F. 485, 494
Stroheker, K. F. 474
Stuart(s) 261
Stucki, K. 491
Sturtevant, E. H. 29, 33, 470
Stutshkov, N. 488
Stutz, E. 477
Suchsland, P. 493
Süßkind von Trimberg 350
Sutherland, J. 489
Svabo, J. Ch. 158, 479
Sveinbjörn Egilsson 479
Sveinn 172
Sverre 163

Sweet, H. 482
Syv, P. 176
Szemerényi, O. 472
Szulc, A. 485 f.

Tacitus 48, 69 f., 75, 77 ff., 88, 92, 100, 102, 116, 142, 183, 197, 231, 243, 251 f., 336, 474
Tagliavini, C. 473, 494
Tatian 306, 308
Taylor, D. 493
Taylor, H. M. 475
Taylor, J. 475
Temple, E. 476
Tesche, B. 89
Thackeray, W. 406
Thiel, M. 469 f.
Thieme, P. 472
Thomsen, V. 470, 472
Thomson, C. D. 479
Thomson, D. S. 490
Thornton, W. 397
Todd, L. 489
Tollenaere, F. de 478
Toller, T. N. 482
Tomas Johansson 479
Toorn, M. C. van den 484
Törnqvist, N. 480, 483
Torp, A. 473, 480
Torvik, I. 167, 479
Totok, W. 495
Traugott, E. C. 481
Trevis, J. de 223
Trnka, B. 473
Troelstra, P. J. 241
Troya 338
Trübner, K. J. 487
Trudgill, P. 489 f., 491
Trümpelmann, G. P. J. 484
Tschakert, L. 494
Tschirch, F. 485 f.
Turner, G. W. 491 f.
Twaddell, W. F. 76, 473

Uecker, H. 476
Ulfilas → Wulfila
Unger, Th. 490
Ulving, T. 495
Utz, H. 481

Vachek, J. 470 f.
Valdman, A. 493
Valesio, P. 476
Valette, Th. G. G. 278
Valfells, E. 479
Vasiliev, A. A. 477
Vedel, A. S. 176
Veith, W. H. 488 ff.
Velde, R. S. van de 477
Vendryes, J. 470
Vercoullie A. 484
Verdam, J. 484
Vergeland, H. 166
Verner, K. 38, 50 f.
Verstappen, P. 477
Verwijs, E. 484
Verwoerd, H. F. 281
Viëtor, W. 494
Vigfusson → Gudbrand V.
Vilenkin, L. 488
Villon, F. 407 f.
Visser, F. Th. 481
Voigt, H. 475
Volz, H. 486
Vondel, J. van den 276
Vooys, C. G. N. de 269, 483
Vostokov, A. 5
Voyles, J. B. 477
Vries, J. de 96, 99, 101, 472, 475 f., 479, 484
Vries, M. de 270

Wadstein, E. 481
Wagner, K. 329, 490
Wagner, N. 477
Wagner, R. 100
Waitz, G. 474
Walch, M. 487
Walcher, E. 490
Walde, A. 472
Waldemar 173
Walker, A. 483
Walls, F. G. 490
Walpole, R. 204
Walter, E. 479
Walther von der Vogelweide 307, 324
Wartburg, W. v. 470
Waterman, J. T. 470

Weber, A. 491
Weber, H. 492
Webster, N. 397
Weekley, E. 477, 482
Wehle, P. 490, 492
Weijnen, A. 493
Weiland, P. 269 f.
Weinmann, K. H. 482, 495
Weinberg, W. 488
Weinhold, K. 105, 486, 491
Weinreich, B. 488
Weinreich, M. 488
Weinreich, U. 349, 354, 451, 488 f., 492 f.
Weinstock, H. 482
Weisgerber, L. 487
Weißberg, J. 488
Weitzel, R. 495
Wellmann, H. 485
Wells, C. J. 485
Wells, J. C. 487
Wełna, J. 481
Wendt, H. F. 470
Wenker, G. 363
Wentworth, H. 491
Wesche, H. 484 f.
Wessén, E. 189, 478, 480
Whitehall, H. 489
Whitelock, D. 482
Widdowson, J. 489
Widukind 244
Wiebe, H. 495
Wiegand, H. E. 489, 493
Wieland der Schmied 81
Wiesinger, P. 490
Wijk, N. van 484
Wilhelm I. 305
Wilhelm I. (der Eroberer) 204
Wilhelm II. 231
Wilhelm III. 261
Wilhelm IV. 232
Wilhelm von Nassau (der Schweigsame) 260
Wilkes, G. A. 492
Willems, J. F. 270
Williams, J. M. 481
Willibrord 231
Wilmanns, W. 485
Wilson, D. M. 474

Wilts, O. 483
Winkel, L. A. te 270
Winkler, C. 487
Winter, W. 33, 472
Wisniewski, R. 486
Withycombe, E. G. 477
Witte, A. J. J. de 483
Wolf, H. B. 476
Wolf, N. R. 485 f.
Wolf, S. A. 488, 492
Wolff, G. 485
Wolfram, H. 477
Wolfram von Eschenbach 306
Wollmann, A. 482
Wolveridge, J. 492
Worgt, G. 480
Wrede, F. 198 f., 363, 477, 481, 490
Wrenn, C. L. 481
Wright, E. M. 482
Wright, J. 364, 369, 478, 482, 485, 489
Wright, N. 489
Wright, P. 492

Wulfila 71, 114 f., **134, 136, 138**
Wundt, W. 470
Wurzel, U. 478
Wyatt, A. J. 482
Wycliff, J. 215, 222
Wyld, H. C. 482

York Powell, F. 478

Zabrocki, L. 485
Załuska-Strömberg, A. 479
Zamenhof, L. L. 418, 493
Zarathustra 21
Zarncke, F. 487
Zaunmüller, W. 495
Zeiß, H. 111, 475
Zgusta, L. 34
Zhluktenko, Y. A. 483
Zischka, G. A. 495
Zupitza, J. 482, 486
Zwirner, E. 490
Zwirner, K. 490

ERGÄNZENDE BIBLIOGRAPHIE ZUR VIERTEN AUFLAGE

Ergänzungen zur Bibliographie (S. 469 ff.)

Indogermanisch. - GAMKRELIDZE, T. V. - IVANOV, V. V.: Indo-European and the Indo-Europeans. A Reconstruction and Historical Analysis of a Proto-Language and Proto-Culture. I-II. Berlin - New York 1994-1995.

Germanisch: *Sprachverbindungen:* KYLSTRA, A. D.: Lexikon der älteren germanischen Lehnwörter in den ostseefinnischen Sprachen. 1 ff., Amsterdam 1991 ff. - RITTER, R. - P.: Studien zu den ältesten germanischen Entlehnungen im Ostseefinnischen. Frankfurt/M. 1993. - SABBAN, A.: Gälisch-englischer Sprachkontakt. Heidelberg 1982.

Germanisches Recht: ERLER, A. (Hrsg.): Handwörterbuch zur deutschen Rechtsgeschichte I. ff. Berlin - Bielefeld - München 1964 ff.

Die Religion der Germanen: BECK, H. e.a. (Hrsg.): Germanische Religionsgeschichte. Berlin - New York 1992.

Die germanische Runenschrift. - KRAUSE, W.: Runen. Berlin - New York ²1993. - MORRIS, R. L.: Runic and Mediterranean Epigraphy. Odense 1988. - ODENSTEDT, B.: On the Origin and Early History of the Runic Script. Typology and Graphic Variation in the Older Futhark. Stockholm 1990.

Germanische Dichtkunst. - MAROLD, E.: Kenningkunst. Ein Beitrag zu einer Poetik der Skaldendichtung. Berlin - New York 1983. - MCCULLY - ANDERSON, J. J. (Hrsg.): English Historical Metrics. Cambridge. 1996. - RUSSOM, G.: *Beowulf* and Old Germanic Metre. Cambridge 1998 = Cambridge Studies in Anglo-Saxon England 23.

Namenkunde. - BAHLOW, H.: Deutschlands geographische Namenwelt: Etymologisches Lexikon der Fluß- und Ortsnamen alteuropäischer Herkunft. Frankfurt 1985. - *¹ ~: Deutsches Namenlexikon. Familien- und Vornamen nach Ursprung und Sinn erklärt. Frankfurt ¹¹1991. - EICHLER, E. e.a. (Hrsg.): Namenforschung. Ein internationales Handbuch zur Onomastik I-III. Berlin - New York 1995-1997. - *FLEISCHER, W.: Die deutschen Personennamen. Geschichte, Bildung und Bedeutung. Berlin ²1968.

Altdeutsches Namenbuch: Die Überlieferung der Ortsnamen in Österreich und Südtirol. Bearb. v. I. HAUSNER und E. SCHUSTER. Wien 1 ff. 1989 ff. - KOSS, G.: Namenforschung. Eine Einführung in die Onomastik. Berlin - New York ²1996. - REICHERT, H.: Lexikon der altgermanischen Namen I-II. Wien, 1987-1990. - SCHMID, W. P. (Hrsg.): Hydronymia Europaea 1 ff. Stuttgart 1985 f. - SCHÜTZEICHEL, R.: Bibliographie der Ortsnamenbücher des deutschen Sprachgebietes in Mitteleuropa. Heidelberg 1988. - *SEIBICKE, W. Vornamen. 2., überarb. Aufl. Wiesbaden 1991. - WITKOWSKI, T.: Grundbegriffe der Namenkunde. Berlin 1964.

Altnordisch. - HAUGEN, O. E.: Grunnbok; norrønt språk. Oslo 1993.

Geschichte, Sprachgeschichte:

Nordseegermanen:

Englisch. - The Cambridge History of the English Language. Cambridge 1992 ff.: I. The Beginnings to 1066 (Ed. R. HOGG); II. 1066-1476 (Ed. N. F. BLAKE). - V. English in Britain and Overseas: Origins and Development (Ed. R. BURCHFIELD). 1994. - BARBER, C.: The English Language: A Historical Introduction. Cambridge 1993. - CRYSTAL, D.: The Cambridge Encyclopedia of the English Language. Cambridge 1997.

Altenglisch: LASS, R.: Old English. A Historical Linguistic Companion. Cambridge 1993(1994). - ROBINSON, O. W.: Old English and its Closest Relatives. A Survey of the Earliest Germanic Languages. Stanford 1992.

Neuenglisch: GÖRLACH, M.: Introduction to Early Modern English. Revised Edition. Cambridge 1991. - *MARCHAND, H.: The Categories and Types of Present-Day English Word-Formation. A Synchronic-Diachronic Approach. München ²1969.

Friesisch. - BREMMER, R. H.: A Bibliographical Guide to Old Frisian Studies. Odense 1992. - *HOLTHAUSEN, F.: Altfriesisches Wörterbuch. 2., verb. Aufl. v. D. HOFMANN. Heidelberg 1985.

Altsächsisch. - *GALLÉE, J. H.: Altsächsische Grammatik. Tübingen ³1993. - KROGH, S.: Die Stellung des Altsächsischen im Rahmen der germanischen Sprachen. Göttingen 1996. - RAUCH, I.: The Old Saxon Language: Grammar, Epic Norrative, Linguistic Interference. New York 1992.

Südgermanen:

Niederländisch. - BREMMER, R. - QUAK, A. (Hrsg.): Zur Phonologie und Morphologie des Altniederländischen. Odense 1992. - VEKEMAN, H. - ECKE, A.: Geschichte der niederländischen Sprache. Bern 1993.

Niederdeutsch (Altniederdeutsch s. unter Altsächsisch). - HERRMANN-WINTER, R.: Kleines plattdeutsches Wörterbuch für den mecklenburgisch-vorpommerschen Sprachraum. Neumünster 1986. - SANDERS, W.: Sachsensprache, Hansesprache, Plattdeutsch. Sprachgeschichtliche Grundzüge des Niederdeutschen. Göttingen 1982. - STELLMACHER, D.: Niederdeutsche Sprache. Eine Einführung. Bern - Frankfurt - New York 1990.

Deutsch. - *Sprachgeschichte:* ADMONI, W.: Historische Syntax des Deutschen. Tübingen 1990. - *BACH, A.: Geschichte der deutschen Sprache. Heidelberg ⁹1970. - BESCH, W. - REICHMANN, O. - SONDEREGGER, S.: Sprachgeschichte. Ein Handbuch zur Geschichte der deutschen Sprache und ihrer Erforschung I-II. Berlin - New York 1984 f. - BLACKALL, E. A.: Die Entwicklung des Deutschen zur Literatursprache. 1700-1775. Stuttgart 1966. - DAL, I.: Kurze deutsche Syntax auf historischer Grundlage. Tübingen ³1966. - EBERT, R. P.: Historische Syntax des Deutschen II: 1300-1750. Bern - Frankfurt - New York 1986. - *EGGERS, H.: Deutsche Sprachgeschichte I-II. Hamburg 1991 f. - *KÖNIG, W.: dtv-Atlas zur deutschen Sprache. Tafeln und Texte. München ⁹1992. - KOLLER, E. - LAITENBERGER, H. (Hrsg.): Suevos - Schwaben. Tübingen 1997. - *MOSER, H.: Deutsche Sprachgeschichte. Mit einer Einführung in die Fragen der Sprachbetrachtung. Tübingen ⁶1969. - *~: Annalen der deutschen Sprache von den Anfängen bis zur Gegenwart. Stuttgart ⁴1972. - MOSKALSKAJA, O. I.: Deutsche Sprachgeschichte. Moskau ²1985. - *POLENZ, P. V.: Geschichte der deutschen Sprache. Berlin ⁹1987. - ~: Deutsche Sprachgeschichte vom Spätmittelalter bis zur Gegenwart. I. Berlin - New York 1991. - RONNEBERGER-SIBOLD, E.: Historische Phonologie und Morphologie des Deutschen. Eine kommentierte Bibliographie zur strukturellen Forschung. Tübingen 1989. - SCHILDT, J.: Kurze Geschichte der deutschen Sprache. Berlin 1991. - ~: Abriß der Geschichte der deutschen Sprache. Zum Verhältnis von Gesellschafts- und Sprachgeschichte. Berlin ³1984. - *SCHMIDT, W. e. a.: Geschichte der deutschen Sprache. Berlin ⁵1984. - *SCHWEIKLE, G.: Germanisch-deutsche Sprachgeschichte im Überblick. Stuttgart ³1990. - *SONDEREGGER, S.: Grundzüge deutscher Sprachgeschichte. Diachronie des Sprachsystems. 1. Berlin - New York 1979. - *TSCHIRCH, F.: Geschichte der deutschen Sprache I-II. Bearb. v. W. BESCH. Berlin 1983-1989. - WELLS, CH.: Deutsch: eine Sprachgeschichte bis 1945. Tübingen 1990. - *WOLFF, G.: Deutsche Sprachgeschichte. Ein Studienbuch. Tübingen ²1990. - ŽEPIĆ, S.: Historische Grammatik des Deutschen. Zagreb 1980.

Althochdeutsch: *BRAUNE, W.: Althochdeutsche Grammatik. Bearb. v. H. EGGERS. Tübingen ¹⁴1987. - *~: Abriß der althochdeutschen Grammatik. Mit Berücksichtigung des Altsächsischen. Bearb. v. E. A. EBBINGHAUS. Tübingen ¹⁵1989. - FRANCK, J.: Altfränkische Grammatik. Bearb. v. R. SCHÜTZEICHEL. Göttingen ²1971. - *GERDES, U. -. SPELLERBERG, U.: Althochdeutsch-Mittelhochdeutsch. Grammatischer Grundkurs zur Einführung und Textlektüre. Frankfurt ⁷1991. - PENZL, H.: Althochdeutsch. Eine Einführung in Dialekte und Vorgeschichte. Bern - Frankfurt - New York 1986. - *SONDEREGGER, S.: Althochdeutsche Sprache und Literatur. Eine Einführung in das ältere Deutsch. Darstellung und Grammatik. 2. Aufl., Berlin 1987.

Mittelhochdeutsch: *BOOR, H. DE - WISNIEWSKI, R.: Mittelhochdeutsche Grammatik. Berlin ⁹1984. - *HELM, K.: Abriß der mittelhochdeutschen Grammatik. Bearb. v. E. A. EBBINGHAUS. Tübingen ⁵1980. - *METTKE, H.: Mittelhochdeutsche Grammatik. Laut- und Formenlehre. Leipzig ⁶1989. - *PAUL, H.: Mittelhochdeutsche Grammatik. 23. Aufl. Neu bearb. v. P. WIEHL u. S. GROSSE. Tübingen 1989. - PENZL, H.: Mittelhochdeutsch. Eine Einführung in die Dialekte. Bern - Frankfurt - New York 1989. - SEIDEL, K. O. - SCHOPHAUS, R.: Einführung in das Mittelhochdeutsche. Wiesbaden 1979. - *WEINHOLD, K. - EHRISMANN, K. - MOSER, H.: Kleine mittelhochdeutsche Grammatik. Wien ¹⁹1994.

Frühneuhochdeutsch: EBERT, R. P. e. a. (Hrsg.): Frühneuhochdeutsche Grammatik. Tübingen 1993. - HARTWEG, F. - WEGERA, K.-P.: Frühneuhochdeutsch. Eine Einführung in die deutsche Sprache des Spätmittelalters und der frühen Neuzeit. Tübingen 1989. - MOSER, H. e. a. (Hrsg.): Grammatik des Frühneuhochdeutschen. Beiträge zur Laut- und Formenlehre. Heidelberg 1988. - PASIERBSKY, F.: Deutsche Sprache im Reformationszeitalter. Eine geistes- und sozialgeschichtlich orientierte Bibliographie. Bearb. v. E. BÜCHLER u. E. DIRKSCHNIEDER. Tübingen 1988. - PENZL, H.: Frühneuhochdeutsch. Bern - Frankfurt Nancy 1984.

Neuhochdeutsch: AMMON, U.: Die internationale Stellung der deutschen Sprache. Berlin 1991. - *BERGMANN, R. - PAULY, P.: Neuhochdeutsch. Arbeitsbuch zur Grammatik der deutschen Gegenwartssprache. 4., erw. Aufl. Göttingen 1992. - Der *Duden* in 10 Bänden. Das Standardwerk zur deutschen Sprache. Hrsg. vom Wissenschaftlichen Rat der Dudenredaktion: G. DROSDOWSKI u. a. Bd. 1 ff. Mannheim - Wien - Zürich 1986 ff. - ENGEL, U.: Syntax der deutschen Gegenwartssprache. 3., völlig neu bearb. Aufl. Berlin - Bielefeld - München 1994. - ERBEN, J.: Einführung in die deutsche Wortbildungslehre. 3., neubearb. Aufl. Berlin - Bielefeld - München 1993. - FLÄMIG, W.: Grammatik des Deutschen. Einführung in Struktur- und Wirkungszusammenhänge. Berlin 1991. - FLEISCHER, W.: Phraseologie der deutschen Gegenwartssprache. Tübingen ²1997. - ~ - BARZ, I.: Wortbildung der deutschen

Gegenwartssprache. Unter Mitarb. v. M. SCHRÖDER. Tübingen 1992. - GLÜCK, H. - SAUER, W. W.: Gegenwartsdeutsch. Stuttgart 1990. - HENTSCHEL, E. - WEYDT, H.: Handbuch der deutschen Grammatik. Berlin - New York ²1994. - *KOHLER, K. J.: Einführung in die Phonetik des Deutschen. Berlin - Bielefeld - München ²1995. - SOMMERFELDT, K.-E. (Hrsg.): Entwicklungstendenzen in der deutschen Gegenwartssprache. Leipzig 1988. - ZIFONUN, G. e. a.: Grammatik der deutschen Sprache I-II. 1-2. Berlin - New York 1996.

Wörterbücher: AGRICOLA, E. e. a. (Hrsg.): Wörter und Wendungen. Mannheim - Leipzig ¹⁴1992. - ANDERSON, R. (Hrsg.): Frühneuhochdeutsches Wörterbuch. Bd. 1 ff. Berlin - New York 1989. - FRINGS, TH. - KARD-GASTERSTÄDT, E. - GROSSE, R.: Althochdeutsches Wörterbuch. 1 ff. Berlin 1952 ff. - GOEBEL, U. - REICHMANN, O.: Frühneuhochdeutsches Wörterbuch. Bd 1 ff. Berlin - New York 1994 ff. - HIERSCHE, R.: Deutsches etymologisches Wörterbuch. 1 ff. Heidelberg 1986 ff. - KIRSCHSTEIN, B. - SCHULZE, U. - OHLY, S. - SCHMITT, P. (Hrsg.): Wörterbuch der mittelhochdeutschen Urkundensprache (WmU) I ff. 1994 ff. Berlin - Bielefeld - München 1994 ff. - KLUGE, F.: Etymologisches Wörterbuch der deutschen Sprache. Neu bearb. v. E. SEEBOLD. Berlin ²²1989. - LEXER, M.: Mittelhochdeutsches Taschenwörterbuch. Stuttgart ³⁸1992. - ~: Mittelhochdeutsches Handwörterbuch I-III. Nachdruck d. Ausg. v. Leipzig 1872-1878. Stuttgart 1992. - LLOYD, A. L. - SPRINGER, O. (Hrsg.): Etymologisches Wörterbuch des Althochdeutschen. 1 ff. Göttingen - Zürich 1988 ff. - MUTHMANN, G.: Rückläufiges deutsches Wörterbuch. Tübingen ²1991. - PAUL, H.: Deutsches Wörterbuch. 9., vollst. neu bearb. Aufl. v. H. HENNE u. G. OBJARTEL unter Mitarbeit v. H. KÄMPER-JENSEN. Tübingen 1992. - PFEIFER, W. (Hrsg.): Etymologisches Wörterbuch des Deutschen I-III. Berlin 1989. - SCHÜTZEICHEL, R.: Althochdeutsches Wörterbuch. Tübingen ⁴1989. - SPLETT, J.: Althochdeutsches Wörterbuch I-II. Berlin 1993. - *THEISSEN, S. e. a.: Rückläufiges Wörterbuch des Deutschen. Lüttich 1992. - WAHRIG, G.: Deutsches Wörterbuch. Gütersloh - München 1991.

Jiddisch. - *BIRNBAUM, S. A.: Die jiddische Sprache. Ein kurzer Überblick und Texte aus acht Jahrhunderten. Mit einem Vorwort von W. RÖLL. 3. erw. Aufl. Hamburg 1997. - HARKAVY, A.: Yiddish - English - Hebrew Dictionary. [Neudruck ²1928.] New York 1988. - LÖTZSCH, R.: Jiddisches Wörterbuch. Leipzig 1990. - SIMON, B.: Jiddische Sprachgeschichte. Versuch einer neuen Grundlegung. Frankfurt/M. 1993. - STARCK, A. (Hrsg.): Westjiddisch - Le Yiddish occidental. Mündlichkeit und Schriftlichkeit. Aarau 1994. - WEINREICH, U. e. a.: The Language and Culture Atlas of Ashkenazic Jewry. Bd. 1, 2. Tübingen 1992. 1995. - Sprachschichtung im Englischen und im Deutschen.

Mundarten. - WEJNEN, A.: Outlines for an Interlingual European Dialectology. Assen 1978.

Englische Mundarten: TRUDGILL, P.: The Dialects of England. Oxford 1990.

Deutsche Mundarten: *BACH, A.: Deutsche Mundartforschung. Ihre Wege, Ergebnisse und Aufgaben. Heidelberg ³1969. - BELLMANN, G. e. a. (Hrsg.): Mittelrheinischer Sprachatlas (MRhSA) 1 ff. Tübingen 1994 ff. - BEREND, N. (Hrsg.): Wolgadeutscher Sprachatlas (WDSA). Tübingen 1997. - ~ - JEDIG, H.: Deutsche Mundarten in der Sowjetunion. Geschichte der Forschung und Bibliographie. Marburg 1991.

Deutscher Sprachatlas, auf Grund des von G. WENKER begründeten Sprachatlas des deutschen Reichs. Begonnen von F. WREDE, fortgeführt v. W. MITZKA u. B. MARTIN. Marburg 1927-1956. - DIETH; E.: Schwyzertütschi Dialäktschrift. Dieth-Schreibung. Bearb. u. hrsg. v. C.

SCHMID-CADALBERT. Aarau ²1986. - GABRIEL, E. (Hrsg.): Vorarlberger Sprachatlas mit Einschluß des Fürstentums Liechtenstein, Westtirols und des Allgäus (VALTS). Bregenz 1985-1991. - HAAS, W. - WAGENER, P. (Hrsg.): Gesamtkatalog der Tonaufnahmen des Deutschen Spracharchivs I-II. Tübingen 1992. - HINDERLING, R. - KÖNIG, W. e. a. (Hrsg.): Bayerischer Sprachatlas. 1 ff. Heidelberg 1996-1997 ff. - HUTTERER, C. J.: Aufsätze zur deutschen Dialektologie. Budapest 1991. - *LÖFFLER, H.: Probleme der Dialektologie. Darmstadt ³1990. - MITZKA, W. - SCHMITT, L. E. (Hrsg.): Deutscher Wortatlas. Bd. 1-22. Gießen 1951-1980. - SCHIRMUNSKI, V.: Linguistische und ethnographische Studien über die alten deutschen Siedlungen in der Ukraine, Rußland und Transkaukasien. Hrsg. v. C. J. HUTTERER. München 1992. - STEGER, H. (Hrsg.): Südwestdeutscher Sprachatlas I. Marburg 1993. -*WIESINGER, P.: Bibliographie zur Grammatik der deutschen Dialekte. Laut-, Formen-, Wortbildungs- und Satzlehre. 1981 bis 1985 und Nachträge aus früheren Jahren. Bern - Frankfurt - New York 1987.

Regionale Umgangssprachen. - *Englisch in Irland und Wales:* TRISTRAM, H. L. C. (Hrsg.): The Celtic Englishes. Heidelberg 1997.

Deutsche Umgangssprachen: AMMON, U.: Die deutsche Sprache in Deutschland, Österreich und der Schweiz. Das Problem der nationalen Varietäten. Berlin - New York 1995. - BARBOUR, S. - STEVENSON, P.: Variation in German. A Critical Approach to German Sociolinguistics. Cambridge 1990. - EICHHOFF, J.: Wortatlas der deutschen Umgangssprachen I-III. München 1993. -*KRETZSCHMER, P.: Wortgeographie der hochdeutschen Umgangssprache. 2. erg. Aufl. Göttingen 1969. - LÖFFLER, H.: Germanistische Soziolinguistik. Berlin - Bielefeld. München ²1994.

Deutsch in Österreich: WIESINGER, P. (Hrsg.): Das österreichische Deutsch. Wien 1988.

Schwyzertüütsch: SCHLÄPFER, R. e. a.: Das Spannungsfeld zwischen Mundart und Standardsprache in der deutschen Schweiz. Aarau 1991.

Das Englische in Übersee. - BURCHFIELD, R. (Hrsg.): English in Britain and Overseas: Origins and Development. = The Cambridge History of the English Language V. Cambridge 1994. - CHESHIRE, J. (Hrsg.): English Around the World. Cambridge 1991. - CRYSTAL, D.: English as a Global Language. Cambridge 1997. - HANSEN, K. - CARLS, U. - LUCKO, P.: Die Differenzierung des Englischen in nationale Varianten. Berlin - Bielefeld - München 1996. - WELLS, J.: Accents of English I-III. Cambridge 1982.

Südafrika: *LANHAM, L. W. - MACDONALD, C. A.: The Standard in South African English and its Social History. Heidelberg ²1985.

Soziolekte. - FASOLD, R.: The Sociolinguistics of Language. Oxford 1990. - GUMPERZ, J. J.: Language and Social Identity. Cambridge 1983. - *LÖFFLER, H.: Germanistische Soziolinguistik. 2., überarb. Aufl. Berlin - Bielefeld - München 1994. - TRUDGILL, P.: Sociolinguistics. An Introduction. Harmondsworth 1974. - WARDHAUGH, R.: An Introduction to Sociolinguistics. Oxford - New York 1986.

Mischsprachen. - HOLM, J.: Pidgins and Creoles I-II. Cambridge 1988-1989.

Studienführer und Nachschlagewerke. - BUSSMANN, H.: Lexikon der Sprachwissenschaft.

2., völlig neu bearb. Aufl. Stuttgart 1990. - GROSS, H.: Einführung in die germanistische Linguistik. München 1988. - KÖNIG, CH. (Hrsg.): Die Germanistik in Mittel- und Osteuropa seit dem Zweiten Weltkrieg. Berlin - New York 1994. - *KÜRSCHNER, W.: Grammatisches Kompendium. Systematisches Verzeichnis grammatischer Grundbegriffe. Tübingen ³1997. - *SCHMITT-BRANDT, R.: Einführung in die Indogermanistik. Tübingen 1997.

Bibliographische Wegweiser. - ALTHAUS, H. P.: Ergebnisse der Dialektologie. Bibliographie der Aufsätze in den deutschen Zeitschriften für Mundartforschung 1854-1968. Wiesbaden 1970. - KREUDER, H.-D.: Studienbibliographie Linguistik. Bibliographie zur Sprechwissenschaft von L. BERGER und C. M. HEILMANN. Stuttgart ³1993. - PASCHEK, C.: Bibliographie germanistischer Bibliographien. Beschreibendes Auswahlverzeichnis germanistischer Sach- und Personalbibliographien 1991/2 und 1992/1 (Nr. 1-170). In: JbIG 24. 1992, 1 (1993), S. 145-158. - SIMON, G.: Bibliographie zur Soziolinguistik. Tübingen 1974.

Alfred Sellner
Fremdsprachliche Redewendungen im Alltag
Sprichwörter, Floskeln, Phrasen, Zitate, Sentenzen

ISBN 978-3-928127-50-9

Praktisches Handbuch wesentlicher Wendungen und Redensarten der großen europäischen Sprachen *Latein, Englisch, Französisch, Italienisch, Spanisch, Altgriechisch* – einschließlich der *amerikanischen Umgangssprache*.
In diesem Nachschlagewerk werden in über 8500 alphabetisch geordneten Stichworten die fremdsprachlichen Redewendungen vorgestellt, übersetzt und sinngemäß erläutert und in den sprachlichen, literarischen sowie geschichtlichen Zusammenhang gestellt. Neben Informationen und Wissensvermittlung ist dieses Lexikon gleichzeitig unterhaltsames Lesevergnügen.

Weitere Sonderausgaben des VMA Verlags:

Sonderausgabe zum 2000jährigen Jubiläum der Varusschlacht
Heinz Ritter-Schaumburg
Hermann der Cherusker
Die Schlacht im Teutoburger Wald und ihre Folgen für die Weltgeschichte

2009 jährt sich die weltgeschichtlich bedeutende Schlacht im Teutoburger Wald, in der 9 n. Chr. der Cheruskerfürst Arminius unter dem Namen Hermann zum deutschen Freiheits- und Nationalhelden wurde. Unter den zahlreichen Büchern über die Hintergründe, Ereignisse und die historischen Persönlichkeiten, ragt das vorliegende Werk des bekannten Sachbuchautors durch seine dramatischen Schilderungen und die genauen Untersuchungen der geografischen Rätsel und Identitätsfragen heraus. Aus dem Inhalt: Die Varusschlacht / Der Bericht des Tacitus / Germanen und Römer / Der germanische Blutbund / Die Züge des Drusus / Tiberius / Der Cherusker im römischen Lager / Cäsar unterwirft Gallien / Varus / Nach der Schlacht / Der Tod des Augustus / Das Entscheidungsjahr 16 n. Chr. / Was Tacitus verschweigt / Der Triumphzug des Germanicus u.v.a.
ISBN: 978-3-928127-99-8

Gerhard Prause
Der goldene Tratschke
Die 125 schönsten Geschichtsrätsel

Tratschke, eigentlich Gerhard Prause, Dr. phil (Literaturwissenschaft und Geschichte) war ZEIT-Redakteur, Bestsellerautor und Verfasser der legendären, allwöchentlich in der ZEIT erschienenen Geschichtsrätsel „**Tratschke fragt: Wer war`s?**". Tratschke erzählt in seinen hintersinnigen Rätselgeschichten keine Anekdoten, sondern wirkliche Begebenheiten aus dem Leben von Genies der Wissenschaft, Dichtung, Kunst, Technik, Politik u.v.a., die zeigen, dass sie nicht nur Denkmäler, sondern Menschen mit alltäglichen Schwächen, Eitelkeiten und Problemen waren. Die Antworten werden am Schluss des amüsanten und zugleich lehrreichen Buches gegeben, das bis zum heutigen Tage seine Aktualität und Frische bewahrt hat.
ISBN: 978-3-938586-00-6

Jörg-Dieter Brandes
Die Mameluken
Aufstieg und Fall einer Sklavendespotie

250 Jahre lang wurde der östliche Mittelmeerraum durch das Mamelukenreich beherrscht, dessen Sultane sich durch Gewalt, List, Intrige, aber auch als Meister einer durchorganisierten Verwaltung und als glänzende Feldherren behaupteten. Obwohl das Mamelukenheer um 1500 geschlagen wurde, behielten Mameluken-Beys auch im Osmanischen Reich bis 1811 großen Einfluss. „Spannend und plastisch erzählt, historisch korrekt, aber keineswegs trokken, lässt der Autor die historische Kulisse von 1001 Nacht wiedererstehen." Mainpresse
ISBN: 978-3-928127-98-1

Jules Grécy
Die Alhambra zu Granada

Mit Fotos, Grundrissen und detaillierten Zeichnungen, die die Schönheit der Fliesen, der Arabesken, der Filigranarbeiten und der Skulpturen zeigen, führt der Band durch die Paläste, Höfe, Gärten, Bäder, Tore und Türme dieses einzigartigen islamischen Bauwerks des Mittelalters, das kaum verändert die Jahrhunderte überdauert hat.
ISBN: 978-3-928127-68-4